Ausschuss für Seerecht
(1933-1942)

Akademie für Deutsches Recht 1933-1945

Protokolle der Ausschüsse

Herausgegeben von Werner Schubert

Band XX

PETER LANG
Frankfurt am Main · Berlin · Bern · Bruxelles · New York · Oxford · Wien

Ausschuss für Seerecht (1933-1942)

Herausgegeben und mit einer Einleitung versehen
von Werner Schubert

PETER LANG
Internationaler Verlag der Wissenschaften

Bibliografische Information der Deutschen Nationalbibliothek
Die Deutsche Nationalbibliothek verzeichnet diese Publikation in der Deutschen Nationalbibliografie; detaillierte bibliografische Daten sind im Internet über http://dnb.d-nb.de abrufbar.

ISBN 978-3-631-63705-0

www.peterlang.de

Inhalt

Einleitung

I. Überblick über den Inhalt des Bandes

Am 5.5.2011 legte das Bundesministerium der Justiz einen Referentenentwurf zu einem Gesetz zur Reform des Seehandelsrechts vor, das das gesamte Seehandelsrecht umfassen soll. Genau vor 150 Jahren davor – am 31.5.1861 – verabschiedete der Bundestag des Deutschen Bundes den Entwurf eines Allgemeinen Deutschen Handelsgesetzbuchs, der noch im gleichen Jahr von Preußen und in der Folgezeit von den anderen größeren Bundesstaaten mit Ausnahme Österreichs meist mit nur geringen Modifikationen übernommen wurde. Nach gut 75 Jahren setzte die Akademie für Deutsches Recht einen Ausschuss zur Revision des gesamten Seehandelsrechts ein, der auch die nicht im HGB geregelten Materien des Flaggenrechts, des Seearbeitsrechts (Seemannsordnung) und des Seeunfallverfahrensrechts sowie die wichtigsten internationalen Abkommen behandeln sollte; das Seeversicherungsrecht wurde einem Sonderausschuss des versicherungsrechtlichen Ausschusses überwiesen.

Der Ausschuss für Seerecht gehört zu den 29 Ausschüssen, deren Errichtung im Dezember 1933 bekanntgegeben wurde. Bereits am 28.10.1933 hatte die Gründungssitzung des Ausschusses für Seerecht stattgefunden, in der der Hamburger Seerechtler *Hans Wüstendörfer* zunächst mit dessen kommissarischen Vorsitz betraut wurde[1] Der Band dokumentiert zunächst die Vollversammlungen des Ausschusses am 6.1.1934 – ein Protokoll ist nicht überliefert – und gibt das Protokoll über die Vollversammlung am 1.6.1934 wieder. Es folgen die Protokolle der 1. bis 49. Arbeitssitzung, die keine Wortprotokolle bringen, sondern die namentlich zugeschriebenen Wortbeiträge in indirekter Rede zusammenfassen. Bis zur 27. Sitzung enthalten die Protokolle auch die Referate; ab der 28. Sitzung wurden die vorher verteilten Referate der einzelnen Ausschussmitglieder als Anlagen den Protokollen beigefügt. Aus Platzgründen war es nicht immer möglich, die zum Teil sehr umfangreichen Referate – dasjenige über das Frachtrecht umfasst allein 129 Seiten – in vollem Umfang wiederzugeben. Soweit die Referate Leitsätze, die primär Grundlage der Ausschussberatungen waren, bringen, werden diese mitgeteilt. Der Schlussteil bringt den Bericht des Kommissionsvorsitzenden *Fritz Lindenmaier* über die bisherige Arbeit des Seerechtsausschusses (bis zur 44. Sitzung vom 30.10.1939). Die Ergebnisse für die Abschnitte „Zahlung der Fracht" und „Auflösung des Seefrachtvertrags" sind den Protokollen zu entnehmen.

Im Hinblick auf den ausführlichen Bericht von Lindenmaier kann darauf verzichtet werden, die Beratungsergebnisse in der Einleitung noch einmal zusammenzufassen. Die

[1] Nach Zeitungsmeldungen in der Zeitungsausschnittsammlung im Staatsarchiv Hamburg. 135-1 I-IV Nr. 6013.

Kurzbiographien konnten für die Ausschussmitglieder und die Gäste, die nur durch wenige Diskussionsbeiträge hervorgetreten sind – oft handelte es sich um Hamburger Schiffsingenieure und Kapitäne –, so gut wie keine biographischen Daten aufgefunden werden.

II. Die Reform des Seehandelsrechts und die Beratungen des Ausschusses für Seerecht

Das den Beratungen des Seerechtsausschusses zugrunde liegende Seehandelsrecht der §§ 476-777 HGB stimmt im Wesentlichen mit den Art. 432 ff. des ADHGB von 1861 überein. Diese beruhen auf den umfangreichen Beratungen der Hamburger Seerechtskonferenz (als Teil der Kommission zur Beratung eines Allgemeinen Deutschen Handelsgesetzbuches)[2], denen die einschlägigen Bestimmungen des preußischen HGB-Entwurfs (Art. 385-692) zugrunde lagen. Die Hamburger Seerechtskonferenz hielt in der Zeit vom 26.4.1858 bis zum 22.8.1860 insgesamt 371 Sitzungen ab, in denen das preußische Kommissionsmitglied *Eduard Pape*, der spätere Vorsitzende der 1. BGB-Kommission, fast ausschließlich das Referat hatte. Nach der Verabschiedung des ADHGB durch den Bundestag am 31.5.1861 wurde diese Kodifikation zwischen 1861 und 1868 von den Bundesstaaten mit Ausnahme von Österreich als Landesgesetz mit einigen Änderungen in den Einführungsgesetzen in Kraft gesetzt. Das Seehandelsrecht änderten, wenn auch nur geringfügig, die mecklenburgisch-schwerinsche Einführungsverordnung sowie das Oldenburger, Bremer und Hamburger Einführungsgesetz zum ADHGB ab. Das Seehandelsrecht des ADHGB vereinheitlichte das zersplitterte Seehandelsrecht auf der Basis des bestehenden Rechts, da die meisten Regelungen des ADHGB insoweit im Seerecht der Bundesstaaten ihre Grundlage hatten. Gleichwohl erwiesen sich wegen der unterschiedlichen Detailregelungen die Beratungen als schwierig und langwierig[3]: „Erschien eine Rechtsauffassung trotz Mehrheitsbeschluss für einen oder mehrere Teilnehmerstaaten nicht annehmbar, suchte man fast immer nach einem Kompromiss, um auch den Interessen der überstimmten Teilnehmer gerecht zu werden." Man war also bestrebt, die Normen des Seerechts so zu fassen, dass sie möglichst nicht die Grundgedanken der bis dahin geltenden Gesetze und Verordnungen der Teilnehmerstaaten berührten. Scheiterte eine für alle Staaten annehmbare Lösung, weil die örtlichen Verhältnisse bei den Teilnehmerstaaten zu verschieden waren, so blieb den Teilnehmerländern die Möglichkeit, abweichende Bestimmungen in ihre Einführungsgesetze aufzunehmen. Außerhalb des ADHGB waren geregelt das Seemannsrecht seit der Seemannsordnung vom 27.12.1872[4], welches die einschlägigen Bestimmungen des

---

[2] *Rüdiger Schulz,* Die Entstehung des Seerechts des Allgemeinen Deutschen Handelsgesetzbuches unter besonderer Berücksichtigung der Bestimmungen über die Reederei, den Schiffer und die Schiffsmannschaft, Frankfurt a.M. 1987, S. 38 ff.; die Beratungen der Konferenz finden sich in den Bänden IV-VIII der von *W. Schubert* hrsg. Protocolle der Commission zur Berathung eines allgemeinen deutschen Handels-Gesetzbuches, Frankfurt a.M. 1984.

[3] *Schulz,* aaO. S. 201.

[4] RGBl. 1872, S. 409; Neufassung vom 2.6.1902 (RGBl. 1902, S. 175).

ADHGB (Art. 528-556) aufhob, und das Flaggenrecht im Bundesgesetz vom 25.10.1867, betreffend die Nationalität der Kauffahrteischiffe und ihre Befugnis zur Führung der Bundesflagge sowie im Reichsflaggengesetz vom 22.6.1899[5].

Das Seehandelsrecht des ADHGB wurde durch das Bundesgesetz vom 5.6.1869, betreffend „die Einführung der Allgemeinen Deutschen Wechsel-Ordnung, der Nürnberger Wechsel-Novellen und des Allgemeinen Deutschen Handelsgesetzbuchs als Bundesgesetze"[6] Bundesrecht. Im Zusammenhang mit dem Inkrafttreten des BGB erfolgte nach umfangreichen Beratungen eine Neufassung der Art. 1-431 HGB durch die §§ 1-473 des HGB vom 10.5.1897[7]. Eine umfassende Reform des Seerechts (nunmehr §§ 474-905 HGB) unterblieb[8], da dies zusätzliche Beratungen erfordert hätte. Insofern „ein Bedürfniß für Änderungen des Seerechts besteht" – so die amtlicheDenkschrift –, „muß die Befriedigung desselben zunächst noch verschoben werden, um die Fülle der Aufgaben, welche die Gesetzgebung auf dem Gebiete des Privatrechts ohnehin zu bewältigen hat, nicht über Gebühr zu vermehren. Bei der Natur des Seerechts, das ein in sich geschlossenes Ganzes bildet und nur zu einem geringen Theile in einem engeren Zusammenhang mit dem übrigen Inhalte des H.G.B. und dem bürgerlichen Rechte steht, unterliegt ein solches Verfahren auch keinem Bedenken."[9]

Das Seehandelsrecht ist bis zu Beginn der Beratungen des Seerechtsausschusses dreimal novelliert worden: durch ein Gesetz vom 2.6.1902[10], durch das einige Bestimmungen über die Schiffsbesatzung geändert wurden, das Gesetz vom 30.5.1908[11], welches das Seeversicherungsrecht im Zusammenhang mit dem VVG modifizierte, und durch ein Gesetz vom 7.1.1913[12] über den Zusammenstoß von Schiffen sowie über die Bergung und Hilfsleistung in Seenot. Dieses Gesetz beruhte auf den Brüsseler Übereinkommen zur einheitlichen Feststellung von Regeln über den Zusammenstoß von Schiffen (IÜZ) und über die Hilfeleistung und Bergung in Seenot (IÜS)[13].

Der Seerechtsausschuss, der zwischen dem 6.1.1934 und dem 7./8.1.1942 insgesamt zwei Vollsitzungen und 49 Arbeitssitzungen in Hamburg abhielt, hat alle Gebiete beraten[14], die er sich auf seiner ersten Arbeitssitzung am 6.1.1934 vorgenommen hatte[15].

---

5 BGBl. 1867, S. 35; RGBl. 1899, S. 319.

6 Hierzu *W. Schubert,* ZHR 144 (1980), 484 ff.

7 RGBl. 1897, S. 219.

8 Die wenigen Änderungen des Seerechts des HGB a.F. (Art. 432-910) ergeben sich aus der Neufassung des HGB von 1897, RGBl. 1897, S. 336 ff. (§§ 474-905 HGB); vgl. auch Art. 6,7 des EGHGB vom 10.5.1897, RGBl. 1897, S. 438; die Motive hierzu in der Denkschrift bei *W. Schubert/B. Schmiedel/Chr. Krampe,* Quellen zum Handelsgesetzbuch von 1897, Bd. 2, 2, Frankfurt a.M. 1988, S. 1178 ff.

9 Denkschrift, aaO. (Fn. 8), S. 950.

10 RGBl. 1902, S. 218.

11 RGBl. 1908, S. 307.

12 RGBl. 1913, S. 90.

13 Wiedergegeben im RGBl. 1913, S. 49 ff., 46 ff.

14 Berücksichtigt bei den Ausschussberatungen wurde vor allem das niederländische Seerecht von 1924/26 (deutsche Übersetzung von *A. Schade,* Niederländisches Seerecht. Textausgabe, Den Haag [1929]). Eine deutsche Übersetzung der schwedischen Seerechtsgesetze (1901, 1936) lag

Nicht mehr eingegangen ist der Ausschuss auf das Schiffsmaklerrecht, das im Übrigen im HGB nicht geregelt war. Vorsitzender des Ausschusses bis zur 26. Sitzung vom 5.3.1936 war der Hamburger Hochschullehrer *Hans Wüstendörfer*[16], der wohl bedeutendste deutsche Seerechtler der ersten Hälfte des 20. Jahrhunderts. Wüstendörfer hatte bereits vor 1933 vom Standpunkt seiner soziologischen Rechtsfindungslehre dem liberalen Zivilrecht der Kaiserzeit kritisch gegenübergestanden. Die Beratungen des Seerechtsausschusses boten ihm Gelegenheit dazu, seine Vorschläge mitunter als mit dem nationalsozialistischen Rechtsdenken übereinstimmend darzustellen. Vorschläge von Ausschussmitgliedern hat er in Einzelfällen als den „Geboten nationalsozialistischen Rechtsdenkens" oder der „nationalsozialistischen Gesetzgebung" nicht entsprechend abgelehnt[17]. Im *Annuario di diritto comparato e di studi legislativi*[18] legte Wüstendörfer 1938 zu Beginn seines im Übrigen sachlich gehaltenen Aufsatzes folgendes Bekenntnis zur neuen Zeit ab: „ Seit der großen nationalen Staatsumwälzung von 1933 bricht sich in Deutschland eine Umgestaltung und Erneuerung des deutschen Rechtsdenkens Bahn. Ziel und Methoden der Rechtsordnung haben sich geändert: Statt eines individualistischen Interessenschutzes steht jetzt vorherrschend im Vordergrund der Dienst am Gemeinwohl, statt weitgespannter subjektiver Rechte die Sicherung sozialer Pflichterfüllung, statt gegenseitiger Bekämpfung selbstsüchtiger Bevölkerungsklassen das Ideal wahrer Volksgemeinschaft, statt internationalisierender Ausgleichsbestrebungen die Entfaltung arteigenen Gedankenguts, dem Heimatboden entsprossen und mit ihm unlösbar verbunden." Auch das deutsche Seerecht sei in den „Schmelztiegel dieser neuen Weltanschauung geworfen" worden, „um dort geläutert zu werden. Vieles vermag hierzu bereits die Rechtsprechung, indem sie bewusst verzichtet auf alle rein formalistische Begriffsjurisprudenz, indem sie alten Rechtsnormen einen neuen Geist einhaucht und schöpferisch die Rechtsordnung fortbildet. Aber nicht alles kann einer fortschrifttlichen Rechtsprechung überlassen bleiben…".

Vorsitzender des Ausschusses war von der 27. Sitzung (10.9.1936) bis zur letzten 49. Sitzung am 7./8.1.1942 *Fritz Lindenmaier* (ab 1936 RG-Rat, vorher LG-Rat in Hamburg, ab 1937 Präsident des 1. Zivilsenats)[19], der seit 1938 auch dem Ausschuss der

---

bei den Ausschussberatungen zwar vor, ist jedoch im Buchhandel nicht erschienen. – Für das italienische Seerecht wurde der Seerechtsentwurf von 1931 herangezogen (Codice marittimo progetto/Commissione reale per la riforma dei codici, Sotto Commissione per il Codice della marina merchantile. – Roma 1931; hierzu *Wüstendörfer,* Zeitschrift für Ausländisches und Internationales Privatrecht, Bd. 7 (1933), S. 1 ff.; zum Codice della navigazione vom 30.3.1942 *Ferrazini,* HansGZ A 1942, S. 97 ff.).

[15] Zur damaligen Seerechtsliteratur *Max Pappenheim,* Handbuch des Seerechts, Bd. II, Leipzig 1916, Bd. III München und Leipzig 1918. *G. Schaps/V. Mittelstein,* Das deutsche Seerecht. Kommentar, 2. Aufl., Bd. I, Berlin und Leipzig 1921, Bd. II 1929; *H. Wüstendörfer,* Seeschifffahrtsrecht, in: *V. Ehrenberg,* Handbuch des gesamten Handelsrechts, Abt. II, Bd. 7, Leipzig 1923; *ders.,* Neuzeitliches Seerecht, 2. Aufl., Tübingen 1950.

[16] Über *Wüstendörfer* unten S. XXXI.

[17] Unten S. 241, 335; vgl. auch S. 247, 321, 327, 343, 555.

[18] Annuario, Bd. XII (1938), S. 109.

[19] Über Lindenmaier unten S. XXVI f.

ADR für Patent- und Gebrauchsmusterrecht und dem Ausschuss für das Recht des geistigen Schaffens sowie dem Sonderausschuss für Verfahrensfragen im gewerblichen Rechtsschutz angehörte[20]. Nach dem Krieg erhielt Lindenmaier eine Ratsstelle am OLG Hamburg, von wo er 1951 als Bundesrichter im I. Zivilsenat an den BGH wechselte und hier wiederum mit dem See- und Patentrecht befasst war.

Von der 37. Sitzung an nahm auch Wüstendörfer wieder an den Beratungen des Ausschusses über die Schiffsmiete und das Frachtrecht mit zum Teil ausführlichen Diskussionsbeiträgen teil. Mitglieder des Ausschusses waren ferner die mit dem Seerecht befassten Hamburger Richter *Bramslöw* und *Reinbeck*, welch letzterer sich besonders in den Beratungen über das Frachtrecht engagierte. Weitere wichtige Ausschussmitglieder bzw. häufige Gäste waren *Baur, Bollmann, Brandt* (zugleich [stellvertretender] Vorsitzender des Seeversicherungsrechtsausschusses), *Dettmer, Krichhauff, Riensberg, Arthur Schulze-Smidt, Schütte* und *Sturm,* auf deren Biographien im folgenden Teil der Einleitung eingegangen wird.

Die Beratungen befassten sich zunächst mit den drei Brüsseler Abkommen von 1924 über die beschränkte Reederhaftung, über die Schiffshypotheken und Schiffsgläubiger sowie über die einheitliche Feststellung der Regeln über Konnossemente (Haager Regeln). Die beiden ersten Abkommen empfahl der Ausschuss einstimmig zur Annahme. Die Haager Regeln fanden nach sehr kontroversen Debatten – die Reeder lehnten die Haager Regeln zunächst ab –[21] in den Grundgedanken die Billigung des Ausschusses; jedoch war man sich einig darüber, dass eine Übernahme der Regeln in „wörtlicher Übersetzung aus dem Englischen sich nicht“ empfehle. Weitere Vorbehalte bestanden hinsichtlich der Haftungsfreiheit nach Art. IV 2 Ziff. c-p der Regeln und der unklaren Regelung der Rechtsfolgen nicht rechtzeitiger Schadensanzeige. Die Haager Regeln wurden inhaltlich weitgehend übernommen durch das Gesetz vom 10.8.1937 zur Änderung von Vorschriften des HGB über das Seefrachtrecht[22]; die Haager Regeln wurden allerdings erst 1939 ratifiziert[23], so dass das Gesetz erst am 1.1.1940 in Kraft treten konnte. Das Gesetz von 1937 beruht auf einem Ministerialentwurf, der von dem damaligen Referenten Schlegelbergers, Hans Gramm aufgestellt worden sein dürfte und der mit Mitgliedern des Seerechtsausschusses vom 26.-29.4.1937 beraten worden war. Die

---

[20] Vgl. hierzu den Bd. IX der Reihe, 1999, S. 479 ff., 509 ff., 512 ff., 521, 523 f.

[21] Hierzu außer den Prot. der 3./4. Sitzung die Akten des Staatsarchivs Hamburg (Firmenarchiv Hapag-Lloyd) 621-1, Nr. 2371, Bde. 1 u. 2 (hier über die internen Verhandlungen der Reeder). – Zu dem in den Beratungen wiederholt herangezogenen Deutschen Einheitskonnossement (DEK) von 1912 *Jürgen Lebuhn,* Neuzeitliche Konnossementsfragen. Erörtert anhand einer Überprüfung des DEK 1940 auf dessen Übereinstimmung mit dem Gesetz, Hamburg (ca. 1949), S. 9 ff. – Der Harter Act ist bei *H. Wüstendörfer,* Studien zur modernen Entwicklung des Seefrachtvertrages, Bd. I, Dresden 1905-1919, Anlage VIII, wiedergegeben.

[22] RGBl. I 1937, S. 89. Erläuterungen zu diesem Gesetz von *Hans Gramm* (Mitautor des Gesetzes). Das neue deutsche Seefrachtrecht nach den Haager Regeln, Berlin 1938 (vgl. auch *Gramm,* DJ 1937, S. 1281 ff.); ferner von *K. S. Krieger,* in *H. Pfundtner/R. Neubert,* Das neue Reichsrecht, II b, Nr. 55.

[23] RGBl. II 1939, 1052 ff.

Änderungen des Gesetzes von 1937 gegenüber dem HGB betrafen die Haftung des Verfrachters aus dem Frachtvertrag, die Abschaffung der Skripturhaftung und die Ersetzung des Reederkonnossements durch das Verfrachterkonnossement, das zwingenden Regeln unterworfen war. Als die Begründung zum Änderungsgesetz von 1937 im Reichsanzeiger veröffentlicht wurde, beschwerte sich in einem Schreiben an Schlegelberger Wüstendörfer, dass die Beratungen des Seerechtsausschusses am 1. und 15.2.1934 nicht erwähnt worden seien. Wüstendörfer[24] wies darauf hin, dass er für die Einführung der Haager Regeln „leidenschaftlich hat kämpfen" müssen „gegen die Selbstsucht einer Interessentengruppe, deren Mitglieder zum Teil auch vor unfairen Mitteln nicht zurückschreckten, um die Einführung der Haager Regeln zu hintertreiben".

Beraten wurden ferner die York-Antwerp-Regeln (Havariegrosserecht) von 1924 und Probleme des Rechts der Bergung und Hilfeleistung hinsichtlich der Internationalen Übereinkommen von 1910[25] im Zusammenhang mit dem Citeja-Vorentwurf über Bergung und Hilfeleistung in Seenot zwischen Seeschiffen und Luftfahrzeugen[26]. Ferner beriet der Ausschuss eingehend das Flaggenrecht und den Entwurf bzw. die Grundsätze zu einer Neufassung der Seemannsordnung (5., 6., 13. Sitzung), die jedoch erst durch ein Gesetz vom 26.7.1957[27] novelliert wurde. Mit der Neufassung des Gesetzes vom 27.7.1877 über die Untersuchung von Seeunfällen, das durch Gesetz vom 28.9.1935[28]

---

[24] Hierzu die Akte des Reichsjustizministeriums im Bundesarchiv Berlin, R 3001, 23261 (Begründung im Reichsanzeiger 10.8.1937, Nr. 186). Dagegen erwähnte *Gramm* in seinem Werk von 1938 (Fn. 22) die „eingehenden wissenschaftlichen Vorarbeiten" von *Wüstendörfer*, „dessen jahrzehntelange Bemühungen um die Neuordnung unseres Seefrachtrechts die gesetzliche Neuregelung in entscheidender Weise beeinflusst und damit die verdiente Anerkennung gefunden haben" (S. III). – Wüstendörfer war schon intern auf die Kritik *Schüttes* gestoßen, der am 9.1.1934 an *Michelau* schrieb, die 1. Sitzung habe ihn „zutiefst enttäuscht". *Koffka* sollte dem Ausschuss nicht angehören. *Riensberg* stellte in einem Gutachten für *Lindenmaier* am 3.4.1947 fest, Wüstendörfer habe 1936 den Vorsitz niedergelegt, „nachdem er mehrfach wegen seiner Verhandlungsführung, und insbesondere von mir, scharf angegriffen worden war" (StA Hamburg 221-11, L Nr. 1620).

[25] Wiedergegeben bei *G. Schaps/H. J. Abraham,* Das deutsche Seerecht, 3. Aufl., Bd. II, Berlin 1962, S. 1100 ff., 1253 ff.

[26] Vgl. das Protokoll vom 3.3.1938 und die Anlagen unten S. 519 ff. und ferner die Beratungen des Luftrechtausschusses der Akademie für Deutsches Recht, Bd. XVIII der Reihe, 2009, S. 151 ff., 194 ff., 288 ff.

[27] BGBl. II 1957, S. 713. Der in den Protokollen genannte Entwurf ist nicht auffindbar.

[28] Den Beratungen der 7. Sitzung lag der Vorentwurf des Reichsverkehrsministeriums von 1927 zu einem Seeunfalluntersuchungsgesetz vor, dessen Wortlaut nicht auffindbar war. Am 23.5.1934 wurde ein Referentenentwurf des Reichsverkehrsministeriums (dessen Text ebenfalls nicht auffindbar war) im Unterausschuss beraten (Teilnehmer der Sitzung: Reinbeck als Vorsitzender, Bramslöw, Ohrd für Sturm, Dr. Schüler, Klausener, Werner, Christoffers (Lotse aus Cuxhaven), Lotse Lührs (Hamburg) und Kapitän Freyer; StA Hamburg, 621-1 (Bestand Hapag-Lloyd), Nr. 2373, UA 4. Überliefert ist lediglich der aufgrund der Ausschussberatungen im Seerechtsausschuss durch das Reichsverkehrsministerium abgeänderte Entwurf. Das Protokoll der Unterausschusssitzung vom 23.5.1934 (StA Hamburg, aaO.) wird in der Edition nicht wiedergegeben, da die Beratungsgrundlage fehlt. Die Ergebnisse der Beratungen des Unterausschusses teilte Reinbeck dem Hauptausschuss in der 9. Arbeitssitzung mit (vgl. unten S. 113 ff.). – Das neue Seeun-

novelliert wurde, befasste sich der Ausschuss in der 7. und 9. Sitzung. In der 32. Sitzung vom 29.4.1937 kamen Probleme der Gerichtszuständigkeiten zur Sprache, die sich aus dem Gesetz vom 30.1.1934 über das Verfahren in Binnenschifffahrtssachen ergaben.

Ein wichtiger Beratungsgegenstand war das Schiffssachenrecht, das nach allgemeiner Meinung in den §§ 1259-1272 BGB unzureichend geregelt war[29]. Nach § 474 HGB konnte bei der Veräußerung eines Seeschiffes die nach den Vorschriften des bürgerlichen Rechts zum Eigentumsübergang erforderliche Übergabe durch die zwischen dem Veräußerer und dem Erwerber getroffene Vereinbarung ersetzt werden, dass das Eigentum „sofort" auf den Erwerber übergehen sollte. Hiernach genügte für den Eigentumsübergang die (dingliche) Einigung und die in Art. 474 näher gekennzeichnete Vereinbarung. Das Schiffsregister war nur für die Flaggenführung, nicht jedoch für die privatrechtlichen Verhältnisse an Schiffen von Bedeutung. Die Entstehung eines Schiffspfandrechts setzte seine Eintragung in das Schiffsregister voraus, das jedoch hinsichtlich der Eigentumsverhältnisse nicht den Schutz des guten Glaubens genoss. Nach den Vorschlägen des Ausschusses sollte dagegen das Schiffsregister öffentlichen Glauben genießen, es sei denn, dass ein Widerspruch gegen die Richtigkeit eingetragen war oder dem Erwerber die Unrichtigkeit des Registers bekannt war; grobe Fahrlässigkeit sollte ausreichen. Das Schiffsregister sollte nur im Sinne eines Hypothekenbuchs ausgestaltet werden. Die Eigentumsübertragung unbelasteter Seeschiffe sollte sich weiterhin durch bloße Einigung nach § 474 HGB außerhalb des Registers vollziehen. War das Schiff jedoch mit Hypotheken belastet, war für die Übereignung außer der Einigung noch die „Streichung des bisherigen Eigentümers im Schiffsregister oder die Löschung des Schiffs" erforderlich. Die Streichung sollte erst erfolgen dürfen, nachdem der bisherige Eigentümer nachgewiesen hatte, dass die Hypothekengläubiger der Veräußerung zustimmen oder dass sie befriedigt worden sind. Dagegen sollte für den Erwerb und die Übertragung einer Schiffshypothek die Eintragung im Grundbuch erforderlich sein. Für die Kenntnis oder das Kennenmüssen war im Falle eines rechtsgeschäftlichen Erwerbs als der entscheidende Zeitpunkt derjenige der Einigung der Parteien vorgesehen, im Übrigen der Zeitpunkt, in welchem der Dritte eine rechtserhebliche Handlung oder Unterlassung vornahm, die er bei verständiger Kenntnis und verständiger Würdigung der Unrichtigkeit des Registers nicht vorgenommen haben würde. Die Grundsätze der §§ 883 ff. BGB (Vormerkung) und der §§ 894 ff. BGB (Widerspruch und Berechtigung) sollten Anwendung finden. Die Mehrheit des Ausschusses trat für die Ausgestaltung der Schiffshypothek als Sicherungshypothek ein. Die Möglichkeit einer (verdeckten) Eigentümergrundschuld wurde abgelehnt. Stattdessen sollte ein Verzicht auf das Aufrückungsrecht (bedingter Rangverzicht) zulässig sein.

---

falluntersuchungsgesetz findet sich im RGBl. I 1935, 1183 (Neufassung durch Gesetz vom 6.12.1985; BGBl. I, S. 2146). – Zur historischen Entwicklung *Werner von Unruh,* Das Seeamtsverfahren. Die Entwicklung eines Verwaltungsverfahrens über 100 Jahre, Köln 1995.

[29] Hierzu und zum Folgenden *W. Schubert,* Sav. Zeitschrift für Rechtsgeschichte, Germ. Abt. 109 (1992), S. 209 ff.: Das Schiffssachenrecht der Kaiserzeit und dessen Reform von 1940; zum Eigentum an Seeschiffen *G. Landwehr,* Festschrift für Rolf Herber, München 1999, S. 113 ff.

Auf den Ergebnissen der Beratungen des Seerechtsausschusses bauten auf das Gesetz vom 15.11.1940 über Rechte an eingetragenen Schiffen und Schiffsbauwerken, die Schiffsregisterordnung vom 19.12.1940 sowie die Verordnung vom 21.12.1940 zur Durchführung des Gesetzes über Rechte an eingetragenen Schiffen und Schiffsbauwerken[30]. Verantwortlicher Redaktor der Gesetze war *Krieger,* der bereits die Ausschussberatungen wesentlich mitbestimmt hatte. Die Entwürfe zu den Gesetzen von 1940 lagen zu Kriegsbeginn vor, wurden jedoch zunächst als nicht kriegswichtig weiterverfolgt. Alsbald stellte sich jedoch heraus, dass aus wirtschaftlichen Gründen im Schiffssachenrecht die Rechtseinheit mit Österreich herzustellen sei[31]: „Die Schaffung dieses Rechts ist umso dringlicher, als in den nächsten Jahren ein umfassender Ausbau der Binnenwasserstraßen und der Transportmittel auf diesen in Aussicht genommen ist und namentlich auch auf der Donau Schiffsraum erheblich wird verstärkt werden müssen, um die Zufuhren aus dem russischen Raum und dem Donauraum bewältigen zu können. Es liegt auf der Hand, dass hierbei die Inanspruchnahme privaten Kredits, namentlich des Kredits der Schiffsbanken, eine erhebliche Rolle spielen wird.“ In einigen Punkten wich das Gesetz vom 15.11.1940 von den Vorschlägen des Seerechtsausschusses ab[32]. So sollte dem Hypothekenerwerber nur positive Kenntnis der Unrichtigkeit des Registers, nicht jedoch grob fahrlässige Unkenntnis schaden. Die Möglichkeit einer Verkehrshypothek wurde ausgeschlossen. Insgesamt lässt sich sagen, das Krieger mit den Gesetzen von 1940 das Ziel verfolgt hatte, die Grundsätze des formellen und materiellen Immobiliarsachenrechts soweit wie möglich unmodifiziert zu übernehmen, während der Seerechtsausschuss eine Reihe von Abweichungen und Vereinfachungen vorgeschlagen hatte.

Aus den Beratungen über die Kernbereiche des Seehandelsrechts ist Folgendes hervorzuheben: Die Bestimmungen des 5. Buchs des HGB sollten für alle Seeschiffe, also nicht nur für Erwerbs- bzw. Kauffahrteischiffe gelten. Die Haftung für schuldhafte Handlungen der Besatzung sollte nicht mehr ausschließlich den Reeder, sondern auch den Unternehmer des Schifffahrtsbetriebes treffen, unabhängig davon, ob er Reeder (Eigentümer) oder Charterer des Schiffes war. Die Rechtsform der Partenreederei sollte, obwohl sie nur noch eine geringe Rolle spielte, weiterhin gesetzlich geregelt werden. Für das Innenverhältnis der Partenreederei zum Korrespondentreeder wurden 14 Leitsätze verabschiedet. Die Begriffe der Schiffsbesatzung und der Schiffsmannschaft sollten entsprechend der „Rechtsauffassung des nationalsozialistischen Staates“[33] bestimmt werden. Ausführlich diskutiert wurden Fragen der Rechtsstellung des Kapitäns und der Schiffsoffiziere. Besprochen wurde in der 31. Sitzung vom 15.2.1937 Fragen des „Frachtgeschäfts zur Beförderung von Reisenden“ (§§ 664 ff.) – nunmehr als „Fahrgastvertrag“ bezeichnet – behandelt. Hierbei spielten insbesondere die Disziplinar- bzw. Polizeigewalt des Kapitäns gegenüber den Fahrgästen und der Vertragsrücktritt eine

[30] RGBl. I 1940, S. 1499 ff., 1591 ff., 1609 ff.
[31] DJ 1940, S. 1329 ff.
[32] Zur Kritik am neuen Schiffssachenrecht *Wüstendörfer,* aaO. (Fn. 15; Seerecht), S. 52 ff., 72 ff., 82 ff.
[33] Unten S. 682.

wichtige Rolle. Die Verklarung[34] sollte beibehalten, die Verhandlung jedoch ohne Eidesleistung vor dem Amtsgericht oder einem Notar erfolgen. Beraten wurde auch der Schleppvertrag, der jedoch nicht im HGB geregelt werden sollte. Die Zeitcharter (Deuzeit-/Baltime-Charter)[35], die bisher nicht besonders geregelt war, sollte als Mietcharter in die Neufassung des Seehandelsrechts übernommen werden. Der 4. Abschnitt des 5. Buches des HGB (Frachtgeschäft zur Beförderung von Gütern) sollte dahin gegliedert werden, dass „in einem Allgemeinen Teil zunächst die für jede Art von Frachtvertrag maßgeblichen Bestimmungen zusammengefasst werden und der anschließende Besondere Teil zu gliedern ist in einen je die besonderen Vorschriften enthaltenden Abschnitt ‚*Frachtcharter*' und einen Abschnitt ‚*Stückgutvertrag und feste Linien*'".

Insgesamt waren die Einflüsse des nationalsozialistischen Rechtsdenkens auf die Verhandlungen des Seerechtsausschusses gering; wenn vereinzelt auf die nationalsozialistische Rechtsanschauung verwiesen wurde, so diente dies primär der Rechtfertigung der Vorschläge bzw. beschlossenen Beratungsergebnisse. Die Beratungen des Seerechtsausschusses wurden von Wüstendörfer in seinem „Neuzeitlichen Seehandelsrecht" (1946, 2. Aufl. 1950) nur gelegentlich erwähnt. Im Übrigen dürften die umfangreichen und nicht sehr übersichtlichen Beratungen des Seerechtsausschusses, von den Veröffentlichungen Wüstendörfers und Lindenmaiers in der NS-Zeit abgesehen, weitgehend unbeachtet geblieben sein. Insgesamt geben die Protokolle des Seerechtsausschusses und die dort gehaltenen Referate einen guten Überblick über die Praxis des Seerechts bis in die 1940er Jahre und in die Reformbestrebungen der damaligen Zeit.

Fast gleichzeitig mit den Beratungen des Seerechtsausschusses fanden Beratungen eines Sonderausschusses für das Seeversicherungsrecht vom 5.10.1934-5.7.1939 (29 Sitzungen) statt[36]. Schon seit 1867 war durch die Allgemeinen Seeversicherungsbedingungen (ADS) das Seeversicherungsrecht des HGB weitgehend verdrängt worden. Eine durchgreifende Modernisierung der ADS erfolgte 1919, die allerdings die sozialen Errungenschaften des VVG von 1908 nur sehr zurückhaltend rezipiert hatte. Es verwundert deshalb nicht, dass unter *Hans Ulrich*, dem Vorsitzenden des Ausschusses für Versicherungswesen, ein eigener Ausschuss für das Seeversicherungsrecht eingerichtet wurde. Vorsitzender (zunächst nur stellvertretender) dieses Ausschusses war *Ascan Hugo Brandt*, der 1921 in den Vorstand der Nord-Deutschen Versicherungsgesellschaft

[34] Zur Verklarung vgl. außer der Lehrbuch- und Kommentarliteratur *Alfred Johann Wöhler*, Die Verklarung im Seerecht, Binnenschiffahrtsrecht und Flößereirecht, Diss. iur. Rostock 1913.

[35] Das Baltimecharterformular bei *Schaps/Abraham*, aaO. (Fn. 25), Bd. II, S. 301 ff., vgl. ferner *Horst Willner*, Die Zeitcharter. Vertrag und Rechtsstellung der Vertragsparteien auf Grundlage der Baltimecharter, Hamburg 1953. – Der Deuzeitvertrag (Deutscher Zeitfrachtvertrag ist wiedergegeben bei *Schaps/Mittelstein/Julius Selba*, aaO. (Fn. 15), Bd. 2, 1929, S. 1042-1047; vgl. *G. Dusenschön*, Der sog. „Deuzeit"-Frachtvertrag als Chartermiete, Diss. iur. Hamburg 1926; Vertragsformular v. 1940 bei *Georg-Christian Lorenz-Meyer*, Reeder und Charterer. Rechtsnatur des Zeitcharterers gegenüber Dritten, Übersee-Studien, Heft 29, Hamburg 1961, hinter S. 134.

[36] *Joern Christian Nissen*, Die Beratungen des Seeversicherungsausschusses der Akademie für Deutsches Recht zu einem neuen Seeversicherungsgesetz (1934-1939), Frankfurt a.M. 1991, S. 151 ff.

berufen worden war und auch im Seerechtsausschuss eine wichtige Rolle spielte. Zahlreiche Wortbeiträge in den Ausschussberatungen kamen von weiteren Mitgliedern des Seerechtsausschusses, von *Baur, Dettmers, Edye, Krichhauff* und *Lindenmaier.* Als Vertreter des Justizministeriums lieferte *Krieger* 467 Wortbeiträge. Im Einzelnen behandelte der Ausschuss folgende Rechtsmaterien: Versicherungswert (Unter-, Über-, Doppelversicherung), Versicherungstreue, Police, Prämie, Stornogebühr, Anzeigepflicht/Gefahränderung, Umfang und Dauer der Haftung des Versicherers, Versicherung in großer Haverei, Unfallanzeige (u.a. Andienung des Schadens, Schadensabwendung), Auskunftserteilung/Entschädigung, Übergang von Schadensersatzansprüchen, Zahlungsunfähigkeit des Versicherers, Verjährung, Veräußerung der versicherten Sache, Versicherung für fremde Rechnung und laufende Versicherung. Am wichtigsten waren die Beratungen über das „Interesse" und die Kausalität. Der Ausschuss war um einen ausgewogenen Interessenausgleich zwischen den Versicherern und den Versicherten bemüht, dem sich auch die Vertreter der Versicherungswirtschaft nicht entzogen. Hierbei hat die nationalsozialistische Gemeinschaftsideologie keine maßgebende Rolle gespielt; nach *Nissen* waren die Ausschussberatungen „durch einen sachkundigen, fast ideologiefreien und fairen Verlauf" gekennzeichnet gewesen.

Nach 1949 wurden Teile des Seehandelsrechts wiederholt geändert. Durch das Seemannsgesetz vom 26.7.1957[37] wurde das Dienstvertragsrecht des Kapitäns neu gefasst und die §§ 546-551, 553, 554 S. 2 u. 3 sowie 555 aufgehoben. Am 21.6.1972[38] erging das Gesetz zur Änderung des Handelsgesetzbuchs und anderer Gesetze (1. Seerechtsänderungsgesetz), das am 6.4.1973 in Kraft trat. Mit diesem Gesetz wurde das System der beschränkten Reederhaftung mit Schiff und Fracht durch das Summenhaftungssystem ersetzt, welches im Brüsseler Reederhaftungsübereinkommen (1957) vereinbart worden war. Mit dem 2. Seerechtsänderungsgesetz vom 25.7.1986[39] wurde das Londoner Haftungsbeschränkungs-Abkommen von 1976 für unmittelbar anwendbar erklärt. Das 3. Seerechtsänderungsgesetz von 2002[40] brachte eine Neuregelung des Bergerechts in der See- und Binnenschifffahrt (Umsetzung des Internationalen Übereinkommens über Bergung von 1989).

Unter dem 7.12.1978 hatte das Bundesministerium der Justiz den Deutschen Verein für internationales Seerecht gebeten[41], zu folgenden Fragen Stellung zu nehmen: „1. Welche Bereiche des Seehandelsrechts sollten – über die von den Hamburg-Regeln unmittelbar betroffenen Vorschriften hinaus – in gesetzgeberische Überlegungen zur Modernisierung einbezogen werden? Sollten insbesondere das Recht der Charterverträge

---

[37] BGBl. II 1957, S. 713.

[38] BGBl. I 1972, S. 996 ff.; 1973, S. 266 f. – Zu den Brüsseler Haftungsabkommen *Panayotis K. Sotiropoulos,* Die Beschränkung der Reederhaftung. Eine rechtshistorische und rechtsvergleichende Studie (Übersee-Studien, Heft 30), Berlin 1962, bes. S. 228 ff., 254 ff.

[39] BGBl. I 1986, S. 1120.

[40] BGBl. I 2001, S. 898.

[41] Hierzu die Hefte 14-16 der Reihe B der Schriften des Deutschen Vereins für Internationales Seehandelsrecht. Berichte der Arbeitskreise I, II, III an den Bundesminister der Justiz, Hamburg 1985.

und die Rechtsverhältnisse beim multimodalen Verkehr geregelt werden? – 2. In welchen Punkten haben sich im Gesamtgebiet des Seefrachtrechts praktische Schwierigkeiten ergeben, die der Gesetzgeber bei einer Reform des Rechtsgebiets lösen sollte?". Es wurden drei Arbeitskreise gebildet, deren Abschlussberichte dem Bundesministerium der Justiz 1980, 1982 und 1983 überreicht wurden, das jedoch die Reformvorschläge nicht weiter verfolgte. Am 5.7.2004 setzte die Bundesjustizministerin Brigitte Zypries eine Sachverständigengruppe zur Reform des Seehandelsrechts ein[42]. Diese hatte den Auftrag, „Vorschläge zu erarbeiten, die es dem Gesetzgeber erlauben, das Seehandelsrecht zeitgemäß und den Erfordernissen der heutigen Schifffahrt und des modernen Handels gemäß neu zu regeln." Insbesondere sollte untersucht werden, „welche Regelungen sich als unzureichend, unpraktikabel oder überflüssig erwiesen haben und welche neuen Bestimmungen zur Regelung der modernen Verhältnisse erforderlich sind. Dabei sollten auch der Internationalität des Seehandels Rechnung getragen und die in Verhandlungen zu internationalen Übereinkommen gemachten Erfahrungen sowie die Ergebnisse ähnlicher Modernisierungsbestrebungen in anderen Schifffahrtsländern herangezogen werden. Bedacht genommen werden sollte schließlich darauf, ob ungerechtfertigte Unterschiede zwischen dem Seehandelsrecht und dem für andere Verkehrsträger geltenden Transportrecht sowie Systemwidersprüche zum allgemeinen Zivilrecht bestehen." Die Sachverständigengruppe legte nach 19 Vollsitzungen am 27.8.2009 einen Abschlussbericht vor, der eine vollständige Neufassung des 5. Buchs des HGB mit ausführlicher Begründung enthielt.

Auf diesem Entwurf aufbauend veröffentlichte unter dem 5.5.2011 das Bundesministerium der Justiz einen Referentenentwurf zu einem Gesetz zur Reform des Seehandelsrechts[43], der dieses vollständig ersetzen sollte. Abgeschafft werden sollte die Regelung über die Partenreederei, das Verklarungsverfahren und die Regeln über die besondere Haverei[44]. Der Abschnitt über das Seeversicherungsrecht des HGB war bereits durch ein Gesetz vom 23.11.2007 aufgehoben worden[45]. Insgesamt soll der Umfang des 5. Buchs von 284 Bestimmungen auf 144 Paragraphen reduziert werden. Die Bestimmung über die Rechtsstellung des Kapitäns soll erheblich gekürzt werden; die Vorschriften über die Haftungsbeschränkung (§§ 486-487 e) sollen einen eigenen Abschnitt am Ende des 5. Buchs erhalten. Im zweiten Abschnitt sollen die „Beförderungsverträge" geregelt werden. Der Entwurf unterscheidet zwischen Verträgen, die die Beförderung von Gütern zum Gegenstand haben, und Verträgen zur Beförderung von Personen: „Die Verträge, die die Beförderung von Gütern zum Gegenstand haben, werden unter der Überschrift ‚Seefrachtverträge' zusammengefasst. Hierunter fallen wie bisher sowohl der Stückgutfrachtvertrag als auch der Reisefrachtvertrag. Beide Vertragstypen werden

---

42 Bericht und Entwurf der Sachverständigengruppe sind abrufbar unter www.transportrecht.org/html/Abschlussbericht Seehandelsrecht; die Zitate S. 8.

43 Der Referentenentwurf ist abrufbar auf den Internetseiten der Deutschen Gesellschaft für Transportrecht; die Zitate S. 76, 77.

44 Die Bestimmungen über die Bodmerei (679-699 HGB) waren bereits durch das Seerechtsänderungsgesetz von 1972 (BGBl. I 1972, S. 966) aufgehoben worden.

45 BGBl. I 2007, S. 905 (Art. 4 des neuen VVG).

allerdings nicht, wie im geltenden Recht gemeinsam geregelt, sondern in zwei verschiedenen Titeln. Durch diese Trennung soll „der Unterschied zwischen beiden Vertragstypen deutlich gemacht und hierdurch die Lesbarkeit und Handhabbarkeit des Gesetzes erleichtert werden." Im dritten Abschnitt werden die Vorschriften über Schiffsmiete und Zeitcharter unter der Überschrift „Schiffsüberlassungsverträge" zusammengefasst. Damit soll verdeutlicht werden, dass die Schiffsmiete und die Zeitcharter nicht als Seefrachtverträge einzuordnen seien, sondern eigenständige Vertragstypen darstellten. Im vierten Abschnitt „Schiffsnotlagen" finden der Schiffszusammenstoß, die Bergung und die Haverei ihre Regelungen. Es folgen noch Abschnitte über Schiffsgläubiger, Verjährung, allgemeine Haftungsbeschränkung und über Verfahrensvorschriften. Im Frachtrecht sollen erstmals außer dem Konnossement der Seefrachtbrief sowie die Verwendung elektronischer Beförderungsdokumente geregelt werden. In Zukunft soll es nicht mehr möglich sein, die Haftung des Verfrachters für Schäden auszuschließen, die auf ein Verschulden der Besatzung bei der Führung und Bedienung des Schiffes zurückzuführen sind. Eingeführt werden soll auch eine „quasi vertragliche Haftung Dritter, die der Verfrachter zur Ausführung der Seebeförderung einschaltet".

III. Kurzbiographien der Redner und Referenten[46]

Basedow, in Fa. Ph. Astheimer u. Sohn, Hamburg.

Baur, Georg Friedrich (geb.22.7.1884; gest. 9.6.1949). Promotion mit der Diss. iur. Leipzig 1907: Zahlungen an die Schiffsmannschaft nach § 48 der Seemannsordnung vom 2.6.1902. Rechtsanwalt in der Sozietät Baur, Predöhl, Behn und Sieveking (Hamburg). Das Schwergewicht seiner Vertretungen lag auf dem Gebiet des Seeversicherungs- und Seerechts. Teilnahme auch an den Sitzungen des Seeversicherungsausschusses. – *Quellen:* Nissen, S. 461 f.

Behm (Stettin), Dr.

Biedermann (Hamburg)

Bleuss, Ferdinand (geb. 6.6.1876 in Reinbek; gest. 29.3.1953 in Hamburg). Sohn eines Maurermeisters. Nach der Primareife (Realgymnasium Bergedorf) von 1893-1912 in der Hamburger Quaiverwaltung tätig (Deputation für Handel und Gewerbe). 1902 Prüfung zum Büroassistenten. Von 1912-1936 in der Schiffsregisterbehörde, zuletzt als Verwaltungsoberinspektor, tätig. Ab 1.6.1936 Justizoberinspektor beim Amtsgericht Hamburg, Geschäftsstellenleiter der Abteilung Schiffsregister und Verklarung. – *Quellen:* Personalakte im Staatsarchiv Hamburg unter B 120, 241-2.

---

[46] Die Kurzbiographien beruhen u.a. auf dem Werk von *J. Chr. Nissen* (Fn. 36), dem „Reichshandbuch der deutschen Gesellschaft", 2 Bde., Berlin 1930 und der Deutschen Biographischen Enzyklopädie, München 1995 ff.

Bollmann, Hans (geb. 12.8.1888; gest. 14.3.1976). Diss. iur. Halle 1921: Rechtliche Natur der Verwertung und Pfändung des „Rechtes der Nacherben". – *Quellen:* Auskunft der Hanseatischen Rechtsanwaltskammer Hamburg.

Bramslöw, Otto Sophus Heinrich (geb. 15.9.1895 in Hamburg als Sohn eines Reedereidirektors; gest. 2.2.1974 ebd.). 1913 Abitur am Heinrich-Herz-Realgymnasium in Hamburg. Studium der Rechtswissenschaft in Göttingen und Kiel. 1914-1918 Frontkämpfer. 1920 erste, 1923 zweite Staatsprüfung. 1922 Diss. iur. Hamburg. 1923/24 Tätigkeit im Reichsausgleichsamt (Zweigstelle Hamburg), anschließend im Hamburger Justizdienst (1926 Richter am Amtsgericht, 1930 am Landgericht, 1931 Amtsgerichtsrat). Stellvertretender Vorsitzender des Seeamts Hamburg. 1939-1944 Kriegsdienst. Eintritt in den Ruhestand zum 1.10.1945. Von Ende 1949 bis 1967 Rechtsanwalt in Hamburg. – *Werk:* Die Rechtsstellung des Stauers, Diss. iur. Hamburg 1922 (teilweise in der Zeitschrift für Verkehrswissenschaft 1922, Heft 6, S. 3 ff.; 1923, Heft 2, S. 15 ff.); HansGZ 1924, Sp. 561 ff.; Referate auf den Seeschifffahrtstagen 1926 und 1927 über die Schifffahrtsbestimmungen in den StGB-Entwürfen von 1925/27; Jb. ADR 1936, 192 ff. (Seeunfalluntersuchungsgesetz). – *Quellen:* Personalakte im Staatsarchiv Hamburg.

Brandt, Ascan Hugo (geb. 7.11.1877 als Sohn eines Hamburger Kaufmanns und späteren Senators; gest. 1960). Studium der Rechtswissenschaft in Heidelberg, Berlin. Zunächst als Rechtsanwalt tätig, wurde er 1920 in den Vorstand der Norddeutschen Versicherungs-Gesellschaft berufen, hier u.a. zuständig für Fragen des Transportversicherungsrechts. Mitglied auch des Seeversicherungsausschusses der ADR. 1950 Vorsitzender der See-Kasko-Kommission des Deutschen Transport-Versicherungs-Verbandes und des Vereins Hamburger Assecuradeure. Eintritt in den Ruhestand zum 1.l.1954. – *Quellen:* Nissen, S. 118 f.

Capelle, Karl-Hermann (geb. 28.9.1901 in Hamburg als Sohn eines Prof. a.d. Gelehrtenschule des Johanneums; gest. 4.7.1982 in Großhansdorf bei Hamburg). Studium in Göttingen und Hamburg. 1927-1930 Gerichtsassessor in Hamburg. 1937 Universitätsdozent in Hamburg, 1941 ord. Prof. in Königsberg, 1943 Prof. a.d. Akademie für Wirtschaft und Politik; Hochschule; seit 1.4.2005 Teil der Univ. Hamburg. – *Werk:* Das Akkreditivgeschäft, 1924; Das Recht des Reisechartervertrages, 1937, Die Frachtcharter in rechtsvergleichender Darstellung; Handelsrecht, München 1951 (19. Aufl. 1980). – *Quellen:* Gelehrtenkalender; Gert Nicolaysen, Berichte und Meinungen aus der Universität Hamburg, 1982, Heft 4, S. 39; StA Hamburg, 241-2, A 2018.

Cords, Gottfried Eduard Christian (geb. 11.8.1869; Todesdatum nicht bekannt). Cords entstammt einer Hamburger Notabelnfamilie. Verwaltung und Leitung der väterlichen Werft. Vorstandsmitglied der schlesischen Dampfer-Compagnie Berliner Lloyd-AG in Hamburg. – *Quellen:* Reichshandbuch, S. 253 f.

Dettmers, Otto (geb. 26.12.1892 in Bremen; gest. 11.10.1986 ebd.). Studium der Rechtswissenschaften in Göttingen und Bonn. 1914 erste Staatsprüfung. 1914-1918 Militärdienst. 1920 Promotion; 1924 zweite Staatsprüfung. 1921 Zulassung zur Bremer Rechtsanwaltschaft (später auch Notar). 1938-1942 im Vorstand der Norddeutschen Lloyd; zuletzt auch Präsident der Hanseatischen Rechtsanwaltskammer Bremen. – *Quellen:* Wikipedia unter Otto Dettmers; Nissen, S. 463.

Droege, Heinrich. Dr. iur. (Die Steuerpflicht der Ausländer in den Reichspersonalsteuergesetzen, Diss. iur. Hamburg 1922).

Dücker, Friedrich (Lebensdaten nicht bekannt). 1934-1935 Geschäftsführer des Verbandes Deutscher Reeder. Um 1939 Vertreter der „Schifffahrtskontor für Iran GmbH", Generalvertretung der „Hansa"-Linie, Bremen. Vor 1933 wohl Syndikus bzw. Verkehrsdezernent bei der Handelskammer Hamburg. – *Quellen:* Auskunft des Verbandes Deutscher Reeder vom 25.11.2011.

Eckhardt, Dr. iur., Oberregierungsrat im Reichswehrministerium (Marineabteilung).

Edye, John Alfred (geb. 27.12.1883; Todesdatum nicht bekannt). 1908 Teilhaber der Reederei Rob. M. Sloman jr. Schifffahrts-KG. – *Quellen:* Nissen, S. 463 f.

Engel, Arnold Julius Eduard (geb. 10.7.1870 als Sohn eines Ingenieurs in Nübel/Schleswig-Holstein; gest. 16.12.1951 in Hamburg). Nach dem Abitur in Hamburg Studium der Rechtswissenschaft in Tübingen, Leipzig und Berlin. 1892 erste Staatsprüfung; 1892 Promotion in Jena. 1896 zweites Staatsexamen in Hamburg; anschließend Rechtsanwalt am Hans. OLG. 1899 Landrichter am LG Hamburg (1904 am Amtsgericht). 1906 Hilfsrichter am OLG Hamburg (hier 1909 OLG-Rat). 1926 Senatspräsident am Oberverwaltungsgericht. 1919-1933 Mitglied der DVP. Eintritt in die NSDAP zum 1.5.1933. 16.9.1933 – 31.3.1935 Präsident des OLG Hamburg. – *Quellen:* M. von Köckritz, Die deutschen Oberlandesgerichtspräsidenten im Nationalsozialismus (1933-1945), Frankfurt a.M. 2011, S. 143 ff.

Eßberger, John Theodor (geb. 19.2.1886 in München; gest. 8.7.1959 in Hamburg). Abitur am Ascanischen Gymnasium (Berlin). 1906-1922 bei der deutschen Marine. 1924 Begründung der Atlantik-Tank-Reederei GmbH (seit 1936 John T. Eßberger als Einzelfirma). 1933 Vorsitzender des Präsidiums des Verbandes deutscher Reeder; 1935 Leiter der Reichsverkehrsgruppe Seeschifffahrt. Nach 1945 Wiederaufbau seiner Reederei. – *Quellen:* DBE Bd. 3, S. 180.

Feindt, Johannes (?). Bankdirektor in Hamburg.

Fessler, Othmar (geb. 1888 oder 1884; Todesdatum nicht bekannt). Promotion 1910 in Leipzig mit dem Thema: „Die Entwicklung des sächsischen Staatsdienerrechts im 19.

Jahrhundert" (Berlin, Leipzig 1910). Zunächst Oberregierungsrat im sächsischen Staatsdienst, anschließend in der Reichskanzlei und 1933 als Ministerialrat (später Ministerialdirektor) im Reichsverkehrsministerium. Gründungsmitglied der Berlin-Brandenburger CDU.

Fettbach. Assessor beim Treuhänder der Arbeit.

Freyer, Kapitän in Hamburg.

Gieser, Direktor (Vorsitzender des Seeamts Hamburg).

Gottschow, Harald (Schiffsingenieur).

Grabstein, Dr., Ministerialrat im Reichsarbeitsministerium.

Gramm, Hans (geb. 3.5.1906 in Hamburg als Sohn eines Zollbeamten; gest. 10.9.1967). Abitur am Gymnasium in Hamburg-St. Georg 1924. 1927 erste, 1931 zweite jur. Staatsprüfung. Diss. iur. unter Leo Raape mit dem Thema: „Das Wesen des Testamentsvollstreckers, erläutert an der Rechtsprechung". 1935 Abordnung aus dem Hamburger Justizdienst in das Reichsjustizministerium als persönlicher Referent von F. Schlegelberger (1937 Amtsgerichtsrat). Nach kurzer Zeit als Justitiar der Dresdner Bank 1946 Wiedereintritt in den Hamburger Justizdienst (OLG-Rat; 1953 Senatspräsident am OLG Hamburg). 1949 Vorsitzender des Vereins für internationales Seerecht, 1952 Vorsitzender des Ausschusses für die Reform des Seehandelsrechts. 1964 Honorarprof. a.d. Univ. Hamburg. Umfangreiche schiedsrichterliche Tätigkeit. Ab 1949 Mitkommentator im Palandt-BGB-Kommentar (große Teile des Besonderen Schuldrechts). – Werke: Das neue Deutsche Seefrachtrecht nach den Haager Regeln (Gesetz vom 10.8.1937), Berlin 1938. – *Quellen*: Juristen im Portrait. Verlag und Autoren in 4 Jahrzehnten. Festschrift zum 225jährigen Jubiläum des Verlags C. H. Beck, München 1988, S. 373 ff. (H. Heinrichs).

Heynen, Alfred (geb. 24.2.1875; gest. 26.9.1950). Promotion in Hamburg 1922 mit dem Thema: „Die Schadensbegründung aus fremden Interesse". Seit 1929 Eintritt in die von Haas und Gobert begründeten Anwaltssozietät. Schwerpunkt der Tätigkeit von Heynen war das Gesellschafts- und Wirtschaftsrecht sowie das Speditionsrecht und das Recht der Binnenschifffahrt. – *Quellen:* Auskunft der Hanseatischen Rechtsanwaltskammer vom 4.11.2011.

Hochgräber, Gerhard. Schriftleiter mehrerer versicherungswirtschaftlicher Zeitschriften. – *Werke:* Grosse Haverei. Die Havariegrosse-Rechte der wichtigsten Staaten im Originaltext und in Übersetzung nebst Kommentar, zus. mit R. Ulrich, 3. Aufl., Berlin 1927-1930; die York-Antwerpener Regeln von 1924, 1927; Aufsätze in der Zeitschrift für die gesamte Versicherungswissenschaft; in Naumanns Zeitschrift für Versicherungswesen und in den Mitteilungen des Transport-Versicherungsverbandes.

Keith. Referent bei der Akademie für Deutsches Recht. – Wahrscheinlich identisch mit Dr. Franz Keith (geb. 29.12.1906 in Iserlohn als Sohn eines Kaufmanns). 1926 Abitur in Essen-Bredeney. Studium der Rechtswissenschaften an den Univ. zu Freiburg, Köln, Berlin und Münster. 1931 Promotion in Münster über das Thema: „Die analoge Anwendung der Regeln über die Stellvertretung auf den Besitzerwerb durch Besitzdiener gemäß § 854 Abs. 1 BGB".

Kleemann, Reinhold (geb. 27.2.1895; gest. 6.9.1949). Rechtsanwalt in Hamburg. Diss. iur. 1934 in Hamburg: „Der Schiffsmakler im Seeverkehr". – *Quellen:* Auskunft der Hanseatischen Rechtsanwaltskammer Hamburg.

Klemp, Kapitän (Hamburg).

Koch, Kapitän (Hamburg)

Koffka, Johannes (geb. 8.8.1882 in Berlin als Sohn eines Justizrats; Todesdatum nicht bekannt). 1908 Gerichtsassessor; 1911 Staatsanwalt am LG Berlin II; 1920 erster Staatsanwalt am LG; Nov. 1922 KG-Rat. 1.4.1927 Ministerialrat im Reichsjustizministerium (zunächst für Strafrecht, ab 1936 für Handelsrecht zuständig). – *Quellen:* Personalakte im BA Berlin-Lichterfelde.

Kränzlin, Theodor. Syndikus in Bremen.

Krauel, Max (geb. 28.5.1883; gest. 22.1.1957). Rechtsanwalt in Hamburg. Diss. iur. Leipzig: „Die Anwendung der Vorschriften des BGB über den Eigentumserwerb vom Nichtberechtigten beim Miteigentum" (1907).

Krause, Werner. Hamburg.

Krichhauff, Otto Friedrich (geb. 25.6.1882 in Altona; Todesdatum nicht bekannt). Öffentlich bestellter Wirtschaftsprüfer in Hamburg. – *Quellen:* Nissen, S. 465.

Krieger, Karl Siegfried (geb. 30.8.1888 in Wilhelmshaven als Sohn eines Geh. Marinebaurats; gest. Sommer 1945 in Sachsenhausen). 1914 Assessorexamen; ab 1915 bei den Amtsgerichten Kiel und Bramstedt tätig; 1920 Landrichter beim LG Altona, 1921 beim OLG Kiel, 1922 wieder beim LG Altona; 1925 AG-Rat. 1926 Einberufung in das preuß. Justizministerium, 1927 Justizrat, anschließend OLG-Rat; 1.1.1932 Ministerialrat (bis Kriegsende). – *Quellen:* Nissen, S. 468 f.

Kuhl, Walter (geb. 29.8.1889 in Oliva [Danzig] als Sohn eines Kaufmanns; gest. 11.3.1961 in Hamburg). Besuch des Gymnasiums in Neustadt (Westpr.) bis zur Obersekunda-Reife (1906). Studium an der Schiffsingenieursschule Stettin (1919 Hauptprüfung). 1909-1914 Schiffsingenieur beim Norddeutschen Lloyd, anschließend bei der Hapag Lloyd. Im 1. Weltkrieg U-Boot-Maschinistmaat. Ab Sept. 1919 Konstrukteur bei Schiffswerften in Tönning und Kiel. 1925 Vertragslehrer an der Hamburger Berufsschule (Schiffsingenieursschule); ab Ende 1936 beamteter Lehrer als Seefahrtoberlehrer. Eintritt in die NSDAP 1937. 1945 Entlassung. Im Juli 1947 Einstufung in die Gruppe IV durch den Berufungsausschuss für die Ausschaltung der Nationalsozialisten. Ende Juli 1947 Wiedereinstellung als Angestellter (ab 1949 als Beamter). 1954 Eintritt in den Ruhestand. – *Quellen:* StA Hamburg: Schulwesen Personalakten A 1307; Staatskommissar für die Entnazifizierung Ed 6427.

Lindenmaier, Fritz Heinrich Karl Paul (geb. 2.10.1891 in Hamburg; gest. 7.10.1960). 1900 Abitur an der Hamburger Gelehrtenschule des Johanneums; Studium der Rechtswissenschaft in Tübingen, Berlin und Kiel. Promotion in Rostock 1903. 1908 Assessorexamen. 1924 LG-Direktor in Hamburg; 1926-1936 RG-Rat, ab 1937 Präsident des I. Zivilsenats. 1938 Eintritt in die NSDAP (mit Rückdatierung auf 1937); 1944 Honorar-Prof. in Leipzig. Nach Kriegsende Rückkehr nach Hamburg, hier OLG-Rat und als Honorar-Prof. tätig. 1951 Richter und weitgehend auch Vorsitzender des I. Zivilsenats am BGH (Honorar-Prof. a.d. Univ. Heidelberg, Lehrbeauftragter a.d. TH Karlsruhe). Sein Spezialgebiet war das Patent- und Urheberrecht sowie das See- und Versicherungsrecht. – *Quellen:* Möhring, NJW 1960, S. 1991; U. Weiss, UFITA, Bd. 32, S. 257 f.; DRiZ 1960, 403; StA Hamburg 221-11, L 1620.

Lohmann, E., Schiffsoffizier in Hamburg.

Mansfeld, Werner (geb. 12.12.1893 in Uchte/Provinz Hannover; gest. 10.2.1953). Sohn eines Reichsgerichts-Rats. 1922 Staatsanwalt in Köslin; anschließend Tätigkeit als Rechtsanwalt im Ruhrgebiet. 1930 Privatdozent in Münster, 1935-1937 ao. Prof. a.d. Univ. Berlin. 1933-1945 Ministerialdirektor im Reichsarbeitsministerium. – *Werke:* Zahlreiche arbeitsrechtliche Arbeiten, u.a. Die Ordnung der nationalen Arbeit. Kommentar zu dem Gesetz zur Ordnung der nationalen Arbeit, Berlin 1934; Textausgaben zum Arbeitsrecht der NS-Zeit. – *Quellen:* E. Klee, Das Personenlexikon zum Dritten Reich, 2003; Führerlexikon, S. 298; Anna-Maria Gräfin von Lösch, Der nackte Geist. Die Juristische Fakultät der Berliner Universität im Umbruch, Tübingen 1999, S. 315 f.

Michelau, Hermann (geb. 30.11.1878 in Königsberg; Todesdatum nicht bekannt). Studium der Rechtswissenschaft in Königsberg, Berlin und Freiburg/Br. 1907 Eintritt in den Norddeutschen Lloyd in Bremen (hier Syndikus); 1937 in der Bremer und Mindener Schleppschiffgesellschaft. – *Quellen:* Reichshandbuch, Bd. 2 (1931), S. 1250 f.

Möller, Hans (geb. 3.3.1907 in Hamburg; gest. 9.2.1979 ebd.). Möller entstammt einer Kaufmannsfamilie. Nach seiner Habilitation 1936 Universitätsdozent (wiss. Hilfskraft), 1939 beamteter ao. Prof., 1941-1973 o. Prof. in Hamburg. Direktor des Seminars für Versicherungswissenschaft. – *Werke:* Festschrift von 1972: „Grundprobleme des Versicherungsrechts", hrsg. von R. Schmidt und K. Sieg, S. 561 ff. Literaturverzeichnis (ausgewählte Veröffentlichungen). Dissertation: „Cifgeschäft und Versicherung" 1932; Summen- und Einzelschaden, Beiträge zur Erneuerung des Schadenslehre vom Wirtschaftsrecht aus, Hamburg 1937 (Habilitationsschrift). Fortführung des von Ernst Bruck begründeten Kommentars zum Versicherungsvertragsgesetz und zu den allgemeinen Versicherungsbedingungen, 8. Aufl., 1961-1970. – *Quellen:* Gelehrtenkalender 1976; Versicherungswirtschaft 1979, S. 330 f.; Personalakte im StA Hamburg, 361-6 IV 3168 (hier vollständiges Schriftenverzeichnis bis 1943).

Nolte, Ado (geb. 9.8.1878 in Lüneburg; Todesdatum nicht bekannt). Studium der Rechtswissenschaft in Berlin; Promotion a.d. Univ. Halle-Wittenberg 1925 mit dem Thema: „Überseeische Cif-Abladegeschäfte"; 1898-1900 in Florida (USA) tätig; seit 1901 in China und Japan (Leiter der chinesischen Niederlassung) der Firma Carlowitz und Co. Export, Import und technische Geräte (zugleich Teilhaber). – *Quellen:* Deutscher Wirtschaftführer, 1929, S. 363.

Nottebohm (geb. 7.7.1870 in Hamburg; gest. 21.4.1945 ebd.). 1896 Eintritt in die väterliche Firma Nottebohm u. Co. (Import und Export; 1904 Mitinhaber). Gründung der Firma Nottebohm Hermanos (1944 enteignet). Präsident der Handelskammer Hamburg 1931-1933. Im Aufsichtsrat mehrerer Firmen vertreten (u.a. der Commerzbank und der Deutschen Schiffsbeleihungs-Bank Hamburg). – *Quellen:* www.Hamburger-Persoenlichkeiten.de

Nowak, (Erich/Max?). Schiffsoffizier in Hamburg.

Offen, Emil Claus (geb. 1887 in Hoisdorf bei Hamburg; gest. 4.4.1966). 1926 Gründung der Hanseatischen Reederei AG (1937 Hanseatische Reederei Emil Offen u. Co.). – *Quellen:* Wikipedia unter „Hanseatische Reederei Emil Offen u. Co.

Quassowski, Leo (geb. 1884; gest. 1946). Ab 1919 im Reichsjustizministerium; hier 1920 Oberregierungsrat, 1921 Ministerialrat; 1936 Ministerialdirigent und 1939 Ministerialdirektor. Zum 31.5.1943 Versetzung in den Wartestand. – *Quellen:* Bd. I der Reihe, S. LX.

Raeke, Walter (geb. 18.10.1878 in Charlottenburg; gest. 27.5.1959). Studium an den Universitäten Berlin, Halle, Rostock (hier 1900 Promotion). Große jur. Staatsprüfung in Berlin 1906. 1919 Rechtsanwalt in Hamburg. 1929 Eintritt in die NSDAP; 1933-1938 Mitglied des Reichstags. Überführung des Deutschen Anwaltvereins in den BNSDJ. 1934 Amtsleiter im Reichsrechtsamt der NSDAP, 1935 Stellvertreter des Reichsjuristenführers Frank. 1937 Verlust aller Parteiämter, da er bis 1933 Freimaurer war. – *Quellen:* E. Stockhorst, Fünftausend Köpfe, Kiel 2000.

Reinbeck, Ernst (geb. 2.2.1878 in Braunschweig als Sohn eines Oberamtsrichters; gest. 30.12.1972 in Hamburg). Nach dem Studium der Rechtswissenschaft in Göttingen, München und Berlin 1905 Promotion in Rostock mit dem Thema: „Die Haftung der Versicherungsforderung für Hypotheken und Grundschulden" (München 1905). 1903 Assessor in Braunschweig. Nach kurzer Tätigkeit beim Landesversicherungsamt Lübeck 1904 Regierungsassessor in Bremerhaven; 1907 Richter beim Amtsgericht und Vorsitzender des Seeamts in Bremerhaven. 1922 OLG-Rat in Hamburg. Eintritt in den Ruhestand zum 1.4.1946 (Dienstleistungsauftrag, Beamter auf Widerruf bis August 1947). – *Werke:* Außer der Dissertation Veröffentlichungen in der „Hansa", der LZ, in der ZZP. – *Quellen:* Personalakte im StA Hamburg, 50287 KAT.

Reuss. Regierungsrat im Reichsarbeitsministerium.

Richter. Direktor in Hamburg (als Sachverständiger geladen).

Riensberg, Heinrich (1890-1957). Promotion a.d. Univ. Greifswald 1921 über das Thema: „Die rechtliche Natur der Gläubigeranfechtung innerhalb und außerhalb des Konkurses". Beschäftigt bei der Fa. Ernst Russ.

Riese, Otto (1894-1977). Ab 1929 Oberregierungsrat im Reichsjustizministerium (1934/35 Ministerialrat). – *Quellen:* Bd. XVIII der Reihe, S. XXXIII.

Ritter. Direktor in Hamburg.

Roselius, Ludwig (1874-1943). Generaldirektor Fa. Kaffee HAG-AG. – *Quellen:* DBE, Bd. 8, S. 388.

Schackow. Albrecht (geb. 19.10.1907; gest. 26.3.1994). Abitur am „Alten Gymnasium" in Bremen. Studium der Rechtswissenschaft in Freiburg, München und Göttingen. 1929 erstes, 1933 zweites Staatsexamen. 1930 Promotion zum Dr. iur. Göttingen über: „Die Mängelhaftung beim Kaufe von Rechten und rechtlich ungeschützten Gütern." 1934 Rechtsanwalt in Bremen, Syndikus des Norddeutschen Lloyd (Bremen), zeitweise auch der „Nordsee". 1948/50 Gründung einer Anwalts- und Notariatssozietät in Bremen. – *Werke:* Im Wandel der Jahre. Ausgewählte Reden, Bremen 1977. – *Quellen:* www.schackow.de

Scharlibbe, Ulrich. Promotion zum Dr. rer.pol. an der Univ. Frankfurt 1925/26 mit dem Thema: „Das Speditionsgeschäft in den Seehäfen unter besonderer Berücksichtigung Hamburgs". Verbandssyndikus.

Schön. Regierungsdirektor in Hamburg.

Schüler, Alfred (geb. 22.5.1875; gest. 26.9.1950). Dr. iur. Rechtsanwalt in Hamburg.

Schultze, Dr. (für Eßberger).

Schulze-Smidt, Arthur (1870-1945). Urenkel des Bürgermeisters Johann Smidt. Promotion zum Dr. iur. in Göttingen 1893 mit dem Thema: „Ist Stiftung Schenkung?". 1899 Assessor, 1902 im Vorstand der Hanseatischen Rechtsanwaltskammer. 1939 Justizrat. Geschäftsführer der Smidt-Stiftung. Mitglied des Beirats der Wittheit, der Bremer Wissenschaftlichen Gesellschaft. – *Quellen:* Theodor Spitta/Ursula Büttner, Neuanfang auf Trümmern. Die Tagebücher des Bremer Bürgermeisters Theodor Spitta 1945-1947, München 1992, S. 139, 244.

Schulze-Smidt, Ernst (geb. 30.5.1905 in Bremen; gest. 10.6.1957). 1929 Zulassung zur Rechtsanwaltschaft, 1946 zum Notariat. Promotion in Leipzig 1926/27 mit dem Thema: „Die Zwangsversicherung der Passagiere nach dem Entwurf das Comité Maritime International. – *Quellen:* Auskunft der Hanseatischen Rechtsanwaltskammer Bremen.

Schütte, Hans Wilhelm (Lebensdaten nicht bekannt). Promotion 1913 in Heidelberg mit dem Thema: „Weitgehende vertragliche Schadensersatzansprüche bei gegenseitigen Verträgen." Chefsyndikus der Hapag (ab 1923 Prokurist. 1941-1947 Vorsitzender des Aufsichtsrats der „AG für Seeschiffahrt". 1956 Eintritt in den Ruhestand. – *Quellen:* Mitteilung der Hapag-Lloyd (Martina Fähnemann).

Segelken, Hans (1897-1982 [Hamburg]). Dez. 1936-1940 OLG-Rat in Hamburg. – *Quellen:* Bd. VI der Reihe, S. 106; Wikipedia.org.

Stötter, Rolf (geb. 22.4.1909 in Hamburg; gest. 24.4.1993 in Wentorf [bei Hamburg]). Studium der Rechtswissenschaften in Freiburg, Genf, München und Hamburg. Promotion 1933. Zweites Staatsexamen und Habilitation 1935. 1937/38 Geschäftsführer beim Verband Deutscher Reeder. 1943 ao. Prof. an der Univ. Hamburg. 1956 Mitinhaber der Reederei John T. Eßberger. Mehrmals Vorsitzender des Verbandes Deutscher Reeder; Präses der Handelskammer Hamburg. – *Werke:* Schriftenverzeichnis in der Festschrift „Recht über See", 1979, S. 392 ff.; u.a. Öffentlich-rechtliche Entschädigung, 1933; Flottengeleit im Seekrieg, 1936; Deutschlands Rechtslage, 1948. – *Quellen*: H. P. Ipsen, NJW 1993, S. 2226.

Sturm, Karl (?). Direktor (Verwaltungsdirektor) der Seeberufsgenossenschaft Hamburg.

Techen, Franz T. Schiffsausrüstung (Hamburg).

Völkers, F. Ewerführer in Hamburg.

Werner. Geheimrat, Reichsarbeitsministerium.

Werth, Alexander (geb. 2.5.1879 in Hadersleben/Nordschleswig; gest. 20.4.1942 in Hamburg). Vizeadmiral a.D.; Reichskommissar beim Seeamt Hamburg.

Wiedenfeld, Kurt (geb. 30.9.1871 in Berlin; gest. 26.12.1955 in Friedrichsbrunn/Harz). Sohn eines Regierungs-Baurats der preuß. Eisenbahnverwaltung. Studium der Rechtswissenschaften und der Volkswirtschaft in Lausanne, München, Leipzig und Berlin. 1892 Promotion zum Dr. iur., 1900 zum Dr. phil.; 1896 preuß. Gerichtsassessor. 1902 Habilitation für Staatswissenschaften; 1903 Eintritt in das Statistische Reichsamt; 1903 Prof. a.d. Akademie Posen, 1904 an der Handelshochschule Köln. 1914 ord. Prof. in Halle. 1918-1922 im Dienst des Auswärtigen Amtes (1920 Ministerialdirektor). 1923-1936 Prof. a.d. Univ. Leipzig. – *Werke:* Nachweis in der Festschrift: „Öffentliche Hand und Wirtschaftsgestaltung" von 1931 und im Verbundkatalog GBV. – *Quellen:* DBE, 2. Ausgabe, Bd. 10 (2008), 11, S. 604.

Willich, i. Fa. Kulenkampff u. Konitzky, Bremen.

Wüstendörfer, Hans (geb. 27.11.1975 in Wandsbek als Sohn eines Tabakkaufmanns; gest. 11.6.1951). Studium der Rechtswissenschaften in Berlin, Genf und München. Promotion 1897 in Straßburg, 1902 preuß. zweite Staatsprüfung. 1905/06 Habilitation a.d. Handelshochschule Köln (hier 1906-31.3.1910 Privatdozent, danach hauptamtl. Dozent). 1911 Umhabilitation a.d. Univ. Würzburg, zugleich Berufung als ord. Prof. a.d. Univ. Rostock. 1919 ord. Prof. in Hamburg (Lehrstuhl für Handels- und Schifffahrtsrecht). 1920-1927 Mitglied der DVP. 1933-1936 Vorsitzender des Seerechtsausschusses der ADR. 1941 Emeritierung. – *Werke:* Studien zur modernen Entwicklung des Seefrachtvertrages, 1905-1910; The Hague Rules 1922, 1923; Das Seeschiffahrtsrecht, in: Ehrenberg, Handbuch des gesamten Handelsrechts, Bd. 7, Abt. 2, Buch 2, 1923; Die kommende Reform des deutschen Seerechts, 1928; Wege und Ziele des kommenden Weltwirtschaftsrechts, 1930; Neuzeitliches Seerecht, 1947 (2. Aufl. 1950). – *Quellen:* Möller, Lebensbilder hamburgischer Rechtslehrer, S. 97 ff.; Landwehr, JuS 1987, S. 344 ff.; Personalakten im StA Hamburg 361-6 Nr. I 417 u. IV 1135.

Akademie für Deutsches Recht

Protokolle des Seerechtsausschusses

I. Vollversammlungen

1. Vollversammlung des Seerechtsausschusses vom 6.1.1934

a) Bericht der Deutschen Allgemeinen Zeitung vom 7.1.1934

Im Plenarsaal des Hanseatischen Oberlandesgerichts in Hamburg trat in Gegenwart der drei Hansebürgermeister der innerhalb der Akademie für Deutsches Recht neu gegründete *Ausschuss für Seerecht* zu seiner ersten öffentlichen Sitzung zusammen. Nach Begrüßungsworten des regierenden Bürgermeisters von Hamburg, *C. V. Krogmann* gab der Vorsitzende des Ausschusses, *Prof. Dr. Wüstendörfer* die Arbeitsziele und die grundsätzlichen Gedanken für die Reform des deutschen Seerechts bekannt.

„Die Akademie für Deutsches Recht hat in ihr Arbeitsprogramm mit Recht auch aufgenommen die Erneuerung der deutschen Seerechtsordnung. Ist doch Deutschland in dieser Beziehung zurückgeblieben hinter anderen bedeutenden Schifffahrtsländern, während Italien den Entwurf zu einem allumfassenden Seegesetzbuch aufgestellt hat, die Niederlande sich bereits seit 1924 des modernsten Seegesetzbuches von Europa erfreuen, in Skandinavien und Finnland ein gemeinsames Seefrachtrecht in Vorbereitung, ein gemeinsames Seemannsgesetz bereits in Geltung ist, hat bei uns in Deutschland das parlamentarische Elend einer jetzt versunkenen Zeit alle Reformpläne bisher vereitelt. Und doch ist gerade für die deutsche Schifffahrt das Seerecht dringend nötig, denn das geltende Gesetzbuch – das vierte Buch unseres Handelsgesetzbuchs – stammt im Wesentlichen noch aus der Segelschifffahrt.

Eine solche Reform wird sich *drei Ziele* zu setzen haben. Zunächst gilt es, Stellung zu nehmen zum Problem der *internationalen Vereinheitlichung* wichtiger Teilgebiete des Seerechts, wie sie in den drei Brüsseler Entwürfen über Reederhaftung, über Schiffsgläubigerrechte und über Beschränkung der Freizeichnungsklauseln in Konnossementen einer einheitlichen Regelung zugeführt werden sollen. Es wird zu prüfen sein, ob der etwas buntscheckige Kompromiss dieser Entwürfe doch immerhin so große Vorteile der zwischenstaatlichen Rechtsvereinheitlichung gewährt, dass man darüber die Preisgabe nationalen Rechts in Kauf nehmen kann und muss.

Die zweite große Aufgabe besteht in der *technisch-wirtschaftlichen Modernisierung* unseres Seerechts. Es wird aufzuräumen sein mit mancher altehrwürdigen Bestimmung, die der heutigen Zeitverhältnisse spottet. In den Mittelpunkt der privaten Seerechtsverordnung gehörte heute nicht sowohl der Schiffseigentümer als der Seefahrtunternehmer, damit die außerordentlich umstrittene Rechtsstellung des sogenannten Zeitcharterers endlich eine angemessene Lösung findet. Die Kapitänvollmacht auf der Reise, zugeschnitten auf die patriarchalischen Zustände der Segelschifffahrt, wird zu beschränken sein. Der Stückgutfrachtvertrag der Liniendampfschifffahrt bedarf neben den Charterverträgen der freien Frachtfahrt einer umfassenden Umgestaltung. Die Freizeichnungsklauseln der Konnossemente, durch die sich die Reedereien ihrer gesetzlichen Haftung zum Teil entledigen, werden auf ein gewisses Maß beschränkt werden müssen.

Vor allem aber wird die neue Rechtsordnung sich erfüllen müssen mit dem *Gesetz einer neuen Weltanschauung.* Es fragt sich, ob unsere Seerechtsordnung in jeder Hinsicht national genug ist. Das deutsche Flaggengesetz zum Beispiel, aus dem Zeitalter des Liberalismus stammend, mildert die Voraussetzungen für die Erlangung des deutschen Flaggenrechts bis zur Laxheit, genügt doch bei Aktien-Reedereien der inländische Gesellschaftssitz, mögen auch Gesellschaftskapital, Vorstand und Aufsichtsrat in ausländischen Händen sich befinden. Andere Seerechtsordnungen zeigen sich hier viel strenger.

Zum nationalen Element der Seerechtsordnung gesellt sich weiter das *soziale:* Die Seemannsordnung, dieses stark umkämpfte Gesetz, bedarf einer Ergänzung. Wenn irgendwo, so ist an Bord eines Seeschiffes das Führerprinzip am Platze. Es gilt, eine Synthese zu finden für strenge Unterordnung der Belange des einzelnen Schiffsmannes unter das Gesamtwohl der Schiffsgemeinschaft und andererseits für ausreichenden Schutz dieses Schiffsmannes gegen Unbill und wirtschaftliche Not.

Die Lösung aller dieser Aufgaben erheischt eine kritische Selbstbesinnung auf *die richtige Methode der Rechtsfindung.* Nötig ist, der Sucht zu überfein verästelten Bestimmungen zu entsagen und zurückzukehren zu einfacherer Normsetzung. Vor 75 Jahren hat man in Hamburg den soliden Bau unseres heutigen Seerechts errichtet. Möge der Neubau, den wir jetzt zu errichten uns anschicken, so stark und stolz sich erheben, dass er ein Jahrhundertwerk zu sein vermag." [Ebenso unzulässig ist der Versuch, Rechtsvorschriften in angeblich logischer Konsequenz nur aus beherrschenden Rechtsbegriffen abzuleiten, anstatt sich von Zweckmäßigkeitserwägungen leiten zu lassen. Der Gesetzgeber, der neue Lebenstatsachen in Rechtsformen gießen will, muss sich zunächst in deren wirtschaftlich-psychologische Zusammenhänge, in deren soziale Gegebenheiten versenken. Deshalb ist die Mitwirkung von Praktikern des Wirtschaftslebens im Seerechtsausschuss von unschätzbarem Wert.] [Aus dem Redemanuskript.]

b) Bericht des Hamburger Tageblatts vom 9.1.1934

Als vor 75 Jahren in Hamburg der Grundstein für unser noch bis heute geltendes Seerecht gelegt wurde, war man sich auf Seiten der damaligen Schöpfer dieses Rechtes wohl kaum darüber klar, dass die rastlos vorwärtsschreitende Technik der gesamten Schifffahrt und des Güterverkehrs einen derartigen Aufschwung nehmen würde, wie dies tatsächlich besonders in den letzten Jahrzehnten geschehen ist. Während andere bedeutende seefahrende Staaten, wie Holland, Italien, Finnland und die skandinavischen Länder die ungeheure Bedeutung, die das Recht in allen nur denkbaren Fragen der Schifffahrt und des Überseeverkehrs einnimmt, klar erkannten und dementsprechend in den letzten zehn Jahren daran gingen, ihr geltendes Seerecht zu modernisieren und den inzwischen vollkommen veränderten Verhältnissen anzupassen, konnte man sich in Deutschland lange Zeit nicht dazu entschließen.

Die neue Regierung und mit ihr die Leitung der Deutschen Rechtsfront erkannte von sich aus sogleich die eminente Wichtigkeit eines neuen Deutschen Seerechts und eine ihrer ersten Taten war daher die Bildung eines Seerechtsausschusses, der, aus Männern des Rechts, der Wissenschaft und der Praxis zusammengesetzt, die Reformarbeit unseres Seerechts unverzüglich in Angriff nehmen soll. Besondere Beachtung verdient es dabei, dass der Sitz dieser Körperschaft das Oberlandesgericht in *Hamburg* sein wird, wodurch engste Zusammenarbeit mit den Schifffahrtskreisen in jeder Weise gewährleistet ist.

Zum Vorsitzenden wurde *Prof. Dr. Wüstendörfer,* Dozent für Seerecht an der Universität Hamburg, ernannt, dem als stellvertretender Vorsitzender Oberlandesgerichtspräsident *Dr. Engel,* Hamburg, und als Schriftführer Rechtsanwalt *Dr. Droege,* Hamburg, und Richter *Dr. Bramslöw,* Hamburg, zur Seite stehen werden. Der Ausschuss wird aus 15 fachwissenschaftlichen Mitgliedern bestehen, zu denen neben ständigen Vertretern des Verkehrs-, Wirtschafts-, Arbeits- und Justizministeriums auch eine Reihe sog. politischer Mitglieder, neun an der Zahl, und die praktischen Mitglieder hinzutreten.

In der Arbeitsweise des Ausschusses soll, um der Gefahr des Parlamentarismus wirkungsvoll zu begegnen, das Führerprinzip weitgehendst gewahrt werden. In dem engeren Arbeitsausschuss der 15 Fachmitglieder werden die in Frage kommenden Probleme durchgesprochen und beraten werden. Während die politischen Mitglieder zu allen Sitzungen Zutritt haben, wird man die praktischen Mitglieder nur zu den sie betreffenden Spezialgebieten, ausgiebig aber zu den Unterausschüssen, die gebildet werden sollen, heranziehen. Der Ausschuss wird durch eine solche Arbeitsteilung in seiner ganzen Art erklärlicherweise sehr beweglich in seiner Arbeitsgestaltung sein, und so die beste Gewähr für ein sorgfältiges, allen Fragenkomplexen der Seeschifffahrt voll gerecht werdendes, Arbeiten bieten.

Bei der Eröffnungssitzung des Ausschusses, über die wir bereits berichteten, ging der Vorsitzende Prof. Dr. Wüstendörfer in einem längeren Referat auf das Problem der Seerechtsreform weitgehend ein, und betonte besonders die großen Gesichtspunkte, nach denen der Neubau des Deutschen Seerechts in Zukunft vorgenommen werden wird.

Die Reform als solche wird sich (in erster Linie) drei Hauptziele zu setzen haben, um die herum sich die ganze Einzelarbeit zu gruppieren hat. Zunächst wird man zu der wichtigen Frage der internationalen Vereinheitlichung Stellung nehmen müssen, um zu prüfen, wie weit besonders wichtige Teilgebiete, wie Reederhaftung, Schiffsgläubigerrechte und Konnossementsbedingungen unbedingt einer internationalen Vereinheitlichung näherzubringen sind, ohne die nationalen Grundbedingungen des neuen deutschen Seerechts zu gefährden. Zum zweiten gilt es vor allem, das neue Seerecht an die fortgeschrittene wirtschaftliche und technische Entwicklung der Seeschifffahrt und des Warenverkehrs anzugleichen, eine Aufgabe, die um so nötiger erscheint, als das bestehende Seerecht teilweise noch Bestimmungen enthält, die in den heutigen Zeiten fast phantastisch anmuten, weil sie seinerzeit vollkommen auf die Segelschifffahrt mit ihren monatelangen Reisen und vollkommen veränderten Frachtverhältnissen abgestimmt waren. Hierunter fällt auch das so bedeutungsvolle Kapitel der Kapitänsvollmacht, die man heute im Zeichen des drahtlosen Verkehrs stark einengen kann.

Die dritte und vielleicht heute wichtigste Richtlinie aber ist das Bestreben, das neue Recht inhaltlich dem Geiste des neuen Deutschland anzupassen. Die Frage, ob unsere heutige Schifffahrt noch in jeder Hinsicht national genug zu nennen ist, zum Beispiel auf dem Gebiete des Flaggenrechtes, des Registerrechtes usw. erfordert hier allergrößte Beachtung. Mit den nationalen Belangen aber steht heute unbedingt auch das soziale Problem im Vordergrund des Interesses. Und hier kommt die ungeheure Bedeutung des Seerechtes ganz besonders zum Ausdruck, da hier in dieses Gebiet auch die Erneuerungen der Deutschen Seemannsordnung fällt.

Jahrelang hat man in den interessierten Kreisen um eine neue, der heutigen veränderten Stellung des Kapitäns und des Schiffsmannes mehr entsprechende Seemannsordnung gekämpft. Neben radikalen Forderungen auf der Arbeitnehmerseite, besonders in den letzten Jahren, wurden von den verschiedenen gewerkschaftlichen Organisationen auch manche maßvollen und beachtlichen Entwürfe herausgebracht, die aber alle im Zeichen eines absoluten Parlamentarismus untergingen. Es gilt heute eine neue Synthese zu finden, die mit den überalterten, ganz auf die Segelschifffahrt zugeschnittenen Bestimmungen radikal aufräumt, und einerseits die mit der Disziplin und der Geltung deutscher Seeschifffahrt unvereinbaren Idee wie Bordbetriebsrat und ähnliches ablehnt, zum anderen aber das Verhältnis zwischen dem Kapitän, als dem allein verantwortlichen Führer des Schiffes, und dem Schiffsmann in eine neue, der Idee eines deutschen Sozialismus entsprechende Bahn lenkt. Die gesamte seefahrende Bevölkerung Deutschlands ist an diesem Problem maßgeblich interessiert, denn die Zeit, in der man nach aus dem Ende des vorigen Jahrhunderts stammenden Verordnungen mit modernen Schnelldampfern die See befuhr, muss heute in Deutschland endgültig vorüber sein.

Ein weiterer wichtiger Punkt, der unter diesen Fragenkomplex gehört, ist das Flaggengesetz. Während man in anderen Staaten, besonders aber in England schon früh ganz außerordentlich scharfe Bedingungen stellte, so dass z.B. die Schiffe nur dann die „Union Jack" führen dürften, wenn das Schiff in England gebaut, die Besatzung zum überwiegenden Teil aus Engländern besteht und der Besitzer des Schiffes Engländer ist, befleißigte man sich in Deutschland bisher in dieser Beziehung weitgehender Loyalität. Bei uns genügt es z.B. bei Aktiengesellschaften, wenn der Sitz der Reederei in Deutschland ist, um dem Schiffe das Führen der deutschen Flagge zu gestatten. Ob Kapital, Vorstand und Aufsichtsrat der Besitzerfirma in ausländischen Händen waren, spielte bisher so gut wie gar keine Rolle.

Auch hierin dürfte im neuen Seerecht eine entscheidende Änderung eintreten, bei der allerdings von Fall zu Fall zu prüfen sein wird, ob und wie weit es zweckmäßig sein dürfte, dieses Teilgebiet unseres Seerechts dem Vorbilde des englischen anzugleichen.

So ist es heute leicht erklärlich, dass man in Hamburg, als dem Sitz des Ausschusses für Deutsches Seerecht, in dem Hamburger Wissenschaftler und Praktiker in hervorragendem Maße beteiligt sind, der kommenden Arbeit dieses Gremiums mit allergrößter Aufmerksamkeit folgen muss. Arbeitgeber wie Arbeitnehmer sind in gleicher Weise an dem nun beginnenden Erneuerungswerk interessiert. Zu Deutschlands Seegeltung, repräsentiert durch seine moderne, allen Ansprüchen des internationalen Warenaustausches voll genügende Handelsflotte und durch seine auf der Höhe der Zeit stehenden Welthäfen, tritt nun das gewaltige, in sich fest gefügte Gebäude des neuen Deutschen Seerechts hinzu, das schon einmal vor langen Jahren richtunggebend für viele seefahrende Staaten war. Dass hier im Geiste unseres Führers, im Geiste der neuen Weltanschauung des nationalen Sozialismus der Tat, gute Arbeit geleistet werden wird, dafür bürgt die alte in jahrhundertelanger Seefahrtspolitik erhärtete Erfahrung des Hanseatentums; denn nicht umsonst wurde zum Sitz und Ausgangspunkt des neuen Deutschen Seerechts die Welthafenstadt Hamburg bestimmt.

2. Vollversammlung des Seerechtsausschusses vom 1.6.1934 (14 bis 15 Uhr)

Anwesend:
Vorsitzender: Prof. Dr. Wüstendörfer, Hamburg
stellvertretender Vorsitzender: OLG-Präsident Dr. Engel, Hamburg
1. Schriftführer: Rechtsanwalt Dr. Droege, Hamburg
2. Schriftführer: Richter Dr. Bramslöw, Hamburg
als politische Mitglieder:
Präsident der Akademie, Reichsjustizkommissar Staatsminister Dr. Frank, München
Rechtsanwalt Dr. Raeke, Hamburg
Senator Dr. Rothenberger, Hamburg
vom Reichsjustizministerium:
Ministerialdirektor Dr. Volkmar, Berlin
Ministerialrat Koffka, Berlin
als wissenschaftliche Mitglieder:
Rechtsanwalt Dr. Dettmers, Bremen
Dr. Krichhauff, Hamburg
Reichsgerichtsrat Dr. Lindenmaier, Leipzig

Direktor Michelau, Bremen
Dr. Nolte, Hamburg
OLG-Rat Dr. Reinbeck, Hamburg
Dr. Riensberg, Hamburg
Rechtsanwalt Dr. Schüler, Hamburg
Rechtsanwalt Dr. Schulze-Smidt, Bremen
Verwaltungsdirektor Sturm, Hamburg
als praktische Mitglieder:
Direktor Brandt, Hamburg
Kapitän Freyer, Hamburg
Schiffsingenieur Gottschow, Hamburg
Kapitän Koch, Hamburg
W. Krause, Hamburg
Studienrat Dr. Kuhl, Hamburg
Lotse Lührs, Hamburg
Oberhafenmeister Kapitän Oertel, Hamburg
Dr. Ohrt, Hamburg
vom Scheidt, Hamburg (in Vertretung des Herrn Biedermann)
Syndikus Dr. Wegeleben, Hamburg
als Gäste:
Oberregierungsrat Dr. Framhein, Hamburg
Landrat Dr. Fründt, Kiel
Reichsgeschäftsführer Dr. Heuber, Berlin
Direktor Dr. Lasch, Berlin
Oberregierungsrat Letz, Hamburg
Prof. Dr. Pagenstecher, Hamburg
Notar Dr. Wolpers, Lennep
für die Niederschrift in der Sitzung:
Assessor Dr. Möller, Hamburg und Referendarin Krüger, Wandsbek

Der *Vorsitzende* begrüßte zunächst die Erschienenen, besonders den Präsidenten der Akademie Reichsjustizkommissar Dr. Frank und wies einleitend hin auf die zahlreichen Beziehungen des Seerechtsausschusses zum hanseatischen Gau der Rechtsfront, sowie auf das Entgegenkommen, das die Ausschussarbeit bei den beteiligten Reichsministerien (Reichsjustizministerium, Reichsverkehrsministerium, Reichsarbeitsministerium) gefunden habe. Sodann führte er über die Ergebnisse der bisherigen Arbeit Folgendes aus:

Der Ausschuss habe diejenigen Teilgebiete vorweg beraten, welche formungsreif und überfällig seien. Er habe sich daher zunächst befasst mit den drei großen Brüsseler internationalen Abkommen über beschränkte Reederhaftung, Schiffsgläubigerrechte und Beschränkung der Freizeichnungsklauseln der Konnossemente (sog. Haager Regeln). Es sei zu untersuchen gewesen, ob im Falle der Annahme dieser Vertragsentwürfe durch Deutschland das Opfer an nationalem Gedankengut nicht zu schwer wiege gegenüber dem Vorteil zwischenstaatlicher Rechtseinheit. Der Ausschuss sei zu dem Ergebnis gelangt, dass das Abkommen über Reederhaftung trotz seiner verwickelten Kompromisse zur Annahme zu empfehlen sei, damit endlich die unerträgliche Rechtsverwirrung überwunden werde, welche bei internationalen Schiffsunfällen infolge der Verschiedenheit der Rechtsordnungen bisher zu entstehen pflege. Durch das Abkommen werde in Zukunft die beschränkte Reederhaftung ausgestaltet als eine Zahlungspflicht bis zur Höhe des Wertes von Schiff und Fracht, in den meisten Fällen jedoch höchstens bis zur Gesamtsumme von

8 £ je Tonne Raumgehalt des Schiffes. Als Haftungseinheit empfehle der Ausschuss, in Anlehnung an den Osloer Beschluss des Comité maritime international, grundsätzlich nicht den einzelnen Reiseunfall zu nehmen, sondern den ganzen Reiseabschnitt mit allen seinen Unfällen, damit der Reeder nicht durch mehrfache Haftung wirtschaftlich zu schwer belastet werde. Auch das Abkommen über Schiffsgläubigerrechte habe die allseitige Zustimmung des Seerechtsausschusses gefunden, da es einen internationalen Sieg deutscher Rechtsgedanken verwirkliche.

Dagegen habe der Ausschuss in der Frage der Haager Regeln eine volle Verständigung nicht erzielen können. Es handle sich dabei bekanntlich um die Übernahme des ursprünglich nordamerikanischen, jetzt schon zu einem Satz des Weltrechts gewordenen Kompromissgedankens: Keine Haftung des Reeders für nautische Versehen der Schiffsbesatzung, dagegen Zwangshaftung für Versäumnisse in Bezug auf Seetüchtigkeit des Schiffes und für schuldhafte Ladungsbehandlung, wobei dem Reeder die sog. Exkulpationspflicht auferlegt werde, so dass der Ladungsbeteiligte nicht nötig habe, seinerseits den schwierigen Beweis eines ursächlichen Verschuldens der Leute des Reeders zu erbringen. Einverständnis habe im Ausschuss darüber bestanden, dass der Grundgedanke dieses Kompromisses zu übernehmen, eine wörtliche Übersetzung der unzulänglichen englischen Fassung aber abzulehnen sei. Im Übrigen sei im Ausschuss eine starke Gruppe – insgesamt zehn Mitglieder – dafür eingetreten, das Gedankengut der Haager Regeln nur mit dem Vorbehalt zu übernehmen, dass man später in Einzelheiten davon wieder abweichen könne, während der Vorsitzende, unterstützt von einer anderen starken Gruppe – insgesamt elf Mitglieder – diesen Vorbehalt als zu weitgehend bezeichnet und sich für die Einarbeitung der Haager Regeln in das deutsche Seerecht ausgesprochen habe, aber mit zwei Vorbehalten, die auf eine Befreiung des Reeders von der Beweislast in den Fällen der Art. IV, 2 c bis p und Art. III, 6 hinausliefen. Der *Vorsitzende* führte dies näher aus und gab der Hoffnung Ausdruck, dass die drei Brüsseler Entwürfe im Sinne dieser Vorschläge bald Bestandteil der deutschen Seerechtsordnung würden.

Der Ausschuss habe sich sodann der Neugestaltung der deutschen Seemannsordnung zugewandt. Es habe Einverständnis darüber bestanden, dass auch die künftige Seemannsordnung durchdrungen sein müsse von den großen Grundsätzen des Gesetzes zur Ordnung der nationalen Arbeit, als: Treue der Gefolgschaft zum Führer, Sorge für das Wohl der Gefolgschaft, Wahrung sozialer Ehre. Es seien jedoch bei der Beratung gewichtige Gründe dafür geltend gemacht, dass jene Grundsätze in der neuen Seemannsordnung eine Ausgestaltung durch konkrete Einzelnormen erfahren müssten im Hinblick auf die technischen, wirtschaftlichen und sozialen Besonderheiten der Seeschifffahrt. Eine Aufstellung der konkret zu regelnden Punkte sei vom Reichsarbeitsministerium vorgelegt worden, eine andere, etwas umfangreichere, von einem Ausschussmitglied. Die weitere Klärung dieser Vorfrage solle demnächst in einem Unterausschuss erfolgen.

Fast zum Abschluss gebracht sei sodann die neue Fassung des Seeunfalluntersuchungsgesetzes. Der Ausschuss trete dafür ein, den Patentinhabern eine Berufungsmöglichkeit gegen Seeamtssprüche auch dann zu gewähren, wenn der Spruch zwar das Patent nicht entzogen, aber ein schuldhaftes Verhalten des Betreffenden – sei es auch nur ein leichtes Verschulden – in der Spruchformel festgestellt habe. Um die hiernach zu erwartende stärkere Inanspruchnahme des Oberseeamtes finanziell leichter tragbar zu machen, habe der Ausschuss vorgeschlagen, die Mitgliederzahl des Oberseeamtes von sieben auf fünf einschließlich des Vorsitzenden herabzusetzen, während eine Verminderung der Beisitzer für die Seeämter als unzweckmäßig abgelehnt werde. Der Vorsitzende gab der Hoffnung Ausdruck, dass ein neuer, vom Reichsverkehrsministerium vorgelegter und in einem Unterausschuss durchberatener Entwurf noch in diesem Jahre Gesetzeskraft erlangen möge, nachdem frühere Jahrzehnte sich vergeblich um die Erneuerung des Gesetzes abgemüht hätten.

Nach Erledigung dieser formungsreifen Teilmaterien habe der Seerechtsausschuss jetzt die größere Aufgabe in Angriff genommen, das gesamte übrige Seerecht im neuen Geiste auszubauen. Er habe sich dahin ausgesprochen, dass in Zukunft das Seerecht nicht mehr, wie bisher, als Seehandelsrecht in seiner Anwendung grundsätzlich auf Kauffahrteischiffe zu beschränken sei, sondern ausgeweitet werden müsse zu einem allgemeinen Seeschifffahrtsrecht, welches auch Nichterwerbsschiffe, wie beispielsweise Lotsendampfer, Forschungsdampfer, staatliche Dienstschiffe, innerhalb gewisser Grenzen mit umfasse.

Reichsjustizkommissar *Dr. Frank* sprach dem Vorsitzenden Dank und Anerkennung für die vom Seerechtsausschuss geleistete Arbeit aus. Das bisherige Schaffen des Seerechtsausschusses, dessen Mitglieder eine Fülle von Lebenserfahrungen besäßen, gebe ein gutes Beispiel der neuen Rechtswerdungsmethodik. Von hohem Idealismus getragen, habe man sich an das Werk gemacht, der Seeschifffahrt und damit einer großen Anzahl wichtiger Volksgenossen eine neue Rechtsordnung zu geben, welche sicherlich Deutschland vor allen anderen seefahrenden Nationen auszeichnen werde. Zum Segen des deutschen Volkes wünsche er dem Seerechtsausschuss einen guten Fortgang seiner Arbeiten.

Der *Vorsitzende* dankte dem Reichsjustizkommissar Dr. Frank im Namen der Mitglieder des Seerechtsausschusses für seine Worte warmer Anerkennung. Der Dank, den der Vorredner zum Ausdruck gebracht habe, dürfe auf ihn als den eigentlichen Schöpfer und Führer der Arbeit des Seerechtsausschusses zurückübertragen werden.

II. Arbeitssitzungen

der wissenschaftlichen Mitglieder (ab der 27. Arbeitssitzung der ständigen Mitglieder) des Seerechtsausschusses

1. Arbeitssitzung vom 6.1.1934 im Zimmer der hanseatischen Anwaltskammer. (12.45 bis 14.15 Uhr)

Anwesend waren:
Vorsitzender: Prof. Dr. Wüstendörfer, Hamburg,
stellv. Vorsitzender: OLG-Präsident Dr. Engel, Hamburg,
1. Schriftführer: Rechtsanwalt Dr. Droege, Hamburg,
2. Schriftführer: Richter Dr. Bramslöw, Hamburg
und als weitere wissenschaftliche Mitglieder:
Rechtsanwalt Dr. Dettmers, Bremen
Dr. Krichauff, Hamburg
Reichsgerichtsrat Dr. Lindenmaier, Leipzig
Dr. Ado Nolte, Hamburg
OLG-Rat Dr. Reinbeck, Hamburg
Dr. Riensberg, Hamburg
Rechtsanwalt Dr. Schüler, Hamburg
Dr. Schütte, Hamburg
Assessor Michelau, Bremen
Rechtsanwalt Dr. Schulze-Smidt, Bremen
Verwaltungsdirektor Sturm, Hamburg
Geheimrat Wiedenfeld, Leipzig (außerordentliches Mitglied)
als politisches Mitglied:
Rechtsanwalt Dr. Raeke, Hamburg
vom Reichsjustizministerium:
Ministerialrat Koffka, Berlin
Oberregierungsrat Dr. Riese, Berlin
von der deutschen Rechtsfront:
Dr. Heuber
Freiherr de Prel.

Der *Vorsitzende* eröffnete die Sitzung mit einer kurzen Begrüßung und erörterte darauf zunächst die Frage der Niederschrift. Er wies darauf hin, dass zur Unterstützung der vermutlich jahrelangen Ausschussarbeit eine zuverlässige Niederschrift unerlässlich sei. Vielleicht würden die Niederschriften auch späterhin gedruckt und als Erläuterungen zum Gesetz herausgegeben. Die Nachprüfung der Niederschriften solle durch einen besonderen Ausschuss erfolgen.

Zum Protokollführer bestimmte der Vorsitzende den zweiten Schriftführer Dr. Bramslöw. Der Prüfungsausschuss soll bestehen aus dem jeweiligen Vorsitzenden, dem jeweiligen Schriftführer, OLG-Rat Dr. Reinbeck, und einem von Monat zu Monat aus dem Kreise des Ausschusses zu wählenden vierten Mitglied. Als solches schlug der Vorsitzende zunächst OLG-Präsident Dr. Engel vor. Die Versammlung stimmte zu.

Die Presse soll zu den einzelnen Sitzungen nicht herangezogen werden. Über Teilergebnisse der Ausschussarbeit soll aber gelegentlich berichtet werden. Diese Berichterstattung wird ebenfalls von Dr. Bramslöw übernommen.

Dr. Heuber bat, die Presseberichte über das Presseamt der deutschen Rechtsfront zu leiten, weil der Ausschuss als Glied der Akademie zu dieser Front gehöre. Notfalls genüge ein Telefongespräch.

Der *Vorsitzende* berichtete über eine Besprechung in Berlin, als der Reichsjustizkommissar Dr. Frank, Reichsjustizminister Dr. Gürtner, preußischer Justizminister Dr. Kerrl, mehrere Staatssekretäre, sowie etwa zwanzig Vorsitzende der Akademieausschüsse teilgenommen haben. Bei dieser Besprechung hat der Führer der deutschen Rechtsfront, Dr. Frank, klargestellt, dass für die Ausschussarbeiten das Führerprinzip gelten soll. Mehrheitsbeschlüsse gegen den Vorsitzenden sind demnach unzulässig. Vielmehr gibt dessen Stimme bei Meinungsverschiedenheiten den Ausschlag. Der Vorsitzende bemerkte hierzu, dass er den größten Wert darauf lege, die Meinung der Ausschussmitglieder jeweils kennenzulernen und dass er sich freuen würde, wenn die Ansicht der Mehrheit des Ausschusses sich mit der seinigen stets decke.

Hinsichtlich des Umfangs der gestellten Aufgabe wies der Vorsitzende vergleichsweise auf die Beratung der Allgemeinen Deutschen Seeversicherungsbedingungen hin. Hierfür sind abgesehen von der Kriegszeit rund sieben Jahre nötig gewesen. Der Vorsitzende hält für die grundsätzliche Durchberatung aller Teilgebiete des privaten Seerechts mindestens 200 Sitzungen für erforderlich. Zunächst soll der Ausschuss in Abständen von zwei Wochen zusammentreten. Anstelle des ursprünglich vorgeschlagenen Sonnabends wird Dienstag der 16. Januar zum nächsten Sitzungstag bestimmt. Um die vom Reichsjustizkommissar gewünschte gründliche und doch schnelle Arbeit zu gewährleisten, werden nach Ansicht des Vorsitzenden im Allgemeinen Tagessitzungen wünschenswert sein.

Zum Arbeitsplan gab der Vorsitzende bekannt, dass den Ausschüssen keine bindenden Richtlinien erteilt worden seien. Der Reichsjustizminister habe vielmehr ausgeführt, es gäbe Materien, die seit vielen Jahren durchgeknetet und daher „formungsreif" seien, in diesem Falle wäre es vielleicht Aufgabe des Ausschusses, dem Reichsjustizministerium formulierte Gesetzesvorschläge zu unterbreiten. Bei Fragen dagegen, die noch in den Richtlinien und Grundgedanken geklärt werden müssten, hätte der Ausschuss sich vorerst auf diese Klärung zu beschränken.

Auch im Seerecht gibt es nach Ansicht des Vorsitzenden Teilgebiete, die überfällig und formungsreif sind. Hierzu gehören die drei Brüsseler Abkommen. Der Vorsitzende äußerte sich dahin, dass ihre Übernahme in Bausch und Bogen kaum in Frage käme. Der Ausschuss müsste jedoch prüfen, ob die Grundgedanken dieser Abkommen dem deutschen Seerecht einverleibt werden könnten, ohne nationale Belange zu gefährden. Der Vorsitzende schlug vor, die Brüsseler Abkommen schon auf die nächste Tagesordnung zu setzen. Auf diese Weise könnte der Öffentlichkeit vermutlich bald ein Teilergebnis vorgelegt werden.

Auf den Einwand eines Mitgliedes, dass es an der nächsten Sitzung wegen einer Reise nicht teilnehmen könnte, erklärte der Vorsitzende, dass sich in dieser Hinsicht bei den Herren aus dem Geschäftsleben häufig Schwierigkeiten ergeben würden, man müsse daher die gelegentliche Abwesenheit des einen oder anderen Mitgliedes in Kauf nehmen. Wichtige Punkte könnten deswegen nicht von der Tagesordnung abgesetzt werden.

Ministerialrat *Koffka* äußerte Bedenken über den Arbeitsplan hinsichtlich der Brüsseler Abkommen. Aufgabe des Ausschusses sei die Formung des Rechts. Die Brüsseler Abkommen seien jedoch fertig geformt. Es handle sich nur noch um ihre Annahme oder Ablehnung. Bezüglich der Haager Regeln sei mit baldiger Ratifikation zu rechnen.

Der Redner erklärte weiter, das Reichsjustizministerium würde es begrüßen, wenn der Ausschuss helfen würde, eine Form zu finden, in die das Recht jener Abkommen bei seiner evtl. Eingliederung in das deutschen Gesetz gegossen werden könnte.

Der *Vorsitzende* erwiderte, die grundsätzliche Stellungnahme zu den Brüsseler Abkommen gehöre unzweifelhaft zu dem Aufgabenkreis des Ausschusses. Damit solle keineswegs in das Arbeitsgebiet des Reichsjustizministeriums eingegriffen werden, vielmehr wolle der Ausschuss auch hierbei mit dem Ministerium harmonisch zusammenarbeiten.

Dr. Droege führte aus, im Interesse einer durchgreifenden Arbeit müssten auch solche Materien, deren Bearbeitung weit fortgeschritten sei, vom Ausschuss erörtert werden. Das gelte auch von den Brüsseler Abkommen, da sie noch nicht ratifiziert seien. Vor etwa zehn Jahren hätten die Reeder sich für die Annahme der Haager Regeln ausgesprochen. Inzwischen sei jedoch bei ihnen Widerspruch laut geworden. Diese Frage müsse daher noch einmal gründlich besprochen werden.

Der *Vorsitzende* und Verwaltungsdirektor *Sturm* stimmten lebhaft bei.

Ministerialrat *Koffka* erklärte, er sei missverstanden worden. Selbstverständlich wolle er dem Ausschuss keine wichtigen Gebiete entziehen. Was in Brüssel vereinbart worden sei, wäre aber fertiges Recht und es könne dem Ausschuss nicht willkommen sein, sich mit einer Materie zu befassen, in der er doch nichts ändern könne.

Der *Vorsitzende* stimmte dem Vorredner darin bei, dass Änderungen an den Brüsseler Abkommen nicht mehr möglich seien. Man könne nur annehmen oder ablehnen. Im letzteren Falle sei die Möglichkeit gegeben, anstelle des genannten Wortlauts lediglich den gedanklichen Inhalt zu übernehmen.

Dr. Droege wies darauf hin, dass auf diesem Gebiete eine bessere nationale Vorarbeit in Gestalt des deutschen Einheitskonnossements geleistet sei.

Der *Vorsitzende* ordnete nunmehr an, dass die Frage der drei Brüsseler Entwürfe über Reederhaftung, Schiffsgläubigerrechte und Haager Regeln auf der nächsten Arbeitssitzung besprochen werden sollte und zwar ohne Erörterung ihrer Einzelheiten. Die deutsche Ausgabe der Entwürfe soll den Teilnehmern durch das Büro zugehen.

Dr. Raeke regte an, die Ratifikation der Haager Regeln solange hinauszuschieben, bis der Ausschuss sich über ihre Annahme klar geworden wäre.

Ministerialrat *Koffka* antwortete, eine Ratifikation der Haager Regeln vor ihrer Erledigung im Seerechtsausschuss käme nicht in Frage.

Dr. Schulze-Smidt regte an, zur Besprechung dieser Materie Mitglieder aus der Praxis heranzuziehen. Hierauf wurde beschlossen, Bürgermeister Dr. Burchard, Direktor Brandt, Dr. Behm und Staatsrat Eßberger einzuladen.

Als nächsten Beratungsgegenstand schlug der *Vorsitzende* das *Seeunfalluntersuchungsgesetz* vor.

Dr. Droege empfahl, hierfür einen aus praktischen und wissenschaftlichen Mitgliedern bestehenden Unterausschuss einzusetzen. Dass die Materie reformreif sei, werde auch vom Verkehrsministerium anerkannt.

Verwaltungsdirektor *Sturm* betonte, es sei besser, diese Angelegenheit erst im größeren Kreise zu besprechen, damit dem Unterausschuss Richtlinien mitgegeben werden könnten.

Der *Vorsitzende* bezeichnete das Seeunfalluntersuchungsgesetz als dasjenige Gebiet, auf dem der Ausschuss zu allererst praktische Arbeit leisten könnte. Er würde damit auch das Vertrauen der Schifffahrt gewinnen, weil diese seit langen Jahren auf die Reform der Seeunfalluntersuchung dränge. Um gute Arbeit zu leisten, dürfe man allerdings auch hier nichts übereilen. Die Materie könne daher erst auf der übernächsten Sitzung in Angriff genommen werden. Dem noch zu bildenden Unterausschuss wären bei dieser Gelegenheit die Richtlinien mitzugeben. Unter Verwendung des inzwischen beschafften Materials könnte der Unterausschuss dann bald zu einem paragraphierten Vorschlag kommen.

Dr. Lindenmaier stimmte dem Vorredner darin bei, dass eine schnelle Erledigung des Seeunfalluntersuchungsgesetzes wünschenswert sei.

Der *Vorsitzende* bestimmte, dass das Seeunfalluntersuchungsgesetz frühestens in der dritten Sitzung besprochen werden sollte. Aus der Praxis seien Direktor Ritter und Kapitän Freyer zu laden, sowie der frühere Präsident des Hamburger Seeamts Dr. Schön.

Als weiteren Verhandlungsgegenstand für die nächste Zeit nannte der *Vorsitzende* die Seemannsordnung, und wies darauf hin, dass die Seeleute eine baldige Inangriffnahme dieses Komplexes erwarteten. Die Beratung der Seemannsordnung überschneide sich allerdings etwas mit der Aufgabe des Ausschusses für Arbeitsrecht, der ein einheitliches Gesamtarbeitsrecht schaffen möchte. Der Seerechtsausschuss dürfe sich die Beratung der Seemannsordnung aber nicht nehmen lassen, denn es würde einen Schaden für die Sache bedeuten, wenn diese Frage nicht von Kennern der Seefahrt, sondern nur von einem binnenländischen Ausschuss erörtert werden würde. Nach Besprechung der Grundlinien im wissenschaftlichen Ausschuss müsste ein Unterausschuss eingesetzt werden, zu dessen Beratungen selbstverständlich die Vertreter der Seeleute und seemännischen Angestellten ebenso hinzugezogen werden müssten, wie die Vertreter der Arbeitgeber.

Dr. Schüler empfahl, sofort den Unterausschuss zu bilden und erbot sich zur Leistung der Vorarbeiten.

Der *Vorsitzende* erwiderte, man dürfe sich bei dieser großen Aufgabe nicht zersplittern und auseinander streben, die Geschlossenheit und einheitliche Richtlinie müsse gewahrt bleiben, deshalb müsse erst die Beratung der Richtlinien im wissenschaftlichen Ausschuss stattfinden, und zwar schon in der übernächsten Arbeitssitzung.

Dr. Bramslöw bat, das Seeunfalluntersuchungsgesetz auf der betreffenden Tagesordnung an die erste Stelle zu setzen, damit es auf jeden Fall erledigt würde.

Der *Vorsitzende* machte nunmehr Angaben über die Arbeitsweise im Allgemeinen. Man werde sich nicht nach der Paragraphenfolge des Gesetzes, sondern nach der sachlichen Zusammengehörigkeit richten. Den Sitzungsteilnehmern wurde als unverbindlicher Vorschlag zu einer Stoffgliederung und Beratungsfolge folgende, vom Vorsitzenden verfasste Aufstellung übergeben:

Sachliches Anwendungsgebiet (Nichterwerbsschiffe)
Räumliches Anwendungsgebiet (Binnenschifffahrt)
Flaggenrecht und Schiffsregister
Eigentum und Pfandrecht an Seeschiffen
Reeder und Seeschifffahrtsunternehmer
Reederhaftung und Schiffsgläubigerrecht
Partenreederei
Schiffsbesatzung
Kapitän (Seeunfallgesetz, Vertretungsmacht, Heuervertrag, Lotse)
Heuervertrag des Schiffsmanns (Seemannsordnung)
Chartervertrag, Stückgutvertrag der Linienfahrt
Schiffsmakler
Konnossement und Haager Regeln
Reisevertrag und Auswandererschutz, Schleppvertrag
Notfälle der Reise: Schiffszusammenstoß, Große Haverei, Bergung und Hilfeleistung
Internationales Seerecht.

Der *Vorsitzende* erläuterte diese Aufstellung und erklärte hierbei, mit speziellen verwaltungstechnischen Angelegenheiten des öffentlichen Seerechts habe sich der Ausschuss nach seiner Ansicht nicht zu befassen, z.B. die Tiefladelinie, die ja auch international festgelegt sei, die Prüfungsvorschriften für Kapitäne, Steuerleute und Maschinisten, die Einrichtung der Logis-, Wasch- und Baderäume und ähnliches läge außerhalb des Arbeitsgebiets der Akademie. Es handle sich dabei um reine Zweckmäßigkeitsfragen, für die der Ausschuss auch nur teilweise zuständig sei, nicht nur Materien, die ihrem Wesen nach „Recht" seien.

Im Allgemeinen müsse man im Hauptausschuss davon absehen, formulierte Gesetzesvorschläge zu machen, es sei vielmehr Aufgabe dieses Ausschusses, vornehmlich die Richtlinien und Grundgedanken des neuen deutschen Seerechts zu besprechen, und die dem betreffenden Unterausschuss als bindende Anweisung mitzugeben. Dieser müsse dann für die Formulierung im Einzelnen sorgen.

Es käme auch in Frage, die Richtlinien als Empfehlung dem Reichsjustizministerium zu unterbreiten, mit der Bitte, daraufhin formulierte Gesetzesvorschläge auszuarbeiten. Mit dieser Formungstätigkeit, die eine besondere Begabung und Erfahrung erfordere, seien die Mitglieder des Ministeriums besonders gut vertraut.

Den Ausführungen des Vorsitzenden stimmte Verwaltungsdirektor *Sturm* auch im Namen der anderen Ausschussmitglieder zu.

Der *Vorsitzende* bat die Herren vom Reichsjustizministerium, sich ebenfalls zu seinen Vorschlägen zu äußern. Er wäre für jede Anregung und auch für Abänderungsvorschläge aus besserer Sachkenntnis dankbar.

Ministerialrat *Koffka* antwortete, der vorgetragene Arbeitsplan entspräche durchaus seinen Ansichten, nur auf diese Weise sei die große Aufgabe zu bewältigen.

Hierauf schloss der *Vorsitzende* die Sitzung mit einem Dank an die Mitwirkenden.

2. Arbeitssitzung vom 6.1.1934 (16-19 Uhr))

Anwesend waren:
Vorsitzender: Prof. Dr. Wüstendörfer, Hamburg
stellv. Vorsitzender: OLG-Präsident Dr. Engel, Hamburg
1. Schriftführer: Rechtsanwalt Dr. Droege, Hamburg
2. Schriftführer: Richter Dr. Bramslöw, Hamburg
und als weitere wissenschaftliche Mitglieder:
Rechtsanwalt Dr. Dettmers, Bremen
Dr. Krichhauff, Hamburg
Reichsgerichtsrat Dr. Lindenmaier, Leipzig
OLG-Rat Dr. Reinbeck, Hamburg
Rechtsanwalt Dr. Schüler, Hamburg
Dr. Schütte, Hamburg
Rechtsanwalt Dr. Schulze-Smidt, Bremen
Verwaltungsdirektor Sturm, Hamburg
Geheimrat Wiedenfeld, Leipzig (außerordentliches Mitglied)
vom Reichsjustizministerium:
Ministerialrat Koffka, Berlin
Oberregierungsrat Dr. Riese, Berlin
als praktische Mitglieder:
Direktor Hugo Brandt, Hamburg

Bürgermeister Dr. Burchard-Motz, Hamburg
Dr. Karlowa, Hamburg, als Vertreter für Staatsrat Eßberger
Assessor Michelau, Bremen, als Vertreter für Dr. Firle
Protokollführerin in der Sitzung: Referendarin H. Krüger.

I. Nach Begrüßung der Teilnehmer durch den Vorsitzenden berichtete Ministerialrat *Koffka* über das *internationale Abkommen zur einheitlichen Feststellung einzelner Regeln über die Beschränkung der Haftung der Eigentümer von Seeschiffen.* [unten S. 20 ff.]

Der Redner führte aus, dass das Abkommen über Regelung der beschränkten Haftung einen Zwischenweg zwischen den bisherigen Haftungssystemen wähle: Es sehe nicht mehr eine Haftung mit Schiff und Fracht, sondern eine Haftung, die dem Werte des Schiffes, der Fracht und des Zubehörs entspreche, vor. Die Haftung dürfe jedoch im Allgemeinen einen Gesamtbetrag von acht Pfund Sterling auf die Tonne des Raumgehalts des Schiffes nicht übersteigen. Bei verschuldeter Körperverletzung oder Tötung einer Person gelten abweichende Vorschriften, nach denen die Haftung u.U. sechzehn Pfund auf die Tonne betrage. Mit dem vollen Wert des Schiffes werde bei Vergütung für Hilfeleistung und in ähnlichen einzeln aufgeführten Fällen gehaftet.

Die Fälle, in denen der Schiffseigentümer die beschränkte Haftung in Anspruch nehmen könne, stimmten im Wesentlichen mit der im deutschen Recht getroffenen Regelung überein. Ebenso die Fälle, in denen nicht beschränkt, sondern in vollem Umfange gehaftet werde. Abweichend vom deutschen Recht sei dagegen die Haftung des Schiffsreeders geregelt, der bei nautischem Verschulden nur beschränkt hafte.

Der Redner wies dann auf die Auslegungsschwierigkeiten hin, die sich bei der Regelung der Frage des Zusammentreffens mehrerer Forderungen, für die beschränkt gehaftet wird, ergäben. Nach der deutschen Auffassung, die allein mit dem Wortlaut der Artikel 6 und 3 vereinbar sei, müssten bei mehreren, auf verschiedene Unfälle zurückzuführenden Ansprüchen oder bei mehreren Ladungsschäden stets mehrere besondere Haftungssummen gebildet werden, d.h. unter Umständen trete eine Haftung mit dem mehrfachen Wert von Schiff und Fracht ein. Eine andere Auslegung, die insbesondere auf der Tagung des Comité maritime international in Oslo im Sommer 1933 vertreten worden sei, gehe, gestützt auf die Entstehungsgeschichte des Abkommens, nach der nur *eine* Haftung par voyage oder doch nur eine Haftung für jeden Reiseabschnitt festgestellt werden sollte, dahin, dass nur eine einmalige Haftung im Wert von Schiff und Fracht auch bei mehreren Unfällen usw. in Frage komme. Bisher sei es noch nicht gelungen, die Frage in einer die Gerichte bindenden Weise zu klären.

Wichtig sei endlich gerade mit Rücksicht auf den gegenwärtigen Währungsverfall in England die Bestimmung des Artikel 15, nach der die im Abkommen bezeichneten Werte Goldwerte seien.

Auf Wunsch des Vorsitzenden übernahm nunmehr der *stellvertretende Vorsitzende* die Leitung der Beratung.

Der *Vorsitzende* nahm zum Bericht des Ministerialvertreters als Mitberichterstatter folgendermaßen Stellung:

Die Hauptschwierigkeit des Abkommens liege darin, dass es nicht aus einem Guss sei, sondern eine Synthese des amerikanischen Werthaftungs- und des englischen Summenhaftungssystems, kombiniert mit einer Sonderhaftung für Personenschäden darstelle. Daneben seien eine Reihe speziell deutschrechtlicher Gedanken hineingearbeitet. Deutschrechtlich seien z.B. folgende Normen:

art. 1, der unserem § 486 HGB entspreche (Fälle der beschränkten Haftung);

art. 2 gleiche § 486 Abs. 2 HGB (unbeschränkte Haftung bei eigenem Verschulden und Garantie);

art. 5, der die Haftungssurrogate aufzähle, ähnele dem § 775 HGB; die Versicherungssumme gehöre niemals zu den Haftungssurrogaten.

Der Fortfall einer Haftsumme beim Untergang des Schiffes entspreche wiederum dem deutschen Recht mit dem Unterschiede, dass eine Zusatzhaftung von 8% pro Tonne bei Personenschäden und eine Haftung in Höhe der fingierten Fracht von 10% des Schiffswertes zu Reisebeginn auch in diesem Falle hinzuträte.

Die von dem belgischen Seerechtler Frank angeregte Osloer Auslegung des art. 6 – Haftungseinheit sei der Reise*abschnitt*, nicht der Reise*unfall* – nähere sich dem deutschen Recht der *Reise* als Haftungseinheit und falle mit ihm zusammen bei einheitlichen Reisen z.B. von Hamburg nach New York ohne Anlaufen von Zwischenhäfen. Art. 9, der ein Aufschieben der Vollstreckung in das Landvermögen durch gerichtliche Anordnung vorsähe, komme ebenfalls der deutschen Rechtsauffassung entgegen.

Im Übrigen bedeuten die Normen des Brüsseler Abkommens mit ihrer beschränkt persönlichen Haftung keine völlig neue Rechtslage für Deutschland, denn in Wirklichkeit habe § 774 HGB schon lange die reine Sachhaftung auf dem Gebiete der Linienreederei beseitigt. Art. 8 stelle eine für den Reeder vorteilhafte Abweichung vom deutschen Recht dar. Die Arrestlösungssumme hafte hiernach nicht nur dem Arrestgläubiger, wie in der bisherigen deutschen Rechtspraxis, sondern allen Gläubigern, denen gegenüber nur beschränkt gehaftet werde. Die Gefahr, dass den neu entstehenden Schiffsgläubigern dann außerdem noch mit dem Schiff gehaftet werde, also eigentlich mit doppeltem Schiffswert, entfalle damit. Die Entwicklungstendenz gehe von der reinen Sachhaftung zur summenmäßig begrenzten Zahlungspflicht.

Als Nachteil sei die verwickelte wechselnde Schiffswertberechnung zu bezeichnen, die keinesfalls den Anforderungen eines volkstümlichen Gesetzes genüge.

Ferner sei nach dem Brüsseler Abkommen die Gefahr mehrfacher Gerichtsstände größer, während die deutsche Sachhaftung mit ihrer räumlichen Konzentration aller Ansprüche auf das Schiffsvermögen mehr auf einen einheitlichen Gerichtsstand hindränge.

Es sei deshalb zu begrüßen, dass das Comité maritime international ein Übereinkommen über Beschränkung des Gerichtsstandes bei Kollisionen vorbereitet. Das sei eine wertvolle Ergänzung des Haftungsabkommens.

Besonders schwierig sei ferner die Goldwertklausel. Die heutige englische Rechtsprechung vertrete den Satz, dass £ gleich £ sei. Daraus ergebe sich eine schärfere Haftung der deutschen Reederei gegenüber England als der englischen gegenüber Deutschland. Der Hauptgedanke des Abkommens, Schaffung einheitlicher Haftungsgrundlagen für die Risikoberechnung des Reeders sei gefährdet, solange nicht 1. die Haftung bei mehrfachen Unfällen auf einer Reise und 2. die Goldwertklausel geklärt würden.

Den erwähnten Nachteilen ständen Vorteile gegenüber, vor allem der Gedanke der Schaffung einer einheitlichen Rechtsgrundlage für den internationalen Seeverkehr.

Ferner sei es zu begrüßen, dass durch die 8-£-Grenze die großen Schiffe besonders geschützt würden, denn diese seien als die schnellsten, besteingerichteten die Träger des besonderen Ansehens der betreffenden Flagge im Auslande. Aber auch die kleinen Schiffe würden durch das Abkommen nicht benachteiligt; der kleine Reederschiffer werde durch art. 2 II geschützt, denn danach hafte er gleich dem Schiffseigner im Binnenschifffahrtsgesetze für eigenes nautisches Verschulden nur beschränkt.

Schifffahrtsfördernd werde sich auch noch ein anderes Moment des Abkommens auswirken. Heute werde die Ausbesserung beschädigter Schiffe unter Umständen dadurch gehemmt, dass nur die Schiffsgläubiger davon den Vorteil hätten. Anders aber künftig. Wenn der Wert des Schiffes bei der Ankunft im ersten Hafen nach dem Unfall zugrunde gelegt werde, so verbleibe dem Reeder die Wertsteigerung durch das später hineingesteckte Reparaturkapital. Endlich sei, wie bereits erwähnt, die tatsächliche Haftungssumme in Zukunft niedriger, weil die Arrestsumme *allen* Gläubigern zugute kommen solle.

Deshalb sei die Annahme des Entwurfs mit zwei Vorbehalten zu empfehlen: Geklärt werden müsse

1. die Frage des art. 6 (Osloer Beschluss) und
2. die Frage des art. 15 (Wirkung der Goldwertklausel auf die Haftungssumme).

Nach Annahme des Entwurfs sei auch das deutsche Seerecht für den innerdeutschen Seeverkehr entsprechend zu ändern. Denn sonst werde das Ziel der Rechtsgleichheit nicht erreicht. Auch greife das Haftungsabkommen mittelbar in andere Teilgebiete des Seerechts ein, die deshalb umgestaltet werden müssten, z.B. in das Recht der Partenreederei und der Kapitänsvollmacht.

Der *stellvertretende Vorsitzende* eröffnete hierauf die Aussprache.

Direktor *Brandt* wies darauf hin, dass die heute anstehenden Fragen mehr noch als den Reeder den Versicherer angingen, der in Wirklichkeit dem Reeder das Risiko abnähme. An der Annahme des Abkommens hätten die Versicherer ein großes Interesse. Vor allem bedeute die Rechtseinheit einen ungeheuren Nutzen, weil das Schiff im Allgemeinen nur eine kleine Strecke deutsches Hoheitsgebiet durchfahre, während des größten Teils seiner Reise aber wechselnden ausländischen Rechten unterworfen sei. Der Entwurf sei oft genug von Reedern und Versicherern durchgeprüft und für gut befunden. Man könne sich auch mit der Regel des art. 3 in der strengeren Auslegung (maßgeblich bei mehreren Kollisionen sei nicht der Wert des Schiffes im ersten Hafen, sondern der Wert nach der ersten Kollision) abfinden, denn der Fall, dass einem Schiff mehrere Unfälle auf einer Reise zustießen, sei sehr selten. Bedenklich sei zwar die Frage der Goldwertklausel. In einem englischen Urteil neueren Datums sei aber schon mit dem Satze: £ gleich £ gebrochen.

Dr. Krichhauff schlug vor, dass man sich um eine internationale Einigung aufgrund des Goldfranken nach der lateinischen Münzkonvention bemühe. Der Goldfranken habe sich in den internationalen Postabkommen bewährt.

Der Redner wies darauf hin, dass die Schiffswertberechnung nach der zweiten Kollision für die Verlader ungünstig sei. Auf Anfrage wurde dann allseitig bestätigt, dass bei der Schiffswertberechnung die hypothekarische Belastung nicht mit zu berücksichtigen sei.

Ministerialrat *Koffka* führte im Gegensatz zu Direktor Brandt aus, dass die Fälle der mehrfachen Schadensereignisse auf einer Reise häufig seien; es handle sich ja nicht nur um Kollisionsschäden, sondern art. 6 beträfe allgemein Fälle von Ladungsschäden, die ja aus vielfachen Ursachen herrühren könnten.

Dr. Droege meinte, dass das Problem der Annahme des Entwurfs noch einmal im Zusammenhang mit den anderen beiden Brüsseler Entwürfen behandelt werden müsste. Er erklärte ebenfalls das Goldwertproblem für schwierig, betonte jedoch, dass es nötig sei, auf alle Fälle Richtlinien derart, wie sie der Entwurf enthalte, in das neue HGB aufzunehmen. Man möge weiter versuchen, durch den Reichsjustizkommissar auf das Reichsjustizministerium dahin einzuwirken, dass der Entwurf vorläufig noch nicht angenommen werde.

Auf die Frage eines anderen wissenschaftlichen Mitgliedes, wer den Entwurf bisher ratifiziert habe, wurde von einem Vertreter des Reichsjustizministeriums Belgien, Dänemark, Spanien, Portugal und Ungarn genannt.

Dr. Schütte berichtigte die Angaben von Direktor Brandt dahin, dass das von ihm erwähnte Urteil des House of Lords eine ganz andere Frage, nämlich den Wert des englischen Pfundes an einem bestimmten Stichtage im Jahre 1928 behandle.

Dr. Lindenmaier befürchtete, dass verschiedene Länder wegen des Goldwertproblems die Ratifikation hinauszögern würden, besonders Englands Stellungnahme sei zweifelhaft. Die erstrebte Vereinheitlichung des Seerechts läge also noch in der Ferne: Dennoch sei er für die Annahme des Entwurfs.

Dr. Riese meinte, dass die englischen Richter die aus der Ratifizierung erwachsenden völkerrechtlichen Verpflichtungen beachten und art. 15 streng auslegen würden. Andernfalls würden übrigens auch die deutschen Reeder in England nur zur Leistung von Papier-Pfunden verurteilt werden. Die Frage des Artikel 15 könne wohl ohne besondere Schwierigkeiten durch Anfragen bei den einzelnen Regierungen gelöst werden, jedenfalls leichter als die Probleme des art. 6.

Der *Vorsitzende* erwog die Möglichkeit einer Ratifizierung mit den beiden Vorbehalten bezüglich art. 6 und 15.

Dr. Schulze-Smidt befürwortete die sofortige Ratifikation und meinte, Streitpunkte würde es immer geben, man dürfe die Ratifikation nicht aus diesem Grunde ad calendas graecas verschieben. Die erörterten Streitfragen könnten durch ein Zusatzabkommen international geregelt werden. Er habe in Oslo den Eindruck bekommen, dass das Abkommen voraussichtlich lange im englischen Parlament liegen bleiben werde. Denn die Engländer fühlten sich von der Mehrzahl der kontinentalen Länder, besonders von Deutschland, in der Frage der Haager Regeln im Stich gelassen. Bekannt sei ja auch, wie lange der Brüsseler Entwurf bereits vor dem französischen Senat schwebe, dessen Präsident sich allerdings sehr günstig zu dem Abkommen geäußert habe. In Italien stehe noch genauso wie in Schweden, die Genehmigung des Königs aus. Dort würde aber auch auf die Ratifikation seitens anderer Staaten gewartet.

Dr. Schütte betonte, dass es sich hier nicht um wirtschaftliche, sondern um politisch-taktische Fragen handle. Die Goldwertfrage scheine ihm unlösbar zu sein. Auf jeden Fall müssten mit dieser Frage mehrere Ministerien befasst werden.

Dr. Droege wies darauf hin, dass die drei Abkommen in einem unlöslichen Zusammenhang stünden. Sicher sei es erforderlich und zweckmäßig, die Gedanken des Entwurfs in das neue HGB zu übernehmen, der Seerechtsausschuss dürfe sich aber nicht vorzeitig die Hände binden.

Der Redner schlug vor, die Frage der Ratifikation dieses Abkommens bis zur Erledigung der beiden anderen Abkommen zurückzustellen.

Der *Vorsitzende* verneinte in inneren Zusammenhang zwischen den beiden ersten Abkommen und dem dritten. Er äußerte seine Freude über die Zustimmung der Reeder und Kaskoversicherer mit Bezug auf das erste Abkommen. Die Frage der Ratifizierung müsse der Regierung vorbehalten bleiben.

Notwendig sei jedoch eine Klärung im Sinne des Osloer Beschlusses; weiter müsse geprüft werden, wie die Goldwertklausel sich für unsere deutschen Reeder auswirke.

Dr. Dettmers wies auf die heutigen großen Unzuträglichkeiten fehlender Rechtseinheit hin. Er erinnerte an den Bährenfels-Fall: Kurz vor Erlass des holländischen Seegesetzes habe ein deutsches Schiff ein schwedisches in belgischen Gewässern beschädigt, wodurch ein Schaden in Höhe von 3,5 Millionen entstanden sei. Der schwedische Reeder habe sich damals aussuchen können, wo er seinen Schaden einklagte. Vier verschiedene Rechte seien in Frage gekommen; bevorzugt werde natürlich in solchem Falle ein Recht mit unbeschränkter Reederhaftung. Vier völlig verschiedene und erheblich voneinander abweichende Schadenersatzsummen hätten sich dabei ergeben. Nach holländischem Recht wäre unter Berücksichtigung der Währung die Rechtslage am günstigsten für den schwedischen Reeder gewesen. Deshalb sei in Holland geklagt worden. Das holländische Gericht habe aber weise zwischen dem Recht, nach dem sich die Verschuldensfrage richte, und dem Recht, das den Haftungsumfang bestimme, unterschieden. Dieser Fall erhelle, welche Schwierigkeiten sich durch die Rechtsungleichheit für alle Beteiligten ergäben. Die praktischen Vorzüge der Rechtseinheit müssten daher die theoretischen Bedenken gegen das Abkommen überwiegen. Bedenklich sei allerdings die Haftsumme von 8% pro Tonne. Diese Begrenzung nütze u.U. kleinen Schiffen. So könnten z.B. kleine Fischdampfer, deren Wert infolge ganz moderner Ausrüstung erheblich über 8 £ je Tonne hinausgehe, riesige Schäden anrichten, die dann mit 8 £ abgefunden würden.

Auf die Frage eines wissenschaftlichen Mitgliedes, ob eine Ratifikation unter Vorbehalten zulässig sei, erklärte ein Vertreter des Reichsjustizministeriums, er stimme dem Vorsitzenden darin bei, dass man die Lösung dieser Fragen der Regierung überlassen sollte.

Geheimrat Wiedenfeld betonte die Bedenken hinsichtlich der Goldklausel, diese sei auch von Bedeutung für die Frachthaftung. Von einer Vereinheitlichung könne man solange nicht sprechen, als verschiedene Auffassungen über das Goldpfund in den beteiligten Staaten herrschten. Nach Roosevelts gestriger Botschaft über eine 60%ige Stabilisierung sei anzunehmen, dass auch England dieser Regelung folgen werde. Das bedeute eine neue Währung.

Dr. Lindenmeier erklärte, dass eine Ratifikation mit Vorbehalten im internationalen Sinne nicht als Ratifikation angesehen werde. Zwei Fragen seien zu entscheiden, ob die Gedanken des Entwurfs in das neue HGB übernommen werden sollten, zum andern, ob die Ratifizierung empfohlen werde. Er sei der Ansicht, dass die Vorzüge überwögen. Eine weitere internationale Klärung würde die Sache nur weiter verzögern.

Direktor *Brandt* erklärte, dass die Währungsfrage keinen Einfluss auf Frachtsätze und Prämienhöhe habe. Man solle daher entweder die Währungsfrage offen lassen oder sie nach der lateinischen Münzkonvention lösen, keinesfalls aber die Annahme des Abkommens weiter verzögern.

Dr. Droege stellte fest, dass alle Beteiligten der Ansicht seien, dass die Vorteile des Abkommens ihre Nachteile überwögen. Die Frage seiner Annahme stehe aber im Zusammenhange mit der Übernahme der beiden anderen Abkommen. Deshalb wäre es nicht richtig, die Frage seiner Ratifikation vor der Besprechung der Haager Regeln zu behandeln. Er beantrage Vertagung des Haftungsabkommens.

Ministerialrat *Koffka* meinte zusammenfassend, dass sich der Ausschuss offenbar für die Übernahme der Grundsätze des 1. Brüsseler Abkommens im Sinne der Osloer Auslegung in das deutsche Recht aussprechen wolle.

Der *Vorsitzende* stellte fest, dass der Vertagungsantrag keine Zustimmung gefunden habe und formulierte das Beratungsergebnis dahin: Der Ausschuss billigt den Inhalt des Haftungsabkommens und würde deren baldige internationale Einführung begrüßen. Er gibt dem Wunsche Ausdruck, dass im Falle der Einführung

1. die Frage der Haftungseinheiten (art. 6) im Sinne des Osloer Beschlusses gelöst wird;
2. die Frage der 8 £ Grenze (art. 15) im Hinblick auf den englischen Währungsverfall eine Lösung findet, durch welche eine Schädigung der deutschen Schifffahrt und damit der deutschen Volkswirtschaft vermieden bleibt (vgl. art. 15 Abs. 3 des Entwurfes).

Der Ausschuss spricht sich ferner für Einarbeitung des Haftungsabkommens in die deutsche Seerechtsordnung unter Berücksichtigung vorstehender zwei Wünsche aus.

II. Der *stellvertretende Vorsitzende* eröffnete nunmehr die *Beratung des zweiten Brüsseler Abkommens (Hypothekenabkommen von 1924/1926)* [unten S. 24 ff.]

Über das Abkommen berichtete Ministerialrat *Koffka* folgendermaßen: Nach allgemeiner Ansicht beständen gegen dieses Abkommen keine Bedenken. Seine Regelung sei dem deutschen Recht sehr ähnlich.

Hypotheken und sonstige Pfandrechte, die rechtswirksam begründet worden seien, ständen den Schiffsgläubigerrechten im Range nach. Die Schiffsgläubiger hätten ein Recht auf vorzugsweise Befriedigung aus Schiff, Fracht und gewissen Ersatzbeträgen. Der Fracht würden auch Beträge gleichgestellt, die aufgrund des Artikel 4 des Abkommens über die beschränkte Haftung geschuldet würden. Hier bestehe eine Unstimmigkeit, es handle sich um einen fingierten Betrag von 10% des Wertes des Schiffes zu Beginn der Reise, der auch, wenn das Schiff keine Fracht verdient habe, als Fracht angesehen werde. Die Vorzugsrechte würden sich hiernach also auf eine nur gedachte, von niemandem an niemanden geschuldete Summe erstrecken. An einer solchen fingierten Summe könne nach deutscher Rechtsauffassung kein Recht auf vorzugsweise Befriedigung bestehen. Der Punkt sei aber nur von geringer praktischer Bedeutung. Die deutsche Regierung habe das Abkommen trotz dieser Unstimmigkeit gezeichnet.

Der Kreis der Schiffsgläubiger entspreche im Wesentlichen dem der Schiffsgläubiger des Handelsgesetzbuchs. Ebenso die Reihenfolge der Vorrechte. Nicht aufgeführt unter den bevorrechtigten Gläubigern seien die Berufsgenossenschaften und Versicherungsanstalten, jedoch sei den Vertragsstaaten das Recht vorbehalten, auch anderen Gläubigern als den im Abkommen genannten ein Vorzugsrecht zu geben, allerdings nur mit dem Range hinter den Hypothekengläubigern.

Artikel 7 enthalte die wichtige Bestimmung, die den Zusammenhang dieses Abkommens mit dem Haftungsabkommen klarlege: Bei der Verteilung der Haftungsmasse kämen die berechtigten Forderungen, auch wenn sie in voller Höhe angemeldet seien, nur mit dem Betrage zur Hebung, der sich aus den Regeln über die beschränkte Haftung des Reeders ergebe.

Das Abkommen enthalte dann noch eine dem deutschen Recht unbekannte wichtige Vorschrift über das Erlöschen der Vorzugsrechte durch Zeitablauf (Artikel 9). Grundsätzlich erlöschen alle Vorzugsrechte nach einem Jahr, Ansprüche aus Lieferungsverträgen, die der Schiffer abgeschlossen hat, sogar schon nach sechs Monaten. Diese Bestimmung sei von besonderem Wert für die nachfolgenden Hypothekengläubiger. Die in Landesgesetzen vorgesehenen Erlöschungsgründe blieben bestehen, jedoch führe die Veräußerung des Schiffes durch Zwangsversteigerung oder Notverkauf nur dann zum Erlöschen der Vorzugsrechte, wenn die landesgesetzlichen Formvorschriften über die Öffentlichkeit der Veräußerung beobachtet seien. Es folgten Vorschriften über die Geltendmachung des Rechts auf vorzugsweise Befriedigung aus Fracht und Zuwachs und gewisse Vorbehalte für die Landesrechte. Endlich noch die wichtigste Bestimmung, dass die Vorschriften des Abkommens auch für Schiffe gälten, die von einem Ausrüster oder von einem Hauptbefrachter verwendet würden, sofern diese Personen nicht durch unerlaubte Handlung in den Besitz des Schiffes gelangt seien und der Gläubiger nicht bösgläubig sei.

Sodann führte der *Vorsitzende* als Mitberichterstatter aus, das Hypothekenabkommen sei nicht zum wenigsten infolge der Mitwirkung von Vertretern des Reichsjustizministeriums gut gelungen. Von deutscher Seite sei der Korrelatsgedanke, – d.h. der beschränkten Haftung auf der einen Seite müsse auf der anderen Seite stets ein privilegiertes Pfandrecht entsprechen – in das Abkommen gebracht. Die englischen Trampreeder hätten diesen deutschen Antrag unterstützt, weil sie häufig Kredite für Bunkerkohlen, Proviant und Ausbesserungen in Anspruch nehmen müssten, und solcher Kredit dem Schiffe viel eher gewährt werde, wenn dieses dafür kraft eines Vorzugspfandrechts hafte. Das Abkommen kenne sechs Gruppen von Vorzugsrechten, nach der fünften Gruppe rangierten die Schiffshypotheken. Die Vorzugsrechte könnten wie im deutschen Rechte gegen jeden dritten Besitzer verfolgt werden. Deutschrechtlich sei auch der im Ergebnis hier auftauchende Begriff des Schiffsvermögens sowie der Begriff der Frachtreise. der letztere bedeute allerdings für den Fall des Stückgutverkehrs eine gewisse Rückständigkeit. Wie könne der Gläubiger gegen Hunderte von Frachtforderungen für Stückgute Pfändungen ausbringen? Dies sei schon jetzt im deutschen Seerecht totes Recht und werde es auch in Zukunft bleiben. Auch sei bedauerlich, dass das Pfandrecht am Frachtfixum der 10%, einer reinen Rechnungsgröße, trotz des deutschen Widerspruchs gegen diese Ungereimtheit nicht ausgemerzt sei. Da der Inhalt des Abkommens jedoch im Übrigen durchaus zu billigen sei, wäre eine baldige internationale Annahme zusammen mit dem Haftungsabkommen zu wünschen.

Dr. Lindenmaier meinte, dass Bestimmungen, wie das Pfandrecht am Fixum nicht mit dem deutschen Recht in Einklang zu bringen seien.

Ministerialrat *Koffka* stimmte dieser Ansicht bei, meinte aber, dass man vielleicht ein Vorrecht im Konkurse der Schiffseigentümer anstelle des Vorzugsrechts konstruieren könne.

Von anderer Seite wurde die Möglichkeit dieser Auslegung bezweifelt.

Ministerialrat *Koffka* meinte, man solle dieses Problem dem deutschen Gesetzgeber überlassen, dieser habe gegebenenfalls zu ergründen, wie man die im Abkommen zum Ausdruck gebrachten in das deutsche Recht einfügen könne.

Geheimrat *Wiedenfeld* warf die Frage auf, ob der schlechte Rang der Hypothekengläubiger sich nicht ungünstig für die Reeder selbst auswirken könne, da mit wachsendem Risiko auch die Zinsen erhöht würden.

Ministerialrat *Koffka* antwortete hierauf, dass die Stellung der Hypothekenbanken nach dem Abkommen besser sei als im geltenden Recht.

Direktor *Sturm* erklärte sodann die Vorschrift des art. 3 II für sehr bedenklich, da dadurch den einzelnen Staaten verwehrt werde, andere als die im Abkommen genannten Vorzugsrechte mit dem Range vor den Schiffshypotheken zu schaffen. Nur aufgrund des Vorrechts gemäß § 754 Ziff. 10 HGB sei die Seeberufsgenossenschaft bis jetzt ohne staatliche Hilfe ausgekommen. Wenn sie aber künftig mit ihren Forderungen im Range nach den Schiffshypotheken stände, so sei ihre Lage erschwert und es hätten die Seeleute und Reeder dann unter der Erhöhung der Beiträge zu leiden.

Der *Vorsitzende* fasste dann das Ergebnis dahin zusammen, dass der Entwurf einstimmig gebilligt werde. Es sei zu begrüßen, wenn er möglichst bald zusammen mit dem Haftungsabkommen angenommen werde. Zur Einarbeitung in das HGB, die erwünscht sei, gebe der Seerechtsausschuss die Anregung, das Pfandrecht am Frachtfixum der 10% (art. 4 abs. 2) möglichst den Vorstellungen des deutschen Rechts anzupassen.

Die Erörterung der Haager Regeln wurde wegen vorgerückter Zeit auf die nächste Sitzung vertagt.

Der *Vorsitzende* gab dann noch die Erklärung ab, dass bei der Versendung der Haager Regeln an die Mitglieder ohne sein Einverständnis eine 1928 erstattete gutachtliche Äußerung [in „Hansa" 1928, 893, 929, 1046] abgedruckt aus seiner Feder beigefügt worden sei. Er habe sich darin – entsprechend seinem damaligen Auftrage vom Reederstandpunkt ausgehend – gegen die *freiwillige* wörtliche Übernahme der Haager Regeln in ihrer monströsen *englischen* Fassung *als lex contractus* der Konnossemente ausgesprochen. Im Ausschuss sei dies Problem aber natürlich allseitiger zu betrachten, vor allem die Frage einer gesetzlichen *Einarbeitung* nur des *gedanklichen* Inhalts der Haager Regeln in das deutsche Seerecht zu prüfen, und zwar selbstverständlich auch vom Standpunkte der *Verlader*interessen, während ihm die wörtliche Übernahme der englischen Fassung auch heute noch unmöglich scheine. Ein damaliges Hauptbedenken, die englische Rechtsprechung zur Abgrenzung von nautischem und kommerziellem Verschulden, sei inzwischen durch die Entscheidung des House of Lords im Gosse-Millard-Fall erledigt. Inzwischen seien auch die Haager Regeln von Belgien und Holland angenommen worden, so dass die Frage auftauche, ob jetzt nicht schon aus Wettbewerbsgründen die Annahme auch für die Reeder empfehlenswert sei. Aus allen diesen Gründen sei seine damalige Äußerung eine unvollständige Grundlage für die heutige Erörterung des Problems.

Anlage 1:

International Convention for the Unification of certain Rules relating to the Limitation of the Liability of Owners of sea-going Vessels (Brüssel 25.8.1924)

Art. 1 The liability of the owner of a seagoing vessel is limited to an amount equal to the value of the vessel, the freight, and the accessories of the vessel, in respect of:

1° Compensation due to third parties by reason of damage caused, whether on land or on water, by the acts or faults of the master, crew, pilot, or any other person in the service of the vessel;

2° Compensation due by reason of damage caused either to cargo delivered to the master to be transported, or to any goods and property on board;

3° Obligations arising out of bills of lading;

4° Compensation due by reasons of a fault of navigation committed in the execution of a contract;

5° Any obligation to remove the wreck of a sunken vessel, and any obligations connected therewith;

6° Any remuneration for assistance and salvage;

7° Any contribution to the shipowner in general average;

8° Obligations arising out of contracts entered into or transactions carried out by the master, acting within the scope of his authority, away from the vessel's home port, where such contracts or transaction are necessary for the preservation of the vessel or the continuation of the voyage, provided that the necessity is not caused by any insufficiency or deficiency or stores at the beginning of the voyage.

Provided that, as regards the cases mentioned in Nos. 1, 2, 3, 4, and 5, the liability referred to in the preceding shall not exceed an aggregate sum equal to 8 pounds sterling per ton of the vessel's tonnage.

Art. 2. The limitation of liability laid down in the foregoing article does not apply:

1° To obligations arising out of acts or faults of the owner of the vessel;

2° To any of the obligations referred to in n°8 of article 1, when the owner has expressly authorized or ratified such obligation;

3° To obligations on the owner arising out of the engagement of the crew and other persons in the service of the vessel.

Where the owner or a part owner of the vessel is at the same time master, he cannot claim limitation of liability for his faults, other than his faults of navigation and the faults of persons in the service of the vessel.

Art. 3. An owner who avails himself of the limitation of his liability to the value of the vessel, freight, and accessories of the vessel must prove that value. The valuation of the vessel shall be based upon the condition of the vessel at the points of time hereinafter set out:

1. In cases of collision or other accidents, as regards all claims connected therewith, including contractual claims which have originated op to the time of arrival of the vessel at the first port reached after the accident, and also as regards claims in general average arising out of the accident, the valuation shall be according to the condition of the vessel at the time of her arrival at that first port.

For accidents occurring during the sejourn of a vessel in port, the valuation shall be according to the condition of the vessel at that port after the accident.

2. If it is a question of claims relating to the cargo, or arising on a bill of lading, not being claims provided for in the preceding paragraphs, the valuation shall be according to the condition of the vessel at the port of destination of the cargo, or at the place where the voyage is broken.

If the cargo is destined to more than one port and the damage is connected with one and the same cause the valuation shall be according to the conditions of the vessel at the first of those ports.

3. In all the other cases referred to in article 1 the valuation shall be according to the condition of the vessel at the end of the voyage.

Art. 4. The freight referred to in article 1, including passage money, is deemed, as respects vessels of every description, to be a lump sum fixed at all events at 10 per cent of the value of the vessel art the com mencement of the voyage.

That indemnity is due even though no freight be then earned by the vessel.

Art. 5. The accessories referred to in article 1 mean:

1) Compensation of material damage sustained by the vessel since the beginning of the voyage, and not repaired;

2) General average contributions in respect of material damage sustained by the vessel since the beginning of the voyage, and not repaired.

Payments on policies of insurance, as well as bounties, subventions, and other national subsidies, are not deemed to be accessories.

Art. 6. The various claims connected with a single accident, or in respect of which, in the absence of an accident, the value of a vessel is ascertained at a single port, rank which one another against the amount representing the extent of the owner's liability, regard being had to the order of the liens.

In proceedings with respect to the distribution of this sum the decisions given by the competent courts of the contracting States shall be evidence of a claim.

Art. 7. Where death or bodily injury is caused by the acts or faults of the captain, crew, pilot, or any other person in the service of the vessel, the owner of the vessel is liable to the victims or their representatives in an amount exceeding the limit of liability provided for in the preceding articles up to 8 pounds sterling per ton of the vessel's tonnage. The victims of a single accident or their representatives rank together against the sum constituting the extent of liability.

If the victims or their representatives are not fully compensated by this amount, the rank, as regards the balance of their claims, with the other claimants against the amounts mentioned in the preceding articles, regard being had to the order of the liens.

The same limitation of liability applies to passengers as respects the carrying vessel but does not apply to the crew or other persons in the service of that vessel whose right of action in the case of death or bodily injury remains governed by the national law of the vessel.

Art. 8. Where a vessel is arrested and security is given for an amount equal to the full limit of liability is shall accrue to the benefit of all creditors whose claims are subject to this limit.

Where the vessel is subsequently again arrested, the court may order its release, if the owner, while submitting to the jurisdiction of the court, proves that he has already given security for an amount equal to the full limit of his liability, that the security so given is satisfactory, and that the creditor is assured of receiving the benefit thereof.

If the security is given for al smaller amount or if security is required on several successive occasions, the effect will be regulated by agreement between the parties, or by the court, so as to insure that the limit of liability be not exceeded.

If different creditors take proceedings in the courts of different States, the owner may, before each court, require account to be taken of the whole of the claims and debts so as to insure that the limit of liability be not exceeded.

The national laws shall determine questions of procedure and time limits for the purpose of applying the preceding rules.

Art. 9. In the event of any action or proceeding being taken on one of the grounds enumerated in article 1, the court may, on the application of the owner of the vessel order that proceedings against the property of the owner other the vessel, its freight and accessories shall be stayed for a period sufficient to permit the sale of the vessel and distribution of the proceeds amongst the creditors.

Art. 10. Where the person who operates the vessel without owning it or the principal charterer is liable under one of the heads enumerated in article 1, the provisions of this convention are applicable to him.

Art. 11. For the purposes of the provisions of the present convention "tonnage" is calculated as follows.

In the case of steamers and other mechanically propelled vessels, net tonnage, with the addition of the amount deduced from the gross tonnage on account of engine-room space for the purpose of ascertaining the net tonnage.

In the case of sailing vessels, net tonnage.

Art. 12. The provisions of this convention shall be applied in each contracting State in cases which the ship for which the limit of responsibility is invoked is a national of another contracting State, as well as in any other case provided for by the national laws.

Nevertheless the principle formulated in the preceding paragraph does not affect the right of the contracting States not to apply the provisions of this convention in favour of the nationals of a noncontracting State.

Art. 13. This convention does not apply to vessels of war, nor to government vessels appropriated exclusively to the public service.

Art. 14. Nothing in the foregoing provisions shall be deemed to affect in any way the competence of tribunals, modes of procedure, or methods of execution authorized by the national laws.

Art. 15. The monetary units mentioned in this convention mean their gold value.

Those contracting States in which the pound sterling is not a monetary unit reserve to themselves the right of translating the sums indicated in this convention in terms of pound sterling into terms of their own monetary system in round figures.

The national laws may reserve to the debtor the right of discharging his debt in national currency according to the rate of exchange prevailing at the date fixed in article 3.

Art. 16. After an interval of not more than two years from the day on which the convention is signet, the Belgian Government shall place itself in communication with the Governments of the High Contracting Parties which have declared themselves prepared to ratify the convention, with a view to deciding whether it shall be put into force. The ratifications shall be deposited at Brussels at a date to be fixed by agreement among the said Governments. The first deposit of ratifications shall be recorded in a procès-verbal signet by the representatives of the powers which take part therein and by the Belgian Minister for Foreign Affairs.

The subsequent deposits of ratifications shall be made by means of a written notification, addressed to the Belgian Government, and accompanied by the instrument of ratification.

A duly certified copy of the procès-verbal relating to the first deposit of ratifications, of the notifications, referred to in the previous paragraph, and also of the instruments of ratification accompanying them, shall be immediately sent by the Belgian Government through the diplomatic channel to the powers who have signed this convention or who have acceded to it. In the cases contemplated in the preceding paragraph the said Government shall inform them at the same time of the date on which it received the notification.

Art. 17. Non-signatory States may accede to the present convention whether or not they have been represented at the International Conference at Brussels.

A State which desires to accede shall notify its intention in writing to the Belgian Government, forwarding to it the document of accession, which shall be deposited in the archives of the said Government.

The Belgian Government shall immediately forward to all the States which have signet or acceded to the convention a duly certified copy of the notification and of the act of accession, mentioning the date on which it received the notification.

Art. 18. The High Contracting Parties may at the time of signature, ratification, or accession declare that their acceptance of the present convention does not include any or all of the self-governing Dominions, or of the colonies, overseas possessions, protectorates or territories, under their sovereignty or authority, and the may subsequently accede separately on behalf of any self governing Dominion, colony, overseas possession, protectorate, or territory excluded in their declaration. They may also denounce the convention separately in accordance with its provisions in respect of any self governing Dominion, or any colony, overseas possession, protectorate, or territory under their sovereignty or authority.

Art. 19. The present convention shall take effect, in the case of the States, which have taken part in the first deposit of ratifications, one year after the date of the procès-verbal recording such deposit. As respects the States which ratify subsequently or which accede, and also in cases in which the convention is subsequently put into effect in accordance with article 18, it shall take effects six months after the notification specified in article 16, paragraph 2, and article 17, paragraph 2, have been received by the Belgian Government.

Art. 20. In the event of one of the contracting States wishing to denounce the present convention, the denunciation shall be notified in writing to the Belgian Government, which shall immediately communicate a duly certified copy of the notification to all the other States informing them of the date on which it was received.

The denunciation shall operate in respect of the State which made the notification, and on the expiration of one year after the notification has reached the Belgian Government.

Art. 21. Any one of the contracting States shall have the right to call for a fresh conference with a view to considering possible amendments.

A State which would exercise the right should give one year advance notice of its intention to the other States through the Belgian Government, which would make arrangement for convening the conference.

Additional article. The provisions of article 5 of the convention for the unification of certain rules relating to collisions at sea, of September 23, 1910, the operation of which had been put off by virtue of the additional article of that convention become applicable in regard to the States bound by this convention.

Protocol of Signature. In proceeding to the signature of the international convention for the unification of certain rules relating to the limitation of the liability of owners of seagoing vessels, the undersigned plenipotentiaries adopted the present protocol which will have the same force and the same value as if the provisions were inserted in the text of the convention to which it relates:

1. The High Contracting Parties reserve of themselves the right not to admit the limitation of the liability to the value of the vessel, the accessories and the right for damages done to works in ports, docks and navigable ways and for the cost of removing the wreck, or the right only to ratify the treaty on those points on condition of reciprocity.

It ist nevertheless agreed that the limitation of liability under the head of those damages will not exceed eight pounds sterling per ton of measurement, except as regards the cost of removing the wreck.

II. The High Contracting Parties reserve to themselves the right to decide that the owner of a vessel that it not used for the carriage of persons and measures not more that three hundred tons is liable as to claims arising from death or bodily injuries, in accordance with the provisions of the convention, but without there is occasion to apply to that liability the provisions of paragraph 1 of article 7 (aus: *Heinz Prüssmann,* Seehandelsrecht, 1968, S. 81 ff.).

Anlage 2:

Internationales Übereinkommen zur einheitlichen Feststellung einzelner Regeln über Privilegien und Hypotheken an Seeschiffen (Brüssel, 10.4.1926) (Auszug)

Art. 1. Die Hypotheken und Pfandrechte an Schiffen, die ordnungsgemäß nach dem Rechte des Vertragsstaats, dem das Schiff angehört, begründet worden und in einem öffentlichen Register, sei es der für den Registerhafen des Schiffes zuständigen Behörde, sei es eines Zentralregisteramts, eingetragen sind, werden in allen anderen Vertragsstaaten anerkannt.

Art. 2. Ein Privileg an dem Schiffe, an der Fracht der Reise, während welcher die privilegierte Forderung entstanden ist, und an dem seit dem Beginne der Reise erworbenen Zubehöre von Schiff und Fracht besteht für:

1. die dem Staate zu zahlenden Gerichtskosten und Aufwendungen, die im gemeinsamen Interesse der Gläubiger gemacht worden sind, um das Schiff zu erhalten oder um seinen Verkauf und die Verteilung des Erlöses durchzuführen; die Tonnen-, Leuchtfeuer- oder Hafengelder und andere öffentliche Gebühren und Abgaben gleicher Art; die Lotsengelder; die Kosten der Bewachung und Erhaltung seit der Einbringung des Schiffes in den letzten Hafen;

2. die Forderungen aus dem Dienstvertrag des Kapitäns, der Schiffsoffiziere, der Schiffsmannschaft oder anderer an Bord angestellter Personen;

3. die Vergütung für Bergung und Hilfeleistung und der Beitrag des Schiffes zur Havarie-Grosse;

4. die Entschädigungsforderungen aus Zusammenstoß und anderen Schifffahrtsunfällen sowie für Schäden an Hafen-, Dock- oder Wasserstraßen-Anlagen; die Entschädigungsforderungen aus körperlichen Verletzungen von Reisenden oder Schiffsbesatzungen; die Entschädigungsforderungen für Verlust oder Beschädigung von Ladungsgütern oder Reisegut;

5. die Ansprüche aus Verträgen oder Geschäften, die der Kapitän außerhalb des Heimathafens kraft seiner gesetzlichen Befugnisse innerhalb der Grenzen des wirklichen Bedürfnisses zur Erhaltung des Schiffes oder zur Fortsetzung der Reise geschlossen oder vorgenommen hat, ohne Unterschied, ob der Kapitän gleichzeitig Eigentümer des Schiffes ist oder nicht, und ob der Anspruch ihm zusteht oder denen, welche die Lieferung oder Ausbesserung bewirkt, das Darlehen gegeben oder einen sonstigen Vertrag geschlossen haben.

Art. 3. Die in Artikel 1 bezeichneten Hypotheken und Pfandrechte an Schiffen haben ihren Rang unmittelbar hinter den privilegierten Forderungen des vorstehenden Artikels.

Die Landesgesetze können auch anderen Forderungen als denen des genannten Artikels ein Privileg einräumen, jedoch ohne den Rang der durch Hypothek oder Pfandrechte gesicherten Forderungen und der ihnen vorgehenden Privilegien zu ändern.

Art. 4. Unter Zubehör von Schiff und Fracht im Sinne des Artikels 2 sind zu verstehen:

1. die Schadensersatzbeträge, die dem Schiffseigentümer für einen Sachschaden, der dem Schiffe zugestoßen und noch nicht ausgebessert ist, oder für Frachtverlust geschuldet werden;

2. die dem Schiffseigentümer geschuldeten Vergütungen für große Havarie, soweit der Schaden in einem Sachschaden, der dem Schiffe zugestoßen und noch nicht ausgebessert ist, oder in Frachtverlust besteht;

3. die dem Eigentümer des Schiffes geschuldeten Beträge für eine vor Beendigung der Reise erfolgte Hilfeleistung oder Bergung unter Abzug der Summen, die dem Kapitän und den anderen im Dienste des Schiffes stehenden Personen zukommen.

Überfahrtsgelder und gegebenenfalls die Beträge, welche auf Grund des Artikels 4 des Übereinkommens über die Beschränkung der Haftung der Eigentümer von Seeschiffen geschuldet werden, stehen der Fracht gleich.

Als Zubehör von Schiff oder Fracht gelten nicht die dem Eigentümer auf Grund eines Versicherungsvertrags geschuldeten Beträge sowie die staatlichen Prämien, Beihilfen und anderen Staatsunterstützungen.

In Abweichung von Artikel 2, Abs. 1, erstreckt sich das Privileg der im Dienste des Schiffes stehenden Personen auf die Fracht aller Reisen, die während desselben Anstellungsvertrags ausgeführt worden sind.

Art. 5. Die Ansprüche, die sich auf dieselbe Reise beziehen, sind in der Reihenfolge privilegiert, in der sie im Artikel 2 aufgeführt sind. Die in jeder der Nummern dieses Artikels zusammengefassten Ansprüche sind gleichberechtigt und kommen, wenn die Masse nicht ausreicht, im Verhältnis ihrer Beträge in Ansatz.

Die in den Nummern 3 und 5 aufgeführten Ansprüche kommen in jeder dieser Klassen in der umgekehrten Reihenfolge ihrer Entstehungszeit zur Hebung.

Forderungen, die sich auf dasselbe Ereignis beziehen, werden als gleichzeitig entstanden angesehen.

Art. 6. Die privilegierten Ansprüche der letzten Reise gehen denen der früheren Reisen vor.

Jedoch stehen alle Forderungen, die aus einem einheitlichen, mehrere Reisen umfassenden Dienstvertrage herrühren, in demselben Range wie die Ansprüche der letzten Reise.

Art. 7. Die privilegierten Gläubiger sind berechtigt, bei der Verteilung des Erlöses der dem Privileg unterliegenden Gegenstände den ganzen Betrag ihrer Forderung anzumelden, ohne dass ein Abzug mit Rücksicht auf die Regeln über die Haftungsbeschränkung gemacht wird; jedoch können die ihnen zukommenden Dividenden den Betrag nicht überschreiten, der nach den genannten Regeln geschuldet wird.

Art. 8. Die Privilegien können gegen jeden dritten Besitzer des Schiffes geltend gemacht werden.

Art. 9. Die Privilegien erlöschen, abgesehen von den in den Landesgesetzen vorgesehenen Fällen, mit dem Ablauf einer Frist von einem Jahr; jedoch kann für die in Artikel 2, Nr. 5, bezeichneten Forderungen, soweit es sich um Lieferungen handelt, die Frist sechs Monate nicht übersteigen.

Die Frist beginnt bei den Privilegien zur Sicherung der Vergütungen für Hilfeleistung und Bergung an dem Tage, an dem die Dienste beendigt sind; bei dem Privileg zur Sicherung der Entschädigungsforderungen aus Zusammenstoß und anderen Unfällen sowie für körperliche Verletzungen an dem Tage, an dem der Schaden verursacht worden ist; bei dem Privileg für Verluste oder Beschädigungen der Ladungshüter oder des Reisegutes an dem Tage der Ablieferung des Lade- oder Reisegutes oder an dem Tage, an welchem es hätte abgeliefert werden sollen; bei den Ausbesserungen und Lieferungen und den anderen Fällen des Artikels 2, Nr. 5, an dem Tage der Entstehung der Forderung. In allen übrigen Fällen beginnt die Frist mit der Fälligkeit der Forderung.

Das Recht, Vorschüsse oder Abschlagzahlungen zu verlangen, begründet nicht die Fälligkeit der in Art. 2, Nr. 2, bezeichneten Forderungen der an Bord angestellten Personen.

Unter den in den Landesgrenzen vorgesehenen Erlöschungsgründen führt ein Verkauf nur dann zum Erlöschen der Privilegien, wenn er unter Beobachtung der landesgesetzlich bestimmten Förmlichkeiten öffentlich bekanntgemacht ist. Diese Förmlichkeiten sollen eine in der landesgesetzlich bestimmten Form und Frist zu bewirkende Nachricht an die Behörde vorschreiben, die mit der Führung der im Artikel 1 dieses Übereinkommens vorgesehenen Register betraut ist.

Die Gründe für die Unterbrechung der vorstehend bezeichneten Fristen bestimmen sich nach dem Recht des mit der Sache befassten Gerichts.

Die Hohen vertragschließenden Teile behalten sich das Recht vor, in ihrer Gesetzgebung eine Verlängerung der vorstehend festgesetzten Fristen auf Grund des Umstandes zuzulassen, dass das mit dem Privileg belastete Schiff in den Hoheitsgewässern des Staates, in dem der Kläger seinen Wohnsitz oder seine Hauptniederlassung hat, nicht hat in Beschlag genommen werden können. Die Fristen dürfen jedoch drei Jahre seit der Entstehung der Forderung nicht überschreiten.

Art. 10. Das Privileg an der Fracht kann ausgeübt werden, solange die Fracht noch aussteht oder die Frachtgelder sich noch in den Händen des Kapitäns oder des Agenten des Eigentümers befinden. Entsprechendes gilt von dem Privileg an dem Zubehör.

Art. 11. Unbeschadet der Bestimmungen dieses Übereinkommens sind die in den vorhergehenden Bestimmungen vorgesehenen Privilegien weder einer Form noch einer besonderen Beweisregel unterworfen.

Diese Vorschrift lässt das Recht jeden Staates unberührt, in seiner Gesetzgebung Bestimmungen aufrechtzuerhalten, die vom Kapitän die Erfüllung besonderer Förmlichkeiten, sei es für gewisse Darlehensaufgaben auf das Schiff, sei es für den Verkauf der Ladung, erfordern.

Art. 12. Die Landesgesetze sollen die Art und Form der an Bord des Schiffes befindlichen Urkunden bestimmen, in denen die im Artikel 1 vorgesehenen Hypotheken und Pfandrechte einzutragen sind, ohne dass jedoch der Gläubiger, der die Eintragung in den vorgeschriebenen Formen beantragt hat, für Auslassungen, Irrtümer oder Verzögerungen der Eintragungen in diesen Urkunden verantwortlich wäre.

Art. 13. Die vorstehenden Bestimmungen sind anwendbar, wenn ein Schiff von einem Ausrüster, der nicht Eigentümer ist, oder von einem Unterverfrachter verwendet wird, es sei denn, dass dem Eigentümer der Besitz durch eine unerlaubte Handlung entzogen worden und der Gläubiger nicht in gutem Glauben ist.

Art. 14. Die Vorschriften dieses Übereinkommens werden in jedem Vertragsstaate zur Anwendung gebracht, wenn das belastende Schiff einem Vertragsstaat angehört; sie kommen ferner in den durch die Landesgrenzen bestimmten Fällen zur Anwendung.

Der im Absatz 1 aufgestellte Grundsatz lässt jedoch das Recht der Vertragsstaaten unberührt, die Vorschriften des Übereinkommens zugunsten der Angehörigen solcher Staaten nicht anzuwenden, die an dem Übereinkommen nicht beteiligt sind.

Art. 15. Dieses Übereinkommen findet auf Kriegsschiffe sowie auf Staatsschiffe, die ausschließlich für einen öffentlichen Dienst bestimmt sind, keine Anwendung.

Art. 16. Die Vorschriften der Landesgesetze, welche die Zuständigkeit der Gerichte, das Verfahren und die Zwangsvollstreckung regeln, werden durch die vorhergehenden Bestimmungen nicht berührt (aus: *H. Prüssmann,* aaO., S. 1179 ff.).

3. Arbeitssitzung vom 1.2.1934 (16 bis 19 Uhr)

Anwesend waren:
Vorsitzender: Prof. Dr. Wüstendörfer, Hamburg
stellv. Vorsitzender: OLG-Präsident Dr. Engel, Hamburg
1. Schriftführer: Rechtsanwalt Dr. Droege, Hamburg
2. Schriftführer: Richter Dr. Bramslöw, Hamburg
und als weitere wissenschaftliche Mitglieder:
Rechtsanwalt Dr. Dettmers, Bremen
Dr. Krichhauff, Hamburg
Reichsgerichtsrat Dr. Lindenmaier, Leipzig
OLG-Rat Dr. Reinbeck, Hamburg
Dr. Riensberg, Hamburg
Rechtsanwalt Dr. Schüler, Hamburg
Dr. Schütte, Hamburg
Rechtsanwalt Dr. Schulze-Smidt, Bremen
Verwaltungsdirektor Dr. Sturm, Hamburg
Geheimrat Wiedenfeld, Leipzig (außerordentliches Mitglied)
vom Reichsjustizministerium:
Ministerialrat Koffka, Berlin
Oberregierungsrat Dr. Riese, Berlin
vom Reichsverkehrsministerium:
Ministerialdirektor Dr. Klausener, Berlin
Ministerialrat Geheimrat Werner, Berlin
als praktische Mitglieder:
Dr. Behm, Stettin
Direktor Hugo Brandt, Hamburg
Staatsrat John T. Eßberger, Hamburg
Assessor Michelau, Bremen, als Vertreter für Dr. Firle
Generaldirektor Roselius, Bremen
für die Niederschrift in der Sitzung: Referendarin H. Krüger.

Der *Vorsitzende* eröffnete die Sitzung mit einem Hinweis auf die geschichtliche Bedeutung des Gesetzes über den Neuaufbau des Reichs vom 30. Januar dieses Jahres und gab der Hoffnung Ausdruck, dass auch der Seerechtsausschuss der Akademie für Deutsches Recht mitarbeiten möge an der Schaffung der Rechtsgrundlagen des neuen deutschen Einheitsstaates.

Im Anschluss hieran begrüßte der Vorsitzende die zum ersten Mal erschienenen Sitzungsteilnehmer und gab sodann Geheimrat Wiedenfeld das Wort zu dem in der vorigen Arbeitssitzung besprochenen Währungsproblem (8 £ Grenze). Der Redner gab der Ansicht Ausdruck, dass dies Problem nicht von allen Teilnehmern genügend beachtet worden sei. In einem deutschen Gesetz dürfe nicht von englischen Pfundwerten, sondern nur von Reichsmarkwerten die Rede sein. Das würde aber im internationalen Verkehr, vor allem gegenüber England, unsere Stellung erschweren. Dann könne nämlich England mit demselben Recht wie Deutschland dem Abkommen seine eigene nationale Währung zugrunde legen. Die praktische Folge wäre, dass der von einem deutschen Schiff Geschädigte mehr Schadensersatz bekäme als der von einem englischen Schiff Geschädigte. Insoweit sei das Abkommen also nachteilig für Deutschland. Eine besondere Schwierigkeit läge ferner darin, dass das neue Pfund ein Goldpfund, der neue Dollar ein Golddollar sei. In der anschließenden Aussprache wurde u.a. empfohlen, eine Goldgewichtsgrundlage zu nehmen, wie im Luftrechtsabkommen oder das Goldpfund aus der Zeit vor seinem Sturz für maßgeblich zu erklären. Von anderer Seite wurde erklärt, diese Frage könne vorläufig überhaupt nicht gelöst werden.

Der *Vorsitzende* führte aus, den von Geheimrat Wiedenfeld erwähnten Schwierigkeiten werde seines Erachtens durch den Vorbehalt in Art. 15 III des Haftungsabkommens genügend vorgebeugt. Auch seien die deutschen Interessen durch den in der vorigen Sitzung gefassten Beschluss gewahrt. Der Vorsitzende verlas die betreffende Stelle aus der Niederschrift der zweiten Arbeitssitzung. Die übrigen Teilnehmer pflichteten hierauf seiner Ansicht bei.

Auf den *Hinweis von Dr. Reinbeck,* dass die Annahme des Haftungsabkommens das Deutsche Reich mit der Haftung für seine Zwangslotsen belasten würde, wurde vom Vorsitzenden angeregt, diese Frage erst später bei Besprechung der Rechtsstellung der Lotsen zu erörtern.

Der *Vorsitzende* gab nunmehr bekannt, dass der stellvertretende Vorsitzende angeregt habe, in den Niederschriften die Namen der Redner anzugeben. Diese Anregung wurde aus dem Kreise der Mitglieder unterstützt mit der Begründung, die Niederschriften würden dadurch anschaulicher und weniger schwerfällig. Gegen die Namensnennung wurde geltend gemacht, es käme nicht darauf an, wer sich für diesen oder jenen Gedanken eingesetzt hätte, sondern nur darauf, wie der Gang der Aussprache und ihr Ergebnis gewesen sei. Späterhin würden die Niederschriften vielleicht gedruckt. Aus diesem Grunde müssten sie den Rednern, deren Namen genannt würden, vorher zur Prüfung vorgelegt werden. Daraus ergäbe sich jedoch eine erhebliche Verzögerung. *Dr. Bramslöw* wandte hiergegen ein, bei der Drucklegung könnten die Namen wieder fortgelassen werden. Im Übrigen seien der Vorsitzende und der stellvertretende Vorsitzende auch ohne Namensnennung jederzeit als Redner erkennbar. Ähnliches gelte von den Ministerialvertretern. Völlige Anonymität sei also gar nicht durchzuführen. Ein Vorschlag, die Redner ohne Namensnennung als Vertreter bestimmter Interessengruppen zu bezeichnen, stieß auf Widerspruch, weil im Seerechtsausschuss nicht die Interessen einzelner Gruppen, sondern nur gemeinnützige vertreten werden sollten.

Schließlich wurde als Ergebnis der Aussprache festgestellt, die Berichterstatter und solche Redner, die längere Ausführungen zur Sache machten, sollten mit Namen aufgeführt, im Übrigen aber nur der Gang der Beratung gekennzeichnet werden.

Nachdem der stellvertretende Vorsitzende auf Wunsch des Vorsitzenden die Leitung der Beratung übernommen hatte, berichtete Ministerialrat *Koffka* über die Haager Regeln: Der Berichterstatter betonte, dass gegen die *Haager Regeln* (Anlage 1) im Gegensatz zu den beiden vorher beratenen Abkommen ein gewisser Widerstand bestünde.

Neben der Mangelhaftigkeit der äußeren Form der Haager Regeln mit ihren vielen Wiederholungen und überflüssigen Bestimmungen würden auch gewisse materiellrechtliche Bedenken geltend gemacht, denen auf der anderen Seite erhebliche Vorteile, insbesondere die Vereinheitlichung des Seerechts auf einem der wichtigsten Gebiete, gegenüberstünden. Den formalen Bedenken könne jedoch durch eine andere bessere Fassung, die man den Regeln im deutschen Gesetze verliehe, abgeholfen werden.

Zu betonen sei, dass wiederum im Gegensatz zu den beiden ersten Brüsseler Abkommen die Haager Regeln nicht mit dem deutschen Gesetzesrecht verglichen werden könnten, sondern dass die Vergleichsbasis nur der durch die Klauseln geschaffene tatsächliche Rechtszustand sein könne, weil das deutsche Recht gerade in den durch das Haager Abkommen geregelten Punkten nachgiebig sei und das Gesetzesrecht durch die üblichen Vertragsklauseln verdrängt sei.

Der Zweck des Abkommens sei gewesen, einen billigen Kompromiss zwischen Reeder- und Verladerinteressen zu schaffen und vor allem Rechtssicherheit in den Beziehungen zwischen

Reeder und Empfänger zu erzielen. Selbstverständlich würden dabei von den einzelnen Interessengruppen kleine Opfer gefordert.

Zu dem Geltungsbereich des Abkommens führte der Berichterstatter folgendes aus: Das Haager Abkommen regele nur den durch Konnossemente beurkundeten Frachtverkehr, sehe aber gleichzeitig vor, dass nahezu jeder Seefrachtvertrag durch Konnossemente beurkundet werden müsse. Ausnahmen gälten nur für gewisse in art. 6 näher geschilderte Sondertransporte. Grundsätzlich sei also zu sagen, dass die Haager Regeln sich auf den gesamten Seefrachtverkehr bezögen mit Ausnahme des in art. 1 c benannten Tiertransports und der vereinbarten Deckladung.

Die Frage, wer zur Konnossementsausstellung befugt sei, beantworte das Abkommen nicht, durch die nationale Gesetzgebung könne aber das Verfrachterkonnossement zugelassen werden.

Das Abkommen sehe ferner ein Übernahmekonnossement vor. Nach erfolgter Verladung solle das Übernahmekonnossement durch ein Abladekonnossement ersetzt oder einem solchen gleichgestellt werden durch Aufnahme eines entsprechenden Vermerks des Verfrachters über die erfolgte Verladung in das namentlich genannte Schiff.

Wichtig sei die Vorschrift des Art. III § 3 Abs. 2, nach der der Verfrachter nicht verpflichtet sei, Merkzeichen etc. in das Konnossement aufzunehmen, von denen er den Umständen nach annehmen dürfe, dass sie unrichtig seien, oder zu deren Nachprüfung er keine Gelegenheit hatte.

Als erhebliche Abweichung vom deutschen Recht sei zu erwähnen, dass das Konnossement nur eine widerlegliche Vermutung für den im Konnossement beurkundeten Empfang der Güter schaffe. Das geltende deutsche Recht kenne bekanntlich die Skripturhaftung, d.h. die Gewährleistung für die Richtigkeit der Konnossementsangaben. Ein Gegenbeweis sei hierbei nicht zulässig. Das Haager Abkommen stelle lediglich eine Vermutung auf „sauf preuve contraire". Erwähnt werden müsse, dass allerdings auch die Ansicht vertreten werde, dass die Skripturhaftung trotzdem mit den Haager Regeln vereinbar sei. Diese Änderung im Konnossementsrecht berühre den tatsächlich herrschenden Zustand kaum, denn meistens sei die Skripturhaftung durch die Konnossementsklauseln ausgeschlossen, so z.B. durch Regel 14 des Einheitskonnossements von 1912. Die Stellung des Konnossementsinhabers werde also durch das Abkommen nicht verschlechtert. Eine andere Frage sei, ob diese Bestimmung der Haager Regeln sich ungünstig für die Reeder auswirke. Heute sei durch die Klauseln die Beweiskraft des Konnossements in der Regel beseitigt. Wenn der Konnossementsinhaber Ansprüche gegen den Reeder erheben wolle, müsse er sich also zum Beweise für die Menge und Art der Güter anderer Beweismittel bedienen. Er sei auf jeden Fall beweispflichtig. Nach den Haager Regeln müsse der Reeder aber den Gegenbeweis gegen die Richtigkeit des Konnossements führen. Hierauf habe Prof. Dr. Wüstendörfer schon in seiner Schrift über die Haager Regeln [The Hague Rules 1922, Kritische Betrachtungen] 1923 hingewiesen. Aber auch hier werde die Praxis anders aussehen, als es zunächst nach dem Wortlaut des Abkommens den Anschein habe. Denn der Reeder sei in vielen Fällen durch den bereits erwähnten art. III § 3 Abs. 2 geschützt, wonach die Konnossementsangaben des Verladers beim Verdacht der Unrichtigkeit und im Falle der Nichtnachprüfbarkeit nicht bestätigt zu werden brauchten. Das treffe nach Prof. Dr. Wüstendorfers Ausführungen regelmäßig im Großverkehr der Linienreedereien zu. Wenn der Reeder in solchen Fällen die Klausel „Menge unbekannt" oder ähnliche Klauseln aufnähme, so bleibe alles beim Alten.

Der Berichterstatter wandte sich dann der Frage zu, wofür der Reeder nach den Haager Regeln hafte. Der oberste Grundsatz des Abkommens sei, dass der Unternehmer außer für Seetüchtigkeit des Schiffes bei Reisebeginn für jedes kommerzielle Verschulden ohne Befugnis der Preiszeichnung hafte, dagegen nicht für nautisches Verschulden. Der Unterschied zum heutigen Seerecht liege darin, dass der Reeder nach dem HGB auch für nautisches Verschulden hafte, aber die Freizeichnungsbefugnis für beide Arten von Verschulden, nautisches sowie kommerzielles, habe. Da in der Praxis im weitesten Maße davon Gebrauch gemacht werde, so verschlechtere sich die Lage des Reeders insoweit, als er für kommerzielles Verschulden sich dann nicht mehr freizeichnen könne.

Auch von der Haftung für Seetüchtigkeit bei Reisebeginn, für ordentliche Bemannung und Ausrüstung, und für den ordnungsmäßigen Zustand der Lade-, Kühl- und Gefrierräume usw., könne der Reeder sich nicht freizeichnen. Diese Zwangshaftung stelle aber keine Gewährleistung dar, sondern die Haftung erstrecke sich nur auf die Mängel, die bei ordentlicher Sorgfalt zu entdecken gewesen seien gem. art. IV § 1 und art. IV § 2 p. Der Reeder sei allerdings beweispflichtig dafür, dass er die gehörige Sorgfalt aufgewendet habe, wenn ein Schaden aus mangelhafter Seetüchtigkeit entstanden sei.

Weiter bestehe – wie bereits erwähnt – eine Zwangshaftung für kommerzielles Verschulden; hierzu rechne nach art. II das Einladen, Handhaben, Stauen, Befördern, Verwahrung, Betreuen und Ausladen. Dieser Grundsatz entspreche dem § 606 HGB und der Regel 12 des Einheitskonnossements, das aber dieses Prinzip durch Regel II 4 stark abschwäche. Wichtig sei dieser Grundsatz auch für die Fälle des Ladungsdiebstahls. Das deutsche Einheitskonnossement verlange hier vom Ladungsbeteiligten den Nachweis, dass der Diebstahl durch die Schiffsmannschaft begangen sei. Nach den Haager Regeln hafte der Unternehmer stets für Diebstähle der Besatzungsmitglieder, für Diebstähle Dritter dann nicht, wenn der Diebstahl weder durch sein eigenes Verschulden, noch durch das seiner Leute verschuldet sei. Für dieses Nichtverschulden sei der Reeder beweispflichtig gem. art. IV § 2 q.

Artikel IV enthalte die Vorschriften darüber, wann der Unternehmer *nicht* haftet. In § 1 werde zunächst erwähnt, dass er für Seeuntüchtigkeit nicht haftet, sofern er bei Beginn der Reise die Seetüchtigkeit mit der erforderlichen Sorgfalt nachgeprüft hat. Derselbe Gedanke sei bereits in Art. III § 1 ausgedrückt. § 2 enthalte unter a den Grundsatz, dass für nautisches Verschulden und für Verschulden beim Betrieb des Schiffes nicht gehaftet wird, und zähle dann unter 15 weiteren Buchstaben (b-q) alle anderen Fälle auf, in denen die Haftung ausgeschlossen sei. Auf diese Fälle im Einzelnen einzugehen, würde hier zu weit führen, es sei nur darauf hinzuweisen, dass nach dem Wortlaut des Abkommens vielleicht der Anschein erweckt werde, als ob in den unter c-p genannten Fällen, also z.B. bei Streik, Beschlagnahme des Schiffs usw. die Haftung stets entfiele, ohne Rücksicht darauf, ob etwa ein Verschulden des Reeders oder seiner Bevollmächtigten vorliegt, während bei Buchstabe b (Feuer) das vom Ladungsinteressenten geltend zu machende Verschulden ausdrücklich als haftungsbegründend erwähnt werde. In Nr. 1 des Zeichnungsprotokolls vom 28. August 1924 sei aber ausdrücklich vorgesehen, dass die Vertragsstaaten sich das Recht vorbehalten, festzustellen, dass in den in Art. IV § 2 c-p vorgesehenen Fällen der Inhaber des Konnossements ein Verschulden des Unternehmens geltend machen kann. Soweit ein Vertragsstaat von dieser Befugnis Gebrauch mache, werde in den entsprechenden Fällen der Inhaber des Konnossements, der Ansprüche erhebt, das Verschulden beweisen müssen.

Anders liege es bei der Ausnahme q, die eigentlich nur eine Umkehr des Satzes enthalte, dass der Unternehmer nur für Verschulden verantwortlich sei, wenn sie sagt, dass eine Haftung nicht besteht bei irgendeiner Ursache, die nicht durch Verschulden des Unternehmers, seiner Agenten oder der in seinem Dienste stehenden Personen herbeigeführt ist. Berufe sich der Unternehmer einem gegen ihn erhobenen Anspruch gegenüber auf diese Annahme, so müsse *er* den Nachweis für seine und seiner Leute Schuldlosigkeit erbringen.

Über Zeit und Ort der Geltendmachung von Ersatzansprüchen durch den Konnossementsinhaber enthalte Art. III § 6 wichtige, vom deutschen Recht nicht unwesentlich abweichende Bestimmungen:

Nach deutschem Recht müsse der Empfänger spätestens am zweiten Werktage nach der Übernahme die amtliche Besichtigung der Güter erwirken, widrigenfalls er aller Ersatzansprüche verlustig gehe, und zwar ohne Rücksicht darauf, ob die Mängel äußerlich erkennbar waren oder nicht. Eine Ausnahme bestehe nur für Schäden, die durch Vorsatz oder grobe Fahrlässigkeit einer Person der Schiffsbesatzung verursacht worden seien. Dass ein solches Verschulden vorliege, müsse der Empfänger beweisen (§ 609 Abs. 2 HGB). Dies sei eine für den Empfänger sehr ungünstige Regelung.

Das Übereinkommen verbessere die Stellung des Empfängers wesentlich: Äußerlich erkennbare Schäden habe der Empfänger dem Verfrachter oder seinem Vertreter vor oder bei der Übernahme des Gutes schriftlich unter Bezeichnung der allgemeinen Natur der Schäden anzuzeigen. Bei äußerlich nicht erkennbaren Schäden müsse die Anzeige binnen drei Tagen erfolgen. Unterbleibt eine solche Anzeige, so werde zwar vermutet, dass die Güter so abgeliefert sind, wie sie im K. beschrieben sind, der Empfänger gehe aber seiner Ansprüche nicht verlustig, nur müsse er jetzt den Gegenbeweis führen. In allen Fällen erlösche die Haftung, wenn der Anspruch nicht innerhalb eines Jahres geltend gemacht wird.

Die Frage der Beweislast darüber, ob die Beschädigung oder der Verlust auf ein Verschulden der Schiffsbesatzung zurückzuführen ist, sei nicht besonders geregelt, auch nicht für den Fall, dass der Empfänger es unterlassen hat, rechtzeitige Anzeige zu erstatten. Nach allgemeinen Grundsätzen werde also auch hier in allen Fällen dem Verfrachter der Exkulpationsbeweis obliegen. Allerdings sei vielleicht für den Fall verspäteter Anzeige auch eine Auffassung vertretbar, nach der sich hier die Beweislast umkehrt.

In § 3 werde dann weiter nur noch der selbstverständliche Satz ausgesprochen, dass der Ablader für Schäden, die Unternehmer oder Schiff erleiden, nur haftbar ist, wenn ihn oder seinen Erfüllungsgehilfen ein Verschulden trifft.

Die §§ 4 und 6 enthielten Bestimmungen über Abweichung vom Reiseweg und Beförderung entzündbarer oder sonst gefährlicher Güter, die einer Besprechung wohl nicht bedürfen.

Wichtig sei dagegen die Bestimmung des § 5, die wieder einen Gegensatz zum deutschen Recht, aber auch zu dem tatsächlich bestehenden Zustand bringe.

Nach dem Recht des HGB bestehe für die Haftung des Reeders gegenüber dem Konnossementsinhaber keine besondere Höchstgrenze, es gelte auch hier die Haftung mit Schiff und Fracht für den vollen Betrag des Schadens, gegebenenfalls nur für den Handelswert des Gutes (HGB § 611, 613). In den Konnossementen sei regelmäßig ein gewisser Höchstbetrag der Haftung ausbedungen (zu vergl. Regel XIII des DEK), der mitunter vielleicht nicht angemessen gewesen sei. Das Abkommen weiche von beiden Regelungen ab. Er setze einen Höchstbetrag für die Haftung von 100 £ Sterling für das Stück oder die Einheit fest und gestatte außerdem den Parteien, den Haftungsbetrag durch Wertangabe im K. zu erhöhen. Diese Wertangabe sei im Streitfall für den Unternehmer aber nicht bindend. Ihm bleibe die Möglichkeit offen, den Gegenbeweis zu führen. Ein geringerer Höchstbetrag als 100 £ Sterling dürfe auch im Wege der Vereinbarung nicht festgesetzt werden. Bei wissentlich falscher Wertangabe des Abladers entfalle jede Haftung des Unternehmers.

Während der Unternehmer seine Verpflichtungen grundsätzlich nicht herabmindern dürfe, gebe ihm Art. 5 das Recht, auf alle oder einzelne seiner Rechte und Befreiungen zu verzichten oder seine Verpflichtungen zu vermehren. Dies könnte z.B. der Fall sein, wenn die Parteien vertraglich die Beweiskraft des K. erhöhen wollen. Es stehe dann nichts im Wege, die Skripturhaftung einzuführen.

Das Abkommen beziehe sich, wie Art. V Abs. 2 ausdrücklich feststelle, nicht auf Chartepartien. Falls jedoch im Falle einer Chartepartie K. ausgestellt werden, so sollen sie den Bestimmungen des Übereinkommens unterliegen.

Endlich werde auch in diesem Abkommen festgestellt, dass die in ihm angeführten Werte Goldwerte sind (Art. 9) und die Bestimmung getroffen, dass die Vorschriften des Übereinkommens für jedes K. gelten sollen, das in einem der Vertragsstaaten ausgestellt wird (Art. 10), d.h.

dass sie auch im Verkehr mit Ländern gelten, die dem Abkommen nicht beigetreten sind. Sie *bezögen* sich zunächst nur auf den *aus*gehenden Verkehr, ob ein Vertragsstaat darüber hinaus auch den *ein*gehenden Verkehr den Regeln des Übereinkommens unterwerfen wolle, bleibe ihm überlassen (Belgien scheine dies getan zu haben). Hinsichtlich der nationalen Küstenschifffahrt könnten die Vertragsstaaten nach Nr. 2 des Zusatzprotokolls vom Übereinkommen abweichende Regelung treffen.

Das sei in großen Zügen der Inhalt des Übereinkommens.

Zum Schlusse fasste der Berichterstatter die wichtigsten Abweichungen der Haager Regeln vom geltenden Recht und vom tatsächlichen Zustand zusammen.

Der wichtigste Unterschied betreffe den Umfang der Haftung:

Nach dem HGB werde für jedes Verschulden gehaftet, aber die Befugnis zur Freizeichnung gegeben, nach dem Abkommen nur für Seetüchtigkeit und kommerzielles Verschulden, nicht für nautisches Verschulden. Es bestehe kein Recht zur Freizeichnung.

Nach geltendem Recht sei die Haftung summenmäßig nicht beschränkt. Das Abkommen sehe einen Höchstbetrag von 100 £ Sterling für jede „Einheit" vor.

Nach deutschem Recht erstrecke sich die Haftung auf die Zeit von der Annahme der Güter bis zur Ablieferung, das Abkommen regele nur die Haftung für die Zeit von der Einladung bis zur Ausladung.

Nach deutschem Recht bestehe Skripturobligation aus dem Konnossement, nach dem Abkommen erbringe das K. nur eine widerlegbare Vermutung.

Von besonderer Bedeutung sei die Frage, wen die Beweislast treffe, denn beim Prozess komme es häufig nicht so sehr darauf an, wer Recht *hat,* sondern wer sein Recht *beweisen* kann.

Hier ergäben sich nun unzweifelhaft Unterschiede zwischen geltendem Rechtszustand und dem Recht des Übereinkommens:

Die Freizeichnungsklauseln, von denen im weitesten Umfang Gebrauch gemacht wird, hätten zur Folge, dass der Empfänger, der Beschädigungen behauptet, beweisen müsse, dass ein Verschulden des Reeders oder seiner Erfüllungsgehilfen vorliegt (§ 657 HGB). Nach dem Abkommen (IV 2) müsse stets der Reeder beweisen, dass ihn und die Erfüllungsgehilfen ein Verschulden nicht trifft, und zwar wohl auch dann noch, wenn der Schadensersatzanspruch erst nach einem Jahr geltend gemacht wird. Der Reeder hafte zwar nicht für Schäden, die vor der Einladung oder nach der Ausladung angerichtet sind, sofern er sich, wozu er nach dem Übereinkommen befugt ist, hiervon freizeichnet. Aufgrund allgemeiner Rechtsgrundsätze müsse er aber in solchem Falle beweisen, dass der Schaden nicht zwischen Ein- und Ausladung entstanden ist.

Aus dieser Regelung seien Angriffe gegen das Abkommen erhoben. Gewiss sei die Regelung für den Reeder ungünstig, aber entspreche sie nicht doch letzten Endes der Billigkeit? Eine der beiden Parteien müsse eben beweisen. Sei nicht aber die Lage des Konnossementinhabers eine noch viel schwierigere als die des Reeders, in dessen Verwahrung sich das Gut ununterbrochen befindet? Wie solle denn der Konnossementinhaber, der ohne jeden Einfluss auf den Transport ist, der ihn nicht durch seine Angestellten beaufsichtigen lassen kann, den Nachweis erbringen, dass ein Verschulden der Angestellten des Reeders vorliege? Er stehe doch viel ferner als der Reeder. Sei es da nicht doch richtig, dass demjenigen, der die tatsächliche Macht über das Gut habe, der die Leute, die es zu betreuen hatten, anstelle und die Aufsicht über sie habe, diese Beweislast zufalle und dass ein „non liquet" zu seinen Lasten gehe?

Als *Mitberichterstatter* führte der *Vorsitzende* zu den Haager Regeln folgendes aus: Eine Übernahme der Regeln in der englischen Fassung könne aus zwei Gründen nicht in Frage kommen. Einmal seien die Regeln gesetzestechnisch höchst mangelhaft. Sie seien schwerfällig, unübersichtlich und kasuistisch und enthielten sehr viele spezifisch englischrechtliche Gedanken. In englischen Rechtskreisen wäre man sich auch über die mangelhafte Fassung klar. Man habe den

Carriage of Goods by Sea Act [1924] dort als „lamentably obscure“ bezeichnet. Die schlechte Fassung beruhe zum Teil auf der Entstehungsgeschichte der Regeln und hänge auch mit dem Kompromisscharakter zusammen. Als nämlich die Dominions von England die Übernahme dieser ursprünglich aus dem amerikanischen Harter-Act [1893] stammenden Rechtsgedanken verlangt hätten, habe England zunächst die International Law Association damit betraut, diesen Gedanken die Form einer empfehlenswerten lex contractus zu geben. So seien die Haager Regeln zunächst nach der Art von Konnossementsklauseln schlecht und recht zusammengezimmert – laienhaft, unklar und widerspruchsvoll. Erst später habe man diese Haager Regeln als Gesetzentwurf übernommen und England habe 1924 die Haager Regeln als Gesetz erlassen.

Hierzu komme als zweiter Hinderungsgrund wörtliche Übernahme der Haager Regeln, dass ihre mangelhafte Wortfassung Auslegungsmöglichkeiten zulasse, welche für die deutschen Reeder wirtschaftlich schwer tragbar seien.

Kraft des Zusatzprotokolls zu den Haager Regeln sei nun aber die Möglichkeit gegeben, nur den gedanklichen Inhalt der Haager Regeln, nicht deren vorliegende Wortfassung zu übernehmen. Hiervon habe z.B. teilweise Holland Gebrauch gemacht. Mit dieser Möglichkeit entfiele aber bereits ein wesentlicher Teil der Bedenken gegen die Regeln.

Unzweifelhaft stelle der Grundgedanke der Haager Regeln einen gesunden und glücklichen Kompromiss dar. Das Abkommen bedeute – verglichen mit dem deutschen Gesetzesrecht – eine Haftungserleichterung für die Reeder, da die Haftung für nautisches Verschulden in Wegfall komme. Daran hätten die Reeder ein großes Interesse. Denn nautisches Verschulden sei ein Versehen ganz besonderer Art, oft nur ein sog. error in judgement, ein unrichtiges Ruderkommando im Augenblick höchster Gefahr, und solches geringfügiges Versehen löse u.U. katastrophale Haftungsfolgen für den Reeder aus. Die Haftungsfreiheit beziehe sich auch auf ein Verschulden „in the management of the ship“. Dennoch seien von Seiten der Verlader keine Einwendungen hiergegen erhoben worden.

Der Haftungsfreiheit in *nautischer* Beziehung stehe gegenüber die Zwangshaftung des Reeders für Sorgfalt in Bezug auf die *Seetüchtigkeit* des Schiffes und in Bezug auf die *Ladungsbehandlung* (sog. *kommerzielles* Verschulden).

In der Rechtsprechung zum Carriage of Goods by Sea Act beginne sich jetzt die Abgrenzung von haftfrei lassendem management of the ship und haftbar machendem kommerziellen Verschulden zu klären, wie das Urteil des House of Lords zum Gosse-Millard-Fall zeige.

Diese Zwangshaftung der Haager Regeln sei für den Verlader der Hauptaktivposten in der Bilanz. Vom Standpunkt objektiver Billigkeit gesehen müsse der Reeder, der eine Ladung übernommen habe, für deren sorgfältige Behandlung aufkommen, vor allem auch für den durch seine Leute begangenen Ladungsdiebstahl. Das Einheitskonnossement von 1912 bringe den Kompromissgedanken der Haager Regeln nicht klar zur Durchführung, denn es enthalte erhebliche Abweichungen von jener mittleren Linie zugunsten des Reeders. So in Regel II 2, in der dem Ladungsbeteiligten der Nachweis aufgebürdet werde, dass der Ladungsdiebstahl von der Schiffsmannschaft begangen sei. Diesen Nachweis zu erbringen, sei für den Ladungsbeteiligten unmöglich. Es sei das eine probatio diabolica. Praktisch sei der Reeder danach auch von der Haftung für Ladungsdiebstähle der Schiffsmannschaft befreit. Eine weitere Abweichung von den Grundsätzen des Haager Abkommens stelle die Regel II 4 des Einheitskonnossements dar, wonach der Reeder trotz etwaigen kommerziellen Verschuldens seiner Leute frei von der Haftung für Schäden sei, die durch Rost, Bruch, Hitze und ähnliche Ursachen entstanden seien. Diese Freizeichnung beträfe gerade gewisse typische Fälle des kommerziellen Verschuldens.

Derartige Freizeichnungen seien nach den Haager Regeln ausgeschlossen. Der Reeder müsse sich hiernach exculpieren und dartun, dass der Diebstahl von dritten Personen, nicht von seinen Leuten begangen sei. Dem Vorredner sei darinbeizustimmen, dass der Reeder in allen solchen

Fällen näher zum Beweise sei als der Ladungsbeteiligte. Nach den Haager Regeln treffe den Reeder ferner die Beweislast für die ihn befreienden Schadensursachen, die in dem schlecht gefassten Katalog der Immunities in art. IV § 2 a-q aufgezählt seien. Doch verstehe er – im Gegensatz zum Berichterstatter – diesen Katalog dahin, dass auch in diesen Fällen ein kommerzielles Verschulden des Reeders oder seiner Leute den Reeder haftbar mache. Fraglich sei nur die Beweislast. Man könne für diese gesetzlichen Haftungsbefreiungen dem Reeder die Beweislast erleichtern nach dem Vorbilde unseres deutschen Eisenbahnfracht- und Binnenschifffahrtsrechtes, indem man wie in § 459 Abs. 2 HGB und § 59 Abs. 2 BSchG eine Gruppe von Fällen *präsumtiver Nichthaftung* schaffe. Das bedeute, dass dort, wo den Umständen nach angenommen werden könne, dass der Schaden auf eine der haftfrei machenden Ursachen des art. IV § 2 c-p zurückzuführen sei, *vermutet* werde, dass der Schaden durch eine dieser haftfrei machenden Ursachen wirklich entstanden sei, es sei denn, der Ladungsbeteiligte erbringe den Gegenbeweis eines ursächlichen kommerziellen Verschuldens des Reeders oder seiner Leute. Für die Fälle von Bruch oder Rost oder ähnlichen Schäden (art. IV 2 m), z.B. wenn Spiegelglas zerbrochen, Eisenware verrostet ankomme, wäre eine solche präsumtive Nichthaftung von großem Wert für den Reeder.

Die rechtliche Grundlage für die Einführung dieser präsumtiven Nichthaftung sei sowohl gegeben in dem englisch-rechtlichen Gedanken eines ausreichenden „Prima-facie-Beweises“, wie in Abstz 2 Ziffer 1 des Zusatzprotokolls zu den Haager Regeln.

Zum besseren Schutz der Reeder sei eine Regelung der Beweislastfrage für die Fälle der genannten Haftungsfreiheiten des Reeders in diesem Sinne zu empfehlen. Bereits § 28 II des skandinavischen Frachtgesetzentwurfs von 1930 enthalte eine solche Regelung in Ausführung der Haager Regeln. Dort sei bestimmt, dass der Verfrachter frei sei, wenn angenommen werden könne („Daer antages maa“), dass der Schaden durch einen haftfrei machenden Umstand entstanden sei, es sei denn, der Ladungsbeteiligte beweise ein Verschulden des Verfrachters oder seiner Leute.

Der *Vorsitzende* erörterte sodann eine zweite Schwierigkeit der Haager Regeln. Art. III § 6 stelle eine Vermutung für richtige Ablieferung der Güter auf, wenn nicht bei Empfang der Güter eine schriftliche Schadensanzeige erfolge, oder bei äußerlich nicht erkennbaren Verlusten und Schädigungen die Anzeige nicht binnen drei Tagen nach Empfang nachgeholt werde. Diese Bestimmung über die Folgen der Fristversäumung sei nicht eindeutig, sie lasse zwei verschiedene Auslegungsmöglichkeiten zu. Entweder sie bedeute nur, dass der Ladungsinteressent alsdann darzulegen habe, dass der Schaden bereits an Bord des Schiffes entstanden sei, im Übrigen gelte dann wieder die Grundregel, dass der Reeder den Entlastungsbeweis führen müsse. Diese Rechtsfolge treffe den Reeder schwer, da der Empfänger gem. art. III § 6 noch ein Jahr lang nach Empfang der Ladung seinen Schaden geltend machen könne, die Beweismittel des Reeders für Nichtverschulden seiner Leute sich aber inzwischen leicht verflüchtigen könnten.

Eine andere bessere und vernünftigere Auslegung der zweifelhaften Norm des Art. III 6 sei folgende:

Der Ladungsinteressent müsse nicht nur dartun, dass der Schaden schon an Bord entstanden sei, sondern auch weiter, dass der Schaden durch ein haftbar machendes *Verschulden* des Reeders oder seiner Leute verursacht sei, so dass die Exkulpationspflicht jetzt dem Reeder abgenommen sei.

Diese Lösung sei allein gerecht und vernünftig; nach der anderen Auffassung sei die Festsetzung einer Versäumnisfolge so gut wie inhaltlos. Grundsätzlich sei aber bei mehrdeutigem Wortlaut die vernünftigere Auslegung vorzuziehen.

In dem neuen skandinavischen Frachtgesetzentwurf sei diese Lösung zwar nicht enthalten, wohl aber finde sich im § 148 II des geltenden skandinavischen Gesetzes eine ähnliche Lösung.

Wenn auch wir eine derartige Regelung übernähmen, wäre wiederum ein Stein des Anstoßes aus dem Wege geräumt.

Der Vorsitzende streifte sodann die von ihm nicht für bedeutungsvoll gehaltene Frage der Skripturhaftung aus dem Konnossement. Er brauche auf sie nicht einzugehen, zumal der Vorredner dieses Problem schon behandelt habe.

Zusammenfassend sei also zu sagen, dass keine wörtliche Übernahme der Haager Regel verantwortet werden könne, wohl aber die Einarbeitung der Rechtsgedanken der Haager Regeln in das künftige deutsche Recht, mit *den erörterten zwei Vorbehalten*. Erstens müsste die Gruppe der Fälle des art. IV § 3 c-p zu Fällen präsumtiver Nichthaftung erklärt werden, zum andern müsse als Folge der Fristversäumung des art. III § 6 festgestellt werden, dass dem Empfänger alsdann die Beweislast, sowohl hinsichtlich der Schadensentstehung an Bord wie hinsichtlich der Verursachung durch haftbar machendes Verschulden des Reeders oder seiner Leute auferlegt werde.

Der Vorsitzende schloss seine Darlegungen mit einem Appell an die Reeder. Kleine Opfer müssten auch von ihnen gebracht werden. Der Gemeinnutzen der Schifffahrt gehe den Interessen der Einzelgruppen vor. Der Reeder ziehe aus der arbeitsteiligen Mitarbeit seiner Angestellten den Unternehmergewinn und müsse daher auch für die durch Verschulden dieser Angestellten dem Vertragsgegner erwachsenden Schäden einstehen. Schon § 278 BGB drücke diesen allgemeinen Rechtsgedanken aus. Es sei ferner ein Prinzip unserer Rechtsordnung, besonders des Handelsgesetzbuches, aber auch § 282 BGB enthalte diesen Gedanken, dass bei Nichterfüllung einer Verpflichtung der Schuldner die Exculpationspflicht trage. Als Ausgleich dieser Last biete sich die Haftpflichtversicherung für den Reeder. Man dürfe nicht vergessen, dass die eigentlichen Leidtragenden bei der bisherigen Regelung die Ladungsversicherer gewesen seien. Es sei nicht zu bezweifeln, dass die Versicherer, ebenso wie sie bisher das Risiko der Verlader getragen hätten, künftig mit der gleichen Kulanz das vermehrte Risiko der Reeder in Gestalt einer zusätzlichen Haftpflichtversicherung tragen würden.

Ferner dürfe nicht übersehen werden, dass die Haager Regeln bereits in England und seinen Dominions, in Holland und Belgien gälten. In Nordamerika gelte der in den Grundgedanken gleiche Harter Act und werde nach einem jetzt vorliegenden Entwurf vielleicht noch über das Maß der Haager Regeln hinaus verschärft werden. Es handle sich also bereits um ein *Weltrecht*. Man könne sich aber nicht auf die Dauer gegen ein werdendes Weltrecht sträuben. Die eigenen Interessen der Reeder geböten schon aus Wettbewerbsgründen die Annahme der Haager Regeln. Zum Teil seien die Reeder auch schon infolge des Einflusses der internationalen Konferenzen zur Annahme der Haager Regeln geschritten.

Der Vorsitzende schloss mit den Worten, es würde die Reeder ehren, wenn sie einem langjährigen Kampfe um die Freizeichnungsklauseln ein Ende machen würden durch einen gerechten Friedensschluss, einen Friedensschluss, der weder Sieger noch Besiegte kenne.

Der *stellvertretende Vorsitzende* eröffnete nunmehr die Aussprache über die Haager Regeln.

Dr. Behm erklärte: Als Vertreter der Reederinteressen fühle er sich verpflichtet, die „katastrophalen“ Folgen zu schildern, die sich für die Reeder aus der Annahme der Haager Regeln in der Praxis ergeben würden. Es wäre nicht richtig, dass den Reedern dadurch nur kleine Opfer auferlegt würden. Es müsse auch betont werden, dass nur ein kleiner Teil der Reeder die Haager Regeln angenommen habe, zudem nicht freiwillig, sondern nur unter dem Druck des Wettbewerbs. Insbesondere seien die Regeln für den größten Teil der deutschen Trampschifffahrt, den Nord-Ostseeverkehr (überwiegend), die Mittelmeerfahrt und den ganzen Südamerikaverkehr noch außer Anwendung. In Südamerika und in den russischen Nachfolgestaaten stände besonders der Zolllagerempfang der Waren hindernd im Wege.

Der Redner äußerte seine Freude darüber, dass auch der Vorsitzende nicht eine vorbehaltlose Annahme der Haager Regeln empfehle, weil sonst die Rechtslage der Reeder zu stark verschlechtert werde. Der Hauptpunkt des Abkommens sei die Umkehr der Beweislast, die zu einer Umkehr der Haftung für den Reeder werde. In den meisten Fällen sei der Reeder nicht der Aufgabe gewachsen, den Entlastungsbeweis zu führen. Es sei allerdings zuzugeben, dass der Ladungsinteressent diesen Beweis auch kaum führen könne, dieser habe aber die Möglichkeit, seinen Schaden auf den Versicherer abzuwälzen, während es umgekehrt sehr zweifelhaft sei, ob das gleiche Interesse für den Reeder versicherbar sei. Man müsse sich darüber klar sein, dass sich in Wahrheit als streitende Interessengruppen die Reeder und die Versicherer der Ladungsbeteiligten gegenüber stünden. Es müsse auch bedacht werden, dass in der Regel beim Seetransport – anders als beim Landtransport – mehrere Transportunternehmungen zusammenarbeiteten, da dem Seetransport fast stets ein Land- oder Binnenwassertransport vorhergehe oder folge. Wie solle unter solchen Umständen festgestellt werden, wo, d.h. bei welchem Unternehmen, der Schaden entstanden sei? Bürde man dem Reeder in solchen Fällen die Beweislast auf, so sei er immer der Leidtragende. Versuche von Seiten des Reeders, die Schadensentstehung festzustellen, müssten dann notwendigerweise eine Verzögerung des Transports zur Folge haben. Der Redner nannte als Beispiel die Eiertransporte. Trotz der vielen Kontrollorgane würden fast bei jeder Verschiffung dieser Art Fehlmengen festgestellt. Nach den Haager Regeln müsse dann der Reeder den Schaden tragen, weil er nicht nachweisen könne, wo die Beraubung erfolgt sei. Tatsächlich seien aber heute Diebstähle durch die Schiffsmannschaft bei den deutschen Reedereien sehr selten. Die Diebstähle würden meist durch die Hafenarbeiter, hauptsächlich durch die Leute des Stauers ausgeführt. Auf die Leute des Stauers habe der Reeder aber keinen Einfluss, oft habe er nicht einmal Einfluss auf die Auswahl des Stauers selbst, denn häufig sei er vertraglich verpflichtet, den Stauer des Abladers zu verwenden. Den Reeder treffe also bei solchen Diebstählen nicht das geringste Verschulden, dennoch würde er nach den Haager Regeln haften, weil ihm der Entlastungsbeweis nicht gelänge.

Auch Einzelpunkte des Gesetzes müssten gerügt werden. Er stimme dem Berichterstatter darin zu, dass das Abkommen gesetzestechnisch mangelhaft sei. Schwierig sei ferner auch heute noch die Abgrenzung von kommerziellem und nautischem Verschulden. Die Stauung unterfiele beispielsweise beiden Begriffen. Besonders bedrücke den Reeder aber, dass die Haager Regeln die zweitägige Frist zur Schadensfeststellung des geltenden deutschen Rechts nicht vorsähe, sondern dass die Möglichkeit bestünde, dass der Empfänger noch Monate nach der Abladung einen Schaden geltend mache. In der Zwischenzeit hätten sich sämtliche Beweismittel verflüchtigt. Die Anzeige, die das Abkommen vorschreibe, müsse durch eine amtliche Schadensfeststellung ersetzt werden. Die zweitägige Frist des deutschen Rechts sei allerdings zu kurz.

Was die 100-£-Grenze anlange, so möchten die deutschen Reeder, dass eine ziffernmäßig größere Haftung als die der englischen Reeder vermieden würde.

Weiter wäre zu berücksichtigen, dass einem Weltrecht hindernd die Tatsache der verschiedenen Auslegung desselben Gesetzes durch die verschiedenen nationalen Gerichte gegenüberstehe. Englands Rechtsprechung sei reederfreundlich. Anders aber sei es in Amerika und Deutschland, abgesehen vom Hanseatischen Oberlandesgericht.

Zusammenfassend müsse vom deutschen Standpunkt gesagt werden, dass die Einführung der Haager Regeln eine Benachteiligung der deutschen Reeder im Verhältnis zu den überwiegend ausländischen Ladungsbeteiligten ergeben würde. Die Aufrechterhaltung der absoluten Freizeichnung werde auch von den Reedern nicht gebilligt. Diese verurteilten auch die Unsitte der Freizeichnungsklauseln in Millimeterdruck auf der Rückseite der Konnossemente. Als richtigen und billigen Kompromiss zwischen den widerstreitenden Interessen erscheine den Reedern die im Einheitskonnossement getroffene Regelung.

Der *Vorsitzende* erklärte sodann, dass der Ausschuss nur die Möglichkeit habe, entweder die Annahme der Haager Regeln zu empfehlen oder sie abzulehnen. Es würde daher die Debatte vereinfachen, wenn auf Einzelheiten der Haager Regeln nicht eingegangen werde, ausgenommen seien Einzelheiten, bei denen entweder die Wortfassung der Haager Regeln mehrere Auslegungsmöglichkeiten zulassen oder das Zusatzprotokoll mehrere Möglichkeiten zur Wahl stelle. Es habe keinen Zweck, Überlegungen darüber anzustellen, ob eine Schadensanzeige oder eine amtliche Feststellung besser sei.

Dr. Brandt betonte, dass die Versicherer der ganzen Welt sich schon immer für den Gedanken eines einheitlichen Konnossementsrechts eingesetzt hätten. Ein einheitliches internationales Recht würde auch in den Kreisen der Banken und der Kaufmannschaft für äußerst notwendig gehalten. So habe z.B. der internationale Transportversicherungsverband beschlossen, sich in allen Ländern für die Einführung der Haager Regeln einzusetzen. In Versicherungskreisen sei bereits eine unterschiedliche Behandlung von Schiffen, die unter den Haager Regeln führen, und solchen, für die sie noch nicht gelten, erwogen. Man müsse Rücksicht auf die internationalen Bedürfnisse nehmen. Der jetzige Zustand sei unerträglich, es sei kaum möglich, ein deutsches Konnossement mit seinen vielen Freizeichnungen in der Gesamtwirkung zu übersehen.

Der Redner wies ferner darauf hin, dass Italien jetzt die Annahme der Haager Regeln vorbereite und dass nach allgemeiner Ansicht Deutschland Gefolgschaft finden würde, wenn es die Haager Regeln annähme.

Weiter führte der Redner aus, es sei unrichtig, dass die Haager Regeln für den südamerikanischen Verkehr nicht passten. Die Güter würden dort allerdings an das Zollhaus (warehouse) geliefert, aber es bestünde nach den Haager Regeln die Möglichkeit, den Begriff des „discharge" zu bestimmen. Das könne für den südamerikanischen Verkehr ja geschehen. Außerdem sei auf den beiden letzten panamerikanischen Konferenzen von 1931 und 1933 die Übernahme der Haager Regeln beschlossen worden.

Der Redner hob sodann hervor, dass die vernünftige den Reedern günstige Auslegung zu art. III § 6 über die Folgen der Anzeigepflichtversäumung, wie sie der Vorsitzende vorgetragen habe, auch in dem kleinen Kommentar zum Carriage Act von I.A. Hodgson (Barrister at Law, Liverpool, The Journal of Commerce) vertreten werde.

Es müsse immer wieder darauf hingewiesen worden, dass Englands Reeder jetzt seit etwa zehn Jahren unter dem „Carriage Act" lebten, ohne dass ihre Stellung in der Welt zurückgegangen sei. Ein Reeder, der sein Schiff in Ordnung halte, brauche die Haager Regeln nicht zu fürchten.

Ferner wurde von dem Redner ausgeführt, dass eine Haftpflichtversicherung für den Reeder durchaus möglich sei, und zwar nicht nur die normalerweise in die Kaskoversicherung eingeschlossene Haftpflichtversicherung. In Deutschland gäbe es diesen Versicherungszweig nur deshalb noch nicht, weil bisher kein Bedürfnis dafür vorgelegen habe.

Staatsrat *Eßberger* schickte seinen Bemerkungen die Versicherung voraus, dass auch die Reeder sich der Tatsache bewusst seien, dass Schifffahrt Dienst am Volke sei. Aber dennoch müsse gesagt werden, dass die Haager Regeln für den Reeder nicht tragbar seien. Richtig sei, dass die Möglichkeit einer Haftpflichtversicherung bestehe; die Versicherung sei aber sehr teuer. Der Redner befürwortete daher eine Ablehnung der Haager Regeln, meinte aber, dass man trotzdem einige Rechtsgedanken des Abkommens in das neue deutsche Seerecht übernehmen könne.

Generaldirektor *Roselius* trat für eine grundsätzliche Beschränkung der Vertragsfreiheit auf dem Gebiete des Seefrachtvertrages ein. Es sei ein ungesunder Zustand, der auch die Gesamtwirtschaft belaste, dass die Verlader tatsächlich nie mehr mit ihren Schadensersatzansprüchen gegen die Reeder durchdrängen, weil die Reeder vermöge ihres festeren Zusammenschlusses gegenüber den verschiedenen Verladern diesen ihre Bedingungen diktieren könnten.

Im neuen Recht müsse zwingend die Haftung des Reeders für sein und seiner Leute Verschulden bestimmt werden. Daneben müsse es grundsätzlich bei der Exculpationspflicht des Reeders bleiben. Nur für bestimmt begrenzte Fälle dürfe die Umkehrung der Beweislast zugelassen werden. So z.B. bei den Klauseln „frei von Bruch“ und „Inhalt unbekannt“. Schließlich bedürften auch die Bestimmungen über die Höhe der Reederhaftung einer Reform. Es sei unbillig, dass nur der gemeine Handelswert, nicht der ganze Schaden und der entgangene Gewinn ersetzt würden. Es läge kein Anlass vor, den Reeder auch künftig abweichend von den allgemeinen Grundsätzen der Schadensersatzhaftung bevorzugt zu behandeln.

Dr. *Krichhauff* stimmte dem Vorsitzenden zu und führte aus: Niemand wolle sich auf Kosten der Reeder bereichern. Es handle sich nur darum, das Verhältnis zwischen Fracht und Versicherungssumme neu auszubalancieren. Der Verlader müsse nach wie vor die Versicherungsprämie zahlen, denn es sei nur billig, dass der Reeder die erhöhte Haftung in Höhe der Versicherungsprämie wieder auf den Verlader abwälze.

Der *Vorsitzende* legte sodann dar, dass die Darlegungen von Dr. Behm durch Direktor Brandt bereits teilweise widerlegt worden seien. Dieser habe bestätigt, dass eine Haftpflichtversicherung für die Reeder durchaus möglich sei, und dass diese Versicherung auch bei deutschen Versicherern genommen werden könne.

Der Vorsitzende meinte jedoch, dass eine Erhöhung der Fracht nicht in allen Fällen nötig sein werde. Von „katastrophalen“ Wirkungen im Falle einer vernünftigen Einarbeitung der Haager Regeln könne keine Rede sein.

Der Einwand von *Dr. Behm,* der Reeder habe keinen Einfluss auf den Stauer, sei insofern nicht richtig, als es in der Rechtsprechung feststehe, dass der Reeder weder für den Stauer des Abladers oder Charterers noch für den Zwangsstauer hafte. Außerdem richte sich dieser Einwand eigentlich nicht gegen die Einführung der Haager Regeln, sondern die Frage, ob für den Stauer gehaftet werde, hänge von dem erst später zu beratenden Begriff der „Schiffsbesatzung“ ab.

Der Begriff des „management of the ship“ sei zwar noch nicht eindeutig geklärt, aber Stauung falle keinesfalls darunter, denn dies sei unmittelbare Ladungsbehandlung. Im Übrigen seien Fälle eindeutiger Klarheit leider im Rechtsleben nicht allzu häufig.

Es sei vor allen Dingen nicht einzusehen, warum der Reeder eine Ausnahmestellung hinsichtlich der Beweislast haben solle. Die Exculpationspflicht beherrsche das ganze Verkehrsrecht. Sie treffe ebenso den Landfrachtführer wie die Eisenbahn wie den Spediteur. Gegen das Festhalten am Einheitskonnossement spräche besonders der Umstand, dass wir dann doch kein einheitliches Weltrecht haben würden.

Staatsrat *Eßberger* wies darauf hin, dass die Versicherung der Reeder nur in Clubs – Versicherungsvereine auf Gegenseitigkeit – möglich sei, die wieder nur bei sehr großer Tonnage existenzfähig seien. Die Tatsache, dass die Versicherung eventuell auch bei deutschen Versicherern genommen werden könne, sei nicht von erheblicher volkswirtschaftlicher Bedeutung, denn der größte Teil der Prämie ginge ja doch an die englischen Rückversicherer.

Dr. Riensberg führte aus, es handle sich bei den Haager Regeln um ein unnormales Gesetz, das einen politischen Ausgleich darstelle, nicht aber durch Schifffahrtsinteressen geboten sei. Im Kriege hätten die Dominions auf England einen diesbezüglichen Druck ausgeübt, deshalb habe England schließlich die Haager Regeln angenommen. Wenn die Haager Regeln jetzt ein Weltgesetz zu werden drohten, so läge das sicher nicht daran, dass alle Beteiligten davon überzeugt seien, dass die dort getroffene Regelung wirklich billig sei, sondern daran, dass England sehr geschickt darin sei, für dieses Gesetz, das die Stellung seiner Reeder im Vergleich zu anderen ausländischen noch nicht unter den Haager Regeln lebenden Reedern verschlechtere, Propaganda im Auslande zu machen. Wenn die Haager Regeln nichts weiter als ein Rechenexempel für den Reeder bedeuten, so sei es unverständlich, warum seitens der Verlader so sehr auf Annahme gedrängt werde.

Von einem der Vorredner sei die Möglichkeit erwähnt, dass der Reeder beim Verdacht unrichtiger Konnossementsbezeichnungen das Konnossement mit einem Vorbehalt versehen könne.

Für den Stückgüterverkehr entbehre diese Möglichkeit aber des praktischen Wertes, denn die Stückgüter würden bekanntlich im letzten Augenblick angeliefert. Zu einer Nachprüfung der Konnossementsangaben sei dann keine Zeit mehr. Die Folge sei dann, dass der Reeder haften müsse.

Der Redner erklärte es für eine probatio diabolica, vom Reeder eventuell noch nach elf Monaten im Falle des art. III § 6 den Exculpationsbeweis zu verlangen.

Der von Dr. Behm erwähnte Fall der Haftung für den Stauer sei offenbar falsch verstanden worden. Dr. Behm habe den Fall gemeint, dass der Reeder kraft Vertrages verpflichtet sei, den Stauer des Abladers zu verwenden, ohne dessen Zuverlässigkeit nachprüfen zu können.

Schließlich erklärte der Redner noch, er halte es nicht für richtig, im Seerecht zwingendes Recht zu schaffen. Man müsse diese Dinge elastisch behandeln und der freien Vereinbarung Raum lassen.

Dr. Brandt stellte fest, dass sich die großen Übersee-Reeder den Haager Regeln anscheinend fügten, nur die Ostsee-Reeder wehrten sich, offenbar weil sie die Konkurrenz der skandinavischen Reeder fürchteten. Wenn aber in Deutschland die Haager Regeln nicht nur für den ausgehenden Verkehr – wie in England –, sondern auch für den eingehenden Verkehr – so wie es jetzt in Amerika geplant würde – Anwendung fänden, so gäbe es jedenfalls auf dem Gebiete des eingehenden Verkehrs keine unterschiedliche Behandlung von deutschen und skandinavischen Reedern. Insoweit sei also keine Konkurrenz zu fürchten.

Der Redner wies ferner darauf hin, dass die Haager Regeln in art. III § 5 dem Reeder einen Regressanspruch gegen den Befrachter gäben, der unrichtige Konnossementsangaben gemacht habe. Der Reeder habe es selbst in der Hand, die Angaben des Abladers nachzuprüfen, wenn er den Regressanspruch gegen den Ablader nicht hoch einschätze.

Die englischen Reederei-Vertreter hätten sich über ihre Erfahrungen mit den Clubs nach neunjähriger Herrschaft des Carriage of Goods by Sea Act dahin geäußert, dass die Anzahl der Schadensfälle abgenommen, die Höhe der Schäden im Einzelfalle aber zugenommen habe. Es habe also ein Ausgleich stattgefunden.

Gegen die Behauptung, dass der größte Teil der Prämie doch den englischen Rückversicherern zufließe, müsse eingewendet werden, dass man nur solche Risiken abgäbe, die man selbst nicht gern trüge. Die Prämie würde also im vorliegenden Falle sicher nicht den englischen Rückversicherern zugute kommen.

Dr. Dettmers stimmte Dr. Brandt zu, auch er halte die Einführung der Haager Regeln für wünschenswert. Die Regelung, wie sie im Einheitskonnossement getroffen sei, genüge nicht. Das Einheitskonnossement sei auch gar nicht die wahre Spiegelung der Rechtstatsachen. Dutzende von anderen Konnossementen würden daneben ausgegeben, die nicht mehr die geringste Ähnlichkeit mit dem Einheitskonnossement hätten, dieses stelle vielmehr nur ein selten gebrauchtes Schmuckstück des Reeders dar. Die Fälle, wo der Verlader den Reeder wirklich in Anspruch nehmen könne, seien leider sehr selten. Der Redner führte hiervon einige Beispiele aus seiner Anwaltspraxis an.

Der Redner wies dann weiter darauf hin, dass die Annahme der Haager Regeln völlig gefahrlos sei, wenn alle Länder dieses Abkommen annähmen. Neigung hierzu sei offenbar vorhanden. Die Frage des Wettbewerbs der deutschen Ostsee- und Tramp-Reeder im Vergleich zu der skandinavischen Schifffahrt biete auch keine Schwierigkeiten, denn das Abkommen solle nur für den ausgehenden Seeverkehr gelten, nicht auch für den eingehenden. Die Stellung der deutschen Reeder nach der Annahme der Haager Regeln sei im Gegenteil günstiger gegenüber der skandinavischen Schifffahrt, solange Skandinavien das Abkommen noch nicht angenommen habe. Auch aus art. III § 6 ergäben sich keine Bedenken, denn die Anzeigepflicht gelte für alle sichtbaren Schäden und im Übrigen käme es nie vor, dass ein Verlader erst nach elf Monaten einen Schaden andiene.

Der Redner meinte im Gegensatz zum Vorsitzenden, dass die für den Reeder günstige Auslegung des art. III § 6 sich nicht mit dem englischen Wortlaut vereinbaren lasse, hielt die Annahme des Abkommens aber trotzdem für wünschenswert.

Dr. *Sturm* stimmte dem Vorsitzenden darin bei, dass die Haager Regeln in der vorliegenden Form keinesfalls angenommen werden könnten. Bei der Besprechung seien aber auch materiellrechtliche Bedenken geäußert worden. Die Aufgabe des Seerechtsausschusses, ein einheitliches klares deutsches Seerecht zu schaffen, würde gefährdet, wenn sich der Ausschuss schon heute auf alle einzelnen Bestimmungen oder auch nur Gedanken der Haager Regeln festlegen würde. Denn im Gegensatz zu den beiden anderen Abkommen seien hier die Folgen der Annahme noch gar nicht zu übersehen. Wenn man später zu Umwegen gezwungen würde, so wäre außer der deutschen Seerechtsreform auch die Bildung des Weltseerechts behindert.

Der Redner führte ferner aus, man dürfe den Reeder nicht mit der Versicherungsmöglichkeit trösten, Versicherung solle doch nur eine Nothilfe sein. Darum dürfe man bei der Schaffung eines neuen Gesetzes nicht von der Versicherungsmöglichkeit ausgehen. Es sei auch nicht berechtigt, dem Reeder ein Risiko aufzubürden, weil gewisse Verschuldensmöglichkeiten beständen. Das Problem läge in der Sorgfaltshaftung des Reeders und dies Problem müsse sehr eingehend im Einzelnen geprüft werden. Die kühne Auslegung des Art. III § 6 sowie die Ausnutzung der landesrechtlichen Vorbehalte erklärte der Redner für bedenklich, weil man im internationalen Verkehr eine derartige Aufnahme der Haager Regeln nicht als wirkliche Annahme ansehen würde.

Der Redner empfahl eine Feststellung des Ausschusses dahin, dass die Haager Regeln zwar richtige Rechtsgedanken enthielten, aber auch bedenkliche Bestimmungen, die materiell nicht abänderbar seien. Die Frage, ob man diese aufnähme, müsse späterer Prüfung vorbehalten werden. Erst nach der Einarbeitung dieser Gedanken in das neue Gesetz könne die Regierung entscheiden, ob wir die Regeln annehmen. Dieser Weg sei der ehrlichere. Auch Holland habe die Haager Regeln nur in zwei Artikeln wesentlich übernommen, während sie in England trotz Ratifikation durch dessen reederfreundliche Rechtsprechung in Wahrheit eine andere Gestalt erhielten.

An diese Ausführungen schloss sich eine Aussprache, ob die Erörterung der Haager Regeln in dieser Sitzung noch zu Ende geführt werden sollte. Man einigte sich auf eine Vertagung bis zur nächsten Sitzung. Die übernächste Sitzung solle der Beratung des Seeunfallgesetzes dienen. Für die nächste Sitzung wurde eine Äußerung der Linienreeder darüber erbeten, wie sie sich zu der Annahme der Haager Regeln mit abgeschwächter Reederhaftung gemäß der Auslegung des Vorsitzenden stellen würden, und ferner darüber, ob die Reeder mit der Annahme der Haager Regeln einverstanden seien, wenn die deutsche Regierung Skandinavien bewöge, sie ebenfalls anzunehmen.

Der *Vorsitzende* verlas hierauf einen Entwurf zur Feststellung des Beratungsergebnisses [vgl. S. 60 f.] betreffend die Haager Regeln. Dieser Entwurf soll den beteiligten Mitgliedern vor der nächsten Sitzung zugehen, desgleichen nach Möglichkeit die Niederschrift.

Anlage:

Internationales Abkommen zur Vereinheitlichung von Regeln über Konnossemente vom 25.8.1924 (Haager Regeln)

Art. 1. In diesem Abkommen werden die folgenden Worte in dem nachstehend angegebenen Sinne gebraucht:

a) Das Wort „Unternehmer" umfasst den Schiffseigentümer oder den Charterer, der mit einem Befrachter einen Frachtvertrag eingeht.

b) Das Wort „Frachtvertrag" bezeichnet nur solche Frachtverträge, über die ein Konnossement oder ein gleichartiger Titel für die Beförderung von Gütern zur See ausgestellt ist; dazu gehören die aufgrund oder in Verfolg einer Chartepartie ausgestellten Konnossemente und gleichartigen Titel von dem Zeitpunkt ab, in dem sie für das Rechtsverhältnis zwischen dem Unternehmer und dem Inhaber des Konnossements maßgebend geworden sind.

c) Das Wort „Güter" umfasst Güter, Gegenstände, Waren und Artikel jeglicher Art mit Ausnahme von lebenden Tieren und der im Frachtvertrag als Deckladung bezeichneten und tatsächlich so beförderten Ladung.

d) Die „Beförderung von Gütern" umfasst den Zeitraum vom Beginn des Einladens der Güter in das Schiff bis zu ihrer Ausladung aus dem Schiffe.

Art. 2. Unbeschadet der Bestimmungen des Artikels 6 soll jeder Frachtvertrag für den Unternehmer in Bezug auf das Einladen, Handhaben, Stauen, Befördern, Verwahren, Betreuen und Ausladen der zu befördernden Güter die nachstehend aufgeführten Verantwortlichen und Verpflichtungen sowie Rechte und Befreiungen begründen.

Art. 3. § 1. Der Unternehmer soll verpflichtet sein, vor und bei dem Antritte der Reise gehörige Sorgfalt anzuwenden,

a) um das Schiff seetüchtig zu machen,

b) um das Schiff gehörig zu bemannen, auszurüsten und zu verproviantieren,

c) um die Lade-, Kühl-, und Gefrierräume sowie alle anderen Teile des Schiffes, in denen Güter verladen werden, für deren sichere Aufnahme, Beförderung und Erhaltung einzurichten und instand zu setzen.

§ 2. Unbeschadet der Bestimmungen des Artikels 4 soll der Unternehmer verpflichtet sein, die zu befördernden Güter sachgemäß und sorgfältig einzuladen, zu behandeln, zu stauen, zu befördern, zu verwahren, zu betreuen und auszuladen.

§ 3. Nach der Übernahme der Güter in seine Obhut soll der Unternehmer, Schiffer oder Agent des Unternehmers verpflichtet sein, dem Ablader auf Verlangen ein Konnossement zu erteilen, das unter anderem enthält:

a) die für die Unterscheidung der Güter erforderlichen Merkzeichen, so wie sie der Ablader vor dem Beginn des Einladens dieser Güter schriftlich angegeben hat, sofern diese Merkzeichen auf den Gütern selbst, im Falle der Verpackung auf ihren Behältnissen oder Umhüllungen derart aufgedruckt oder in anderer Weise klar angebracht sind, dass sie unter gewöhnlichen Umständen bis zum Ende der Reise lesbar bleiben;

b) je nach Lage des Falles die Zahl der Packungen oder Stücke oder die Menge oder das Gewicht, so wie sie der Ablader schriftlich angegeben hat;

c) die äußerlich erkennbare Verfassung und Beschaffenheit der Güter.

Jedoch soll der Unternehmer, Schiffer oder Agent des Unternehmers nicht verpflichtet sein, in dem Konnossement solche Merkzeichen, Zahlen, Mengen oder Gewichte festzustellen oder zu erwähnen, von denen er den Umständen nach Verdacht hegen darf, dass sie die von ihm tatsächlich übernommenen Güter nicht genau bezeichnen, oder deren Richtigkeit zu prüfen er keine ausreichende Gelegenheit hatte.

§ 4. Ein solches Konnossement soll zum Beweise dafür genügen, dass der Unternehmer die Güter so empfangen hat, wie sie darin gemäß § 3 a), b), c) beschrieben sind.

§ 5. Der Ablader soll so angesehen werden, als habe er dem Unternehmer gegenüber zur Zeit der Abladung die Gewähr für die Richtigkeit seiner Angaben über Merkzeichen, Zahl, Menge und Gewicht übernommen. Er soll verpflichtet sein, dem Unternehmer alle Verluste, Schäden und Kosten zu ersetzen, die aus Unrichtigkeiten solcher Angaben entstehen. Durch das Recht des Unternehmers auf diese Entschädigung sollen die Verantwortlichkeiten und Verpflichtungen, die ihm auf Grund des Frachtvertrags anderen Personen als dem Ablader gegenüber obliegen, nicht berührt werden.

§ 6. Sofern nicht Verluste oder Schäden und ihre allgemeine Natur dem Unternehmer oder seinem Agenten im Entlöschungshafen vor oder bei der Überführung der Güter in den Gewahrsam des auf Grund des Frachtvertrags zum Empfange Berechtigten schriftlich angezeigt werden, soll diese Überführung zum Beweise dafür genügen, dass der Unternehmer die Güter so abgeliefert hat, wie sie in dem Konnossement beschrieben sind.

Sind die Verluste oder Beschädigungen nicht äußerlich erkennbar, so muss die Anzeige binnen drei Tagen nach der Ablieferung gemacht werden.

Der schriftlichen Anzeige soll es nicht bedürfen, wenn der Zustand der Güter zur Zeit des Empfanges auf Veranlassung der einen und unter Zuziehung der anderen Partei festgestellt ist.

In allen Fällen sollen der Unternehmer und das Schiff von jeder Haftung für Verluste oder Schäden frei werden, wenn nicht der Anspruch innerhalb eines Jahres seit der Ablieferung der Güter oder seit dem Zeitpunkt, zu dem sie hätten abgeliefert werden müssen, gerichtlich geltend gemacht wird.

Im Falle tatsächlicher oder vermeintlicher Verluste oder Beschädigungen sollen der Unternehmer und der Empfänger verpflichtet sein, einander alle angemessenen Erleichterungen zu gewähren, um die Güter besichtigen und ihre Mängel feststellen zu können.

§ 7. Nach der Beendigung des Einladens soll das Konnossement, das der Unternehmer, Schiffer oder Agent des Unternehmers dem Ablader zu erteilen hat, auf Verlangen des Abladers und gegen Rückgabe eines ihm etwa vorher über dieselben Güter erteilten Titels als „Abladekonnossement" auszustellen sein. Jedoch soll der Unternehmer, Schiffer oder Agent des Unternehmers berechtigt sein, in dem Verschiffungshafen auf der zuerst erteilten Urkunde zu vermerken, wann und in welches Schiff die Güter abgeladen worden sind; enthält die Urkunde einen solchen Vermerk, so soll sie im Sinne dieses Artikels als Abladekonnossement gelten.

§ 8. Die Haftung des Unternehmers oder des Schiffes für Verlust oder Beschädigung von Gütern oder für Schäden in Bezug auf Güter soll, soweit der Schaden auf Verschulden oder auf Nichterfüllung der in diesem Artikel vorgesehenen Verpflichtungen und Verbindlichkeiten beruht, im Frachtvertrage weder ausgeschlossen noch in anderer Weise, als in diesem Abkommen vorgeschrieben ist, beschränkt werden können. Die Klausel, durch die dem Unternehmer der Anspruch aus der Versicherung abgetreten wird, und jede ähnliche Klausel sollen als Ausschluss der Haftung des Unternehmers angesehen werden.

Art. 4. § 1. Weder der Unternehmer noch das Schiff sollen für Verluste oder Schäden haften, die aus einem Mangel an Seetüchtigkeit entstehen, es sei denn, dass der Mangel darauf beruht, dass der Unternehmer nicht gemäß Artikel 3 § 1 die gehörige Sorgfalt angewandt hat, um das Schiff seetüchtig zu machen oder um es gehörig zu bemannen, einzurichten oder zu verproviantieren oder um die Lade-, Kühl- und Gefrierräume oder andere Teile des Schiffes, in denen Güter verladen werden, für deren Aufnahme, Beförderung und Erhaltung einzurichten und instand zu setzen. In allen Fällen, in denen Verluste oder Schäden aus einem Mangel an Seetüchtigkeit entstehen, soll die Beweislast für die Anwendung der gehörigen Sorgfalt den Unternehmer oder denjenigen treffen, der seine Befreiung von der Haftung auf Grund dieses Artikels geltend macht.

§ 2. Weder der Unternehmer noch das Schiff sollen für Verluste oder Schäden haften, die entstehen:

a) aus Handlungen, Nachlässigkeit oder Unterlassungen des Schiffers, der Schiffsoffiziere, der Schiffsmannschaft, des Lotsen oder der im Dienste des Unternehmers stehenden Personen bei der Führung oder dem Betriebe des Schiffes;

b) aus Feuer, es sei denn durch eigenes Verschulden des Unternehmers verursacht;

c) aus Gefahren oder Unfällen der See und anderer schiffbarer Gewässer;

d) aus Naturereignissen;

e) aus kriegerischen Ereignissen;

f) aus Handlungen öffentlicher Feinde;

g) aus Behinderung durch Herrscher, Behörden oder Volk oder aus gerichtlicher Beschlagnahme;

h) aus Quarantänebeschränkungen;

i) aus Handlungen oder Unterlassungen des Abladers oder des Eigentümers des Guts, seines Agenten oder Vertreters;

j) aus Streik oder Aussperrung, Unterbrechung oder Hemmung der Arbeit ohne Rücksicht auf Grund und Ausdehnung;

k) aus Aufruhr oder bürgerlichen Unruhen;

l) aus der Rettung oder dem Versuch der Rettung von Leben oder Eigentum zur See;

m) aus Schwund an Raumgehalt oder Gewicht oder aus einem anderen Verlust oder Schaden, der durch verborgene Mängel, durch die besondere Natur des Guts oder durch die dem Gute eigenen Mängel herbeigeführt ist;

n) aus Unzulänglichkeit der Verpackung;

o) aus Unzulänglichkeit oder Ungenauigkeit der Merkzeichen;

p) aus verborgenen, bei Anwendung gehöriger Sorgfalt nicht zu entdeckenden Mängeln;

q) aus irgendeiner anderen Ursache, die nicht durch Verschulden des Unternehmers, seiner Agenten oder der in seinem Dienste stehenden Personen herbeigeführt ist; doch soll die Beweislast dafür, dass weder das eigene Verschulden des Unternehmers noch ein Verschulden seiner Agenten oder der in seinem Dienste stehenden Personen zu dem Verlust oder Schaden beigetragen hat, demjenigen obliegen, der sich auf diesen Befreiungsgrund beruft.

§ 3. Der Befrachter soll nicht für Verluste oder Schäden haften, die der Unternehmer oder das Schiff aus irgendeinem Grunde erleiden, ohne dass Handlungen, Fehler oder Nachlässigkeit des Befrachters, seiner Agenten oder der in seinem Dienste stehenden Personen vorliegen.

§ 4. Wird zum Zweck der Rettung oder des Versuchs der Rettung von Leben oder Eigentum zur See oder in sonst gerechtfertigter Weise vom Reiseweg abgewichen, so soll dies nicht als Verletzung dieses Abkommens oder als Bruch des Frachtvertrags angesehen werden, und der Unternehmer soll für einen daraus entstehenden Verlust oder Schaden nicht haften.

§ 5. In keinem Falle soll der Unternehmer oder das Schiff für Verlust oder Beschädigung der Güter oder für Schäden in Bezug auf die Güter zu einem höheren Betrag als einhundert Pfund Sterling für das Stück oder die Einheit oder für einen dieser Summe entsprechenden Betrag einer anderen Währung haften, es sei denn, dass die Natur und der Wert dieser Güter vor ihrer Einladung vom Ablader angegeben sind und dass diese Angabe in das Konnossement aufgenommen ist.

Eine so in das Konnossement aufgenommene Angabe soll zum Beweise genügen, für den Unternehmer jedoch nicht bindend oder unwiderlegbar sein.

Durch Vereinbarung zwischen dem Unternehmer, dem Schiffer oder dem Agenten des Unternehmers einerseits und dem Befrachter andererseits soll ein anderer als der in diesem Paragraphen angegebene Höchstbetrag bestimmt werden können, sofern der vereinbarte Höchstbetrag nicht niedriger als die vorstehend festgesetzte Summe ist.

In keinem Fall soll der Unternehmer oder das Schiff für Verlust oder Beschädigung von Gütern oder für Schäden in Bezug auf Güter haften, wenn der Ablader im Konnossement eine wissentlich falsche Angabe über ihre Natur oder ihren Wert gemacht hat.

§ 6. Güter von entzündlicher, explosiver oder gefährlicher Natur, deren Abladung der Unternehmer, Schiffer oder Agent des Unternehmers nicht zugestimmt hätte, wenn sie die Beschaffenheit und Eigenart der Güter gekannt hätten, soll der Unternehmer, ohne ersatzpflichtig zu werden, jederzeit vor der Ausladung an jedem beliebigen Orte ausschiffen, vernichten oder unschädlich machen können, und der Ablader dieser Güter soll für alle Schäden und Kosten haften, die unmittelbar oder mittelbar aus ihrer Abladung entstehen. Gefährden derartige mit dieser Kenntnis und Zustimmung abgeladene Güter das Schiff oder die Ladung, so soll der Unternehmer sie in gleicher Weise ausschiffen, vernichten oder unschädlich machen können, ohne dass er, abgesehen von seinem etwaigen Beitrag zur großen Haferei, dafür zu haften hätte.

Art. 5. Der Unternehmer soll befugt sein, auf alle oder einzelne seiner in diesem Abkommen vorgesehenen Rechte und Befreiungen zu verzichten oder seine in diesem Abkommen vorgesehenen Verantwortlichkeiten und Verpflichtungen zu vermehren, sofern der Verzicht oder die Verpflichtungserklärung in das dem Ablader erteilte Konnossement aufgenommen wird.

Keine Bestimmung dieses Abkommens gilt für Chartepartien; werden jedoch im Fall der Verfrachtung eines Schiffes durch Chartepartie Konnossemente ausgestellt, so sollen sie den Bestimmungen dieses Abkommens unterliegen. Keine Bestimmung dieses Abkommens soll so ausgelegt werden, als hindere sie, in das Konnossement irgendeine zulässige Bestimmung über die große Haferei aufzunehmen.

Art. 6. Sofern ein Konnossement nicht ausgestellt worden ist oder ausgestellt wird und die vereinbarten Bedingungen in eine nicht begebbare und als solche gekennzeichnete Empfangsbescheinigung aufgenommen werden, sollen ungeachtet der Bestimmungen der vorstehenden Artikel der Unternehmer, Schiffer oder Agent des Unternehmers einerseits und der Befrachter andererseits befugt sein, jeglichen Vertrag abzuschließen mit beliebigen Bedingungen hinsichtlich der Verantwortlichkeit und der Verpflichtungen sowie der Rechte und Befreiungen des Unternehmers in Bezug auf diese Güter, hinsichtlich der Verpflichtungen des Unternehmers in Bezug auf die Seetüchtigkeit des Schiffes, soweit die Vereinbarung nicht der öffentlichen Ordnung zuwiderläuft, hinsichtlich der Sorgfalt und Aufmerksamkeit des Agenten des Unternehmers und der im Dienst des Unternehmers stehenden Personen in Bezug auf das Einladen, Handhaben, Stauen, Befördern, Verwahren, Betreuen und Ausladen der zur See beforderten Güter.

Jede so getroffene Vereinbarung soll rechtswirksam sein.

Es ist jedoch vereinbart, dass die Bestimmungen dieses Artikels nicht für gewöhnliche Handelsverschiffungen im gewöhnlichen Handelsverkehr, sondern nur für andere Abladungen gelten sollen, bei denen die Eigenart und Beschaffenheit der zu befördernden Güter und die Art der Umstände, Bestimmungen und Bedingungen, unter denen die Beförderung ausgeführt werden soll, eine besondere Vereinbarung rechtfertigen.

Art. 7. Keine Bestimmung dieses Abkommens soll den Unternehmer oder den Befrachter hindern, in einen Vertrag Vereinbarungen, Bedingungen, Vorbehalte oder Befreiungsklauseln in Bezug auf die Haftung des Unternehmers und des Schiffes für Verlust und Beschädigungen von Gütern aufzunehmen, soweit der Schaden vor dem Beginn des Einladens oder nach der Beendigung des Ausladens eintritt oder im Zusammenhang mit dem Verwahren, Betreuen und Handhaben der Güter vor dem Beginn des Einladens oder nach der Beendigung des Ausladens steht.

Art. 8. Die Bestimmungen dieses Abkommens berühren weder die Rechte noch die Pflichten des Unternehmers aus den gegenwärtig geltenden Gesetzen über die beschränkte Haftung der Eigentümer von Seeschiffen.

Art. 9. Die in diesem Abkommen angegebenen Geldeinheiten bezeichnen die Goldwerte.

Diejenigen Vertragsstaaten, in deren Gebiet das Pfund Sterling nicht als Währungseinheit verwendet wird, behalten sich das Recht vor, die in diesem Abkommen in Pfund Sterling angegebenen Summen durch abgerundete Beträge der Landeswährung zu ersetzen.

Die Landesgesetze können dem Schuldner die Befugnis vorbehalten, sich durch Zahlung in der Landeswährung zu befreien; die Umrechnung erfolgt nach dem Kurse, der am Tage der Ankunft des Schiffes in dem Hafen maßgebend ist, in dem die betreffenden Güter gelöscht werden.

Art. 10. Die Bestimmungen dieses Abkommens sollen für jedes Konnossement gelten, das in einem der Vertragsstaaten ausgestellt wird.

Art. 11. Die Belgische Regierung wird binnen zweier Jahre seit dem Tage der Zeichnung des Abkommens mit den Regierungen der Hohen vertragschließenden Teile, die sich zur Ratifikation bereit erklärt haben, in Verbindung treten, um eine Entscheidung darüber herbeizuführen, ob das Abkommen in Kraft gesetzt werden soll. Die Ratifikationsurkunden sollen in Brüssel zu einem Zeitpunkt hinterlegt werden, der zwischen den genannten Regierungen vereinbart werden wird. Die erste Hinterlegung von Ratifikationsurkunden wird durch ein Protokoll festgestellt, das von den Vertretern der daran teilnehmenden Staaten und von dem Belgischen Minister der auswärtigen Angelegenheiten unterzeichnet wird.

Die späteren Hinterlegungen von Ratifikationsurkunden werden mittels einer schriftlichen, an die Belgische Regierung gerichteten Anzeige unter Beifügung der Ratifikationsurkunde bewirkt.

Die Belgische Regierung wird den Staaten, die dieses Abkommen gezeichnet haben oder ihm später beigetreten sind, alsbald auf diplomatischem Wege beglaubigte Abschrift des Protokolls über die erste Hinterlegung von Ratifikationsurkunden, der im vorstehenden Absatz erwähnten Anzeigen sowie der ihnen beigefügten Ratifikationsurkunden mitteilen. In den Fällen des vorstehenden Absatzes wird die Belgische Regierung zugleich bekanntgeben, an welchem Tage sie die Anzeige erhalten hat.

Art. 12. Die Staaten, die dieses Abkommen nicht gezeichnet haben, können ihm später beizutreten, auch wenn sie auf der internationalen Konferenz von Brüssel nicht vertreten waren.

Der Staat, der beizutreten wünscht, hat seine Absicht der Belgischen Regierung schriftlich anzuzeigen und ihr dabei die Beitrittsurkunde zu übersenden, die im Archiv dieser Regierung hinterlegt werden wird.

Die Belgische Regierung wird alsbald allen Staaten, die das Abkommen gezeichnet haben oder ihm später beigetreten sind, beglaubigte Abschrift der Anzeige wie der Beitrittsurkunde übersenden und zugleich angeben, an welchem Tage sie die Anzeige erhalten hat.

Art. 13. Die Hohen vertragschließenden Teile können bei der Zeichnung, bei der Hinterlegung der Ratifikationsurkunde oder bei Gelegenheit ihres Beitritts erklären, dass die von ihnen erklärte Annahme des Abkommens für alle oder einzelne der unter ihrer Staatshoheit oder Schutzgewalt stehenden autonomen Dominien, Kolonien, Besitzungen, Protektorate oder überseeischen Gebiete keine Geltung haben soll. Infolgedessen können sie später im Namen des einen oder des anderen der so in der ursprünglichen Erklärung ausgenommenen autonomen Dominien, Kolonien, Besitzungen, Protektorate oder überseeischen Gebiete gesondert beitreten. Ebenso können sie dieses Abkommen unter Beobachtung seiner Bestimmungen im Namen des einen oder des anderen der unter ihrer Staatshoheit oder Schutzgewalt stehenden autonomen Dominien, Kolonien, Besitzungen, Protektorate oder überseeischen Gebiete kündigen.

Art. 14. Für die Staaten, die an der ersten Hinterlegung von Ratifikationsurkunden teilgenommen haben, wird dieses Abkommen ein Jahr nach dem Tage wirksam, an dem das Protokoll über die Hinterlegung aufgenommen ist. Für die später ratifizierenden und für die beitretenden Staaten sowie in den Fällen, in denen das Abkommen nachträglich gemäß Artikel 13 in Kraft gesetzt wird, erlangt es sechs Monate nach dem Zeitpunkt Wirksamkeit, in dem die Belgische Regierung die im Artikel 11 Abs. 2 und im Artikel 13 vorgesehenen Anzeigen erhalten hat.

Art. 15. Sollte einer der Vertragsstaaten dieses Abkommen kündigen wollen, so ist die Kündigung der Belgischen Regierung schriftlich zu erklären, die alsbald beglaubigte Abschrift der Erklärung allen anderen Staaten mitteilen und ihnen zugleich bekanntgeben wird, an welchem Tage sie die Erklärung erhalten hat.

Die Kündigung soll nur in Ansehung des Staates, der sie erklärt hat, und erst ein Jahr, nachdem die Erklärung bei der Belgischen Regierung eingegangen ist, wirksam sein.

Art. 16. Jeder der Vertragsstaaten kann den Zusammentritt einer neuen Konferenz veranlassen, um etwaige Verbesserungen des Abkommens herbeizuführen.

Ein Staat, der von dieser Befugnis Gebrauch machen will, hat seine Absicht ein Jahr vorher den anderen Staaten durch Vermittlung der Belgischen Regierung anzuzeigen, die es übernehmen wird, die Konferenz einzuberufen.

Geschehen in Brüssel, in einer einzigen Ausfertigung, am 25. August 1924. (RGBl. II 1939, S. 1052 ff.)

4. Arbeitssitzung vom 15.2.1934 (16 bis 20 Uhr)

Anwesend:
Vorsitzender: Prof. Dr. Wüstendörfer, Hamburg,
stellvertretender Vorsitzender: OLG-Präsident Dr. Engel, Hamburg.
1. Schriftführer: Rechtsanwalt Dr. Droege, Hamburg,
2. Schriftführer: Richter Dr. Bramslöw, Hamburg,
und als weitere wissenschaftliche Mitglieder:
Rechtsanwalt Dr. Dettmers, Bremen
Dr. Krichhauff, Hamburg
Reichsgerichtsrat Dr. Lindenmaier, Leipzig
OLG-Rat Dr. Reinbeck, Hamburg
Dr. Riensberg, Hamburg
Rechtsanwalt Dr. Schüler, Hamburg
Dr. Schütte, Hamburg
Rechtsanwalt Dr. Schulze-Smidt, Bremen
Verwaltungsdirektor Dr. Sturm, Hamburg
Geheimrat Wiedenfeld, Leipzig
vom Reichsjustizministerium:
Ministerialrat Koffka, Berlin
Oberregierungsrat Dr. Riese, Berlin
als praktische Mitglieder:
Dr. Behm, Stettin
Direktor Hugo Brandt, Hamburg
Dr. Schultze, Hamburg, als Vertreter für Staatsrat Eßberger, Hamburg
Heinz H.E. Justus, Hamburg
Assessor Michelau, Bremen, als Vertreter für Dr. Firle

für die Niederschrift in der Sitzung: Referendarin H. Krüger
entschuldigt fehlten:
Generaldirektor Roselius, Bremen
Dr. Nolte, Hamburg

Nachdem der *Vorsitzende* die zum ersten Male erschienenen Mitglieder begrüßt hatte, bat er die Vertreter der Reeder, zur Frage der Einführung der *Haager Regeln* mit den von ihm vorgeschlagenen Vorbehalten nochmals Stellung zu nehmen. Zuerst erhielt *Dr. Behm* das Wort.

Dieser betonte, dass er versucht habe, als Vertreter *aller* Reeder, nicht nur der Ostsee-Reeder zu sprechen, als er sich in der vorigen Sitzung gegen die Annahme der Haager Regeln ausgesprochen habe. Der Redner wies wiederum darauf hin, dass die Einführung der Haager Regeln sehr ernsthafte Folgen für die Reeder haben würde. Es müsse bedacht werden, dass die Reeder sich zur Zeit in einer solchen Notlage befänden, dass sogar eine Reichshilfe nötig geworden sei. Jede Veränderung des status quo zu Ungunsten der Reeder gefährde deren Lage ernstlich. Zwar sei zuzugeben, dass die Vereinheitlichung des Seerechts von großer Bedeutung sei, die Frage sei aber, ob deswegen die wenigen Vorteile, welche die deutschen Reeder zur Zeit noch hätten, aufgegeben werden dürften. Eine Reform des Seerechts sei sicher nötig, aber die Haager Regeln gingen zu weit. Das müsse auch vom objektiven Standpunkt aus zugegeben werden.

Der in der letzten Sitzung aufgestellte Satz, die Einführung der Haager Regeln bedeute nichts anderes, als dass an die Stelle der Ladungsversicherung künftig die Versicherung der Reederhaftpflicht trete, sei nicht richtig. Denn die Deckung dieser Versicherung stieße auf Schwierigkeiten. Eine solche Reederhaftpflichtversicherung müsse international durchgeführt werden. Das habe zur Folge, dass die deutschen Reeder Devisen kaufen müssten, dann flösse das Geld in das Ausland. Die Durchführung einer solchen Reederhaftpflichtversicherung allein in Deutschland müsse daran scheitern, dass der Kreis der Beteiligten in Deutschland nicht groß genug sei, um das Risiko sicher zu verteilen. Auch noch ein anderes Moment spräche gegen die Reederhaftpflichtversicherung. Der Seetransport bilde nur ein Glied in einer Kette anderer Transporte. Der Ladungsinteressent müsse das Gut ohnehin für die ganze Beförderung, die meist aus See- und verschiedenen Arten des Landtransports zusammengesetzt sei, versichern. Aus einer derartigen Versicherung für den ganzen zusammengesetzten Transport könne doch nicht das Sonderrisiko des Reeders herausgenommen werden. Dieser Satz: Reederhaftpflichtversicherung statt der Ladungsversicherung könne also nicht zugunsten der Haager Regeln aufgestellt werden.

Weiter wäre hinzuweisen auf die ungünstige Rechtslage, die sich für die Reeder in folgenden Fällen ergebe. Dem Reeder läge nach den Haager Regeln eine Exculpationspflicht für Schäden ob, die nach der Güterablieferung an das Zollamt eingetreten seien. Das Zollamt schalte sich bekanntlich in vielen Ländern ein, bevor die Ladung dem Empfänger ausgeliefert werde. Die gleiche Rechtslage ergäbe sich dann, wenn der Güterempfang von der Reede aus durch Leichter geschähe. Der Redner meinte daher, dass der vom Vorsitzenden vorgeschlagene Vorbehalt bezüglich Art. III 6 noch nicht genüge, es müsse vielmehr weiter noch klar gestellt werden, dass Leichterempfang und Empfang durch das Zollhaus als Empfang oder vom Verfrachter aus gesehen, als Löschung (Art. 7) gälten.

Der Redner hob sodann hervor, dass es für die Reeder im Rahmen der jetzigen Generaldebatte unmöglich sei, sofort alle Einzelheiten gegen die Haager Regeln vorzubringen. Zur Ergänzung seiner Ausführungen verwies der Redner auf die gutachtliche Äußerung, die der Vorsitzende vor einigen Jahren im Auftrage der Reeder gemacht hatte. Darin seien die Schwierigkeiten, die den Reedern durch die Haager Regeln erwüchsen, erschöpfend aufgezählt. Obwohl das Gutachten in einigen Punkten durch die Rechtsprechung überholt sei, bestünden die dort aufgeführten Schwierigkeiten im Wesentlichen auch heute noch.

Der Redner schloss sich Dir. Sturms Meinung an, eine zweite Lesung zur ausführlichen Behandlung der Haager Regeln sei nötig, es sei nicht richtig, wenn sich der Ausschuss schon jetzt darauf festlege. Er schlug vor, man solle als Ergebnis der Aussprache feststellen, dass der Ausschuss mit einem Teil der Haager Regeln einverstanden sei; gegen einzelne Bestimmungen bestünden aber erhebliche Bedenken. Diese Bestimmungen müssten späterhin im Zusammenhange mit den einschlägigen Vorschriften des Seehandelsrechtes behandelt worden. Die zweite Lesung könne eventuell auch gleich erfolgen, jedenfalls solle dieser Antrag keine Verzögerung von Seiten der Reeder bedeuten.

Dr. Schütte äußerte sich über die geschichtliche Entwicklung der Frage innerhalb Deutschlands sowie über die Erfahrungen, die die Reeder mit den Haager Regeln gemacht hätten. Leider hätten sich zur Überraschung der Reeder selbst sehr unangenehme wirtschaftliche Folgen ergeben.

In den Fahrtgebieten, für welche die Haager Regeln oder die Harter Act bereits Geltung hätten, betrügen die Zahlungen der Reederei für Ladungsreklamationen schon heute das Dreifache gegenüber den Fahrtgebieten, in denen die Haager Regeln oder die Harter Act keine Anwendung fänden. Diese Berechnungen erstreckten sich auf den Durchschnitt der Jahre 1930 bis 1933 einschließlich und seien anhand tatsächlich erfolgter Zahlungen aufgestellt. Sie erstreckten sich über alle von der deutschen Flagge bedienten überseeischen Fahrten und seien unabhängig voneinander bei verschiedenen Reedereien vorgenommen worden. Weiterhin sei auf einem einzelnen Gebiete, nämlich der deutschen Levantefahrt ab Antwerpen nach den Mittelmeer- und Schwarzmeerhäfen die folgenden Erfahrungen gemacht worden:

In den drei Jahren, die vor dem Wirksamwerden der Haager Regeln in Belgien lägen, seien im Durchschnitt der Jahre im Verhältnis zu den drei Jahren, die nach dem Wirksamwerden der Haager Regeln in Belgien lägen, die Zahlungen für Ladungsschäden unter Zugrundelegung derselben Verhältnisse und bei gleichförmiger Behandlung der Ladung, sowie bei Betrachtung unter denselben Gesichtspunkten wesentlich niedriger gewesen. Die ziffernmäßige Auswirkung aufgrund der tatsächlich vorliegenden Zahlen bis einschließlich 1932 ergäbe, dass in den drei Jahren, die nach der Einführung der Haager Regeln lägen, im Durchschnitt die Ladungsreklamationen um das 2½ fache gestiegen seien, das hieße, die deutsche Reederei habe 2,5 mal so viele Zahlungen für Ladungsreklamationen aufgrund der Haager Regeln gegenüber der Vorkriegszeit leisten müssen, ohne eine Ausgleichsmöglichkeit zu haben.

Der Redner führte weiter aus, dass nach dem bisherigen Ausspracheergebnis feststehe, dass die der deutschen Reederei aufzubürdende Mehrhaftung nach den Haager Regeln zwar versichert werden könne, dass diese Versicherung aber tatsächlich nur in England zu decken sei. In Deutschland gäbe es keine Deckungsmöglichkeit. Wolle man für volle Deckung dieser Mehrhaftung für die gesamte deutsche Tonnage Sorge tragen, so würde dafür eine Prämie von über 6.000.000 RM jährlich aufzubringen sein. Diese Prämie würde im Wesentlichen in das Ausland gehen.

Im Übrigen müsse zur Versicherungsfrage noch richtig gestellt werden, dass bisher der Fall noch nicht praktisch geworden sei, dass die Versicherer den Reedern, die mit den Haager Regeln führen, Rabatte gewährt hätten.

Diese Mehrbelastung der Reeder durch die vergrößerte Anzahl der Schadensreklamationen oder die erhöhte Prämie könne von den Reedern zur Zeit nicht getragen werden. Wir hätten etwa 20 Jahre glücklich mit dem Einheitskonnossement gelebt. Dieses sei von den Reedern im Einvernehmen mit den Verladern und den Banken geschaffen worden. Demgegenüber sei zu betonen, dass sich die Verhältnisse in der Welt und auch in Deutschland insofern verändert hätten, als die für die Reeder versuchte offensichtliche Verschlechterung eine Folge der veränderten Machtverhältnisse sei. Die Machtverhältnisse zwischen den Banken und den Versicherern auf der einen und den Reedern auf der anderen Seite lägen heute international völlig anders als vor 25 Jahren.

Heute seien die Reedereien in allen Ländern notleidend und auf Subventionen angewiesen. Die Macht sei jetzt auf der anderen Seite und darin finde die nun beabsichtigte Änderung der Konnossementbestimmungen ihre Erklärung.

Zum Schluss betonte der Redner noch einmal, dass der große Widerstand der Reeder gegen die Haager Regeln erst aus der Praxis erwachsen sei. Es sei eine Utopie zu erwarten, dass die Reeder in der Lage seien, die von ihnen zu übernehmenden Mehrprämien durch Erhöhung der Frachten auszugleichen. Die Sachlage sei doch so, dass die Frachten feststünden, und dass die Reeder dann ihrerseits zu kalkulieren hätten, ob sie zu diesen fahren könnten oder nicht. Es sei also nicht richtig, dass die Annahme der Haager Regeln nur ein Rechenexempel bedeute.

Assessor *Michelau* meinte, dass das Hauptziel der Haager Regeln, die internationale Vereinheitlichung der Rechtsordnung nicht mehr zu erreichen sei, weil die Regeln bereits in verschiedenen Fassungen von den einzelnen Staaten angenommen worden seien. Damit hätten die Haager Regeln aber ihre Hauptbedeutung eingebüßt.

Vom Reederstandpunkt aus müsse der Ratifikation widersprochen werden, besonders weil die Beweislastfrage so ungünstig für die Reeder gestaltet sei. Der Vorschlag des Vorsitzenden erleichtere zwar die Stellung der Reeder. Dennoch müsse für den Fall, dass die Beweislastfrage im Sinne des Vorsitzenden gelöst werde, bedacht werden, dass dem Reeder nach der deutschen Rechtsprechung eine ziemlich weitgehende Auskunftspflicht obliege. Das bedeute wiederum eine Belastung. Auch die Frage der Ausschlussfrist bedürfe besonderer Beachtung. Der Redner berichtete weiter, dass die Reeder zur Zeit ein neues Konnossement für die Amerikafahrt ausarbeiteten. Dort seien Ausschlussfristen von zwei Tagen für die Anzeige von erkennbaren Mängeln, von fünf Tagen für ausgelieferte Güter und von zehn Tagen für verlorene Güter vorgesehen.

Der *Vorsitzende* wies darauf hin, dass der Ausschuss sich grundsätzlich nur für die Annahme der Haager Regeln oder ihre Ablehnung aussprechen könne. Freier Spielraum sei nur im Rahmen des Zusatzprotokolls und hinsichtlich der Auslegung zweifelhafter Gesetzesstellen gegeben. Andere Abweichungen, z.B. Neufestsetzung der Fristen seien jedoch nicht gestattet. Das würde vielmehr einem Verzicht auf die Haager Regeln gleichkommen. Hinsichtlich der internationalen Rechtsgleichheit müsse es zunächst genügen, dass man wenigstens in den Hauptfragen zur Einheit gelange. Verschiedene Auslegung sei immer möglich, solange es nicht einen überstaatlichen internationalen Seegerichtshof gebe. Die gleiche Erfahrung habe man auch mit dem Berner Übereinkommen über den Eisenbahnfrachtverkehr gemacht. Daran dürfe man aber den Gedanken des Einheitsrechts nicht scheitern lassen.

Dr. Droege machte sodann auf eine dritte Möglichkeit der Lösung aufmerksam: Der Ausschuss könne die Haager Regeln gleichsam als theoretische Marschroute nehmen mit dem Vorbehalt, in Einzelbestimmungen gegebenenfalls abzuweichen.

Der *Vorsitzende* hielt diesen Weg nicht für gangbar, da eine Ratifikation mit solchem Vorbehalt nicht für zulässig zu halten sei.

Geheimrat Wiedenfeld schlug darauf vor, bei der künftigen Gestaltung des Seerechts nicht von dem bisher geltenden Rechtszustande auszugehen, sondern unabhängig hiervon nach einer billigen Lösung zu suchen. Generaldirektor Roselius habe in der letzten Sitzung darauf hingewiesen, dass es sich bei dem tatsächlich geltenden Seefrachtrecht um Machtfragen gehandelt habe. Dieser Gesichtspunkt müsse aber gerade bei der Neuregelung völlig ausscheiden. Der Redner erinnerte an die in der neuen Kartellordnung getroffene Regelung. *Ohne* Rücksicht auf die Machtverhältnisse müsse eine billige Lösung gefunden werden. Dabei sei aber zu bedenken, dass die Reeder nicht allein notleidend seien. Auch der Export, also die Verladerschaft, leide Not.

Die wichtigste Frage des neuen Seerechts sei die Verteilung der Beweislast. Die Frage, wer die Beweislast in der einen oder der anderen Frage zu tragen habe, müsse jedes Mal genau im Einzelnen geprüft werden. Die Haltung der Reeder, die sich grundsätzlich gegen die Beweislast in allen Fällen wehrten, sei nicht zu billigen. Es sei aber auch nicht genügend, wenn nur die Frage der Beweislast im Einzelnen geprüft werde. Die gleiche sorgsame Prüfung verlange jede einzelne Bestimmung der Haager Regeln. So könne z.B. die 12-Monatsfrist des Art. III 6 nicht kritiklos übernommen werden. Sie sei viel zu lang. Man müsse bedenken, dass wir jetzt im Zeitalter der Technik lebten, der Geschäftsverkehr werde von Kabel und Telefon beherrscht.

Der Redner betonte zum Schluss, dass es Aufgabe des Ausschusses sei, neues deutsches Seerecht zu schaffen, nicht aber, die Ratifikationsfrage zu prüfen. Der Ausschuss sei keine Beratungsstelle für das Auswärtige Amt. Dem Ausschuss müsse die Freiheit bleiben, eventuell das neue Recht abweichend von den Haager Regeln zu gestalten.

Der *Vorsitzende* nahm sodann zu einigen im Verlauf der Aussprache über die Haager Regeln gemachten Äußerungen und Vorschlägen folgendermaßen Stellung:

Die Behauptung Dr. Riensbergs, es handele sich bei den Haager Regeln um ein unnormales Gesetz, das England nur unter dem Druck der durch den Weltkrieg in ihrer Macht gestärkten englischen Dominions eingeführt habe, sei insoweit nicht richtig, als der Kampf um die Haager Regeln nicht erst 1919 begonnen hätte, sondern unter den Stichwörtern „Freizeichnungsklauseln und Harter Act“ schon in den 70er und 80er Jahren des vorigen Jahrhunderts. Die Hamburg-Bremer Konnossementsbedingungen von 1886 hätten zum ersten Male den Kompromissgedanken der Haager Regeln enthalten. Jene hätten sich aber wegen des Widerstandes der Reeder nicht durchsetzen können, so wenig wie das Einheitskonnossement von 1912.

Der Vorsitzende wandte sich dann gegen eine etwaige Gleichsetzung von Schifffahrtsinteressen mit Reederinteressen, wie sie in der Aussprache zum Teil geschehen sei. Die Schifffahrtsinteressen seien keinesfalls mit den Reederinteressen identisch. Was sollten die Reeder ohne die Güter der Verlader, ohne die Reisenden, ohne die Schiffsbesatzungen beginnen? Diese Gruppen und andere zusammen ergäben erst die Schifffahrt. Daher sei es die Aufgabe des Ausschusses, die verschiedenen Interessen sorgsam zu ermitteln, gegeneinander abzuwägen, und dann eine billige Lösung im Sinne des Gemeinnutzens zu finden, auch wenn das Ergebnis vielleicht für die eine oder andere Gruppe hart wäre.

Mit dem Vorschlag von Direktor Sturm sei er nicht einverstanden. Eine zweite Lösung würde nur dann nötig sein, wenn die Haager Regeln jetzt neu dem Ausschuss unterbreitet worden wären. Da sie aber seit Jahren Gegenstand der Rechtsprechung und Literatur wären, seien Überraschungen nicht mehr zu befürchten. Es bestünde natürlich wie bei allen neuen Gesetzen die Möglichkeit, dass einige neue Probleme in der Rechtsprechung auftauchten. Dagegen könne man sich aber niemals schützen. Seiner Ansicht nach seien die Haager Regeln *jetzt* spruchreif. Daran vermöchten auch die von Dr. Behm erhobenen Einwendungen gegen die Reederhaftpflichtversicherung nichts zu ändern. Schon vor 30 Jahren habe man diese Einwendungen gehört. Gegen sie ließen sich zwei Gründe anführen: Es dürfe nicht aus formaljuristischen Gründen gesagt werden, die Versicherungsfrage sei bei der Neuschaffung des Gesetzes nicht zu berücksichtigen. Denn der Billigkeitsstandpunkt verlange gerade, dass die versicherungsfähige Haftpflicht des Reeders wirtschaftlich als eine Einheit, als ein Zusatz zu seinen sonstigen Pflichten angesehen werde. Zweitens sei besonders hervorzuheben, dass die Haftpflichtversicherung des Reeders eine weit bessere Vorbeugungswirkung in Bezug auf Ladungsschäden entfalte als die Versicherung der Ladungsbeteiligten. Denn wenn der Reeder selbst einen Teil des Haftpflichtschadens in Gestalt der Franchise tragen müsse und die Höhe seiner Versicherungsprämie mit der Zahl und Größe der Ladungsschäden wachse, werde er auf sorgsamere Behandlung der Ladung hinwirken. Die deutschen Reeder würden sich sicher genau so wie in England zu protecting clubs zusammenfinden, sobald der wirtschaftliche Anlass durch das neue Gesetz gegeben werde.

Den Vorrednern sei darin Recht zu geben, dass die Kernfrage des neuen Gesetzes die Beweislastregelung sei. Sicher würde der Reeder nach dem künftigen Recht zuweilen haften müssen, obwohl ihn und seine Leute kein Verschulden treffe, weil er den Exculpationsbeweis nicht erbringen könne. Der Fall läge heute aber genau entsprechend für die Verlader, die vom Reeder keinen Schadensersatz erlangen könnten, weil sie ihm sein bzw. seiner Leute Verschulden nicht nachzuweisen vermöchten, auch wenn tatsächlich solches Verschulden vorhanden sei. Vom Billigkeitsstandpunkt aus gesehen sei der Reeder als Schuldner der Nähere zum Beweise. So sei die grundsätzliche Regelung im BGB und HGB.

Der Vorsitzende wandte sich sodann gegen die Berufung auf sein früheres Gutachten. Dies habe sich lediglich mit der Frage auseinandergesetzt, ob die Annahme der Haager Regeln als lex contractus in ihrer englischen monströsen Fassung vom Reederstandpunkt aus zu empfehlen sei. Heute gälte es, im nationalsozialistischen Sinne ein neues deutsches Konnossementrecht zu schaffen, ausgehend von dem Grundsatz: Gemeinnutz gehe vor Eigennutz.

Die von einem der Reeder aufgestellte Behauptung: „Wir" hätten glücklich unter dem Einheitskonnossement gelebt, sei nur dann richtig, wenn man unter „wir" lediglich die Reeder verstünde. Für die Verlader und die Ladungsversicherer sei die Rechtslage nach dem Einheitskonnossement sehr ungünstig gewesen.

Zur Ergänzung seiner Stellungnahme zu dem Problem des Art. III 6 wolle er dann noch Folgendes ausführen: Der Zweckgedanke des Art. III 6 sei, eine Art Straffolge durch Verschlechterung der Beweislage zu schaffen gegen den, der die sofortige Anzeige oder die dreitägige Anzeigefrist versäumt habe. Es sei nun die Frage, ob dieser offenbare Gesetzeszweck durch die wörtliche Auslegung der fraglichen Norm erreicht werde. Diese Frage müsse verneint werden. Denn wörtlich genommen sage diese Bestimmung überhaupt nichts Neues. Jeder Ladungsinteressent müsse, wenn er gegen den Reeder klage, die anspruchsbegründenden Tatsachen behaupten und beweisen. Dazu gehöre aber stets, dass ein Schaden entstanden sei zu einer Zeit, als der Reeder die Obhutspflicht über das Ladungsgut hatte, also dass der Schaden nicht etwa vor der Anlieferung oder nach der Anlieferung entstanden sei. Folge man der wörtlichen Auslegung, so sage Art. III 6 nicht mehr als diese Selbstverständlichkeit; er enthalte also überhaupt keine neue Norm, keine Straffolge. Der offenbare Gesetzeszweck werde nur durch die von ihm vorgeschlagene Auslegung erreicht, dass nämlich nach der Fristversäumung dem Empfänger außer diesem selbstverständlichen Nachweis der Schadensentstehung an Bord auch die Beweispflicht für ein ursächliches Verschulden des Reeders oder seiner Leute obliege. Nur bei dieser Auffassung könne von einer Straffolge des Art. III 6 gesprochen werden und nur im Zusammenhange mit dieser Art von Rechtsverwirkung werde die Fristsetzung für die Schadensanmeldung sinnvoll. Wenn dem Reeder auf diese Weise die Exculpationspflicht abgenommen werde, könne es ihm gleichgültig sein, ob der Schaden erst nach einem Jahr geltend gemacht werde. Praktisch bedeute die Versäumung der Anzeigefrist dann eine *Verwirkung* wie im geltenden deutschen Recht (§ 609 HGB) die Unterlassung rechtzeitiger Besichtigung. Angesichts der großzügigen Rechtsprechung des Reichsgerichts und des Hanseatischen OLG, die schon oft den Normzweck über den Wortlaut hätten triumphieren lassen, sei anzunehmen, dass sich diese Auslegung auch in der Rechtsprechung durchsetzen werde. Sie müsse aber ebenso für den zweckbewussten Gesetzgeber gelten. Denn sie sei nicht nur die billigere und vernünftigere Auslegung, sondern vom Standpunkt richtiger Rechtsfindungsmethode sogar die *einzig zulässige.*

Reichsgerichtsrat *Lindenmaier* schloss sich den Ausführungen des Vorsitzenden im Wesentlichen an. Er wies darauf hin, dass gerade die Haager Regeln den lebenden Teil des Konnossementrechts beträfen. Eine Vertagung der Beratung über die Haager Regeln sei sicher nicht zweckmäßig, denn auch später werde sich keine größere Klarheit und Einigkeit erzielen lassen. Eine Zwangshaftung für kommerzielles Verschulden sei unbedingt nötig. Der Schlüssel der Haftungsfrage sei aber – wie schon richtig betont – die Beweislast. Um hier eine richtige Lösung zu finden, dürfe aber nicht auf das bürgerliche Recht zurückgegriffen werden, sondern nur auf das

Transportrecht. Dort sei mit gutem Grunde dem Transportunternehmer die Beweislast auferlegt worden. Dem Reeder würden die Gerichte immer eine gewisse Aufklärungspflicht auferlegen. Genüge die Aufklärung nicht, so sei wieder die Beweislast entscheidend. Die Hauptfrage sei, ob und gegebenenfalls mit welchen Modifikationen sie vom Reeder zu tragen sei.

Der Redner erklärte die vom Vorsitzenden vertretene Auslegung des Art. III 6 für richtig. Wir brauchten vor dieser Auslegung nicht zurückzuscheuen; die Skandinavier hätten sich diese Auffassung auch schon zu Eigen gemacht. Auf jeden Fall müsse man sich über die Auslegung der wesentlichen Bestimmungen des Abkommens schon jetzt klar werden. Der Ausschuss sei sicher in der Lage, der Regierung eine bedingte Ratifikation zu empfehlen, damit würde die Frage offen gelassen, welche Grundsätze der Haager Regeln später in das neue HGB übernommen würden. Doch sei es seine Ansicht, dass völkerrechtlich die bedingte Ratifikation einer Ablehnung gleichkomme. Der Redner bat die Vertreter des Reichsjustizministeriums um Aufklärung hierüber. Für den Ausschuss sei die Frage folgendermaßen zu stellen:

Können wir die Annahme empfehlen? Wenn nicht, welche Grundsätze empfehlen wir dann für die Neuregelung des HGB?

Ministerialrat *Koffka* beantwortete die von Dr. Lindenmaier gestellte Frage folgendermaßen: Wenn statt des Rechtssatzes x der Haager Regeln der Rechtssatz y übernommen würde und in dieser Form die Haager Regeln ratifiziert würden, so stünde dieses einer Ablehnung gleich. Die Rechtslage wäre aber wohl anders zu beurteilen, wenn Deutschland die Ratifikation abhängig machte von einer Annahme der Haager Regeln seitens der skandinavischen Staaten. Eine solche der Befristung ähnliche Bedingung wäre wahrscheinlich als zulässig zu erachten. Der Redner bat um Stellungnahme hierzu und führte weiter aus: Die Aufgabe des Ausschusses sei, neues deutsches Seerecht zu schaffen, die Frage der Ratifikation hinge nicht unmittelbar damit zusammen. Wenn der Ausschuss sich auf den Standpunkt stelle, die Haager Regeln seien unbedingt zu empfehlen, so würde die Reichsregierung sie sicher ratifizieren. Wenn sich eventuell später herausstelle, dass einige Fragen im deutschen Recht anders geregelt werden müssten, so stünde schließlich immer noch der Weg einer Kündigung des Abkommens offen. Heute handle es sich nur um die Frage, ob der Entwurf im Ganzen empfohlen werden solle, und wie er auszulegen sei. Hierzu sei aber eine zweite Lesung nicht nötig. Das Reichsjustizministerium werde bestrebt sein, eine vernünftige Lösung aller Fragen herbeizuführen. Die Ausführungen des Vorsitzenden zur Beweislastfrage des Art. III 6 seien so überzeugend, dass die Regierung ihnen vermutlich folgen werde.

Dr. Schulze-Smidt empfahl die Ratifikation mit den vom Vorsitzenden vorgeschlagenen Vorbehalten, die eine große Erleichterung für die Reeder bedeuteten. Eine zweite Lesung hielte er nicht für richtig, das würde nur eine Verschiebung ad calendas Graecas bedeuten. Die Frage der Annahme der Haager Regeln sei aber *jetzt* dringend. Italien und Skandinavien würden uns sicher folgen, wenn wir die Haager Regeln ratifizieren. Ein schwacher Trost für die Reeder liege darin, dass das Abkommen gegebenenfalls wieder gekündigt werden könne.

Der *Vorsitzende* unterstrich sodann die Bedeutung der Anregung von Ministerialrat Koffka. Wenn Deutschland die Ratifikation der Haager Regeln von einer Annahme seitens der skandinavischen Staaten abhängig machen könne, so würde dadurch eine paritätische Behandlung der deutschen und skandinavischen Reeder erreicht.

Dr. Riensberg führte aus, dass es sich bei den Haager Regeln im Wesentlichen um einen Streit darüber handle, ob der überwiegende Teil der Ladungsschäden von den Ladungsversicherern oder von den Reedern zu zahlen sei. Das sei nicht richtig. Die Versicherer würden sicher kein Risiko übernehmen, bei dem sich nicht ein Geschäft machen lasse. Ein Vergleich der Resultate der Versicherer mit denen der Reeder würde zeigen, dass die Versicherer heute kapitalkräftiger seien und gute Dividenden zahlen könnten, während die Reeder in Not seien. Im Übrigen sei noch hervorzuheben, dass den Reedern auch in England durch die protecting clubs nur ein Teil des

Risikos abgenommen werde; 40% müssten sie nach der Standard-Klausel bei jedem Schaden selbst tragen. Man könne also wirklich nicht davon sprechen, dass die Last, die die Haager Regeln den Reedern aufbürden wollen, nicht von diesen, sondern von den Haftpflichtversicherern getragen werde.

Es sei ferner im Laufe der Aussprache darauf hingewiesen worden, dass die Zahl der Schadensfälle unter den Haager Regeln kleiner geworden sei. Der Redner führte dagegen aus, dass diese Tatsache zwar richtig sei, aber nicht mit der Einführung der Haager Regeln im Zusammenhange stehe, sondern auf die zeitweilige große Zunahme der Kriminalität während des Krieges und deren spätere Wiederabnahme zurückzuführen sei. Von der gegnerischen Seite sei im Übrigen auch zugegeben, dass die Höhe der einzelnen Schäden zugenommen habe.

Die deutschen Reeder ständen gegenwärtig mit englischen und belgischen Reedern im Wettbewerb. Die deutschen Reeder dürften aber nicht daran denken, die Frachtrate zu erhöhen bei der Einführung der Haager Regeln in Deutschland, denn dann würden sie sofort aus der Konkurrenz ausscheiden. Praktisch bedeute das also, dass sie die erhöhte Haftung der Haager Regeln zu tragen hätten ohne irgendeinen Ausgleich.

Mehrere Punkte der Haager Regeln bedürften noch einer eingehenden Beratung, so z.B. die Fristen. Es sei eine völlig abwegige Regelung, dass der Reeder noch nach 12 Monaten in Anspruch genommen werden könne. Im Eisenbahnfrachtrecht lägen die Verhältnisse für den Frachtführer weit besser. Ebenso wenig dürfe die Tatsache, dass der Reeder nach den Haager Regeln nur eine Freizeichnungsmöglichkeit hinsichtlich Zahl, Nummern und Beschaffenheit der Güter habe, kritiklos übernommen werden, sondern bedürfe eingehender Prüfung.

Der Redner begrüßte die Worte des Vorsitzenden, dass neues Recht im nationalsozialistischen Sinne geschaffen werden solle, weil darin eine Gewähr läge, dass nicht einfach ungeprüft englisch-amerikanische Gesetze vom Ausschuss übernommen werden würden.

Im Übrigen messe er einer durch die Annahme der Haager Regeln seitens der skandinavischen Länder bedingten deutschen Ratifikation keine Bedeutung bei, da diese Frage gleichgültig sei; die Möglichkeit einer Kündigung der Haager Regeln erscheine ihm aber „phantastisch".

Direktor *Brandt* äußerte sich darauf zu mehreren in der Aussprache erörterten Punkten wie folgt: Die Remboursbanken verstünden unter den Dokumenten immer die Konnossemente *und* die Versicherungspolice. Die Banken zögen aber aus Sicherheitsgründen eine internationale Police einer rein deutschen vor. Durch ihre große Machtstellung bei der Abwicklung überseeischer Geschäfte wären sie in der Lage, ihren Einfluss in diesem Sinne durchzusetzen. Das werde auch künftig so bleiben. Da die Police aber doch nicht immer decke, z.B. nicht bei unerlaubter Deckladung und noch sonst in einigen anderen Fällen, so hätten die Banken ein großes Interesse an der Richtigkeit der im Konnossement bescheinigten Verladungs- oder Übernahmetatsachen, und diese Richtigkeit machten die Haager Regeln dem Reeder zur Pflicht. Durch diese Vorschrift werde die Gefahrenquelle, dass das Frachtgut schon bei der Empfangnahme durch den Reeder in schlechtem Zustande gewesen sei und daher keine Sicherheit mehr biete, auch in den Fällen ausgeschaltet, wo die Versicherung aus irgendwelchen Gründen nicht decke. Die Haager Regeln hätten also auch große Bedeutung für die Banken, indem sie vorschrieben, dass das Konnossement *wahr* sein müsse. Dieser Umstand dürfe bei der Bewertung der Haager Regeln nicht unberücksichtigt bleiben.

Der Redner berichtigte sodann Dr. Schüttes Hinweis, dass die Prämie für die Reederhaftpflichtversicherung immer in das Ausland fließen werde. Selbstverständlich könne die Versicherung auch in Deutschland genommen werden. Die Hapag habe beispielsweise eine Haftpflichtversicherung für Deckladung in Deutschland, sie decke diese Haftpflicht bei einer Stuttgarter Versicherung. Eine Folge der Reederhaftpflichtversicherung werde sein, dass zuverlässige Reeder eine niedrigere Prämie zu zahlen haben würden als unzuverlässige. Sorgfältige Reeder hätten daher die Haager Regeln wirklich nicht zu fürchten.

Direktor Brandt wies weiter darauf hin, dass die Levante-Linie nicht geeignet sei, als Vergleichsbasis für die Haager Regeln zu dienen. Denn einmal sei dort vor Einführung der Haager Regeln nicht mit dem Einheitskonnossement gefahren, sondern mit einem Konnossement, das sehr viele Freizeichnungsklauseln im Kleindruck enthalte. Zum anderen sei bekanntlich gerade die Levantefahrt eine sehr schlechte und unsichere. Aus diesen beiden Gründen sei es bedeutungslos, dass man ein Steigen der Haftung um das 2,5fache errechnet habe. Im Übrigen sei es ja eine bekannte Tatsache, dass man mit Statistiken alles beweisen könne. Wenn in der Levantefahrt infolge weitgehender Freizeichnung die frühere Haftung des Reeders gleich Null gewesen sei, so ergebe die Multiplikation 2,5 x 0 ja wohl auch wieder Null.

Zur Frage der Versicherungsclubs führte der Redner aus, dass die englischen Clubs – auch Dänemark kenne übrigens solche Clubs – drei verschiedene Versicherungsklassen kennten. In der einen Klasse würden Ladungs-, in der anderen Klasse Personenschäden und in der dritten Klasse noch eine Reihe anderer Schäden versichert, für die z.B. nach den Haager Regeln gar keine Haftpflicht in Frage komme. Die von Dr. Schütte erwähnte jährliche Prämienerhöhung um 6 – 7 Millionen Mark, die nötig sei, wenn die deutschen Reeder die Mehrhaftung aus den Haager Regeln decken wollten, lasse daher keinen sicheren Schluss zu, wenn nicht gesagt werde, für welche Versicherungsklasse die Berechnung aufgestellt sei, und was innerhalb dieser Klasse auf das Konto der Haager Regeln komme.

Die wirtschaftliche Lage für die Versicherer sei nicht so gut, wie im Ausschuss immer behauptet werde. Die Ladungsprämie sei z.B. im Moment derartig niedrig, dass sie nicht einmal für die Deckung der gewöhnlichen Schäden genüge. Wenn augenblicklich keine großen Schäden einträten, so liege das daran, dass die Reeder infolge der Einschränkung der Weltschifffahrt nur noch ihre zuverlässigsten Kapitäne und ihre besten Schiffe hinauszusenden brauchten.

Der Redner verlas sodann ein Schreiben, aus dem hervorging, dass die Versicherer ernsthaft eine unterschiedliche Behandlung der mit den Haager Regeln fahrenden Schiffe im Vergleich zu solchen, die das Abkommen nicht angenommen hätten, beabsichtigten.

Zusammenfassend sprach sich der Redner für die Annahme der Haager Regeln mit den vom Vorsitzenden gemachten Einschränkungen aus und erwähnte, dass auch in England zum Teil die Auslegung des Art. III 6 der Haager Regeln im Sinne des Vorsitzenden vertreten werde.

Hierauf führte *Dr. Schüler* aus, dass es immer rechtens gewesen sei, dass derjenige, der eine Verpflichtung übernähme, für etwaiges Verschulden einzustehen habe.

Es sei zuzugeben, dass sich die Reeder zur Zeit in einer Notlage befänden, aber es sei weiter zu berücksichtigen, dass heute leider jeder Stand in Deutschland schwer zu kämpfen habe. Die Behauptung der Reeder, dass sie die Haftpflicht nicht tragen könnten, sei ihnen keineswegs abzunehmen. Er müsse Direktor Brandts Ausführungen über die Wertlosigkeit der von Reederseite angestellten Berechnungen bestätigen. Zur Beweislastfrage könne nur in dem Sinne Stellung genommen werden, dass der Reeder der Nähere zum Beweise sei.

Zusammenfassend sei zu sagen, dass es heute um die Schaffung eines Weltrechts gehe. Alle kleinen Bedenken hätten zurückzutreten. Eine zweite Lesung sei überflüssig. Der Vorschlag des Vorsitzenden müsse sofort angenommen werden.

Der *Vorsitzende* erklärte darauf, er stehe unter dem Eindruck, dass die Probleme jetzt genügend durchgesprochen seien. Daher verzichte er darauf, Dr. Riensberg noch ausführlich zu erwidern. Er halte es für richtig, dass die Redezeit von nun an für jeden Redner auf zehn Minuten abgekürzt werde.

Dr. Droege wies darauf hin, dass er von 1921 bis 1928 als damaliger Geschäftsführer des Vereins Hamburger Reeder den Kampf um die Haager Regeln nicht nur mitgemacht, sondern auch mitgeführt habe. Bisher habe er mit seiner Meinung zurückgehalten, er halte es jetzt aber für seine Pflicht, gegen den Vorschlag des Vorsitzenden Stellung zu nehmen. Dazu müsse er kurz auf die Geschichte der Haager Regeln zurückgreifen. Ursprünglich hätten die Reeder die Haager Regeln annehmen wollen. Dann hätten sich aber aus der Praxis heraus erhebliche Bedenken dagegen erhoben, besonders von Seiten der Ostseereeder und der Hamburg-Süd. Unter der liberalistischen Regierung sei es dann zu einem scharfen Widerstreit der Interessen gekommen. Er müsse betonen, dass er noch nie im Laufe dieses Kampfes erlebt hätte, dass sich die verschiedenen Meinungen soweit entgegen gekommen seien, wie jetzt im Seerechtsausschuss.

Er sei der Ansicht, dass der Ausschuss den fraglichen Gesetzentwurf noch einmal gründlich überprüfen müsse, wenn das Reichsjustizministerium ihn vorlege. Eine feste Bindung an die Haager Regeln sei im Interesse der weiteren Arbeit des Seerechtsausschusses jetzt nicht zu wünschen. Dieser müsse die Möglichkeit haben, notfalls einige Punkte abweichend zu regeln. Dem Vorsitzenden sei darin Recht zu geben, dass man seit 13 Jahren über die Haager Regeln diskutiere; die Aussprache sei aber bisher ergebnislos verlaufen. Im Ausschuss sei mit dem Bekenntnis zu den Grundgedanken der Haager Regeln zum ersten Mal wenigstens eine grundsätzliche Übereinstimmung erreicht. Deshalb sei anzunehmen, dass bei der zweiten Lesung eine völlige Einigung erzielt werden würde.

Es sei zuzugeben, dass die von den Reedern erhobenen statistischen Berechnungen vielleicht nicht auf der richtigen Vergleichsbasis beruhten. Das läge aber an ganz anderen Umständen. Das Ergebnis der Statistik sei nämlich in Wahrheit noch viel zu ungünstig für die Reeder. Man müsse bedenken, dass die Reeder sich in Zeiten abfallender Konjunktur aus Kulanz nicht auf die Konnossementklauseln beriefen, um sich ihre Kundschaft zu erhalten. Die Jahre, für die die Statistik aufgestellt sei, wären solche Zeiten abfallender Konjunktur gewesen. Normale Zeiten würden noch eine viel größere Steigerung als die errechnete ergeben.

Zu der Frage der Ratifikation der Haager Regeln, bedingt durch eine Annahme seitens der skandinavischen Staaten, scheine es ihm richtig, dass der Ausschuss damit beginne, die Haager Regeln in das neue Gesetzbuch einzuarbeiten. Das werde in Skandinavien bekannt werden. Dann könnten wir beobachten, wie Skandinavien hierauf reagiere. Im Ergebnis hielt der Redner den Vorschlag des Vorsitzenden für annehmbar, sofern der Ausschuss die Möglichkeit habe, gegebenenfalls, wenn es nicht anders verantwortet werden könne, von den Haager Regeln wieder abzuweichen.

Der Redner schlug als Beratungsergebnis vor, festzustellen, dass der Ausschuss sich für die Annahme des Gedankenguts der Haager Regeln ausspricht, aber mit dem Vorbehalt, bei der späteren Beratung des fraglichen Gesetzentwurfs in Einzelheiten von dem Inhalt der Haager Regeln abweichen zu können.

Der *Vorsitzende* erklärte sich gegen diesen Vorschlag, der nach seiner Ansicht einen Widerspruch in sich enthalte. Könne man später in Einzelheiten wieder abweichen, so könne es sich hierbei auch um sehr wichtige Einzelheiten handeln, wie etwa um die Frage der Beweislastverteilung, was dann tatsächlich hinausliefe auf eine nachträgliche Ablehnung der Haager Regeln. Die „Annahme des Gedankenguts der Haager Regeln" mit solchem Vorbehalt scheine ihm eine inhaltsleere Redewendung zu sein.

Dr. Schultze warnte darauf vor einer übereilten Annahme der Haager Regeln. Er habe aus der heutigen Aussprache zu seiner größten Bestürzung entnommen, dass alles, was die Reeder gegen die Übernahme der Haager Regeln vorbrächten, als unbeachtlich, zum Teil sogar als eigennützig erklärt werden. Er könne sich diese „Voreingenommenheit" gegen die Reeder nur dadurch erklären, dass es tatsächlich auch heute noch Konnossemente gäbe, deren Klauseln als unbillig zu bezeichnen seien. Aber das allein könne doch kein Grund dafür sein, nunmehr nach einer zweimaligen Beratung, bei der unmöglich alle Einzelheiten besprochen werden könnten, die Annahme der

Haager Regeln zu befürworten. Es gehe den Reedern wirklich sehr schlecht. Davon könne sich jedes Ausschussmitglied überzeugen, wenn es einmal vier Wochen bei einer anständigen Linie arbeiten würde. Der Reeder habe immer der Ladung „nachlaufen" müssen, der Ablader sei immer der Herr gewesen, der seine Wünsche diktiert habe. Kein Verlader richte sich nach Konnossementsklauseln, alle sähen nur auf den Schilling, den sie an der Fracht sparen können. Wenn der Ablader dabei gelegentlich hereingefallen sei, so nur deshalb, weil er in dem Bestreben, die billigste Fracht zu bekommen, mit unzuverlässigen Reedereien gearbeitet habe, die es immer geben werde, und die auch bei dem für die Ablader günstigsten Konnossementsrecht wieder einen Ausweg finden würden.

Der Reeder erklärte weiter, dass seine Reederei sehr schlechte Erfahrungen mit den belgischen Gerichten gemacht habe. Die Haager Regeln würden dort außerordentlich ungünstig für die Reeder ausgelegt. Sie würden im Übrigen nur eine neue Einnahmequelle für die Versicherer bilden, keine Erleichterung für den Ablader, – dieser habe seinen Schaden immer von der Versicherung ersetzt bekommen, – aber vor allen Dingen eine große Belastung des Reeders.

Der *Vorsitzende* erwiderte dem Vorredner, die Gründe dafür, dass der Interessenstandpunkt der Reeder im Ausschuss wenig Widerhall finde, lägen wohl einmal in den weitgehenden Freizeichnungsklauseln der Reeder, wie z.B. der mehrfach erwähnten Insurance-Klausel, zum anderen in der Tatsache, dass fast sämtliche Beweisgründe der Reeder nach seiner Ansicht widerlegt seien, besonders auch durch Direktor Brandt. Er selbst sei mit einem wahren Heißhunger in die Sitzung gekommen, wirklich triftige Argumente der Reeder gegen die Haager Regeln zu hören, er sei aber durch das Vorgebrachte sehr enttäuscht. Es sei auch für ihn Pflicht, auszusprechen, dass ein Teil der Reeder sehr kulant gegen die Verlader und Ladungsempfänger sei. Es handele sich hierbei aber leider nur um einen Teil. Man möge sich andererseits einmal an die Tatbestände der Urteile des Reichsgerichts und des Hanseatischen Oberlandesgerichts erinnern, die nur zu oft eine Bezugnahme der Reeder auf unbillige weitgehende Freizeichnungsklauseln auch bei offenbarem Verschulden der eigenen Leute gezeigt hätten. Im Übrigen vermöchten ungünstige belgische Gerichtsurteile, die vielleicht auf tiefer liegende Ursachen zurückzuführen seien, nicht von einer Annahme der Haager Regeln abzuschrecken, da der Ausschuss zu den deutschen Gerichten das Vertrauen habe, dass sie streng gerecht richten würden.

Direktor *Sturm* stellte fest, dass ihm von mehreren Rednern im Ausschuss darin Recht gegeben worden sei, dass mit der Annahme der Haager Regeln ein großer Teil des neu zu schaffenden Gesetzbuchs vorweggenommen sei. Er müsse daher noch einmal vor der sofortigen und unbedingten Annahme der Regeln warnen. Bezeichnend sei, dass bereits von einer eventuellen späteren Kündigung des Abkommens gesprochen sei. So einfach dürfe man die Dinge im Seerechtsausschuss nicht betrachten. Der Redner bemerkte, er sähe nicht ein, warum die Annahme der Haager Regeln augenblicklich mit solcher Eile befürwortet werde. Dem Ausschuss dürfe nicht zugemutet werden, über die Annahme eines Gesetzes zu beraten, das vielleicht nach kurzer Zeit wieder aufgehoben werde. Der Ausschuss könne versuchen, die Gedanken der Haager Regeln in das neue Gesetz hineinzuarbeiten. Aber angesichts der beweglichen [?] Klagen der Reeder müsse er sich die Freiheit anderweitiger Regelung gewisser Punkte vorbehalten und dürfe sich nicht auf die Haager Regeln festlegen. Der Redner betonte, dass er nicht alle Argumente und Klagen der Reeder für widerlegt halte. Es sei auch nicht richtig, Reederei und Schifffahrt so scharf zu trennen, wie hier geschehen. Vor allem bedeute unter den heutigen Verhältnissen eine Mehrbelastung der Reeder zugleich eine Mehrbelastung des Reichs. Angesichts der schwerwiegenden Bedenken gegen die Haager Regeln halte er eine zweite Lesung für dringend erforderlich, er schließe sich daher Dr. Droeges Antrag an. Der Redner schlug sodann folgende Änderung des vom Vorsitzenden formulierten Beratungsergebnisses vor: In der 7. Zeile hinter „Einarbeitung" statt „des gedanklichen Inhalts" zu setzen: *„des wesentlichen Inhalts"*, und in der 8. Zeile statt „in das deutsche Seerecht" *„in das geltende deutsche Seerecht"*, ferner am Schlusse anfügen hinter „auszuarbeiten": „und auf jeden Fall dem Ausschuss vor der Ratifikation vorzulegen."

Die Aussprache könne dann bei der zweiten Lesung mittels des Führerprinzips vom Vorsitzenden beschränkt werden.

Der *Vorsitzende* erklärte darauf, dass er mit dem Vorschlag Direktor Sturms nicht einverstanden sei; auf das Reichsjustizministerium dürfe kein Druck ausgeübt werden, er hoffe aber, dass es dem Ausschuss den Entwurf des neuen Gesetzes vorlegen werde. Mit der Einfügung des Wortes „wesentlich" in die von ihm vorgeschlagene Formulierung sei er einverstanden, glaube aber nicht, dass diese Einfügung eine sachliche Änderung bedeute, denn unwesentliche Punkte würden sicherlich nicht in das neue Gesetz übernommen werden.

Oberregierungsrat Dr. Wiese sprach sich gegen eine zweite Lesung aus. Es sei unmöglich, dass später noch einmal geprüft werde, welche Gedanken das Abkommen eigentlich enthält. Die grundsätzliche Frage könne heute schon entschieden werden. Der Redner betonte, dass sich die Vertreter des Reichsjustizministeriums dafür einsetzen würden, dass der Entwurf des fraglichen Gesetzes dem Ausschuss vorgelegt werde.

Dann folge eine *Auseinandersetzung darüber, in welchem Sinne Direktor Sturm das Wort „wesentlich" auffasse,* ob damit der Vorbehalt einer Änderung eingeschlossen sei. Dieses wurde von Direktor *Sturm* bestätigt. Der Vorsitzende erklärte darauf, dass er sich mit der Änderung seines Entwurfs in diesem Sinne nicht einverstanden erklären könne.

Geheimrat *Wiedenfeld* hielt es nicht für notwendig, dass der Ausschuss ausdrücklich zu der Ratifikationsfrage Stellung nähme, da den Vertretern des Reichsjustizministeriums durch die Diskussion die Ansicht des Ausschusses bekannt geworden sei. Hierzu bemerkte der Vorsitzende, dass die Sachlage hier nicht anders sei als bei den beiden ersten Abkommen, deren Ratifikation der Ausschuss gleichfalls dem Ermessen des Ministeriums überlassen habe.

Dr. Krichhauff führte aus, dass das Gemeininteresse der Nation die Annahme der Haager Regeln verlange, da sonst unweigerlich die deutschen Reeder gegenüber den englischen und niederländischen ins Hintertreffen gerieten. Wenn Deutschland nicht wünsche, dass die Frachten abwanderten – sie würden sicher abwandern, wenn es bei dem jetzigen Zustande verbliebe –, dann müssten die Haager Regeln angenommen werden. England lebe seit Jahren unter den Haager Regeln. Die englischen Reeder würden schon dafür sorgen, dass sie auf die Dauer Gewinn erzielten. Englands Reeder kämpften zwar heute auch unter schwierigen Verhältnissen, aber dieser Zustand sei nur vorübergehend. Jedenfalls würden die deutschen Reeder ohne die Haager Regeln nicht mehr konkurrenzfähig sein. Der Redner wies noch darauf hin, dass schon jetzt viele Versicherer den Verladern zur Pflicht machten, nur auf Basis der Haager Regeln zu verschiffen.

Der *Vorsitzende* stimmte diesen Ausführungen zu.

Dr. Schütte wies sodann darauf hin, dass – wie bereits betont – die Erfahrungen mit den Haager Regeln ziffernmäßig niedergelegt seien. Es handele sich nicht um Erfahrungen einer Übergangszeit, sondern die Erfahrungen seien auf Berechnungen gegründet, die sich auf eine längere Reihe von Jahren erstreckten und ganz gleichförmige Resultate zeigten. Die Zahlen ständen jederzeit zur Nachprüfung. Auf die Ausführungen von Direktor Brandt erwiderte er, dass die Reederei zwar das in Deutschland versichere, was zu versichern sei, dass aber in Deutschland bisher kein protecting club habe ins Leben gerufen werden können, und das werde auch in Zukunft so bleiben. Wir müssten entweder einen Club mit mehreren Versicherungen haben oder uns in den englischen Clubs versichern. Es sei auch bisher nicht bekannt geworden, dass die Versicherer den Ladungsinteressenten Rabatte gewährt hätten für Verladungen nach Fahrtgebieten, in denen die Haager Regeln oder der Harter Act Gültigkeit hätten. Dagegen sei nachgewiesen, dass noch kürzlich allgemeine Senkungen gewisser Diebstahlsprämien vorgenommen seien und zwar für Fahrtgebiete, in denen die Haager Regeln keine Gültigkeit hätten. Dies seien Tatsachen, an denen man nicht vorübergehen könne. Hierbei hätten englische und deutsche Ladungsversicherer mitgewirkt.

Zum Schluss betonte Dr. Schütte, dass die Frage der Goldklausel bei den Haager Regeln noch eine größere Rolle spiele als bei dem Haftungsabkommen. Nach seiner Überzeugung habe England die Haager Regeln schon in diesem Punkte gebrochen, indem es vom Goldstandard abgegangen sei. Im Übrigen sei noch zu bemerken, dass kein Land das Abkommen ratifiziert habe, dem es irgendwie wirtschaftlich unbequem sei.

Der *Vorsitzende* bemerkte zu dem Währungsproblem, dass die Reeder es doch nur begrüßen könnten, wenn ihre Schadensersatzpflicht nicht in Goldpfunden, sondern in devalvierten Pfunden berechnet werde.

Präsident *Engel* wies auf seine neutrale Stellung als Richter hin und führte aus, dass viele Konnossementsklauseln, die ihm in seiner Richterpraxis vorgekommen seien, sein Rechtsempfinden erheblich verletzt hätten. Er habe in der Diskussion das Für und Wider auf sich wirken lassen und müsse sagen, dass auch ihn die Argumente der Reeder enttäuscht hätten. Er schließe sich dem Vorschlage des Vorsitzenden an und sei gegen die Anträge der Herren Droege und Sturm. Die gedankliche Einarbeitung der Haager Regeln im Gegensatz zu einer wörtlichen Übernahme müsse auch er befürworten. Die wirtschaftlichen Schwierigkeiten der Reeder seien seiner Ansicht nach nur vorübergehender Natur. Er hielte das durch Einführung der Haager Regeln erreichte Ziel der Rechtseinheit für außerordentlich wertvoll. Ebenso verspräche er sich von den Haager Regeln eine Erziehung der Schiffsmannschaft zu sorgsamer Ladungsbehandlung.

Der *Vorsitzende* vertrat die Ansicht, dass nunmehr alle Probleme gründlich beleuchtet seien. In fast allen wesentlichen Punkten seien nach seiner Meinung die Beweisgründe der Reeder berichtigt oder widerlegt. In den wichtigsten Fällen sei nach dem von ihm vorgeschlagenen Entwurf dem Reeder die Beweislast abgenommen. Der Vorsitzende erklärte es bei dieser Sachlage für ausgeschlossen, dass der Ausschuss einer klaren Stellungnahme zu den Haager Regeln auswiche.

Dr. Droege bat sodann, die Mitglieder nicht nur nach ihrer Stellung zur Annahme der Haager Regeln zu befragen, sondern auch darüber, wie sich der Ausschuss zu dem von ihm und Direktor Sturm vorgeschlagenen „Sicherheitsventil" der „Annahme des Gedankenguts der Haager Regeln" verhalte.

Der *Vorsitzende* bemerkte dazu, dass der Begriff der „Annahme des Gedankenguts der Haager Regeln" doch reichlich unbestimmt sei. Der Ausschuss dürfe nicht zu einem „non liquet" kommen und die „Annahme des Gedankengutes" sei doch nur ein „non liquet".

Dr. Bramslöw erklärte, er würde es nicht für billig halten, wenn nur festgestellt werde, wer für und wer gegen die Haager Regeln sei. Im Ausschuss seien nämlich zwei Gruppen von Opponenten vertreten. Einerseits solche, die eine Annahme der Haager Regeln gänzlich ablehnten und andererseits solche, die weitgehendes Entgegenkommen zeigten, aber doch aus ihrer praktischen Erfahrung heraus, die vom Vorsitzenden empfohlenen Vorbehalte nicht für ausreichend hielten. Seiner Ansicht nach müssten diese Unterschiede bei der Feststellung des Beratungsergebnisses berücksichtigt werden. Das läge auch im Interesse des Reichsjustizministeriums.

Reichsgerichtsrat *Lindenmaier* führte hierzu aus, der Vorsitzende habe das Bedürfnis zu sehen, wer sich restlos für die Haager Regeln einsetze, es werde ihn aber auch interessieren festzustellen, wer nur für eine beschränkte Annahme sei.

Sodann ergriff *Dr. Riensberg* das Wort und stellte eingangs fest, dass sich Direktor Brandt inzwischen davon überzeugt habe, dass die Reeder in den englischen Clubs nicht volle Deckung fänden, da sie nach der Standard-Klausel, die jeder Club habe, immer einen Teil des Schadens, meistens 40 £ selbst zu tragen hätten. Weiter sei von Direktor Brandt auch nicht bestritten, dass bisher keine Differenzierung in der Prämienhöhe bezüglich der nicht unter den Haager Regeln fahrenden Schiffe erfolgt sei, obwohl die Haager Regeln bereits acht Jahre in England in Geltung seien.

Der Redner wandte sich dann weiter gegen die Behauptung des Vorsitzenden, dass die Argumente der Reeder widerlegt seien. Das sei nicht richtig. Es könne z.B. nicht widerlegt werden, dass die Höchsthaftungsgrenze unter den Haager Regeln, von einzelnen Ausnahmefällen abgesehen, höher läge als im deutschen Eisenbahnfrachtrecht.

Es könne weiter nicht widerlegt werden, dass die Beweislast außerordentlich hart für die Reeder im Haager Abkommen geregelt sei. Da die Freizeichnungsmöglichkeiten für die Reeder nach den Haager Regeln praktisch wertlos seien, so würde dies zur Folge haben, dass die Reeder in großem Umfange für Verluste und Beschädigungen haften müssten, die nicht an Bord, sondern vor der Übernahme und nach der Entlöschung der Güter eingetreten seien.

Ferner könne nicht widerlegt werden, dass nach formularmäßiger Schadensanzeige durch die Empfänger, die sich bereits eingebürgert habe unter der Herrschaft der Haager Regeln die Reeder noch innerhalb von zwölf Monaten nach der Entlöschung in Anspruch genommen werden könnten, während im Eisenbahnfrachtrecht schon in ganz kurzer Zeit – von einigen Ausnahmen abgesehen – die Ansprüche erlöschen.

Schließlich sei Folgendes nicht zu widerlegen: Im Eisenbahnfrachtrecht, wo Übernahme, Transportweg und Auslieferung der Güter weit besser kontrolliert werden könnten als beim Seetransport, sei eine amtliche Besichtigung bei äußerlich nicht erkennbaren Schäden zur Erhaltung der Ersatzansprüche nötig, während die Haager Regeln nichts dergleichen bestimmten.

Angesichts dieser vielen Gegengründe könne unmöglich davon gesprochen werden, dass die Argumente der Reeder widerlegt seien.

Eine Erziehung der Schiffsmannschaft zur sorgfältigen Ladungsbehandlung durch die Haager Regeln sei deshalb unmöglich, weil bisher schon das eigene Interesse der Reeder geboten habe, der Sorgfaltspflicht im höchsten Maße nachzukommen.

Ebenso wenig geböte das eigene Interesse der Reeder, wie mehrfach im Ausschuss behauptet, eine Annahme der Haager Regeln. Man möge es den Reedern selbst überlassen, wie sie sich im Konkurrenzkampf wehrten.

Er sei der Meinung, dass die Haager Regeln nicht in der vom Vorsitzenden vorgeschlagenen Form angenommen werden könnten, er sei aber mit Dr. Droege und Direktor Sturm der Ansicht, dass wesentliche Teile des Gedankenguts der Haager Regeln in das neue Seerecht eingearbeitet werden sollten. Unter dem wesentlichen Teil des Gedankengutes der Haager Regeln verstehe er den Grundsatz, dass die Reeder für kommerzielles Verschulden und Seeuntüchtigkeit, nicht dagegen für nautisches Verschulden zu haften hätten.

Der *Redner* verlas sodann den folgenden *Gegenentwurf für die Fassung des Beratungsergebnisses:* „Der Ausschuss spricht sich gegen die Übernahme der Haager Regeln aus, da die englische Wortfassung gesetzestechnisch höchst mangelhaft ist und einige Bestimmungen für die deutschen Reeder wirtschaftlich schwer tragbar sind. – Dagegen billigt der Ausschuss die Einarbeitung eines erheblichen Teiles des Gedankeninhalts der Haager Regeln in das deutsche Seerecht, insbesondere die Grundgedanken, dass die Reeder für das sog. kommerzielle Verschulden und für verschuldete Seeuntüchtigkeit, jedoch nicht für nautisches Verschulden haften, wobei eine auf gewisse Materien beschränkte Haftung vorbehalten bleibt. – Als unangemessene Belastung der Reeder sieht der Ausschuss die Regelung der Beweislast an, die bei Innehaltung kurzer Schadensanzeigefristen durch den Konnossementinhaber in vollem Umfange dem Reeder obliegt und für die die Haager Regeln eine Milderungsmöglichkeit nur hinsichtlich der im Art. IV § 2 aufgeführten Fälle zulassen. Nach Ablauf der kurzen Schadensanzeigefristen, die mit einer Besichtigung zu verbinden wären, sollte nach Auffassung des Ausschusses eine Inanspruchnahme der Reeder ausgeschlossen sein. – Der Ausschuss bittet das Reichsjustizministerium, den Gedankengehalt der

Haager Regeln in obiger Beschränkung zum Gegenstand eines Gesetzentwurfs über das deutsche Konnossementsrecht zu machen, sobald die Arbeiten des Ausschusses auf den verwandten Gebieten des privaten Seerechts so weit vorgeschritten sind, dass der gesamte Fragenkomplex überschaut werden kann."

Der *Vorsitzende* wandte gegen Dr. Riensbergs Ausführungen ein, man dürfe die 13jährige Vorarbeit zur Klärung der Haager Regeln nicht vergessen. Gegen die Behauptung, dass die 12-Monatsfrist zu lang sei, ließe sich sagen, dass der Reeder durch eine Schadensanzeige ja gewarnt werde und in der Lage sei, sogleich seinen Exculpationsbeweis zu sichern. Sei aber keine Schadensanzeige erfolgt, so läge es dem Ladungsinteressenten ob, seinerseits dem Reeder ein haftbar machendes Verschulden nachzuweisen. Die 12-Monatsfrist sei daher für den Reeder ungefährlich. Im Übrigen konnten nur Beweisgründe widerlegt werden, nicht subjektive Werturteile, wie sie der Redner zum Teil vorgebracht habe. Es sei z.B. nur ein Werturteil, dass die Beweislastverteilung für die Reeder „hart" sei. Es komme nicht auf Härte an, sondern auf Gerechtigkeit. Dem Gegenentwurf Dr. Riensbergs könne er nicht zustimmen.

Dr. Dettmers sprach sich sodann für die Annahme der Haager Regeln aus. Denn eine internationale Regelung sei notwendig. Der Ausschuss müsse sich davor hüten, den heute herrschenden unwürdigen Zustand im Seerecht – das Gesetz sei zu 100% beseitigt – als Vergleichsbasis heranzuziehen. Der Ausschuss müsse sich vor kleinlichen Zielsetzungen hüten. Was jetzt geschaffen werde, solle für lange Zeit Geltung besitzen. Dann dürfe man aber nicht an den internationalen Erfahrungen und Entwicklungen vorbeigehen. Es habe keinen Zweck, heute ein internationales Abkommen abzulehnen, das in einigen Jahren doch angenommen werden müsse. Der Redner erinnerte an das Brüsseler Abkommen von 1910, das jetzt von allen Staaten mit Ausnahme Nordamerikas angenommen worden sei. Es sei nicht richtig, dass im Ausschuss immer ablehnend von angloamerikanischem Recht gesprochen werde. Man dürfe nicht vergessen, dass England und Amerika führend auf dem Gebiete des Seerechts gewesen seien.

Ministerialrat *Koffka* hob sodann hervor, er habe schon in seinem Referat auf gewisse Schwierigkeiten der Haager Regeln hingewiesen, die vor allem darin lägen, dass Abweichungen nicht gestattet seien. Er habe das Abkommen nicht aus dem Grunde befürwortet, weil es eine Kündigungsmöglichkeit enthalte. Er habe diese Möglichkeit nur erwähnen wollen. Sie scheine ihm durchaus nicht „phantastisch" zu sein, wie ein Mitglied behauptet habe, da ja Art. 15 diesen Fall ausdrücklich vorsehe.

Nach Schluss der Aussprache wies der *Vorsitzende* darauf hin, dass eine Abstimmung unzulässig sei, da nach der Geschäftsordnung im Falle von Meinungsverschiedenheiten die Stimme des Vorsitzenden den Ausschlag gebe. Wohl aber sei es sein Recht und in einer so wichtigen Frage auch seine Pflicht, die Ansicht *aller* Anwesenden kennenzulernen. Es wurde festgestellt, dass für die Annahme der Haager Regeln im Sinne des vom Vorsitzenden vorgeschlagenen Beratungsergebnisses (Anlage zur Niederschrift der dritten Arbeitssitzung), dem auch die beiden Mitglieder des Reichsjustizministeriums zugestimmt hatten, acht weitere Mitglieder des Ausschusses (einschließlich des Vorsitzenden) eintraten, während zehn andere Mitglieder, darunter sämtliche anwesenden Reedereivertreter sich für die Annahme des Gedankengutes der Haager Regeln aussprachen, aber mit dem Vorbehalt, bei der späteren Beratung des fraglichen Gesetzentwurfs in Einzelheiten davon abweichen zu können.

Das vom Vorsitzenden vorgeschlagene Beratungsergebnis wird hier noch einmal als *Anlage 1* beigefügt, und zwar mit zwei zwecks besserer Klarstellung in Zeile 10 bzw. Zeile 18/19 gemachten Zusätzen, die nur die redaktionelle Fassung, nicht den Inhalt ändern:

Anlage: Beratungsergebnis

Der Ausschuss spricht sich gegen die Übernahme der Haager Regeln in wörtlicher Übersetzung aus dem Englischen aus, da die englische Wortfassung gesetzestechnisch höchst mangelhaft ist und infolge ihrer Mehrdeutigkeit Auslegungsmöglichkeiten Raum lässt, die für die deutschen Reeder wirtschaftlich schwer tragbar sind.

Dagegen billigt der Ausschuss die Einarbeitung des gedanklichen Inhalts der Haager Regeln in das deutsche Seerecht, sofern dabei zum Schutz der Reeder gegen übermäßige Belastung so verfahren wird, dass – gemäß dem Vorbehalt im Zusatzprotokoll, Abs. 2 Ziffer 1 – zu Art. IV 2 c-p der Grundsatz präsumptiver Nichthaftung des Reeders analog HGB § 459 Abs. 2, BSchG § 59 Abs. 2, skandinavischer Frachtgesetzentwurf § 28 Abs. 2 aufgestellt wird, also der Beweis haftbar machenden ursächlichen Verschuldens der Leute des Reeders in diesen Fällen vom geschädigten Ladungsbeteiligten zu erbringen ist. Ferner gibt der Ausschuss dem Wunsche Ausdruck, dass in Auslegung des Artikels III 6 als Rechtsfolge der Versäumung der sofortigen schriftlichen Schadensanzeige bzw. der dreitägigen Schadensanzeigefrist festgestellt wird, dass alsdann der Ladungsempfänger erstens die Entstehung des Schadens an Bord des Schiffs und *außerdem* zweitens die *Verursachung des Schadens durch Verschulden der Leute des Reeders* zu beweisen hat.

Der Ausschuss bittet das Reichsjustizministerium, einen Gesetzentwurf über die Einarbeitung der Haager Regeln in das deutsche Konnossementrecht auf der Grundlage dieser Gesichtspunkte auszuarbeiten.

5. Arbeitssitzung vom 8.3.1934 (16 bis 20 Uhr)

Anwesend:
Vorsitzender: Prof. Dr. Wüstendörfer, Hamburg
stellvertretender Vorsitzender: OLG-Präsident Dr. Engel, Hamburg
1. Schriftführer: Rechtsanwalt Dr. Droege, Hamburg
2. Schriftführer: Richter Dr. Bramslöw, Hamburg
und als weitere wissenschaftliche Mitglieder:
Rechtsanwalt Dr. Dettmers, Bremen
Reichsgerichtsrat Dr. Lindenmaier, Leipzig
Dr. Nolte, Hamburg
Assessor Michelau, Bremen
OLG-Rat Dr. Reinbeck, Hamburg
Dr. Riensberg, Hamburg
Rechtsanwalt Dr. Schüler, Hamburg
Dr. Schütte, Hamburg
Rechtsanwalt Dr. Schulze-Smidt, Bremen
Verwaltungsdirektor Sturm, Hamburg
vom Reichsarbeitsministerium:
Ministerialdirektor Dr. Mansfeld, Berlin
Ministerialrat Dr. Grabein, Berlin
vom Reichsverkehrsministerium:
Ministerialdirektor Dr. Klausener, Berlin
Ministerialrat Geheimrat Werner, Berlin
als praktische Mitglieder:

Staatsrat Eßberger, Hamburg
Schiffsingenieur Gottschow, Hamburg
Kapitän Koch, Wandsbek
W. Krause, Hamburg
Dr. Kuhl, Hamburg
Kapitän Müller, Berlin
ferner:
Dr. Ohrt, Hamburg
als politisches Mitglied:
Senator Dr. Böhmcker, Lübeck
für die Niederschrift in der Sitzung:
Assessor Dr. Möller, Referendarin H. Krüger

Der *Vorsitzende* begrüßte zu Beginn der Sitzung die erstmals erschienenen Sitzungsteilnehmer.

Außerhalb der Tagesordnung teilte sodann der *Vorsitzende* mit, die Niederschrift der vierten Sitzung habe infolge von Arbeitsbelastung des zweiten Schriftführers noch nicht fertiggestellt werden können. Der Versuch, seine teilweise Entlastung von richterlicher Tätigkeit herbeizuführen, habe keinen Erfolg gehabt. Für die Zukunft sei jedoch eine Beschleunigung gewährleistet durch Hinzuziehung des wissenschaftlichen Hilfsarbeiters am Seminar für Versicherungswissenschaft der Hamburgischen Universität, Assessor Dr. Möller. Dieser habe es übernommen, dem zweiten Schriftführer durch Vorbereitung der Sitzungsniederschriften behilflich zu sein.

Weiterhin führte der Vorsitzende aus, zu den Niederschriften der letzten Sitzungen seien ihm mehrere als Berichtigungsanträge bezeichnete Schreiben zugegangen, die sich bei näherer Prüfung als teilweise unbegründet, nämlich als Versuch nachträglicher inhaltlicher Änderung der Ausgestaltung des wirklich Gesagten, erwiesen hätten. Selbstverständlich stehe jedem Sitzungsteilnehmer das Recht zu, die Berichtigung von Irrtümern in der Niederschrift seiner Ausführungen sowie wesentlicher Ungenauigkeiten und wesentlicher Unvollständigkeit dieser Niederschrift zu verlangen. Sei aber eine Meinungsäußerung im Wesentlichen richtig wiedergegeben, so komme eine Änderung der richtigen Sitzungsniederschrift schon deshalb nicht in Betracht, weil meistens die Meinungsäußerungen der folgenden Sprecher auf das früher Gesagte Bezug nähmen. Auch die Weglassung von unwesentlichen Einzelheiten gebe keinen Anlass zu Berichtigungsanträgen, weil die Niederschrift keinen stenografischen Bericht darstellen solle, sondern lediglich eine Schilderung des wesentlichen Ganges der Verhandlungen. Anträge der genannten Art seien deshalb zwecklos.

Die Beratungen zur Tagesordnung eröffnete der Vorsitzende mit dem Hinweise, dass das Seeunfalluntersuchungsgesetz nicht, wie zunächst geplant, vorweg behandelt werden solle. Die alsbaldige Erörterung des seemännischen Arbeitsverhältnisses sei wichtiger. Er begrüße es dankbar, dass ein Vertreter des Reichsarbeitsministeriums zunächst zu der grundsätzlichen Frage Stellung nehmen wolle, ob das künftige *Seearbeitsrecht* zusammengefasst in einem einheitlichen Gesetz geregelt werden solle oder aber in einem Rahmengesetz mit Ausführungsverordnungen.

Ministerialdirektor *Dr. Mansfeld,* der nunmehr das Wort zu seinem einleitenden Bericht ergriff, begann mit einem Hinweis darauf, dass das Reichsarbeitsministerium besonderen Wert auf die Zusammenarbeit mit den beteiligten Volkskreisen lege. Solche Zusammenarbeit habe sich bei der Schaffung des Gesetzes zur Ordnung der nationalen Arbeit gut bewährt.

Eine Änderung des Seearbeitsrechtes erscheine deshalb erforderlich, weil in dem bisherigen Recht, nämlich in der Seemannsordnung und in dem Handelsgesetzbuch, keiner der großen nationalsozialistischen Gedanken verwirklicht sei. Im Übrigen habe der einfache Seemann jenen

Schutz, den die Seemannsordnung ihm zuteil werden lassen wollte, nicht genügend in Anspruch nehmen können, da die Regelung für ihn zu unübersichtlich und kasuistisch gewesen sei.

Eine einfache Umgestaltung des geltenden Rechtes, gleichsam eine Schönheitsreparatur, sei nicht ausreichend, vielmehr müsse ein völliger Neubau des Seearbeitsrechts in Angriff genommen werden. Dementsprechend habe das Reichsarbeitsministerium einen Entwurf ausgearbeitet. Für den Seerechtsausschuss handle es sich zunächst um eine Erörterung der grundsätzlichen Fragen des Seearbeitsrechts. Es sei ja nicht die Aufgabe des Seerechtsausschusses, vollständige Gesetzentwürfe aufzustellen, die Gesetzesformulierung gehöre vielmehr zu dem Tätigkeitsbereiche der Ministerien.

Bei den zu klärenden Grundfragen handele es sich insbesondere um das Problem, ob man den Seemann wie bisher durch zahlreiche kasuistische Vorschriften, also durch einen Drahtverhau von Paragraphen, schützen wolle oder ob eine großzügige freie Regelung ohne viele Einzelheiten wie im Gesetz zur Ordnung der nationalen Arbeit anzustreben sei. Im Vordergrunde stehe also nicht die Frage, ob man ein einheitliches Gesetz oder ein Rahmengesetz mit Ausführungsverordnungen schaffen solle, sondern es gehe um den Gegensatz zwischen kasuistischer und abstrakter Regelung. Die Klärung dieses Gegensatzes sei nicht in erster Linie eine Frage der praktischen Zweckmäßigkeit, sie rühre vielmehr an zwei weitere Grundprobleme, nämlich an das der Berufung unserer Zeit zur Gesetzgebung und an jenes der Trennung der Gewalten.

Was die Berufung unserer Zeit zur Gesetzgebung betreffe, so frage es sich, ob das neue Seearbeitsrecht auf dem gegenwärtigen oder aber auf den künftigen nationalsozialistischen deutschen Arbeitsmenschen zuzuschneiden sei. Von der Lösung dieses Problems hänge es im Wesentlichen ab, ob man sich für eine kasuistische oder für eine generelle Regelung entschließe. Bei dem Gesetz zur Ordnung der nationalen Arbeit habe man sich ohne Bedenken im letzteren Sinne entschieden.

Das Problem der Trennung der Gewalten gewinne deshalb Bedeutung, weil eine generelle Regelung ein starkes Vertrauen in die rechtschöpferische Kraft des Richters setze. Die Rechtschöpfungsaufgabe des Richters sei bisher stark umstritten gewesen. Die neue Zeit müsse durch Schaffung von elastischen Generalklauseln der im germanischen Recht verwurzelten Rechtschöpfungsaufgabe des deutschen Richtertums größtes Gewicht beimessen. Damit werde das Prinzip der Trennung der Gewalten im Verhältnis von Rechtsprechung und Rechtsetzung beseitigt.

Wenn nach alledem das Reichsarbeitsministerium eine generelle, auf wenige große Grundsätze abgestellte Regelungplane, so schenke es damit nicht nur den Arbeitgebern und Arbeitnehmern, sondern auch den Richtern größtes Vertrauen.

Habe man sich über die grundsätzlichen Fragen geeinigt, so sei es später leicht, die Gesetzesformulierung vorzunehmen.

Der *Vorsitzende* hob unter Dankesworten den hohen Gedankenschwung des einleitenden Berichts hervor. Durch die Ausführungen von Ministerialdirektor Dr. Mansfeld sei das zu erörternde Problem in ein ganz neues Licht gerückt.

Dr. Schüler, der in der anschließenden Aussprache zuerst das Wort ergriff, nahm Bezug auf eine private Vorbesprechung eines kleinen Kreises von Praktikern. Dort sei man sich darüber einig geworden, dass auf Einzelvorschriften nicht völlig verzichtet werden könne. Natürlich müssten aber diese Einzelvorschriften so gefasst werden, dass sie auch für den einfachen Seemann leicht verständlich seien. Auch bei solcher gesetzestechnischen Handhabung bleibe übrigens noch Raum für eine rechtschöpferische richterliche Tätigkeit. Zu bemerken sei noch, dass verwaltungstechnische Einzelheiten wie Fragen des Befähigungsnachweises, der Heimschaffung, der Ausgestaltung der Wasch-, Bade- und Speiseräume nicht in das neue Gesetz hineingehörten.

Der *Vorsitzende* schloss sich im Wesentlichen den Ausführungen des Vorredners an. Eine gewisse kasuistische Regelung sei unumgänglich notwendig, sollten nicht in der Praxis des Borddienstes erhebliche Schwierigkeiten erwachsen. Jedoch müsse durch volkstümliche Fassung, klare Unterteilung und treffende Überschriften – ähnlich wie im skandinavischen Seemannsgesetz von 1923 – der Tatsache Rechnung getragen werden, dass die Seemannsordnung in das Volkslogis und in die Hand des Kapitäns gehöre. Erst in zweiter Linie sei sie für den Richter bestimmt. Der Wert von Generalklauseln solle damit nicht verdammt werden. Auf sie brauche und dürfe man auch dann nicht zu verzichten, wenn man gewisse kasuistische Vorschriften schaffe.

Dr. Droege war ebenso wie Ministerialdirektor *Dr. Mansfeld* der Ansicht, dass das neue Seearbeitsrecht auf den künftigen nationalsozialistischen deutschen Arbeitsmenschen zugeschnitten werden müsse. Deshalb brauche es auch nicht so viele Einzelbestimmungen, wie die geltende Seemannsordnung zur Wahrung des liberalistischen Abgrenzungsprinzips enthalte. Er stimme aber den beiden Vorrednern darin zu, dass trotzdem eine gewisse Kasuistik oder – wie er treffender sagen möchte – eine konkrete Fassung des Seearbeitsrechts unentbehrlich sei. Zur Begründung wies der Redner vor allem darauf hin, dass der Schiffsbetrieb größtenteils losgelöst vom Lande vor sich gehe. Das enge Zusammenleben an Bord ergebe aber besonders viele Reibungsmöglichkeiten. Infolgedessen müsse der Seemann Klarheit haben über seine Rechte und Pflichten, insbesondere auch über sein Verhältnis zum Kapitän. Auch in früheren Zeiten habe der Seemann seine „Artikel" gefordert, in denen das Verhältnis der Schiffsbesatzung genau geregelt worden sei. Eine konkrete Fassung des Seearbeitsrechts sei umso notwendiger, als der Kapitän an Bord vorläufig die Aufgaben des Richters zu erfüllen habe, zur Rechtschöpfung aber nur selten befähigt sei. Sonach sei das Gesetz zur Ordnung der nationalen Arbeit nicht in allen Punkten das geeignete Vorbild für das Seearbeitsrecht.

Reichsgerichtsrat *Dr. Lindenmaier* schloss sich dem Standpunkt des Vorsitzenden und des Vorredners an. Eingehender, konkreter Regelung bedürfe – wenn man es stichwortmäßig ausdrücken wolle – alles zur Durchführung der Reise diensttechnisch Notwendige, während man sich bei den übrigen Fragen auf die Schaffung von Generalklauseln beschränken könne. Dieser Standpunkt entspreche wohl auch der Stellungnahme des Reichsarbeitsministeriums.

Demgegenüber äußerte das praktische Mitglied *Krause* unter Berufung auf seine Erfahrungen als Matrose, dass eine selbständige Regelung, insbesondere eine kasuistische Regelung des Seearbeitsrechtes unnötig erscheine. Die Gedanken des Gesetzes zur Ordnung der nationalen Arbeit seien unmittelbar auf das Seearbeitsrecht übertragbar. Der Kapitän als Führer stehe über der Besatzung als Gefolgschaft. Ein besonderes Seearbeitsrecht sei zumal deshalb entbehrlich, weil die Deutsche Arbeitsfront die notwendige Schulungsarbeit leiste, weil die Disziplin schon heute nichts zu wünschen übrig lasse und weil die Reisen in aller Regel nur noch kurze Zeit dauerten.

Der *Vorsitzende* machte demgegenüber auf den Unterschied der Arbeitsverhältnisse an Bord und an Land aufmerksam. Der Schiffsdienst bedeute für den Seemann eine enge Lebensgemeinschaft, die ihn keine Minute frei lasse. Die zur Vermeidung und Beseitigung von Reibereien erforderliche militärische Straffheit und Organisation setze insbesondere eine klare Fassung der Disziplinar- und Strafvorschriften voraus. Was die Disziplinargewalt des Kapitäns anginge, so reiche z.B. der jetzige § 91 Abs. 1 Satz 1 SeemO noch nicht einmal aus, da er nur sage, was der Kapitän *nicht* dürfe, statt positiv zu sagen, was er dürfe. Werde dem Kapitän keine scharf umgrenzte Disziplinargewalt zugeteilt, so fühle er sich leicht in seiner Entschlussfreudigkeit gelähmt.

Dr. Schüler stellte sodann für das zu schaffende Gesetz die Forderung nach klaren Begriffsbestimmungen auf und bezeichnete die Gebiete, die nach seiner Ansicht im Seearbeitsrecht behandelt werden müssten. In erster Linie bedürfe die körperliche und geistige Berufsschulung der Seeleute, die für unser Ansehen im Auslande so bedeutsam sei, der Regelung. Die Einsetzung eines Vertrauensrates, an dessen Spitze der Kapitän gehöre, sei erforderlich, habe doch die Gestaltung des Schiffsrates, jener alten Rechtseinrichtung, stets die jeweiligen politischen Machtverhältnisse widergespiegelt. Eine verstärkte Disziplinargewalt des Kapitäns werde die Anrufung der Seemannsämter in vielen Fällen entbehrlich machen. Das eigentliche Arbeitsrecht dürfe innerhalb der Seemannsordnung nur grundsätzlich geregelt werden, noch besser sei eine Regelung außerhalb derselben.

Ministerialdirektor *Dr. Mansfeld* brachte zum Ausdruck, dass man auch nach seiner Ansicht nicht völlig auf Kasuistik verzichten könne. Das eigentliche Arbeitsrecht, das in das zu schaffende Gesetz in erster Linie hineingehöre, lasse sich aber durch eine Generalklausel entsprechend § 2 des Gesetzes zur Ordnung der nationalen Arbeit ersetzen; die Frage des Landurlaubs beispielsweise sei von Fall zu Fall von dem Kapitän als Führer zu entscheiden, der sich von den Grundsätzen der Anständigkeit und Treue leiten lassen müsse. Während einer Übergangszeit hätten Einzelheiten in den Tarifordnungen, die anpassungsfähiger als Gesetze seien, ihre Regelung zu finden. Später ließen sich dann die Zügel lockern. Was im Übrigen den Inhalt der Seemannsordnung betreffe, so sei er mit Dr. Schüler im Wesentlichen einig, nur gehe seines Erachtens die Frage der Berufsschulung weniger den Gesetzgeber als den Unternehmer an. Es liege in der Hand des Unternehmers, die Anstellung von einem Befähigungsnachweis abhängig zu machen. Der Gesetzgeber habe bis jetzt nur auf dem Gebiete des Bergbaues eine Berufsschulung verlangt, dort lägen die Verhältnisse aber ganz anders.

Der *Vorsitzende* warf die Frage auf, ob es nicht zweckmäßig sei, den Seeleuten im Gesetz ein soziales Minimum zu gewährleisten. Er äußerte auch mit Rücksicht auf die Notwendigkeit fest umrissener Disziplinarvorschriften und ihren engen Zusammenhang mit dem Arbeitsrecht Bedenken gegen eine Trennung dieser Vorschriften von der näheren Regelung des eigentlichen Arbeitsrechtes.

Ministerialdirektor *Dr. Mansfeld* meinte dagegen, es sei erstrebenswert, dass es den Unternehmern überlassen werde, die Folgerungen aus der ihnen eingeräumten Führerstellung zu ziehen und eine Lösung im nationalsozialistischen Sinne zu finden. Deshalb sei er beispielsweise auch gegen eine ins Einzelne gehende Festlegung der Kündigungsfristen. Im Ruhrbergbau hätten die Unternehmer in Erkenntnis ihrer Führerverantwortlichkeit eine mindestens vierwöchentliche Kündigung allgemein eingeführt. Im Seearbeitsrecht könne man ein soziales Minimum in diesem Punkte allenfalls durch eine Verweisung auf das Bürgerliche Gesetzbuch gewährleisten. In der zweiten von dem Vorsitzenden aufgeworfenen Frage bemerkte der Redner, es sei allerdings richtig, dass die Disziplinargewalt und das eigentliche Arbeitsrecht auf das Engste zusammenhingen.

Schiffsingenieur *Gottschow* hob sodann die Bedeutung des Gesetzes zur Ordnung der nationalen Arbeit für die Seefahrt hervor. Dadurch sei jedoch die Regelung des Seearbeitsrechtes nicht überflüssig geworden. Letzteres müsse die Grundsätze des Gesetzes zur Ordnung der nationalen Arbeit präzisieren, denn bei weitem noch nicht alle Deutschen seien, wie sein Vorredner Krause zu meinen scheine, gute Nationalsozialisten. Besonders die Ehrengerichtsbarkeit bedürfe eingehender Regelung. „Lieber ein paar Worte zuviel als zu wenig".

Dr. Kuhl stimmte dem Vorredner darin bei, dass die Seemannsordnung lieber etwas zu viel als zu wenig regeln solle. Aufgrund seiner praktischen Erfahrungen mit Steuerleuten und Matrosen halte er es für das Wichtigste, dass keine Unsicherheit über die Rechtsstellung des Seemannes, seine Pflichten und seine Rechte, entstehe. Der Seemann sei der schwächste Arbeitnehmer überhaupt und müsse vor Ausbeutung und Übervorteilung durch überlegene Kräfte vom Gesetzgeber geschützt werden. Noch heute gebe es leider teilweise derartig unsoziale Zustände, dass dem Seemann ein soziales Minimum gesetzlich gewährleistet werden müsse. Von ganz besonderer Bedeutung sei die Gelegenheit zu ausreichendem Schlaf, und zwar nicht nur im Interesse der Einzelnen, sondern auch im Interesse der ganzen Schiffsgemeinschaft, deren Schicksal nicht in der Hand übermüdeter Wachhabender liegen dürfe. Die Frage der Berufsausbildung bezeichnete der Redner als Lebensfrage für die Reedereien. Er erinnerte an den „Kreuzsee-Fall", wo Rettungsmittel infolge Unkenntnis ihres Vorhandenseins und ihrer Handhabung unbenutzt geblieben seien. Es empfehle sich eine Prüfung der Seeleute wie in Skandinavien; darauf, wie sich der Prüfling die notwendigen Kenntnisse verschafft habe, komme es nicht an.

Staatsrat *Eßberger* erklärte sich mit den Ausführungen von Ministerialdirektor Dr. Mansfeld einverstanden. Anders als Dr. Kuhl halte er den Schutz der Seeleute durch das Gesetz zur Ordnung der nationalen Arbeit für ausreichend. Gegenüber Dr. Schüler beanstandete er die Darlegungen über den Vertrauensrat. Dieser erscheine ihm überflüssig. Es sei nicht ratsam, allzu viele Vertreter der Schiffsmannschaft einzusetzen, wie die erste Zeit nach der nationalen Revolution gelehrt habe. Es mache schon Schwierigkeiten, einen einzigen tüchtigen Vertrauensmann zu finden.

Der *Vorsitzende* bat, die Aussprache auf die von Ministerialdirektor Dr. Mansfeld angeschnittenen Grundfragen zu beschränken und Einzelheiten wie das Problem der Ehrengerichtsbarkeit und des Vertrauensrates vorläufig beiseite zu lassen.

Dr. Bramslöw legte sodann dar, dass eine im nationalsozialistischen Geiste geschaffene Seemannsordnung auch seiner Ansicht nach kasuistischer Vorschriften nicht entbehren könne. Aufgrund seiner Kenntnis aller Seereisebeschreibungen könne er Dr. Droeges Bemerkungen hinsichtlich der „Artikel" bestätigen. Diese seien entsprechend den Anschauungen jener Zeiten gerade für die Mannschaften sehr hart gewesen und trotzdem hätten letztere darin einen Schutz gegen Missbräuche der Befehlsgewalt ihrer Vorgesetzten gesehen. Für besonders wichtig erklärte der Redner die Frage nach der Berufsschulung, deren Lösung man den Beteiligten nicht allein überlassen dürfe. Der Seemannsberuf sei sehr verantwortungsvoll und erheische besondere Vorkenntnisse. Die Zulassung zu seiner Ausübung sei daher eine öffentliche Angelegenheit. In Italien würden seines Wissens Befähigungsnachweise von den Seeleuten schon seit mehreren Jahren verlangt; auch die politische Zuverlässigkeit werde geprüft. Derartiges müsse auch in Deutschland rechtens werden; man dürfe nicht vergessen, dass der Seemann seine Nation im Auslande vertrete.

Dr. Schüler wies darauf hin, dass es in Deutschland schon einige Berufsschulen gebe, z.B. in Altona und Blankenese. Auch der Norddeutsche Lloyd habe schon ein Schiff für diesen Zweck zur Verfügung gestellt. Eine Berufsausbildung müsse gesetzlich vorgeschrieben werden. Sicher werde sich das auch zugunsten der Reeder auswirken.

Der *Vorsitzende* bat, auch das Problem der Berufsschulung vorläufig auszuscheiden.

Darauf versuchte *Dr. Droege,* das Ergebnis der bisherigen Aussprache folgendermaßen zusammenzufassen: Die Frage der Berufsausbildung einschließlich der Prüfung der politischen Zuverlässigkeit, sowie das Problem des Vertrauensrates brauchten in der Seemannsordnung nicht geregelt zu werden, da hierfür anderweitig gesorgt werden würde. Im Übrigen könne man im eigentlichen Arbeitsrecht auf Kasuistik verzichten, da die beweglichen Tarifordnungen den Seeleuten ein soziales Minimum sicherten. Schon heute sei das Recht der Seemannsordnung weitgehend durch die auf freier Vereinbarung beruhenden Manteltarife ersetzt. Die öffentlichrechtlichen Fragen wie z.B. die Anmusterung bedürften auch künftig einer Regelung, die nicht durch Generalklauseln erfolgen könne, sondern kasuistisch sein müsse. Die Disziplinarvorschriften schließlich erforderten konkrete Klarheit.

Der *Vorsitzende* stellte im Anschluss daran fest, dass die bisherigen Beratungen eine Mittellösung empfehlenswert erscheinen ließen. Schlagkräftige Gesichtspunkte seien von beiden Seiten vorgebracht, dennoch müsse er erneut darauf hinweisen, dass eine lediglich durch Generalklauseln erfolgende gesetzliche Regelung nicht zweckmäßig sei. Mit Recht habe man betont, dass besonders die Disziplinarvorschriften konkret gestaltet werden müssten.

Ministerialdirektor *Dr. Mansfeld* stimmte dem Vorsitzenden darin bei, dass manche Gebiete, insbesondere das diensttechnisch Notwendige, nicht in Generalklauseln geregelt werden könnten.

Eine kleinliche Festlegung aller denkbaren Kündigungsfälle sei aber beispielsweise überflüssig. Für manche Ereignisse und Zustände – etwa für den Fall der Bestattung auf See – gebe es auch vernünftige und allbekannte seemännische Gebräuche, so dass insoweit die Notwendigkeit gesetzlicher Vorschriften entfalle.

Präsident *Dr. Engel* regte sodann an, dass das Reichsarbeitsministerium zu der nächsten Arbeitssitzung einen Gesetzentwurf vorlege, da er der Ansicht sei, dass sich die Arbeit des Seerechtsausschusses bei der Besprechung eines konkreten Entwurfes noch fruchtbarer gestalten werde. Bei der Ausarbeitung des Entwurfes könnten vielleicht einige Mitglieder des Seerechtsausschusses behilflich sein.

Der *Vorsitzende* unterstützte diese Anregung. Der Seerechtsausschuss könne sich dann anhand des Entwurfes über alle Grundfragen endgültig klar werden. Die Weiterbearbeitung von Einzelheiten habe ein mit entsprechenden Anweisungen des Seerechtsausschusses zu versehender Unterausschuss vorzunehmen.

Reichsgerichtsrat *Dr. Lindenmaier* fasste sodann das bisherige Beratungsergebnis seinerseits dahin zusammen, dass nur diejenigen Gebiete kasuistisch geregelt werden sollten, die wegen ihrer besonderen Natur eine solche Regelung erforderten. Dazu gehöre alles, was im Rahmen des eigentlichen Arbeitsrechts im Interesse der Seefahrt und des Borddienstes regelungsbedürftig sei. Der Redner regte an, dass seitens des Reichsarbeitsministeriums zur nächsten Sitzung diejenigen Gebiete in Stichworten festgelegt würden, die nach dessen Ansicht kasuistischer Regelung vorzubehalten seien. Angesichts der Überlastung des Reichsarbeitsministeriums könne eine genaue Formulierung des Entwurfes bis zur nächsten Sitzung wohl nicht vorgenommen werden. Zweckmäßigerweise sei außerdem von einigen praktischen Mitgliedern des Seerechtsausschusses ebenfalls ein Vorschlag einzureichen.

Der *Vorsitzende* begrüßte diese Anregungen und bezeichnete als besondere Probleme, die in der nächsten Sitzung gegebenenfalls erörtert werden sollten, die Gestaltung der Disziplinarvorschriften, der Ehrengerichtsbarkeit und des Vertrauensrates, über den bisher keineswegs Erschöpfendes gesagt worden sei.

Ministerialdirektor *Dr. Mansfeld* äußerte, dass es ihm unmöglich sei, einen vollständigen Gesetzentwurf bis zur nächsten Sitzung anzufertigen. Zur Ausarbeitung eines kurzen Entwurfs von Stichworten der von Reichsgerichtsrat Dr. Lindenmaier vorgeschlagenen Art erklärte er sich jedoch bereit. Es solle auch ersichtlich gemacht werden, welche Gebiete in dem neuen Seearbeitsrecht keine Regelung zu finden brauchten.

Dr. Kuhl übernahm es, gegebenenfalls zusammen mit anderen praktischen Mitgliedern, ebenfalls eine Aufstellung der Problemgebiete, die konkreter Regelung bedürfen, auszuarbeiten.

Nachdem das praktische Mitglied *Krause* beanstandet hatte, dass zur Ausarbeitung des Praktikerentwurfes kein Vertreter der Deutschen Arbeitsfront hinzugezogen werde, erklärte der *Vorsitzende,* dass die Zusammenarbeit einiger praktischer Mitglieder des Seerechtsausschusses, wie sie sich anscheinend herausgebildet habe, nicht auf seiner Anregung, sondern auf deren eigener Initiative beruhe und eine private Angelegenheit sei. Von verschiedenen Seiten wurde dann empfohlen, dass die Herren Krause, Biedermann und Cornelisen sich an den Vorarbeiten der Praktiker beteiligten.

Der *Vorsitzende* schloss die Sitzung, nachdem die nächste Tagung auf Donnerstag, den 22. März 1934, 16 Uhr, anberaumt worden war.

6. Arbeitssitzung vom 22.3.1934 (16 bis 18 Uhr)

Anwesend:
Vorsitzender: Prof. Dr. Wüstendörfer, Hamburg
2. Schriftführer: Richter Dr. Bramslöw, Hamburg
und als weitere wissenschaftliche Mitglieder:
Reichsgerichtsrat Dr. Lindenmaier, Leipzig
Direktor Michelau, Bremen
OLG-Rat Dr. Reinbeck, Hamburg
Dr. Riensberg, Hamburg
Rechtsanwalt Dr. Schüler, Hamburg
Rechtsanwalt Dr. Schulze-Smidt, Bremen
Verwaltungsdirektor Dr. Sturm, Hamburg
Geheimrat Wiedenfeld, Leipzig
Dr. Kränzlin, Bremen, für Rechtsanwalt Dr. Droege, Hamburg
vom Reichsarbeitsministerium:
Ministerialrat Dr. Grabein, Berlin
vom Reichsverkehrsministerium:
Ministerialrat Geheimrat Werner, Berlin
als praktische Mitglieder:
Biedermann, Hamburg
Schiffsingenieur Gottschow, Hamburg
Direktor Karstedt, Bremen, für Dr. Firle, Bremen
Kapitän Koch, Hamburg-Wandsbek
Werner Krause, Hamburg
Dr. H. Kuhl, Hamburg
Dr. Wegeleben, Hamburg
für die Niederschrift in der Sitzung:
Assessor Dr. Möller, Hamburg und Referendarin H. Krüger, Wandsbek
Entschuldigt fehlten:
Rechtsanwalt Dr. Droege, Hamburg
OLG-Präsident Dr. Engel, Hamburg
Ministerialdirektor Klausener, Berlin
Ministerialrat Koffka, Berlin
Dr. Krichhauff, Hamburg
Ministerialdirektor Dr. Mansfeld, Berlin

Nach der Begrüßung der Sitzungsteilnehmer führte der *Vorsitzende* aus, außerhalb der Tagesordnung aus, wie er gehört habe, sei im Kreise des Ausschusses die Meinung geäußert worden, die Haager Regeln wären in der vierten Arbeitssitzung „niedergestimmt" worden. Er lege Wert auf die Feststellung, dass diese Ansicht aus mehreren Gründen irrig sei. Die Geschäftsordnung des Seerechtsausschusses lasse Abstimmungen überhaupt nicht zu, vielmehr sei bei Meinungsverschiedenheiten die Stellungnahme des Vorsitzenden entscheidend. Schon hieraus ergebe sich, dass der Vorschlag des Vorsitzenden angenommen worden sei. Im Übrigen hätten sich für seinen Vorschlag, die Haager Regeln mit zwei Vorbehalten anzunehmen, außer den beiden Vertretern des Reichsjustizministeriums noch folgende Mitglieder – in der Reihenfolge ihrer Diskussionsreden – ausgesprochen:

Reichsgerichtsrat *Dr. Lindenmaier,* Rechtsanwalt *Dr. Schulze-Smidt,* Direktor *Brandt,* Rechtsanwalt *Dr. Schüler, Dr. Krichhauff* (Hamburg), OLG-Präsident *Dr. Engel,* Rechtsanwalt *Dr. Dettmers.* Es hätten also 2 + 8 = 10 Mitglieder, darunter der Vorsitzende, gegen zehn andere Mitglieder gestanden. Es habe sich aber ferner Generalkonsul *Roselius,* der bei der vierten Sitzung nicht zugegen gewesen sei, schon in der dritten Sitzung im Sinne des Vorsitzenden ausgesprochen. Der *Vorsitzende* verlas ein Schreiben, in dem Generalkonsul Roselius bittet, in einem Anhang zur Niederschrift der vierten Sitzung seine zustimmende Stellungnahme zum Ausdruck zu bringen. Der Vorsitzende äußerte die Ansicht, dieser Bitte könne aus formell rechtlichen Gründen nicht stattgegeben werden. Es genüge auch eine Verlautbarung im heutigen Protokoll. Wolle man hiernach das Gesamtergebnis zahlenmäßig festlegen, so hätten sich 2 + 8 + 1 = 11 Mitglieder für und zehn Mitglieder gegen seinen Vorschlag ausgesprochen.

Sodann ging der *Vorsitzende* zur Tagesordnung über und dankte Vertretern des Reichsarbeitsministeriums sowie Dr. Kuhl für die von ihnen ausgearbeiteten Zusammenstellungen. Erfreulicherweise zeigten beide Vorschläge eine weitgehende Übereinstimmung.

Ministerialrat *Dr. Grabein* bemerkte zu der vom Reichsarbeitsministerium vorgelegten Zusammenstellung [vgl. S. 177 ff.] Folgendes: Die *neue Seemannsordnung* solle, wie Ministerialdirektor Dr. Mansfeld in der vorigen Sitzung bereits dargelegt habe, nur die Grundzüge des seemännischen Arbeitsrechtes in knappen Vorschriften regeln. Soweit kasuistische Bestimmungen notwendig seien, sollten sie in das neue Gesetz selbst aufgenommen werden, denn es liege nicht in der Absicht des Reichsarbeitsministeriums, zunächst ein Rahmengesetz, später aber Ausführungsverordnungen zu schaffen. Im Mittelpunkt der künftigen Regelung müsse einerseits das Dienstverhältnis, andererseits das Verhältnis zwischen Führer und Gefolgschaft stehen. Da sich aus den Strafvorschriften mittelbar gewisse kasuistische Bestimmungen für das Dienstverhältnis ergeben würden, könne man sich im Übrigen auf einige generelle Vorschriften beschränken. Notfalls sei eine Verweisung auf Tarifordnungen möglich, sie erscheine aber unerwünscht.

Der Vorsitzende erteilte sodann *Dr. Kuhl* das Wort, der auf Befragen mitteilte, die vorgelegte Zusammenstellung sei von ihm selbständig ausgearbeitet, jedoch habe sie nachträglich die Billigung anderer Praktiker gefunden.

Zur Form seiner Vorschläge bemerkte der Redner, in einigen Fällen habe er die Frageform gewählt, um das Bedürfnis der Praxis nach einer kasuistischen Regelung besser zum Ausdruck zu bringen. Besonders dringlich sei es beispielsweise, dass jedes Mitglied der Besatzung aus dem Wortlaut des Gesetzes selbst unmissverständlich zu entnehmen vermöge, wer seine Vorgesetzten seien und welche konkreten Dienstleistungen jeder Vorgesetzte verlangen könne. Es dürfe nicht so bleiben, dass erst richterliche Auslegung den Umfang der Befehlsgewalt eines Vorgesetzten oder der Vertretungsmacht eines Stellvertreters klarlegen müsse. Eine begriffliche Regelung, wie sie die geltende Seemannsordnung treffe, genüge nicht. An die Stelle nicht erklärter Begriffe müsse in dem neuen Recht eine gegenständliche, wenn auch vielleicht schwerfällige Regelung treten, die dem auf praktisches Denken eingestellten Seemann ohne Erläuterungswerke verständlich sei. Das skandinavische Seemannsgesetz von 1923 könne in dieser Beziehung als Vorbild dienen: Mit dem Begriff der Stellvertretung arbeite dieses Gesetz z.B. nicht, aber das Problem sei praktisch in der Weise gelöst, dass bei Abwesenheit des Kapitäns der Steuermann diejenigen Maßnahmen zu treffen habe, die nicht aufgeschoben werden könnten.

Zum Inhalt seiner Zusammenstellung wies der Redner darauf hin, dass von dem Gesetz zur Ordnung der nationalen Arbeit auszugehen sei, welches aber dem seemännischen Arbeitsverhältnis angepasst werden müsse. Im Einzelnen gelte dabei Folgendes:

Die dem Kapitän zustehende disziplinarische *Straf*gewalt des geltenden Rechts, die heute schon kaum mehr zur Anwendung käme, würde infolge der Treueverpflichtung der Bordgefolgschaft, der ausgleichenden Tätigkeit des Vertrauensrates und der aus dem Gesetz zur Ordnung der nationalen Arbeit zu übernehmenden Befugnis des Kapitäns zur Auferlegung von Geldstrafen entbehrlich. Dagegen müsse § 91 Abs. 2 SeemO, der dem Kapitän disziplinare *Zwangs*mittel an die Hand gebe, in gemilderter Form bestehen bleiben, schon mit Rücksicht auf solche Elemente an Bord, die sich nationalsozialistischer Denkungsart hartnäckig verschließen.

Die soziale Ehrengerichtsbarkeit sei wohl geeignet, den jetzigen § 96 SeemO (gröbliche Verletzung der Dienstpflichten) überflüssig zu machen, wenn Vorsorge getroffen werde, dass die Ehrengerichtsbarkeit auch gegenüber einem im Ausland abmusternden Seemann Platz greifen könne.

Wichtig erscheine es, in dem neuen Gesetz – wie im chilenischen Handelsgesetzbuch – zum Ausdruck zu bringen, dass der Kapitän Vertreter der öffentlichen Gewalt an Bord sei und polizeiliche Befugnisse, insbesondere ein Festnahmerecht, auch gegenüber Reisenden habe.

In der Zusammenstellung trete fernerhin der Leitgedanke hervor, dass es mit der althergebrachten Bindung der Besatzung an das einzelne Schiff nicht sein Bewenden haben könne. Nationalsozialistischem Denken entspreche die Forderung, die gesamte Besatzung einschließlich des Kapitäns als Gefolgschaft des Reeders anzusehen. So wie die Besatzung eine Treuepflicht gegenüber dem Reeder treffe, sei letzterer zur Fürsorge für die Besatzung verpflichtet. Es bestehe also ein vom Schiff losgelöstes Dienstverhältnis, dessen Regelung sich im Einzelnen in der Tarifordnung und in gewissen kasuistischen Vorschriften des Gesetzes (Fall des Schiffsverlustes, der Zurücklassung im Ausland, der Krankheit während der Reise, der Zurückbeförderung) finden müsse.

Den Gedanken der Berufsschulung der Seeleute, der schon lange zur Verwirklichung dränge, halte er für sehr beachtenswert. Denn nur die besten Leute dürften zur Seefahrt zugelassen werden, damit sie durch vorbildliche Leistung und treue Pflichterfüllung das Ansehen des deutschen Volkes im Auslande stärkten. Die Berufsschulung habe sich zum Mindesten auf alle Vollgrade im Borddienst zu erstrecken. Die Klärung der Frage einer Bemannungsskala gehöre in diesen Zusammenhang.

Abschließend wies der Redner darauf hin, er habe auftragsgemäß nur jene Gebiete aufzählen wollen, deren kasuistische Regelung erwünscht erscheine. Die inhaltliche Ausgestaltung müsse dem Seerechtsausschuss und dem Gesetzgeber überlassen bleiben.

Der *Vorsitzende* führte sodann zu der Frage, ob und inwieweit eine kasuistische Regelung im neuen Seearbeitsrecht erforderlich sei, Folgendes aus, indem er betonte, dass der Seerechtsausschuss sich zunächst noch nicht damit zu befassen habe, welchen materiellen Inhalt die zukünftige Seemannsordnung aufweisen solle:

Es bestehe Einigkeit darüber, dass die Seemannsordnung die großen Grundsätze des Gesetzes zur Ordnung der nationalen Arbeit übernehme, aber durch solche Einzelnormen ausbauen müsse, welche durch die technischen, wirtschaftlichen und sozialen Besonderheiten der Seefahrt notwendig gemacht würden.

Noch nicht alle Seeleute entsprächen dem Idealtyp des nationalsozialistischen Arbeitsmenschen der Zukunft, von dem das Gesetz zur Ordnung der nationalen Arbeit als einer wesentlichen Voraussetzung ausgehe. Es fehle anscheinend zuweilen noch bei den Kapitänen und Seeleuten der großen Fahrt an der „gesinnungsmäßigen Grundlage des Arbeitsverhältnisses". Das sei wohl darauf zurückzuführen, dass diese sich infolge der Betriebshast des modernen Seeverkehrs wenig in der Heimat aufhielten und daher auch weniger mit dem Nationalsozialismus in Fühlung seien. Soweit sie an Bord durch die Vertrauensleute, in fremden Häfen durch dortige Landsleute in nationalsozialistischem Geiste beeinflusst würden, dürfe nicht übersehen werden, dass sie andererseits in ausländischen Häfen oft auch in entgegengesetztem Sinne bearbeitet würden. Kapitäne seien befreundet mit ausländischen Kapitänen und besuchten sich gegenseitig an Bord, Seeleute verkehrten in Hafenkneipen usw.

Das Fehlen der Gesinnungsgrundlage sei noch bedeutsamer bei den ausländischen Besatzungsmitgliedern deutscher Schiffe. Das Verhältnis der Zahl in- und ausländischer Arbeitnehmer an Bord bedürfe der Klarstellung.

Ein weiteres Bedenken gegen die Beschränkung auf elastische Generalklauseln ergebe sich daraus, dass bisweilen Ausländer in richterlicher Tätigkeit die künftige Seemannsordnung auszulegen haben würden. Trampdampfer hielten sich bekanntlich oft jahrelang im Auslande auf, so dass unter Umständen im Auslande der deutsche Konsul als Seemannsamt angerufen werden müsse. Handle es sich bei dem nächsten Hafen etwa um einen kleinen westaustralischen Hafenort, so könne es geschehen, dass dort ein Australier als deutscher Wahlkonsul die Funktion des Seemannsamtes ausübe. Könne man im Ernste erwarten, dass dieser Australier durchglüht sein werde vom Feuer nationalsozialistischen Geistes? Die Anwendung von Generalklauseln, namentlich auch die soziale Ehrengerichtsbarkeit werde hier versagen, wenn der ausländische Richter nicht zugleich nach ganz konkreten Normen zu urteilen habe.

Selbstverständlich würden die inländischen Seemannsämter Gewähr für eine im nationalsozialistischen Geiste getragene Auslegung etwaiger Generalklauseln bieten. Aber man dürfe nicht vergessen, dass – anders als bei dem Arbeitsverhältnis an Land – im Seearbeitsrecht nicht der Richter, sondern der Kapitän in erster Linie als Schlichter von Streitigkeiten in Frage komme. Dem Kapitän aber, der kein Jurist sei, könne man nicht die rechtschöpferische Ergänzung elastischer Generalklauseln überlassen. Darauf habe Dr. Droege in der letzten Sitzung bereits sehr mit Recht hingewiesen.

Als Hüter der öffentlichen Ordnung und als Vertreter der Staatsgewalt an Bord bedürfe der Kapitän klarer konkreter Vorschriften, welche – um eine Formulierung von Reichsgerichtsrat Dr. Lindenmaier zu gebrauchen – alles behandelten, „was diensttechnisch nötig ist zur Durchführung der Reise." § 91 der bisherigen SeemO sei insofern unzulänglich, als dort nicht genügend klar geschieden werde zwischen der disziplinären *Zwangs*gewalt und der disziplinaren *Straf*gewalt des Kapitäns. Die Zwangsgewalt des § 91 Abs. 2 SeemO müsse, wie schon Dr. Kuhl es vorgeschlagen habe, unbedingt erhalten bleiben. Das folge schon aus dem Führerprinzip. Der Kapitän müsse aber auch darüber genau belehrt werden, wann und in welchem Umfange er etwa Kostschmälerung, Heuerentzug oder Ordnungsstrafen im Sinne der sozialen Ehrengerichtsbarkeit verhängen dürfe. Unsicherheit in solchen Fragen wirke lähmend auf die Entschlussfähigkeit des Kapitäns, dessen Stellung besonders schwierig sei, weil er auf der einen Seite unter dem Druck des Reeders stehe und andererseits die Schiffsmannschaft mit Ansprüchen an ihn herantrete.

Noch weniger als für den Kapitän genügten Generalklauseln für den schlichten Seemann. Aus allgemeinen Begriffen und Formeln könne dieser z.B. keine ausreichende Belehrung darüber entnehmen, dass er Sonntags zwar nur unumgänglich notwendige Arbeit zu leisten habe, dass aber seine disziplinare Gehorsamspflicht hierin weiterreiche als seine vertragliche Dienstpflicht. Das hier hineinspielende *öffentlich-rechtliche* Moment bedinge wiederum eine etwas genauere Regelung. Greifbare konkrete Vorschriften seien auch zweckmäßig zum Schutz des Seemanns gegen Willkür und Unbill.

Wie Dr. Kuhl bereits zutreffend ausgeführt habe, sei das Dienstverhältnis künftig von der Beziehung zum einzelnen Schiffe zu lösen. „Führer" im Sinne des Gesetzes zur Ordnung der nationalen Arbeit sei der Reeder als der Unternehmer. Der Kapitän sei nur dessen Stellvertreter. Das Gesetz zur Ordnung der nationalen Arbeit könne aus diesem Grunde nicht unmittelbar auf das seemännische Arbeitsverhältnis übertragen werden; denn die Führerfunktion sei hier zwischen Reeder und Kapitän gleichsam aufgespalten. Hieraus könnten sich unter Umständen Unzuträglichkeiten ergeben. Auch befänden sich die Reeder zum Teil in schwieriger Wirtschaftslage,

Sparsamkeit im Betriebe werde deshalb von ihnen vorgeschrieben. Die Sparsamkeit werde aber zuweilen von streberhaften Kapitänen und Offizieren auf Kosten der Mannschaft übertrieben, z.B. hinsichtlich der Ernährung der Mannschaft. Von solchen Personen könne eine sofortige Umstellung auf die Weltanschauung des Nationalsozialismus nicht erwartet werden, auch ein feierliches Gelöbnis genüge dazu kaum. Andererseits seien solche Tatbestände aber oft nicht krass genug, um als „gröbliche Verletzung“ sozialer Ehre im Sinne des § 36 des Ordnungsgesetzes geahndet zu werden.

Unter allen Umständen müsse der Anschein vermieden werden, als sei der Seemann im nationalsozialistischen Staate nicht in gleichem Maße geschützt wie früher. Es dürfe beim Seemann nicht die Vorstellung aufkommen, als reiße man alte Schutzmauern, die in Jahrzehnten mühsam errichtet seien und die sich bewährt hätten, jetzt nieder, indem man an die Stelle konkreter Schutzvorschriften allgemeine und sehr dehnbare Prinzipien setze. Es müsse ernstlich ausgesprochen werden, dass die psychologischen Wirkungen solcher Vorstellung verhängnisvoll werden könnten. Er halte es für seine Pflicht, die Aufmerksamkeit ganz besonders auf diese psychologische Seite der Sache zu lenken.

Für eine Übergangszeit von etwa zehn bis zwanzig Jahren scheine ihm daher eine Seemannsordnung nötig, die in Durchführung der großen Leitgedanken des Ordnungsgesetzes auch konkrete Einzelnormen enthalte. Anders ausgedrückt: Es bedürfe vorläufig noch des Einbaues von Kollisionsschotten für den Fall eines Zusammenstoßes mit anderen Weltanschauungen. Die Forderung von Schiffsingenieur Gottschow: „Lieber ein paar Worte zu viel als zu wenig“ mache auch er sich zu Eigen. Eine kasuistische Regelung könne zwar unübersichtlich sein und teilweise totes Paragraphenrecht schaffen, aber ein viel größerer Schaden werde angerichtet, wenn man sich auf eine Regelung in zu wenigen und zu dehnbaren Generalklauseln beschränke.

Der Vorsitzende wandte sich sodann der Frage zu, welche Gebiete durch Sondernormen geregelt werden müssten, und gab hierfür einige Beispiele. Es herrsche im Seerechtsausschuss anscheinend Einigkeit darüber, dass die öffentlichrechtliche Stellung des Kapitäns, insbesondere seine disziplinare Zwangsgewalt im neuen Gesetz herausgearbeitet werden müsse, und zwar deutlicher und klarer als bisher. Der Machtbereich des Kapitäns als Organ der Strafrechtspflege und sozialen Ehrengerichtsbarkeit, als Standesbeamten, als Nachlassverwalter usw. sei zu umgrenzen. Weiter sei auch die Frage der Befehlsgewalt gegenüber der Besatzung – nicht nur gegenüber der Mannschaft – und gegenüber den Reisenden zu klären.

Ferner bedürfe es wohl auch in Zukunft eines gewissen konkreten Strafschutzes, vor allem gegen Kapitäne, welche ihre Gewalt missbrauchten. Ob alle Strafdrohungen des § 96 SeemO gegen Seeleute, wie Dr. Kuhl es vorschlage, ersetzt werden könnten durch die soziale Ehrengerichtsbarkeit, bedürfe der Nachprüfung. § 36 Ziffer 1 bis 4 des Ordnungsgesetzes gebe anscheinend eine erschöpfende Aufzählung der Verstöße gegen soziale Ehre. Er ahnde aber nur Fälle *sozialer* Pflichtverletzung, nicht auch *diensttechnische* Verfehlungen, wie etwa das Schlafen auf Wache, das nach seemännischer Auffassung einer Sühne bedürfe. Deshalb sei zum Mindesten eine entsprechende Erweiterung der Tatbestände des § 36 des Ordnungsgesetzes nötig. Alle Strafnormen seien in die Seemannsordnung einzuarbeiten, nicht etwa in das Strafgesetzbuch, damit der Kapitän, der Offizier und der Seemann alles das, was ihn rechtlich angehe, zusammengefasst in einem einheitlichen volkstümlichen Gesetze finde.

Ferner müssten Organisation und Aufgaben der Seemannsämter geregelt werden. Werde die vertragliche Dienstleistungspflicht des Seemannes zu einer disziplinaren Gehorsamspflicht gesteigert, so müsse auf der anderen Seite eine Rechtsgarantie durch die Überwachungstätigkeit einer Behörde geschaffen werden. Ebenso habe die Nachprüfung einer ausreichenden Bemannung, die Kontrolle etwaiger Desertionen usw. durch die Seemannsämter zu erfolgen.

Die Art der Regelung des Heuervertrags sei eine besonders schwierige Frage. Zum Teil bestehe hier bereits eine völkerrechtliche Bindung für das Deutsche Reich durch das Übereinkommen über den Heuervertrag der Seeleute von 1926, das gemäß Gesetz vom 27. Juli 1930 [RGBl. II, S. 987] ratifiziert sei. Hiernach müsse den Seeleuten ein gewisses soziales Minimum gesetzlich gewährleistet werden. Wollte man diese Gewährleistung einer Tarifordnung überlassen, wie sie § 32 Abs. 2 des Gesetzes zur Ordnung der nationalen Arbeit – nicht einmal zwingend, sondern nur in einer „Kann"-Vorschrift – vorsehe, so würde das keine Erfüllung unserer völkerrechtlichen Verpflichtung sein. Abgesehen von diesem Grunde sei es aber auch sonst nach seiner Ansicht empfehlenswert, ein sozialethisches Minimum zugunsten der Seeleute im Gesetz festzulegen, über das die Tarifordnung dann noch hinausgehen könne. Das gelte beispielsweise für die Verpflegungsfrage. Das Verbot, die Verpflegung an den Kapitän gegen eine Pauschalsumme zu verdingen, sei auch im künftigen Gesetz unentbehrlich, denn die Formel einer „Sorge für das Wohl der Gefolgschaft" ergebe in diesem Punkte keine Rechtssicherheit. Nichts erbittere aber den Seemann mehr, als wenn er bei angestrengter körperlicher Arbeit unzulänglich und gewinnsüchtig verpflegt werde. Ferner sei es wichtig, den Anspruch auf Vorschusszahlung und ihre Voraussetzungen im Gesetz festzulegen. Solche Einzelheiten seien deshalb unerlässlich, weil der Seemann einerseits den Vorschuss in der Regel dringend benötige, andererseits der Reeder von Verlusten bei Entweichung des Seemannes geschützt werden müsse. Schließlich sei es erwünscht, wenn auch das viel umkämpfte Drei-Wachen-System in einem gewissen Mindestumfange gesetzlich gewährleistet werde.

Von großer Bedeutung sei endlich für den Kapitän auch die Entlassungsfrage. Der Kapitän müsse z.B. wissen, unter welchen Umständen er den Seemann zwangsweise abmustern dürfe.

Abschließend betonte der *Vorsitzende,* dass er in dem zweiten Teil seiner Ausführungen nur Beispiele für solche Gebiete habe geben wollen, die in der Seemannsordnung durch Einzelnormen geregelt werden müssten. Zur Geschäftsordnung regte er sodann an, die Frage zwecks endgültiger Klärung der Einzelpunkte einem kleineren Unterausschuss zu überweisen.

OLG-Rat *Dr. Reinbeck* äußerte gleichfalls die Ansicht, dass im neuen seemännischen Arbeitsrecht gewisse kasuistische Bestimmungen notwendig seien. Man müsse sich aber vor Augen halten, dass es verschiedene Arten von Kasuistik gebe. Es dürfe nicht der Versuch gemacht werden, alle Lebensvorgänge in abgeschlossenen Tatbeständen zu erfassen. Vielmehr müsse auch ein kasuistisches Gesetz stets den Leitgedanken herausstellen, der dann durch Einzelnormen erläutert werde.

Anders als bei den Arbeitsverhältnissen an Land sei im seemännischen Arbeitsrecht besonders die soziale Ehrengerichtsbarkeit ohne kasuistische Regelung undurchführbar. Man brauche nur an den vom Vorsitzenden erwähnten Fall, in dem ein fremdrassiger Wahlkonsul als Richter tätig werde, zu denken. Außerdem sei zu berücksichtigen, dass es in der sozialen Ehrengerichtsbarkeit an einer übergeordneten Instanz fehle, so dass bei Anwendung von Generalklauseln die Gefahr uneinheitlicher Rechtsprechung größer sei. Überhaupt erscheine es zweckmäßig, dem Richter für die Entscheidung von Interessenkonflikten eine Richtlinie zu geben.

Im Übrigen bemerkte der Redner zu den Ausführungen des Vorsitzenden, dass nach seiner Ansicht, die auch vom Schrifttum geteilt werde, die Aufzählung des § 36 Abs. 1 des Gesetzes zur Ordnung der nationalen Arbeit nicht erschöpfend sei. Dem Vorschlag auf Einsetzung eines Unterausschusses stimme er zu.

Reichsgerichtsrat *Dr. Lindenmaier* hob auch seinerseits hervor, dass die Technik des Dienstes Einzelvorschriften nötig mache. Der Vorschlag des Reichsarbeitsministeriums bezeichne im Großen und Ganzen dieselben Gebiete als kasuistischer Regelung bedürftig wie die Zusammenstellung von Dr. Kuhl. Hinzu kämen einige vom Vorsitzenden erwähnte Materien. Der Anregung des Vorsitzenden, einen Unterausschuss einzusetzen, stimme er zu.

Ministerialrat *Dr. Grabein* erklärte, man habe im Reichsarbeitsministerium erwartet, dass schon in dieser Sitzung eine endgültige Festlegung sämtlicher in der neuen Seemannsordnung zu behandelnden Fragen, speziell der durch Einzelvorschriften zu regelnden Gebiete, erfolge. Jetzt scheine sich herauszustellen, dass nicht nur die Anzahl der kasuistisch zu behandelnden Materien groß sein werde, sondern dass auch ihre Festlegung erst in einem Unterausschuss geschehen solle, durch dessen Einschaltung eine Verzögerung eintreten würde. Deshalb möchte er die Einsetzung eines Unterausschusses nicht ohne weiteres befürworten.

Der *Vorsitzende* betonte darauf, es liege natürlich nicht im Sinne des Seerechtsausschusses, sich in Widerspruch zum Reichsarbeitsministerium zu setzen. Die Entscheidung der Frage, ob ein Unterausschuss gebildet werden solle, werde deshalb bis zur Stellungnahme des Reichsarbeitsministeriums vertagt.

Auf Befragen von Ministerialrat *Dr. Grabein* erklärte der Vorsitzende, dass gegebenenfalls die Ergebnisse des Unterausschusses baldmöglichst dem Reichsarbeitsministerium unterbreitet werden sollten. Es wäre zu begrüßen, wenn auf der Grundlage dieser Ergebnisse dann das Reichsarbeitsministerium einen Entwurf ausarbeiten möchte. Dieser Entwurf könne alsdann vom Seerechtsausschuss bzw. vom Unterausschuss begutachtet werden, wobei es dem Reichsarbeitsministerium selbstverständlich freistehe, in welchem Umfange es das Gutachten berücksichtigen wolle. Es wäre dankenswert, wenn auch in dem Unterausschuss Vertreter des Reichsarbeitsministeriums mitwirken würden.

Dr. Riensberg bemerkte, dass auch vom Standpunkt der Reeder aus die Einsetzung eines Unterausschusses erwünscht sei.

Reichsgerichtsrat *Dr. Lindenmaier* befürwortete insbesondere, dass Vertreter des Reichsarbeitsministeriums in dem Unterausschuss mitarbeiteten, um die Bedenken gegen das Unterbleiben einer kasuistischen Regelung näher kennenzulernen.

Unter Berücksichtigung von Vorschlägen verschiedener Mitglieder gab der *Vorsitzende* sodann die vorläufige Zusammensetzung des für den Bedarfsfall vorgesehenen Unterausschusses bekannt:
Vorsitzender: Prof. Dr. Wüstendörfer,
stellvertretender Vorsitzender: Direktor Sturm,
Schriftführer: Dr. Ohrt,
Wissenschaftliche Mitglieder: Dr. Schüler, Dr. Droege,
praktische Mitglieder: Direktor Ritter (Stellv. Direktor Karstedt), Dr. Kuhl (Stellv. Ing. Gottschow), Müller (Stellv. Dr. Wegeleben), Kapitän Koch.

Der *Vorsitzende* teilte sodann mit, dass in der nächsten Sitzung am Donnerstag, den 3. Mai 1934, 16 Uhr, im Hauptausschuss das künftige Seeunfalluntersuchungsgesetz behandelt werden solle.

Der Unterausschuss für die Seemannsordnung möge möglichst sofort, nachdem das Reichsarbeitsministerium seiner Einsetzung zugestimmt habe, in Tätigkeit treten.

Für alle Unterausschüsse seien folgende Richtlinien maßgebend:

Erstens: Die Arbeit eines Unterausschusses soll nicht die Arbeit des Hauptausschusses ersetzen, sondern sie nur vorbereiten. Beschlüsse eines Unterausschusses sind für den Hauptausschuss nicht bindend. Die Entscheidung liegt beim Hauptausschuss.

Zweitens: Der Vorsitzende des Hauptausschusses kann, auch wenn er nicht Mitglied des Unterausschusses ist, stets an den Sitzungen teilnehmen.

Drittens: Die Protokolle der Sitzungen des Unterausschusses sind dem Vorsitzenden des Hauptausschusses baldmöglichst vorzulegen.

Viertens: Die Zusammensetzung des einmal gebildeten Unterausschusses kann nicht ohne Zustimmung des Vorsitzenden des Hauptausschusses geändert werden, sei es, dass neue Mitglieder, sei es, dass Sachverständige hinzutreten oder ausscheiden.

7. Arbeitssitzung vom 3.5.1934 (16 bis 20.15 Uhr)

Anwesend:
Vorsitzender: Prof. Dr. Wüstendörfer, Hamburg
stellvertretender Vorsitzender: OLG-Präsident Dr. Engel, Hamburg
2. Schriftführer: Richter Dr. Bramslöw, Hamburg
und als weitere wissenschaftliche Mitglieder:
Rechtsanwalt Dr. Dettmers, Bremen
Reichsgerichtsrat Dr. Lindenmaier, Leipzig
Assessor Michelau, Bremen
Dr. Nolte, Hamburg
OLG-Rat Dr. Reinbeck, Hamburg
Dr. Riensberg, Hamburg
Rechtsanwalt Dr. Schüler, Hamburg
Dr. Schütte, Hamburg
Rechtsanwalt Dr. Schulze-Smidt, Bremen
Verwaltungsdirektor Sturm, Hamburg
vom Reichsverkehrsministerium:
Ministerialrat Geheimrat Werner, Berlin
ferner als Sachverständiger:
Regierungsdirektor Schön, Hamburg
für die Niederschrift in der Sitzung:
Assessor Dr. Möller, Hamburg und Referendarin H. Krüger, Wandsbek
Entschuldigt fehlten:
Senator Dr. Böhmcker, Lübeck
Rechtsanwalt Dr. Droege, Hamburg
Ministerialdirektor Dr. Klausener, Berlin
Ministerialrat Koffka, Berlin
Dr. Krichhauff, Hamburg
Geheimrat Wiedenfeld, Leipzig.

Der *Vorsitzende* eröffnete die Sitzung, begrüßte die Anwesenden und erteilte OLG-Rat *Dr. Reinbeck* das Wort zu seinem Bericht über die Neufassung des *Seeunfalluntersuchungsgesetzes.*

OLG-Rat *Dr. Reinbeck* führte Folgendes aus:

I. Das am 1. Januar 1878 in Kraft getretene Seeunfalluntersuchungsgesetz vom 27. Juli 1877 habe seine Güte dadurch bewiesen, dass es nunmehr annähernd sechzig Jahre gelte, ohne – abgesehen von der Einbeziehung der Seemaschinisten in das Patententziehungsverfahren – geändert zu sein.

Allerdings habe schon bald nach dem Inkrafttreten eine lebhafte Kritik von Seiten der Nautiker eingesetzt, welche sich aber weniger gegen den Inhalt des Gesetzes als gegen die Art seiner Anwendung im Einzelfalle gerichtet habe. Besonders dann seien Seeamtssprüche bekämpft worden, wenn die durch eine Bemängelung nautischer Maßnahmen in ihrer beruflichen Stellung Betroffenen unter dem Eindruck gestanden hätten, infolge der sachlich gebotenen Eile des Verfahrens sei die restlose Aufklärung aller Umstände des Unfalles und der Schuldfrage nicht gelungen. Dabei habe die Kritik vor allem die Unangreifbarkeit der Seeamtssprüche – soweit nicht Patententziehung als äußerste, aber seltene Maßnahme in Frage gekommen sei – als Übelstand empfunden.

Die Kritik der Nautiker habe dazu geführt, dass im Jahre 1909 vom Reichsamt des Innern ein neuer Gesetzentwurf ausgearbeitet sei. In diesem habe man den Wünschen der Nautiker nach einem Rechtsmittel dadurch Rechnung getragen, dass man eine Berufung an das Oberseeamt auch für Fälle vorgesehen habe, in denen keine Patententziehung ausgesprochen sei. Der Entwurf habe nämlich für den Fall grobmangelhaften Verhaltens eine Verwarnung durch das Seeamt vorgeschlagen, hiergegen habe man den Patentinhabern das Rechtsmittel der Berufung an das Oberseeamt geben wollen. Infolge starken Widerspruchs gegen die Einführung der – als Disziplinarmaßregel erachteten – Verwarnung sei der Entwurf aber nicht über den Bundesrat hinausgekommen.

Nach weiteren, durch den Weltkrieg nur zeitweilig in Stillstand geratenen Verhandlungen habe dann im Jahre 1927 das Reichsverkehrsministerium einen neuen Referentenentwurf vorgelegt. Gemäß diesem Entwurf solle – ohne dass die missliebige Form einer Verwarnung weiterhin vorgesehen sei – das Rechtsmittel der Berufung an das Oberseeamt immer dann gewährt werden, falls einem Patentinhaber in einem Seeamtsspruch ein *erhebliches* Verschulden vorgeworfen werde. Die Nautiker hielten demgegenüber an ihrem Bestreben nach einer Berufung auch gegen Aussprüche nur *leichten* Verschuldens fest. Im Übrigen sei aber von ihnen der Entwurf in seinen Grundzügen und Einzelheiten lebhaft begrüßt worden. Auch der neue Entwurf sei bislang nicht zum Gesetz erhoben, und zwar aus Gründen teils finanzieller Natur, teils der Rücksichtnahme auf Reformpläne in anderen, mit dem Gegenstand des Entwurfes zusammenhängenden Rechtsgebieten.

Es sei nicht bekannt geworden, ob der Referentenentwurf aus dem Jahre 1927 inzwischen – insbesondere mit Rücksicht auf die Änderungsvorschläge der Nautiker – im Reichsverkehrsministerium eine Umgestaltung erfahren habe.

Bei den Erörterungen über die Neufassung des Seeunfalluntersuchungsgesetzes könne im Seerechtsausschuss der Referentenentwurf aus dem Jahre 1927 als konstruktiv und praktisch hervorragend tragfähige Grundlage gewählt werden, zumal in den wichtigsten und meisten Grundfragen der Neuregelung der Entwurf mit der Auffassung der Nautiker übereinstimme.

II. Hinsichtlich der Organisation der Seeämter und des Reichskommissariats, sowie bezüglich des Gegenstandes der seeamtlichen Untersuchung seien grundsätzliche Änderungen des geltenden Rechtes weder geplant noch erforderlich.

Es sei empfehlenswert, schon im § 1 des Entwurfes [Text nicht bekannt] auszusprechen, dass das Verfahren dem öffentlichen Interesse diene, statt dieses beiläufig im § 18 Abs. 1 Satz 2 des Entwurfes nachzubringen. Die bisherige Fassung sei etwas farblos.

Die Frage der Zusammenlegung von Seeämtern und ihrer Bezirke interessiere den Seerechtsausschuss nicht.

Was den Gegenstand der seeamtlichen Untersuchung angehe, so werde nur zu klären sein, ob in Abweichung von dem Entwurf, entsprechend den Wünschen der Nautiker, die Begriffe des „Seeunfalles“ und des „Seefahrzeuges“ festgelegt werden sollen. Die neuere Gesetzesauffassung und -technik sowie die praktischen Erfahrungen in den Fällen „Willkommen“ (Selbstmord) und „Falke“ (Beteiligung an revolutionären Putschen) sprächen dafür, die Bestimmung des Begriffes „Seeunfall“ der lebendigen Entwicklung der Rechtslehre und Rechtsprechung zu überlassen, deren Einheitlichkeit durch Reichskommissariat und Oberseeamt gewährleistet sei, nicht aber durch gesetzliche Definitionen eine wünschenswerte Entwicklung zu behindern oder gar zu verhindern.

III. Den räumlich größten, für die Praxis der Seeämter sehr bedeutsamen Teil des Entwurfes und der Änderungsvorschläge der Nautiker nähmen die Verfahrensvorschriften ein.

Es handle sich um ein Verwaltungsgerichtsverfahren. Zweifelhaft könne es sein, ob die Planung eines Reichsverwaltungsgerichtsgesetzes, für welches schon 1930 ein Entwurf veröffentlicht worden sei, und die Umgestaltung des Verwaltungsgerichtsverfahrens in Preußen für das neue Seeunfalluntersuchungsgesetz Bedeutung besäßen, ob also zunächst der Erfolg dieser Erneuerungsbestrebungen abgewartet werden müsse. Darüber werde das Reichsverkehrsministerium Entschluss zu fassen haben. Unbedingt notwendig erscheine solches Abwarten wohl nicht, da die Grundlinien des künftigen verwaltungsgerichtlichen Verfahrens schon jetzt festliegen dürften. Außerdem würden die Einzelbestimmungen der allgemeinen Verwaltungsgerichtsgesetze ohnehin in manchen Punkten im Hinblick auf die Besonderheiten der Aufgaben der Seeämter abgeändert werden müssen. Insbesondere bedürfe es einer weitgehenden Einschränkung oder Abkürzung gesetzlicher Fristen oder zeitraubender Formalitäten, damit die Untersuchung nicht durch die Abreise seefahrender, insbesondere ausländischer Zeugen erschwert werde. Außerdem müsse als eine Besonderheit des seeamtlichen Verfahrens beachtet werden, dass gerade die wichtigsten Auskunftspersonen, nämlich die Patentinhaber – in der Gesetzessprache die „Beteiligten" – sich bis zum Abschluss des Verfahrens in einer Art labilen Gleichgewichts zwischen einer Zeugen- und einer Beschuldigtenstellung befänden. Der allgemeine Zweck des Verfahrens – möglichste Aufklärung des Unfalles, seiner Ursachen, Begleitumstände und Folgen im Gesamtinteresse, zumal im Interesse der Verhütung ähnlicher Unfälle – werde voranzustellen sein, daneben müsse man aber bei der Regelung des Verfahrensrechtes die Belange der Beteiligten, deren Verteidigungsrechte zu wahren seien, nach Möglichkeit berücksichtigen.

Bezüglich der Beeidigung von Beteiligten sei das Seeamt durch die neuen Prozessgrundsätze bereits freier gestellt gegenüber dem geltenden Gesetze.

Allgemeines Einverständnis herrsche darüber, dass der Kreis der Beteiligten nicht – jedenfalls nicht ohne völlige Änderung der Grundlagen des geltenden Rechtes – über die Patentinhaber hinaus erweitert werden könne. Würde man beispielsweise die Reeder zu den Beteiligten zählen, so sei zu erwarten, dass auch Behörden, insbesondere die Seeberufsgenossenschaft, gleiche Ansprüche erhöben. Für die Reeder trete die Ehrengerichtsbarkeit des Gesetzes zur Ordnung der nationalen Arbeit oder der Reederverbände in die Lücke.

Noch klärungsbedürftig erscheine dagegen die Frage, in welchem Maße die Lotsen als solche und in ihrer etwaigen Eigenschaft als Patentinhaber der Rechtsprechung der Seeämter zu unterstellen seien, also bezüglich der Entziehung einerseits des nautischen Patentes und andererseits der Gewerbebefugnis als Lotse. Diese Fragen seien untrennbar mit der seit längerem geplanten Neuregelung des deutschen Lotsenrechtes und Lotsenwesens verknüpft. Nach der Neuregelung dürfe es unbedenklich sein, auf die Seeämter auch das Recht zu übertragen, den Lotsen außer dem nautischen Patent auch die Gewerbebefugnis zu entziehen. Dadurch würden auch die Unzuträglichkeiten doppelter, möglicherweise gegensätzlicher Verfahren und Entscheidungen verhütet. Vielleicht könne man, hinsichtlich des Rechtes der Seeämter zur Entziehung der Lotsengewerbebefugnis, die Inkraftsetzung des geplanten Gesetzes einer später zu erlassenden Bestimmung vorbehalten.

Die sehr zahlreichen Änderungsvorschläge der Nautiker zu den einzelnen Verfahrensvorschriften weniger grundlegender Natur sollten vorläufig unerörtert bleiben.

IV. Den sachlichen Kernpunkt bilde, zumal in den Augen der Nautiker, die eingangs erwähnte, zuletzt auf den Deutschen Schifffahrtstagen 1924, 1925 und 1926 erörterte Frage einer Erweiterung des Beschwerde- oder Berufungsrechtes gegen Seeamtsprüche, die Verschuldensfeststellungen enthielten, ohne auf Patententziehung zu erkennen. Diesem – wie man sagen könne – Herzenswunsch der Nautiker, hätten die Entwürfe von 1909 und 1927 Rechnung getragen, und zwar beide in sachlich gleicher Weise, wenn man von dem Fortfall der Form einer Verwarnung in dem Entwurf von 1927 absehe. Allerdings beschränkten beide Entwürfe die Berufungsmöglichkeit auf

Fälle erheblichen Verschuldens, um eine uferlose und für das Reich finanziell untragbare Ausweitung der Anrufung des Oberseeamtes zu verhüten. Die Nautiker hätten unentwegt ihr Verlangen nach Ausdehnung auch auf Aussprüche nur leichten Verschuldens aufrecht erhalten. Die Stellungnahme des Seerechtsausschusses zu dieser Grundfrage bilde wohl den Angelpunkt aller weiteren Erörterungen.

Eine sachgemäße Lösung des Problems werde vielleicht auf folgendem Wege zu finden sein: Denke man an den Untergang der „Deutschland", der den Anlass zur Schaffung des Seeunfalluntersuchungsgesetzes gegeben habe, an den Untergang der „Elbe", „Cimbria", „Titanic", an den Brand der Lloyd Piers in Hoboken [New Jersey, USA], an die neuerlichen Brandunglücke in der französischen Handelsmarine oder ähnliches, oder an einen kürzlich ergangenen Seeamtsspruch, bei dem rügend hervorgehoben sei, dass der Kapitän nicht als Letzter von Bord gegangen, während der erste Offizier bei dem Verlassen des Schiffes zu Tode gekommen sei, so werde klar, dass bei derartigen Katastrophen, insbesondere bei Verlust von Menschenleben, der Vorwurf auch nur des geringsten Verschuldens den Betroffenen mit einer mindest moralischen Verantwortlichkeit von ungeheurem Gewicht belaste. Demgegenüber trete das öffentliche Interesse auch bei erheblichstem Verschulden zurück, falls reine Materialschäden eines in der Seefahrt nicht außergewöhnlichen Umfanges eingetreten seien. Gerade das öffentliche Interesse hätten aber die Seeämter und das Oberseeamt zu wahren. Deshalb solle nicht die – zudem oft recht subjektive – Beurteilung eines Verschuldens als erheblich oder nicht erheblich den Maßstab dem Reichskommissar bei Ablehnung eines von ihm beantragten Schuldspruches, die Möglichkeit einer Anrufung des Oberseeamtes zu eröffnen sei oder nicht. Abstellen müsse man vielmehr auf das *öffentliche Interesse* an einer Berufung. Die Frage, ob es vorliege, könne in einem vorausgehenden Beschlussverfahren durch den Vorsitzenden des Oberseeamtes endgültig entschieden werden. Vielleicht sei *folgende Fassung* angängig: „Die lediglich gegen Ausspruch oder Nichtausspruch schuldhaften Verhaltens eines Beteiligten gerichtete Berufung ist durch Beschluss des Vorsitzenden des Reichsoberseeamtes als unzulässig zu verwerfen, wenn dieser nach Eingang der Berufungsbegründung und nach Anhörung des Reichskommissars und des ständigen Beisitzers das Vorliegen eines öffentlichen Interesses an der Durchführung der Berufung verneint. Der Beschluss ist zu begründen; er ist unanfechtbar."

Auf diesem Wege werde sowohl die Einheitlichkeit der Handhabung gewährleistet, als auch das finanzielle Interesse des Reiches an Abwehr aussichtsloser, unwichtiger oder auf den Schuldgrad beschränkter Berufungen gewahrt. Statistische Erhebungen darüber, welche finanziellen Aufwendungen bei Erweiterung der Rechtsmittel notwendig würden, ließen sich – wenn überhaupt im Vorwege möglich – nur mit viel Zeitaufwand durchführen. Von ihnen sei deshalb abzuraten, solle nicht das ganze Reformwerk hinausgezögert werden.

Bedenklich erscheine es, dass nach dem Entwurf selbst Kapitäne und Schiffsoffiziere fremdländischer Schiffe, da man insoweit einen Unterschied zwischen deutschen und ausländischen Schiffen nicht werde machen können, gegen jeden Schuldausspruch Berufung einlegen und neue Beweisanträge stellen könnten. Die hieraus erwachsenden Schwierigkeiten hinsichtlich der weiteren Klärung von Tatfragen seien wohl jedem Praktiker aus Kollisionsprozessen bekannt.

Gegen die zur Minderung des finanziellen Mehraufwandes vorgeschlagene Herabsetzung der Beisitzerzahl bestünden ernstliche Bedenken. Die Ersparnis wurde im Verhältnis zu dem Aufwand für die Gesamtorganisation der Seeämter und des Reichsoberseeamtes nicht sehr ins Gewicht fallen. Ob eine Herabsetzung der Beisitzerzahl des Reichsoberseeamtes auf drei – außer dem ständigen Beisitzer – tragbar sei, entziehe sich seiner, des Referenten, Beurteilung. Eine Herabminderung der Zahl der Seeamtsbeisitzer sei seines Erachtens zu verwerfen. In vielen Fällen, z.B. bei Verschollenheit, Kentern, sei eine Klärung schwierig schon bei vier Beisitzern mit Rücksicht auf die Vielgestaltigkeit und die Verflochtenheit der in Betracht kommenden Möglichkeiten, welche die Vereinigung der notwendigen Kenntnisse auf dem Gebiete des Schiffsbaues, des Schiffs- und Maschinenbetriebes, der Beladung, der praktischen Navigation usw. im Seeamtskollegium erheischten. Bei Beschränkung der Beisitzerzahl und Anhörung anderer, nicht im Seeamtskollegium mit beratender Sachverständiger würden sich die Schwierigkeiten häufen, auch werde das Seeamtsverfahren an Wert wesentlich einbüßen. Es sei zu befürchten, dass gerade aus Anlass der Beschränkung der Beisitzerzahl die Häufigkeit der Berufungen anwachsen werde, was eine Aufhebung der angestrebten Ersparnis bedeute.

Praktisch nicht ganz gerechtfertigt erscheine die Auffassung, dass jeder Schuldspruch des Seeamtes für den Betroffenen die Gefahr des Verlustes seiner Stellung unmittelbar heraufbeschwöre. Es sei nicht üblich, dass die Reeder derart weitgehende Forderungen ohne weiteres an die seeamtlichen Sprüche knüpften, jedenfalls nicht bei Vorwürfen leichten oder zweifelhaften Verschuldens.

Wenn mit dem Entwurf von dem Erfordernis ursächlichen Zusammenhanges zwischen berufswidrigem Verhalten eines Beteiligten und dem zu beurteilenden Unfall als Voraussetzung der Patententziehung abgesehen werde, dann könne auch die erweiterte Berufungsmöglichkeit nicht auf Fälle solchen ursächlichen Zusammenhanges beschränkt werden.

Die mehr konstruktive Frage, ob die Anrufung des Oberseeamtes als Einholung eines Obergutachtens, als Berufung gegen eine Art Feststellungsurteil in der Schuldfrage, oder aber als Beschwerde eines in seinen Rechten beeinträchtigten Beteiligten – bzw. des Reichskommissars – aufzufassen sei, erscheine durch den Wortlaut des Entwurfes im Sinne der zweiten Möglichkeit entschieden.

Ein rein verwaltungstechnisches, weniger den Seerechtsausschuss als das Reichsverkehrsministerium berührendes Problem sei es, ob die Erweiterung der Berufungsmöglichkeit und die daraus zu erwartende größere Arbeitslast des Oberseeamtes auf seine Organisation und vielleicht auch auf seinen Amtssitz von Einfluss sein werde.

V. Eine Reihe weiterer Fragen grundsätzlicher Art sei dadurch geklärt, dass die Nautiker insoweit zu dem Entwurf von 1927 ihr Einverständnis erklärt hätten. Beispielsweise könne als gesichert angesehen werden:

Die Möglichkeit der Patententziehung auch ohne Antrag des Reichskommissars und ohne Feststellung ursächlichen Zusammenhanges zwischen dem berufswidrigen Verhalten eines Beteiligten und dem Unfall, nicht aber auch ohne Vorliegen eines Ereignisses, das sich als Seeunfall im Sinne des Gesetzes darstelle; die Möglichkeit einer Abstufung der Patententziehung gegenüber Maschinisten durch Entziehung lediglich der Befähigung zum leitenden Maschinisten, unter Belassung der Befähigung zum Wachmaschinisten; die Ablehnung einer Patententziehung auf Zeit.

Eines näheren Eingehens auf diese praktisch erledigten Fragen bedürfe es nicht.

VI. Dagegen werde man noch Stellung nehmen müssen zu der Frage, ob eine Wiederaufnahme des Verfahrens zugelassen werden solle. Der Entwurf von 1927 habe sich dagegen entschieden, und zwar mit Rücksicht auf die geplante Erweiterung des Berufungsrechtes und die Möglichkeit der Patentrückgabe von Seiten der Reichsbehörde. Die Nautiker hätten diese Stellungnahme zwar als ihrer Auffassung widersprechend bedauert, aber Anträge nicht gestellt und zugegeben, dass eine Wiederaufnahme des Verfahrens wegen ihrer Seltenheit praktisch keine Bedeutung haben werde. Es erscheine hiernach unbedenklich, auch insoweit dem Entwurf zu folgen.

VII: Es scheine kein Anlass dafür vorzuliegen, im Seerechtsausschuss die Frage zu beraten, ob später vielleicht Luftämter und gegebenenfalls ein Oberluftamt mit Unfalluntersuchungsverfahren nach Art des Seeamtsverfahrens zu schaffen seien. Die mit der Errichtung von Luftämtern zusammenhängenden Probleme behandle ein auf dem 57. Vereinstage 1931 erstatteter, sehr interessanter Bericht des luftrechtlichen Ausschusses des Deutschen Nautischen Vereins (Berichterstatter Prof. Dr. Wüstendörfer). Das Verfahren der Luftämter und die Frage der Zuständigkeit bei

Unfällen, an denen Seeschiffe und Luftfahrzeuge zugleich beteiligt seien, werde später ohne Schwierigkeiten in Anlehnung an das Seeunfalluntersuchungsgesetz geregelt werden können.

VIII. Es empfehle sich, zunächst die Fragen grundsätzlicher Natur zu behandeln, die von ihm als noch erörterungsbedürftig hervorgehoben würden. Dabei müsse aber vorausgesetzt werden, dass das Reichsverkehrsministerium erkläre, dass eine Beratung seines Entwurfes – in der jetzt gültigen Fassung – erfolgen könne, ohne dass die Gefahr bestehe, dass schwebende gesetzgeberische oder organisatorische Erwägungen und Maßnahmen anderer Stellen ein praktisches Ergebnis der Beratungen verhinderten.

Als wesentlich seien folgende vier grundsätzliche Fragen von dem Gesamtausschuss zu behandeln:

1. Umfang und Form einer Berufung gegen Schuldsprüche des Seeamtes ohne Patententziehung.
2. Zuständigkeit des Seeamtes für Entziehung der Lotsengewerbebefugnis.
3. Aufnahme gesetzlicher Begriffsbestimmungen (Seeunfall, Seefahrzeug u.a.) in das Gesetz,
4. Wiederaufnahme des Verfahrens.

Im Übrigen empfehle sich die Einsetzung einer Unterkommission, falls das Reichsverkehrsministerium zur Mitteilung des endgültigen Entwurfes [Entwurf nicht auffindbar] bereit sei. Die Unterkommission werde unter Hinzuziehung weiterer, in der seeamtlichen Praxis erfahrener Sachverständiger – auf der Grundlage des Ergebnisses der Beratungen in dem Gesamtausschuss – zu den Einzelbestimmungen Stellung zu nehmen haben, und zwar im Einvernehmen mit den Sachbearbeitern des Reichsverkehrsministeriums. Das Ergebnis der Beratungen der Unterkommission müsse dem Vorsitzenden des Seerechtsausschusses zwecks Weiterbehandlung und Weitergabe an das Reichsverkehrsministerium unterbreitet werden.

Es sei zu hoffen, dass die lange Dauer und große Gründlichkeit der Vorarbeiten, insbesondere aber auch die dadurch erzielte weitgehende Übereinstimmung zwischen der Auffassung der Regierung und der an dem Gesetz interessierten Volksgenossen eine baldige Neufassung des Seeunfalluntersuchungsgesetzes im neuen Geiste ermögliche. Möge das neue Gesetz einen ähnlichen, aber dauerhaften Aufstieg der deutschen Seefahrt helfend begleiten, wie seinerzeit das Gesetz von 1877!

Geheimrat *Werner,* der anschließend zu einem Gegenbericht das Wort ergriff, brachte zum Ausdruck, dass nach dem umfassenden Bericht des OLG-Rats Dr. Reinbeck für einen Gegenbericht nur verhältnismäßig geringer Raum bleibe, zumal das Reichsverkehrsministerium den Mitgliedern des Seerechtsausschusses bereits in seinem „Beitrag zur Tagesordnung des Seerechtsausschusses vom 3. Mai d.J.“ seine Stellungnahme zu den Hauptfragen dargelegt habe (vgl. Anlage).

Die Arbeiten an einer Neufassung des Seeunfalluntersuchungsgesetzes seien im Reichsverkehrsministerium bereits wieder aufgenommen, nachdem schon in den Jahren 1929 und 1931 der Entwurf von 1927 überarbeitet worden sei. Jede Anregung des Seerechtsausschusses werde sorgfältig geprüft werden.

Es müsse vorausgeschickt werden, dass das Reichsverkehrsministerium nicht beabsichtige, die Neugestaltung des Strafprozesses, des Verwaltungsgerichtsverfahrens oder eine andere Neuordnung abzuwarten.

Unter Beschränkung auf die von OLG-Rat Dr. Reinbeck in den Vordergrund gestellten vier Fragen solle nur noch Folgendes bemerkt werden:

Was die Erweiterung des Berufungsrechtes angehe, so könne auf Ziffer V der Anlage verwiesen werden. Neu und interessant sei der Vorschlag des ersten Berichterstatters, wonach mit der Nachprüfung öffentlichen Interesses an der Berufung nicht die oberste Reichsbehörde, sondern der Vorsitzende des Oberseeamts betraut werden solle. – Es frage sich, ob die Betroffenen schon in so hohem Grade im neuen Geiste zu denken gelernt hätten, dass ihnen eine Berufungsmöglichkeit genüge, die auf den Fall beschränkt sei, dass die Allgemeinheit ein Interesse an der

Nachprüfung eines Seeamtsspruches habe, während eine Berufung dann ausgeschlossen sei, wenn es nur gelte, einen Nachteil von den Beteiligten abzuwenden.

Die Frage, ob auch die Entziehung der Lotsbefugnis neben der Entziehung des Schiffer- und Steuermannspatentes in dem neuen Seeunfalluntersuchungsgesetz geregelt werden solle, empfehle er zu verneinen. Bei den einige Jahre zurückliegenden Verhandlungen zur Neugestaltung des Seeunfalluntersuchungsgesetzes sei nicht beabsichtigt gewesen, eine derartige Erweiterung vorzunehmen. Auf fast allen Revieren sei das Schifferpatent Voraussetzung für die Lotsgenehmigung. In wohl ausnahmslos allen Fällen habe die Entziehung des Schifferpatents auch die Entziehung der Lotsgenehmigung zur Folge, wenn auch in einem besonderen Verwaltungsverfahren. Das deutsche Lotsenwesen zeichne sich durch eine überaus große Mannigfaltigkeit in rechtlicher Beziehung aus, die nur Schritt für Schritt durch die Bemühungen des Reichsverkehrsministeriums gemindert werden könne. Die Vereinheitlichung sei aber noch nicht so weit fortgeschritten, dass mit einem Schlage ein einheitliches Lotsenrecht geschaffen werden könne. Es sei deshalb wohl besser, die Verhandlungen über die Neugestaltung des Seeunfalluntersuchungsgesetzes nicht mit dieser Frage zu belasten, zumal ein sachlicher Nachteil nicht befürchtet zu werden brauche.

Von einer Aufnahme gesetzlicher Begriffsbestimmungen in das neue Gesetz müsse aus den von OLG-Rat Dr. Reinbeck entwickelten und in dem Beitrag zur Tagesordnung unter Ziffer II dargelegten Gründen abgesehen werden.

Eine Wiederaufnahme des Verfahrens solle zweckmäßigerweise nicht ermöglicht werden. Es sei schwierig, eine tragbare Lösung zu finden, ohne dass die Gefahr entstehe, dass die Seeamtsansprüche überhaupt keine endgültige Ruhe fänden. Er stimme deshalb auch in diesem Punkte der Meinung von OLG-Rat Dr. Reinbeck zu und nehme im Übrigen auf die Ausführungen unter Ziffer VI der Anlage Bezug.

Die Frage des Sitzes des Oberseeamtes, sowie die Frage der Einrichtung von Luftämtern möge zurückgestellt werden.

Wegen Abgrenzung der zur Berufung berechtigten Beteiligten verwies Geheimrat Werner auf Ziffer V b der Anlage. Ferner wies er darauf hin, dass die Frage einer Patententziehung ohne Seeunfall in Ziffer I mit ausführlicher Begründung verneint worden sei. Dagegen solle gemäß Ziffer I Abs. 2 ein ursächlicher Zusammenhang zwischen berufswidrigem Verhalten des Beteiligten und dem Seeunfall für die Patententziehung nicht mehr verlangt werden. Nach Ziffer III sei beabsichtigt, in Zukunft Patententziehungen auch ohne Antrag des Reichskommissars zuzulassen. Beim Maschinisten solle die Patententziehung entsprechend Ziffer IV abgestuft werden. An eine Patententziehung auf Zeit könne nicht gedacht werden, weil die Patententziehung nach deutscher Rechtsauffassung eine Verwaltungsmaßnahme zur Sicherung der Schifffahrt, aber keine Strafe sei.

Im Falle der Einsetzung eines Unterausschusses sei das Reichsverkehrsministerium bereit, rechtzeitig einen unverbindlichen Referentenentwurf als Verhandlungsgrundlage zur Verfügung zu stellen.

Als dritter Berichterstatter führte *Dr. Bramslöw* aus: Seine ursprüngliche Aufgabe, einen ausführlichen Bericht zu erstatten, sei größtenteils schon dadurch erledigt, dass das Reichsverkehrsministerium den Beitrag zur Tagesordnung (Anlage) zur Verfügung gestellt habe. Dieser Beitrag sei für die Beratung besonders wichtig, weil er über die Ansichten des Ministeriums unterrichte. Er wolle sich deshalb darauf beschränken, diejenigen Punkte näher zu erörtern, bei denen seiner Ansicht nach eine abweichende Regelung in Frage komme.

Der Beitrag empfehle die Beseitigung des Erfordernisses der Kausalität zwischen Seeunfall und Mängeln der Berufseignung als Vorbedingung für die Patententziehung. Es erscheine zweckmäßig, noch einen Schritt weiterzugehen und bei offensichtlicher Berufsunfähigkeit *auch ohne Seeunfall* eine Patententziehung zuzulassen. Warum solle man warten, bis ein Unglück geschehen sei, bis also beispielsweise ein Geisteskranker einen Seeunfall verursacht habe? Der Einwand, dass ein seeamtliches Verfahren ohne Seeunfall nicht in den Rahmen des zu schaffenden Gesetzes passe, sei doch nur formeller Natur. Wichtiger erscheine das Bedenken, dass unbegründete Denunziationen sich häufen würden, aber diese Gefahr werde schon heraufbeschworen, wenn man die Beanstandung von Mängeln der Berufseignung zulasse, die nur „bei Gelegenheit" eines Seeunfalles hervorgetreten seien. Man möge also konsequent sein und keine halben Maßnahmen treffen.

Hinsichtlich der Begriffsbestimmungen sei ihm bekannt, dass der Deutsche Nautische Verein und der Verband Deutscher Seeschiffer-Vereine solche vor einigen Jahren befürwortet hätten und zwar mit der Begründung, das Seeunfalluntersuchungsgesetz sei nicht nur für Juristen, sondern hauptsächlich für Nautiker bestimmt, diese müssten z.B. wissen, was unter einem Seeunfall zu verstehen sei. Demgegenüber sei dem Vorredner darin beizupflichten, dass gesetzliche Definitionen im Allgemeinen mehr schaden als nutzen. Sie seien fast immer unzulänglich und bedeuteten dann eine Fessel für die Anwendung des Gesetzes. Schließlich komme es ja auch nicht darauf an, dass der Seemann wisse, ob das, was er anrichte, ein Seeunfall, sondern vielmehr darauf, dass der Vorsitzende des Seeamts zu beurteilen vermöge, ob letzteres für den betreffenden Fall zuständig sei.

Er befürworte auch die geplante Neuregelung, wonach eine Patententziehung ohne Antrag des Reichskommissars möglich werde. Diese Regelung erinnere an das Strafverfahren. Wenn der Staatsanwalt Freisprechung beantrage, könne das Gericht den Angeklagten trotzdem verurteilen. Die für solche Fälle vorgesehene Wiedereröffnung der Verhandlung sei unnötig.

Die Abstufung der Patententziehung beim technischen Schiffsoffizier müsse begrüßt werden. Die in dieser Hinsicht bestehende unterschiedliche Behandlung von Brücke und Maschine sei zu beseitigen.

Er teile die Ansicht der Vorredner, dass auch ohne Patententziehung eine Verteidigung gegen unbegründete Vorwürfe im Seeamtsspruch zugelassen werden müsse. OLG-Rat Dr. Reinbeck wolle die Berufung von dem Vorliegen eines öffentlichen Interesses abhängig machen. Eine Parallele hierzu bestehe im Strafverfahren bei der Privatklage. Seines Erachtens werde aber auf diese Weise die Berufungsmöglichkeit noch zu eng begrenzt. Gerade aus der Erwägung heraus, dass man demjenigen helfen wolle, der vom Seeamt zu Unrecht getadelt und in seiner wirtschaftlichen Stellung bedroht sei, müsse man jeden erheblichen Vorwurf als Berufungsgrund genügen lassen. Die Frage, ob ein solcher erheblicher Vorwurf vorliege, sei zweckmäßig vom Vorsitzenden des Oberseeamtes im Beschlussverfahren zu entscheiden. Jedenfalls müsse diese Regelung einer umständlichen Feststellungsklage vorgezogen werden. Dem Querulantentum könne man durch eine entsprechende Kostenregelung entgegengetreten. Bedenklich sei es, die Berufung davon abhängig zu machen, ob der Vorwurf sich im Tenor oder in den Gründen befinde. Das Berufungsrecht müsse dem Zufall und dem Einfluss der ersten Instanz entzogen werden. Abweichend von Geheimrat Werner halte er es auch nicht für glücklich, die Verschuldensfeststellung in die Spruchformel zu „zwingen", wie es in der Anlage heiße.

Zur Beisitzerfrage solle darauf hingewiesen werden, dass zwar durchweg mit zwei Beisitzern besser zu arbeiten sei als mit vieren, dass aber gerade die Untersuchung von Seeunfällen häufig mehrere Sachverständige auf verschiedenen Gebieten erfordere.

Nicht einzusehen sei, warum man nur Patentinhabern das Recht zur Berufung zubilligen wolle. Das Seeamt mache auch anderen Personen, beispielsweise den Reedern, zuweilen auch Behörden Vorwürfe. Diese Betroffenen müssten entsprechenden Schutz genießen.

Die von OLG-Rat Dr. Reinbeck angeschnittene Frage, ob das Seeamt in Zukunft auch zur Entziehung der Lotsbefugnis berechtigt sein solle, müsse bejaht werden. Traditionelle Bindungen, die dagegen geltend gemacht worden seien, dürften keinen Hinderungsgrund mehr bilden in einer Zeit, wo das ganze Leben unseres Volkes umgeformt werde.

Bei dieser Gelegenheit sei auch noch die wichtige Frage aufzuwerfen, ob nicht der Wirkungskreis der Seeämter erweitert werden solle. Dabei sei in erster Linie an die Untersuchung von Binnenschiffsunfällen zu denken. Der Nautische Verein zu Hamburg habe sich schon vor einigen Jahren mit dieser Frage beschäftigt. Er sei zu der Ansicht gekommen, dass ein Bedürfnis für besondere Flussämter nicht bestehe, stattdessen habe er aber empfohlen, die Zuständigkeit des Seeamts auf Unfälle von Binnenschiffen in Seehäfen und Seewasserstraßen auszudehnen. Für diesen Fall sei eine Ergänzung der Beisitzerliste durch Flussschifffahrtssachverständige vorgesehen. Er, der Redner, wolle trotzdem die Errichtung besonderer Ämter zur Untersuchung von Binnenschifffahrtsunfällen befürworten. An Stellen, wo beide Gebiete sich überschnitten – wie beispielsweise in Hamburg – könne auch die Angliederung an das Seeamt erwogen werden. Im Zusammenhang hiermit sei schließlich die Möglichkeit zu erörtern, durch Unterstellung von Luft-, See- und Flussämtern unter eine gemeinschaftliche Aufsichtsbehörde von Reichs wegen die einheitliche Untersuchung wichtiger Verkehrsunfälle zu gewährleisten. Hierin sei eine Aufgabe für das Reichsverkehrsministerium zu erblicken.

Neben einer Erweiterung des Zuständigkeitsbereichs komme für das Seeamt auch eine Vertiefung seiner Wirksamkeit in Frage. Auffälligerweise fänden die Seeamtssprüche nicht immer diejenige Beachtung, die den Urteilen eines mit Sachverständigen besetzten Gerichtes zukomme. Durch Bindung der ordentlichen Gerichte und anderer Behörden an den Seeamtsspruch sei ohne weiteres Abhilfe zu schaffen. Der Gedanke sei nicht einmal neu. Schon vor sechzig Jahren, als es noch gar keine Seeämter gab, habe die deutsche Admiralität vorgeschlagen, ein Sachverständigenkollegium zu ermächtigen, die Ursachen von Schiffsunfällen mit bindender Wirkung für die Gerichte zu begutachten. Gegen eine solche Bindung könne man einwenden, das Verfahren vor dem Seeamt sei wegen seiner Eile zu wenig gründlich. Diese Eile halte er aber eher für einen Vorzug als für einen Nachteil. Die Aussage eines Zeugen vor dem Seeamt unmittelbar nach dem Unfalle sei wertvoller als die gleiche Aussage ein bis zwei Jahre später vor einem ordentlichen Gericht. Allerdings müsse damit gerechnet werden, dass neue Beweismittel unter Umständen ein ganz anderes Bild ergeben können. Als Mittelweg sei daher eine Bindung vorbehaltlich neuer Beweismittel vorzuziehen. Zusammenfassend betonte der Redner, er sei sich bewusst, dass seine Anregungen weit über den Rahmen des geltenden Gesetzes hinausgingen. Er bitte aber, zu bedenken, dass die Aufgabe des Seerechtsausschusses sich nicht in der Abänderung einzelner Bestimmungen, auch nicht in der Verarbeitung gewohnter Reformideen erschöpfe, sondern dass dieser Ausschuss für eine gründliche Erneuerung des deutschen Seerechtes zu sorgen habe.

Der Vorsitzende dankte den drei Referenten für ihre zielsicheren Darlegungen und bemerkte sodann zur Geschäftsordnung, die Erörterung der Einzelvorschriften sei zweckmäßigerweise einem Unterausschuss zu übertragen, während die Behandlung der Hauptfragen im Gesamtausschuss erfolgen könne, und zwar anhand des Entwurfes von 1927. Es handle sich in erster Linie um die von OLG-Rat Dr. Reinbeck herausgestellten vier Probleme, sodann vielleicht auch um die von Dr. Bramslöw angeschnittenen Fragen einer Erweiterung des Untersuchungsverfahrens auf die Binnenschifffahrt und einer Bindung der Gerichte an den Seeamtsspruch. Am besten würden die vier Fragen von Dr. Reinbeck in der Reihenfolge behandelt, dass zuerst das Problem der gesetzlichen Begriffsbestimmungen, dann dasjenige der Entziehung der Lotsbefugnis, darauf das der Wiederaufnahme des Verfahrens, und schließlich als das Wichtigste das der Erweiterung des Berufungsrechtes besprochen werde.

Der Vorschlag fand allgemeine Zustimmung.

Der *Vorsitzende* stellte daraufhin die Frage, ob *gesetzliche Begriffsbestimmungen* geschaffen werden sollten, zur Erörterung und äußerte selbst dazu: „Periculosa est omnis definitio". Das

Leben sei unerschöpflich reich; es sei ausgeschlossen, alle möglichen künftigen Lebenstatbestände bei der Schaffung eines Gesetzes vorauszusehen. Schon oft habe man eine Definition des Seeunfallbegriffs versucht, immer aber vergebens. Andererseits hätten die Wünsche der Nautiker nach Belehrung über den Begriff des Seeunfalles etwas Berechtigtes. Man könne nun vielleicht beiden Gesichtspunkten gerecht werden. Ein Unterausschuss des Deutschen Seeschifffahrtstages von 1927 habe folgende Fassung in § 2 seines Entwurfes vorgeschlagen:

„Ein Seeunfall im Sinne dieses Gesetzes liegt vor:

1. wenn ein Seefahrzeug oder ein sonstiges für eine Seefahrt verwendetes Fahrzeug (Schiff) von einem Ereignisse betroffen wird, welches den Verlust, die Aufgabe oder eine erhebliche Beschädigung dieses Schiffes oder eines anderen Schiffes oder der Ladungen herbeiführt (Schiffsunfall),

2. wenn im Zusammenhang mit den Verhältnissen des Schifffahrtsbetriebes oder mit den Einrichtungen des Schiffes eine Person eine erhebliche Schädigung des Körpers oder der Gesundheit erleidet oder mit dem Tode abgeht (Personenunfall).“

Auch diese Begriffsbestimmung sei sicherlich unvollständig, man könne sie inhaltlich verbessern, z.B. auch den unschönen Ausdruck „mit dem Tode abgeht“ durch einen anderen Ausdruck ersetzen. Vor allem aber schlage er vor, durch Einfügung des Wörtchens *„insbesondere“* im ersten Satz die Begriffsbestimmung abzuschwächen zu einer nur beispielhaften Aufzählung der hierher gehörigen Hauptttatbestände. Weitere Tatbestände könnten sich dann um diesen Kernbegriff herumkristallisieren, je nach dem Bedarf der Praxis. Weiterhin sei es zweckmäßig, dass man ausdrücklich in dem neuen Gesetz feststelle: „Dem Gesetze unterliegen nicht Wasserflugzeuge“. Die Frage sei ja im Bornholmer Falle (1930) bereits praktisch geworden. Für die Unfälle von Wasserflugzeugen seien die Seeämter nicht die geeigneten Untersuchungsbehörden. Nötig seien Luftämter mit paritätischer Besetzung durch Luftfahrtskundige und Schifffahrtskundige.

OLG-Präsident *Dr. Engel* erklärte beide Vorschläge des Vorsitzenden für so richtig, dass über sie nicht lange verhandelt zu werden brauche.

Auch OLG-Rat *Dr. Reinbeck* hielt die Einfügung des Wortes „insbesondere“ für sehr glücklich. Die negative Feststellung, dass Wasserflugzeuge keine Seefahrzeuge seien, erscheine ihm völlig unbedenklich.

Geheimrat *Werner* stimmte gleichfalls diesen Vorschlägen zu, machte aber darauf aufmerksam, dass man sich eine nähere Prüfung des von dem Unterausschuss des Deutschen Schifffahrtstages von 1927 vorgeschlagenen § 2 vorbehalten müsse. Es sei vielleicht möglich, die darin enthaltene Begriffsbestimmung noch zu verbessern.

Nachdem der *Vorsitzende* – vorbehaltlich der näheren Prüfung des erwähnten § 2 – allgemeines Einverständnis mit seinen beiden Anregungen festgestellt hatte, wandte er sich zu der zweiten Frage, ob eine *Entziehung* auch der *Lotsbefugnis* durch das Seeamt erfolgen solle. Er halte es für zweckmäßig, eine entsprechende Bestimmung schon jetzt zu entwerfen, sie aber erst später nach der Neuordnung des Lotsenrechts – die im Einheitsstaat leichter sein werde als früher – in Kraft treten zu lassen. Sei man sich über das Ziel einig, in Zukunft die Seeämter auch mit der Entziehung der Lotsbefugnis zu betrauen, so handle es sich vorläufig nur um eine taktisch-technische Frage.

Regierungsdirektor *Schön* äußerte Bedenken dagegen, dass den Seeämtern die Entziehung der Lotsbefugnis übertragen werde. Da das Seeamt immer nur anlässlich eines Seeunfalles entscheiden könne, müsse daneben die Möglichkeit bestehen bleiben, dass auch unabhängig von Seeunfällen die Lotsbefugnis im Disziplinarverfahren, wie bisher, entzogen werde. Dadurch könne sich dann zuweilen ein Konflikt der beiden zuständigen Instanzen ergeben.

Dr. Schütte empfahl, in dem neuen Gesetz jedenfalls zur Klarstellung hervorzuheben, dass neben dem seeamtlichen Verfahren das Disziplinarverfahren weiterhin möglich bleibe.

OLG-Rat *Dr. Reinbeck* bemerkte, es müsse ausgesprochen werden, dass die Verwaltungsbehörde die Lotsbefugnis dann nicht entziehen dürfe, wenn das Seeamt zwar das Verschulden eines Lotsen anlässlich eines Seeunfalls festgestellt, ihm aber dennoch die Lotsbefugnis belassen habe.

Reichsgerichtsrat *Dr. Lindenmaier* meinte, er könne die Bedenken von Regierungsdirektor Schön nicht teilen, denn hier handle es sich doch nur um das Recht des Seeamtes, die Lotsbefugnis anlässlich eines Seeunfalls zu entziehen. Auch den Vorschlag von OLG-Rat Dr. Reinbeck könne er nicht billigen, denn es seien sehr wohl Fälle denkbar, in denen ein Verschulden nach Ansicht des Seeamtes nicht zur Entziehung der Lotsbefugnis ausgereicht habe, in denen aber im Rahmen des Disziplinarverfahrens die Gewerbebefugnis entzogen werden müsse, da das neue Verhalten im Zusammenhalt mit früheren Verfehlungen gleichsam der letzte Tropfen sei, der den Becher zum Überlaufen gebracht habe.

Dr. Schüler hielt es für erforderlich, zunächst die wichtige Vorfrage zu klären, ob überhaupt eine Patententziehung ohne Seeunfall zulässig sein solle. Solange diese Vorfrage nicht beantwortet sei, müsse die Diskussion unfruchtbar bleiben.

Der *Vorsitzende* schlug vor, zunächst davon auszugehen, dass die Patententziehung nur anlässlich eines Seeunfalles erfolgen könne.

Direktor *Sturm* regte sodann an, man könne die Frage der Entziehung der Lotsbefugnis vielleicht so lösen, dass das Seeamt dem Lotsen nur das Schifferpatent nehme, und dass dann die vorgesetzte Behörde lediglich die Folgerungen hieraus ziehe, indem sie klarstelle, dass mit der Patententziehung automatisch die Lotsbefugnis in Fortfall gekommen sei. Ihm erscheine im Übrigen das von Reichsgerichtsrat Dr. Lindenmaier Gesagte richtig.

Der *Vorsitzende* stellte zur Erwägung, dass de lege ferenda auch die Möglichkeit bestehe, das Seeamt zu befugen, in seinem Spruche zugleich den Antrag auf Entziehung der Lotsbefugnis bei der zuständigen Behörde zu stellen.

OLG-Präsident *Dr. Engel* wies darauf hin, es werde sich für den Lotsen eine ähnliche Rechtslage ergeben, wie für den Beamten im Straf- und Disziplinarverfahren. Im Übrigen hätten die Darlegungen von Direktor Sturm Eindruck auf ihn gemacht.

Geheimrat *Werner* erwähnte aus der Praxis den Fall eines Lotsen, gegen den in sechs Fällen ein Verfahren vor dem Seeamt geschwebt habe, ohne dass auf Patententziehung erkannt worden sei. Der Regierungspräsident habe aber diese Fälle zum Anlass genommen, um ein Verfahren auf Entziehung der Lotsbefugnis gegen den Betreffenden einzuleiten. Die Frage habe sich in jenem Falle dadurch gelöst, dass der Lotse selbst seine Entlassung beantragt habe.

Der *Vorsitzende* stellte klar, dass es sich also nicht um einen Fall handelte, bei dem ein formeller Widerspruch zwischen den Entscheidungen zweier Instanzen vorlag.

Geheimrat *Werner* äußerte, es scheine ihm richtig, dass das Seeamt zwar die Schuldigsprechung des Lotsen vornehme, die Konsequenzen aber der vorgesetzten Behörde überlasse.

Reichsgerichtsrat *Dr. Lindenmaier* sprach sich gegen solche Teilung der Gewalten aus. Das Seeamt möge seine Missbilligung in den Gründen der Entscheidung zum Ausdruck bringen. Die Behörde könne dann ihren Entschluss fassen. Eine Teilung der Gewalten sei deshalb nicht zweckmäßig, weil die Entziehung der Lotsbefugnis durch das Seeamt immer nur ein Torso sein werde.

Der *Vorsitzende* bemerkte, der letzte Einwand leuchte ihm besonders ein. Er halte es deshalb für angebracht, die Frage der Entziehung der Lotsbefugnis bis zur Neuordnung des Lotsenrechts zu vertagen.

OLG-Rat *Dr. Reinbeck* stimmte dem Vorschlag des Vorsitzenden zu, indem er hervorhob, dass in der Zwischenzeit das Seeamt verpflichtet sein müsse, seine Sprüche, soweit sie einen Lotsen betreffen, der vorgesetzten Behörde mitzuteilen. Der Weg, dass das Seeamt einen formellen Antrag auf Entziehung der Lotsbefugnis stelle, scheine ihm weniger ratsam.

Geheimrat *Werner* meinte, schon jetzt werde praktisch der Weg eingeschlagen, dass der vorgesetzten Behörde Mitteilung von Seeamtssprüchen gemacht werde, die Lotsen betreffen.

OLG-Rat *Dr. Reinbeck* äußerte daraufhin, unter diesen Umständen erscheine ihm eine Vertagung der Frage nicht erforderlich, das Problem der Entziehung des Schiffer-(Steuermanns-)Patents gegenüber dem Lotsen sei durch die Praxis und jetzt durch den Entwurf in angemessener Weise gelöst.

Direktor *Sturm* machte darauf aufmerksam, dass ähnliche Zuständigkeitsspaltungen, wie sie für die Lotsen bestünden, auch für andere Personen gegeben sein könnten. Er erinnere nur an jene Kapitäne, welche als Führer von Eisenbahnfähren zugleich Reichsbahnbeamte seien.

Er habe gegen eine Vertagung der Frage nichts einzuwenden. Am besten werde eine Regelung derart sein, dass, wenn das Seeamt die Lotsbefugnis entziehe, diese Entziehung endgültig sei. Belasse dagegen das Seeamt – vielleicht trotz tadelnder Äußerungen – die Lotsbefugnis, so stehe der vorgesetzten Behörde dennoch das Recht der Nachprüfung zu.

Geheimrat *Werner* erklärte auf Befragen, dass es selbstverständlich unter allen Umständen dabei bleiben müsse, dass die Entziehung des Schifferpatents auch für die Lotsen nach Maßgabe des Seeunfalluntersuchungsgesetzes erfolge.

Abschließend bemerkte der *Vorsitzende,* die Frage der Entziehung der Lotsbefugnis solle, entsprechend der Anregung von Geheimrat Werner, bis zur Neuordnung des Lotsenrechts offen bleiben.

Zu der Frage der *Wiederaufnahme des Verfahrens,* auf die der Vorsitzende anschließend einging, äußerte er die Ansicht, die Ermöglichung einer Wiederaufnahme sei unnötig. Etwaige Fehlsprüche könnten nach einem Jahre immer dadurch wieder ausgeglichen werden, dass man dem zu Unrecht Betroffenen das Patent wieder erteile. Auch das Wiederaufnahmeverfahren werde mindestens immer ein Jahr dauern, so dass dadurch nichts gewonnen werde.

Sämtliche Anwesenden schlossen sich dem Standpunkt des Vorsitzenden an.

Sodann eröffnete der *Vorsitzende* die Beratung der letzten der vier zur Erörterung gestellten Fragen, der *Erweiterung des Berufungsrechtes der Patentinhaber.* Er führte aus:

Das Seeamtsverfahren könne nicht vom Seeunfall losgelöst werden. Anderenfalls werde das Seeamt zu einem Disziplinarhof, der sich mit allen Verfehlungen der Patentinhaber zu befassen habe. Das dürfe nicht sein, zumal solchenfalls die ernste Gefahr häufiger unbegründeter Denunziationen entstehe.

Andererseits sei aber das Merkmal der Kausalität nicht erforderlich, eine Patententziehung könne auch dann ausgesprochen werden, wenn sie sich anlässlich eines Seeunfalls als erforderlich herausstelle. Hierüber bestehe bereits Einverständnis.

Ein Verschuldensvorwurf müsse selbstverständlich sowohl in den Gründen als auch in der Formel zum Ausdruck kommen. Denn andernfalls bestehe die Gefahr, dass der Seeamtsspruch berufungssicher gemacht werde durch Anbringung des Tadelsvotums *nur* in den Gründen. Dieser Punkt sei bereits 1929 bei den Verhandlungen des Deutschen Nautischen Vereins geklärt, man habe seinerzeit das Verbot für notwendig erachtet, einen Verschuldensvorwurf nur in den Gründen auszusprechen.

Die Frage, ob nur ein Vorwurf erheblichen Verschuldens die zweite Instanz eröffnen solle, sei im Interesse der Patentinhaber zu verneinen. Allerdings dürfe die Berufung nicht allein im egoistischen Interesse der Betroffenen zulässig sein, im Vordergrund müsse immer stehen, ob die Interessen des Standes der Betroffenen und die Gesamtinteressen der Schifffahrt die Möglichkeit einer Berufung erheischten. Insofern sei stets ein „öffentliches Interesse" an der Berufung notwendig. Problematisch erscheine nur, in welcher Weise man in das neue Gesetz die erforderlichen Hemmungen einbauen solle.

Das von OLG-Rat Dr. Reinbeck vorgeschlagene Vorverfahren erscheine ihm nicht unzweckmäßig. Es empfehle sich nur, den Spielraum, den der Oberseeamtsvorsitzende bei seiner Entscheidung habe, dadurch einzuschränken, dass man bestimme, ein öffentliches Interesse liege stets vor, wenn ein Mensch getötet oder körperlich schwer beschädigt sei, oder wenn ein erhebliches Verschulden festgestellt sei. Dem Oberseeamtsvorsitzenden verbleibe dann ein Ermessensspielraum eigentlich nur in denjenigen Fällen leichten Verschuldens, in denen nur Sachschäden hervorgerufen seien. Die Verengung des Ermessensspielraumes liege im Interesse der Patentinhaber, für deren ausreichenden Schutz man sorgen müsse.

Als zweite Hemmung gegen das Überhandnehmen von Berufungen könne man – zwar nicht beim Seeamt, wohl aber – beim Oberseeamt die Zahl der Mitglieder einschränken und zwar von sieben auf fünf. Eine geringere Zahl sei unratsam, da die Erfahrung lehre, dass Dreimännerkammern unter Umständen in Wahrheit nur Zweimännerkammern seien, sofern nur der Vorsitzende und der Sachbearbeiter die Akten genau kennten. Das genüge aber beim seeamtlichen Verfahren nicht, wie Dr. Reinbeck bereits überzeugend dargelegt habe. Andererseits sei die Zahl von sieben Mitgliedern übersetzt. Bei der Schaffung des Seeunfalluntersuchungsgesetzes im Jahre 1877 habe man noch an die Macht der Zahl geglaubt, ohne die psychologische Tatsache zu berücksichtigen, dass gerade umgekehrt das Verantwortungsgefühl des Einzelnen steige, wenn er nur mit einer geringeren Anzahl von Richtern zusammen zu entscheiden habe. Auch das Reichsgericht und das Reichsarbeitsgericht hätten jetzt Fünfmännersenate.

OLG-Rat *Dr. Reinbeck* begrüßte den Vorschlag des Vorsitzenden, dem Oberseeamt für das Vorverfahren durch die nähere Bestimmung des Begriffes des „öffentlichen Interesses" eine klare Marschroute zu geben.

Allerdings scheine es ihm zweckmäßig, die Fälle körperlicher Beschädigung aus dem Vorschlag des Vorsitzenden herauszunehmen. Das sei aber, ebenso wie die Frage, ob man nicht besser von schwerem statt von erheblichem Verschulden spreche, nur eine Frage der Formulierung.

Geheimrat *Werner* sprach sich *gegen* den Vorschlag des Vorsitzenden aus, die Zahl der Beisitzer beim Oberseeamt zu vermindern. Er halte es für besser, dass das Oberseeamt mit einer größeren Anzahl von Beisitzern besetzt sei als das Seeamt. Je größer die Zahl der Beisitzer gewählt werde, desto eher sei gewährleistet, dass wenigstens einer der Beisitzer noch in lebhafter Verbindung mit der Praxis stehe. Er betonte, dass es sich allerdings insoweit nur um seine persönliche Ansicht handle. Wahrscheinlich denke das Reichsverkehrsministerium in diesem Punkte anders.

Dr. Schüler ging davon aus, dass eine Berufung nicht nur in solchen Fällen zulässig sein dürfe, in denen ein Vorwurf in der Formel eines Seeamtsspruches zum Ausdruck gebracht sei. Insofern könne man dem unter Ziffer V im Beitrag zur Tagesordnung enthaltenen Vorschlage nicht folgen,

Er wandte sich dagegen, ein Vorverfahren einzuführen. Die Berufung müsse bei jedem Verschuldensvorwurf ohne jede Einschränkung möglich sein, denn ein solcher Vorwurf, sei er auch noch so gering, bedeute für den Betroffenen immer eine Existenzfrage. In Fällen, in denen der Kapitän nicht in der Lage sei, sich einen Verteidiger zu nehmen oder sich selbst ausreichend zu verteidigen, könne das Seeamt leicht dazu kommen, ihm zu Unrecht – mindestens ein leichtes – Verschulden vorzuwerfen. Man müsse nicht das öffentliche Interesse für allein maßgeblich erklären, sondern eher auf das subjektive Interesse des Gemaßregelten abstellen. Die Berufungsmöglichkeit sei *nicht* abhängig zu machen von einem „öffentlichen Interesse", dieser Begriff daher auch nicht gesetzlich festzulegen.

Bei der Neuregelung dürfe die Kostenfrage nicht allzu sehr im Vordergrunde stehen. Immerhin werde man beim Oberseeamt die Zahl der Mitglieder ohne Gefahr auf fünf herabsetzen können. Die gleiche Zahl müsse aber auch für das Seeamt bestehen bleiben. Es sei erforderlich, als Beisitzer nach Möglichkeit noch fahrende Kapitäne heranzuziehen. Zweckmäßig erscheine es, den Sitz des Oberseeamtes nach Hamburg zu verlegen. Geschehe das, so könne man die Einbuße, welche die Einschränkung der Beisitzerzahl bewirke, dadurch aufheben, dass man im Übrigen als Beisitzer Praktiker heranziehe, die gerade in Hamburg leicht zu finden seien.

Der *Vorsitzende* stimmte Dr. Schüler darin zu, dass der Vorschlag unter Ziffer V des Beitrages zur Tagesordnung keine glückliche Lösung bringe. Er müsse im Übrigen darauf hinweisen, dass durchaus kein kontradiktorischer Gegensatz bestehe zwischen dem subjektiven Interesse des Beschuldigten und dem öffentlichen Interesse. Beides decke sich oft. Denn es sei eine Frage des öffentlichen Interesses, dass kein Unschuldiger verurteilt werde.

Dr. Schulze-Smidt äußerte Bedenken dagegen, als Voraussetzung der Berufung ein öffentliches Interesse zu fordern, es sei denn, dass man soweit gehe wie der Vorsitzende, auch das Interesse an der Rehabilitierung eines Unschuldigen als öffentliches Interesse anzusehen. Auch wenn man das aber tue, so laufe man die Gefahr, dass der Vorsitzende des Oberseeamtes das Vorliegen öffentlichen Interesses unter Umständen verneine, falls in Wirklichkeit ein Unschuldiger gemaßregelt sei. Seiner Ansicht nach müsse man die Berufung immer dann zulassen, wenn es das eigene Interesse des Getadelten erfordere. Andererseits leuchte ihm aber ein, dass man ein Ventil einbauen müsse. Der Gedanke einer Zwischeninstanz erscheine ihm glücklich, nur möge man erwägen, ob es nicht zweckmäßig wäre, die Entscheidung nicht durch den Vorsitzenden des Oberseeamtes allein, sondern durch ihn und ein Mitglied des Oberseeamtes fällen zu lassen. Vielleicht könne auch die Kostenfrage so gelöst werden, dass man Querulanten abschrecke.

Präsident *Dr. Engel* wies darauf hin, dass sich kritische Äußerungen in den Gründen des Seeamtsspruches kaum vermeiden ließen. Die Gründe müssten aber unanfechtbar bleiben. Eine Berufung sei nur möglich, wenn etwaige Vorwürfe in dem Tenor aufgenommen würden.

Die Einschiebung einer Zwischeninstanz könne er nicht befürworten. Es sei unratsam, diffizile Unterscheidungen zwischen leichtem und schwerem oder erheblichem Verschulden einzuführen. Sei Verschulden festgestellt, so müsse unter allen Umständen die Berufungsmöglichkeit gegeben sein. Gegen eine Zwischeninstanz spreche auch, dass eine sachgemäße Entscheidung nur durch die Sachverständigen gefällt werden könne, die im Zwischenverfahren ausgeschieden würden.

Die Zahl von fünf Mitgliedern des Oberseeamtes erscheine ausreichend. Wie der Vorsitzende bereits festgestellt habe, sei der Fanatismus der Zahl überwunden. Er könne aus seiner Erfahrung als Vorsitzender des größten deutschen Gerichtes, nämlich des mit neun Richtern besetzten Ärztegerichtshofes zu Hamburg, bestätigen, dass es sehr schwer sei, mit einer so großen Zahl von Richtern zu einer Entscheidung zu kommen.

OLG-Rat *Dr. Reinbeck* äußerte Bedenken gegen eine allzu starke Ausweitung des Berufungsrechtes. Besonders in solchen Fällen, in denen Patentinhabern ein leichtes Verschulden vorgeworfen werde, handle es sich durchaus nicht stets um Existenzfragen. Die Reeder legten den Seeamtssprüchen seines Wissens keine so große Bedeutung bei, wie insbesondere Dr. Schüler anzunehmen scheine. Schließlich werde es zu weit führen, wenn man obendrein auch noch allen Ausländern die Möglichkeit der Berufung eröffne. Es bestehe die Gefahr, dass erst statistische Erhebungen über die zu erwartende Zahl der Berufungen erfolgen, falls man die Forderungen überspanne. Dadurch könne die Reformarbeit erheblich verzögert werden. Seines Erachtens stelle der Vorschlag des Vorsitzenden eine angemessene Lösung dar.

Dr. Bramslöw vertrat die Ansicht, man solle – bei allem Verständnis für die Bedürfnisse der Nautiker – nicht wegen jeden geringfügigen Vorhaltes in den Gründen des Seeamtsspruches die Berufung beim Oberseeamt zulassen. Auch andere Volksgenossen seien nicht in dieser Weise geschützt, so habe derjenige, der im Strafverfahren zwar freigesprochen, bei der Begründung des Freispruches aber ernstlich gemaßregelt werde, überhaupt kein Mittel, sich hiergegen zu verteidigen. Wenn man andererseits dem Seeamt verbieten wolle, in den Gründen irgend einen Tadel auszusprechen, ohne ihn in der Formel zu wiederholen, so werde entweder eine vernünftige Begründung überhaupt verhindert, oder aber zum Schaden des Betroffenen ein an sich geringfügiger Vorhalt durch Aufnahme in der Formel zu einem ersten Vorwurf umgestaltet, ganz abgesehen von der Schwerfälligkeit einer entsprechenden Fassung der Formel.

Den Standpunkt, dass der Vorsitzende des Oberseeamtes die geeignete Persönlichkeit zur Sichtung der Berufungen sei, halte er aufrecht. Nach dem Führerprinzip könne dieser ohne Hinzuziehung anderer diese Aufgabe erledigen. Es handle sich ja nicht um die Frage, ob der betreffende Vorwurf berechtigt sei, sondern darum, ob seine Nachprüfung im öffentlichen Interesse liege, bzw. ob der Vorwurf erheblich erscheine. Den Vorschlag des Vorsitzenden, bei Todesfällen und anderen besonders wichtigen Tatbeständen stets ein öffentliches Interesse anzunehmen, unterstütze er. Vielleicht könne man auch die im Laufe der Aussprache vorgeschlagenen Unterscheidungen zwischen leichtem, erheblichem und schwerem Verschulden, sowie den Begriff des öffentlichen Interesses zusammenhängend verwenden. Für leichte Fälle sei grundsätzlich keine Berufungsmöglichkeit zu gewähren, falls nicht aus besonderen Gründen im Einzelfalle doch ein öffentliches Interesse an der Nachprüfung gegeben sein sollte. Dagegen müsse jeder Vorwurf schweren Verschuldens auch ohne Feststellung öffentlichen Interesses als erheblich genug angesehen werden, um die Berufung zu begründen.

In der Beisitzerfrage schlage er die Mittellösung vor, die Mindestzahl bei den Seeämtern auf zwei festzusetzen und den Vorsitzenden des Seeamtes zu ermächtigen, bei Bedarf zwei weitere Beisitzer heranzuziehen. Eine derartige Erweiterung des Gerichtes für schwierige Fälle sei nichts gänzlich Neues. Etwas Ähnliches habe es auch schon beim Schöffengericht gegeben, wo der Staatsanwalt die Heranziehung eines zweiten Berufsrichters habe beantragen können. Im Seeamtsverfahren könne dem Reichskommissar ein entsprechendes Antragsrecht zugebilligt werden. Wenn, ähnlich wie in England, auch bei den deutschen Kollegialgerichten das Führerprinzip eingeführt werden sollte, würde sich eine Festlegung der Beisitzerzahl sogar ganz erübrigen, weil die Beisitzer dann nur noch beratende Stimme haben würden.

Der *Vorsitzende* bemerkte, er halte es nicht für glücklich, übertriebene begriffliche Unterscheidungen einzuführen. Die Unterscheidung von leichtem, erheblichem und schwerem Verschulden sei in der Praxis zu unsicher und stehe als Haarspalterei zu den Grundideen des neuen deutschen Rechtes in Widerspruch.

Was die Zahl der Beisitzer anlange, so dürfe sie nicht unbestimmt gelassen werden, müsse doch jedem Betroffenen das gleiche Maß von Rechtsgarantie gewährt werden.

Reichsgerichtsrat *Dr. Lindenmaier* stimmte in allen Punkten dem OLG-Präsidenten Dr. Engel zu.

Ernstliche Vorwürfe dürften aber nicht allein in den Gründen stehen, sie gehörten in die Formel. Aber nicht jede Erörterung darüber, wie vielleicht besser anders gehandelt worden wäre, enthalte einen ernsthaften Vorwurf.

Man könne die Berufungsmöglichkeit nicht dadurch begrenzen, dass man auf das öffentliche Interesse abstelle. Das ganze Verfahren solle dem öffentlichen Interesse dienen. Habe letzteres also schon bei Eröffnung des seeamtlichen Verfahrens bestanden, so brauche und könne es bei Einlegung der Berufung nicht von neuem geprüft werden. Man dürfe für die Eröffnung der Berufungsmöglichkeit auch nicht auf überfeinerte Unterscheidungen abstellen. Besonders bei seinen Erfahrungen aus der Praxis des Patentrechtes habe er gelernt, dass übermäßige Verfeinerung der begrifflichen Unterscheidungen schließlich zur Verflachung führe. Überhaupt halte er jede Einschränkung der Berufungsmöglichkeit für unzweckmäßig. Jeder, dem ein Vorwurf gemacht worden sei, müsse sich rechtfertigen können. Gegenüber dem von Dr. Bramslöw erwähnten Strafverfahren, das jedem Volksgenossen drohe, bestehe der gewichtige Unterschied, dass die Patententziehung nur von den Patentinhabern befürchtet werden müsse. Auch den Ausländern sei das

Recht der Berufung zuzubilligen. Eine Vorprüfung seitens des Vorsitzenden des Oberseeamtes erscheine nach dem Gesagten überflüssig. In den Augen der Betroffenen werde leicht der Eindruck erweckt, als ob eine solche Vorentscheidung nicht gründlich genug sei. Eine Verringerung der Arbeitslast werde es sicherlich nicht bewirken, wenn jedes Mal erst eine Vorentscheidung gefällt werden müsse.

Die finanzielle Belastung des Staates durch das Oberseeamt lasse sich dadurch verringern, dass die Zahl der Mitglieder auf fünf herabgesetzt werde. Bei Spezialfragen müsse man sowieso immer Sachverständige heranziehen. Vielleicht lasse es sich – unter Benutzung patentrechtlicher Vorbilder – ermöglichen, dass die Sachverständigen bei der Beratung zugegen sein dürften.

Geheimrat *Werner* hielt es für zu weitgehend, wenn durch jede tadelnde Bemerkung in den Gründen eines Seeamtsspruchs die Berufungsmöglichkeit eröffnet werde.

Was die Ausländer angehe, so habe man nie daran gedacht, ihnen eine Berufungsmöglichkeit zu geben. Diese Möglichkeit müsse noch ausdrücklich ausgeschlossen werden.

Der *Vorsitzende* empfahl, in der Erwägung, dass jede Kritik als Tadel empfunden werde, das Seeamt gesetzlich zu verpflichten, in den Gründen ausgesprochen ernsthafte Vorwürfe auch in der Formel zum Ausdruck zu bringen.

Geheimrat *Werner* meinte, eine entsprechende gesetzliche Vorschrift werde stets nur ein lex-imperfecta darstellen. Man könne das Ziel besser durch Anordnungen auf dem Verwaltungswege erreichen.

Reichsgerichtsrat *Dr. Lindenmaier* wies demgegenüber auf das größere Gewicht hin, welches eine gesetzliche Vorschrift haben werde.

Direktor *Michelau* betonte sodann, er müsse bestätigen, dass für die Reeder die Sprüche des Seeamtes nicht diejenige Bedeutung besäßen, die ihnen beispielsweise Dr. Schüler zubillige. Die Reeder prüften die vom Seeamt beanstandeten Vorfälle selbst nach anhand der Gesamtkenntnis, die sie aus der bisherigen Bewährung des Betroffenen und aus seinen Personalakten besäßen, und die bei diesen selbständigen Prüfungen erzielten Ergebnisse seien für sie in erster Linie maßgebend.

OLG-Rat *Dr. Reinbeck* führte zu den Darlegungen von Reichsgerichtsrat Dr. Lindenmaier aus, dieser habe ihn missverstanden, man müsse streng zwischen der Frage unterscheiden, ob ein Verfahren im öffentlichen Interesse eröffnet werden solle und der Frage, ob ein öffentliches Interesse an der Berufung bestehe. Die Vorentscheidung solle auch nicht in einem flüchtigen Verfahren gefällt werden, zumal in diesem Verfahren nicht die Frage des Verschuldens nachzuprüfen sei, sondern lediglich diejenige, ob ein öffentliches Interesse an der Berufung bestehe. Man möge die Berufungsmöglichkeit nicht zu sehr ausweiten, denn, wie Direktor Michelau bestätigt habe, sei es nicht richtig, dass jeder in den Gründen eines Seeamtsspruches Getadelte dadurch für sein Leben unglücklich werde.

Dr. Bramslöw regte an, zunächst einmal festzustellen, ob Einigkeit darüber bestehe, dass nicht jeder belanglose Vorwurf im Seeamtsspruch die Berufungsmöglichkeit eröffne. Sei man sich hierüber einig, so müsse man sich darüber schlüssig werden, auf welche Weise dem Querulantentum am besten vorgebeugt werden könne, ob nämlich durch Beschränkung der Berufungsmöglichkeit auf Vorwürfe in der Formel, oder aber durch Beschränkung der Berufungsmöglichkeit auf erhebliche Vorwürfe, mögen diese auch nur in den Gründen enthalten sein.

Verwaltungsdirektor *Sturm* fasste die zu lösende Aufgabe dahin zusammen, dass es einerseits gelte, die Patentinhaber möglichst vor jedem unberechtigten Schuldvorwurf zu schützen, dass aber andererseits auch eine Arbeitsüberlastung des Oberseeamtes verhindert werden müsse. Daher könne unmöglich bei jedem Tadel die Berufung zugelassen werden. Besonders bei Katastrophen, die vielleicht durch ein geringfügiges Verschulden verursacht seien, würden alle Vorgänge der Kritik unterzogen, auch das Verhalten der Behörden, des Reeders und des Superkargo werde geprüft. Hieraus folge, dass für die Frage der Berufung nur der Tenor eines Seeamtsspruches Bedeutung haben dürfe. Nur für jenen Fall sei vielleicht eine Ausnahme zu machen, dass der Reichskommissar Patententziehung beantragt habe.

Der *Vorsitzende* äußerte die Ansicht, dass das von Verwaltungsdirektor Sturm Gesagte wohl die Meinung fast aller Ausschussmitglieder wiedergebe. Grundsätzlich könne nur ein im Tenor festgestelltes Verschulden die Berufungsmöglichkeit eröffnen. Eine weitere Frage sei es aber, ob nicht das Seeamt zum Schutze des Angeschuldigten gesetzlich verpflichtet werden müsse, die in den Gründen erhobenen ernstlichen Vorwürfe auch in den Tenor aufzunehmen.

Diese Darlegungen fanden die Zustimmung der Anwesenden.

Es wurde insoweit als Beratungsergebnis festgestellt, dass es sich empfiehlt, in das künftige Gesetz eine etwa so gewortete Bestimmung aufzunehmen:

„Werden in den Gründen des Seeamtsspruches ernstliche Vorwürfe gegen einen Patentinhaber erhoben, so ist das Seeamt verpflichtet, auch in der Spruchformel ein schuldhaftes Verhalten des Betroffenen festzustellen."

Der *Vorsitzende* stellte sodann als ein weiteres Ergebnis der bisherigen Beratungen fest, dass es für die Berufungsfähigkeit eines Seeamtsspruches *nicht* darauf ankomme, *welcher Grad des Verschuldens* einem Patentinhaber vorgeworfen werde. Dadurch entfalle also die Unterscheidung zwischen leichtem, erheblichem und schwerem Verschulden.

Klärungsbedürftig sei nach alledem – abgesehen von der Frage der Beisitzerzahl – noch das Problem, ob zur Verhinderung einer Arbeitsüberlastung des Oberseeamtes bei diesem ein Vorverfahren zur Prüfung der Zulässigkeit der Berufung geschaffen werden solle. In den bisherigen Beratungen hätten sich gewichtige Stimmen gegen ein Vorverfahren ausgesprochen.

OLG-Präsident *Dr. Engel* machte darauf aufmerksam, dass man ja auch noch daran denken könne, den Betroffenen bei einem für sie ungünstigen Ergebnis des Vorverfahrens die Möglichkeit zu eröffnen, trotzdem das vollbesetzte Oberseeamt anzurufen, allerdings habe er selber Zweifel an der Zweckmäßigkeit einer solchen Regelung.

Der Vorsitzende äußerte die Ansicht, dieser Weg werde kaum zu einer Minderung der Arbeitslast für das Oberseeamt führen, es fehle dann die nötige Bremswirkung des Vorverfahrens.

Reichsgerichtsrat *Dr. Lindenmaier* sprach sich dann gegen die Einrichtung eines Vorverfahrens überhaupt aus. Wenn man eine Berufungsmöglichkeit gebe, solle man es ohne Einschränkung tun. Da das Ministerium selbst auf die Einführung eines Vorverfahrens kein Gewicht lege, so brauche auch der Seerechtsausschuss sich nicht dafür einzusetzen.

Auch *Dr. Dettmers* wandte sich gegen ein Vorverfahren, zumal die Ansichten darüber, wann ein öffentliches Interesse an der Berufung vorliege, sehr verschieden beantwortet werden könnten. Das zeige sich, wenn man die gegenwärtige Praxis, welche die Seeämter bei der Eröffnung ihrer Verfahren befolgten, beobachte. Ein Seeamt habe einmal bei einem Sachschaden von 50.000 Reichsmark das Vorliegen eines öffentlichen Interesses verneint, während ein anderes Seeamt ein öffentliches Interesse angenommen habe, als fünfzig Aale in die Weser gefallen seien. Bei dieser Sachlage sei es jedenfalls zweckmäßig, die Entscheidung darüber, ob ein öffentliches Interesse an einer Berufung gegeben sei, in eine Hand zu legen. Darüber hinausgehend halte er aber das, was Reichsgerichtsrat Dr. Lindenmaier gesagt habe, für richtig.

Der *Vorsitzende* erwiderte, dass er sich den Gegengründen seiner beiden Vorredner und anderer Mitglieder nicht verschließe. Er wolle sich deshalb nicht länger für die Einführung eines Vorverfahrens aussprechen und ziehe seine Anregung betr. Bejahung eines öffentlichen Interesses zurück.

Dr. Nolte stimmte gleichfalls den Darlegungen von Reichsgerichtsrat Dr. Lindenmaier zu. Derjenige, dem im Tenor eines Seeamtsspruches ein Schuldensvorwurf gemacht worden sei, müsse ohne Einschränkung das Recht haben, Berufung einzulegen.

OLG-Rat *Dr. Reinbeck* betonte demgegenüber nochmals, er habe den Eindruck, als ob die Bedeutung des Seeamtsspruches für die Patentinhaber überschätzt werde. Er fürchte, dass man ohne Einschränkung der Berufung nicht auskommen werde, da andernfalls die Gefahr bestünde, dass eine sehr große Anzahl von Berufungssachen erwachsen werde. Es würde bei einer Jahresspruchzahl von jetzt ca. 158 allein beim Seeamte Hamburg darunter ca. 50 bis 60% mit Beanstandungen, unter Berücksichtigung eines etwa gleichen Gesamtergebnisses für sämtliche anderen Seeämter eine beträchtliche Menge berufungsfähiger (zumal Kollisions-)Sprüche herauskommen.

Der *Vorsitzende* bemerkte, dass es ihm trotz der großen Sachkenntnis von OLG-Rat Dr. Reinbeck erwünscht sei, den Standpunkt aller Anwesenden kennenzulernen.

Es wurde festgestellt, dass sich *acht* Mitglieder *gegen* ein Vorverfahren aussprachen, während vier Mitglieder für ein solches eintraten, wobei der Vorsitzende und Geheimrat Werner sich der Äußerung enthielten.

Der *Vorsitzende* stellte danach als Beratungsergebnis fest, dass der Ausschuss sich *gegen* die Einführung eines Vorverfahrens ausspricht.

Er machte sodann darauf aufmerksam, dass man sich noch nicht darüber einig geworden sei, ob, entsprechend dem Vorschlag von Dr. Bramslöw, man das seeamtliche Verfahren vom Seeunfall loslösen solle, wogegen er selbst die schwersten Bedenken habe. Ferner müsse noch die Frage geklärt werden, ob den Ausländern gleichfalls die Berufungsmöglichkeit zu geben sei. Hierfür müsse er sich schon aus außenpolitischen Gründen aussprechen. Es dürfe im Auslande nicht die Vorstellung aufkommen, dass ausländische Beteiligte vor deutschen Seeämtern weniger geschützt seien als deutsche. Das schädige das Ansehen deutscher Seeamtssprüche.

OLG-Rat *Dr. Reinbeck* wandte sich gegen eine Loslösung des seeamtlichen Verfahrens vom Seeunfall. „Wohin kommen wir, wenn wir dann noch die Berufung unbeschränkt lassen!"

Der Ansicht des Vorsitzenden und des OLG-Rats Dr. Reinbeck schlossen sich die Anwesenden größtenteils an. Es wurde dies als Beratungsergebnis festgestellt.

Man wandte sich anschließend der Frage der *Behandlung der Ausländer* zu.

Verwaltungsdirektor *Sturm* wies darauf hin, dass ja nur deutschen Staatsangehörigen das Patent entzogen werden könne. Schuldvorwürfe in Seeamtssprüchen stellten nur ein Minus gegenüber der Patententziehung dar. Die Berufung sei nur als Ergänzung zum Patententziehungsverfahren gedacht. Lägen die Dinge aber so, dann könne ein Ausländer nie das Recht zur Berufung haben, da ihm ja auch sein Patent vom deutschen Seeamt nicht entzogen werden könne. Einem Ausländer, dem ein Verschuldensvorwurf in einem Seeamtsspruch gemacht werde, widerfahre deshalb keine Beeinträchtigung, wenn ihm die Berufungsmöglichkeit nicht gegeben werde.

Der Vorsitzende meinte, die Ansicht von Verwaltungsdirektor Sturm besteche allerdings zunächst durch ihre formale Logik, nach formallogischen Gesichtspunkten dürfe aber nicht das neue Recht gestaltet werden. Tatsächlich könne auch einem Ausländer ein zu Unrecht erhobener Verschuldensvorwurf erheblichen Schaden bringen.

Dr. Schulze-Smidt wies darauf hin, dass es die Seeämter bisher immer möglichst vermieden hätten, im Tenor ein Verschulden von Ausländern auszusprechen. Gegebenenfalls habe man einen solchen Vorwurf nur in die Gründe aufgenommen. In Zukunft müsse den Seeämtern verboten werden, überhaupt jemals Ausländern einen Verschuldensvorwurf im Tenor zu machen.

Dr. Dettmers stimmte dem zu und wies darauf hin, dass ja noch immer die Möglichkeit bestehe, im Tenor ganz allgemein ohne Namensnennung zum Ausdruck zu bringen, dass ein Unfall von der Leitung eines bestimmten Schiffes verschuldet sei. Prinzipiell aber müsse gleiches Recht für In- und Ausländer gelten.

Geheimrat *Werner* bemerkte, man sei bei der Schaffung des Seeunfalluntersuchungsgesetzes in dieser Frage vorsichtig gewesen. Die Schuldigsprechung eines Ausländers sei auch möglichst vermieden worden. Es erscheine nicht ratsam, von dem bisher eingehaltenen Wege abzuweichen.

Der *Vorsitzende* äußerte die Ansicht, es sei doch bisweilen notwendig, auch das Verschulden eines Ausländers im Spruche zu verlautbaren. Der Fall könne doch in dieser Hinsicht eindeutig klar liegen. Man möge z.B. an den Fall des brasilianischen Dampfers „Avaré" denken. Es sei doch undenkbar, dass das Seeamt in solchem Falle einfach der Feststellung eines Verschuldens als Ursache ausweiche. Der Betreffende habe vielleicht in seiner Heimat Schaden durch die Schuldigsprechung, dann müsse man ihm aber auch die Berufungsmöglichkeit eröffnen. Gleiches Maß für alle.

Verwaltungsdirektor *Sturm* betonte, er habe aus praktischen, nicht aus formallogischen Gründen seinen Vorschlag gemacht. Es stehe im Widerspruch zu den Grundsätzen des Völkerrechts, wonach fremde Schiffe ein Stück fremden Bodens seien, dass sich die deutschen Seeämter mehr als nötig mit fremden Schiffen befassen. Allerdings gebe er zu, dass die englische Auffassung zum Teil anders sei. Ihm erscheine besonders zweifelhaft, ob ein Grund dafür bestehe, Ausländern wegen jedes noch so kleinen Verschuldensvorwurfes die zweite Instanz zu eröffnen.

Der *Vorsitzende* entgegnete, die deutschen Seeämter könnten ihre Aufgabe, Unfälle aufzuklären, nicht immer voll erfüllen, wenn man dem Vorschlag von Verwaltungsdirektor Sturm folge. Der Grundsatz paritätischer Behandlung müsse aus Billigkeitsgründen befolgt werden. Im Übrigen glaube er, dass die Frage überhaupt die Zuständigkeit des Seerechtsausschusses überschreite, weil außenpolitische Gesichtspunkte in sie hineinspielen.

Auch OLG-Rat *Dr. Reinbeck* äußerte, es sei ungerecht, den Ausländern nicht das Recht der Berufung zuzubilligen. Darunter würde auch das Ansehen der deutschen Seeämter leiden.

Der *Vorsitzende* stellte dann die Frage, ob statistische Unterlagen darüber bestünden, wie oft überhaupt der Fall eintrete, dass ein Ausländer einen Seeunfall, der vor deutschen Seeämtern untersucht werde, verschuldet habe.

Geheimrat *Werner* antwortete, statistische Berechnungen bestünden nicht, die Frage sei auch deshalb schwer zu beantworten, weil die Ausländer meistens mit Schonung vom Seeamt behandelt würden. Seines Erachtens könne es bei § 31 Abs. 4 Satz 2 des Entwurfes sein Bewenden haben.

Dr. Dettmers wies noch darauf hin, dass auch in Holland, wie in England, das Verhalten ausländischer Schiffsleute untersucht werde.

Abschließend schlug der *Vorsitzende* als Beratungsergebnis vor, dass die Frage der Behandlung von Ausländern dem zuständigen Ministerium überlassen bleibe, weil hier außenpolitische Gesichtspunkte hineinspielten, für die der Seerechtsausschuss nicht zuständig sei. Der Ausschuss gebe jedoch dem Wunsche Ausdruck, dass eine solche Regelung gefunden werden möge, durch die das Ansehen der deutschen Seeamtssprüche im Auslande nicht benachteiligt werde. Dieser Vorschlag fand allseitige Zustimmung.

Zur Geschäftsordnung äußerte Geheimrat *Werner,* das Reichsverkehrsministerium könne in etwa drei Wochen einem Unterausschuss einen endgültigen Vorentwurf vorlegen.

Der *Vorsitzende* bestimmte sodann zur Beratung aller weiteren Einzelfragen die Einsetzung eines Unterausschusses, der sich - unter Berücksichtigung der von den Anwesenden gemachten Vorschläge – vorläufig wie folgt zusammensetzt:

Vorsitzender:
OLG-Rat Dr. Reinbeck.
Weitere Mitglieder:
Richter Dr. Bramslöw,
Verwaltungsdirektor Sturm (Vertreter: Direktor Ritter),
Rechtsanwalt Dr. Schüler (Vertreter: Kapitän Freyer),
ein von Staatsrat Eßberger zu benennender Vertreter der Lotsenschaft,

Ministerialdirektor Dr. Klausener,
Ministerialrat Geheimrat Werner.

OLG-Rat Dr. Reinbeck werde den Termin zur ersten Sitzung des Unterausschusses bestimmen.

Die nächste Sitzung des Gesamtausschusses werde voraussichtlich am Donnerstag, den 17. Mai 1934, 16 Uhr, stattfinden; Thema: Der sachliche und räumliche Anwendungsbereich des Seerechts.

Dr. Dettmers äußerte noch, er wolle dem Unterausschuss die Anregung geben, bezüglich der Binnenschifffahrt die Erörterungen darauf zu beschränken, ob die seeamtlichen Untersuchungen auf die der See zunächst gelegenen Teile der Binnen- und Seewasserstraßen erstreckt werden sollten.

Der *Vorsitzende* erklärte schließlich noch zur Geschäftsordnung, dass mehrfach verspätete Berichtigungsanträge eingegangen seien, deren Nachprüfung nicht mehr möglich erscheine. Laut Beschluss des Protokollausschusses würden künftig nur solche Berichtigungsanträge Beachtung finden, die binnen acht Tagen nach der Zusendung der Sitzungsniederschriften beim Schriftführer eingingen.

Anlage:

Hauptfragen bei Schaffung eines neuen Seeunfall-Untersuchungsgesetzes

I. Patententziehung ohne Seeunfall: Man mag es vielleicht als eine Lücke der deutschen Seegesetzgebung bezeichnen, dass ein Kapitän, der geisteskrank geworden oder mit Zuchthaus bestraft ist, weiter ein Schiff führen und die damit verbundenen Befugnisse ausüben darf, sofern er nur keinen Seeunfall angerichtet hat. Es scheint aber zweifelhaft, ob diese Lücke sich praktisch so stark fühlbar gemacht hat, dass sie bei der jetzt in Aussicht genommenen Revision des Seeunfallgesetzes ausgefüllt werden müsste. Es ist zu beachten, dass die Regelung der Patententziehung ohne Seeunfall folgerichtig nicht in ein Seeunfallgesetz hineingehören würde, die Miterledigung im Seeunfallgesetze daher eine organische Umgestaltung dieses Gesetzes und in der Folge eine Änderung der Reichsgewerbeordnung bedingen, also eine Hinauszögerung der ganzen Revision des Seeunfallgesetzes mit sich bringen und dass schließlich die Einführung der Möglichkeit einer Patententziehung ohne Seeunfall den Denunziationen unzufriedener Schiffsleute gegen ihre Offiziere Tür und Tor öffnen würde.

Aus diesen Erwägungen hat sich 1926 die vom deutschen Seeschifffahrtstage 1925 eingesetzte Kommission auf Befragen des Reichsverkehrsministeriums einstimmig auf einen ablehnenden Standpunkt gestellt. Dagegen wurde der Wunsch geäußert, das Erfordernis der Kausalität zwischen bewiesenem Mangel und Seeunfall sollte beseitigt werden; es sollte genügen, wenn der Mangel einer erforderlichen Berufseigenschaft sich *bei Gelegenheit eines Seeunfalls* herausstellte. Die Bundesratsvorlagen vor dem Kriege enthielten bereits das Erfordernis der Kausalität nicht mehr. In den Revisionsverhandlungen nach dem Kriege hat die Reichsregierung den gleichen Standpunkt eingenommen. In dem künftigen Seeunfallgesetz wird zur Patententziehung ein Mangel genügen, der sich bei Gelegenheit eines Seeunfalls herausgestellt hat.

II. Definition des Seeunfalls. Das geltende Gesetz und alle bisher vorliegenden Regierungs- und Referentenentwürfe haben vor der Definition des Seeunfalls Abstand genommen und diese der Rechtsprechung überlassen. Gegen die gesetzliche Festlegung des Unfallbegriffs, der neben dem Seeunfallgesetz für eine Reihe von anderen Reichsgesetzen Bedeutung hat, oder auch nur des Begriffs des Seeunfalls, der im Versicherungsrecht und bei der Verklarung nach dem Handelsgesetzbuch, wenn auch im anderen Sinne wiederkehrt, bestehen Bedenken. Auch wäre eine dem gegenwärtigen Bedürfnis und gleichzeitig einer künftigen Entwicklung erschöpfend Rechnung tragende Feststellung des Begriffs jedenfalls für den Schiffsunfall nicht durchführbar. Es dürfte daher besser sein, es bei der jetzigen definitionslosen Regelung zu belassen.

III. Patententziehung ohne Antrag des Reichskommissars. In vereinzelten Fällen sind Seeämter an der Entstehung von Gewerbebefugnissen gehindert worden, weil der nach dem geltenden Gesetze erforderliche Antrag des Reichskommissars nicht vorlag. Es war schon in den Verhandlungen mit der Kommission des Seeschifffahrtstages von den Regierungsvertretern in Aussicht genommen worden, die Möglichkeit zu schaffen, dass das Seeamt auch ohne Antrag des Reichskommissars die Patententziehungsfrage von sich aus zunächst zur Erörterung stellt und dann entscheidet. Diese Änderung dürfte zweckmäßig sein.

IV. Abstufung der Patententziehung beim technischen Schiffsoffizier. Nach der bestehenden Regelung enthält die Entziehung der Schifferbefugnis nicht ohne weiteres auch die Entziehung der Steuermannsbefugnis. Letztere muss vielmehr besonders ausgesprochen werden. Der technische Schiffsoffizier verliert dagegen durch eine Patententziehung jede Befugnis. Das bedeutet eine Härte, die man durch eine Unterscheidung des Leitenden vom Wachmaschinisten und durch korrespondierende Regelung wie beim Schiffer und Steuermann ausgleichen kann.

V. Rechtsmittel (Obergutachten) auch im objektiven Verfahren.

a) Bisher kann (abgesehen vom Reichskommissar) nur *der* Inhaber einer Gewerbebefugnis, dem diese durch den Seeamtsanspruch entzogen ist, ein Rechtsmittel einlegen und die Sache zur Nachprüfung an das Oberseeamt bringen. Das ist an sich folgerichtig, denn, abgesehen von dem Fall der Patententziehung, ist das seeamtliche Verfahren ein objektives und der abgegebene Spruch ein *Gutachten.* Trotzdem bedeutet es eine Härte für den Kapitän oder Schiffsführer, dem das Patent zwar nicht entzogen ist, dem aber in dem Spruche die Schuld an dem Unfall zur Last gelegt wird, wenn ihm die Möglichkeit der Berufung an eine höhere Instanz vorenthalten bleibt. Eine solche Feststellung nimmt ihm häufig genauso die Möglichkeit, weiter sein Brot durch eine Anstellung in seinem Berufe zu finden, wie die Patententziehung selbst. Die Reeder sind in den wenigsten Fällen geneigt, einen Schiffsoffizier, dem ein erhebliches Verschulden bei einem Seeunfall in einem Seeamtsspruche zur Last gelegt wird, zu beschäftigen und können es schon deshalb kaum, weil sie den Versicherern gegenüber ein erhebliches Risiko laufen würden. So kann es kommen, dass der Patentinhaber, dem die Gewerbebefugnis entzogen ist, besser daran ist, als derjenige, dem in dem Tenor des Spruches nur ein Verschulden zur Last gelegt wird, weil jener eine Nachprüfung seines Verhaltens und die Abänderung des Spruches beim Oberseeamt erreichen kann, dieser aber jedes Rechtsmittels beraubt ist.

Wenn somit außer Zweifel ist, dass eine Erweiterung des Berufungsrechtes empfehlenswert ist, so dürfte eine gewisse Begrenzung nicht weniger erwünscht sein. Es könnte zu diesem Zwecke bestimmt werden, dass die oberste Reichsbehörde in jedem Falle zu entscheiden hätte, ob ein öffentliches Interesse an einer Nachprüfung gegeben sei oder nicht und dass nur in ersterem Falle eine Berufung zuzulassen sei. Abgesehen von der unbequemen Belastung der obersten Reichsbehörde ist es fraglich, ob den Betroffenen mit dieser Lösung genügend gedient sein würde.

Eine zweite Lösung wäre die, da es sich bei der Berufung wegen der bloßen Feststellung eines Verschuldens im Grunde um die Herbeiführung eines Obergutachtens handelt, eine Feststellungsklage vor dem Oberseeamt einzuführen und von der Voraussetzung abhängig zu machen, dass ein Interesse an der Richtigstellung glaubhaft gemacht oder anzunehmen ist. Der Reichskommissar und sein Gegner müssten dann die Stellung von Privatkläger und Privatbeklagtem nach der Strafprozessordnung haben. Der unterliegende Teil wäre mit den Kosten und den baren Auslagen, auch des Gegners, zu belasten. Ein solches umständliches Verfahren erscheint untunlich.

In einem früher zur Besprechung gestellten Referentenentwurf ist schließlich versucht worden, die Feststellung eines erheblichen Verschuldens in die Spruchformel zu zwingen und im Falle einer solchen Feststellung das Rechtsmittel der Berufung an das Oberseeamt zu gewähren. Das Bestreben der Kommission des Seeschifffahrtstages, die im Übrigen zu diesem Punkte einverstanden war, ist dahin gegangen, auch noch das Erfordernis der *Erheblichkeit* des Verschuldens zu beseitigen. Auch damit wird man sich abfinden können. In der Bestimmung über die Erfordernisse des Seeamtsspruches müsste dann ein Absatz etwa des Inhaltes aufgenommen werden: „Wird in der Formel eine Feststellung getroffen, die nach Ansicht des Seeamtes ein Verschulden eines Beteiligten in sich schließt, so muss dieses Verschulden als solches bezeichnet, genau umschrieben und der Name des Beteiligten genannt werden. Tadelnde Bemerkungen über einen Beteiligten in den Gründen des Spruchs schließen die Feststellung eines Verschuldens nur dann in sich, wenn gleichzeitig eine entsprechende Feststellung in der Formel getroffen ist.“ Und die Bestimmung über die Berufung würde etwa so beginnen: „Entzieht der Spruch des Seeamts eine Gewerbebefugnis oder stellt er das Verschulden eines Beteiligten, der eine deutsche Gewerbebefugnis als Kapitän, Schiffer, Seesteuermann, Schiffsingenieur, See- oder Kleinmaschinist oder Seemotorführer besitzt, in seiner Formel (§ 22 Abs. 4) fest, so hat der Betroffene das Recht der Berufung an das Reichsoberseeamt.“

Gegenüber dem Bedenken, dass sich ein starkes Anwachsen der Berufungsfälle ergeben würde und zwar nicht allein aus dem Bedürfnis der betroffenen Patentinhaber heraus, die für ihre eigene Reinigung eintreten würden, sondern auch zum Teil auf Veranlassung der Reeder, die im Interesse ihrer etwaigen privatrechtlichen Ansprüche oder Verantwortlichkeit ihre Schiffsoffiziere zur Berufung gegen jede ungünstige Feststellung anhalten würden, ist zu beachten, dass für den betroffenen Beteiligten unter Umständen die ganze Existenz auf dem Spiele steht.

Vielleicht könnte daran gedacht werden, zur möglichsten Minderung des erforderlichen finanziellen Mehraufwandes die Zahl der Beisitzer auf zwei beim Seeamte und vier beim Oberseeamte zu vermindern. Da es sich im Wesentlichen um Gutachten handelt, brauchte die Qualität der Sprüche darunter nicht zu leiden und durch die in weitem Umfange gewährte Berufungsmöglichkeit würde bei den Seeamtssprüchen ein Ausgleich geschaffen werden.

b) Hinsichtlich des Personenkreises der zur Berufung Berechtigten hat sich nach anfänglichem Auseinandergehen der Ansichten, die Sachlage dahin geklärt, dass nur noch Patentinhabern ein solches Recht zustehen sollte, da andernfalls eine reinliche Scheidung nicht möglich wäre. Der Reichskommissar sollte im Falle der Ablehnung seiner Anträge unbeschränkt, auch zugunsten eines Beteiligten, Berufung einlegen können. Eine Dienstanweisung würde dies unbeschränkte Maß auf den erforderlichen Umfang zurückzuführen haben.

VI. Wiederaufnahme des Verfahrens. Bisher ist von Seiten der Regierung die Einführung einer Wiederaufnahme des Verfahrens stets abgelehnt worden. Eine gewisse Milderung dieser Härte bietet die Möglichkeit der Wiedereinräumung eines Patents nach einem Jahre durch die oberste Reichsbehörde. Für die verschwindend wenigen Fälle, in denen ein Bedürfnis für ein Wiederaufnahmeverfahren festgestellt werden konnte, lohnt sich die Einführung eines solchen Verfahrens nicht, insbesondere weil sie in Rücksicht auf die beabsichtigte Neugestaltung des Berufungswesens durch Einführung einer Berufung auch im objektiven Teil des Verfahrens besonderen Schwierigkeiten begegnen dürfte.

8. Arbeitssitzung vom 17.5.1934 (16 bis 18.45 Uhr)

Anwesend:
Vorsitzender: Prof. Dr. Wüstendörfer, Hamburg
stellvertretender Vorsitzender: OLG-Präsident Dr. Engel, Hamburg
1. Schriftführer: Rechtsanwalt Dr. Droege, Hamburg
2. Schriftführer: Richter Dr. Bramslöw, Hamburg
und als weitere wissenschaftliche Mitglieder:
Rechtsanwalt Dr. Dettmers, Bremen
Dr. Krichhauff, Hamburg
Reichsgerichtsrat Dr. Lindenmaier, Leipzig
Dr. Nolte, Hamburg
OLG-Rat Dr. Reinbeck, Hamburg
Dr. Riensberg, Hamburg
Rechtsanwalt Dr. Schulze-Smidt, Bremen
vom Reichjustizministerium:
Ministerialrat Koffka, Berlin
für die Niederschrift in der Sitzung:
Assessor Dr. Möller, Hamburg und Referendarin H. Krüger, Wandsbek
entschuldigt fehlten:
Dr. Schütte, Hamburg
Verwaltungsdirektor Sturm, Hamburg,
Geheimrat Wiedenfeld, Leipzig,
ein als Sachverständiger geladener Vertreter der Reichsmarine.

Der *Vorsitzende* begrüßte die Erschienenen und verlas vor Eintritt in die Tagesordnung zwei Schreiben der Akademie betreffs Berichterstattung der Ausschüsse und Teilnahme an einer Tagung in Berlin. Wegen Verhinderung der meisten Mitglieder wurde von einer Sitzung des Seerechtsausschusses im Rahmen dieser Tagung abgesehen. Stattdessen wurde für die Jahrestagung der Deutschen Rechtsfront in Hamburg am 1. Juni eine Vollsitzung in Aussicht genommen. Der Vorsitzende erklärte sich bereit, bei dieser Gelegenheit über die bisherigen Arbeiten des Seerechtsausschusses zu berichten. In Zukunft sollen jeweils nach Erledigung von Teilgebieten Veröffentlichungen in der Presse erfolgen.

Der *Vorsitzende* erteilte sodann Reichsgerichtsrat *Dr. Lindenmaier* das Wort für seinen Bericht über den *sachlichen Anwendungsbereich des Seerechts.*

Reichsgerichtsrat *Lindenmaier* führte Folgendes aus:

I. Das Seerecht betreffe seinem allgemeinsten Begriffe nach die Schifffahrt von „Seeschiffen".

Die Untersuchung des sachlichen Herrschaftsbereichs des Seerechts habe sich daher mit der Frage zu befassen, auf welche Seeschiffe dessen Grundsätze sich erstrecken. Lege man den bisherigen Inhalt der im IV. Buch des Handelsgesetzbuches unter der Bezeichnung Seehandel zusammengefassten Vorschriften zugrunde, so handle es sich dabei in erster Linie um Privatrechtsnormen, welche den Betrieb der Erwerbsseeschiffahrt regelten. Die Rechtsentwicklung habe aber bereits dazu geführt, in geeigneten Fällen diese Normen auch auf Nichterwerbsschiffe anzuwenden. Es werde daher Aufgabe des Seerechtsausschusses sein, die Frage zu klären, inwieweit die bisherigen Grenzen des Herrschaftsbereiches des Seerechts in dieser Richtung zu erweitern sein würden. Es handle sich darum, ob das bisherige Privatrecht für Erwerbsseeschiffe zu einem Privatrecht für die *gesamte Seeschifffahrt* auszubauen sei. In fremden Rechten (Merchant Shipping Act S. 741; niederländisches Seerecht Art. 309, 310, mit Ausnahmebestimmungen Art. 319, 319 b; Entwurf eines italienischen Codice Marittimo Art. 38, 39) seien Schritte in dieser Richtung bereits getan, aber auch unser § 1 BSchiffG spreche nur von Schiffen, die zur „Schifffahrt" – nicht zum Erwerb durch Schifffahrt – auf Flüssen und sonstigen Binnengewässern bestimmt und hierzu verwendet seien.

Es handle sich um das Gebiet der Seeschifffahrt und die mit Seeschiffen zusammenhängenden Rechtsverhältnisse. Die Festlegung dessen, was Seeschifffahrt im Gegensatz zu anderer Schifffahrt und was ein Seeschiff im Gegensatz zu anderen Schiffen sei, stelle eine Frage des *räumlichen* Herrschaftsbereichs des Seerechts dar und müsse dort behandelt werden. Dagegen scheine die Bestimmung dessen, was im Gegensatz zu anderen auf der See sich findenden Gegenständen als „Schiff" anzusprechen sei, zur Umgrenzung des sachlichen Herrschaftsbereichs des Seerechts zu gehören, wenngleich es formell nicht immer als dazugehörig betrachtet werde. Jedenfalls sei es wohl in Rücksicht auf das Vorgehen ausländischer moderner Seerechte zweckmäßiger, einleitend auf diesen Punkt mit einigen Worten einzugehen.

Das IV. Buch des Handelsgesetzbuches habe bekanntlich davon abgesehen, den Begriff des Seeschiffes zu umreißen. In Wissenschaft und Rechtsprechung habe man als wesentlich für den Begriff eines Schiffes das Vorhandensein eines schwimmfähigen Hohlraumes mit der Fähigkeit und der Bestimmung erachtet, sich auf dem Wasser fortzubewegen, und zwar mit der Fähigkeit, Güter und Personen zu tragen. Diese Begriffsbestimmung habe sich anhand einer bunten Musterkarte mannigfaltiger, zum Schwimmen oder Fahren auf oder im Wasser geeigneter Gegenstände herausgebildet, welche in der seerechtlichen Praxis der Würdigung in Bezug auf ihre Eigenschaft als Schiffe unterzogen werden müssten. Zu nennen seien: Schwimmende Badeanstalten, Pontons, Fischkästen, Schießscheiben, Schwimmdocks, schwimmende Leuchttürme, Gasbojen, Caissons, Fährboote, Getreide- und Kohlenheber, Kohlenhulks, Bagger, Fischheber, Hebeflöße und –prähme, Tragschiffe für Schiffsbrücken. Diese Aufzählung lasse bereits erkennen, dass die technische Entwicklung seit der Schaffung des Handelsgesetzbuches zu Formen von schwimmenden Gegenständen und Vorrichtungen geführt habe, an die man bei einer Festlegung des Begriffes „Schiff" kaum gedacht hätte. In Zukunft kämen noch Übergangsformen zwischen Wasser-, Land- und Luftfahrzeugen in Betracht. Wie in so vielen anderen Fällen scheine es auch hier nicht möglich, durch eine Begriffsbestimmung den vielfältigen und unübersehbaren Möglichkeiten der Gestaltung und Entwicklung gerecht zu werden. Richtiger sei es daher auch in diesem Falle, die Entscheidung in die Hand des Richters zu legen, der imstande sei, die jeweilige Verkehrsanschauung und Interessenlage zu berücksichtigen und notfalls in geeigneten Fällen zur entsprechenden Gesetzesanwendung zu schreiten. Bisher sei der Richter ersichtlich dieser Aufgabe gerecht geworden.

Wenn das niederländische Seerecht in Art. 309 ausspreche, Schiffe seien alle Fahrzeuge, wie immer genannt und geartet, so scheine dies eine zu weitgehende Begriffsbestimmung zu sein. Der Entwurf des italienischen Codice Marittimo unterscheide in Art. 38 zwischen nave und galleggiante. Unter nave seien danach alle Wasserfahrzeuge zu verstehen, die üblicherweise durch mechanische Vorrichtungen oder Segel angetrieben würden und zum Transport von Personen oder Sachen, zur Fischerei, zum Schleppen oder zu anderen Seediensten bestimmt seien. Unter galleggiante würden alle anderen nicht durch eigenen Antrieb bewegten Schiffskonstruktionen verstanden, zu welchem Zweck sie auch Verwendung fänden. Für die Bestimmung des Schiffsbegriffs in zweifelhaften Fällen erscheine damit nichts gewonnen.

Nicht als Schiffe betrachtet würden nach der auf der Verkehrsauffassung fußenden Rechtsanschauung ganz kleine Fahrzeuge wie Ruder- und Segelboote. Bei der Veräußerung von Fahrzeugen einer Größe, bei der es zweifelhaft sei, ob sie zu diesen zählten oder etwa als seegehende Lustyachten angesehen werden müssten, auf welche ja die Vorschriften über die Veräußerung von Schiffen (§§ 474, 475 HGB) nach bisheriger Rechtsgestaltung gemäß § 26 Abs. 1 FlG Anwendung fänden, könnten sich vielleicht mangels einer Abgrenzung des Schiffsbegriffs nach unten Schwierigkeiten ergeben. Diesen könne jedoch notfalls durch eine Größenvorschrift leicht vorgebeugt werden. Das Nähere müsse der Beratung der einschlägigen Bestimmungen vorbehalten bleiben.

Den zeitlichen Beginn der Existenz eines Gegenstandes als Schiff und damit der Anwendung der in Betracht kommenden seerechtlichen Vorschriften und ebenso das Ende dieser Existenz mit der entsprechenden rechtlichen Folgerung werde man, da wesentlich von der Lage des Einzelfalles abhängig und daher in einer Gesamtwürdigung schwer erfassbar, ebenfalls zweckmäßig ohne ausdrückliche gesetzliche Begrenzung der Würdigung des Einzelfalles überlassen. Auch hier werde in Zweifelfällen bei entsprechender Interessenlage entsprechende Rechtsanwendung helfen können.

II. Der sachliche Herrschaftsbereich des Seerechts umfasst in engerer Begrenzung die Bestimmung der seinen Vorschriften unterliegenden Schiffe der Art nach.

Der gegenwärtige Rechtszustand sei unübersichtlich. Um die Notwendigkeit seiner Verbesserung darzutun, müsse er kurz geschildert werden.

Das IV. Buch des Handelsgesetzbuches wolle – darüber sei man sich einig – nur die Verhältnisse der dem Handelsbetrieb dienenden Schiffe, der „Kauffahrteischiffe“, regeln, die man in Anlehnung an §§ 474, 484 HGB und unter Ausmerzung des irreführenden Anklangs an den Wirtschaftskreis des Güterhandels auch Seefahrtserwerbsschiffe oder kürzer Erwerbsseeschiffe nennen könne.

Nicht einmal die im Handelsgesetzbuch selbst gewählte Begriffsbestimmung des Erwerbsseeschiffes sei einheitlich. § 474 HGB (ferner Art. 6 EGHGB, §§ 1 Abs. 1, 26 Abs. 2 FlG) spreche von Schiffen, die zum Erwerbe durch die Seefahrt *bestimmt seien,* § 484 HGB bei der Festlegung des Reederbegriffs von Schiffen, die zum Erwerb durch die Seefahrt *dienten.*

Eine Bestimmung zum Erwerb durch die Seeschifffahrt liege nur vor, wenn das Schiff nach Absicht des Beteiligten *dauernd* dem Seeerwerb dienen solle. Dieser Absicht sei das Schiff nicht entzogen, wenn es gelegentlich eine Ballastreise mache, nur im Sommer fahre oder neben der Seefahrt auch Flussschifffahrt betreibe. Die Bestimmung zum Seeerwerb und damit von Schiff i.S. des Handelsgesetzbuchs liege vor, sobald ein für die Einstellung in einen Frachtdienst bestimmter Dampfer die Werft verlassen habe. Die Bestimmung zum Seeerwerb gehe nicht verloren, wenn die Verwendung gelegentlich nicht dem Seeerwerb diene.

Dagegen falle unter diese Begriffsbestimmung nicht ein Schiff, welches – zu anderem Zweck als dem Seefahrtserwerb bestimmt – gelegentlich, ohne dass dies zu seiner ursprünglichen Bestimmung gehöre, Erwerbszwecken nutzbar gemacht werde. Ein solches Schiff „diene“ dagegen in diesem Einzelfalle dem Seeerwerbe und werde also der so gefassten Begriffsbestimmung gerecht.

Die herrschende Auffassung halte die Begriffsbestimmung des § 474 HGB für die grundsätzlich maßgebende und die gelegentliche Erwerbsreise eines Nichterwerbsschiffes für nicht von den Gesetzesbestimmungen gedeckt. Sie fordere ferner – hierauf fußend – für den Reederbegriff das Eigentum an einem zum Erwerbe durch Seefahrt bestimmten und tatsächlich dazu verwendeten Schiff. Wüstendörfer (Ehrenb. Hdb. VII 2 S. 83) bekämpfe diese minutiösen Unterscheidungen und komme zu dem Ergebnis: Zur Unterstellung eines Schiffes unter das Seehandelsrecht genüge im Allgemeinen sowohl das Bestimmtsein zum Seeerwerbe vor dem Dienen oder ohne Dienen wie das Dienen zum Seeerwerbe ohne Bestimmtsein. Anders ausgedrückt: Es falle unter die Bestimmungen des Handelsgesetzbuches das Erwerbsseeschiff von dem Zeitpunkte an, in welchem es zur Verwendung als Erwerbsseeschiff bestimmt, wenn auch noch nicht als solches verwendet sei, während der Zeit seiner bestimmungsgemäßen Verwendung zu solchem Erwerbe, aber auch, wenn diese nur gelegentlich und nicht bestimmungsgemäß erfolge, und endlich auch während der Zeit, in welcher die Verwendung unter Aufrechterhaltung der Bestimmung zu solcher unterbrochen sei. Diese Auffassung von Wüstendörfer sei zu billigen. Nur sie ermögliche eine lückenlose Regelung der in Betracht kommenden Rechtsverhältnisse; gegen sie sei vom Standpunkte der Billigkeit nichts einzuwenden und sie genieße den Vorzug der Klarheit und Einheitlichkeit. Auch eine genügende Abgrenzung gegenüber der gelegentlichen Verwendung von *Binnen*schiffen auf See sei vorhanden, da es sich vorläufig nur um die Erwerbsbestimmung oder Verwendung von *See*schiffen handle. Ihre gesetzliche Festlegung erscheine erforderlich, damit für die Zukunft irreführende Auffassungen ausgeschlossen würden.

Einigkeit bestehe im Allgemeinen darüber, welche Erwerbszweige, sofern sie sich eines Seeschiffes bedienen, als Seefahrtserwerb zu gelten hätten. Es kämen im Wesentlichen Schiffe in Frage, die der Seebeförderung von Gütern und Personen gegen Entgelt oder der von eigenen Gütern dienten, ferner die gegen Entgelt erfolgende Seeschleppschifffahrt, die entgeltliche Bergung und Hilfeleistung in Seenot, die entgeltlichen Dienste von Lotsenschiffen und die Hochseefischerei, einschließlich von Walfang, Robbenschlag und der Seeperlenfischerei. Eine besondere gesetzliche Spezifizierung erscheine insoweit nicht nur nicht erforderlich, sie sei sogar schädlich, da sie einerseits der Mannigfaltigkeit der wirtschaftlichen Erscheinungen doch nicht gerecht werden, andererseits wortlautmäßiger Gesetzesauslegung die Tür öffnen könne. Zweifel bestünden nur hinsichtlich der kleineren Küstenfischerei und der schragenmäßig abgegoltenen Dienste von staatlichen Lotsenfahrzeugen. Die Küstenfischerei werde, ausreichende Größe der Fahrzeuge vorausgesetzt, wohl zweifellos der Erwerbsseeschifffahrt zuzurechnen sei. Zum Mindesten könne in geeigneten Fällen mit entsprechender Gesetzesanwendung ausreichend geholfen werden. Das Gleiche sei bei den erörterten Diensten von Lotsenfahrzeugen der Fall. Jede Schwierigkeit werde in dieser Hinsicht schwinden, wenn, wie noch zu erörtern sei, eine entsprechende Anwendung der Vorschriften des Seehandelsrechts auf die Nichterwerbsschiffe stattfinde, soweit Gesetzeszweck und Gesetzesinhalt auf die bei solchen Schiffen vorhandene Interessenlage passten und mit dem öffentlichen Interesse und dem öffentlichen Dienste vereinbar seien.

Den Erwerbsseeschiffen stünden gegenüber die Nichterwerbsschiffe, Kriegsschiffe und andere Marinefahrzeuge, Schiffe des öffentlichen Dienstes, wie Zollkreuzer, Vermessungsfahrzeuge, Verwaltungsdienstfahrzeuge, Feuerschiffe, ferner andere Nichterwerbsschiffe wie Schulschiffe, Forschungsschiffe, Rettungsfahrzeuge, Lustyachten und Sportfahrzeuge. Ursprünglich habe sie das Seehandelsrecht grundsätzlich nicht erfasst. Dieser Zustand habe nach zwei Richtungen eine Durchbrechung erfahren, zunächst in der Richtung, dass die Seerechtsnormen in ihrer Gesamtheit auf einzelne Arten von Erwerbsseeschiffen erstreckt würden, weiter aber auch in der Richtung, dass einzelne Normen auf die Gesamtheit der Nichterwerbsschiffe ausgedehnt worden seien.

Eine Ausdehnung in der ersten Richtung finde aufgrund von § 26 Abs. 1 FlG statt. Durch diese Vorschrift sei nach richtiger Auffassung die Gesamtheit der für Erwerbsseeschiffe maßgebenden privatrechtlichen Normen auf Schulschiffe, für auswärtige Rechnung im Inlande gebaute Schiffe und Lustyachten unter der Voraussetzung ausgedehnt, dass sie vom Recht zur Führung der deutschen Flagge Gebrauch machten. Gemäß § 26 Abs. 2 FlG könne die Geltung der genannten seerechtlichen Vorschriften durch Verordnung auch auf weitere Nichterwerbsseeschiffe und gemäß § 26 a FlG auch auf solche Binnenschiffe erstreckt werden, die ausschließlich auf ausländischen Gewässern verkehren. Die erste Vorschrift sei nur insoweit praktisch geworden, als dem Reichskanzler die Ermächtigung erteilt worden sei, die für Kauffahrteischiffe geltenden Vorschriften auf Gouvernementsfahrzeuge der deutschen Schutzgebiete anwenden zu lassen, eine Ermächtigung, die zur Zeit leider jeder praktischen Bedeutung entbehre. Von der weiter genannten Ermächtigung sei wesentlich für Binnenschiffe auf der unteren Donau und einigen ostasiatischen Flüssen Gebrauch gemacht worden.

Auf die Gesamtheit der Nichterwerbsseeschiffe dagegen seien folgende Rechtsgrundsätze des Seerechts erstreckt worden:

Gemäß Art. 6 EGHGB die Vorschriften der §§ 474, 475 HGB über die Veräußerung eines Schiffes oder einer Schiffspart ohne Übergabe.

Gemäß Art. 7 EGHGB die Vorschriften der §§ 485, 486 Abs. 1 Nr. 3 HGB über die auf das Schiffsvermögen beschränkte Haftung des Reeders für dienstliches Verschulden der Schiffsbesatzung. An die Einführung der reedermäßigen Haftung knüpfe sich begriffsnotwendig auch die Anwendung der Vorschriften über Schiffsgläubigerrechte (§ 754 ff. HGB) nebst den Vorschriften über beschränkte persönliche Haftung (§§ 771 ff. HGB) und den einschlägigen Verjährungsvorschriften (§§ 901-903 HGB).

Gemäß Art. 7 EGHGB die Vorschriften der §§ 734-739 HGB über die Haftung im Falle des Schiffszusammenstoßes. Hier sei der Rechtszustand besonders verwickelt. Denn durch Art. 11 des Brüsseler Internationalen Übereinkommens zur einheitlichen Feststellung von Regeln über den Zusammenstoß von Schiffen, der die Anwendung des Übereinkommens auf Kriegsschiffe und öffentliche Dienstfahrzeuge ausschließe, sei die Geltung des Art. 7 EGHGB dahin eingeschränkt worden, dass Ansprüche Fremder gegen deutsche Staatsschiffe ausgeschlossen seien. Vor der Verkündung dieses Abkommens als deutsches Gesetz sei dies nicht der Fall gewesen.

Nach dem Gesetz über das Internationale Abkommen zur einheitlichen Feststellung von Regeln über die Immunität der Staatsschiffe vom 9. Juli 1927 unterlägen (unbeschadet der Maßgeblichkeit des für inländische Staatsschiffe bestehenden Rechtszustandes Art. 6 Abs. 2; RGBl. I 1927, 483) die staatlichen Erwerbsseeschiffe den gleichen Regeln wie private Erwerbsseeschiffe (Art. 1). Nicht dagegen unterlägen ihnen Schiffe, die für den staatlichen Dienst bestimmt seien oder verwendet würden (Art. 3), für gewisse Ansprüche (Ansprüche aus Zusammenstoß und anderen Schifffahrtsunfällen, aus Bergung und Hilfeleistung in Seenot und großer Haverei, aus Anlass von irgendwelchen das Schiff betreffenden Verträgen) seien diese allerdings der zuständigen Gerichtsbarkeit des betreffenden Staates unterworfen (Art. 3 § 1).

III. Schon diese Darstellung der gegenwärtigen Rechtslage zeige, wie verwickelt und unklar sie sei. Daraus ergebe sich zunächst unabweisbar die Forderung nach neuer einheitlicher und klarer Regelung.

Als Hauptfrage trete dabei in den Vordergrund: Ist die in dem bisherigen Rechtszustande bereits angebahnte Entwicklung der Erstreckung von Normen des bisherigen Seehandelsrechts auch auf Nichterwerbsseeschiffe weiter zu verfolgen oder zurückzudämmen? Die Antwort könne nur in dem ersteren Sinne erfolgen. Die Akademie für Deutsches Recht diene der Aufgabe, das Recht umzubilden in einer Weise, die es in einfacher, klarer und einheitlicher Gestaltung dem Bewusstsein des deutschen Volkes nahebringe. Auf dieser Bahn liege es auch, den heute vorliegenden, unübersichtlichen Wust von Vorschriften, die in ihrer Gesamtrichtung bereits auf das Ziel hinweisen, den gesamten Schifffahrtsverkehr, soweit dies angängig erscheine, einheitlicher Regelung zu unterwerfen, in dieser Richtung weiter auszubilden und *aus einem Seehandelsrecht ein Seeschifffahrtsrecht zu machen.* Es handle sich dabei nicht etwa darum, Rechtsnormen, deren Entstehung in einer Zeit privat-kapitalistischer Wirtschaftsformen liege, Eingang in Teile des Rechtslebens zu verschaffen, die bisher von solchen Normen frei gewesen seien. Dafür, dass dies nicht geschehe, müsse Sorge getragen werden durch eine Fassung der Vorschriften, die es dem Richter ermögliche, die allgemeinen und staatlichen Belange, wo es erforderlich erscheine, zu dem ihnen gebührenden Einfluss kommen zu lassen. Sei dafür Sorge getroffen, so hindere nichts, den Grundsatz der Einheitlichkeit auch auf die nicht dem Erwerbe dienende Schifffahrt anzuwenden, soweit sie mit dem Wirtschaftsleben der Nation eng verknüpft sei oder zum Mindesten gelegentlich mit ihm in Berührung komme.

Trete man unter diesem Gesichtspunkt an die Kritik und an die neue Gestaltung der bisherigen Rechtslage heran, so ergebe sich im Einzelnen:

Die durch § 26 Abs. 1 FlG geschaffene Rechtslage gebe, wenn man von ihrer Beschränkung auf bestimmte Schiffsarten zunächst absehe, in mehrfacher Richtung zur Beanstandung Anlass.

1. In erster Linie sei dies die auswahllose Erstreckung auf die gesamten Normen des privaten Seerechts. Die Vorschriften für das Frachtrecht beispielsweise könnten für Nichterwerbsschiffe in keiner Weise Bedeutung beanspruchen. Auch eine Befugnis des Kapitäns zur Eingehung von Frachtverträgen (§ 527 Abs. 2 HGB) entspreche der Interessenlage nur im Rahmen der Erwerbsschifffahrt. Daher erscheine es erforderlich, als anwendbar auf Nichterwerbsseeschiffe nur diejenigen Normen des IV. Buches des Handelsgesetzbuches zu bezeichnen, *die sich dafür nach Inhalt und Zweckgedanken eigneten.* Es sei auch hier nicht richtig, ins Einzelne gehende Bestimmungen zu treffen oder auch nur Bestimmungen beispielsweise anzuführen. Sie hülfen dem guten, das Rechtsgebiet überschauenden Richter in Zweifelsfällen nicht viel und seien nur geeignet, anderen Köpfen unter Vermeidung des Zurückgehens auf Inhalt und Zweck der in Betracht kommenden Rechtsnorm Veranlassung zu wortgläubiger Auslegung zu geben.

2. Weiter müsse man es als unzweckmäßig bezeichnen, die Unterstellung unter die Seerechtsnormen von dem Befinden eines Einzelnen darüber abhängig zu machen, ob er die deutsche Flagge führen wolle. Es möge in diesem Zusammenhange dahingestellt bleiben, ob die Führung der deutschen Flagge überhaupt im Belieben des Einzelnen verbleiben dürfe. Das sei der Erörterung einer Reform des Flaggengesetzes vorzubehalten. Als Voraussetzung für die Anwendung der Seerechtsnormen müsse diese Bestimmung jedenfalls fallen. Soweit es sich dabei um Fahrzeuge handle, die für ausländische Rechnung gebaut seien, könnten, wie auch in allen übrigen zweifelhaften Fällen, die Vorschriften des internationalen Privatrechts entscheiden.

3. Endlich müsse die Beschränkung auf bestimmte Arten von Nichterwerbsseeschiffen fallen. Die dagegen etwa zu erhebenden Bedenken seien ausgeräumt, wenn durch eine Generalklausel, wie vorgeschlagen, dafür Vorsorge getroffen werde, dass nur die ihrem Inhalt und Zweck nach sich eignenden Bestimmungen Anwendung erlitten und wenn weiter, soweit den öffentlichen Belangen dienende Schiffe in Frage kämen, die Berücksichtigung dieser und damit entweder die völlige Ausscheidung gewisser Normengruppen oder ihre diesen Belangen angepasste nur entsprechende Anwendung vorgeschrieben werde.

Eine nur entsprechende Gesetzesanwendung von Vorschriften komme nach dem bisherigen Rechtszustand vor allem in Frage, soweit es sich um die Zwangsvollstreckung in das Schiff handle, die bei Staatsschiffen grundsätzlich ausgeschlossen sei. Bei künftiger Gestaltung des deutschen Rechts entsprechend den Bestimmungen des Brüsseler Übereinkommens über die Reederhaftung werde dieser Punkt wegen der vorgesehenen beschränkt persönlichen Haftung an Bedeutung verlieren. Gänzlich werde er sie allerdings nicht einbüßen, da Art. 19 des Abkommens eine von richterlicher Anordnung abhängige Vorvollstreckung in das Schiffsvermögen vorsehe.

Halte man es für notwendig, den Kreis der Seerechtsgebiete näher zu bestimmen, der für Nichterwerbsschiffe in Betracht komme, so seien den bisher in Art. 6 und 7 EGHGB aufgeführten noch die die Bergung und Hilfeleistung in Seenot betreffenden Bestimmungen der bisherigen §§ 740-753 HGB hinzuzufügen. Mit Recht führe Wüstendörfer (aaO. S. 95) aus, es sei eine dringende Forderung der Billigkeit, das deutsche Bergungsrecht zweifelsfrei nicht nur auf die Errettung von Erwerbsschiffen durch Staatsschiffe, sondern auch umgekehrt auf die Errettung von Nichterwerbsschiffen, insbesondere Staatsschiffen, durch Erwerbsschiffe oder andere Nichterwerbsschiffe auszudehnen. Soweit *ausländische* Kriegsschiffe und Dienstfahrzeuge in Frage kämen, werde allerdings, so bemerkte der Berichterstatter, eine entsprechende Vorschrift versagen in Rücksicht auf Art. 14 des Übereinkommens zur einheitlichen Feststellung von Regeln über die Hilfeleistung und Bergung in Seenot, der die bezeichneten Schiffe von der Anwendung des Übereinkommens ausnehme.

Die erwähnten Vorschriften des Immunitätsabkommens könnten durch die Gesetzesänderung nicht berührt werden, wie erforderlichenfalls durch besondere Bestimmung ausgesprochen werden müsse.

IV. Der Redner fasste die Ergebnisse seines Referats in *folgenden Leitsätzen* zusammen:

„(1) Es empfiehlt sich nicht, den Begriff des Schiffs näher zu bestimmen. Die Entscheidung darüber, ob es sich um ein Schiff handelt und danach die Vorschriften des Seerechts Anwendung zu finden haben, ist unter Berücksichtigung der jeweiligen Verkehrsauffassung der Würdigung des Einzelfalles zu überlassen. In geeigneten Fällen kann auch entsprechende Rechtsanwendung geboten sein. Gleiches gilt von der Bestimmung des Beginns und der Beendigung der Schiffseigenschaft.

(2) Die Vorschriften des IV. Buches des Handelsgesetzbuches gelten für Seeschiffe, die zum Erwerbe durch die Seefahrt bestimmt sind. Auch bei nur gelegentlicher Verwendung eines für andere Zwecke bestimmten Seeschiffes für diesen Zweck gilt für die Dauer dieser Verwendung das Gleiche.

(3) Es empfiehlt sich nicht, näher zu bestimmen, wann ein Erwerb durch Seefahrt vorliegt.

(4) Für die Nichterwerbsseeschiffe gelten die bezeichneten Vorschriften ebenfalls, soweit sie nach Inhalt und Zweckgedanken Anwendung finden können.

(5) Soweit es sich dabei um Kriegsschiffe oder um andere Fahrzeuge des öffentlichen Dienstes handelt, können diese Vorschriften in den Fällen keine Anwendung oder nur entsprechende Anwendung finden, in denen der unmittelbaren Anwendung die Belange des öffentlichen Dienstes oder andere öffentliche Belange entgegenstehen."

Der *Vorsitzende,* welcher den Gegenbericht übernommen hatte, begann mit der Bemerkung, dass nach den vortrefflichen Darlegungen von Reichsgerichtsrat Dr. Lindenmaier nicht mehr viel Raum für ergänzende Ausführungen übrig bleibe, zumal der Vorredner ihm in einigen Fällen die Ehre erwiesen habe, seine, des Vorsitzenden Ansicht zu erwähnen und zu übernehmen. Hinsichtlich des Leitsatzes 1 schließe er sich Reichsgerichtsrat Dr. Lindenmaier an. Die Bestimmung des Begriffes Schiff müsse der Elastizität der technischen Entwicklung und der ihr folgenden Elastizität der Rechtsprechung überlassen bleiben. Eine gesetzliche Begriffsbestimmung sei im Übrigen zwecklos, denn auch dann, wenn man eine Begriffsbestimmung aufstelle, könne später im Einzelfall immer die Frage auftauchen, ob man nicht zu einer analogen Anwendung greifen müsse, falls sich diese Definition als zu eng erweise. So liege selbst bei Vorhandensein einer gesetzlichen Begriffsbestimmung die letzte Entscheidung stets in den Händen des Richters.

Dem Berichterstatter stimme er auch darin bei, dass es unnötig sei, den Schiffsbegriff nach unten abzugrenzen. Ganz kleine Wasserfahrzeuge seien keine Schiffe im Sinne des Seerechts, weil sie Menschen und Gütern nicht längere Zeit als Aufenthalt dienen könnten. Solche ganz kleinen Schiffe, wie beispielsweise Kanus auf der Alster, unterlägen aber nicht einmal dem Binnenschifffahrtsrecht, um wie viel weniger dem Seerecht. Er könne sich nicht denken, dass die Frage jemals praktisch würde.

Im Übrigen habe Reichsgerichtsrat Dr. Lindenmaier treffend den jetzigen unklaren Rechtszustand geschildert. Das Rechtsgebäude sei dadurch unübersichtlich geworden, dass man an allen Ecken und Enden Notbauten angeflickt habe. Es sei dringend erwünscht, einen Neubau aufzuführen.

Grundsätzlich müsse das Seerecht für alle Seeschiffe gelten, die zum Erwerb durch Seefahrt dienten. Die Unterscheidung zwischen „zum Erwerb durch Seefahrt *bestimmt* sein" und „zum Erwerb durch Seefahrt *dienen*", deren man sich bei der Schaffung des Gesetzes gar nicht bewusst gewesen sei, die vielmehr erst später der Scharfsinn von Pappenheim herausgefunden habe, müsse verschwinden. Das Seerecht müsse gelten sowohl für Seeschiffe, die zum Erwerb durch Seefahrt bestimmt seien, wie für Seeschiffe, welche im konkreten Fall zum Seeerwerb dienten.

Das Seerecht dürfe aber nicht nur auf Erwerbsschiffe angewendet werden. Das Erwerbsmoment müsse grundsätzlich verschwinden. Es sei bereits im geltenden Recht erheblich aufgelockert. Die Rechtsprechung habe den Begriff des „mittelbaren“ Seeerwerbs geschaffen, so dass beispielsweise staatliche Lotsenschiffe, die gegen Entgelt tätig werden, als Erwerbsschiffe behandelt worden seien. Auch § 26 FlG und Art. 6 und 7 EGHGB zeigten die Tendenz zur Ausweitung des Seehandelsrechts: Dem Berichterstatter sei darin zuzustimmen, dass § 26 FlG aus mehreren Gründen zu beanstanden sei, insbesondere, weil er es der Initiative der Beteiligten überlasse, das Seerecht durch Führung der Reichsflagge für anwendbar zu erklären oder nicht. Dabei handle es sich allerdings schon jetzt in Wahrheit nur um eine Fiktion. Zwar kenne unser Flaggengesetz nur ein Recht zur Flaggenführung. Aber in Wahrheit handle es sich um eine Pflicht. Nach der Verordnung über die deutschen Flaggen vom 11. April 1921, jetzt Verordnung vom 20. Dezember 1933 [RGBl. I 1933, 1101], bestehe in gewissen Fällen, beispielsweise beim Einlaufen in einen deutschen Hafen die Pflicht, die Flagge zu zeigen. Auch aus Gründen des Völkerrechtsschutzes werde kein Reeder darauf verzichten, das Flaggenrecht zu erwerben. Es bestehe also ein erheblicher psychologischer Druck zum Führen der Reichsflagge.

Auch die Art. 6 und 7 EGHGB seien technisch mangelhaft. So passten beispielsweise, wie der Berichterstatter schon betont habe, die Vorschriften über die beschränkte Haftung nicht auf Kriegsschiffe. Eine Haftung mit dem Schiffe komme nicht in Frage, da Kriegsschiffe res extra commercium seien. Eine Haftung mit der Fracht entfalle ebenso, da keine Fracht vorhanden sei. Das Reichsgericht habe in einer kühnen und fortschrittlichen Entscheidung (RGZ Bd. 79, S. 179 ff.) ausgesprochen, dass der Fiskus für ein Kriegsschiff in einem solchen Falle bis zur Höhe des Schiffswertes beschränkt-persönlich hafte.

Eine Tendenz zur Auflockerung des Erwerbsmoments ergebe sich auch noch aus anderen Vorschriften: Nach § 1 SUG solle sich das Seeunfalluntersuchungsgesetz [SUG] nur auf Kauffahrteischiffe beziehen, in der Praxis sei aber die Untersuchung auf alle Schiffe mit Ausnahme der Kriegsschiffe ausgedehnt worden, ein Zustand, der auch im künftigen Recht beibehalten werden solle. § 2 Prisengerichtsordnung von 1911 lasse das Gesetz auf alle Schiffe Anwendung finden, soweit sie nicht im Staatseigentum stünden. Auch der Wortlaut des § 1 BSchG sei nach der Gesetzesbegründung absichtlich so gewählt worden, dass man auf das Erwerbsmoment verzichtet habe; demnach gelte das Binnenschifffahrtsrecht beispielsweise auch für Polizeibarkassen, eine Ausdehnung, die insbesondere für die Bergung und Hilfeleistung sowie für den Fall des Schiffszusammenstoßes von Bedeutung sei. Die Brüsseler Übereinkommen vom 23. September 1910 endlich fänden auf alle Privatschiffe Anwendung.

Nach der üblichen Auslegung von §§ 740 ff. HGB hätten Staatsschiffe einen Anspruch auf Rettungslohn, wenn sie einem Erwerbsschiff Hilfe leisten. Ebenso müsse es aber auch umgekehrt sein und in der Tat habe so das Seeschiedsgericht im Jahre 1917 (HGZ 1917 Nr. 146) in einem Falle entschieden, wo von einem Schlepper der Bugsier ein Marinedampfer aus Eisnot befreit worden sei.

Im kommenden Recht dürfe die individuelle Entscheidung des Eigentümers nicht maßgebend für die Frage sein, ob Seerecht angewendet werden solle oder nicht. Das öffentliche Interesse stehe dem entgegen. Der Rechtszustand müsse klar festgelegt werden. Manche Vorschriften eigneten sich allerdings nicht für Nichterwerbsschiffe, andere seien aber auch für sie praktisch wichtig, z.B. die Bestimmungen über die Rechtsstellung des Kapitäns (Vertretungsmacht, Disziplinargewalt, Verklarungspflicht etc.), die Schiffsmannschaft, die Haftung des Reeders nebst dem Schiffsgläubigerrecht, insbesondere die Haftung für Schiffszusammenstöße, die Bergung und

Hilfeleistung, die dingliche Rechtslage des Schiffes (Übereignung, Verpfändung, Beschlagnahmefreiheit) usw. Er stimme Reichsgerichtsrat Dr. Lindenmaier darin bei, dass man nicht in einer Aufzählung, sondern nur in einer elastischen Generalklausel bestimmen könne, welche Normen für Nichterwerbsschiffe gelten bzw. nicht gelten sollten. Den Leitsatz 4 halte er daher für glücklich, doch scheine ihm eine Zusammenziehung mit Leitsatz 2 zweckmäßig.

Gegen die Generalklausel des Leitsatzes 5 habe er jedoch Bedenken. Man gerate in den Triebsand großer Rechtsunsicherheit, wenn man sie übernehme. Es frage sich, ob man nicht, wenigstens für Kriegsschiffe, eine andere Regelung finden könne, die ohne formalistisch starr zu sein, den Kreis der fraglichen Rechtsnormen enger umreiße.

Hierbei müsse die Stellungnahme der internationalen Verträge berücksichtigt werden. Die Brüsseler Übereinkommen von 1910 bezögen sich nicht auf „Schiffe des öffentlichen Dienstes" und auch die Brüsseler Entwürfe von 1924 (Haftungsabkommen Art. 13, Hypothekenabkommen Art. 15) wollten nicht für Kriegsschiffe und andere Staatsschiffe des öffentlichen Dienstes gelten.

Es sei vielleicht zweckmäßig, die übrigen wenigen Seerechtsnormen aufzuzählen, die für Kriegsschiffe in Betracht kämen. Das werde nicht schwierig sein, da die Mehrzahl der seerechtlichen Normen auf Kriegsschiffe nicht passe. Es sei vielleicht nicht notwendig, wie bisher in EGHGB Art. 6 vorzusehen, dass das Eigentum an Kriegsschiffen ohne Übergabe übertragen werden könne. Alsdann kämen auf Kriegsschiffe wohl nur die Vorschriften über Bergung und Hilfeleistung, über die summenmäßig begrenzte Reeder-Haftung, über Haftung für Dienstverschulden der Schiffsbesatzung und Haftung für Schiffszusammenstoß zur Anwendung. Es sei alsdann zweckmäßig, diese Bestimmungen aufzuzählen, grundsätzlich aber die Anwendbarkeit des Seehandelsrechts auf Kriegsschiffe auszuschließen.

Zweifelhaft bleibe, wie man die übrigen Schiffe des öffentlichen Dienstes, beispielsweise die staatlichen Lotsendampfer und Feuerschiffe behandeln solle. Die vier Brüsseler Verträge gingen in der Nichtanwendung weiter als die deutsche Rechtspraxis, da sie nur Privatschiffe umfassten. Es sei vielleicht besser, nur diejenigen Schiffe, welche die *Reichsdienstflagge* der Marine führten, in negativer Hinsicht den Kriegsschiffen gleichzustellen. Das habe auch der Seeschifffahrtstag 1929 bei der Beratung des Seeunfalluntersuchungsgesetzes vorgesehen.

Bezüglich des Leitsatzes 2 wolle er sich noch nicht endgültig festlegen, da dieser Leitsatz möglicherweise durch das Endergebnis überholt werde.

Mit Leitsatz 3 dagegen sei er einverstanden.

Reichsgerichtsrat *Dr. Lindenmaier* wies zu seinem Leitsatz 2 darauf hin, dass es sich dabei nur um eine Eventualformulierung handle. Er habe auch für den Fall Stellung nehmen wollen, dass der Seerechtsausschuss sich nicht zu einem Fallenlassen des Erwerbsmoments entschließen könne.

Ministerialrat *Koffka* meinte, das IV. Buch des Handelsgesetzbuches sei nicht mehr der richtige Platz für das Seerecht. Wenn man den großen Schritt tun wolle, ein Recht für alle Seefahrt treibenden Schiffe zu schaffen, so müsse man ein besonderes Schifffahrtsgesetz einführen. Im Handelsgesetzbuch könnten dann nur noch einige Normen des Seerechts Platz finden. Ihm scheine diese Frage von großer Bedeutung zu sein. Allerdings kenne er nicht die Stellungnahme des Reichsjustizministeriums. Er persönlich halte es für wünschenswert, durch ein besonderes Gesetz der stiefmütterlichen Behandlung des IV. Buches des Handelsgesetzbuches ein Ende zu machen. Werde doch in den meisten Ausgaben des Handelsgesetzbuches das IV. Buch gar nicht mit abgedruckt.

Der *Vorsitzende* entgegnete, seines Erachtens handle es sich hier nur um eine Frage der architektonischen Schönheit des Handelsgesetzbuches. Ein sachlicher Zwang, die Vorschriften des Seerechts herauszunehmen, sei nicht ersichtlich; auch das niederländische Handelsgesetzbuch behandle in seinem 2. Buch ganz allgemein das Recht der zur See fahrenden Schiffe. Aus dem

Handelsgesetzbuch werde dann eben ein *„Handels- und Schifffahrts*gesetzbuch". Schon im geltenden Recht stoße man auf Normen, die mit dem eigentlichen Handelsrecht nichts zu tun hätten, man brauche sich nur an die Vorschrift des § 2 HGB zu erinnern, wonach der Besitzer eines großen Fremdenhofes Sollkaufmann sei. Die Schaffung eines selbständigen Seegesetzbuches, ähnlich dem Entwurf eines italienischen Codice Marittimo, sei auf den ersten Blick zwar sehr verlockend, es bestünden aber mehrfache Schwierigkeiten: Man denke z.B. an die Fülle verwaltungsrechtlicher Normen, die sich noch dazu im Flusse ständiger Entwicklung befänden. Sollten sie alle Aufnahme finden in solches Gesetzbuch? Oder wo sei hier die Grenze zu ziehen? Es empfehle sich auch, die Seemannsordnung als Sondergesetz für sich zu lassen, das sie ins Volkslogis gehöre, wo die Seeleute mit einem riesigen Kodex nichts anzufangen wüssten.

Auch OLG-Präsident *Dr. Engel* meinte, es handle sich nur um eine Schönheitsfrage. Allerdings sei wohl in der Schaffung eines selbständigen Gesetzes die korrektere Lösung zu sehen.

Ministerialrat *Koffka* bemerkte, er habe nur an die Schaffung eines Gesetzes gedacht, in dem die nicht zum eigentlichen Handelsrecht gehörigen seerechtlichen Normen privatrechtlichen Inhalts zusammengefasst seien, nicht an eine Zusammenfassung sämtlicher die Seefahrt betreffenden Vorschriften.

Reichsgerichtsrat *Dr. Lindenmaier* äußerte, er halte es nicht für richtig, die privatrechtlichen Normen des Seerechts derart auseinanderzureißen, dass man sie, wie Ministerialrat Koffka es vorschlage, teilweise im Handelsgesetzbuch, teilweise außerhalb desselben unterbringe. Dadurch werde an Übersichtlichkeit nichts gewonnen. Wenn man ein spezielles Seegesetzbuch schaffe, gehörten auch die Vorschriften über den Frachtvertrag und über die Konnossemente hinein.

OLG-Rat *Reinbeck* wandte sich gegen den Vorschlag von Ministerialrat Koffka, ein Spezialgesetz zu schaffen.

Der *Vorsitzende* erklärte, die Frage, ob man ein besonderes Seegesetzbuch schaffen solle, könne besser später erörtert werden, wenn man einen besseren Überblick über alle Teilmaterien habe.

Zu den Einzelfragen bemerkte OLG-Präsident *Dr. Engel,* in Anbetracht dessen, dass die Berichterstatter in ihren Vorschlägen in den Hauptpunkten übereinstimmten, sei es schwierig, noch weiteres zu sagen.

Zu Leitsatz 4 wolle er die Anregung geben, in Zweifelsfällen das Seerecht zur Anwendung zu bringen. Das könne derart geschehen, dass man den Leitsatz so formuliere: „Für die Nichterwerbsschiffe gelten die bezeichneten Vorschriften ebenfalls, soweit sie nicht nach Inhalt und Zweckgedanken unanwendbar sind."

Reichsgerichtsrat *Dr. Lindenmaier* billigte diesen Änderungsvorschlag, empfahl aber, seinen Leitsatz 4 in seinem zweiten Teil dahin zu fassen, dass die Vorschriften gelten, „soweit nicht deren Inhalt oder Zweckgedanke dem entgegensteht."

OLG-Präsident *Dr. Engel* erklärte sich auch mit dieser Formulierung einverstanden.

Zu Leitsatz 5 bemerkte er, er halte die Vorschläge des Vorsitzenden für richtig.

Der *Vorsitzende* dankte OLG-Präsident Dr. Engel für seine begrüßenswerte Anregung zu Leitsatz 4.

Zu Leitsatz 5 hob er noch hervor, man dürfe nicht außer Acht lassen, dass man eine Unstimmigkeit zwischen dem deutschen und dem internationalen Recht herbeiführe, wenn das deutsche Recht nur Kriegsschiffe und Schiffe, welche die Reichsdienstflagge der Marine führten, aus dem Seerecht herausnehme, die vier Brüsseler Abkommen dagegen alle Staatsschiffe des öffentlichen Dienstes. Das sei ein praktischer Gesichtspunkt, der nicht unbeachtet gelassen werden dürfe.

Dr. Droege stimmte den Vorschlägen des Vorsitzenden zu, indem er darauf hinwies, dass die Formulierung des Begriffes der vom Gesetz erfassten Seeschiffe im Handelsgesetzbuch jedenfalls nicht anders als im Flaggengesetz lauten dürfe.

Alsdann entspann sich eine *Aussprache* über die Vorschläge des Vorsitzenden zu Leitsatz 5. Während Einigkeit darüber bestand, dass die Staatsschiffe, die Handelszwecken dienten (Ostpreußischer Seedienst), dem Seerecht in jeder Hinsicht unterworfen werden müssten, blieb bezüglich der Schiffe des öffentlichen Dienstes ungeklärt, welche Arten dieser Schiffe den Kriegsschiffen gleichgestellt werden könnten, wobei als Beispiele Zollkreuzer, Tonnenleger und Schlepper der Marinewerft Kiel erwähnt wurden. Die Anregung des *Vorsitzenden*, diejenigen Schiffe ebenso wie Kriegsschiffe zu behandeln, welche die Reichsdienstflagge der Marine führten, gab zu der Erörterung der Frage Anlass, ob es eine solche Flagge neben der allgemeinen Reichsdienstflagge heute noch gebe. *Dr. Droege* verneinte das und schlug demzufolge vor, diejenigen Schiffe des öffentlichen Dienstes, die keine Kriegsschiffe seien, *einheitlich* zu behandeln, also entweder den Kriegsschiffen sämtlich gleichzustellen oder nicht. Der *Vorsitzende* und Reichsgerichtsrat *Dr. Lindenmaier* stellten in Übereinstimmung mit OLG-Präsident *Dr. Engel* zur Erörterung, diejenigen Schiffe des öffentlichen Dienstes besonders zu behandeln, auf denen wie auf Kriegsschiffen militärische Befehlsgewalt bestehe. Der *Vorsitzende* schloss die Erörterung des Problems damit ab, dass er feststellte, vor einer endgültigen Stellungnahme des Ausschusses müssten neben einem Vertreter der Reichsmarine das Reichsverkehrs- und das Reichsfinanzministerium gehört werden. Die Reichsmarine und die beiden letztgenannten Ministerien wolle er um eine schriftliche gutachtliche Äußerung bitten. Ministerialrat *Koffka* erklärte sich bereit, die Ministerien mit den sachlichen Unterlagen für ihre gutachtlichen Äußerungen zu versehen.

Zusammenfassend bestimmte der *Vorsitzende* das Ergebnis der Beratung folgendermaßen:

Über den Leitsatz 1 herrsche Einverständnis.

Leitsatz 2 solle in Satz 1 nur eine Eventualformulierung enthalten, die dadurch überholt sei, dass das Erwerbsmoment grundsätzlich ausscheiden solle. Auf Satz 2 komme man zweckmäßig noch einmal zurück bei Erörterung gelegentlicher Seeerwerbsreisen von *Binnen*schiffen.

Einhelliger Ansicht sei man auch über Leitsatz 3.

Leitsatz 4 erhalte die abgeänderte Fassung, wie sie OLG-Präsident Dr. Engel angeregt und Reichsgerichtsrat Dr. Lindenmaier gebilligt habe: „soweit nicht deren Inhalt oder Zweckgedanke dem entgegensteht."

Leitsatz 5 bedürfe noch der Klärung.

9. Arbeitssitzung vom 14.6.1934 (16 bis 19.35 Uhr)

Anwesend:
Vorsitzender: Prof. Dr. Wüstendörfer, Hamburg
1. Schriftführer: Rechtsanwalt Dr. Droege, Hamburg
2. Schriftführer: Richter Dr. Bramslöw, Hamburg
und als weitere wissenschaftliche Mitglieder:
Rechtsanwalt Dr. Dettmers, Bremen
Dr. Krichhauff, Hamburg
Reichsgerichtsrat Dr. Lindenmaier, Leipzig
Direktor Michelau, Bremen
OLG-Rat Dr. Reinbeck, Hamburg
Rechtsanwalt Dr. Schüler, Hamburg
Rechtsanwalt Dr. Schulze-Smidt, Bremen
Verwaltungsdirektor Sturm, Hamburg
vom Reichsjustizministerium:
Ministerialrat Koffka, Berlin

vom Reichsverkehrsministerium:
Assessor Dr. Brandt, Berlin
vom Reichswehrministerium, Abt. Reichsmarine:
Oberregierungsrat Dr. Eckhardt, Berlin
als praktisches Mitglied:
Kapitän Freyer, Hamburg
ferner als Sachverständige:
Direktor Cords, Hamburg
Direktor Gieser, Vorsitzender des Seeamts, Hamburg
Korvettenkapitän Lohmann, Hamburg
Lotse Lührs, Hamburg
Vizeadmiral Werth, Reichskommissar beim Seeamt, Hamburg
für die Niederschrift in der Sitzung:
Assessor Dr. Möller, Hamburg und Referendarin Krüger, Wandsbek
entschuldigt fehlten:
OLG-Präsident Dr. Engel, Hamburg
Geheimrat Wiedenfeld, Hamburg

Nach Begrüßung der Anwesenden teilte der *Vorsitzende* zur Geschäftsordnung mit, dass zunächst die Aussprache über die *seerechtliche Stellung der Kriegsschiffe* und anderer Schiffe des öffentlichen Dienstes fortgesetzt werden solle. Leider sei – wie aus einem vom Vorsitzenden verlesenen Antwortschreiben hervorging – das Reichsfinanzministerium vorläufig noch nicht in der Lage gewesen, die von ihm gemäß Beschluss der 8. Arbeitssitzung erbetene gutachtliche Äußerung abzugeben.

Berücksichtige man das Ergebnis der 8. Arbeitssitzung, so handle es sich gegenwärtig noch um zwei Probleme:

Der Seerechtsausschuss sei zu dem Beschluss gekommen, dass für Kriegsschiffe und etwaige andere Staatsschiffe, an deren Bord militärische Befehlsgewalt herrsche, das Seeprivatrecht grundsätzlich unanwendbar sein solle und dass es zweckmäßig sei, die wenigen Seerechtsvorschriften, die auf diese Schiffe dennoch zur Anwendung zu kommen hätten, ausdrücklich festzulegen. In Art. 6, 7 EGHGB seien die Bestimmungen über die erleichterte Veräußerung eines Seeschiffes, über die Haftung des Reeders für das Verschulden einer Person der Schiffsbesatzung, über die Haftung im Falle des Zusammenstoßens von Schiffen sowie über die Beschränkung der Haftung in den letztgenannten Fällen auch auf Nichterwerbsschiffe für anwendbar erklärt. Was die Kriegsschiffe und die ihnen gleichgestellten Schiffe anlange, so müsse besonders noch geklärt werden, ob es wesentlich sei und Zweck habe, die Veräußerungserleichterung des § 474 HGB auch auf sie zur Anwendung zu bringen.

Der zweite Fragenkreis betreffe die rechtliche Stellung der übrigen Staatsschiffe des öffentlichen Dienstes. Soweit an Bord der Staatsschiffe des öffentlichen Dienstes keine militärische Befehlsgewalt, sondern das einfache Kommando eines Kapitäns herrsche, frage es sich, wie sie behandelt werden und ob die Schiffe der Reichsmarine innerhalb dieser Gruppe eine Sonderstellung einnehmen sollten.

Oberregierungsrat *Dr. Eckhardt* erklärte, für Kriegsschiffe bestehe kein Interesse an der Veräußerungserleichterung des § 474 HGB. Die Veräußerungserleichterung habe für Kriegsschiffe keine praktische Bedeutung, zumal überhaupt die Veräußerung von Kriegsschiffen durch internationale Abkommen erschwert sei.

Korvettenkapitän *Lohmann* stimmte dem zu.

Der *Vorsitzende* wies darauf hin, dass während des Weltkrieges einmal der Fall einer Veräußerung eines Kriegsschiffes praktisch geworden sei: Damals sei der Schlachtkreuzer „Goeben", als er sich im Mittelländischen Meer befand, an die Türkei verkauft worden. Seines Wissens habe aber eine Übergabe stattgefunden.

Dr. Schulze-Smidt stellte die Frage, ob die Veräußerungserleichterung des § 474 HGB nicht Bedeutung erlangen könne, falls ein Kriegsschiff abgewrackt sei und das Wrack verkauft werden solle.

Korvettenkapitän *Lohmann* wies demgegenüber darauf hin, dass es sich in solchem Falle gar nicht mehr um ein Kriegsschiff handle, da abzuwrackende Kriegsschiffe aus der Liste der Kriegsschiffe gestrichen und desarmiert würden.

Reichsgerichtsrat *Dr. Lindenmaier* pflichtete den Darlegungen von Korvettenkapitän Lohmann bei. Ein abgewracktes Kriegsschiff sei kein Kriegsschiff mehr. Es stelle allerdings auch kein Erwerbsschiff dar. Da aber die Normen des künftigen Seerechts auch für Nichterwerbsschiffe gelten sollten, so würden keine Schwierigkeiten erwachsen.

Nachdem der *Vorsitzende* noch darauf hingewiesen hatte, dass auch für Kriegsschiffe stets die allgemein-sachenrechtlichen Vorschriften über die Traditionssurrogate, insbesondere das Besitzkonstitut, Geltung hätten, und diese Vorschriften bereits die Durchführung der Übereignung erleichterten, stellte er als allgemeine Ansicht fest, dass § 474 HGB keine praktische Bedeutung für Kriegsschiffe besitze.

Hiernach sei zu prüfen, ob die in Art. 7 EGHGB genannten Bestimmungen in Zukunft auch für Kriegsschiffe gelten sollten. Auch an die Vorschriften über Bergung und Hilfeleistung (§§ 740 ff. HGB), welche durch die übliche Auslegung und die Rechtsprechung gleichfalls auf Staatsschiffe des öffentlichen Dienstes erstreckt würden, sei zu denken. Dies Problem sei praktisch bedeutsam, man brauche nur an die nicht selten vorgekommenen Zusammenstöße manövrierender Kriegsschiffe mit aufkommenden Frachtdampfern auf der Kieler Förde zu denken.

Oberregierungsrat *Dr. Eckhardt* führte hierzu Folgendes aus:

Der Schiffspark der Reichsmarine bestehe aus eigentlichen Kampfschiffen (Linienschiffe, Kreuzer, Torpedoboote, Zerstörer, Tender usw.) sowie aus sonstigen Fahrzeugen, die als Zubringeschiffe, Ölfahrzeuge, Prähme, Lotsendampfer, Tonnenleger, Bagger, Schlepper usw. Verwendung fänden. Beide Kategorien von Fahrzeugen stünden im reichseigenen Besitz. Für den Kriegsfall werde dieser reichseigene Schiffspark durch Einstellung von Hilfskriegsschiffen (in Kampffahrzeuge umgewandelten Handelsschiffen) sowie durch die Inanspruchnahme sonstiger Kauffahrteischiffe (als sog. Hilfsbeischiffe) vorübergehend vergrößert; die sich aus diesem Sonderfall ergebenden zahlreichen Rechtsfragen könnten aber wohl hier unerörtert bleiben, da die beabsichtigte Reform des deutschen Seerechts nur den Friedenszustand im Auge habe.

Sowohl die eigentlichen Kampfschiffe wie auch die sonstigen Dienstfahrzeuge der Reichsmarine fielen unter den Begriff der Staatsschiffe. Einer internationalen Festlegung dieses Begriffes ermangele es allerdings bisher, da bei ihm bald von dem Eigentum an dem Schiff, bald von dessen Zweckbestimmung ausgegangen werde und zudem die Einführung von Staatshandelsschiffen den Wunsch nach neuer Sinngebung des Staatsschiffsbegriffes gerade in der Nachkriegszeit habe aufkommen lassen.

In der Praxis am wenigsten bestritten sei der Begriff des eigentlichen Kriegsschiffes. Es stelle ein Staatsschiff dar, das legitimiert sei, für die Interessen des Staates, und zwar auch außerhalb des eigenen Staatsgebietes nötigenfalls mit Gewalt einzutreten. Seine Merkmale seien: Kriegsflagge, vom Staate eingesetzter militärischer Befehlshaber, dessen Name in der Rangliste der Kriegsmarine stehe, militärisch disziplinierte Besatzung.

Unter die zweite Kategorie von Fahrzeugen des öffentlichen Dienstes fielen die sonstigen schon oben erwähnten Dienstschiffe der Reichsmarine, sowie die Dienstfahrzeuge der übrigen

Reichs- und Landesressorts. Diese Kategorie von Staatsschiffen charakterisiere sich dadurch, dass sie eine Reichsdienstflagge führten, aber *nicht,* wie die Kriegsschiffe, *militärisch,* sondern anderweitig besetzt seien.

Die Tatsache des staatlichen Besitzes an beiden Kategorien von Fahrzeugen in Verbindung mit ihrer staatlichen Verwendungsart privilegiere die Staatsschiffe sowohl im Inlande wie im Auslande in mannigfaltiger Beziehung vor den Schiffen der Kauffahrtei. Nach außen hin komme dieses Privileg in Form der Exemtion von der fremden Gerichtsbarkeit zum Ausdruck, während innerstaatlich vielfach Abgabefreiheiten für Staatsschiffe sowie deren Nichtunterwerfung unter die Bestimmungen des für Kauffahrteischiffe geltenden Seehandelsrechtes üblich seien. Das schon erwähnte Aufkommen der Staatshandelsschiffe habe zu einer zwischenstaatlichen Einschränkung dieser Privilegien geführt, nämlich zu dem internationalen *Abkommen zur einheitlichen Feststellung von Regeln über die Immunitäten der Staatsschiffe vom 9. Juli 1927* [RGBl. I 1927, 483].

In Art. 1 dieses Abkommens sei zunächst vereinbart, dass die einem Staate gehörigen oder von ihm verwendeten Seeschiffe, die einem Staate gehörigen Ladungen sowie die auf Staatsschiffen beförderten Ladungen und Reisenden ebenso wie die Staaten, denen diese Schiffe gehörten, oder die sie verwendeten, oder denen diese Ladungen gehörten, in Ansehung der die Verwendung der Schiffe oder die Beförderung der Ladungen betreffenden Ansprüche den gleichen Regeln über die Verantwortlichkeit und den gleichen Verbindlichkeiten unterlägen wie private Schiffe, Ladungen und Schifffahrtsunternehmen.

Art. 2 bestimme, dass die sich aus Art. 1 ergebenden Verantwortlichkeiten und Verbindlichkeiten bezüglich ihrer Durchführung den gleichen Regeln unterlägen, die für die einer Privatperson gehörigen Handelsschiffe usw. gälten.

Art. 3 besage sodann, dass die vorstehenden Bestimmungen keine Anwendung fänden auf Kriegsschiffe, Staatsyachten, Schiffe des Überwachungsdienstes, Hospitalschiffe, Hilfsschiffe, Proviantschiffe und andere Fahrzeuge, die einem Staate gehörten oder von ihm verwendet würden, und die zur Zeit des Entstehens der Forderung ausschließlich für einen staatlichen Dienst und nicht für Handelszwecke bestimmt seien oder verwendet würden. Diese Schiffe seien nicht zum Gegenstande einer Beschlagnahme, Arrestierung oder Zurückbehaltung durch irgendeine gerichtliche Maßnahme zu machen und unterlägen keinem gerichtlichen Verfahren „in rem". Jedoch könnten die Beteiligten ihre nachbenannten Ansprüche bei den zuständigen Gerichten des Staates, dem das Schiff gehöre oder der es verwende, geltend machen, ohne dass dieser Staat sich auf seine Immunität berufen könne:

1. Ansprüche aus Anlass von Schiffszusammenstößen oder anderen Schifffahrtsunfällen,
2. Ansprüche aus Anlass von Hilfeleistung und Bergung in Seenot oder großer Haverei,
3. Ansprüche aus Anlass von Ausbesserungen, Lieferungen oder anderen das Schiff betreffenden Verträgen.

Mit diesen Bestimmungen des Abkommens sei eine gewisse Gleichstellung der Staatshandelsschiffe mit den privaten Kauffahrteischiffen vollzogen und formellrechtlich auch die Verfolgungsmöglichkeit von Ersatzansprüchen bei Beteiligung von Kriegsschiffen und sonstigen Staatsschiffen unter Gleichstellung der letzten beiden Kategorien anerkannt, während die materiellrechtliche Begründung und Abgrenzung der Ansprüche nach wie vor dem internen Rechte der einzelnen Staaten vorbehalten bliebe.

Die grundsätzliche Nichtunterwerfung der Staatsschiffe unter die Normen des Seehandelsrechts habe schon vor dem Weltkriege Zweifel darüber ausgelöst, welche Rechtsgrundsätze in Anwendung zu bringen seien, wenn ein Kriegsschiff z.B. an einem Zusammenstoß mit einem Handelsschiff beteiligt sei.

Das Reichsgericht habe, nach anfänglicher Verneinung der Anwendung des Seehandelsrechts für den Fall, dass ein Kriegsschiff in Ausübung staatlicher Hoheitsrechte handle (RGZ 72, 347), später sich für entsprechende Anwendung des Seehandelsrechts in dem Sinne ausgesprochen (RGZ 79, 178), dass der Fiskus für eine von einem Kriegsschiffe verschuldete Kollision nur bis zur Höhe desjenigen Wertes zu haften habe, welchen das Kriegsschiff zu der Zeit unmittelbar nach dem Zusammenstoß besitze.

Da die Ansicht des Reichsgerichtes auch im Schrifttum, insbesondere auch von Seiten des Vorsitzenden des Seerechtsausschusses, Billigung gefunden habe, so sei die Absicht des Seerechtsausschusses, die vom Reichsgericht bisher nur durch analoge Anwendung ausgefüllte Lücke des Gesetzes durch eine klare Fassung der Bestimmungen zu beseitigen, zu begrüßen.

Bemerken wolle er noch, dass in den von der Marineleitung als Anlage 10 zu Ziffer 914 der Bestimmungen für den Dienst an Bord herausgegebenen besonderen Havariebestimmungen über Kollision mit Fahrzeugen der Reichsmarine die Bereitschaft zur Bezahlung von Entschädigungen bei schuldhaft zugefügtem Schaden grundsätzlich anerkannt sei, so dass die geplante Neuformulierung nur eine Klarstellung und Begrenzung der fiskalischen Ersatzverpflichtung bringen werde. Das sei auch noch unter dem Gesichtspunkt wünschenswert, dass danach kein geschädigter Schiffsbesitzer mehr den Versuch machen könne, unter Berufung auf das Reichsgesetz vom 22. Mai 1910 über die Haftung des Reichs für seine Beamten eine höhere Entschädigung zu erwirken, als sie nach den einschränkenden Bestimmungen der Reederhaftung im Handelsgesetzbuch vorgesehen sei.

Des ferneren empfehle sich vielleicht, im Rahmen der Erörterungen noch näher nachzuprüfen, ob nicht auch die Bemerkung des Reichsgerichts (RGZ 79, 178) noch einer gesetzlichen Klarstellung bedürfe, wonach eine Ersatzpflicht des Fiskus nur dann gegeben sei, wenn die Vorschriften der Seestraßenordnung, oder die Regeln der Seemannschaft schuldhafterweise nicht befolgt worden seien, dass aber auch Fälle vorkommen könnten, wo die sonst gegenüber anderen Schiffen gebotenen Regeln der Vorsicht von einem Kriegsschiff nicht befolgt werden dürften, weil andere höhere Rücksichten des Staats- und Völkerrechts in Frage stünden. So sei beispielsweise der Fall denkbar, dass bei einer Nachtübung Kriegsschiffe ohne Licht fahren müssten und dadurch Schaden anrichteten.

Zur Frage des Berge- und Hilfslohnes bei Beteiligung von Kriegs- und Staatsschiffen sei zu bemerken, dass auch diese Materie – wie im Schrifttum, insbesondere auch von dem Vorsitzenden anerkannt – einer präzisen Klarstellung im Gesetze ermangele. Die Lückenhaftigkeit der Bestimmungen ergebe sich danach einmal dadurch, dass das Bergungs- und Hilfeleistungsrecht in Art. 7 EGHGB nicht einbezogen worden sei, sodann dadurch, dass in dem internationalen Übereinkommen über die Hilfeleistung und Bergung in Seenot vom 7. Januar 1913 dessen Anwendung auf Kriegsschiffe sowie auf Staatsschiffe, die ausschließlich für einen öffentlichen Dienst bestimmt seien, ausdrücklich ausgeschlossen werde. Die gleiche Ausschlussklausel sei übrigens auch in dem internationalen Abkommen betreffend den Schiffszusammenstoß enthalten.

Theorie und Praxis nähmen jedenfalls an, dass bei aktiven Hilfs- und Bergungsmaßnahmen den Kriegsschiffen und sonstigen im öffentlichen Dienst stehenden Staatsschiffen ein Lohnanspruch ebenso zustehe wie bei Bergungen und Hilfeleistungen durch Privatschiffe.

Die Reichsmarine beschränke sich bei Hilfeleistungen und Bergungen durch Kriegsschiffe in der Praxis auf Erstattung der entstandenen Barauslagen. Zu einem formellen Verzicht auf weitergehende Ansprüche bestehe jedoch auch bei den Kriegsschiffen keine Veranlassung. Noch weniger liege ein Grund dazu vor, auf die Hilfs- und Bergelohnansprüche bei den übrigen Dienstschiffen zu verzichten. Durch Verwaltungsanordnung sei sichergestellt, dass die Dienstfahrzeuge der Reichsmarine nur Bergungs- und sonstige Hilfsdienste leisteten, wenn die Inanspruchnahme privater Bergungsfahrzeuge aus tatsächlichen Gründen nicht möglich sei.

Der *Vorsitzende* dankte Oberregierungsrat Eckhardt für seine Ausführungen, welche klargestellt hätten, dass man drei Gruppen von Schiffen unterscheiden müsse, nämlich erstens Kriegs- und Hilfskriegsschiffe, zweitens staatliche Handelsschiffe und drittens die Staatsschiffe des öffentlichen Dienstes, soweit sie nicht Kriegsschiffe seien.

Was die Kriegs- und Hilfskriegsschiffe angehe, so handle es sich darum, die Vorschriften aufzuzählen, welche auf sie angewendet werden könnten. Es bestehe aber keine Veranlassung, auf die Einzelfrage einzugehen, ob und wann – beispielsweise bei Nachtübungen – die sonst gebotenen Vorsichtsmaßregeln bei der Fahrt eines Kriegsschiffes außer Acht bleiben können. Gehaftet werde stets nur für *Verschulden,* und bei der Prüfung der Frage nach einem Verschulden der Schiffsbesatzung sei natürlich zu berücksichtigen, ob ein militärischer Dienstbefehl oder die Wahrung staatlicher Belange vorgelegen habe. So könne gegebenenfalls auch ein Fahren ohne Licht entschuldigt sein.

Auf die staatlichen Handelsschiffe solle dagegen das Seehandelsrecht grundsätzlich in vollem Umfange zur Anwendung kommen. Darüber sei man sich in der 8. Arbeitssitzung einig geworden.

Bezüglich der übrigen Staatsschiffe des öffentlichen Dienstes hätten die bisherigen Erörterungen eine Klärung dahingehend herbeigeführt, dass man nicht zwischen den Schiffen der Reichsmarine, soweit an Bord keine militärische Befehlsgewalt herrsche, und den übrigen Schiffen des öffentlichen Dienstes unterscheiden könne. Streiten könne man aber darüber, wie diese Gesamtgruppe von Schiffen behandelt werden solle. Seiner Ansicht nach müsse in Anbetracht der zahlreichen in betriebstechnischer Hinsicht vorhandenen Ähnlichkeiten mit den privaten Seeschiffen, grundsätzlich das Handelsgesetzbuch Anwendung finden, jedoch mit der wesentlichen Einschränkung, dass solche Bestimmungen nicht angewendet werden könnten, deren Geltung durch die Belange des öffentlichen Dienstes ausgeschlossen sei.

Auf den Einwand von Oberregierungsrat *Dr. Eckhardt,* dass Art. 3 des Immunitätsabkommens die Kriegsschiffe und die übrigen Staatsschiffe gleichstelle, entgegnete der *Vorsitzende,* dass ihm der Schwerpunkt des Immunitätsabkommens nicht in dieser negativen Gleichstellung zu liegen scheine, sondern in der positiven Unterstellung der staatlichen Handelsschiffe unter das Seehandelsrecht. Das Immunitätsabkommen verbiete dem nationalen Recht nicht, in der Anwendung des Seehandelsrechts noch einen Schritt weiter zu gehen und auch die Schiffe des öffentlichen Dienstes hineinziehen (vgl. Art. 6 Abs. 2).

Reichsgerichtsrat *Dr. Lindenmaier* stimmte dem zu und meinte gleichfalls, es sei den nationalen Rechten trotz des Immunitätsabkommens nicht verwehrt, außerhalb des Immunitätsabkommens die ihnen zweckmäßig erscheinende Regelung zu treffen.

Zurückkommend auf die Frage des Verschuldens bei Nachtübungen wies Reichsgerichtsrat Dr. Lindenmaier darauf hin, dass ein Dienstbefehl das Verschulden auszuschließen vermöge. Jedoch könne vielleicht in solchen Fällen den Staat eine Art Gefährdungshaftung treffen. Er wolle den Gedanken nur vorsichtig andeuten. Es komme ganz auf den einzelnen Fall an. Der *Vorsitzende* stimmte Reichsgerichtsrat Dr. Lindenmaier hinsichtlich der Gefährdungshaftung zu, empfahl aber nochmals, dies Problem im Seerechtsausschuss beiseite zu lassen, da es sich hier nicht sowohl um eine Aufgabe der Gesetzgebung, als um eine solche der Rechtsprechung handle.

Oberregierungsrat *Dr. Eckhardt* machte sodann darauf aufmerksam, dass seine Ausführungen sich nur auf die in Art. 6, 7 EGHGB behandelten Rechtsgebiete, sowie auf die Bergung und Hilfeleistung bezogen hätten, während er sich nicht zu der Frage habe äußern wollen und können, inwieweit im Übrigen eine Anwendung der Vorschriften des Seerechts auf Dienstschiffe der Reichsmarine zweckmäßig sei. Der Vorsitzende dankte für diese Klarstellung, wies aber darauf hin, dass der Seerechtsausschuss auch für diese Frage zuständig sei. Seines Ermessens müsse das private Seerecht mit dem angegebenen Vorbehalt auf alle Staatsschiffe des öffentlichen Dienstes, die keine Kriegsschiffe seien, grundsätzlich Anwendung finden, also auch auf jene Schiffe der Reichsmarine, an deren Bord keine militärische Befehlsgewalt herrsche.

Zusammenfassend stellte der Vorsitzende sodann als Ergebnis der Beratungen folgende Leitsätze fest, die zugleich an die Stelle der von Reichsgerichtsrat Dr. Lindenmaier vorgeschlagenen Leitsätze *2* und *4* (Protokoll VIII) treten:

1. Die Vorschriften des IV. Buches des Handelsgesetzbuches gelten für Seeschiffe, die zum Erwerb durch Seefahrt bestimmt sind, oder hierzu im Einzelfall verwendet werden.

2. Sie gelten auch für Seeschiffe, die Nichterwerbsschiffe sind, mit Einschluss der Schiffe des öffentlichen Dienstes, soweit nicht Inhalt oder Zweckgedanke der Vorschriften oder Belange des öffentlichen Dienstes entgegenstehen.

3. Auf Kriegsschiffe kommt das private Seerecht nicht zur Anwendung. Es gelten jedoch auch für sie, soweit nicht die Belange des öffentlichen Dienstes entgegenstehen, entsprechend die Vorschriften über:

a) Haftung des Reeders für Verschulden der Schiffsbesatzung,
b) Haftung des Reeders für Schiffszusammenstoß,
c) Beschränkung der Haftung des Reeders,
d) Bergung und Hilfeleistung in Seenot.

Alle anwesenden Ausschussmitglieder waren mit diesen Leitsätzen einverstanden.

II: Der *Vorsitzende* eröffnete sodann die Beratungen zum zweiten Punkt der Tagesordnung: Bericht über die Arbeiten des Unterausschusses betreffend das *Seeunfalluntersuchungsgesetz*. Er erteilte zunächst dem Vorsitzenden des Unterausschusses, OLG-Rat Dr. Reinbeck das Wort.

OLG-Rat *Dr. Reinbeck* führte Folgendes aus: Der Unterausschuss habe am 23. Mai 1934 in fünfstündiger Sitzung den von dem Reichsverkehrsministerium in jetzt maßgebender Fassung übermittelten umfassenden Referentenentwurf [Text nicht auffindbar] durchberaten. Dieser Referentenentwurf sei gegenüber dem Vorentwurf von 1927 materiell – insbesondere was den Umfang des Berufungsrechtes anlange – und formell etwas geändert und umfasse nunmehr 43 Paragraphen. Er entspreche im Wesentlichen dem früheren Vorentwurf und den bei dessen Beratung im Hauptausschuss entwickelten, für den Unterausschuss maßgeblichen Grundsätzen. Dank wertvoller Mitarbeit der Vertreter des Reichsverkehrsministeriums Ministerialdirektor Dr. Klausener und Ministerialrat Geheimrat Werner sei ein Abschluss der gründlichen Beratungen unter Einigung in allen richtunggebenden Punkten möglich gewesen. Auf die Niederschriften vom 3. Mai 1934 (7. Arbeitssitzung) und vom 23. Mai 1934 (Unterausschusssitzung [Prot. hier nicht wiedergegeben]) werde verwiesen. Unter Ausschaltung der im Hauptausschuss geklärten Punkte und der reinen Formungsfragen wolle er nur die wesentlichen Ergebnisse der Beratungen vom 23. Mai 1934 hervorheben.

Zu der Aufgabe und der Organisation der Seeämter und des Reichsoberseeamtes sei nichts zu bemerken. Die Anregungen im Hauptausschusse, die Untersuchungen von dem Vorliegen von Seeunfällen unabhängig zu machen, auch Unfälle von Binnenschiffen in Seehäfen und auf Seewasserstraßen einzubeziehen, ferner den Reedern die Berufungsmöglichkeit zu eröffnen und die ordentlichen Gerichte an die Seeamtssprüche zu binden, seien nicht weiter verfolgt worden. Den Anregungen des Vorsitzenden und stellvertretenden Vorsitzenden des Hauptausschusses hinsichtlich einer Beschränkung der Beisitzerzahl bei dem Reichsoberseeamt sei im Referentenentwurf durch Begrenzung der Beisitzerzahl auf vier Rechnung getragen worden. Vielleicht könne man mit Rücksicht auf Erfahrungen, die Geheimrat Werner als Oberseeamtsvorsitzender gemacht habe, daran denken, die Zahl der Beisitzer des Reichsoberseeamts auf vier *neben* dem ständigen nautischen Beisitzer, im ganzen also auf fünf Beisitzer, zu bemessen und bei Stimmengleichheit den Vorsitzenden den Ausschlag geben zu lassen. Darüber werde das Reichsverkehrsministerium zu befinden haben. Die Frage, ob die Aufstellung der Beisitzerliste für das Reichsoberseeamt wie bisher aufgrund der Vorschläge der Bundesseestaaten oder durch Auswahl aus den Beisitzerlisten der Seeämter erfolgen solle, sowie ob Doppelmandate für das Reichsoberseeamt und für ein Seeamt zuzulassen seien, werde noch im Reichsverkehrsministerium geprüft werden. Das Gleiche gelte von dem seitens Kapitän Freyer gemachten Ergänzungsvorschlage, dass bei Seeunfällen, die sich auf einem Lotsenreviere ereignet hätten, einer der Beisitzer ein Lotse sein solle, und, wenn schuldhaftes Verhalten eines Lotsen in Frage stehe, sein müsse.

Die Verfahrensvorschriften des Referentenentwurfes entsprächen den bisherigen Vorschriften sowie deren Ergänzungen durch die jetzt geltenden Prozessordnungen. Eine wesentliche Verbesserung gegenüber dem jetzt bestehenden Rechtszustande sei die klare Regelung der Vereidigungsfrage bei den „Beteiligten". Einer Anregung Kapitän Freyers, statt der Abstimmung nach Stimmenmehrheit das Führerprinzip in der Beratung anzunehmen, sei nicht Folge gegeben worden. Grundsätzlicher Natur und zu begrüßen sei die Regelung des Vorentwurfes, dass über Beschwerden gegen prozessuale Maßnahmen und Beschlüsse der Seeämter und ihrer Vorsitzenden der Vorsitzende des Reichsoberseeamtes, nicht die oberste Reichsbehörde, entscheiden solle.

Entsprechend der Auffassung der Mehrheit im Hauptausschusse solle den Seeämtern die Entziehung der Zulassung zum Lotsengewerbe nicht, jedenfalls nicht vor Neuregelung des ganzen deutschen Lotsenrechtes, anvertraut werden. Die von Kapitän Freyer angeschnittene Frage einer Entziehung der Zulassung als Bordfunker durch die Seeämter solle – unter Anhörung der bislang für solche Entziehung allein zuständigen Reichspostbehörde – vom Reichsverkehrsministerium geprüft werden.

Nachdem im Hauptausschusse der Zulassung einer Berufungsmöglichkeit gegen Ausspruch jeglichen – auch nur leichten – Verschuldens eines Beteiligten anlässlich eines Seeunfalles allseits zugestimmt worden sei, erscheine besonders wichtig und sei dementsprechend im Unterausschuss eingehend erörtert worden die Fassung der Spruchformel. Einerseits dürfe den Seeämtern die für Verbesserung der bestehenden nautischen Einrichtungen und für Verhütung künftiger Unfälle sehr bedeutsame, aus den praktischen Erfahrungen der Seeamtsbeisitzer hervorgehende belehrende Kritik nicht unterbunden werden. Andererseits sei es erforderlich, ungemessener Ausdehnung der Berufungen gegenüber solchen meist unangenehm empfundenen Belehrungen vorzubeugen und die Sachbefugnis für Einlegung der Berufung von vornherein klarzustellen. Wie von Ministerialdirektor Dr. Klausener ausgeführt, würden die Seeämter durch klare Scheidung zwischen Feststellungen schuldhaften Verhaltens und zwischen rein belehrend gemeinten Ausführungen der neuen Rechtsnatur des Seeamtsspruches Rechnung tragen müssen. Es erheische nämlich Berücksichtigung, dass auch der nicht über Patententziehungsanträge entscheidende Seeamtsspruch nicht mehr eine rein gutachtliche Äußerung sei, sondern ein Urteilsspruch über Schuldhaftigkeit oder Nichtschuldhaftigkeit nautischer Maßnahmen von Beteiligten, dass also Widersprüche insoweit auch zwischen Spruchformel (*keine* Schuldfeststellung) und Begründung (abfällige Kritik) schlechthin unzulässig seien. Über diese Grundsätze habe allgemeines Einverständnis bestanden. Dagegen seien Bedenken erhoben worden gegen die Absicht des Referentenentwurfes, bei Ausspruch irgendwie schuldhaften Verhaltens eines Beteiligten dessen Namensnennung in der Spruchformel bindend vorzuschreiben, zwecks Klarstellung der Sachbefugnis für Einlegung und zugleich als Erziehung – für die Seeämter und für die Beteiligten – zum Gefühle der Verantwortlichkeit. Es sei bemerkt worden, hierin liege eine in breitester Öffentlichkeit, auch durch die Tagespresse erfolgende Anprangerung des Genannten, die gerade erst zu schweren Folgen für den Betroffenen und mittelbar wieder zu einer Vermehrung der Zahl der Berufungen führen könnte. Diese Anprangerung treffe zudem besonders schwer und ohne gerechten Ausgleich die – im Gegenteile zu begünstigenden – Elemente, die statt Verfolgung eines vielleicht nicht aussichtslosen

Rechtsmittels sich lieber die Ablegung des gerügten Fehlers vornähmen. Diese Frage bindend vorzuschreibender oder wahlweise zuzulassender Namensnennung, neben obligatorischer sachlicher Feststellung etwaiger Schuld – in der Spruchformel – werde vom Reichsverkehrsministerium noch näher geprüft und dementsprechend die Fassung des Gesetzes gewählt werden.

Weiter sei angeregt worden, statt der *Zulassung* einer Berufungsbegründung, wie im Referentenentwurfe, besser einen Begründungs*zwang* einzuführen. Solcher entspreche der Bedeutung einer Anrufung des Reichsoberseeamtes, der Regelung des Begründungszwanges in anderen Prozessordnungen und sei notwendig, um schnelle und sachgemäße Vorbereitung der Hauptverhandlung vor dem Reichsoberseeamt (Ladung von Zeugen, Sachverständigen, Herbeischaffung sonstigen Beweismaterials usw.) zu ermöglichen. Die Anregung werde vom Reichsverkehrsministerium noch geprüft werden.

Die im Hauptausschuss vorgeschlagene Einführung eines Beschlussverfahrens des Reichsoberseeamtsvorsitzenden zur Verhütung übermäßiger und sachlich nicht begründeter Inanspruchnahme des Reichsoberseeamtes mit aussichtslosen Berufungen sei von der Mehrheit des Ausschusses nicht gebilligt worden. Im Unterausschuss seien nun von den Vertretern des Reichsverkehrsministeriums zu der Frage eines Vorverfahrens zwecks Abwehr aussichtsloser Berufungen neue Gesichtspunkte und Anregungen vorgetragen worden. Ministerialdirektor Dr. Klausener habe auf das im preußischen Verwaltungsgerichtsverfahren zugelassene und bewährte Mittel eines Vorbescheides des Berufungsgerichtsvorsitzenden hingewiesen, durch den Berufungen als aussichtslos zurückgewiesen werden könnten unbeschadet des Rechtes des Berufungsklägers, streitige Verhandlung vor besetztem Gerichte zu verlangen. Damit zusammenhängend sei hinzuweisen auf die Anregungen Dr. Schulze-Smidts im Hauptausschusse und Dr. Bramslöws im Unterausschuss, lediglich einen der Pauschalsumme und den – geschätzten – Barauslagen des Berufungsverfahrens entsprechenden Betrag als Kostenvorschuss bei sachlich nicht im öffentlichen Interesse liegenden bzw. aussichtslosen Berufungen vom Berufungskläger einzufordern. Dann werde, wie nicht fristgerechte Einlegung (und evtl. nicht fristgemäße Begründung), so auch nicht fristgerechte Einzahlung des Kostenvorschusses zur Verwerfung der Berufung führen. Sachliche Stellungnahme des Reichsoberseeamtsvorsitzenden sei nicht erforderlich, jeglicher Besorgnis einer Befangenheit vorgebeugt, wenn bei Berufungen Beteiligter gegen reine Verschuldensaussprüche – anders wohl bei Patententziehungen – allgemein die Kostenvorschusspflicht des Berufungsklägers vorgesehen würde. Dadurch würden Querulanten abgeschreckt, den Beteiligten werde die Abmessung ihres Kostenrisikos erleichtert werden; ohne solche Vorschusspflicht werde die Reichskasse bei der Einziehung der Kosten erfolgloser Berufungen wahrscheinlich sehr viel Einbuße erleiden, zumal gerade bei jüngeren Schiffsoffizieren solche Einziehung in der Praxis oft unausführbar sein dürfte (Gagenpfändungen; Pfändungsgrenzen). Allen berechtigten Interessen der auf Berufung ausgehenden Beteiligten könne bei nicht aussichtslosen Berufungen durch Befreiung von der Vorschussleistung unter den Voraussetzungen des § 114 ZPO (vgl. § 36 Abs. 3 Referentenentwurf), auszusprechen durch den Reichsoberseeamtsvorsitzenden nach Anhörung des Reichskommissars und des ständigen Reichsoberseeamtsbeisitzers, Rechnung getragen werden. Eine Prüfung der in diesen Anregungen enthaltenen Gesichtspunkten und Fragen werde im Reichsverkehrsministerium wohl noch erwogen.

Ganz neuerdings sei nach Pressemitteilungen von dem Reichsjustizminister Dr. Gürtner zur Reform des Strafprozesses ein Bruch mit dem bisher allgemein geltenden und auch in § 38 Abs. 1 S. 2 Referentenentwurf enthaltenen Grundsatze des Verbotes einer reformatio in pejus angekündigt worden; es gehe nicht an, dass ein Angeklagter gegen ein Gerichtsurteil bei der höheren Instanz Sturm laufe, ohne die Möglichkeit einer höheren Strafe als der erstinstanzlichen in Rechnung stellen zu brauchen. Aus sachlichen (Abschreckung von Querulanten) wie aus formellen Gründen (Angleichung der beiden Verfahren aneinander) werde zu erwägen sein, ob auch in § 38

Abs. 1 Referentenentwurf das Verbot der reformatio in pejus zu streichen sei. Praktisch erscheine die Gefahr einer reformatio in pejus nicht groß.

Von den Vertretern des Reichsverkehrsministeriums sei im Unterausschusse ferner in sehr beachtlichen Ausführungen Stellung genommen worden zu der bereits im Hauptausschusse erörterten, weiterer Erwägung in den zuständigen Ministerien anheimgestellten Frage eines etwaigen Berufungsrechtes für „Beteiligte" ausländischer Schiffe. Geheimrat Werner habe betont, dass das Seeunfalluntersuchungsgesetz nicht ein Standesgericht der Nautiker vorsehe, sondern ein Verwaltungsgericht zur Kontrolle der Vorschriften, Einrichtungen und Personen der deutschen Seeschifffahrt im Interesse der Verkehrssicherheit; deshalb komme eine Berufungsmöglichkeit für ausländische Beteiligte bzw. Schiffe nicht in Betracht. – Im Allgemeinen hätten Ausländer ohnehin Interesse an der Einlegung von Rechtsmitteln gegen Seeamtssprüche, die lediglich schuldhaftes Verhalten, aber ohne Zwangsmaßnahmen in unmittelbarem Zusammenhange mit solchem Ausspruche, feststellten, nicht, zumal nicht bei vorsichtiger Fassung des Spruches hinsichtlich der schuldigen Person. Bei Schiffszusammenstößen, die hier in erster Linie in Frage kämen (mit entsprechenden Interessen der Reederei), eröffne die Berufung eines deutschen Beteiligten, auch bei Ausschluss einer reformatio in pejus zu Ungunsten seiner Person, die Schuldfrage für die Beteiligten auch des anderen Schiffes neu. Es könnten aber, auch beispielsweise bei Beschädigungen von Hafenanlagen, Seezeichen, Kajen [Schiffsanlegestelle], Ducdalben durch ausländische Schiffe, erhebliche Belange deutscher Behörden beteiligt sein. In solchen Fällen könne, zumal im Hinblicke auf den oben bezeichneten neuen Charakter des Seeamtsspruches, ein Reichskommissar im öffentlichen Interesse Wert auf die Berufungsmöglichkeit gegen einen Seeamtsspruch legen können, der in Abweichung von den Anträgen des Reichskommissars ein Verschulden des fremden Schiffes verneine. Mit Zubilligung solchen Rechtes werde aber grundsätzlicher Ausschluss der Ausländer von der Berufungsmöglichkeit schlecht vereinbar sein. Man möge auch an den neuerlichen Kollisionsfall zweier englischer Dampfer „Guildford Castle" und „Stentor" auf der Elbe denken; die Beseitigung des Wracks der infolge der Kollision gesunkenen „Guildford Castle" solle angeblich den Hamburger Staat 400.000 RM kosten! Das Richtigste dürfe vielleicht sein, in Übereinstimmung mit dem Referentenentwurfe die gesetzliche Regelung dieser verwickelten Frage (auch internationalen Charakters) gar nicht zu versuchen, sondern die Lösung des Problems der Rechtslehre und -wissenschaft, die Entscheidung eines etwa in der Praxis erwachsenden Streitfalles der Rechtsprechung des Reichsoberseeamts zu überlassen.

Weiteres sei im Rahmen eines auf das Wesentliche beschränkten Berichtes kaum zu sagen. Ob und evtl. in welchem Umfange jetzt der Hauptausschuss zu dem neuen Referentenentwurfe, zu den Ergebnissen der Beratungen des Unterausschusses und zu diesem Berichte nochmals Stellung nehmen solle, werde vom Vorsitzenden des Hauptausschusses zu bestimmen sein. Seines Erachtens kämen als Gegenstände weiterer Erörterungen im Hauptausschuss in Frage:

a) Spruchformelfassung; Namensnennung;
b) Vorbescheid; Kostenvorschuss;
c) Berufungsbegründungszwang;
d) Verbot der reformatio in pejus.

Dagegen werde von weiterer Erörterung der Frage des Berufungsrechtes für Beteiligte ausländischer Schiffe wohl abgesehen werden können, da nach dem zeitigen Stande der Frage der Seerechtsausschuss eine bessere Formulierung seiner Auffassung als die in der Niederschrift vom 3. Mai 1934 durch den Vorsitzenden des Hauptausschusses vorgeschlagene keinesfalls geben könne.

Der *Vorsitzende* sprach dem Unterausschuss, insbesondere OLG-Rat Dr. Reinbeck, sowie den Vertretern des Reichsverkehrsministeriums, Ministerialdirektor Dr. Klausener und Geheimrat Werner, seinen Dank für die gründlich und schnell geleistete Arbeit aus.

In der Tat habe man jetzt im Hauptausschuss nur noch wenige Hauptfragen zu erörtern. Unangebracht sei es, im Hauptausschuss wieder von vorn anzufangen und Fragen abermals zu behandeln, die schon durch einen Beschluss des Hauptausschusses eine Klärung gefunden hätten.

Ungelöst seien aber noch folgende wichtige Probleme: Erstens die von OLG-Rat Dr. Reinbeck am Schlusse seines Berichts unter a-d aufgeführten Fragen, zweitens das Problem der rechtlichen Behandlung der Ausländer und schließlich ein von der Hamburgischen Landesjustizverwaltung angeregter Punkt.

Was die erste der von OLG-Rat Dr. Reinbeck aufgeworfenen Fragen anlange, nämlich das Problem der Spruchformelfassung, so habe der Hauptausschuss in der 7. Arbeitssitzung folgende Bestimmung vorgeschlagen: „Werden in den Gründen des Seeamtsspruches ernstliche Vorwürfe gegen einen Patentinhaber erhoben, so ist das Seeamt verpflichtet, auch in der Spruchformel ein schuldhaftes Verhalten des Betroffenen festzustellen“. Demgegenüber finde sich in § 25 Abs. 5 S. 2 des Entwurfes in den Worten: „Tadelnde Bemerkungen“ etc. eine Bestimmung, die fallen müsse. Durch sie werde nämlich das Seeamt geradezu darauf gestoßen, *nur* in den Gründen „tadelnde Bemerkungen“, d.h. Verschuldensvorwürfe anzubringen. Dadurch kämen die Patentinhaber leicht vom Regen in die Traufe. Der Gedanke, dass in Zukunft der Seeamtsspruch ein Feststellungsurteil auf Verschulden darstellen solle, verliere dann an praktischer Bedeutung, er werde beiseite geschoben. Allerdings, auch die in der 7. Arbeitssitzung beschlossene Formulierung scheine ihm verbesserungsfähig. Sie eröffne nämlich die Möglichkeit eines gefährlichen argumentum e contrario, könne man sie doch vielleicht dahin auslegen, dass bei nur *leichten* Vorwürfen in den Gründen das Seeamt *nicht* verpflichtet sei, auch in der Spruchformel ein Verschulden festzustellen. Dieses Ergebnis sei aber nicht gewollt.

Es sei nicht unmöglich, eine bessere Formulierung zu finden. Er schlage vor, § 25 Abs. 5 S. 2 folgendermaßen zu fassen: „Wird in den Gründen des Spruches das Verhalten eines Beteiligten in einer Weise erörtert, die über sachlich-kritische Belehrung hinausgeht, und den Vorwurf eines Verschuldens in sich schließt, so ist das schuldhafte Verhalten auch in der Formel festzustellen.“

Bei der zweiten der von OLG-Rat Dr. Reinbeck aufgeworfenen Fragen, nämlich dem Problem der *Namensnennung,* sei die stärkere psychologische Wirkung der namentlichen Bezeichnung eines schuldigen Patentinhabers zu berücksichtigen. Müsse stets der Name angegeben werden, so würden mehr Berufungen eingelegt als andernfalls. Ihm scheine es deshalb richtig zu sein, dass es bei der bisherigen Übung sein Bewenden habe. Er schlage vor, in § 25 Abs. 5 Satz 1 am Ende zu sagen: „Es bleibt dem Ermessen des Seeamts überlassen, ob es in der Spruchformel den schuldigen Beteiligten mit seinem Namen benennt oder anderweitig bezeichnet“.

Dr. Schüler trat dafür ein, stets den Namen in der Spruchformel anzugeben und erklärte, er habe im Unterausschuss angeregt, im § 25 Abs. 5 des Entwurfes ergänzend hinzuzufügen: „Werden allein in den Gründen des Spruches Rügen ausgesprochen, so ist jeweils hervorzuheben, dass darin ein Verschuldensvorwurf nicht zu sehen ist“.

Der *Vorsitzende* wandte sich gegen den letzten Vorschlag von Dr. Schüler. Es sei nicht möglich, dem Seeamt stilistische Anweisungen zu geben. Man sei sich aber einig darüber, dass in Zukunft eine sachlich-kritische Belehrung von einem Verschuldensvorwurf scharf zu scheiden sei.

Verwaltungsdirektor *Sturm* hielt den Vorschlag des Vorsitzenden zu § 25 Abs. 5 Satz 2 des Entwurfes für überflüssig. Wenn man in nationalsozialistischem Geiste davon ausgehe, dass jeder Staatsbürger vornehm denke, so könne man das auch von einer gerichtlichen Behörde erwarten und dürfe nicht annehmen, dass das Seeamt die Möglichkeit, nur in den Gründen einen Verschuldensvorwurf zu erheben, absichtlich benutzen werde, um die Berufungsmöglichkeit abzuschneiden. Notfalls genüge eine Verwaltungsanweisung.

Hilfsweise wolle er aber noch darauf hinweisen, dass die von dem Vorsitzenden vorgeschlagene Formulierung deshalb verbesserungsbedürftig sei, weil man nicht von den Gründen ausgehen dürfe, sondern vom Tenor ausgehen müsse. Er schlage deshalb vor, die Formulierung des Vorsitzenden dahin zu ändern: „Wenn nicht im Tenor ein Verschulden festgestellt wird, darf in den Gründen nichts gesagt werden, was über eine sachlich-kritische Belehrung hinausgeht."

Eine namentliche Benennung des Beschuldigten sei nicht erforderlich. Es genüge, wenn dieser anderweitig, beispielsweise nach der Charge, klar individualisiert werde.

Der *Vorsitzende* erinnerte gegenüber den Ausführungen von Verwaltungsdirektor Sturm daran, dass der Hauptausschuss sich dahin geeinigt habe, der in § 25 Abs. 5 des Entwurfes zum Ausdruck gekommene Gedanke solle im Gesetz selbst seinen Niederschlag finden, nicht nur in einer Dienstanweisung. Es bestehe kein Grund dafür, von diesem Beschluss abzugehen.

Im Übrigen aber sei er mit der Fassung, wie sie Verwaltungsdirektor Sturm zwecks Voranstellung des Tenors vorgeschlagen habe, einverstanden. Unter Mitverwendung seines eigenen Vorschlages würde § 25 Abs. 5 S. 2 des Entwurfes danach lauten: „Nur wenn in der Spruchformel ein Verschulen festgestellt ist, dürfen in den Gründen Ausführungen gemacht werden, die über eine sachlich-kritische Belehrung hinausgehen und den Vorwurf eines Verschuldens in sich schließen."

Der Vorsitzende stellte allgemeines Einverständnis mit dieser Formulierung fest.

Kapitän *Freyer* äußerte zu dem Problem der Namensnennung im Tenor, er habe solche im Unterausschuss deshalb befürwortet, weil er davon ausgegangen sei, dass die Seeämter von der Möglichkeit eines Verschuldensvorwurfes vorsichtigen Gebrauch machen würden. Sein Empfinden sage ihm, dass es angebracht sei, den Namen bei dem Verschuldensvorwurf zu nennen. Er wolle das nur zum Ausdruck bringen, weil es doch Aufgabe des Seerechtsausschusses sei, den Ministerien erkenntlich zu machen, welche Ansichten in den beteiligten Kreisen vertreten würden.

Allerdings glaube er nicht, dass der Gesetzgeber einen Fehler begehen werde, wenn er seinem Standpunkt nicht zustimme. Die Formulierung des Vorsitzenden finde seine Billigung, vorausgesetzt, dass es möglich sei, eine einwandfreie Individualisierung ohne Namensnennung vorzunehmen. Letzten Endes müsse den Ministerien die Entscheidung überlassen bleiben.

Direktor *Gieser* hielt den ganzen Absatz 5 des § 25 des Entwurfes für überflüssig. Der Aufgabenkreis des Seeamtes sei in § 5 des Entwurfes ausreichend umschrieben. Für den Fall, dass wirklich einmal ein Seeamt inkorrekt verfahre, bestehe die Möglichkeit einer Korrektur durch das Reichsoberseeamt.

Jedenfalls müssten in § 25 Abs. 5 S. 1 des Entwurfes die Worte „genau umschrieben" gestrichen werden. Andernfalls werde der Tenor unlesbar, denn er müsse sich regelmäßig über mehrere Seiten erstrecken, wenn das Verschulden „genau umschrieben" werden solle.

Reichsgerichtsrat *Dr. Lindenmaier* unterstützte Direktor Gieser hinsichtlich des zuletzt geäußerten Bedenkens, indem er auf seine Erfahrungen als Seeamtsvorsitzender hinwies. Wort- und Satzungetüme müssten vermieden werden.

Vizeadmiral *Werth* schloss sich dem an. Eine Namensnennung halte er für unnötig. Er spreche sich auch dagegen aus, dass in den Gründen keine Verschuldensvorwürfe enthalten sein dürften, wenn sie im Tenor fehlten.

Der *Vorsitzende* wies zu dem letzten Punkt darauf hin, dass dieser durch den Beschluss betreffend die Fassung von § 25 Abs. 5 S. 2 des Entwurfes soeben bereits erledigt sei. Ausnahmsweise solle jedoch auf Wunsch des Sachverständigen dieser Punkt wieder aufgenommen werden.

Vizeadmiral *Werth* führte daraufhin aus, die neue Fassung zwinge die Seeämter zu einer Härte, die nicht nötig sei. Bisher hätten die Gründe als Ventil gegenüber der scharfen Form von

Schuldvorwürfen im Tenor gedient. Dieses Ventil werde dann in Zukunft wegfallen und das Seeamt werde zum Schaden der Beteiligten dazu kommen, Schuldvorwürfe in der Formel zu erheben, von denen es sonst vielleicht abgesehen hätte.

Dr. Dettmers äußerte den Eindruck, man streite sich nicht mehr um Rechtsprobleme, sondern nur um Formulierungen. Es handle sich doch um nichts weiter als darum, ein Kriterium dafür zu schaffen, ob und gegebenenfalls durch wen Berufung eingelegt werden könne. Es sei nicht nötig, dass das Verschulden sowohl im Tenor als auch in den Gründen festgestellt werde. Die Feststellung eines Verschuldens in den Gründen müsse genügen, wenn nur am Schluss der Gründe zum Ausdruck gebracht werde, welchen Personen das Recht zur Berufung zustehen solle.

Der *Vorsitzende* wandte sich gegen diesen Standpunkt. Der Spruch solle in Zukunft ein Feststellungsurteil auf Schuld sein. Deshalb gehöre der Verschuldensvorwurf stets in den Tenor, um eine Berufungsmöglichkeit zu eröffnen.

Dr. Bramslöw erklärte, der Vorsitzende habe durch seinen Änderungsvorschlag zu § 25 Abs. 5 S. 2 des Entwurfes die Bedenken, die sich aus der bisherigen Fassung für die Praxis ergeben hätten, erheblich vermindert. Denn dieser Vorschlag lasse keinen Zweifel daran, dass die Seeämter nach wie vor befugt sein sollten, bei der Begründung ihrer Entscheidungen belehrende Kritik zu üben. Diese Befugnis dürfe auch nicht in der von Dr. Schüler vorgeschlagenen Weise eingeengt werden: Der Zwang, jeder kritischen Bemerkung den Hinweis auf das Nichtvorliegen eines Verschuldens beizufügen, müsse schon der Umständlichkeit wegen abgelehnt werden; er sei auch sachlich nicht unbedenklich.

Direktor *Gieser* meinte, es werde genügen zu sagen: „Trifft das Seeamt eine Verschuldensfeststellung, so muss diese als solche bezeichnet werden."

Reichsgerichtsrat *Dr. Lindenmaier* meinte demgegenüber, man müsse an der „Formel Wüstendörfer/Sturm" festhalten. Wenn man die Berufungsmöglichkeit gewähren wolle, so müsse deutlich bezeichnet werden, welches Verhalten des Beschuldigten fehlerhaft war. Eine solche Bezeichnung sei schwierig, wenn sie nur aus den Gründen ersichtlich sei. Der Vorwurf müsse deshalb in die Formel aufgenommen werden. Sonst habe die Berufung keine Grundlage. Eine Namensnennung sei dabei nicht nötig. Aus alledem ergebe sich als weitere Folgerung, dass in anderen Fällen nach Möglichkeit in den Gründen Ausführungen zu unterbleiben hätten, die einen Verschuldensvorwurf enthalten könnten. Er habe keinen Zweifel daran, dass die Abfassung des Tenors den Seeämtern keine Schwierigkeiten bereiten werde.

Der *Vorsitzende* stimmte Reichsgerichtsrat Dr. Lindenmaier zu.

Auch Verwaltungsdirektor *Sturm* wies darauf hin, dass man den Schutzzweck der Bestimmungen nicht aus dem Auge verlieren dürfe. Jede Annahme eines Verschuldens müsse die Berufung eröffnen. Zwar sei er grundsätzlich gegen jede Bestimmung, die den Seeämtern Vorschriften mache, würden aber seine Bedenken nicht anerkannt, so halte er eine Bestimmung, die seiner Formulierung entspreche, für zweckmäßig. Dadurch werde dem Seeamt die Möglichkeit zu gewissen sachlich-kritischen Erörterungen belassen.

OLG-Rat *Dr. Reinbeck* erklärte, er stehe unter dem Eindruck, dass man übersehe, es sei nicht Aufgabe des Seerechtsausschusses, das Gesetz endgültig zu formulieren.

Wegen der Namensnennung sei sich wohl die überwiegende Mehrheit darüber einig, dass für sie keine Notwendigkeit bestehe. Das brauche, ebenso wie in der Strafprozessordnung, nicht besonders ausgesprochen zu werden.

Der Vorschlag von Dr. Dettmers, die Berufung gegen einen nur in den Gründen ausgesprochenen Verschuldensvorwurf zu eröffnen, sei abzulehnen.

Dr. Dettmers brachte demgegenüber zum Ausdruck, er habe nicht die Berufungsmöglichkeit eröffnen wollen, falls allein in den Gründen ein Schuldvorwurf erhoben werde.

Der *Vorsitzende* schloss sodann die Aussprache über die Fassung des § 25 Abs. 5 S. 2 des Entwurfes und wies nochmals darauf hin, dass man wegen dieser Fassung bereits einen Beschluss im Sinne der Formel Wüstendörfer/Sturm gefasst habe. Nachdem Vizeadmiral Werth auf Befragen erklärt hatte, dass er weitere Anträge zu diesem Fragenkomplex nicht stellen wolle, stellte der Vorsitzende fest, dass es sonach bei dem protokollierten Beschluss betreffend die Fassung des § 25 Abs. 5 S. 2 des Entwurfes bleibe. Weiter wurde als Beratungsergebnis festgestellt, dass im § 25 Abs. 5 S. 1 des Entwurfes die Worte „genau umschrieben" gestrichen werden und dass am Schluss dieses Satzes gesagt wird, die Namensnennung „bleibe dem Ermessen des Seeamtes überlassen", so wie bereits formuliert.

Der *Vorsitzende* eröffnete sodann die Beratung über die Fragen des Begründungszwanges, des Kostenvorschusses und der Erlaubnis einer *reformatio in pejus*. Allen diesen Einrichtungen sei gemeinsam, dass sie vielleicht als Hemmungen gegenüber dem Überhandnehmen von Berufungen dienen könnten.

Die Frage des Vorbescheides sei bereits im Hauptausschuss in negativem Sinne geklärt. Neue tragfähige Gesichtspunkte für eine Einführung des Vorbescheides seien im Unterausschuss wohl nicht vorgebracht. Auf das Vorbild des preußischen Verwaltungsstreitverfahrens habe bereits im Hauptausschuss Präsident Engel hingewiesen.

Den Begründungszwang halte er für ein wirksames Mittel gegen eine übermäßige Zahl von Berufungen.

Ministeriarat *Koffka* wandte sich gegen den Begründungszwang. Ein solcher sei auch in der Strafprozessordnung nicht vorgesehen. Es handle sich vielfach um Menschen, die das Gesetz nicht genau kennten. Werde aber ein Begründungszwang eingeführt, dann müsse zum Mindesten gleichzeitig eine Rechtsmittelbelehrung zwingend vorgeschrieben werden, zumal jeweils die Existenz der Betroffenen auf dem Spiel stehe und es an einem Anwaltszwang fehle, wie er im Zivilprozess bestehe und dort die Rechtsmittelbelehrung überflüssig mache.

Der *Vorsitzende* erklärte, er sei mit der Einführung eines Rechtsmittelbelehrungszwanges einverstanden.

Was weiterhin den Kostenvorschuss anlange, so bestünden verschiedene Möglichkeiten der Regelung: Entweder verlange man bei jeder Berufung, die sich gegen einen Verschuldensvorwurf richte, einen Kostenvorschuss, lasse aber gleichzeitig die Möglichkeit der Armenrechtsgewährung zu, wobei das Armenrecht nur bei Aussichtslosigkeit der Rechtsverfolgung versagt werden dürfe. Oder man überlasse es dem Vorsitzenden des Reichsoberseeamts, in allen Fällen, wo ihm die Berufung aussichtslos erscheine, einen Kostenvorschuss einzufordern. Seines Erachtens sei es mehr Sache des persönlichen Geschmacks, ob man den einen oder den anderen Weg wähle. Zwar würden die Kosten bisweilen von Verbänden aufgebracht, dennoch habe der Kostenvorschuss die Bedeutung eines Berufungshemmnisses, denn auch die Verbände würden prüfen, ob eine Berufung Aussicht auf Erfolg verspreche, und würden nur die Kosten aussichtsreicher Berufungen übernehmen.

Schließlich trete er auch – im Interesse der Abwehr von Querulanten – für die Zulässigkeit einer reformatio in pejus ein.

Reichsgerichtsrat *Dr. Lindenmaier* erklärte, er halte die Einführung des Begründungszwanges nur für eine halbe Maßregel, wenn der Begründungszwang nicht – wie in der neuen Zivilprozessordnung – verschärft werde. Bei einem verschärften Begründungszwang sei aber einer Rechtsmittelbelehrung keine nennenswerte Bedeutung beizulegen. Deshalb wolle er sich überhaupt gegen den Begründungszwang aussprechen.

Der Kostenvorschuss müsse sich, wenn man nicht auf ihn verzichten wolle, in mäßigen Grenzen halten. Im patentamtlichen Verfahren betrage er beispielsweise 150 RM. Das Armenrecht sei unter den gleichen Voraussetzungen wie nach der Zivilprozessnovelle zu gewähren.

Einer Differenzierung in der Kostenvorschussfrage bei Berufungen einerseits gegen Patententziehung und andererseits gegen Verschuldensvorwürfe könne er nicht zustimmen. In beiden Fällen könne eine Berufung willkürlich sein. Tragbar erscheine es, die Einforderung des Kostenvorschusses von dem Ermessen des Vorsitzenden abhängig zu machen. Dies stehe der Einführung eines Vorbescheides nicht gleich. Ein Vorbescheid müsse abgelehnt werden, denn unser heutiges Bestreben gehe dahin, kein Aktenwerk zwischen Richter und Volk entstehen zu lassen.

Die Erlaubnis einer reformatio in pejus werde er begrüßen, allerdings nur unter der Voraussetzung, dass sie auch nach der neuen Strafprozessordnung erlaubt sei. Eine einheitliche Regelung müsse getroffen werden.

Zusammenfassend stellte Reichsgerichtsrat *Dr. Lindenmaier* die Frage zur Erörterung, ob es wirklich dieser kleinen Mittel bedürfe, um eine Arbeitsüberlastung des Reichsoberseeamtes zu verhindern. Falls jährlich 350 Seeamtssprüche gefällt würden und nicht mehr als 25% davon in die Berufung gingen, so sei eine Überlastung nicht zu befürchten.

Unter Bezugnahme auf das von Reichsgerichtsrat Dr. Lindenmaier über den Vorbescheid [nicht auffindbar] Ausgeführte beantragte *Dr. Schüler* in der Niederschrift des Unterausschusses die Worte „auf allgemeinen Wunsch" (solle die Frage der Einführung eines Vorbescheides vom Reichsverkehrsministerium näher geprüft werden) zu streichen. Der *Vorsitzende* bat, Berichtigungsanträge nicht hier anzubringen, sondern an Dr. Bramslöw zu richten und wies nochmals darauf hin, dass der vom Hauptausschuss betreffend den Vorbescheid gefasste Beschluss für den Unterausschuss bindend gewesen sei.

Ministerialrat *Koffka* machte sodann gegenüber Reichsgerichtsrat Dr. Lindenmaier zur Frage des Kostenvorschusses geltend, man dürfe nicht auf die Zivilprozessordnung verweisen, sondern müsse sich an das Vorbild der Strafprozessordnung halten. Dort sei ein Kostenvorschuss nicht vorgesehen. Der Kostenvorschuss sei die unsozialste Einrichtung, die es gebe. Auch das Nachsuchen des Armenrechts sei nicht jedermanns Sache, nicht einmal dann, wenn es sich um die Berufsehre handle. Früher sei der Rechtsprechung immer vorgeworfen, dass sie über den Zwirnsfaden des Formalismus falle. Ein Beschuldigter werde es niemals verstehen, wenn seine Berufung verworfen werde, weil der Kostenvorschuss nicht ordnungsmäßig einbezahlt sei.

Auch vor einem Begründungszwang wolle er nochmals warnen.

Der *Vorsitzende* wies auf den Zusammenhang zwischen Begründungszwang und Einforderung eines Kostenvorschusses durch den Vorsitzenden des Oberseeamts hin. Ohne dass ihm eine ausführliche Begründung vorliege, könne sich der Vorsitzende des Oberseeamts kein Bild darüber machen, ob eine Berufung Erfolg versprechend oder aussichtslos sei.

OLG-Rat *Dr. Reinbeck* hielt Begründungs- und Belehrungszwang für notwendig. Es genüge, dass die Belehrung bei der Einlegung der Berufung erfolge. Eine Verschärfung des Begründungszwanges, wie sie Reichsgerichtsrat Dr. Lindenmaier vorgeschlagen habe, halte er nicht für erforderlich. Im Übrigen aber sei die Begründung nötig, damit der Vorsitzende des Reichsoberseeamtes die Berufungsverhandlung vorbereiten könne, man brauche nur an einen Fall zu denken, wo in der ersten Instanz 20 Zeugen vernommen seien. Der Begründungszwang diene in hohem Maße der Kostenersparnis.

Der Kostenvorschuss sei nicht asozial. So schwerwiegend, wie Ministerialrat Koffka annehme, sei ein Schuldspruch nicht, er sei nicht bedeutungsvoller als ein Zivilprozess über ein Millionenobjekt. Werde ein Kostenvorschuss nicht eingeführt, so sei damit zu rechnen, dass bei Kollisionen meistens Berufung eingelegt werde, denn in der Regel seien eine oder mehrere Versicherungsgesellschaften beteiligt, die auf Einlegung der Berufung dringen würden, da das Verfahren viel billiger sei als ein langwieriger Zivilprozess. In Befolgung des Satzes „Allgemeinnutz geht vor Eigennutz" müssten unnütze Berufungen abgeschnitten werden.

Dr. Bramslöw führte aus, er habe die Vorschusspflicht nur als ein Instrument zur Verhinderung missbräuchlicher Benutzung des erweiterten Berufungsrechtes vorgeschlagen. Er halte eine Ausdehnung dieser Pflicht auf die Fälle, bei denen die Berufung aussichtsreich sei, nicht für richtig. Auch bedürfe das schon bestehende Recht zur Berufung gegen Patententziehung einer solchen Schranke nicht.

Die Nachprüfung von Patententziehungen solle auch nicht von der Wahrung einer Begründungsfrist abhängig gemacht werden. Der Seemann sei wegen seiner häufigen Abwesenheit besonders der Gefahr einer Fristversäumnis ausgesetzt. Die Verwirkungsfolgen seien bei solcher Existenzfrage nicht zu rechtfertigen, zumal Mutwilligkeit hierbei praktisch nicht in Frage kommen. Dagegen seien für Berufungen gegen Verschuldensvorwürfe Begründungszwang und Begründungspflicht zu empfehlen. Ihre Einführung sei sogar notwendig, weil die Aussichten der Berufung wegen der Kostenvorschusspflicht geprüft werden müssten.

Die Zulassung der reformatio in pejus müsse befürwortet werden. Es sei ein gesunder Gedanke, dass nur derjenige ein Rechtsmittel einlegen dürfe, der von seinem Recht gründlich überzeugt sei. Allenfalls könne man bei Berufungen gegen Verschuldensvorwürfe eine Patententziehung als neue Maßnahme der zweiten Instanz untersagen. Dagegen brauche derjenige, der zu Unrecht gegen einen Schuldspruch angehe, keinesfalls davor bewahrt zu werden, dass der Verschuldensvorwurf verschärft oder auf andere Umstände ausgedehnt werde.

Dr. Droege stimmte Reichsgerichtsrat Dr. Lindenmaier darin bei, dass man diese kleinen Mittel nicht brauche, um Berufungshemmnisse zu schaffen. OLG-Rat Dr. Reinbeck habe einen zu großen horror appellationis. Die Beisitzer seien diejenigen, die den eigentlichen Sachverstand besäßen. Der Vorsitzende gieße die Sprüche nur in eine juristische Form, deshalb dürfe er nicht allein über die Aussichtslosigkeit der Berufung entscheiden. Im Übrigen lägen die Dinge meistens so, dass der Appellant von außerhalb seiner Person liegenden weit stärkeren Mächten zur Berufung förmlich gezwungen werde. Besonders wirkten die Reeder und die Versicherer in dieser Hinsicht auf den Betroffenen ein. Vor Querulanten brauche man das Reichsoberseeamt nicht zu schützen, denn die Seeleute neigten nicht zur Querulanz.

Kapitän *Freyer* pflichtete Reichsgerichtsrat Dr. Lindenmaier und Dr. Droege bei. Die Arbeitsfront schränke die Gewährung von Kostenzuschüssen ein. Nur in den allerseltensten Fällen werden sie finanziell hinter dem Beschuldigten stehen. Für diesen sei die Kostenfrage also von großer Bedeutung. Schon die Aufbringung von 150 RM Kostenvorschuss werde manchem Schwierigkeiten machen und bewirken, dass viele Armenrechtsgesuche eingingen. Und dann solle die Entscheidung durch den Vorsitzenden allein erfolgen, was doch gerade habe verhindert werden sollen. Bei Ablehnung des Armenrechtsgesuches werde der Praktiker das Gefühl haben, dass ihm Unrecht getan sei, wenn nicht das vollbesetzte Gericht darüber entschieden habe. Auch eine 14tägige Begründungsfrist sei bedenklich, denn die Einhaltung einer solchen Frist sei für einen Seemann, der sich doch nur immer vorübergehend an Land befinde, nahezu ausgeschlossen.

Verwaltungsdirektor *Sturm* sprach sich gegen einen Kostenvorschuss, für einen Begründungszwang, verbunden mit zwingend vorgeschriebener Rechtsmittelbelehrung, und für die Erlaubnis der reformatio in pejus aus, dies allerdings nur für den Fall, dass sie auch in der künftigen Strafprozessordnung vorgesehen werde.

Reichsgerichtsrat *Dr. Lindenmaier* äußerte, Ministerialrat Koffka habe ihn vollends überzeugt, dass Kostenvorschüsse nicht wünschenswert seien.

Eine Unterscheidung der Patententziehung und des Verschuldensvorwurfs hinsichtlich der reformatio in pejus, wie Dr. Bramslöw dies zur Erwägung gestellt habe, halte er nicht für richtig. Selbstverständlich sei Voraussetzung der reformatio in pejus, dass sie auch außerhalb des Seeunfalluntersuchungsgesetzes im Strafprozess zugelassen werde.

Der *Vorsitzende* hielt die Aussprache nunmehr für soweit abgeschlossen, dass eine endgültige Stellungnahme erfolgen könne. Er wies darauf hin, dass besonders die Darlegungen von Dr. Droege Eindruck auf ihn gemacht hätten: Wenn ein starker Druck zur Einlegung der Berufung von außen komme, so versagten leicht die drei behandelten Mittel als psychologische Berufungshemmnisse, insbesondere das Druckmittel des Kostenvorschusses scheine ihm unter diesen Umständen eine stumpfe Waffe, auf die man verzichten könne.

Es wurde darauf festgestellt, dass sich sieben Mitglieder *gegen* einen Begründungszwang mit Rechtsmittelbelehrungszwang aussprachen, während *für* einen Begründungszwang mit Rechtsmittelbelehrungszwang sieben andere Mitglieder einschließlich des Vorsitzenden eintraten. Der Ausschuss sprach sich somit im Ergebnis *für Begründungszwang mit Rechtsmittelbelehrungszwang* aus.

In der Kostenvorschussfrage wandten sich elf Mitglieder einschließlich des Vorsitzenden gegen jeden Kostenvorschuss, so dass im Ergebnis der Ausschuss *jeden Kostenvorschuss* ablehnt.

Endlich sprachen sich zehn Mitglieder einschließlich des Vorsitzenden *für die Zulässigkeit der reformatio in pejus* aus, und zwar in dem Sinne, dass in dieser Hinsicht Patententziehungen und Verschuldensvorwürfe nicht unterschiedlich zu behandeln sind und eine Übereinstimmung mit der künftigen Strafprozessordnung gewährleistet sein muss. Es wurde dies als Beratungsergebnis festgestellt.

Der *Vorsitzende* ging sodann zu der weiteren Frage der *Behandlung der Ausländer* über.

In der 7. Arbeitssitzung sei der Hauptausschuss zu dem Ergebnis gelangt, dass die Frage der Behandlung von Ausländern dem zuständigen Ministerium überlassen bleibe, dass aber eine Lösung gefunden werden möge, durch die das Ansehen deutscher Seeamtssprüche im Auslande nicht benachteiligt werde.

Jetzt finde sich in § 34 Abs. 1 des Entwurfes eine Bestimmung, die, wie er glaube, das Ansehen der deutschen Seeamtssprüche zu schädigen geeignet sei; denn es werde dort das Berufungsrecht gegenüber Verschuldensvorwürfen nur demjenigen Beteiligten zugebilligt, der „eine *deutsche* Gewerbebefugnis" besäße. Er wisse nicht, ob diese Fassung absichtlich gewählt worden sei, um Ausländern die Berufungsmöglichkeit zu verschließen. Sie könne jedoch im Ergebnis hierzu führen, und solche Diskriminierung sei geeignet, das Ansehen deutscher Seeamtssprüche zu gefährden.

OLG-Rat *Dr. Reinbeck* glaubte, die Möglichkeit liege vor, dass diese Fassung in solcher Absicht gewählt sei. Ministerialdirektor Dr. Klausener habe aber davon gesprochen, dass eine endgültige Entscheidung des Reichsverkehrsministeriums noch nicht vorliege. Die Auslegung des Vorsitzenden sei zwar wörtlich richtig, doch stehe wohl die endgültige Stellungnahme des Reichsverkehrsministeriums noch aus.

Der *Vorsitzende* wies auf die Möglichkeit des Falles hin, dass bei Zusammenstoß zwischen einem deutschen und einem ausländischen Schiff der Wachhabende auf beiden Schiffen für schuldig erklärt werde. Dann könne nach dem Wortlaut des Entwurfes der deutsche Beschuldigte Berufung einlegen, der ausländische Beschuldigte aber nicht. Das sei untragbar.

OLG-Rat *Dr. Reinbeck* meinte, diese Schwierigkeiten verschwänden bei Annahme des Vorschlages, über die Zulässigkeit der Berufung allgemein durch den Vorsitzenden des Reichsoberseeamtes entscheiden zu lassen. Geschehe das, so werde unser Recht nicht wesentlich von anderen Rechten abweichen. Meistens werde das Verschulden eines Ausländers mangels ausreichender Unterlagen gar nicht festgestellt werden können.

Der *Vorsitzende* fasste das Ergebnis dahin zusammen, dass in § 34 Abs. 1, Zeile 3 des Entwurfes das Wort „deutsche" gestrichen werden müsse. Er stellte das Einverständnis des Ausschusses hiermit fest.

Anschließend wurde geklärt, dass es in § 2 am Ende des Entwurfes sinngemäß nicht „Seegrenze" heißen müssen, sondern „Seeschifffahrtsgrenze". Offenbar sei nicht die Grenze im Sinne der Bekanntmachung zu § 25 des Flaggengesetzes gemeint, also nicht die Grenze der *offenen* See, sondern die Grenze der Seeschifffahrt auf Flussrevieren.

Schließlich berichtete der Vorsitzende, Senator Dr. Rothenberger habe ihn brieflich gebeten, im Seerechtsausschuss die Frage der Verlegung des Reichsoberseeamts nach Hamburg anzuschneiden. Dabei habe Senator Dr. Rothenberger besonders auf die Kostenersparnis hingewiesen, die sich daraus ergeben werde, dass Parteien und Beisitzer nicht nach Berlin zu reisen brauchten, ferner auf die mögliche Beschleunigung des Verfahrens, die gerade bei Seeunfällen besonders wichtig sei.

Der Vorsitzende stellte die Anregung von Senator Dr. Rothenberger zur Erörterung.

Im Laufe der Aussprache wurde von verschiedenen Seiten, darunter auch vom Vorsitzenden der Hoffnung Ausdruck gegeben, dass, wenn sich infolge der Neugestaltung des Seeunfalluntersuchungsgesetzes und der voraussichtlichen Mehrbelastung des Oberseeamts organisatorische Änderungen als notwendig erweisen sollten, alsdann die Verlegung des Oberseeamts nach Hamburg in Erwägung gezogen werden möchte.

Der Vorsitzende schloss die Sitzung, indem er mitteilte, dass die 10. Arbeitssitzung voraussichtlich am Donnerstag, den 28. Juni 1934, 16 Uhr stattfinden und die räumlichen Grenzen des Seeschifffahrtsrechts zum Gegenstand haben werde.

10. Arbeitssitzung vom 28.6.1934 (16 bis 18.05 Uhr)

Anwesend:
Vorsitzender: Prof. Dr. Wüstendörfer, Hamburg
stellvertretender Vorsitzender: OLG-Präsident Dr. Engel, Hamburg
1. Schriftführer: Rechtsanwalt Dr. Droege, Hamburg
und als weitere wissenschaftliche Mitglieder:
Dr. Krichhauff, Hamburg
Reichsgerichtsrat Dr. Lindenmaier, Leipzig
OLG-Rat Dr. Reinbeck, Hamburg
Rechtsanwalt Dr. Schulze-Smidt, Bremen
vom Reichsjustizministerium:
Ministerialrat Koffka, Berlin
ferner als Sachverständige:
Direktor Cords, Hamburg
für die Niederschrift in der Sitzung:
Assessor Dr. Möller, Hamburg und Referendarin Krüger, Wandsbek
entschuldigt fehlten:
Richter Dr. Bramslöw, Hamburg
Rechtsanwalt Dr. Dettmers, Bremen
Direktor Michelau, Bremen
Dr. Nolte, Hamburg
Dr. Schütte, Hamburg

Nach der Begrüßung der Anwesenden warf der *Vorsitzende* außerhalb der Tagesordnung die Frage auf, ob noch im Juli die 11. Arbeitssitzung des Seerechtsausschusses stattfinden solle. Die Erschienenen gaben ihrer Ansicht dahin Ausdruck, dass sich im Hinblick auf die Reisezeit und die jetzt schon augenfällige Abwesenheit mancher Mitglieder die Anberaumung einer Julisitzung nicht empfehle. Es wurde daher vereinbart, dass die 11. Arbeitssitzung Ende September oder Anfang Oktober abgehalten werden soll; Beratungsgegenstand soll das Flaggenrecht bilden. Reichsgerichtsrat Dr. Lindenmaier übernahm das Referat, Dr. Schulze-Smidt das Korreferat.

Sodann nahm der *Vorsitzende* das Wort zu einem Bericht über: *„Die räumlichen Grenzen des Seeschifffahrtsrechts"*. Er führte aus:

Das Thema berühre eine Fülle verwickelter Fragen. Die Hauptschwierigkeit liege darin, dass zwei Begriffsantithesen zu unterscheiden seien, nämlich der Gegensatz Seeschiff – Binnenschiff einerseits und der Gegensatz Seefahrt – Binnenfahrt andererseits.

Bei dem erstgenannten Gegensatz handle es sich um die Ermittlung des Dauercharakters eines Schiffes. Manche Seerechtsnormen seien auf diesen Dauercharakter abgestellt, z.B. die Eintragung in das See- oder Binnenschiffsregister, die Frage des Flaggenrechtes, die Veräußerungserleichterung des § 474 HGB.

Dagegen handle es sich bei dem Gegensatz Seefahrt – Binnenfahrt um den Sondercharakter der konkreten Reise. Er sei entscheidend für die Anwendung gewisser anderer Seerechtsnormen, vor allem für das Frachtrecht.

Prüfe man die umfangreiche Rechtsprechung, so sehe man, dass sehr häufig diese beiden Begriffsantithesen nicht genügend auseinander gehalten würden. Auch könne es bei manchen Fragen zweifelhaft sein, ob ihre Beantwortung anzuknüpfen habe an den Dauercharakter des Schiffes oder an den Sondercharakter der betreffenden Reise. Die Grenzziehung, wie auch immer man sie vornehme, werde stets umstritten sein.

Alle diese Schwierigkeiten würden verschwinden, wenn es kein besonderes vom Seerecht inhaltlich abweichendes Binnenschifffahrtsrecht mehr gebe. Es tauche also die Frage auf: Ist die Geltung unseres aus dem Jahre 1895 stammenden Binnenschifffahrtsgesetzes heute noch gerechtfertigt? Untersuche man diese Frage, so zeige sich, dass jenes Gesetz einerseits die typischen Mängel seiner Zeit, andererseits aber auch gewisse Vorzüge aufweise.

Zu den Mängeln zähle besonders die Weitschweifigkeit des Binnenschifffahrtsgesetzes. Kein anderes Volk besitze eine so ausführliche Regelung dieses Rechtsgebietes. Das Gesetz zeige eine Sucht zu überfein verästelten Bestimmungen. Man denke z.B. an die Vorschriften über die Skripturhaftung aus dem Ladeschein. Diese Bestimmungen seien naturgemäß nachgiebiges Recht. Es frage sich dann aber, welchen praktischen Wert es habe, die Skripturhaftung abweichend vom Seerecht zu regeln. Das Gesetzesrecht werde sowohl im Binnen- als auch im Seeschifffahrtsrecht durch Klauseln wegbedungen. Dadurch werde bewirkt, dass im Ergebnis die Rechtslage im Binnen- und Seeschifffahrtsrecht etwa die gleiche sei. – Besondere Schwierigkeiten verursache ferner das Vorhandensein eines besonderen Binnenschifffahrtsrechtes für den Durchfrachtverkehr Seeschiff-Binnenschiff. Es spreche ein dringendes Bedürfnis dafür, derartige Gesamtbeförderungen einheitlichen Vorschriften zu unterstellen, insbesondere einer einheitlichen Verkehrsurkunde. Alle diese Gesichtspunkte sprächen *gegen* ein Sonderrecht der Binnenschifffahrt.

Demgegenüber müsse darauf hingewiesen werden, dass gerade von Seiten der beteiligten Kreise der Binnenschifffahrt bei zahlreichen Gelegenheiten dem Wunsch nach umfassender Regelung des Binnenschifffahrtsrechtes immer wieder Ausdruck gegeben worden sei. Schon 1869 habe sich der Deutsche Handelstag für ein besonderes Gesetz eingesetzt. In der Tat sprächen für ein solches gewisse Gründe: Die Binnenschifffahrt weise eine Reihe betriebstechnischer und wirtschaftlich-sozialer Besonderheiten auf, wodurch Sondervorschriften notwendig würden. Beispielsweise müsse die Lade- und Löschzeit abweichend vom Seerecht geregelt werden. Auch fehle es dem Binnenschiff während der Fahrt an jener Vereinsamung, auf die im Seerecht die Schaffung zahlreicher Vorschriften zurückzuführen sei, namentlich die Ausgestaltung der Kapitänsvollmacht. Schließlich seien auch die Gefahren der Binnenschifffahrt geringer als jene der

Seeschifffahrt, und zeigten ein anderes Gesicht. Dies sei der Grund dafür, dass z.B. die Deckslast im Seerecht für den Fall der großen Havarie eine andere Behandlung erfahre als im Binnenschifffahrtsrecht.

Vor dem Bestehen des Binnenschifffahrtsgesetzes habe die Rechtsprechung das Seerecht im Wege der Analogie herangezogen. Das habe aber zu großer Rechtsunsicherheit geführt, und der Ruf nach einem Sondergesetz sei immer wieder erhoben worden.

Ansätze zu einer gesetzlichen Angleichung des See- und Binnenschifffahrtsrechts seien vorhanden.

Das deutsche Flaggenrecht und damit mittelbar auch das deutsche Seerecht gälten nach einer 1900 gemäß § 26 a Flaggengesetz erlassenen Verordnung auch für jene deutschen Binnenschiffe, die ausschließlich auf der unteren Donau und gewissen ostasiatischen Flüssen führen.

Weiterhin gälten gemäß § 739 Abs. 1 HGB die Vorschriften des Seerechtes über den Zusammenstoß von Schiffen auch dann, wenn ein der Binnenschifffahrt dienendes Schiff beteiligt sei. § 92 BSchG verweise kurz und bündig auf die seerechtlichen Vorschriften über den Schiffszusammenstoß. Auch das internationale Übereinkommen zur einheitlichen Feststellung von Regeln über den Zusammenstoß von Schiffen aus dem Jahre 1910 finde gemäß Art. 1 Anwendung, falls ein Binnenschiff beteiligt sei. Dennoch blieben gerade im Kollisionsrecht gewisse feine Unterschiede zwischen See- und Binnenschifffahrtsrecht bestehen. So habe das Reichsgericht (RGZ 102, 45) ausgesprochen, dass die vom Seerecht abweichenden Verjährungsvorschriften des Binnenschifffahrtsgesetzes bei einem Zusammenstoß zwischen Seeschiff und Binnenschiff gegenüber dem haftbar gemachten Binnenschiff Geltung beanspruchten. Auch kenne, abweichend vom Seerecht, das Binnenschifffahrtsrecht eine nur beschränkte Haftung des schuldhaften Schiffseigner-Schiffes gemäß § 4 Abs. 2 Satz 2 BSchG.

Eine Angleichung zeige sich ferner für das Recht der Bergung und Hilfeleistung. Nach § 740 S. 2 HGB gelte das Seerecht auch, wenn ein der Binnenschifffahrt dienendes Schiff geborgen oder einem solchen Schiffe Hilfe geleistet werde. Entsprechendes ergebe sich aus Art. 1 des Übereinkommens zur einheitlichen Feststellung von Regeln über die Hilfeleistung und Bergung in Seenot aus dem Jahre 1910. In § 101 BSchG sei ferner vorgesehen, dass für die der See zunächst gelegenen Binnengewässer gewisse seerechtliche Verfahrensvorschriften für anwendbar erklärt werden könnten.

In diesen Vorschriften über Schiffszusammenstoß sowie Bergung und Hilfeleistung gelange zum Ausdruck der legislatorisch wichtige Gesichtspunkt, dass *das Seerecht als das Mutterrecht das stärkere Recht* sei, das unter Umständen auf Binnenschiffe und Binnenfahrt übergreife.

Eine Angleichung zwischen See- und Binnenschifffahrtsrecht bestehe ferner darin, dass die Vorschriften der §§ 1259 ff. BGB über das Schiffspfandrecht sowohl für registrierte See- wie für registrierte Binnenschiffe gälten.

Auch die Seestraßenordnung finde, soweit sie räumlich reiche, auf Binnenschiffe Anwendung.

Während es sich bei all diesen Beispielen um Ansätze zu einer sachlichen Angleichung handle, fänden sich andererseits im internationalen Recht gewisse Bestrebungen nach einer sogar zwischenstaatlichen Sonderbehandlung der Binnenschiffe. Zu nennen seien hier die Genfer Übereinkommen über Eintragung von Binnenschiffen, dingliche Rechte an solchen Schiffen, Zusammenstoß von Binnenschiffen usw. von 1930 [nicht ratifiziert; neues Abkommen vom 25.1.1965]. Im Falle ihrer Einführung würde sie besonders für die Rhein-, Elbe- und Donauschifffahrt praktische Bedeutung haben.

Das Auslandsrecht sei nicht einheitlich. In England gelte nach sect. 742 der Merchant Shipping Act auch für Flussschiffe, wobei allerdings nicht übersehen werden dürfe, dass die Binnenschifffahrt in England eine weit geringere Bedeutung als bei uns habe. In Frankreich unterstehe die Binnenschifffahrt dem Landfrachtrecht. Eine eigenartige und interessante Regelung finde sich im holländischen Wetboek van Koophandel. Nach Art. 748 unterscheide man dort zwei Arten von Binnenschiffen, nämlich erstens solche, die aus dem Ausland kämen oder dorthin bestimmt seien: für die gelte das Seerecht „naar de omstandigheden“ (nach den Umständen), und zweitens solche, die ausschließlich Binnenfahrten machten; sie seien dem Binnenschifffahrtsrecht unterstellt, das vom Seerecht teilweise abweiche. Dieses besondere Binnenschifffahrtsrecht beschränke sich dort aber auf einen kurzen Anhang zum Seerecht, es sei in 13 Artikeln (Art. 749-761) geregelt. *Molengraaff*, der Schöpfer des holländischen Seerechtes, habe die Zweiteilung des Art. 748 kritisiert. Er mache geltend (Kort Begrip van het Nieuwe Ned. Zeerecht, S. 20), sie führe zu unzweckmäßigen Ergebnissen, insbesondere zu einer Rechtsunsicherheit. Es tauche nämlich die Frage auf, ob ein Binnenschiff, das ins Ausland gehe, nur für die betreffende Reise dem Seerecht unterstellt werde, oder ob es von nun an immer dem Seerecht unterworfen sei. Treffe die erste Annahme zu, so ändere sich das anzuwendende Recht von Reise zu Reise. Bei Richtigkeit der zweiten Annahme trete dagegen die Schwierigkeit auf, dass ein Dritter nicht wissen könne, ob das Schiff früher einmal im Ausland gewesen sei. Molengraaff komme deshalb zu dem Ergebnis, man müsse jene Kategorie von Binnenschiffen, die aus dem Ausland kämen oder dorthin führen, als Sondergruppe aufgeben, er rücke also vom Seerecht ab.

Berücksichtige man das Gesagte, so gelange man, alles in allem, zu folgenden Ergebnissen:

Erstens: Das Streben nach inhaltlicher Angleichung zwischen See- und Binnenschifffahrtsrecht ist grundsätzlich berechtigt, da es der Vereinfachung und der Ausräumung von zahlreichen Rechtszweifeln dient.

Zweitens: Ein gewisses Sonderrecht für die Binnenschifffahrt muss im Hinblick auf die betriebstechnischen und wirtschaftlich-sozialen Besonderheiten der Binnenschifffahrt bestehen bleiben. Hierbei hat grundsätzlich das Seerecht, weil Mutterrecht, als das stärkere Recht zu gelten; Abweichungen von ihm sind nur geboten, soweit die Besonderheiten der Binnenschifffahrt dazu zwingen.

Drittens: Das heutige Binnenschifffahrtsrecht muss daher stark zusammengestrichen werden. Es ist zu erwägen, ob, wie in Holland, das Binnenschifffahrtsrecht als kurzer Anhang zum Seerecht ausgestaltet werden soll. Zugleich ist anzustreben, es möglichst international einheitlich zu regeln; die Genfer Bestrebungen in dieser Hinsicht sind zu begrüßen.

Vom Standpunkt dieser Leitsätze bleibe – so fuhr der *Vorsitzende* fort – die Frage der räumlichen Abgrenzung des Seerechts praktisch. Er wende sich zunächst dem Problem Seeschiff – Binnenschiff zu.

Die Eigenschaft eines Seeschiffes müsse im Neubaustadium schon dann angenommen werden, wenn ein Schiff vom Bauherrn zur Seefahrt *bestimmt* sei. Dieses Bestimmtsein könne sich aus zahlreichen Indizien ergeben, beispielsweise aus der Bauart, Größe, Ausrüstung, Einrichtung oder aus der Eintragung des Schiffes.

Sobald dann das Schiff ins Leben getreten sei, müsse man aber das Problem anders anfassen. Die herrschende Ansicht, auch die des Reichsgerichts (RGZ 102, 45) gehe dahin, es müsse für den Begriff „Seeschiff“ genügen, wenn das betreffende Schiff *regelmäßig* zur Seefahrt verwendet werde. In einer älteren Entscheidung (Gruchot 38 S. 1143) habe das Reichsgericht Seerecht auf ein Schiff für anwendbar erklärt, das jährlich ca. 700 [?] Binnen- und nur 40 Seefahrten gemacht habe. Das Seerecht erweise sich also auch in diesem Zusammenhang wiederum als das stärkere Recht, eine Tatsache, die besonders für jene Schiffe bedeutsam sei, welche man als Zwitterschiffe bezeichnen könne. Um ein Zwitterschiff handle es sich beispielsweise, wenn ein Motorsegler Holz von Finnland über Rotterdam nach Mannheim befördere, oder ein Elbkahn von Hamburg um Scharhörn herum nach Bremen von einem Schlepper geschleppt werde, der bald auf der Elbe, bald auf der See tätig werde. Das Erfordernis regelmäßiger Verwendung zur Seefahrt habe zur

Folge, dass die nur vereinzelte Verwendung eines Seeschiffes zur Binnenfahrt das Seeschiff nicht zum Binnenschiff mache: So, wenn etwa die „Cobra“, ein notorischer Seedampfer, ausnahmsweise einmal von Hamburg nur nach Cuxhaven fahre. Andererseits mache die einzelne Verwendung eines Binnenschiffes zur Seefahrt dies noch nicht zu einem Seeschiff. Deshalb sei die „Jan Molsen“ durch eine einzelne Fahrt nach Kopenhagen noch kein Seeschiff geworden, und jener Elbkahn bleibe Binnenschiff trotz der Fahrt um Scharhörn herum.

Es sei indessen zu überlegen, ob man für den Begriff des Seeschiffes vielleicht die strengere Forderung aufstellen solle, dass das Schiff *„vorzugsweise“* zur Seefahrt verwendet werde. Hierauf stelle § 163 RVO ab, wonach als deutsches Seefahrzeug jedes Fahrzeug gelte, das unter deutscher Flagge fahre und ausschließlich oder vorzugsweise zur Seefahrt benutzt werde. Auch § 1 Schiffsvermessungsordnung lasse die vorzugsweise Verwendung entscheiden.

Ihm erscheine es zweifelhaft, ob sich eine solche Regelung allgemein legislatorisch empfehle. Er halte es für besser, bei dem von der Rechtsprechung aufgestellten Grundsatz zu bleiben. Als *Leitsatz* schlage er deshalb vor: „Als Seeschiffe gelten, soweit nicht Sondervorschriften ein anderes bestimmen, alle Schiffe, die zur Seefahrt bestimmt sind *oder* regelmäßig dazu verwendet werden.“

Eine ähnliche Definition enthalte Art. 310 Wetboek van Koophandel. Diese Abgrenzung passe auch zu § 1 BSchG. Dort solle zwar der Begriff des Schiffseigners bestimmt werden, aber diese Vorschrift greife zurück auf den Begriff des Binnenschiffes und fordere für ein solches beide Tatbestandsmomente, das „Bestimmtsein“ zur Binnenfahrt *und* das „Verwendetwerden“ kumulativ nebeneinander. Der Begriff sei also dort sehr eng umrissen. Entsprechend weiter müsse der Begriff des Seeschiffes gefasst werden.

Das zweite Problem sei die Abgrenzung der Binnenfahrt von der Seefahrt. Nach einer 1899 erlassenen Bekanntmachung zu § 25 des Flaggengesetzes sei für das gesamte deutsche Küstengebiet jeweils die Grenze so gezogen, dass Seefahrt im Sinne des Flaggengesetzes nur die Fahrt über die *offene* See sei, nicht die Fahrt auf Förden, Buchten, unteren Flussstrecken, oder durch das Wattenmeer hinter vorgelagerten Inseln. Diese Bekanntmachung beziehe sich allerdings nur auf die Frage der Unterstellung unter das Flaggenrecht, aber sie entspreche inhaltlich seemännischer Anschauung, die Praxis der Rechtsprechung habe sie daher allgemein für die Abgrenzung der Binnen- von der Seefahrt verwendet. So habe das Reichsgericht einmal (RGZ 102, 45) die Fahrt von Stettin nach Greifswald, ein anderes Mal (RGZ 13, 68) die Fahrt von Stettin nach Stralsund als reine Binnenfahrt behandelt. Andererseits sei die Fahrt von Hamburg nach Bremen um Scharhörn herum eine Seefahrt. Für die Elbe laufe nämlich die Grenze durch die Kugelbaake bei Döse. Es empfehle sich, bei der bisherigen Regelung zu verbleiben, also auch in Zukunft als Seefahrt nur die Fahrt durch das offene Meer zu behandeln. Allerdings wichen hiervon wieder einige Sondervorschriften ab, so gelte beispielsweise nach § 1047 RVO ein Unfall, der auf einer Fahrt auf Buchten, Haffen und Watten geschehe, als Seeunfall.

Unsere sämtlichen Seehäfen lägen nun aber nicht an der offenen See. Hamburg sei ungefähr 100 km von der Elbmündung entfernt, Köln, auch Endpunkt einer Seeschifffahrt, liege noch viel weiter von der Rheinmündung ab. Jede Fahrt, die in Hamburg beginne oder ende, sei also auch Binnenfahrt. Die Seeschiffe machten also in der Regel „gemischte Reisen“. Wie seien solche Reisen rechtlich zu behandeln? Ohne Zweifel sei juristisch eine geographische Aufteilung der Reise ausgeschlossen. Sie würde zu großer Rechtsunsicherheit führen. Es bestehe bisher in Rechtsprechung und Schrifttum Einstimmigkeit darüber, dass in einem solchen Falle die ganze Reise als Seereise zu gelten habe. Dafür spreche nicht nur der Dauercharakter des Schiffes, sondern auch der Umstand, dass der wirtschaftliche Schwerpunkt der Reise in der Überwindung der offenen See liege. Als weiteren *Leitsatz* schlage er deshalb vor: „Macht ein Seeschiff eine Reise, die teils über See, teils durch Binnengewässer führt, so kommt das Seerecht auf die ganze Reise zur Anwendung."

Dieser Leitsatz decke sich auch mit der bisherigen Auslegung des Seeunfalluntersuchungsgesetzes, nach der z.B. auf der Höhe von Blankenese ein Seeunfall eintreten könne. Das verstehe sich von selbst und sei deshalb in dem Entwurf zum neuen Seeunfalluntersuchungsgesetz nicht besonders zum Ausdruck gebracht, während der Seeschifffahrtstag 1929 eine entsprechende Bestimmung vorgeschlagen habe. Der Leitsatz entspreche auch der Seestraßenordnung, denn diese gelte auch „auf den mit der See im Zusammenhang stehenden, von Seeschiffen befahrenen Gewässern". Ferner fänden nach § 147 S. 1 Versicherungsvertragsgesetz die Vorschriften über die Seeversicherung auch dann Anwendung, wenn die Reise teils auf Binnengewässern oder zu Lande ausgeführt werde. Immer wieder erweise sich das Seerecht als das stärkere Recht.

Sehr umstritten seien dagegen bisher zwei andere Fragen: Wie soll die reine Binnenfahrt eines notorischen Seeschiffes – die „Cobra" fährt von Hamburg nur nach Cuxhaven – und wie soll eine reine Seefahrt oder eine gemischte Reise eines notorischen Binnenschiffes gewertet werden – die „Jan Molsen" fährt einmal nach Kopenhagen oder ein Elbkahn von Hamburg um Scharhörn herum nach Bremen –?

Die herrschende Ansicht neige dazu, für vertragliche Beziehungen den Sondercharakter der konkreten Reise entscheiden zu lassen, für außervertragliche Beziehungen dagegen den Dauercharakter des Schiffes. Diese Unterscheidung sei zu äußerlich, sie gehe den Dingen nicht auf den Grund. Zwar führe sie in vielen Fällen zu richtigen Ergebnissen, nicht aber stets. Denn es gebe eine Reihe von vertraglichen Beziehungen des Schiffes, die inhaltlich ohne jeden Zusammenhang mit dem Sondercharakter der konkreten Reise ständen, beispielsweise die Heuerverträge mit der Mannschaft, sofern diese in Monatsheuer fahre. Für die Mannschaft der „Cobra" in Monatsheuer ändere sich nichts dadurch, dass die „Cobra" einmal eine reine Binnenfahrt von Hamburg nach Cuxhaven mache. Es würde absurd sein, für die Dauer dieser Reise etwa die Geltung der Seemannsordnung zu verneinen!

De lege lata sei es also richtiger, zu unterscheiden zwischen Rechtsbeziehungen, die inhaltlich von dem Sondercharakter der Reise beeinflusst werden, und solchen, die davon unberührt blieben. Für jene gelte das Recht, das dem Sondercharakter der Reise entspreche, für diese das Recht, das aus dem Dauercharakter des Schiffes folge. Diese Unterscheidung sei allerdings praktisch verwickelt. Werde sie gesetzgeberisch verwendet, so könne das eine Rechtsunsicherheit zur Folge haben, da die Tatfrage unter Umständen schwierig zu entscheiden sei, ob eine Rechtsbeziehung inhaltlich beeinflusst sei von dem Sondercharakter der Reise oder nicht.

Mittelstein (in: Ehrenbergs Handbuch Bd. 7 Abt. I S. 20) stehe auf einem anderen Standpunkt. Das Seerecht sei das stärkere Recht, deshalb, so führe er aus, gelte für gelegentliche Binnenreisen eines Seeschiffes Seerecht, ebenso aber auch Seerecht für gelegentliche Seereisen eines Binnenschiffes. Das berechtigte Bestreben nach einer Annäherung von See- und Binnenschifffahrtsrecht müsse dahin führen, das Seerecht als die Regel gelten zu lassen, und abweichende Vorschriften des Binnenschifffahrtsrechtes nur insoweit anzuerkennen, als es sich um der Seeschifffahrt fremde Binnenschifffahrtsverhältnisse handle.

Der *Vorsitzende* gab der Ansicht Ausdruck, dass für das künftige Recht diese Ansicht von Mittelstein den Vorzug verdiene. Sie bedeute eine Vereinfachung der Rechtsordnung. Er müsse freilich eine Einschränkung hinzufügen, die sich beziehe auf Seereisen oder gemischte Reisen eines Binnenschiffes. Er übernehme von Mittelstein den *Leitsatz:* „Auf gelegentliche Binnenreisen eines Seeschiffes gelangt Seerecht zur Anwendung." Das Seeschiff sei als solches den strengeren Anforderungen des Seerechtes gewachsen. Dieses könne daher vollen Umfanges auch auf eine Binnenfahrt Anwendung finden, zum Teil folge seine Anwendung hier schon aus dem unverändert gebliebenen Dauercharakter des Seeschiffes. Für gelegentliche Seereisen eines Binnenschiffes dagegen scheine es ihm richtig, das Seerecht nur gelten zu lassen mit der Einschränkung, dass die Wesensart des Schiffes als eines Binnenschiffes dem nicht entgegenstehen dürfe. Beispielsweise müsse die Frage des Flaggenrechtes von dem Dauercharakter des Schiffes abhängig bleiben. Von einem Binnenschiff könne man auf einer gelegentlichen Seereise nicht die Mitführung eines Schiffszertifikats im Sinne des Flaggengesetzes verlangen. Deshalb schlage er als letzten *Leitsatz* vor: „Das Gleiche gilt für gelegentliche Seereisen und für gemischte Reisen eines Binnenschiffes, soweit nicht die Wesensart des Binnenschiffes dem entgegensteht.“

Reichsgerichtsrat *Dr. Lindenmaier,* der nunmehr das Wort ergriff, ging davon aus, dass er sich als Korreferent angesichts der klaren Darlegungen des Vorsitzenden kurz fassen könne.

Das Binnenschifffahrtsrecht könne seines Erachtens nicht einfach verschwinden. Er wolle noch einmal darauf hinweisen, dass die beteiligten Kreise seinerzeit die Schaffung eines Sonderrechtes für die Binnenschifffahrt dringend gewünscht hätten. Immerhin müsse aber eine Angleichung stattfinden. Sonderregeln dürften nur insoweit gelten, als sie notwendig seien. Dazu zwängen schon die zahlreichen Durchtransporte, welche insbesondere ein einheitliches Frachtrecht zweckmäßig erscheinen ließen. Bei jedem Einzelproblem, das der Seerechtsausschuss künftig behandle, müsse er sich fragen, ob die vorgeschlagene Lösung auch für das Binnenschifffahrtsrecht gelten solle oder nicht.

Dem Leitsatz über die Begriffsbestimmung „Seeschiff“ stimme er zu. Er habe nur die Befürchtung, dass es schwierig sein werde, festzustellen, wann eine „regelmäßige“ Verwendung vorliege. Besonders schwierig werde diese Feststellung bei gemischten Reisen sein. Zwar könne man legislatorisch nicht alle Zweifel beseitigen, zumal es sich bei den vom Referenten angeführten Tatsachen, der Bauart, Ausrüstung, Eintragung usw., eben nur um Indizien handle. Er regte jedoch an, dem Leitsatz hinzuzufügen: „Darunter fallen insbesondere alle in das Seeschiffsregister eingetragenen Schiffe.“ Dann herrsche insoweit Klarheit, wenngleich auch nicht alle Zweifel auf diese Weise behoben werden könnten.

Mit dem Leitsatz betreffend gemischte Reisen eines Seeschiffes sei er gleichfalls einverstanden. Das Seerecht sei immer das stärkere Recht.

Auch den dritten Leitsatz billige er.

Nur bezüglich des letzten Leitsatzes habe er Bedenken. Zunächst frage er sich, ob sich nicht der vom Referenten erwähnte Fall des Flaggenrechtes durch Verwaltungsvorschriften ordnen lasse. Im Übrigen müsse seines Erachtens der Dauercharakter des Binnenschiffes etwas mehr in den Vordergrund treten, und die Anwendung des Seerechtes auf jene Rechtsbeziehungen beschränkt werden, die gerade durch die Seereise ausgelöst seien. Vielleicht könne man diesen Leitsatz folgendermaßen formulieren: „Berührt ein Binnenschiff die See oder macht es eine Seereise, so stehen die durch diesen Teil oder diese Art der Reise bedingten Rechtsbeziehungen unter Seerecht.“ Möglicherweise lasse sich doch noch eine besondere Formulierung finden.

Der *Vorsitzende* dankte dem Korreferenten für seine Anregungen und stellte zunächst die Frage zur Erörterung, ob ein Sonderrecht für die Binnenschifffahrt bestehen bleiben solle.

Dr. Schulze-Smidt, der auch seinerseits hervorhob, dass der Referent die Probleme erschöpfend behandelt habe, beschränke sich auf den Hinweis, dass man international das Binnenschifffahrtsrecht betreffende Abkommen beachten müsse. Beispielsweise gebe es aus der Arbeit des Völkerbundes hervorgegangene internationale Vorschriften über Schiffshypotheken und Schiffsgläubigerrechte, deren Entwürfe und Motive ihm vor Jahren zur Begutachtung zugegangen seien.

Ministerialrat *Koffka* teilte mit, es existierten drei die Binnenschifffahrt betreffende internationale Entwürfe, nämlich ein Abkommen über den Zusammenstoß von Schiffen [1909/14] und ein Registerabkommen, die Deutschland schon gezeichnet habe, und ein drittes Abkommen über das Flaggenrecht, das Deutschland ablehne.

Direktor *Cords* unterstrich die Bemerkung des Vorsitzenden, dass das geltende Binnenschifffahrtsgesetz viel zu umfangreich und auch überaltert sei. Allerdings könne er nicht beurteilen, ob es genügen werde, das Binnenschifffahrtsrecht in einem Anhang zu regeln.

Der *Vorsitzende* fasste zu diesen Punkten nach weiteren Meinungsäußerungen das Ergebnis der Beratungen im Anschluss an eine von Reichsgerichtsrat Dr. Lindenmaier gegebene Anregung dahin zusammen, dass der Seerechtsausschuss die drei obigen Leitsätze billigt, die Genfer Bestrebungen zu überstaatlichen Abkommen jedoch nur soweit zu begrüßen sind, als nicht die Aufrechterhaltung der nationalen Belange dem entgegensteht.

Es wurde beschlossen, dass ein „wissenschaftlicher Horchposten" in Zukunft die Beratung unter dem Gesichtspunkt verfolgen solle, ob die von dem Seerechtsausschuss in Vorschlag gebrachten Bestimmungen auch für das Binnenschifffahrtsrecht passend seien. Dr. Schulze-Smidt übernahm diese Aufgabe und erklärte sich bereit, nach Erledigung größerer Teilabschnitte jeweils über die Ergebnisse seiner Beobachtungen zu berichten.

Der *Vorsitzende* eröffnete dann die Aussprache zum Leitsatz betreffend den Begriff „Seeschiff".

Dr. Schulze-Smidt äußerte Bedenken wegen des Wortes „regelmäßig". – Er schlug vor, den Leitsatz so zu fassen: „Ein Seeschiff ist ein Schiff, das zur Seefahrt bestimmt ist *und* verwendet wird". Bei dieser Formulierung komme es nicht darauf an, wie oft die Verwendung erfolge.

Der *Vorsitzende* entgegnete, er gebe zu, dass Auslegungszweifel entstehen würden, aber auch die etwaige Ersetzung des Wortes „regelmäßig" durch das Wort „vorzugsweise" beseitige diese Auslegungszweifel nicht. Elastische Normen solcher Art gebe es vielfach in unseren Gesetzen, sie seien unvermeidlich und teilweise sogar erwünscht. Der Vorschlag, seinen Leitsatz im Sinne von Dr. Schulze-Smidt abzuändern und die alternative Fassung *„oder"* zu ersetzen durch die kumulative Fassung *„und"* sei ferner deshalb bedenklich, weil es dann Schiffe geben würde, die wegen der gleichfalls engen Fassung des § 1 BSchG in einen rechtsleeren Raum fielen. Nicht erfasst blieben dann nämlich alle Schiffe, die zwar zur Seefahrt zunächst bestimmt seien, aber dann ausschließlich zur Binnenfahrt verwendet würden, und umgekehrt.

Auch OLG-Präsident *Dr. Engel* setzte sich dafür ein, es bei dem Wort „regelmäßig" zu belassen. Ein ähnlich elastischer Begriff sei jener der Gewerbsmäßigkeit. So wie bei einem einmaligen Fall unter Umständen schon eine Gewerbsmäßigkeit vorliegen könne, so könne unter Umständen auch schon bei einer (ersten) Fahrt „regelmäßige" Verwendung gegeben sein.

Dr. Schulze-Smidt und OLG-Präsident *Dr. Engel* traten ferner für den Vorschlag des Korreferenten ein, durch Ergänzung des Leitsatzes eine präsumtio juris et de jure wegen der ins Seeschiffsregister eingetragenen Schiffe zu schaffen.

Der *Vorsitzende* äußerte hierzu Bedenken. Die Frage berühre sich eng mit jener nach der rechtlichen Natur des Seeschiffsregisters. Bisher sei diesem gesetzlich kein öffentlicher Glaube beigelegt, so wenig wie dem Handelsregister. Wie aber im Handelsrecht der Grundsatz der Erklärungstreue zur teilweisen Ausfüllung dieser Gesetzeslücke sich gewohnheitsrechtlich durchgesetzt habe, so sei diese Entwicklungstendenz auch im Seerecht feststellbar. Es sei an eine Entscheidung im Falle des Dampfers „Hansa" zu erinnern. Die Reederei habe die „Hansa" ins Seeschiffsregister eintragen lassen, das Schiff aber meist nur auf der Strecke zwischen Hamburg und Cuxhaven verwendet. Die „Hansa" habe auf dieser Fahrt eine von ihr verschuldete Kollision gehabt, und als die Reederei daraufhin auf Schadensersatz verklagt worden sei, habe sie die – gegenüber dem Seerecht kürzere – Verjährung nach dem Binnenschifffahrtsgesetz eingewendet. Das Hanseatische Oberlandesgericht habe aber diesen Einwand nicht zugelassen, besonders weil die „Hansa" im Seeschiffsregister eingetragen gewesen sei. So sei die „Hansa"-Entscheidung zum Ausgangspunkt geworden für die Anwendung des dort freilich nur leise angedeuteten Grundsatzes der Erklärungstreue auf das Schiffsregister: Lasse ein Reeder sein Schiff im Seeschiffsregister eintragen, so könne er einem gutgläubigen Dritten gegenüber nicht geltend machen, das Schiff sei ein Binnenschiff; denn damit würde er gegen Treu und Glauben handeln (HansGZ 1903 Nr. 86). Befolge man nun den Vorschlag des Korreferenten, so komme man abweichend hiervon zu einer dem § 5 HGB entsprechenden bedenklichen Bestimmung. Gegen § 5 HGB sei mit Recht, besonders von Müller-Erzbach geltend gemacht, dass er als präsumtio juris et de jure verstanden, auch Schlechtgläubigen ermögliche, sich auf die Eintragung zu berufen. Das gehe zu weit. Solche Regelung sei gerade heute, wo der Grundsatz von Treu und Glauben das Recht beherrschen solle, zu verwerfen. Es sei unvereinbar mit nationalsozialistischer Weltanschauung, durch den Formalismus einer unwiderleglichen Rechtsvermutung auch den Schlechtgläubigen zu schützen.

Reichsgerichtsrat *Dr. Lindenmaier* erwiderte, dass es sich bei den Fällen der Schlechtgläubigkeit um zahlenmäßig nur wenige Fälle handeln könne. Wichtiger sei es, durch die Aufnahme des Zusatzes zu dem Leitsatz für zahlreiche Tatbestände eine klare, eindeutige und einfache Regelung zu treffen.

Der *Vorsitzende* gab zu, dass allerdings wohl die Fälle der Schlechtgläubigkeit seltener sein würden als bei § 5 HGB.

OLG-Rat *Dr. Reinbeck* hielt den Zusatz zum Leitsatz für unnötig. Schon heute schaffe die Eintragung ins Schiffsregister einen Beweis des ersten Anscheines, jedenfalls gelte der Grundsatz der Erklärungstreue, und mit ihm sei auszukommen. Warum solle ein Schlechtgläubiger aus der Eintragung Nutzen ziehen? Warum solle der Reeder benachteiligt werden, wenn infolge eines Versehens des Registerführers die Eintragung falsch sei? Das gehe zu weit.

Der *Vorsitzende* teilte diese Bedenken und empfahl, die Frage zurückzustellen bis zur Erörterung der Bedeutung des Seeschiffsregisters. Allerdings könne er in einem Punkt OLG-Rat Dr. Reinbeck nicht ganz zustimmen, nämlich für den Fall versehentlicher Falscheintragung. Dem Reeder gehe ja eine Mitteilung von der erfolgten falschen Eintragung zu, und wenn er sich daraufhin nicht rühre, so greife wiederum – genau wie beim Handelsregister – der Grundsatz der Erklärungstreue Platz. Er dulde dann wissentlich eine falsche Eintragung.

Reichsgerichtsrat *Dr. Lindenmaier* wies darauf hin, dass es zwar sehr wichtig sei klarzustellen, ob jemand als Kaufmann gelte oder nicht. Dagegen sei es weniger wesentlich, ob ein Schiff dem Seerecht oder dem Binnenschifffahrtsrecht unterliege. Die beiden Rechtsgebiete würden ja inhaltlich einander möglichst angeglichen werden.

So äußerliche Vorschriften wie die über die Verjährungsfristen dürften in Zukunft nicht ins Gewicht fallen. Man werde die Verjährung gleichmäßig regeln.

Schließlich machte der *Vorsitzende* den Vorschlag, dadurch eine alle Teile befriedigende Lösung zu finden, dass man zu seinem Leitsatz hinzufüge: „Solange ein Schiff im Seeschiffsregister eingetragen ist, gilt es zugunsten Gutgläubiger als Seeschiff."

Reichsgerichtsrat *Dr. Lindenmaier* stimmte dieser Fassung zu.

Der Leitsatz betreffend den Begriff des Seeschiffs wurde darauf mit vorstehendem Zusatz von allen Anwesenden gebilligt.

Auch die Leitsätze betreffend gemischte Reisen und betreffend reine Binnenreisen von Seeschiffen fanden allseitige Zustimmung. Zum ersten dieser Leitsätze hob *Dr. Krichhauff* vom Standpunkt der Verlader und Banken hervor, dass er eine große Erleichterung und bessere Rechtssicherheit schaffe.

Sodann dem Leitsatz betreffend Seereisen eines Binnenschiffes sich zuwendend, brachte der *Vorsitzende* zum Ausdruck, er habe damit nichts anderes sagen wollen als der Korreferent, es handle sich nur um eine Verschiedenheit der Formulierung, er habe nur das Fremdwort „Dauercharakter" bei der Formulierung seines Leitsatzes vermeiden wollen und dafür „Wesensart" gesagt. Er sei jedoch gern bereit, zur größeren Klarstellung die Formulierung zu verbessern.

OLG-Rat *Dr. Reinbeck* bemerkte, er habe noch nicht ganz verstanden, wie der Vorschlag aufzufassen sei. Wie stehe es beispielsweise mit der Seetüchtigkeit bei der gelegentlichen Seereise eines Binnenschiffes?

Der *Vorsitzende* erwiderte, die Antwort sei ihm nicht zweifelhaft. Der Sondercharakter der konkreten Reise müsse hier den Ausschlag geben. Der Reeder hafte nach deutschem Seerecht niemals für absolute Seetüchtigkeit, sondern immer nur für Sorgfalt in Bezug auf *relative* Seetüchtigkeit. Das gelte auch hier.

Direktor *Cords* bemerkte dazu, dass ein Binnenschiff niemals ein Seetüchtigkeitsattest erlangen könne, jedoch gebe es Bescheinigungen darüber, dass gegen eine bestimmte Seereise keine Bedenken vorlägen; in zwei bis drei Jahren werde übrigens das Seefahren der Binnenschiffe aufhören, dann werde nämlich der Mittellandkanal fertig sein.

Reichsgerichtsrat *Dr. Lindenmaier* schlug vor, den Leitsatz anstelle seines früheren Vorschlages dahin zu formulieren: „Bei gelegentlichen Seereisen und gemischten Reisen eines Binnenschiffes unterfallen die durch den Charakter der Reise als einer Seereise bedingten Ereignisse und Rechtsbeziehungen dem Seerecht."

Das in dieser Formulierung zum Ausdruck Gebrachte sei dasjenige, was man wolle. Es sei schwierig, dieses der von dem Referenten gewählten Fassung des Leitsatzes zu entnehmen.

Der *Vorsitzende* sprach sich gegen den Vorschlag des Korreferenten aus, schaffe er doch neue Zweifel, da es unter Umständen unsicher sei, welche „Ereignisse und Rechtsbeziehungen" durch den Charakter der Reise als einer Seereise „bedingt" seien. Gerade diese zweifelhaften Grenzfälle habe die von ihm vorgeschlagene allgemeinere Formel weit umfassen und dem Seerecht unterstellen wollen. Für das Binnenschifffahrtsrecht bleibe dann nur das übrig, was unzweifelhaft vom Dauercharakter des Schiffes bestimmt werde.

Dr. Droege sprach sich für die Formulierung des Vorsitzenden aus. Besonders bei Bugsierdampfern könnten Zweifel auftauchen.

Ministerialrat *Koffka* schlug vor, statt des Wortes „Wesensart" oder „Dauercharakter" das Wort „Eigenschaft" zu gebrauchen. Dann wisse jeder, was gemeint sei.

Nachdem der Referent und der Korreferent diesen Vorschlag gebilligt hatten, wurde festgestellt, dass sämtliche Anwesenden dem Leitsatz in dieser Fassung zustimmten:

„Das Seerecht gilt auch für gelegentliche Seereisen und für gemischte Reisen eines Binnenschiffes, soweit nicht die Eigenschaft des Schiffes als eines Binnenschiffes dem entgegensteht."

Der *Vorsitzende* schloss die Versammlung mit Ferienwünschen.

11. Arbeitssitzung vom 11.10.1934 (16 bis 19.30 Uhr)

Anwesend:
Vorsitzender: Prof. Dr. Wüstendörfer, Hamburg
stellvertretender Vorsitzender: OLG-Präsident Dr. Engel, Hamburg
2. Schriftführer: Richter Dr. Bramslöw, Hamburg
und als weitere wissenschaftliche Mitarbeiter:
Rechtsanwalt Dr. Dettmers, Bremen
Reichsgerichtsrat Dr. Lindenmaier, Leipzig
Direktor Michelau, Bremen
OLG-Rat Dr. Reinbeck, Hamburg
Dr. Schütte, Hamburg
Rechtsanwalt Dr. Schulze-Smidt, Bremen
Verwaltungsdirektor Sturm, Hamburg
vom Reichsjustizministerium:
Ministerialrat Koffka, Berlin
vom Reichsverkehrsministerium:
Assessor Dr. Brandt, Berlin
vom Reichswehrministerium:
Fregattenkapitän Lohmann, Hamburg
für die Niederschrift in der Sitzung:
Assessor Dr. Möller, Hamburg und Referendarin Krüger, Wandsbek
entschuldigt fehlten:
Dr. Droege, Hamburg
Dr. Krichhauff, Hamburg
Dr. Riensberg, Hamburg
Rechtsanwalt Dr. Schüler, Hamburg

Nach Begrüßung der Anwesenden teilte der *Vorsitzende* zunächst mit, dass aufgrund eines ihm vorliegenden gemeinsamen Gesetzentwurfs die Haager Regeln von Dänemark, Schweden, Norwegen und Finnland eingeführt werden sollten, und zwar in einer Fassung, die wörtlich aus dem Englischen übersetzt sei. Art. 4 Abs. 2 wolle man aber auch dort nur mit dem Vorbehalt übernehmen, der dem Vorschlage des Seerechtsausschusses entspreche: Es solle in den Fällen des Art. 4 2 c-p dem Reeder die Exkulpationspflicht abgenommen werden.

Sodann erteilte der Vorsitzende Reichsgerichtsrat *Dr. Lindenmaier* das Wort zum Bericht über das *Flaggenrecht*.

Der Berichterstatter führte Folgendes aus:

I. Die Nationalflagge eines Schiffes diene zur Kennzeichnung seiner Staatsangehörigkeit. Diese Staatsangehörigkeit sei in mannigfacher Beziehung von rechtlicher Bedeutung, und zwar umso mehr, als Schiffe in gewisser Hinsicht rechtlich als schwimmende Gebietsteile ihres Landes betrachtet würden. Die Flagge eines Schiffes sei daher bestimmend für das nationale öffentliche und private Recht, das auf ihm Anwendung zu finden habe. Sie sei im Verhältnis zu anderen Staaten in völkerrechtlicher Beziehung von Bedeutung, nach deutschem öffentlichem Recht wenigstens grundsätzlich auch maßgebend für die Zulassung zur Küstenfrachtfahrt und Küstenfischerei. Endlich sei nach zwischenstaatlichem Recht häufig das „Recht der Flagge“ anzuwenden.

Der Ordnung des Flaggenrechts der Schiffe komme somit hervorragende nationale Bedeutung zu.

II. Das Flaggenrecht sei geordnet im Gesetz betr. das Flaggenrecht der Kauffahrteischiffe vom 22. Juni 1899/20. Mai 1901 [RGBl. 1899, S. 319; 1901, S. 185], ergänzt durch eine Reihe von Verordnungen.

Dieses Gesetz bestimme, dass Kauffahrteischiffe die Reichsflagge als Nationalflagge zu führen hätten (§ 1 Abs. 1 FlG). Die Vorschrift sei in § 26 Abs. 1 FlG auf seegehende Lustyachten, Schulschiffe sowie für ausländische Rechnung im Inlande erbaute Schiffe erstreckt. Gemäß der in § 26 Abs. 2 FlG ausgesprochenen Ermächtigung sei dem Reichskanzler ferner durch VO vom 7. Juli 1903 die Befugnis erteilt worden, diese Bestimmung auf Gouvernementsfahrzeuge in deutschen Schutzgebieten auszudehnen. Schließlich müssten gemäß Art. 5, 6 des Haager Abkommens vom 18. Oktober 1907 alle Lazarettschiffe die Nationalflagge neben der weißen Flagge mit rotem Kreuz führen. Die Bestimmung der Form der Reichsflagge und der Art ihrer Führung sei dem Verordnungswege überlassen (§ 1 Abs. 2 FlG). Nach der heute maßgebenden Verordnung über die vorläufige Regelung der Flaggenführung von Kauffahrteischiffen vom 20. Dezember 1933 (Art. I §§ 1-2) führten die deutschen Kauffahrteischiffe die schwarz-weiß-rote und die Hakenkreuzflagge gemeinsam.

Eine Neufassung dieser Bestimmungen sei zunächst notwendig, was den Kreis der für die Führung der Nationalflagge in Betracht kommenden Seeschiffe angehe. Für die Führung der Reichsflagge in ihrer allgemeingültigen Gestalt schieden diejenigen Schiffe aus, welche aufgrund besonderer Bestimmung zur Führung der Reichskriegsflagge oder einer Dienstflagge berechtigt seien. Es bestehe aber kein Anlass mehr, im Übrigen die Führung der Reichsflagge auf Erwerbsseeschiffe und einige zugelassene Ausnahmen zu beschränken. Es kämen dafür vielmehr alle Seeschiffe in Betracht, soweit sie nicht die Kriegsflagge oder eine Dienstflagge zu führen befugt seien. Das entspreche dem sachlichen Herrschaftsbereich des Seerechts, wie er nach den Vorschlägen des Seerechtsausschusses vorgesehen sei. Ein Bedürfnis für die frühere Beschränkung, die durch die tatsächliche Übung bereits überholt sei, bestehe nicht. Nationale Gesichtspunkte forderten vielmehr die vorgeschlagene Erstreckung. Die Bestimmung des § 26 FlG sei damit überflüssig. Selbstverständlich kämen für die Führung der Nationalflagge nur deutsche Schiffe in Betracht. Wann ein Schiff als deutsch zu gelten habe, werde noch zu erörtern sein.

Für Binnenschiffe sei bisher die Frage der Flaggenführung reichsgesetzlich nicht geregelt, abgesehen allerdings von der auf § 26 Abs. 2 FlG beruhenden Verordnung vom 1. März 1900 betr. das Flaggenrecht ausschließlich auf gewissen ausländischen Gewässern verkehrender Binnenfahrzeuge. In der dem Entwurf des Flaggengesetzes beigegebenen Begründung sei ausgesprochen, dass deutsche Schiffe, welche die Flussschifffahrt vom Inlande aus nach ausländischen Revieren betrieben, nicht die Reichs-, sondern die Landesflagge zu führen hätten. Die Frage eines Flaggenrechts der Binnenschiffe biete wegen der Verhältnisse auf den internationalisierten Strömen besondere Schwierigkeiten, da sich dort Erwägungen hoheitsrechtlicher Art hineinmischten. Ihre Behandlung sei aus diesem Grunde im Rahmen der Erörterungen über das Flaggenrecht der Seeschiffe nicht zweckmäßig.

Die grundlegende Gestaltung der Nationalflagge komme in § 1 Abs. 1 FlG nur mittelbar durch Bezugnahme auf die in der Verfassung festgelegte Reichsflagge zum Ausdruck. Zur Zeit sind jedoch die zu führenden Flaggen in der genannten Verordnung festgelegt. Im nationalen Einheitsstaat erscheine es geboten und auch der grundlegenden Bedeutung des Flaggenrechts entsprechend, die zu führenden Flaggen in das Gesetz selbst aufzunehmen. Über die Form dieser

Flaggen, die Art ihrer Führung und die Führung weiterer Flaggen könne zweckmäßig weiterhin eine Verordnung Bestimmungen treffen. Danach ergebe sich zunächst folgender *Leitsatz:*

„(1) Deutsche Seeschiffe führen als Nationalflagge die schwarz-weiß-rote Flagge, soweit sie nicht die Reichskriegsflagge oder Reichsdienstflagge zu führen berechtigt sind. Gemeinsam mit ihr führen sie die Hakenkreuzflagge.

Über die Form dieser Flaggen, die Art ihrer Führung und die Führung weiterer Flaggen wird durch Verordnung bestimmt."

III. Bei dem Erlass von Bestimmungen über die Führung der Nationalflagge bedürften der Erörterung einerseits die Frage der Berechtigung, andererseits die Frage der Verpflichtung zur Führung. Es seien außerdem nach dem bisherigen Rechtszustande begrifflich zu unterscheiden das Recht zur Führung (materielles Flaggenrecht), die formelle Befugnis zur Ausübung dieses Rechts (formelles Flaggenrecht) und endlich Recht und Verpflichtung zur tatsächlichen Ausübung der Befugnis zum Zeigen der Flagge.

Die Frage der Verpflichtung zur Führung der Nationalflagge werde zweckmäßig erst erörtert, nachdem die künftig für das materielle und formelle Flaggenrecht maßgebende Grundsätze festgelegt seien.

Das materielle Flaggenrecht könne, wie bereits ausgesprochen, nur deutschen Schiffen gegeben werden. Es bedürfe aber der Erörterung, wann ein Schiff als deutsch zu gelten habe. Nach früherem und jetzigem Flaggenrecht der einzelnen Länder kämen folgende Voraussetzungen in Betracht, die insgesamt oder zum Teil erfüllt sein müssten, damit ein Schiff als national betrachtet werden könne:

a) inländische Nationalität des Eigentümers,

b) inländische Besatzung,

c) inländische Erbauung.

Das Institut de droit international habe 1896 auf seiner Venediger Tagung Vorschläge zur internationalen Vereinheitlichung des Flaggenrechts gemacht, die jedoch bisher zu einem Erfolge nicht geführt hätten, zu Erfolgen auch kaum führen könnten, weil die Interessen des Wirtschaftslebens, die für die Aufstellung der einen oder anderen Forderung mitbestimmend seien, in jedem Staate anders seien.

a) Bei dem Erfordernis nationalen Eigentums kämen drei Möglichkeiten in Betracht, die gesonderter Betrachtung bedürften:

1. Eigentum einer oder mehrerer Einzelpersonen,
2. Eigentum von Personenvereinigungen ohne eigene Rechtspersönlichkeit,
3. Eigentum von Personenvereinigungen mit eigener Rechtspersönlichkeit,
4. Eigentum einer oder mehrerer Einzelpersonen.

[Zu 1.] Das bisherige deutsche Flaggenrecht fordere, wie dies z.B. entsprechend auch Großbritannien und die Vereinigten Staaten von Amerika täten, ausschließliches deutsches Eigentum. Die erwähnten Venediger Beschlüsse dagegen ließen es genügen, wenn mehr als die Hälfte des Schiffswerts sich in nationalem Eigentum befinde, forderten aber weiter, dass das Unternehmen seinen Sitz im Inlande habe (Règles relatives à l'usage du pavillon national pour les navires de commerce, Sect I Art. 2, 3 im Annuaire de l'Institut de droit international Bd. 15 S. 201). Es frage sich, ob dieser Regelung gefolgt werden oder doch an eine Milderung der Forderung ausschließlichen nationalen Eigentums gedacht werden könne, wie das in einigen Staaten, neuerdings z.B. in den Niederlanden geschehen sei. Nach niederländischem Seerecht brauchen nur 2/3 des Schiffes in niederländischem Eigentum zu stehen. Weiterhin werde allerdings inländische Ansässigkeit der übrigen Eigentümer und inländische Staatsangehörigkeit und Ansässigkeit eines etwaigen Korrespondentreeders gefordert (Wetboek van koophandel Art. 311).

Er schlage als Berichterstatter vor, es in der künftigen deutschen Rechtsgestaltung bei dem Erfordernis ausschließlichen Eigentums von Staatsangehörigen zu belassen, es sei denn, dass sich aus den beteiligten Kreisen der Wirtschaft schwerwiegende Bedenken erhöben, etwa weil durch solche Regelung der Zufluss ausländischen Kapitals gehindert werde. Zu beachten sei, dass solche Bestimmung auch für den Kriegsfall klare Verhältnisse schaffe und einer Anzweifelung der Neutralität des Schiffs vorbeuge, eine Erwägung, die bei Schaffung der jetzt geltenden Bestimmung von ausschlaggebender Bedeutung gewesen sei (Drucksachen des Nordd. Reichstags 1. Leg-Per. 1867, stenographische Berichte 1/2 S. 61 ff.). Voraussetzung solcher Regelung sei dabei natürlich, dass die Interessen der deutschen Mitreeder an der Erhaltung des Flaggenrechts in billiger Weise gewahrt würden. Darauf müsse bei der Erörterung des Verlustes des Flaggenrechts noch eingegangen werden.

Nicht angebracht sei es, die Forderung nationalen Eigentums noch durch die Forderung inländischen Wohnsitzes des oder der Eigentümer zu verschärfen. Die Möglichkeit des Betriebes der Seeschifffahrt mit einem deutschen Schiff von einem ausländischen Hafen aus, von der auch die Bestimmungen des Flaggengesetzes über den Heimathafen (§ 6 FlG) ausgingen, dürfe nicht unterbunden werden.

Für die Partenreederei könne die Forderung aufgestellt werden, dass auch der Korrespondentreeder ein Deutscher sein müsse. Eine Notwendigkeit dafür sei nicht ersichtlich, wenn die Schiffseigentümer sämtlich die deutsche Staatsangehörigkeit besäßen. Eine solche Bestimmung könne auch beim Betriebe der Seeschifffahrt von einem ausländischen Hafen aus zuweilen zu unnötigen Schwierigkeiten führen.

Weiter könne die Frage aufgeworfen werden, ob bei der Frage des nationalen Eigentums auf das formelle Eigentum oder auf das wirtschaftliche Eigentum abgestellt werden solle. Bei der Beantwortung dieser Frage in erstem Sinne – so das geltende Recht – habe also selbst erhebliche ausländische dingliche Belastung außer Betracht zu bleiben und sogar fiduziarische Eigentumsübertragung von einem Ausländer auf einen Inländer genügt, um das Flaggenrecht zu erzeugen. Die daraus etwa zu entnehmenden Bedenken seien jedoch nicht durchschlagend. Selbst gegenüber der danach nicht auszuschließenden Möglichkeit, ein Schiff missbräuchlich unter die deutsche Flagge zu bringen, biete die vorgesehene Regelung vor allem den entscheidenden Vorteil, klare Rechtsverhältnisse zu schaffen. Eine Folge der vorgesehenen Regelung sei, dass auch dem in deutschem Eigentum stehenden Schiffe eines ausländischen Ausrüsters das deutsche Flaggenrecht zustehe.

[Zu 2.] Eigentum einer Personenvereinigung ohne Rechtspersönlichkeit.

Praktisch kämen hier im Wesentlichen offene Handelsgesellschaften und Kommanditgesellschaften in Betracht. Es sei nur eine folgerichtige Entwicklung der bei Einzeleigentümern maßgebenden Grundsätze, wenn deutsche Staatsangehörigkeit sämtlicher Gesellschafter einer offenen Handelsgesellschaft – für eine Gesellschaft bürgerlichen Rechts könne nichts anderes gelten – gefordert werde. Dem entspreche der bisherige Rechtszustand (§ 3 FlG). Die Venediger Beschlüsse forderten außer dem Sitz des Unternehmens im Inlande, dass mehr als die Hälfte der Gesellschafter Inländer seien. Bei Kommanditgesellschaften müsse zweifellos inländische Staatsangehörigkeit der persönlich haftenden Gesellschafter gefordert werden. Die Frage, ob die gleiche Forderung auch für die Kommanditisten zu stellen sei, müsse nach der Wortfassung des bisherigen Flaggengesetzes (§ 2 Abs. 2 FlG) verneint werden. Diese Regelung entbehre aber der Folgerichtigkeit, zumal auch in Rücksicht darauf, dass der Einfluss der Kommanditisten auf die Geschäftsführung im Wege der Vereinbarung stark ausgebaut werden könne. Einem im Eigentum einer Kommanditgesellschaft stehenden Schiffe werde daher das materielle Flaggenrecht nur zuzugestehen sein, wenn auch die Kommanditisten die Reichsangehörigkeit besäßen. Von dem Erfordernis inländischen Sitzes sei aus den entwickelten Gründen auch für den zur Erörterung stehenden Fall abzusehen.

[Zu 3.] Eigentum von Personenvereinigungen mit eigener Rechtspersönlichkeit.

Hierher gehörten die wirtschaftlich wichtigsten Fälle. Besondere Schwierigkeiten ergäben sich daraus, dass der Sitz der Verwaltung sich in einem anderen Lande befinden könne als in demjenigen, dem die am Gesellschaftskapital Beteiligten angehörten, während die Verwaltungsorgane Staatsangehörige wiederum eines anderen Landes sein könnten. Die Vorschriften der einzelnen Staaten zeigten das Bestreben, das Flaggenrecht nur einem Schiffe zu verleihen, dessen Eigentümerin nicht überfremdet sei. Das ganze Problem spitze sich überhaupt mehr auf die Frage zu, wie einer Überfremdung der Schifffahrt vorgebeugt werden könne, als auf die eigentlich grundlegende, welche Schiffe noch als national zu betrachten seien. Die zum Teil sehr ins Einzelne gehenden mannigfaltigen Bestimmungen der verschiedenen Länder suchten die Überfremdungsgefahr durch Forderung nationalen Sitzes der Gesellschaft, nationaler Verwaltung, nationaler Gesellschafter und inländischer Generalversammlungen abzuwenden. Die Venediger Beschlüsse forderten neben inländischem Sitz der Gesellschaft, dass 2/3 der Vorstandsmitglieder inländische Staatsangehörige seien.

Nach dem bisherigen deutschen Rechtszustande werde lediglich Sitz der Gesellschaft im Inlande verlangt, bei der Kommanditgesellschaft auf Aktien außerdem Reichsangehörigkeit der persönlich haftenden Gesellschafter.

Es liegt auf der Hand, dass diese Regelung keinen Schutz vor Überfremdung der Gesellschaft biete und damit die Möglichkeit gebe, einem fremden Schiff das deutsche Flaggenrecht zu verschaffen.

Das Erfordernis, dass sich die Gesellschaftsanteile in Händen von Inländern befinden müssten, wie es z.B. die skandinavischen Staaten in mehr oder minder hohem Grade aufstellten, könne nur erreicht werden auf Kosten der Negotiabilität der Gesellschaftsanteile, insbesondere durch vinkulierte Aktien. Solche Regelung könne nur befürwortet werden, wenn von wirtschaftlicher Seite aus ganz besonders beachtliche Gründe dafür ins Feld geführt würden. In gewissem Umfange handele es sich insoweit außerdem um eine Frage, die abschließend nur in Zusammenhang mit der künftigen Gestaltung des Aktienrechts beantwortet werden könne. Noch zweifelhafter sei die Beantwortung dieser Frage bei Gesellschaften mit beschränkter Haftung. Es müsse auch hier erst die Ansicht der Wirtschaftler gehört werden.

Erhebliche Bedeutung für die Bestimmung der Nationalität einer Gesellschaft mit Rechtspersönlichkeit sei ihrem satzungsmäßigen Sitz und vor allem dem Sitz ihrer Verwaltung beizumessen, welcher nach der Rechtsprechung des Reichsgerichts ihre rechtliche Beurteilung bestimme (vgl. RGZ Bd. 6 S. 134; HJW 1904 S. 231; RGZ Bd. 117 S. 215; ferner das zum Abdruck bestimmte RG-Urteil vom 11. Juli 1934 – I 31/34 – über die Rechtsfähigkeit der ausländischen Zweigniederlassungen nationalisierter russischer Banken; vgl. ferner [George] Melchior: Die Grundlagen des deutschen internationalen Privatrechts [1932], S. 465/466). Aus den bereits angeführten Bedenken heraus werde man sich jedoch mit dieser Voraussetzung aus wirtschafts- und rechtspolitischen Rücksichten nicht begnügen können, sondern außerdem fordern müssen, dass die Verwaltungsorgane – natürlich abgesehen von der Generalversammlung – deutsche Staatsangehörige seien. Damit werde erst herbeigeführt, was bei Einzelpersonen und Gesellschaften ohne Rechtspersönlichkeit durch die Forderung deutscher Nationalität der Gesellschafter ohne weiteres bewirkt werde, nämlich dass auch die für die Geschäftsführung verantwortlichen Organe deutsche seien. Mehr eine Frage wirtschaftspolitischer Art und daher dem Urteile der im Ausschuss vertretenen Wirtschaftler zu überlassen, werde es sein, ob eine Milderung dieser Bestimmungen in der

Richtung eintreten könne, dass nur der weitaus überwiegende Teil der Verwaltungsorgane deutsch zu sein brauche. Im ausländischen Rechte finde sich vielfach solche Regelung.

b) Die Notwendigkeit nationaler Führung oder Besatzung als Voraussetzung für das materielle Flaggenrecht habe an Bedeutung verloren. Mit verwaltungsrechtlichen Bestimmungen lasse sich dasselbe Ziel erreichen. Das deutsche Flaggenrecht kenne beide Forderungen nicht. Die Venediger Beschlüsse stellten sie ebenfalls nicht auf (Art. 4). Zu ihrer Einführung bestehe auch kein Anlass. In Notfällen, bzw. bei Malaria an Bord, könnten durch eine solche Regelung nur Schwierigkeiten erwachsen.

c) Das Erfordernis nationaler Erbauung sei zur Zeit bedeutungslos. Die Venediger Beschlüsse [vom 30.9.1896: Règles relatives à l'usage du pavillon national pour les navires de commerce, in: Annuaire l'Institut de droit international, Bd. 15, S. 189 ff.] sähen ebenfalls davon ab. Ausschlaggebende Gründe für seine Einführung seien nicht gegeben.

Als *Leitsätze* ergäben sich danach:

„(2) Nur Schiffe, die im ausschließlichen Eigentum von Reichsangehörigen stehen, sind zur Führung der Reichsflagge berechtigt."

„(3) Stehen sie im Eigentum von Gesellschaften bürgerlichen Rechts oder offenen Handelsgesellschaften, so ist diese Berechtigung davon abhängig, dass sämtliche Gesellschafter Reichsangehörige sind. Bei Kommanditgesellschaften müssen sowohl die persönlich haftenden wie auch die nur mit ihrer Einlage haftenden Gesellschafter Reichsangehörige sein."

„(4) Für Schiffe, die im Eigentum von Handelsgesellschaften oder anderen Personenvereinigungen mit eigener Rechtspersönlichkeit stehen, ist für die Berechtigung zur Führung der Reichsflagge erforderlich, dass der satzungsmäßige Sitz der Vereinigung und der Sitz ihrer Verwaltung im deutschen Reichsgebiet sich befindet und dass ihre Verwaltungsorgane aus (zu mindestens ...) Reichsangehörigen bestehen."

IV. Seien die Voraussetzungen des materiellen Flaggenrechts erfüllt, so hätten nach der bisherigen gesetzlichen Regelung Schiffe bis zu 50 cbm-Brutto-Raumgehalt ohne weiteres die Befugnis, das Recht zur Führung der Reichsflagge auszuüben (§ 16 FlG). Größere Schiffe erhielten die Befugnis zur Ausübung des materiellen Flaggenrechts dagegen erst nach Eintragung in das Schiffsregister und Erteilung des Schiffszertifikates, das als Beweisurkunde für die Berechtigung des Schiffs zur Führung der Flagge diene (§§ 4, 8, 10, 11 FlG). Ein vorläufiges Zeugnis (Flaggenzeugnis) über dieses Recht könnten Schiffe erhalten, die im Auslande in das Eigentum eines Reichsangehörigen gelangten (§ 12 Abs. 1 FlG), ferner neu erbaute Schiffe für die erste Überführung vom Erbauungshafen in einen anderen Hafen (§ 12 Abs. 2 FlG). Die §§ 4-15 FlG beschäftigten sich weiter mit dem Schiffsregister und seiner Führung. Das Register diene bekanntlich auch zur Eintragung dinglicher Rechte. Daraus und aus den für die flaggenrechtlichen und dinglichen Eintragungen maßgebenden abweichenden Grundsätzen ergäben sich eine Reihe von Schwierigkeiten. Es sei nicht angängig, diese Fragen und damit die wichtige Frage der Bedeutung des Schiffsregisters überhaupt in den Rahmen der heutigen Beratung einzubeziehen, und zwar schon deshalb nicht, weil die vorherige Behandlung der dinglichen Eintragungen notwendig sei. Gegenstand besonderer Beratung werde auch der Begriff des Registerhafens und des Heimathafens sein müssen, der in einer ganzen Reihe von seerechtlichen Vorschriften eine Rolle spiele. Schließlich solle bei dieser Gelegenheit bemerkt werden, dass die Erörterung der strafrechtlichen Vorschriften des Flaggenrechts dem mit der Neuordnung des Strafrechts betrauten Ausschluss der Akademie zu überlassen sein werde.

Bei Annahme dieser Begrenzung seien nur folgende Bemerkungen angebracht:

Das in seinem zweiten Bestandteil undeutsche Wort „Schiffszertifikat" werde besser durch das Wort „Schiffsbrief" ersetzt, das sich schon im Binnenschifffahrtsrecht zur Bezeichnung der über die Eintragungen im Schiffsregister Auskunft gebenden Urkunden finde.

Es könne ferner daran gedacht werden, auch kleinen nicht eingetragenen Fahrzeugen das Recht zu geben, sich das Recht zur Flaggenführung nach Glaubhaftmachung bescheinigen zu lassen. Ein Bedürfnis dafür liege aber wohl nicht vor.

Als weiterer *Leitsatz* ergebe sich:

„(5) Der Ausdruck „Schiffszertifikat" ist durch den Ausdruck „Schiffsbrief" zu ersetzen."

V. a) Von den Gründen, aus denen das materielle Flaggenrecht verloren gehen könne, bedürfe keiner besonderen Erörterung der Verlust durch Urteil eines ausländischen Prisengerichts sowie der Verlust durch völligen Untergang, Verschollenheit und Kondemnation wegen Reparaturunfähigkeit. Kein Verlust trete ein im Falle eines Umbaues, selbst wenn dieser eine wesentliche Veränderung des Schiffskörpers zur Folge habe. Gehe man weiter von der Auffassung aus, dass das Flaggenrecht allen deutschen Seeschiffen, soweit sie nicht die Reichskriegs- oder Reichsdienstflagge führten, zustehe, so komme ein Verlust des Flaggenrechts auch nicht – wie bei dem bisherigen Rechtszustande – in Frage, wenn ein zum Erwerbe bestimmtes Seeschiff dieser Bestimmung entzogen und einer Bestimmung zugeführt werde, die es die Befugnis zur Führung der Kriegs- oder Reichsdienstflagge nicht erwerben ließe. Ein Fall bedürfte aber der besonderen Erörterung, nämlich der, dass ein das Flaggenrecht besitzendes Seeschiff vorübergehend in die Kriegsmarine oder in den öffentlichen Dienst eingestellt werde, und zwar so, dass es für die Zeit seiner Verwendung die Befugnis zur Führung der Reichskriegs- oder Reichsdienstflagge erwerbe, ohne Reichseigentum zu werden. Wolle man in solchen Fällen einen Verlust des Flaggenrechts annehmen – was auch die Löschung im Schiffsregister zur Folge haben müsse –, so verlören die am Schiff dinglich Berechtigten infolge der Löschung ihre Rechte. Dieser Fall sei im Kriege hinsichtlich der Einstellung von Schiffen als Hilfskriegsschiffe praktisch gewesen. Zu seiner Regelung sei die Bekanntmachung über Schiffsregister und Hilfskriegsschiffe vom 16. Mai 1917 ergangen. Es trete in solchem Falle lediglich ein Ruhen des Flaggenrechts ein, das im Schiffsregister durch einen Vermerk über die Verwendung als Hilfskriegsschiff kenntlich zu machen sei. Es sei zweckmäßig, die dort vorgesehene Regelung in das künftige Flaggengesetz zu verarbeiten und dabei auf den Fall einer entsprechenden Verwendung im öffentlichen Dienst auszudehnen.

b) Ein Verlust des Flaggenrechts müsse ferner eintreten, wenn das Schiff aufhöre, deutsches Eigentum zu sein.

Das könne zunächst dadurch geschehen, dass das Schiff oder ein Schiffspart an einen Ausländer veräußert werde. Die im Verlaufe des Krieges erlassenen Verbote solcher Veräußerung seien bald hinterher wieder aufgehoben worden. Zur Erneuerung dieser wirtschaftsbeschränkenden Maßregel bestehe keine Veranlassung, ebenfalls nicht zu dem in Frankreich durch Gesetz vom 10. Juli 1885 eingeführten Verbot der Veräußerung eines hypothekbelasteten Schiffs an einen Ausländer, zumal da die Nichtigkeit eines solchen Verkaufs, falls er im Auslande stattfinde und ausländisches Recht auf ihn anzuwenden sei, auf Anerkennung nicht rechnen könne.

Gegen eine Benachteiligung von Partenreedern, die durch Veräußerung einer Part an einen Ausländer in Bezug auf das materielle Flaggenrecht eintreten könne, bietet die Bestimmung des § 503 Abs. 2 HGB, wonach diese Veräußerung nur mit Zustimmung aller Mitreeder erfolgen könne, ausreichenden Schutz.

c) Die Voraussetzung ausschließlichen Eigentums von Reichsangehörigen könne auch dadurch verloren gehen, dass das Schiff in anderer Weise als durch Veräußerung z.B. durch Erbgang, völlig oder zum Teil in ausländisches Eigentum komme oder die Eigentümer oder einer von ihnen die Reichsangehörigkeit verlören. Die Schutzmaßregel des § 503 Abs. 2 HGB sei in solchem Falle unwirksam. § 3 FlG treffe für solchen Fall aber eine Schutzmaßnahme, wenn zwei Drittel der Schiffsparten noch in deutschem Eigentum verblieben. Dann trete ein Verlust des materiellen Flaggenrechts erst nach einem Jahre ein, um den deutschen Mitreedern Zeit zu gewähren, Maßnahmen zur Erhaltung des Flaggenrechts zu versuchen. Das Gesetz unterstütze solche Versuche, indem es dem Registergericht auf Antrag, für dessen Stellung die unter Berücksichtigung der Partengröße berechnete Mehrheit der deutschen Parteninhaber maßgebend sei, die Befugnis gebe, die in ausländische Hände geratene Part zur öffentlichen Versteigerung an einen deutschen Reichsangehörigen zu bringen.

Diese Vorschriften bedürfen einer Klarstellung und Ergänzung nur in zwei Richtungen: Es sei zweckmäßig, zweifelsfrei zum Ausdruck zu bringen, was bisher im Gesetz nicht zu klarem Ausdruck gelangt sei, nämlich dass die der Veräußerung zustimmenden Partenreeder das Recht zur Stellung des Versteigerungsantrages besäßen. Das Recht zum Mitbieten dagegen müsse allen Mitreedern zustehen.

Bei Schiffen von unter 50 cbm Raumgehalt fehle es, soweit sie nicht eingetragen seien, an einem Registergericht. Bei ihnen sei die erörterte Schutzmaßnahme daher nicht durchführbar. Der Vollständigkeit halber könne bestimmt werden, dass auch bei ihnen die erörterte gerichtliche Ermächtigung erfolgen könne, und dass das für die Ermächtigung zuständige Gericht sich gemäß den Vorschriften bestimmte, welche für die Zuständigkeit des Registergerichtes bei eintragungspflichtigen Schiffen maßgebend seien.

Was für die Partenreeder gelte, müsse auch für Miteigentümer im Allgemeinen gelten. In verstärktem Maße habe es, wie Wüstendörfer in [Victor] Ehrenbergs Handbuch des gesamten Handelsrechts VIII 1 [1923] S. 118 hervorhebe, für die Gesellschafter von offenen Handelsgesellschaften oder von Kommanditgesellschaften Geltung zu beanspruchen. In dieser Richtung bedürften die gesetzlichen Bestimmungen einer Ergänzung.

Wüstendörfer erwähne ferner bei der Erörterung der Möglichkeit, im Vertragswege Schutzmaßnahmen für die in Rede stehenden Fälle festzusetzen, eine Satzungsbestimmung, welche die Mitreeder berechtige, durch einseitige Erklärung die in ausländische Hand übergegangene fragliche Part zum Schätzungswert zu übernehmen. Dieser Gedanke sei auch im Rahmen gesetzlicher Anordnung verwendungsfähig und nützlich, da er ermögliche, anstelle des umständlichen und oft unverhältnismäßig geringe Preise erbringenden Versteigerungsweges einen wirtschaftlich zweckmäßigeren einzuschlagen. Man könne erwägen, eine Bestimmung in das Gesetz einzufügen, wonach die deutschen Mitreeder, Miteigentümer oder persönlich haftenden Gesellschafter, welche dazu bereit seien, das Recht hätten, den in ausländische Hände geratenen Schiffsanteil auf ihre Kosten zum Schätzungswerte zu übernehmen.

Nach vorstehenden Erwägungen sei *folgenden Rechtsgedanken im Gesetz Ausdruck zu verleihen:*

„(6) Wird ein das Flaggenrecht besitzendes Schiff ohne Eigentumsveränderung vorübergehend in der Reichsmarine oder im öffentlichen Dienst in einer Weise verwendet, die es befugt, die Reichskriegsflagge oder die Reichsdienstflagge zu führen, so ist diese Verwendung im Schiffsregister zu vermerken und dieser Vermerk nach Beendigung der Verwendung zu löschen. Die weitere Regelung dieser Fälle hat entsprechend den in § 1 der Bekanntmachung vom 16. Mai 1917 getroffenen Bestimmungen zu erfolgen."

„(7) Die Bestimmungen des § 3 FlG sind dahin klarzustellen und zu ergänzen, dass zur Stellung des Antrages auf Versteigerungsermächtigung die solchem Antrage zustimmende Mehrheit der Partenreeder befugt ist, zum Mitbieten bei der Versteigerung aber sämtliche deutschen Partenreeder berechtigt sind."

„(8) Bei ins Schiffsregister nicht eingetragenen deutschen Schiffen kann ebenfalls durch das Gericht die Erteilung der Versteigerungsermächtigung erfolgen. Das zur Erteilung der Ermächtigung zuständige Gericht ist entsprechend den Vorschriften über die Zuständigkeit des Registergerichtes zu bestimmen."

„(9) Die Bestimmungen des § 3 FlG sind auszudehnen auf Miteigentümer, die nicht Partenreeder sind."

„(10) Die deutschen Mitreeder oder Miteigentümer eines Schiffes haben, soweit sie dazu bereit sind, ferner das Recht, den in ausländische Hände gekommenen Schiffsanteil auf ihre Kosten zum Schätzungswert zu erwerben."

„(10 a) Die Rechtsgrundsätze zu (9) und (10) sind zu ergänzen durch sinngemäß entsprechenden Ausbau der Rechtslage bei Gesellschaften bürgerlichen Rechts, offenen Handelsgesellschaften und Kommanditgesellschaften."

IV. Endlich sei die Frage zu prüfen, ob dem Recht zur Flaggenführung ein Zwang dazu zur Seite gestellt werden solle. Mittelbar sei ein Zwang hierzu bereits in mehrfacher Weise gegeben. Deutsche Kauffahrteischiffe seien gemäß § 3 der Verordnung vom 20. Dezember 1933 unter besonderen Umständen – beim Einlaufen und Beenden des Aufenthalts in einem Hafen sowie beim Vorbeifahren an die Reichskriegsflagge führenden Kriegsschiffen und Küstenbefestigungen die Reichsflaggen zu zeigen verpflichtet und die Einhaltung dieser Vorschriften könne nicht nur gemäß § 5 der VO von Kriegsschiffen erzwungen werden, sondern ihre Nichteinhaltung sei auch in § 23 FlG unter Strafe gestellt. Kein Schiff werde auch ohne Notwendigkeit der etwaigen völkerrechtlichen Vorteile der Flaggenführung entraten wollen. Endlich liege für die Schiffe, die Kredit in Anspruch nehmen wollten, ein wirtschaftlicher Zwang zur Schaffung der Voraussetzungen für geforderte Pfandrechtssicherheiten vor. Lasse sich daher an sich auch wohl in vergangener Zeit ohne das Bestehen einer Pflicht, beim Vorhandensein der Voraussetzungen für das materielle Flaggenrecht auch den Voraussetzungen für die formelle Befugnis zu genügen, auskommen, so müsse doch eine andere Auffassung Platz greifen in einem Staat, der die Erfüllung nationaler Pflichten in den Vordergrund gerückt habe. In einem solchen Staat müsse aus einer nationalen Berechtigung, welche der Staat darbiete, weil sie zu einem gesunden vollkräftigen Staatsleben gehöre, auch die selbstverständliche Verpflichtung erwachsen, diese Berechtigung auszufüllen. Die Fälle des Flaggenwechsels, die in vergangener Zeit erfolgt seien, um wirtschaftlichen Schwierigkeiten auszuweichen, sollten hier nicht mehr erörtert werden. Im nationalen Staate dürfe derartiges nicht mehr geschehen. Die Möglichkeiten nationaler Betätigung – und dazu gehöre auch die Führung der Reichsflagge zur Verbreitung und Vergrößerung deutschen Ansehens und deutscher Weltgeltung – auch auszunutzen, müsse selbstverständliche Pflicht sein. Es sei daher vaterländische Pflicht, als weiteren letzten *Leitsatz* zu beschließen: „(11) Deutsche Schiffe, für welche die Voraussetzungen des Rechts zur Flaggenführung gegeben sind, haben die Verpflichtung, die zur Ausübung des Rechts erforderlichen Schritte zu tun."

Dr. Schulze-Smidt führte als zweiter Berichterstatter Folgendes aus: Das klare und erschöpfende Referat seines Vorredners erlaube es ihm, sich kurz zu fassen.

Aus nationalen Gründen sowie aus Gründen der Rechts- und Verkehrssicherheit sei es notwendig, dass alle deutschen Schiffe, welche die Grenzen der Seefahrt im Sinne der Bekanntmachung vom 22. Juli 1899 überschritten und den Schutz des Reiches für sich in Anspruch nähmen, auch ihre Zugehörigkeit zum Reiche kennzeichneten. Zwar seien vielleicht nicht alle Schiffe nach ihrem Äußeren und ihrem Gebaren gleich würdig, die Reichsflagge zu führen, aber das müsse man in Kauf nehmen. Es werde schon Mittel und Wege geben, derartige Schiffe von der Seefahrt fern zu halten.

Deshalb müsse in den Vordergrund der Satz gestellt werden, dass alle regelmäßig seegehenden deutschen Schiffe, soweit sie nicht die Reichskriegsflagge oder die Reichsdienstflagge zu führen berechtigt seien, das Recht zur ausschließlichen Führung der nationalen Flagge oder nationalen Flaggen besäßen.

Dieser Satz solle sich auf alle Schiffe beziehen, gleichgültig ob sie groß oder klein seien und ohne Rücksicht darauf gelten, ob es sich um Binnenschiffe handle. Zwar habe die Frage des Flaggenrechts der Binnenschiffe bei den Beratungen zunächst grundsätzlich außen vor zu bleiben, aber eine gewisse Art von Binnenschiffen müsse schon jetzt mit behandelt werden, nämlich diejenigen Binnenschiffe, die regelmäßig auf ihren Fahrten die Grenze der Seefahrt überschritten. Dabei sei besonders an die Rheinschifffahrt zu denken. Derartige Binnenschiffe müssten hinsichtlich der Flaggenführung den Seeschiffen gleichgestellt werden. Vor einer abschließenden Stellungnahme bedürfe es aber noch einer Anhörung der beteiligten Kreise der Wirtschaft.

Eine Bestimmung des Begriffs „Schiff" sei im Rahmen des Flaggengesetzes überflüssig. Hier greife die allgemeine Vorschrift des privaten Seerechts ein. Mit dem ersten Berichterstatter sei davon auszugehen, dass die Beschränkung auf Erwerbsseeschiffe in Zukunft auch im Bereiche des Flaggenrechts fortfallen müsse.

Die Frage, welche Flagge Nationalflagge sei, werde zweckmäßig entgegen dem Vorschlage des Vorredners nicht im Flaggengesetz geregelt, sondern im Wege der Verordnung. Es handle sich hier um eine in erster Linie politische Frage. Die Regelung in der Verordnung vom 20. Dezember 1933 sei vielleicht nur vorläufig. Auch die Fragen, wann die Nationalflagge zu zeigen sei, welche Form sie besitzen und wie sie geführt werden müsse, sei im Verordnungswege zu regeln.

Wenn man bestimme, dass alle seegehenden Schiffe die Flagge zu führen hätten, so ergebe sich daraus wohl als Folgerung die Notwendigkeit der Eintragung aller seegehenden Schiffe in das Seeschiffsregister. Jedoch sollten das Problem des Schiffsregisters und die damit zusammenhängenden Fragen einer späteren Sitzung vorbehalten bleiben. Auch die strafrechtlichen Probleme müssten ausscheiden.

Nach allem stimme er dem Leitsatz 1 seines Vorredners vorbehaltlich der Frage, wie die seegehenden Binnenschiffe behandelt werden sollten, grundsätzlich zu.

Dem Recht zur Flaggenführung müsse in dem kommenden Flaggengesetz eine Pflicht zur Flaggenführung zur Seite stehen. Auch dem Leitsatz 11 des ersten Referenten schließe er sich demnach an.

Bei dem wichtigsten Problem, wann ein Seeschiff als ein deutsches anzusehen sei, befinde er sich gleichfalls im Wesentlichen in Übereinstimmung mit dem Referenten, insbesondere auch mit dem Vorschlag, dass, wie bisher, das formelle, nicht das wirtschaftliche Eigentum maßgebend sein müsse.

Stehe ein Seeschiff im Eigentum einer oder mehrerer Einzelpersonen, so müssten alle diese Personen die deutsche Reichsangehörigkeit besitzen. Nicht erforderlich sei, dass sie auch ihren Wohnsitz im Inlande hätten, oder dass ein etwaiger Korrespondentreeder Deutscher sei.

Gehöre das Seeschiff einer nicht rechtsfähigen Personenvereinigung, so müsse dasselbe gelten. Bei der Kommanditgesellschaft sei zum Ausdruck zu bringen, dass auch der Kommanditist die deutsche Staatsangehörigkeit haben müsse. In dieser Frage sei es allerdings wohl zweckmäßig, die Praktiker zu hören.

Stehe ein Seeschiff im Eigentum einer Personenvereinigung mit Rechtspersönlichkeit, so müsse in Verschärfung des geltenden Rechts gefordert werden, dass sich sowohl der formelle Sitz des Unternehmens, als auch der Sitz der Verwaltung im Inlande befänden. Die gesetzlichen Vertreter, vielleicht sogar die sämtlichen Organmitglieder müssten die Reichsangehörigkeit besitzen.

Fraglich sei es, ob man auch Reichsangehörigkeit der Aufsichtsratsmitglieder verlangen solle. Für die Aktionäre werde man wohl kaum das Erfordernis deutscher Staatsangehörigkeit aufstellen dürfen.

Da er auch hinsichtlich der Frage der Führung, Bemannung und Erbauung mit seinem Vorredner einig gehe, stimme er den Leitsätzen 2-4 zu.

Dasselbe gelte für den Leitsatz 5, der die Ersetzung des Ausdrucks „Schiffszertifikat" durch den Ausdruck „Schiffsbrief" vorsehe.

Von großem Interesse seien die Leitsätze 6-10. Auch ihnen könne man sich nur anschließen. Das in Leitsatz 10 in Vorschlag gebrachte Übernahmerecht sei sehr zweckmäßig. Der Begriff des Schätzungswertes müsse allerdings klar umrissen werden.

Besondere Schwierigkeiten verursache im Bereiche des Flaggenrechts die doppelte Staatsangehörigkeit eines Schiffseigentümers. Falls – was sehr wohl vorkommen könne – ein Deutscher zugleich die peruanische Staatsangehörigkeit besitze, so müsse man ihm bei folgerichtiger Durchführung des Nationalitätsgrundsatzes die Befugnis zur Führung der Reichsflagge absprechen. Das sei aber sehr unerwünscht.

Der *Vorsitzende* dankte den Berichterstattern für ihre Ausführungen und eröffnete die Aussprache.

Er empfahl, den hierbei zu behandelnden Stoff zunächst zu umgrenzen und das Unzweifelhafte vorweg zu nehmen.

Auszuscheiden habe seines Erachtens zunächst die Frage des Flaggenrechts der Binnenschiffe. Zwar seien die Anregungen des zweiten Berichterstatters wertvoll, aber nach einem früher gefassten Beschlusse sollten binnenschifffahrtsrechtliche Fragen jeweils erst nach Erledigung größerer Teilgebiete des Seerechts Behandlung finden. Auch mit Form, Farbe und Führungsart der Reichsflagge habe sich der Seerechtsausschuss nicht zu befassen. Das tue auch das bisherige Flaggengesetz nicht, sondern überlasse diese politische Frage der Regelung im Verordnungswege. 1867 habe der Schwerpunkt des damals neu geschaffenen Flaggenrechts in der Ablösung der Landesflaggen durch die einheitliche Bundesflagge gelegen, nicht in der Gestaltung dieser Bundesflagge. – Ferner sollten die Frage des Schiffsregisters und die damit zusammenhängenden Probleme (Heimat- und Registerhaften) besser späterer Besprechung vorbehalten werden. – Endlich liege die Erneuerung der Strafvorschriften außerhalb des Aufgabenbereiches des Seerechtsausschusses.

Die Anwesenden erklärten sich mit der vom Vorsitzenden vorgeschlagenen Umgrenzung der Aussprache einverstanden, doch wurde die Frage der flaggenrechtlichen Behandlung der Binnenschiffe auf Anregung von Verwaltungsdirektor Sturm zur Beratung mit übernommen.

Der *Vorsitzende* stellte sodann fest, dass in folgenden beiden Punkten sämtliche Anwesende gleicher Meinung wie die beiden Berichterstatter seien:

1. An die Seite des Flaggenrechts müsse eine Flaggenführungspflicht treten. Die Regelung der Gesetze von 1867 und 1899, die nur ein Flaggen*recht* kennen und die nationalen Pflichten außer Acht lassen, sei der typische Ausdruck eines Zeitalters des Individualismus gewesen.

2. Die in dem geltenden Flaggengesetz verwertete Unterscheidung zwischen materiellem Flaggenrecht und formeller Ausübungsbefugnis müsse beibehalten werden. Die Unterscheidung komme besonders in der Verschiedenheit der Strafdrohungen der §§ 18, 19 FlG zum Ausdruck. Sie sei beifallswert, da die Staatszugehörigkeit eines Seeschiffes offenkundig sein müsse und sonach zur Erlangung der Offenkundigkeit gewisse Formalitäten erfüllt werden müssen (öffentliche Register und Urkunden). Es sei billig, Verstöße gegen Vorschriften des formellen Flaggenrechts strafrechtlich nicht so streng zu treffen, wie Verstöße gegen Bestimmungen des materiellen Flaggenrechts.

Der Vorsitzende eröffnete sodann die Beratungen über das materielle Flaggenrecht und stellte zunächst zur Erörterung, ob, wie einst in der britischen Navigationsakte von 1651, die nationale Erbauung und die inländische Besatzung des Schiffes zur Voraussetzung des materiellen Flaggenrechts erhoben werden sollten.

Zur *Frage der nationalen Erbauung* führte er aus, dass ein derartiges Erfordernis in den meisten Gesetzgebungen beseitigt sei, zuletzt 1914 in den Vereinigten Staaten von Amerika.

Man könne allerdings die Frage aufwerfen, ob die Notlage der deutschen Werften das Erfordernis nationaler Erbauung nicht notwendig mache. Vor dem Kriege sei es vorgekommen, dass eine Reederei, die mit sieben Schiffen gegründet wurde, vier davon im Auslande habe erbauen lassen und nur drei auf deutschen Werften. Dennoch empfehle sich nicht, das Erfordernis nationaler Erbauung aufzustellen, denn dadurch werde höchstwahrscheinlich das Ausland zu Gegenmaßregeln veranlasst werden, welche den Schutz der ausländischen Schiffsbauunternehmungen bezweckten. Die deutschen Werften hätten aber ein Interesse daran, auch vom Auslande her Bauaufträge zu erlangen. Ferner müsse man berücksichtigen, dass – besonders während eines Krieges – oder in Notzeiten – die deutschen Reeder ein Interesse daran hätten, neu erbaute oder alte deutsche Schiffe ins Ausland abzustoßen. Ausfuhr und Einfuhr von Schiffen frage und bedinge sich aber gegenseitig. Die Dinge lägen hier ähnlich wie bei der Waren-Ein- und Ausfuhr. Staatliche Eingriffe müssten möglichst vermieden werden. Es bedeute daher bei näherer Prüfung eine falsch verstandene Wahrung der deutschen Werftinteressen, das Erfordernis nationaler Erbauung für das deutsche Flaggenrecht aufzustellen.

Dr. Schütte äußerte, dass die Frage besonders Trampreedereien angehe und dass er bis zur nächsten Sitzung deren Standpunkt feststellen wolle.

OLG-Rat *Dr. Reinbeck* meinte, es sei – wie der Vorsitzende treffend dargelegt habe – verfehlt, den deutschen Werften auf dem Weg über das Flaggenrecht helfen zu wollen.

Der *Vorsitzende* stellte fest, dass sämtliche Anwesenden mit Einschluss der Berichterstatter in diesem Punkte die vorstehende Meinung teilten.

Hierauf wandte er sich dem *Erfordernis nationaler Besatzung* zu. In Frankreich gelte noch ein Dekret aus dem Jahre 1793, das im Jahre 1926 erneuert worden sei, wonach Kapitän, Offiziere und drei Viertel der Mannschaft die französische Staatsangehörigkeit besitzen müssten. In England gelte der Aliens Restriction Act von 1919, nach dem (S. 5) Ausländer nicht auf englischen Schiffen als Kapitän, erster Offizier oder erster Maschinist angestellt sein dürften. Noch weitergehende Vorschriften gegenüber dem „alien enemy", insbesondere gegenüber Deutschland seien aufgrund des deutsch-englischen Handelsvertrags von 1924 durch ein Gesetz von 1925 aufgehoben worden. Ähnliche Bestimmungen wie in England gälten auch in den Vereinigten Staaten. Dort müssten nämlich der Kapitän und die Offiziere amerikanische Staatsangehörige sein. Als Voraussetzung des Flaggenrechts kenne die deutsche Gesetzgebung ähnliche Beschränkungen bisher *nicht.* Doch könnten verwaltungsrechtliche Vorschriften zu ähnlichen Ergebnissen in der Praxis führen: Nach der Schiffsbesetzungsordnung von 1931 [RGBl. II 1931, 517] würden Befähigungszeugnisse grundsätzlich nur Reichsangehörigen erteilt. Lediglich § 20 Abs. 3 spreche davon, dass die oberste Reichsbehörde im Einvernehmen mit den Regierungen der Küstenländer bestimme, inwieweit ausländischen Staatsangehörigen Befähigungszeugnisse erteilt werden könnten. Es handle sich also um eine Kannvorschrift. Dies genüge, um den deutschen Charakter der Schiffsbesatzung in aller Regel sicherzustellen. Ein Bedürfnis dafür, das Vorhandensein einer deutschen Besatzung zur Voraussetzung des materiellen Flaggenrechts zu gestalten, liege nicht vor. Es könnten sogar Fälle eintreten, wo fremde Besatzungsmitglieder in ausländischen Häfen angeheuert werden müssten, so z.B. bei Massenerkrankungen an Bord eines deutschen Schiffes oder bei Entweichen von Bord.

Verwaltungsdirektor *Sturm* äußerte gleichfalls die Ansicht, dass das Erfordernis nationaler Besatzung nicht in das Flaggengesetz aufgenommen zu werden brauche. In gewissen Fällen, besonders in bestimmten tropischen Gegenden, sei die Beschäftigung von Ausländern notwendig. Die verwaltungsrechtlichen Bestimmungen reichten zum Schutz der deutschen Seeleute aus. Der Vorschrift des § 20 Abs. 3 der Schiffsbesetzungsordnung komme praktisch kaum eine Bedeutung zu. Die Beratung ging dann zu dem *Erfordernis nationalen Eigentums und nationalen Sitzes* über.

Der *Vorsitzende* schlug vor, die drei Fälle gesondert zu betrachten, dass das Schiff 1. einer oder mehreren Einzelpersonen oder einer Partenreederei gehöre, 2. dass es einer offenen Handelsgesellschaft oder Kommanditgesellschaft gehöre, dass es 3. einer Aktiengesellschaft oder sonstigen juristischen Person zustehe.

Was zunächst den Fall angehe, dass das Schiff *einer oder mehreren Einzelpersonen oder einer Partenreederei gehöre,* so scheint es angemessen, dass sämtliche Eigentümer Deutsche sein müssten. Diesen Grundsatz habe zuerst das Gesetz von 1867 gegen den Widerspruch von Mecklenburg aufgestellt; nach mecklenburgischem Recht hätten bis dahin bis zu 25% Ausländer an einem Schiff beteiligt sein können, was sich aus geschäftlichen Gründen empfehlen könne. Bei den Gesetzesberatungen sei damals aber der Gesichtspunkt ausschlaggebend gewesen, dass bei Zulassung fremder Anteilseigner die deutsche Flagge auch als neutrale Flagge im Falle eines Seekrieges nicht gegen Aufbringung geschützt sein werde. Der Weltkrieg habe gelehrt, dass die neutrale Flagge für sich allein keinen ausreichenden Schutz biete. Die Londoner Deklaration vom Jahre 1909 stelle zwar auf die Flagge ab („The national character of a ship is determined by the flag, which she is entitled to fly"), während des Krieges habe dann aber im Jahre 1915 England eine Order in Council erlassen, wodurch die Londoner Deklaration für unanwendbar erklärt und bestimmt worden sei, dass von nun an nicht mehr die Flagge, sondern die Staatszugehörigkeit des beteiligten Kapitals maßgebend sei. Diesem Vorbild der englischen Prisengerichtsbarkeit sei dann auch Frankreich während des Krieges gefolgt. Angesichts solcher Sachlage empfehle es sich, bei der Regelung des Flaggenrechts daran festzuhalten, dass die sämtlichen Anteilseigner des Schiffes Deutsche sein müssen.

Eine andere Frage sei es, ob man das formelle Eigentum oder das wirtschaftliche Eigentum für maßgebend erklären solle. Stelle man auf das formelle Eigentum ab, so bestehe allerdings die Möglichkeit, dass ein nur fiduziarischer Eigentümer das Flaggenrecht erhalte und das Schiff daher bei fremder Kapitalszugehörigkeit trotz neutraler deutscher Flagge nicht gegen Wegnahme im Kriegsfall geschützt sei. Dieses Bedenken sei aber vielleicht nicht ausschlaggebend. Es liege andererseits durchaus im Interesse des Schiffes, dass etwa einem ausländischen Makler auf dem Umwege über einen inländischen Treuhänder als fiduziarischem Eigentümer eine Beteiligungsmöglichkeit gegeben werden könne.

Dr. Schütte vertrat den Standpunkt, man solle aus wirtschaftlichen Gründen zu erreichen suchen, dass möglichst viele Schiffe unter der deutschen Flagge führen. Dadurch würde vielen Deutschen Arbeit beschafft, man möge an die deutschen Mannschaften, an den Bau und die Ausbesserung auf deutschen Werften denken.

Auf den Kriegsfall dürfe man nicht zuviel Gewicht legen. Die Rechtsprechung der internationalen Prisengerichtshöfe habe stets auf die tatsächlichen Verhältnisse, also auf die Staatsangehörigkeit des beteiligten Kapitals und auf das wirtschaftliche Eigentum abgestellt.

Verwaltungsdirektor *Sturm* unterstrich die von Dr. Schütte vorgebrachten Gesichtspunkte. Besonders bei der mittleren und kleinen Schifffahrt seien die persönlichen Beziehungen sehr wichtig, beispielsweise die Beziehungen zu ausländischen Maklern. Eine selbst offene Beteiligung solcher Ausländer an deutschen Schiffen sei erwünscht. Mancher Ausländer gebe sich wegen der Gefahr einer Hypothekenbelastung des Schiffes nicht damit zufrieden, stiller Partner zu sein. Fiduziarisches Eigentum reiche nicht immer aus. Zwar müsse der Schwerpunkt auf die deutsche Beteiligung gelegt werden, eine Abstellung auf alleiniges deutsches Eigentum sei aber nicht empfehlenswert. Vielleicht könne man verlangen, dass nicht nur die Mehrheit der Parten in deutschen Händen sei, sondern auch, dass die Mehrzahl der Partner die deutsche Staatsangehörigkeit besitze. Man müsse auch an die vielen Deutschen denken, die infolge des Friedensvertrages die deutsche Staatsangehörigkeit verloren hätten und jetzt Dänen oder Danziger seien. Die Beziehungen zum Auslande seien so wichtig, dass die Möglichkeit ausländischer Beteiligung offen gelassen werden müsse. Er schlage deshalb vor, als Voraussetzung des materiellen Flaggenrechts zu verlangen, dass zwei Drittel des Kapitals und die Personenmehrheit der Partenreeder deutsch zu sein hätten.

Der *Vorsitzende* betonte, dass sicherlich wichtige Gesichtspunkte für den Standpunkt von Verwaltungsdirektor Sturm sprächen. Es handle sich um ein Problem der Interesseabwägung. Die wirtschaftlichen und kaufmännischen Interessen stünden hier unter Umständen außenpolitischen Interessen des Staates gegenüber.

Verwaltungsdirektor *Sturm* erwiderte darauf, dass die Beteiligung von Neutralen im Kriegsfall unter Umständen geradezu einen Schutz für das Schiff bedeuten könne. Im Kriege hätten wir es öfters erlebt, dass bei der Frage der Aufbringung die Beteiligung Neutraler für die Gegner abschreckend gewirkt habe. Formelle Gesichtspunkte aber hätten im Kriege keine Bedeutung.

Seine Ausführungen bezögen sich übrigens nicht nur auf die stille Reederei, sondern auch auf offene Partenreedereien und gälten entsprechend auch für offene Handelsgesellschaften. In allen diesen Fällen bestehe ein Bedürfnis für die Beteiligung ausländischen Kapitals. Sehr häufig seien offene Rechtsverhältnisse gerade deshalb nicht geschaffen worden, weil die bisherigen Vorschriften des Flaggenrechts im Wege ständen.

Der *Vorsitzende* bemerkte dazu, dass die offene Partenreederei nur noch selten vorkomme. 1867 dagegen sei sie die normale Form des Schifffahrtsunternehmens gewesen.

OLG-Rat *Dr. Reinbeck* äußerte, es sei wichtig, zu der Frage der Ausländerbeteiligung statistisches Material zu erhalten. Es handle sich um einen sehr schwerwiegenden Entschluss, wenn man zu dem Zustand von vor 1867 zurückkehren wolle. In diesem Fall müsse man mindestens die deutsche Staatsangehörigkeit des Korrespondentreeders fordern. Alles in allem halte er die bisherige Regelung für empfehlenswerter.

Auch Reichsgerichtsrat *Dr. Lindenmaier* wandte sich gegen den Vorschlag von Verwaltungsdirektor Sturm. Einmal würden durch solche Regelung staatswichtige Interessen leicht verletzt werden. Zum anderen habe man gerade in der Zeit nach dem Kriege feststellen können, wie unerwünscht ausländisches Kapital sich auswirken könne. Die Überfremdungsgefahr müsse unter allen Umständen abgewehrt werden.

Dr. Bramslöw warnte davor, durch Abschwächung des Erfordernisses nationalen Eigentums auch den letzten Eckpfeiler des neuen Flaggenrechts zu unterhöhlen. Ursprünglich sei erwogen worden, dieses Recht an drei Voraussetzungen zu knüpfen: deutsche Erbauung, deutsche Besatzung, deutsches Eigentum. Gefühlsmäßig sei diese Regelung wohl auch jetzt noch dem Vorsitzenden und den übrigen Mitgliedern des Seerechtsausschusses erwünscht. Leider habe man aus wirtschaftlichen Gründen vom ersten Erfordernis und aus betriebstechnischen vom zweiten Abstand nehmen müssen. Wenn man nun noch Einschränkungen in der Eigentumsfrage machen wolle, so bleibe vom deutschen Flaggenrecht kaum noch etwas übrig.

Der *Vorsitzende* unterstrich die vorgebrachten Bedenken. Besonders im Krieg ergäben sich leicht außenpolitische Widrigkeiten, falls Ausländer den Schutz des Deutschen Reiches begehrten. Ähnliches habe auch Holland während des Krieges erfahren. Deshalb seien dort 1924 die bis dahin laxen gesetzlichen Voraussetzungen für das materielle Flaggenrecht verschärft worden. Darüber spreche sich die Denkschrift zum damaligen holländischen Seerechtsentwurf aus.

Abschließend stellte der Vorsitzende fest, dass inländischer Wohnsitz des Eigentümers als Voraussetzung des Flaggenrechts jedenfalls nicht erfordert werden solle. Ebenso wenig erscheine es ihm richtig, das Flaggenrecht zu versagen, wenn das Schiff mit Hypotheken zugunsten von Ausländern belastet sei. Im Übrigen sei eine endgültige Stellungnahme zu Leitsatz 2 erst möglich, nachdem man auch Vertreter der kleineren Reedereien gehört habe.

Der Vorsitzende ging dann zur Behandlung der Personenvereinigungen ohne juristische Persönlichkeit, insbesondere der offenen Handelsgesellschaften, über.

Verwaltungsdirektor *Sturm* betonte, dass seine früheren Ausführungen allgemein gemeint gewesen seien. Sie gälten auch hier. Eine ausländische Beteiligung müsse möglich werden. Das sei nicht nur im Interesse der Reeder wünschenswert, sondern auch im Interesse der Seeleute und der deutschen Zahlungsbilanz. Wenn also an einer offenen Handelsgesellschaft zwei Inländer und ein Ausländer beteiligt seien, so müsse das deutsche Flaggenrecht gewährt werden.

Dr. Dettmers wies darauf hin, dass für die offene Handelsgesellschaft und für die anderen Gesellschaften grundsätzlich die gleichen Bestimmungen wie für die Partenreedereien gelten müssten. Er halte an dem Grundsatz fest, dass alle Beteiligten Deutsche zu sein hätten. Fraglich sei nur, ob dasselbe für den Kommanditisten zu gelten habe. die kommanditistische Beteiligung eines Ausländers sei ungefährlich, die Einlage trete ja nach Art eines Darlehens in keiner Weise in Erscheinung, der Kommanditist habe nach dem Gesetz so gut wie keinen Einfluss auf die Geschäftsordnung.

Der *Vorsitzende* stimmte dem Vorredner darin bei, dass offene Handelsgesellschaften und Partenreedereien gleich behandelt werden müssten. Fraglich sei aber die Stellung des Kommanditisten. Vielleicht ergebe sich gerade hier eine Möglichkeit, die von Verwaltungsdirektor Sturm betonten Reederinteressen durch Ermöglichung ausländischer Kapitalbeteiligung zu schützen. Der ausländische Kommanditist könne die Kommanditgesellschaft zwar nicht vertreten, wohl aber könne er bei der Geschäftsführung intern eine große Rolle spielen und auch Prokurist werden. Das Recht der inneren Geschäftsführung sei ja nachgiebig. Der Gesellschaftsvertrag könne die Rechtslage daher so umgestalten, dass der persönlich haftende Gesellschafter nur ein Strohmann sei, die Kommanditisten aber die eigentlichen Herren der Unternehmung.

Reichsgerichtsrat *Dr. Lindenmaier* betonte, dass auch ihm die Frage der Kommanditgesellschaft Schwierigkeiten bereitet habe, weil der Kommanditist die interne Geschäftsführung stark beeinflussen könne.

Auf den Einwand, dass dies auch bei stiller Teilhaberschaft vorkomme, erwiderte Reichsgerichtsrat Dr. Lindenmaier, dann müsse man irgendwelche Sicherheitsventile hinsichtlich der Geschäftsführung einbauen.

Dagegen wandte sich *Dr. Dettmers.* Wenn man einerseits das formale Eigentum maßgeblich sein lassen wolle, dann könne man auf der anderen Seite nicht die unsichtbaren Hintermänner in die Regelung einbeziehen.

Der *Vorsitzende* stimmte diesem Bedenken zu.

OLG-Rat *Dr. Reinbeck* wies darauf hin, dass bei Annahme der von Verwaltungsdirektor Sturm gemachten Vorschläge nicht nur der Korrespondentreeder der Partenreederei, sondern bei der offenen Handelsgesellschaft und der Kommanditgesellschaft jeder firmierende Gesellschafter die deutsche Staatsangehörigkeit besitzen müsse.

Der *Vorsitzende* betonte, dass dieser richtige Gedanke nur für den Fall Bedeutung habe, dass man nicht an dem Erfordernis ausschließlichen deutschen Eigentums festhalte.

Reichsgerichtsrat *Dr. Lindenmaier* und Ministerialrat *Koffka* schlugen schließlich vor, im Hinblick darauf, dass es sich um einen Widerstreit wirtschaftlicher und politischer Interessen handle, in der nächsten Sitzung auch Vertreter der Außenpolitik anzuhören.

Der *Vorsitzende* begrüßte diese Anregung. Zu der nächsten Sitzung sollen Vertreter des Auswärtigen Amtes und des Reichswehrministeriums eingeladen werden.

Die Weiterberatung von Leitsatz 2 und 3 sowie die Beratung zu Leitsatz 4 wurden vertagt: Zunächst müssten die wirtschaftlichen und politischen Sachverständigen gehört werden.

Erörtert wurde aber im Zusammenhang mit den Leitsätzen 2-4 die Frage der *doppelten Staatsangehörigkeit*.

Reichsgerichtsrat *Dr. Lindenmaier* wies darauf hin, dass eine doppelte Flaggenführung vermieden werden müsse; ein Schiffseigentümer mit doppelter Staatsangehörigkeit müsse sich entschließen, welche Flagge er führen wolle. Für das geltende Recht sei § 9 FlG beachtlich.

Verwaltungsdirektor *Sturm* hob einen Mangel der genannten Bestimmung hervor. Es gebe Staaten, die das Recht zur Flaggenführung nicht an eine Eintragung in das Schiffsregister knüpften. Hierzu gehöre beispielsweise Persien. Ein Deutscher, der das deutsche Flaggenrecht besitze, habe auf irgendeine Weise das Recht zur Führung der persischen Flagge erworben. In Deutschland hätten sich die Behörden geweigert, das Schiff im Schiffsregister zu löschen, weil § 9 FlG, der nur von der Eintragung in das Register eines fremden Staates spreche, den Fall nicht decke. Danach bestehe also die unerwünschte Möglichkeit, beide Flaggen zu führen.

Der *Vorsitzende* wandte sich gegen diesen Rechtsstandpunkt. Das geltende Recht gehe von der Ausschließlichkeit der Flaggenführung, wenngleich nicht von der Ausschließlichkeit der Staatsangehörigkeit aus. In entsprechender Anwendung des § 9 FlG müsse in dem angegebenen Fall seines Erachtens das Schiff im deutschen Schiffsregister gelöscht werden. Der Fall sei aber derart selten, dass die Gesetzgebung ihn nicht zu behandeln brauche.

Verwaltungsdirektor *Sturm* berichtete dann über einen zweiten Fall: Ein Deutscher besitze zugleich die peruanische Staatsangehörigkeit, er lebe dauernd in Peru. Wolle man ihn verpflichten, mit deutscher Flagge zu fahren, weil er auch die deutsche Staatsangehörigkeit besitze? Hier komme es entscheidend auf den Wohnsitz an. Man werde in den Fällen doppelter Staatsangehörigkeit nur dann verlangen dürfen, dass die deutsche Flagge geführt werde, wenn die Schifffahrt von Deutschland aus betrieben werde.

Der *Vorsitzende* begrüßte diesen Hinweis. In der Tat sei hier die Frage der Abhängigmachung vom deutschen Wohnsitz erwägenswert.

Nachdem darauf hingewiesen war, dass es sich um seltene Einzelfälle handle, dass häufig das Bestehen doppelter Staatsangehörigkeit unbekannt bleibe, dass die Entziehung des Flaggenrechts im Falle doppelter Staatsangehörigkeit zu Gegenmaßnahmen anderer Länder führen würde, empfahl der Vorsitzende, auch zu dieser Frage die politischen Sachverständigen bei der nächsten Sitzung zu hören.

Zu Leitsatz 5 bemerkte der Vorsitzende, dass er den Vorschlag des ersten Berichterstatters, den Ausdruck „Schiffszertifikat" künftig durch den Ausdruck „Schiffsbrief" zu ersetzen, begrüße. Der Ausdruck „Schiffszertifikat" sei ja, entsprechend der damaligen Vorliebe für Fremdwörter, nichts anderes als eine Wiedergabe des englischen „Certificate". Holland kenne stattdessen den „Seebrief", Belgien die „lettre de mer".

Verwaltungsdirektor *Sturm* wandte sich zunächst gegen den Ausdruck „Schiffsbrief", da für die Zukunft auch die Ausdrücke „Bemannungsbrief" und „Feuerschutzbrief" vorgeschlagen seien, einen „Messbrief" gebe es bereits.

Reichsgerichtsrat *Dr. Lindenmaier* betonte, er sei zu seinem Vorschlag deshalb gekommen, weil auch dass Binnenschifffahrtsrecht die entsprechende Urkunde als „Schiffsbrief" bezeichne. Er habe zunächst an den Ausdruck „Schiffszeugnis" gedacht, da aber das Schiffsregister auch die dinglichen Rechte am Schiff verlautbare, sei der Ausdruck „Schiffsbrief" angebrachter. Bei den beteiligten Kreisen werde eine Verwechslung nicht vorkommen.

Hierauf ließ Verwaltungsdirektor *Sturm* seine Bedenken gegen das Wort „Schiffsbrief" fallen.

Der *Vorsitzende* stellte daraufhin fest, dass Leitsatz 5 allerseits gebilligt werde und schloss die Sitzung.

12. Arbeitssitzung vom 1.11.1934 (16 bis 19.40 Uhr)

Anwesend:
Vorsitzender: Prof. Dr. Wüstendörfer, Hamburg
stellvertretender Vorsitzender: OLG-Präsident Dr. Engel, Hamburg
1. Schriftführer: Rechtsanwalt Dr. Droege, Hamburg
2. Schriftführer: Richter Dr. Bramslöw, Hamburg
und als weitere wissenschaftliche Mitglieder:
Rechtsanwalt Dr. Dettmers, Bremen
Reichsgerichtsrat Dr. Lindenmaier, Leipzig
Direktor Michelau, Bremen
Dr. Nolte, Hamburg
OLG-Rat Dr. Reinbeck, Hamburg
Rechtsanwalt Dr. Schüler, Hamburg
Rechtsanwalt Dr. Schulze-Smidt, Bremen
Verwaltungsdirektor Sturm, Hamburg
vom Reichsjustizministerium:
Ministerialrat Koffka, Berlin
Ministerialrat Krieger, Berlin
vom Reichsverkehrsministerium:
Ministerialrat Geheimrat Werner, Berlin
vom Reichswehrministerium:
Fregattenkapitän Lohmann, Hamburg
für die Niederschrift in der Sitzung:
Assessor Dr. Möller, Hamburg und Referendarin Krüger, Wandsbek
entschuldigt fehlten:
Dr. Krichhauff, Hamburg
Dr. Riensberg, Hamburg
Geheimrat Wiedenfeld, Leipzig

Der *Vorsitzende* eröffnete die Sitzung mit dem Hinweis darauf, dass auf der Tagesordnung die Fortsetzung der Beratungen über die Neugestaltung des deutschen *Flaggenrechts* stehe.

Zunächst müsse zu dem Vorschlag von Verwaltungsdirektor Sturm Stellung genommen werden. Dieser habe angeregt, das Prinzip der Ausschließlichkeit des deutschen Eigentums bei der *Partenreederei* aufzugeben und sich mit einer Zwei-Drittel-Mehrheit deutscher Parten zu begnügen. Daneben habe Verwaltungsdirektor Sturm eine Personenmehrheit der deutschen Partner gefordert. Von anderer Seite sei verlangt worden, dass auch der Korrespondentreeder die deutsche Staatsangehörigkeit besitzen müsse.

Die von Verwaltungsdirektor Sturm für seinen Vorschlag angeführten Gründe seien sehr beachtlich. Deutschland leide z. Zt. an großem Kapitalmangel, es sei daher wünschenswert, auch ausländisches Kapital heranzuziehen. Durch ausländische Beteiligungen ließen sich auch die Geschäftsbeziehungen erweitern. Schließlich könne im Kriegsfall die Beteiligung Neutraler an deutschen Schiffen von Nutzen sein.

Demgegenüber seien von anderer Seite, auch vom Vorsitzenden selbst, außenpolitische Gesichtspunkte geltend gemacht worden. Besonders sei betont worden, dass klare Eigentumsverhältnisse durch ausschließliche Beteiligung Deutscher geschaffen werden müssten, um im Kriegsfalle gegebenenfalls die deutsche Neutralität sicherzustellen.

Zu dem ganzen Fragenkreis sollten nunmehr weitere Sachverständige gehört werden. Das Auswärtige Amt habe sich in einem Schreiben des Geheimen Legationsrats Bleyert vom 20.10.1934 gutachtlich geäußert. Ferner sei die Stellungnahme der Vertreter des Reichswehrministeriums und der kleineren Reedereien von Interesse.

Aus dem *Schreiben des Auswärtigen Amts* teilte der *Vorsitzende* Folgendes mit: „Den bereits von Ihnen betonten Gesichtspunkt, das außenpolitische öffentlich-rechtliche Interesse erfordere es, klare Verhältnis in Bezug auf die Eigentumsfrage zu schaffen, um gegebenenfalls die Neutralität des Schiffes im völkerrechtlichen Sinne sicherzustellen, halte auch ich für so entscheidend, dass andere Wünsche dahinter zurücktreten müssen. Ein Schiff, das im ausländischen Miteigentum steht, ist damit Zufälligkeiten und Gefahren ausgesetzt, die zu sehr unerwünschten Weiterungen und Verlusten an Nationalvermögen führen könnten. Gedacht ist hier in erster Linie an den Fall, dass der Heimatstaat des ausländischen Miteigentümers in kriegerische Verwicklungen hineingezogen wird und sich aufgrund dieses Miteigentumsrechts etwa für befugt hält, das Schiff für eigene Zwecke, zu Truppentransporten, als Hilfskreuzer und dergleichen in Anspruch zu nehmen. Auch mit der Gefahr, aufgebracht und für gute Prise erklärt zu werden, müsste ein solches Schiff rechnen.

Aber auch in Friedenszeiten könnte ein ausländisches Miteigentum an dem Schiff zu Unzuträglichkeiten führen, so z.B. in Ansehung der Fragen, welches Landesrecht gelten solle in Bezug auf Sicherheitsvorschriften und Ausrüstung des Schiffes in Bezug auf Nationalität und Befähigungsanforderungen für Kapitän und Offiziere, Kopfstärke der Besatzung, nach welchen Gesetzen sich die Rechte und Pflichten der Besatzung in seemännischer und sozialer Hinsicht regeln, ob etwa ein Besatzungsmitglied gleicher Staatsangehörigkeit wie der ausländische Miteigentümer sich bei Streitigkeiten mit der Schiffsführung auf die heimatlichen Vorschriften berufen könnte (man denke hierbei an die einem Seemann in den Vereinigten Staaten von Amerika zustehenden Rechte) usw. Schließlich könnte auch die Frage der Ausübung des konsularischen Schutzes für Schiff und Besatzung zu Unzuträglichkeiten führen.

Alle diese Bedenken lassen es als notwendig erscheinen, klare und eindeutige Rechtsverhältnisse zu schaffen und an dem bisherigen strengen Grundsatz des ausschließlichen deutschen Eigentums an deutschen Schiffen festzuhalten."

Der *Vorsitzende* erklärte, er sei von der Richtigkeit der angeführten Gesichtspunkte nicht völlig überzeugt.

Die für die Friedenszeiten angeführten Bedenken schienen ihm jedenfalls nicht stichhaltig. Er glaube, dass in den fraglichen Fällen ohne weiteres das Recht der Flagge maßgebend sei. Damit ergebe sich eine Lösung der betreffenden Fragen.

Die außenpolitischen Bedenken deckten sich mit den Ausführungen, welche er in der letzten Sitzung selbst gemacht habe. Nach nochmaliger Durchdenkung des Fragenkreises halte er sich aber für verpflichtet, zu sagen, dass er jetzt zu einem abweichenden Ergebnis gelangt sei:

Unser bisheriges Flaggenrecht entbehre jedes einheitlichen Grundsatzes, es sei lebensfremd, indem es mit *zwei Fiktionen* arbeite.

Etwa 80-90% unserer Schiffe seien in Händen von Aktienreedereien, also von juristischen Personen. Für diese Schiffe gelte aber nach heutigem Recht ein anderes Prinzip als für die Schiffe eines Einzelreeders, einer Partenreederei oder einer offenen Handelsgesellschaft. Werde bei diesen das Flaggenrecht von der ausschließlichen inländischen Staatsangehörigkeit aller Eigentümer abhängig gemacht, der Gedanke des deutschen Eigentums also stark betont, so werde umgekehrt bei Aktiengesellschaften der deutsche Charakter eines Schiffes bereits fingiert, wenn die Gesellschaft nur ihren Sitz im Inlande habe, mögen auch sämtliche Aktien sich in ausländischen Händen befinden und Vorstand und Aufsichtsrat sämtlich Ausländer sein. Selbst wenn man im kommenden Rechte die Voraussetzungen für des Flaggenrecht von Aktienreedereien verschärfe, so werde man doch wohl nie so weit gehen zu verlangen, dass das gesamte Kapital in Gestalt vinkulierter Namensaktien in deutschen Händen sein müsse. Dazu sei die Kapitalnot in Deutschland zu groß. Ausschließlichkeit deutschen Eigentums sei also bei Aktiengesellschaften unerreichbar, d.h. in mehr als 80% aller Fälle!

Aber nicht nur bei den juristischen Personen arbeite das geltende Flaggengesetz mit einer Fiktion, sondern sogar beim Einzelreeder, bei der Partenreederei und der offenen Handelsgesellschaft. Der Seerechtsausschuss sei sich ja darüber einig, dass nach allgemeiner Auslegung formelles Eigentum im Sinne des § 2 Abs. 1 FlG genüge, materielle Kapitalzugehörigkeit nicht erfordert werde. Demzufolge berechtige bloßes *fiduziarisches* deutsches Eigentum, eine bloße deutsche Treuhänderschaft zur Führung der deutschen Flagge, das wirtschaftliche Eigentum des Treugebers und dessen Staatsangehörigkeit bleibe unbeachtet. Die englische Order in Council vom Jahre 1915 und die ihr folgende englische und auch französische Prisengerichtsbarkeit stelle aber gerade auf den soziologischen Eigentumsbegriff die wirtschaftliche Kapitalzugehörigkeit ab. Selbst wenn man es also für den Einzelreeder, die Partenreederei und die offene Handelsgesellschaft bei dem heutigen Vorschriften belassen wolle, sei damit doch der außenpolitische Zweck des Gesetzes nicht erreicht. Dieser lasse sich nur erreichen, wenn man für die Zukunft das Flaggengesetz noch weiter dahin *verschärfe,* dass ein auflösend bedingtes deutsches Eigentum, das bei Bedingungseintritt ausländisches Eigentum werde, oder ein deutsches Eigentum, behaftet mit einer obligatorischen Rückübertragungspflicht oder einer sonstigen vertraglichen Inhaltsbeschränkung zugunsten eines Ausländers, *nicht* zur Führung der deutschen Flagge berechtige. Hierzu werde man sich aber in einer Zeit größter Kapitalnot kaum entschließen können.

Die Partenreederei, geschichtlich die Vorstufe der Aktienreederei und als Kapitalgesellschaft ihr inhaltlich verwandt, würde durch solche Verschärfung einem völlig anderen flaggenrechtlichen Grundsatz unterstellt als die Aktienreederei, bei der ausländische Beteiligung immer möglich bleiben werde. Solche verschiedenartige Behandlung sei durch nichts gerechtfertigt! Man werde im Gegenteil versuchen müssen, beide Organisationsformen einem *einheitlichen Grundsatz* zu unterstellen. Die Ausschließlichkeit deutschen Eigentums könne dann in Zukunft nicht verlangt werden, überwiegend deutsches Eigentum müsse genügen, so dass auch Auslandskapital bis zu gewissen Grenzen offen herangezogen werden könne. Warum festhalten an einer Regelung, die sich als ein Messer ohne Klinge erwiesen habe und noch dazu widerspruchsvoll sei?!

Der Vorsitzende bat sodann den Vertreter des Reichswehrministeriums, Abteilung Reichsmarine, um Stellungnahme.

Fregattenkapitän *Lohmann* verlas daraufhin folgendes Schreiben des Reichswehrministers vom 27.10.1934: „Die für die Aufbringung oder Freilassung von Handelsschiffen rechtserheblichen Tatbestandsvoraussetzungen sind im internationalen Recht gemäß Art. 57 der Londoner Seekriegsrechtserklärung vom 26.2.1909 dahin geregelt worden, dass ‚vorbehaltlich der Bestimmungen über den Flaggenwechsel die neutrale oder feindliche Eigenschaft eines Schiffes durch die Flagge bestimmt wird, zu deren Führung es berechtigt ist.' Dieser Grundsatz ist in dem Generalbericht der Konferenz wie folgt erläutert worden: ‚Das ist eine einfache Regel, die durchaus der besonderen Lage der Schiffe entsprechen dürfte, wenn man sie mit den anderen beweglichen Sachen und insbesondere mit den Waren vergleicht. In mehr als einer Hinsicht haben die Schiffe eine Art von Persönlichkeit; insbesondere haben sie eine Nationalität, eine nationale Eigenschaft.

Diese Nationalität kommt im Flaggenrechte zur Erscheinung: Sie stellt die Schiffe unter den Schutz und die Aufsicht des Staates, dem sie angehören; sie unterwirft sie der Souveränität und den Gesetzen dieses Staates und gegebenenfalls seinen Anforderungen. Das ist das sicherste Merkmal dafür, dass das Schiff tatsächlich einen Bestandteil der Handelsflotte eines Landes bildet, und infolgedessen das beste Merkmal für die Entscheidung der Frage, ob es neutral oder feindlich ist. Deshalb ist es zweckmäßig, sich ausschließlich hieran zu halten und von allem, was mit der Persönlichkeit des Eigentümers zusammenhängt, abzusehen.' Die Völkerrechtswissenschaft glaubte damals, die in Art. 57 getroffene Regelung in doppelter Weise als großen Gewinn verbuchen zu können, und zwar einmal, weil danach die unter neutraler Flagge fahrenden Schiffe nicht mehr der Aufbringung unterlagen, wenn sie im feindlichen Miteigentum standen, sodann, weil durch die Abstellung der Eigenschaft des Schiffes lediglich auf die von ihm zu Recht geführte Flagge jeder Streit über die Staatsangehörigkeit und den Wohnsitz des Schiffseigentümers vermieden blieb.

Trotz Nichtratifizierung der Londoner Erklärung [über das Seekriegsrecht vom 26.2.1909] wurde Art. 57 auch englischerseits zunächst durch die Order in Council vom 20.8.1914 für den Weltkrieg in Kraft gesetzt, während die anderen Seemächte eine dem Artikel 57 der Londoner Erklärung entsprechende Bestimmung schon vor dem Weltkrieg in ihre nationalen Prisenordnungen aufgenommen hatten, so z.B. Deutschland in § 11 der Prisenordnung [RGBl. 1914, 275; abgelöst durch die Prisenordnung vom 28.8.1939, RGBl. I 1939, 1585] , Frankreich in § 27 der Instructions von 1912. Die deutscherseits unter dem Schutz des alleinigen Kriteriums der Flagge in den ersten Monaten des Weltkrieges gemachten Versuche, den unter deutscher Flagge fast ganz unterbundenen Handelsverkehr unter neutraler Flagge wieder einigermaßen aufzunehmen, führten dann aber zum Erlass einer neuen englischen Order in Council vom 20.10.1915. Durch diese neue Order wurde der Art. 57 der Londoner Erklärung aufgehoben und das bisherige englische Recht wieder in Kraft gesetzt. Damit kehrte die englische Seekriegsrechtspraxis zu ihrem alten Grundsatz zurück, wonach ebenso wie bei der Ladung auch bezüglich des Schiffes der feindliche oder neutrale Charakter des Eigentümers von Bedeutung war, dessen Beurteilung nach dem Domizilprinzip erfolgte. Im Übrigen verblieb es dabei, dass die feindliche Flaggenführung auf alle Fälle zur Wegnahme des Schiffes berechtigte. Im Gegensatz zu Art. 57 der LE war also für die Einziehung des Schiffes sowohl die Flagge, wie auch das wirtschaftliche Beziehungsverhältnis von Bedeutung. Ein neutraler Miteigentümer eines unter der Flagge einer Kriegspartei fahrenden, von der Gegenpartei aufgebrachten Handelsschiffs kann daher aufgrund seines Miteigentums keine Ersatzansprüche gegen den Nehmerstaat geltend machen. Andererseits schützte die neutrale Flagge nach Außerkraftsetzung des Art. 57 der Londoner Erklärung den feindlichen Allein- oder Miteigentümer nicht davor, dass das ganze Schiff bzw. der Wert des feindlichen Miteigentumsanteils von dem Nehmerstaat eingezogen wurde.

Die deutsche Regierung sah sich infolge dieser englischen Praxis dazu veranlasst, im Vergeltungswege für die Dauer des Weltkrieges zu Ziffer 11 der Prisenordnung in Ziffer 11a folgende Zusatzbestimmung zu treffen:

‚Als feindliches Schiff ist ein neutrales Schiff zu behandeln, wenn das Eigentum ganz oder zum größeren Teil feindlichen Staatsangehörigen zusteht.

Als feindliche Staatsangehörige im Sinne dieser Vorschrift gelten auch juristische Personen oder Gesellschaften anderer Art, die im feindlichen Lande ihren Sitz haben. Dem Sitz im Feindeslande steht es gleich, wenn das Kapital überwiegend feindlichen Staatsangehörigen zusteht oder wenn der Geschäftsbetrieb von feindlichen Staatsangehörigen oder vom feindlichen Lande aus geleitet oder beaufsichtigt wird. Sofern die Umstände dem nicht widersprechen, ist feindliche Leitung oder Beaufsichtigung des Geschäftsbetriebes anzunehmen, wenn feindliche Staatsangehörige an ihr beteiligt sind, oder der Geschäftsbetrieb vom feindlichen Lande aus mit geleitet wird. Das Gleiche gilt, wenn eine Kapitalsbeteiligung oder sonstige Zuführung von Betriebsmitteln oder die Anspruchnahme von Erträgnissen des Geschäftsbetriebes von Seiten feindlicher Staatsangehöriger oder vom feindlichen Lande aus feststeht.'

Die Haltung der übrigen Staaten war keine einheitliche. So protestierte z.B. Holland gegen die Außerkraftsetzung des Art. 57 der Londoner Erklärung. Die französische Stellungnahme ergibt sich aus folgendem ministeriellen Rapport vom 23.10.1915: ‚Parmi les règles de droit international maritime formulées par la déclaration signée à Londres le 26 février 1909 ... la règle, inscrite dans l'article 57 de cette déclaration établit une présomption absolue du caractère neutre ou ennemi des navires d'après le pavillon que ce navire a le droit de porter. – L'expérience a démontré qu'une règle aussi stricte était pratiquement susceptible de conduire à des solutions inexactes. Il se peut que des navires aient été pour des motifs d'ordre commercial, pendant la Paix, régulièrement enregistrées sous un pavillon devenu ennemi par suite de la guerre, et qu'en réaltité les intérêts dans la propriété de ces navires appartiennent à des personnes ressortissant à un pays tiers, neutre ou allié. Inversement, des navires enregistrés sous pavillon neutre peuvent en réalité représenter des intérêts ennemis. – Les associations de capitaux, sous forme de sociétés, rendent notamment des combinaisons facilement réalisables, grâce à la personnalité propre, légalement capable de propriété et à la nationalité que le droit reconnait aux sociétés, indépendamment de la personnalité et de la nationalité des individus qui y sont intéressés. – Un des buts que le belligérent peut légitimement pour suivre sur mer, d'après le droit des gens, est d'annihiler par la capture la marine marchande ennemie. Si en s'attaquant à des intérêts neutres représentés par un navire enregistré sous pavillon ennemi, le belligérent s'écarte du but ci-dessus rappelé et peut se voir accusé de porter atteinte à la liberté du commerce neutre, son droit d'action légitime est directement lésé par l'usage d'un enregistrement sous pavillon neutre couvrant des intérêts ennemis d'une protection que rien ne justifie.'

Deutscherseits ist durch die Bezeichnung der Ziffer 11a als Vergeltungsmaßnahme zum Ausdruck gebracht worden, dass die deutsche Regierung bereit ist, zu dem Alleinkriterium der Flaggenführung wieder zurückzukehren, sofern die übrigen Mächte das Gleiche tun. Demgegenüber ist zunächst bedeutsam, dass die englische Regierung die Außerkraftsetzung des Art. 57 der LE nicht als Vergeltungsmaßnahme bezeichnet hat. England hat von jeher im Gegensatz zu dem sogenannten kontinentalen Kriegsbegriff, wonach der Krieg nur ein Kampf zwischen den beiderseitigen militärischen Kräften bedeutet, den Standpunkt in der Theorie seiner Völkerrechtswissenschaft, besonders aber in der Praxis seiner Kriegsführung und seiner Prisengerichtsjudikatur vertreten, dass auch das wirtschaftliche Privateigentum des Gegners Angriffsobjekt der Kriegsführung ist und dass gerade im Seekriege das feindliche Eigentum auch dann zu erfassen ist, wenn es sich durch eine neutrale Flagge zu decken versucht.

Die französische Kriegsauffassung neigte jedenfalls in der Theorie der England gegenteiligen Ansicht zu, wie denn auch die sogenannte kontinentale Auffassung auf Rousseau zurückzuführen ist. Die vorstehend zitierte Stelle aus dem französischen Rapport vom 23.10.1915 deutet aber darauf hin, dass die französische Auffassung nunmehr ebenfalls der englischen zuneigt. Dem wurde formell im Juli 1916 durch den französischen Staatspräsidenten in dem Memorandum Ausdruck gegeben, durch das die gesamte Londoner Seekriegsrechtserklärung wegen veränderter Umstände der Kriegsführungsmethoden aufgehoben wurde.

Die deutsche Völkerrechtswissenschaft hat zwar nach dem Weltkriege teilweise die Forderung erhoben, dass im Wege neuer internationaler Vereinbarung über die Kriegsführung wieder zu der Auffassung zurückzukehren ist, wonach der Krieg sich auf den Kampf zwischen den militärischen Kräften beschränken soll. Demgegenüber lehren die gerade nach dem Weltkriege von allen Staaten, insbesondere von Frankreich selbst getroffenen Mobilmachungsvorbereitungen, dass, wenn es trotz aller Kriegsverhütungspakte doch zu neuen Kriegen zwischen großen Nationen kommen sollte, es dabei sich ebenso wie schon im Weltkrieg um einen Kampf aller Volkskräfte gegeneinander handeln wird, in dem jeder Teil auch die wirtschaftliche Kraft des Gegners überall da zu treffen versuchen wird, wo der tatsächliche Zugriff praktisch möglich ist. Rechtliche Schranken würden dem ebenso wenig entgegenstehen, wie im Weltkrieg, dessen seekriegsrechtliche Vorkriegsgrundlagen die Erprobung in der Praxis gerade deshalb so wenig bestanden haben, weil sowohl die Haager Regeln von 1907 wie auch die Londoner Seekriegsrechtsgrundsätze von 1909 noch auf dem Boden des kontinentalen Kriegsbegriffes stehen.

Nach alledem ist es wenig wahrscheinlich, dass ein Ausländer eine deutsche Schiffspart in der Absicht und Hoffnung erwerben wird, seinen Anteil an dem Schiff im Falle eines Krieges seines Heimatstaates durch die deutsche Flagge vor dem Zugriff des Gegners schützen zu lassen. Andererseits wäre in einem solchen Falle zu besorgen, dass der deutsche Miteigentümer auch bei einem Neutralbleiben Deutschlands der Gefahr ausgesetzt wird, das Schiff zu verlieren und günstigstenfalls auf Wertersatz des deutschen Anteils angewiesen zu bleiben.

Bei dieser Sach- und Rechtslage erscheint es vom Standpunkt der Marineleitung angezeigt, es bei der bisherigen Regelung zu belassen, wonach die unter deutscher Flagge fahrenden Schiffe in vollem Umfange deutsches Eigentum sein müssen. Will sich im Einzelfall ein Ausländer geldlich an einer deutschen Reederei beteiligen, so sind dafür durch das Institut des Treuhändertums und die stille Gesellschaft Möglichkeiten vorhanden, deren Beurteilung nicht der Reichsmarine, sondern anderen Ressorts obliegt."

Der *Vorsitzende* nahm demgegenüber Bezug auf die von ihm vorher angeführten Gründe und äußerte das Bedenken, dass der Vorschlag des Reichswehrministeriums, es bei dem früheren Rechtszustand zu belassen, durch die im Übrigen dankenswerten Darlegungen nicht genügend begründet werde.

Er erteilte sodann Direktor Michelau als Vertreter der Reeder das Wort, indem er gleichzeitig seinem Bedauern darüber Ausdruck verlieh, dass Vertreter der kleineren Reeder der Aufforderung, zu der Sitzung zu erscheinen und ihrerseits zu den sie besonders interessierenden Fragen Stellung zu nehmen, keine Folge geleistet hätten.

Direktor *Michelau* berichtete, dass die Reeder es am liebsten sähen, wenn man das Flaggenrecht entsprechend der bisherigen Gesetzesauslegung nicht vom wirtschaftlichen Eigentum abhängig mache. Anderenfalls würde es einen zu unsicheren Boden bekommen. Über das Verhalten der auswärtigen Mächte in einem zukünftigen Kriege könne man doch nur Mutmaßungen äußern. Es müsse auch befürchtet werden, dass etwaige Verschärfungen des Flaggenrechts immer durch Einschaltung von Strohmännern umgangen werden könnten.

Die Partenreederei sei in den Besprechungen, welche vor der Sitzung die Reeder unter sich gepflogen hätten, nur kurz gestreift. Empfehlenswert sei es, nicht zu scharf vorzugehen. Es werde genügen, wenn zwei Drittel oder drei Viertel der Parten sich in deutschen Händen befänden.

OLG-Rat *Dr. Reinbeck* meinte demgegenüber, nach der Stellungnahme der Ministerien werde es schwer sein, von der Forderung ausschließlich deutschen Eigentums abzukommen. Jedenfalls aber müsse verlangt werden, dass mindestens der Korrespondentreeder Deutscher sei. Denn die Forderung, dass die Parteninhaber Deutsche sein müssten, lasse sich durch Treuhandverhältnisse umgehen. Selbst dann, wenn alle Partenreeder die deutsche Staatsangehörigkeit besäßen, komme es auf die deutsche Staatsangehörigkeit des Korrespondentreeders an. Denn Partenreeder, die einen Ausländer zum Korrespondentreeder machten, hätten nicht mehr viel zu bestimmen. Die deutsche Führung sei also in solchen Fällen nicht gesichert. Demnach müsse auf jeden Fall gefordert werden, dass der Korrespondentreeder Deutscher sei.

Der *Vorsitzende* wies darauf hin, dass man in der letzten Sitzung hinsichtlich des Korrespondentreeders mehr eine Alternative ins Auge gefasst habe: Man habe es für den Fall, dass ausschließlich deutsches Eigentum verlangt werde, nicht für erforderlich gehalten, dass dann auch der Korrespondentreeder Deutscher sein müsse. Dagegen spiele dies dann eine Rolle, wenn man sich mit einer deutschen Partenmehrheit begnüge. Übrigens werde die Frage der Staatsangehörigkeit des Korrespondentreeders in ihrer Bedeutung dadurch abgeschwächt, dass er ja in aller Regel mit einer größeren Part beteiligt sei. Deshalb könne er auch nicht mit dem Vorstand einer Aktiengesellschaft verglichen werden.

Reichsgerichtsrat *Dr. Lindenmaier* wies – zurückkommend auf die Schlussbemerkung von Direktor Michelau – darauf hin, dass es eine Frage des Fingerspitzengefühls sei, welche Bruchteilsmehrheit deutscher Parten man fordere. In den ausländischen Rechtsordnungen sei fast jeder Bruchteil vertreten. Vielleicht könne man sich mit einfacher Mehrheit begnügen, wenn man entsprechend dem Vorschlag von OLG-Rat Dr. Reinbeck fordere, dass der Korrespondentreeder Deutscher sein müsse.

Der *Vorsitzende* unterstrich, dass jede Zahlenbestimmung etwas Willkürliches an sich habe. In der Partenreederei wäge man die Kapitalien, aber man zähle die Köpfe nicht. Wer 33/64 der Parten besitze, sei Herr des Schiffes. Es sei wirklich eine Frage zweiten Ranges, ob man fordere, dass zwei Drittel oder drei Viertel der Parten Deutschen gehören müssten. Entscheidend sei vielmehr nur, ob man ausschließliches deutsches Eigentum oder nur einen irgendwie bestimmten Mehrheits-Bruchteil deutschen Eigentums verlange, und ferner, ob man auf das formale oder auf das wirtschaftliche Eigentum abstelle.

Dr. Dettmers entschied sich dahin, dass man wie bisher ausschließlich deutsches Eigentum fordern müsse. Wenn man in den Zustand vor der deutschen Einigung zurückfallen wolle, müssten gewichtige Umstände dafür sprechen. Damals habe es viele deutsche Küstenstaaten gegeben, es habe in den deutschen Küstenstaaten also ein Bedürfnis dafür bestanden, auch fremden Staatsangehörigen die Beteiligung am Schiffe möglich zu machen. Heute finde sich aber die Partenreederei nur noch auf vier eng begrenzten Gebieten, nämlich in der Hochseefischerei, in der Küstenschifffahrt, in der Ostseefahrt und noch in einigen besonders liegenden Fällen. Niemals – das wisse er aus eigener Erfahrung – sei ein Bedürfnis dafür entstanden, Ausländer bei diesen vier Arten von Partenreedereien zu beteiligen.

Auf das wirtschaftliche Eigentum dürfe nicht abgestellt werden, eine in dieser Richtung liegende Verschärfung des geltenden Rechts werde große praktische Schwierigkeiten mit sich bringen.

Schließlich brauche auch die Forderung, dass der Korrespondentreeder die deutsche Staatsangehörigkeit besitzen müsse, nicht aufgestellt zu werden. Nie habe er gehört, dass deutsche Partenschiffe einen ausländischen Korrespondentreeder besäßen. Meistens habe ja der Korrespondentreeder die Mehrzahl der Parten in seiner Hand. Jedenfalls bestehe kein praktisch bedeutsames Bedürfnis dafür, die deutsche Staatsangehörigkeit des Korrespondentreeders zu verlangen.

Der *Vorsitzende* bemerkte dazu: Wenn Dr. Dettmers von einem „Rückfall" in den Zustand vor der deutschen Einigung gesprochen habe, so sei das missverständlich. Ein Unterschied bestehe nämlich insofern, als damals, in den 60er Jahren, die Pariser Seerechtsdeklaration [16.4.1856], die hierin inhaltlich mit der Londoner Deklaration von 1909 übereingestimmt habe, in Geltung gewesen sei. Danach sei die Flagge für das Prisenrecht maßgebend gewesen. Jetzt habe aber seit 1915 die veränderte Rechtsprechung der Prisengerichte einen völlig neuen Tatbestand geschaffen. Im Übrigen habe man in den 60er Jahren, z.B. in der mecklenburgischen Partenreederei, nicht nur Wert gelegt auf die Heranziehung von Partnern aus anderen deutschen Küstenländern, sondern auch darauf, dass Staatsangehörige jenes Landes, nach welchem Schifffahrt betrieben wurde, also beispielsweise englische und skandinavische Schiffsmakler, beteiligt werden konnten. In den Verhandlungen des norddeutschen Reichstages 1867 über den damaligen Gesetzentwurf sei dies von mecklenburgischer Seite betont worden.

Das Vorkommen der Partenreedereien beschränke sich auch nicht auf die von Dr. Dettmers angeführten Fälle, vielmehr kämen – besonders stille – Partenreedereien vielfach auch noch in der Trampfahrt vor.

Der italienische Entwurf begnüge sich mit 70% Inlandsparten (Art. 62). Auch in Italien habe man also auf das ausschließlich nationale Eigentum verzichtet.

Ministerialrat *Werner* sprach sich für die Aufrechterhaltung des jetzigen Rechtszustandes aus. Das Reichsverkehrsministerium sei bei zahlreichen Enqueten immer wieder zu dem Ergebnis gekommen, dass es bei dem gegenwärtigen Zustand bleiben müsse. Zuletzt habe man das Flaggengesetz anlässlich des Falles eines Apenrader Reeders ändern wollen, der infolge des Versailler Vertrages die dänische Staatsangehörigkeit erworben habe. Auch damals habe man aber von einer Änderung Abstand genommen. Englands Kriegsauffassung könne uns allerdings auch dann schaden, wenn man es bei dem geltenden Recht belasse. Doch müsse man bedenken, dass ein Schiffszertifikat, das nur deutsches Eigentum ausweise, immerhin einen gewissen Schutz verleihe.

Verwaltungsdirektor *Sturm* berichtete, Dr. Riensberg habe ihn gebeten mitzuteilen, dass die Reeder für eine möglichst freiheitliche Regelung einträten und eine Beteiligung von Ausländern wünschten. Dem stimme er zu.

Im Übrigen aber halte er es für verfehlt, dass man sich so eingehend mit der Regelung bei der Partenreederei beschäftige. Die Partenreederei komme zwar heute sogar noch in der Überseefahrt vor, im Ganzen genommen spiele sie aber keine große Rolle. Auch wisse man ja noch gar nicht, wie sie künftig ausgestaltet werde. Auch dürfe man nicht entscheidendes Gewicht auf die rein negative Frage legen, wie im Kriegsfalle deutsche Neutralitätsinteressen geschützt werden könnten. Die den Kriegsfall in den Vordergrund rückenden Ausführungen des Reichswehrministeriums hätten ihn nicht überzeugt. Im Kriege achte man nicht auf formelle Dinge. Die Beteiligung von Ausländern an deutschen Schiffen könne uns auch zum Nutzen gereichen. Im Übrigen spielten im Kriegsfalle die heute noch gar nicht übersehbaren Machtverhältnisse eine entscheidende Rolle. Sei Deutschland ein mächtiger Staat, dann genüge im Falle deutscher Neutralität eine einfache deutsche Mehrheit, sei Deutschland aber ein schwacher Staat, dann schützten uns auch neun Zehntel der Parten nicht. Der Weg, überhaupt kein fremdes Eigentum, auch nicht einmal wirtschaftlich fremdes Eigentum, zuzulassen, sei ungangbar, wolle man nicht wertvolle Beziehungen zum Auslande verlieren.

Der Korrespondentreeder müsse allerdings Deutscher sein, denn wenn Deutschland in einen Krieg verwickelt werde, so treffe der Korrespondentreeder als Führer der Partenreederei die entscheidenden Maßnahmen. Er regiere in solchen außerordentlichen Fällen das Schiff, ohne dass es darauf ankomme, ob eine ausländische Kapitalbeteiligung bestehe. Der Führer müsse also Deutscher sein.

Der *Vorsitzende* stimmte Verwaltungsdirektor Sturm darin bei, dass es zweckmäßig sein dürfte, vorerst nach einem einheitlichen Prinzip für möglichst alle Organisationsformen zu suchen. Bei der Schaffung des Flaggengesetzes (1867) habe die Partenreederei noch durchaus die Hauptrolle gespielt, die wenigen damals vorhandenen Aktienreedereien der Linienfahrt hätten eine deutsche, örtlich begrenzte und nicht internationale Kapitalgrundlage gehabt. Heute dagegen stünden die Aktienreedereien weitaus im Vordergrund des Interesses, und Auslandskapital sei für sie nicht zu entbehren. Der Tatbestand, von dem wir auszugehen hätten, sei also ein völlig anderer als 1867.

Auch *Dr. Bramslöw* unterstützte den Vorschlag von Verwaltungsdirektor Sturm und führte weiter aus: In der vorigen Sitzung sei er für den Grundsatz ausschließlich deutschen Eigentums eingetreten. Im Grunde sei diese Lösung ihm auch jetzt noch die liebste, aber die vom Vorsitzenden in der heutigen Sitzung vorgebrachten Bedenken, die von Verwaltungsdirektor Sturm erneut unterstrichen worden seien, hätten ihn nun selbst bedenklich gemacht. Wenn in der Schifffahrt wirklich ein dringendes Bedürfnis nach ausländischer Kapitalbeteiligung bestehe, so müsse man wohl die Ausschließlichkeit opfern und sich mit der Wahrung überwiegend deutscher Beteiligung begnügen. Der gegenwärtige Zustand aber dürfe keineswegs aufrecht erhalten werden. Denn er sei nicht nur unsystematisch, sondern auch ungerecht. Wenn die Aktiengesellschaft das Recht hätte, ihr Kapitalbedürfnis aus dem Auslande zu befriedigen, so müsse dasselbe Recht auch den Partenreedereien zugestanden werden. Hinsichtlich der Forderung, dass der Korrespondentreeder auf jeden Fall deutsch sein müsse, sei OLG-Rat Dr. Reinbeck zuzustimmen. Bezüglich der deutschen Parten möge man die einfache Mehrheit genügen lassen, entsprechend dem Vorschlage von Reichsgerichtsrat Dr. Lindenmaier.

Dr. Schulze-Smidt gab der Befürchtung Ausdruck, dass man auch auf dem von Verwaltungsdirektor Sturm vorgeschlagenen Wege nicht recht weiterkommen werde. Die Ministerien verlangten ausschließlich deutsches Eigentum. Demgegenüber habe Verwaltungsdirektor Sturm gezeigt, dass die Partenreedereien auch heute noch Interesse an ausländischer Kapitalbeteiligung besäßen. Das sei aber noch nicht ausreichend dargetan. Äußerungen der wirklich beteiligten Kreise lägen noch nicht vor. Eine Änderung des geltenden Rechts dürfe nur vorgenommen werden, wenn aus sachverständigem Munde überzeugende Gründe dafür vorgebracht würden.

Der *Vorsitzende* stellte daraufhin als fast einhellige Meinung fest, dass man zunächst die Partenreedereien beiseite lassen wolle, für die Aktienreederei als dem bei weitem wichtigsten und häufigsten Fall eine angemessene Lösung finden und dann nach dem gleichen, einheitlichen Prinzip auch die Partenreederei behandeln müsse. Er wandte sich der rechtlichen Behandlung der *Aktienreedereien* zu.

Es könne wohl davon ausgegangen werden, dass der deutsche Sitz der Gesellschaft allein zur Verleihung des Flaggenrechts nicht ausreiche. Er sichere nicht den deutschen Charakter der Unternehmung. Es sei darüber hinaus angeregt worden zu verlangen, dass auch der tatsächliche Verwaltungssitz sich in Deutschland befinden müsse. Dabei sei unter dem tatsächlichen Verwaltungssitz der Sitz zu verstehen, von dem aus tatsächlich die Verwaltung des Vorstandes geführt werde. Die Abstellung auf diesen tatsächlichen Verwaltungssitz erscheine aber vielleicht nicht unbedenklich. Der Norddeutsche Lloyd beispielsweise fahre jetzt auch von China nach Australien, der tatsächliche Verwaltungssitz werde insoweit vielleicht in Shanghai liegen. Berücksichtige man solche Fälle, so könne durch die vorgeschlagene Bestimmung der Betrieb unserer Reedereien im Ausland vielleicht beeinträchtigt werden.

Weiterhin frage es sich, was man sonst noch tun solle, um den deutschen Charakter des Aktienreedereischiffes sicherzustellen. Diese Frage sei in etwas mit der allgemeinen Reform des Aktienrechts verknüpft. Nach dem bisher vorliegenden Bericht des Vorsitzenden des Aktienrechtsausschusses der Akademie könne man nur sagen, dass bei der Aktiengesellschaft das Führerprinzip herrschen werde, die Stellung des Vorstandes, insbesondere die seines Vorsitzenden, werde gestärkt werden. Die Generalversammlung verliere demgegenüber an Einfluss. Der Aufsichtsrat werde als Aufsichtsorgan beibehalten, als Höchstzahl der Aufsichtsratsmitglieder werde eine Zahl „zwischen der Zahl der Grazien und der Zahl der Musen" genannt. Die entscheidende Rolle werde nach alledem der Vorstand spielen. Folglich müsse gefordert werden, dass *alle* Vorstandsmitglieder einer Aktienreederei Deutsche seien. Darüber hinaus müsse verlangt werden, dass auch etwa zwei Drittel der Mitglieder des Aufsichtsrats die deutsche Staatsangehörigkeit besäßen. Bestimme man dies, so erreiche man damit in der Regel zugleich auch mittelbar, dass etwa zwei Drittel des *Kapitals* deutsch sein müssten, denn im Aufsichtsrat säßen heutzutage vor allem die Großaktionäre. Die Banken würden in Zukunft mit ihren Depotaktien wohl nicht mehr im gleichen Umfang wie bisher stimmberechtigt sein. Die Depotaktien als Machtgrundlage könne man also außer Acht lassen.

Schließlich tauche die Frage auf, ob die Vorstands- und Aufsichtsratsmitglieder auch ihren Wohnsitz im Inlande haben müssten. Das bedeute unter Umständen eine Erschwerung von Auslandsbetrieben.

Direktor *Michelau* als Vertreter der Reeder pflichtete den Ausführungen des Vorsitzenden im Großen und Ganzen bei.

Die Abstellung auf den tatsächlichen Geschäftssitz werde aber keine Schwierigkeiten machen, denn auch bei der erwähnten Linie des Norddeutschen Lloyd werde die Verwaltung tatsächlich von Bremen aus geführt. Im Auslande genügten Agenturen.

Es bestünden auch keine Bedenken dagegen, dass sämtliche Mitglieder des Vorstandes die deutsche Staatsangehörigkeit besitzen müssten.

Der Vorschlag des Vorsitzenden hinsichtlich der Staatsangehörigkeit der Aufsichtsratsmitglieder erscheine ihm praktisch. Der Vorsitzende und der stellvertretende Vorsitzende des Aufsichtsrats müssten Deutsche sein, ferner im Ganzen zwei Drittel der Aufsichtsratsmitglieder. Man könne nicht fordern, dass sämtliche Aufsichtsratsmitglieder Deutsche zu sein hätten, denn zur Überwachung ausländischer Kapitalinteressen würden häufig Ausländer zu Aufsichtsratsmitgliedern ernannt. Ob man gerade eine deutsche Mehrheit von zwei Drittel der Aufsichtsratsmitglieder erfordere, hänge davon ab, wie das künftige Gesellschaftsrecht im Einzelnen ausgestaltet werde, insbesondere auch davon, welche Höchstzahl von Aufsichtsratsmitgliedern das kommende Recht vorsehe.

Eine Vorschrift über den Wohnsitz der Vorstands- und Aufsichtsratsmitglieder werde besser fortgelassen.

Im Anschluss an diese Äußerung von Direktor Michelau entspann sich eine *Aussprache* über die Frage, welcher Bruchteil von Aufsichtsratsmitgliedern deutsch sein müsse, insbesondere, ob bei fünf Mitgliedern zwei Ausländer tragbar seien. Ferner wurde das Problem behandelt, wie die flaggenrechtliche Rechtslage gestaltet werden solle, falls im künftigen Aktienrecht für alle oder für besonders wichtige Fälle eine qualifizierte Mehrheit bei Aufsichtsratsbeschlüssen erfordert werde.

Der *Vorsitzende* erklärte, er halte solche Festsetzung nicht für wahrscheinlich; dem Wesen des Aufsichtsrates als der innersten Herzkammer im Körper der AG würde sie nicht entsprechen. Dort verständige man sich, aber man überstimme sich nicht.

Dr. Bramslöw stellte zusammenfassend fest, dass sich der Seerechtsausschuss wegen der Ungewissheit über die künftige Regelung des Aktienrechts in einer schwierigen Lage befinde, deshalb müsse man sich wohl auf Vorschläge in allgemeiner Form beschränken. Die Ergebnisse der Beratungen des Seerechtsausschusses stellten ja doch nur Empfehlungen für die Ministerien dar.

Der *Vorsitzende* stimmte dem zu und stellte fest, dass man sich also über den Leitsatz 4 hinsichtlich der Aktienreedereien jetzt einig sei. Nachdem man übereingekommen war, statt vom tatsächlichen Geschäftssitz zu sprechen, den Ausdruck „Verwaltungssitz (Vorstand)“ zu gebrauchen, der in klarer Weise den tatsächlichen Geschäftssitz des Vorstandes umschreibe, fasste der Vorsitzende das *Ergebnis* zu Leitsatz 4, Aktiengesellschaften, dahin zusammen: Erforderlich sei: „Sitz der Aktiengesellschaft im Inland, Verwaltungssitz (Vorstand) gleichfalls im Inland, deutsche Staatsangehörigkeit sämtlicher Mitglieder des Vorstandes, deutsche Staatsangehörigkeit des Vorsitzenden und des stellvertretenden Vorsitzenden des Aufsichtsrats, sowie einer vielleicht qualifizierten Mehrheit der gesamten Mitgliederzahl des Aufsichtsrats (je nach den Bestimmungen des künftigen Aktienrechts).“

Nach alledem sei also ausschließlich deutsches Eigentum nicht nötig; *mittelbar* aber sei durch die beschlossene Regelung das Überwiegen des deutschen Kapitalinteresses gewährleistet, und damit auch gegebenenfalls die Neutralität des Schiffes im Sinne der heutigen Prisengerichtsbarkeit geklärt.

Nunmehr habe man sich der *Gesellschaft mit beschränkter Haftung* zuzuwenden. Es sei nicht richtig, das für die Aktiengesellschaft gewonnene Ergebnis schematisch auf die GmbH zu übertragen. Zwischen beiden Unternehmungsformen bestünden gewisse soziologische Unterschiede, insbesondere finde sich bei der GmbH anders als bei der Aktiengesellschaft ein starker Einschlag persönlichen Unternehmertums.

Allerdings werde man entsprechend der Regelung bei der Aktiengesellschaft fordern müssen, dass der satzungsmäßige Sitz und auch der Verwaltungssitz (Geschäftsführer) sich im Inlande befänden, sowie dass sämtliche Geschäftsführer die deutsche Staatsangehörigkeit besäßen.

Fraglich sei es aber, welche Bestimmungen für den Aufsichtsrat oder, bei ihrem Wegfall, welche sonstigen Ersatzvorschriften getroffen werden sollten. Ein Aufsichtsrat sei ja bekanntlich bei der GmbH nicht notwendig und daher nicht stets vorhanden. Schaffe man strenge Bestimmungen bezüglich der Staatsangehörigkeit der Aufsichtsratsmitglieder, so werde höchstwahrscheinlich von diesem Organe wenig Gebrauch gemacht werden. Eine entsprechende Erfahrung habe man schon gemacht, als das Gesetz vorgeschrieben habe, dass Betriebsratsmitglieder in den Aufsichtsrat aufgenommen werden müssten.

Zu erörtern sei auch, ob die Mehrheit der Geschäftsanteile sich in deutschen Händen befinden müsse. Da oft Anteilsbücher von den GmbH geführt würden, so könne zu Beweiszwecken vielleicht das Anteilsbuch nutzbar gemacht werden.

Über die Frage, wie die deutsche Staatsangehörigkeit der Inhaber der Geschäftsanteile gegebenenfalls nachgewiesen werden könne, entspann sich eine längere Aussprache, in deren Verlauf auch vorgeschlagen wurde, dass Schiffsregister oder das Handelsregister zum Nachweise der deutschen Staatsangehörigkeit heranzuziehen. Auch an eine Parallele zu § 503 Abs. 2 HGB wurde gedacht.

Verwaltungsdirektor *Sturm* schlug als Ausweg vor, man möge bestimmen, dass eine Reeder-GmbH einen Aufsichtsrat haben *müsse*. In solchem Falle könnten dann die gleichen Vorschriften wie für die Aktienreederei geschaffen werden.

Der *Vorsitzende* erklärte diesen Weg für gangbar, obwohl man dadurch Sondervorschriften für eine einzelne Art von Gesellschaften mbH schaffe. Auch bei Gesellschaften mbH, die Bankgeschäfte betreiben, gebe es ja bilanzrechtliche Sondervorschriften (§ 41 Abs. 4).

Ministerialrat *Krieger* fügte hinzu, dass eine GmbH mit obligatorischem Aufsichtsrat auch bei den gemeinnützigen Wohnungsunternehmen vorkomme. Man müsse aber beachten, dass – anders als bei der Aktiengesellschaft – der Aufsichtsrat bei der GmbH nicht stets aus den am Kapital beteiligten Personen gebildet werde. Deshalb erscheine es richtiger, bei der Regelung des Flaggenrechts an die Staatsangehörigkeit der Gesellschafter, nicht an den Aufsichtsrat der GmbH anzuknüpfen.

Reichsgerichtsrat *Dr. Lindenmaier* schlug vor, die Reeder-GmbH wie die Partenreederei zu behandeln, zumal sie wirtschaftlich keine Rolle spiele.

Dr. Schulze-Smidt stimmte Reichsgerichtsrat Dr. Lindenmaier darin bei, dass die Parallele zur Partenreederei gezogen werden müsse. Der Nachweis der deutschen Staatsangehörigkeit der Gesellschafter erfolge am besten auf dem Wege über das Schiffsregister.

Auch *Dr. Droege,* der inzwischen erschienen war, setzte sich dafür ein, an das Schiffsregister anzuknüpfen. Gegen die Gleichbehandlung von GmbH und Partenreederei bestünden aber rechtskonstruktive Bedenken, da bei der GmbH das Eigentum am Schiffe einer juristischen Person zustehe, bei der Partenreederei die Rechtslage aber anders sei. Er schlage daher vor, die Veräußerung der Geschäftsanteile bei der GmbH an eine behördliche Genehmigung zu knüpfen, welche etwa von dem Reichsverkehrsministerium oder einer Mittelbehörde zu erteilen sei. Ohne die Genehmigung müsse die Veräußerung unwirksam sein. Auch für die treuhänderische Übertragung sei die Genehmigung zu fordern.

Der *Vorsitzende* nahm gegen diesen Vorschlag Stellung. Es scheine ihm nicht zweckmäßig, den Bürokratismus noch zu steigern. Zweckmäßiger erscheine ihm die Anregung von Reichsgerichtsrat Dr. Lindenmaier, die GmbH möglichst dem Vorbild der Partenreederei anzugleichen. Auf dem Wege über die Eintragung in das Schiffsregister unter Schaffung einer Anmeldepflicht nebst Strafdrohung könne dafür gesorgt werden, dass die deutsche Kapitalzugehörigkeit und gegebenenfalls deren Verlust offenkundig werde. Dies sei wohl die einfachste Lösung.

Dr. Bramslöw sprach sich ebenfalls gegen die Einführung einer behördlichen Genehmigung aus. Eine solche Regelung würde den Rahmen des Flaggengesetzes überschreiten. Dieses solle doch nur die Erfordernisse der Flaggenführung festlegen. Die Anmeldung beim Schiffsregister halte er für das richtige Mittel. Um diese sicherzustellen, könne man über die Strafandrohung hinaus bestimmen, dass die Veräußerung von Geschäftsanteilen einer Reeder-GmbH erst mit der Anmeldung wirksam würde.

Hierauf stellte der *Vorsitzende* allseitiges Einverständnis mit dem Vorschlage fest, die GmbH hinsichtlich Staatsangehörigkeit der Gesellschafter möglichst der Partenreederei gleich zu behandeln, außerdem aber festzuhalten an den bisherigen Beratungsergebnissen betreffend Sitz, Verwaltungssitz und Staatsangehörigkeit der Geschäftsführer der GmbH.

Als nächste Aufgabe bezeichnete es der Vorsitzende, für die *Partenreederei* möglichst das gleiche Prinzip wie für die Aktiengesellschaft zur Durchführung zu bringen. Denn die Partenreederei sei – wie schon früher hervorgehoben – eine Vorläuferin der Aktiengesellschaft und, wie diese, eine Kapitalgesellschaft mit beweglichen Anteilen. Die Schwierigkeit liege darin, dass die Partenreederei bisher keine Rechtsfähigkeit besitze. Vielleicht werde sie aber im kommenden Seerecht zu einer juristischen Person erhoben. Klar sei jedenfalls, dass man auch bei der Partenreederei auf die Ausschließlichkeit deutschen Eigentums verzichten müsse.

Reichsgerichtsrat *Dr. Lindenmaier* regte im Hinblick darauf, dass man sich entschlossen habe, die GmbH grundsätzlich wie die Partenreederei zu behandeln, an, jetzt, soweit möglich, umgekehrt vorzugehen und zu erklären, dass die gleichen Bestimmungen, die für die GmbH gelten sollten, auch auf die Partenreederei Anwendung zu finden hätten. Dem tatsächlichen Verwaltungssitz der Geschäftsführer entspreche der inländische Verwaltungssitz des Korrespondentreeders, der deutschen Staatsangehörigkeit sämtlicher Geschäftsführer der GmbH entspreche der deutsche Korrespondentreeder.

Der *Vorsitzende* ergänzte die Anregung von Reichsgerichtsrat Dr. Lindenmaier dahin, dass, wenn die Partenreederei zur juristischen Person gemacht werde, auch der satzungsmäßige Sitz sich im Inlande befinden müsse.

Reichsgerichtsrat *Dr. Lindenmaier* wies weiter darauf hin, dass deutsche Mehrheit der Parten zu fordern sei. Die Staatsangehörigkeit der Partner müsse durch das Schiffsregister unter Strafandrohung offenkundig gemacht werden.

Dr. Droege wandte sich gegen den Vorschlag, dass ein Teil der Parten in ausländischen Händen sein dürfe. Es spalte sich dann bei einer Gesamthand das Eigentum in in- und ausländisches. Er habe systematische Bedenken hiergegen. Die Rechte der Ausländer dürften allenfalls pfandrechtsähnlich ausgestaltet werden.

Der *Vorsitzende* wandte sich gegen diese systematischen Bedenken, sie seien rein formell und auch schon überholt durch die bisherigen Beratungsergebnisse. Es komme nicht darauf an, ob das Eigentum einer juristischen Person oder einer Gesamthand zustehe. Maßgebend sei allein die Frage der Kapitalbeteiligung. Die von Dr. Droege angeführten Gesichtspunkte entfielen vollends, wenn man auch die Partenreederei zur juristischen Person mache.

Auch Ministerialrat *Krieger* wandte sich ebenfalls gegen die Bedenken von Dr. Droege. Rechtstheoretisch gesehen stelle sich das deutsche Schiff als ein Stück deutschen Bodens außerhalb des deutschen Territoriums dar. So wie jedes Stück deutschen Reichsbodens nicht nur einem Deutschen, sondern auch einem Ausländer gehören könne, so lasse sich auch die Fiktion aufstellen, dass ein Schiff auch dann deutsch sei, wenn es nicht in ausschließlich deutschem Eigentum stehe. Problematisch sei nur die Frage, wie viel deutsche Anteile vorhanden sein müssten, damit die Fiktion noch aufrecht erhalten werden könne.

Verwaltungsdirektor *Sturm* regte an, den Fall, dass das Schiff im Eigentum einer Erbengemeinschaft stehe, zu der auch Ausländer gehörten, nicht außer Acht zu lassen. Bei der Partenreederei könne man den deutschen Einfluss noch besser dadurch sichern, dass man nicht nur eine deutsche Mehrheit des Kapitals, sondern auch eine deutsche Mehrheit der Partner fordere. Dadurch werde eine Analogie zum Aufsichtsrat der Aktienreederei geschaffen.

Der *Vorsitzende* hielt das nicht für zweckmäßig. Die Partenreederei sei keine Personalgesellschaft. Es werde in ihr nicht nach Köpfen gezählt, sondern nach Kapitalien gewogen. Nehme man an, dass in einem Einzelfall der deutsche Korrespondentreeder zwei Drittel der Parten, ein Holländer und ein Däne je ein Sechstel der Parten besäßen, so dürfe doch das Schiff aus diesem Grunde das Flaggenrecht nicht verlieren, obwohl die Mehrheit der Partner Fremde seien.

Dr. Bramslöw unterstützte die vom Vorsitzenden geltend gemachten Bedenken. Zwar sei er, wie schon mehrfach erwähnt, ein grundsätzlicher Gegner ausländischer Beteiligung, er halte es aber für verkehrt, wenn die Partenreedereien schon wegen verhältnismäßig geringer ausländischer Beteiligung die deutsche Flagge auf ihren Schiffen streichen müssten, während das internationale Kapital bei den Aktienreedereien unbeschränkt in die deutsche Schifffahrt hereinbrechen könne. Die ausländische Partnerschaft erscheine ihm auch an sich ungefährlicher, weil sie offen zutage liege und daher in ihren Auswirkungen leicht überwacht werden könne.

Verwaltungsdirektor *Sturm* ließ auf die geäußerten Bedenken hin seine Anregung fallen.

Der *Vorsitzende* stellte daraufhin fest, dass nunmehr *Einigkeit über die Voraussetzungen des Flaggenrechts der Partenreederei* herrsche: Die Partenreederei müsse einen deutschen Korrespondetreeder haben. Der formelle Sitz und der tatsächliche Verwaltungssitz müsse im Inlande sein. Die – vielleicht qualifizierte – Mehrheit des Kapitals habe in deutschen Händen zu liegen, was durch eine Anmeldepflicht zum Schiffsregister unter Strafandrohung sicherzustellen sei.

Reichsgerichtsrat *Dr. Lindenmaier* richtete an die Reeder die Frage, ob es zweckmäßig sei zu bestimmen, dass in Ausnahmefällen das Registergericht Nachlass von den aufgestellten Voraussetzungen gewähren könne.

Nachdem Ministerialrat *Krieger* Bedenken dagegen geäußert hatte, das Amtsgericht mit solcher Entscheidung zu betrauen, bemerkte der *Vorsitzende* zur Geschäftsordnung, die Frage einer allgemeinen *Ausnahmevorschrift* werde im Anschluss an Art. 63 des italienischen Seerechtsentwurfes *später* zur Sprache kommen.

Reichsgerichtsrat *Dr. Lindenmaier* stellte daraufhin seine Anregung zurück.

Der *Vorsitzende* wandte sich dann der *offenen Handelsgesellschaft* und der *Kommanditgesellschaft* zu. Nach dem bisherigen Rechtszustand müssten die persönlich haftenden Gesellschafter sämtlich die deutsche Staatsangehörigkeit besitzen. Sollte man stattdessen verlangen, dass nur die Mehrheit der Gesellschafter und außerdem der oder die mehreren firmierenden Gesellschafter die deutsche Staatsangehörigkeit hätten? Tatsächlich seien wohl in der Regel die firmierenden Gesellschafter mit den am Kapital Beteiligten bis zu einem gewissen Grade identisch. Mittelbar werde also die deutsche Kapitalmehrheit sichergestellt, wenn man auf die firmierenden Gesellschafter abstelle.

Ministerialrat *Krieger* wandte hiergegen ein, bei der offenen Handelsgesellschaft bilde es die Regel, dass jeder Gesellschafter firmieren könne. Seines Erachtens empfehle es sich zu bestimmen, dass sämtliche Gesellschafter einer offenen Handelsgesellschaft sowie sämtliche persönlich haftenden Gesellschafter einer Kommanditgesellschaft die deutsche Staatsangehörigkeit besitzen müssten. Denn das Kapital kenne man nicht immer, maßgebend sei auch nicht die Kapitalmehrheit, sondern es komme entscheidend auf die Personen an. Gerade bei der offenen Handelsgesellschaft und Kommanditgesellschaft komme es häufig vor, dass alte Prokuristen als Gesellschafter am Gewinn und Verlust und auch an der Firmierung beteiligt würden, obgleich sie am Kapital nicht beteiligt seien. Ausgeschlossen von der Firmierung würden gewöhnlich nur geschäftlich ungeeignete Gesellschafter, was wiederum mit der Kapitalbeteiligung nichts zu tun habe. Offene Handelsgesellschaft und Kommanditgesellschaft einerseits sowie die Partenreederei andererseits könnten nicht miteinander verglichen werden.

Auch Verwaltungsdirektor *Sturm* setzte sich dafür ein, dass bei der offenen Handelsgesellschaft *alle* Gesellschafter Deutsche sein müssten. Es sei hier, wie auch in den anderen Fällen darauf abzustellen, wer im Ernstfalle die Entscheidungen treffe. Das sei bei der offenen Handelsgesellschaft jeder Gesellschafter [die Kapitalbeteiligung könne hier vernachlässigt werden]. Die Partenreederei beruhe auf der Grundlage der Kapitalbeteiligung, dort könne man Ausländer dulden; denn die Geschäftsführung liege in der Hand des deutschen Korrespondentreeders. Der Schwerpunkt der offenen Handelsgesellschaft liege seines Erachtens nicht so sehr in der Kapitalbeteiligung als in der Geschäftsführung der Gesellschafter.

Dr. Bramslöw bemerkte, es sei zwar inkonsequent, wenn man im Gegensatz zu den anderen Formen der Reederei bei der offenen Handelsgesellschaft ausschließlich deutsches Eigentum verlange, dennoch stimme er im Hinblick auf die Ausführungen von Ministerialrat Krieger dieser Regelung zu, denn sonst werde die offene Handelsgesellschaft zur Umgehungsgesellschaft.

Auch *Dr. Schulze-Smidt* billigte den Standpunkt von Verwaltungsdirektor Sturm.

Dr. Dettmers unterstrich die gegen den Standpunkt des Vorsitzenden geäußerten Bedenken. Er habe es als Notar öfter erlebt, dass nur ein Einzelner am Kapital beteiligt war, dass aber trotzdem eine Reihe firmierender Gesellschafter bestand, wobei es sich oft um alte verdiente Prokuristen gehandelt habe. Sie gäben nur ihren Namen her und seien am Ertrag und Verlust beteiligt.

Der *Vorsitzende* ließ daraufhin seine Anregung fallen und stellte fest, dass sonach der Seerechtsausschuss *vorschlage*: „*sämtliche* Gesellschafter der offenen Handelsgesellschaft müssten die deutsche Staatsangehörigkeit besitzen."

Das Gleiche werde man auch für die persönlich haftenden Gesellschafter der *Kommanditgesellschaft* zu fordern haben. Bezüglich der Kommanditisten spreche er sich aber dagegen aus, dass auch bei ihnen deutsche Staatsangehörigkeit verlangt werde. Bereits in der vorigen Sitzung habe man hervorgehoben, dass auf diese Weise die Möglichkeit ausländischer Kapitalbeteiligung an deutschen Schiffen bei der Kommanditgesellschaft gegeben werden solle.

Dem *Vorschlag* des Vorsitzenden wurde *allseitig zugestimmt.*

Allgemeines Einverständnis wurde sodann auf Anregung des Vorsitzenden auch darüber erzielt, dass für die *Aktien-Kommanditgesellschaft* folgende Erfordernisse aufgestellt werden müssten: „Sämtliche persönlich haftenden Gesellschafter hätten die deutsche Staatsangehörigkeit zu besitzen, eine Forderung, die der für den Vorstand der Aktiengesellschaft aufgestellten entspreche. Im Übrigen fänden die Bestimmungen für die Aktiengesellschaft entsprechende Anwendung."

Auch darüber, dass es für den Seerechtsausschuss im Hinblick auf die sehr geringe praktische Bedeutung vorläufig nicht notwendig sei, für *Vereine* und *Gesellschaften* des bürgerlichen Rechts, sowie für *Genossenschaften* usw. die Voraussetzungen des Flaggenrechts zu bestimmen, herrschte allseitiges Einverständnis.

Den behandelten Problemkreis abschließend, brachte der *Vorsitzende* in Vorschlag, eine dem Art. 63 des italienischen Seerechtsentwurfes entsprechende elastische *Generalklausel* in das Flaggenrecht aufzunehmen. Diese Bestimmung sehe vor, dass aus Gründen des nationalen Interesses oder wegen besonderer Verdienste das zuständige Ministerium durch besonderen Erlass das Flaggenrecht auch in Fällen verleihen könne, wo nicht sämtliche regelmäßig notwendigen Voraussetzungen erfüllt seien.

Der Vorschlag fand grundsätzliche Zustimmung, jedoch regte *Dr. Schulze-Smidt* an, die allgemeinere Fassung „Beim Vorliegen besonderer Umstände ...“ zu gebrauchen, Reichsgerichtsrat *Dr. Lindenmaier* schlug vor zu sagen: „In Ausnahmefällen, insbesondere aus Gründen nationalen Interesses oder bei besonderen Verdiensten ....“

Die Aussprache ergab jedoch, dass die Worte „Aus Gründen nationalen Interesses...“ alle wünschenswerten Fälle decken und andererseits verhindern, dass alle möglichen Interessenten sich zu ihrem Vorteil auf die Bestimmung zu berufen versuchen. Der Seerechtsausschuss einigte sich daher auf *folgende Formulierung*: „Sofern Gründe des nationalen Interesses es erfordern, kann das zuständige Ministerium das Flaggenrecht auch dann verleihen, wenn im konkreten Falle nicht alle sonst geforderten gesetzlichen Voraussetzungen erfüllt sind.“

Der *Vorsitzende* eröffnete sodann die Beratungen über das Problem der *doppelten Staatsangehörigkeit,* indem er zunächst die darauf bezüglichen Ausführungen in der gutachtlichen Äußerung des Auswärtigen Amts vom 20.10.1934 verlas: „Was die Frage betrifft, ob ein deutscher Reeder mit doppelter Staatsangehörigkeit verpflichtet sein soll, sofern er seinen Geschäftssitz in Deutschland hat, seine Schiffe nur unter deutscher Flagge hinauszusenden, so läge eine solche Regelung nicht zuletzt auch zwecks Wahrung der sozialen Belange der Schiffsmannschaft, zweifellos im deutschen Interesse. Ob sie einem widerspenstigen Reeder gegenüber, der sich dabei auf seine zweite Staatsangehörigkeit stützt, zur Geltung gebracht werden könnte, bliebe zu prüfen. Bei einer Behinderung oder Erschwerung des von dem Reeder unter der Flagge seines zweiten Heimatstaates getätigten Schifffahrtsbetriebes könnte es zum Streit darüber kommen, ob dies nicht etwa mit handelsvertraglich zugesicherten Rechten in Widerspruch stände.“

Der *Vorsitzende* regte an, dem Vorschlag von Verwaltungsdirektor Sturm zu folgen, es also bei § 9 FlG zu belassen, aber in einem zweiten Absatz hinzuzufügen: „Hat ein Reeder mit mehrfacher Staatsangehörigkeit seinen Geschäftssitz im Inland, so ist er verpflichtet, das Schiff unter deutscher Flagge fahren zu lassen.“

Im Hinblick auf möglicherweise entgegenstehende handelsvertragliche Bindungen wurde vorgeschlagen und beschlossen, hinzuzufügen: „Unter besonderen Umständen kann das zuständige Ministerium Ausnahmen bewilligen.“

Der *Vorsitzende* kam sodann auf den *Leitsatz 1* zurück. Zwischen den Berichterstattern bestehe insoweit Uneinigkeit, als Reichsgerichtsrat Dr. Lindenmaier die Fassung „Seeschiffe“, Dr. Schulze-Smidt die Worte „seegehende Schiffe“ – unter Einbeziehung gelegentlicher Seefahrten von Binnenschiffen – vorgeschlagen habe.

Verwaltungsdirektor *Sturm* bemerkte hierzu, bisher sei das Flaggenrecht als Flaggenseerecht geregelt. Man könne aber nicht nur rein örtlich auf das Seegebiet abstellen, sondern müsse auch auf Schiffe Rücksicht nehmen, deren Fahrt sich häufig auf beide Gebiete erstrecke. Seit zehn Jahren gehe man allmählich von dem Begriff des Seeschiffes ab und dehne gewisse, in Frage kommende Bestimmungen auch auf die die See befahrenden Binnenschiffe aus. Das gelte beispielsweise für die Seefahrterlaubnis und die Freibordverordnung [vom 25.12.1932, RGBl. II 1932, 278]. Schwierigkeiten beständen bezüglich des Flaggenführungsrechts der Binnenschiffe, die sich auf See befänden, sowie bezüglich der Flaggenzeigepflicht. Die Behörden seien meist großzügig und bestraften solche Binnenschiffe nicht.

Der *Vorsitzende* entgegnete, auf dem Gebiete des Flaggenrechts müsse an den Dauercharakter der einzelnen Reise angeknüpft werden, worüber man sich schon in einer früheren Sitzung einig geworden sei. Bestimme man etwas anderes und unterstelle Binnenschiffe während einer

Seefahrt dem Flaggenseerecht, so könnten formelle und materielle Schwierigkeiten erwachsen, formelle insofern, als dann die Frage des Schiffszertifikats auftauche, materielle deshalb, weil ein meistens nur auf der Elbe verkehrendes Schiff beispielsweise einer Aktiengesellschaft gehören könne, in deren Vorstand zwei Deutsche und ein Tscheche säßen. Ein solches Binnenschiff habe vielleicht nach preußischem Polizeirecht die Befugnis, die deutsche Flagge zu führen. Sollte es bei Überschreiten der Seegrenze diese Befugnis plötzlich verlieren, weil nicht alle Vorstandsmitglieder Deutsche seien?

Ministerialrat *Werner* stimmte dem zu. Für Binnenschiffe dürfe kein Zwang zur Flaggenführung ausgesprochen werden. Aus politischen Gründen habe man diesen Grundsatz in den Zentralkommissionen der internationalen Ströme immer wieder hervorgehoben.

Der *Vorsitzende* bemerkte, wenn sogar außenpolitische Gründe dem Vorschlag von Verwaltungsdirektor Sturm entgegenstünden, so müsse man erst recht an dem Ergebnis der früheren Sitzung festhalten.

Verwaltungsdirektor *Sturm* regte an, es lasse sich vielleicht eine Zwischenlösung finden, es gebe viele Binnenschiffe, die zwischen Duisburg und Stettin verkehrten und dabei die See berührten. Solchen Binnenschiffen brauche man ja nicht das materielle Flaggenrecht zuzubilligen, wohl aber müsse ihnen eine ähnliche Berechtigung verliehen werden.

Der *Vorsitzende* wies darauf hin, Fälle dieser Art habe man s. Zt. schon behandelt. Seeschiffe seien nach der damals beschlossenen Definition alle Schiffe, die *regelmäßig* die See befahren. Schiffe, die zwischen Duisburg und Stettin verkehrten, seien daher flaggenrechtlich als Seeschiffe anzusehen. Alle Schwierigkeiten entfielen dann also.

Es wurde danach festgestellt, dass über *Leitsatz 1* Einigkeit besteht: „Deutsche Seeschiffe führen als Nationalflagge ausschließlich die Reichsflagge (Reichsflaggen), soweit sie nicht die Reichskriegsflagge oder Reichsdienstflagge zu führen berechtigt sind."

Der Leitsatz könne, wie der Vorsitzende weiter ausführte, dann fortfahren: „Die Farbe und Form dieser Flagge und die Art ihrer Führung sowie die Führung weiterer Flaggen werden durch Verordnung bestimmt."

Reichsgerichtsrat *Dr. Lindenmaier* bat, das Wort „Farbe" wegzulassen.

Der *Vorsitzende* schlug als Ergebnis der Aussprache schließlich vor, in dem zweiten Satz des Leitsatzes 1 nur zu bestimmen, dass die Form der Flagge, die Art ihrer Führung und die Führung weiterer Flaggen durch Verordnung bestimmt werden.

Der Vorschlag fand allseitiges Einverständnis.

Sodann wurde die Frage des *Verlustes des Flaggenrechts* zur Erörterung gestellt.

Leitsatz 6 über vorübergehende Einstellung eines Handelsschiffes in den öffentlichen Dienst fand allseitige Billigung.

Auch gegen *Leitsatz 7* wurden keine Bedenken erhoben.

Leitsatz 8 fand gleichfalls allseitiges Einverständnis. Reichsgerichtsrat *Dr. Lindenmaier* hob hervor, dass der darin behandelte Fall zwar keine wirtschaftliche Bedeutung habe, dass aber immerhin durch den Leitsatz die bisherige Streitfrage gelöst werde, ob aus dem vorhergehenden Satz ein argumentum e contrario oder ein Analogieschluss herzuleiten sei.

Bezüglich der *Leitsätze 9 und 10* übernahm es Reichsgerichtsrat Dr. Lindenmaier, sie noch einmal daraufhin zu prüfen, ob sie mit dem nunmehr gewonnenen Ergebnis vereinbar seien.

Über *Leitsatz 11* bestand Einigkeit.

13. Arbeitssitzung vom 15.11.1934 (16 bis 18.30 Uhr)

Anwesend:
Vorsitzender: Prof. Dr. Wüstendörfer, Hamburg
1. Schriftführer: Rechtsanwalt Dr. Droege, Hamburg
2. Schriftführer: Richter Dr. Bramslöw, Hamburg
und als weitere wissenschaftliche Mitarbeiter:
Rechtsanwalt Dr. Dettmers, Bremen
Reichsgerichtsrat Dr. Lindenmaier, Leipzig
Direktor Michelau, Bremen
Dr. Nolte, Hamburg
OLG-Rat Dr. Reinbeck, Hamburg
Dr. Riensberg, Hamburg
Rechtsanwalt Dr. Schüler, Hamburg
Dr. Schütte, Hamburg
Rechtsanwalt Dr. Schulze-Smidt, Bremen
Verwaltungsdirektor Sturm, Hamburg
vom Reichsjustizministerium:
Ministerialrat Koffka, Berlin
Ministerialrat Krieger, Berlin
vom Reichsverkehrsministerium:
Ministerialrat Geheimrat Werner, Berlin
vom Reichsarbeitsministerium:
Regierungsrat Dr. Reuss, Berlin
vom Treuhänder der Arbeit:
Assessor Fettback, Hamburg
als praktische Mitglieder:
Biedermann, Hamburg
Schiffsingenieur Gottschow, Hamburg
Kapitän Koch, Wandsbek
Seefahrtschuldirektor Krause, Lübeck
Krause, Hamburg
Studienrat Dr. Kuhl, Hamburg
Dr. Ohrt, Hamburg
Dr. Wegeleben, Hamburg
als Sachverständiger:
Syndikus Kränzlin, Bremen
für die Niederschrift in der Sitzung:
Assessor Dr. Möller, Hamburg und Referendarin Krüger, Wandsbek
entschuldigt fehlte:
OLG-Präsident Dr. Engel, Hamburg

Der *Vorsitzende* eröffnete die Sitzung und nahm zu dem ersten Punkt der Tagesordnung: *Beendigung der Aussprache über das Flaggenrecht* zunächst selbst das Wort.

Der von Reichsgerichtsrat Dr. Lindenmaier vorgeschlagene Leitsatz 9 laute: „Die Bestimmungen des § 3 FlG sind auszudehnen auf Miteigentümer, die nicht Partenreeder sind.“ Leitsatz

10 a ergänze dies durch entsprechende Ausdehnung auf Gesellschaften bürgerlichen Rechts, offene Handelsgesellschaften und Kommanditgesellschaften. § 3 FlG beziehe sich nun auf den Fall, dass der Verlust des Flaggenrechts drohe, weil eine im Eigentum eines Reichsangehörigen stehende Schiffspart in anderer Weise als durch Veräußerung, also beispielsweise durch Erbgang oder Heirat, auf einen Ausländer übergegangen sei.

Bei der vorgeschlagenen Fassung der Leitsätze 9 und 10 a könne es wohl nicht bleiben, weil nach den Beschlüssen der 12. Arbeitssitzung das Flaggenrecht der Partenreederei anderen Grundsätzen unterliege als das Flaggenrecht der offenen Handelsgesellschaft und der Kommanditgesellschaft. Man werde deshalb einen etwas eingehenderen Leitsatz aufstellen müssen. Bei der Partenreederei sei die Versteigerungsermächtigung des § 3 Abs. 2 FlG erst dann zu gewähren, wenn die zur Erhaltung des Flaggenrechts notwendige einfache oder qualifizierte deutsche Mehrheit weggefallen sei. Bei Miteigentümern, die nicht Partenreeder sind, könne das Gleiche gelten. Hinsichtlich der offenen Handelsgesellschaft und der Kommanditgesellschaft habe der Seerechtsausschuss aber beschlossen, an dem Erfordernis ausschließlich deutscher Staatsangehörigkeit sämtlicher persönlich haftenden Gesellschafter als Voraussetzung des Flaggenrechts festzuhalten. Deshalb werde hier das Flaggenrecht schon dann gefährdet, wenn auch nur ein einziger persönlich haftender Gesellschafter von einem Ausländer beerbt werde. Diese Verschiedenheit müsse bei der Ausgestaltung des neuen § 3 FlG berücksichtigt werden.

Reichsgerichtsrat *Dr. Lindenmaier,* dem hierauf das Wort erteilt wurde, führte aus:

Vor der Behandlung des Leitsatzes 9 müsse noch kurz auf den Leitsatz 7 zurückgegriffen werden, der eine Klarstellung und Ergänzung des § 3 FlG in Vorschlag bringe.

Nach dem geltenden Recht sei gemäß § 3 Abs. 3 FlG Voraussetzung der Versteigerungsermächtigung, dass die Schiffsparten der deutsch bleibenden Mitreeder wenigstens zwei Drittteile des Schiffes umfassten. Wenn man sich jetzt mit einer einfachen oder qualifizierten deutschen Mehrheit als Voraussetzung des Flaggenrechts begnüge, so müsse die Vorschrift des § 3 FlG natürlich fortfallen.

Im Übrigen erhebe sich die Frage, ob man die Versteigerungsermächtigung immer nur dann erteilen solle, wenn der Verlust des Flaggenrechts drohe oder bei jedem Rechtsübergang auf einen Ausländer. Es empfehle sich, die erste der beiden Lösungen zu wählen. *Leitsatz 7* sei dann folgendermaßen zu formulieren: „Eine Versteigerungsermächtigung gemäß § 3 FlG ist den deutschen Partenreedern dann zu gewähren, wenn durch den Übergang einer Part oder von Parten in ausländische Hand die Voraussetzungen für die Führung der deutschen Flagge nicht mehr vorhanden sind.

Die Bestimmungen des § 3 FlG sind weiter dahin klar zu stellen und zu ergänzen, dass zur Stellung des Antrages auf Versteigerungsermächtigung die solchem Antrage zustimmende Mehrheit der Partenreeder befugt ist, zum Mitbieten bei der Versteigerung aber sämtliche deutschen Partenreeder berechtigt sind."

Jetzt erst könne auf Leitsatz 9 eingegangen werden, der von der Ausdehnung der Bestimmungen des § 3 auf Miteigentümer, die nicht Partenreeder seien, spreche. Der Fall besitze allerdings keine große praktische Bedeutung, zumal wenn man die Möglichkeit der vom Seerechtsausschuss vorgesehenen ministeriellen Flaggenführungsermächtigung berücksichtige. Der *Leitsatz 9* werde bei Heranziehung des früheren Leitsatzes 10 a zweckmäßig wie folgt gefasst: „Die Rechtsgrundsätze des Leitsatzes 7 gelten entsprechend für Schiffsanteile von Miteigentümern, die nicht Partenreeder sind. Sie sind ferner entsprechend auszudehnen auf Anteile der Gesellschafter einer GmbH und einer offenen Handelsgesellschaft und der persönlich haftenden Gesellschafter einer Kommanditgesellschaft und einer Kommanditgesellschaft auf Aktien. Bei der GmbH und der Kommanditgesellschaft auf Aktien ist der Gesellschaft eine entsprechende Berechtigung zu geben."

Der *Vorsitzende* bemerkte zu der vorgeschlagenen Neufassung der Leitsätze 7 und 9, er habe gewisse Bedenken dagegen, § 3 Abs. 3 FlG völlig fortfallen zu lassen. Es sei zu überlegen, ob die Bestimmung nicht für offene Handelsgesellschaften und Kommanditgesellschaften beibehalten werden müsse. Die zwei Drittel würden sich dort allerdings auf die Anzahl der Gesellschafter, nicht auf das Kapital beziehen. Insofern lägen die Dinge anders als bei der Partenreederei, da es sich nicht, wie bei dieser, um eine Kapitalgesellschaft, sondern um einen Personengesellschaft handle. Aus dem gleichen Grunde müsse die Abstimmung über den Versteigerungsantrag bei der offenen Handelsgesellschaft nach Köpfen erfolgen, nicht nach der Größe der Anteile am Gesellschaftsvermögen.

Reichsgerichtsrat *Dr. Lindenmaier* erklärte sich hiermit einverstanden. Für die offene Handelsgesellschaft und die Kommanditgesellschaft sei der Grundgedanke des § 3 Abs. 3 FlG beizubehalten.

Er wandte sich dann dem *Leitsatz 10* zu, in dem er vorgeschlagen habe: „Die deutschen Mitreeder oder Miteigentümer eines Schiffes haben, soweit sie dazu bereit sind, ferner das Recht, den in ausländische Hände gekommenen Schiffsanteil auf ihre Kosten zum Schätzungswert zu erwerben."

Die Regelung des § 3 FlG sei etwas umständlich, der Antrag auf Versteigerungsermächtigung erst nach einem halben Jahr zulässig. Der Vorsitzende habe zur Vermeidung dieses nicht sehr glücklichen Weges seinerzeit den literarischen Vorschlag gemacht, dass in der Satzung der Partenreederei ein Übernahmerecht vereinbart werden könne. Der Leitsatz 10 wolle dieses Übernahmerecht kraft Gesetzes einführen. Bei Berücksichtigung der Beschlüsse der 12. Arbeitssitzung könne Leitsatz 10 unter Heranziehung des früheren *Leitsatzes 10 a* jetzt heißen: „Anstatt die Versteigerungsermächtigung nachzusuchen, können die deutschen Mitreeder unter den Voraussetzungen des Leitsatzes 7 auf ihre Kosten die Part oder die Parten zum Schätzungswert erwerben. Entsprechendes gilt für die Gesellschafter einer offenen Handelsgesellschaft, einer Kommanditgesellschaft, einer Kommanditgesellschaft auf Aktien und einer GmbH."

Der Vorsitzende stellte die Frage, ob in den Fällen der offenen Handelsgesellschaft und der Kommanditgesellschaft die Gesamtheit der deutschen persönlich haftenden Gesellschafter über die Übernahme beschließe, oder ob das Übernahmerecht jedem einzelnen deutschen Mitbeteiligten zustehen solle? Das sei von praktischer Bedeutung, namentlich auch im Hinblick auf die Struktur der offenen Handelsgesellschaft als eines Gesamthandsverbandes.

Reichsgerichtsrat *Dr. Lindenmaier* antwortete, zunächst solle der Gesamtheit das Recht zur Übernahme zustehen, wenn aber einige Mitbeteiligte zur Übernahme nicht bereit seien, dann solle der Rest unabhängig hiervon das Übernahmerecht besitzen. Wer nicht übernehmen wolle, falle eben bei der Übernahme fort.

Auf Befragen des Vorsitzenden erläuterte Reichsgerichtsrat Dr. Lindenmaier seinen Vorschlag weiter dahin, dass die Schätzung durch einen amtlichen Sachverständigen vorzunehmen sei.

Ministerialrat *Krieger* kam in der anschließenden Aussprache zunächst auf Leitsatz 9 zurück. Seines Erachtens passe die Anteilsversteigerung nicht in das System des Rechts der offenen Handelsgesellschaft. Es handle sich dort um gesamthänderisches Eigentum und es sei nicht angängig, auf dem Wege über die Versteigerung einen neuen Gesamthänder einzuführen. Das gleiche Ergebnis lasse sich erzielen, wenn man den deutschen Gesellschaftern beim Vorliegen der Voraussetzung des § 3 FlG ein Kündigungsrecht gebe, wobei die offene Handelsgesellschaft fortbestehen bleibe. Mit solcher Gestaltung knüpfe man auch an schon jetzt bestehende Vorschriften an. Der Zwangseintritt eines Gesellschafters sei auch aus dem Gesichtspunkt der Haftung bedenklich, hafte doch der Neueintretende für die bisherigen Gesellschaftsschulden.

Der *Vorsitzende* erwiderte, es sei zwar richtig, dass die Versteigerungsermächtigung bei der offenen Handelsgesellschaft eine Ausnahmeerscheinung darstellen würde. Aber die Versteigerung lasse sich vermeiden durch die Übernahme des Gesellschaftsanteils, auch erfolge die Versteigerung ja nur auf Antrag der übrigen Gesellschafter. Gerade das Übernahmerecht habe den Zweck, das Eindringen eines fremden Gesellschafters zu verhindern. Daneben könne man aber auch der Anregung von Ministerialrat Krieger folgen und den deutschen Gesellschaftern ein Kündigungsrecht einräumen, was dann freilich eine Kapitalabfindung des Ausscheidenden nötig mache.

Reichsgerichtsrat *Dr. Lindenmaier* hielt die besondere Erwähnung des Kündigungsrechts nicht für erforderlich. Das Vorhandensein dieses Kündigungsrechts folge schon aus allgemeinen Rechtsvorschriften, falls durch eine Veränderung in der Person eines Gesellschafters der Verlust des Flaggenrechts drohe (§§ 133, 140 HGB).

Ministerialrat *Krieger* stimmte dem bei. Anknüpfend an seine eigenen Ausführungen, betonte er sodann, dass man bei der offenen Handelsgesellschaft schon aus konstruktionellen Gründen auf die Versteigerungsmöglichkeit verzichten müsse.

Der *Vorsitzende* entgegnete, mit solchen Konstruktionsfragen habe sich seines Erachtens die Wissenschaft, nicht der Seerechtsausschuss zu befassen. Die Bedenken von Ministerialrat Krieger hingen mit der Streitfrage der Quotenlosigkeit des deutschrechtlichen Gesamthandseigentums zusammen, einer Frage, die schon viel Verwirrung in der Rechtsprechung angerichtet habe. Er sei *für* Zulässigkeit von Quoten auch bei der offenen Handelsgesellschaft. Die Frage, ob die Versteigerungsermächtigung hinsichtlich solcher Quote mit der bisherigen Konstruktion der offenen Handelsgesellschaft vereinbar sei oder nicht, überlasse man nach seiner Meinung besser der Zukunft. Notfalls müsse später die Konstruktion geändert werden.

Dr. Riensberg unterstützte die Bedenken von Ministerialrat Krieger. Dabei gehe er nicht von begriffsjuristischen Gesichtspunkten, sondern von praktischen Erwägungen aus. Es müsse ausgeschlossen werden, dass ein Fremder in die offene Handelsgesellschaft eindringe. Denn bei dieser spiele das persönliche Element eine besondere Rolle, eine faire Zusammenarbeit müsse stets gewährleistet sein. Im Übrigen komme es ja außerordentlich auf die Kapitalkraft des Erwerbers an.

Auch das Übernahmerecht halte er nicht für glücklich. Setze man den Fall, dass 40 Partenreeder an einer Partenreederei beteiligt seien, dann müssten unter Umständen 39 darüber beschließen, ob sie oder ein Teil von ihnen die in ausländische Hände geratene Part übernehmen wollten. Ferner sei auf die Schwierigkeiten hinzuweisen, die entständen, wenn die 39 Partner gemeinsam eine Part erwürben und wenn diese dann wieder vererbt werde. Es sei auch die Schätzung des Wertes einer Part außerordentlich schwierig, selbst für erfahrene Schifffahrtskundige sei sie häufig nahezu unmöglich. Bei der Partenreederei solle man es also nur bei der Versteigerungsmöglichkeit belassen, bei der offenen Handelsgesellschaft sei auch die Versteigerungsmöglichkeit verfehlt.

Reichsgerichtsrat *Dr. Lindenmaier* entgegnete auf die Ausführungen von Dr. Riensberg, er halte die Schwierigkeit einer Abstimmung von 39 Partenreedern nicht für unüberwindlich. Schon nach geltendem Recht müssten jetzt gemäß § 3 FlG die Partenreeder über den Antrag auf Versteigerungsermächtigung abstimmen.

Dr. Riensberg entgegnete, es sei zweierlei, ob ein Beschluss über den Antrag zur Versteigerungsermächtigung gefasst werde, oder ob darüber beschlossen werden müsse, dass 39 Partner eine Part übernehmen sollten.

OLG-Rat *Dr. Reinbeck* unterstützte die Bedenken von Dr. Riensberg gegen das Übernahmerecht insofern, als er darauf hinwies, dass nach seinen praktischen Erfahrungen die Schätzung des Wertes eines Schiffes und einer Schiffspart sehr schwierig seien. Sehr oft wichen verschiedene Schätzungen außerordentlich stark voneinander ab.

Reichsgerichtsrat *Dr. Lindenmaier* meinte, auch bei einer Versteigerung werde sicherlich nicht der wahre Wert ermittelt. Er habe das Übernahmerecht vorgeschlagen, weil er glaube, dass dadurch eine bessere Verwertung der Parten gewährleistet werde.

Der *Vorsitzende* schloss sich dem an. Gerade weil die Versteigerung leicht zu einer Verschleuderung führen könne, sei die Übernahme zum wahren, sorgfältig geschätzten Wert als Ausweg bedeutsam. Im Übrigen sei das Übernahmerecht nur als dispositive Kannvorschrift gedacht, in der Satzung könne also gültig eine Wegbedingung dieser Bestimmung erfolgen.

Dr. Riensberg meinte, dass dann in jedem Falle das Übernahmerecht satzungsgemäß ausgeschlossen werde, denn praktisch bestünden dagegen höchste Bedenken. Er empfehle, das Übernahmerecht überhaupt nicht erst im Gesetz vorzusehen. Denn man müsse doch dahin streben, dass die gesetzliche Lösung eine vortreffliche sei, man dürfe das Gesetz nicht so gestalten, dass man von vornherein fürchten müsse, die gesetzliche Regelung werde durch Parteivereinbarung wegbedungen.

Nachdem der Vorsitzende festgestellt hatte, dass nur eine Minderheit sich für das Übernahmerecht einsetzte, zog Reichsgerichtsrat *Dr. Lindenmaier* im Einverständnis mit dem Vorsitzenden den in den Leitsätzen 10 und 10 a enthaltenen Vorschlag zurück. Der Vorsitzende stellte sodann fest, dass *Leitsatz 7 und 9 in obiger Fassung* angenommen worden sind.

Verwaltungsdirektor *Sturm* legte zum Abschluss der Beratungen über das Flaggenrecht dar, dass nach den von ihm veranlassten statistischen Erhebungen die Schifffahrtsunternehmungen in sämtlichen Rechtsformen noch vorkämen, die bei den Beratungen über das Flaggenrecht Erörterung gefunden hätten. Alle vom Seerechtsausschuss gemachten Vorschläge besäßen sonach praktische Bedeutung.

Am häufigsten kämen Aktienreedereien vor, nämlich mit etwa 3.050.000 Brutto-Register-Tonnen, gleich 85% der gesamten Schiffsräume. Einzelreeder, Partenreedereien und offene Handelsgesellschaften stellten 380.000 Tonnen, wobei aber im Einzelnen nicht immer klar ersichtlich sei, inwieweit es sich um Partenreedereien usw. handle. GmbH-Reedereien seien mit 285.000 Tonnen an der Schifffahrt beteiligt. Bei den Kommanditgesellschaften seien 42.000 Tonnen gezählt.

Bei diesen Zahlen sei die Kleinschifffahrt außer Betracht gelassen, berücksichtigt seien etwa 3000 Schiffe, die auf 1300 Betriebe entfielen. Daneben gebe es noch etwa 12.000 kleine Schiffe.

Der *Vorsitzende* dankte für diese Hinweise und betonte, wie wichtig es unter diesen Umständen sei, die 85% Schiffe der Aktienreedereien, so wie geschehen, zum Ausgangspunkt und zur Richtschnur für das neue Flaggenrecht zu nehmen. Er erteilte sodann Verwaltungsdirektor Sturm das Wort zu dem zweiten Punkt der Tagesordnung: *Bericht über die Arbeit des Unterausschusses betreffend die Seemannsordnung* [vom 2.6.1902, RGBl. 1902, 175].

Verwaltungsdirektor *Sturm* erstattete nunmehr über die Sitzung des Unterausschusses vom 3. Juli 1934 Bericht und nahm dabei hinsichtlich der Einzelheiten auf die den Mitgliedern des Seerechtsausschusses zugesandte Sitzungsniederschrift [im Anhang wiedergegeben] Bezug. Der Berichterstatter stellte voran, dass im Unterausschuss Einigkeit darüber bestanden habe, dass bei grundsätzlicher Übernahme der Gedanken aus dem Gesetz zur Ordnung der nationalen Arbeit für die Schifffahrt doch eine besondere Ordnung erforderlich sei, weil es sich hier um Betriebe handle, die vom Heimatboden losgelöst seien.

Der Unterausschuss habe sich nur mit der Frage befasst, welche Stoffgebiete in der künftigen Seemannsordnung geregelt werden sollten. Bei dieser Arbeit sei einmal die geltende Seemannsordnung zu berücksichtigen gewesen, sodann besonders das Gesetz zur Ordnung der nationalen Arbeit. Fernerhin hätten auch die Vorschläge des Reichsarbeitsministeriums und von Dr. Kuhl wertvolle Hilfe geleistet.

Zunächst sei die Grundfrage zu klären gewesen, ob die Regelung in verschiedenen Fachgesetzen oder in einem einheitlichen Gesetz erfolgen solle. Im ersten Falle müsse man beispielsweise Ergänzungsbestimmungen zu dem Gesetz zur Ordnung der nationalen Arbeit, zu den Arbeitsschutzvorschriften usw. in zahlreichen Einzelgesetzen niederlegen. Der Unterausschuss sei zu dem Ergebnis gelangt, dass dieser Weg besser vermieden werde, da die Seeleute auf der Fahrt alle sie angehenden Vorschriften am besten in einem einzigen Gesetz fänden. Auch für die auswärtigen Behörden sei eine derartige Zusammenfassung erwünscht.

Die Schaffung eines einheitlichen Gesetzes verhindere aber nicht, dass die einzelnen Abschnitte dieses Gesetzes sich jeweils an jene Regelung anschlössen, welche nach den außerhalb des Seerechts vorhandenen Rechtsquellen bestehe. So müsse es beispielsweise einen Abschnitt geben, der dieselben Fragen für Seeleute behandle, welche in dem Gesetz zur Ordnung der nationalen Arbeit erörtert seien. Solche Gliederung der kommenden Seemannsordnung biete zwei gewichtige Vorteile. Einerseits ermögliche sie eine Anlehnung an die außerhalb des Seerechts geltende Rechtsordnung. Andererseits erleichtere sie eine Vergleichung der für Seeleute bestehenden Vorschriften mit den für andere Arbeitnehmer geltenden Bestimmungen.

Der Unterausschuss habe es nicht völlig vermeiden können, zuweilen seine Zuständigkeit zu überschreiten und auch in die materielle Beratung einzelner Fragen einzutreten. Denn wer sich mit der Gliederung eines zukünftigen Gesetzes befasse, müsse ungefähr auch wissen, in welcher Weise die Regelung erfolgen solle.

Im Einzelnen sei der Unterausschuss zu folgenden Ergebnissen gelangt:

Zweckmäßig werde an den Anfang ein erster Abschnitt mit Begriffsbestimmungen gesetzt, wie er schon in der jetzigen Seemannsordnung enthalten sei. Gesetzliche Begriffsbestimmungen müssten sich besonders für die Begriffe des Reeders und der Besatzung finden, wobei auch die Begriffe Kapitän, Offiziere und Mannschaft zu behandeln seien. Daneben empfehle es sich zwecks Hervorhebung besonderer seemännischer Erfahrung, den Begriff des Schiffsunteroffiziers einzuführen. Unter dieser oder einer ähnlichen Bezeichnung könnten z.B., wie üblich, Bootsleute, Zimmerleute, Quartermeister zusammengefasst werden. Dr. Kuhl habe noch vorgeschlagen, den Begriff „Vollgrad" in das Gesetz aufzunehmen, wogegen sich Bedenken nicht erhoben hätten. Schließlich müssten die Begriffe Seemannsamt, Seefahrtsbuch, Heuer und Musterung behandelt werden.

Ein weiterer Abschnitt sei dem Gebiete des Heuervertrages und der damit zusammenhängenden Musterung zu widmen. Über die Einzelheiten hätten hier kaum Zweifel bestanden.

Hervorzuheben sei besonders, dass die Pflichten und Rechte des Kapitäns gegenüber dem Seemann in diesem Abschnitt behandelt werden müssten. Dagegen gehöre die Regelung der Beziehungen des Kapitäns zum Reeder nicht in die Seemannsordnung, könne doch anderenfalls die Führerstellung des Kapitäns gegenüber der Mannschaft beeinträchtigt werden. Auch eine Regelung der kommerziellen Aufgaben des Kapitäns sei nicht in die Seemannsordnung aufzunehmen, sie gehöre in das Handelsgesetzbuch. Sonach seien die Rechte und Pflichten des Kapitäns nur insoweit zu regeln, als sie für das Verhältnis des Kapitäns als Vertreter des Reeders gegenüber der Mannschaft bedeutsam seien. Die Seemannsordnung habe eben die Aufgabe, dem Schiff, das sich draußen befinde, das Wesentliche zur Ordnung des Bordbetriebes an die Hand zu geben. – Bei der Ordnung der Pflichten und Rechte des Kapitäns müsse auch zum Ausdruck gebracht werden, dass der Kapitän dem Reeder gegenüber der Mannschaft an Bord vertrete, die Treu- und Sorgepflicht des Kapitäns gegenüber der Mannschaft sei also klar zu umreißen.

In den Abschnitt über den Heuervertrag gehöre auch die Regelung der Pflichten und Rechte des Schiffsmannes, den gleichfalls eine Treupflicht gegenüber dem Kapitän als Reedervertreter treffe. Die besonderen Pflichten der Schiffsoffiziere, insbesondere des leitenden Ingenieurs, bedürften ebenfalls der Regelung.

Schließlich müsse innerhalb des Abschnittes Heuervertrag auch dessen Beendigung im Einzelnen behandelt werden, mit einem allgemeinen Grundsatz sei nicht auszukommen. Auch eine Verweisung auf eine Tarifordnung sei nicht zweckmäßig, besonders dann nicht, wenn sich das Schiff auf Fahrt im Auslande befinde.

Ein weiterer großer Abschnitt müsse die Anwendung des Gesetzes zur Ordnung der nationalen Arbeit auf das Arbeitsrecht der Seeleute bringen. Der Abschnitt solle sich aber nur auf die Arbeit an Bord beziehen, nicht auch auf die Arbeit am Land.

In erster Linie müsse hier das Verhältnis von Führer und Gefolgschaft geregelt werden. Dabei sei die Frage des Vertrauensrates aufgetaucht, mit der sich der Unterausschuss etwas eingehender befasst habe, ohne damit aber dem Hauptausschuss vorgreifen zu wollen. Die Aussprache über dieses schwierige Problem sei mit großer Offenheit geführt, er, Verwaltungsdirektor Sturm, habe gerade hier den Eindruck gewonnen, dass jedes Mitglied des Unterausschusses versucht habe, mit besten Kräften an der künftigen Gestaltung der Seemannsordnung mitzuarbeiten.

Schon heute gebe es in der Person des politischen Leiters eine Vertrauensperson an Bord der Schiffe. Die Einsetzung dieser politischen Leiter beruhe nicht auf dem Gesetz zur Ordnung der nationalen Arbeit. Die Einrichtung sei von der Praxis bisher sehr verschieden beurteilt worden. Teilweise habe sie sich glänzend bewährt, andernorts seien erhebliche Schwierigkeiten aufgetaucht. Ein endgültiges Urteil könne man heute noch nicht fällen. Zu berücksichtigen sei, dass infolge der künftigen politischen Erziehung ein großer Teil der heute noch vorhandenen Schwierigkeiten entfallen werde. Der politische Leiter sei durchaus nicht nur als Vertreter der Mannschaft gegenüber dem Kapitän gedacht, sondern ihm liege gerade auch ein Teil der Mannschaftserziehung ob.

Bei der Beratung der Frage, welche künftige Regelung erfolgen solle, habe Ministerialdirektor Mansfeld betont, dass man bei dieser Frage völlig freie Hand habe, da sich das Gesetz zur Ordnung der nationalen Arbeit ausdrücklich einer Regelung für die Seeschifffahrt enthalten habe.

Nach eingehender Aussprache sei die Ansicht der Mehrheit des Unterausschusses dahin gegangen, dass eine Notwendigkeit dafür, einen *mehrköpfigen* Vertrauensausschuss durch die neue Seemannsordnung einzuführen, nicht bestehe. Es könne bei der Regelung des Gesetzes zur Ordnung der nationalen Arbeit grundsätzlich sein Bewenden haben, d.h. der Vertrauensrat an Land, an dem auch die zur See fahrenden Arbeitnehmer des Reeders beteiligt seien, genüge. Allerdings bestehe ein gewisses Bedürfnis nach einer Vertretung der Mannschaft an Bord, damit diese sich nicht gänzlich verlassen fühle. Wenn auch jeder Kapitän täglich einen Schiffsrundgang mache, so sei doch vielleicht ein Heizer einmal nicht in der Lage, sein Anliegen im geeigneten Augenblick dem Kapitän vorzutragen. Besonders bei großen Schiffen könne das vorkommen. Der Unterausschuss sei deshalb zu dem Ergebnis gekommen, dass für den Bordbetrieb ein Vertrauensmann einerseits erforderlich sei, andererseits genüge.

In den Abschnitt zur Ordnung der Arbeit an Bord des Schiffes gehörten fernerhin eine Reihe von Fragen, deren Regelung im geltenden Recht häufig mittelalterlich anmute und der Erneuerung bedürfe. Es handle sich um die Befehlsgewalt, Dienstzwangsgewalt und Dienststrafgewalt des Kapitäns. Die Befehlsgewalt müsse auch in Zukunft geregelt werden. Die Dienstzwangsgewalt des Kapitäns müsse bestehen bleiben, jedoch seien nach Ansicht des Unterausschusses Einzelvorschriften darüber, wann und wie Zwang ausgeübt werden dürfe, nicht erforderlich, vielmehr genüge eine allgemeine Bestimmung. Längere Zeit habe man darüber beraten, ob neben der Befehls- und Zwangsgewalt eine Dienststrafgewalt des Kapitäns weiter bestehen solle. Diese Frage sei verneint worden, weil die beiden anderen Gewalten zur Aufrechterhaltung der Ordnung an Bord genügten.

Das gelte zumal deshalb, weil entsprechend dem Gesetz zur Ordnung der nationalen Arbeit Vorschriften über die soziale Ehrengerichtsbarkeit geschaffen werden müssten. Dabei habe der

Unterausschuss die Frage offen gelassen, wie die Regelung im Einzelnen erfolgen solle. Nicht empfehlenswert erscheine es, die Ehrengerichtsbarkeit an Land auszuüben, denn bei dem engen Zusammenleben an Bord sei es unhaltbar, die Streitigkeiten dadurch künstlich aufrecht zu erhalten und zu vertiefen, dass man zur Beilegung und Ahndung nicht während der Reise schreite. Im Übrigen dürfe die soziale Ehrengerichtsbarkeit nur bei einigermaßen schwerwiegenden Fällen einsetzen.

Ein weiterer Abschnitt der neuen Seemannsordnung habe die öffentliche Ordnung an Bord zu behandeln, insbesondere die polizeilichen Befugnisse des Kapitäns, das Durchsuchungs- und das Festnahmerecht, sowie die Erzwingung der Einhaltung der Schiffsordnung. Der Kapitän sei der notwendige Vertreter der Landbehörden.

Es sei vorgeschlagen worden, die Zwangsgewalt des Kapitäns gleichfalls in dem Abschnitt über die öffentliche Ordnung an Bord, nicht in dem Abschnitt über die Ordnung der Arbeit an Bord des Schiffes zu regeln. Diesen Vorschlag habe aber der Unterausschuss mit der Begründung abgelehnt, dass die Zwangsgewalt des Kapitäns mehr dem Dienstrecht als dem öffentlichen Recht angehöre.

Ein weiterer Abschnitt sei dem Seemannsamt zu widmen, wobei man die Frage erwogen habe, ob diesem auch die Arbeitsgerichtsbarkeit übertragen werden solle.

Der Unterausschuss habe sich hiergegen ausgesprochen. Es erwachse die Gefahr völliger Rechtszersplitterung, wenn alle deutschen Seemannsämter arbeitsgerichtliche Entscheidungen träfen. Ihre arbeitsgerichtliche Erfahrung würde nur gering sein. Es erscheine auch nicht zweckmäßig, wenn so wichtige Aufgaben im Nebenamt versehen würden. Aus diesem Grunde bedeute auch die Zusammenfassung der seemännischen Arbeitsgerichtsbarkeit bei bestimmten Seemannsämtern, wie sie vorgeschlagen sei, keine befriedigende Lösung. Andererseits müssten arbeitsrechtliche Streitigkeiten der Seeleute von einer Stelle entschieden werden, die mit dem gesamten Schiffsbetrieb vertraut sei. Hauptsächlich aus dieser Erwägung heraus sei im Unterausschuss der Wunsch geäußert worden, diese Frage in der Seemannsordnung durch Einbau der Tarifschiedsgerichte in die Arbeitsgerichtsbarkeit zu lösen.

Schließlich habe sich der Unterausschuss dahin ausgesprochen, dass zur Aufnahme von Ausbildungsvorschriften in die Seemannsordnung zur Zeit noch kein Anlass gegeben sei, eine Verweisung auf die bestehenden Rechtsquellen sowie die Festlegung des Begriffes der Vollgrade genüge. Von Seiten der Ingenieure sei der Antrag gestellt, eine Ressortteilung zwischen Schiff und Maschine an Bord vorzunehmen. Mit dem Hinweis, dass auch sonst solche Zuständigkeitsteilung nicht gesetzlich normiert sei, habe man Bedenken gegen diesen Antrag geäußert, zu dem der Unterausschuss im Übrigen keine Stellung genommen habe.

Am Schlusse der Niederschrift der Sitzung des Unterausschusses vom 3. Juli 1934 befinde sich eine stichwortartige Zusammenfassung der zu regelnden Stoffgebiete. Wenn der Hauptausschuss den vom Unterausschuss gemachten Vorschlägen zustimme, so könne nunmehr der Hauptausschuss in eine Beratung des materiellen Rechtes eintreten.

Der *Vorsitzende* dankte Verwaltungsdirektor Sturm und den Mitgliedern des Unterausschusses für die von ihnen geleistete wertvolle Arbeit. Besonders begrüßte er es, dass die großen Grundgedanken des Gesetzes zur Ordnung der nationalen Arbeit einerseits in die neue Seemannsordnung übernommen, andererseits aber in Anpassung an die technischen, wirtschaftlichen und sozialen Besonderheiten der Seefahrt näher ausgestaltet werden sollten. Das sei der Gedanke, für den auch er seinerzeit im Hauptausschuss eingetreten sei.

Für den Fortgang der Beratungen sei es zunächst von besonderer Wichtigkeit zu wissen, wie weit die Arbeiten des Reichsarbeitsministeriums inzwischen gediehen seien.

Regierungsrat *Reuss* antwortete im Namen des Reichsarbeitsministeriums, dass bereits ein Entwurf [nicht auffindbar] im Entstehen begriffen sei und zwar an Hand der Beratungsergebnisse des Unterausschusses. Dieser Entwurf weise allerdings noch Lücken auf. Insbesondere sei das Problem des sozialpolitischen Vertrauensmannes noch nicht behandelt. Dem Vertrauensmann an Land gewähre das Gesetz zur Ordnung der nationalen Arbeit Kündigungsschutz. Eine entsprechende Schutzvorschrift müsse in die Seemannsordnung für den sozialpolitischen Vertrauensmann aufgenommen werden, die Tarifordnung sei nicht der richtige Platz dafür. Es sei ihm erwünscht, wenn die Frage im Einzelnen noch im Hauptausschuss Erörterung finde.

Der *Vorsitzende* erklärte sich bereit, auf diesen Vorschlag einzugehen. Vorher stelle er aber noch das von dem Unterausschuss vorgeschlagene Inhaltsschema der neuen Seemannsordnung zur Erörterung.

Er halte es für zweckmäßig, in dem ersten Abschnitt des Gesetzes, der die Begriffsbestimmungen enthalten solle, auch die Frage der Stellvertretung des Kapitäns zu regeln, der Seemann müsse wissen, wen er als Vorgesetzten anzusehen habe.

Th. Kränzlin hielt es für zweckmäßig, auch die Frage zu regeln, auf wen bei Abwesenheit des Kapitäns die Kommandogewalt übergehe.

Der *Vorsitzende* erklärte die gesetzliche Behandlung dieses Problems für weniger wichtig, da nach schon heute geltendem Gewohnheitsrecht der dienstälteste nautische Offizier stets Nachfolger des Kapitäns sei.

Regierungsrat *Reuss* teilte mit, dass die Frage der Stellvertretung in dem vom Reichsarbeitsministerium aufgestellten Entwurf behandelt sei, allerdings in dem Abschnitt über die Ordnung der Arbeit an Bord des Schiffes.

Der *Vorsitzende* erklärte es für bedenkenfrei, die Regelung in den von Regierungsrat Reuss genannten Abschnitt, nicht in denjenigen über die Begriffsbestimmungen aufzunehmen.

Für den Abschnitt „Heuervertrag und Musterung“ machte der Vorsitzende darauf aufmerksam, dass zur Vermeidung von Schwierigkeiten klar herausgestellt werden müsse, dass der Reeder grundsätzlich die Führerstellung im Betriebe habe, dass aber an Bord der Kapitän Führer sei.

Regierungsrat *Reuss* bemerkte, dieser Gedanke sei in dem Entwurf des Reichsarbeitsministeriums zu deutlichem Ausdruck gelangt.

Auf Befragen von Dr. Kuhl meinte der *Vorsitzende,* es sei nicht notwendig, auch noch im Gesetz besonders hervorzuheben, dass der Kapitän den Reeder auch in dessen Sorgfaltspflicht vertrete. Das ergebe sich schon aus der allgemeinen Rechtsstellung des Kapitäns als Vertreter des Reeders. Im Übrigen handle es sich hier schon um eine materiellrechtliche Frage, die deshalb zurückgestellt werden müsse.

Die Frage des Vorsitzenden, ob das Problem des Dreiwachen-Systems bei Behandlung der Pflichten und Rechte des Schiffsmannes behandelt werden solle, meinte Regierungsrat *Reuss,* dass die Frage in einen Abschnitt Arbeitsschutz und Arbeitszeit gehöre, während *Dr. Riensberg* sich dagegen aussprach, die Arbeitszeit überhaupt in der Seemannsordnung zu behandeln: Auf diesem Gebiete müsse aus Konkurrenzgründen und wegen der Häufigkeit von Rechtsänderungen von einer gesetzlichen Regelung abgesehen werden. Auch Verwaltungsdirektor *Sturm* empfahl, die Frage des Dreiwachen-Systems in der Tarifordnung zu regeln.

Der *Vorsitzende* stellte sodann die Frage, ob wie bisher die sozialpolitischen Schutzvorschriften zugunsten des Kapitäns im Handelsgesetzbuch verbleiben sollten, oder ob die künftige Regelung in der Seemannsordnung erfolge. Verwaltungsdirektor *Sturm* entgegnete, der Unterausschuss habe geplant, in der Seemannsordnung das Verhältnis zwischen Reeder und Kapitän nur insoweit zu behandeln, als es für die gesamte Mannschaft von Wichtigkeit sei.

Zusammenfassend stellte der *Vorsitzende* fest, dass der Hauptausschuss mit dem vom Unterausschuss vorgeschlagenen Inhaltsschema einverstanden sei und kam sodann auf die Anregung von Regierungsrat Reuss zurück, die Frage des Vertrauensrates im Seerechtsausschuss zu behandeln.

Dr. Schüler erklärte, er meine zu erinnern, dass Ministerialdirektor Dr. Mansfeld sich dagegen ausgesprochen habe, die Stellung des politischen Leiters in der Seemannsordnung zu behandeln. Jetzt scheine das Reichsarbeitsministerium anders in dieser Frage zu denken. Seines Erachtens sei eine Regelung notwendig. Er kenne einen Fall, in welchem der politische Leiter pflichtgemäß eine ihm gemachte Mitteilung an den Kapitän weitergeleitet habe, der daraufhin zur Vornahme einer Journaleintragung geschritten sei. Der dann vom Reeder gemaßregelte Obersteward habe nunmehr den politischen Leiter zivil- und strafrechtlich belangt. Zwar hätten die Gerichte dem politischen Leiter in der Sache recht gegeben, sie seien aber nicht dem Antrage des Reeders gefolgt, den Rechtsweg für unzulässig zu erklären. Ein besonderer gesetzlicher Schutz sei daher erforderlich.

Der *Vorsitzende* betonte, dass es nicht Aufgabe der Seemannsordnung sei, den politischen Leiter als solchen zu schützen. Die Seemannsordnung könne ihn nur in seiner Eigenschaft als sozialpolitischen Vertrauensmann schützen, sofern er beide Eigenschaften etwa in Personalunion verbinde.

Assessor *Fettback* meinte, es könne kein Zweifel bestehen, dass irgendeine Vertrauensperson an Bord vorhanden sein müsse und dass der politische Amtswalter, wenn er die Stellung der Vertrauensperson versehe, auch zu schützen sei. Er habe in letzter Zeit viel mit Amtswaltern über dieses Problem gesprochen. Wenn man die bisherige Regelung beibehalte, dann müsse dem politischen Leiter ein Kündigungsschutz gewährt werden. In der neuen Tarifordnung sei das auch vorgesehen.

Biedermann wies darauf hin, dass noch vor einem Jahre drei bis fünf Partei-Vertreter gleichzeitig an Bord gewesen seien. Heute habe man sich auf einen, nämlich auf den politischen Leiter geeinigt. Weil aber nur ein Mann an Bord eine derartige Stellung innehaben dürfe, so habe man den politischen Leiter auch mit den sozialpolitischen Aufgaben betraut. Insoweit, also als sozialpolitischem Vertrauensmann, müsse dem politischen Leiter Schutz gewährt werden, und zwar Kündigungsschutz. In seiner Eigenschaft als Vertrauensmann müsse der politische Leiter, wie ja auch das Gesetz zur Ordnung der nationalen Arbeit vorsehe, unkündbar sein. Man müsse die beiden Funktionen, welche der politische Leiter ausübe, trennen. Der Redner schloss mit der Bemerkung, dass bereits erwogen worden sei, den Kündigungsschutz für den politischen Leiter als Vertrauensmann durch ein besonderes Gesetz vorweg zu regeln.

Regierungsrat *Reuss* bestätigte dies.

Der *Vorsitzende* stellte fest, dass Biedermann von dem gleichen Grundgedanken ausgehe wie er selbst.

Th. Kränzlin sprach sich dagegen aus, die Stellung des politischen Leiters auf die vorgeschlagene Weise durch eine besondere gesetzliche Regelung zu festigen. Er halte das nicht nur für unnötig, sondern auch für unzweckmäßig. Man müsse daran denken, dass das Ausland eine solche Regelung nicht verstehen werde. An Bord müsse das Führerprinzip herrschen und man dürfe nicht immer davon ausgehen, dass nur der Kapitän Fehler machen könne. Auch Ministerialdirektor Mansfeld habe seines Erachtens betont, dass das Führerprinzip an Bord stärker hervorzukehren sei. Es reiche völlig aus, wenn dem politischen Leiter in der *Tarifordnung* Kündigungsschutz gewährt werde, was auch jetzt schon, wie Assessor Fettback berichtet habe, der Fall sei.

Biedermann erklärte demgegenüber einen gesetzlichen Schutz des politischen Leiters in seiner Eigenschaft als Vertrauensmann für notwendig, wenn wirklich eine wirksame Vertretung der Mannschaftsinteressen gewährleistet sein solle. Auch nach dem Gesetz der Ordnung zur nationalen Arbeit sei doch der Vertrauensmann geschützt.

Regierungsrat *Reuss* betonte gegenüber Kränzlin, dass das Führerprinzip durch den Vertrauensmann nicht gestört werde. Es solle ja kein Betriebsrat, wie es früher bestanden habe, geschaffen werden, vielmehr sei es die Hauptaufgabe des Vertrauensmannes, für die Mannschaftserziehung zu sorgen und die Wünsche der Mannschaft an den Kapitän weiterzuleiten. Damit seien seine Befugnisse erschöpft. Wenn er ungeeignet sei, könne er vom Treuhänder der Arbeit abberufen werden, und wenn er politisch unzuverlässig sei, so könne ihn die Partei seines Amtes entheben.

Auch der *Vorsitzende* hielt es für richtig, die Stellung des Vertrauensmannes gesetzlich, also nicht nur in der Tarifordnung zu regeln, schon deshalb, weil eine Tarifordnung nicht stets vorhanden zu sein brauche.

Ministerialrat *Werner* erklärte den Kündigungsschutz für bedenklich. Wenn der politische Leiter als Vertrauensmann unkündbar sei, so bedeute das, dass der Kapitän noch jemanden über sich habe. Das Reichsverkehrsministerium habe sich deshalb gegen eine derartige Regelung ausgesprochen.

Regierungsdirektor *Reuss* entgegnete, diese Bedenken könnten dadurch zerstreut werden, dass der Vertrauensmann nur im Einverständnis mit dem Reeder und dem Kapitän vom Treuhänder der Arbeit eingesetzt werden dürfe.

Der *Vorsitzende* bemerkte, dass dann die Gefahr einer Nebenregierung wohl nicht bestehe.

Th. Kränzlin stellte im Hinblick auf die Mitteilung von Regierungsrat Reuss, dass Reeder und Kapitän zu der Person des Vertrauensamtswalters ihre Zustimmung geben müssten, seine Bedenken zurück.

Krause wies darauf hin, dass sich die Notwendigkeit der Einsetzung eines Vertrauensmannes daraus ergebe, dass das Gesetz zur Ordnung der nationalen Arbeit einen Vertrauensrat vorsehe. So wie der Kapitän an Bord der Vertreter des Reeders sei, so müsse auch der Besatzung ein Mann mitgegeben werden, der als Vertreter des Vertrauensrates das Vertrauen der Besatzung besitze. Im Übrigen würde diese Regelung sich auch für Kapitän und Reeder günstig auswirken. Denn der politische Leiter sei besonders geeignet, Unstimmigkeiten zwischen Schiffsleitung und Mannschaft beizeiten zu schlichten.

Der *Vorsitzende* stellte ergänzend fest, dass keineswegs ein mehrköpfiger Vertrauensrat an Bord gebildet werden solle.

Dr. Schüler stimmte in allen Punkten dem Vertreter des Reichsarbeitsministeriums zu.

Dr. Kuhl legte nahe, gegebenenfalls die Rechte und Pflichten des Vertrauensamtswalters in der Seemannsordnung scharf zu umgrenzen. Zumal dem Ausland gegenüber müsse man das tun, damit keine falschen Gerüchte über den Umfang der Funktion des Vertrauensamtswalters entständen.

Der *Vorsitzende* stimmte dem bei und formulierte darauf als fast einstimmige Meinung des Seerechtsausschusses, dass der vom Reichsarbeitsministerium eingeschlagene Weg gebilligt werde: Personalunion von politischem Leiter und Vertrauensmann, möglichst genaue Umgrenzung der sozialen Aufgaben des Vertrauensmannes und Festlegung seines Kündigungsschutzes im Gesetz, nicht in der Tarifordnung. Im Einzelnen könne die Frage erst behandelt werden, wenn der Entwurf des Reichsarbeitsministeriums zur Kenntnisnahme des Seerechtsausschusses gelangt sei.

Der *Vorsitzende* wandte sich dann den verschiedenen Gewalten des Kapitäns, nämlich der Befehls-, Zwangs- und Strafgewalt zu und erklärte die vom Unterausschuss vorgeschlagene Lösung für glücklich: Beibehaltung der Dienst*zwangs*gewalt des Kapitäns, dagegen Verzicht auf seine Dienst*straf*gewalt und deren Ersetzung durch die entsprechend auszubauende soziale Ehrengerichtsbarkeit an Bord.

Ministerialrat *Werner* begrüßte gleichfalls die Abschaffung der Dienststrafgewalt, der – wie man schon 1921 festgestellt habe – niemals wirkliche praktische Bedeutung zugekommen sei. Allenfalls könne man erwägen, wie in den Vereinigten Staaten Geldstrafen einzuführen.

Nachdem Verwaltungsdirektor *Sturm* insbesondere bezüglich der Frage des Vertrauensmannes Bedenken dagegen geäußert hatte, in die materielle Beratung von Einzelfragen einzutreten, ohne dass der Entwurf des Reichsarbeitsministeriums vorliege, wurde unter Hinweis des Vorsitzenden darauf, dass es sich vorläufig nur um eine Vorbesprechung handle, auf Wunsch von Regierungsrat Reuss noch kurz auf das Problem der Arbeitsgerichtsbarkeit eingegangen.

Der *Vorsitzende* regte an, zur eingehenden Behandlung dieser Frage den Unterausschuss nochmals einzuberufen, falls das Reichsarbeitsministerium einen dahingehenden Wunsch äußern sollte, nachdem Regierungsrat Reuss über die heutige Sitzung Bericht erstattet habe. Verwaltungsdirektor Sturm erklärte sich gegebenenfalls bereit, wieder die Beratungen des Unterausschusses zu leiten.

Darauf wurde die Sitzung geschlossen.

Anhang:

Unterausschuss Seemannsordnung

1. Arbeitssitzung vom 3.7.1934 (16 bis 19.50 Uhr)

Anwesend:
Stellv. Vorsitzender: Direktor Sturm, Hamburg
Schriftführer: Dr. Ohrt, Hamburg
als weiteres wissenschaftliches Mitglied:
Rechtsanwalt Dr. Schüler, Hamburg
vom Reichsarbeitsministerium:
Ministerialdirektor Dr. Mansfeld, Berlin
Regierungsrat Dr. Reuss, Berlin
vom Treuhänder der Arbeit:
Assessor Fettback, Hamburg
als praktische Mitglieder:
Kapitän Bahde, Hamburg
Schiffsingenieur Gottschow, Hamburg
Kapitän Koch, Hamburg
Syndikus Kränzlin, Bremen
Dr. Kuhl, Hamburg
Schiffsoffizier Nowak, Hamburg, als Vertreter für Kapitän Müller
Direktor Ritter, Hamburg
für die Niederschrift in der Sitzung:
Referendar J. Müller
entschuldigt fehlten:
Prof. Dr. Wüstendörfer, Hamburg
Rechtsanwalt Dr. Droege, Hamburg
Richter Dr. Bramslöw, Hamburg
Biedermann, Hamburg

Direktor *Sturm* führte einleitend aus, dass die generelle Besprechung der Seemannsordnung im Hauptausschuss in der sechsten Sitzung abgeschlossen worden und dass es die Aufgabe des Unterausschusses sei, nunmehr die einzelnen Punkte zusammenzustellen, die in der neuen Seemannsordnung im Einzelnen sachlich geregelt werden müssen. Für die Besprechung müssten die *vorliegenden Entwürfe des Reichsarbeitsministeriums* (Anlagen 1 und 2 zum Schreiben vom

17.3.1934 [nicht überliefert]) sowie des Herrn *Dr. Kuhl* zur Grundlage dienen, wobei man sich in der Reihenfolge an den Gesamtentwurf – Anlage 2 – des Reichsarbeitsministeriums halten wolle. Über den Inhalt und die Formulierung der einzelnen Bestimmungen sei hier nichts zu beschließen. Darauf wurde in die Beratung eingetreten, indem der Vorsitzende die einzelnen aufzunehmenden Punkte zur Erörterung stellte.

Direktor *Sturm:* Im *allgemeinen Teil* des Gesetzes seien *Geltungsbereich und Begriffsbestimmungen* zu formulieren. – Zustimmung.

Begriffsbestimmungen folgende:

Reeder – Zustimmung.

Dr. Kuhl bemerkt, dass hier die Frage auftauche, ob für den Nationalitätsbegriff des Schiffes die Nationalität des Reeders oder die Flagge, unter der das Schiff fahre, maßgebend sein solle.

Besatzung, Kapitän, Offiziere, Mannschaft – Zustimmung.

Syndikus *Kränzlin* schlägt auf Anfrage des Vorsitzenden vor, den Begriff „Schiffsunteroffizier" nicht einzuführen, da er die Gefahr des Missverstehens in sich berge, obwohl er teilweise in der Handelsmarine gebraucht würde.

Direktor *Sturm* stellt nach Debatte fest, die Meinung der Versammlung sei, begriffsmäßig den „Schiffsunteroffizier", z. B. Bootsmann, Zimmermann, Quartiermeister, wohl aufzunehmen, es sei jedoch fraglich, ob die Wortung hierfür geeignet sei.

Dr. Kuhl schlägt ferner vor, den Begriff *„Vollgrad"* im Zusammenhang mit „Schiffsmann" aufzunehmen, da diese Bezeichnung in der Praxis heute allgemein üblich geworden sei. Die Frage wird offen gelassen, die Punkte aber vorgesehen.

Rechtsanwalt *Dr. Schüler* schlägt vor, die Begriffe „Führer" und „Gefolgschaft" ebenfalls *hier* zu regeln. Dies wird abgelehnt, da die sachliche Regelung in einen späteren Abschnitt gehöre.

Ministerialdirektor *Dr. Mansfeld* stellt zur Erwägung, an dieser Stelle schon festzulegen, dass Führer des Betriebes an Bord für den Reeder der Kapitän sei.

Direktor *Sturm* verweist dazu auf die interessante bisherige Wortung des § 2 SO (Führer!).

Vor allem gibt Ministerialdirektor *Dr. Mansfeld* nun aber die Anregung zu erörtern, ob nicht für die bisher im Gesetz zur Ordnung der nationalen Arbeit bewusst noch ungeregelt gelassenen Gebiete der See-, Binnen- und Luftschifffahrt etwa eine gemeinsame „Arbeitsordnung" zur Ausfüllung des gesetzlichen Vorbehalts erlassen werden könne. Es würde dann alsbald anstelle der heute im Einvernehmen mit Arbeitsfront, NSDAP usw. getroffenen praktischen Regelungen an Bord der Schiffe eine gesetzliche Regelung bestehen. Ähnliches könnte für das Recht des Arbeitsvertrages vorgesehen werden. Hier seien die Vorberatungen des Arbeitsrechtsausschusses der Akademie für Deutsches Recht schon weit vorgeschritten, und es bestände, wenn eine Sonderberatung dieser Probleme hier bei der Seemannsordnung ohne Fühlung mit den anderen Ausschüssen erfolge, die Gefahr der Doppelarbeit und der Verschiedenheit. Es sei wohl anzustreben, möglichst wenig Sondergesetze zu erlassen und in diesen, z. B. in der Arbeitsordnung und im Arbeitsvertragsgesetz dann nur Sonderabschnitte für die Seeschifffahrt vorzusehen. – Dann hätte die Seemannsordnung im Übrigen, die doch ein schwieriges Gesetz sei und längere Zeit beanspruche, weniger große Eile. Er wolle aber dies nur als Erwägung betrachtet wissen und noch anfügen, dass nötig sei, auch von Ausführungsbestimmungen möglichst abzusehen, vielmehr das Notwendige im Gesetz selbst zu regeln.

Direktor *Sturm* weist demgegenüber darauf hin, dass für die Seeschifffahrt notwendigerweise sich auf mehreren Gebieten Sonderregelungen ergeben; für die Schiffe, die oft lange von der Heimat entfernt auf sich selbst gestellt seien, sei ein Bedürfnis nach einer zusammengefassten Regelung aller arbeitsrechtlichen Bestimmungen im weiteren Sinne in einem Gesetz, also einer Seemannsordnung, vorhanden. Heute seien alle für die Seemannsordnung in Frage kommenden

Punkte, unabhängig von eventuellen Generalgesetzen über einzelne Rechtsgebiete, zusammenzustellen. Es sei daher anzustreben, die Gedanken des Gesetzes zur Ordnung der nationalen Arbeit in den Hauptpunkten in die Seemannsordnung zu übernehmen und sie hier noch einmal besonders festzulegen. Dies gelte auch für das Vertragsrecht u.a.m. Zunächst müsse also eine möglichst umfassende Aufstellung der für den praktischen Schiffsbetrieb und den Seemann nötigen Gegenstände gefertigt werden. Was dann in der Seemannsordnung selbst belassen werden könnte, oder was etwa herausgenommen und gemeinsam mit anderen Sondergebieten, wie Binnenschifffahrt und Luftschifffahrt, zu regeln sei, könne immer noch später bei der Ausarbeitung der Entwürfe im Ministerium entschieden werden. Es könne aber sehr wohl der aus dem neuen Arbeitsgesetz zu entnehmende Inhalt so geschlossen in der neuen Seemannsordnung vorgesehen werden, dass eine etwaige Herausnahme zur Vorabregelung leicht, jedenfalls aber der Abschnitt als die seemännische Arbeitsordnung im Sinne des neuen Gesetzes deutlich zu erkennen sei. Demgemäß wird beschlossen.

Die Beratung des allgemeinen Teils – *Begriffsbestimmungen* – wird fortgesetzt:

Seemannsamt – Zustimmung.

Seefahrtsbuch – Zustimmung.

Heuer – Zustimmung.

Musterung – Zustimmung.

(Betreffend Musterung und Seefahrtsbuch vergleiche sachlich auch hinter „Heuervertrag“.)

Direktor *Sturm* weist darauf hin, dass der Begriff „Schiffstagebuch“ hier wegfallen könne, da er bereits an anderer Stelle, im HGB, geregelt sei. – Zustimmung.

Dr. Kuhl schlägt vor, den Begriff der seemännischen Ehre im allgemeinen Teil festzulegen.

Dieser Vorschlag wird abgelehnt. Wenn überhaupt eine besondere „seemännische Ehre“ zu regeln sei, gegen welche Wortung der Vorsitzende Bedenken äußert, komme eine Regelung dieses Begriffs nur in dem Abschnitt „Ehrengerichtsbarkeit“ in Frage.

Direktor *Sturm* erörtert den Abschnitt *Heuervertrag* im Einzelnen anhand der Anlage 1 (Reichsarbeitsministerium) und weist vorweg darauf hin, dass die Verlautbarung des Heuervertrages (Musterung, öffentlich-rechtliche Beurkundung) anschließend an diesen Abschnitt geregelt werden müsse.

Form des Heuervertrags – Zustimmung.

Inhalt des Heuervertrags – Zustimmung.

Gültigwerden des Heuervertrags durch Arbeitsaufnahme als überflüssig abgelehnt.

Abdingbarkeit – Zustimmung.

Kündigung – Zustimmung.

Syndikus *Kränzlin* fragt, ob man nicht die Frage der Kündigung und des Kündigungsschutzes in einer Tarifordnung regeln könne.

Ministerialdirektor *Dr. Mansfeld* führt hierzu an, dass das Gesetz immer nur Mindestbedingungen aufstelle, die eine weitere besondere Regelung nicht ausschlössen.

Direktor *Sturm* stellt fest, dass die Kündigungsregelung hier, wenn auch kurz, zu erwähnen ist.

Dann folgt zunächst eine Aussprache über *„Pflichten und Rechte des Kapitäns“* gegenüber Reeder und Gefolgschaft.

Dr. Kuhl ist der Meinung, dass das Dienstverhältnis des Kapitäns nach allen Richtungen an dieser Stelle zur allgemeinen Kenntnis zu bringen sei.

Direktor *Ritter* vertritt die Ansicht, dass die Kapitänspflichten gegenüber dem Reeder nicht hierhin gehörten, da durch solche Ausführung in der Seemannsordnung nur seine Führerstellung beeinträchtigt werden könne. Dieser Meinung ist auch Schiffsoffizier Nowak.

Nach allgemeiner Debatte stellt Direktor *Sturm* als Ansicht der Versammlung fest, dass am gegebenen Orte generell die Pflichten des Kapitäns gegenüber der Mannschaft und ergänzend auch seine Pflichten gegenüber dem Reeder, soweit sie für den Betrieb an Bord und gegenüber der Mannschaft wichtig seien, geregelt werden müssten. Der *Umfang der Sorgfaltspflicht des Kapitäns* umfasse zwar auch die Sorge für die Seetüchtigkeit des Schiffes, da sie wesentlich auch dem Schutz für die Mannschaft diene. Sie sei als privatrechtliche Pflicht jedoch ausführlich im Handelsgesetzbuch, soweit öffentlich-rechtlicher Natur in den Schiffssicherheitsvorschriften geregelt. Es genüge daher in der Seemannsordnung eine kurze Verweisung hierauf mit der Feststellung, dass die dem Kapitän hiernach obliegenden Pflichten auch gegenüber der Mannschaft bestehen. Dem wird zugestimmt.

„Anwesenheitspflicht" erscheint nicht wichtig; dagegen bittet Ministerialdirektor *Dr. Mansfeld* festzulegen, dass der Kapitän den Reeder außerhalb des Heimathafens vertrete. Die *Vertretung des Kapitäns* selbst muss daneben geregelt werden.

„Treuepflicht des Kapitäns":

Direktor *Sturm* betont, dass der eigentlich tragende Gedanke sei, dass der Kapitän für den Reeder die Sorgfaltspflicht des Führers gegenüber der Mannschaft habe, und dass sich die Mannschaft ihrerseits an den Kapitän halten könne als Ausfluss der Treuepflicht gegenüber der Gefolgschaft, worin der Reeder durch den Kapitän vertreten werde.

Zum nächsten *Unterabschnitt: „Pflichten und Rechte des Schiffsmanns":*

Direktor *Sturm* führt aus, dass als neuer Grundsatz den Pflichten der Schiffsmannschaft aus dem Arbeitsordnungsgesetz voranzustellen sei die besondere *„Treuepflicht des Schiffsmannes"* gegenüber dem Kapitän als Reedervertreter.

Besondere Pflichten der Schiffsoffiziere:

Dr. Kuhl schlägt vor, dass die über den Rahmen der allgemeinen Pflichten der Mannschaft hinausgehenden Pflichten des Schiffsoffiziers, insbesondere die des leitenden Ingenieurs, besonders geregelt werden möchten, da dies der modernen Entwicklung in der Schifffahrt entspreche und für Schiffsoffiziere noch eigenartige Pflichten bestånden. Dieser Vorschlag wird angenommen.

Beginn mit Dienstantritt – Zustimmung.

Umfang der Dienstpflicht – Zustimmung.

Pflicht zu besonderer Arbeitsleistung, z.B. in Notfällen, über die Vertragspflicht hinaus wird als Ausfluss der Treuepflicht erörtert und vorgesehen. – Zustimmung.

Notwendigkeit der Regelung der Vertragspflicht für eine bestimmte Reise *verneint,* da bereits durch *Heuerung auf unbestimmte Zeit* umfasst.

Arbeitszeit im Hafen und auf See: notwendig.

Unterabschnitt: Rechte des (Kapitäns und) Schiffsmanns.

Anspruchsumfang – Zustimmung.

Beginn und Verlust des Anspruchs – Zustimmung.

Änderung des Anspruchs aufgrund gewisser Vorgänge, wie Beförderung usw. – Zustimmung.

Ersatzheuer bei Ausfall eines Mannes – Zustimmung.

Vergütung für Mehrarbeit – Zustimmung.

Unterkunft und Kost – nur als Tatsache der Gewährung zu regeln, nicht in den Einzelheiten.

Urlaub – Zustimmung.

Reederfürsorge – Zustimmung. Diese nur in ihren Grundbestimmungen zu regeln. Die Gewährung an Ausländer sollte von der Gegenseitigkeit abhängig gemacht werden. Dies wäre in einem allgemeinen Teil über Ausnahmen am Schluss zu regeln.

Heimschaffung oder entsprechende Vergütung – Zustimmung.

Vorzeitige Beendigung – Zustimmung.

Schiffsverlust und Verschollenheit – Zustimmung.

Beerdigungskosten – Zustimmung.

Heuerabrechnung – Zustimmung.

Hier nur kurze Grundbestimmung zu geben, im Übrigen die Ausführung der Einzelheiten der Treuepflicht des Führers (Reeder oder Kapitän) zu überlassen.

Unterabschnitt: Beendigung des Heuervertrags

soll die Bestimmungen über Endigung des Vertrags auf bestimmte und auf unbestimmte Zeit sowie vorzeitige Lösung bei Verlust enthalten.

Ministerialdirektor *Dr. Mansfeld* schlägt hier vor, mit den Bestimmungen über die verschiedenen Arten der Vertragsbeendigung hier auch die *Kündigungsfristen* zu regeln.

Zeugnisvorschriften – Zustimmung.

Direktor *Sturm* empfiehlt, hier die sachliche Regelung von *Musterung und Seefahrtsbuch* als *Unterabschnitt* anzufügen, also nach dem Teil „Heuervertrag“, da im ersten Teil nur die Begriffsbestimmungen vorgesehen seien. Demgemäß beschlossen.

Direktor *Sturm* verweist dann auf die frühere Erörterung der Sorgfaltspflicht des Kapitäns für Seetüchtigkeit und stellt die Zustimmung der Versammlung fest, dass man auf einen besonderen Abschnitt Arbeitsschutz mit einzelnen Regelungen verzichten könne, vielmehr der Hinweis auf die bestehenden Sonderbestimmungen genüge. Die anderen unter dieser Überschrift angedeuteten Sonderbestimmungen seien jeweils in den zuständigen anderen Abschnitten anzuführen, so Bestimmungen wie Landgang z.B. bei Urlaub, der noch im Unterabschnitt „Rechte des Schiffsmanns“ einzufügen sei; – beschlossen.

Abschnitt: Ordnung der Arbeit an Bord des Schiffes.

Einverständnis besteht, dass hier die „Arbeitsordnung“ am Sitz der Reederei, also an Land, außer Betracht zu bleiben habe.

Führung und Gefolgschaft an Bord.

Dr. Kuhl stellt die Vorfrage zur Debatte, inwieweit ein Vertrauensrat an Bord der Schiffe vorgeschrieben werden solle. Er sieht in einem Vertrauensmann neben dem Kapitän eine Art von „Nebenregierung“, hält ihn aber trotzdem zur Durchführung des Gesetzes zur Ordnung der nationalen Arbeit für erforderlich. – Direktor *Ritter* hält die Übertragung des Arbeitsordnungsgesetzes über den Vertrauensrat auch an Bord für möglich. *Dr. Schüler* verweist auf die Tätigkeit der NSBO-Amtswalter an Bord.

Syndikus *Kränzlin* führt aus, dass der Vertrauensamtswalter, wie er jetzt in der Praxis an Bord bestehe, nur sozialpolitische, aber keine disziplinarische oder Führungsbedeutung habe und infolgedessen auch keine „Nebenregierung“ darstelle. Die bestehende praktische Regelung habe sich außerordentlich bewährt. Es sei aber die vorgeschlagene Bezeichnung „Vertrauensrat“ für den Mittler zwischen Kapitän und Mannschaft nicht angebracht, weil hierdurch im Auslande leicht der Eindruck einer Aufteilung der Kapitänsgewalt entstehen könne. Trotzdem könne der politische Amtswalter an Bord gleichzeitig auch als Vertrauensmann wirken – nur vielleicht unter anderer Bezeichnung.

Schiffsoffizier *Nowak* und Kapitän *Koch* halten ebenfalls die bestehende praktische Regelung der Tätigkeit des politischen Amtswalters an Bord für ausreichend und einen anderen Mittler zwischen Kapitän und Mannschaften in Gestalt eines Vertrauensrats nicht für zweckmäßig.

Ministerialdirektor *Dr. Mansfeld* führt aus, dass der Vertrauensrat, wie er am Lande in den Betrieben bestehe, absichtlich nicht auch für Schifffahrtsbetriebe an Bord eingeführt sei, weil hier das Führerprinzip noch mehr als anderswo betont werden müsse. Es sei verschiedentlich der Wunsch ausgesprochen worden, auch für Schiffe eine ähnliche Institution einzurichten. Hierbei sei zwischen großen und kleinen Schiffen wohl zu unterscheiden, da nur auf ersteren wohl unbedingt ein Mittelsmann wegen der Größe und schweren Übersichtlichkeit des ganzen Betriebes gebraucht werde. Dieser brauche keine entscheidenden Befugnisse, sondern solle nur als Ratgeber für den Kapitän fungieren. Wenn man glaube, mit dem heute schon bestehenden Vertrauensamtswalter auszukommen, sei er gern einverstanden. Es könne aber die bestehende rein politische Regelung nicht in die Seemannsordnung übernommen werden, da die Amtswalter politische Leiter seien, deren Einsetzung, Rechte und Pflichten in einem arbeitsrechtlichen Gesetz nicht geregelt werden könnten. Wenn die praktischen Berater aus der Seefahrt den Vertrauensmann des Arbeitsordnungsgesetzes an Bord nicht für nötig hielten, könne er solche Regelung durchaus vertreten.

Syndikus *Kränzlin* weist hierzu darauf hin, dass das Schiff nur ein Teil des Reedereibetriebes sei und die Reederei als Ganzes ja einen Vertrauensrat nach dem Arbeitsordnungsgesetz besitze, in dem regelmäßig auch die Berufsgruppe der Seeleute durch befahrene Mitglieder vertreten sein würde.

Ingenieur *Gottschow* spricht sich gegen einen Vertrauensmann an Bord aus und beleuchtet jetzt schon vorhandene Schwierigkeiten im Betriebe. Die Persönlichkeit des Kapitäns sei maßgebend, entweder könne dieser sich mit der Mannschaft verständigen, dann sei ein Vertrauensmann überflüssig, oder er könne dieses nicht, dann sei er als Kapitän ungeeignet.

Direktor *Ritter* spricht sich grundsätzlich für einen Vertrauensrat an Bord der Schiffe aus, da nach seiner Erfahrung dieser besonders bei etwas größeren Schiffen eine außerordentliche Hilfe für den Kapitän bei der Überwachung des Schiffsbetriebes darstelle und sich in der Person des Amtswalters schon in der Praxis bewährt habe. Die Schwerfälligkeit vieler Leute der Bordbesatzung hindere sie oft, ihre Wünsche in entsprechender und verständlicher Form vorzubringen.

Direktor *Sturm* führt aus, dass die angeschnittene Frage auch je nach der Schiffsgröße und Fahrt ganz verschieden zu betrachten und sehr genau zu prüfen sei. Die Schwierigkeiten und namentlich einzelne Mängel der heutigen Regelung an Bord mit den Vertrauensamtswaltern lägen sicherlich nur in der Gegenwart und seien in der Neuheit der Einrichtung begründet, würden aber mit fortschreitender Erziehung der gesamten Mannschaft verschwinden. Als allgemeine Meinung der Versammlung stelle er fest, dass die Regelung eines Vertrauensrats an Bord durch die Seemannsordnung nicht für unbedingt nötig gehalten werde, da ein Vertrauensamtswalter der PO [Politischen Organisation] an Bord sei und genüge, wenn auch im Einzelnen wie von Direktor Ritter hiergegen erhebliche Bedenken geltend gemacht worden seien. Vielleicht könne man gegenüber etwaigen Bedenken, die Seeleute von der allgemeinen Regelung des Arbeitsordnungsgesetzes insoweit auszunehmen, auch sagen, dass ein Vertrauensrat des Reeders am Lande mit sachverständiger Beteiligung der Seeleute die Möglichkeit gebe, auf einen besonderen Vertrauensrat an Bord zu verzichten. Die Frage müsse sachlich aber als grundlegend später beraten und auch dem Hauptausschuss noch vorgelegt werden.

Rechtsanwalt *Dr. Schüler* erklärt noch, dass der Vertrauensrat s.E. entbehrlich erscheine, solange an Bord ein politischer Amtswalter sei.

Direktor *Sturm* fasst das Ergebnis der Erörterung dahin zusammen, dass Aufnahme des Punktes „Vertrauensrat an Bord“ nach der überwiegenden Meinung des Unterausschusses nicht geboten sei.

Weitere Punkte:

Befehlsgewalt und *Zwangsgewalt des Kapitäns* sind unbestritten nötig.

Direktor *Sturm* führt aus, für die „Zwangsgewalt“ genüge eine kurze Grundbestimmung mit dem Recht, im äußersten Falle auch Gewalt anzuwenden, da der verantwortliche Mann nur immer das Notwendige veranlassen werde.

Über die Frage „Dienststrafgewalt“ wird debattiert.

Dr. Kuhl bezweifelt die Notwendigkeit einer Dienststrafgewalt, die nur verbittere, ohne Nutzen zu tragen.

Direktor *Ritter,* Syndikus *Kränzlin* und Rechtsanwalt *Dr. Schüler* halten auch eine Disziplinargewalt für entbehrlich, da die Regelung an Land erfolgen könne.

Hierzu bemerkt Direktor *Sturm,* dass, wenn man doch Strafen neben der Zwangsbefugnis wolle, es dann nicht zweckmäßig sei, kleinere Strafen nur durch das Seemannsamt verhängen zu lassen, weil der Wert dieser Strafen hauptsächlich in der sofortigen Ahndung liege und ein großer zeitlicher Abstand von der Tat sie praktisch unwirksam mache. Daraufhin wird fast allgemein eine Regelung der Dienststrafgewalt in der Seemannsordnung für entbehrlich gehalten.

Soziale Ehrengerichtsbarkeit – Regelung wird allgemein als notwendig bezeichnet.

Abschnitt: Öffentliche Ordnung an Bord.

Hier zu regeln: *Polizeiliche Befugnisse des Kapitäns, Schiffsordnung, Durchsuchungsrecht* (z.B. bei Schmuggelmaßnahmen zur Aufklärung, Beweissicherung bei Verbrechen), *Festnahmerecht,* gegebenenfalls unter Anwendung von Zwangsmitteln auch gegenüber Personen, die nicht zur Besatzung gehören.

Dr. Kuhl gibt zu erwägen, ob die Gewalt des Kapitäns hier nicht besser als unter „Befehlsgewalt" zu regeln sei.

Der Vorschlag wird abgelehnt. Zwangsgewalt gehöre mehr zu den Rechten des Kapitäns und sei nicht nur eine Sache öffentlich-rechtlicher Art. Im Übrigen weist Direktor *Sturm* darauf hin, dass Reihenfolge und Anordnung der Stichworte, die sich aus der heutiger Erörterung ergeben, nicht als sachliche Vorschläge des inneren Aufbaues der Bestimmungen gelten sollen. Das gelte auch von den Abschnitten und ihrer Reihenfolge.

Abschnitt: Seemannsamt.

Aufbau, Zuständigkeit, Tätigkeit bei Musterung (Seefahrtsbuch), *Anrufung durch Seeleute, Beschwerdeinstanz, Strafgewalt* sind aufzunehmen, desgleichen ein

Abschnitt: Strafvorschriften.

Dr. Kuhl wirft die Frage auf, ob dem Seemannsamt die *Arbeitsgerichtsbarkeit* für Seeleute zu übertragen sei, da bekanntlich die Arbeitsgerichte für die seemännischen Streitfälle nicht zuständig seien und sich beim heutigen Tarifschiedsgericht oftmals Unzuträglichkeiten ergeben hätten.

Nach längerer Diskussion stellt Direktor *Sturm* als Ergebnis fest, dass bei Übertragung der Arbeitsgerichtsbarkeit an die Seemannsämter die Gefahr bestehe, dass viele nicht genügend sachkundige Stellen dabei mit der Entscheidung solcher Streitfälle betraut sein würden, oder aber, dass man Behörden aufziehen würde, die nicht entsprechend in Anspruch genommen werden könnten. Es käme höchstens eine Zusammenziehung an den großen Hafenplätzen in Frage, aber auch hier würden sich in der Praxis große Schwierigkeiten und auch große, ungerechtfertigte Kostenlasten ergeben. Es bestehe aber der allgemeine Wunsch, eine arbeitsrechtliche Regelung in die Seemannsordnung aufzunehmen und hierbei möglichst das bestehende Tarifschiedsgericht in das arbeitsgerichtsähnliche Verfahren einzubauen.

Demgemäß *Arbeitsgericht* (Tarifschiedsgericht) vorgesehen.

An weiteren Einzelfragen, die etwa noch aufzunehmen wären, werden folgende erörtert:

Ausnahmevorschriften für Ausländer, z.B. wegen der Reederfürsorge, werden für nötig gehalten; dabei soll die Frage der Gegenseitigkeit beachtet werden. Im Übrigen besteht der Wunsch, Ausnahmevorschriften möglichst zu beschränken.

Heuerstellen: Ihre Aufgaben sollen im Abschnitt „Heuervertrag – Musterung" aufgenommen werden.

Zum Problem der *Ausbildung* (Befähigung) der Seeleute wird festgestellt, dass es für Schiffsoffiziere besondere Vorschriften über Ausbildung, Gewerbebefugnis usw. bereits gäbe, hier also keine Regelung, höchstens Verweisung notwendig sei. Die Frage der Berufsschule sei heute noch nicht reif. Für die Mannschaft genüge die Festlegung der Vollgrade.

Ingenieur *Gottschow* stellt alsdann den Antrag, in das Gesetz bei der Regelung der Kapitänsgewalt folgende Bestimmung aufzunehmen: „Dem leitenden Ingenieur untersteht die Leitung der technischen Anlagen eines Schiffes einschließlich des darin tätigen Personals."

Ministerialdirektor *Dr. Mansfeld* weist demgegenüber darauf hin, dass solche besonderen Zuständigkeitsbestimmungen auch nicht für Landbetriebe beständen. Andere Herren schließen sich den Bedenken gegen den Antrag an. Der *Vorsitzende* weist darauf hin, dass die Frage später sicher zu erörtern sei, eine Entscheidung aber, inwieweit der Antrag Berücksichtigung zu finden habe, erst nach Vorliegen des Gesetzentwurfs gefällt werden könne.

Direktor *Sturm* stellt fest, dass weitere wesentliche Gegenstände für die Seemannsordnung nicht vorgeschlagen werden. Dem Protokoll solle eine Zusammenstellung der in der Erörterung zur Aufnahme vorgeschlagenen Punkte – ohne Maßgeblichkeit für Anordnung – beigefügt werden.

Der Vorsitzende schließt dann mit Dank an die Mitglieder die Sitzung.

2. Zusammenstellung der in der Seemannsordnung zu regelnden Gegenstände

Abschnitt: Allgemeiner Teil

Geltungsbereich und Begriffsbestimmung:
Reeder
Besatzung:
Kapitän (Führer des Schiffsbetriebes),
Offiziere (Unteroffiziere, Mannschaft),
Vollgrad

Seemannsamt
Seefahrtsbuch
Heuer
Musterung

Abschnitt: Heuervertrag

Allgemeines
Form des Heuervertrags
Inhalt des Heuervertrags
Abdingbarkeit
Kündigung
Heuerstellen
Musterung
Pflichten und Rechte des Kapitäns
Umfang der Sorgfaltspflicht des Kapitäns
Kapitänsvertretung
Treuepflicht des Kapitäns
Pflichten und Rechte des Schiffsmanns
Treuepflicht des Schiffsmanns
Besondere Pflichten der Schiffsoffiziere
Beginn mit Dienstantritt
Umfang der Dienstpflicht
Pflicht zu besonderer Arbeitsleistung

Anmusterung auf unbestimmte Zeit
Anspruchsumfang
Beginn und Verlust des Anspruchs
Änderung des Anspruchs (Beförderung usw.)
Unterkunft und Kost
Urlaub (Landgang)
Reederfürsorge
Heimschaffung oder entsprechende Vergütung
Vorzeitige Beendigung
Schiffsverlust und Verschollenheit
Beerdigungskosten
Heuerabrechnung
Beendigung des Heuervertrags
Kündigungsfristen
Zeugnisvorschriften
Musterungsbestimmungen
An- und Abmusterung
Seefahrtsbuch

Abschnitt: Ordnung der Arbeit an Bord des Schiffes
Führung und Gefolgschaft an Bord
Befehlsgewalt des Kapitäns
Zwangsgewalt des Kapitäns
Soziale Ehrengerichtsbarkeit

Abschnitt: Öffentliche Ordnung an Bord
Polizeiliche Befugnisse des Kapitäns
Durchsuchungsrecht
Festnahmerecht
Schiffsordnung

Abschnitt: Seemannsamt
Aufbau
Zuständigkeit
Tätigkeit bei Musterung
Amtsanrufung durch den Seemann
Beschwerdeinstanz
Strafgewalt

Sonstige Abschnitte
Strafvorschriften
Arbeitsgerichtsbarkeit
Ausnahmen für Ausländer (Gegenseitigkeit)

14. Arbeitssitzung vom 6.12.1934 (16 bis 18.40 Uhr)

Anwesend:
Vorsitzender: Prof. Dr. Wüstendörfer, Hamburg
stellvertretender Vorsitzender: OLG-Präsident Dr. Engel, Hamburg
2. Schriftführer: Richter Dr. Bramslöw, Hamburg
und als weitere wissenschaftliche Mitglieder:
Direktor Michelau, Bremen
OLG-Rat Dr. Reinbeck, Hamburg
Dr. Riensberg, Hamburg
Dr. Schütte, Hamburg
Rechtsanwalt Dr. Schulze-Smidt, Bremen
und als politisches Mitglied:
Präsident Dr. Völckers, Bremen (anstelle von Bürgermeister a.D. Dr. Markert, Bremen
vom Reichsjustizministerium:
Ministerialrat Koffka, Berlin
Ministerialrat Krieger, Berlin
als Sachverständiger:
Oberinspektor Bleuss, Hamburg
für die Niederschrift in der Sitzung:
Assessor Dr. Möller, Hamburg und Referendarin Krüger, Wandsbek
entschuldigt fehlten:
Rechtsanwalt Dr. Dettmers, Bremen
Rechtsanwalt Dr. Droege, Hamburg
Reichsgerichtsrat Dr. Lindenmaier, Leipzig
Verwaltungsdirektor Sturm, Hamburg

Der *Vorsitzende* eröffnete die Sitzung und nahm zu einem Bericht über das Thema: *Heimathafen und Registerhaften* das Wort: Es entspreche einem alten deutschen Rechtsbrauch, dass ein Seeschiff vielfach wie ein lebender Mensch behandelt werde. So habe es einen Namen, einen Geburtsort, eine Staatsangehörigkeit, einen Beruf, sogar eine gesellschaftliche Stellung – je nach der Klasse im Germanischen Lloyd – und auch einen Wohnsitz, nämlich den Heimathafen.

Dieser Heimathafen sei in mancher Hinsicht von rechtlicher Bedeutung. So sei er maßgeblich für den Gerichtsstand (§§ 488, 508 Abs. 1 HGB), für den Umfang der Kapitänsvollmacht (§§ 526 ff., 754 Ziffer 6 HGB) und für das Dienstrecht des Kapitäns (freie Rückbeförderung in den Heimathafen; §§ 550 f. HGB). Auch in der Seemannsordnung und im Zwangsvollstreckungsrecht (§ 858 Abs. 2 ZPO) spiele der Heimathafen gelegentlich eine Rolle.

Leider sei aber der Begriff des Heimathafens umstritten. In Betracht komme dafür entweder der regelmäßige Ausgangspunkt der Schiffsreisen oder der Geschäftssitz (die gewerbliche Niederlassung) des Reeders oder drittens der Registerhafen, d.h. der Hafen, in welchem die Registrierung des Schiffes tatsächlich erfolgt sei. Diese drei Orte brauchten im Einzelfall keineswegs übereinzustimmen. So sei es denkbar, dass der regelmäßige Ausgangspunkt der Schiffsreisen im Ausland, der Geschäftssitz in Deutschland liege, oder dass ein regelmäßiger Ausgangspunkt überhaupt nicht vorhanden sei, wie bei der wilden Fahrt. Auch könne der Geschäftssitz des Reeders im Binnenlande liegen.

Für das alte HGB und das Flaggengesetz von 1867 hätten allmählich zwei Auslegungsgrundsätze überwiegende Geltung gehabt: Der Grundsatz der *Registerfreiheit* und der Grundsatz der *Mussidentität* von Register- und Heimathafen. Der Reeder habe die Wahl des inländischen Registers freigehabt, so dass auch ein im Ausland ansässiger deutscher Reeder sein Schiff im Inland eintragen lassen konnte, und der Registerhafen sei dann zugleich Heimathafen gewesen. Eine solche Regelung bestehe noch heute teilweise im Ausland, beispielsweise nach sect. 13 Merchant Shipping Act: „The port at which a British ship is registered for the time being, shall be deemed her port of registry *and the port to which she belongs*."

Im deutschen Recht seien durch die dem Flaggengesetz von 1899 zuteil gewordene Auslegung die geschilderten Grundsätze aufgehoben worden. – Das geltende Recht kenne danach nicht mehr die Registerfreiheit, sondern sei von dem Grundsatz der *Registerwahrheit* beherrscht. Nach § 6 Abs. 1 FlG könne ein Schiff nur in das Schiffsregister des Hafens eingetragen werden, von welchem aus die Seefahrt mit dem Schiff betrieben werden solle. Eine Ausnahme zugunsten der Registerfreiheit sei nur gemacht in den Fällen von § 6 Abs. 2. Den gleichen Begriff des Heimathafens ergebe § 480 Abs. 1 HGB; allerdings spreche diese Vorschrift nicht von dem Hafen, von dem aus die Seefahrt „betrieben werden soll", sondern von dem aus sie „betrieben wird". Hieraus habe man einen Begriffsunterschied ableiten wollen. Das sei verfehlt. Beide Begriffe des Heimathafens seien gleichbedeutend, der Unterschied im Wortlaut erkläre sich aus den Gesetzen sprachlicher Logik: Im Flaggengesetz sei an ein neues, erst in den Verkehr zu stellendes Schiff gedacht, im Handelsgesetzbuch dagegen an ein bereits im Verkehr befindliches. Auch der Wortlaut des § 6 Abs. 1 FlG, der mit der Wendung „als dem Heimathafen" auf das Handelsgesetzbuch zurück verweise und die Begründung zum damaligen Entwurf des Flaggengesetzes [Ds. Nr. 179 des Reichstags, Sten. Berichte, Anlagenband 2, 1899, S. 1288 ff.] (S. 1293) sprächen dafür, dass man den Begriff Heimathafen in beiden Gesetzen gleich auslege.

Ebenso wie der Grundsatz der Registerfreiheit sei derjenige der Mussidentität zwischen Register- und Heimathafen im geltenden Recht von der herrschenden Ansicht preisgegeben und zu einem Grundsatz der bloßen *Soll*identität abgeschwächt: Das Flaggengesetz sehe Fälle vor, in denen vorübergehend Registerhafen und Heimathafen auseinander fielen, so behandele beispielsweise § 13 Abs. 3 FlG die Verlegung des Heimathafens aus dem Registerbezirk.

Die Frage, welcher Hafen Heimathafen sei, werde von der nunmehr herrschenden Ansicht dahin entschieden, dass der *Geschäftssitz des Schifffahrtunternehmens,* nicht der regelmäßige Ausgangspunkt der Schiffsreisen maßgebend sei. Diesen Standpunkt habe bereits der Entwurf zum geltenden Flaggengesetz eingenommen Der Wortlaut des Gesetzes sei mit dieser Auslegung wenigstens vereinbar. Wenn § 6 Abs. 2 FlG den Fall betreffe, dass „es an einem bestimmten Heimathafen fehlt", so könne man dabei etwa an Fälle denken wie den, dass sich der Geschäftssitz des Schifffahrtunternehmens im deutschen Binnenlande befinde.

Allerdings tauchten schon bei § 6 Abs. 2 FlG Bedenken auf, wenn man die Betonung auf das Wort „bestimmten" lege. Befinde sich nämlich der Geschäftssitz im Binnenlande und würden die Reisen regelmäßig von Hamburg aus gemacht, so mangle es weder an einem bestimmten Hafen als Ausgangspunkt der Schiffsreisen noch an einem bestimmten Geschäftssitz. Der Wortlaut der Vorschrift passe besser auf den Fall der wilden Fahrt, bei der es an einem bestimmten Hafen als regelmäßigem *Ausgangspunkt* der Schiffsreise fehle. Die Reichstagskommission habe schon bei der Beratung des Flaggengesetzes die beiden Begriffe des Heimathafens (Geschäftssitz des Reeders und regelmäßiger Ausgangspunkt der Schiffsreisen) vermengt, und der Abgeordnete Bassermann habe dies damals bereits gerügt. Das Binnenschifffahrtsgesetz erkläre in § 6 Abs. 2 BSchG zweifelsfrei den Ausgangspunkt der Schiffsreisen als für den Heimathafen maßgeblich, auch aus der Begründung des Binnenschifffahrtsgesetzes gehe das hervor.

Es käme nun darauf an, ob man zu der früheren Regelung zurückkehren oder die geltende Regelung beibehalten solle. Die früheren Grundsätze der Registerfreiheit und der Mussidentität seien einfach klar und volkstümlich, auch zugleich im ausländischen Recht bekannt. Kehre man zu dem Grundsatz der Registerfreiheit zurück, so finde diese natürlich eine gewisse Begrenzung durch die vom Seerechtsausschuss befürwortete Flaggenführungspflicht, die eine Eintragung in ein *deutsches* Register bedinge. Die Registerfreiheit würde also keine schrankenlose sein, sondern nur innerhalb der deutschen Grenzen bestehen. Trotz dieser Beschränkung frage es sich, ob die Freiheit nicht zur Willkür werden könne, da sie es ermögliche, ein Schiff im Registerhafen A eintragen zu lassen, während regelmäßiger Ausgangspunkt der Schiffsreisen der Hafen B sei und der Geschäftssitz des Schifffahrtunternehmens sich vielleicht in einem dritten Hafen C befinde.

Falls man stattdessen an den Grundsätzen des geltenden Rechts festhalte, so müsse man bestimmen, dass als Heimathafen der Hafen der Geschäftsniederlassung des Reeders anzusehen sei. Das Handelsgesetzbuch denke an diesen Geschäftssitz, wenn es den Gerichtsstand an den Heimathafen knüpfe. Auch bei der Kapitänsvollmacht ergebe die gesetzliche Regelung nur dann einen guten Sinn, wenn man als Heimathafen den Geschäftssitz des Reeders betrachte. Andererseits sei allerdings nicht zu verkennen, dass das Handelsgesetzbuch auch Bestimmungen enthalte, bei denen vielleicht mehr an den regelmäßigen Ausgangspunkt der Schiffsreisen zu denken sei, z.B. § 502 Abs. 2 HGB, wonach bei der Partenreederei die Berechnung des Gewinns und Verlustes und die Auszahlung des etwaigen Gewinns jedes Mal erfolgen solle, nachdem das Schiff in den Heimathafen zurückgekehrt sei. Die in §§ 7 f., 14 f. FlG vorgesehene Anzeigepflicht und Pflicht zur Urkundenvorlegung seien aber wieder leichter am Geschäftssitz des Reeders zu erfüllen. Häufig komme es auch vor, dass ein Reeder, der einen größeren Schiffspark besitze, die Schiffe von verschiedenen Orten aus regelmäßig fahren lasse. Die HAPAG beispielsweise lasse ihre Frachtdampfer von Hamburg ausgehen, die Passagierdampfer der Ballinklasse aber von Bremerhaven. Es sei unzweckmäßig, wenn man hier – auf den regelmäßigen Ausgangspunkt der Schiffsreisen abstellend – verlangen wollte, dass die Schiffe in verschiedene Register eingetragen würden. Die Dinge könnten auch so liegen, dass der regelmäßige Ausgangspunkt der Schiffsreisen wechsle oder, wie bei der Trampfahrt, fehle. In solchen Fällen sei nur der Geschäftssitz etwas einheitlich Feststehendes. Schließlich sei zu erwähnen, dass nach § 29 HGB der Kaufmann in der Wahl des Handelsregisters, bei dem er seine Firma anmelden müsse, auch nicht frei, vielmehr an den Ort seiner Handelsniederlassung gebunden sei. Halte man das Prinzip der Registerwahrheit aufrecht, so könne man für das Seerecht eine Parallele zu § 29 HGB ziehen. Einen Geschäftssitz habe allerdings nur derjenige Reeder, der Kaufmann sei. Der Eigentümer eines Finkenwerder Fischkutters, der mit diesem zum Fischfang ausfahre, sei zwar Reeder, aber nicht Kaufmann. Hier könne man aber statt auf den Geschäftssitz auf die gewerbliche Niederlassung abstellen, wie denn überhaupt dieser Ausdruck, weil er allgemeiner sei, vorgezogen werden müsse.

Gelange der Seerechtsausschuss zu dem Ergebnis, dass der gegenwärtige Rechtszustand in seinen Grundzüben beizubehalten sei, so müsse man zu § 6 Abs. 1 FlG Folgendes klarstellen:

Leitsatz 1: „Ein Schiff kann nur in das Schiffsregister des Heimathafens eingetragen werden."

Leitsatz 2: „Heimathafen ist derjenige deutsche Hafen, in welchem sich die gewerbliche Niederlassung (Handelsniederlassung) des Reeders befindet."

Der Heimathafen sei dann das Primäre, der Registerhafen das Sekundäre, von ihm Abhängige.

Diese, sich an das bisherige Recht anschließende Regelung versage aber in mehreren Fällen, und hier bedürfe es der Klarstellung und der Lückenausfüllung. Einmal, wenn der Geschäftssitz sich in einem ausländischen Hafen befinde. Zweitens, wenn der Geschäftssitz im Binnenlande liege. Dieser Fall komme in Frankreich häufig vor: z.B. habe eine französische Reederei ihren

Sitz in Paris; Paris aber sei kein Seehafen, da die Seine nur bis Rouen für Seeschiffe fahrbar sei. Drittens, wenn der Geschäftssitz sich an Bord befinde, was in der Kleinschifffahrt bei Reederschiffern häufig vorkomme. Schließlich viertens könne es an einem Geschäftssitz oder an einer gewerblichen Niederlassung völlig fehlen, nämlich im Fall der Nichterwerbsschiffe, die in Zukunft ja ebenso wie die Erwerbsschiffe dem Seerecht und dem Flaggenrecht unterfielen.

Diese Ausnahmefälle habe auch § 6 Abs. 2 FlG bereits im Auge gehabt; insoweit gelte bei uns heute noch der Grundsatz der Registerfreiheit. Hier sei also der Registerhafen das Primäre. Es erhebe sich dann aber die Frage, ob *dem Registerhafen der Heimathafen nachfolge,* oder ob es zuzulassen sei, dass 1. ein Schiff einen ausländischen Heimathafen, aber einen deutschen Registerhafen besitze, oder 2. nur ein deutscher Registerhafen vorhanden sei, während es an einem Heimathafen völlig fehle. Diese beiden Fallgruppen müsse man auseinanderhalten.

Am einfachsten lägen die Fälle, wo ein Heimathafen gänzlich zu fehlen scheine (gewerbliche Niederlassung im deutschen oder ausländischen Binnenlande; Schifferreeder ohne Landkontor; Nichterwerbsschiffe). Es sei rechtspolitisch untragbar, dass hier ein deutscher Registerhafen vorhanden sei, nicht aber ein deutscher Heimathafen. § 7 Ziffer 4 FlG verlange stets die Eintragung des Heimathafens in das Schiffsregister, nach § 17 FlG müsse jedes Schiff am Heck den Namen des Heimathafens führen. Es sei nicht angängig, hier einen rechtsleeren Raum zu lassen, zumal neben den aufgeführten Vorschriften des deutschen Rechts auch internationale Verträge auf den Begriff des Heimathafens Bezug nähmen. Deshalb müsse in diesen Fällen der Registerhafen gleichzeitig der Heimathafen sein. Der Registerhafen gelte also als Heimathafen, *wenn andernfalls das Schiff ohne Heimathafen sein würde.*

Bei der zweiten Gruppe von Tatbeständen sei ein Geschäftssitz an einem Hafenplatz zwar vorhanden, aber im Auslande. Auch diesen Fall regle das geltende Recht nur unvollständig. Im Schrifttum seien verschiedene Ansichten vertreten. Entweder könne man davon ausgehen, dass hier der Registerhafen deutsch sei, der Heimathafen sich aber im Auslande befinde. Das Gesetz scheine in einzelnen Bestimmungen, z.B. in § 506 Abs. 2 HGB sowie in § 6 Abs. 2 FlG in Verbindung mit § 480 HGB mit solcher Gestaltung zu rechnen. Die Trennung des deutschen Registerhafens vom ausländischen Heimathafen sei aber nicht zweckmäßig, vielmehr liege es nahe, *auch hier den deutschen Registerhafen zum Heimathafen zu machen.* Dafür sei schon vor 30 Jahren *Boyens* eingetreten. Allerdings spreche gegen diese Ansicht, dass sie eine Doppelung des Begriffes „Heimathafen" zur Folge habe. Entscheidend müsse aber sein, dass es unzweckmäßig sei, die beiden aufgeführten Fallgruppen verschieden zu behandeln. Es könne insbesondere keinen Unterschied ausmachen, ob der Geschäftssitz sich im ausländischen Binnenlande oder an einem ausländischen Hafenplatz befinde. Ein Reeder, der sein Schiff in ein deutsches Register eintragen lasse, bringe dadurch auch zum Ausdruck, dass er sich dem deutschen Recht unterwerfen wolle, dass dieser Hafen für seinen Schiffsbetrieb rechtlicher Mittelpunkt sein solle. Eine nationale Gesetzgebung dürfe diesen Gesichtspunkt nicht abschwächen, sondern müsse ihn verstärken, müsse also zu dem Ergebnis gelangen, dass der Registerhafen als Heimathafen auch dann zu gelten habe, *wenn sich andernfalls der Heimathafen im Auslande befinden würde.*

Nach alledem gelange man zu einer Abänderung des § 6 Abs. 2 FlG nach Maßgabe folgender Leitsätze: *Leitsatz 3:* „Befindet sich die gewerbliche Niederlassung im Auslande oder im Binnenlande oder fehlt es an einer solchen (Bordbetrieb des Schifferreeders, Lustjachten etc.), so steht dem Reeder die Wahl des inländischen Registers frei."

Leitsatz 4: „Der Registerhafen gilt in diesen Fällen als Heimathafen des Schiffes."

Möglich sei es, dass es an einem Registerhafen deshalb fehle, weil das Schiff einen Rauminhalt von unter 50 cbm habe. Für diesen Fall könne etwa die Regelung von § 4 Dänisches Seegesetz als Vorbild dienen, wonach als Heimathafen der Hafen zu gelten habe, der dem Wohnsitz oder der gewerblichen Niederlassung des Reeders am nächsten liege. Danach ergebe sich als neuer Leitsatz

Leitsatz 5: „Ist das Schiff wegen seiner Kleinheit nicht eingetragen, so gilt in den Fällen zu 3 als Heimathafen der deutsche Hafen, der der gewerblichen Niederlassung oder dem Wohnsitz des Reeders zunächst liegt."

Zusammenfassend hob der Vorsitzende noch einmal hervor, dass der Seerechtsausschuss an einem Scheidewege stehe. Die vorstehenden Leitsätze 1-5 seien *nur für den* Fall aufgestellt, dass der Seerechtsausschuss sich zum Grundsatz der Gebundenheit der Registrierung an den Geschäftssitz bekenne. Der Rechtszustand könne erheblich vereinfacht werden, wenn man stattdessen die Registerfreiheit wieder einführe und weiter bestimme, dass der Registerhafen als Heimathafen gelte. Bei der Auslegung des Flaggengesetzes von 1899 sei man den für die damalige Zeit typischen Weg vom einfachen zum komplizierten Rechtszustand geschritten, ohne aber diesen Weg konsequent zu Ende zu gehen. Er habe zunächst versucht, die Möglichkeiten in beiden Richtungen aufzuzeigen. Bevor er sich entscheide, möchte er die Ansichten der übrigen Ausschussmitglieder kennenlernen.

OLG-Rat *Dr. Reinbeck* nahm als erster in der anschließenden Aussprache das Wort und wies darauf hin, dass der Seerechtsausschuss sich mit den vom Vorsitzenden aufgeworfenen Fragen ohne weitere Vorbereitung kaum werde im Einzelnen befassen können. Nur eine ganz allgemeine Stellungnahme sei möglich.

Der *Vorsitzende* hob demgegenüber hervor, dass die einfache Kardinalfrage: Registerfreiheit und Mussidentität oder Registerwahrheit und Sollidentität? schon jetzt behandelt werden könne. Die Fülle schwieriger Einzelfragen tauche erst auf, falls der Seerechtsausschuss sich zu dem Grundsatz der Registerwahrheit und Sollidentität bekenne.

Ministerialrat *Krieger* empfahl, die Frage des Registerhafens bei den Beratungen beiseite zu lassen, also nur den Heimathafen zu behandeln. Die Frage des Registerhafens hänge allzu eng zusammen mit dem Problem der Gestaltung der Registerbehörden. Es sei z.B. möglich, dass es in Zukunft nur ein einziges Schiffsregister geben werde und dieses könne – theoretisch gesehen – im Binnenlande geführt werden. Schon jetzt sei in Preußen die Registerführung für kleinere Seeplätze zentralisiert in größeren Orten.

Der *Vorsitzende* bemerkte dazu, er halte es nicht für empfehlenswert, die Frage des Registerhafens beiseite zu lassen, wenn auch eine Zentralisierung der Registerführung möglich sei und Ähnliches z.B. im Warenzeichenrecht bereits eine Verwirklichung gefunden habe.

OLG-Rat *Dr. Reinbeck* befürwortete die Trennung von Register- und Heimathafen. Er schlug vor, als Registerhafen den Geschäftssitz des Reeders, als Heimathafen den regelmäßigen Ausgangspunkt der Schiffsreisen zu bezeichnen. Für den Registerhafen müsse der Grundsatz der Registerwahrheit gelten, eine Zentralisierung sei nicht empfehlenswert. Was den Heimathafen anlange, so könne man zwar bestimmen, dass der Heimathafen grundsätzlich mit dem Registerhafen identisch sei, dem Reeder müsse aber die Möglichkeit gegeben werden, einen anderen Hafen als Heimathafen eintragen zu lassen. Man brauche nur an die Kapitänsvollmacht zu denken: Nach Billigkeit käme es dem Reeder zu, den Ort zu bestimmen, wo diese nur beschränkt gelten solle. Vorbehaltlich weiterer Durchdenkung des Problems schlage er also vor, die Eintragung vom Geschäftssitz abhängig zu machen, aber die Wahl des Heimathafens dem Reeder zu überlassen. Bei solcher Trennung der Begriffe Register- und Heimathafen ließen sich viele Schwierigkeiten vermeiden.

Der *Vorsitzende* bemerkte demgegenüber, der Vorschlag versage in den Fällen, wo ein Geschäftssitz in einem deutschen Hafen nicht vorhanden sei; die englische Regelung mit ihrem Grundsatz der Registerfreiheit und Mussidentität vermeide solche Schwierigkeiten. Man könne doch vielleicht davon ausgehen, dass der Reeder schon von selbst sein Schiff an einem Orte eintragen lasse, für dessen Wahl vernünftige Gründe sprächen.

Dr. Schütte wies hierzu darauf hin, dass sehr häufig nur mit Schwierigkeiten erkennbar sei, weshalb ein Reeder seine Schiffe an einem bestimmten Ort eintragen lasse. Oft werde für die Eintragung nicht das Register des Geschäftssitzes gewählt. Auch der Ausgangspunkt der Reisen sei nicht stets entscheidend, beispielsweise könne die „Europa", die in Bremen eingetragen sei, infolge der dortigen Wasserverhältnisse ihren Registerhafen nie wieder erreichen. – Die bisherige Praxis habe zu Schwierigkeiten nicht geführt, man möge es also bei ihr belassen.

Oberinspektor *Bleuss* berichtete aus seiner Praxis beim hamburgischen Schiffsregister, dass in der Tat Missstände kaum aufgetreten seien.

Bedauerlich sei allenfalls, dass nach geltendem Recht kein Registerzwang bestehe. Nur wenn ein Schiff die deutsche Flagge führen wolle, müsse es registriert sein. Einzelne Reeder zögen es jedoch vor, ihre Schiffe um wenige hundert Mark Ersparnis willen etwa in Panama eintragen zu lassen, um sich von den deutschen Heuervorschriften sowie von den Beiträgen für die Seeberufsgenossenschaft usw. freizuhalten. Eine derartige Umgehung liege natürlich nicht im nationalen Interesse.

Ein Zentralregister könne vom praktischen Standpunkte aus nicht befürwortet werden. Es würden Schwierigkeiten bei der Urkundenbeschaffung und der Glaubhaftmachung entstehen, auch die mit einer Zentralisierung notwendig verknüpfte Verzögerung sei unerwünscht, denn häufig, wenn es sich um Schiffskredite handle, müssten Eintragungen mit größter Beschleunigung erfolgen.

Er befürworte den Grundsatz der Registerfreiheit und der Mussidentität von Register- und Heimathafen. Schon heute stehe der Grundsatz der Registerwahrheit zu der Praxis in einem gewissen Widerspruch. In Hamburg seien zahlreiche Schiffe aus dem Unter- und Oberelbegebiet eingetragen; man betrachte es als ausreichend, wenn von dem Antragsteller ein hamburgischer Gewerbeschein vorgelegt werde, der bei der Gewerbepolizei leicht zu erlangen sei. Handle es sich bei den Antragstellern um Handelsgesellschaften mit auswärtigem Geschäftssitz, so begnüge sich die Registerbehörde damit, dass ihr glaubhaft gemacht werde, das Management des einzutragenden Schiffes werde von einer Hamburger Firma besorgt. So verlasse sich die Registerbehörde in weitem Umfange auf die ihr gemachten Angaben, wobei allerdings vereinzelt Missgriffe unterliefen: so sei in Hamburg einmal ein Lissaboner Schiff registriert, das nie nach Hamburg gekommen sei und auch nie nach Hamburg kommen werde; auch bei einem schleswig-holsteinischen Schiff sei es vorgekommen, dass es in Hamburg eingetragen und dass dann der Eigentümer mit dem Schiffe zum Schaden der deutschen Gläubiger ins Ausland auf Nimmerwiedersehen verschwunden sei. Bei vielen Schiffen aber, besonders bei denen, die wilde Fahrt betrieben, sei die Eintragung in Hamburg unbedenklich, z.T. sogar notwendig. Man denke z.B. an kleine Schiffe, die in der Este [linker Nebenfluss der Elbe bei Hamburg] überwintern.

Der *Vorsitzende* dankte Oberinspektor Bleuss für seine Mitteilungen, aus denen die interessante Tatsache hervorgehe, dass die hamburgische Praxis den das geltende Gesetzesrecht beherrschenden Grundsatz der Registerwahrheit entsprechend dem Verkehrsbedürfnis weitherzig auslege.

OLG-Rat *Dr. Reinbeck* meinte, die Ausführungen von Oberinspektor Bleuss ergäben, dass in Zukunft Register- und Heimathafen streng getrennt werden müssten. Es sei de lege ferenda erwünscht, den Grundsatz der Registerwahrheit auch in der Praxis wirklich durchzuführen, aber dem Reeder die Wahl des Heimathafens freizustellen. Die Ermittlung der gewerblichen Niederlassung des Reeders werde bei der Registrierung kaum jemals Schwierigkeiten bereiten, dagegen müsse es ihm überlassen bleiben, den regelmäßigen Ausgangspunkt der Schiffsreisen zu bestimmen.

Der *Vorsitzende* stellte klar, dass OLG-Rat Dr. Reinbeck einen Begriff des Heimathafens zugrunde lege, der im Gegensatz zur herrschenden Meinung offenbar den regelmäßigen Ausgangspunkt der Schiffsreisen im Auge habe. Die meisten und wichtigsten Vorschriften des Gesetzes knüpften aber an den Heimathafen im Sinne des Geschäftssitzes an. Auch sei es in gewisser Weise widerspruchsvoll, dem Reeder die Wahl des einen Hafens zu versagen, des andern aber freizugeben.

OLG-Rat *Dr. Reinbeck* entgegnete, man müsse eben im künftigen Gesetz bei den einzelnen Bestimmungen jeweils sorgfältig prüfen, ob das Wort Registerhafen oder das Wort Heimathafen gebraucht werden solle.

Der *Vorsitzende* erklärte, es bleibe dann immer noch das Bedenken bestehen, dass als Heimathafen der regelmäßige Ausgangspunkt der Schiffsreisen bezeichnet werde. An einem solchen fehle es aber bei der Klein- und bei der Trampschifffahrt. Deshalb habe man sich ja gerade im Laufe der Zeit von diesem Begriffe des Heimathafens abgewandt.

OLG-Rat *Dr. Reinbeck* erwiderte, dass für die Klein- und Trampschifffahrt der Registerhafen ausreiche, hier fehle es eben an einem Heimathafen.

Dr. Riensberg empfahl, den zukünftigen Rechtszustand so zu gestalten, dass er der bisherigen Praxis entspreche. Heute gelte praktisch der Grundsatz der Registerfreiheit und der Mussidentität. Es komme wohl kein Fall vor, in dem Register- und Heimathafen auseinanderfielen. Die Praxis der Registerfreiheit habe zu keinen Schwierigkeiten geführt. Es bestünden keine Bedenken dagegen, dass die Eigentümer der von Oberinspektor Bleuss erwähnten Schiffe diese in Hamburg eintragen ließen, wenn ihnen das vorteilhafter erscheine als die Eintragung in dem Register irgendeines kleinen Amtsgerichtes. Die Kapitänsvollmacht spiele im Zeitalter des Fernsprechers und der Telegrafie keine Rolle mehr. Auf den regelmäßigen Ausgangspunkt der Schiffsreisen könne keinesfalls abgestellt werden, sei es doch z.B. möglich, dass ein Schiff zeitweise auf der Strecke Hamburg-Finnland, dann auf der Strecke Lübeck-Finnland verwendet werde. Auch auf den Geschäftssitz werde nach der heutigen Praxis nicht stets abgestellt, so seien sämtliche Schiffe der Oldenburg-Portugiesischen Dampfschiffs-Rhederei in Oldenburg eingetragen, obgleich die Reederei ihren Sitz in Hamburg habe und die Schiffe auch nie nach Oldenburg kämen, ja wegen ihres Tiefganges gar nicht kommen könnten.

Der *Vorsitzende* betonte, dass sich bei dem Problem des Heimat- und Registerhafens wie so oft eine Unstimmigkeit zwischen dem lebenden Recht und dem Gesetzesrecht zeige. Die ursprüngliche Gesetzesauslegung habe sich im lebenden Recht erhalten, ein Beispiel für das im Rechtsleben so häufige Beharrungsvermögen. Das lebende Recht lege es nahe, den Entschluss zu fassen, das kommende Gesetzesrecht dem Rechtszustand, wie er vor 1899 bestand, wieder anzupassen.

Oberinspektor *Bleuss* führte sodann Beispiele dafür an, dass dieselbe Reederei mehrere Schiffe in verschiedene Register eintragen lasse („Nordsee“ Deutsche Hochseefischerei Bremen-Cuxhaven AG, Bugsier-, Reederei- & Bergungs-Aktiengesellschaft). Das sei allerdings bei etwaigen Gesamtverpfändungen der Schiffe unpraktisch.

Der *Vorsitzende* entgegnete, man könne vielleicht die Registerfreiheit, falls ein Reeder mehrere Schiffe habe, einschränken.

Ministerialrat *Krieger* kam auf seinen Vorschlag zurück, zunächst die Frage zu lösen, was der Heimathafen sei. Dabei müsse auf den Geschäftssitz abgestellt werden.

Im Übrigen müsse aber uneingeschränkte Registerfreiheit bestehen. Die Beratungen hätten ergeben, dass der Grundsatz der Registergebundenheit in der hamburgischen Praxis nicht streng durchgeführt werde, ob das auch für Preußen gelte, bezweifle er. Für die uneingeschränkte Registerfreiheit spreche insbesondere, dass eine Reederei, welche ihre Schiffe teilweise an einem Orte, teilweise an einem anderen Orte verwende, an der Wahl verschiedener Register ein Interesse besitzen könne, während der Heimathafen als Geschäftssitz in dem genannten Sinne für alle Schiffe derselbe sei. Schließlich müsse als für die Registerfreiheit sprechend angesehen werden, dass sich der Grundsatz der Registerwahrheit deshalb vielfach nicht durchführen lasse, weil beispielsweise für ganz Ostpreußen nur ein einziges Schiffsregister in Königsberg geführt werde.

Der *Vorsitzende* dankte Ministerialrat Krieger für den wichtigen Hinweis, dem sich entnehmen lasse, dass infolge von Zentralisierung des Schiffsregisterwesens die Identität von Register- und Heimathafen nicht in allen Fällen gewahrt bleiben könne. Bei einem Auseinanderfallen der beiden Häfen müssten am Heck des Schiffes eigentlich beide angegeben werden, denn jeder, der zu dem Schiff in Rechtsbeziehungen trete, könne sowohl an der Kenntnis des Registerhafens als auch an der Kenntnis des Heimathafens interessiert sein. Wenn das geltende Flaggengesetz nur die Angabe des Heimathafens am Heck verlange, so gehe es dabei offensichtlich von der stillschweigenden Voraussetzung aus, dass der Grundsatz der Sollidentität gelte.

Präsident *Dr. Völckers* regte an, vor Fortsetzung der Beratungen zunächst Ermittlungen im Einzelnen darüber anzustellen, aus welchen Gründen die heutige Praxis nicht von dem gesetzlichen Grundsatz der Registerwahrheit, sondern von dem der Registerfreiheit ausgehe. Er wies unter Anführung verschiedener Beispiele darauf hin, dass die tatsächlichen Verhältnisse außerordentlich verwickelt seien. Eine große Rolle spielten sicherlich finanzielle Gesichtspunkte, häufig seien allerdings wohl auch historische Gründe maßgebend. Wenn z.B. das Schulschiff „Deutschland“ des Deutschen Schulschiff-Vereins, der seinen Sitz in Bremen habe, in Oldenburg eingetragen sei, so sei das eine freundliche Geste gegenüber dem Großherzog von Oldenburg gewesen. Daneben sei von Bedeutung gewesen, dass die Ausrüstungsgeschäfte in Oldenburg sich auf die Ausrüstung des Schulschiffes eingestellt hätten.

Der *Vorsitzende* entgegnete, seines Erachtens führe es viel zu weit, wenn man die Beratungen jetzt abbreche, um zunächst den Einzelfällen nachzuspüren und jeweils Untersuchungen über die psychologischen Hintergründe anzustellen. Über die typischen Interessenlagen und Motive, auf die es für den Gesetzgeber allein ankomme, sei man unterrichtet, auch könne Oberinspektor Bleuss darüber Auskunft geben.

Dr. Schütte kam auf den von Oberinspektor Bleuss angeführten Fall der Gesamtbelastungen zurück und betonte, dass die Praxis der auftretenden Schwierigkeiten stets leicht Herr geworden sei. – Wenn die Reeder aus dem Gebiete der Unterelbe ihre Schiffe in Hamburg eintragen ließen, so habe das seinen Grund nicht nur darin, dass das für sie zuständige Gericht zu weit abgelegen sei, sondern besonders auch darin, dass sich ihr geschäftlicher Mittelpunkt meistens in Hamburg befinde. Zumal die Vertrauensmakler dieser kleinen Reeder hätten durchweg in Hamburg oder Altona ihren Sitz. Einen Gewerbeschein besäßen sie an einem anderen Orte auch durchweg nicht.

OLG-Rat *Dr. Reinbeck* berichtete über die historischen Gründe, die zur Eintragung der Schiffe der Oldenburg-Portugiesischen Dampfschiffs-Rhederei in Oldenburg geführt hätten. Besonders seien hierfür patriotische und familiäre Interessen maßgebend gewesen. Zurückkommend auf die Äußerung von Ministerialrat Krieger vertrat er abermals seinen Standpunkt, dass man zwar Register- und Heimathafen aus ihrer Zwangskoppelung lösen müsse, dass man aber nicht Registerfreiheit und Heimathafenzwang, sondern gerade umgekehrt Registerwahrheit und Heimathafenfreiheit fordern müsse. – Am Heck des Schiffes brauche nur der Registerhafen angegeben zu werden, im Ausland seien nur die größeren Orte bekannt.

Der *Vorsitzende* wies darauf hin, dass nach den vorliegenden Äußerungen die überwiegende Ansicht dahin gehe, den praktisch schon jetzt zum Teil bestehenden Rechtszustand zum Gesetzesrecht zu erheben, also den Grundsatz der Registerfreiheit aufzustellen. Registerhafen sei dann zugleich der Heimathafen, falls nicht der Reeder einen anderen Heimathafen wähle.

Dr. Riensberg stimmte dem Vorsitzenden zu. Nur der großzügigen Praxis sei es zu verdanken, dass der geltende Rechtszustand nicht zu untragbaren Ergebnissen geführt habe. Er könne zahlreiche Fälle anführen, bei denen die Verhältnisse außerordentlich verwickelt seien. Man müsse den Schiffen der Ober- und Unterelbe in Zukunft nicht nur die praktische, sondern auch die rechtliche Möglichkeit eröffnen, sich in Hamburg eintragen zu lassen. Das verlangten auch die Schiffshypothekenbanken, denn die kleinen Gerichte beherrschten die Eintragungsformalitäten nicht immer völlig.

Der *Vorsitzende* fügte hinzu, dass die Einführung der Registerfreiheit auch den Vorteil habe, dass ein einfacher und alle Zweifel ausschließender Rechtszustand an die Stelle eines vermeidbar komplizierten trete. Das entspreche dem Geist der neuen Zeit. In gewissen Fällen könne übrigens das künftige Gesetz die Rechtslage auch dadurch vereinfachen, dass es dort auf den Tatbestandsbegriff „Heimathafen" verzichte, so hinsichtlich der Kapitänsvollmacht, bei der man stattdessen auf den Geschäftssitz und die auswärtigen Agenturen des Reeders abstellen könne, so auch bei § 488 HGB, wo man wegen des Gerichtsstandes auf den vom Reeder ja frei gewählten Registerhafen verweisen könne.

Dr. Bramslöw kam auf den Gedanken eines Generalregisters zurück. Mit der Schaffung eines solchen Registers gehe eine wesentliche Verfahrensvereinfachung Hand in Hand. In Preußen seien bereits Schritte zur Schaffung eines Generalregisters getan, da es für ganz Ostpreußen nur noch einen Registerhafen gebe. Auf diesem Wege könne man fortschreiten, indem man je ein Generalregister für die Ost- und Nordsee schaffe. Die Eigenstaatlichkeit der Länder sei doch heute kein Hindernis mehr für solche Vereinheitlichungsbestrebungen. Ob allerdings von der Einführung eines Generalregisters ernstliche Schwierigkeiten für die Praxis zu befürchten seien, könne er nicht beurteilen. Oberinspektor Bleuss werde am besten darüber Auskunft geben können, ob der Nachteil die Vorteile überwiege.

Bleibe die jetzige Vielzahl von Registern erhalten, so glaube er nicht, dass zwingende Gründe für den Grundsatz der Registerfreiheit sprächen. Auch beim Handelsregister und Grundbuchamt bestehe solche Freiheit nicht. Die bei den Beratungen angeführten Einzelfälle seien doch nur von historischem Interesse. Auf derartige nicht typische Sachverhalte könne der Seerechtsausschuss bei der Schaffung des künftigen Rechtes keine Rücksicht nehmen. Finanzielle Interessen dürften auch nicht den Ausschlag geben; vor allem gehe es nicht an, einen Ort nur deshalb zum Registerhafen zu wählen, weil sich dort die Geldgeber befänden. Dieser Ort könne ja auch im Binnenland liegen. Im Übrigen könne die Registerfreiheit zu einem häufigen Auseinanderfallen von Register- und Heimathafen führen, das gleichfalls unerwünscht sei.

Der *Vorsitzende* erwiderte, dass zwar eine zwingende Notwendigkeit für die Einführung des Grundsatzes der Registerfreiheit nicht bestehe, dass es sich aber um eine Frage der Zweckmäßigkeit handle. Man gerate – wie die jetzige Praxis zeige – in Rechtsnot, wenn man, an dem Grundsatz der Registerwahrheit festhaltend, an den Geschäftssitz anknüpfe, weil dieser häufig nicht vorhanden sei, oder wenn man anknüpfe an den regelmäßigen Ausgangspunkt der Schiffsreisen, weil es an diesem gleichfalls häufig fehle. Verwickelte Vorschriften wären, wie er dargelegt habe, dann nötig, um diese Schwierigkeiten zu überwinden. Mit einem Schlage verschwänden alle diese Schwierigkeiten, wenn man sich für die Registerfreiheit entscheide. Zur Vermeidung von Missbräuchen könne man notfalls gewisse Sicherheitsklauseln hinzufügen.

Ministerialrat *Krieger* hob hervor, dass man den Begriff des Registerhafens richtig verstehen müsse. Zwar werde für Ostpreußen das Schiffsregister nur in Königsberg geführt, das habe aber nicht zur Folge, dass Pillau kein Registerhafen sein könne. Richtig sei vielmehr, wie § 4 Abs. 2 FlG ergebe, nur die Auffassung, dass das Register des Registerhafens Pillau in Königsberg geführt werde.

OLG-Rat *Dr. Reinbeck* meinte, man könne dann also einen Registrierungshafen, in dem das Register geführt werde, einen Registerhafen – in dem Beispielsfalle Pillau – und den Heimathafen unterscheiden.

Der *Vorsitzende* betonte, dass diese Auffassung zwar möglich sei, sie enthalte aber eine Abweichung von dem üblichen Wortsinn, wonach als Registerhafen nur derjenige Hafen bezeichnet werde, in dem das Register tatsächlich geführt werde. Dieser Begriff des Registerhafens sei zwar grobschlächtiger als der von Ministerialrat Krieger vorgeschlagene, es empfehle sich aber, bei der weiteren Beratung den üblichen Begriff des Registerhafens zugrunde zu legen. Mit drei Begriffen zu arbeiten, sei unnötig kompliziert.

Oberinspektor *Bleuss* legte dar – zurückkommend auf die Bemerkung von Dr. Bramslöw, – gegen ein Generalregister spreche vornehmlich das Bedenken, dass die dadurch eintretende Verzögerung untragbar sein werde. Oft lägen die Fälle so, dass die Valuta schon vor Eintragung eines Pfandrechts falle, wenn der Registerbeamte auf fernmündliche Anfrage der Banken bestätige, dass die Eintragungsanträge ordnungsgemäß gestellt seien. Bei dieser Sachlage spiele es natürlich auch eine Rolle, dass die Beteiligten sich das Registergericht frei wählen könnten. Gerade aus diesem Grunde kämen zahlreiche Reeder des Unterelbegebietes nach Hamburg.

Bei Einführung der Registerfreiheit frage es sich nur, wie man die Reeder behandeln solle, die einen größeren Schiffspark besäßen. Seines Erachtens werde es nicht oft vorkommen, dass ein Reeder zwanzig Schiffe an zwanzig verschiedenen Orten eintragen lasse. Dadurch erschwere er sich zu sehr die Gesamtbelastungen, die heute eine große Rolle spielten. Nicht außer Acht lassen dürfe man auch die Gebührenfrage, die so geregelt sei, dass die Reeder kein Interesse daran hätten, die Eintragung bei möglichst vielen Registern vorzunehmen.

Direktor *Michelau* sprach sich gleichfalls für Registerfreiheit aus. Es sei erwägenswert, einen Reeder, der mehrere Schiffe besitze, zu zwingen, sie in das gleiche Register eintragen zu lassen. Andererseits müsse bei Vorliegen wichtiger Gründe auch eine Eintragung in andere Register möglich sein.

OLG-Rat *Dr. Reinbeck* erklärte, dass er nunmehr seinen Widerstand gegen die Einführung der Registerfreiheit aufgäbe. Er betonte sodann, dass die Möglichkeit, verschiedene Register zu wählen, möglicherweise von solchen Reedern missbraucht werden könnte, die ein Interesse daran hätten, bei Rechtsstreitigkeiten nicht immer vor dasselbe Gericht treten zu müssen. Man möge etwa an Prozesse gegen Versicherungsgesellschaften denken, falls die Dinge so lägen, dass früher bereits ein Rechtsstreit geschwebt habe, bei dem der Verdacht eines Versicherungsbetruges aufgetaucht sei.

Der *Vorsitzende* fasste sodann das Ergebnis der Aussprache dahin zusammen, dass man in Zukunft von dem Grundsatz der Registerfreiheit ausgehen müsse. Klärungsbedürftig sei nur noch die Frage, ob der Grundsatz einer Einschränkung dann bedürfe, wenn ein Reeder eine Mehrzahl von Schiffen besitze. Man könne vielleicht eine Sicherheitsklausel einführen: „Lässt der Reeder seine mehreren Schiffe in verschiedene Register eintragen, so soll eine Eintragung unterbleiben, wenn von ihr Verwirrung zu besorgen ist."

Direktor *Michelau* schlug vor, dem Reeder etwas allgemeiner, nämlich bei Vorliegen eines wichtigen Grundes, die Möglichkeit zu verschließen, verschiedene Register zu wählen. Eine größere Anzahl von Ausschussmitgliedern, darunter Ministerialrat *Koffka,* sprach sich jedoch gegen jede Beschränkung der Registerfreiheit aus. Es lasse sich aus der Amtlichen Liste der Eintragungen und aus den Listen des Germanischen Lloyd und der Seeberufsgenossenschaft stets leicht feststellen, ob ein Reeder noch andere Schiffe besitze und an anderem Ort habe eintragen lassen. Es werde zu einer Geschäftserschwerung führen, wenn darüber hinaus jeweils Nachforschungen nach etwaigen wichtigen Ablehnungsgründen angestellt werden müssten. Der *Vorsitzende* erklärte sich hierauf – besonders im Interesse der Vermeidung bürokratischer Schwierigkeiten – mit der Weglassung einer Sicherungsklausel einverstanden. Die Anwesenden stimmten ihm zu.

Der *Vorsitzende* stellte abschließend fest, dass danach in Zukunft der uneingeschränkte Grundsatz gelte: *„Dem Reeder steht die Wahl des inländischen Registers frei."* Ein zweiter

Grundsatz müsse dann lauten: *„Der Registerhafen gilt als Heimathafen"*, doch sei es nötig, diesen Grundsatz der Mussidentität etwas einzuschränken im Hinblick auf die in Preußen durchgeführte Zentralisierung der Schiffsregister in den größeren Häfen. Die Zahl der denkbaren Heimathäfen (im Sinne des Geschäftssitzes) sei infolgedessen weit größer als die Zahl der Registerhäfen. Er schlage daher vor, hinzuzufügen: *„Sofern nicht der Reeder glaubhaft macht, dass sein Geschäftssitz sich in einem anderen deutschen Hafen befindet, und diesen als Heimathafen eintragen lässt."* Es komme natürlich nur die Bezeichnung anderer *deutscher* Heimathäfen in Betracht, nicht ausländischer.

Die Anwesenden stimmten auch diesem Vorschlage bei.

Zum Schluss regte OLG-Rat *Dr. Reinbeck* an, den Sitzungsteilnehmern in Zukunft schon vor den betreffenden Beratungen die Leitsätze der Berichterstatter zu übermitteln, hierdurch würde die Aussprache ergiebiger werden. Der Vorsitzende stimmte diesem Vorschlage grundsätzlich zu, wies aber darauf hin, dass es sich bei nur zwei- bis dreiwöchigen Sitzungsabständen sehr schwer durchführen lasse.

15. Arbeitssitzung vom 10.1.1935 (16 bis 19 Uhr)

Anwesend:
Vorsitzender: Prof. Dr. Wüstendörfer, Hamburg
stellvertretender Vorsitzender: OLG-Präsident Dr. Engel, Hamburg
2. Schriftführer: Richter Dr. Bramslöw, Hamburg
und als weitere wissenschaftliche Mitglieder:
Dr. Krichhauff, Hamburg
Reichsgerichtsrat Dr. Lindenmaier, Leipzig
Direktor Michelau, Bremen
OLG-Rat Dr. Reinbeck, Hamburg
Dr. Riensberg, Hamburg
Dr. Schütte, Hamburg
Rechtsanwalt Dr. Schulze-Smidt, Bremen
Verwaltungsdirektor Sturm, Hamburg
als praktisches Mitglied:
Direktor Brandt, Hamburg
vom Reichsjustizministerium:
Ministerialrat Koffka, Berlin
Ministerialrat Krieger, Berlin
als Sachverständige:
Oberinspektor Bleuss, Hamburg
Bankdirektor Feindt, Hamburg
für die Niederschrift in der Sitzung:
Assessor Dr. Möller, Hamburg und Referendarin Krüger, Wandsbek
entschuldigt fehlten:
Rechtsanwalt Dr. Dettmers, Bremen
Rechtsanwalt Dr. Droege, Hamburg
Dr. Nolte, Hamburg
Rechtsanwalt Dr. Schüler, Hamburg

Der *Vorsitzende* eröffnete die Sitzung, indem er darauf hinwies, dass der Seerechtsausschuss nunmehr in sein zweites Arbeitsjahr eintrete. Er machte Mitteilung von zwei Neujahrsglückwünschen, die ihm von dem Präsidenten der Akademie für Deutsches Recht, Reichsminister Dr. Frank, und von dem früheren stellvertretenden Präsidenten, Geheimrat Prof. Dr. Kisch, gesandt seien.

Sodann nahm der *Vorsitzende* zu einem Bericht über die *Rechtsbedeutung des Seeschiffsregisters* das Wort: Die schwierige Materie des Schiffsregisterrechts überschneide sich vielfach mit der des Schiffshypothekenrechts. Klare Ergebnisse ließen sich für das Schiffsregisterrecht nur erzielen, wenn man gewisse mutmaßliche Ergebnisse des künftigen Schiffshypothekenrechts einstweilen unterstelle, vorbehaltlich einer späteren Nachprüfung im Einzelnen.

I. Der heutige Rechtsstand auf dem Gebiet des Schiffsregisterrechts trage den Stempel des Unfertigen. Als Rechtsquellen kämen nicht weniger als vier verschiedene Gesetze in Betracht, das Flaggengesetz, das Bürgerliche Gesetzbuch, das Binnenschifffahrtsgesetz und das Gesetz über die freiwillige Gerichtsbarkeit.

Inhaltlich zeigten diese Gesetze keine Einheitlichkeit, sie seien nicht klar durchdacht. Das Schiffsregister erfülle einerseits *öffentlich*rechtliche, andererseits *privat*rechtliche Zwecke. In öffentlichrechtlicher Hinsicht wolle das Schiffsregister ein zuverlässiges und allgemein zugängliches Auskunftsmittel sein über die tatsächlichen und rechtlichen Verhältnisse, die als Grundlage des Flaggenrechts in Betracht kämen; konstitutive Bedeutung habe die Eintragung in das Schiffsregister hier für die Erlangung des Schiffszertifikats (§ 11 Abs. 2 FlG) und die Befugnis zur Ausübung des Flaggenrechts.

Die privatrechtlichen Aufgaben des Schiffsregisters seien demgegenüber stark verkümmert. Auch fehle es an einer einheitlichen Linie; die Magnetnadel des Schiffsregisters schwanke hin und her, angezogen einerseits von dem Pole des Handelsregisters, andererseits von dem Pole des Grundbuches. So wie das Handelsregister die Aufdeckung der Geschäftsverfassung des Kaufmanns bezwecke, diene das Schiffsregister der Aufdeckung der Reedereiverfassung für die in Betracht kommenden Interessenten, als: Schiffsgläubiger, Versicherer, Fracht- und Kaufinteressenten. Mit dem Grundbuche sei das Schiffsregister insofern verwandt, als ein Schiffspfandrecht nur wie ein Grundpfandrecht durch Einigung und Eintragung begründet werden könne. In dieser Hinsicht sei das Schiff „verliegenschaftet". Dabei müsse man sich aber vor Augen halten, dass das Liegenschaftsrecht nur zu einem kleinen Teil vorbildlich gewesen sei. Die Eigentumsübertragung vollziehe sich beispielsweise außerhalb des Schiffsregisters, sie sei sogar gemäß § 474 HGB formlos und nicht einmal eine Besitzverschaffung notwendig dazu. Die Annäherung an das Grundbuch bestehe also nur für das Gebiet der Verpfändung, man könne das Schiffsregister allenfalls als Hypothekenbuch bezeichnen. Aber auch insoweit sei die Verliegenschaftung nicht vollständig durchgeführt, vielmehr finde sich eine unklare Mischung von Fahrnis- und Liegenschaftsrecht. Die §§ 1259 ff. BGB fänden sich in dem Abschnitt Fahrnispfandrecht. Die Bestellung des Pfandrechts geschehe zwar ohne Besitzübertragung, diese werde ersetzt durch die Eintragung, aber nur als ein Traditionssurrogat im fahrnisrechtlichen Sinne. Ferner sei der Gedanke des Hypothekenbuches auch insofern nicht allgemein durchgeführt, als § 1260 BGB nur die Pfandbestellung betreffe: Die Übertragung und Verpfändung der Schiffshypothek erfolge dagegen wiederum formlos, und zwar sei § 1266 Satz 1 BGB in Verbindung mit § 1250 BGB für die Übertragung und § 1274 Abs. 1 BGB in Verbindung mit § 1280 BGB für die Verpfändung maßgebend. Die Eintragung habe also in diesen Fällen keine konstitutive Bedeutung, wirke vielmehr nur deklaratorisch, sie sei Berichtigung des Registers. Desgleichen vollziehe sich die Beendigung der Schiffshypothek außerhalb des Schiffsregisters, auch die Löschung sei nur Berichtigung. Werde das Pfandrecht zu Unrecht gelöscht, so bestehe es folgt, allerdings bedroht durch § 1262 Abs. 2 BGB, der eine negative Publizitätswirkung normiere: Ein gutgläubiger, lastenfreier Erwerb des Schiffes auch ohne Besitzübergabe sei dadurch ermöglicht. Die Eintragung in das Schiffsregister sei also nur zum Teil rechtsbegründend, zum Teil schaffe sie lediglich ein öffentliches Auskunftsmittel für die Rechtsverhältnisse am Schiff und sei Berichtigung des Registers.

II. Ein weiterer Mangel des geltenden privaten Schiffsregisterrechts sei das Fehlen einer allgemeinen *Rechtsvermutung.* Zwar habe sich das Verkehrsbedürfnis hier, wie so oft, gewohnheitsrechtlich Bahn gebrochen. Aber das sei doch nur zum Teil geschehen, und der bestehende Rechtszustand weise auch zahlreiche Unsicherheiten auf. Vier verschiedene Rechtsvermutungen ließen sich unterscheiden.

1. Zunächst streite eine Rechtsvermutung für das Vorhandensein der Voraussetzungen des *Flaggenrechts.* Diesen Grundsatz könne man vielleicht schon aus § 11 Abs. 1 FlG entnehmen. Gemäß § 11 Abs. 1 FlG komme dem Schiffszertifikat eine bestimmte Beweiskraft zu, und da gemäß § 10 Abs. 1 FlG das Schiffszertifikat nichts anderes sei als ein Auszug aus dem Schiffsregister, so folge daraus, dass eine entsprechende Beweiskraft auch dem Schiffsregister selbst beizulegen sei. Diese Beweiswirkung beruhe auf der in § 8 FlG vorgeschriebenen Tatbestandserforschung seitens der Behörde. Hinzu trete der Anmeldezwang hinsichtlich späterer Tatbestandsänderungen, wie er durch die §§ 13 ff., 20 FlG geschaffen sei. Insoweit habe das bestehende Gewohnheitsrecht also eine Grundlage im positiven geltenden Recht.

2. Eine zweite Rechtsvermutung spreche gewohnheitsrechtlich für das Bestehen des *Eigentums* des Eingetragenen. Eine entsprechende gesetzliche Bestimmung sei 1858 vorgeschlagen gewesen (vgl. Protokolle [der ADHB-Kommission, 1858, neu hrsg. von W. Schubert, 1984] 1742 ff.), offenbar aber nur deshalb nicht in das Gesetz aufgenommen worden, weil man sie für überflüssig gehalten habe.

3. Bei einer dritten sehr umstrittenen Rechtsvermutung handle es sich darum, ob das Bestehen eingetragener *Schiffshypotheken* zu vermuten sei. *[Georg] Schaps* (2. Auflage) habe diese Frage bejaht, von der herrschenden Meinung werde sie aber verneint.

4. Eine vierte Rechtsvermutung schließlich streite für den Nichtbestand *gelöschter Schiffshypotheken.* Sie lasse sich mittelbar dem § 1262 Abs. 2 BGB entnehmen, der einen öffentlichen Glauben negativen Inhalts anerkenne.

Die gewohnheitsrechtlich ausgebildeten Rechtsvermutungen könnten aber nicht genügen; es fehle an einer klaren zusammenfassenden Norm nach Art des § 891 BGB.

III. Ein weiterer Mangel sei es, dass der Eintragung in das Schiffsregister *kein positiver öffentlicher Glaube* zur Seite stehe. Drei Beispiele mögen das erläutern:

1. Angenommen, in das Schiffsregister sei ein Nicht-Eigentümer eingetragen, etwa ein Korrespondentreeder – ein nicht seltener Fall. Dieser veräußere das Schiff an den gutgläubigen X ohne Besitzübergabe. Dann erwerbe X kein Eigentum. Werde allerdings dem X das Schiff übergeben, d.h. der Besitz übertragen, so werde X nach Maßgabe der §§ 932 ff. BGB geschützt, sofern er gutgläubig sei.

2. Ein weiteres Beispiel bilde der Fall, dass ein eingetragener Nicht-Eigentümer, z.B. ein Korrespondentreeder, dem gutgläubigen X eine Schiffshypothek bestelle. Nach § 1260 BGB erwerbe der X die Hypothek nicht, weil zur Rechtsentstehung die Einigung mit dem wahren Eigentümer notwendig sei. Hier tauche die Zweifelsfrage auf, ob der X wenigstens dann geschützt werde, wenn er auch den Besitz am Schiff erlange, ein Kreditgeber könne beispielsweise das Schiff chartern und als Charterer in Besitz nehmen. Die herrschende, aber anfechtbare Ansicht lehne den

Rechtserwerb ab, da § 1207 BGB nicht anwendbar sei. Somit werde nach herrschender Ansicht der Gutgläubige weder in seinem Vertrauen auf die Eintragung noch in seinem Vertrauen auf die Besitzerlangung geschützt.

3. Ein drittes Beispiel stelle der Fall dar, dass ein fälschlich eingetragener Hypothekarier, dem in Wahrheit die Hypothek nicht zustehe, diese durch Forderungsabtretung auf den gutgläubigen X übertrage. Auch hier werde X nicht geschützt.

[Emil] Boyens [Das deutsche Seerecht] wolle allerdings § 1207 BGB analog anwenden auf die Hypothekbestellung durch Eintragung; die herrschende Ansicht habe diesen Standpunkt aber als mit § 1260 Abs. 1 BGB unvereinbar abgelehnt.

Nach allem sei die bestehende gesetzliche Regelung in jeder Hinsicht unzulänglich. Zur Zeit der Schaffung der geltenden Vorschriften habe man starke wirtschaftspolitische Bedenken gegen den Realkredit durch Schiffshypotheken gehabt. Der heutige Rechtszustand beruhe auf dieser geradezu feindseligen Tendenz. Das komme auch darin zum Ausdruck, dass § 1262 Abs. 2 BGB nur einen *negativen* öffentlichen Glauben kenne. Die Vorschrift sei also für den Realkredit hinderlich, nicht fördernd. Hervorzuheben sei, dass auch § 1262 Abs. 1 BGB nicht etwa den öffentlichen Glauben schütze. In dieser Vorschrift werde nicht eine unrichtige Eintragung als richtig fingiert, sondern dort sei nur die absolute Kraft der vorgenommenen inhaltlich richtigen Eintragung normiert. Das aber sei etwas ganz anderes als „Schutz des öffentlichen Glaubens".

IV. Die heutige Regelung bedeute gegenüber der *früheren landesrechtlichen* Regelung, wie sie vor 1900 bestanden habe, einen Rückschritt. Die Landesgesetze seien zum Teil, besonders in den Hansestädten, auf praktische Sachkunde und gesunden Tatsachensinn gegründet gewesen, während das geltende Recht des BGB auf lebensfremdem Dogmatismus und Begriffsformalismus beruhe. In *Bremen* habe das Gesetz über die Verpfändung von Schiffen von 1887 in § 20 den öffentlichen Glauben des Schiffsregisters zugunsten gutgläubiger Rechtserwerber anerkannt. Das entsprechende *Hamburgische* Gesetz von 1885 habe im § 3 bestimmt, dass die Übertragung der Schiffspfandrechte durch Umschreibung im Schiffsregister erfolge. Dieses Gesetz habe auch bereits die Möglichkeit einer Eigentümerhypothek vorgesehen. Andere Landesgesetze, wie das *Preußische* Einführungsgesetz zum Handelsgesetzbuch von 1861, Art. 59, und das *Lübische* Gesetz über die Verpfändung von Seeschiffen von 1882 hätten allerdings in der Eintragung nur ein Traditionssurrogat gesehen; die Regelung sei hier also ähnlich verfehlt gewesen wie diejenige des Bürgerlichen Gesetzbuches.

V. Schon im Rahmen des geltenden Rechts seien aber hoffnungsvolle Ansätze zu einer gewohnheitsrechtlichen Überwindung des bestehenden unhaltbaren Zustandes zu beobachten. Ansätze, welche von dem *Rechtsgrundsatz der Erklärungstreue* ausgingen, der auch für das Handelsregister Bedeutung habe und im Seerechtsausschuss schon bei der Erörterung des Begriffs „Seeschiff" gelegentlich der Besprechung des Hansa-Falles angezogen sei. Der Rechtsgrundsatz der Erklärungstreue ergebe: Wenn jemand eine unrichtige Eintragung über eine Tatsache, die seiner Verfügungsmacht unterliege, schuldhaft veranlasse oder bewusst dulde, so könne er sich einem gutgläubigen Dritten gegenüber nicht auf die Unrichtigkeit der erfolgten Eintragung berufen. Denn solches Handeln stelle ein unzulässiges Handeln wider Treu und Glauben dar, ein „venire contra factum proprium", wie *Riezler* es in seiner gleichnamigen Schrift genannt habe. In England komme der gleiche Rechtsgedanke in dem bekannten „Estoppel"-Prinzip zum Ausdruck.

In den Entscheidungen deutscher Gerichte zum Schiffsregisterrecht klinge der Gedanke der Erklärungstreue besonders in zwei Urteilen an. Zunächst in dem schon erwähnten Hansa-Falle (HGZ 1903 Nr. 86), wo der Reeder ohne Erfolg eingewendet habe, dass es sich um ein Binnenschiff handle, nachdem er es in das Seeschiffsregister habe eintragen lassen, weiterhin in einem Falle (HGZ 1912 Nr. 119), wo einem Gutgläubigen eine Hypothek von einem fälschlich als Alleineigentümer eingetragenen Korrespondentreeder bestellt sei. Durch die Rechtsprechung seien so die Lücken des Gesetzes zum Teil ausgefüllt, später werde nachzuweisen sein, in welchen Fällen die Rechtsprechung noch keine Abhilfe schaffe.

VI. Werfe man einen Blick auf die *ausländischen* Rechtsordnungen, so sehe man, dass diese zum Teil zweckmäßiger und durchdachter seien, wenngleich sie untereinander starke Abweichungen zeigten. Insbesondere sei die Eintragung zum Teil auch rechtsbedeutsam für den Eigentumsübergang am Schiff, nicht nur für die Hypothekbestellung. Das treffe für Frankreich, England, Italien, Dänemark und Holland zu. Zwei Möglichkeiten seien hier gegeben:

1. Frankreich folge dem sogenannten „*Transkriptions*-System", wonach die Eintragung nur für den Eintritt der Rechtswirkung nach außen, also im Verhältnis zu Dritten bedeutsam sei, während im Innenverhältnis zwischen den Vertragschließenden die Rechtswirkungen ohne die Eintragung einträten. Hier sei auch das englische Recht zu nennen, wonach die Hypothekübertragung schriftlich erfolge, aber gemäß sect. 37 Merchant Shipping Act gegen Dritte erst wirke, wenn sie in das Schiffsregister eingetragen sei.

2. Andere Rechtsordnungen ließen die Eintragung *konstitutiv* wirken, sie sei dann auch für das Innenverhältnis maßgebend. So nach § 3 des dänischen Seegesetzes, ferner Art. 318 Abs. 1 des holländischen Handelsgesetzbuchs (Fassung von 1924/26), der die Übereignung von Schiffen betreffe, während die für die Verpfändung in Art. 318 Abs. 1 enthaltene Bestimmung weniger klar sei. Besonders hervorgehoben müsse werden, dass Holland das Land der Schiffshypothekenbanken sei und früher das Schiffspfandrecht dort nach dem Vorbild des Fahrnispfandrechts geregelt gewesen sei. Den gleichen Weg wie Dänemark und Holland beschreite auch der italienische Entwurf eines Seegesetzbuchs in Art. 71, 462.

3. Der Gedanke des *öffentlichen Glaubens* finde sich gleichfalls im ausländischen Recht. Sect. 56 Merchant Shipping Act besage: „The registered owner of a ship ... shall have power absolutely to dispose ... of the ship and to give effectual receipts for any money paid". Der eingetragene Nicht-Eigentümer könne also zugunsten gutgläubiger Dritter verfügen.

VII. 1. Es frage sich nun, wie das neue Schiffsregisterrecht gestaltet werden solle. Zunächst tauche die Frage auf, ob in Zukunft wie bisher der öffentlichrechtliche und der privatrechtliche Zweck des Schiffsregisters durch *ein einziges Register* erreicht werden sollten, oder ob man lieber zwei Register schaffen wolle. Gegen die Verbindung beider Zwecke habe man bisher anführen können, dass die privatrechtliche Behandlung des Schiffes, namentlich seine Verliegenschaftung, nicht von der gesetzlichen Möglichkeit und der tatsächlichen Durchführung der flaggenrechtlichen Eintragung abhängig gemacht werden dürfe. In Zukunft könne aber dieses Bedenken nicht erhoben werden, da das Flaggenrecht künftig grundsätzlich für *alle* Schiffe gelten werde, die Beschränkung des Flaggengesetzes auf Handelsschiffe fallen gelassen sei, und da dem Flaggenrecht in Zukunft auch eine Flaggenführungspflicht entspreche. Nur hinsichtlich der ganz kleinen Schiffe mit einem Rauminhalt von unter 50 cbm bleibe die Freiheit der Entschließung übrig. Auch bei diesen Schiffen sei aber wenigstens die Befugnis zur Eintragung gegeben und damit die Möglichkeit hypothekarischer Belastung. Dass hier der Eintragungsmöglichkeit keine Eintragungspflicht zur Seite stehe, bringe für den Regelfall einen Vorzug mit sich: Das Schiffsregister werde so von den ganz kleinen Schiffen freigehalten. Daraus, dass der deutsche Charakter eines Schiffs Voraussetzung für die Eintragung in das Schiffsregister sei, ließen sich gleichfalls keine Bedenken herleiten. Auch die Eintragung in ein rein privatrechtliches Register müsse natürlich immer abhängig sein von irgendeiner staatsrechtlichen Beziehung des Schiffes zu Deutschland. Die Eigentumslage und Pfandrechtslage ausländischer Schiffe zu bekunden, die vom Ausland aus auf Fahrt gingen, sei nicht Aufgabe deutscher Schiffsregister; die Mindestvoraussetzung bilde stets ein deutscher Heimathafen. Von dem deutschen Heimathafen gehe auch § 122 BSchG aus, was umso bemerkenswerter sei, als diese Vorschrift unabhängig vom Flaggenrecht gestaltet sei. Zwischen deutscher Staatsangehörigkeit eines Schiffes und deutschem Interesse an der Bekundung privatrechtlicher Verhältnisse bestehe also ein Parallelismus. Wenn man trotz dieses Parallelismus zwei verschiedene Register schaffen wolle, so verursache man doppelte Büroarbeit. Weiter müsse für ständige Übereinstimmung der beiden Register gesorgt werden, um die Gefahr einer Verwirrung zu vermeiden; denn bei Nichtübereinstimmung der Register entständen große Rechtsschwierigkeiten. Diese Leerlaufarbeit bewirke obendrein eine Verzögerung in der Behandlung der Anträge. Der Entwurf eines Abkommens über das Eigentum an Luftfahrzeugen und Luftfahrzeugregister sehe zwar die Schaffung von zwei Registern, nämlich eines privatrechtlichen Registers und der Luftfahrzeugrolle vor, gemäß Art. 1 Abs. 2 des Entwurfs könnten diese Register aber miteinander verbunden werden. Das sei ein Fingerzeig.

Nach alledem empfehle sich die Schaffung eines *einheitlichen* Registers, ein Vorschlag, der in *Leitsatz 1* niedergelegt sei: „Die Verlautbarung der Voraussetzungen des deutschen Flaggenrechts und die Verlautbarung der privatrechtlichen Verhältnisse des Seeschiffes erfolgt zweckmäßig wie bisher in dem gleichen Register."

Dieses Register diene also öffentlichrechtlichen *und* privatrechtlichen Zwecken zugleich. Denkbar sei freilich, dass nach Verlust des Flaggenrechts nur noch der privatrechtliche Zweck des Schiffsregisters übrig bleibe. Dann müsse vielleicht die Hypothekeneintragung als rein privatrechtliche Eintragung bestehen bleiben, weil sie sonst bedroht sei von der Gefahr des analog anwendbaren § 1262 Abs. 2 BGB. Das Problem, wie hier den Hypothekengläubigern Schutz zu gewähren sei, könne vorläufig nur gestreift werden. Es habe in ausländischen Rechtsordnungen bereits diese oder jene Lösung gefunden. § 28 Abs. 1 des *Norwegischen* Registriergesetzes sehe den Fortbestand der Eintragung auch bei Verlust des Flaggenrechts vor; nur ein entsprechender Vermerk werde eingetragen, das ganze Schiff im Register aber erst nach Aufhören der Pfandrechte gelöscht. Eine andere Lösung schaffe Art. 318 s des *holländischen* Seegesetzes: Dort trete im Falle des Verlustes der niederländischen Flagge die Fälligkeit der hypothekarisch gesicherten Forderungen ein. Die *Genfer Übereinkunft* über die Eintragung von Binnenschiffen sehe eine Übertragung eines Binnenschiffes in ein ausländisches Register nur bei Zustimmung der Hypothekengläubiger vor. Nach dem Entwurf für das *Luftfrachtabkommen* Art. 2 Abs. 2 sei die Übertragung eines Luftfahrzeuges in ein ausländisches Register lediglich zulässig, wenn die Hypothekengläubiger befriedigt seien oder der Umschreibung zustimmten, und die Hypothekenforderungen würden durch den Antrag auf Löschung des Luftfahrzeuges fällig.

2. Habe man sich dafür entschieden, dass nur ein einziges Register geführt werden solle, so müsse man dessen *privatrechtliche Bedeutung besser ausgestalten,* und zwar in Annäherung an das System des Grundbuches. Dieser Gedanke komme in *Leitsatz 2* zum Ausdruck: „Die privatrechtliche Bedeutung des Seeschiffsregisters ist jedoch besser auszugestalten, und zwar in Annäherung an das Vorbild des Grundbuchs (§§ 873, 891, 892 BGB)."

Es handle sich also um drei Fragen: Die *konstitutive Wirkung* der Eintragung, die *Rechtsvermutung* und den *öffentlichen Glauben.*

A. Hinsichtlich der konstitutiven Wirkung der Eintragung gebe es drei verschiedene Gestaltungsmöglichkeiten, man könne sich entscheiden für das *Transkriptions-System,* das *Grundbuch-System* oder das *Hypothekenbuch-System.*

1. Beim Transkriptions-System des romanischen Rechts seien die interne und die externe Rechtslage verschieden gestaltet. Deshalb sei dieses System nicht empfehlenswert, es schaffe

gefährliche Unklarheit. Diese Erwägung hätte auch bei der Schaffung der Grundbuchordnung und des Bürgerlichen Gesetzbuches zur Ablehnung des Transkriptions-Systems geführt.

2. Einfacher und klarer sei das Grundbuch-System, wonach Eigentumsübertragung und Pfandrechtsbestellung nur durch Einigung und Eintragung erfolgen könnten. Wie erwähnt, habe das ausländische Recht diesen Weg zuweilen beschritten. Wenn man sich dazu entschließe, dem Schiffsregister öffentlichen Glauben zu verleihen, so dränge sich das Grundbuch-System ganz besonders auf, da der öffentliche Glaube am besten geschützt werden könne, wenn dingliche Rechtsakte nur *innerhalb,* nicht *außerhalb* des Registers sich vollziehen könnten, insbesondere ein Eigentumswechsel nur im Wege der Eintragung erfolgen könne. Auf diese Weise sichere man am besten die Übereinstimmung der materiellen Rechtslage mit dem Registerinhalt. Gegen das Grundbuch-System spreche aber, dass eine Rechtsverschiebung dann nur entsprechend langsam vor sich gehe. Besonders wenn ein Schiff im Ausland erworben werde, sei der Erwerb eines Flaggenzeugnisses bei Geltung des Grundbuch-Systems erschwert. Ebenso werde die Abstoßung ins Ausland erschwert. Die Frage könne aber jetzt nur angedeutet werden, später sei auf sie zurückzukommen. *Leitsatz 3* sei deshalb vorläufig noch unbestimmt gefasst: „Es ist zu erwägen, ob diese Ausgestaltung im Sinne des Grundbuchsystems erfolgen soll, also auch mit Bezug auf rechtsgeschäftlichen Eigentumserwerb am Schiff, oder nur im Sinne des Hypothekenbuchsystems."

3. Sicher sei es aber, dass zum Mindesten das Hypothekenbuch-System übernommen werden müsse. Das bedeute, dass eine Verpfändung und eine Pfandübertragung sich nur noch innerhalb des Registers vollziehen könne. Das Hypothekenbuch-System müsse besser als bisher ausgestaltet werden. Die für den Realkredit so gefährliche Mischung von Fahrnis- und Liegenschaftsrecht sei zu beseitigen.

Allerdings sei von gewisser Seite der Gedanke geäußert worden, dass es sich vielleicht empfehlen würde, für gewisse Arten von Seeschiffen eine Regelung ähnlich dem Erbhofgesetz zu treffen, also ein Schiff, soweit es der Ernährung einer Familie diene, unveräußerlich und unbelastbar zu machen. Dieser Anregung könne man aber nicht folgen. Anders als ein Grundstück, eigne sich ein Seeschiff wegen seiner kurzen Lebensdauer nicht zum Familienerbstück. Ein Vergleich zwischen einem Erbhof und einem „Erbewer" hinke auf beiden Füßen.

Vielmehr sei eine *Förderung des Realkredits* für Schiffe wünschenswert und notwendig. Einerseits erfordere eine vernünftige Mittelstandspolitik die Förderung des Realkredits, eröffne er doch strebsamen jungen Kapitänen die Möglichkeit einer Selbständigmachung auf einem kleineren Schiff als Reeder-Schiffer. Was aber die Großschifffahrt betreffe, sei erst kürzlich von dem Leiter der deutschen Seeschifffahrt, Staatsrat Essberger, ausgesprochen worden, dass der Realkredit für die Tank- und Trampschifffahrt notwendig sei und gefördert werden müsse. Hier erwachse dem Seerechtsausschuss eine bedeutsame nationale und volkswirtschaftliche Aufgabe: geeignete Rechtsformen für den Realkredit zu finden. Die Schiffsbeleihungsbanken müssten bei der Schiffsbeleihung und dem Erwerb von Hypotheken dagegen gesichert werden, dass sie imaginäre Pfandrechte erwürben. Die beste Form des Realkredits sei die unkündbare Abtragungshypothek. § 10 ff. des Schiffsbankgesetzes von 1933 lägen schon in der Richtung der künftigen Reform. Sie versuchten, den Pfandbriefen der Schiffsbeleihungsbanken Marktfähigkeit zu sichern. Das sei die eine Seite des Problems. Die andere sei die Reform der Schiffshypothek. Nicht nur die Pfandrechtsbestellung, sondern auch die Pfandrechtsübertragung und -verpfändung sei in das Schiffsregister hineinzuverlegen, damit die Übereinstimmung der materiellen Rechtslage mit dem Buchinhalt gewährleistet sei. *Leitsatz 4* bringe das zum Ausdruck: „Jedenfalls hat, wie die Bestellung, so auch die Übertragung und Verpfändung der Schiffshypothek zu geschehen durch Einigung und Eintragung. – Zu erwägen ist, ob auch die Endigung der Hypothek erfolgen soll durch Löschung in Verbindung mit einem materiellen Beendigungsgrund (Erlöschen der Forderung, Verzicht auf die Hypothek usw.)."

Der zweite Absatz des Leitsatzes 4, der die Endigung der Hypothek betreffe, lasse das Problem der Eigentümerhypothek auftauchen. Der Fragenkreis werde vorläufig besser zurückgestellt bis zur Aussprache über die Einzelheiten des zukünftigen Schiffshypothekenrechts.

B. Dem Bedürfnis nach einer klar umrissenen Rechtsvermutung, die sowohl öffentlichrechtliche als auch privatrechtliche Bedeutung besitze, komme der *Leitsatz 5* entgegen:

„An die Eintragung ist anzuknüpfen eine Rechtsvermutung:

a) Ist ein Schiff im Seeschiffsregister eingetragen, so wird vermutet, dass die tatsächlichen Voraussetzungen des deutschen Flaggenrechts bestehen.

b) Ist im Schiffsregister jemand als Eigentümer oder als Schiffshypothekengläubiger eingetragen, so wird vermutet, dass ihm dieses Recht zusteht.

c) Ist ein eingetragenes Privatrecht im Schiffsregister gelöscht, so wird vermutet, dass dieses Recht nicht besteht.

d) Ist ein eingetragenes Schiff im Seeschiffsregister gelöscht, so wird vermutet, dass die tatsächlichen Voraussetzungen des deutschen Flaggenrechts, insbesondere das eingetragene Eigentum, nicht mehr bestehen. Die Vermutung erstreckt sich nicht auf die eingetragenen Schiffshypotheken."

Leitsatz 5 a) werde deshalb besondere Bedeutung besitzen, weil in Zukunft die tatsächlichen Voraussetzungen des deutschen Flaggenrechts ziemlich kompliziert sein würden, man brauche nur an die vom Seerechtsausschuss für die Aktiengesellschaft geplante Regelung zu denken. Leitsatz 5 a) sei in seinem zweiten Satz für die Schiffshypotheken besonders wichtig. Bei Verkauf oder Vererbung des Schiffes ins Ausland seien die Schiffshypothekarier besonders gefährdet. Diese Gefährdung dürfe nicht noch gesetzlich gesteigert, sie müsse gemildert werden. Weiterhin sei das Problem des *öffentlichen Glaubens* zu klären. Der heutige Rechtszustand sei für Geldgeber wirtschaftlich schwer tragbar. Der von der Rechtsprechung entwickelte Grundsatz der Erklärungstreue reiche – wie schon angedeutet – als Schutzmittel nicht aus. Er helfe nur bei Verstößen gegen Treu und Glauben, ein solcher liege aber beispielsweise nicht vor, wenn der Betroffene von einer ohne sein Zutun vorgenommenen falschen Eintragung nicht benachrichtigt worden sei; denn hier habe er eine falsche Erklärung im Register weder veranlasst noch bewusst geduldet. Der gute Glaube des dritten Geldgebers müsse aber auch in derartigen Fällen geschützt werden. Der Grundsatz der Erklärungstreue sei auch deshalb unzureichend, weil die Beweisfrage bei einem Verstoß gegen die Erklärungstreue unter Umständen schwierig sei, könnten doch die subjektiven Voraussetzungen des schuldhaften Handelns nicht immer leicht dargetan werden. Diese Schwierigkeiten entfielen, wenn man den Grundsatz des öffentlichen Glaubens annehme. In privatrechtlicher Hinsicht könnten die §§ 892, 893 BGB die Richtung weisen: Der gute Glaube desjenigen müsse geschützt werden, der ein Recht von einem eingetragenen Nicht-Berechtigten erwerbe, an einen Nicht-Berechtigten leiste oder mit einem Nicht-Berechtigten ein Verfügungsgeschäft tätige. Auch der Luftrechtsentwurf sehe in Art. 9 Abs. 2 zugunsten gutgläubiger Erwerber des Eigentums oder dinglicher Rechte an Luftfahrzeugen einen öffentlichen Glauben des Registers vor. Das Luftrecht, das nicht erst mit alten Rechtseinrichtungen aufzuräumen brauche, sondern sogleich einen kühnen Neubau errichte, könne eben deshalb für die Seerechtsreform in manchen Punkten vorbildlich sein.

Entsprechend der Doppelnatur des Schiffsregisters habe der gute Glaube aber auch für die flaggenrechtlichen Tatsachen Bedeutung. Werde auch in dieser Richtung der allgemeine Grundsatz des öffentlichen Glaubens zum Ausdruck gebracht, so werde damit der frühere Sonderbeschluss des Seerechtsausschusses (Prot. 10): „Solange ein Schiff im Schiffsregister eingetragen ist, gilt es zugunsten Gutgläubiger als Seeschiff" überflüssig. – Man kehre zu dem Rechtszustand zurück, wie er schon nach § 20 des Bremischen Gesetzes von 1887 bestanden habe, wenn man sich zu dem *Leitsatz 6* bekenne: „Die Rechtsvermutung ist zu ergänzen durch den Grundsatz des öffentlichen Glaubens: Zugunsten Dritter gelten die im Seeschiffsregister eingetragenen flaggenrechtlichen Tatsachen und privaten Rechte als richtig, es sei denn, dass ein Widerspruch gegen die Richtigkeit eingetragen ist, oder die Unrichtigkeit dem Dritten bekannt ist. Grobfahrlässige Unkenntnis steht der Kenntnis gleich."

Der Leitsatz 6 lasse noch eine Reihe von Einzelfragen auftauchen.

1. Zunächst sei es fraglich, ob bei einem Hypothekenerwerb der Schutz des guten Glaubens sich *auch auf die Forderung* erstrecken solle. Diese Frage, im Liegenschaftsrecht durch § 1138 BGB so wenig glücklich beantwortet, dass man sich noch heute, nach 34 Jahren, über die Konstruktion der Vorschrift streite, müsse bejaht werden. Die Schiffshypothek sei streng akzessorisch zu gestalten. Erwerbe jemand durch seinen guten Glauben die Hypothek, so erwerbe er aus dem gleichen Grunde auch die dahinter stehende Forderung, und zwar nicht nur „für die Hypothek". Eine derartige Lösung sei einfacher und klarer als diejenige des § 1138 BGB. Im Einzelnen sei die Frage aber besser im Zusammenhang mit der Schiffshypothek zu behandeln.

2. Ferner sei zu überlegen, ob der Kenntnis nicht die *grobfahrlässige Unkenntnis* gleichgestellt werden müsse. Im Liegenschaftsrecht (§ 892 BGB) sei das nicht vorgesehen, die Rechtsprechung habe dies aber als gesetzlichen Mangel erkannt und ihm abzuhelfen versucht, indem sie den Begriff der Kenntnis weitherzig auslege. Zweckmäßig sei es, den Leitsatz 6 – wie geschehen – mit einer entsprechenden Klarstellung zu versehen.

3. Schließlich müsse noch der Zeitpunkt bestimmt werden, in welchem der gute Glaube vorhanden zu sein habe, wobei man einerseits die Fälle eines Rechtserwerbs, andererseits die restlichen Fälle im Auge haben müsse. Beim Rechtserwerb könnte der Zeitpunkt der Einigung der Parteien entscheidend sein. Die verwickelte Vorschrift des § 892 Abs. 2 BGB brauche wohl nicht übernommen zu werden, da sie nur seltene Fälle betreffe. Handle es sich nicht um einen Rechtserwerb, so werde für die Bestimmung des entscheidenden Zeitpunktes die Frage bedeutsam, ob man einen Kausalnexus fordern solle. Das Bürgerliche Gesetzbuch tue das in § 892 bekanntlich nicht. Guter Glaube sei danach nur das negative Moment: Unkenntnis der Unrichtigkeit des Grundbuchs. Nach der Lebenserfahrung sei zwar die Unkenntnis regelmäßig verbunden mit dem positiven Moment des Vertrauens auf die Richtigkeit des Grundbuchs und einem daraus sich ergebenden Entschluss. Notwendig sei das aber nicht, und es sei nicht zweckmäßig, den schwierigen Nachweis des Kausalzusammenhangs zu verlangen. Geschützt werde nach Grundbuchrecht auch der Fall, dass jemand ohne Kenntnis des Buchinhalts zufällig dem Buchinhalt parallel handle. Wolle man Rechtsunsicherheit vermeiden, so müsse Entsprechendes auch für das Schiffsregister gelten. Dem entspreche vielleicht eine Fassung, wie in *Leitsatz 7* vorgeschlagen: „Für die Kenntnis oder das Kennenmüssen ist im Falle eines Rechtserwerbs entscheidend der Zeitpunkt der Einigung der Parteien, im Übrigen der Zeitpunkt, in welchem der Dritte eine Rechtshandlung vornimmt, die er bei Kenntnis und verständiger Würdigung der Unrichtigkeit des Registers nicht vorgenommen haben würde."

Sei man sich über die Grundfragen einig, so müsse später noch kurz über den Berichtigungsanspruch, über den Widerspruch und über die Vormerkung gesprochen werden.

Bei der Beratung werde am besten wohl zunächst Leitsatz 1 behandelt, sodann die zusammengehörigen Leitsätze 2, 3 und 4, dann Leitsatz 5 und schließlich Leitsatz 6 und 7.

Reichsgerichtsrat *Dr. Lindenmaier* regte an, im Anschluss an die Leitsätze 2, 3 und 4 zugleich auch die Frage des Eigentumserwerbes an Schiffen mit zu behandeln. Das sei zumal deshalb zweckmäßig, weil sich der Seerechtsausschuss nach seinem Arbeitsplan dieser Frage sowieso doch wohl bald werde zuwenden müssen.

Der *Vorsitzende* wandte sich gegen diesen Vorschlag, da er über die Frage des Eigentumserwerbs zunächst gern einen Gegenbericht von Reederseite hören wolle.

Dr. Schütte erhob gegen die Beratung des Schiffsregisterrechts das Bedenken, dass vielleicht das Sachenrecht des BGB geändert werde, und dass hier enge Zusammenhänge beständen, so dass eine Fühlungnahme nötig sei.

Ministerialrat *Krieger* teilte hierzu mit, dass es bei der Akademie für Deutsches Recht einen Ausschuss für Realkredit [Bd. III, 7 der Reihe, 1995] gebe. Dort werde aber nicht beabsichtigt, das Sachenrecht wesentlich zu ändern. Allerdings habe man darüber beraten, ob im Grundpfandrecht der Grundsatz der festen Stellen eingeführt werden, oder ob man es bei dem Nachrücken belassen solle. Entscheide man sich für den Grundsatz der festen Stellen, so werde die Konstruktion einer sich in eine Eigentümergrundschuld verwandelnden Hypothek überflüssig.

Der *Vorsitzende* bemerkte, der Seerechtsausschuss könne nicht jeweils abwarten, bis über die Änderung anderer Gesetze beschlossen sei. Die Akademie habe ca. zwanzig Ausschüsse. Eine gewisse Kontrollmöglichkeit über den Stand der Arbeiten böten die veröffentlichten Arbeitsberichte der Ausschüsse.

Nachdem *Dr. Schütte* noch angeregt hatte, das Gesetz über die Verpfändung von im Bau befindlichen Schiffen bei den Beratungen zu berücksichtigen, begann die Aussprache zu Leitsatz 1.

OLG-Rat *Dr. Reinbeck* führte aus, der Vorsitzende habe früher mehr der Ansicht zugeneigt, dass eine Trennung des öffentlichrechtlichen und privatrechtlichen Registers ratsam sei. In der Tat scheine eine solche Trennung zweckmäßig. Die erhöhte Büroarbeit und eine etwaige Verzögerung könnten nicht ausschlaggebend sein. Ein Register A müsse für das Flaggenrecht und für die Kundbarmachung der Eigentumsverhältnisse eingerichtet werden und ein Register B für die Hypotheken. Der öffentlichrechtliche und der privatrechtliche Zweck des Schiffsregisters müssten streng auseinander gehalten werden, beispielsweise sei eine verschiedene Behandlung des Problems des öffentlichen Glaubens notwendig. Für kleine Schiffe dürfe kein Eintragungszwang für das Register A bestehen, wohl aber seien sie zu dem Register B zuzulassen. Bei einem Erlöschen des Flaggenrechts sei zwar im Register A eine Löschung vorzunehmen, in dem Register B könne das Schiff aber fortgeführt werden. Für das Register A müssten zahlreiche zwingende Bestimmungen geschaffen werden, die für das Register B weniger Bedeutung besäßen. Eine Zusammenfassung bei einer Behörde, wie sie auch in dem Luftrechtsabkommen vorgesehen sei, empfehle sich trotz der formellen Trennung der Register.

Der *Vorsitzende* erwiderte, er habe sich bei seiner früheren literarischen Stellungnahme zweifelnd ausgesprochen. Eine Trennung der Register sei deshalb nicht ratsam, weil für beide Register die Eigentumsfrage gleicherweise eine grundlegende Bedeutung habe. Bezeichnenderweise beziehe sich von den beiden früher angezogenen Entscheidungen zum Rechtsgrundsatz der Erklärungstreue die eine auf die öffentlichrechtliche Seite, die andere auf die privatrechtliche Seite. Man könne hieraus annehmen, dass das Problem des öffentlichen Glaubens für beide Seiten das Gleiche sei. Es würden große technische Schwierigkeiten entstehen, wenn zwei Behörden mit der Registerführung beauftragt würden. Wenn man aber die gleiche Behörde mit der Registerführung betraue, so handle es sich in Wahrheit nur um einen Streit um Worte. Man komme dann zu einer Unterteilung des einheitlichen Registers in eine Abteilung A und eine Abteilung B. Ähnliches sei auch beim Handelsregister verwirklicht und könne zweckmäßig sein. Über den Gedanken, für Schiffe unter 50 cbm ein rein privatrechtliches Register zu schaffen, lasse sich reden; die Frage sei aber von untergeordneter Bedeutung.

Auch Verwaltungsdirektor *Sturm,* Reichsgerichtsrat *Dr. Lindenmaier* und *Dr. Schulze-Smidt* stellten sich auf den Standpunkt, dass man mit *einem* Register auskomme.

Ministerialrat *Krieger* meinte, ihm scheine die Frage, welche Behörde das Register führe, wichtiger zu sein als die, ob man ein oder zwei Register schaffe. Überlasse man dem örtlichen Registerrichter die Registerführung, so würden sich daraus Schwierigkeiten ergeben, dass nach der von dem Seerechtsausschuss vorgesehenen Generalklausel die Möglichkeit einer Befreiung von den Voraussetzungen des Flaggenrechts durch eine Zentralstelle bestehe. Bei dieser Sachlage sei es zweckmäßiger, dass diese Zentralstelle auch das Schiffsregister führe. Andernfalls habe das Amtsgericht nur die Aufgabe, die Anweisungen der Zentralbehörde auszuführen, entbehre also völlig der Selbständigkeit bei seiner Tätigkeit. Man müsse aber auch die Fälle einer Rechtsänderung berücksichtigen, ändere sich doch beispielsweise die Rechtslage unter Umständen schon dann, wenn ein Aufsichtsratsmitglied sein Amt niederlege.

Der *Vorsitzende* erwiderte, die Generalklausel sei nur für ganz seltene Fälle gedacht, so dass sie die Zentralisierung der Registerführung nicht notwendig mache. Die Zentralisierung werde nur eine Verlangsamung, Erschwerung und Verteuerung bewirken. Man setze z.B. den Fall, dass ein kleiner Reeder-Schiffer in Harburg für die Eintragung seines Motorseglers sich nach Berlin wenden müsste statt an das Amtsgericht in Harburg! Gerade das Amtsgericht oder eine andere sachverständige, mit einem Juristen als Vorstand besetzte Behörde, wie sie hier in Hamburg bestehe, sei zur Registerführung am besten geeignet, weil solche Behörde in unmittelbarer räumlicher und persönlicher Fühlung mit der Schifffahrt bleibe. Falls die Rechtslage sich durch den Tod eines Aufsichtsratsmitgliedes ändere, setze eine durch Strafdrohung verstärkte Anzeigepflicht ein, zu der noch die Rechtsvermutung und der öffentliche Glaube für die Richtigkeit bestehender Eintragungen hinzukomme, so dass nicht zu befürchten sei, dass unrichtige Eintragungen längere Zeit bestehen blieben.

Verwaltungsdirektor *Sturm* sprach sich dahin aus, auch er sei dafür, dass den Amtsgerichten oder einer Behörde nach Art der hamburgischen mit einem Juristen als Vorstand die Registerführung verbleibe. Auch ihm scheine es unbedenklich, dass ein Schiff noch etwa vier Wochen trotz Verlustes der Staatsangehörigkeit im Schiffsregister als deutsches Schiff geführt werde.

Oberinspektor *Bleuss* hielt die Trennung des öffentlichrechtlichen Registers von dem privatrechtlichen Register, wie sie in einigen Staaten bestehe, nicht für zweckmäßig. Jeder, der sich über die flaggenrechtliche Verhältnisse durch Einsichtnahme in das Register unterrichten wolle, habe zugleich durchweg auch ein Interesse daran, sich über die Eigentumsverhältnisse und über die Belastung zu vergewissern. Getrennte Register seien also nicht notwendig, sondern eher schädlich.

Der *Vorsitzende* stellte daraufhin fest, dass der Leitsatz 1 bei einer großen Mehrheit Zustimmung finde.

Der Seerechtsausschuss schritt dann zur Beratung der Leitsätze 2, 3 und 4.

Oberinspektor *Bleuss* betonte, dass auch nach seiner Ansicht das Schiffsregisterrecht einer besseren Ausgestaltung bedürfe. Dabei sei zu erwägen, ob nicht an die Stelle der zahlreichen verstreuten Rechtsvorschriften ein einheitliches Gesetz zu stellen sei, in dem alle Bestimmungen zusammengefasst werden müssten. Zu befürchten sei nur, dass eine solche Regelung zu tief in das ganze Rechtssystem eingreife. Die Rechtsprechung und die Praxis hätten sich mit dem zur Zeit bestehenden Rechtszustand einigermaßen abgefunden. Einer inhaltlichen Neugestaltung dürfe man aber nicht aus dem Weg gehen.

Einem Ausbau des Schiffsregisters im Sinne des Grundbuchsystems könne er allerdings nicht ohne weiteres das Wort reden. Insbesondere dagegen, dem Schiffsregister öffentlichen Glauben beizulegen, könne man Bedenken haben. Denn was für das Seeschiff gelte, müsse durchweg auch für die Binnenschiffe Geltung beanspruchen. Es sei aber anzunehmen, dass die Käufer von geringwertigen Fahrzeugen aus Gründen der Kostenersparnis die Umschreibung im Schiffsregister nicht vornehmen ließen, besonders da Vorlegung von Kaufverträgen in beurkundeter Form wie für Grundstücke erfolgen müsse. Ein Käufer werde sich vielleicht mit der Übergabe des Fahrzeuges begnügen. Erst nach Jahren werde sich dann bei einer Schiffszählung feststellen lassen, dass das eingetragene Schiff hätte umgeschrieben werden müssen. Auch die Löschung von abgewrackten Fahrzeugen werde von den Verpflichteten nicht stets innerhalb der vorgeschriebenen Frist beantragt werden. Die Anstellung laufender Ermittlungen sei mit erheblichen Unkosten verbunden, besonders in Hamburg, wo 7500 Binnenschiffe und 1650 Seeschiffe eingetragen seien. Alles das spreche dagegen, den öffentlichen Glauben des Grundbuchsystems zu übernehmen; denn wenn man das tun wolle, müsse man sich auch darauf verlassen können, dass das Schiffsregister zuverlässige Angaben enthalte.

Der *Vorsitzende* erwiderte, dem Vorschlage, alle Bestimmungen in einem Gesetz zusammenzufassen, könne er nur teilweise beipflichten. Dies sei annehmbar, wenn man die formellen Verfahrensvorschriften in einem Sondergesetz belasse, wie es ja beispielsweise auch für das Handelsregister geschehe. Eine andere Frage sei es allerdings, ob man nicht die §§ 1259 ff. BGB über die Schiffshypotheken in das vierte Buch des Handelsgesetzbuches übernehmen wolle. Das sei zu empfehlen. Wie die Übereignung von Schiffen (HGB § 474) gehöre auch die Vorpfändung von Schiffen als Sonderrecht in das Schifffahrtsrecht hinein, nicht in das BGB.

Im Übrigen könne er den Ausführungen von Oberinspektor Bleuss nicht zustimmen; denn aus den möglichen Schwierigkeiten für das Binnenschiffsregister dürfe man keine Argumente gegen das Seeschiffsregister herleiten. Es bestehe keine unbedingte Notwendigkeit, das Binnenschiffsregister in allen Punkten dem Seeschiffsregister anzugleichen. Für den öffentlichen Glauben des Seeschiffsregisters sei entscheidend der Schutz des Realkredits.

Direktor *Brandt* billigte die Leitsätze 2, 3 und 4. Die Versicherer besäßen besonders ein Interesse daran, dass über die Eigentumsfrage Klarheit herrsche; denn während Güter in der Regel für „Rechnung wen es angeht" versichert würden, werde die Kaskoversicherung meistens für Rechnung eines bestimmten Eigentümers genommen, auf dessen Person es für die Risikobemessung entscheidend ankomme.

Dr. Krichhauff und *Dr. Riensberg* setzten sich gleichfalls für die Leitsätze 2, 3 und 4 ein.

Nachdem Direktor *Brandt* noch angeregt hatte, bei den späteren Beratungen unter Verwertung von Gedanken des Schiffshypothekenbankgesetzes von 1933 Vorschriften nach Art der §§ 1127 ff. BGB auch für die Schiffshypothek zu schaffen, damit sich die Hypothek auch auf die Versicherungsforderung erstrecke, stellte der *Vorsitzende* fest, dass die Leitsätze 2 bis 4 mit den darin enthaltenen Vorbehalten vom Seerechtsausschuss gebilligt würden.

Sodann wurde der Leitsatz 5 beraten.

Verwaltungsdirektor *Sturm* äußerte Bedenken zu Leitsatz 5 d. Er stellte die Frage, wie der Fall zu behandeln sei, wenn ein in das Seeschiffsregister eingetragenes Schiff aufhöre, ein Seeschiff zu sein, also ein Binnenschiff werde, ohne dass die Eigentumsverhältnisse sich änderten. Auf diesen Fall passe Leitsatz 5 d nicht.

Der *Vorsitzende* erwiderte, dass er an einen derartigen Tatbestand nicht gedacht habe. Im Auge gehabt habe er die Fälle der Veräußerung und Vererbung ins Ausland.

Ministerialrat *Krieger* stellte daraufhin die Frage, welches „die tatsächlichen Voraussetzungen des deutschen Flaggenrechts" im Sinne des Leitsatzes 5 a, d seien. Halte man sich an den Wortlaut des Leitsatzes, so streite in einem Fall, dass ein Schiff im deutschen Schiffsregister als im Alleineigentum stehend eingetragen sei, eine Vermutung dafür, dass der Eingetragene Alleineigentümer sei und die deutsche Staatsangehörigkeit besitze. Stehe aber das Schiff im Eigentum einer Personenmehrheit, gleichgültig ob mit oder ohne Rechtspersönlichkeit, so könne man nicht genau sagen, auf welchen tatsächlichen Voraussetzungen das Flaggenrecht beruhe. Die Vermutung könne sich also nur darauf beziehen, dass die Eintragung richtig ist.

Der *Vorsitzende* entgegnete, dass nur eine Verschiedenheit der Ausdrucksweise, nicht der Ansichten bestehe. Es könne sich bei der Vermutung nur darum handeln, dass sie sich auf das Recht zur Flaggenführung beziehe. In *Leitsatz 5 a* könne das derart klargestellt werden, dass man ihn dahin ändere: „Ist ein Schiff im Seeschiffsregister eingetragen, so wird vermutet, dass das Schiff berechtigt ist, die deutsche Flagge zu führen."

Ministerialrat *Krieger* meinte, dass er bei dieser Formulierung des Leitsatzes 5 a die praktische Bedeutung des Leitsatzes 5 d nicht ersehen könne.

Verwaltungsdirektor *Sturm* stimmte dem zu. Wenn man in Leitsatz 5 d Satz 1 die Worte „insbesondere das eingetragene Eigentum" entsprechend seinen früheren Ausführungen streiche, so könne man sich kaum einen Fall vorstellen, für den die dort aufgestellte Vermutung Bedeutung besitze.

Der *Vorsitzende* stimmte dem zu. Leitsatz 5 d Satz 1 könne man ohne Schaden streichen. Leitsatz 5 d Satz 2 müsse aber in einer entsprechenden Neufassung bestehen bleiben. Für den Schutz der Hypothekengläubiger sei das wichtig.

Verwaltungsdirektor *Sturm* erklärte sich mit diesen Ausführungen einverstanden.

Reichsgerichtsrat *Dr. Lindenmaier* empfahl, unbeschadet des Bestehenbleibens von Leitsatz 5 d Satz 2 im Wege der Verwaltungsanordnung zu bestimmen, dass der Löschungsgrund bei jeder Löschung bezeichnet werden müsse.

Ministerialrat *Krieger* meinte, man könne entweder dem Vorschlag von Reichsgerichtsrat Dr. Lindenmaier folgen oder man müsse Leitsatz 5 c dahin ergänzen, dass die Löschung des Schiffs im Schiffsregister die Vermutung, dass die eingetragene Schiffshypothek erloschen sei, nicht begründe.

Der *Vorsitzende* fasste das Ergebnis dahin zusammen, dass Leitsatz 5 d Satz 1 gestrichen werden könne. Im Übrigen sei sich der Seerechtsausschuss darüber klar, dass bei der Löschung des Schiffes der Löschungsgrund bezeichnet werden müsse und dass die Löschung des Schiffs bezüglich der eingetragenen Hypotheken keine Rechtsvermutung schaffe.

Direktor *Brandt* regte an, zu bestimmen, dass die Hypothekengläubiger von der Löschung jedenfalls benachrichtigt werden müssten.

Oberinspektor *Bleuss* teilte mit, dass dieses schon jetzt geschehe. Im Übrigen werde die Löschungsbescheinigung in der Praxis erst erteilt, wenn die Hypothekenlage bereinigt sei.

OLG-Rat *Dr. Reinbeck* und der *Vorsitzende* meinten, dass es sich hier wohl um ein aus dem Verkehrsbedürfnis entwickeltes Gewohnheitsrecht contra legem handle: Aus rein privatrechtlichen Gründen der Hypothekenfrage werde das Schiff im öffentlichrechtlichen Register im Widerspruch zum positiven Recht fortgeführt.

Verwaltungsdirektor *Sturm* meinte, dass sich die bestehende Praxis vielleicht doch aus dem positiven Recht begründen lasse, wenn man einen richtigen Begriff der Löschung zugrunde lege.

OLG-Rat *Dr. Reinbeck* hob noch hervor, dass jedenfalls nach geltendem Recht keine Neueintragungen privatrechtlichen Inhalts vorgenommen werden könnten, nachdem das Flaggenrecht erloschen sei.

Schließlich wurde die Frage besprochen, ob nach der bestehenden Praxis wenigstens das Schiffszertifikat eingezogen werde, wenn die Voraussetzungen des Flaggenrechts in Wegfall gekommen seien.

Oberinspektor *Bleuss* äußerte die Ansicht, dass § 13 FlG lediglich als eine Ordnungsvorschrift aufzufassen sei. Zuweilen erfolge eine Löschung auf telegrafischen Antrag, beispielsweise in Fällen. wo ein Schiff in Wladiwostok veräußert werde und sich auf Trampfahrt befinde. Das Zertifikat gehe dann bei dem Schiffsregister oft erst nach Wochen ein.

Der *Vorsitzende* meinte abschließend, das Gewohnheitsrecht, das sich in der Praxis anscheinend gebildet habe, sei doch inhaltlich zu unsicher. Es empfehle sich, die betreffenden Fragen im Gesetz zu regeln.

16. Arbeitssitzung vom 31.1.1935 (16 bis 19.30 Uhr)

Anwesend:
Vorsitzender: Prof. Dr. Wüstendörfer, Hamburg
und als weitere wissenschaftliche Mitglieder:
Direktor Brandt, Hamburg
Reichsgerichtsrat Dr. Lindenmaier, Leipzig
Dr. Riensberg, Hamburg
Dr. Schütte, Hamburg
Rechtsanwalt Dr. Schulze-Smidt, Bremen
vom Reichsjustizministerium:
Ministerialrat Koffka, Berlin
Ministerialrat Krieger, Berlin
als Sachverständige:
Oberinspektor Bleuss, Hamburg
Direktor Dietl, Hamburg
Aufsichtsratsvorsitzender Nottebohm, Hamburg
Direktor Richter, Berlin
für die Niederschrift in der Sitzung:
Assessor Dr. Möller, Hamburg und Referendarin Krüger, Wandsbek
entschuldigt fehlten:
Richter Dr. Bramslöw, Hamburg
Rechtsanwalt Dr. Dettmers, Bremen
Rechtsanwalt Dr. Droege, Hamburg
Dr. Krichhauff, Hamburg
Direktor Michelau, Bremen
Dr. Nolte, Hamburg
Verwaltungsdirektor Sturm, Hamburg

Der *Vorsitzende* eröffnete die Sitzung und begrüßte als zum ersten Male erschienene Sachverständige Direktor Dietl von der Deutschen Schiffsbeleihungsbank AG, Hamburg, Aufsichtsratsvorsitzenden Nottebohm von der Deutschen Schiffsbeleihungsbank AG, Hamburg und Direktor Richter von der Deutschen Schiffspfandbriefbank AG, Berlin.

Außerhalb der Tagesordnung teilte der Vorsitzende mit, er habe für die Protokolle der vierzehn Arbeitssitzungen des Jahres 1934 zwei Register herstellen lassen, ein chronologisches und ein alphabetisches. Diese Register [nicht separat abgedruckt] würden den Mitgliedern des Seerechtsausschusses zusammen mit dem Protokoll über die 15. Arbeitssitzung zugestellt werden. Auch im kommenden Jahr sollten entsprechende Inhaltsübersichten erscheinen.

Sodann eröffnete der Vorsitzende die Beratungen über den ersten Punkt der Tagesordnung: *Fortsetzung der Aussprache über die Rechtsbedeutung des Seeschiffsregisters (öffentlicher Glaube).*

Der bisherige Rechtszustand sei besonders für die Schiffsbeleihungsbanken nur schwer tragbar. Schon in der 15. Arbeitssitzung habe er als Berichterstatter ausführlich dargelegt, dass in Zukunft der gutgläubige Erwerber eines Schiffes oder einer Schiffshypothek besser geschützt werden müsse.

Das künftige Recht sei mehr dem Grundbuchsystem anzunähern, die Vorschrift des § 892 BGB könne als Vorbild dienen. Allerdings könne nur von einer Annäherung an das Grundbuchsystem die Rede sein, denn wesentliche Unterschiede zwischen Grundbuch und Schiffsregister blieben bestehen. Der öffentliche Glaube des Grundbuchs beziehe sich nur auf Rechte, nicht auf Tatsachen: Wenn eine ledige Grundstückseigentümerin eingetragen sei und diese nach ihrer im Grundbuche nicht vermerkten Heirat das Grundstück an einen Dritten veräußere, der in Unkenntnis der Heirat nicht wisse, dass sie dazu der Zustimmung ihres Ehemannes bedürfe, so könne der Dritte sich nicht auf die unrichtig gewordene Grundbucheintragung berufen; der gute Glaube an die Tatsache des Unverheiratetseins werde nicht geschützt. Ebenso wenig beziehe sich der öffentliche Glaube auf die im Grundbuch enthaltenen Angaben über die Größe des Grundstücks. Für das Schiffsregister tauche nun aber die Frage auf, ob sich dort nicht der Schutz des öffentlichen Glaubens auch auf die flaggenrechtlichen Tatsachen erstrecken müsse. Das sei beispielsweise wichtig für die Eintragung, dass ein Schiff ein Seeschiff sei, oder dass es einen bestimmten Heimathafen besitze. In der Tat empfehle es sich, den Schutz des guten Glaubens nicht nur auf Rechte zu beschränken. Der in seiner Fassung vielleicht verbesserungsfähige *Leitsatz 6* laute deshalb: „Zu Gunsten Dritter gelten die im Seeschiffsregister eingetragenen flaggenrechtlichen Tatsachen und privaten Rechte als richtig, es sei denn, dass ein Widerspruch gegen die Richtigkeit eingetragen oder die Unrichtigkeit dem Dritten bekannt ist. – Grob fahrlässige Unkenntnis steht der Kenntnis gleich."

Bei der Formulierung des Leitsatzes 6 Abs. 1 sage man vielleicht besser statt „flaggenrechtlichen Tatsachen": „flaggenrechtlich erheblichen Tatsachen". Diese Änderung würde klarstellen, dass sich beispielsweise der Schutz des öffentlichen Glaubens nicht auf die eingetragenen Vermessungsergebnisse erstrecken solle, wohl aber auf die Seeschiffseigenschaft, den Heimathafen und den flaggenrechtlich erheblichen Bruchteil der deutschen Partner.

Ministerialrat *Krieger* äußerte Bedenken, dass auch die Worte: „flaggenrechtlich erheblichen Tatsachen" noch undeutlich seien. Beispielsweise erscheine es ihm fraglich, ob die Tatsache, dass ein Schiff ein Seeschiff sei, als flaggenrechtlich erheblich bezeichnet werden könne. Diese Tatsache sei eine Voraussetzung für die Eintragung eines Schiffs in das Seeschiffsregister. Man müsse also den Schutz des guten Glaubens, außer auf Rechte, auf die tatsächlichen Voraussetzungen für die Eintragung eines Schiffes in das Seeschiffsregister erstrecken.

Der *Vorsitzende* erwiderte, er sei bei seinem Vorschlag von einem weitgefassten Begriff der flaggenrechtlichen Erheblichkeit ausgegangen. Flaggenrechtlich erheblich seien natürlich vor allem die tatsächlichen Voraussetzungen der Eintragung.

Reichsgerichtsrat *Dr. Lindenmaier* erinnerte daran, dass man die Frage des Gutglaubensschutzes schon bei der Besprechung der räumlichen Grenzen des Seerechts angeschnitten habe. Damals sei der Leitsatz aufgestellt: „Solange ein Schiff im Seeschiffsregister eingetragen ist, gilt es zu Gunsten Gutgläubiger als Seeschiff."

Unter Hinweis auf seine Ausführungen in der 15. Arbeitssitzung entgegnete der *Vorsitzende,* dass der früher beschlossene Leitsatz in dem neuen Leitsatz 6 mit enthalten und deshalb überflüssig geworden sei.

Direktor *Brandt* empfahl, in Leitsatz 6 nicht von „Tatsachen" zu sprechen. Dieses Wort passe nicht für die Fälle, in denen etwas Unrichtiges eingetragen sei, und eine unrichtige Eintragung liege doch gerade immer dann vor, wenn der Schutz des guten Glaubens Platz greifen solle. Deshalb empfehle es sich, statt von „Tatsachen" von „Erklärungen" zu sprechen.

Der *Vorsitzende* wies darauf hin, dass die erhobene Beanstandung vom logischen Standpunkt aus selbstverständlich berechtigt sei. Da aber der wirkliche Sinn des Gemeinten auf der Hand liege, so bestehe kein Bedenken dagegen, es bei dem Wort „Tatsachen" zu belassen. Auch im

§ 892 BGB sei von eingetragenen „Rechten" die Rede, obgleich diese Rechte in Wirklichkeit nicht bestünden.

Dr. Schulze-Smidt regte noch an, statt von „Tatsachen" oder von „Erklärungen" von „Feststellungen" zu sprechen. Dadurch würden alle Zweifel behoben.

Reichsgerichtsrat *Dr. Lindenmaier* dagegen schloss sich dem Standpunkt des Vorsitzenden an und empfahl, es bei dem Wort „Tatsachen" zu belassen. Es sei aber zu eng, von „flaggenrechtlich erheblichen Tatsachen" zu reden, besser sei es, auf die „flaggenrechtlich oder sonst wie rechtserheblichen Tatsachen" abzustellen, und dabei auf den früher beschlossenen Leitsatz hinzuweisen.

Der *Vorsitzende* ging auf diese Anregung ein und schlug vor, von „rechtlich, insbesondere flaggenrechtlich erheblichen Tatsachen" zu sprechen und dabei auf den früheren Leitsatz Bezug zu nehmen.

Ministerialrat *Krieger* wandte sich gegen diesen Vorschlag. Er halte es für richtiger, diejenigen Tatsachen, auf die es ankomme, genau zu umschreiben. Insbesondere sei offenbar die Eigenschaft des Schiffes als Seeschiff bedeutsam. Alle nicht für den guten Glauben erheblichen Tatsachen müssten ausgeschieden werden.

Der *Vorsitzende* erwiderte, dass die Eigenschaft eines Schiffes als Seeschiff wohl die wichtigste der in Betracht kommenden Tatsachen sei. Er ziehe aber eine allgemeine Fassung vor, weil das Leben immer neue Sachverhalte entstehen lasse, die man heute noch gar nicht überblicken könne. Man möge auch an folgenden Fall denken: Ein Stader Reederschiffer müsse sein Schiff nach den bestehenden preußischen Vorschriften in Harburg eintragen lassen. Grundsätzlich sei demnach Harburg Heimathafen. Aus naheliegenden Gründen beantrage der Reeder nun aber, Stade als Heimathafen einzutragen. Irrtümlich unterbleibe diese Eintragung. Ein Dritter, der auf den Inhalt des Schiffsregisters gutgläubig vertraue, verklage den Reeder in Harburg. Hier bestehe doch offenbar ein Bedürfnis für den Schutz des guten Glaubens. Es handle sich also um einen Fall, in dem sich der gute Glaube nicht auf die Tatsache beziehe, dass das eingetragene Schiff ein Seeschiff sei, sondern auf eine andere Tatsache.

Ministerialrat *Krieger* entgegnete, seines Erachtens habe der vom Vorsitzenden geschilderte Fall mit dem Schutz des guten Glaubens nicht notwendig etwas zu tun. Das Gesetz könne vorschreiben, dass der Gerichtsstand sich unter allen Umständen nach dem als Heimathafen eingetragenen Ort richte.

Der *Vorsitzende* antwortete, dass eine derartige prozessuale Sondernorm zwar möglich sei, es frage sich aber, ob sie als wünschenswert angesehen werden könne. Die von Ministerialrat Krieger vorgeschlagene Sondernorm schaffe eine absolute Fiktion, die auch Schlechtgläubigen zustatten komme. Der durch eine solche absolute Fiktion geschaffene starre Rechtszustand lasse sich mit nationalsozialistischem Rechtsdenken nur schwer vereinbaren. Im Übrigen sei es auch aus Gründen der Rechtseinfachheit besser, wenn man sich für ein *einheitliches* Prinzip entscheide. Dies zeige sich, wenn man den Fall des falschen Heimathafens etwas verändere: Das Schiff des Staders, das man in Harburg in das Seeschiffsregister eingetragen habe, möge in Wahrheit ein Binnenschiff sein. Rechne hier ein durch eine Kollision geschädigter Dritter mit der zweijährigen Verjährungsfrist des Seerechts, nicht mit der einjährigen Verjährungsfrist des Binnenschifffahrtsrechts, und klage er nach Ablauf des ersten Jahres, so genieße er nach Leitsatz 6 nur dann Schutz, wenn er gutgläubig sei. Handele es sich aber bei dem Schiff tatsächlich um ein Seeschiff und sei nur Harburg fälschlich als Heimathafen eingetragen, so solle hier der Dritte bei einer kurz vor Ablauf des zweiten Jahres in Harburg, nicht in Stade erhobenen Klage nach Ansicht von Ministerialrat Krieger auch dann geschützt sein, wenn der Dritte die Unrichtigkeit der Eintragung des Heimathafens Harburg gekannt habe. Es sei nicht einzusehen, weshalb die beiden Fälle nicht gleich behandelt werden sollten.

Auch Reichsgerichtsrat *Dr. Lindenmaier* riet, keine so enge Formulierung zu wählen, wie sie Ministerialrat Krieger vorschlage. Das Leben könne so viele verschiedene Sachverhalte schaffen, dass man vorsichtig sein müsse und nicht sogleich alle Fälle übersehen könne. Im Übrigen sei es auch nur Aufgabe des Seerechtsausschusses, Grundsätze aufzustellen, nicht aber endgültige Formulierungen zu schaffen.

Dr. Schulze-Smidt entgegnete, bei Zugrundelegung der von dem Vorsitzenden vorgeschlagenen allgemeinen Formulierung tauche dann aber wieder die Frage auf, was unter „flaggenrechtlich erheblichen Tatsachen" verstanden werden solle. Vielleicht könne man den Kreis dieser Tatsachen am besten dadurch abgrenzen, dass man von den „in Gemäßheit des Gesetzes eingetragenen Feststellungen" spreche. Die Herausarbeitung von Einzelheiten könne dann den Ministerien überlassen bleiben.

Der *Vorsitzende* erwiderte, dass die von Dr. Schulze-Smidt vorgeschlagene Formulierung ihm zu weit erscheine; § 7 FlG erkläre viele Tatsachen für eintragungspflichtig, auf deren Richtigkeit sich der öffentliche Glaube nicht erstrecken könne. Dort sei beispielsweise von dem Rechtsgrund die Rede, auf welchem die Erwerbung des Schiffes beruhe, von den Ergebnissen der amtlichen Vermessung, von der Zeit und dem Ort der Erbauung. Es komme darauf an, diejenigen Tatsachen herauszustellen, die für den Schutz des guten Glaubens von Bedeutung sein sollten.

Ministerialrat *Krieger* schloss sich diesen Ausführungen an. Das Problem könne am besten derart gelöst werden, dass man zunächst überlege, welche Eintragungen in Zukunft das Register enthalten müsse. Auch bei dem Grundbuch beziehe sich der öffentliche Glaube nicht auf sämtliche eingetragenen Tatsachen, beispielsweise nicht auf die Größe und Bewirtschaftungsart des Grundstücks. Von den in das Schiffsregister einzutragenden Tatsachen könne man Zeit und Ort der Erbauung für den Gutglaubensschutz beiseite lassen, wohl aber komme es nach den Darlegungen des Vorsitzenden auf den Heimathafen an, möglicherweise auch auf den Namen des Reeders.

Der *Vorsitzende* wies darauf hin, dass auch § 892 BGB ähnliche Fragen ausgelöst habe, wie man sie jetzt hier im Seerechtsausschuss behandle. Es werde wie im Rahmen des § 892 BGB auch für das Schiffsregisterrecht Aufgabe der Rechtsprechung sein, die Zweifelsfragen zu beantworten. Eine unfruchtbare Kasuistik, wie sie das Preußische Allgemeine Landrecht enthalten habe, sei mit nationalsozialistischem Rechtsdenken unvereinbar.

Reichsgerichtsrat *Dr. Lindenmaier* kam dementsprechend auf seine Anregung zurück, in Leitsatz 6 statt von „eingetragenen flaggenrechtlichen Tatsachen" von „eingetragenen flaggenrechtlich oder sonst wie rechtserheblichen Tatsachen" zu sprechen.

Der *Vorsitzende* äußerte, auch ihm scheine diese Lösung eine glückliche zu sein, und stellte fest, dass der Seerechtsausschuss mit Leitsatz 6 Abs. 1 in einer entsprechend abgeänderten Formulierung einverstanden sei.

Der *Vorsitzende* ging sodann zu *Leitsatz 6 Abs. 2* über und wies nochmals darauf hin, es sei bisher immer als ein Mangel des § 892 BGB empfunden worden, dass der gute Glaube nicht durch grobe Fahrlässigkeit ausgeschlossen werde. Die Rechtsprechung habe diesem Mangel dadurch abzuhelfen versucht, dass sie den Begriff der Kenntnis weit ausgelegt habe. Eine positivrechtliche Vorschrift sei aber empfehlenswert.

Da sich gegen Leitsatz 6 Abs. 2 keine Bedenken erhoben, stellte der Vorsitzende die allseitige Zustimmung dazu fest.

Der Vorsitzende wandte sich sodann *Leitsatz 7* zu, der den *Zeitpunkt* betreffe, in welchem der gute Glaube vorhanden sein müsse. Zwei Fallgruppen seien hier zu unterscheiden: Die Fälle eines Rechtserwerbs seien den übrigen Tatbeständen gegenüberzustellen. Im Falle eines Rechtserwerbs müsse der Zeitpunkt der Einigung der Parteien maßgebend sein. Im Übrigen könne man verschiedene Ansichten darüber vertreten, auf welchen Zeitpunkt es ankomme. Es empfehle sich, wie er schon in der letzten Sitzung ausgeführt habe, keinen konkreten Kausalzusammenhang zwischen der unrichtigen Eintragung und einer vorgenommenen Rechtshandlung zu verlangen. Auch § 892 BGB setze ja kein positives Vertrauen in die Richtigkeit der Eintragung voraus, und im Interesse der Rechtssicherheit müsse man verzichten auf das Erfordernis des Kausalzusammenhanges, um nicht innere, seelische und daher schwer beweisbare Tatsachen rechtserheblich werden zu lassen. Zwei Fälle des Gutglaubensschutzes gebe es also: Einmal die Möglichkeit, dass jemand sich auf die Registereintragung verlasse und im Vertrauen auf sie handle, zweitens aber die Möglichkeit, dass jemand sich nicht um die Registereintragung kümmere und nur zufällig ihr parallel handle. Folgendes Beispiel mache das deutlich: Ein Binnenschiff verkehre ständig zwischen Hamburg und Cuxhaven, sei aber fälschlich in das Seeschiffsregister eingetragen. Eine Kollision ereigne sich zwischen Hamburg und Cuxhaven. Der geschädigte Dritte verklage den Reeder kurz vor Ablauf der zweijährigen Verjährungsfrist des Seerechts. Der Reeder wende ein, das Schiff sei kein See-, sondern ein Binnenschiff, der Anspruch sei demnach schon in einem Jahr verjährt. Hier gebe es zwei Möglichkeiten: Der Dritte könne entweder die Klage hinausgezögert haben, weil er sich durch Einsicht in das Schiffsregister davon überzeugt habe, dass das Schiff als Seeschiff eingetragen sei. Es könne aber auch sein, dass der Dritte, ohne das Schiffsregister einzusehen, einfach angenommen habe, es handle sich um ein Seeschiff, oder dass er in Unkenntnis der Verjährungsunterschiede einfach darauf losgeklagt habe. In allen Fällen müsse dem Dritten die unrichtige Registereintragung zugute kommen. *Leitsatz 7,* dessen Formulierung im Einzelnen vielleicht wieder verbessert werden könne, laute deshalb: „Für die Kenntnis oder das Kennenmüssen ist im Falle eines Rechtserwerbs entscheidend der Zeitpunkt der Einigung der Parteien, im Übrigen der Zeitpunkt, in welchem der Dritte eine Rechtshandlung vornimmt, die er bei Kenntnis und verständiger Würdigung der Unrichtigkeit des Registers nicht vorgenommen haben würde."

Ministerialrat *Krieger* stellte die Frage, ob in dem vom Vorsitzenden angeführten Falle die Haftung des Schiffes sich grundsätzlich nach Binnenschifffahrtsrecht richte, da dieses Schiff ja in Wahrheit ein Binnenschiff sei? Solle die Haftung nach Seerecht nur dann eintreten, wenn der Dritte ohne grobe Fahrlässigkeit das Schiff für ein Seeschiff gehalten habe? Seines Erachtens müsse die Frage, ob das See- oder Binnenschifffahrtsrecht anwendbar sei, sich nach dem Zeitpunkt der Anspruchsentstehung richten, also nach dem Zeitpunkt der Kollision.

Der *Vorsitzende* entgegnete, dass in der Tat grundsätzlich der Zeitpunkt des Schadenseintritts dafür entscheidend sei, ob das See- oder Binnenschifffahrtsrecht Anwendung finde. Eine Abweichung von diesem Grundsatz trete jedoch dadurch ein, dass die Registereintragung zwar keine absolute Fiktion, wohl aber – zugunsten des Dritten – eine relative Fiktion aufstelle. Der Dritte könne sich auf diese Fiktion berufen, brauche es aber nicht zu tun.

Ministerialrat *Krieger* wies darauf hin, dass im Grundbuchrecht der Schutz des guten Glaubens sich nur auf den rechtsgeschäftlichen Erwerb, nicht auf den Erwerb kraft Gesetzes beziehe. Übertrage man diesen Gedanken auf den vorliegenden Fall, so müsse der Kollisionsschaden nach Binnenschifffahrtsrecht beurteilt werden, der Dritte könne sich nicht auf die Eintragung des Schiffes in das Seeschiffsregister berufen, da es sich um einen Anspruchserwerb kraft Gesetzes handele.

Der *Vorsitzende* lehnte diese Parallele zum Grundbuchrecht ab. Erstrecke man einmal, wie der Ausschuss beschlossen habe, den Gutglaubensschutz auf die flaggenrechtlich und sonst wie rechtserheblichen Tatsachen, so kämen als schutzfähige Tatbestände nicht nur rechtsgeschäftlicher Rechtserwerb, sondern auch Anspruchserwerb kraft Gesetzes in Betracht. Im Übrigen könne man die Frage, wieweit sich der Schutz des guten Glaubens erstrecken solle, der Rechtsprechung überlassen.

Reichsgerichtsrat *Dr. Lindenmaier* kam noch einmal auf den früher beschlossenen Leitsatz (Prot. 10) betreffend die Behandlung eines Schiffes als Seeschiff zurück. Damals habe er die Einschränkung, dass Gutgläubigkeit erforderlich sei, zunächst nicht gemacht. Sein ursprünglicher Vorschlag, der nur darauf abgestellt habe, ob ein Schiff in das Seeschiffsregister eingetragen sei, schaffe eine einfachere und klarere Rechtslage. Eine grobschlächtige Regelung sei unter Umständen besser als eine verwickelte und einzelheitliche Vorschrift. Die letzte Erörterung zwischen dem Vorsitzenden und Ministerialrat Krieger bestätige diesen seinen Standpunkt. Er stelle wiederholt zur Erwägung, den einfachen und klaren Rechtssatz aufzustellen: „Schiffe, die in das Seeschiffsregister eingetragen sind, gelten als Seeschiffe."

Der *Vorsitzende* erwiderte, die Anregung von Reichsgerichtsrat Dr. Lindenmaier führe auf das Kernproblem zurück, ob für den Gesetzgeber die Rechtssicherheit oder die Rechtsangemessenheit den Leitstern bilden solle. Folge man Reichsgerichtsrat Dr. Lindenmaier, so schütze man auch Personen, die wegen Schlechtgläubigkeit einen Schutz gar nicht verdienten. Nationalsozialistischem Rechtsdenken entspreche dies nicht. Die Rechtsangemessenheit sei in den Vordergrund zu stellen. Des gleichen Fehlers mache sich auch § 5 HGB schuldig.

Reichsgerichtsrat *Dr. Lindenmaier* entgegnete, praktisch spielten die Fälle, in denen sich Schlechtgläubige auf eine Eintragung berufen würden, keine bedeutende Rolle. Im Interesse der Rechtssicherheit könne man deshalb für diese seltenen Einzelfälle unangemessene Ergebnisse wohl in Kauf nehmen.

Der *Vorsitzende* wies demgegenüber darauf hin, dass man den Gutglaubensschutz als solchen doch jedenfalls nicht schlechthin entbehren könne, da die von Reichsgerichtsrat Dr. Lindenmaier angeregte Fassung ja nur einen Spezialfall betreffe. Deshalb entstehe, wenn man die Anregung befolge, ein zwiespältiger Rechtszustand, der unerwünscht sei. Man könne aber auf die Frage immerhin bei der zweiten Lesung zurückkommen.

Aufsichtsratsvorsitzender *Nottebohm* äußerte, ihm sei die Anwendung des Leitsatzes 7 in denjenigen Fällen nicht klar, in denen der aus einer Kollision Anspruchsberechtigte erst nach Ablauf der einjährigen Verjährungsfrist, aber vor Ablauf der zweijährigen Verjährungsfrist erfahre, dass das schadenstiftende Schiff kein See-, sondern ein Binnenschiff gewesen sei. Hier dürfe der Geschädigte seinen Anspruch doch nicht verlieren.

Der *Vorsitzende* erwiderte, dass man bei richtiger Auslegung des Leitsatzes 7 auch zu einem angemessenen Ergebnis komme: In dem geschilderten Fall müsse man als die von dem Dritten vorgenommene rechtlich erhebliche Handlung im Sinne des Leitsatzes 7 das Unterlassen der Klagerhebung binnen Jahresfrist ansehen. Notfalls könne man die Wortung von Leitsatz 7 noch etwas verbessern.

Ministerialrat *Krieger* bemerkte dazu, seines Erachtens könne man in dem Aufschieben der Klagerhebung keine Rechtshandlung erblicken. Außerhalb des rechtsgeschäftlichen Verkehrs müsse seines Erachtens der Zeitpunkt des Anspruchserwerbs maßgebend sein, der zweite Halbsatz von Leitsatz 7 müsse entsprechend geändert werden.

Der *Vorsitzende* anwortete, er könne Ministerialrat Krieger vielleicht dann zustimmen, wenn es sich tatsächlich stets nur um Fälle eines Anspruchserwerbs handle. Ob das aber zutreffe, könne er im Augenblick nicht ganz übersehen, es bedürfe noch näherer Prüfung, um deren Durchführung er den Vorredner bitte.

Ministerialrat *Krieger* übernahm es, diese Prüfung vorzunehmen und in der nächsten Sitzung eventuell eine neue Formulierung des Leitsatzes 7 in Vorschlag zu bringen.

Direktor *Brandt* stellte noch zur Erwägung, ob man nicht wie in Leitsatz 6, so auch in Leitsatz 7 am Schlusse der Kenntnis die grobfahrlässige Unkenntnis gleichstellen müsse.

Der *Vorsitzende* bemerkte, er habe nur an den Fall der Kenntnis gedacht, Ministerialrat Krieger möge aber auch dieser Frage sein Augenmerk zuwenden.

Sodann nahm der *Vorsitzende* das Wort zu einem Bericht über Berichtigungsanspruch, Widerspruch und Vormerkung. Er ging davon aus, dass bei unrichtigen Eintragungen der Berechtigte durch den öffentlichen Glauben gefährdet sei und deshalb ein Interesse habe erstens an einer endgültigen *Berichtigung* und zweitens an einer vorläufigen Sicherung des Berechtigten durch Eintragung eines *Widerspruchs.*

Nach § 1263 Abs. 1 BGB sei ein Berichtigungsanspruch nur in Ansehung eines Pfandrechts gegeben. Diese Vorschrift sei zu eng. Man müsse auch mit falschen Eigentumseintragungen rechnen. Deshalb sei der Gedanke des § 1263 Abs. 1 BGB entsprechend *Leitsatz 8* zu erweitern: § 1263 Abs. 1 BGB ist zu ändern: „Steht der Inhalt des Schiffsregisters in Ansehung eines *Rechts* usw."

Der Vorsitzende stellte fest, dass sich gegen Leitsatz 8 kein Widerspruch erhob.

Anschließend führte er aus, der in Leitsatz 8 behandelte Berichtigungsanspruch habe grundsätzlich einen privatrechtlichen Berichtigungsgegner zur Voraussetzung. An einem solchen fehle es bei einer nur flaggenrechtlich bedeutsamen Eintragung, z.B. bei fälschlicher Eintragung des Heimathafens.

Hier tauche die Frage auf, ob eine Berichtigung *von Amts wegen* zu erfolgen habe. Schon heute sehe § 13 Abs. 1 Satz 1 FlG in beschränktem Umfange eine Berichtigung von Amts wegen vor. Sie beziehe sich aber nur auf spätere Veränderungen in den zunächst eingetragenen Tatsachen, nicht auch auf *von vornherein* unrichtige Eintragungen. Allgemein sei es auch als ein Mangel des Handelsregisterrechts empfunden, dass eine Löschung von Amts wegen nicht im wünschenswerten Umfange gesetzlich vorgesehen sei. In das kommende Schiffsregisterrecht brauche man diesen Mangel nicht zu übernehmen. Vor einer Löschung von Amts wegen müssten allerdings die Beteiligten gehört werden. In *Leitsatz 9* habe er den Vorschlag, zu dem er besonders die Stellungnahme von Oberinspektor Bleuss erbitte, zusammengefasst: § 13 Abs. 1 FlG ist dahin zu erweitern, dass eine Löschung von Amts wegen auch stattfindet bei von vornherein unrichtigen Eintragungen. Die vorherige Benachrichtigung der Beteiligten und das Verfahren regelt sich analog § 14Abs. 1 FlG.

Oberinspektor *Bleuss* führte dazu aus, dass eine Erstreckung der Berichtigung von Amts wegen auf von vornherein bestehende Unrichtigkeiten des Registers praktisch außerordentlich zu begrüßen sei. Es habe sich beispielsweise folgender Fall ereignet: Ein Binnenschiff, das einem Deutschen gehöre, liege in Holland und solle durch Einbau eines Motors in ein Seeschiff umgewandelt werden. Es sei bereits in das Seeschiffsregister eingetragen. Den Motoreinbau finanziere ein Apenrader, zu dessen Sicherheit in das Seeschiffsregister ein Pfandrecht eingetragen werde. In Wahrheit werde aber der Motoreinbau nicht vorgenommen. Das Schiff bleibe als Wrack in Holland liegen. Der deutsche Eigentümer fliehe nach Russland, sei also unerreichbar. Obgleich das Schiff längst verfallen sei, stehe es noch heute im Seeschiffsregister eingetragen, da bei ursprünglich unrichtigen Eintragungen keine Möglichkeit einer Löschung von Amts wegen bestehe.

Der *Vorsitzende* stellte fest, dass sein Vorschlag also einem praktischen Bedürfnis entgegenkomme.

Ministerialrat *Krieger* rollte daraufhin die Frage auf, in welchem Umfange eine Löschung von Amts wegen zugelassen werden solle. Insoweit, als es sich um Privatrechte handle, bestehe dafür kein Bedürfnis. Nur für flaggenrechtliche Tatsachen komme die Löschung von Amts wegen in Betracht. Im Einzelnen könne man aber Zweifel darüber hegen, welche flaggenrechtlichen Tatsachen in Frage kämen.

Der *Vorsitzende* bestätigte, dass bei der Löschung von Amts wegen wohl nur an flaggenrechtliche Tatsachen zu denken sei, die nicht zugleich Privatrechte darstellten.

Ministerialrat *Krieger* bemerkte, dass als solche flaggenrechtlichen Tatsachen wohl nur die Eintragung des Schiffes als Seeschiff in Betracht komme, er könne sich keinen anderen Fall denken. Es empfehle sich deshalb, in Leitsatz 9 hinter dem ersten Satz einzufügen: „sofern das Schiff nicht eingetragen werden durfte."

Der *Vorsitzende* entgegnete, er könne nicht übersehen, ob die vorgeschlagene Einschränkung ratsam sei. Auch hier sei wieder zu beachten, dass enge und kasuistische Gesetze leicht vom Leben überholt würden.

Oberinspektor *Bleuss* erklärte die ursprüngliche weitere Formulierung des Leitsatzes 9 für seines Erachtens besser.

Ministerialrat *Krieger* wandte sich von neuem gegen eine zu weit gehende Zulassung der Löschung von Amts wegen. Er habe auch nicht den Eindruck, dass das Handelsregisterrecht insoweit einen Mangel aufweise. Im Gegenteil halte er die Tendenz der Rechtsprechung, die Amtslöschung auszudehnen, auch dort für gefährlich. Das Amtslöschungsverfahren dürfe nur für die unbedingt notwendigen Fälle vorgesehen, der Behörde dürften keine allzu großen Machtbefugnisse in die Hand gegeben werden.

Der *Vorsitzende* gab schließlich anheim, Leitsatz 9 wie folgt zu fassen: „Ergibt sich, dass die Eintragung eines Schiffes in das Seeschiffsregister von vornherein wegen des Mangels einer wesentlichen Voraussetzung unzulässig war, so kann die Registerbehörde das Schiff von Amts wegen löschen."

Reichsgerichtsrat *Dr. Lindenmaier* meinte, es sei einfacher zu sagen: „Eine von vornherein unzulässige Eintragung eines Schiffes im Seeschiffsregister kann von Amts wegen gelöscht werden."

Diese Formulierung fand allgemeine Zustimmung.

Der *Vorsitzende* wandte sich dann den Fragen des *Widerspruchs* zu. Dieser diene dem vorläufigen Schutz gegenüber den Gefahren des öffentlichen Glaubens und habe zwei Voraussetzungen, nämlich erstens die Bedrohung durch den öffentlichen Glauben und zweitens das einstweilige Fehlen des endgültigen Mittels der Berichtigung. Da der Schutz des öffentlichen Glaubens verallgemeinert werden solle, so müsse auch der Widerspruch in entsprechendem Umfang ermöglicht werden. Die Vorschrift des § 1262 Abs. 2 BGB sei viel zu eng. Sie erstrecke sich nur auf zu Unrecht gelöschte Pfandrechte. *Leitsatz 10* laute deshalb wie folgt: „Soweit eine unrichtige Eintragung der Gefahr des öffentlichen Glaubens ausgesetzt und eine Berichtigung des Registers nicht sogleich durchführbar ist, kann der davon Betroffene zur vorläufigen Abwehr einen Widerspruch ins Schiffsregister eintragen lassen. Die Eintragung erfolgt aufgrund einstweiliger Verfügung oder aufgrund einer Bewilligung des Betroffenen."

Leitsatz 10 beziehe sich in erster Linie auf privatrechtliche Eintragungen. Zweifelhaft könne es sein, wieweit man ihn auf flaggenrechtliche Eintragungen erstrecken solle. Eine Gefährdung durch den öffentlichen Glauben könne auch dort gegeben sein. Es frage sich aber, ob man bei flaggenrechtlichen Eintragungen nur eine Löschung von Amts wegen – als endgültige Berichtigung des Registers – vorsehen, oder auch die vorläufige Eintragung eines Widerspruchs von Amts wegen zulassen wolle. Dabei sei zu beachten, dass bei dem privatrechtlichen Berichtigungsverfahren Verzögerungen dadurch entstünden, dass ein Berichtigungsgegner gehört werden müsse. Diese Verzögerungsgefahr gebe es bei dem flaggenrechtlichen Berichtigungsverfahren nicht.

Oberinspektor *Bleuss* begrüßte die Anregung des Vorsitzenden, einen Widerspruch auch für flaggenrechtliche Eintragungen vorzusehen. Eine erweiterte Möglichkeit des Hinweises auf wahrscheinliche Unrichtigkeiten des Schiffsregisters müsse gegeben sein, da ja das Schiffsregister zuverlässig sein müsse, besonders wenn man den Schutz des guten Glaubens einführe. Es sei ratsam, den Widerspruch von Amts wegen in einer besonderen Spalte des Schiffsregisters, etwa unter der Bezeichnung „Bemerkungen", einzutragen.

Auch *Dr. Schulze-Smidt* setzte sich dafür ein, eine Art von Vormerkung zu schaffen, welche die Aufgabe habe, zu warnen. Zurückkommend auf den von Oberinspektor Bleuss angeführten Fall des in Holland umzubauenden Schiffes erklärte er: Wenn der Motor noch heute fehle, das

Schiff also kein Seeschiff geworden sei, so müsse es im Schiffsregister von Amts wegen gelöscht werden. Wenn jedoch nur das Gerücht entstehe, dass das fragliche eingetragene Schiff kein Seeschiff sei, der Sachverhalt aber noch der Aufklärung bedürfe, so sei eine Art Warnung im Seeschiffsregister sehr angebracht. Man könne den Vorschlag etwa dahin formulieren: „Wenn zur Kenntnis der Registerbehörde Tatsachen gelangen, die sich zu einer Löschung von Amts wegen verdichten können, so soll eine warnende Eintragung gemacht werden."

Aufsichtsratsvorsitzender *Nottebohm* schloss sich diesem Vorschlag an, der eine wesentliche Verbesserung des geltenden Schiffsregisterrechts darstelle. Nur empfehle es sich, statt einer Soll- eine Mussvorschrift zu schaffen.

Der *Vorsitzende* schlug vor, die neu zu schaffende Rechtseinrichtung nicht als „Widerspruch" zu bezeichnen, um einer Verwechslung mit dem privatrechtlichen Widerspruch, wie er in Leitsatz 10 vorgesehen sei, vorzubeugen. Solange einer Löschung von Amts wegen Ermittlungen der Registerbehörde vorangingen, sei vorläufig eine warnende Eintragung vorzunehmen. Man könne sie etwa als „amtliches Bedenken" oder „amtlichen Hinweis" bezeichnen.

Ministerialrat *Krieger* meinte, es tauche bei alledem die Frage auf, unter welchen genau zu umschreibenden Umständen die warnende Eintragung zugelassen werden solle. Er empfehle, diese Eintragung nur bei Einleitung des amtlichen Löschungsverfahrens, niemals vorher vorzunehmen.

Reichsgerichtsrat *Dr. Lindenmaier* vertrat den Standpunkt, dass in der Registerakte oder in anderen Akten, die dem Publikum zugänglich seien, schriftliche Unterlagen als Voraussetzung für die Eintragung einer Warnung enthalten sein müssten. In das Schiffsregister brauche dann nur ein Vermerk eingetragen zu werden: „Es wird verwiesen auf Acta ..."

Ministerialrat *Koffka* meinte, es müssten noch strengere Kautelen eingeschaltet werden, sonst bestehe die Gefahr unbegründeter Kreditschädigung für den Reeder. Im privatrechtlichen Interesse der Beteiligten sei es erforderlich, sich nicht mit irgendwelchen schriftlichen Unterlagen zu begnügen. Aktenkundig sei eine Tatsache ja bereits dann, wenn jemand bei der Registerbehörde erschienen sei und zu Protokoll erklärt habe, er habe dies oder jenes wahrgenommen.

Der *Vorsitzende* stellte daraufhin folgende Formulierung zur Erörterung: „Ergeben sich erhebliche und aktenkundige Bedenken gegen die Richtigkeit einer flaggenrechtlichen Eintragung, so kann die Registerbehörde von Amts wegen einen amtlichen Hinweis eintragen."

Ministerialrat *Koffka* meinte, dieser Vorschlag könne noch nicht befriedigen. Man dürfe nicht nur auf die Aktenkundigkeit abstellen, sondern die Bedenken müssten auf amtlichen Feststellungen, z.B. auf einem Konsularbericht, oder auf eidesstattlichen Erklärungen nichtinteressierter Personen beruhen, wenn man die Möglichkeit böswilliger Schädigungen durch die Konkurrenz ausschalten wolle.

Der *Vorsitzende* erwiderte, man könne dem etwa durch folgende Formulierung Rechnung tragen: Ergeben sich aufgrund ausreichender aktenkundiger Beweismittel erhebliche Bedenken gegen die Richtigkeit einer flaggenrechtlichen Eintragung, so kann die Registerbehörde von Amts wegen einen amtlichen Hinweis eintragen.

Dr. Schulze-Smidt sprach sich dagegen aus, dass entsprechend dem Vorschlage von Reichsgerichtsrat Dr. Lindenmaier nur auf die maßgeblichen Aktenstellen verwiesen werde. Eine solche Verweisung mache dem das Register Einsehenden die Sachlage noch nicht ausreichend klar.

Aufsichtsratsvorsitzender *Nottebohm* hielt den bloßen Aktenhinweis zur Warnung der Kreditgeber für ausreichend. Im Übrigen hebe er noch einmal hervor, dass man die Vorschrift als Muss-, nicht aber als bloße Kannvorschrift ausgestalten müsse.

Dr. Schütte kam dann auf die von Ministerialrat Krieger angeschnittene Frage zurück, ob man den amtlichen Hinweisen nur bei Einleitung des Löschungsverfahrens oder allgemein zulassen solle.

Der *Vorsitzende* stellte zur Erwägung, in der von ihm vorgeschlagenen Formel hinter dem Wort „Eintragungen" etwa einzufügen: „Bedenken, die zutreffendenfalls zu einer Löschung führen müssten". Er könne allerdings im Augenblick nicht übersehen, ob man damit nicht zu enge Voraussetzungen für den amtlichen Hinweis schaffe.

Ministerialrat *Krieger* empfahl, den amtlichen Hinweis nur im Löschungsverfahren zuzulassen. Dabei müsse man mehrere Fälle unterscheiden. Zunächst gebe es eine Löschung analog § 14 Abs. 1 FlG. Dabei könne man den amtlichen Hinweis an die Einleitung des Löschungsverfahrens anknüpfen. Weiterhin gebe es die Löschung gemäß § 13 Abs. 1 Satz 1 FlG, also bei nachträglichen Änderungen eingetragener Tatsachen. Auch diese Löschung bedürfe eines Verfahrens zur Nachprüfung. Der maßgebende Zeitpunkt für den warnenden Hinweis sei der Augenblick, in dem der Registerbehörde die Unrichtigkeit glaubhaft gemacht sei. Solange der Richter noch nicht klar sehe, dürfe eine warnende Eintragung nicht erfolgen.

Der *Vorsitzende* entgegnete, beide Fälle würden durch die zur Erörterung stehende Fassung getroffen. Diese allgemeinere Fassung könne aber durch einen zweiten Satz ergänzt werden: „Dieser Hinweis ist stets einzutragen, sobald ein amtliches Löschungsverfahren eingeleitet ist."

Direktor *Brandt* wandte sich gegen eine derartige Mussvorschrift, da sie dem Registerrichter eine untragbare Verantwortung aufbürde und eine schwere Haftpflichtgefahr heraufbeschwöre. Eine Kannvorschrift müsse genügen.

Der *Vorsitzende* entgegnete, er könne für den Fall der Einleitung des Löschungsverfahrens keine Bedenken gegen die Aufstellung einer Mussvorschrift sehen. Im Übrigen möge man eine Sollvorschrift oder Kannvorschrift schaffen.

Nachdem Ministerialrat *Koffka* darauf hingewiesen hatte, für Behörden seien Sollvorschriften immer zwingend, formulierte der *Vorsitzende* den *Leitsatz* wie folgt: „Ergeben sich aufgrund ausreichender aktenkundiger Beweismittel erhebliche Bedenken gegen die Richtigkeit einer flaggenrechtlichen Eintragung, Bedenken, die zutreffendenfalls zu einer Löschung führen müssten, so soll die Registerbehörde einen amtlichen Hinweis eintragen. Dieser Hinweis ist stets einzutragen, sobald ein amtliches Löschungsverfahren eingeleitet ist."

Reichsgerichtsrat *Dr. Lindenmaier* setzte sich für eine bloße Kannvorschrift ein. Ferner schlug er die Streichung der Worte „Bedenken, die zu einer Löschung führen müssten" vor. Das Wort „ausreichendes" empfahl er als überflüssig zu streichen und statt „Beweismittel" riet er „Unterlagen" zu sagen.

Zu der Frage, ob man eine Sollvorschrift schaffe, äußerte sich *Dr. Schulze-Smidt* im Sinne des Vorsitzenden. Die gegen eine Sollvorschrift erhobenen Bedenken schlügen nicht durch.

Der *Vorsitzende,* Oberinspektor *Bleuss* und Aufsichtsratsvorsitzender *Nottebohm* stimmten Reichsgerichtsrat Dr. Lindenmaier darin zu, dass man die Worte „Bedenken, die zu einer Löschung führen müssten" streichen könne, wobei der *Vorsitzende* betonte, er habe diese Einschaltung nur im Hinblick auf die besonders von Ministerialrat Krüger erhobenen Bedenken gemacht.

Mit der Streichung des Wortes „ausreichender" erklärte sich der *Vorsitzende* einverstanden, erinnerte aber im Übrigen daran, dass man eine endgültige, alle Einzelheiten berücksichtigende Formulierung noch nicht zu finden brauche. Es handle sich nicht darum, in dritter Lesung eines Gesetzentwurfs jedes Wort festzulegen, sondern darum, in erster Lesung Leitgedanken zu entwickeln und dem Gesetzgeber an die Hand zu geben. Abschließend fasste er das *Ergebnis* dahin zusammen:

„Ergeben sich aufgrund aktenkundiger Beweismittel erhebliche Bedenken gegen die Richtigkeit einer flaggenrechtlichen Eintragung, so soll die Registerbehörde einen amtlichen Hinweis eintragen. Dieser Hinweis ist stets einzutragen, sobald ein amtliches Löschungsverfahren eingeleitet ist."

Gegen diese Formulierung erhob sich kein Widerspruch.

Schließlich ging der *Vorsitzende* auf das Problem der Eintragung einer *Vormerkung* ein. Eine Vormerkung zur Sicherung des obligatorischen Anspruchs auf Pfandrechtseintragung oder -änderung sei im Bürgerlichen Gesetzbuch nicht erwähnt, aber bei der Schaffung des Gesetzes vorausgesetzt. Das ergebe sich aus den Protokollen zum Bürgerlichen Gesetzbuch (Prot. III S. 501 f.). In anderen gesetzlichen Vorschriften werde auf die Vormerkung für ein Schiffspfandrecht Bezug genommen, so im § 100 Abs. 2 FGG in Verbindung mit § 18 Abs. 2 GBO. Immerhin sei eine Klarstellung der Zweifelsfrage angebracht. Da selbstverständlich auch eine Vormerkung zugunsten des künftigen Eigentümers zulässig sein müsse, schlage er als *Leitsatz 11* vor: „Zur Sicherung des Anspruchs auf Änderung der Eigentumslage oder Pfandrechtslage eines Seeschiffes kann eine Vormerkung ins Seeschiffsregister eingetragen werden. Die §§ 883 ff. BGB finden entsprechende Anwendung."

Gegen den Leitsatz erhob sich kein Widerspruch.

Der Vorsitzende ging sodann über zum zweiten Punkt der Tagesordnung: *Rechtsformen der Übereignung von Seeschiffen.*

§ 474 HGB sehe eine Übereignung ohne Übergabe vor. Diese Vorschrift sei vor Einführung des Bürgerlichen Gesetzbuches geschaffen, weil einige deutsche Landesrechte damals noch eine körperliche Besitzübergabe zur Eigentumsübertragung erfordert hätten. Erst mit der Einführung des Bürgerlichen Gesetzbuches sei allgemein die Möglichkeit geschaffen, die Besitzübergabe durch Traditionssurrogate zu ersetzen, z.B. dadurch, dass gemäß § 930 BGB vereinbart werde, der Veräußerer solle künftig als Verwahrer für den Erwerber das Schiff besitzen (sog. Besitzkonstitut). Diese Möglichkeit solcher Traditionssurrogate sei auch dann gegeben, wenn das Schiff sich auf der Reise befinde; denn nach herrschender Ansicht sei der Reeder unmittelbarer Besitzer des Schiffes, der Kapitän nur sein Besitzdiener. Durch die Traditionssurrogate sei die praktische Bedeutung des § 474 HGB sehr eingeschränkt. Die Vorschrift stelle in unserem Rechtssystem eine Anomalie dar, die bewirke, dass man über Millionenobjekte durch ein Telefongespräch verfügen könne. Es tauche daher die Frage auf, ob man nicht auf § 474 HGB verzichten solle, weil er überflüssig geworden sei.

Darüber hinaus gelte es, Stellung zu nehmen zu der Frage, ob es sich empfehle, vom Fahrnisrecht überzugehen zum Liegenschaftsrecht, d.h. Einigung und Umschreibung im Register für wesentlich zu erklären. Diese Frage sei in der 15. Arbeitssitzung bereits gestreift. Direktor Brandt habe sich darüber ausgesprochen. In dieser Beziehung müsse man sich besonders den Fall der Veräußerung eines Schiffes in das Ausland vor Augen halten.

Bei einem Erwerb aus dem Ausland bestimme sich die anzuwendende Rechtsordnung nach dem internationalen Privatrecht. Die Rechtslage sei in den einzelnen Staaten außerordentlich verschieden. Nach englischem Recht sei für die Eigentumsübertragung nur ein schriftlicher Vertrag (bill of sale) notwendig, doch knüpfe sich an die Eintragung im Register der Schutz des öffentlichen Glaubens. Nach Art. 318 des holländischen Seegesetzes von 1924 sei das Schiff auch hinsichtlich der Eigentumsübertragung verliegenschaftet. Die Frage, nach welchem Recht sich die Übertragungsform richte, sei im internationalen Privatrecht früher meistens derart entschieden, dass man auf die lex rei sitae abgestellt habe. Danach käme deutsches Recht auch zur Anwendung auf ausländische Schiffe in deutschen Häfen oder Hoheitsgewässern. Neuerdings erkläre man aber mehr und mehr das Recht der Flagge für maßgebend. Danach sei bei dem Erwerb aus dem Ausland das ausländische Recht entscheidend, diese Fallgruppe werde also vom ausländischen Recht beherrscht und könne hier beiseite gelassen werden.

Für die zweite Fallgruppe dagegen, die Veräußerung eines deutschen Schiffes in das Ausland, die beherrscht sei vom deutschen Recht als dem Recht der Flagge, und selbstverständlich auch bei einer im Inland stattfindenden Veräußerung tauche die Frage auf, ob sich eine Verliegenschaftung empfehle. Gerade die Fälle einer Veräußerung in das Ausland ließen hier aber Bedenken entstehen. Zwar spreche für eine Verliegenschaftung der Seeschiffe der Umstand, dass eine Unstimmigkeit zwischen Registereintragung und wahrer Rechtslage möglichst vermieden werden müsse, besonders dann, wenn man den Schutz des guten Glaubens derart ausbauen wolle, wie das der Seerechtsausschuss plane. Aber andererseits trete bei der Durchführung der Verliegenschaftung eine starke bürokratische Erschwerung und zeitliche Verzögerung ein. Es frage sich, ob diese Nachteile so schwerwiegend seien, dass man es bei einer Unterstellung der Schiffe unter das Fahrnisrecht belassen müsse. Die Anwendung von Fahrnisrecht hindere nicht, den Grundsatz des öffentlichen Glaubens des Registers aufrecht zu erhalten, nur müsse man bedenken, dass Gutglaubensschutz nach Fahrnisrecht (§ 932 ff. BGB) und öffentlicher Glaube des Registers im Ergebnis nicht völlig kongruent seien. Nach geltendem Fahrnisrecht sei bei einem Eigentumserwerb ohne Übergabe der gute Glaube nicht geschützt, vielmehr irgendeine Besitzverschaffung notwendig, während der öffentliche Glaube des Registers von dem Besitzmoment ganz absehe. Man müsse sich entscheiden für das eine oder das andere.

Der Vorsitzende forderte sodann die Anwesenden zur Stellungnahme auf, indem er mit Bedauern feststellte, dass Dr. Dettmers, der besonders über die Einstellung der Reederkreise habe berichten wollen, durch Krankheit am Erscheinen verhindert sei.

Direktor *Brandt* betonte, dass in der Tat der Fragenkomplex besonders für die Fälle der Veräußerung von Schiffen in das Ausland Schwierigkeiten bereite. Bekanntlich müsse man das obligatorische Geschäft, also den Kaufvertrag, und das dingliche Geschäft, also die Eigentumsübertragung, auseinanderhalten. Die Verliegenschaftung lasse sich bei dem Verkauf in das Ausland nur in beschränktem Umfange durchführen, da der ausländische Erwerber nicht in das deutsche Schiffsregister eingetragen werden könne. Demnach werde man also nur die Löschung des veräußerten Schiffes im deutschen Schiffsregister zu fordern vermögen, wobei es genügen müsse, wenn auf telegrafische Wege beim Schiffsregister die Löschung beantragt werde.

Der *Vorsitzende* ergänzte die Ausführungen von Direktor Brandt dahin, dass es sich also frage, ob man bei einer Veräußerung in das Ausland von der Umschreibung auf den neuen Eigentümer und in das fremde Schiffsregister ganz absehen, oder aber ob man von dieser Umschreibung wenigstens den ersten Teilakt, die Löschung, fordern solle. Alle diese Zweifelsfragen fielen fort, falls man das Fahrnisrecht für maßgeblich erkläre.

Dr. Schütte wies auf die Schwierigkeiten hin, die sich in der Praxis bei einer Verliegenschaftung ergeben würden. Es sei besonders im Hinblick auf die Fälle einer Veräußerung in das Ausland besser, es bei dem bisherigen Rechtszustand zu belassen. Auch bei Zugrundelegung des Fahrnisrechts lasse sich der Schutz des guten Glaubens durchführen. Für die Versicherungsfrage bereite die jetzige Regelung keine Schwierigkeiten. Wie er wisse, teile Dr. Riensberg seine Ansicht.

Auch Oberinspektor *Bleuss* wandte sich gegen die Verliegenschaftung. Jetzt wickle sich die Übertragung eines deutschen Schiffes in ein ausländisches Register stets ohne Schwierigkeiten ab. Bevor in Deutschland nicht das Register bereinigt sei, werde das Schiff nicht in ein ausländisches Register eingetragen, da vorher die Löschungspapiere nicht erteilt würden.

Auch *Dr. Schulze-Smidt* befürwortete die Beibehaltung des jetzigen Rechtszustandes. Er berichtete, dass auch Dr. Dettmers diesen Standpunkt teile, der mit den beteiligten Kreisen eingehend das Problem besprochen habe.

Direktor *Brandt* betonte gegenüber den Gegnern der Verliegenschaftung, dass er selbst ja darauf hingewiesen habe, es könne sich bei einer Veräußerung in das Ausland die Eigentumsübertragung nicht im deutschen Register vollziehen. Diese Tatsache bewirke, dass bei der Veräußerung in das Ausland die Verliegenschaftung nur beschränkt durchführbar sei. Das habe zur Folge, dass die gegen eine Verliegenschaftung angeführten Gründe nicht durchschlagend seien.

Der *Vorsitzende* fasste nach weiterer eingehender Beratung das Ergebnis dahin zusammen, dass die von den verschiedenen Mitgliedern angeführten Gesichtspunkte mehr für die Beibehaltung des Fahrnisrechts sprächen. Der Schutz des öffentlichen Glaubens sei – wie schon dargelegt – auch möglich, wenn man dem Fahrnisrecht folge.

Es handle sich demnach nur noch darum, ob man 1. § 474 HGB streichen solle, wie man 2. den Hypothekengläubigern im Falle der Veräußerung Schutz gewähren könne. Diese Probleme könnten erst in der 17. Arbeitssitzung behandelt werden.

17. Arbeitssitzung vom 28.2.1935 (16 bis 19.45 Uhr)

Anwesend:
Vorsitzender: Prof. Dr. Wüstendörfer, Hamburg
stellvertretender Vorsitzender: OLG-Präsident Dr. Engel, Hamburg
2. Schriftführer: Richter Dr. Bramslöw, Hamburg
und als weitere wissenschaftliche Mitglieder:
Direktor Brandt, Hamburg
Rechtsanwalt Dr. Dettmers, Bremen
Dr. Krichhauff, Hamburg
Reichsgerichtsrat Dr. Lindenmaier, Leipzig
Direktor Michelau, Bremen
Rechtsanwalt Dr. Schüler, Hamburg
Dr. Schütte, Hamburg
Rechtsanwalt Dr. Schulze-Smidt, Bremen
Verwaltungsdirektor Sturm, Hamburg
Geheimrat Wiedenfeld, Leipzig
vom Reichsjustizministerium:
Ministerialrat Koffka, Berlin
Ministerialrat Krieger, Berlin
als Sachverständige:
Oberinspektor Bleuss, Hamburg
Direktor Feindt, Hamburg
Aufsichtsratsvorsitzender Nottebohm, Hamburg
für die Niederschrift in der Sitzung:
Assessor Dr. Möller, Hamburg und Bürovorsteher Biermann, Hamburg
entschuldigt fehlten:
Rechtsanwalt Dr. Droege, Hamburg
Staatsrat Essberger, Hamburg
Dr. Riensberg, Hamburg

Der *Vorsitzende* eröffnete die Sitzung und führte zu dem ersten Punkt der Tagesordnung: Fortsetzung der *Aussprache über den öffentliche Glauben des Schiffsregisters* und über die *Rechtsform der Übereignung von Seeschiffen,* zunächst Folgendes aus:

In der 16. Arbeitssitzung seien einige Fragen noch nicht völlig geklärt worden.

Insbesondere sei der von ihm vorgeschlagene *Leitsatz 7* nochmals zu erörtern. Er laute (Prot. 16): „Für die Kenntnis oder das Kennenmüssen ist im Falle eines Rechtserwerbs entscheidend der Zeitpunkt der Einigung der Parteien, im Übrigen der Zeitpunkt, in welchem der Dritte eine

Rechtshandlung vornimmt, die er bei Kenntnis und verständiger Würdigung der Unrichtigkeit des Registers nicht vorgenommen haben würde."

Im Interesse größerer Klarheit empfehle es sich, an die Stelle der Worte „im Falle eines Rechtserwerbs" die Worte „im Falle eines rechtsgeschäftlichen Erwerbs" zu setzen, ferner an die Stelle des Wortes „Rechtshandlung" die Worte: „rechtlich erhebliche Handlung oder Unterlassung". Im Übrigen habe Ministerialrat Krieger vorgeschlagen (Prot. 16), außerhalb des rechtsgeschäftlichen Verkehrs den Zeitpunkt des gesetzlichen Anspruchserwerbs für maßgebend zu erklären und den zweiten Halbsatz des Leitsatzes 7 entsprechend zu ändern. Das bedeute beispielsweise im Falle der Schadensersatzforderung aus einem Schiffszusammenstoß, dass der Zeitpunkt der Kollision für den guten Glauben des Gläubigers maßgebend sei. Seines Erachtens seien gegenüber diesem Vorschlag Bedenken geltend zu machen. Das könnten am besten zwei Beispiele erweisen: Angenommen, ein Binnenschiff sei fälschlich in das Seeschiffsregister eingetragen. Solle hier bei einer Kollision die zweijährige Verjährungsfrist des Seerechts oder die einjährige Verjährungsfrist des Binnenschifffahrtsrechts gegenüber dem Kollisionsgläubiger maßgebend sein? Ministerialrat Krieger stelle hinsichtlich der Gutgläubigkeit auf den Zeitpunkt der Kollision ab. Habe also der Gegensegler im Augenblick der Kollision nicht gewusst, dass es sich um ein Binnenschiff handle, dies aber einen Monat nach dem Schiffszusammenstoß erfahren, so könne nach der Ansicht von Ministerialrat Krieger der Gegensegler auch noch nach Ablauf eines Jahres, d.h. innerhalb der seerechtlichen Verjährungsfrist klagen, ohne der Verjährungseinrede des Binnenschifffahrtsrechts ausgesetzt zu sein. Somit werde hier durch die Abstellung auf den Zeitpunkt des gesetzlichen Anspruchserwerbs eine starre Fiktion geschaffen, hinter deren Schutzmauer sich auch Schlechtgläubige verstecken könnten. Ein solcher Vorschlag entspreche seiner Meinung nach nicht den Geboten nationalsozialistischen Rechtsdenkens. Die Unannehmbarkeit dieses Vorschlages lasse sich auch anhand eines weiteren Beispiels dartun: Wenn ein kleiner Reederschiffer seinen Wohnsitz und seine Geschäftsniederlassung in Estebrügge habe, so müsse er nach den preußischen Vorschriften das Schiff in Harburg ins Seeschiffsregister eintragen lassen. Werde nun als Heimathafen statt Estebrügge, dessen Eintragung er beantragt habe, versehentlich Stade eingetragen, und richte dann das Schiff einen Kollisionsschaden an, so werde nach dem Vorschlage von Ministerialrat Krieger der gute Glaube an den Heimathafen Stade dann geschützt, wenn er bei der Kollision vorhanden gewesen sei. Der Reederschiffer könne deshalb auch dann in Stade verklagt werden, wenn der Kläger nachträglich, aber vor der Klagerhebung, erfahre, dass das Schiff mit Stade nichts zu tun habe, sondern in Estebrügge beheimatet sei. Auch hier werde also aus dem Schutz des guten Glaubens unter Umständen ein Schutz des schlechten Glaubens.

Maßgebender Zeitpunkt für die Gutgläubigkeit dürfe deshalb nach seiner Ansicht nicht der Zeitpunkt des gesetzlichen Anspruchserwerbs sein, vielmehr empfehle es sich, den in Leitsatz 7 enthaltenen Vorschlag anzunehmen, also einen *späteren* Zeitpunkt zu wählen. In dem ersten der geschilderten Beispielsfälle handle es sich um eine rechtlich erhebliche Unterlassung, nämlich die Unterlassung rechtzeitiger Klagerhebung. Bei Kenntnis der Binnenschiffseigenschaft und verständiger Würdigung der Unrichtigkeit des Registers hätte der Kläger es nicht bis zum Ablauf des ersten Jahres unterlassen, die Klage zu erheben. Entscheidender Zeitpunkt für seine Gutgläubigkeit sei also der Ablauf des ersten Verjährungsjahres. Im zweiten Beispielsfalle liege dagegen eine rechtlich erhebliche Handlung vor, nämlich die Klagerhebung in Stade. Das sei eine Handlung, die der Kläger bei Kenntnis der Tatsache, dass Stade nur versehentlich als Heimathafen eingetragen sei, und bei verständiger Würdigkeit der Unrichtigkeit des Registers nicht vorgenommen hätte. Entscheidender Zeitpunkt für die Gutgläubigkeit des Klägers müsse also der Zeitpunkt der Klagerhebung sein.

Ministerialrat *Krieger* entgegnete, er sei grundsätzlich der Ansicht, ein Schutz des guten Glaubens komme überhaupt nur bei dem rechtsgeschäftlichen Erwerb in Frage. Nehme man aber den gegenteiligen Standpunkt ein, so müsse man seines Erachtens den Zeitpunkt für maßgebend erklären, in welchem der nicht rechtsgeschäftliche Erwerb eingetreten sei. Wenn also jemand einen Kollisionsschaden von einem Schiff erleide, das fälschlich im Seeschiffsregister eingetragen stehe, so habe er gegen den Reeder eines Seeschiffes einen Anspruch erworben und daran ändere auch die Tatsache nichts, dass er später erfahre, es handle sich in Wahrheit um ein Binnenschiff. Nehme man einen anderen Standpunkt ein, so entstehe eine große Rechtsunsicherheit. Man müsse nämlich bedenken, dass der Anspruch ein völlig anderer sein könne, je nachdem ob er sich nach See- oder Binnenschifffahrtsrecht richte. Wenn im geltenden deutschen Recht der Unterschied vornehmlich nur auf dem Gebiete der Verjährung liege, so sei das gleichsam zufällig. Durchaus möglich erscheine es, dass im künftigen deutschen Recht See- und Binnenschifffahrtsrecht auch in anderen Beziehungen völlig verschiedene Wege gingen. In dem zweiten, vom Vorsitzenden angeführten Beispielsfalle handle es sich gar nicht um die Frage des guten Glaubens, sondern um ein Problem der Gerichtszuständigkeit. Sei im Augenblick der Kollision das Schiff mit dem Heimathafen Stade eingetragen, so könne unter Berufung auf die Eintragung die Klage auch in Stade erhoben werden. Darin liege kein Verstoß gegen die Grundsätze der Billigkeit und Gerechtigkeit, vielmehr müsse der Betroffene sich eine derartige Klagerhebung gefallen lassen, da er ja wisse oder doch erfahren könne, dass Stade als Heimathafen fälschlich eingetragen sei, so dass für ihn die Möglichkeit bestehe, sich um eine Berichtigung des Registers zu kümmern. Allenfalls könne man in Erwägung ziehen, bei einer Klage in Stade wegen Unzuständigkeit des Gerichts eine Verweisung nach Estebrügge vorzunehmen. Dann müsse aber der Beklagte die aus dieser Verweisung entstehenden Kosten übernehmen, solange das Schiff falsch eingetragen sei.

Alles in allem ergebe sich, dass der Zeitpunkt der Anspruchsentstehung maßgebend sein müsse. Man dürfe die Rechtslage nicht davon abhängig machen, dass nachträglich der Dritte von der Falscheintragung erfahre. Durch solche Kenntniserlangung könne sich ein Anspruch in seiner rechtlichen Struktur nicht ändern.

Der *Vorsitzende* erwiderte, er könne den Ausführungen von Ministerialrat Krieger nicht folgen. Habe der Betroffene Kenntnis von der falschen Eintragung „Stade", so folge allerdings schon aus dem Rechtsgrundsatz der Erklärungstreue, dass er dann nicht die Unrichtigkeit der Eintragung geltend machen könne. Habe er aber keine Kenntnis gehabt, so dürfe man nicht ein starres Prinzip schaffen, sondern müsse einen elastischen Schutz des guten Glaubens einführen. Auch die Vorschrift des § 892 BGB besage nur, dass „zugunsten desjenigen, welcher ein Recht an einem Grundstück ... erwirbt", der Inhalt des Grundbuches als richtig gelte. Dies bedeute, dass der Dritte auf die Gunst des Schutzes verzichten könne, es handle sich also nicht um eine absolute, sondern um eine relative Fiktion. Solange der Dritte sich nicht entschließe, ob er sich auf den Inhalt des Grundbuches berufen wolle, bestehe ein Schwebezustand. Das Grundbuchrecht könne insoweit sehr wohl als Vorbild für das Schiffsregisterrecht dienen.

Ministerialrat *Krieger* erwiderte, die Übernahme des in § 892 BGB zum Ausdruck kommenden Rechtsgedankens sei mit seinem Vorschlage vereinbar. Eine ganz andere Frage sei aber die, ob durch eine nachträgliche Kenntniserlangung dem Dritten die Möglichkeit der Berufung auf die relative Fiktion verschlossen werde. Seines Erachtens dürfe das nicht der Fall sein. Im Übrigen habe aber § 892 BGB nur den rechtsgeschäftlichen Erwerb im Auge, wobei diese Vorschrift den Zeitpunkt für maßgebend erkläre, in dem das Rechtsgeschäft wirksam geworden sei. Ministerialrat Krieger erläuterte das anhand eines Beispiels aus dem Aufwertungsrecht, wobei er die Rechtslage im Falle einer nach dem Stichtage erfolgenden Valutierung für die Höchstbetragshypothek einerseits und für die normale Verkehrshypothek andererseits aufzeigte. Bei nicht rechtsgeschäftlichem Erwerb müsse man, wenn man sich den Gedanken des § 892 BGB vor Augen halte, auf den Zeitpunkt des Anspruchserwerbs abstellen. Im Falle einer Kollision komme es also auf *deren* Zeitpunkt an. Eine nachträgliche Kenntniserlangung könne hier die Rechtslage nicht mehr ändern.

Reichsgerichtsrat *Dr. Lindenmaier* bemerkte, zwar verkenne er die Feinheiten der Auffassung des Vorsitzenden nicht, es sei aber besser, die – wenn er so sagen dürfe – grobschlächtigere Lösung von Ministerialrat Krieger zu wählen. Das sei auch unbedenklich, weil gewichtige wirtschaftliche Interessen nicht auf dem Spiele stünden.

Auch *Dr. Dettmers* erklärte, dass ihm allerdings die Beispiele des Vorsitzenden zunächst schlagend erschienen seien, zumal er in seiner eigenen Praxis wiederholt ähnliche Fälle falscher Eintragungen erlebt habe, dass er sich aber im Endergebnis nicht der Ansicht des Vorsitzenden anschließe, da die Gegenmeinung den Vorzug größerer Rechtssicherheit mit sich bringe. Man müsse berücksichtigen, dass bei nachträglicher Kenntniserlangung vom schlechten Glauben gar nicht mehr die Rede sein könne, wenn das Gesetz nur auf den Zeitpunkt der Anspruchsentstehung abstelle, also die spätere Zeit für die Frage des Gutglaubensschutzes ganz beiseite lasse.

Der *Vorsitzende* bemerkte zu den Ausführungen von Ministerialrat Krieger, die Parallele zu § 892 BGB spreche seines Erachtens nicht dafür, auf den Zeitpunkt des Anspruchserwerbs abzustellen. Nach § 892 BGB sei bei rechtsgeschäftlichem Erwerb der Zeitpunkt maßgebend, in dem das Rechtsgeschäft kongruent dem unrichtigen Grundbuchinhalt durch Einigung oder Eintragungsantrag wirksam geworden sei. Übertrage man diesen Gedanken auf den Fall des gesetzlichen Rechtserwerbs, so müsse der Zeitpunkt entscheidend sein, in dem der gesetzliche Rechtserwerb *kongruent der unrichtigen Eintragung* wirksam werde, d.h., der in dieser Hinsicht zunächst bestehende Schwebezustand aufhöre. Dies aber sei der in seinem Leitsatz 7 umschriebene Zeitpunkt. Auf die Darlegungen von Reichsgerichtsrat Dr. Lindenmaier sei zu entgegnen, dass ein Schutz Schlechtgläubiger unter keinen Umständen tragbar sei. Dr. Dettmers müsse entgegengehalten werden, dass das Gesetz keine Fiktion der andauernden Gutgläubigkeit aufstellen dürfe, wenn es gerecht und billig sein solle. Der Schutz der Moral habe den Vorrang vor dem Postulat der Rechtssicherheit.

Offenbar sei in diesem Punkte keine Einhelligkeit zu erzielen. Es empfehle sich deshalb, der Akademie und den zuständigen Ministerien beide Vorschläge zu unterbreiten, was hiermit geschehe.

In der 16. Arbeitssitzung habe man ferner die Frage der *Rechtsform der Übereignung von Seeschiffen* noch nicht zu Ende behandelt. Allerdings sei Klarheit darüber erzielt, dass eine völlige Verliegenschaftung der Seeschiffe sich nicht empfehle, da sie eine Verlangsamung und Erschwerung der Übereignung mit sich bringe und außerdem technisch unmöglich sei, soweit es sich um die Veräußerung von Seeschiffen ins Ausland handele. Deshalb sei beschlossen worden, es bei dem Fahrnisrecht zu belassen.

Eine andere Frage sei aber die, ob die Vorschrift des § 474 HGB erhalten bleiben solle, wonach die zum Eigentumsübergang fahrnisrechtlich erforderliche Übergabe durch die zwischen dem Veräußerer und dem Erwerber getroffene Vereinbarung ersetzt werden könne, dass das Eigentum „sofort" auf den Erwerber übergehen solle. Wie schon in der 16. Arbeitssitzung dargetan (Prot. 16), sei durch die Traditionssurrogate des Bürgerlichen Gesetzbuches die praktische Bedeutung des § 474 HGB eingeschränkt; die Vorschrift stelle in unserem Rechtssystem eine Anomalie dar, die bewirke, dass man über Millionenobjekte durch ein Telefongespräch verfügen könne. Dr. Dettmers habe es übernommen, zu diesem Punkt über die Einstellung der Reederkreise zu berichten.

Dr. Dettmers führte aus, die Hauptfrage sei in der 16. Arbeitssitzung bereits im Sinne der Reeder geklärt, in der Tat empfehle sich eine Verliegenschaftung nicht. Zu § 474 HGB bemerke er Folgendes: Er sei der Auffassung, dass bei einer Gesetzesreform die Beseitigung einer Vorschrift nur dann in Frage komme, wenn sie sich entweder als unbrauchbar oder als zwecklos erwiesen habe. Nun sei es allerdings richtig, dass § 474 HGB, der ja vor der Schaffung des Bürgerlichen Gesetzbuches entstanden sei, durch die Traditionssurrogate an praktischer Bedeutung stark verloren habe. Man brauche nur an den Fall zu denken, dass ein Charterer ein Schiff, das er bereits im Besitz habe, käuflich erwerbe. Demnach sei § 474 HGB nicht zwecklos geworden. Es sei den Reedern nicht lieb, allein auf die Traditionssurrogate angewiesen zu sein. Bei dem Besitzkonstitut insbesondere müssten oft lästige Verwahrerpflichten übernommen werden, deren Übernahme sich bei Anwendung des § 474 HGB vermeiden lasse. Dass auch über größere Objekte durch ein Telefongespräch verfügt werden könne, sei keine Eigentümlichkeit des § 474 HGB, auch bei Anwendung der Traditionssurrogate reiche ein Telefongespräch aus. Dabei müsse aber berücksichtigt werden, dass praktisch derartige Fälle, in denen durch ein Telefongespräch verfügt werde, nicht vorkämen. Bei alledem hielten es die Reeder für empfehlenswert, die Möglichkeit, durch bloße Einigung das Eigentum zu übertragen, beizubehalten. Es gebe auch in Friedenszeiten, nicht nur im Kriege Fälle, wo es dem Reeder erwünscht sei, sein Schiff sofort und formlos abstoßen zu können.

Der *Vorsitzende* wies darauf hin, dass durch die Beibehaltung der Bestimmung des § 474 HGB wesentliche Schäden keinesfalls angerichtet werden könnten, zumal hervorgehoben werden müsse, dass hier zunächst immer nur die Frage der Übereignung *unbelasteter* Schiffe behandelt wird.

Eine schwierige Frage sei es, in welcher Weise das Prinzip des *öffentlichen Glaubens* bei dem Eigentumserwerb nach *Fahrnisrecht* gelten solle? Bei Anwendung des Fahrnisrechts tauche das Problem auf, ob die §§ 932 ff. BGB zur Anwendung kommen sollten, obgleich es ja künftig auch den öffentlichen Glauben des Schiffsregisters gebe. Theoretisch sei es denkbar, dass der Gutglaubensschutz in seinen beiden Erscheinungsformen nebeneinander stehe. Dann sei es einmal möglich, dass der Erwerber gestützt auf eine falsche Registereintragung gutgläubig das Eigentum erwerbe. Zweitens aber sei auch der Fall denkbar, dass der wirkliche Eigentümer aus dem Schiffsregister ersichtlich sei. In diesem Falle könne der Erwerber nicht aufgrund des öffentlichen Glaubens Eigentümer werden. Dürfe er dann gemäß §§ 932 ff. BGB der unmittelbaren Besitzerlangung vom Pseudoeigentümer trauen und könne er auf diesem Wege das Eigentum erlangen? Hiergegen spreche in der Praxis bereits das Bedenken, dass bei grober Fahrlässigkeit der Schutz des guten Glaubens versage und in aller Regel eine grobe Fahrlässigkeit des Erwerbers darin liege, das für ihn erreichbar und richtig geführte Schiffsregister nicht einzusehen. Immerhin ließen sich Fälle denken, wo man diese Unterlassung dem Erwerber nicht als grobe Fahrlässigkeit anrechnen könne. Wenn beispielsweise der Erwerber seinen Sitz in Hongkong habe, so sei es ihm wohl nicht als Verschulden anzurechnen, dass er sich mit der Einsicht in das Schiffszertifikat oder in den beglaubigten Zertifikatsauszug begnüge. Aus dem Auszug aber seien die Belastungen des Schiffes nicht notwendig ersichtlich. Bringe man alsdann §§ 932 ff. BGB zur Anwendung, so erlange gemäß § 936 BGB der gutgläubige Erwerber lastenfreies Eigentum am Schiff. Die Schiffshypotheken gingen unter. Dadurch werde aber der Realkredit auf das Schwerste gefährdet! Die Stellung der Kreditgeber sei dann verschlechtert gegenüber dem jetzigen § 1262 Abs. 1 BGB, wonach ein im Schiffsregister eingetragenes Pfandrecht im Falle der Veräußerung des Schiffes auch dann seine Kraft behalte, „wenn der Erwerber in gutem Glauben ist." § 936 BGB sei also nach dieser Vorschrift unanwendbar. Im Interesse des Realkredits empfehle es sich deshalb nicht, neben dem öffentlichen Glauben des Schiffsregisters auch noch den Gutglaubensschutz der §§ 932 ff. BGB zu übernehmen. Dagegen spreche auch die Rechtsverwirrung, die daraus entstehen müsse, dass hinsichtlich der Gutgläubigkeit die §§ 932 ff. BGB auf den Zeitpunkt der Erlangung des unmittelbaren Besitzes abstellten, während es für den öffentlichen Glauben des Schiffsregisters auf den Zeitpunkt der Einigung oder den oben erörterten anderen Zeitpunkt ankomme.

Sein Vorschlag gehe deshalb dahin, zwar für die rechtsgeschäftliche Übereignung unbelasteter Schiffe des Fahrnisrechts für maßgebend zu erklären und § 474 HGB beizubehalten, aber die §§ 932 ff. BGB nicht anzuwenden.

Ministerialrat *Krieger* äußerte Bedenken gegen den Standpunkt des Vorsitzenden. Durch die Ausschaltung der §§ 932 ff. BGB werde der Erwerber genötigt, mit größtmöglicher Beschleunigung eine Eintragung in das Schiffsregister herbeizuführen, um den Veräußerer von weiteren Dispositionen auszuschließen. Das führe praktisch dazu, die Eigentumsübertragung außerhalb des Registers wirkungslos zu machen, so dass die Frage auftauche, ob es sich nicht mehr empfehle, auch die Eigentumsübertragung selbst in das Register zu verlegen.

Der *Vorsitzende* entgegnete, in der Tat werde ein sehr starker Druck in der Richtung ausgeübt, dass der Erwerber möglichst schnell eingetragen werde. Dies aber sei kein Nachteil, sondern ein Vorteil, werde doch durch die schnelle Eintragung die Kongruenz zwischen der wahren Sachlage und dem Registerinhalt desto eher herbeigeführt. Vollziehe sich die Veräußerung im Auslande, so könne der Erwerber auch dadurch geschützt werden, dass ein Telegramm an die Schiffsregisterbehörde gerichtet werde, um diese zu veranlassen, einen „amtlichen Hinweis" einzutragen.

Dr. Dettmers bemerkte dazu, dass zwar in den Regelfällen der Kaufpreis für ein Schiff erst gezahlt werde, wenn die entsprechende Eintragung im Schiffsregister vorgenommen sei. In diesen Fällen erscheine es allerdings unbedenklich, die Eigentumsübertragung entsprechend dem Vorschlage von Ministerialrat Krieger in das Schiffsregister zu verlegen. Dieser Vorschlag sei aber dennoch abzulehnen, weil es, wie gesagt, eine ganze Reihe von Fällen gebe, in denen eine erleichterte Form der Übertragung von Bedeutung sei. Allgemein bekannt seien die Fälle schneller Veräußerung von Schiffen in Kriegszeiten. Ein weiterer Fall sei z.B. der, dass ein Schiff eine schwere Haverei erlitten habe, dabei aber nicht reparaturbedürftig geworden sei. Hier erhalte der Reeder von seinem Versicherer wegen der Abzüge neu für alt nur eine verhältnismäßig geringe Versicherungsentschädigung, welche es ihm zuweilen nicht ermögliche, das Schiff ausbessern zu lassen, so dass er vor dem schnell zu fassenden Entschluss stehe, das Schiff, statt es zu reparieren, an Interessenten im Auslande abzugeben. Auch Veräußerungen von Schiffen durch Versicherer, auf welche im Falle des Totalverlustes im Wege der cessio legis das Eigentum übergehe, seien häufig eilbedürftig. In der Praxis habe er öfters erlebt, dass schnelle, ja sofortige Entscheidungen getroffen werden müssten. Verlege man nun die Eigentumsübertragung in das Schiffsregister, so könne der Übergang sich oft erst nach Wochen vollziehen.

OLG-Präsident *Dr. Engel* erklärte diese Ausführungen von Dr. Dettmers für völlig überzeugend, ihnen sei nichts hinzuzufügen. Auch er stimme dem Vorschlage des Vorsitzenden zu.

Direktor *Brandt* gab zu bedenken, dass der Seerechtsausschuss für belastete Schiffe vielleicht zu einem anderen Ergebnis als für unbelastete Schiffe kommen werde. Eine zwiespältige Regelung empfehle sich aber nicht. Es sei besser, die Frage des Eigentumsüberganges in beiden Fällen gleich zu regeln. Deshalb schlage er vor, noch keine endgültigen Entschlüsse zu fassen.

Der *Vorsitzende* erwiderte, es handle sich auch nur um eine vorläufige Stellungnahme. Später werde zu prüfen sein, ob die Rechtslage für belastete und unbelastete Schiffe einander angepasst werden solle.

Dr. Bramslöw führte aus, ihm scheine es doch bedenklich, dass über Schiffe jeder Art ganz formlos im Wege eines Telefongesprächs oder Telegrammwechsels verfügt werden könne. Es sei schon davon die Rede gewesen, dass auf diese Weise Millionenobjekte den Eigentümer wechseln könnten. Noch bedenklicher sei die Handhabung aber für die Kleinschifffahrt, weil das Schiff dort oft das einzige Vermögensstück seines Eigentümers darstelle. Hier zumindest müsse man eine Sicherung einschalten. Er wolle nicht empfehlen, die Eigentumsübertragung zu erschweren und § 474 HGB zu beseitigen, richtiger scheine es ihm stattdessen, für den Schiffskaufvertrag die einfache Schriftform vorzuschreiben. Zum Schutz des Eigentümers sehe das Bürgerliche Gesetzbuch bei Grundstücken ja noch weitergehende Sicherungen vor. Dieser Rechtsgedanke lasse sich auch bei dem Verkauf von Seeschiffen verwerten.

Der *Vorsitzende* erklärte die Anregung von Dr. Bramslöw für beachtlich. Da das deutsche Recht das obligatorische und das dingliche Geschäft so streng sondere, könne man sehr wohl daran denken, für das obligatorische Geschäft die Schriftform vorzuschreiben. Eine entsprechende Regelung finde sich ja schon im englischen Seerecht, wo für Schiffsverkäufe ein „bill of sale" vorgeschrieben sei. Das Vorbild des englischen Rechts werde auch im sonstigen ausländischen Recht und – wie er glaube – sogar in der deutschen Schifffahrtspraxis zum Teil nachgeahmt. Die Einführung der Schriftform, nicht der notariellen Form, würde ein Schritt auf dem Wege zur internationalen Rechtsangleichung sein. In diesem Zusammenhange müsse auch auf § 475 HGB hingewiesen werden, wonach in allen Fällen der Veräußerung eines Schiffes jeder Teil nachträglich verlangen könne, dass ihm auf seine Kosten eine öffentlich beglaubigte Urkunde über die Veräußerung erteilt werde.

OLG-Präsident *Dr. Engel* äußerte, die Vorschrift des § 475 HGB genüge nicht den Zwecken, welche Dr. Bramslöw mit seinem Vorschlage verfolge. Durch die genannte Bestimmung erfolge nur eine nachträgliche Festlegung dessen, was bereits mündlich abgemacht sei. Dr. Bramslöw wolle aber die Kleinschiffer dagegen schützen, dass sie bei Bier und Grog ihr Schiff verkauften. Er halte es für durchaus erwägenswert, die Schriftform vorzuschreiben, wobei aber auch Brief und Telegrammwechsel ausreichen müssten.

Der *Vorsitzende* erwiderte, zum Schutze gegen Übereilung sei § 475 HGB in der Tat ungeeignet, da es sich um eine nachträglich auszustellende Beweisurkunde handle. Ihr Wert liege aber darin, dass sie den abgeschlossenen Vertrag in seinen Einzelheiten gegen spätere Anzweiflungen sicher stelle.

Reichsgerichtsrat *Dr. Lindenmaier* trat den Ausführungen von OLG-Präsident Dr. Engel entgegen. Besonders bei Verkäufen ins Ausland könne die Notwendigkeit eines Kaufbriefes erschwerend wirken. Besonders Dr. Dettmers habe viele Fälle aus der Praxis aufgeführt, in denen Eile geboten sei. Auch bei Inlandsverkäufen sei die Einführung der Schriftform nicht erforderlich. Jedenfalls dürfe man aber § 126 Abs. 1 BGB nicht anwenden. Wähle man jedoch eine mildere Schriftform, so könnten leicht Zweifel auftreten, man brauche nur an die Schwierigkeiten zu erinnern, die bei der Einlegung der Berufung und Revision durch Telegramme entstanden seien, z.B. hinsichtlich der Frage, ob ferngesprochene Telegramme genügten. Die technische Entwicklung des Nachrichtenwesens lasse sich nicht voraussehen.

Noch eine weitere Reihe von Rednern äußerte sich einerseits zu der Frage der Formbedürftigkeit des Kaufvertrages, andererseits zu dem Problem der Verliegenschaftung des Eigentumsüberganges und der Beibehaltung des § 474 HGB.

Direktor *Michelau* erklärte, dass in der heutigen Schifffahrtspraxis die Wahrung der Schriftform nicht unbedingt üblich sei. Bei Verkäufen an Engländer sei die Schriftform außerordentlich belastend. Auch er spreche sich im Übrigen für die Beibehaltung des § 474 HGB aus.

Direktor *Brandt* meinte, dass der Verkauf von Schiffen häufig schnell vor sich gehen müsse. Er bezweifle aber, dass in der Praxis oft Fälle vorkämen, in denen die Übereignung eilig erfolgen müsse. Jedenfalls bei den von Dr. Dettmers angeführten Fällen des Verkaufs von Wracks durch Versicherer treffe das nicht zu. Seines Erachtens könne man deshalb die Eigentumsübertragung in das Schiffsregister verlegen.

Dr. Schütte bestätigte demgegenüber die Richtigkeit der Ausführungen von Dr. Michelau, wonach bei Verkäufen von Schiffen an Engländer die Wahrung der Schriftform als störend empfunden werde. Der wirkliche Kaufvertrag werde zunächst formlos abgeschlossen, bei der Ausfertigung des bill of sale handle es sich um eine reine Formalität. Der bill of sale werde anhand eines längeren Formulars ausgefertigt, in welchem altmodische Klauseln enthalten seien, die auf das wirklich Vereinbarte unter Umständen gar nicht passten. Die Eigentumsübertragung müsse mit sofortiger Wirkung möglich sein. Das Liegenschaftsrecht sei deshalb unverwendbar, zumal bei

Verkäufen ins Ausland doch nur eine Löschung des Schiffes im deutschen Register in Frage komme.

Oberinspektor *Bleuss* wandte sich gleichfalls gegen die Einführung der Schriftform beim Kauf. Allerdings gehe in Deutschland der Verkauf von Kleinschiffen vielfach so vor sich, dass die Parteien sich abends in einer Kneipe träfen und beim Grog das Geschäft berieten, wobei oft zum Schluss Unklarheit darüber bestehe, ob ein Kaufvertrag zustande gekommen sei oder nicht. In solchen Fällen kämen die Parteien am nächsten Tage eben noch einmal zusammen.

Auch gegen eine Verliegenschaftung der Übereignungsform der Seeschiffe wandte sich Oberinspektor Bleuss. Ein typisches Beispiel für einen Fall, in dem die Übereignung sofort erfolgen müsse, biete die neueste Zeit: Es kämen jetzt häufig Kompensationsgeschäfte mit Russen vor, bei denen russische Waren, insbesondere Sojabohnen und Baumwolle gegen Schiffe getauscht würden. Den Russen liege daran, das Eigentum an den Schiffen sofort zu erlangen.

Dr. Dettmers wies im Anschluss an die Ausführungen von Oberinspektor Bleuss auch seinerseits auf die Eilbedürftigkeit der Schiffsankäufe seitens der Russen hin, die außerordentlich misstrauisch seien und die Wechsel erst aus der Hand gäben, wenn sie wüssten, dass sie das Schiff als ihr Eigentum betrachten könnten. Bei einer Verliegenschaftung könne sich die Eigentumsübertragung in unerwünschter Weise in die Länge ziehen. Außerdem sei beispielsweise an den Fall zu denken, dass etwa ein Fischdampfer havariert am Strand liege oder in einen Hafen eingebracht sei. Werde ein derartiges Schiff verkauft, so sei eilige Übereignung geboten, damit die Besatzung nach Hause geschickt werden könne. Auch Verkäufe an Abwrackunternehmungen müssten mit Geschwindigkeit vollzogen werden, weil sonst häufig das Interesse des Erwerbers verloren gehe, besonders wenn das abzuwrackende Schiff mit bedeutenden Unkosten belastet sei.

Der *Vorsitzende* bemerkte zusammenfassend, ihn hätten insbesondere die Darlegungen von Dr. Dettmers davon überzeugt, dass es eine Mehrzahl von typischen Sachverhalten gebe, bei denen auch in Friedenszeiten die Möglichkeit einer sofortigen Übereignung wünschenswert sei.

Direktor *Brandt* entgegnete, ihn hätten die gemachten Ausführungen nicht überzeugen können. Soweit er sehe, werde stets erst die entsprechende Eintragung im Seeschiffsregister vorgenommen. Das sei auch nicht so beschwerlich, dass dadurch eine untragbare Belastung entstehe. Direktor Brandt führte daraufhin eine Reihe von Beispielsfällen aus der letzten Zeit an, in denen zunächst das Schiffsregister bereinigt worden sei.

Dr. Schütte bemerkte dazu, dass die von Direktor Brandt angeführten Fälle sämtlich Schiffe beträfen, welche stark belastet gewesen seien. Bei unbelasteten Schiffen – und von solchen sei hier allein die Rede – sei die Notwendigkeit sofortigen Handelns häufig nicht von der Hand zu weisen. Besonders bei Verkäufen ins Ausland lägen die Dinge meistens so, dass der Käufer sich von einem Rechtsanwalt beraten lasse und nicht eher zufrieden sei, als bis dieser ihm versichere, jetzt habe er das Eigentum erworben.

Auch der *Vorsitzende* wies gegenüber den Ausführungen von Direktor Brandt darauf hin, dass zunächst nur von unbelasteten Schiffen die Rede sei. Zwar sei es nicht gerade erwünscht, dass die Rechtsform der Übereignung für belastete und unbelastete Schiffe verschieden gestaltet werde, doch könne die Frage einer Angleichung dieser Rechtsformen später erörtert werden. Bezüglich der unbelasteten Schiffe lasse sich als Ergebnis feststellen, dass die Verliegenschaftung sich nicht empfehle und dass § 474 HGB beibehalten werden solle. Auch sei der Ausschuss sich darüber einig, dass die Anwendung der §§ 932 ff. BGB im Interesse des Realkredits und zur Vermeidung von Rechtsverwirrung abgelehnt werden müsse. An die Stelle trete der öffentliche Glaube des Schiffsregisters.

Demnach bleibe nur noch übrig, zu dem Vorschlag von Dr. Bramslöw betreffend die Einführung einer Schriftform für den Kaufvertrag über Seeschiffe – wenigstens unter Kleinschiffern – endgültig Stellung zu nehmen.

Verwaltungsdirektor *Sturm* wandte sich gegen die Einführung einer Schriftform. Es sei nicht einzusehen, weshalb bei unbelasteten Schiffen formale Schwierigkeiten gemacht werden sollten. Wenn jemand ein Schiff verkaufe, werde er sich das stets überlegen, aber die letzte Entscheidung müsse häufig schnell gefällt werden, zumal hierbei die Fragen der Mannschaftsheuer, der Fracht und des Liegegeldes unter Umständen eine große Rolle spielen.

Dr. Krichhauff trat der Meinung von Verwaltungsdirektor *Sturm* grundsätzlich bei. Wenn die Hapag an der Börse einen Dampfer verkaufen wolle, so solle man ihr das nicht erschweren. Eine Verkehrsbeengung durch Spesenbelastung und Leerlauf seien unerwünscht. Wenn aber zum Schutze des kleinen Mannes Schutzvorschriften notwendig seien, so sei insoweit die Einführung der Schriftform durchaus erwägungswert. Es müsse aus Kreisen der Kleinreeder eine Erkundigung darüber eingezogen werden, ob bisher Missstände aufgetreten seien. Treffe das zu, so könne man insoweit wie bei der Bürgschaft die Grenze derart ziehen, dass nur Vollkaufleute die Schriftform nicht zu beachten brauchten.

Der *Vorsitzende* dankte für diese wertvolle Anregung. Kleinschiffer seien im handelsrechtlichen Sinne entweder Minderkaufleute – als Frachtfahrer – oder überhaupt keine Kaufleute, wie die Hochseefischer.

Oberinspektor *Bleuss* erklärte die Einführung einer bill of sale für überflüssig, auch in der Kleinschifffahrt. Es sei allzu häufig notwendig, dass der Verkauf schnellstens erfolge.

Auch Reichsgerichtsrat *Dr. Lindenmaier* meinte, dass der Schiffskauf grundsätzlich nicht formbedürftig sein solle. Ihm seien in seiner Praxis unüberlegte „Grogkäufe“ nicht vorgekommen. Für den kleinen Mann stelle sein Schiff das größte Wertobjekt dar und er überlege sich, ob er es verkaufen solle oder nicht. Jedenfalls dürfe die Formbedürftigkeit nicht von der Größe des Schiffes abhängig gemacht werden.

Der *Vorsitzende* stimmte Reichsgerichtsrat Dr. Lindenmaier darin bei, dass es auf die Größe des Schiffes nicht ankommen könne. Der Vorschlag von Dr. Krichhauff bringe aber gegebenenfalls eine klare Grenzziehung mit sich: Derjenige Veräußerer, der nicht in das Handelsregister eingetragen sei, werde danach geschützt.

Dr. Bramslöw betonte, auch die Ausführungen von Oberinspektor Bleuss hätten ihn in seiner Ansicht nur bestärkt. Denn danach komme es häufig vor, dass kleine Schiffer beim Grog unvorsichtig verhandelten. Manches Mal würde dies wohl durch spätere Verhandlungen wieder ausgeglichen. Wenn jedoch der Käufer auf seinem Recht bestünde und es auf einen Prozess ankommen lasse, so müsse der Richter aufgrund der erfolgten Abmachungen entscheiden. Solche Schwierigkeiten würden durch die Einführung der Schriftform behoben. Besondere Kosten entstünden dadurch nicht, da an eine notarielle Form nicht gedacht sei.

Verwaltungsdirektor *Sturm* meinte, die Kleinschiffer würden sich gegen eine derartige Bevormundung wehren. Sie hätten über ihren Betrieb unter Umständen mehr Übersicht als große Unternehmer. Er rate deshalb davon ab, für irgendwelche Fälle die Schriftform einzuführen.

Der *Vorsitzende* stimmte dem zu. Der Verband der Kleinschiffer habe bisher keine Wünsche in der Richtung des Vorschlages von Dr. Bramslöw geäußert. Man brauche aber nicht päpstlicher zu sein als der Papst. Notfalls könne man später noch einmal auf die Frage zurückkommen.

Auch OLG-Präsident *Dr. Engel* erklärte, dass die gemachten Ausführungen ihn nunmehr von der Unnötigkeit der Schriftform überzeugt hätten.

Geheimrat *Wiedenfeld* erklärte, der Eigentümer eines Schiffes dürfe nicht mit demjenigen eines Bauernhofes verglichen werden. Der Bauer werde geschützt, da sein Hof die Unterlage einer Generationenfolge darstelle. Bei einem Schiffe kämen aber derartige Gesichtspunkte nicht in Betracht, da es notwendig der Vernichtung unterliege. Man könne deshalb einen Reeder hinsichtlich des Schiffsverkaufs nicht mit einem Bauern vergleichen, sondern allenfalls mit einem kleinen

Handwerker. Bei diesem aber komme niemand auf den Gedanken, für den Verkauf seines Werkzeuges die Schriftform vorzuschreiben.

Der *Vorsitzende* wies darauf hin, dass er bereits in der 15. Arbeitssitzung (Prot. 15) darzulegen versucht habe, dass der Vergleich zwischen einem Erbhof und einem „Erbewer“ abzulehnen sei.

Schließlich wies *Dr. Dettmers* zu Punkt 1 der Tagesordnung noch darauf hin, dass man auch den Fall der Sicherungsübereignung in Betracht ziehen möge. Mangelnde Offenkundigkeit der Sicherungsübereignung könne sich schädlich auswirken.

Der *Vorsitzende* erwiderte, dass durch den öffentlichen Glauben des Schiffsregisters ein starker Druck dahin ausgeübt werde, im Register zu verlautbaren, dass das Schiff im Wege der Sicherungsübereignung in andere Hände übergegangen sei. Wolle der Kreditnehmer eine solche Verlautbarung nicht, so müsse sich der Kreditgeber fragen, ob er sich mit einem Pfandrecht begnügen könne und wolle.

Direktor *Brandt* empfahl, die Sicherungsübereignung von Schiffen überhaupt für unzulässig zu erklären.

Der *Vorsitzende* schlug vor, das Problem erst bei der Aussprache über das Schiffshypothekenrecht zu behandeln.

Sodann wurden die Beratungen zu dem zweiten Punkt der Tagesordnung aufgenommen: *„Die Neugestaltung des Schiffshypothekenrechts“.*

Der *Vorsitzende* bat den Berichterstatter, Ministerialrat *Krieger,* des Zusammenhanges mit den bisher behandelten Problemen wegen zunächst zu seinem Leitsatz 11 Ausführungen zu machen, welcher laute: „Die Frage des Schutzes des Pfandrechtsinhabers gegen Löschung des Schiffes wird, sofern nur ein Wechsel innerhalb der Führung des Schiffsregisters eintritt (Verlegung des Heimathafens, Änderung von See- zum Binnenschiff und umgekehrt), durch Angleichung an grundbuchrechtliche Vorschriften, sofern es sich um Verlust des Flaggenrechts handelt, nur im Zusammenhang mit der Frage des Verlustes des Flaggenrechts gelöst werden können.“

Ministerialrat *Krieger* führte Folgendes aus: Es handle sich um das Problem, wie der Pfandrechtsgläubiger dagegen geschützt werden könne, dass nicht das Pfandrecht, sondern das Schiff selbst im Register gelöscht werde.

Wenn die Löschung wegen Vernichtung eines Schiffes erfolge, sei es, dass es untergegangen, verschollen oder abgewrackt sei, so finde mit dem Untergang des Pfandgegenstandes naturgemäß auch das Pfandrecht sein Ende. Soweit es sich an etwaigen Überresten (Zubehörstücken, Bestandteilen) fortsetze, handle es sich um ein reines Fahrnispfandrecht, das den Vorschriften des Fahrnispfandrechts schlechthin unterliege.

Nach geltendem Recht werde aber das Schiff im Schiffsregister auch aus Rechtsgründen gelöscht, und zwar bei Seeschiffen, wenn es aufhöre, Seeschiff zu sein, wenn es den Heimathafen wechsele, endlich wenn es das Recht zur Führung der Reichsflagge verliert.

In den ersten beiden Fällen bestehe, sofern das Schiff im deutschen Herrschaftsbereich verbleibe, keine sonderliche Schwierigkeit. Ein Schiff, das kein Seeschiff mehr darstelle, aber Binnenschiff geworden sei, werde in das Binnenschiffsregister einzutragen sein. Bei der Verlegung des Heimathafens innerhalb des Reichsgebietes habe die Eintragung im Register des neuen Heimathafens zu erfolgen. Es handle sich hier im Grunde nur um eine Änderung in der Zuständigkeit zur Registerführung, wie sie auch im Liegenschaftsrecht vorkomme. Nach Liegenschaftsrecht habe in solchen Fällen nach den preußischen Vorschriften (§ 18 der Grundbuchverfügung) das bisher zuständige Grundbuchamt das Grundbuchblatt zu schließen. Dem zuständig gewordenen Grundbuchamt seien die Grundakten zu übersenden, nachdem die wörtliche Übereinstimmung der Tabelle mit dem Grundbuchblatte von dem Richter und dem Urkundsbeamten der Geschäftsstelle bescheinigt sei. Es bestehe kein Hindernis, diese im Grundbuchrecht eingeführte

Behandlungsweise auch auf das Schiffsregister zu übertragen, wo sie freilich heute auch in Preußen noch nicht befolgt werde. Eine Löschung im technischen Sinne werde also in diesem Falle vermieden werden können. Welche Rechtsfolgen entstünden, wenn bei der Übertragung des Inhalts des Schiffsregisters in einem solchen Falle Irrtümer aufträten, insbesondere ein eingetragenes Pfandrecht irrtümlich nicht mit übertragen werde, sei eine Frage von untergeordneter Bedeutung. Rechtlich werde hier die Nichtübertragung der Löschung gleichzustellen sein, da eben die Nichtübertragung als Löschung wirke; die Nichtübertragung würde aber ausschließlich auf einem Versehen der Registerbehörde beruhen, für dessen Folgen nach § 839 BGB, Art. 131 RV der Staat einzustehen habe. So sei es auch im Grundbuchrecht.

Schwierigkeiten mache deshalb nur der Verlust des Flaggenrechts, bei dem nach geltendem Recht die Löschung des Schiffes von Amts wegen zu erfolgen habe. Dass hier das Pfandrecht von der Löschung materiellrechtlich nicht betroffen werde, sei anerkannten Rechts, und ebenso werde anerkannt werden müssen, dass sich die Rechtslage hinsichtlich der Geltendmachung des Rechts durch die Löschung nicht ändere. In § 171 ZVG sei vorgesehen, dass die Zwangsversteigerung eines ausländischen Schiffes sich nach den für die Zwangsversteigerung eines im Schiffsregister eingetragenen Schiffes richte, wenn das Schiff als deutsches Schiff eintragungspflichtig sein würde. Nach den preußischen Vorschriften über die Führung des Seeschiffsregisters (§ 30 Abs. 2 der allgemeinen Verf. vom 11. Dezember 1899, JMBl. 753) habe das Registergericht die Pfandgläubiger, deren Aufenthalt bekannt sei, von der beabsichtigten Löschung unter Bestimmung einer angemessenen Frist zur Geltendmachung eines Widerspruchs zu benachrichtigen. Die Löschung dürfe erst nach dem Ablauf der Frist erfolgen. Worauf freilich der Widerspruch in diesem Falle gestützt werden und welche Wirkung er haben solle, sei in den Vorschriften nicht gesagt. [Max] Pappenheim S. 191 [Handbuch des Seerechts, Bd. II, 1918] empfehle die Aufnahme einer Bestimmung, dass mit der Löschung des Schiffes die noch nicht fälligen Forderungen der Pfandrechtsgläubiger fällig würden; damit werde den Gläubigern wenigstens die Möglichkeit gegeben, ihr Pfandrecht alsbald geltend zu machen. Die Gläubiger würden derartige Fälligkeitsvereinbarungen wohl schon meist selbst treffen. Mit ihnen sei aber nicht sichergestellt, dass die Gläubiger ihr Pfandrecht auch alsbald durchsetzen könnten. Immerhin werde vielleicht eine gesetzliche Festlegung des Grundsatzes, dass die Forderung im Falle des Verlustes des Flaggenrechts fällig werde, nicht unzweckmäßig sein. Nach dem norwegischen Recht werde ein Schiff, das das norwegische Flaggenrecht verliere, erst nach Wegfall der eingetragenen Schiffs- und Partenpfandrechte gelöscht, bis dahin werde nur ein vorläufiger Vermerk über den Verlust des Flaggenrechts eingetragen. Diese bereits in einer früheren Sitzung (Prof. 15) angeführte Vorschrift gebe wohl auch noch keine völlige Lösung; denn es bleibe in diesem Falle zweifelhaft, ob dieses Registerpfandrecht wirklich die volle Wirksamkeit behalte. Nach dem – freilich bisher nicht ratifizierten – Brüsseler Hypothekenabkommen komme es zur Anerkennung der Hypotheken nicht nur auf die Eintragung in ein öffentliches Register, sondern auch darauf an, dass das Schiff dem Staate, in dessen Register die Schiffshypothek eingetragen sei, auch angehöre. Es sei daher nicht ganz zweifelsfrei, ob für sich allein betrachtet die Fortführung des Registers ohne Belassung des Flaggenrechts auch nach diesem Abkommen international anerkannt werden würde. Eine derartige Regelung würde aber wenigstens national die Rechte der Gläubiger in gewissem Umfange schützen.

Eine wirklich durchgreifende Lösung werde wohl nur auf dem Wege internationaler Vereinbarung gefunden werden können. Die nationale Gesetzgebung werde hier wohl nur so vorgehen können, das Recht der Flagge im Interesse der Schiffspfandrechtsgläubiger hintanzustellen, also den Verlust des Flaggenrechts solange hinauszuzögern, als das Schiff mit eingetragenen Pfandrechten belastet sei. Das aber werde zur Voraussetzung haben, dass man die Veräußerung des Schiffes an einen Eintragungsakt knüpfe und bei sonstigen Gründen, die den Verlust des Flaggenrechts zur Folge haben würden, eine Art Respektfrist einführe, innerhalb derer die Pfandrechte geordnet werden müssten. Ob dieser Weg gangbar sei, erscheine aber fraglich.

Nachdem der *Vorsitzende* dem Berichterstatter für seine ausführlichen Darlegungen gedankt hatte, regte Oberinspektor *Bleuss* an, den Leitsatz 11 etwas anders zu formulieren. Es handle sich bei den darin erörterten beiden ersten Fällen gar nicht um eine Löschung des Schiffes, sondern nur um eine Übertragung. Leitsatz 11 laute deshalb in seinem ersten Teil zweckmäßig: „Die Frage des Schutzes des Pfandrechtsinhabers wird bei Übertragung in ein anderes Schiffsregister (Verlegung des Heimathafens ...) durch Angleichung an grundbuchrechtliche Vorschriften ... gelöst werden können."

Nur in dem dritten Falle des Leitsatzes 11 (Verlust des Flaggenrechts) käme es wirklich zu einer Löschung des Schiffes im Register. In diesem Falle empfehle es sich, die Pfandrechtsgläubiger zu benachrichtigen: Unter Umständen könnten diese, wenn es sich um ein gesunkenes Schiff handle, darauf aufmerksam machen, dass mit der Löschung zweckmäßig noch gewartet werde, da die Hebung und Abschleppung nicht ausgeschlossen sei. Solchenfalls sei es unnötig, das Schiff im Register sogleich zu löschen. Im Übrigen müsse man sich bei Verkauf eines Schiffes ins Ausland zu dem radikalen Grundsatz bekennen, dass das Schiff erst dann das Flaggenrecht verliere, wenn das Schiffsregister bereinigt sei.

Der *Vorsitzende* führte aus, es handle sich vor allem um die Frage, wie die Hypothekengläubiger in jedem Falle der *Übereignung* geschützt werden können.

Im Bereiche des Grundstücksrechts hätten Hypothekengläubiger nicht die Möglichkeit, die Übereignung eines Grundstücks zu verhindern. Gemäß § 416 BGB könnten sie sich nur gegen den Übergang der persönlichen Schuld auf den Erwerber wehren.

Es frage sich nun, ob man im Seerecht dem Hypothekengläubiger einen weitergehenden Schutz zubilligen solle, der es ihm ermögliche, die Übereignung des Schiffes zu verhindern.

Ein Vergleich zwischen Grundstücken und Schiffen zeige, dass in der Tat wesentliche Unterschiede bestünden. Die Person des Reeders spiele für die Erhaltung und pflegsame Behandlung des Pfandobjektes eine weit größere Rolle als die des Eigentümers für die Erhaltung eines Grundstücks. Die Devastierungsgefahr sei auch insofern unterschiedlich, als sie bei Seeschiffen in besonders starkem Maße wie von der Solidität des Reeders, so von der Fahrtroute der ganzen Verwendungsart des Schiffes usw., abhänge.

Deshalb könne man vielleicht im Seerecht zum Schutz der Hypothekengläubiger so weit gehen, dass man nicht nur den Übergang der persönlichen Schuld auf den Erwerber an die Zustimmung des Hypothekengläubigers knüpfe, sondern sogar den Übergang des Schiffs-Eigentums. Solchenfalls seien die Voraussetzungen für die Übereignung belasteter Schiffe folgende: Der Veräußerer und der Erwerber müssten sich einigen und die Form des § 929 ff. BGB oder der des § 474 HGB erfüllen, außerdem müsse aber der Veräußerer im Schiffsregister gestrichen, bzw. bei Veräußerung ins Ausland das Schiff im Schiffsregister gelöscht werden; diese Streichung oder Löschung sei aber ihrerseits davon abhängig, dass vorher die Hypothekengläubiger entweder befriedigt seien oder zustimmen.

Nicht zu verkennen sei allerdings, dass eine solche Regelung verschiedene Rechtsformen der Übereignung für unbelastete Schiffe einerseits und belastete Schiffe andererseits entstehen lasse. Der Gesichtspunkt der elegantia juris dürfe aber nicht unbedingt ausschlaggebend sein. Die für unbelastete Schiffe geplante elastische Rechtsform der Übereignung komme dem einseitigen Reederinteresse entgegen. Wenn aber ein Schiff belastet sei, so entspreche es der Gerechtigkeit und Billigkeit, nicht einseitig das Interesse des Reeders entscheiden zulassen. Hier müssten die Interessen der Hypothekengläubiger gleichfalls berücksichtigt werden, nur eine billige Interessenabwägung könne zu einem angemessenen Ergebnis führen. Wenn ein Reeder sein Schiff belaste, so tue er das in freier Entschließung und verzichte damit freiwillig auf die promptere Veräußerungsmöglichkeit, wie sie für unbelastete Schiffe bestehe.

Wolle man aber den vorgeschlagenen Weg nicht beschreiten, so gebe es noch eine zweite Möglichkeit, den Hypothekengläubigern Schutz zu gewähren. Man könne die Übereignungsform für belastete Schiffe genau so gestalten, wie sie für die unbelasteten Schiffe vorgesehen sei, aber die nachträgliche *Berichtigung* des Schiffsregisters (Streichung des Veräußerers bzw. Löschung des Schiffes) davon abhängig machen, dass vorher die Hypothekengläubiger befriedigt seien oder zustimmten. Eine derartige Regelung habe aber Nachteile. Sie verhindere nicht, dass zunächst einmal das Eigentum von soliden in vielleicht unsolide Hände übergehe. Nur die nachträgliche Berichtigung des Registers werde erschwert. Dadurch werde bewirkt, dass die Erwerber ein starkes Interesse an einer schnellen Überwindung dieser Schwierigkeit hätten – im Hinblick auf den für sie bedrohlichen öffentlichen Glauben des Registers – und daher auf die Veräußerer einen Druck ausüben würden, die Hypothekengläubiger zu befriedigen oder ihre Zustimmung beizubringen. Wahrscheinlich werde bei solchem Rechtszustand der Kaufpreis laut Abrede zum größeren Teil erst bezahlt werden, wenn es zur Streichung des Veräußerers bzw. Löschung des Schiffes gekommen sei. Dieser Rechtszustand biete auch den Nachteil, dass die öffentlichrechtlichen Interessen des Flaggenrechts hinter dem Interesse der Hypothekengläubiger zurückstehen müssten, denn das Schiff werde trotz erfolgter Übereignung und verlorenen Flaggenrechts auf den Namen des Veräußerers im Schiffsregister solange weitergeführt werden müssen, bis die Gläubiger befriedigt seien oder zugestimmt hätten, – ein unklarer und vermeidenswerter Zwischenzustand.

Empfehlenswerter sei deshalb wohl die erste der vorgeschlagenen Lösungen. Sie schaffe einen klaren, einfachen und durchsichtigen Rechtszustand und werde damit den Anforderungen, wie sie an ein von nationalsozialistischem Geist getragenes Gesetz gestellt werden müssten, am besten gerecht: Übereignung des Schiffes, Verlust seines Flaggenrechts und Löschung im Register, – das alles falle dann in *einen und denselben Eintragungsakt* zusammen.

Weiterhin sei die Frage zu erörtern, ob man zum Schutz der Hypothekengläubiger etwa außerdem bestimmen solle, dass bei jedem Antrag auf Streichung des Veräußerers bzw. Löschung des Schiffes die Hypotheken zur Auszahlung fällig würden oder ob eine solche Bestimmung, wie er glauben möchte, sich erübrige. Eine derartige Vorschrift schlage – wie von dem Berichterstatter erwähnt – Pappenheim vor, auch Art. 2 Abs. 4 zu dem Entwurf für das früher erwähnte Luftrechtsabkommen enthalte eine derartige Bestimmung.

Reichsgerichtsrat *Dr. Lindenmaier* begrüßte den vom Vorsitzenden gemachten ersten Vorschlag, indem er hervorhob, dass im Seerecht die Hypothekengläubiger auch deshalb weitgehend geschützt werden müssten, weil das Schiff nicht wie das Grundstück festliege, sondern sich in fernen Meeren aufhalten könne.

Er empfehle, den *Gedanken des Vorsitzenden folgendermaßen zu formulieren*: „Bei einem mit eingetragenen Schiffspfandrechten belasteten Schiff findet die Eigentumsübertragung erst statt, wenn die eingetragenen Schiffspfandrechte gelöscht werden oder die Gläubiger solcher eingetragenen Schiffspfandrechte ihre Zustimmung zur Umschreibung erklärten. Bei einem Übergang des Schiffes in fremde Hand kann auch die Löschung des Schiffes im Schiffsregister nur unter diesen Bedingungen stattfinden."

Dabei verstehe er unter einem Übergang des Schiffes in fremde Hand eine Veräußerung ins Ausland.

Dr. Schulze-Smidt stimmte der Formulierung von Reichsgerichtsrat Dr. Lindemaier bei.

Der *Vorsitzende* machte darauf aufmerksam, dass zwischen seinem eigenen Vorschlage und der Formulierung von Reichsgerichtsrat Dr. Lindenmaier anscheinend ein gewisser Unterschied bestehe. Nach der Formulierung von Reichsgerichtsrat Dr. Lindenmaier sei der Eigentumsübergang *unmittelbar* durch die Löschung der Pfandrechte oder Zustimmung der Hypothekengläubiger bedingt, nach seinem Vorschlage dagegen sei die Befriedigung oder Zustimmung der Hypothekengläubiger nur eine tatsächliche Voraussetzung der Streichung des Veräußerers bzw. Löschung des Schiffes im Schiffsregister. Der Registerrichter habe nur im Wege des Verwaltungsaktes darauf zu achten, dass diese Voraussetzungen gegeben seien, dann vollziehe er die Übereignung durch den Eintragungsakt. Dieser Vorschlag habe den Vorzug, dass er geringere Beweisschwierigkeiten auftauchen lasse. Die Rechtslage sei – besonders für ausländische Erwerber – greifbarer, wenn es nicht nötig sei, dem Erwerber jeweils die Löschung der Pfandrechte oder die Zustimmung der Gläubiger als wesentliche Bestandteile des dinglichen Rechtsaktes nachzuweisen.

Aufsichtsratsvorsitzender *Nottebohm* begrüßte die Vorschläge des Vorsitzenden und des Reichsgerichtsrats Dr. Lindenmaier, wobei er offen ließ, welche der beiden Formulierungen rechtstechnisch zweckmäßiger sei. Für den Hypothekengläubiger sei es durchaus nicht gleichgültig, wer das Schiff zu eigen habe. Es komme nicht allein auf die pflegsame Behandlung des Schiffes an, sondern auch andere Umstände könnten eintreten, welche das Pfandrecht gefährdeten, man brauche nur an die Benutzung des Schiffes zur Blockadebrechung oder an den Falke-Fall zu erinnern.

Direktor *Feindt* legte gleichfalls dar, dass die Vorschläge den berechtigten Wünschen der Kreditgeber auf das Beste entgegenkämen, was umso bemerkenswerter sei, als die Reichsregierung sich bemühe, den Realkredit auf Schiffe mit allen Mitteln zu fördern. Dabei komme es auf die Person des Reeders außerordentlich an.

Ministerialrat *Krieger* gab bei einer Gegenüberstellung der Formulierungen des Vorsitzenden und des Reichsgerichtsrats Dr. Lindenmaier der des Vorsitzenden den Vorzug. Wenn die Eintragung in das Schiffsregister (Streichung des Veräußerers bzw. die Löschung des Schiffes) erfolgt sei, könne nach der Formulierung des Vorsitzenden die Übereignung nicht mehr angezweifelt werden. Der Vorschlag von Reichsgerichtsrat Dr. Lindenmaier dagegen lasse große Beweisschwierigkeiten auftauchen.

Im gleichen Sinne äußerten sich Direktor *Michelau, Dr. Schütte* und *Dr. Dettmers.* Letzterer wies besonders darauf hin, dass man auf die ausländischen Erwerber Rücksicht nehmen müsse, welche eine klare Rechtslage wünschten.

Im weiteren Verlauf der Sitzung regte *Dr. Schulze-Smidt* zu der Formulierung des Vorsitzenden noch an, nicht auf die *Befriedigung* der Hypothekengläubiger, sondern auf die *Löschung* der Hypotheken abzustellen. Die Befriedigung sei gegenüber dem Registerrichter außerordentlich schwer nachweisbar. Der Schuldner könne den Nachweis nicht einfach dadurch führen, dass er dartue, er habe das Darlehen plus Zinsen zurückgezahlt.

Der *Vorsitzende* stimmte den Ausführungen von Dr. Schulze-Smidt zum Teil zu. Befriedigung der Hypothekengläubiger und Löschung der Hypotheken sei aber nicht dasselbe.

Dr. Krichhauff warf die Frage auf, ob denn der Hypothekengläubiger vom Reeder die Befriedigung entgegennehmen müsse? Sei das nicht der Fall und verweigere obendrein der Hypothekengläubiger seine Zustimmung, so könne die Übereignung an dem Widerstand des Hypothekengläubigers scheitern.

Ministerialrat *Krieger* machte hierzu darauf aufmerksam, dass im Grundstücksverkehr vielfach eine Klausel üblich sei, wonach die Hypothekenforderung sofort fällig werde, wenn der Eigentümer das Grundstück verkaufe. Zwar habe in vielen Fällen der Hypothekengläubiger kein Interesse daran, sein Kapital zurückzuerhalten, aber er gehe darauf aus, gelegentlich der Veräußerung eine Zinserhöhung durchdrücken zu können oder eine Abschlussprovision zu verdienen. Es sei bedenklich, den Eigentumsübergang bei Schiffen schlechthin von der Befriedigung oder Zustimmung der Hypothekengläubiger abhängig zu machen und die Fälligkeit der Hypothekenforderung eintreten zu lassen. Dadurch werde ein ähnlicher Zustand heraufbeschworen, wie er im

Grundstücksverkehr bestehe. Der Kreditgeber müsse immer mit einem Wechsel in der Person des Reeders rechnen, auch könne ja der bisherige Eigentümer auf den Gedanken kommen, aus Gründen des besseren Erwerbes sein Schiff in riskanterer Weise zu verwenden. Es sei nicht erwünscht, dass man bei Eintritt eines durchaus zuverlässigen Erwerbers die Zustimmung des Gläubigers dadurch erkaufen müsse, dass etwa um 1% erhöhte Zinsen oder 2% Provision gezahlt werden müssten. Mit dem Gesichtspunkt schikanöser Rechtsausübung könne man dem Gläubiger dabei kaum jemals entgegentreten, denn es ließen sich stets mit einigem Grund Gesichtspunkte dafür anführen, dass eine Zinsenerhöhung oder Provision gefordert werde: Auskünfte und Nachforschungen kosteten ja Geld. Alles in allem laufe also der Vorschlag darauf hinaus, dass an die Hypothekengläubiger hohe Beträge gezahlt werden müssten, wodurch unter Umständen die Übereignung sogar unmöglich gemacht werde. Wenn ein Erwerber damit rechnen müsse, dass er statt 8% später 10% Zinsen zahlen müsse, so werde er im Hinblick hierauf den Erwerb vielleicht unterlassen.

Dr. Krichhauff erklärte, Ministerialrat Krieger habe das von ihm aufgeworfene Problem noch stärker beleuchtet, indem er vom Standpunkt des Erwerbers aus den Zustand gegeißelt habe, dass der Eigentumswechsel zu einer Bereicherung des Hypothekengläubigers führe. Andererseits müsse man aber auch die Belange der Hypothekengläubiger berücksichtigen. Man möge daran denken, dass Mündelgelder in Schiffshypotheken angelegt seien, und dass bei Rückzahlung des Darlehens eine Wiederanlage des Geldes oft nur zu bedeutend ermäßigten Zinssätzen möglich sein werde. Deshalb sei es nicht recht, den Hypothekengläubiger zur Annahme einer vorzeitigen Befriedigung zu zwingen.

Der *Vorsitzende* erwiderte, er sei bei seinem Vorschlage davon ausgegangen, dass der Hypothekengläubiger, wenn er nicht zustimme, auch vorzeitig befriedigt werden könne. An einen so weitgehenden Schutz der Hypothekengläubiger, wie ihn Dr. Krichhauff befürworte, habe er nicht gedacht. Dieser Schutz würde dazu führen, die Veräußerung des belasteten Schiffes unter Umständen unmöglich zu machen.

Aufsichtsratsvorsitzender *Nottebohm* bemerkte, dass man die Hypothekengläubiger auf irgendeine Weise schützen müsse. Die Schiffshypothekenbanken gäben ihr Darlehen auf lange Jahre, um auf der anderen Seite für ihre Pfandbriefe eine sichere Verzinsungsgrundlage zu schaffen. Wenn die Zinssätze anstiegen, würden die Reeder an eine Zurückzahlung der ihnen gewährten Darlehen nicht denken, im anderen Falle aber würden die Reeder bei einer Veräußerung Gelegenheit besitzen, sich von den übernommenen Zinslasten in bequemer Weise zu befreien. Wenn man bestimme, dass die Reeder im Falle einer Veräußerung das ihnen gewährte Darlehen zurückzahlen könnten, so müsse man die Schiffshypothekenbanken gegen etwaige Verluste schützen.

Der *Vorsitzende* entgegnete, es handle sich bei diesem Problem wohl mehr um technische Einzelheiten als um eine prinzipielle Frage. Gegebenenfalls müsse man den Hypothekenbanken auf irgendeine Weise eine billige Entschädigung für vorzeitige Ablösung der Hypothek zukommen lassen.

Direktor *Feindt* hob hervor, dass dies in der Tat notwendig sei, es frage sich nur, ob man über die Höhe der Entschädigung im Gesetz oder aber besser in den Beleihungsbedingungen Bestimmungen treffen solle.

Direktor *Sturm* äußerte die Ansicht, dass es einer gesetzlichen Bestimmung über diese Frage nicht bedürfe. Es sei Sache des Veräußerers, die Zustimmung des Hypothekengläubigers zu erlangen. Dieser Punkt könne am besten in den Darlehensbedingungen geregelt werden.

Geheimrat *Wiedenfeld* wies auf die Schwierigkeiten hin, eine angemessene gesetzliche oder vertragliche Lösung des Problems zu finden. Schließlich werde es doch immer darauf hinauskommen, dass die Beteiligten sich über einen angemessenen Beitrag einigen müssten.

Der *Vorsitzende* erklärte demgegenüber, dass vielleicht doch die Möglichkeit bestehe, in einer Durchführungsverordnung die technischen Einzelheiten zu regeln, insbesondere die Höhe der zu zahlenden Entschädigung in Anpassung an den jeweiligen Zinssatz und die Marktlage festzulegen. Rechtstechnische Schwierigkeiten träten immer auf, wenn es sich darum handle, Zahlen festzusetzen, z.B. auch bei Verjährungsfristen.

Geheimrat *Wiedenfeld* äußerte Bedenken gegen die Möglichkeit der Schaffung einer alle Teile befriedigenden Durchführungsverordnung. Die Zinssätze hingen so sehr mit den Schwankungen des Kapitalmarktes zusammen, dass es unmöglich sei, sie für die Zukunft vorauszusehen. Insofern sei die vorgeschlagene Durchführungsverordnung viel schwieriger als die Festsetzung von Verjährungsfristen.

Der *Vorsitzende* entgegnete, es sei rechtstechnisch nicht unmöglich, die Durchführungsverordnung elastisch auszugestalten.

Ministerialrat *Krieger* schlug schließlich Folgendes vor: Man müsse von der Interessenlage ausgehen. Im Allgemeinen sei der Kreditgeber der wirtschaftlich Stärkere. Er könne sich demzufolge selbst schützen. Deshalb brauche man in das Gesetz keine Vorschrift aufzunehmen, wonach er eine Entschädigung bei vorzeitiger Zurückzahlung des Darlehens erhalten müsse. Eine gesetzliche Bestimmung sei nur in der Richtung notwendig, dass der Geldgeber verpflichtet sei, im Falle einer Veräußerung, wenn er dieser nicht zustimme, den Darlehensbetrag nebst Zinsen vorzeitig entgegenzunehmen. In den Darlehensbedingungen könne sich der Geldgeber einen gewissen Bonus vertraglich ausbedingen.

Der *Vorsitzende* bezeichnete diesen Weg als gangbar. Gegen die Zulässigkeit von vertraglichen Vereinbarungen über die Zahlung eines Bonus seien keine Bedenken zu erheben.

Auch *Dr. Bramslöw* stimmte Ministerialrat Krieger und dem Vorsitzenden zu. Nach dem Bürgerlichen Gesetzbuch könne ein Gläubiger nicht gezwungen werden, ein verzinsliches Darlehen vor Fälligkeit zurückzunehmen. Im Seerecht sei dem Gläubiger ein besonderer Schutz zugedacht, weil der Pfandgegenstand, das Schiff, besonderen Gefahren ausgesetzt sei. Wenn man aber den Gläubiger einerseits schütze, so sei es andererseits auch nicht unangemessen, wenn man ihn zwinge, sich unter besonderen Umständen vorzeitig befriedigen zu lassen. Der Gläubiger dürfe nicht in der Lage sein, die Veräußerung schlechthin zu verhindern.

Verwaltungsdirektor *Sturm* schlug vor, auf diese Frage bei der Besprechung des eigentlichen Hypothekenrechts zurückzukommen, da es angesichts der Langfristigkeit der Hypotheken noch andere Fälle einer vorzeitigen Rückzahlung des Hypothekendarlehens gebe. Hier handle es sich vorläufig nur um die Frage, an welche Voraussetzungen die Übereignung eines belasteten Schiffes geknüpft werden solle. Dabei stimme er dem Vorschlage des Vorsitzenden zu, wonach die Einigung des Veräußerers und Erwerbers, sowie die Streichung des Veräußerers bzw. Löschung des Schiffes im Schiffsregister erforderlich seien. Dabei dürfe der Registerrichter die Streichung bzw. Löschung im Schiffsregister nur vornehmen, wenn die Schiffshypotheken gelöscht seien oder die Hypothekengläubiger zustimmten.

Aufsichtsratsvorsitzender *Nottebohm* bemerkte, dass, wenn die Hypothekengläubiger nicht zustimmten, eine Befriedigung der Hypothekengläubiger nur möglich sein dürfe im Sinne gleichzeitiger Zahlung eines Bonus. Die Festsetzung der Höhe dieses Bonus könne man den Kreditgebern überlassen, denn jedenfalls die Schiffsbeleihungsbanken würden sich dabei in angemessenen Grenzen halten.

Nachdem Direktor *Brandt* noch andere Auswege zum Schutze der Hypothekengläubiger, insbesondere ein Pfandrecht an den Kaufpreis vorgeschlagen hatte, vertagte der Vorsitzende die weitere Beratung.

18. Arbeitssitzung vom 11.4.1935 (16 bis 19.45 Uhr)

Anwesend:
Vorsitzender: Prof. Dr. Wüstendörfer, Hamburg
2. Schriftführer: Richter Dr. Bramslöw, Hamburg
und als weitere wissenschaftliche Mitarbeiter:
Direktor Brandt, Hamburg
Rechtsanwalt Dr. Dettmers, Bremen
Direktor Michelau, Bremen
Rechtsanwalt Dr. Schulze-Smidt, Bremen
Dr. Schütte, Hamburg
als politisches Mitglied:
Präsident Dr. Völckers, Bremen
vom Reichsjustizministerium:
Ministerialrat Koffka, Berlin
Ministerialrat Krieger, Berlin
als Sachverständige:
Oberinspektor Bleuss, Hamburg
Direktor Feindt, Hamburg
Direktor Richter, Berlin
als Gast:
Oberregierungsrat Dr. Schrader, Hamburg
für die Niederschrift in der Sitzung:
Assessor Dr. Möller, Hamburg und Referendarin Krüger, Wandsbek
entschuldigt fehlten:
Rechtsanwalt Dr. Droege, Hamburg
Reichsgerichtsrat Dr. Lindenmaier, Leipzig
Dr. Riensberg, Hamburg
Rechtsanwalt Dr. Schüler, Hamburg
Geheimrat Wiedenfeld, Leipzig

Nach der Eröffnung der Sitzung gab der *Vorsitzende* zunächst folgende Richtlinien für die literarischen Veröffentlichungen von Ausschussmitgliedern bekannt, welche im Einvernehmen mit dem Herrn Präsidenten der Akademie für Deutsches Recht aus Anlass eines Einzelfalles aufgestellt sind:

„1. Die literarische Veröffentlichung der amtlichen Beratungsergebnisse des Seerechtsausschusses der Akademie liegt dem Ausschussvorsitzenden ob, anderen Mitgliedern nur im Einverständnis mit ihm.

2. Nach erfolgter Veröffentlichung ist eine literarische Besprechung und Kritik zwecks weiterer Klärung der Gesetzgebungsfragen erwünscht; auch Ausschussmitglieder können sich hieran beteiligen.

3. Dagegen ist es als Verletzung des Führergrundsatzes unvereinbar mit den nationalsozialistischen Pflichten von Ausschussmitgliedern, literarische Arbeiten in Bezug auf noch unveröffentlichte Beratungsergebnisse ohne Wissen und Willen des Ausschussvorsitzenden zu veröffentlichen. Das Gleiche gilt von Verträgen."

Der Vorsitzende bemerkte zu diesen Richtlinien, die eigentlich selbstverständlich seien, über die Ergebnisse der Ausschussarbeiten bis zum Oktober 1934 habe er im Dezemberheft der „Zeitschrift der Akademie für Deutsches Recht" (1934, S. 220 ff.) berichtet. Über die Ergebnisse der Arbeiten vom Oktober 1934 bis zum April 1935 werde demnächst ein weiterer von ihm verfasster Bericht ebendort erscheinen.

Sodann eröffnete der Vorsitzende die Beratung zur Tagesordnung: *Fortsetzung des Berichtes und der Aussprache über die Neugestaltung des Schiffshypothekenrechts.*

Der Berichterstatter Ministerialrat *Krieger* habe in dem Leitsatz 11, der in der 17. Arbeitssitzung besprochen sei, die Frage des Schutzes des Pfandrechtsinhabers gegen *Löschung* des Schiffes in den Vordergrund gestellt (Prot. 17). Der Vorsitzende dagegen habe den Schwerpunkt seiner Ausführungen zu Leitsatz 11 auf den Tatbestand der *Übereignung* gelegt (Prot. 17). Im Verhältnis von Löschung und Übereignung könnten drei Gruppen von Fällen unterschieden werden: Einmal gäbe es Übereignungen ohne Löschung, z.B. bei unverändertem Heimathafen. In solchen Fällen müssten die Hypothekengläubiger natürlich auch geschützt werden. Weiterhin könnten Übereignung und Löschung zusammentreffen, so beispielsweise, wenn ein Schiff von Hamburg nach dem Ausland veräußert werde. Schließlich seien noch Fälle denkbar, bei denen eine Löschung, aber keine Übereignung stattfinde, so etwa bei einer Verlegung des deutschen Heimathafens ohne Eigentumswechsel oder bei Umwandlung eines Seeschiffs in ein Binnenschiff. Für die dritte Fallgruppe habe Ministerialrat Krieger mit Recht darauf hingewiesen, dass hier durch eine Angleichung an grundbuchrechtliche Vorschriften geholfen werden könne (Prot. 17). Mit diesen Fällen brauche man sich also vorläufig nicht weiter zu befassen. Auch der Fall, dass das Schiff nicht infolge einer Veräußerung, sondern im Wege der Vererbung in andere Hände komme, solle zunächst beiseite gelassen werden.

Der Seerechtsausschuss sei sich darüber einig geworden, die Übereignung belasteter Schiffe in allen Fällen an die Zustimmung der Hypothekengläubiger zu knüpfen. Bezüglich der rechtstechnischen Durchführung dieses Gedankens seien aber zwei verschiedene Meinungen geäußert: Reichsgerichtsrat Dr. Lindenmaier habe sich dafür eingesetzt, den Eigentumsübergang *unmittelbar* durch die Zustimmung der Hypothekengläubiger zu bedingen (Prot. 17). Gegen diesen Vorschlag sprächen aber verschiedene Bedenken, die vom Vorsitzenden und anderen Ausschussmitgliedern zum Ausdruck gebracht seien; vor allem müsse auf die Beweisschwierigkeiten hingewiesen werden, welche bei einer Veräußerung in das Ausland besonders stark hervorträten. Deshalb habe der Vorsitzende einen zweiten Vorschlag gemacht, der dahin gehe, die Zustimmung der Hypothekengläubiger nur zu einer tatsächlichen Voraussetzung der Streichung des Veräußerers bzw. Löschung des Schiffes im Schiffsregister zu machen. Der Registerrichter habe also nur im Wege des Verwaltungsaktes darauf zu achten, dass diese Voraussetzung gegeben sei (Prot. 17). Mit der Streichung oder Löschung im Schiffsregister erfolge dann die Übereignung. Der Sache nach liefen beide Vorschläge auf dasselbe hinaus, der zweite Vorschlag habe aber den Vorzug, keine Beweisschwierigkeiten auftreten zu lassen.

Es müsse nun aber verhindert werden, dass die Hypothekengläubiger die Möglichkeit missbrauchten, ihre Zustimmung zu der Übereignung zu verweigern. Bei den Schiffshypothekenbanken bestehe allerdings die Gefahr eines solchen Missbrauches nicht, wohl aber sei sie denkbar bei anderen Hypothekengläubigern. Diese Gefahr könne dadurch beseitigt werden, dass man dem Eigentümer die Möglichkeit eröffne, die Hypothekengläubiger zwangsweise zu befriedigen. Rechtsanwalt Dr. Schulze-Smidt habe allerdings demgegenüber vorgeschlagen, nicht auf die Zustimmung oder *Befriedigung* der Hypothekengläubiger, sondern auf die Zustimmung der Hypothekengläubiger oder die *Löschung* der Hypotheken abzustellen (Prot. 17). Dieser Vorschlag sei jedoch nicht geeignet, die Gefahr missbräuchlicher Zustimmungsverweigerung zu beseitigen, denn wenn ein Hypothekengläubiger störrisch sei, so lasse sich eine Löschung der Hypotheken eben nicht durchsetzen. An dem Widerstand des Hypothekengläubigers dürfe aber die Übereignung nicht scheitern. Dem Eigentümer müsse also das Recht gewährt werden, den Hypothekengläubiger vorzeitig zu befriedigen.

Dabei müsse allerdings der Hypothekengläubiger, falls die Kündigungsfrist nicht gewahrt sei, eine angemessene Vergütung für vorzeitige Ablösung, einen Bonus erhalten. Die Schwierigkeiten, welche es bereiten könne, die Höhe dieses Bonus festzustellen, seien überwindbar.

Zusammenfassend lasse sich das Beratungsergebnis der 17. Arbeitssitzung vielleicht in folgenden *Leitsätzen* formulieren:

„Ist das Schiff mit Hypotheken belastet, so erfordert die rechtsgeschäftliche Übereignung außer der Einigung (§ 929 BGB) und außer der Besitzübergabe oder der Einigung gemäß § 474 HGB die Streichung des bisherigen Eigentümers im Schiffsregister oder die Löschung des Schiffes daselbst. Die Streichung oder Löschung darf erst erfolgen, nachdem der bisherige Eigentümer nachgewiesen hat, dass die Hypothekengläubiger der Veräußerung zustimmen oder dass sie befriedigt worden sind.

Verweigert ein Hypothekengläubiger die Zustimmung, so kann der Veräußerer ihn auch dann durch Befriedigung abfinden, wenn gemäß der Eintragung im Register die Hypothek für eine feste Frist oder auf Kündigung gegeben und danach zur Auszahlung noch nicht fällig ist. Zur Befriedigung des Gläubigers gehört in diesem Falle außer der Zahlung von Kapital und Zinsen auch eine angemessene Vergütung für die vorzeitige Ablösung der Hypothek.

Können die Parteien sich nicht einigen über die Höhe der angemessenen Vergütung, so bestimmt sich diese nach dem Satze, den das zuständige Reichsministerium jährlich in Anlehnung an den Zinssatz und die sonstigen Umstände des Kapitalmarktes im Verordnungswege festsetzt."

Oberinspektor *Bleuss* nahm zu dem bisherigen Beratungsergebnis folgendermaßen Stellung: Der Wunsch der Schiffsbeleihungsbanken nach größtmöglicher Sicherung des Kredites sei verständlich. So wie andere Kreditgeber, könnten sich aber auch die Schiffsbeleihungsbanken in ihren Geschäftsbedingungen weitgehend vor Verlusten schützen und dieser Schutz reiche aus.

Von einer Zustimmung der Hypothekengläubiger dürfe man die Übereignung beim Eigentumswechsel unter Deutschen, also im Inlande, nicht abhängig machen. Der Pfandgläubiger habe doch kein Eigentumsrecht am Schiff. Er dürfe deshalb auch nicht die Möglichkeit haben, bei einer Übereignung mitzureden. Man möge sich den Fall vorstellen, dass der ursprüngliche Pfandgläubiger verstorben und von einer größeren Anzahl von Personen beerbt sei. Hier kämen für die Zustimmung zahlreiche Personen in Betracht, von denen einzelne womöglich nicht aufgefunden werden könnten. In solchen und anderen Fällen könne die Übereignung an dem Erfordernis der Zustimmung der Hypothekengläubiger scheitern.

Die Vorkehrungen zum Schutze der Hypothekengläubiger dürften auch nicht dazu führen, dass man ihnen das Recht zubillige, bei Schiffsveräußerungen im Inlande die Auskehrung ihrer Forderung zu verlangen. Für den Fall, dass der Erwerber dem Hypothekengläubiger nicht genehm sei, könne ja die sofortige Fälligkeit der Forderung ausbedungen werden, wobei in Fällen langfristigen Kredits auch ein angemessener Aufschlag vorgesehen werden könne. Es müsse berücksichtigt werden, dass der frühere Eigentümer doch immer noch persönlicher Schuldner des Hypothekengläubigers bleibe und dass die dingliche Sicherheit am Schiff dem Hypothekengläubiger unter Umständen einen ausreichenden Schutz gegen einen Verlust biete. Auf jeden Fall halte er es für bedenklich, die im Inland erfolgende Übereignung von einer Zustimmung der Hypothekengläubiger gegenüber dem Registergericht abhängig zu machen.

Der *Vorsitzende* erinnerte daran, dass der Vorredner früher selbst darauf hingewiesen habe, dass bei einer Veräußerung ins Ausland die Löschung des Schiffes erst dann vorgenommen werden dürfe, wenn die Pfandrechtslage bereinigt sei (zuletzt Prot. 17). Der Fall, dass durch den Tod des ursprünglichen Hypothekengläubigers die Zustimmung einer Vielheit von Erben erforderlich werde, spreche nicht gegen die in Aussicht genommene Regelung. Derartige spezifisch erbrechtliche Schwierigkeiten könnten auf allen Rechtsgebieten in Ausnahmefällen auftauchen. Solche pathologischen Fälle müsse man bei der Normsetzung außer Betracht lassen. Klarzustellen sei noch, dass nach seinem, des Vorsitzenden, Vorschlag der Hypothekengläubiger nicht das Recht haben solle, im Falle einer Veräußerung Befriedigung zu verlangen, sondern im Gegenteil solle dem Eigentümer das Recht gewährt werden, bei Verweigerung der Zustimmung seitens des Hypothekengläubigers diesen vorzeitig zu befriedigen. Es sei also an die Schaffung eines Ablösungsrechtes im Interesse des Schutzes des Veräußerers gedacht.

Ministeralrat *Krieger* führte aus: Wenn ein dingliches Recht begründet werde, so sehe bei der Kredithingabe der Gläubiger auf den Wert der Sache, die Person des Schuldners habe mit dem Sachpfand an und für sich nichts zu tun. Besitze ein Sachpfand in einem Ausnahmefalle nur in der Hand eines bestimmten persönlichen Schuldners Wert, so sei es als solches eigentlich wertlos. Das Sachpfand sei grundsätzlich abgelöst von der Person des Sachinhabers zu betrachten. Es sei also ungerechtfertigt, dem Gläubiger das Recht zu geben, bei einer Veräußerung zu widersprechen. Durch die Veräußerung ändere sich ja nichts an dem persönlichen Schuldverhältnis. Wenn man im Seerecht die Übereignung belasteter Schiffe von der Zustimmung des Hypothekengläubigers abhängig mache, so schaffe man damit eine Vorschrift, die in einem Widerspruch zu dem übrigen Rechtssystem stehe.

Dadurch, dass man dem Eigentümer ein Ablösungsrecht gebe, gewähre man mittelbar dem Gläubiger ein Recht, vorzeitige Rückzahlung seines Kapitals zu verlangen, denn der Gläubiger brauche nur der Veräußerung zu widersprechen, um sein Kapital zurückzuerhalten. Wolle man diese Folgerung vermeiden, so müsse man daran denken, die Zustimmung einer Behörde für den Fall vorzusehen, dass der Gläubiger seine Zustimmung verweigere. Gegen eine derartige Einschaltung einer Behörde erhöben sich aber starke Bedenken.

Für den Inlandsverkehr sei die vorgeschlagene Regelung unnötig umständlich, denn dort bestünden für die Veräußerung überhaupt keine Schwierigkeiten. Die Stellung des Hypothekengläubigers werde nicht verschlechtert, denn seine persönliche Forderung bleibe unberührt und die Vollstreckung in das Schiff sei nach wie vor möglich. Für den Fall, dass der Erwerber das Schiff schlecht behandle, könne sich der Hypothekengläubiger durch Fälligkeitsklauseln schützen, auch sei daran zu denken, Devastationsvorschriften zu schaffen.

Aber auch für den Fall einer Veräußerung in das Ausland empfehle sich die vorgeschlagene Regelung nicht. Wenn man einerseits davon ausgehe, dass § 474 HGB erhalten bleiben solle, so dürfe man andererseits die Übereignung nicht an die Löschung des Schiffes im Schiffsregister und diese ihrerseits an die Zustimmung oder Befriedigung der Hypothekengläubiger knüpfen. Dadurch entstehe ein Widerspruch. Am besten könne bei einer Veräußerung in das Ausland eine internationale Regelung helfen, wie sie auf dem Gebiete des Binnenschifffahrtsrechts vorhanden sei.

Schließlich erscheine es auch unzweckmäßig, im Wege einer Verordnung die Höhe des Bonus festzusetzen. Der Bonus müsse ja außerordentlich verschieden sein, je nachdem um welches Risiko es sich für den Kreditgeber gehandelt habe. Schon im Grundbuchrecht mache es Schwierigkeiten, den Begriff der ersten Hypothek festzulegen, da die Rangstelle dabei nicht entscheide. Weit schwieriger aber noch seien derartige Feststellungen für das Schiffshypothekenrecht. Man möge nur einerseits an die Beleihung eines neuen Passagierdampfers einer erstklassigen Linie, andererseits an die Beleihung einer alten, nur noch im Hafen verwendbaren Schute denken.

Der *Vorsitzende* entgegnete, ihn hätten die Ausführungen von Ministerialrat Krieger zwar sehr interessiert, aber nicht zu überzeugen vermocht. Es handle sich um eine Meinungsverschiedenheit grundsätzlicher, ja vielleicht juristisch-weltanschaulicher Art.

Allerdings sei es richtig, dass die Forderung in das Gebiet des Obligationenrechts, das Pfand in das Gebiet des Sachenrechts gehöre. Ministerialrat Krieger scheine aber davon auszugehen, dass diese begriffliche Antithese auch im Leben beachtet werde und maßgebend sein müsse für die Normfindung. Dem könne er nicht zustimmen. Es sei bekanntlich eine Gefahr der bisherigen deutschen Jurisprudenz, begriffliche Unterschiede zum Ausgangspunkte neuer Normfindung zu machen. In der Rechtswirklichkeit aber ließen sich die Dinge nicht derart begrifflich scheiden, wie das theoretisch möglich sei. Der Schiffskredit sei gerade dadurch gekennzeichnet, dass er *kein echter Realkredit* sei, sondern dass es sich bei ihm – wirtschaftlich und soziologisch gesehen – nur um einen *dinglich verstärkten Personalkredit* handle. Angesichts dieser Tatsache dürfe die begriffliche Trennung von Schuld- und Sachenrecht nicht zum Regulator der Normfindung für das neue deutsche Schiffshypothekenrecht werden.

Wenn Ministerialrat Krieger für den Fall einer Veräußerung des Schiffes im Inland davon ausgehe, dass die Lage des Hypothekengläubigers sich dadurch nicht verschlechtere, so sei diese Ansicht bedenklich. Werde ein im Ostseedienst verwendeter Dampfer von dem neuen Eigentümer in die Südsee verpflanzt, so werde das Schiff vielleicht jahrelang nicht mehr in deutschen Gewässern erscheinen, dem Hypothekengläubiger sei also jede Kontrolle über das Schiff entzogen, die Gefahren, welche dem Schiffe drohten, seien vergrößert, die Zwangsvollstreckung werde durch eine derartige Verpflanzung im Hinblick auf § 163 ZVG ungeheuer erschwert, ja unter Umständen sogar vollkommen vereitelt.

Was die Veräußerung ins Ausland anlange, so solle zwar das unbelastete Schiff wie bisher gemäß § 474 HGB durch bloße Einigung übertragen werden können, für belastete Schiffe dagegen bestehe keine Notwendigkeit, § 474 HGB beizubehalten. Es sei durchaus zu erwägen, für unbelastete und belastete Schiffe unterschiedliche Übereignungsformen vorzusehen, denn wichtige Interessen der Hypothekengläubiger, und damit letzten Endes auch der deutsche Reeder, forderten bei belasteten Schiffen einen weitgehenden Schutz der Hypothekengläubiger. Diese Interessenlage rechtfertige es, die Übereignungsform bei belasteten Schiffen weniger bequem zu gestalten als bei unbelasteten. Darin liege kein „Widerspruch". Der Gesichtspunkt der elegantia juris und der systematischen Schönheit dürfe letzten Endes für den Gesetzgeber nicht entscheidend sein, sondern nur das „konkrete Ordnungsdenken".

Was die mehr technische Vorschrift der Bonusgewährung anlange, so lasse sich darüber reden. Es könne sehr wohl sein, dass bei Schaffung einer Verordnung über die Höhe des Bonus Schwierigkeiten entstünden. Die ganze Frage werde aber schon deshalb nicht von großer praktischer Bedeutung sein, weil die Hypothekenbanken sicher vertraglich einen Bonus von bestimmter Höhe vorsehen würden.

Dr. Schütte wandte sich gleichfalls gegen den Standpunkt des Vorsitzenden. Der Schutz, wie er den Hypothekengläubigern zugedacht werde, gehe zu weit. Die Vertragsfreiheit des Erwerbers und Veräußerers dürfe nicht in der vorgesehenen Weise beschränkt werden. Es sei auch davon auszugehen, dass jedenfalls der von den Hypothekenbanken gegebene Kredit den Charakter eines Realkredits trage, so dass es sich empfehle, es bei dem bisherigen System zu belassen. Die Veräußerung ins Ausland müsse ebenso behandelt werden wie die Veräußerung im Inland. Es sei hier überhaupt fraglich, wie weit das deutsche Recht gelte. Faktisch höre jedenfalls der Geltungsbereich der deutschen Gesetze bei dem Feuerschiff Elbe I auf. Es könnten leicht Fälle vorkommen, in denen sich die Veräußerung nach englischem Recht richte. Wenn man Kollisionen mit ausländischen Rechtsordnungen vermeiden wolle, so könne man das am besten dadurch, dass man die Veräußerungsmöglichkeit nach deutschem Recht möglichst wenig beschränke.

Auf Befragen des *Vorsitzenden* erklärte *Dr. Schütte* noch, er sei demnach dafür, den Hypothekengläubigern durch das Gesetz im Falle der Veräußerung überhaupt nicht zu schützen. Der

Hypothekengläubiger könne wie bisher so auch in Zukunft durch vertragliche Vereinbarungen dafür sorgen, dass bei einer Veräußerung seine Rechte gesichert seien.

Der *Vorsitzende* bemerkte dazu, ihm scheine dieser Standpunkt einseitig zu sein. Selbstverständlich solle es sich bei dem zu schaffenden Recht hinsichtlich der Zustimmung der Hypothekengläubiger zur Schiffsveräußerung nur um nachgiebiges Recht handeln. Die Gläubiger könnten auf ihr Zustimmungsrecht von vornherein vertragsmäßig verzichten. Andererseits könnten auch künftig Fälligkeitsklauseln vereinbart werden. Nur wenn nichts vereinbart sei, solle die gesetzliche Regelung Platz greifen. Bei einer Veräußerung ins Ausland könnten die deutschen Vorschriften selbstverständlich nur insoweit Geltung beanspruchen, als nach deutschem oder ausländischem internationalen Privatrecht deutsches Recht anwendbar sei. Nach vorwiegender internationaler Auffassung werde aber das Recht der Flagge für maßgebend erachtet, so dass bei einer Veräußerung eines deutschen Schiffes in das Ausland das deutsche Recht Geltung beanspruche. Nur unter der Voraussetzung der Anwendbarkeit deutschen Rechts seien selbstverständlich die Vorschläge gemacht.

Direktor *Feindt* äußerte sich vom Standpunkt des Praktikers aus zu der Frage, ob es sich bei dem Schiffskredit um Real- oder Personalkredit handle. Die Dinge ließen sich schwer auseinanderhalten. Die von den deutschen Reedern vor dem Kriege ausgegebenen Obligationsanleihen hätten insofern einen Personalkredit dargestellt, als mit ihnen keine positive dingliche Sicherung Hand in Hand gegeben sei, sondern nur unter Umständen eine negative Sicherung der Gläubiger dadurch, dass die Reedereien sich verpflichtet hätten, ihre Schiffe nicht zu belasten. Dennoch hätten damals die Obligationen einen guten Kurs gehabt. Wenn aber die Reeder heute eine Obligationsanleihe, möge sie auch dinglich gesichert sein, ausgäben, so werde der Kurs wahrscheinlich schlecht sein. Bei dem Schiffskredit handle es sich von jeher um eine Vereinigung, gleichsam chemische Verbindung von Real- und Personalkredit. Das Verhältnis dieser beiden Faktoren sei derart, dass bei der Kreditgewährung zwar – wie das auch das Schiffsbankgesetz betone – die dingliche Sicherheit voran stehe, von nicht geringerer Bedeutung als die dingliche Sicherheit aber die moralische Qualität des Kreditsuchenden sich erweise. Bis heute gebe es keine wirksamen Schutz der Hypothekengläubiger gegen die Veräußerung des Schiffes. Der Schutz, wie ihn die Beleihungsbedingungen vorsähen, stehe nur auf dem Papier. Wenn man an Fälle wie die vom Vorsitzenden angeführten denke, in denen ein Erwerber das bisher in der Ostsee verwendete Schiff nunmehr in der Südsee verwende, so liege es auf der Hand, dass dadurch die Lage des Hypothekengläubigers stark beeinträchtigt werde. in solchen Fällen bedürfe der Hypothekengläubiger des Schutzes. Die Hypothekenbanken gingen nicht darauf aus, eine Verkehrserschwerung herbeizuführen, es solle nur für die angedeuteten, besonders gefährlichen Ausnahmefälle eine Sicherung dagegen geschaffen werden, dass der Erwerber dem Hypothekengläubiger das Pfandobjekt völlig entziehe. In den Normalfällen wickle sich alles schnell und glatt ab.

Über die Berechnung des Bonus oder – wie man in der Praxis zu sagen pflege – der Provision seien in den Beleihungsbedingungen schon Grundsätze aufgestellt, allerdings habe man keine feste Bezifferung des Bonus vorgenommen, sondern nur eine dehnbare Klausel geschaffen, die eine Höchstgrenze für den Bonus festsetze. Der Weg über eine Verordnung erscheine allzu schwer gangbar zu sein.

Der *Vorsitzende* betonte, die Darlegungen von Direktor Feindt zu bestätigen, dass es sich bei dem Schiffskredit um einen dinglich verstärkten Personalkredit handle, dass also im Leben das dingliche Recht und die persönliche Forderung als Einheit angesehen würden. Diese Lebenseinheit dürfe juristisch nicht getrennt werden. Der Schutz der Hypothekengläubiger durch das künftige Gesetz sei umso notwendiger als, wie die Darlegung von Direktor Feindt zeige, nicht einmal bei einer Veräußerung im Inland ein ausreichender *vertraglicher* Schutz Platz greifen könne. Es sei besonders hervorzuheben, dass der Schutz der Hypothekengläubiger nicht etwa den einseitigen Interessen der Schiffshypothekenbanken dienen, sondern letzten Endes der ganzen deutschen Schifffahrt zugute kommen solle, habe doch noch kürzlich der Führer der deutschen Seeschifffahrt Staatsrat Essberger, betont, wie wichtig der Ausbau des Schiffskreditwesens sei.

Auf Befragen von Ministerialrat *Krieger* erklärte Direktor *Feindt,* wenn – ohne Wechsel des Eigentümers – ein Schiff z.B. von der Ostsee nach der Levante verpflanzt werde, so hätten die Hypothekenbanken keine Einwendungen zu machen. Eine solche Verpflanzung werde ja nur vorgenommen, wenn die Klasse des Schiffes ausreiche und der Reeder mehr zu verdienen hoffe. Je mehr aber der Reeder verdiene, desto eher könne auch die Schiffsbeleihungsbank mit der Rückzahlung des von ihr gewährten Kredits rechnen. Werde ein Schiff in Vollcharter gegeben, so sei auch das für die Schiffsbeleihungsbanken unbedenklich, denn gerade in schlechten Zeiten sei es im Interesse eines Reeders zu begrüßen, wenn es ihm ermöglicht werde, auf dem Wege der Vercharterung über die Krisis hinwegzukommen. Schwierigkeiten bereiteten nur die Fälle der Übereignung des Schiffes.

Direktor *Brandt* fügte hinzu, dass aber jedenfalls auch der Fall der Schiffsmiete, bei dem die Ausrüstung durch einen Dritten vorgenommen werde, für die Kreditgeber unerwünscht sei. Er schließe sich im Übrigen dem Standpunkt des Vorsitzenden an, schon um gegen die Möglichkeit eines gutgläubigen Erwerbes einen Wall aufzurichten. Die Frage des Bonus brauche keine großen Sorgen zu verursachen. Notfalls müsse das Gericht einen angemessenen Betrag festsetzen. Dieser Betrag brauche aber nicht dinglich gesichert zu werden. Die Hauptsache sei ja, dass das Kapital und die Zinsen dem Kreditgeber nicht verloren gingen.

Der *Vorsitzende* stimmte dem zu. Über die Einzelheiten der Bonusfestsetzung brauche man sich jetzt noch nicht zu unterhalten. Er sei gern bereit, seinen Vorschlag, die Höhe im Verordnungswege festzusetzen, fallen zu lassen. Sei es nicht so, dass praktisch überhaupt die Frage in den Beleihungsbedingungen ausreichend geklärt werde?

Direktor *Feindt* bejahte diese Frage und stimmte Direktor Brandt im Namen der Schiffsbeleihungsbanken darin zu, dass die Provision nicht dinglich gesichert zu werden brauche. Deshalb bedürfe sie auch keiner gesetzlichen Regelung.

Der *Vorsitzende* ließ daraufhin den dritten Absatz seines Vorschlages fallen und empfahl, stattdessen zu sagen: „Für den Fall, dass sich die Parteien nicht einigen können über die Höhe der angemessenen Vergütung, ist zu erwägen, in welcher Weise der fragliche Betrag berechnet werden soll."

Dr. Schulze-Smidt regte an, noch einzufügen: „... berechnet und sichergestellt werden soll."

Der *Vorsitzende* erklärte sich damit einverstanden.

Dr. Schutze-Smidt wies noch darauf hin, dass in den Formularen holländischer Hypothekenbanken der Bonus durch eine Prorataziffer fest bestimmt werde.

Direktor *Richter,* der im Übrigen den umgeformten dritten Absatz als Verbesserung begrüßte, bestätigte die Mitteilung von Dr. Schulze-Smidt und wies darauf hin, dass die deutschen Schiffsbeleihungsbanken in ihren Bonusansprüchen viel bescheidener seien als die holländischen.

Dr. Schütte wandte sich nochmals gegen den Standpunkt des Vorsitzenden. Er hob hervor, dass die Schiffshypothekenbanken bei den bisherigen Vorschriften über den Eigentumsübergang keine Verluste erlitten hätten. Man möge es also bei der bestehenden Regelung belassen.

Direktor *Feindt* erklärte, man dürfe der Tatsache, dass bisher keine Verluste eingetreten seien, keine Bedeutung beimessen; denn es sei zu berücksichtigen, dass das Geschäft der Schiffsbeleihungsbanken bisher fast ausschließlich in der Binnenschifffahrt gelegen habe, erst neuerdings werde auch der Seeschiffskredit stark gefördert.

Dr. Dettmers bemerkte, er schließe sich dem Vorschlage des Vorsitzenden an, wenngleich bisher noch keine praktischen Erfahrungen über die Zweckmäßigkeit der einen oder der anderen

Regelung hätten gesammelt werden können. Gegen Betrüger werde man sich niemals völlig schützen können.

Auf eine Schwierigkeit wolle er aber hinweisen. Häufig kämen Gesamtbelastungen vor. Falls nun ein Schiff, das dem Gesamtpfand unterliege, havariere, und im Ausland veräußert werden solle, weil die Abschleppungskosten zum Zwecke einer Reparatur zu hoch seien, so können Unzuträglichkeiten entstehen, falls ein Hypothekengläubiger seine Zustimmung zu der Veräußerung verweigere. Dann müsse die ganze Gesamthypothek abgelöst werden, was unbillig sei.

Bei Verkäufen von Schiffen ins Ausland könne die von dem Vorsitzenden vorgeschlagene Regelung nur unter der Voraussetzung befriedigen, dass im internationalen Privatrecht von den hauptsächlichen Seefahrt treibenden Staaten nicht wie früher, die lex rei sitae, sondern das Recht der Flagge angewendet werde. Treffe das nicht zu, so hänge insoweit die deutsche Regelung in der Luft.

Der *Vorsitzende* entgegnete, in der Tat tauchten bei der Gesamthypothek die Schwierigkeiten auf, die man dadurch beseitigen müsse, dass man die Rückzahlung auf einen Proratateil beschränke. Mit der Gesamthypothek werde sich der Seerechtsausschuss später zu beschäftigen haben. Dann müsse man auf diese Frage zurückkommen.

Im internationalen Privatrecht sei zwar früher die lex rei sitae als entscheidend angesehen, jetzt aber sei – nach herrschender Ansicht – das Recht der Flagge maßgebend. Von dem Standpunkte aus, dass international privatrechtliche Sätze des Auslandes ein anderes als das deutsche Recht für anwendbar erklärten, hingen alle Vorschläge in der Luft. Man müsse deshalb bei allen Vorschlägen von der selbstverständlichen Voraussetzung ausgehen, dass nach internationalem Privatrecht deutsches Recht anzuwenden sei.

Dr. Schütte stellte die Frage, inwieweit nach der Ansicht des Vorsitzenden Raum für die Vertragsfreiheit der Parteien bestehe. Die Übereignungsvorschriften könnten doch sicherlich nicht abgeändert werden.

Der *Vorsitzende* entgegnete, es seien vertragliche Vereinbarungen darüber möglich, welche Rechtsordnung Anwendung finden solle. Eine wesentliche Einschränkung dieser Vertragsfreiheit könne sich freilich aus Art. 30 EGBGB ergeben, wenn die Anwendung ausländischen Rechts dem deutschen Gesetzeszweck widerspreche. Es sei andererseits denkbar, dass in dem Vertrage zwischen Eigentümer und Hypothekengläubiger bestimmt werde, der Eigentümer verpflichte sich, bei einer Veräußerung an einen Ausländer, sofern nicht zwingende Vorschriften entgegenstünden, die Anwendbarkeit des deutschen Rechts zu vereinbaren.

Direktor *Brandt* meinte, man dürfe die Bedeutung derartiger Vereinbarungen nicht überschätzen. Niemand werde ein deutsches Schiff kaufen, das ihm nicht nach Maßgabe der deutschen Vorschriften übereignet sei, denn sonst könne er mit diesem Schiff nie nach Deutschland kommen, ohne dass er Gefahr laufe, dass sein Erwerb als ungültig betrachtet werde. Hinzuweisen sei übrigens auf die Möglichkeit, dass der Gläubiger schon bei der Hypothekenbestellung im Voraus für den Veräußerungsfall seine Zustimmung erteile.

Auch *Dr. Dettmers* hob hervor, dass die Frage, welche Vorschriften nachgiebig seien, nur nebensächliche Bedeutung besitze. Wichtig sei dagegen die Frage, ob man den Erwerb des Eigentums an belasteten Schiffen von der Streichung des bisherigen Eigentümers oder der Löschung des Schiffes im Schiffsregister abhängig machen solle. Nachdem der Vorsitzende darauf hingewiesen habe, dass nach internationalem Privatrecht das Recht der Flagge fast allgemein als maßgeblich angesehen werde, habe er keine Bedenken dagegen, den gemachten Vorschlag anzunehmen.

Der *Vorsitzende* empfahl, die Frage der Vertragsfreiheit und des internationalen Privatrechts beiseite zu lassen, zumal zahlreiche ausländische Gesetze das obligatorische und das dingliche Recht überhaupt nicht oder nicht so scharf unterschieden wie das deutsche Recht.

Zu seiner Information bat der Vorsitzende darum, dass alle Anwesenden zu der Frage Stellung nehmen möchten, ob sie seinen Vorschlag billigten oder nicht.

Bei Stimmenthaltung der Vertreter des Reichsjustizministeriums sprachen sich darauf sechs Anwesende für den Vorschlag, drei Anwesende gegen den Vorschlag des Vorsitzenden aus. Der Vorsitzende stellte fest, dass die von ihm vorgeschlagenen *Leitsätze* von der überwiegenden Mehrheit *gebilligt* wurden.

Der Vorsitzende bat sodann den Berichterstatter, Ministerialrat Krieger, sich bei der Fortsetzung des Berichtes zunächst zu dem *Leitsatz 4* zu äußern, der laute: „Die Frage, ob in die Vorschriften über das Schiffspfandrecht eine dem § 1138 BGB entsprechende Vorschrift (Anwendung der §§ 891 bis 899 BGB) aufzunehmen ist, wird danach zu beantworten sein, ob für das Schiffspfandrecht das Vorbild der Verkehrshypothek oder das der Sicherungshypothek Platz greifen soll. Es erscheint ratsam, nur das *Vorbild der Sicherungshypothek* zu wählen. Damit wird eine dem § 1138 BGB entsprechende Vorschrift gegenstandslos.“

Ministerialrat *Krieger* führte Folgendes aus: Für das Verhältnis zwischen Eigentümer und Gläubiger gelte zunächst die Vorschrift des § 1211 BGB, deren Anwendbarkeit für das Schiffspfandrecht außer Zweifel stehe. Danach stünden dem Verpfänder gegenüber dem Pfandgläubiger die dem persönlichen Schuldner gegen die Forderung sowie die nach § 770 einem Bürgen zustehenden Einreden zu. Die entsprechende Vorschrift für das Hypothekenrecht enthalte der fast wörtlich gleichlautende § 1137. Im Hypothekenrecht werde aber der § 1137 in seiner Wirkung weitgehend eingeschränkt durch die bedeutsame Vorschrift des § 1138. Nach dieser Vorschrift gälten die Vorschriften der §§ 891-899 für die Hypothek auch in Ansehung der Forderung und der dem Eigentümer nach § 1137 zustehenden Einreden.

§ 1138 habe hiernach eine dreifache Bedeutung. Er erstrecke zunächst die *Vermutung* des § 891 auf die Forderung. Der im Grundbuch eingetragene Gläubiger brauche also weder – nach § 891 – das Bestehen des dinglichen Rechts noch auch die Entstehung und den Erwerb der Forderung, also bei der Darlehenshypothek die Hingabe des Darlehens zu behaupten und zu beweisen, es sei vielmehr Sache des verklagten Eigentümers, darzulegen und im Streitfalle zu beweisen, dass die Forderung nicht zur Entstehung gelangt, z.B. das Darlehen nicht ausgezahlt sei, oder dass die Forderung nicht mehr bestehe. Dabei genüge zur Widerlegung der Vermutung nicht der Nachweis, dass zur Zeit der Eintragung die eingetragene Forderung nicht entstanden sei. Gegenstand der Vermutung sei vielmehr der Bestand der gesicherten Forderung. Der Eigentümer müsse also beweisen, dass die Forderung gegenwärtig nicht bestehe.

Durch § 1138 sei ferner der *öffentliche Glaube* des Grundbuchs auf die der Hypothek zugrunde liegende Forderung ausgedehnt. Dies habe Bedeutung vor allem für den Erwerber der Hypothek. Einem solchen Erwerber könne daher nicht entgegengehalten werden, dass die Forderung nicht bestehe oder irgendwelchen Einwendungen unterliege, es sei denn, dass das Nichtbestehen der Forderung oder das Vorhandensein der Einwendungen zur Zeit des Erwerbes dem Erwerber bekannt oder aus dem Grundbuch ersichtlich gewesen ist.

Demnach gelte zugunsten eines redlichen Erwerbers eine bereits getilgte oder sonst erloschene Forderung als fortbestehend. Ferner erlöschen die dem Eigentümer gegen den Gläubiger zustehenden aus dem Grundbuch nicht ersichtlichen Einreden mit dem Übergang der Hypothek auf einen redlichen rechtsgeschäftlichen Erwerber.

Endlich gelte nach § 893 der eingetragene Hypothekengläubiger als Forderungsberechtigter, wenn aufgrund der eingetragenen Hypothek an ihn eine *Leistung bewirkt* oder zwischen ihm und einem anderen in Ansehung der Hypothek ein Rechtsgeschäft vorgenommen werde, das eine Verfügung über die Forderung enthalte. Vor allem könne der Eigentümer deshalb an den eingetragenen Hypothekengläubiger wirksam zahlen. Ein nachstehender Berechtigter könne aufgrund des § 1150 in Verbindung mit § 268 BGB den eingetragenen Gläubiger wirksam ablösen.

Alle diese Vorschriften gälten aber, wie das Gesetz sich ausdrücke, nur „für die Hypothek", d.h. nur hinsichtlich der Geltendmachung des *dinglichen* Rechts. Nur bei der *dinglichen* Klage könne der Hypothekengläubiger sich auf die Vermutung des § 891 berufen. Nur das *dingliche* Recht, nicht die persönliche Forderung werde aufgrund des § 892 von dem redlichen Erwerber erworben. Nur für das *dingliche* Recht habe die nach § 893 erfolgende Leistung oder das auf diese Vorschrift gestützte Rechtsgeschäft Wirkung.

Die Anwendung des § 1138 sei ferner auf die Verkehrshypothek beschränkt. Für die sogenannte Sicherungshypothek sei sie durch § 1185 Abs. 2 ausdrücklich ausgeschlossen. Es entstehe deshalb bei dem Schiffspfandrecht die Frage, ob die Pfandbelastung von Schiffen sich an die Regel der Verkehrshypothek oder der Sicherungshypothek anschließen solle. Sicher sei, dass das Institut der Sicherungshypothek wohl kaum zu entbehren sein werde, weil dieses Institut dem Eigentümer jedenfalls größeren Schutz gewähre. Wenn man deshalb das Institut der Verkehrshypothek auf das Schiffspfandrecht übernehmen wolle, müsse man zwei Arten von Schiffspfandrechten nebeneinander zulassen, das gewöhnliche Schiffspfandrecht und das Sicherungsschiffspfandrecht, wobei noch die Frage auftauche, ob man auch ein der Grundschuld entsprechendes Recht zulassen solle. Die Regelung werde deshalb bei einer derartigen Annäherung an das Liegenschaftsrecht recht verwickelt werden, und es tauche die Frage auf, ob hierfür wirklich ein dringendes Bedürfnis bestehe. Diese Frage sei wohl zu verneinen. Der Grund für die Vielgestaltigkeit der Grundstücksbelastung sei die Vielgestaltigkeit des Kredits, dem diese Belastung zu dienen bestimmt sei. Neben dem langfristigen Realkredit, unter Umständen sogar der ewigen Kaufrente komme die Sicherstellung kurzfristiger Kredite in Frage. Anlage und Betriebskredite stünden nebeneinander, die Briefgrundschuld werde vielfach fast als eine Art Wertpapier behandelt. Das alles werde beim Schiffspfandrecht kaum in demselben Maße in Frage kommen. Es sei deshalb bei der Verpfändung von Schiffen richtiger, sich auf *eine* Verpfändungsart zu beschränken. Hierfür scheine die der Sicherungshypothek entsprechende die gegebene zu sein.

Der *Vorsitzende* dankte dem Berichterstatter für sein ausführliches Referat. Er selbst stehe auf einem anderen Standpunkt, denn er spreche sich dafür aus, die Schiffshypothek nach dem *Vorbilde der Verkehrshypothek* auszugestalten.

Der Seerechtsausschuss müsse sich die Aufgabe stellen, dem Schiffshypothekenkredit zur weiteren Entfaltung zu verhelfen. Deshalb dürfe er sich nicht für die Sicherungshypothek entschließen. Denn gerade diese gewähre dem Gläubiger keine Sicherheit. Der Seerechtsausschuss habe sich dafür entschieden, den Eintragungen in das Schiffsregister öffentlichen Glauben beizulegen. Wenn man diesen öffentlichen Glauben praktisch nutzbar machen und den Hypothekengläubiger davor schützen wolle, dass er eine imaginäre Größe erwerbe, dann müsse man sich zum Vorbild der Verkehrshypothek bekennen. Bei der Sicherungshypothek nach § 1184 BGB bestehe praktisch kaum eine Schutzwirkung. Der öffentliche Glaube beziehe sich hier nur auf den dinglichen Bestellungsakt. Der Hypothekengläubiger werde also beispielsweise dann geschützt, wenn die Bestellung der Hypothek infolge Geisteskrankheit des Reeders nichtig sei. Dieses fernliegende Beispiel zeige aber schon die mangelnde Lebensbedeutung des bei der Sicherungshypothek bestehenden Gutglaubensschutzes. In den meisten Fällen sei der Schutz unzureichend. Wenn beispielsweise 30% des eingetragenen Hypothekendarlehens niemals gewährt worden seien oder schon zurückbezahlt seien, dann könne diese Tatsache bei der Sicherungshypothek im Falle einer Zession auch den gutgläubigen Nachmann immer entgegengehalten werden. Bei der Restkaufgeldhypothek könne ferner der Eigentümer auch gegenüber dem gutgläubigen Zessionar der Hypothek die Wandlungseinrede wegen etwaiger Mängel des Schiffes erheben. Aus diesen Beispielen ergebe sich, dass die Sicherungshypothek dem Gläubiger wohl keinen ausreichenden Schutz gewähre. Immer bestehe die Gefahr, dass der Gläubiger nur eine imaginäre Größe erlange, namentlich als Zessionar der Hypothek.

Bei der Verkehrshypothek dagegen bestehe der Schutz des guten Glaubens für die Hypothek gerade auch hinsichtlich der Forderung. Gegenüber der Hypothekenklage könne also der Einwand der schon erfolgen Rückzahlung oder die Einrede der Wandlung nicht erhoben werden. Man müsse aber vielleicht noch einen Schritt weitergehen: Nach § 1138 BGB werde der gute Glaube bezüglich der Forderung nur „für die Hypothek" geschützt, nicht auch hinsichtlich der persönlichen Forderung, die neben der hypothekarischen Sicherheit bestehe. Es frage sich, ob diese begrifflich fein durchdachte Regelung sich nicht als eine Haarspalterei darstelle, die nationalsozialistischem Denken wenig entspreche. Dieses Problem bedürfe bei der Erneuerung des Liegenschaftsrechts unfraglich der Nachprüfung. Für das Seerecht käme eine entsprechende Erweiterung des § 1138 BGB vielleicht schon jetzt in Frage. Es ergebe sich dann eine klarere und einfachere Rechtslage, die dem Gläubiger gleichzeitig noch größeren Schutz biete. So wie im Leben der Schiffskredit zugleich Real- und Personalkredit in enger Verbindung sei, so müsse man dem gutgläubigen Hypothekengläubiger auch zugleich die Hypotheken- und die Zahlungsklage ermöglichen. Es gebe übrigens schon heute mehrere Fälle, in denen der gutgläubige dingliche Rechtserwerb einen dadurch vermittelten Forderungserwerb als solchen zur Folge habe. Falls ein Wechsel gestohlen und von dem Dieb mit einem gefälschten Blankoindossament versehen werde, erwerbe der Gutgläubige zugleich mit dem Recht am Papier, also dem Eigentum, auch das Recht aus dem Papier, also die Wechselforderung (Art. 74 WO, § 16 WG). Zusammenfassend gehe also sein Vorschlag dahin, die Schiffshypothek *als Verkehrshypothek,* und zwar vielleicht mit der erwähnten Erweiterung des § 1138 BGB, auszugestalten.

Zwei Ausnahmen von diesem Grundsatz seien allerdings erforderlich, nämlich einmal für die *Höchstbetragshypothek,* andererseits für die Hypothek *aus Inhaberschuldverschreibungen* usw. (§ 1198 BGB). Die Höchstbetragshypothek (§ 1190 BGB) müsse natürlich auch im Seerecht eine Sicherungshypothek sein. Im Bereiche des Liegenschaftsrechts entstehe hier das dingliche Recht im vollen Umfange von Anfang an und zwar, soweit die Forderung bestehe, als Sicherungshypothek, im Übrigen als Eigentümergrundschuld. Wenn sich im Gegensatz hierzu der Seerechtsausschuss für das Schiffspfandrecht nicht zur Eigentümergrundschuld bekenne, so entstehe die Höchstbetragshypothek am Schiff nur in der Höhe, in welcher die Forderung bestehe. Bei der für Inhaberschuldverschreibungen usw. bestellten Hypothek sei heute schon ein des erweiterten § 1138 BGB ähnlicher Gedanke verwirklicht, denn das gutgläubig erworbene Recht am Inhaberpapier usw., insbesondere das Eigentum daran, ziehe den uneingeschränkten Forderungserwerb und, dieser wieder auch den Hypothekenerwerb nach sich.

Im Übrigen stimme er mit dem Berichterstatter darin überein, dass man grundsätzlich für die Schiffshypothek nur ein System wählen solle.

Ministerialrat *Krieger* nahm wie folgt zu den Ausführungen des Vorsitzenden Stellung: Bei Beginn der Sitzung sei der Gedanke zum Ausdruck gebracht, dass es sich bei dem Schiffskredit um einen verstärkten Personalkredit handle. Treffe das aber zu, so sei es nicht angängig, das persönliche Band zwischen Schuldner und Gläubiger dadurch zu ignorieren, dass man sich für die Verkehrshypothek entscheide. Es sei nicht erwünscht, die Verkehrsfähigkeit der Schiffspfandbriefe besonders zu fördern, insbesondere könnten die Schiffsbeleihungsbanken kein Interesse an solcher Förderung der Verkehrshypothek haben, da sie ihre Hypotheken doch stets aus erster Hand, also vom Besteller und nach genauer Erforschung der Sachlage erwürben. Die Schiffsbeleihungsbanken seien demnach sowieso allen Einreden aus dem Kausalverhältnis ausgesetzt. Keineswegs könne er es für richtig halten, die Vorschrift des § 1138 BGB in der vorgeschlagenen Weise auszubauen. Es bestehe kein Anlass, dem gutgläubigen Erwerber eines Pfandrechts hierüber hinaus eine noch gar nicht existierende Forderung zu verschaffen, und gleichzeitig das persönliche Vermögen des Eigentümers mit einer Schuld zu belasten.

Der *Vorsitzende* erwiderte, seiner Ansicht nach mache sich unter Umständen auch im Liegenschaftsrecht die Tendenz bemerkbar, den Schutz der Kreditgeber möglichst zu verstärken. So trete z.B. in Mecklenburg die Tatsache hervor, dass die Bauern von den Kreditgebern dazu bewogen werden, diesen anstelle von Hypotheken Grundschulden einzuräumen, unter Umständen in unlauterer Absicht, um etwa den Wuchereinwand abzuschneiden. Im wohlverstandenen Interesse des Schiffskredits sei es empfehlenswert, auch bei ihm auf eine Verstärkung des Schutzes hinzuarbeiten und daher dem Vorbilde der Verkehrshypothek zu folgen. Zwar sei es, wie Ministerialrat Krieger betont habe, richtig, dass es sich bei dem Schiffskredit nur um einen dinglich verstärkten Personalkredit handle, diese Tatsache stehe aber seinem Vorschlage nicht entgegen, da es sich nur darum handle, das Ausmaß dieser dinglichen Verstärkung zu bestimmen. Für den ganzen Fragenkreis sei aber die Klärung einer Vorfrage von ausschlaggebender Bedeutung, der Frage nämlich, welche Rolle für die Schiffsbeleihungsbanken der Hypothekenerwerb im Zessionswege spiele. Wenn diese Rolle gleich Null sei, so gehe der gemachte Vorschlag möglicherweise zu weit.

Direktor *Feindt* erklärte auf diese Frage, bisher spiele der Erwerb im Zessionswege nur eine untergeordnete Rolle. Das erkläre sich aber daraus, dass das ganze Schiffshypothekengeschäft zur Zeit verkrüppelt sei. Die den Beleihungsbanken zur Verfügung stehenden Kapitalien seien außerordentlich gering, so dass diese bisher hätten froh sein müssen, wenn sie selbst Hypotheken hätten gewähren können. Ein Erwerb bereits bestehender Hypotheken werde erst zukünftig möglich sein. Weiterhin aber sei zu berücksichtigen, dass bisher Zessionen seitens der Hypothekenbanken an dritte Personen deshalb selten vorkämen, weil die Schiffshypotheken im Publikum noch nicht sehr beliebt seien. Das kommende Recht habe aber gerade die Aufgabe, weitere Kreise auf den Schiffshypothekenkredit hinzuweisen und nicht nur für eine Sicherung der Hypothekengläubiger zu sorgen, sondern auch für Entlastung der Hypothekenbanken, denen es ermöglicht werden müsste, durch Abstoßung von Hypotheken auf einem wenn auch nur kleineren Markt Gelder für Neubeleihungen frei zu bekommen. In § 5 des Schiffsbankgesetzes sei schon jetzt der Erwerb *und die Veräußerung* von Schiffshypotheken als Hauptaufgabe der Schiffsbeleihungsbanken bezeichnet.

Der *Vorsitzende* erklärte, den Ausführungen von Direktor Feindt entnehme er, dass dieser es für wünschenswert halte, wenn die Schiffshypotheken eine gewisse, rechtlich gesicherte Umlaufsfähigkeit erwürben.

Ministerialrat *Krieger* entgegnete, eine Hypothekenbank erwerbe gegenwärtig eine Hypothek niemals, ohne sich vorher mit dem Eigentümer in Verbindung zu setzen. Das sei schon deshalb notwendig, weil eine Taxierung erfolgen müsse und die Beleihungsbedingungen zugrunde gelegt werden müssten. Bei solcher Sachlage bestehe kein Bedürfnis für eine Abschneidung der Einreden des Schuldners gegenüber dem gutgläubigen Erwerber.

Der *Vorsitzende* bemerkte dazu, es könne nicht ausschlaggebend sein, wie sich die Hypothekenbegebung in der Gegenwart gestalte. Man müsse als Gesetzgeber an die Zukunft und besonders auch an den Fall denken, dass die Schiffsbeleihungsbanken an der Abstoßung von Schiffshypotheken ein berechtigtes Interesse erlangen könnten. Dann aber sei es erforderlich, eine sichere Zessionsmöglichkeit zu schaffen.

Direktor *Brandt* gab der Meinung Ausdruck, dass die Schiffshypothek niemals wie die Grundstückshypothek umlauffähig zu werden brauche. Die Hypothekenbanken würden niemals Hypotheken aus zweiter Hand erwerben, für andere Erwerber gäbe es ausreichende Sicherungsmittel, brauche doch der Schiffseigentümer die Forderung nur anzuerkennen, oder – wie das früher üblich gewesen sei – einen Solawechsel zu geben. Schiffshypotheken dürften keine Handelsobjekte werden. In der Hand des einen Reeders sei ein Schiff gut, in der Hand des anderen Reeders könne es schlecht sein. Schiffe könne man nicht wie Grundstücke schätzen und beurteilen. Er sei also der Meinung, dass man sich dem Vorbilde der Sicherungshypothek anschließen müsse.

Der *Vorsitzende* hob hervor, dass auch er nicht beabsichtige, die Schiffshypothek zum Handelsobjekt zu machen, dazu sei der Unterschied von der Grundstückshypothek in der Tat zu groß. Ihn interessiere vor allem die Frage, ob es Zweck habe, für die Banken die Abstoßung von Hypotheken im Zessionswege zu erleichtern. Dies habe der sachverständige Vorredner, Direktor Feindt, bereits bejaht. Nach § 5 des Schiffsbankgesetzes gehöre, die Veräußerung der Hypotheken mit zum Geschäftskreis der Schiffsbeleihungsbanken.

Direktor *Feindt* brachte zum Ausdruck, dass auch er nicht glaube, man werde die Schiffshypotheken wie Grundstückshypotheken umlaufsfähig machen können. Wünschenswert sei es aber, dass die Schiffsbeleihungsbanken mit kleinem Kapital möglichst großen Kredit gewähren könnten. Zur Erreichung dieses Zieles werde dadurch mitgeholfen, dass man den zessionsweisen Erwerb von Schiffshypotheken durch Schutzvorschriften erleichtere.

Bedeutsam sei noch folgendes: Die Schiffshypotheken seien durchweg Amortisationshypotheken, und zwar werde in vierteljährlichen Raten während der Dauer von meistens zehn Jahren die Amortisation durchgeführt. Nun sei es aber praktisch nicht möglich, nach jeder Amortisationsteilzahlung die Schiffshypotheken im entsprechenden Umfange, zur Löschung zu bringen, vielmehr werde erst nach der Tilgung der letzten Rate die Löschung vorgenommen. Somit erscheine nach außen hin die Hypothek noch in voller Höhe, während sie in Wirklichkeit schon teilweise getilgt sei. In allen diesen Fällen müsse der Schiffseigentümer auch dem gutgläubigen Erwerber der Hypothek die teilweise Tilgung der Schuld entgegenhalten können.

Der *Vorsitzende* bemerkte dazu, bei dieser Rechtslage werde es auf jeden Fall auch in Zukunft bleiben, soweit aus der Eintragung hervorgehe, dass es sich um eine Amortisationshypothek handle. Hier sei nämlich der Erwerber der Hypothek niemals im guten Glauben hinsichtlich der schon erfolgten Ratenzahlungen.

Dr. Schütte stimmte dem Standpunkt des Berichterstatters zu. In der Praxis kämen in der Regel nur Höchstbetragshypotheken vor, seien sie nun für Bankschulden oder für Anleihen eingetragen.

Ministerialrat *Krieger* äußerte die Ansicht, auch im Falle einer Abstoßung von Schiffshypotheken durch die Schiffsbeleihungsbanken sei es nicht erforderlich, den Gutglaubensschutz zu erweitern. Denn wenn aus irgendwelchen Gründen die Forderung nicht bestehe oder einredebehaftet sei, so besitze ja der Erwerber aus dem Kausalverhältnis einen Anspruch gegen die Schiffsbeleihungsbank, der zu seinem Schutz ausreiche. Nur wenn es einen wirklichen Verkehr in Schiffshypotheken gebe, bestehe ein Bedürfnis dafür, die gutgläubigen Erwerber weitgehender als bisher zu schützen. Im Interesse der Allgemeinheit könne es aber nicht als eine Aufgabe des Rechts angesehen werden, die Schiffshypotheken zu weit verbreiteten Umlaufspapieren zu machen. Es werde dem Schiffskredit im Grunde mehr schaden als nützen, wenn man Leute mit ihm befasse, die von der Seeschifffahrt nichts verstünden.

Dr. Dettmers stimmte Ministerialrat Krieger zu. Es sei wichtiger, das Publikum an den Pfandbriefen der Schiffsbeleihungsbanken als an den Schiffshypotheken selbst zu interessieren. Das Schiffshypothekengeschäft müsse wie bisher in erster Linie ein Geschäft der sachverständigen Banken bleiben. Die Abneigung des realkreditgebenden Publikums gegen den Schiffskredit erkläre sich wohl letzten Endes daraus, dass der Kreditgeber von Zeit zu Zeit sein Haftungsobjekt sehen wolle, deshalb gebe auch ein Bremer nicht gern eine Hypothek nach Hamburg, sondern am liebsten eine solche in Bremen. Ferner gebe es beim Schiff weder einen Einheitswert noch ein Staatstaxat. Der Wert schwinde auch verhältnismäßig schnell, während ein Grundstück eigentlich immer einen gewissen Wert behalte. Die Steigerung der Umlaufsfähigkeit der Schiffshypotheken sei auch dadurch erschwert, dass die Seeversicherer in absehbarer Zeit kaum in der Lage sein dürften, den Schiffshypothekengläubigern Sicherungsscheine nach Art der Hypothekensicherungsscheine im Grundstücksverkehr zu verschaffen, bei denen der Hypothekengläubiger gegen alle Einwendungen, auch aus dem Versicherungsverhältnis, insbesondere auch diejenige der Seeuntüchtigkeit geschützt sei. Aus allen diesen Gründen bestehe seines Erachtens kein Bedürfnis für die Ausgestaltung der Schiffshypotheken nach Art der Verkehrshypothek.

Direktor *Feindt* wies demgegenüber darauf hin, dass es in der Vorkriegszeit einen nicht unwesentlichen Verkehr mit Schiffshypotheken gegeben habe. Es sei erstrebenswert, einen solchen Verkehr auch für die Zukunft zu ermöglichen. Man dürfe nicht alle Wege zu diesem Ziele verbauen.

Der *Vorsitzende* empfahl, die weitere Aussprache zu vertagen und schloss die Sitzung.

19. Arbeitssitzung vom 9.5.1935 (16 bis 19.20 Uhr)

Anwesend:
Vorsitzender: Prof. Dr. Wüstendörfer, Hamburg
2. Schriftführer: Richter Dr. Bramslöw, Hamburg
und als weitere wissenschaftliche Mitglieder:
Rechtsanwalt Dr. Dettmers, Bremen
Reichsgerichtsrat Dr. Lindenmaier, Leipzig
Direktor Michelau, Bremen
Rechtsanwalt Dr. Schüler, Hamburg
Dr. Schütte, Hamburg
Rechtsanwalt Dr. Schulze-Smidt, Bremen
Verwaltungsdirektor Sturm, Hamburg
vom Reichsjustizministerium:
Ministerialrat Koffka, Berlin
Ministerialrat Krieger, Berlin
als praktisches Mitglied:
Dr. Brandt, Hamburg
als Sachverständige:
Oberinspektor Bleuss, Hamburg
Aufsichtsratsvorsitzender Nottebohm, Hamburg
für die Niederschrift in der Sitzung:
Assessor Dr. Capelle, Hamburg und Fräulein Assessor Krüger, Wandsbek
entschuldigt fehlten:
Rechtsanwalt Dr. Droege, Hamburg
Dr. Riensberg, Hamburg
Dr. Völckers, Bremen
Geheimrat Wiedenfeld, Leipzig

Der *Vorsitzende* eröffnete die Sitzung und machte vor Eintritt in die Tagesordnung folgende Mitteilungen:

Die Mitgliedschaft im Seerechtsausschuss sei, wie aus Anlass eines Einzelfalles in Erinnerung gebracht werden müsse, streng persönlich. Eine Vertretung sei nur in Ausnahmefällen und nur mit vorheriger Zustimmung des Vorsitzenden zulässig. Andernfalls wären einzelne Mitglieder in der Lage, die Zusammensetzung des Ausschusses beliebig zu ändern.

Dr. Krichhauff habe darum gebeten, ihn wegen Arbeitsüberlastung von der Mitgliedschaft zu entbinden. Der Vorsitzende habe dieser Bitte nur mit großem Bedauern entsprochen. Denn der

Ausschuss habe der reichen kaufmännischen Erfahrung von Dr. Krichhauff wertvolle Anregungen zu verdanken.

Ferner habe OLG-Präsident Dr. Engel sein Amt als stellv. Vorsitzender und Ausschussmitglied niedergelegt, und zwar mit Rücksicht auf seine Pensionierung. Auch dieser Entschluss sei zu bedauern. Das Amt des stellv. Vorsitzenden sei dadurch zur Neubesetzung frei geworden. Er habe dieses Amt Reichsgerichtsrat Dr. Lindenmaier angeboten, der durch seine Sachkunde, Energie und Einsatzbereitschaft in vollem Umfange den Voraussetzungen entspreche. Der Genannte habe sich bereit erklärt, die Stellung des stellv. Vorsitzenden zu übernehmen. Es bedürfe nur noch der Genehmigung des Herrn Präsidenten der Akademie. Sie sei beantragt.

Der freiwillige Mitarbeiter, Assessor Dr. Möller, sei zur Zeit verhindert. An seiner Stelle werde Assessor Dr. Capelle, wissenschaftlicher Assistent am Seminar für Handels- und Schifffahrtsrecht, bei der Herstellung der Protokolle mitwirken.

Der *Vorsitzende* ging darauf zur Tagesordnung über und führte aus:

In der letzten Sitzung sei die Frage erörtert worden, ob das künftige Schiffspfandrecht der Verkehrshypothek oder der Sicherungshypothek anzugleichen sei. Ministerialrat Krieger habe sich für das Vorbild der Sicherungshypothek eingesetzt, da ein Bedürfnis für ein der Verkehrshypothek entsprechendes Schiffspfandrecht nicht bestehe. Diese Ansicht sei von mehreren Mitgliedern unterstützt worden. Demgegenüber befürworte der Vorsitzende zur Hebung des Schiffskredites eine möglichst weitgehende Ausbildung des öffentlichen Glaubens, daher auch den Schutz des Forderungserwerbes im Sinne einer Verkehrshypothek. Zu dieser Ansicht hätten sich auch mehrere Vertreter des Schiffsbankwesens bekannt. Im gleichen Sinne spreche sich *Direktor Richter* von der *Deutschen Schiffspfandbriefbank Berlin* in einem Schreiben aus, aus welchem der Vorsitzende die einschlägigen Ausführungen verlas: „Bekanntlich bemühen sich die Deutschen Schiffsbeleihungsbanken seit Jahren um die Lombardfähigkeitserklärung der von ihnen verausgabten Schuldverschreibungen. In den diesbezüglichen Verhandlungen mit dem Direktorium der Reichsbank wurde ich bereits im Jahre 1929 darauf hingewiesen, dass den Anträgen der Schiffsbanken u.a. deswegen nicht stattgegeben werden könne, weil das Schiffsregister mit dem Grundbuch nicht zu vergleichen sei. Dem Schiffsregister fehle der öffentliche Glaube, auf dem das Hypothekenbankwesen beruhe. Für die Schiffsbanken ist die Erlangung der Lombardfähigkeit ihrer Pfandbriefe aber von ausschlaggebender Bedeutung. Ohne diese Eigenschaft sind die Schuldverschreibungen im Verkehr schwer abzusetzen. Würde dieser Mangel beseitigt werden, so wäre damit zweifellos eine wesentliche Erhöhung des Umlaufs von Schiffspfandbriefen zu erwarten. Die Folge wäre eine erhebliche Verbreitung des deutschen Schiffskredits im Interesse der deutschen Wirtschaft, insbesondere der Werften und der mit ihnen verbundenen anderen Zweige. Die Maßnahmen der Reichsregierung auf dem Gebiete der Arbeitsbeschaffung würden gefördert. Ferner würde der deutsche Schiffskredit vom Auslande, namentlich von Holland unabhängig. Welche Bedeutung diesem Punkte zukommt, beweisen die zur Zeit bestehenden Devisenschwierigkeiten.

Aus diesen Gesichtspunkten heraus habe ich im Interesse der Deutschen Schiffsbanken Ihre Bestrebungen, die das Schiffsregister und das Schiffspfandrecht betreffenden Bestimmungen den grundbuchrechtlichen Vorschriften anzugleichen, dankbar begrüßt. Eine möglichst vollständige Angleichung erscheint mir unerlässlich.

In der vorletzten Sitzung habe ich mit Genugtuung festgestellt, dass Sie darüber hinaus Verbesserungen gegenüber dem Grundbuche anstreben, soweit sich dort Mängel gezeigt haben.

Ich gebe der Überzeugung Ausdruck, dass es Ihren Bemühungen gelingen wird, den von den Schiffsbanken seit langem ersehnten Zustand der unbedingten Sicherung des Schiffskredits zu erreichen.“

Der Vorsitzende erklärte sodann, bei nochmaliger Überlegung habe er sich nicht von der Unrichtigkeit seines Standpunktes überzeugen können. Zur Zeit sei zwar kein ausgesprochenes Bedürfnis für den Schutz der Zession von Schiffshypothekenforderungen erkennbar. Man müsse aber bedenken, dass das Schiffskreditwesen sich augenblicklich im Zustande der Verkümmerung befinde. Im Interesse seiner Entfaltung sei Vorsorge zu treffen für einen rechtswirksamen Schutz der Zession. Es werde zwar nie einen großen Schiffshypothekenmarkt geben. Direktor Feindt habe jedoch betont, dass schon vor dem Kriege ein kleiner Hypothekenmarkt bestanden habe. Es sei nötig, den Banken eine Abstoßungsmöglichkeit zu verschaffen. Dafür müsse man die Voraussetzungen schaffen. Welche Voraussetzungen nötig seien, zeige wiederum das verlesene Schreiben. Die Reichsbank mache die Lombardfähigkeit der Schiffspfandbriefe unter anderem auch abhängig von dem öffentlichen Glauben des Schiffsregisters nach dem Vorbilde des Grundbuches. Den Schuldverschreibungen der Banken müsse eine zuverlässige Forderung gegen den Reeder zugrunde liegen. Das sei ein weiteres Argument für die Verkehrshypothek. Dagegen könne man höchstens einwenden, wir schüfen damit vielleicht ein jetzt überflüssiges Recht. Das sei möglich, jedenfalls aber schaffe man damit kein schädliches Recht. Da er glaube, dass das Problem schon von allen Seiten beleuchtet worden sei, schlage er nunmehr vor, beide Standpunkte, sowohl den von Ministerialrat Krieger wie den von ihm vertretenen, der Akademie und den Ministerien zu unterbreiten.

Ministerialrat *Krieger* erwiderte, der im Schreiben des Direktors Richter hervorgehobene Gesichtspunkt komme seiner Ansicht nach nicht in Betracht. Die Lombardfähigkeit der Schiffspfandbriefe hänge mit der Frage der rechtlichen Gestaltung des Schiffspfandrechts nur wenig zusammen. Auch bei veränderter Rechtsgestaltung werde seiner Kenntnis nach die Lombardfähigkeit nicht erreicht werden. Der Grund dafür liege in der Unsicherheit des Objektes. Wenn auch die Versicherungssumme den Schiffspfandbriefbanken hafte, so könne doch leicht der Fall eintreten, dass die Versicherung bei Untergang des Schiffes versage, und dann sei ein Objekt überhaupt nicht vorhanden. Das sei ganz anders bei Grundstückshypotheken. Ein gewisser Wert bleibe dort immer erhalten, auch wenn die Versicherung versage. Ohne eine Änderung des Reichsbankgesetzes könne übrigens die Lombardfähigkeit nicht eintreten. Eine solche Änderung sei seiner Ansicht nach nicht zu erwarten. Ebenso wenig sei damit zu rechnen, dass die Schiffspfandbriefe für mündelsicher erklärt würden. In Preußen seien nicht einmal die Hypothekenbankschuldverschreibungen mündelsicher. Doch hingen beide Fragen, die der Lombardfähigkeit und die der Mündelsicherheit, in gewissem Sinne miteinander zusammen. Es handele sich dabei in erster Linie um finanzpolitische Fragen. Welche Richtung man bei ihrer Lösung nehmen werde, sei nicht vorauszusehen. Im Übrigen hätten die Schiffspfandbriefbanken fast immer selbst die erste, durch Neubestellung erworbene Hypothek inne, so dass für sie der Schutz des gutgläubigen Erwerbs durch Abtretung nicht in Frage komme. Wichtig sei dieser Schutz nur bei der Veräußerung bestehender Hypotheken und für den Beweis. Diese beiden Gesichtspunkte seien aber für die Schiffspfandbriefbanken von untergeordneter Bedeutung. Er möchte noch einmal betonen, dass die rechtstechnische Gestaltung der Schiffshypothek für die Stellungnahme der Reichsbank in der Frage der Lombardfähigkeit nicht ausschlaggebend sei.

Der *Vorsitzende* entgegnete, für die hineinspielenden finanzpolitischen Fragen sei der Ausschuss nicht zuständig. Es scheine aber doch nach dem Schreiben von Direktor Richter so, als sei dieses nicht der einzige Grund. Eine Änderung des Reichsbankgesetzes möge nötig sein, um die Lombardfähigkeit gewähren zu können. Wenn diese nötige Änderung des Reichsbankgesetzes nicht erreicht werden könne, so trage der Ausschuss dafür keine Verantwortung. Er bitte nunmehr um die Zustimmung des Ausschusses dazu, die beiden verschiedenen Standpunkte der Akademie und den Ministerien mitzuteilen.

Hiergegen erhob sich kein Widerspruch. Sodann bat der Vorsitzende Ministerialrat Krieger, sein Referat fortzusetzen, wobei am zweckmäßigsten zunächst die *Frage der Eigentümerhypothek* behandelt werde. Ministerialrat *Krieger* führte aus:

Nach geltendem Recht erlösche das Schiffspfandrecht mit der Forderung, für die es bestehe (§ 1252 BGB), ferner durch einseitige Aufgabeerklärung des Pfandgläubigers (§ 1255 BGB), durch Übertragung der Forderung unter Ausschluss des Übergangs des Pfandrechts (§ 1250 Abs. 2 BGB), schließlich durch Vereinigung mit dem Eigentum in derselben Person (§ 1256 BGB). In allen diesen vier Fällen bestehe eine grundsätzliche Abweichung vom Liegenschaftsrecht (§§ 1163 Abs. 1 Satz 2, 1168, 1153 Abs. 2, 1177 BGB).

Das Liegenschaftsrecht beruhe auf dem Grundsatz der Unveränderlichkeit der dinglichen Last. Sei das dingliche Hypothekenrecht wirksam entstanden, so bleibe es bestehen, bis es gelöscht werde (§ 875 BGB). Nicht das Hypothekenrecht selbst, die dingliche Belastung des Grundstücks, gehe außerhalb des Grundbuchs unter, nur seine Inhaberschaft könne sich ändern. Ein Erlöschen der Hypothek außerhalb des Grundbuchs trete, abgesehen von Sonderfällen bei der Gesamthypothek, nur dadurch ein, dass der Gläubiger aus dem Grundbuch oder aus den sonstigen Gegenständen, auf die sich die Hypothek erstrecke, im Wege der Zwangsvollstreckung befriedigt werde (§ 1181). Grundlage für dieses System sei die Einrichtung der Eigentümerhypothek oder der Eigentümergrundschuld. In der Form der Eigentümergrundschuld könne diese Belastung auch selbständig begründet werden nach § 1196.

Es entstehe die Frage, ob es sich empfehle, die Einrichtung der Eigentümergrundschuld oder Eigentümerhypothek auch auf das Schiffspfandrecht zu übernehmen. Er trage Bedenken, dies anzuregen. Es sei zwar zuzugeben, dass die Eigentümergrundschuld wie die Grundschuld überhaupt kreditwirtschaftliche Vorteile habe. Der Eigentümer habe auf diese Weise die Möglichkeit, ein Recht zu begründen, das er als Kreditunterlage ohne weitere Formalitäten verwenden könne. Schriftliche Abtretungs- oder Verpfändungserklärung und Übergabe des Grundschuldbriefes ermöglichten leicht, einem Kreditgeber eine dingliche Sicherstellung des gewährten Kredits zu verschaffen. Für die Kreditgeber selbst sei die Form der Grundschuld ebenfalls erwünscht wegen ihrer leichten Verwendbarkeit zur Refinanzierung des Kredits. Eine Abtretung der aus der Kreditgewährung entstandenen Forderung des Kreditgebers an die refinanzierende Stelle sei schon aus Gründen der Buchführung unter Umständen wenig zweckmäßig. Bei der Grundschuld seien Einwendungen aus dem persönlichen Schuldverhältnis zwischen Kreditgeber und Kreditnehmer für den Erwerber des Rechts kaum zu befürchten. Nach alledem sei die Grundschuld vielfach ein besonders beliebtes Mittel für den Kreditverkehr.

Die innere Rechtfertigung für die Eigentümergrundschuld und für das System der Unveränderlichkeit der dinglichen Last bestehe aber seines Erachtens darin, dass das Grundstück einen Wert darstelle, der in gewissen Grenzen unveränderlich bleibe. Gerade hierin unterscheide sich das Schiff vom Grundstück, weil ersteres von Natur der Entwertung unterliege. Das Schiff eigne sich daher grundsätzlich nicht zum Gegenstand einer dauernden, sogenannten ewigen Belastung; die Belastung eines Schiffes müsse vielmehr mit der voraussichtlichen Entwertung Schritt halten. Im Liegenschaftsrecht sei überdies der Grundsatz, dass das Erlöschen auf die Hypothek oder endlich die aus sonstigen Gründen eintretende Vereinigung der Hypothek mit dem Eigentum das dingliche Recht unverändert bestehen lasse, in weitem Umfange ausgehöhlt durch die heute fast allgemein übliche Löschungsvormerkung nach § 1179. Es komme kaum noch vor, dass ein nachstehender Hypothekengläubiger das ihm vorstehende Recht unverändert bestehen lasse. Er lasse sich vielmehr in aller Regel die Löschung des vorstehenden Rechts versprechen, wenn und soweit dieses Recht dem Eigentümer zufalle. Hierdurch hätten die angeführten Vorschriften über die Eigentümergrundschuld viel von ihrem praktischen Wert verloren. Es komme hinzu, dass das System der Unveränderlichkeit der dinglichen Last manche Kompliziertheiten des Liegenschaftsrechts zur Folge habe. Es sei aber erwünscht, das Schiffspfandrecht nicht so verwickelt zu gestalten, wie es das Hypothekenrecht sei. Aus diesem Grunde sei zu empfehlen, von dem System der Unveränderlichkeit der dinglichen Last abzusehen, und das Schiffspfandrecht wie bisher mit dem Wegfall der Forderung, dem Verzicht auf das Pfandrecht und im Grundsatz auch mit der Vereinigung von Pfandrecht und Eigentum erlöschen zu lassen. Es bleibe die Frage, ob es sich empfehle, eine Belastung des Schiffes für den Eigentümer nach Art der selbständigen Eigentümergrundschuld zuzulassen. Auch hierfür sei jedoch ein zwingendes Bedürfnis nicht zu erkennen, da das geltende Recht schon jetzt die Möglichkeit biete, im Wege des Rangvorbehalts nach § 1261 in Verbindung mit § 881 sich eine Kreditstelle offen zu halten und da ferner eine Rangänderung vorgenommen und ein Anspruch hierauf unter Umständen vorgemerkt werden könne.

Gehe man davon aus, dass das Institut der Eigentümergrundschuld nicht übernommen werden solle, so werde man nicht verhindern können, dass das Schiffspfandrecht außerhalb des Registers untergehe, wenn die Forderung erlösche oder wenn Pfandrecht und Eigentum sich in einer Person vereinigten. Wohl aber werde man die rechtsgeschäftliche Aufhebung des Pfandrechts an die Eintragung in das Schiffsregister knüpfen können. Ebenso ergebe sich aus der vorgeschlagenen Formalisierung der Übertragung, dass von dem Satze, dass die Forderung ohne das Pfandrecht abgetreten werden könne, werde abgegangen werden müssen. Solle die Forderung ohne das Pfandrecht abgetreten werden, so werde der Gläubiger zuerst das Pfandrecht aufgeben müssen. Es werde hierbei Abgabe der Verzichtserklärung gegenüber dem Eigentümer oder der Registerbehörde und statt Eintragung des Verzichts Löschung des Pfandrechts im Register zu fordern sein.

Nach alledem sei die Eigentümerhypothek für das Schiffspfandrecht grundsätzlich abzulehnen. Zu erwägen sei jedoch, ob sie nicht ausnahmsweise zugelassen werden solle, falls ein Schiff von einem Schiffshypothekengläubiger zur Rettung der Hypothek erworben werde. Für diesen Fall habe er sich schon bei der Bearbeitung des Schiffsbankgesetzes für die Zulassung der Eigentümerhypothek eingesetzt, weil der gegenwärtige Rechtszustand unbefriedigend sei. Wenn eine Hypothekenbank zur Rettung ihrer Hypothek ein Grundstück erwerben müsse, dann könne sie die Hypothek zur Hälfte des Nennwertes in die Deckung nehmen. Bei den Schiffspfandbriefbanken habe man einen anderen Weg gewählt. Gemäß § 6 Abs. 2 des Schiffsbankgesetzes könne die Bank bei dem von ihr erworbenen Schiff im Schiffsregister ein Pfandrecht für die Forderungen der Schiffspfandbriefinhaber aus den Schiffspfandbriefen eintragen lassen. Dieses Pfandrecht könne dann als Deckung von Schiffspfandbriefen höchstens mit der Hälfte des Betrages in Ansatz gebracht werden, mit welchem das frühere Pfandrecht der Bank an dem Schiff als Deckung in Ansatz gebracht sei. Ein Eigentümerpfandrecht sei hier also nicht entstanden. Das Pfandrecht zugunsten der Schiffspfandbriefgläubiger habe merkwürdige Konsequenzen. Denn ein solches führe im Konkurse der Schiffsbank zur abgesonderten Befriedigung. Dieses Recht sei also gänzlich verschieden von dem Recht, das die Schiffspfandbriefgläubiger an der Deckung hätten. Wenn die Gläubiger ein Recht zur abgesonderten Befriedigung hätten, so müssten sie zunächst das Schiff zur Versteigerung führen und erst mit dem Ausfall ihrer Forderung bei dieser Versteigerung seien sie Konkursgläubiger. Diese Lösung sei praktisch unbefriedigend. Es sei sicher besser, wenn das Schiff freihändig verwertet werden könnte. Hier sei es zweckmäßig, ein Eigentümerpfandrecht zu schaffen. Ein solches primäres und offenes Eigentümerpfandrecht könne man daher wohl ins Auge fassen, nicht aber die übrigen komplizierten Vorschriften des BGB über die Eigentümergrundschuld.

Noch für eine weitere rechtliche Situation sei die Zulassung des Eigentümerpfandrechts von Bedeutung. Das Reichsgericht habe sich in einer neuen Entscheidung (RG 146, 363 ff.) ausgesprochen über das Wesen einer Hypothek, die auf einem Grundstück laste, das im Eigentum mehrerer Bruchteilsmiteigentümer eingetragen sei. Das Reichsgericht sehe darin eine Gesamthypothek an den einzelnen Grundstücksbruchteilen. Das habe zur Folge, dass der Miteigentümer, der den Gläubiger befriedige, die Hypothek an seinem Anteil erwerbe, während die Hypothek an den übrigen Anteilen erlösche, es sei denn, dass der auszahlende Miteigentümer ein Rückgriffsrecht gegen die anderen habe. In diesem Falle gehe die Hypothek auf ihn über. Es handele sich hier um höchst komplizierte Rechtsgebilde, deren Übertragung auf das Recht der Schiffshypothek unerwünscht sei. Im Übrigen sei er, um es nochmals zu betonen, gegen das Institut der Eigentümergrundschuld im Schiffspfandrecht, weil das Pfandrecht immer nur eine beschränkte zeitliche Dauer habe, während man im Grundstücksrecht nicht selten Hypotheken von hundertjähriger Dauer finde. Er möchte sich also für den Fall, dass die Schiffspfandbriefbank zur Rettung der Hypothek das Schiff erwerbe, für die Schaffung einer dem § 1196 BGB entsprechenden Norm aussprechen des Inhalts, dass der Eigentümer – d.h. jetzt die Schiffsbeleihungsbank – für sich selbst eine Eigentümergrundschuld eintragen lassen könne; dagegen wünsche er nicht die Regelung, dass das für einen Dritten eingetragene Recht unter gewissen Umständen ein Recht des Eigentümers werde.

Der *Vorsitzende* dankte dem Berichterstatter für seine scharfsinnigen Darlegungen und legte dar, es handele sich seines Erachtens um drei Typen von Hypotheken:

1. Zunächst sei die *echte Hypothek des Eigentümers* an seinem Schiff ins Auge zu fassen. Sie komme tatsächlich vor und sei auch nicht ganz zu entbehren. Sie könne aus verschiedenen Gründen entstehen. Der eine Hauptfall sei der, dass der Eigentümer nicht gleichzeitig der persönliche Schuldner sei. Der Eigentümer habe dann nach dem Gesetz unter Umständen ein Recht zur Befriedigung des Gläubigers. In diesem Falle gehe die Forderung auf ihn über. Gleichzeitig erwerbe er das Pfandrecht. Dieses erlösche nicht, da er ein rechtliches Interesse an seinem Fortbestand habe. Das folge aus den §§ 1225, 1250, 1256 Abs. 2 und 1266 BGB. Das sei die forderungsbekleidete Hypothek des Eigentümers. Er könne sich auch noch einen anderen Fall denken. Wenn ein Korrespondentreeder, der gleichzeitig Mitreeder sei, der Partenreederei ein Darlehen gegeben habe, für das ihm ein Pfandrecht am Schiff bestellt sei, so hafte für die Forderung jeder Partenreeder persönlich pro rata parte gemäß § 507 HGB. Der Korrespondentreeder selbst würde dann in seiner Eigenschaft als Partenreeder Mitschuldner sein. Insoweit komme eine Forderung nicht zur Entstehung, im Übrigen bestehe sie aber und belaste auch die eigene Part. Auch dies sei eine echte Hypothek des Miteigentümers. Für diese Fälle bestehe kein Bedürfnis zu weiteren Bestimmungen.

2. Der zweite Fall sei die forderungsentkleidete *Eigentümergrundschuld.* Da nach deutschem Grundstücksrecht das System der festen Pfandstellen bestehe, sei im Falle der Befriedigung des Hypothekengläubigers das Aufrücken der Nachmänner grundsätzlich unmöglich. Der Eigentümer könne über die freigewordene Wertparzelle als Kreditunterlage verfügen. Die zu beantwortende Frage sei nun, ob man dieses System fester Wertparzellen übernehmen wolle oder ob man dafür sorgen wolle, dass nachfolgende Hypothekarier aufrücken. Eine Übersteigerung des Systems der festen Wertparzellen könne durch die Möglichkeit der Löschungsvormerkung gemäß § 1179 BGB ausgeschaltet werden. Hiervon werde, wie Ministerialrat Krieger mit Recht bemerkt habe, in der Praxis sehr häufig Gebrauch gemacht. Die starke Ausprägung des Prinzips der festen Pfandstellen sei auch weder dem englischen noch dem französischen Recht bekannt. Das schweizerische Recht habe allerdings eine gewisse Ähnlichkeit mit dem deutschen Recht. Aus den Artikeln 813 und 814 des schweizerischen Zivilgesetzbuches ergebe sich, dass die nachfolgenden Gläubiger keinen Anspruch auf Aufrücken hätten. Eine Eigentümergrundschuld entstehe aber trotzdem nicht, vielmehr trete eine Lücke ein, die betreffende Wertparzelle bleibe zugunsten des Eigentümers vorläufig unbelastet. Dies sei auch ein gangbarer Weg, doch glaube er ebenso wie Ministerialrat Krieger, dass kein Grund bestehe, diesen Weg zu gehen. Man dürfe die rasche Wertminderung des Schiffes nicht aus dem Auge lassen und dieses spreche entscheidend dafür, dass die Eigentümergrundschuld abgelehnt und die Möglichkeit zum Aufrücken für die nachfolgenden Hypothekarier

geschaffen werde. Es sei von Bedeutung, was die Praktiker zu diesem Problem zu sagen hätten. Von Wichtigkeit für die Lösung werde insbesondere die Frage sein, welche Rolle überhaupt die zweite Hypothek im Rahmen des Schiffshypothekenkredits spiele. Nach § 10 Abs. 3 des Schiffsbankgesetzes sei der Erwerb solcher Hypotheken den Schiffsbanken grundsätzlich untersagt. Die Frage sei, ob man überhaupt die zweite Hypothek fördern solle dadurch, dass man die Aufrückungsmöglichkeit gebe.

3. Die *dritte Art sei die primäre Grundschuld des Eigentümers* gemäß § 1196 BGB im Falle des Schiffserwerbes in der Zwangsversteigerung. Zu dieser Frage habe er sich noch keine Meinung bilden können.

Dr. Schütte erklärte, die zweite Schiffshypothek finde sich neuerdings in der Praxis häufiger. Sie komme zum Beispiel dann vor, wenn Kredit aus öffentlichen oder halböffentlichen Mitteln gewährt werde, oder der Fall liege so, dass die Bauwerft noch nicht ausbezahlt sei, obwohl das Schiff schon fahre, dann trete sie hinter die Bankhypothek. Früher seien zweite Hypotheken so gut wie ausgeschlossen gewesen, jedenfalls bei großen Schiffen, heute gelte das nicht mehr. Vielleicht seien die zweiten Hypotheken bei kleinen Schiffen besonders häufig. Sie kämen heute auch bei Umschuldungen vor. Dabei seien manchmal drei Pfandrechte gleichzeitig im Schiffsregister eingetragen.

Der *Vorsitzende* stellte fest, dass für die drei genannten Fälle somit das Aufrücken von Bedeutung sei.

Oberinspektor *Bleuss* wies darauf hin, dass zur Zeit Reichsmittel zum Umbau von Ostsee-Seglern in Motorsegler gewährt würden. Die Beleihungskassen gäben 40-50% für solche Schiffe her. Das veranlasse die Motorwerften, mit ihren Forderungen an die zweite oder dritte Stelle zu treten. Eine Eigentümerhypothek habe bisher gefehlt. Ein neuer Motor sei oft dringend nötig, um das Schiff überhaupt wieder fahrfähig zu machen. Für den Eigentümer sei es dann schwer, sich das nötige Geld zu beschaffen, wenn die nachfolgenden Hypothekarier aufrückten. Man müsse dem Eigentümer die Möglichkeit geben, das Aufrücken der Hypothekengläubiger auszuschließen. In der hamburgischen Schiffsregisterpraxis habe bisher im Anschluss an Schlegelberger [FGG-Kommentar, 4. Aufl. 1934 f., S. 634 ff.] die Auffassung gegolten, dass eine der Vormerkung des § 1179 des Grundstücksrechts entsprechende Eintragung im Schiffsregister nicht eintragbar sei. Andere Amtsgerichte ließen sie aber zu im Einklang mit der von dem Vorsitzenden in seinem Handbuch vertretenen Ansicht.

Der *Vorsitzende* stellte fest, dass darüber keine Meinungsverschiedenheit bestehen könne, dass die Eigentümerhypothek die Möglichkeit des Aufrückens grundsätzlich ausschließe. Oberinspektor Bleuss wolle anscheinend grundsätzlich die Eigentümerhypothek zulassen, sei damit also gegen ein Aufrücken ipso iure, andererseits empfehle er, gleichsam als Ausgleich, die Ermöglichung des Aufrückens durch Eintragung einer Löschungsvormerkung.

Oberinspektor *Bleuss* bestätigte, dass seine Ausführungen so zu verstehen seien.

Der *Vorsitzende* meinte, über eine derartige Lösung lasse sich reden. Es handele sich um die Beantwortung der Frage, ob der Geldgeber in der Hoffnung aufzurücken, weil der Schiffswert sich dauernd mindere, grundsätzlich gesetzlich gestützt werden solle oder nicht.

Verwaltungsdirektor *Sturm* führte aus, es sei richtig, dass sich in letzter Zeit öfter zweite und dritte Hypotheken fänden. Im Übrigen könne auch die an zweiter Stelle stehende Hypothek durchaus noch in dem normalen Beleihungswert liegen. Grundsätzlich trete er dafür ein, dass dem zweiten Hypothekarier die Hoffnung auf ein Aufrücken belassen werde. Man müsse es der Praxis überlassen, durch einen Rangvorbehalt in besonderen Fällen das Aufrücken zu verhindern. Dann sei der Geldgeber der zweiten Hypothek gewarnt. Es sei richtig, dass die Frage der Geldbeschaffung und der Sicherung des Darlehens häufig akut geworden sei im Zusammenhang mit dem Einbau eines neuen Motors. Das gehe zum Teil auf die See-Berufsgenossenschaft zurück. Sie habe häufig aus Sicherheitsgründen eine Motorverstärkung verlangt. Doch könne man s.E. diese Frage der Praxis überlassen. Die Motorfrage werde künftig überhaupt keine große Rolle mehr spielen, denn heute würden die Schiffe gleich mit dem richtigen Motor gebaut. Im Übrigen habe er keinen Zweifel, dass sich die Parteien selbst einigen würden; denn wenn auch vielleicht ein Hypothekengläubiger zurücktreten müsse zugunsten der Motorwerft, so werde doch andererseits durch den Einbau eines neuen Motors der Wert des Schiffes erheblich erhöht, so dass das Zurücktreten kein Opfer bedeute. Das sähen die beteiligten Gläubiger auch ein. Hier werde sich also wohl immer ein Ausweg finden. Man solle die Kreditfähigkeit fördern dadurch, dass man die Möglichkeit des Aufrückens gebe.

Direktor *Brandt* regte an, zu erwägen, ob man nicht eine Lösung finden könnte in der Form, dass man grundsätzlich die Möglichkeit des Aufrückens schaffe unter Ablehnung des Eigentümerpfandrechts, dass man aber gleichzeitig die Möglichkeit vorsehe, in besonderen Fällen durch eine entsprechende Eintragung das Aufrücken zu verhindern.

Der *Vorsitzende* erwiderte, das sei das Gegenstück zu der Löschungsvormerkung des § 1179 BGB. Er habe auch schon an diese Möglichkeit gedacht. Der Gedanke gewinne aber in seinen Augen dadurch an Wert, dass er von Seiten der Praxis ausgesprochen werde.

Aufsichtsratsvorsitzender *Nottebohm* wandte sich gegen die Ausführungen von Ministerialrat Krieger. Der Hamburger Grundstückseigentümer lasse sich die Hypothek vom bisherigen Darlehensgeber übertragen, wenn er sich das Geld von anderer Seite billiger beschaffen könne, und gebe sie dann weiter zur Sicherung des neuen Darlehens. Er sei gegen den Grundsatz des Aufrückens. Es sei ein ungerechtfertigter Vorteil, wenn der zweite Gläubiger aufrücke, weil der Eigentümer den ersten auszahle. Man müsse dem Eigentümer die Stelle geben. Wer ein Schiffspfandrecht an zweiter Stelle erwerbe, der wisse doch, dass er geringer gesichert sei als der erste Gläubiger. Seine Hoffnung auf Aufrücken sei unbegründet. Der Eigentümer müsse die frei werdende Stelle benutzen dürfen, um Geld, z.B. für einen Motoreinbau, zu erlangen. Dass ein Gläubiger freiwillig mit seinem Pfandrecht zurücktrete, werde sehr selten vorkommen. Das werde auch leicht Anlass zu Erpressungen geben, um Sondervorteile zu erlangen. Es sei auch nicht richtig, dass, wie Ministerialrat Krieger meine, das Prinzip der festen Pfandstellen im Grundstücksverkehr häufig durch Eintragung einer Löschungsvormerkung durchbrochen sei. Im Hamburger Hypothekenverkehr sei ihm das nicht begegnet.

Der *Vorsitzende* entgegnete, Herr Nottebohm habe auf die Eigentümlichkeiten des Hamburger Grundstücksverkehrs hingewiesen. Die Hamburger Verhältnisse seien aber tatsächlich in mancher Hinsicht verschieden von denen im übrigen Deutschland. Für das übrige Deutschland seien die Ausführungen des Ministerialrats Krieger durchaus zutreffend. Man könne nicht ohne weiteres sagen, dass die Hoffnung aufzurücken, ungerechtfertigt sei. Vielfach stünden an zweiter Stelle Geschäftsfreunde oder Verwandte, die zunächst einmal ausgeholfen hätten. Es bestehe kein Grund, ihnen die Möglichkeit des Aufrückens zu versagen, vielmehr gewähre diese Möglichkeit den Gläubigern einen gewissen Anreiz und Ausgleich.

Ministerialrat *Krieger* wies darauf hin, dass in Preußen ständig von der Löschungsvormerkung Gebrauch gemacht werde, besonders im Osthilfeverfahren. Das sei der Weg, um nach Möglichkeit zu verhindern, dass die Zuschüsse ganz verloren seien. Die Löschungsvormerkung ermögliche es, ein bisher wertloses Recht wertvoll zu machen. Seiner Ansicht nach sei gleichwohl dieses Institut des Aufrückens für den Grundstücksmarkt nicht so wichtig, weil der Grundstückswert, abgesehen von geringen Konjunkturschwankungen, mehr oder weniger unveränderlich sei. Beim Schiff sei es gerade umgekehrt. Denn das Schiff werde naturnotwendig mit der Zeit wertlos, das Aufrücken sei daher wichtig. Der von Direktor Brandt vorgeschlagene Weg sei gangbar, man schaffe damit keineswegs die Möglichkeit, dass die nachfolgenden Hypothekarier, denen grundsätzlich das Recht aufzurücken, zustehe, im Falle des Zurücktretens zu Erpressern werden. Ein

Aufrückungsausschluss sei zum Beispiel zur Geldbeschaffung für Investierungszwecke durchaus gerechtfertigt, denn solche Neuinvestierungen höben ja mittelbar auch den Wert der zweiten Hypothek. Ein Rangvorbehalt nach §§ 881, 1261 BGB sei heute schon möglich. Er kenne die Hamburger Grundstücksmarktverhältnisse nicht sehr genau, wisse jedoch, dass sie vielfach von den Verhältnissen im übrigen Deutschland abweichen. Es sei ihm bekannt, dass in Hamburg oft an erster Stelle ein Posten von beispielsweise 100 RM stehe, während die Wertgrenze für eine Belastung an erster Stelle eine ganz andere sei. Das sei aber eine singuläre Erscheinung. Nun könne es ja sein, dass sich in Hamburg auch für die Schiffsbelastung singuläre Grundsätze entwickelt hätten, auf die man dann wegen der Bedeutung Hamburgs für die Schifffahrt Rücksicht nehmen müsse. Vielleicht sei der von Direktor Brandt gemachte Vorschlag der richtige Weg, um den Hamburger Verhältnissen gerecht zu werden.

Oberinspektor *Bleuss* regte darauf die Schaffung *folgender Norm* an: „Wenn eine Verbesserung der Wirtschaftlichkeit des Schiffes nachgewiesen werden kann, so können abgetragene Beträge eines Pfandrechts für die Deckung der Kosten solcher wirtschaftlicher Betriebserhöhung verwendet werden, ohne dass die nachstehenden Pfandgläubiger widersprechen dürfen. In diesen Fällen erlischt nicht das Pfandrecht mit der Forderung, für die es besteht, es geht vielmehr auf die Darleiher der Verbesserungsgelder über."

Reichsgerichtsrat *Dr. Lindenmaier* bemerkte, vom Standpunkte der Billigkeit und Gerechtigkeit könne man die vorliegende Frage nicht entscheiden. Für beide Lösungen ließen sich stichhaltige Gründe vortragen. Das hätten einerseits die Ausführungen des Herrn Nottebohm, andererseits die Darlegungen des Vorsitzenden und des Ministerialrats Krieger gezeigt. Bei diesem Stande der Sache müsse man die Frage unter Berücksichtigung der Interessenlage lösen. Anzustreben sei eine Erleichterung und Verflüssigung des Schiffskredits. Wenn die Beschaffung zweiter Hypotheken durch die Gewährung der Aufrückungsmöglichkeit erleichtert werde – was nur die Vertreter der Praxis beantworten könnten –, dann müsse man sich für den Grundsatz des Aufrückens entscheiden.

Verwaltungsdirektor *Sturm* erklärte, man müsse die Förderung der Schifffahrt im Auge haben. Es scheine ihm zur Zeit ein Bedürfnis dafür zu bestehen, eine zweite Belastung zu ermöglichen und zu erleichtern. Es werde sich meistens um eine vorübergehende Beleihung handeln, um die Sicherung von Forderungen, die bald getilgt werden sollten, etwa von Forderungen der Bauwerft oder von Geschäftsfreunden. Die Verhältnisse lägen meistens anders als beim Grundstücksmarkt. Der Reeder müsste entweder das Aufrücken ermöglichen oder die Schuld amortisieren. Er halte den Vorschlag von Direktor Brandt für gut. Dass der Rangvorbehalt eine große Rolle spielen werde, glaube er nicht.

Aufsichtsratsvorsitzender *Nottebohm* erwiderte, Freunde und Verwandte könnten doch die Amortisation und das Aufrücken zur Bedingung der Darlehenshingabe machen. Wenn man den zweiten Gläubiger bei Tilgung der ersten Hypothek ohne weiteres aufrücken lasse, so werde der Eigentümer die erste Hypothek nicht tilgen, weil er kein Interesse daran habe. Diese Folge sei doch höchst unerwünscht. Er glaube, man könne der Anregung des Oberinspektors Bleuss nicht folgen. Diese werde zu praktischen Schwierigkeiten führen, da sie auf das subjektive Ermessen des Richters abstelle. Zu wünschen sei eine Erleichterung des Schiffskredits. Dieser werde aber nicht dadurch erleichtert, dass man ohne weiteres den zweiten Gläubiger aufrücken lasse. Das Aufrücken könne der Gläubiger ja in den Darlehensbedingungen verlangen. Sonst habe er keinen Anspruch darauf. Er wisse ja, dass er nur eine zweite Hypothek habe.

Der *Vorsitzende* bezeichnete die Besorgnis, dass der Schiffseigentümer den Gläubiger der ersten Hypothek nicht befriedigen werde, als unbegründet, da die erste Hypothek, soweit das Geld von den Schiffsbanken gegeben werde, immer eine Amortisationshypothek sei. Im Übrigen gebe es ja aber noch ein anderes Mittel, um das Aufrücken zu vermeiden. Der Eigentümer zahle den

Hypothekengläubiger X aus und veranlasse ihn, den Posten unmittelbar an Y abzutreten, der ihm das Geld zur Auszahlung des X vorgeschossen habe.

Direktor *Feindt* bemerkte, die zweiten und dritten Hypotheken spielten doch eine größere Rolle, als man ursprünglich angenommen habe. Die zusätzlichen Kredite würden zu 95% deshalb gegeben, weil die Geldgeber sich im Klaren seien, dass der Darlehensnehmer kreditwürdig sei und ferner, dass er wirtschaftlich handle, d.h. ordnungsmäßig amortisiere und so das Aufrücken ermögliche. Die zweiten und dritten Hypotheken seien mit einem Schlage erledigt, wenn sie nicht mit der Möglichkeit des Aufrückens rechnen könnten. Das sei durch die Kurzlebigkeit des Schiffes bedingt. Die persönliche Note des Kreditnehmers spiele bei den zusätzlichen Krediten eine besondere Rolle. Die Schiffsentwertung müsse durch Aufrücken in die Stelle der ersten Amortisationshypothek ausgeglichen werden. Wenn jedoch der Fall eintrete, dass die erste Hypothek durch zusätzliche Kredite vergrößert werden müsse, dann müssten die Gläubiger der zweiten und dritten Hypothek im Range zurücktreten. Daran seien nach seiner Erfahrung zusätzliche Kredite noch nie gescheitert. Denn die Stellen der zweiten und dritten Hypothek würden doch faktisch trotz des Zurückweichens infolge der Werterhöhung des Schiffes besser. Das werde deutlich durch verschiedene Fälle aus der Praxis. So habe ein deutscher Bundesstaat infolge einer ungeschickten Kreditgewährung große Verluste an einer zweiten Hypothek erlitten. Eine zusätzliche Bankkreditgewährung sei nötig geworden. Auch in diesem Falle sei der Bundesstaat im Range zurückgetreten zugunsten des zusätzlichen Bankkredits, nachdem ihm klargemacht sei, dass das Zurückweichen mehr als ausgeglichen werde durch die Werterhöhung.

Direktor *Feindt* ergänzte seine Ausführungen noch durch einige weitere Beispiele aus der Praxis und fasste seine Ansicht dahin zusammen, dass er sich den Ausführungen des Ministerialrats Krieger über die Notwendigkeit des Aufrückens nur anschließen könne.

Der *Vorsitzende* erbat darauf eine Stellungnahme zu der Anregung des Oberinspektors Bleuss. Er selbst könne sich nicht dafür einsetzen, weil damit eine außerordentlich vage Norm geschaffen werde, die starke Rechtsunsicherheit zur Folge haben würde.

Direktor *Feindt* erwiderte, auch er halte die Anregung für unzweckmäßig. Er wisse auch nicht, wie sie durchgeführt werden solle. Es würden sich im Einzelfalle sehr leicht verschiedene Ansichten über die Wirtschaftlichkeit der vorgesehenen Maßnahme bilden. Ob z.B. eine neue technische Erfindung tatsächlich einen Fortschritt bedeute, könne manchmal zweifelhaft sein. Der Richter könne die Frage allein nicht entscheiden, er müsse Experten hinzuziehen, die die Sache verteuern würden und kaum helfen könnten. Die Schiffsbanken glaubten, die Wirtschaftlichkeit einer Maßnahme selbst beurteilen zu können. Sie könnten sich zwar irren. Dann hätten sie eben die Folgen ihres Irrtums selbst zu tragen. Das sei aber anders, wenn der Richter eine Maßnahme auf ihre Wirtschaftlichkeit prüfen solle. Er könne daher die Anregung von Oberinspektor Bleuss nicht unterstützen.

Der *Vorsitzende* stellte fest, das Problem sei nunmehr im Wesentlichen geklärt. Das Prinzip der festen Wertparzelle sei unzweckmäßig, die nachfolgenden Gläubiger müssten aufrücken. Dadurch würden die zweiten und dritten Hypotheken gefördert. Wenn Herr Nottebohm den entgegengesetzten Standpunkt vertreten habe, so lasse sich das vielleicht dadurch erklären, dass Herr Nottebohm von den Verhältnissen des Hamburger Grundstücksverkehrs ausgegangen sei. Man müsse sich also für den *Leitsatz 9* aussprechen. Der Leitsatz *laute:* Die Einführung des Grundsatzes der Unveränderlichkeit der dinglichen Last (§§ 1163, 1168, 1177) empfiehlt sich für das Schiffspfandrecht *nicht.* Es wird sich vielmehr empfehlen, daran festzuhalten, dass das Pfandrecht mit der Forderung, für die es besteht, erlischt. – Zur Klarstellung sei dem hinzuzufügen: ... so dass die nachstehenden Hypothekengläubiger aufrücken. Jedoch soll ein Verzicht auf das Aufrückungsrecht eintragbar sein.

Auf eine Frage des Direktors *Feindt* zu der Bedeutung des Leitsatzes erwiderte der *Vorsitzende,* die vorgesehene Regelung entspreche etwa dem schweizerischen Recht. Eine Hypothek zugunsten des Eigentümers (Eigentümergrundschuld) entstehe nicht.

Ministerialrat *Krieger* bemerkte, die fragliche Eintragung komme einem *bedingten Rangvorbehalt* gleich. Solange nicht an erster Stelle eine Hypothek eingetragen sei, steht die zweite Hypothek tatsächlich an erster Stelle.

Der *Vorsitzende* warf die Frage auf, ob das in jeder Hinsicht der Regelung des schweizerischen Rechts entspreche.

Ministerialrat *Krieger* entgegnete, das Reichsjustizministerium habe diese Frage des Öfteren geprüft. Nach schweizerischem Recht wirke die durch den Fortfall einer Hypothek entstehende Lücke in der Zwangsversteigerung wie eine Eigentümergrundschuld. Der Eigentümer erhalte den der Lücke entsprechenden Betrag, obwohl kein Recht für ihn eingetragen sei. Demgegenüber stelle er sich die hier vorgesehene Regelung so vor, dass, wenn die erste Hypothek erloschen sei, die zweite an erster Stelle befriedigt werde, der Schiffseigentümer falle an dieser Stelle aus.

Verwaltungsdirektor *Sturm* schlug vor, am Schluss des Leitsatzes in Klammern das Wort „Rangvorbehalt“ hinzuzufügen.

Reichsgerichtsrat *Dr. Lindenmaier* meinte, es genüge, den Grundsatz des Aufrückens und die Möglichkeit seiner Abdingbarkeit festzustellen.

Der *Vorsitzende* schlug vor, noch *hinzuzufügen*: „Im Falle der Zwangsversteigerung ist der Eigentümer am Versteigerungserlös nicht mit dem der freien Stelle entsprechenden Betrag beteiligt.“

Auf eine Frage des Direktors *Brandt,* worin der Vorteil gegenüber der schweizerischen Regelung liege, erwiderte Ministerialrat *Krieger,* der Eintragung des Aufrückungsverzichts liege die Erklärung zugrunde: Ich verzichte auf das Aufrücken, aber nur unter der Bedingung, dass ein anderes mir vorgehendes Recht neu eingetragen wird, wenn das mir jetzt vorgehende erloschen ist. Andernfalls rücke ich auf.

Direktor *Sturm* führte aus, wenn die erste Stelle leer sei, so trete in der Zwangsversteigerung die zweite Hypothek an die Stelle der ersten und die dritte folge dieser. Sei die erste Stelle aber wieder ausgefüllt, so würden seines Erachtens die Gläubiger in der Reihenfolge 1, 2 und 3 befriedigt.

Aufsichtsratsvorsitzender *Nottebohm* bemerkte ergänzend, durch den Rangvorbehalt könne also alles blockiert werden, auch die der verzichtenden zweiten Hypothek nachfolgende dritte Hypothek.

Ministerialrat *Krieger* verneinte das. Der Rangvorbehalt habe keine Wirkung für die übrigen Hypotheken, sondern gelte nur im Verhältnis zwischen der zurückweichenden und der begünstigten Hypothek. Die inzwischen eingetragenen nachfolgenden Hypotheken interessiere das nicht. Den Schaden hätten nicht sie zu tragen, sondern gegebenenfalls die neu eingetragenen rangbevorrechtigte Hypothek, deren Rangevorbehalt sich zugunsten der älteren dritten Hypothek verkleinere. Eine entsprechende Regelung finde sich in § 881 Abs. 4 BGB.

Der *Vorsitzende* stimmte dem bei und bat darauf Ministerialrat Krieger, zu den Leitsätzen 1 a und 1 b zu sprechen.

Ministerialrat *Krieger* führte aus: Das Schiffspfandrecht sei nach der Definition des § 1204 BGB die Belastung eines im Schiffsregister eingetragenen Schiffes zur *Sicherung einer Forderung* in der Weise, dass der Gläubiger berechtigt sei, Befriedigung aus dem Schiffe zu suchen.

Hypothek sei nach § 1113 BGB die Belastung eines Grundstücks derart, dass an denjenigen, zu dessen Gunsten die Belastung erfolge, *eine bestimmte Geldsumme* zur Befriedigung wegen einer ihm zustehenden Forderung aus dem Grundstück *zu zahlen* sei. Schon in der Verschiedenheit der Fassung komme zum Ausdruck eine stärkere Belastung des dinglichen Rechts bei der

Hypothek gegenüber der Hervorhebung des Sicherungscharakters für die persönliche Forderung beim Schiffspfandrecht. Vor allem aber falle die Festlegung des sogenannten *Bestimmtheitsgrundsatzes* bei der Hypothek auf. – Die Belastung gehe auf Zahlung einer *bestimmten Geldsumme.* – Dieser Grundsatz fehle beim Schiffspfandrecht. In § 1260 Abs. 2 BGB sei zwar bestimmt, dass in der Eintragung des Schiffspfandrechts neben dem Gläubiger der Geldbetrag und, wenn die Forderung verzinslich sei, der Zinssatz angegeben werden müsse, und nach § 1264 BGB beschränke sich die Haftung des Schiffes auf den eingetragenen Betrag der Forderung und die Zinsen nach dem eingetragenen Zinssatz. Im Schrifttum werde daraus überwiegend die Folgerung gezogen, dass auch ein Schiffspfandrecht nur für eine *Geld*forderung begründet werden könne, vom Reichsgerichtsräte-Kommentar werde aber der gegenteilige Standpunkt vertreten und angenommen, dass § 1260 Abs. 2 BGB nur zur Angabe des Anschlagwertes der Forderung nötige, wenn der Gegenstand der Forderung nicht in Geld bestehe. Es dürften keine Bedenken bestehen, mit der schon jetzt überwiegenden Meinung ausdrücklich festzustellen: „Ein Schiffspfandrecht kann nur zur Sicherung einer *Geld*forderung bestellt werden" (*Leitsatz 1 a*).

Der Bestimmtheitsgrundsatz habe aber noch eine weitere Auswirkung, und hier tauche die Frage auf, wieweit die Angleichung des Schiffspfandrechts an das Hypothekenrecht gezogen werden solle. Hinsichtlich der wertbeständigen Hypotheken habe die Rechtsprechung den Grundsatz aufgestellt, dass der *Wertmesser für die Forderung und für die Hypothek derselbe* sein müsse. Dieser Grundsatz müsse aber nicht nur für wertbeständige Hypotheken, sondern allgemein gelten, denn § 1113 BGB verstehe unter der „bestimmten Geldsumme", die aus dem Grundstück zu zahlen sei, dasselbe wie § 1115 BGB unter dem „Geldbetrag der Forderung". Die Begründung einer Hypothek von 25.000 RM wegen einer Forderung auf 10.000 *Dollar* sei danach nicht zulässig. Der innere Grund hierfür liege darin, dass nach dem System des Hypothekenrechts die bestimmte Geldsumme, in deren Höhe das Grundstück belastet werde, immer ausgefüllt sein müsse, soweit die Forderung zur Entstehung gelangt sei, mit der Fremdhypothek des Gläubigers, soweit sie nicht zur Entstehung gelangt oder erloschen sei, mit einer Eigentümergrundschuld. Stimme aber die dingliche Belastung und Forderung in ihrem Wertmesser nicht überein, dann entstehe eine Lücke. Die Sicherung einer Fremdwährungsforderung durch eine Reichsmarkhypothek könne danach nur in der Form der Höchstbetragshypothek geschehen.

Das Fahrnispfandrecht stehe grundsätzlich auf einem entgegengesetzten Standpunkt. Nach § 1210 BGB hafte die Fahrnispfandsache für die Forderung in deren jeweiligem Bestande einschließlich Zinsen und Vertragsstrafen. Gerade diese Vorschrift sei freilich für das Schiffspfandrecht durch § 1264 BGB modifiziert, und das Schrifttum stehe, soviel er sehe, einheitlich auf dem Standpunkt, dass für die Anwendung des § 1210 BGB beim Schiffspfandrecht kein Raum sei; der RGR-Kommentar sage z.B.: Bleibe die wirkliche Forderung hinter dem eingetragenen Betrage zurück oder vermindere sie sich, so mindere sich auch die Haftung; eine Erweiterung oder Wiedererweiterung sei ausgeschlossen. Ihm scheine diese Folgerung aus § 1264 BGB nicht zwingend zu sein. § 1264 spreche nur von einer *Beschränkung* auf den eingetragenen Betrag. Diese Beschränkung sei aber mit dem Grundsatz des § 1210 BGB nicht unvereinbar. Der Wortlaut des § 1264 BGB lasse im Gegenteil durchaus die Auslegung zu, dass das Schiff aufgrund des Schiffspfandrechts für den jeweiligen Bestand der Forderung einschließlich Zinsen hafte, jedoch im Höchstfalle beschränkt auf den eingetragenen Kapitalbetrag und den eingetragenen Zinssatz. Der Unterschied des gewöhnlichen Schiffspfandrechts von dem sogenannten Höchstbetragsschiffspfandrecht liege in etwas anderem, auf das er noch zurückkommen werde. § 1264 BGB schließe deshalb ebenso wenig wie § 1210 BGB aus, dass die Forderung in ihrem Bestande schwanke. Da mithin das Schiffspfandrecht nicht in demselben Maße wie die Hypothek dem Bestimmtheitsgrundsatz unterliege, sei hier eine *Verschiedenheit* zwischen dem Wertmesser für die Forderung und dem für das Pfandrecht *nicht ausgeschlossen.* Wenn in § 106 FGG – übereinstimmend mit

§ 28 GBO – bestimmt sei, dass in der Eintragungsbewilligung die einzutragenden Geldbeträge in Reichswährung anzugeben seien, wenn dementsprechend auch die Eintragung selbst auf Reichswährung lauten solle, so sei damit noch nicht notwendig gesagt, dass auch die dem Schiffspfandrecht zugrunde liegende *Forderung* auf Zahlung in Reichswährung gerichtet sein müsse. Man könne eine Bestätigung hierfür aus dem Gesetz über die Eintragung von Schiffspfandrechten in ausländischer Währung vom 26. Januar 1923 – RGBl. I S. 90 – entnehmen, in dem es heiße: „*Ist* zur Zeit des Inkrafttretens dieses Gesetzes für eine Forderung, die in ausländischer Währung zu zahlen ist, ein Schiffspfandrecht in das Schiffsregister eingetragen, so kann mit Einwilligung der Landeszentralbehörde die Währung des eingetragenen Schiffspfandrechts und etwaiger Nebenleistungen in die ausländische Währung umgewandelt werden." Zu weitgehende Schlüsse werde man aber hieraus nicht ziehen dürfen, da schon die Verordnung über die Eintragung von Hypotheken in ausländischer Währung vom 13.2.1920 – RGBl. S. 231 – eine gleichartige Vorschrift enthalte. Es bleibe jedoch die Frage, ob in der künftigen Gesetzgebung die Möglichkeit offen gehalten oder geschaffen werden solle, dass bei Schiffspfandrechten der Wertmesser für die Forderung und der für das Pfandrecht voneinander abweichen (Leitsatz 1 b). Das könne von Bedeutung werden für den Fall, dass Eintragungen in ausländischer Währung, die nach § 4 des 2. Gesetzes über die Eintragung von Schiffspfandrechten in ausländischer Währung vom 29. März 1923 – RGBl. I S. 232 – in der Fassung des Gesetzes vom 19.12.1930 – RGBl. I S. 629 – heute noch zulässig seien, in Zukunft nicht mehr zugelassen würden.

Der *Vorsitzende* dankte dem Referenten für seine Ausführungen und legte dar: Es handele sich nach seiner Meinung um die Frage des praktischen Bedürfnisses, die am besten von den Herren aus der Praxis beantwortet werden könne. Die Frage sei, ob man dem strengen Bestimmtheitsgrundsatz folgen und nur *Reichsmark*hypotheken für *Reichsmark*forderungen zulassen solle, oder ob man es zulassen solle, dass die Forderung in einer anderen Währung als die Belastung ausgedrückt werde, also z.B. Reichsmarkhypotheken für Dollarforderungen, oder ob man endlich auch in Zukunft, wie bisher, *Dollar*hypotheken für *Dollar*forderungen usw. zulassen wolle. Die Tendenz des Ausschusses werde dahin gehen müssen, eine einfache und durchsichtige Regelung zu schaffen. Wenn kein Bedürfnis bestehe, mit dem Bestimmtheitsgrundsatz zu brechen, dann werde man besser die einfache Regelung vorziehen und auf die Kompromisslösung – Reichsmarkhypotheken für Dollarforderungen – verzichten.

Direktor *Feindt* bemerkte, ein Bedürfnis zur Sicherung von Forderungen, die nicht auf Geld gerichtet seien, bestehe nicht. Auch die von dem Vorsitzenden gekennzeichnete Frage könne die Praxis eindeutig beantworten. Es bestehe kein Bedürfnis, im Schiffsregister für das Pfandrecht eine andere Währung einzutragen als die der Forderung. Der Wertmesser müsse einheitlich wie bei der Hypothek sein.

Verwaltungsdirektor *Sturm* meinte, man könne vielleicht die Eintragung beider Währungen für zulässig erklären, gleichzeitig aber sagen, dass der Schuldner berechtigt sei, in Reichsmark zu zahlen.

Oberinspektor *Bleuss* wies auch auf die Möglichkeit hin, dass der Gläubiger für berechtigt erklärt werden könne, statt 1000 RM 600 Gulden zu verlangen, wenn auch die Forderung ebenso wie die Hypothek nur in Reichsmark eingetragen wird.

Ministerialrat *Krieger* wies darauf hin, dass man dann einen Fall habe, in dem man lediglich mit Rücksicht auf ein inländisches Gesetz eine Reichsmarkforderung eintrage, die in Wirklichkeit eine Guldenforderung sei. Er habe sich überlegt, dass man ausländisches Kapital in das Inland ziehen wolle. Der ausländische Gläubiger werde aber Wert darauf legen, sein Geld in seiner Währung zurückzuerhalten. Im Interesse der Sauberkeit des Rechts erscheine es ihm besser, die Kulisse der formellen deutschen Währung der Forderung zu vermeiden und auf den Bestimmtheitsgrundsatz zu verzichten.

Der *Vorsitzende* gab zu bedenken, man dürfe nicht unnötige Komplikationen schaffen, wenn kein Bedürfnis für eine solche Regelung bestehe.

Ministerialrat *Krieger* erwiderte, die Frage sei im Reichsjustizministerium oft erörtert worden, z.B. für den Fall, dass eine Reichsmarkhypothek bestehe für eine Guldenforderung. Wenn die Parität 160 RM pro 100 Gulden sei und bleibe, dann könne man den errechneten Reichsmarkbetrag einzahlen. Zweifelhaft werde aber die Lage, wenn die Währung schwanke. Wenn die Reichsmark über Parität steige, dann sei die Guldenforderung niedriger als der eingetragene Reichsmarkbetrag. Dann entstehe die eigentliche Schwierigkeit. Die Guldenforderung bestehe in voller Höhe. Eine Eigentümerhypothek sei also nicht entstanden, weil die Forderung bestehe. Das dingliche Recht schwanke dann, und das lasse sich mit dem Bestimmtheitsgrundsatz nicht vereinen. Der umgekehrte Fall interessiere nicht. Die Guldenforderung sei dann teilweise nicht gedeckt. Um die geschilderte Divergenz auszuschließen, sei der Bestimmtheitsgrundsatz aufgestellt.

Der *Vorsitzende* entgegnete, er möchte glauben, dass die Darlegungen des Ministerialrats Krieger gezeigt hätten, welche Schwierigkeiten entstünden, wenn man den Grundsatz der Wertmessereinheit aufgebe. Man müsse ein klares System für die Schiffsbelastung schaffen. Laute die Forderung auf Reichsmark, dann müsse sich auch die Hypothek auf Reichsmark beziehen, laute aber die Forderung auf Gulden oder Dollar, so sehe er nicht ein, warum nicht auch in Zukunft die Hypothek gleichfalls auf Gulden oder Dollar lauten könne.

Direktor *Brandt* erklärte, er sei dafür, dass der Wertmesser der Schuld auch tatsächlich eingetragen werde, so dass eine Umrechnung nicht nötig sei.

Oberinspektor *Bleuss* legte an einem Beispiel aus der Schiffsregisterpraxis dar, welche Unklarheiten und Unübersichtlichkeiten sich bei dem Abweichen von dem Grundsatz der Wertmessereinheit ergeben würden.

Der *Vorsitzende* wies darauf hin, dass die wichtige Frage, ob ein praktisches Bedürfnis dafür spreche, mit dem Grundsatz der Wertmessereinheit zu brechen, außer von Direktor Feindt noch nicht klar beantwortet sei.

Ministerialrat *Krieger* erwiderte, die Tendenz im Ministerium gehe aus allgemeinen Gründen dahin, Eintragungen von Hypotheken in fremder Währung zu vermeiden. Auf die Dauer wolle man überhaupt derartige Eintragungen nicht mehr, bei Schiffen seien sie bisher ausnahmsweise zugelassen worden. Es sei entschieden richtiger, zwar Fremdwährungsforderungen zuzulassen, ihre hypothekarische Sicherung aber nur in Inlandswährung zu gestatten. Das allein scheine ihm ehrlich zu sein, alles andere sei Kulisse. Auslandskredit werde bei der Schiffsbeleihung immer eine Rolle spielen. Dagegen bestehe für den Grundstücksverkehr kein Bedürfnis, ausländischen Kredit zu fördern.

Der *Vorsitzende* entgegnete, klarzustellen sei zunächst, welche „allgemeinen Gründe" es verlangten, dass in das Schiffsregister nur deutsche Werte eingetragen würden. Bisher habe er den Eindruck, als ob es sich dabei um eine petitio principii handele.

Ministerialrat *Krieger* erwiderte, bei den allgemeinen Gründen handele es sich um den Grundsatz der deutschen Währungshoheit, also um einen öffentlichrechtlichen Grundsatz. Die deutsche Währung solle als Vollwährung angenommen werden. Aus währungspolitischen Gründen sei das Reichsjustizministerium gegen eine Eintragung in fremder Währung. Dieser Grundsatz habe sich bei Schiffen nur unter hartem Verzicht noch nicht durchgesetzt, doch solle das keineswegs ein Dauerzustand sein. Auf der anderen Seite müsse man, wenn man den ausländischen Gläubiger zwinge, seine Forderung durch Inlandswährung zu decken, ihm seiner Ansicht nach wenigstens das Recht zubilligen, seine Forderung in seiner Währung zurückzuerhalten. Der Hauptgrund gegen die Eintragung in Fremdwährung sei der, dass alles, was wie fortbestehendes Misstrauen gegen die deutsche Währung aussehe, aus dem Schiffsregister verschwinden müsse. Das frühere Vertrauen müsse restlos wieder hergestellt werden. Er bedauere daher die reichsgerichtliche Rechtsprechung bezüglich der Dollarobligationen, weil sie eine gewisse Diskriminierung der deutschen Währung bedeute. Die Dollarwährung sei keineswegs sicherer als die deutsche. Klauseln, die eine Abweichung von dem Grundsatz der deutschen Währung bedeuten, müssten verschwinden. Die Emissionen sollten ebenso wie die Hypotheken auf Reichsmarkgrundlage gegeben werden. Die Währungspolitik der Reichsbank würde ein Loch bekommen, wenn man für Schiffe etwas anderes zulasse. Die Währung der persönlichen Forderung interessiere nicht, aber das, was die deutsche Behörde einzutragen und gegebenenfalls durchzusetzen habe, das müsse auf deutsche Währung lauten.

Der *Vorsitzende* unterstrich die Wichtigkeit des Grundsatzes der Währungshoheit, bezweifelte aber, ob es schon heute angebracht sei, den Grundsatz der Währungshoheit derart zu übersteigen, dass ausländische Kreditgeber abgeschreckt werden. Damit würde ein formales Prinzip über wichtige Lebensnotwendigkeiten siegen.

Direktor *Brandt* erklärte, den von Ministerialrat Krieger dargelegten Grundsatz müsse man wohl als fait accompli hinnehmen. Folge man diesem Grundsatz, so werde es an der gleichen Währung bei persönlichem und dinglichem Recht fehlen. Ein solches Auseinanderklaffen sei unerwünscht. Indem er von der genannten Prämisse ausgehe, halte er es für richtig, dass die Forderung sowie die Eintragung auf deutsche Währung lauten.

Verwaltungsdirektor *Sturm* erklärte, bis zur völligen Beruhigung der Währungslage werde man mit einer Erschwerung der Auslandskredite rechnen müssen, wenn für die Schifffahrt kein Sonderrecht gelten solle. Schiffe seien immer an eine Unzahl von Währungen gebunden, und zwar leider mehr an Pfund und Dollar als an Reichsmark. Angesichts des festen Standpunktes der Regierung werde jedoch hier für die Schifffahrt kaum etwas herauszuholen sein.

Auch Direktor *Feindt* gab der Ansicht Ausdruck, dass in dieser Frage der Seerechtsausschuss wohl keine freie Hand habe. Von Interesse seien die Verhältnisse im Ausland. Ihm scheine es untragbar, hier ein Ausnahmegesetz zu schaffen, wenn das Gleiche nicht auch in anderen Ländern üblich sei. Die Reichsmarkhypothek mit der Guldenforderung sei in Deutschland üblich geworden, weil zunächst niemand das Schiffsbeleihungsgeschäft in Deutschland gewagt habe. Er nehme an, dass in England und Holland nur in eigener Währung eingetragen werde.

Aufsichtsratsvorsitzender *Nottebohm* erklärte, ohne die Ermöglichung von Valutahypotheken bekomme man kein ausländisches Geld. Dass der Grundbesitz sich an das Ausland verschuldete, sei ungerechtfertigt gewesen, zumal der Grundbesitz nicht in Valuta verdiene. Das sei beim Schiff anders. Das Schiff verdiene in Valuta, es sei Devisenbringer und könne auch beim Verkauf in Valuta umgesetzt werden. Deshalb scheine ihm auch in Zukunft die Ermöglichung von Valutahypotheken berechtigt. Im Übrigen handele es sich hier um politische Fragen, die der Ausschuss nicht zu entscheiden habe.

Reichsgerichtsrat *Dr. Lindenmaier* erklärte, es gebe seines Erachtens nur zwei gangbare Wege: Forderung und Hypothek sollten immer die gleiche Währung haben, entweder beide die inländische Währung oder beide eine fremde. Wenn das letztere eine Beeinträchtigung der deutschen Währungshoheit sei, so müsse er darauf hinweisen, dass ja auch der von Ministerialrat Krieger vorgeschlagene Mittelweg eine Beeinträchtigung bedeute, da die Forderung auf fremde Währung laute. Er sei dafür, diesen Mittelweg abzulehnen.

Verwaltungsdirektor *Sturm* meinte, dass sei keine Entscheidung. Denn man könne nicht den ausländischen Gläubiger zwingen, dem Reeder ein Darlehen in Inlandswährung zu geben, ganz abgesehen davon, dass er das heute gar nicht könne und dürfe. Dann bleibe also nur der Weg der Valutahypothek, der aber wohl aus politischen Gründen nicht freizumachen sei.

Reichsgerichtsrat *Dr. Lindenmaier* erwiderte, dann ziehe er immer noch die Kulisse vor.

Der *Vorsitzende* führte aus, gegen den Mittelweg bestünden nach seiner Meinung zwei Bedenken. Erstens bereite die Preisgabe der Wertmessereinheit unter Umständen rechtstechnische

Schwierigkeiten. Zweitens werde die Krediterlangung aus dem Auslande erschwert. Das Postulat der deutschen Währungshoheit erscheine auch ihm wichtig, doch müssten auch die praktischen Kreditbedürfnisse Berücksichtigung finden. Er schlage daher vor, dass wieder beide Ansichten der Akademie und dem Ministerium unterbreitet würden. Die Mehrheitsansicht gehe dahin, mit Rücksicht auf die Kapitalnot der Schifffahrt die Möglichkeit der Eintragung von Hypotheken in ausländischer Währung auch in Zukunft zuzulassen. Nur wenn dies nicht erlangbar sei, spreche sich der Ausschuss dafür aus, den Grundsatz der Wertmessereinheit aufzugeben und Reichsmarkhypotheken für Valutaforderungen zuzulassen.

Ministerialrat *Krieger* bemerkte, die rechtstechnischen Schwierigkeiten bestünden bei Grundstücken, nicht bei Schiffen. Im Zwangsversteigerungsfalle werde der Betrag nur in Reichsmark ausbezahlt, es erfolge also eine Umrechnung der Valutaforderung. Schwierig sei dabei allerdings die Berücksichtigung der zeitlichen Differenz zwischen Feststellung und Auszahlung.

Der *Vorsitzende* entgegnete, er könne den Optimismus hinsichtlich der rechtstechnischen Schwierigkeiten nicht teilen. Er halte das aufgestellte Währungs-Postulat für übersteigert. Das Schiff verdiene in Valuta, das Grundstück nicht. Da eine Übereinstimmung nicht zu erzielen sei, stelle er als Beratungsergebnis fest, dass der Akademie und dem Ministerium von beiden Standpunkten Kenntnis zu geben ist. Der Vorsitzende vertagte sodann die weitere Beratung.

20. Arbeitssitzung vom 6.6.1935 (16 bis 19.15 Uhr)

Anwesend:
Vorsitzender: Prof. Dr. Wüstendörfer, Hamburg
stellv. Vorsitzender: Reichsgerichtsrat Dr. Lindenmaier, Leipzig
und als weitere wissenschaftliche Mitglieder:
Rechtsanwalt Dr. Dettmers, Bremen
Direktor Michelau, Bremen
Rechtsanwalt Dr. Schulze-Smidt, Bremen
Verwaltungsdirektor Sturm, Hamburg
vom Reichsjustizministerium:
Ministerialrat Koffka, Berlin
Ministerialrat Krieger, Berlin
als Sachverständige:
Oberinspektor Bleuss, Hamburg
Direktor Feindt, Hamburg
Aufsichtsratsvorsitzender Nottebohm, Hamburg
für die Niederschrift in der Sitzung:
Assessor Dr. Capelle, Hamburg und Fräulein Assessor Krüger, Wandsbek
entschuldigt fehlten:
Richter Dr. Bramslöw, Hamburg
Rechtsanwalt Dr. Droege, Hamburg
Dr. Riensberg, Hamburg
Dr. Schütte, Hamburg

Der *Vorsitzende* eröffnete die Sitzung und wies darauf hin, die Grundfragen des Schiffshypothekenrechts seien bereits erörtert, es handele sich jetzt aber noch um wichtige Einzelfragen. Er hoffe, dass der Ausschuss in der heutigen oder in der nächsten Sitzung damit zum Abschluss komme. Im Juli werde die Sommerpause eintreten müssen.

Für eine baldige Abschließung dieses Fragenkreises spreche auch noch ein weiterer Umstand: Es sei ihm kürzlich in Aussicht gestellt worden, dass die Fragen des Schiffshypothekenrechts nach Durchberatung im Ausschuss als vordringlich im Reichsjustizministerium in Angriff genommen werden sollten, da dieses Sondergebiet sich ohne Schwierigkeiten herauslösen lasse.

Die Berufung des bewährten Ausschussmitgliedes Reichsgerichtsrat Dr. Lindenmaier zum stellvertretenden Vorsitzenden des Seerechtsausschusses habe inzwischen die Genehmigung der Akademie gefunden.

Ein junger hamburgischer Jurist habe kürzlich in der „Hansa" (Nr. 20 vom 18. Mai 1935), gestützt auf unvollständige Pressenotizen, voreilige Kritik an den Beschlüssen des Ausschusses zum Schiffspfandrecht geübt, sie zum Teil sogar als wirtschaftlichen „Unsinn" bezeichnet. Dieser Kritik sei keine Bedeutung beizulegen. Er selbst werde zu gegebener Zeit in der „Hansa" auf das Beratungsergebnis zurückkommen.

Der Vorsitzende bat sodann den Berichterstatter, zu Leitsatz 1 c das Wort zu ergreifen.

Ministerialrat *Krieger* legte dar: Hinsichtlich des Umfanges der zulässigen Belastung sei in § 1115 BGB für die Hypothek bestimmt, dass neben dem Anspruch auf die Hauptsumme und auf die Zinsen auch ein solcher auf *Nebenleistungen* in das Grundbuch eingetragen werden könne, für den das Grundstück gegebenenfalls hafte. Nach § 1264 hafte das Schiff dagegen nur für den eingetragenen Betrag der Forderung und für Zinsen nach dem eingetragenen Zinssatze. § 1264 kenne also nicht die Haftung für Nebenleistungen, z.B. für eine verwirkte Vertragsstrafe, etwaige Entschädigungen bei vorzeitiger Rückzahlung, vereinbarte Strafzinsen u.ä. Diese Nebenleistungen könnten nur durch ein besonderes Pfandrecht gesichert werden.

Ein Grund für diese Verschiedenheit sei nicht recht zu erkennen. Auch bei durch Schiffspfandrecht gesicherten Forderungen würden Ansprüche auf Nebenleistungen nicht selten sein. Er möchte es für zweckmäßig halten, sie auch durch das Schiffspfandrecht zu sichern. Die Offenkundigkeit würde durch die auch in § 1115 vorgesehene Angabe des Geldbetrages der Nebenleistungen in der Eintragung gewahrt werden. Die Eintragung eines besonderen Höchstbetragspfandrechts sei oft zu umständlich. Er *schlage* deshalb in *Leitsatz 1 c* vor, das Schiffspfandrecht auf Nebenleistungen nach Art des § 1115 BGB auszudehnen.

Der *Vorsitzende* erwiderte, ein Punkt bedürfe seiner Ansicht nach noch einer gewissen Aufklärung. Nach der Meinung des Berichterstatters stelle die Bestellung einer Höchstbetragshypothek für Nebenleistungen eine Umständlichkeit dar. § 9 Abs. 2 des Schiffsbankgesetzes bestimme, dass Höchstbetragshypotheken für Nebenleistungen nicht als Deckungsgrundlage dienen dürften. Soviel ihm bekannt sei, spielten die Nebenforderungen in der Praxis eine nicht ganz geringe Rolle. Man möge nur an Vertragsstrafen, Zuschlagszinsen, Rückzahlungsprovisionen und dergleichen denken. Bisher werde für diese eventuellen Forderungen eine Höchstbetragshypothek, meistens in Höhe von 10% des Nennwertes der Hypothek, eingetragen. § 9 Abs. 2 des Schiffsbankgesetzes habe einen guten Sinn. Bei der Eintragung der Höchstbetragshypothek sei nämlich in der Regel eine Nebenforderung noch gar nicht entstanden, es sei überhaupt ungewiss, ob je eine solche entstehen würde. Der Wert dieser Hypothek sei daher ganz zweifelhaft, sie stelle vielfach nur eine imaginäre Größe dar und habe einen anderen Rechtscharakter als die Haupthypothek. Deshalb dürfe sie nicht als Deckungsgrundlage dienen. Wenn man aber den Umfang der Schiffshypothek künftig dahin bestimmen wolle, dass sie außer Kapitalforderung und Zinsen auch derartige Nebenforderungen decke, so frage es sich, ob man dadurch nicht zu verschiedenartige Forderungen und Pfandrechte zusammenlege und dadurch die Hypothek so beeinträchtige, dass sie zweifelhaft und unsicher als Deckungsgrundlage werde.

Ministerialrat *Krieger* entgegnete, die Grundstückshypothek umfasse Kapital, Zinsen und Nebenleistungen. Eine Höchstbetragshypothek sei aber im Grundstücksrecht für den Fall gedacht, dass die Nebenleistungen nicht in engstem Zusammenhange mit der Hauptforderung ständen.

Hierher gehöre zum Beispiel die Verpflichtung des Eigentümers, das Gebäude gegen Feuer zu versichern und dem Hypothekengläubiger bestimmte Mitteilungen zu machen. Eine Vertragsstrafe gegenüber den Hypothekengläubigern für den Fall der Nichterfüllung dieser Pflichten werde man nicht als Nebenleistung der Hypothek ansehen können. Diese eventuelle Forderung müsse daher auch im Grundstücksrecht durch eine Höchstbetragshypothek gesichert werden. Eine Norm im Sinne des § 9 Abs. 2 des Schiffsbankgesetzes sei nötig, weil sich zwei Hypotheken in der Hand des Gläubigers befänden. Entscheide man sich aber für den Leitsatz 1 c, so könne man diese Norm streichen, denn dann brauche man für die normalen Fälle der Nebenleistungen keine Höchstbetragshypothek mehr. Als Deckungsgrundlage dürfe selbstverständlich nur der Kapitalwert dienen. Insoweit entständen keine Schwierigkeiten, denn der Betrag, in dessen Höhe die Hypothek für Nebenleistungen hafte, müsse im Register ebenso wie bei der Grundstückshypothek angegeben werden. Der Grund, der zur Schaffung des § 9 Abs. 2 des Schiffsbankgesetzes geführt habe, spreche gerade dafür, die Nebenleistungen in den Posten mit hineinzunehmen.

Direktor *Feindt* wies darauf hin, dass man unterscheiden müsse zwischen Forderungen, die ganz in die Deckung genommen werden könnten, und Eventualforderungen. Seiner Ansicht nach könne man Schiffshypothek und Grundstückshypothek schlecht miteinander vergleichen. Bei der Schiffshypothek sei der Kreis der Nebenforderungen ungleich größer. Die Versicherungsprämie sei z.B. bei Schiffen erheblich höher als bei Gebäuden, Küstenschiffe würden zu einer Prämie von 10-14% versichert. Gesetzt den Fall, dass der Schiffseigentümer nicht mehr versichere, weil es ihm an den dazu nötigen Mitteln fehle, so müsse der Gläubiger die Versicherungsprämie u.U. vorschießen. Er könne sich nicht denken, dass man eine Hypothek mit einer derartigen Zuwachsmöglichkeit eintragen könne. Es sei auch zu erinnern an den Fall der Havarie. Wenn der Schiffseigentümer das havarierte Schiff nicht mehr in die Heimat zurückführen könne, so müsse der Hypothekengläubiger in Vorschuss gehen, um seine Hypothek nicht zu verlieren. Derartige Forderungen, die im Zusammenhang mit der Schiffshypothek entstehen könnten, müssten natürlich dinglich gesichert werden und das geschehe in der Praxis durch die zusätzliche Höchstbetragshypothek. Der Deckungswert stehe allerdings in jedem Augenblick genau fest. Insoweit habe er gegenüber dem Vorschlage des Ministerialrats Krieger keine Bedenken. Bedenklich erscheine ihm nur die erhebliche Zuwachsmöglichkeit, die dann mit einer Schiffshypothek verbunden wäre. Er habe das Empfinden, dass dadurch die Hypothek zu stark ausgeweitet würde. Er sei daher mit dem Vorsitzenden der Ansicht, dass Nebenforderungen, die entstehen könnten, durch eine besondere Hypothek gesichert werden müssten.

Der *Vorsitzende* entgegnete, im Hinblick auf die beachtlichen Ausführungen des Direktors Feindt scheine ihm, dass man es besser bei der bisherigen Übung der Höchstbetragshypothek für von vornherein nicht übersehbare Forderungen belasse. Dafür spreche vor allem der Umstand, dass auch in Zukunft die Höchstbetragshypothek nicht von dem öffentlichen Glauben des Schiffsregisters gedeckt werde, der Gläubiger also für die Nebenforderungen beweispflichtig sei.

Aufsichtsratsvorsitzender *Nottebohm* erklärte, er könne nicht recht einsehen, warum man nicht auch bei der Schiffshypothek den Betrag der Nebenleistungen in einem Prozentsatz des Kapitalbetrages ausdrücken könnte, wobei die Höhe der Nebenleistungen im Streitfalle zu beweisen wäre.

Oberinspektor *Bleuss* bemerkte, in der Praxis seien schon Nebenleistungen in Höhe von 30% des Kapitalbetrages vorgekommen, 10% reichten nicht immer aus. Die Hypotheken der holländischen Banken seien oft in vollem Umfange Höchstbetragshypotheken.

Ministerialrat *Krieger* erklärte, zu bedenken sei, dass man hier auch ein Recht für Privatgläubiger, nicht nur für die Schiffsbanken schaffe. Es sei dargelegt worden, dass die Nebenleistungen bei der Schiffshypothek gar nicht so selten seien. Die Rückführung des Schiffes könne oft große Kosten verursachen. Es erscheine ihm außerordentlich fraglich, ob auch Privatgläubiger sich ebenso wie die Banken wegen solcher eventuellen Forderungen durch eine Höchstbetragshypothek schützen lassen würden. Da man den Schiffshypothekenkredit fördern wolle, empfehle es sich, zu versuchen, Verluste durch solche Nebenleistungen zu vermeiden, indem man die Hypothek *kraft Gesetzes* als Sicherheit dafür dienen lasse. Auch wenn man bestimme, dass sich die Hypothek auf Nebenleistungen erstrecke, so könne doch nach wie vor für gewisse Sonderfälle eine Höchstbetragshypothek bestellt werden. Das eine schließe das andere nicht aus. Es bestehe kein Grund, die Beteiligten lediglich auf den Weg der Höchstbetragshypothek zu verweisen. Nebenleistungen würden doch wohl in den meisten Fällen in Frage kommen. Für den Deckungswert der Hypothek sei lediglich der Kapitalbetrag maßgebend. Dieser Betrag werde nie erhöht. Es müsste stets der Kapitalbetrag eingetragen und außerdem der Zinssatz und der Betrag der Nebenleistungen. Eine klare Rechtslage für die Bemessung der Deckung sei also immer vorhanden. Die Frage sei, ob man die Beteiligten, wenn Nebenleistungen vereinbart würden, immer auf die Höchstbetragshypothek verweisen, oder ob man ihnen auch den anderen Weg freistellen solle.

Verwaltungsdirektor *Sturm* wies darauf hin, dass es sich jetzt um die Frage handele, ob durch die vom Berichterstatter vorgeschlagene Regelung eine Unsicherheit für die Schiffsbanken eintrete. Es sei richtig, dass die Nebenforderungen außerordentlich groß sein könnten. Der Kapitalbetrag stehe jedoch immer fest. Wenn das Schiff für Nebenleistungen haften müsse, so mache es für die Pfandbriefdeckung keinen Unterschied, ob z.B. die Hypothek Nr. 3 a den Betrag der Nebenleistungen angebe, oder ob der Betrag in der Hypothek Nr. 3 mit enthalten sei. Er sehe keine Bedenken, die Nebenleistungen in derselben Nummer wie die Hypothek zu sichern. Das sei vielmehr zweckmäßig. Die Sicherheit werde sogar erhöht, wenn die Nebenleistungen mit in der Hypothek enthalten seien. Das klare Bild der Hypothek werde dadurch nicht verwischt. Man sei vielleicht durch die irrige Vorstellung, dass der Betrag für die Nebenforderungen nicht gesondert angegeben werde, verwirrt worden. Er sei dafür, dass für die normalen Nebenforderungen die Hypothek mithafte. Zu den normalen Nebenforderungen seien allerdings die erwähnten Ansprüche wegen Prämienzahlung oder Schiffsheimführung durch den Hypothekengläubiger nicht zu rechnen. Ob für derartige Sondernebenleistungen die Höchstbetragshypothek praktischer sei, könne er im Augenblick nicht ganz übersehen. Er habe jedenfalls keine Bedenken gegenüber dem Vorschlage des Ministerialrats Krieger.

Der *Vorsitzende* erklärte, er ziehe nunmehr seine Bedenken zurück, da die Aussprache gezeigt habe, dass das für die Deckung notwendige klare Bild der Hypothek nicht gestört werde. Der Nennbetrag der Nebenleistungen müsse natürlich stets – durch Angabe einer Summe oder eines Prozentsatzes – bezeichnet werden.

Auch Aufsichtsratsvorsitzender *Nottebohm* sprach sich für die Möglichkeit aus, die Hypothek mit der Sicherung für die Nebenleistungen in *einem* Posten zusammenzufassen.

Der *Vorsitzende* warf die Frage auf, ob bei der Abtretung der Hypotheken an den Treuhänder gleichzeitig auch die Höchstbetragshypothek abgetreten werde. Wenn das zutreffe, so sei es zweifellos einfacher, nur *eine* Hypothek abzutreten.

Direktor *Feindt* bestätigte, dass die Höchstbetragshypothek mit abgetreten werde. Die Abwicklung gehe aber genau so schnell, als wenn nur eine Hypothek abgetreten würde. Er könne sich nicht vorstellen, dass es möglich sei, eine Hypothek so variabel zu gestalten, wie es vorgeschlagen werde. Die Nebenforderungshypothek betrage meistens 10% der Haupthypothek, oft aber auch mehr; jeder nachfolgende Gläubiger könne dabei genau übersehen, welche Summe ihm vorangehe. Das sei aber nicht mehr möglich, wenn man die Hypothek mit einem derartig variablen Mantel umgebe.

Der *Vorsitzende* erwiderte, der Mantel der Hypothek werde durchsichtig sein, da sowohl der Höchstbetrag der Nebenleistungen wie der Betrag der Kapitalschuld stets anzugeben sei. In den Fällen, dass die Nebenleistungen einen Umfang von erheblich mehr als 10% annähmen, werde die

Höchstbetragshypothek das gegebene Sicherungsmittel bleiben. Im Übrigen sei er nunmehr von der Richtigkeit der Auffassung des Berichterstatters überzeugt.

Reichsgerichtsrat *Dr. Lindenmaier* bemerkte, eine wirtschaftliche Notwendigkeit für die vorgeschlagene Neuregelung scheine ihm nicht zu bestehen. Allerdings sei das Verfahren u.U. billiger. Er möchte sich dahin aussprechen, dass die vom Berichterstatter vorgeschlagene Möglichkeit der Erweiterung der Hypothek offen gelassen werden solle. Ein wesentlicher Unterschied zwischen dem gegenwärtigen und dem künftigen Rechtszustand scheine ihm indessen nicht zu bestehen.

Ministerialrat *Krieger* führte aus, die Erfahrungen im Grundbuchrecht hätten gezeigt, dass Höchstbetragshypotheken für Sondernebenleistungen von dem nachfolgenden Hypothekengläubiger gefühlsmäßig als zweite Effektivposten gewertet würden. Das Gleiche gelte natürlich für den Schiffshypothekenverkehr. Man wolle doch gerade den Schiffskredit stärken. Werde aber der Gläubiger zur dinglichen Sicherung von Nebenleistungen allein auf den Weg der Höchstbetragshypothek verwiesen, so werde sich sehr schwer ein Gläubiger für die dritte Hypothek finden. Das werde anders, wenn die erste Hypothek zugleich für die Nebenforderungen mithafte. Der zuweilen gewählte Ausweg, die Nebenforderungen gleichzeitig mit den Zinsen auszudrücken, sei nicht empfehlenswert. So habe z.B. ein öffentlichrechtliches Realkreditinstitut, das nicht verpflichtet gewesen sei, die Nebenleistungen besonders kenntlich zu machen, diesen Weg beschritten und die Nebenleistungen im Zinssatz ausgedrückt, der nun übermäßig hoch erschienen sei. In Unkenntnis dieses Verfahrens sei dann der Vorwurf des Wuchers erhoben worden.

Aufsichtsratsvorsitzender *Nottebohm* wies darauf hin, dass es ein erheblicher Unterschied sei, ob man eine oder zwei Hypotheken von dem gleichen Gesamtbetrage habe. Das habe sich besonders deutlich gezeigt bei der Befugnis des Aufwertungsrechts, die immer zwischen zwei Hypotheken eingeschoben worden sei. Habe man eine Hypothek von 100.000 RM gehabt, so sei keine Befugnis störend dazwischen getreten, habe man aber stattdessen hintereinander fünf Hypotheken von je 20.000 RM gehabt, so seien vier Befugnisse dazwischen geschoben worden. Auch dieser Umstand spreche für den Vorschlag des Berichterstatters.

Der *Vorsitzende* fasste das Ergebnis der Aussprache dahin zusammen, dass man sich für den Leitsatz 1 c ausspreche und betonte, dass die bisherige Übung, eine Höchstbetragshypothek zu bestellen, daneben bestehen bleiben solle. *Leitsatz 1 c* laute: „In § 1260 Abs. 2 (Bestellung) und § 1264 (Eintragung) ist vorzusehen, dass die Haftung des Schiffs auch für Nebenleistungen in Höhe eines anzugebenden Betrages begründet werden kann (vgl. § 1115 BGB).“

Sodann führte Ministerialrat *Krieger* zu Leitsatz 2 a Folgendes aus: Eine nicht unerhebliche Abweichung zwischen Hypothek und Schiffspfandrecht bestehe hinsichtlich der *Gegenstände,* auf die sich das Pfandrecht erstrecke.

Dass in § 1265 die in § 1120 angeführten Erzeugnisse nicht genannt seien, sei verständlich. Weniger verständlich sei aber, warum § 1265 Abs. 2 abweichend von §§ 1121, 1122 nur die Zubehörstücke, nicht auch die Bestandteile erwähne. Die Frage sei, ob nicht auch die Haftung der Bestandteile einer Regelung bedürfe, namentlich, soweit es sich wie in den angeführten §§ 1121, 1122 um die Beendigung der Haftung handele. Es könne zunächst möglicherweise schon zweifelhaft sein, ob eine Sache Zubehör oder Bestandteil sei. Diese Frage sei vor allem hinsichtlich der Motore, besonders eingebauter Hilfsmotore bei Segelschiffen, aufgetaucht. Von den Schiffspfandbriefbanken sei hier der Wunsch angesprochen worden, gesetzlich festzulegen, dass die Motore Bestandteile seien. Man werde sich aber zunächst fragen müssen, welche Bedeutung eine solche Festlegung haben würde, wie es eigentlich zur Zeit mit der Haftung von Bestandteilen stehe. Da ergäben sich nun nicht unerhebliche Schwierigkeiten. Die Nichtanführung der Bestandteile in § 1265 Abs. 1 würde zur Folge haben können, dass sich das Schiffspfandrecht möglicherweise auf Bestandteile, die nicht wesentliche Bestandteile seien, nicht ohne weiteres erstrecke, wenn der Schiffseigentümer nicht Eigentümer dieser Bestandteile sei. Auf eine derartige kaum praktische Rechtsfolge brauche man aber wohl nicht einzugehen. Anders liege es jedoch für die Beendigung der Haftung. Man werde wohl davon ausgehen müssen, dass eine Trennung des Bestandteils von der Hauptsache, dem Schiff, auf den Fortbestand des Pfandrechts auch an dem Bestandteil zunächst keinen Einfluss habe. Wenn der Erwerber eines solchen Bestandteils wisse, dass er von einem bestimmten Schiff stamme, dann werde auch sein guter Glaube hinsichtlich der Hypothek ihm mit Rücksicht auf § 1262 Abs. 1 nichts helfen. Wenn aber die Herkunft von dem Schiff ihm unbekannt und auch nicht mehr erkennbar sei, dann werde sich die Fortdauer des Pfandrechts im Falle der Veräußerung des früheren Bestandteils wohl rein nach Fahrnisrecht richten, d.h. das Pfandrecht erlösche unter den Voraussetzungen des § 936 BGB. Daneben komme ein Erlöschen des Pfandrechts ohne Rücksicht auf den guten Glauben auch augrund der Vorschriften über die Verbindung und Verarbeitung, §§ 947, 950 BGB nicht in Betracht, vgl. §§ 949, 950 Abs. 2. Es seien aber auch Fälle denkbar, in denen kein Eigentumswechsel stattfinde. Es werde z.B. die Maschine aus einem Schiff ausgebaut und durch eine neue ersetzt, um in einem anderen Schiff desselben Eigentümers verwendet zu werden, wie es seines Wissens bei der Hamburg-Klasse der Hapag geschehen sei. *Nach* dem Einbau in dem anderen Schiff würde wohl auch hier das Pfandrecht erloschen sein. Denn die Maschine eines Überseeschiffes werde als *wesentlicher* Bestandteil anzusehen sein. *Wesentliche Bestandteile* könnten aber nicht Gegenstand besonderer Rechte sein (§ 93 BGB). Hier werde also wohl nach den Rechtsgrundsätzen der §§ 947 ff. das Pfandrecht untergehen. Solange aber der Einbau noch nicht erfolgt sei, würde das Pfandrecht bestehen und ein Zugriff möglich sein, obwohl das Schiff, auf dem das Pfandrecht eingetragen sei, nach dem Einbau der neuen Maschine völlig intakt sei. Schon die sich aus alledem ergebenden Schwierigkeiten der Rechtslage dürften es rechtfertigen, die Vorschrift des § 1265 Abs. 2 auf Bestandteile auszudehnen.

Der Grund, aus dem der erwähnte Wunsch der Schiffspfandbriefbanken entsprungen sei, die Bestandteilseigenschaft des Schiffsmotors klarzustellen, beruhe freilich auf entgegengesetzter Auffassung. Man habe damit das Erlöschen der Haftung erschweren wollen, um dagegen gesichert zu sein, dass der Motor „innerhalb der Grenzen einer ordnungsmäßigen Wirtschaft“ (§ 1122) von dem Schiffe entfernt würde. Ihm scheine jedoch die Frage, wie man sich gegen die Entfernung von Bestandteilen usw. sichere, mehr auf dem noch zu behandelnden Gebiet der Rechtsbehelfe gegen sog. Devastation zu liegen. Jedenfalls scheine ihm kein Grund zu bestehen, die ordnungsmäßige Bewirtschaftung eines Schiffes in stärkere Fesseln zu legen als die eines Grundstücks.

Reichsgerichtsrat *Dr. Lindenmaier* äußerte Bedenken. Der Berichterstatter wolle anscheinend die Haftung eines ausgebauten Schiffsmotors auch dann noch andauern lassen, wenn er nur noch nicht vom Wrackplatz entfernt und veräußert sei. Das scheine ihm zu weit zu gehen.

Ministerialrat *Krieger* erwiderte, wenn der Motor im Wege ordnungsmäßiger Bewirtschaftung aus dem Schiff entfernt worden sei, so erlösche die Haftung auch ohne Veräußerung; habe jedoch der Eigentümer den Motor heimlich entfernt, ohne ihn durch einen neuen zu ersetzen in der Absicht, ihn zu Geld zu machen, dann erscheine es nur recht und billig, wenn der Gläubiger daraus noch seine Befriedigung suchen könne.

Der *Vorsitzende* bezeichnete den Vorschlag des Ministerialrats Krieger als beifallswert. Es sei eine überspitzte scholastische Distinktion des BGB, Zubehör, unwesentliche und wesentliche Bestandteile voneinander zu unterscheiden. Jeder Schritt zur rechtlichen Ausgleichung dieser Unterschiede sei begrüßenswert. Es werde dadurch viel müßiger und unfruchtbarer Streit vermieden. Sehr zweifelhaft sei z.B. die Frage, ob die Antennenanlage eines Schiffes Zubehör, unwesentlicher oder wesentlicher Bestandteil sei. Jede rechtliche Auseinandersetzung von Dingen, die im Leben eine Einheit bildeten, sei falsch. Er stimme dem Leitsatz 2 a zu.

Hiergegen erhob sich kein Widerspruch. Der Vorsitzende stellte fest, dass *Leitsatz 2 a* angenommen ist, dahin lautend: „Die Vorschriften über die Haftung der Zubehörstücke (§ 1265) werden auf die Haftung von Bestandteilen zu erstrecken sein.“

Ministerialrat *Krieger* legte sodann zu Leitsatz 2 b dar:

Abweichend von dem Hypothekenrecht erstrecke sich das Schiffspfandrecht nach dem geltenden Gesetz nicht auf die Miet- und Pachtzinsforderungen. Ob hierin eine Änderung möglich sei, also etwa die Erstreckung des Schiffspfandrechts auf die *Fracht,* oder wenigstens bei wirklicher Miete auf den *Mietzins,* erscheine ihm fraglich. Eine Erstreckung auf die Fracht werde, obwohl sie bei den Schiffs*gläubiger*rechten bestehe, kaum vertretbar sein. Denn die Fracht sei in überwiegendem Umfange Entgelt für eine Dienstleistung. Die langfristige Kreditgewährung, der das Schiffspfandrecht im Allgemeinen dienen solle, beziehe sich aber nicht auf die Finanzierung dieser Dienstleistung, wenigstens sollte sie andere Aufgaben haben. Das Schiffspfandrecht würde deshalb hier die dem Realkredit gezogenen Grenzen überschreiten. Auch die Erstreckung der Schiffsgläubigerrechte auf die Fracht sei schwer zu rechtfertigen. Bei der Schiffsmiete bestehe aber die Schwierigkeit, sie von der Fracht zu unterscheiden. Die Formen gingen hier so ineinander über, dass ein brauchbares Unterscheidungsmerkmal kaum zu finden sein dürfte. Er möchte es deshalb für ratsam halten, die geltende Regelung beizubehalten.

Der *Vorsitzende* erklärte, er teile durchaus die Bedenken des Berichterstatters. Eine Haftung der Fracht komme im Stückgutverkehr aus praktischen Gründen nicht in Frage. Auch die Haftung der Fracht zugunsten des Schiffsgläubigers sei vorwiegend von theoretischer Bedeutung, in der Praxis spiele sie kaum eine Rolle. Die einschlägige Vorschrift stamme noch aus der Zeit der Segelschifffahrt, als es in der Regel nur *einen* Frachtschuldner gegeben habe, der leicht greifbar gewesen sei, und der Betrag dieser einen Fracht so hoch, dass deren Pfändung lohnte. Das sei heute im Großverkehr der Linien mit Hunderten von Stückgutfrachten ganz anders. Dagegen bestehe schon eher die Möglichkeit, das Mietgeld (charter money) haften zu lassen. Jedoch stoße das auf die Schwierigkeit der Abgrenzung zwischen Mietvertrag und Frachtvertrag im Einzelfall. Die Zeitcharter könne ja auch ein echter Frachtvertrag sein. Davon gehe § 622 HGB aus für den Fall, dass sich lediglich die Fracht nach der Zeitdauer bemesse. Dagegen liege eine Schiffsmiete vor, wenn eine entgeltliche zeitweilige Überlassung von Schiffskapital beabsichtigt sei. Die Abgrenzung sei aber fließend. Insbesondere sei die rechtliche Natur des bekannten Deuzeitvertrages [Deutscher Zeitfrachtvertrag] zweifelhaft. Zur Vermeidung von Rechtsunsicherheit sei daher auf die Einbeziehung sowohl der Fracht wie des Mietgeldes zu verzichten.

Rechtsanwalt *Dr. Schulze-Smidt* stimmte den Darlegungen des Vorsitzenden zu. Die Gläubiger würden auch gar keinen Wert auf die Mithaftung von Fracht oder Mietzins legen.

Ministerialrat *Krieger* bemerkte, im Grundstücksverkehr sei die Zahl der vermieteten und verpachteten Grundstücke Legion, bei den Schiffen sei das wohl eine seltene Ausnahme. Auch aus diesem Grunde brauche man daher keine Bestimmung über die Mithaftung der Miete zu treffen.

Der *Vorsitzende* erwiderte, so selten, wie der Berichterstatter meine, sei die Vermietung von Schiffen durchaus nicht.

Aufsichtsratsvorsitzender *Nottebohm* bezeichnete den Fall als häufig, dass ein Tankschiff auf zehn Jahre in Zeitcharter gegeben werde. Dann habe der Schiffseigentümer die Möglichkeit, die ganze Mietforderung abzutreten und dem Hypothekengläubiger zu entziehen.

Direktor *Feindt* bestätigte die Ausführungen des Aufsichtsratsvorsitzenden Nottebohm. Es scheine ihm aber im Interesse einer klaren Linie der Hypothek zu liegen, wenn die Haftung von Fracht oder Miete vorgesehen werde. Andernfalls werde das Bild des Pfandrechts getrübt. Er spreche hier nicht im Interesse der Schiffsbanken, denn ihnen könne es nur recht sein, wenn der Haftungsumfang vergrößert würde. Dem Pfandrechtsgläubiger bleibe ja stets der Zugriff auf das

Schiff erhalten, wenn der Schiffseigentümer ihm die Mietforderung nicht abtreten wolle. Dass diese zusätzliche Haftung nicht nötig sei, habe die bisherige Praxis gezeigt. Eine klar Gestaltung des Pfandrechts sei der größeren Ausweitung vorzuziehen.

Dr. Schulze-Smidt wies darauf hin, dass der Hypothekengläubiger sich die Forderungen vorher abtreten lassen könne.

Aufsichtsratsvorsitzender *Nottebohm* meinte, wenn das vermietete Schiff zwischen anderen Ländern fahre, habe die Zugriffsmöglichkeit auf das Schiff nur eine geringe Bedeutung. Es sei auch die Frage, was der Reeder bei einer Abtretung der Forderung für zehn Jahre machen solle.

Der *Vorsitzende* bemerkte, dass ein Schiff für acht oder zehn Jahre verchartert werde, sei nicht selten und könne daher in den Beleihungsbedingungen bereits vorgesehen werden. Der Vorteil, den eine Erweiterung der Haftung bedeuten würde, werde durch die dann entstehende Unklarheit hinsichtlich des Haftungsgegenstandes paralysiert.

Reichsgerichtsrat *Dr. Lindenmaier* betonte, dass die Analogie zwischen Schiffsvermietung und Grundstücksvermietung außerordentlich schwach sei. Schiffe würden doch nicht mit der Absicht der Vermietung gebaut.

Aufsichtsratsvorsitzender *Nottebohm* erwiderte, es komme vor, dass ein Schiff erst nach Abschluss eines Chartervertrages für zehn Jahre gebaut werde. So sei es vor allem in Norwegen.

Direktor *Feindt* stimmte diesen Ausführungen zu. Die Fälle der Schiffsvermietung für mehrere Jahre seien nicht selten. Die Schiffsbanken begrüßten solche Fälle, da sie der beste Beweis für die Rentabilität des Objektes seien. Ein Bedürfnis zur Einbeziehung von Mietzins und Fracht liege jedoch nicht vor.

Ministerialrat *Krieger* erklärte, die Frage sei, ob durch die Einbeziehung etwas gewonnen werde. Beim Grundstück könne der Gläubiger im Falle der Zwangsverwaltung auf die Revenuen greifen und auf diese Weise die Sanierung herbeiführen. Eine Zwangsverwaltung von Schiffen gebe es dagegen nicht. Bei der Zwangsversteigerung eines Grundstücks würden die Mieten nicht beschlagnahmt, anders bei der Zwangsverwaltung. Dem Erwerber in der Zwangsversteigerung werde dafür ein gesetzliches Kündigungsrecht gewährt. Der Hypothekengläubiger könne die Mietzinsforderung aber außerhalb der Zwangsversteigerung sich abtreten lassen. Es sei zu erwägen, ob es nicht vielleicht ein Vorteil sei, dass der Hypothekengläubiger gezwungen werde, sich selbst zu sichern bei Schiffen, die zum Zwecke der Vermietung gebaut worden seien, etwa durch die Klausel: „Im Falle der Nichtabtretung des Mietzinses wird der Kapitalbetrag sofort fällig.“ Beziehe man die Miete mit in die Pfandhaftung ein, so werde man seiner Ansicht nach nur den Gläubiger sorglos machen, ohne ihm wirklich helfen zu können.

Verwaltungsdirektor *Sturm* stimmte dem zu. Die fragliche Erweiterung der Haftung gehe zu weit. Man müsse von der Einbeziehung im Interesse der Klarheit absehen.

Der *Vorsitzende* bemerkte, die Haftungserweiterung würde vielleicht berechtigt sein, wenn es Revenuenschiffe gäbe. Da es aber einen ausgebildeten Typ solcher Schiffe heute jedenfalls noch nicht gebe, verzichte man zweckmäßigerweise auf die Einbeziehung der Mieten in die Pfandhaftung. Es bestehe also Einigkeit darüber, dass der *Leitsatz 2 b* angenommen sei. Er laute: „Eine Erstreckung des Pfandrechts auf Miet-(Pacht-)Zinsen oder Frachtansprüche erscheint nicht empfehlenswert.“

Man komme nunmehr zu dem Leitsatz 2 c.

Ministerialrat *Krieger* erklärte, er befinde sich hier in einer gewissen Verlegenheit, da der beste Sachverständige auf diesem Gebiet, Direktor Brandt, heute fehle. Die Erörterung würde zweifellos fruchtbarer sein, wenn sie vertagt würde, bis Direktor Brandt wieder anwesend wäre.

Der *Vorsitzende* erwiderte, er sei von Direktor Brandt selbst um eine Vertagung des Problems gebeten worden. Vorbereitend wolle er heute schon auf zwei Schwierigkeiten hinweisen, die mit der Haftung der Versicherungsforderung zugunsten des Schiffshypothekengläubigers zusammenhingen: Nach § 11 des Schiffsbankgesetzes hafte die Forderung gegen den Versicherer kraft Gesetzes der Schiffsbank von dem Augenblick an, wo die Bank der Versicherungsgesellschaft die Beleihung mitgeteilt habe. ... Hier ergeben sich Schwierigkeiten daraus, dass die Versicherung nicht nur Schäden am Schiff deckt, sondern auch Havariegrosse-Verpflichtungen, Schadensersatz an Dritte und Aufwendungen. Weiter entstehe eine Schwierigkeit daraus, dass eigenes Verschulden des Reeders, sogenanntes administratives Verschulden (vgl. § 33 ADS), die Forderung gegen den Versicherer beseitige. Wenn man nach den für die Grundstückshypothek geltenden Grundsätzen verfahren wolle, so müsse man eine Vorschrift, die dem § 101 des VVG entspricht, schaffen. Damit würde wiederum eine Erweiterung der Haftung des Kaskoversicherers gegeben sein.

Der Vorsitzende verlas ein diesbezügliches Schreiben des Direktors Brandt.

Direktor *Feindt* begrüßte die Zurückstellung des Problems. Er glaube, der Gesetzgeber sei sich bei Schaffung des § 11 des Schiffsbankgesetzes nicht ganz über die Tragweite der Bestimmung klar gewesen.

Der *Vorsitzende* stellte fest, dass Einigkeit darüber bestehe, die Behandlung des Leitsatzes 2 c zu vertagen.

Sodann führte Ministerialrat *Krieger* zu Leitsatz 3 Folgendes aus:

Nach § 1132 sei es zulässig, eine *Gesamthypothek* für dieselbe Forderung an mehreren Grundstücken zu begründen. Die entsprechende Vorschrift für das Schiffspfandrecht sei § 1222. Bestritten sei dagegen die Anwendbarkeit des § 1230, wonach der Pfandgläubiger, soweit nicht ein anderes bestimmt sei, unter mehreren Pfändern diejenigen auswählen könne, die verkauft werden sollten. Dieser Vorschrift entspreche im Hypothekenrecht § 1132 Abs. 1 S. 2. Weshalb § 1230 beim Schiffspfandrecht nicht anwendbar sein solle, vermöge er nicht zu erkennen. Durch § 1230 sei ja nur das Recht des Pfandgläubigers, sich unter mehreren Pfändern das Pfandobjekt auszuwählen, aus dem er Befriedigung suchen wolle, festgelegt, nicht aber der Weg bestimmt, auf dem diese Befriedigung erfolgen solle. Wenn man deshalb nicht den Grundsatz, dass der Pfandgläubiger unter den mehreren Pfändern das Befriedigungsobjekt auswählen könne, als selbstverständlich ansehe, dann müsse man zur Anwendung des § 1230 kommen.

Es frage sich aber, ob ein Grund bestehe, eine dem § 1132 Abs. 2 BGB entsprechende Vorschrift anzufügen, wonach der Gläubiger berechtigt sei, den Betrag der Forderung auf die einzelnen Grundstücke in der Weise zu verteilen, dass jedes Grundstück nur für den zugeteilten Betrag hafte. Ein besonderes Bedürfnis vermöge er nicht zu erkennen; denn die im § 1132 Abs. 2 gegebene Erleichterung für den Gläubiger scheine ihm nicht so bedeutsam zu sein, dass sie auch beim Schiffspfandrecht unentbehrlich wäre. Die Möglichkeit, im Wege der Einigung zwischen Eigentümer und Gläubiger das Pfandrecht zu verteilen, bestehe ohnehin.

Eine besondere Frage sei, welche Rechtslage sich ergebe, wenn ein belastetes Grundstück mehreren Miteigentümern gehöre. Nach einer kürzlich ergangenen Reichsgerichtsentscheidung sei dann eine Gesamthypothek gegeben und zwar mit allen daraus folgenden Konsequenzen. Das heiße z.B., dass der Gläubiger den Gesamtbetrag beliebig auf die einzelnen Miteigentumsanteile verteilen könne; beim Schiff einer Partenreederei würde das bedeuten, dass der Gläubiger seine Forderung auf die einzelnen Parten verteilen könnte. Dadurch würden unübersehbare Komplikationen entstehen. Man müsse also auf die Schaffung einer dem § 1132 Abs. 2 BGB entsprechenden Norm verzichten.

Der *Vorsitzende* legte dar: Die Gesamthypothek sei bei den Schiffen einer Linienreederei nicht ganz selten. Ein hamburgisches Gesetz von 1885 habe in § 4 Abs. 2 sogar die Verpfändung eines Schiffsparks als solchen vorgesehen. Im Falle der Veräußerung seien die Schiffe dann aus der Haftung ausgeschieden, im Falle des Erwerbs ohne weiteres in die Haftung eingetreten. Diese Vorschrift habe heute nur noch historische Bedeutung. Man dürfe nicht auf sie zurückgreifen. Ihre

Durchführung würde heute einen Verstoß gegen die Grundsätze der Offenkundigkeit und Spezialität des Pfandes bedeuten.

§ 1230 Satz 1 sei seiner Ansicht nach entgegen der herrschenden Meinung auf Schiffe entsprechend anzuwenden; dagegen gelte § 1230 Satz 2 BGB nicht für Schiffe, da hier die Spezialvorschrift der §§ 162 und 76 des Zwangsversteigerungsgesetzes eingreife, nach welcher, wenn auf ein Schiff aus der Gesamtheit der verpfändeten Schiffe ein den Gläubiger befriedigendes Gebot erfolge, die Zwangsversteigerung der übrigen Schiffe einstweilen einzustellen sei. Was § 1132 Abs. 2 BGB betreffe, so bitte er, dass sich die Herren aus der Praxis dazu äußerten. Diese Norm sei eigentlich für den Fall der Grundstücksparzellierung gedacht.

Keinesfalls dürfe man die Hypothek für aufteilungsfähig erklären, wenn ein Schiff mehreren Eigentümern zustehe, insbesondere einer Partenreederei gehöre. Das würde auf lebensfremde Begriffsjurisprudenz hinauslaufen. Eine abschließende Regelung könne insoweit aber einstweilen noch nicht getroffen werden, da die Frage noch offen sei, wie man die Partenreederei in Zukunft konstruieren wolle.

Es sei noch eine andere, von Rechtsanwalt Dr. Dettmers seinerzeit aufgeworfene Frage zu erörtern, die früher zurückgestellt worden sei. Es handle sich um das Lösungsrecht des Verpfänders in dem Falle, dass der Gläubiger die Zustimmung zur Veräußerung eines der Gesamthypothek unterliegenden Schiffes verweigere. Seiner Ansicht nach müsse sich die Ablösungspflicht hier beschränken auf einen proratarischen Teil der Gesamtforderung. Die Frage sei nur, wie dieser proratarische Teil berechnet werden solle. Er glaube, man werde sagen müssen, es komme an auf das Verhältnis des Wertes des zu veräußernden Schiffes, der durch Sachverständige festzustellen wäre, zu dem Gesamtwert sämtlicher der Gesamthypothek unterliegenden Schiffe.

Direktor *Feindt* führte aus, für den Gläubiger sei im Falle der Gesamthypothek das Verteilungs- und Auswahlrecht praktisch bedeutungslos. Große Schwierigkeiten würden sich aber in der Praxis bei dem Ablösungsrecht des Eigentümers ergeben. Der Gläubiger beleihe sehr häufig in Wahrheit nur ein bestimmtes Schiff. Die übrigen Schiffe würden dann nur als zusätzliche Sicherheit in den Haftungsnexus eingefügt. Für den Gläubiger sei es dann sehr peinlich, wenn der Eigentümer gerade das Schiff veräußere, das er als das von ihm vorwiegend beliehene ansehe. Es sei unklar, wie die Wertberechnung geschehen solle. Zehn Sachverständige hätten zehn verschiedene Ansichten über den Wert eines Schiffes und keine decke sich mit der meistens besonders gearteten Auffassung des Gläubigers, der das Geld hergegeben habe. Der Sachverständige und der Kreditgeber könnten vielmehr ganz verschiedener Ansicht sein. Er könne sich vorstellen, dass der Gläubiger sage: „Wenn dieses Schiff veräußert wird, muss das ganze Kapital fällig werden“, während der Sachverständige darauf hinweisen würde, dass dem Gläubiger noch drei gute Schiffe hafteten. Dass im Grunde nur ein bestimmtes Schiff beliehen werde, die anderen mitbeliehenen praktisch für die Mithaftung nicht sehr in Frage kämen, sei der Regelfall. Daraus folgten für das Ablösungsrecht große Schwierigkeiten. Der Kreditnehmer müsse damit rechnen, dass er den ganzen Kredit abzudecken habe, wenn er eines der Schiffe aus der Gesamthaftung veräußere.

Der *Vorsitzende* erwiderte, es sei klar, dass gewisse Bewertungsschwierigkeiten auftauchen würden. Wenn aber eine Beschränkung der Ablösungspflicht nicht zugelassen werde, so seien die Schiffe einer Linienreederei, die einer Gesamthaftung unterlägen, unveräußerlich, vorausgesetzt, dass die Reederei sich nicht mit dem Gläubiger einige.

Direktor *Feindt* entgegnete, er verkenne nicht, dass es den Anschein habe, als sei der Reeder dann blockiert. Man werde aber immer verhandeln können. Die gesetzliche Festlegung der proratarischen Aufteilung scheine ihm eine unglückliche Lösung zu sein. Das Wertverhältnis dürfe nicht durch einen Sachverständigen festgelegt werden. Der Geldgeber beurteile das Schiff von ganz anderen Gesichtspunkten aus.

Reichsgerichtsrat *Dr. Lindenmaier* erklärte, man solle einmal unterstellen, dass die proratarische Ablösung bereits Gesetz sei; es frage sich dann, ob sich nicht in der Praxis ein Weg finden würde, um im Wege der Vereinbarung den Schwierigkeiten abzuhelfen.

Direktor *Feindt* gab zu bedenken, dass der Wert der einzelnen Schiffe während der Beleihungsdauer ganz verschiedenen Schwankungen unterliege. Einige Schiffe würden z.B. wertvoller, andere verlören erheblich an Wert. Wenn man das proratarische Ablösungsrecht gewähre, sei der Gläubiger nicht mehr frei in der Bewertung seiner Sicherheit.

Dr. Schulze-Smidt erklärte, wenn eine Wertermittlung durch Sachverständige nötig sei, dann müsse man einen neuen Wertbegriff einführen, nämlich den Wert des Schiffes für den Gläubiger. Es gebe ja bereits eine Reihe von verschiedenen Werten, z.B. den Neubauwert, den Marktwert und den Verkaufswert. Die Feststellung des Gläubigerwertes werde schwierig, jedoch nicht unmöglich sein. Dabei müsse man die Interessen des Gläubigers berücksichtigen. Diese Aufgabe müsse doch ein Sachverständiger bewältigen können.

Der *Vorsitzende* wies darauf hin, dass im Vertrag der Ablösungswert jedes einzelnen Schiffes von vornherein festgelegt werden könne, so dass die Wertfeststellung durch Sachverständige nur subsidiär in Frage komme.

Aufsichtsratsvorsitzender *Nottebohm* bemerkte, das gerichtliche Fristgewährungsverfahren im heutigen Grundstücksrecht zeige zur Genüge, welche unsinnigen Taxate bei der Bewertung von Grundstücken durch Sachverständige herauskämen. Eine zuverlässige Wertermittlung durch Sachverständige sei unmöglich. Man müsse vielmehr bestimmen, dass, wenn ein Schiff veräußert werde, der ganze Erlös zur Reduzierung der Hypothek verwendet werden müsse. Der Gläubiger müsse auch den Verkaufspreis genehmigen.

Der *Vorsitzende* betonte, dass die bisher geäußerten Bedenken rein negativ seien, ein positiver Vorschlag, wie den erwähnten Nachteilen abzuhelfen, insbesondere, wie ein Ausweg für den Reeder zu schaffen sei, sei noch nicht gemacht worden.

Aufsichtsratsvorsitzender *Nottebohm* wies darauf hin, dass in der Praxis immer eine Verhandlung mit den Banken erfolgen würde.

Reichsgerichtsrat *Dr. Lindenmaier* legte dar: Gegen die Schaffung eines neuen Wertbegriffs habe er Bedenken. Damit seien praktische Schwierigkeiten verbunden. Er glaube, dass die Praxis den Weg der vertraglichen Ausbedingung gehen werde. Bei Abschluss des Vertrages werde der Ablösungswert der einzelnen Schiffe festgelegt werden. In diesem Zusammenhange habe Direktor Feindt darauf hingewiesen, dass sich dieser Wert während der Beleihungsdauer erheblich ändern könne, indem beispielsweise zunächst das Schiff „Marie" vom Gläubiger als das beste angesehen werde, sich aber nachträglich herausstelle, dass „Sophie" das beste sei. Ein solcher Kalkulationsirrtum müsse zu Lasten des Gläubigers gehen. Die gesetzliche Festlegung der Prorataverteilung scheine ihm der beste Weg zu sein. Die Folgen der Wertänderung werde der Kreditgeber tragen müssen.

Ministerialrat *Krieger* führte aus: Seiner Ansicht nach werde es nicht erheblich darauf ankommen, was im Gesetz stehe, da die Parteien vorher selbst Bestimmungen treffen würden. Im Gesetz könne nichts weiter stehen, als dass der Wert proratarisch festgesetzt werden müsse. Diese Festsetzung sei sicher außerordentlich schwierig. Wenn z.B. eine Linie mit drei Schiffen unterhalten und eins von ihnen verkauft werde, so könne die Linie vielleicht mit zwei Schiffen überhaupt nicht mehr aufrechterhalten werden. Bei der Beleihung eines Schiffsparks beleihe man nicht nur einzelne Schiffe. Die Beteiligten könnten sich vielleicht durch folgende Klausel helfen: „Wenn ein Schiff verkauft wird, soll das ganze Kapital fällig sein." Trete der Verkaufsfall ein, so würden sich die Beteiligten wohl stets einigen.

Eine andere Frage sei, ob es sich empfehle, eine Gesamtbelastung vorzusehen, und ob außerdem oder stattdessen die Belastung eines Schiffsparks ermöglicht werden solle. Bei Luftfahrtunternehmungen sei es zu unsicher, die Belastung des einzelnen Fahrzeuges vorzunehmen. Als Kreditunterlage diene dort der ganze Luftpark mit den dazugehörigen Landanlagen. Etwas Ähnliches finde sich bei den Kleinbahnen; dort werde die sogenannte Bahneinheit verpfändet. Es frage sich, ob es angängig sei, derartiges auch für Schiffe zu übernehmen und dann von einer Gesamtbelastung abzusehen. Er wolle auf diese Fragen wenigstens hingewiesen haben.

Der *Vorsitzende* bat um Stellungnahme zu der Frage, ob für den Reeder nach dem Vorschlag des Herrn Nottebohm die gesetzliche Bestimmung oder die Vereinbarung tragbar sei, dass bei der Veräußerung eines Schiffes der *ganze* Erlös zur Abtragung der Hypothek verwendet werden müsse.

Direktor *Michelau* erwiderte, für die größeren Linienreedereien sei dieser Weg jedenfalls *nicht* gangbar. Dieser Fall sei auch noch nie praktisch geworden. Wenn eine Änderung nötig werde, so werde das ausscheidende Schiff hinsichtlich der Pfandhaftung durch ein neues ersetzt.

Aufsichtsratsvorsitzender *Nottebohm* bemerkte, bei Obligationsanleihen werde das alles schon im Vertrage stehen. Derartige Vereinbarungen seien Sache des ursprünglichen Vertrages. Es sei richtig, dass in der Regel immer nur ein bestimmtes Schiff beliehen werde, dass also die übrigen der Gesamthypothek unterliegenden Schiffe nur Beigaben seien. In gewissen amerikanischen Ländern sei ein Gesamtpfand nur zulässig, wenn von vornherein bestimmte Werte für die einzelnen Gegenstände festgelegt würden. Das scheine ihm allerdings bei Schiffen nicht möglich zu sein, da sich deren Wert verändere.

Oberinspektor *Bleuss* stimmte in jeder Beziehung den Ausführungen des Aufsichtsratsvorsitzenden Nottebohm zu. Die Woermann- und die Deutsche Ost-Afrika Linie hätten z.B. Gesamtpfandrechte bestellt. Der Gläubiger habe nach dem Vertrag das Recht, im Falle des Verkaufs eines Schiffes den vollen Wert des verkauften Schiffes für sich in Anspruch zu nehmen. Im Wege der Einigung solle dann der Wert des veräußerten Schiffes festgestellt werden.

Der *Vorsitzende* regte an, zu erwägen, ob man sich nicht auf folgende Formel einigen könne: Wenn nicht im Beleihungsvertrage etwas anderes vereinbart sei, so trete kraft dispositiver Vorschrift ein proratarisches Ablösungsrecht zugunsten des Verpfänders ein. Die praktischen Schwierigkeiten des Taxates könnten dann von vornherein durch Vereinbarung hinweggeräumt werden. Diese Lösung werde wohl allen Interessen gerecht.

Aufsichtsratsvorsitzender *Nottebohm* erwiderte, der ganze Erlös des ausscheidenden Schiffes müsse mangels abweichender Vereinbarung dem Gläubiger zugute kommen.

Der *Vorsitzende* entgegnete, dann verliere der Reeder jedes Interesse am Verkauf. Er könne das nicht für billig halten. Wolle der Gläubiger sich nicht auf Prorataverteilung einlassen, so könne er sich durch abweichende Vereinbarung schützen.

Direktor *Feindt* bemerkte, er bedauere sehr, dass seine Bedenken so wenig Widerhall fänden. Der Sinn einer Gesamtbelastung, vom Gläubiger aus gesehen, sei doch der, dass das Risiko nach seinem Ermessen verteilt werde. Der Gläubiger wolle doch nicht dem Verdikt eines Sachverständigen unterworfen sein. Er sei dagegen, dass eine proratarische Verteilung gegen den Willen des Gläubigers im Gesetz vorgesehen werde.

Der *Vorsitzende* wies darauf hin, dass die Vorschrift über das proratarische Ablösungsrecht ja nur eine nachgiebige sein solle. Von dem Verdikt eines Sachverständigen könne daher keine Rede sein. Grundsätzlich sei das seerechtliche Gesetz doch nur ein Lückenbüßer für den Fall, dass die Parteien nichts anderes vereinbart hätten, sofern es sich nicht um zwingendes Recht handele.

Direktor *Feindt* entgegnete, dann stelle er seine Bedenken zurück. Die Schiffsbanken würden dann schon selbst den richtigen Weg finden.

Aufsichtsratsvorsitzender *Nottebohm* erklärte, wenn eins von drei einer Gesamthypothek unterliegenden Schiffen veräußert werde, so verteile sich das Risiko nunmehr nur noch auf zwei Objekte. Dieser Risikozunahme werde die vorgesehene Regelung nicht gerecht.

Der *Vorsitzende* erwiderte, dass auch dieser Punkt der vertraglichen Regelung der Parteien überlassen werden könne.

Rechtsanwalt *Dr. Dettmers* führte aus: Seiner Ansicht nach müsse das Gesetz trotz der Möglichkeit abweichender Parteivereinbarung eine vernünftige und angemessene Lösung geben, zumal da es auch andere Schiffshypothekengläubiger gebe als die Schiffshypothekenbanken. Er sei für die vorgeschlagene dispositive Norm.

Der *Vorsitzende* fasste das *Ergebnis* wie folgt zusammen: Wenn nicht im Beleihungsvertrage etwas anderes von den Parteien vereinbart worden ist, dann soll im Fall der Veräußerung eines mit einer Gesamthypothek belasteten Schiffes der Veräußerer berechtigt sein, den der Veräußerung widersprechenden Hypothekengläubiger dadurch abzufinden, dass nicht der ganze Betrag der Gesamthypothek, sondern nur ein dem Verhältnis des Wertes des veräußerten Schiffes zu dem Gesamtwert aller Schiffe entsprechender Teil der Forderung abgelöst wird.

Ministerialrat *Koffka* wies darauf hin, dass die Worte „im Beleihungsvertrag" wohl gestrichen werden müssten, weil die fragliche Vereinbarung ja auch noch später getroffen werden könne.

Der *Vorsitzende* stimmte dem zu. Als *weiteres Beratungsergebnis* stellte er fest:

1. Rechtstechnische Schwierigkeiten würden bei der Verpfändung eines Schiffsparks als solchen entstehen; für die Möglichkeit solcher Verpfändung ist kein praktisches Bedürfnis vorhanden.

2. Die Vorschrift des § 1230 Satz 1 ist anwendbar auf Schiffe, § 1230 Satz 2 dagegen nicht, weil insoweit die §§ 162 und 76 des Zwangsversteigerungsgesetzes eine Sonderregelung treffen.

3. Die Anwendung von § 1132 Abs. 2 BGB entfällt, weil eine Parzellierung von Schiffen nicht in Frage kommt. Die Verteilung der Forderung auf die Miteigentumsquoten eines Partenschiffes vollends würde als schlechte Begriffsjurisprudenz nationalsozialistischen Rechtsanschauungen durchaus widersprechen.

Ministerialrat *Krieger* führte sodann zu Leitsatz 5 Folgendes aus:

Was die *Übertragung* des Schiffspfandrechts angehe, so sei die gegenwärtige Rechtslage ohne Zweifel unbefriedigend. Das Gesetz habe das Eintragungsprinzip nur für die *Entstehung* des Schiffspfandrechts aufgestellt. Für die *Übertragung* seien die Grundsätze des Fahrnisrechts maßgebend. Es finde daher – worüber kein Streit herrsche – die Vorschrift des § 1250 Anwendung. Hiernach gehe das Pfandrecht mit der Übertragung der Forderung auf den neuen Gläubiger über. Das Pfandrecht könne nicht ohne die Forderung übertragen werden, wohl aber sei eine Übertragung der Forderung ohne Übertragung des Pfandrechts möglich. Werde bei der Übertragung der Forderung der Übergang des Pfandrechts ausgeschlossen, so erlösche das Pfandrecht. Die Übertragung der Forderung bedürfe ferner keiner besonderen Form; es genüge der Abtretungsvertrag. Demgegenüber verlange das Liegenschaftsrecht für die Abtretung der Forderung, die einer Hypothek zugrunde liege, die Wahrung der Form des § 1154, d.h. bei Briefhypotheken schriftliche Abtretungserklärung und Übergabe des Hypothekenbriefs, bei Buchhypotheken gemäß § 873 BGB Einigung über die Abtretung und Eintragung in das Grundbuch. Es dürfte sich empfehlen, für das Schiffspfandrecht auch bei der Abtretung den *Eintragungsgrundsatz* aufzustellen, also in Parallele zu § 1260 Abs. 1 Einigung zwischen dem bisherigen und dem neuen Gläubiger und Eintragung in das Schiffsregister zu verlangen. Denn dem für die Bestellung des Schiffspfandrechts aufgestellten Eintragungsgrundsatz würde ein wesentlicher Teil seiner Bedeutung genommen, wenn nur der ursprüngliche Gläubiger, nicht aber dessen Rechtsnachfolger aus dem Register ohne weiteres ersichtlich sei. Schon jetzt werde der neue Gläubiger aus Gründen der Sicherheit genötigt sein, möglichst bald seine Eintragung im Wege der Berichtigung herbeizuführen. Es scheine ihm aber im Interesse der Klarheit zu liegen und der Vermeidung von Streitigkeiten zu dienen, wenn man sich nicht auf diesen mittelbaren Druck beschränke, sondern unmittelbar die

Eintragung als Wirksamkeitserfordernis aufstelle. Hiergegen schienen ihm weder rechtliche noch praktische Bedenken zu bestehen. Insbesondere sei hiergegen auch dann kein Bedenken zu erheben, wenn es hinsichtlich der Rechtsstellung zwischen Pfandgläubiger und Eigentümer bei der bisherigen Rechtslage verbleibe, denn auch die Sicherungshypothek nach § 1184 unterliege im Falle der Abtretung dem Eintragungsgrundsatz. Die Einführung dieses Grundsatzes für die Übertragung des Schiffspfandrechts würde zwar, wenn dem Vorschlag gefolgt werde, das Schiffspfandrecht der Sicherungshypothek anzugleichen, keine Bedeutung für einen etwaigen gutgläubigen Erwerb haben. Denn § 1138, der die Verkehrshypothek den Grundsätzen des öffentlichen Glaubens unterstelle, gelte wie schon erwähnt, für die Sicherungshypothek nicht. Auch die Vorschrift des § 1156, durch welche die Anwendung der §§ 406-408 auf das Rechtsverhältnis zwischen dem Eigentümer und dem neuen Gläubiger in Ansehung der Hypothek ausgeschlossen werde, finde nach § 1185 Abs. 2 bei der Sicherungshypothek keine Anwendung. Sie würde deshalb auch nicht übernommen werden können, wenn das Schiffspfandrecht nach der Art der Sicherungshypothek ausgestaltet werde. Die Frage sei, welche praktische Bedeutung dies haben würde. Entscheidende Bedeutung werde s.E. nur die in § 1156 angeführte Vorschrift des § 406 haben. Danach könne der Schuldner eine ihm gegen den bisherigen Gläubiger zustehende Forderung auch dem neuen Gläubiger gegenüber aufrechnen, es sei denn, dass er bei dem Erwerb der Forderung von der Abtretung Kenntnis gehabt habe, oder dass die Forderung erst nach der Erlangung der Kenntnis und später als die abgetretene Forderung fällig geworden sei. Bei der Forderungsabtretung sei also der Erwerber der Forderung in weitem Umfange Aufrechnungseinreden des Schuldners ausgesetzt. Diese Einreden seien bei der Verkehrshypothek, wohlgemerkt nur hinsichtlich des dinglichen Rechts, durch § 1156 ausgeschlossen, während sie bei der Sicherungshypothek und nach dem gegenwärtigen Rechtszustand auch beim Schiffspfandrecht zulässig seien. Die Vorschriften der §§ 407 und 408 hätten demgegenüber seines Erachtens geringere Bedeutung. Nach § 407 müsse der neue Gläubiger eine Leistung, die der Schuldner nach der Abtretung an den bisherigen Gläubiger bewirke, sowie jedes sonstige zwischen dem Schuldner und dem bisherigen Gläubiger hinsichtlich der Forderung nach der Abtretung vorgenommene Rechtsgeschäft gegen sich gelten lassen, es sei denn, dass der Schuldner die Abtretung bei der Leistung oder der Vornahme des Rechtsgeschäfts kenne. Die Bedeutung dieser gegenwärtig schon für das Schiffspfandrecht anwendbaren Vorschrift, würde mit der Einführung des Eintragungsgrundsatzes für die Abtretung wesentlich eingeschränkt werden, denn die Abtretung würde erst mit der Eintragung vollendet sein (sofern nicht etwa die Einigung noch später erfolge), und da die Eintragung dem Eigentümer, der meistens persönlicher Schuldner sein werde, von der Registerbehörde mitgeteilt werde, so werde sich die Möglichkeit eines solchen Rechtsgeschäfts zwischen Schuldner und bisherigem Gläubiger auf einen verhältnismäßig kurzen Zeitraum beschränken. § 408, der von der Möglichkeit einer doppelten Abtretung durch den bisherigen Gläubiger ausgehe, werde bei Einführung des Eintragungsprinzips kaum zum Zuge kommen können, da nach Eintragung der Abtretung die Eintragung einer weiteren Abtretung durch den früheren Gläubiger schwer denkbar sei. Die Erörterung der Frage, ob Verkehrshypothek oder Sicherungshypothek werde also in diesem Punkt sich auf die Bedeutung des § 406 beschränken können. Ob dies von besonderer Bedeutung sei, werde davon abhängen, ob überhaupt mit einem größeren Verkehr in Schiffspfandrechten gerechnet werden müsse. Ihm persönlich erscheine dies nicht recht wahrscheinlich und er möchte es auch für fraglich halten, ob es ratsam sei, einen Verkehr in Schiffspfandrechten besonders zu fördern, ob es nicht vielmehr besser sei, ebenso wie bei der Begründung von Schiffspfandrechten auch beim Erwerb einer durch Schiffspfandrecht gesicherten Forderung den Erwerber zu nötigen, sich über das Bestehen der Forderung und über die etwa gegen sie begründeten Einreden zu unterrichten. Er sehe deshalb keinen besonderen Grund, mit Rücksicht auf die im § 1156 getroffene Regelung die Anlehnung an die Verkehrshypothek zu suchen.

Der *Vorsitzende* betonte, dass der fragliche Leitsatz 5 sowohl für den Fall, dass die Schiffshypothek als Verkehrshypothek gestaltet werde, wie für den Fall, dass sie nur den Charakter einer Sicherungshypothek erhalte, gelten solle. Neu sei, dass der Rechtsakt selbst in das Register verlegt werde. Die damit gewährleistete Übereinstimmung zwischen Register und wirklicher Rechtslage sei bedeutsam wegen des öffentlichen Glaubens des Registers. Im Übrigen zeige die Schwierigkeit des § 406 BGB wiederum, dass man besser tue, dem Vorbild der Verkehrshypothek zu folgen.

Gegen *Leitsatz 5:* „Die Übertragung eines Schiffspfandrechts ist an die Eintragung in das Schiffsregister zu knüpfen.", erhob sich kein Widerspruch.

Ministerialrat *Krieger* legte sodann zu Leitsatz 6 dar: Für die Geltendmachung des Schiffspfandrechts bestimme § 1268, dass der Pfandgläubiger seine Befriedigung aus dem Schiffe und dem Zubehör nur aufgrund eines vollstreckbaren Titels, nach den für die Zwangsvollstreckung geltenden Vorschriften suchen könne. Diese Vorschrift weiche grundsätzlich vom sonstigen Fahrnispfandrecht ab und entspreche der für die Hypothek im § 1147 getroffenen Regelung. Dieser Grundsatz werde aufrechterhalten werden müssen. Ob seine praktische Ausgestaltung im Einzelnen zweckmäßig sei, möge Anlass zu Zweifeln geben so z.B. hinsichtlich der Frage des Ortes der Versteigerung, der Zuständigkeit des Versteigerungsgerichts, der Berücksichtigung der Schiffsgläubigerrechte, der Möglichkeit, die Grundsätze der Liegenschaftsversteigerung über das geringste Gebot auch bei der Schiffsversteigerung einzuführen, der Frage der Durchführung der Vollstreckung in Zubehörstücke, künftig vielleicht auch in Bestandteile, die von dem Schiffe getrennt seien. Auf alle diese Fragen hier einzugehen, würde zu weit führen. Von Bedeutung seien aber zwei besondere Fragen. Die eine sei die Frage, ob man die im Liegenschaftsrecht durch § 794 Nr. 5 ZPO zugelassene *Unterwerfung unter die sofortige Zwangsvollstreckung* in der Form des § 800 ZPO hier zulassen solle, also in der Weise, dass die Zwangsvollstreckung aus der Urkunde gegen den *jeweiligen Eigentümer* des Schiffes zulässig sei. Von der Praxis, nämlich von Seiten der Schiffspfandbriefbanken sei die Ausdehnung gewünscht worden, in das Schiffsbankgesetz sei sie freilich nicht aufgenommen. Die Zulassung der Unterwerfung des jeweiligen Eigentümers des Schiffes unter die Zwangsvollstreckung könnte die Geltendmachung des Schiffspfandrechts nicht unwesentlich erleichtern. Werde sie eingetragen, so müsse der neue Eigentümer sie schon nach allgemeinen Registergrundsätzen gegen sich gelten lassen. Eine Schwierigkeit ergebe sich aber daraus, dass nach dem geltenden Recht und nach dem Ergebnis der Aussprache in den früheren Sitzungen auch in Zukunft der Eigentumswechsel sich zum Teil außerhalb des Schiffsregisters vollziehe.

Ministerialrat *Krieger* führte weiter zu Leitsatz 7 Folgendes aus: Der zweite Punkt, der hier der Erörterung bedürfe, sei die Anwendung des § 1229, der das Verbot der Vereinbarung einer sogenannten Pfandverfallklausel, lex commissoria, enthalte, d.h. das Verbot, vor dem Eintritt der sog. Verkaufsberechtigung zu vereinbaren, dass dem Pfandgläubiger, falls er nicht oder nicht rechtzeitig befriedigt werde, das Eigentum an der Pfandsache zufallen oder übertragen werden solle. Die Ansicht, dass diese Vorschrift auf das Schiffspfandrecht nicht anwendbar sei, werde nur von Staudinger mit dem Hinweis auf § 1268 begründet, während Schaps sie damit rechtfertigen wolle, dass sie die Erlangung des Besitzes des Schiffes voraussetze. Letzteres dürfte schon deshalb nicht zutreffen, weil jedenfalls bei Seeschiffen eine Übereignung ohne Besitzübertragung möglich sei. Man werde dem Gläubiger und dem Eigentümer ebenso wie im Liegenschaftsrecht die Befugnis zugestehen müssen, *nach* Eintritt der Fälligkeit der Forderung eine Vereinbarung, die auch in der Übertragung des Eigentums an dem Schiff bestehen könne, zu treffen. Denn die Verwertung des Schiffes im Wege der Zwangsvollstreckung dürfte vielfach unwirtschaftlich sein. Mit Rücksicht auf die aufgetauchten Zweifel werde es notwendig sein, diese Frage ausdrücklich zu klären, und es dürfte sich empfehlen, hier den von dem Vorsitzenden in seinem Handbuch bezeichneten Weg zu gehen, nämlich in Anlehnung an § 1149 BGB vor Eintritt der Fälligkeit der Forderung die Begründung des Rechts für den Gläubiger auszuschließen, die Übertragung des Eigentums an dem Schiff oder eine Veräußerung des Schiffes auf andere Weise als im Wege der Zwangsversteigerung zu verlangen.

Der *Vorsitzende* entgegnete, er begrüße beide Vorschläge. Die Unterwerfung des jeweiligen Eigentümers unter die Zwangsvollstreckung sei für die Schiffspfandgläubiger wesentlich, hinsichtlich des Verfallvertrages das Vorbild des § 1149 naheliegend. Man werde aber die Vertreter der Schiffsbanken zu den angeschnittenen Fragen hören müssen.

Direktor *Feindt* erklärte, er habe einen derartigen Fall, wie § 1149 ihn vorsehe, bisher in der Praxis noch nicht gehabt, doch würde diese Vorschrift sicher eine Erleichterung bedeuten. Für sehr bedeutsam halte er die Zulässigkeit der Unterwerfung unter die Zwangsvollstreckung mit Wirkung gegen den jeweiligen Schiffseigentümer. Wenn der Schuldner das Schiff im letzten Augenblick veräußere, dann habe der Gläubiger keinen Titel in der Hand. Ein über den Leitsatz 6 hinausgehender Antrag der Schiffsbanken schwebe zur Zeit beim Reichsjustizministerium.

Der *Vorsitzende* erwiderte, er halte es für zweckmäßig, wenn Direktor Feindt dem Berichterstatter und ihm eine Abschrift des erwähnten Antrages zukommen lassen würde.

Ministerialrat *Krieger* erklärte, ihm sei der Antrag noch nicht bekannt geworden, er wisse nur, dass eine Analogie zu § 800 ZPO in Vorbereitung sei. Wenn sich der Eigentumswechsel nicht im Register vollziehe, dann könne man ihn auch nicht durch öffentliche Urkunden nachweisen. Darin habe bisher die Schwierigkeit gelegen. Eine Abhilfe liege darin, dass künftig belastete Schiffe nur durch die Streichung bzw. Löschung ins Register übertragen werden könnten. Der Ausschuss habe beschlossen, dem Reeder für unbelastete Schiffe die Möglichkeit formloser Eigentumsübertragung zu belassen. Er halte das allerdings für bedenklich, da er nicht sehe, wie der Gläubiger feststellen solle, ob das Schiff unbelastet sei. In der Zeitspanne zwischen Registereinsicht und Übertragung könne ja gerade das Schiff belastet worden sein. Er sei daher gegen die zweifache Möglichkeit der Eigentumsübertragung eines Schiffes.

Der *Vorsitzende* erwiderte, man könne die Frage der Eigentumsübertragung heute nicht wieder aufrollen. Wenn sich aus dem Antrag der Schiffsbanken neue Gesichtspunkte ergeben sollten, so werde der Ausschuss auf *Leitsatz 6* (Unterwerfung des jeweiligen Schiffseigentümers unter die sofortige Zwangsvollstreckung) zurückkommen müssen. Der *Leitsatz 7* finde allgemeine Billigung: „Es empfiehlt sich, für das Schiffspfandrecht eine an § 1149 angelehnte Vorschrift vorzusehen."

Ministerialrat *Krieger* legte sodann zu Leitsatz 8 dar: Über die Rechtsbehelfe im Falle der sogenannten *Devastation* beständen z.Zt. nicht geringe Meinungsverschiedenheiten. Ausdrückliche Vorschriften fehlten. In Frage komme praktisch die Anwendbarkeit von §§ 1219, 1220 BGB in Verbindung mit § 1266. Nach § 1219 könne der Pfandgläubiger die Pfandsache öffentlich versteigern lassen, wenn durch drohenden Verderb oder durch eine zu befürchtende wesentliche Minderung des Wertes der Pfandsache die Sicherheit des Pfandgläubigers gefährdet werde. Der Erlös trete dann an die Stelle des Pfandes. Auf Verlangen des Verpfänders sei der Erlös zu hinterlegen. § 1220 gebe Verfahrensvorschriften, schreibe vor allem für den Regelfall vorherige Androhung vor. Die §§ 1219, 1220 würden von namhafter Seite für unanwendbar gehalten, weil sie den Besitz des Pfandgegenstandes voraussetzten, von anderer Seite wolle man die §§ 1219, 1220 in vollem Umfange anwenden, während wieder andere § 1219 mit der Maßgabe für anwendbar hielten, dass der Verkauf des Schiffes im Wege der Zwangsversteigerung erfolge. Der Vorsitzende habe in seinem Handbuch ausgeführt, die entsprechende Anwendung des § 1219, zusammengehalten mit § 1268, bedeute, dass der Pfandgläubiger die vorzeitige gerichtliche Zwangsversteigerung des Schiffes betreiben dürfe, und zu diesem Zwecke sich einen vollstreckbaren Titel durch Klage auf Duldung der Zwangsvollstreckung verschaffen könne; die Zwangsversteigerung aber führe sachgemäß zu vorzeitiger Befriedigung des Pfandgläubigers; das sei zwar die hypothekenrechtliche Analogie von § 1133, wonach dem Gläubiger unter näher bestimmten Voraussetzungen bei Gefährdung der Sicherheit der Hypothek infolge Verschlechterung des Grundstücks das Recht gegeben sei, sofort *Befriedigung* aus dem Grundstück zu suchen, nicht die von § 1219; aber dass der Zwangsversteigerungserlös kraft Surrogation Gegenstand des Pfandrechts werde und auf Verlangen des Verpfänders zu hinterlegen sei, das wäre eine recht unzweckmäßige Lösung.

Praktisch werde die angeschnittene Frage vielleicht deshalb von nicht allzu großer Bedeutung sein, weil in den meisten Fällen Tatsachen, welche die Anwendung des § 1219 oder des § 1133 rechtfertigten, in den Schuldurkunden als Grund zur sofortigen Fälligkeit oder zur fristlosen Kündigung bezeichnet sein würden. Immerhin werde es bei einer Neugestaltung des Rechts notwendig sein, die Frage auch für die Fälle zu lösen, in denen Vereinbarungen dieser Art nicht getroffen seien. Hierfür scheine ihm die von dem Vorsitzenden gegebene Lösung die sachgemäße zu sein. Sie würde darauf hinauslaufen, die Vorschriften des § 1133 in die Schiffspfandrechtsbestimmungen inhaltlich zu übernehmen. Logisch müsste auch eine Vorschrift übernommen werden, die dem § 1134 entspreche. Es frage sich, ob eine solche Vorschrift, die bei einer aus Einwirkungen durch den Eigentümer oder einen Dritten drohenden Gefährdung dem Gläubiger einen Unterlassungsanspruch gebe, praktische Bedeutung haben würde. Hinzuweisen sei in diesem Zusammenhang auf die Frage, inwieweit § 1227 in Verbindung mit § 1266 anwendbar sei. Nach dieser Vorschrift stünden dem Pfandgläubiger wegen Beeinträchtigung seines Pfandrechts Ansprüche nach Art der Eigentumsansprüche (§§ 985, 1004 BGB) zu. Die Annahme, dass § 1227 ganz unanwendbar sei, gehe jedenfalls zu weit. Andererseits sei die Auffassung, § 1227 gebe dem Gläubiger erforderlichenfalls den Anspruch, dass der Verpfänder oder der Reeder das Schiff zum Zwecke der Sicherstellung oder Befriedigung des Gläubigers herbeischaffe, und, falls ein Dritter im Besitz des Schiffes sei, z.B. der Ausrüster oder eine Werft, gegen diesen einen Anspruch auf Herausgabe zum Zwecke der Zwangsvollstreckung, wenig klar. Soweit sich das Schiff im deutschen Herrschaftsbereich befinde, sei nicht recht zu ersehen, welchen praktischen Wert die Verurteilung des Verpfänders oder Reeders zur Herbeischaffung des Schiffes haben solle. Sei dagegen in Deutschland das Schiff nicht im unmittelbaren Besitz des Verpfänders oder des Reeders, sondern eines Dritten, so dürfte diese Tatsache der Zwangsversteigerung nicht entgegenstehen, wenn der Verpfänder oder Reeder mittelbarer Besitzer sei. Es sei auch nicht recht zu erkennen, worauf der Herausgabeanspruch in diesem Falle gehen solle. Es müsste jedenfalls Herausgabe nicht an den Gläubiger, sondern an den Eigentümer erfolgen, da die Zwangsversteigerung nach § 164 ZVG zur Voraussetzung habe, dass der Schuldner das Schiff im Eigenbesitz habe.

Er schlage vor, die Regelung der §§ 1134 und 1135 BGB zu übernehmen.

Der *Vorsitzende* schlug vor, das Problem der Devastation in der nächsten Sitzung weiter zu beraten und schloss die Sitzung.

21. Arbeitssitzung vom 4.7.1935 (16 bis 18.45 Uhr)

Anwesend:
Vorsitzender: Prof. Dr. Wüstendörfer, Hamburg
und als weitere wissenschaftliche Mitglieder:
Rechtsanwalt Dr. Dettmers, Bremen
Direktor Michelau, Bremen
Dr. Schütte, Hamburg
Rechtsanwalt Dr. Schulze-Smidt, Bremen
Verwaltungsdirektor Sturm, Hamburg
vom Reichsjustizministerium:
Ministerialrat Krieger, Berlin
als praktisches Mitglied:
Direktor Brandt, Hamburg
als Sachverständige:
Oberinspektor Bleuss, Hamburg
Direktor Feindt, Hamburg
Aufsichtsratsvorsitzender Nottebohm, Hamburg
für die Niederschrift in der Sitzung:
Assessor Dr. Capelle, Hamburg und Fräulein Assessor Krüger, Hamburg
entschuldigt fehlten:
Richter Dr. Bramslöw, Hamburg
Rechtsanwalt Dr. Droege, Hamburg
Reichsgerichtsrat Dr. Lindenmaier, Leipzig
Dr. Riensberg, Hamburg
Rechtsanwalt Dr. Schüler, Hamburg
Dr. Völckers, Bremen
Geheimrat Wiedenfeld, Leipzig

Der *Vorsitzende* eröffnete die Sitzung mit dem Ausdruck der Hoffnung, dass der Ausschuss die Beratungen über das Schiffshypothekenrecht heute zum Abschluss bringen werde. Es seien nur noch wenige Punkte zu erledigen, vor allem die Frage, ob die *Versicherungsforderung des Reeders* in den Haftungsnexus einzubeziehen sei. Die Frage enthalte, wie er in der letzten Sitzung bereits angedeutet habe, im Wesentlichen zwei Schwierigkeiten. Die eine sei darin begründet, dass das Pfandrecht am Schiff seinem Wesen nach ein Verwertungsrecht an der Substanz darstelle, während die Versicherungsforderung nicht nur Schäden an der Substanz, sondern auch Haftpflichten zu decken bestimmt sei, wie im Falle der sog. „mittelbaren Kollisionsschäden" und der Havarie-grosse-Beiträge. Vielleicht werde man deshalb dazu kommen, die Versicherungsforderung nur in Höhe eines bestimmten Prozentsatzes dem Hypothekengläubiger haften zu lassen. Die zweite Schwierigkeit hänge damit zusammen, dass der Versicherungsnehmer im Falle eigenen schuldhaften Verhaltens gemäß § 33 ADS [Allg. Deutsche Seeversicherungsbedingungen] den Anspruch gegen den Versicherer verliere. Es frage sich nun, ob dieser Anspruch – ebenso wie nach § 101 VVG bei der Gebäudeversicherung – zugunsten des Hypothekengläubigers bestehen bleiben solle. Bejahe man diese Frage, so bedeute das eine erhebliche Verschärfung der Haftung des Versicherers.

Ministerialrat *Krieger* legte sodann zu *Leitsatz 2 c*: „Die Übernahme der in § 11 des Schiffsbankgesetzes ausgesprochenen Erstreckung des Pfandrechts auf Versicherungsforderungen in die allgemeinen Vorschriften ist ratsam" Folgendes dar:

Nach § 11 des Schiffsbankgesetzes sei die Beleihung nur zulässig, wenn das Schiff oder das Schiffsbauwerk entsprechend den Geschäftsbedingungen der Bank versichert sei. Die Bank sei verpflichtet, die Beleihung dem Versicherer unverzüglich anzuzeigen. Die Anzeige habe nach dem Gesetz die Wirkung, dass sich das für die Bank eingetragene Schiffspfandrecht kraft Gesetzes auf die Forderung gegen den Versicherer erstrecke. Hiermit sei im Rahmen dieser Vorschrift der Grundsatz des § 1127 Abs. 1 BGB für das Schiffspfandrecht eingeführt.

Er wolle nur auf die beiden von dem Vorsitzenden hervorgehobenen Fragen eingehen.

1. Was zunächst den Fall der mittelbaren Kollisionsschäden anlange, so decke de iure die Versicherung hier etwas, was dem Anschein nach über den versicherten Gegenstand hinaus gehe, wie Ersatzansprüche aus Schiffszusammenstoß und dergleichen. Indessen handele es sich de facto wohl doch um das Gleiche. Die erwähnten Ansprüche richteten sich nämlich gegen das Schiff, sie gingen dem Hypothekengläubiger im Range als Schiffsgläubigerrechte vor. Die Versicherung decke also eine rechtliche Beeinträchtigung des Hypothekengläubigers, nämlich den Schaden, den der Hypothekengläubiger dadurch erleiden könne, dass das Schiff als Haftungsobjekt in seinem Wert beeinträchtigt werde. Doch sei in diesem Zusammenhang auf gewisse Schwierigkeiten hinzuweisen. Praktisch ergebe § 11 Abs. 2 Satz 2 Schiffsbankgesetz die gleiche Haftungsregelung wie § 1127 Abs. 1 BGB, indem nach beiden Bestimmungen die Haftung der Forderung gegen den Versicherer erlösche, soweit der versicherte Gegenstand wieder hergestellt oder Ersatz für ihn beschafft sei. Im Liegenschaftsrecht sei hinsichtlich der Gebäudeversicherung noch etwas Weiteres vorgesehen in § 1128 BGB. Nach dieser Bestimmung könne der Versicherer die Versicherungssumme mit Wirkung gegen den Hypothekengläubiger an den Versicherten erst zahlen, wenn dem Hypothekengläubiger der Eintritt des Schadens angezeigt und seit dem Empfang der Anzeige ein Monat verstrichen sei. Aus dem Bürgerlichen Gesetzbuch ergebe sich ferner, dass vor der Pfandreife die Leistung des Versicherers nur an den Versicherten und den Hypothekengläubiger gemeinschaftlich bewirkt werden könne. Der Versicherer dürfe also sowohl an den Versicherten wie auch *an einen Drittberechtigten* nur zahlen, wenn der Hypothekengläubiger zustimme. Diese Zustimmung werde, was Zahlungen des Reeders an Drittberechtigte betreffe, im Allgemeinen erteilt werden, da ja die Zahlung an den Drittberechtigten das dem Hypothekengläubiger vorgehende Recht zum Erlöschen bringe. Er spreche sich also dafür aus, dass man die Norm des § 11 Schiffsbankgesetz übernehme, ferner die Anzeigepflicht gemäß § 1128 BGB, dass aber die Ansprüche Drittberechtigter *ohne* die Zustimmung des Hypothekengläubigers vom Versicherer befriedigt werden dürften.

2. Bei dem zweiten angeschnittenen Problem, der Frage des § 101 VVG, liege die Sache etwas anders. Es scheine ihm fraglich, ob man die §§ 99 ff., insbesondere die §§ 100 und 101 VVG, auf das Schiffspfandrecht überhaupt anwenden könne. Gelange man zu dem Ergebnis, dass diese Normen für das Schiffspfandrecht anwendbar seien, so werde dadurch allerdings die Bedeutung der Versicherung für den Hypothekengläubiger erheblich verringert. Er glaube jedoch, dass man zu dieser Lösung werde kommen müssen. Jedenfalls sehe er keinen anderen Weg, um über die Schwierigkeiten hinwegzukommen. Beim Schiff handele es sich ja nicht lediglich um eine Feuerversicherung, sondern um eine alle Transportgefahren deckende Versicherung. Hier spiele daher das Verhalten des Versicherungsnehmers eine weit größere Rolle als bei der Gebäudeversicherung. Wenn beispielsweise das Schiff auf eine gefährliche Reise geschickt werde, so könne man dem Versicherer nicht zumuten, das ganze Risiko im Verhältnis zum Hypothekengläubiger zu übernehmen. Vielmehr müsse uneingeschränkt § 61 VVG zur Anwendung kommen, nach dem der Versicherer von der Verpflichtung zur Leistung frei sei, wenn der Versicherungsnehmer den

Versicherungsfall vorsätzlich oder durch grobe Fahrlässigkeit herbeigeführt habe. Er halte es nicht für ratsam, die §§ 100-101 VVG auf die Schiffsversicherung zu erstrecken, da es sich bei der Gebäudeversicherung und bei der Schiffsversicherung um ganz verschiedene Arten der Versicherung handele. Man werde sich vielmehr damit begnügen müssen, dass man dem Hypothekengläubiger wenigstens für den Regelfall eine größere Sicherheit verschaffe.

Zusammenfassend spreche er sich dahin aus, dass die Schiffshypothek auf die Versicherungsforderung zu erstrecken und dass ferner zur Ergänzung des § 11 Schiffsbankgesetz eine Vorschrift einzuführen sei, die etwa dem § 1128 Abs. 1 BGB entspreche; dagegen sei eine Analogie zu § 101 VVG abzulehnen.

Direktor *Brandt* führte aus, er wolle in der vom Berichterstatter gewählten Reihenfolge zu den zwei Problemen Stellung nehmen, zunächst nur zum ersten. Auszugehen sei von § 11 Schiffsbankgesetz. Das Pfandrecht erstrecke sich danach auf die ganze Forderung aus der Police. Die Kaskoversicherung umfasse aber bekanntlich nicht nur den Fall der Beschädigung und des Totalverlustes, sondern auch die Haftpflichtfälle, insbesondere die Havarie-grosse-Beiträge und die mittelbaren Kollisionsschäden. Nach dem Wortlaut des § 11 Schiffsbankgesetz seien auch diese Forderungen als dem Hypothekengläubiger verpfändet anzusehen. Dieser Regelung sei auch, wie der Berichterstatter schon ausgeführt habe, eine gewisse Berechtigung nicht abzusprechen. Denn das Recht der aus Havarie-grosse-Fällen etc. Berechtigten gehe dem Hypothekengläubiger vor, doch erwüchsen hier eine Reihe von Schwierigkeiten. Zunächst sei es oft fraglich, ob im Falle einer Kollision ein Pfandrecht nach Art eines Schiffsgläubigerrechts zugunsten eines Dritten überhaupt zur Entstehung gelangt sei. Die Beantwortung dieser Frage richte sich ja häufig nach ausländischem Recht. Es lasse sich dann nicht immer ohne weiteres feststellen, ob nach dem maßgebenden Recht ein Pfandrecht entstanden sei. Die Versicherung decke aber derartige Ansprüche auch dann, wenn ein Pfandrecht nicht bestehe. Ferner sei darauf hinzuweisen, dass die Versicherung auch solche Aufwendungen decke, die im Zusammenhang mit einer Kollision in aller Regel gemacht würden. Es frage sich, ob der Hypothekengläubiger auch insoweit Rechte haben solle. Zu bedenken sei weiter, dass in den meisten Fällen *sofort* eine Sicherheit gegeben werden müsse, um zu verhindern, dass das Schiff in die Kette gelegt werde. Vielfach sei der Reeder dazu aber nur in der Lage, wenn der Versicherer sofort leiste. Die größten Schwierigkeiten würden entstehen, wenn erst die Zustimmung des Hypothekengläubigers zu dieser Zahlung eingeholt werden müsste. Ein Monat Zeit stehe niemals zur Verfügung. Mit der Regelung des § 1128 BGB sei daher die Angelegenheit nicht zu erledigen. Welche Schwierigkeiten sich hier ergeben könnten, zeigten besonders deutlich die ungünstigen Erfahrungen, welche die Versicherungsgesellschaften mit holländischen Hypothekengläubigern gemacht hätten, vor allem dann, wenn diese die Rechte aus der Police durch Abtretung erworben hätten. § 11 Schiffsbankgesetz erweise sich als unzulänglich und lückenhaft. Wenn man dem Hypothekengläubiger ein Pfandrecht auch an den erwähnten Ansprüchen gewähre, so seien von seiner Seite auch Schikanen möglich. Er könne eine ordnungsmäßige Regulierung vollständig vereiteln. Das müsse aber unter allen Umständen verhindert werden. Sein Vorschlag gehe deshalb dahin, das Pfandrecht des Hypothekengläubigers zwar auf die Versicherungsforderung in ihrer vollen Höhe zu erstrecken; wenn aber der Reeder verlange, dass der Versicherer unmittelbar an den Dritten zahle, der gegen den Reeder einen Anspruch habe, so dass der Hypothekengläubiger sicher sein könne, dass das Geld tatsächlich in die Hände des Berechtigten gelange, dann dürfe der Hypothekengläubiger der Zahlung nicht widersprechen. Ohne eine solche Bestimmung sei der Schikane Tür und Tor geöffnet. An diesem Punkt werde seines Erachtens die Beratung zunächst einzusetzen haben.

Rechtsanwalt *Dr. Dettmers* erklärte, er wolle sich zunächst auf die Frage beschränken, wieweit dem Hypothekengläubiger ein Mitbestimmungsrecht eingeräumt werden solle bei der Zahlung von Havarie-grosse-Beiträgen und mittelbaren Kollisionsschäden. Er stimme Direktor

Brandt darin zu, dass derartige Ansprüche vom Versicherer müssten befriedigt werden können, *ohne* dass der Hypothekengläubiger das Recht hätte, zu widersprechen. Er habe diese Ansicht auch schon früher in einem Aufsatz vertreten. Problematisch erscheine ihm in diesem Zusammenhang aber der Fall, dass der Restanspruch aus der Versicherung nicht mehr zur vollen Befriedigung des Hypothekengläubigers wegen des eigentlichen Kaskoschadens ausreiche.

Direktor *Brandt* erwiderte: Nach § 37 Abs. 4 ADS komme der Anspruch des Drittberechtigten erst an letzter Stelle zur Befriedigung. Ausfallen könne demnach nur dieser, nicht der Hypothekengläubiger.

Rechtsanwalt *Dr. Dettmers* entgegnete, seiner Ansicht nach lege Direktor Brandt diese Bestimmung zu weit aus. Diese Norm bedeute vielmehr nur, dass der Versicherer nicht mehr als in Höhe von 100% zu decken brauche. Der Fall, den er als problematisch bezeichnet habe, könne sehr leicht vorkommen, z.B. dann, wenn sowohl Ersatzanspruch wie Kaskoschaden mehr als 50% der Versicherungssumme ausmachten. Er glaube, dass sich im Allgemeinen keine Schwierigkeiten ergäben, weil der Versicherer solche Ansprüche nicht befriedigen werde, wenn zu vermuten sei, dass dann der Kaskoschaden nicht ganz gedeckt würde. Die Rechtslage verändere sich jedoch, wenn der Hypothekengläubiger ein Pfandrecht an der Versicherungssumme habe. Man müsse dann im Interesse des Hypothekengläubigers sicherstellen, dass primär aus der Versicherungssumme Ersatz des Kaskoschadens gewährt werde.

Direktor *Brandt* bemerkte, er billige den Grundsatz, dass dem Hypothekengläubiger der ganze Versicherungsanspruch hafte, dass also grundsätzlich über diesen Anspruch nicht ohne seine Zustimmung verfügt werden könne. Es müsse aber unter allen Umständen vermieden werden, dass infolge dieses Mitbestimmungsrechts das Geld, das wirtschaftlich einem Drittberechtigten zustehe, in die Tasche des Hypothekengläubigers fließe. Hier scheine ihm der Schwerpunkt des Problems zu liegen.

Der *Vorsitzende* führte aus: Der geschilderten Gefahr werde wohl durch den Vorschlag des Direktors Brandt genügend vorgebeugt. Man müsse also etwa *Folgendes bestimmen*: „Weist der Versicherungsnehmer den Versicherer an, unmittelbar an den geschädigten Dritten (Kollisionsgläubiger, Havarie-grosse-Berechtigten) oder an einen anderen Drittberechtigten (Werft) zu zahlen, dann darf der Hypothekengläubiger einer solchen Auszahlung nicht widersprechen."

Ministerialrat *Krieger* bemerkte, er möchte die verschiedenen Fälle doch lieber gesondert behandeln, nämlich die Kollisionsforderungen und Havarie-grosse-Ansprüche auf der einen Seite und die Ansprüche aus Schiffsreparaturen auf der anderen Seite. Jene seien *gesetzlich* entstandene Forderungen, diese beruhten auf *Vertrag* mit dem Versicherungsnehmer. Bei der zweiten Gruppe sei die Möglichkeit fiktiver Forderungen gegeben.

Direktor *Brandt* wies darauf hin, dass die Versicherungsgesellschaften nach den Bedingungen aufgrund der Taxe regulieren könnten; ihnen sei es gleichgültig, ob der Reeder das Schiff reparieren lasse oder das Geld anderweitig verwende.

Rechtsanwalt *Dr. Dettmers* erklärte, im Falle der Wiederherstellungsklausel müsse der Versicherer das Recht haben, ohne Zustimmung des Hypothekengläubigers auszuzahlen. Dieser Betrag dürfe nicht vom Hypothekengläubiger verschluckt werden. Es gebe auch heute schon Schiffshypothekenklauseln, nach denen der Versicherer trotz Verpfändung der Versicherungsforderung ordnungsmäßig reparierte Kaskoschäden sowie Havarie-grosse-Beiträge nach ordnungsmäßig aufgemachter Dispache und endlich auch Kollisionsschäden begleichen dürfe. In diesem Sinne müsse auch die gesetzliche Regelung getroffen werden.

Direktor *Feindt* führte aus: Wenn in den Bedingungen der Banken ausnahmslos vereinbart sei, dass alle Zahlungen des Versicherers *an die Banken* zu geschehen hätten, so sei diese Vorsichtsmaßregel nicht ohne Grund getroffen. Es könne nämlich andernfalls leicht vorkommen, dass das Geld in falsche Hände gerate. Es gebe hier und da Reeder, die es verstünden, „auf Havariegrosse zu reisen". Die Banken hätten sich durch die erwähnte Klausel ein Kontrollrecht sichern wollen. Sie könnten dieses Recht nicht ohne weiteres aus der Hand geben. In den meisten Fällen könne die Bank allerdings erfahrungsgemäß ihre Zustimmung erteilen.

Besondere Verhältnisse zeigten sich bei den Küstenschiffen. Sie seien meistens in Gilden versichert. Dort herrsche nicht nur größte Sparsamkeit, sondern ein Mitglied kontrolliere genau das andere. Die Gilden hätten sich wiederholt über die aus der Klausel der Banken resultierenden Schwierigkeiten beklagt. Die Banken hätten daraufhin gewisse Erleichterungen gewährt. Sie ließen es nämlich stillschweigend zu, dass Bergelöhne etc. ohne ihre ausdrückliche Zustimmung ausgezahlt würden. Zuweilen werde auch ein gewisser Prozentsatz der Taxe generell freigegeben, weil man wisse, dass bei den Gilden eine strenge Kontrolle herrsche. Dagegen sei bei den Versicherungsgesellschaften eine Nachprüfung nicht ohne weiteres möglich. Bei ihnen sei das ganze Verfahren ein anderes. Hier müssten die Banken daher auf ihrem Kontrollrecht bestehen.

Der *Vorsitzende* erwiderte: Es zeige sich hier ein gewisser Interessengegensatz zwischen Hypothekengläubigern und Reedern. Vielleicht könne man diesen Gegensatz durch einen Kompromiss ausgleichen. Die Banken wünschten ein Kontrollrecht, andererseits müsse verhindert werden, dass die Hypothekengläubiger Schikane üben könnten oder dass auch nur Schwierigkeiten entstünden, wie im Fall der Gilden. Zu erwägen sei, ob man nicht eine Lösung finden könne, indem man gleichzeitig anknüpfe an den Vorschlag des Direktors Brandt und an das von den Banken zum Teil schon geübte Verfahren. Man würde dann etwa zu *folgendem Satz* kommen: „Weist der Versicherungsnehmer den Versicherer an, den Drittberechtigten zu befriedigen, so darf der Hypothekengläubiger der Auszahlung nicht widersprechen, *sofern die Zahlung nicht über einen bestimmten festzulegenden Taxsatz hinausgeht.*"

Dr. *Schütte* bezeichnete die Anregung des Vorsitzenden als beifallswert. In der Praxis werde dem Reeder schon jetzt teilweise eine gewisse Höchstsumme freigegeben. Voraussetzung dafür sei natürlich ein besonderes Vertrauensverhältnis.

Direktor *Brandt* wandte sich gegen den Vorschlag des Vorsitzenden. Er halte es nicht für angängig, einen bestimmten Prozentsatz gesetzlich festzulegen. Es handele sich hier nicht um ein Interesse der Versicherungsgesellschaften, sondern der Reeder. Es scheine ihm für die Schifffahrt untragbar zu sein, wenn alle Zahlungen des Versicherers zunächst an den Hypothekengläubiger erfolgen müssten oder von dessen Zustimmung abhängig seien. Vielleicht sei es zweckmäßig, einen noch größeren Kreis von Reedern zu dieser Frage zu hören.

Der *Vorsitzende* erwiderte, es sei richtig, dass die Festlegung eines bestimmten Prozentsatzes etwas Starres an sich habe. Indessen sei der Gesetzgeber manchmal dazu gezwungen, mit einem festen Prozentsatz zu arbeiten. So nehme der Brüsseler Entwurf über beschränkte Reederhaftung 10% des Schiffswertes generell als fingierte Fracht an. Auch sei daran zu erinnern, dass nach geltendem deutschen Havarie-grosse-Recht die Nettofracht ein für allemal auf zwei Drittel der Bruttofracht festgesetzt sei. Eine derartige Regelung sei zwar bis zu einem gewissen Grade willkürlich, habe aber den Vorzug der Einfachheit. Vielleicht gelinge es aber auch, eine andere elastischere Lösung zu finden.

Rechtsanwalt *Dr. Dettmers* erklärte, er möchte Direktor Brandt gegen Direktor Feindt unterstützen. Es gebe Fälle, in denen sehr schnell gehandelt werden müsse, so im Falle der Arrestgefahr mit Rücksicht auf § 36 ADS. Die prompte Auszahlung von Versicherungsgeldern an Drittberechtigte ohne Behinderung durch den Hypothekengläubiger müsse möglich sein.

Aufsichtsratsvorsitzender *Nottebohm* wies darauf hin, dass der ausländische Hypothekengläubiger, der z. Zt. wegen der Devisenschwierigkeiten nicht zu seinem Gelde kommen könne, ein größeres Interesse an der Erlangung der Versicherungssumme habe als der deutsche Hypothekengläubiger. Ferner sei die Frage wichtig, ob ein Schiff nach Ausführung einer Reparatur sofort wieder neu versichert sei. Er wolle nur auf diese beiden Punkte hinweisen.

Der *Vorsitzende* entgegnete, was den ersten Punkt anlange, so bestehe allerdings z. Zt. ein praktischer Unterschied. Man hoffe aber doch, dass es sich bei den Devisenschwierigkeiten um einen zeitlich begrenzten Zustand handele. Er halte es daher für bedenklich, die geplante gesetzliche Regelung auf einer entsprechenden Unterscheidung aufzubauen.

Direktor *Brandt* wies zu der zweiten von dem Aufsichtsratsvorsitzenden Nottebohm angeschnittenen Frage darauf hin, dass, wenn der Schaden von dem Versicherer gedeckt werde, die Versicherung bestehen bleibe. Der Schadensfall gewähre dem Versicherer regelmäßig kein Recht zu Kündigung. Das Schiff sei nach der Reparatur wieder zur vollen Höhe versichert, der gezahlte Betrag werde nicht in Abzug gebracht. Die Versicherung werde meistens für eine bestimmte Zeit, z.B. für ein Jahr, abgeschlossen. Im Falle einer Kündigung bestehe bei der Binnenversicherung gemäß § 100 VVG das Versicherungsverhältnis zugunsten des Hypothekengläubiger noch einen Monat nach Kenntnis von der Beendigung fort, damit das Gebäude nicht unversichert bleibe, solange eine neue Versicherung nicht abgeschlossen ist.

Ministerialrat *Krieger* legte dar: Die Debatte lasse einen zwischen Hypothekenbanken und Reedern bestehenden Interessengegensatz erkennen. Direktor Feindt sehe die Sache vom Standpunkt der Banken aus. Diese hätten sicher kein Interesse daran, die Reeder zu schädigen, doch müssten die Reeder nicht nur mit den Hypothekenbanken rechnen, sondern mit jeder Art von Hypothekengläubigern. Man wolle doch ganz allgemein für jedes Schiffspfandrecht geltende Bestimmungen schaffen. Man müsse daher seines Erachtens grundsätzlich dem Vorschlage des Direktors Brandt folgen. Seinen ursprünglichen Vorschlag ziehe er zurück. Es frage sich aber, ob man nicht unterscheiden müsse zwischen gesetzlichen Ansprüchen wie im Falle der Kollisions- und Havarie-grosse-Schäden einerseits und vertraglichen Ansprüchen andererseits. Die Erfüllung der gesetzlichen Ansprüche ohne Zustimmung des Hypothekengläubigers werde man unbedenklich zulassen können. Derartige Zahlungen müsse der Hypothekengläubiger gegen sich gelten lassen. Dagegen scheine ihm hinsichtlich der vertraglichen Ansprüche die Schaffung eines Widerspruchsrechts, dass innerhalb einer sehr kurzen Frist auszuüben wäre, ratsam zu sein. Insoweit möchte er also auch jetzt noch eine Analogie zu § 1128 BGB befürworten.

Der *Vorsitzende* erwiderte, dann würde also gegebenenfalls der von Direktor Brandt und ihm selbst formulierte Satz einzuschränken sein durch die *Fassung*: „... an einen solchen Dritten, der einen auf Gesetz beruhenden Anspruch geltend macht".

Ministerialrat *Krieger* bemerkte, dass er hinsichtlich der vertraglichen Ansprüche nicht die Zustimmung des Hypothekengläubigers zur Zahlung, sondern nur die Möglichkeit eines Widerspruchs gegen die Zahlung ins Auge fassen möchte.

Dr. Schütte regte an, zu diesem Punkt noch einmal die Reeder zu hören, die darin eine besondere Erfahrung hätten, wenn auch Ministerialrat Krieger, Direktor Brandt und Dr. Dettmers theoretisch bereits den Standpunkt der Reeder vertreten hätten. Auch er sei der Ansicht, dass man auf die Schwierigkeiten für die ausländischen Hypothekengläubiger infolge der augenblicklichen Devisenlage in der künftigen gesetzlichen Regelung keine Rücksicht nehmen könne.

Rechtsanwalt *Dr. Dettmers* erklärte, die von Ministerialrat Krieger vorgeschlagene Unterscheidung sei in der Praxis nicht zu halten. Bei den vertraglichen Ansprüchen werde es sich meistens um Reparaturansprüche handeln. Gerade mit der Reparatur aber könne gewöhnlich nicht lange gewartet werden, denn mit dieser Wartezeit seien große Kosten an Hafengeldern, Löhnen etc. verbunden. Wenn auch die Banken wohl in solchen Fällen keine Schwierigkeiten machen würden, so seien doch vielleicht Störungen von anderen Hypothekengläubigern zu erwarten. Die Frage müsse daher einheitlich geregelt werden. Das Widerspruchsrecht der Hypothekengläubiger sei also zu verneinen bei Zahlungen an Dritte aus mittelbaren Kollisionsschäden, aus Havarie-grosse-Beiträgen und aus Partikularschäden.

Direktor *Brandt* betonte ebenfalls, dass die Belange des Reeders geschützt werden müssten. Der Reeder, nicht der Hypothekengläubiger müsse das Bestimmungsrecht haben. Man nehme einmal folgenden Fall: Das Schiff sei mit 100% taxiert, die Reparaturkosten betrügen 50%. Der Reeder wolle das Schiff reparieren lassen, während der Hypothekengläubiger ein neues Schiff erbaut sehen wolle. Dann sei der Hypothekengläubiger in der Lage, aus seinem Interesse heraus zu verhindern, dass das Schiff wiederhergestellt werde. Das dürfe auf keinen Fall ermöglicht werden. Der Hypothekengläubiger dürfe nicht aus dem Zufall der Havarie einen besonderen Vorteil ziehen. Zur größeren Sicherheit könnten sich ja die Banken, wie es bisher schon zum Teil üblich sei, den Versicherungsanspruch abtreten lassen. Das sei dann die schärfste Maßregel gegen den Reeder. Das Gesetz dürfe aber eine solche Schärfe gegen den Reeder nicht enthalten.

Der *Vorsitzende* erwiderte, die Ausführungen von Direktor Brandt und Dr. Dettmers seien überzeugend. Auch er habe den Eindruck, dass es nicht angehe, zwischen gesetzlichen und vertraglichen Ansprüchen zu unterscheiden. Man müsse also auf die ursprüngliche Anregung von Direktor Brandt zurückkommen.

Rechtsanwalt *Dr. Schulze-Smidt* bemerkte zur Klarstellung: Die Rechtslage verändere sich bei Abtretung des Versicherungsanspruchs, die nach wie vor zulässig bleiben solle. Auch könne wohl zwischen Hypothekengläubiger und Reeder vereinbart werden, dass die Versicherungssumme nicht in einer bestimmten Weise verwendet werden dürfe.

Ministerialrat *Krieger* erklärte, er habe seinen Vorschlag nur im Interesse der größeren Sicherheit des Hypothekengläubigers gemacht. Er wolle nunmehr an der vorgeschlagenen Unterscheidung nicht mehr festhalten. Dass ein Teil der Versicherungssumme an Drittberechtigte gelange, sei dann eben als ein Risiko anzusehen, das der Hypothekengläubiger tragen müsse.

Rechtsanwalt *Dr. Dettmers* wies darauf hin, dass vielfach lediglich der Versicherungsanspruch aus Totalverlust verpfändet oder zediert werde.

Ministerialrat *Krieger* richtete an Direktor Feindt die Frage, welche praktische Bedeutung der Zusatz in § 11 Abs. 1 Schiffsbankgesetz habe „... wenn das Schiff ... entsprechend den Geschäftsbedingungen der Bank versichert ist".

Direktor *Feindt* erwiderte: Der Gesetzgeber habe den Banken nicht besondere Rechte gegeben, sondern Fesseln anlegen wollen im Interesse der Pfandbriefgläubiger. Die Geschäftsbedingungen seien gemeinsam mit dem Verkehrsministerium und dem Justizministerium ausgearbeitet worden. Im Übrigen könne er alles, was bisher vorgetragen sei, wohl verstehen, doch müsse das neue Recht alle Fälle vorsehen, man müsse also berücksichtigen, dass es auch unredliche Reeder gebe.

Direktor *Brandt* erklärte, bei der Schaffung des § 11 Schiffsbankgesetz habe man die Interessen der Pfandbriefgläubiger im Auge gehabt. Die Bestimmung erfasse also nur einen kleinen Ausschnitt aus dem ganzen Schiffshypothekenwesen. § 11 sage im Übrigen nur, dass sich die Hypothek auf die Versicherungsforderung erstrecken solle, soweit eine Versicherung genommen sei; dagegen enthalte die Vorschrift nichts darüber, in welchem Umfange Versicherung genommen werden müsse.

Der *Vorsitzende* stellte als *Ergebnis der Beratungen* fest, dass der Ausschuss sich den von Direktor Brandt und von ihm selbst formulierten Satz [...] zu Eigen mache und schlug sodann vor, zur *Beratung der zweiten Frage (§ 101 VVG)* überzugehen.

Direktor *Brandt* führte aus: In diesem Punkte stimme er mit Ministerialrat Krieger vollständig überein. Die Übernahme des § 101 VVG würde eine Erhöhung des Versicherungsrisikos und eine Störung des Versicherungsgeschäftes bedeuten. Es müsse z.B. § 58 ADS (mangelnde Seetüchtigkeit des Schiffes) auch dem Hypothekengläubiger gegenüber nach wie vor geltend gemacht werden können. Möglich sei es natürlich, dass ein vorsichtiger Hypothekengläubiger das

Risiko, das ihm aus einem schuldhaften Verhalten des Reeders erwachsen könne, seinerseits besonders versichere.

Rechtsanwalt *Dr. Dettmers* unterstrich die Ausführungen des Direktors Brandt.

Der *Vorsitzende* stellte fest, dass somit eine Analogie zu § 101 VVG abgelehnt werde.

Ministerialrat *Krieger* warf die Frage auf, wie es sich mit § 100 VVG in Verbindung mit den dort zitierten §§ 51 Abs. 2, 59 Abs. 3 VVG verhalte.

Direktor *Brandt* schlug vor, auch eine derartige Regelung nicht in das Gesetz aufzunehmen. Andernfalls würden große Schwierigkeiten entstehen.

Ministerialrat *Krieger* bemerkte: Auch er sei gegen die Analogie zu § 100 VVG. Man könne dem Schiffsversicherer, der auch die Haftpflicht zu decken habe, nicht zumuten, das Risiko noch einen Monat länger zu tragen. Das liege bei der Gebäudeversicherung anders.

Der *Vorsitzende* stellte fest, dass der Ausschuss auch eine Analogie zu § 100 VVG ablehne. Man könne sich nunmehr der *Frage der Devastation* (Leitsatz 8) zuwenden. Der Berichterstatter habe zu diesem Punkt bereits gesprochen. Das BGB unterscheide zwei Fälle. § 1133 BGB regele den Fall, dass die Verschlechterung des Grundstücks bereits eingetreten sei, und gewähre dem Hypothekengläubiger ein Recht auf Beseitigung der Hypothekgefährdung bzw. auf Befriedigung. In § 1134 BGB sei der Fall der drohenden Verschlechterung behandelt, der den Hypothekengläubiger berechtige, auf Unterlassung zu klagen. Es frage sich, ob man diese Normen auch auf das Recht der Schiffshypothek übertragen könne.

Direktor *Feindt* wies darauf hin, dass in Ziffer 6 der Geschäftsbedingungen der Banken 19 Fälle aufgezählt seien, in denen die Bank das Recht auf sofortige Rückzahlung der Hypothek habe. Man müsse die Regelung der Praxis überlassen. Die Vorschriften des Grundstücksrechts passten hier nicht.

Der *Vorsitzende* erwiderte: Die Regelung der Praxis sei anscheinend durchdachter und viel ausführlicher als die Analogie des BGB. Es sei unverkennbar, dass die Regelung des Bürgerlichen Gesetzbuches gewisse Mängel aufweise. Die Grenzen zwischen drohender und bereits eingetretener Devastation seien doch sehr flüssig. Es sei legislatorisch bedenklich, für diese beiden Tatbestände ganz verschiedene Rechtsfolgen zu schaffen, man schaffe damit eine vermeidenswerte Rechtsunsicherheit. § 1134 BGB habe auch wohl mehr theoretische Bedeutung, da die dort vorgesehene Unterlassungsklage für den Fall drohender Gefährdung ungenügend sei.

Ministerialrat *Krieger* führte aus: Die Bedingungen der Banken seien gemeinschaftlich mit der Regierung ausgearbeitet. Man habe davon abgesehen, durch Gesetz vorzuschreiben, was vereinbart werden dürfe. Doch sei eine gesetzliche Regelung für den Fall fehlender Vereinbarung nötig. Wenn beispielsweise ein Ostseeschiff plötzlich auf eine Fahrt in das Weiße Meer geschickt werden solle, so müsse der Hypothekengläubiger dies verhindern können. Nach geltendem Recht finde auf diesen Fall § 1227 BGB Anwendung, der einen Anspruch aus § 1004 BGB gewähre. Er sei der Meinung, dass die Übernahme der §§ 1133-1135 BGB eine zweckmäßige Regelung bedeuten würde.

Der *Vorsitzende* entgegnete, auch er sei keineswegs dafür, dass dieser Fall nicht geregelt werde, vielmehr müsse eine Bestimmung in eventum getroffen werden. Doch halte er es für erwägenswert, die künftige gesetzliche Regel nicht nach dem Vorbild des Bürgerlichen Gesetzbuches, sondern in Anlehnung an die Geschäftsbedingungen der Schiffsbanken zu schaffen. Da es nur drei Schiffsbanken gebe, so sei wohl anzunehmen, dass die Bedingungen bereits eine typische Form angenommen hätten. Solche Regelung sei also wohl lebensnäher als die reichlich theoretischen Vorschriften der §§ 1133 ff. BGB.

Ministerialrat *Krieger* erwiderte, seiner Ansicht nach seien die Geschäftsbedingungen der Banken kein geeignetes Vorbild für eine gesetzliche Regelung. Der fragliche Punkt sei dort allzu kasuistisch geregelt. Stelle sich der aufgestellte Katalog nach zwei Jahren als nicht vollständig heraus, so werde er eben geändert. Auch eigneten sich die genannten Fälle nicht alle zur Aufnahme in das Gesetz, so z.B. nicht die Bestimmung, dass die Hypothek fällig werde im Falle des Todes des Schuldners oder wenn das Schiff seine Klasse verliere.

Direktor *Brandt* wies darauf hin, dass schon jede größere Reparatur zur Vernichtung der Klasse führe.

Ministerialrat *Krieger* betonte noch einmal, dass die Bedingungen sich nur für die Banken eigneten, die von ihnen einen vernünftigen Gebrauch machten. Es gehe nicht an, dass ein privater Hypothekengläubiger eine Reparatur zum Anlass nehme, die Fälligkeit der Hypothek geltend zu machen.

Der *Vorsitzende* erwiderte, nachdem er von den Geschäftsbedingungen jetzt im Einzelnen Kenntnis genommen habe, sei auch er der Ansicht, dass sie zu kasuistisch seien, um als Vorbild für eine gesetzliche Regelung dienen zu können. Es frage sich dann, ob § 1133 BGB ausreiche.

Direktor *Brandt* bemerkte, ihm scheine es am besten zu sein, wenn man für diesen Fall überhaupt keine gesetzliche Regelung treffe, sondern ihn vollständig der freien Parteivereinbarung überlasse.

Ministerialrat *Krieger* erklärte, im Ministerium sei man bemüht, für einen Interessenausgleich zu sorgen, indem man die Bedingungen einander angleiche und Spitzen abschleife. Wenn man von einer gesetzlichen Regelung ganz absehe, dann genieße der Unerfahrene keinen Schutz. Er möchte es vermeiden, dass private Hypothekengläubiger die Bankbedingungen als Krücke für unbillige Ansprüche benutzten.

Der *Vorsitzende* erwiderte, eine gesetzliche Regelung der Sicherung des Hypothekengläubigers scheine hiernach doch nötig zu sein. Man komme daher zu dem Ergebnis, dass eine gesetzliche Bestimmung in Anlehnung an die Tatbestände des § 1133 BGB und des § 1134 Abs. 1 BGB getroffen werden müsse mit der einheitlichen Rechtsfolge der sofortigen Fälligkeit der Hypothek. Die Ausgestaltung der Vorschrift im Einzelnen sei Sache späterer Beratung.

Rechtsanwalt *Dr. Schulze-Smidt* warf die Frage auf, ob sich nicht schon aus allgemeinen Rechtsgrundsätzen ein Schutz gegen die Verschlechterung der Pfandsache ergebe. Ferner werde man sich darüber klar werden müssen, ob eine subjektive oder objektive Verschlechterung mit der Rechtsfolge der Fälligkeit der Hypothek auszustatten sei.

Ministerialrat *Krieger* erwiderte: Man könne beide Fälle vorsehen. Seltsamerweise werde nach Bürgerlichem Recht der subjektive Tatbestand weniger schwer geahndet als der objektive. Man werde die §§ 1133-1135 BGB zusammenfassen können. Am besten werde man wohl eine kurze Frist zur Beseitigung vorsehen, nach deren ergebnislosem Ablauf die Fälligkeit der Hypothek eintreten würde. Doch seien das Einzelheiten, die einstweilen zurückgestellt werden könnten.

Der *Vorsitzende* stimmte dem bei und bat sodann Ministerialrat Krieger zu sprechen zu Leitsatz 10 „Es wird zu erörtern sein, ob das gesetzliche Pfandrecht des Werkunternehmers im Hinblick auf die Rechtsprechung des Reichsgerichts (vgl. RGZ 108, 163 ff. u. 134, 116 ff.) einer näheren Regelung bedarf."

Ministerialrat *Krieger* führte aus: Dass das gesetzliche *Pfandrecht des Werkunternehmers* nach § 647 BGB zur Entstehung gelange, also Erlangung des Besitzes am Schiff durch den Werkunternehmer zur Voraussetzung habe und nicht der Eintragung in das Schiffsregister bedürfe, sei anerkannten Rechts und werde auch in Zukunft anerkannt bleiben müssen. Man werde es auch kaum rechtfertigen können, in § 647 eine Ausnahme für eingetragene Schiffe vorzusehen. Es sei deshalb davon auszugehen, dass dieses Pfandrecht außerhalb des Schiffsregisters zur Entstehung gelange. Ebenso dürfte zweifelsfrei sein, dass der Rang dieses Pfandrechts sich nach dem Zeitpunkt seiner Entstehung richte und dass ihm gegenüber den Vertragspfandrechten der Rang gebühre, der sich aus den für das Schiffspfandrecht geltenden Grundsätzen des guten Glaubens ergebe. Ein Zweifel sei nur entstanden in der Frage, nach welchen Grundsätzen sich die *Beendi-*

gung dieses Pfandrechts richte. In der Entscheidung des Reichsgerichts vom 6. Mai 1924 (RGZ 108, 163 ff.) sei angenommen, dass § 1253 BGB, nach welchem das Pfandrecht erlösche, wenn der Pfandgläubiger das Pfand dem Verpfänder oder dem Eigentümer zurückgebe, für das gesetzliche Pfandrecht des Werkunternehmers an einem im Schiffsregister eingetragenen Schiff nicht gelte. Der Werkunternehmer behalte vielmehr auch ohne Eintragung sein Pfandrecht, nachdem er das hergestellte registrierte Schiff an den Besteller oder auf dessen Weisung an einen Dritten herausgegeben habe. Diese Ansicht, die der im Schrifttum weitaus herrschenden Meinung entspreche, habe das Reichsgericht jedoch in seiner neueren Entscheidung vom 4. November 1931 (RGZ 134, 116 ff.) aufgegeben und sich nunmehr der Ansicht von Planck-Brodmann angeschlossen, nach der das gesetzliche Pfandrecht des Werkunternehmers, da es seine Entstehung der Erlangung des Besitzes verdanke, *durch Rückgabe* an den Eigentümer gem. § 1253 BGB *erlösche.* Der neueren Ansicht des Reichsgerichts werde aus rechtlichen Gründen zuzustimmen sein. Das Reichsgericht weise mit Recht darauf hin, dass gerade der Wortlaut des § 1266 für die Anwendung des § 1253 spreche, denn im Falle des gesetzlichen Pfandrechts des Werkunternehmers nach § 647 sei gerade im Gegensatz zum Vertragspfandrecht des § 1260 BGB Voraussetzung, dass der Unternehmer den Besitz des Schiffes erlange.

Es erhebe sich aber die Frage, ob diese Gesetzeslage zweckmäßig sei. Das Reichsgericht bejahe auch dies und meine, das Verkehrsbedürfnis spreche ebenfalls für einen Untergang des Werkmeisterpfandrechts, wenn der Werkmeister das Schiff freiwillig herausgegeben habe. Gegen eine *unbeschränkte* Fortdauer eines aus dem Schiffsregister nicht ersichtlichen Pfandrechts, wie sie sich aus der früheren Ansicht des Reichsgerichts ergeben habe, bestünden allerdings auch nach seiner Ansicht erhebliche Bedenken. Dagegen könne es zweifelhaft sein, ob nicht die jetzt vom Reichsgericht angenommene Beendigung des Pfandrechts bei freiwilliger Herausgabe des Schiffes zu ebenso großen Schwierigkeiten führe. Denn der Werkunternehmer werde möglicherweise nicht geneigt sein, das Schiff vor Bezahlung oder Sicherstellung seiner Werklohnforderung herauszugeben. Der Schiffseigentümer andererseits werde unter Umständen nicht in der Lage sein, den Werklohn sofort zu zahlen, und vielleicht auch wenigstens einen Teil des Werklohnes zurückhalten wollen, bis darüber Klarheit bestehe, ob die Arbeiten des Unternehmers fehlerfrei ausgeführt seien. Der Berichterstatter halte es daher für besser, das Erlöschen des Pfandrechts des Werkunternehmers *nicht schon mit der Herausgabe* des Schiffes eintreten zu lassen. Andererseits werde man eine gewisse Publizität für die Erhaltung des Pfandrechts verlangen müssen etwa in der Richtung, dass das Pfandrecht untergehe, falls es nicht binnen einer nicht allzu langen Frist – etwa drei Monaten – in das Schiffsregister eingetragen werde.

Der *Vorsitzende* entgegnete, es sei herrschende Ansicht, dass das gesetzliche Pfandrecht der Werft auf Antrag des Gläubigers in das Schiffsregister eingetragen werden könne. Daran sei festzuhalten. Wenn die Werft das Schiff herausgebe, ohne befriedigt zu sein, so bestehe kein rechtspolitischer Grund, sie zu schützen, sofern sie nicht von dem anderen Gebrauch mache. Lasse man das Pfandrecht latent fortbestehen ohne Besitz der Werft und ohne Eintragung, so würde das die größte Rechtsverwirrung zur Folge haben.

Dr. Schütte warf die Frage auf, ob die Eintragung des gesetzlichen Pfandrechts in der Weise gestaltet werden solle, dass der Reeder dabei überhaupt nicht mitzuwirken brauche.

Der *Vorsitzende* erwiderte: Eine Einigung mit dem Reeder (im Sinne des § 1260 BGB) sei nicht erforderlich; der Werkunternehmer habe Anspruch auf Berichtigung des Schiffsregisters.

Direktor *Brandt* bemerkte, er akzeptiere den neueren Standpunkt des Reichsgerichts. Wenn die Werft sicher gehen wolle, so dürfe sie das Schiff nicht eher herausgeben, als bis sie vollständig befriedigt sei. Man werde bei der Eintragung des Pfandrechts die Rangfrage beachten müssen.

Mehrere Mitglieder äußerten sich sodann zu dieser Rangfrage.

Ministerialrat *Krieger* bemerkte, nach seiner Ansicht habe das Pfandrecht des Werkunternehmers den Rang hinter den zur Zeit der Besitzerlangung bestehenden Pfandrechten.

Rechtsanwalt *Dr. Dettmers* bemerkte, ihm sei es zweifelhaft, ob das gesetzliche Pfandrecht des Werkunternehmers den vorher eingetragenen Pfandrechten stets nachgehe. Wenn die Werft einen neuen Motor einbaue und das Schiff vor ihrer vollständigen Befriedigung herausgebe, dann sollten also die eingetragenen Pfandgläubiger den Vorteil von diesem Einbau haben. Das sei doch nicht unbedenklich.

Der *Vorsitzende* wies darauf hin, dass man doch den Schiffshypothekenkredit fördern wolle. Dazu sei aber eine klare Rechtslage hinsichtlich der Hypothek unerlässlich. Auch bei den Brüsseler Beratungen sei die Tendenz dahin gegangen, die latenten Pfandrechte nach Art und Zahl einzuschränken. Dieser Tendenz entspreche es, wenn man das Pfandrecht der Werft untergehen lasse, falls das einzige Kundbarkeitsmittel, der Besitz der Werft, entfalle, und auch eine Eintragung des Pfandrechts nicht alsbald nachfolge. Der Rang dieses Pfandrechts richte sich zwar grundsätzlich nach dem Zeitpunkt der Besitzerlangung der Werft. Jedoch gelte andererseits, analog dem § 1262 Abs. 2 BGB, das Prinzip der negativen Kundbarkeitswirkung. Danach gehe der gutgläubige Erwerber eines neu eingetragenen anderen Pfandrechts dem älteren Besitzpfandrecht der Werft, das erst später eingetragen werde, vor.

Ministerialrat *Krieger* bemerkte, seiner Ansicht nach müsse der neue Gläubiger dem alten im Range nachstehen.

Der *Vorsitzende* erwiderte, die Frage sei sehr bestritten. Er glaube aber, dass man über diese Einzelheiten einstweilen nicht zu beraten brauche.

Der *Vorsitzende* stellte sodann fest: Man komme hiernach zu dem Ergebnis, dass das gesetzliche Pfandrecht des Werkunternehmers mit der freiwilligen Herausgabe des Schiffes erlösche, es sei denn, dass es vorher oder innerhalb einer kurzen Frist nachher eingetragen werde, gemäß dem Vorschlage des Berichterstatters (s. oben).

Der *Vorsitzende* stellte weiter fest, dass der Ausschuss seine Beratungen über das Schiffshypothekenrecht nunmehr zum Abschluss gebracht habe. Er gab der Hoffnung Ausdruck, ein von neuzeitlichem Geist erfülltes Sondergesetz über das Schiffshypothekenrecht geschaffen werde.

Der Vorsitzende dankte allen Beteiligten für ihre Mitwirkung, insbesondere sprach er dem Berichterstatter, Ministerialrat Krieger, für seine umfassenden und wertvollen Ausführungen den Dank des Ausschusses aus, ebenso den Sachverständigen Bleuss, Feindt und Nottebohm, die ihre reichen Erfahrungen dem Ausschuss zur Verfügung gestellt hätten. Der Vorsitzende schloss die Sitzung mit den besten Ferienwünschen für die Mitglieder.

22. Arbeitssitzung vom 24.10.1935 (16 bis 18.50 Uhr)

Anwesend:
Vorsitzender: Prof. Dr. Wüstendörfer, Hamburg
stellvertretender Vorsitzender: Reichsgerichtsrat Dr. Lindenmaier, Leipzig
2. Schriftführer: Richter Dr. Bramslöw, Hamburg
und als weitere wissenschaftliche Mitglieder:
Direktor Michelau, Bremen
Rechtsanwalt Dr. Schulze-Smidt, Bremen
Verwaltungsdirektor Sturm, Hamburg
vom Reichsjustizministerium:
Ministerialrat Krieger, Berlin

als praktisches Mitglied:
Direktor Brandt, Hamburg
als politisches Mitglied:
Präsident Dr. Völckers, Bremen
als Gast:
Oberregierungsrat Dr. Schrader, Hamburg
für die Niederschrift in der Sitzung:
Assessor Dr. Capelle, Hamburg und Fräulein Assessor Krüger, Altona/Othmarschen
ferner: Assessor Dr. Möller, Hamburg
entschuldigt fehlten:
Rechtsanwalt Dr. Dettmers, Bremen
Rechtsanwalt Dr. Droege, Hamburg
Dr. Riensberg, Hamburg
Dr. Schütte, Hamburg
Geheimrat Prof. Wiedenfeld, Leipzig.

Der *Vorsitzende* begrüßte die Erschienenen und führte aus: Im Maiheft der Zeitschrift der Akademie für Deutsches Recht [1935, 265 ff.] sei sein zweiter Bericht über die Arbeiten des Seerechtsausschusses erschienen. Er habe gehofft, allen Mitgliedern des Ausschusses ein Exemplar überreichen zu können, doch sei ihm das zu seinem Bedauern nicht möglich gewesen. Inzwischen habe er einen weiteren Bericht über die Sommerarbeiten des Ausschusses (Schiffshypothekenrecht) verfasst, der demnächst dem Herrn Präsidenten der Akademie zugehe und der genannten Zeitschrift.

Der Ausschuss komme heute zu dem wichtigen *Thema „Reeder, Zeitcharter und Ausrüster“*. Da er selbst das Hauptreferat halte, bitte er den stellvertretenden Vorsitzenden, die Sitzungsleitung zu übernehmen.

Nachdem der stellvertretende Vorsitzende des Ausschusses, Reichsgerichtsrat *Dr. Lindenmaier,* daraufhin den Vorsitz übernommen hatte, legte *Prof. Dr. Wüstendörfer* als Berichterstatter Folgendes dar:

Zentralbegriff des Seerechts sei der Begriff des Reeders. Etymologisch bedeute das niederdeutsche und auch holländische Wort „reeden“ soviel wie bereit machen, ausrüsten. Reeder sei also danach der Ausrüster. Dieser etymologische Sinn entspreche indessen noch nicht ganz dem Wesen der Sache. Besser sage schon das römische Recht (L. 1 § 15 Dig. 14, 1): „Reeder nennen wir denjenigen, dem alle Einkünfte und Erträgnisse eines Schiffes zufließen, mag er dessen Eigentümer sein oder es vom Eigentümer gegen eine Pauschsumme gemietet haben, sei es auf Zeit, sei es dauernd“. Das römische Recht treffe hier ins Schwarze, indem es den Begriff abstelle auf den Seefahrtunternehmer als solchen, auch wenn er nicht der Schiffseigentümer sei. Anders und enger § 484 HGB. Danach sei Reeder der *Eigentümer* eines ihm zum Erwerb durch die Seefahrt dienenden Schiffes. Dieser Satz werde, was das Erwerbsmoment anlange, bereits durch § 26 des Flaggengesetzes für einige Fälle durchbrochen. Der Ausschuss habe schon früher beschlossen, das Erwerbsmoment vollständig fallen zu lassen, da man das See*handels*recht ausweiten müsse zu einem See*schifffahrts*recht. § 484 HGB fordere demgegenüber zum Reederbegriff Erwerbsschiff, Eigentum und Eigennutzung. Volkswirtschaftlich betrachtet mache das Gesetz also die Verbindung von Kapitalbesitz und Unternehmertum zur Voraussetzung des Reederbegriffs. Das erkläre sich dadurch, dass diese Norm aus der Ära des Frühkapitalismus und eines noch teilweise patriarchalischen Kleinbetriebes stamme. Damals – in den fünfziger Jahren – sei beides in der Tat fast ausnahmslos in derselben Hand vereinigt gewesen. Die großen Kaufleute seien meistens auch Eigentümer eines Seglers, mindestens aber Partenreeder gewesen.

Das Handelsgesetzbuch setze sich mit seiner Begriffsbestimmung des Reeders in einen Gegensatz zu dem Zentralbegriff des Handelsrechts, dem Kaufmannsbegriff. Denn der Fabrikant sei Kaufmann im Sinne des § 1 Ziff. 1 HGB auch, wenn er in fremden gemieteten Räumen produziere. Die §§ 1 und 2 HGB stellten mit Recht lediglich auf das wirtschaftliche Unternehmertum ab, nicht auf das Eigentum am Produktionsmittel.

§ 484 HGB bleibe aber auch zurück hinter der modernen Gestaltung anderer Zweige des deutschen und internationalen Verkehrsrechtes, die nur den *Unternehmer* als Träger der Rechte und Pflichten kennen. So habe der Begriff des Frachtführers (§ 425 HGB) nichts zu tun mit dem Eigentum am Transportmittel, vielmehr komme es nur auf die Unternehmerstellung an. Nicht anders sei es im Luftrecht. Die Warschauer Konvention von 1929, die seit Ende 1933 auch in Deutschland geltendes Recht sei, stelle für die Frage, wer „transporteur" sei, in Art. 17 nur auf das Unternehmertum ab. Ebenso kenne § 19 des Luftverkehrsgesetzes von 1922 den Begriff des „Halters", und Halter sei nach der Rechtsprechung derjenige, der das Luftfahrzeug für eigene Rechnung im Gebrauch habe und die umfassende Verfügungsgewalt darüber besitze, die ein derartiger Gebrauch voraussetze. Im gleichen Sinne spreche das Römische Haftungsabkommen [Bd. XVIII der Reihe, S. 190 f.] von 1933 von der Haftung des Halters („exploitant") für Schädigung Dritter auf der Erde. Schließlich sehe der Abkommensentwurf über Bergung und Hilfeleistung im Luftverkehr, der noch nicht geltendes Recht sei, in Art. 2 die Haftung des „exploitant" für Hilfslohn vor. Im Mittelpunkt stehe also überall der Unternehmer.

Wenn der Schiffseigentümer nun sein Schiff mietweise einem anderen zum Erwerb durch Seefahrt überlasse, bleibe er zwar Eigentümer, verliere aber die Unternehmereigenschaft, indem er sich mit einem festen Mietzins begnüge. Er sei dann also nicht mehr Reeder. Bestände nur die Vorschrift des § 484 HGB, so wäre in allen derartigen Fällen das Schiff reederlos. Das habe bereits die Hamburger Seerechtskommission als untragbar erkannt und für diesen Fall daher den § 510 HGB eingefügt, der in Ergänzung des Reederbegriffs den Begriff des Ausrüsters schaffe. § 510 HGB beginne mit den Worten: „Wer ein ihm nicht gehöriges Schiff zum Erwerb durch die Seefahrt für seine Rechnung verwendet ...". Dieser Norm liege der wirtschaftliche Gedanke zugrunde, dass der Unternehmer als solcher, auch ohne Kapitalbesitz, Reedereigenschaft haben solle. Hinzu trete der juristische Gedanke: Wer mit fremdem Schiffskapital arbeite, gebärde sich in der Regel als Reeder und müsse sich daher billigerweise von Dritten als ein solcher behandeln lassen.

Meistens liege einem solchen Falle eine *Schiffsvermietung in Form einer Zeitcharter* zugrunde. Die Zeitcharter sei aber, ebenso wie der Chartervertrag überhaupt, ein vielfach schillernder Begriff. Sie könne auch ein echter Raumfrachtvertrag sein. So könne es z.B. liegen, wenn etwa eine große Salpeterladung von Iquique nach New York befördert werden solle und der Ablader zu diesem Zweck das gecharterte Schiff mehrere Reisen ausführen lasse. Dann werde vielleicht vereinbart ein Chartermoney von so und soviel £ je Monat Fahrtdauer. Es handele sich dann um den seltenen Fall einer *uneigentlichen Zeitcharter;* trotz der Berechnung der Fracht nach Zeitabschnitten sei ein echter Raumfrachtvertrag gegeben, weil Gegenstand des Vertrages die Herbeiführung eines bestimmten Beförderungserfolges durch Arbeitsleistung des Reeders sei. Diesen Fall habe auch § 633 HGB im Auge. Der Zeitcharter-Vertrag könne aber auch eine Schiffsvermietung darstellen. So sei es in der Regel bei der *eigentlichen Zeitcharter,* durch die das Schiff für eine bestimmte Zeit, z.B. für sechs Monate, nicht für eine bestimmte Reise, verchartert werde. Diese Charterform spiele namentlich dann eine große Rolle, wenn das Schiff für Linienfahrten in den Betrieb einer Linienreederei eingestellt werden solle, die etwa in Zeiten der Hochkonjunktur mit ihrer eigenen Schiffsräumte nicht auskomme. Es handele sich dann um eine zeitweilige entgeltliche Kapitalüberlassung an einen Frachtunternehmer. Der Eigentümer beschränke sich hier auf den Bezug der Chartervergütung. Der Unternehmergewinn falle der charternden Linienreederei zu, zum Mindesten werde er zwischen Eigentümer und Charterer aufgeteilt.

Denkbar sei als Grundlage des § 510 HGB auch der Fall des unfreiwilligen Schiffsverlustes und der Verwendung durch den Nichteigentümer. Er erinnere an das Vorgehen Englands während des Weltkrieges gegenüber beschlagnahmten Schiffen neutraler Mächte. Doch seien derartige Fälle so selten, dass sie unbeachtet bleiben könnten. Man könne sich also auf den typischen Fall der Linienfahrt gecharterter Dampfer beschränken.

Die Rechtsfolge des § 510 HGB sei aber noch an eine zweite Tatbestandsvoraussetzung geknüpft, die den Anwendungsbereich der Vorschrift erheblich einenge: Der Ausrüster müsse nämlich entweder das Schiff selbst führen oder „die Führung einem Schiffer anvertrauen". Den ersten Fall – nur denkbar im patriarchalischen Kleinbetrieb – könne man außer Acht lassen. Sehr erheblich sei dagegen die Frage, wann der Charterer dem Kapitän die Führung des Schiffes im Sinne des Gesetzes „anvertraue". „Anvertrauen" setze nach herrschender Ansicht das Bestehen eines Dienstvertrages zwischen Ausrüster und Kapitän voraus. Dieses Erfordernis entspreche den Gesetzen sprachlicher Auslegung. Der Charterer müsse danach entweder den Kapitän selbst anstellen oder als Zessionar und Schuldübernehmer in den zwischen dem Eigentümer und dem Kapitän abgeschlossenen Dienstvertrag eintreten. Dann sei der Charterer als Dienstherr des Kapitäns anzusehen und dieser vermittle ihm den Besitz am Schiff als sein Besitzdiener. Zu einer Schiffsmiete sei solcher Besitz am Schiffe, mindestens aber unmittelbarer Mitbesitz des Mieters unerlässlich.

Durch diese Beschränkung des § 510 werde nun aber der wirtschaftliche Grundgedanke des Ausrüsterbegriffs zu sehr eingeengt und der Zweck der Bestimmung nicht erreicht. Es zeige sich, dass die *juristische Fassung der Norm zu eng geraten sei.* Gewiss gebe es Fälle, in denen lediglich das Schiff vom Eigentümer zu stellen sei und der Charterer den Kapitän selbst einsetzen müsse. Das sei der Fall der sogenannten „Netcharter". Der Charterer sorge dann für Ausrüstung und Bemannung. Doch sei dieser Fall nicht gerade häufig. Meistens werde dem Charterer zusammen mit dem Schiff der Kapitän und die Stammmannschaft zur Dienstleistung überlassen. Der Eigentümer möchte es naturgemäß nach Möglichkeit vermeiden, seinen alten bewährten Kapitän kalt zu stellen, er habe überdies ein Interesse daran, dass sein Kapitän während der Charterreise eine gewisse Kontrolle über das Schiff ausübe. In diesem Falle spreche die englische Doktrin, die ja bekanntlich mit einem Tropfen Öl des römischen Rechts gesalbt sei, von einer *„locatio navis et operarum magistri"*. Das sei ein gemischter Vertrag, der sich zusammensetze aus einer Miete und einem Dienstverschaffungsvertrag. Der Kapitän bleibe Angestellter des Schiffseigentümers. Dieser verpflichte sich aber im Chartervertrage, ihn der Befehlsgewalt des Charterers für die Dauer der Chartermiete und innerhalb der Grenzen des Chartervertrages zu unterstellen. Das geschehe oft durch die sogenannte „Employment-Klausel": „Captain and Crew, although appointed by the owner, shall be under the order and direction of the charterer as regards employment, agency or other arrangements." Dadurch werde – bei richtiger Auslegung der Klausel – der Kapitän der *vollen* Befehlsgewalt des Charterers unterstellt, allerdings nur im Rahmen des Chartervertrages. Es widerspreche indessen nicht dem Wesen der Sachmiete, dass für die Art des mietweisen Gebrauchs der Sache gewisse Grenzen gezogen seien. Der Mietcharakter werde als solcher dadurch keineswegs beeinträchtigt. Diese Art der Regelung sei aus der sogenannten „Government Form" englischer Zeitcharterverträge in den internationalen Zeitcharterverkehr übergegangen, so auch in die von der Baltic and International Maritime Conference in Kopenhagen aufgestellte viel benutzte *„Baltime-Charter"* und in das ihr nachgebildete deutsche Formular, den *„Deuzeitfrachtvertrag"*. Charakteristisch für beide Standardformulare, namentlich für den Deuzeitvertrag, sei ein unklares Hin- und Herschwanken des Inhalts und der Terminologie zwischen Frachtvertrag und Miete. Das Baltime-Formular spreche zwar von „agree to let" und „agree to hire", das Deuzeitformular dagegen von „befrachten“ und „verfrachten“. Bei näherer Prüfung der einzelnen Klauseln der Deuzeitcharter ergebe sich jedoch die Rechtsnatur einer Schiffsmiete, nicht eines Frachtvertrages. Das gehe unter anderem aus folgendem hervor: Der Vertrag solle gelten für eine bestimmte Anzahl von Kalendermonaten. Der Dampfer dürfe nur mit der Beförderung von gesetzlich erlaubten Kaufmannsgütern und in gesetzlich erlaubter Fahrt „beschäftigt“ werden. Er dürfe auch nur zwischen guten und sicheren Häfen beschäftigt werden. Der Ausdruck „beschäftigt“ spreche für den Mietecharakter des Vertrages, d.h. den entgeltlichen zeitweiligen Gebrauch von fremdem Schiffskapital. Der Befrachter – richtig: Mieter – habe ferner Feuerungsmaterial und Hafengelder zu bezahlen. Weiter sei mehrfach von „Rücklieferung“ des Dampfers und von einem „Weitergebrauch“ die Rede. Das alles seien Begriffe aus dem Recht der Miete, nicht aus dem Recht des Frachtvertrages. Überdies habe der Charterer das Recht, unter Umständen einen Wechsel in der Besatzung eintreten zu lassen, wenn er mit dem Verhalten des Kapitäns usw. unzufrieden sei. Im Gegensatz zu § 622 Abs. 4 HGB entfalle die Verpflichtung zur Zahlung der Zeitfracht im Falle von Zeitverlust durch Unfälle. Abweichend von der gesetzlichen Regelung in § 630 HGB höre die Verpflichtung zur Zahlung von Zeitfracht mit dem Tage des Verlustes des Dampfers auf; Distanzfracht sei nicht zu zahlen. Klausel 25 endlich gewähre dem „Befrachter“ das Recht, den „Frachtvertrag“ für so und so viele Kalendermonate zu „verlängern“. Alle diese Klauseln seien nur verständlich, wenn man diesen Chartervertrag als Schiffsmiete auslege. Es ergebe sich also, dass die Kautelarjurisprudenz versagt habe in der rechtlichen Klärung dieser Art von Zeitcharterverträgen.

Aber auch die Rechtsprechung sei der rechtlichen Bedeutung des Deuzeitvertrages nicht gerecht geworden. Das Reichsgericht und das Hanseatische Oberlandesgericht zeigten die Neigung, auf diesen Tatbestand den viel umkämpften § 662 Abs. 1 HGB anzuwenden. Die Rechtsprechung sehe also im Deuzeitvertrag einen „Hauptfrachtvertrag“ und lasse aus den „Unterfrachtverträgen“ nicht die charternde Linienreederei als Schuldnerin haften, sondern den dahinterstehenden Schiffseigentümer.

Indessen sei § 662 HGB entstehungsgeschichtlich auf eine ganz andere Interessenlage zugeschnitten. Da es die Aufgabe des Richters sei, den Sinn einer Rechtsnorm teleologisch zu erfassen, so dürfe man die z. Zt. der Schaffung der Norm vorliegende Interessenlage nicht unberücksichtigt lassen bei der Auslegung des Tatbestandsbegriffes: „Unterverfrachtung“. Die Prüfung der Entstehungsgeschichte ergebe, dass mit § 662 HGB eine ganz andere Interessenlage getroffen werden sollte, nämlich allem Anschein nach der Fall des Anlegens von Seglern auf Stückgüter durch spekulative Schiffsmakler. Diese Form der „Anlegung“ (laying on berth) habe eine Vorstufe der Linienfahrt gebildet, die bei Schaffung des Gesetzes noch nicht sehr entwickelt gewesen sei dank dem damals noch geringen überseeischen Warenstrom. Es habe sich in diesem Charterfall um echte Raumverfrachtung gehandelt. Der Makler habe gewöhnlich in der Zeitung eine Bekanntmachung erlassen, dass er dann und dann „einen erstklassigen Segler“ da- und dahin „expedieren“ werde. Solche Bekanntmachungen seien dem Berichterstatter aus dem Beginn dieses Jahrhunderts noch wohl in Erinnerung. Dieser historische Tatbestand sei nun gekennzeichnet durch zwei betriebstechnische Merkmale: Einmal werde die Ausführung der Beförderung hier betriebstechnisch vollständig abgewälzt auf den Reeder und seine Leute, der charternde Makler „expediere“ nur, bringe also die Frachtreise nur in Gang. Und weiter habe die Kaufmannschaft Kenntnis von dieser Abwälzung durch den deutlichen Hinweis in der Bekanntmachung des Maklers. Diesem Sachverhalt passe sich der Inhalt des § 662 HGB an: Der völligen betriebstechnischen Abwälzung der Transportausführung entspreche die Abwälzung der Haftung für die Ausführung der Beförderung. Es liege also dieser Norm eine völlig andere Interessenlage zugrunde als dem typischen heutigen Fall der Zeitcharter, nämlich der Charterung eines Dampfers durch eine Linienreederei zur vorübergehenden Vermehrung ihrer Schiffsräumte in der Linienfahrt. Die moderne Interessenlage sei der geschilderten früheren genau entgegengesetzt. Denn die Transportübernahme werde hier gerade nicht vollständig abgewälzt, sondern das Schiff lege die Reise im Rahmen des eigenen Fahrbetriebes des Charterers zurück; der gecharterte Dampfer werde ja in den Schiffspark und Liniendienst der charternden Linienreederei eingestellt. Das gecharterte Schiff führe auch oft die Kontorflagge des Charterers und seine Schornsteinmarke, ja erhalte auch wohl den kennzeichnenden Farbanstrich der charternden Linie. Fremdes Schiffskapital werde so dem eigenen hinzugefügt, diese Tatsache aber vielfach nach außen verdeckt. Die verladende Kaufmannschaft habe infolgedessen oft keine Kenntnis von dem wahren Sachverhalt, zumal das Konnossement – in aller Regel das übliche Konnossementsformular der charternden Linie – meistens die Dampfersubstitutionsklausel enthalte, so dass der verladende Kaufmann damit rechnen müsse, dass sein Gut möglicherweise mit einem anderen Schiff der Reederei als dem zunächst genannten befördert werde. Es liege also ein markanter Gegensatz in der Interessenlage vor, keine „Unterverfrachtung“ im geschichtlichen Sinne des § 662 HGB. Deshalb verbiete sich die Anwendung des § 662 auf den Deuzeitvertrag; sie verstoße gegen anerkannte Regeln der richtigen Rechtsfindungsmethode.

Dennoch habe die Rechtsprechung immer wieder § 662 HGB auf diesen Fall zur Anwendung gebracht. Immer wieder sei ausgesprochen worden, dass der Ladungsinteressent, der den Charterer verklagt habe, sich stattdessen an den in London oder New York wohnenden Schiffseigentümer wenden müsse. In diesem Sinne laute z.B. die Entscheidung des IV. Senats des Hanseatischen Oberlandesgerichts in HansGZ 1916 Nr. 73 in dem Falle des von der Rickmers-Linie gecharterten Dampfers „Lena“. Aufgrund des § 662 HGB habe das Oberlandesgericht eine Haftung der Rickmers-Linie abgelehnt und spitzfindig ausgeführt, dass höchstens eine Haftung des Charterers aus unerlaubter Handlung wegen Verletzung des Schiffsgläubigerrechts in Frage kommen könne. Das Reichsgericht habe diese Entscheidung in einer gleich liegenden Sache mit bedenklichen Argumenten gebilligt (RG 98, 189 f. aus dem Jahre 1920, in dem Falle des von der Rickmers-Linie gecharterten Dampfers „Feliciana“). In einer späteren Entscheidung (HansRZ 1925, 858 f., Fall des D. „Vesta“) habe der IV. Senat des Hanseatischen Oberlandesgerichts erneut entschieden, dass der Deuzeitvertrag keine Schiffsmiete sei, dass auf ihn vielmehr § 662 HGB Anwendung finden müsse. In diesem Falle habe sogar eine mehrstufige Zeitcharter vorgelegen. Das Schiff sei zunächst an die neue Dampfercompagnie verchartert worden und von dieser weiter verchartert an die Deutsche Orientlinie. Das Landgericht habe damals unter dem Vorsitz des Mannes, der auch in der heutigen Sitzung den Vorsitz führe, des Herrn Dr. Lindenmaier, mit Recht die Anwendung des § 622 HGB abgelehnt und das Vorliegen einer Schiffsmiete angenommen; es habe in den Gründen treffend darauf hingewiesen, gerade die Doppelvercharterung lasse deutlich erkennen, dass das Schiff hier wie ein Vermögenswert zu seiner Ausnutzung von Hand zu Hand gehe, also Gegenstand einer Schiffsmiete sei. Das Hanseatische Oberlandesgericht sei jedoch über die sehr beachtlichen Gründe des landgerichtlichen Urteils hinweggegangen mit der lapidaren Begründung, dass der Senat auf seinem in dem Urteil von 1916 ausführlich begründeten Standpunkt verharre, „zu dem weitere Ausführungen nicht zu machen sind“.

Das sei der Stand der deutschen Rechtsprechung. Sie sei schon deshalb vom logischen Standpunkt aus verfehlt, weil eine „Unterverfrachtung“ angenommen werde, obwohl es in Wahrheit an einem Hauptfrachtvertrag fehle. Denn Schiffsmiete sei eben kein Frachtvertrag. Die Rechtsprechung sei zudem im höchsten Grade unbillig. Der verladende Kaufmann glaube doch, es mit einem Reeder zu tun zu haben, da ja bei Abschluss des Frachtvertrages von einem gecharterten Schiffe nicht die Rede sei, der Charterer sich vielmehr wie ein Reeder geriere. Der Eigentümer lehne in solchen Fällen, wenn verklagt, die Haftung ab unter Hinweis auf § 510 HGB, der Charterer umgekehrt berufe sich auf § 662 HGB und erkläre den Eigentümer für haftbar. Der Befrachter werde so – wie Brodmann es einmal ausgedrückt habe – „an einer nebligen Peripherie herum genasführt". Es handele sich hier um die leidige Frage der Passivlegitimation, die infolge der geschilderten Rechtsprechung jeder Rechtssicherheit entbehre. Brodmann habe freilich die Anwendung des § 662 HGB auf die fraglichen Fälle verteidigt mit dem Hinweis, dass der Kaufmann ja die Frage der Passivlegitimation umgehen könne, indem er die dingliche Schiffsgläubigerklage gemäß § 761 HGB gegen den Kapitän richte. Im Kapitän treffe er stets den richtigen Beklagten. Dem sei aber entgegenzuhalten: Der Kapitän pflege sich bei der heutigen Betriebshast nur wenige Tage im Hafen aufzuhalten, dann gehe er wieder hinaus und sei nicht mehr greifbar. Unter Umständen wechsle auch der Kapitän, z.B. durch Übernahme eines anderen Schiffes seiner Reederei. Im Übrigen nütze die Geltendmachung des Schiffsgläubigerrechts nichts, wenn das Schiff nicht mehr greifbar sei. Das Schiff werde aber inzwischen längst auf neue Reisen gesandt sein. Das Schiffsgläubigerrecht sei auf Duldung der Zwangsvollstreckung gerichtet, der Gläubiger wünsche aber durch Zahlung befriedigt zu werden. Ein Zahlungsanspruch sei auch meistens neben dem Duldungsanspruch gemäß § 774 HGB gegeben („beschränkt-persönliche" Haftung). Diesen Zahlungsanspruch wünsche der Kaufmann natürlich geltend zu machen gegen die Linienreederei, die das Frachtgut befördert habe, d.h. gegen den Charterer des Schiffes, insbesondere dann, wenn bei kleineren Ladungsschäden etwa eine Aufrechnungsmöglichkeit gegen den Frachtanspruch des Charterers in Betracht komme. Die Aufrechnung setze aber Gegenseitigkeit der Ansprüche voraus, der Charterer müsse also auch Haftungsschuldner sein. Die Darlegung *Brodmanns* erweise sich hiernach als unzureichend.

Noch unbefriedigender und unklarer aber werde die Rechtslage dadurch, dass in einer anderen Gruppe von zahlreichen Entscheidungen – z.B. RG 69, 127 – der Standpunkt vertreten werde, dass in den erörterten Charterfällen *weder* die Voraussetzungen des § 510 HGB *noch* die des § 662 HGB gegeben seien, dass vielmehr der Fall einer Schiffsmiete *außerhalb* des Rahmens von § 510 HGB vorliege. Das lasse die Frage entstehen, was in einem solchen Fall aus der Haftung für Ladungsschäden und aus der Konnossementshaftung werden solle, wen diese Haftung dann eigentlich treffe. Diese Konstruktion führe offenbar in einen rechtsleeren Raum hinein.

Richtiger Ansicht nach werde im geltenden Recht § 510 HGB auf die geschilderten Fälle *analog anzuwenden* sein. Das sei vom Berichterstatter zuerst im Jahre 1908 in der HansGZ und später wiederholt vertreten worden und habe, wenn auch zum Teil mit gewissen Vorbehalten, die Zustimmung von *Pappenheim, Ritter, Schaps* und *Martin Leo* gefunden. Die deutsche Theorie sei ihm also darin gefolgt, dass § 510 HGB zu eng gefasst sei und den heutigen Verhältnissen angepasst werden müsse durch Ausdehnung auf den heute typischen Fall der Chartermiete, die Zeitcharter mit Übernahme des Kapitäns.

II. Diese Entwicklungstendenz de lege lata sei nun auch richtunggebend für das künftige Recht. Es verlohne sich, in diesem Zusammenhang zunächst einen Blick auf das *ausländische Recht* zu werfen. Das *englische* Recht gehe vom „shipowner" aus, also ebenfalls vom Eigentümer, kenne aber daneben den „owner pro tempore", oder „owner pro hac vice", der dem Ausrüster des deutschen Rechts entspreche. Die englische Rechtsprechung habe nämlich drei Typen des Chartervertrages entwickelt:

1. die *locatio navis* = demise of the ship itself with ist furniture and apparel, die sogenannte „Netcharter"; sie mache den Charterer zum „owner pro tempore";

2. die locatio navis *et operarum magistri* = demise of the ship in a state fit for mercantile adventure,

3. die *locatio operis* = a contract for the carriage of the merchant's goods, den echten Raumfrachtvertrag.

Bei der location navis et operarum magistri (Fall 2) werde weiter unterschieden zwischen a) dem Fall, dass der Charterer "has the sole control of the master and crew", d.h. dass der Kapitän in *jeder* Hinsicht der Befehlsgewalt des Charterers unterstellt sei und b) dem Fall, dass der Kapitän dem Charterer nur in einzelnen Beziehungen unterstellt sei. In dem ersten Fall (2 a) werde der Charterer *ebenfalls als „owner pro tempore"* behandelt. In dem zweiten Fall (2 b) werde dagegen kein Ausrüsterverhältnis angenommen. Diese Rechtsprechung habe sich im Einklang mit dem für jede Rechtsentwicklung kennzeichnenden Gesetz zunehmender Differenzierung der Rechtstypen entwickelt. Bedeutsam sei dabei besonders die Gleichbehandlung von Fall 2 a mit Fall 1. Die Rechtsprechung gelange so zum Teil zu billigeren Ergebnissen als die deutsche. Doch mache sich andererseits das Festhalten an veralteten Vorentscheidungen und ein gewisses Schwanken störend bemerkbar.

Das *französische Recht* zeige demgegenüber eine klägliche Rückständigkeit. Der Code de Commerce gehe in Art. 216 von dem Begriff des „propriétaire de navire" aus, kenne aber auch in Art. 282 den „armateur". „Armateur" sei „Qui arme un navire pour l'expedier en mer", er könne auch armateur-affréteur sein. Beide Begriffe würden aber nicht streng voneinander geschieden, sondern durcheinander geworfen. Rechtslehre und Rechtsprechung unterschieden nicht scharf zwischen Schiffsmiete und Frachtvertrag und seien so hinsichtlich des Ausrüsterbegriffes zu festen Ergebnissen nicht gelangt.

Ebenso unklar sei das *italienische* Recht. Der Codice di Commercio verwende in Art. 547 Ziff. 2 für den gleichen Vertrag und dessen Parteien die Bezeichnungen „Befrachter" („noleggiotore") und „Vermieter" („locatore"). Das bedeute vollständige Verwirrung.

Ganz anders das fortschrittliche *niederländische* Seerecht. Der Entwurf von 1914 sei zwar in Art. 320 noch vom Eigentümer ausgegangen und habe in Art. 321 einen Ausrüsterbegriff in enger Anlehnung an § 510 HGB hinzugefügt. Das fertige Gesetz von 1924 jedoch habe diesen Standpunkt überwunden und die Loslösung des Reederbegriffs vom Eigentum am Schiff gebracht. Es stelle ganz auf den Unternehmer ab. Art. 320 bedeute insofern einen erheblichen Fortschritt. Der Wert dieser Neuregelung werde indessen beeinträchtigt durch ein Überbleibsel aus der dem § 510 HGB entsprechenden Norm; denn als weitere Tatbestandsvoraussetzung des Reederbegriffs werde verlangt, dass der Unternehmer das Schiff entweder selbst führe oder es von einem Kapitän, der in seinen Diensten stehe, führen lasse. Reeder sei also der Charterer nur dann, wenn der Kapitän in seinen Diensten stehe. *Molengraaff [Wilhelm Leonard Pieter Arnold]* bemerke hierzu in seiner „Kurzen Darstellung des neuen niederländischen Seerechts"[1927; niederl.] (S. 72): Ob ein Chartervertrag über ein ausgerüstetes und bemanntes Schiff den Charterer zum Reeder mache, dafür sei entscheidend, ob der Kapitän kraft Übereinkunft übergehe in den Dienst des Charterers; diese Frage müsse bejaht werden, wenn der Charterer das Recht habe, den übernommenen Kapitän nach eigenem Ermessen zu entlassen und durch einen anderen zu ersetzen.

Demgegenüber sei zu bedenken, dass die Frage, ob und inwieweit der Kapitän im Dienste des Charterers stehe, abhängig sei von einer oft unklaren internen Charterklausel, die der dritte Ladungsinteressent nicht kennen könne. Es bedeute Rechtsunsicherheit, hiervon die Bejahung oder Verneinung der Reedereigenschaft abhängig zu machen. Mit der niederländischen Regelung stimme Art. 219 des neuen italienischen Entwurfs überein.

III. Der Ausschuss habe nunmehr zu der Frage Stellung zu nehmen, wie das kommende deutsche Seerecht beschaffen sein solle. Zwei Wege seien gangbar, der eine Weg sei der, dass man § 484 HGB als Ausgangspunkt bestehen lasse, aber das Erwerbsmoment streiche, wie der Ausschuss bereits laut Protokoll 9 beschlossen habe. Das bedeute ein Zu-Ende-Gehen des in § 26 des Flaggengesetzes eingeschlagenen Weges. So ergebe sich *Leitsatz 1*: HGB § 484: „Reeder ist der Eigentümer eines ihm zur *Seefahrt* dienenden Schiffes."

Diese Norm bedürfe dann der Ergänzung durch eine erweiterte Fassung des § 510. So komme er zu *Leitsatz 2*: HGB § 510 Abs. 1: „Wer ein ihm nicht gehöriges Schiff *zur Seefahrt in seinem Namen* verwendet, wird im Verhältnis zu Dritten als der Reeder angesehen."

Zu ähnlichen Vorschlägen seien auch schon *Schaps, Pappenheim* und *Gütschow* gelangt. Auch hier müsse das Erwerbsmoment fortfallen. Der Zeitcharter einer Lustyacht, etwa für die Wettfahrt New York – Europa, sei hiernach auch Reeder. Er schlage ferner vor, die Worte „für seine *Rechnung*" in § 510 HGB durch die Worte „in seinem *Namen*" zu ersetzen. Die Rechtstellung des Dritten dürfe nicht abhängig gemacht werden von der internen Frage, für wessen Rechnung das Schiff fahre. Das schaffe Rechtsunsicherheit. Entscheidend könne vielmehr nur sein *äußeres* Verhalten sein, nämlich, in wessen Namen das Schiff geführt werde. Beides falle nicht immer zusammen. Es gebe auch Fälle, in denen ein Schiff im eigenen Namen, aber für fremde Rechnung bereedert werde, z.B. wenn in den Vereinigten Staaten eine Linienreederei im eigenen Namen dem Staat (Shipping Board) gehörige Schiffe bereedere. Im Kaufrecht werde ja auch nicht danach unterschieden, ob man als Käufer mit einem Kommissionär oder mit einem Eigenhändler abschließe.

Der Leitsatz 2 vermeide ferner den höchst zweifelhaften Begriff des „Anvertrauens". Entscheidend sei allein die Unternehmerstellung des Charterers. Das bedeute Einfachheit, Klarheit und Sicherheit. Der Verwender hafte als Reeder. Das Schiffsgläubigerrecht ergreife dann das fremde Schiff und die dem Charterer zustehende Fracht, also die Konnossementsfrachten, nicht dagegen das charter money des Eigentümers. Nur die Konnossementsfracht gehöre zur Vermögenssphäre des „Reeders" (d.h. des Charterers), das Chartergeld zu der des Eigentümers. In diesem Sinne habe sich auch de lege ferenda vor längerer Zeit ein Gutachten der Hamburger Handelskammer ausgesprochen, ebenso die Hamburger Seerechtskommission zur Beratung der Venediger Beschlüsse des Comité Maritime International von 1907.

§ 510 Abs. 2 HGB könne erhalten bleiben zur Abwehr des Zugriffs auf das Schiff bei widerrechtlicher Verwendung und Schlechtgläubigkeit des Dritten. Der Schutz des Eigentümers sei damit an enge Voraussetzungen geknüpft.

Leitsatz 3 laute sodann: HGB § 662 wird als veraltet gestrichen.

Das sei dadurch gerechtfertigt, dass derartige Tatbestände heute kaum noch vorkämen, andererseits die falsche Anwendung dieser Bestimmung in der Rechtsprechung immer und immer wieder moralischen Schaden angerichtet habe. Von den deutschen Tochterrechten habe nur das japanische Seerecht in Art. 612 des Handelsgesetzbuchs von 1911 eine dem § 662 HGB entsprechende Norm übernommen. Skandinavien habe auf eine Nachahmung mit Recht verzichtet.

§ 662 HGB stelle eine Anomalie dar, indem nach ihm der Unternehmer dann nicht hafte, wenn er sich eines fremden Schiffseigentümers als seines Erfüllungsgehilfen bediene. Es sei eine merkwürdige Ausnahme von dem Grundsatz des § 278 BGB, dass der Verfrachter nicht für seinen Erfüllungsgehilfen, den Schiffseigentümer, einzustehen brauche, sondern den Ladungsinteressenten an diesen verweisen könne. Diese Regelung stehe auch in diametralem Gegensatz zum Binnenschifffahrtsrecht.

Der angedeutete Weg stelle die erste Lösungsmöglichkeit dar. Er meine aber, man solle ganze Arbeit machen, indem man darauf verzichte, an den veralteten § 484 HGB anzuknüpfen. Das würde bedeuten, dass die §§ 484 und 510 HGB zusammengefasst werden unter Streichung des § 662 HGB. So ergebe sich *Leitsatz 4:* Die §§ 484 und 510 Abs. 1 werden zusammengelegt, § 662 gestrichen: „Reeder ist, wer ein Schiff im *eigenen Namen zur Seefahrt verwendet"*.

Mit dieser Regelung seien alle erörterten Fälle umfasst und einheitlich behandelt. Von der niederländischen Vorschrift unterscheide sich der Vorschlag dadurch, dass der untaugliche Zusatz über das zwischen Charterer und Kapitän erforderliche Dienstverhältnis fehle. Die vorgeschlagene Regelung sei also vollkommen losgelöst von der Frage, ob Reisecharter oder Zeitcharter, Mietvertrag oder Frachtvertrag vorliege, ebenso von der anderen Frage, ob der Charterer den Kapitän anstelle oder ihn wenigstens entlassen könne oder ob er Zessionar des Eigentümers im

Dienstvertrag mit dem Kapitän geworden sei, sowie, ob der Kapitän ihm in allen (Employment-Klausel) oder nur in einzelnen Beziehungen unterstellt sei.

Im Einzelnen sei noch Folgendes zu sagen: Die dingliche Haftung kraft Schiffsgläubigerrechts mit Schiff und Konnossementsfracht bleibe gegebenenfalls auch hier bestehen. Ebenso könne (*Leitsatz 5*) § 510 Abs. 2 HGB auch hier unverändert bleiben.

Die Loslösung des künftigen Reederbegriffs vom Schiffseigentum werde auch dadurch nahe gelegt, dass nach dem Brüsseler Entwurf über Reederhaftung an die Stelle des Duldungsanspruchs künftig ein summenmäßig begrenzter Zahlungsanspruch trete. Ein derartiger Anspruch könne sich seinem Wesen nach gegen den Charterer als Reeder ebenso richten wie gegen den Reeder-Eigentümer.

Wähle man den zweiten Weg, so werde die ganze Seerechtsordnung darauf durchzuprüfen sein, was in den einzelnen Normen jeweils unter „Reeder" zu verstehen sei. Die im HGB und in den seerechtlichen Nebengesetzen enthaltenen Vorschriften würden aufzuspalten sein in solche, die für den Schiffseigentümer gelten, und in solche, die für den Seefahrtunternehmer bestimmt seien. So beziehe sich z.B. § 7 Ziff. 5 Flaggengesetz auf den Schiffseigentümer als solchen, während die Vorschriften über vertragliche und deliktische Haftung den Seefahrtunternehmer als solchen träfen.

Weiter sei zu prüfen, ob der Vorschlag etwa zu den Brüsseler Entwürfen im Widerspruch stehe. Es ergebe sich, dass ein solcher Widerspruch nicht vorliege. Das Haftungsabkommen spreche in Art. 1 zwar vom „propriétaire de navire", Art. 10 des Abkommens dehne jedoch die Haftung aus auf den Nichteigentümer, der Seefahrtunternehmer sei. Die gleiche Regelung finde sich in Art. 13 des Hypothekenabkommens. Die Haager Regeln ferner bauten sich auf dem Begriff des carrier auf, der in Art. 1 a als „shipowner or charterer" definiert werde.

Schließlich tauche noch die Frage auf, ob etwa auch bei dieser Regelung Zweifel für gutgläubige Dritte hinsichtlich der Passivlegitimation bestehen bleiben würden. Man möge z.B. an den Fall denken, dass der Kapitän oder ein Agent Bunkerkohlen auf Kredit kaufe oder sonst aufgrund der gesetzlichen Kapitänsvollmacht handle. Die gesetzliche Vollmacht werde der Kapitän in Zukunft für den Seefahrtunternehmer haben. Es werde aber vielleicht nicht immer klar hervortreten, in wessen Namen der Kapitän handle, ob für den Eigentümer oder für den Seefahrtunternehmer.

Das niederländische Seegesetz habe diese Schwierigkeit in folgender Weise zu lösen versucht: Gemäß Art. 322 Abs. 1 werde die Schiffsvermietung ins Schiffsregister eingetragen. Bis zu dieser Eintragung könnten gutgläubige Dritte im Vertrauen auf das Register auch den Eigentümer des Schiffes als Gesamtschuldner neben dem Charterer in Anspruch nehmen. Es frage sich, ob die deutsche Gesetzgebung den gleichen Weg gehen solle. Er möchte diese Frage nach reiflicher Erwägung verneinen. Die Eintragung von Schiffsvermietungen sei praktisch nicht durchführbar, denn dann müsse der Registerrichter aufgrund eingehenden Studiums von Charterklauseln zuvor darüber befinden, ob im Einzelfall der ihm unterbreitete Chartervertrag eine Schiffsmiete oder einen Frachtvertrag darstelle. Das würde nur eine Verschiebung der Schwierigkeit bedeuten.

Man könnte daher nur daran denken, *sämtliche* Vercharterungen an Frachtfahrtunternehmer einzutragen. Hier bestehe allerdings die aufgezeigte Schwierigkeit für den Registerrichter nicht. Doch wecke auch diese Regelung große Bedenken. Die Eintragung aller Charterverträge sei praktisch um deswillen nicht durchführbar, weil sie eine unerträgliche Erschwerung und Verlangsamung des Chartergeschäfts durch dessen Bürokratisierung bedeuten würde.

Möglich wäre es aber auch, ohne Eintragung der Charterverträge bei Seefahrtunternehmungen mit Charterschiffen stets die solidarische Mitverpflichtung des Eigentümers neben dem Reeder zu bestimmen, sofern nicht dem Befrachter oder Konnossementsinhaber die Tatsache der Vercharterung bekannt sei. Damit würde die Rechtsunsicherheit behoben. Der unkundige Ladungsinteressent hätte zwei Schuldner. Die Frage der Passivlegitimation wäre gelöst. Eigentümer, die sich gegen dieses Risiko schützen wollten, müssten im Chartervertrage dem Charterer zur Pflicht machen, den Charakter des Chartererschiffes zu offenbaren, wozu der Stempelaufdruck „Charterdampfer“ auf den Konnossementen genügen würde. Der Eigentümer könnte auch dem Charterer eine Schadensersatzpflicht auferlegen für alle durch Nichterfüllung der Offenbarungspflicht ihm erwachsenden Haftungsschäden. In diese Richtung weise schon jetzt die „Indemnify-Klausel“ in den Chartepartien.

Man müsse im Übrigen zwei Typen gutgläubiger Interessenten unterscheiden: Das eine sei der Fall des Scheinreeders, gekennzeichnet nach außen z.B. durch die Schornsteinmarke und Kontorflagge. Der Gläubiger halte hier den *Charterer* infolge seines Auftretens (Schonsteinmarke, Kontorflagge, Konnossementsformulare) für den *Eigentümer*. Hier sei der Dritte nicht schutzbedürftig, er werde ja gerade durch seinen Irrtum in die richtige Richtung gewiesen, nämlich auf die Inanspruchnahme des Charterers als des Reeders. Einer solidarischen Mitverpflichtung des Eigentümers bedürfe es hier nicht, sofern nur das Zahlungsurteil gegen den Reeder auch zur Geltendmachung des Schiffsgläubigerrechts am Schiffe gegen den Eigentümer ohne weiteres berechtige.

Der andere – seltenere – Fall liege umgekehrt: Der Dritte halte den *Eigentümer,* der das Schiff verchartert habe, gutgläubig für den *Reeder.* Er glaube also, mit dem *Eigentümer* zu tun zu haben, da er nicht wisse, dass das Schiff verchartert sei. So z.B. in dem Fall, dass der Kapitän oder Schiffsmakler für den Unternehmer über eine Lieferung von Bunkerkohlen abschließe, während der Kohlenlieferant annehme, dass für den Eigentümer gehandelt werde. In solchen Fällen müsse der gutgläubige Dritte geschützt werden dadurch, dass er den Eigentümer und den Reeder solidarisch in Anspruch nehmen könne. Andernfalls trage der Dritte das Risiko, dass er die Klage fälschlich gegen den Eigentümer als vermeintlichen Reeder richte und abgewiesen werde. Das Gleiche müsse für Ansprüche aus unerlaubter Handlung, insbesondere aus Kollisionen, gelten. In der Regel werde es so liegen, dass der Dritte von der Tatsache der Vercharterung des schuldigen Schiffes bei Unfällen nichts wisse.

Verschieden seien aber diese beiden Fälle zu behandeln hinsichtlich des *Zeitpunktes* der Gutgläubigkeit: Für Ansprüche aus Rechtsgeschäften müsse der Zeitpunkt des Abschlusses maßgebend sein. Dagegen müsse für Ansprüche aus unerlaubten Handlungen wohl der Zeitpunkt der Klagerhebung entscheidend sein; erfahre nämlich der Gläubiger vorher den wahren Sachverhalt, so könne er seiner Klage ja noch die richtige Richtung geben. Er sei dann nicht schutzbedürftig. Aufgrund dieser Erwägungen gelange er zu den Leitsätzen 6 und 7:

Leitsatz 6: Die Eintragung von Schiffsvermietungen ins Seeschiffsregister nach dem Vorbild von Art. 322 Holl. Seerecht empfiehlt sich nicht; ebenso wenig die Eintragung aller Vercharterungen an Frachtfahrtunternehmer. Dagegen kommt zur Behebung von Rechtsunsicherheit im Interesse aller Ladungsbeteiligten und aller Drittgeschädigten (Kollisionsgläubiger) folgende Vorschrift vielleicht in Frage:

„Betreibt der Reeder die Seefahrt mit einem fremden Schiff, so können Ansprüche Dritter aus Rechtsgeschäften, die der Kapitän kraft seiner gesetzlichen Vollmacht oder ein Schiffsmakler als Reedereiagent abgeschlossen hat, und Ansprüche aus unerlaubten Handlungen der Schiffsbesatzung (Schiffszusammenstoß!) auch gegen den Schiffseigentümer als Gesamtschuldner geltend gemacht werden, es sei denn, dass dem Dritten zur Zeit des Rechtsgeschäftes oder zur Zeit der Geltendmachung seiner Forderung aus unerlaubter Handlung bekannt war, dass der Eigentümer nicht der Reeder ist.“

Leitsatz 7: Für das, was der Eigentümer aufgrund dieser Bestimmung leistet, kann er Rückgriff nehmen gegen den Charterer.

Außer der gesamtschuldnerischen Verpflichtung treffe den Eigentümer stets – sofern ein Schiffsgläubigerrecht gegeben sei – eine Duldungspflicht hinsichtlich der Zwangsvollstreckung in das Schiff gemäß § 510 Abs. 2 HGB. Nach geltendem Recht sei die Schiffsgläubigerklage gegen den *jeweiligen* Reeder zu richten. Diese Frage werde nicht nur erschwert durch die gegenwärtig bestehenden Zweifel in Bezug auf Ausrüstungsverhältnisse, sondern auch dadurch, dass nur derjenige der richtige Beklagte sei, der z. Zt. der *Klageerhebung* Reeder sei. Der Gläubiger müsse also zunächst stets ermitteln, ob in diesem Augenblick ein Ausrüstungsverhältnis bestehe oder nicht mehr bestehe. Dieses Risiko werde ihm in Zukunft abgenommen, sofern er zwei Schuldner habe.

Z. Zt. sei die Klage gegen den Ausrüster nicht sehr häufig, da der Tatbestand des § 510 HGB ja sehr eng ausgelegt werde. Aus dem obsiegenden Urteil könne sogleich die Vollstreckung gegen den Eigentümer in das Schiff erfolgen, auch wenn er am Prozess nicht beteiligt gewesen sei (§ 325 ZPO). Der verklagte Ausrüster könne, wenn er für den Fall des ungünstigen Ausganges des Rechtsstreites einen Ersatzanspruch des Eigentümers besorge, z.B. aufgrund der Indemnify-Klausel, diesem dem Streit verkünden gemäß §§ 72 ff., 66 ff. ZPO, doch sei er dazu nicht verpflichtet.

In Zukunft würden aber Prozesse gegen den Charterer als Reeder wahrscheinlich sehr viel häufiger sein. Auch hier müsse das Urteil gegen den Eigentümer wirken hinsichtlich der Vollstreckung ins Schiff, einerlei, ob er dem Rechtsstreit beigetreten sei oder nicht. Es würde eine verkehrsfeindliche Häufung von Prozessen zur Folge haben, wollte man eine Sonderklage gegen den Eigentümer fordern als Voraussetzung der Zwangsvollstreckung in das Schiff. Doch werde der Klagantrag und der Urteilstenor die Möglichkeit der Vollstreckung in das fremde Schiff und in die Fracht aus dem Schiffsgläubigerrecht irgendwie andeuten müssen, etwa durch den Zusatz: „bei Vermeidung der Zwangsvollstreckung auch in Schiff und Fracht". Derartiges vorzuschreiben, würde nicht gegen das Brüsseler Hypothekenabkommen verstoßen, denn durch Art. 16 des Abkommens sei den Ländern die Regelung des Verfahrens und der Vollstreckung überlassen. Er glaube indessen, dass eine ausführliche Behandlung dieser prozessualen Frage, auf die er nur hinweisen wolle, zu weit von dem Thema abführen würde, sie gehöre in das Gebiet des Schiffsgläubigerrechts.

Der Charterer führe nun den Prozess vielleicht nicht mit der nötigen Energie und Tatsachenkenntnis, die dem Eigentümer zu Gebote stehen. Der Eigentümer bedürfe des Schutzes gegen dieses Risiko. Es müsse ihm die Möglichkeit zu alsbaldiger Verteidigung gewährt werden. Man werde daher zu seinem Schutze etwa bestimmen müssen: *Leitsatz 8:* „Der verklagte Charterer ist verpflichtet, dem Eigentümer den Streit zu verkünden, und haftet diesem auf Ersatz des Schadens, der aus der Nichterfüllung dieser Verpflichtung entsteht."

Wenn er die Zeit der Ausschussmitglieder mit seinen Ausführungen diesmal länger als jemals bisher in Anspruch genommen habe und hierfür um Nachsicht bitten müsse, so erkläre sich das daraus, dass die behandelten Fragen seit Jahrzehnten ein besonderer Gegenstand seiner wissenschaftlichen Forschung gewesen seien.

Darauf führte Reichsgerichtsrat *Dr. Lindenmaier* aus: Für die tiefschürfenden und gleichzeitig außerordentlich klaren Ausführungen habe er dem Berichterstatter im Namen aller Ausschussmitglieder zu danken. Das Referat habe zweifellos alle springenden Punkte des heutigen Themas beleuchtet. Das sei nicht verwunderlich, denn die Ausführungen stammten ja von dem ersten Sachkenner auf diesem Gebiete und dem ersten Vorkämpfer für eine der modernen Gestaltung des Seeverkehrs gerecht werdende gesetzliche Regelung. Was seinen eigenen bescheidenen Anteil an diesem Kampf anlange, den der Berichterstatter in so liebenswürdiger Weise erwähnt habe, so hätten seine Gründe doch wohl nicht die genügende Überzeugungskraft besessen, da das Hanseatische Oberlandesgericht damals anders entschieden habe. Diese Überzeugungskraft komme dagegen in vollem Umfange den Darlegungen des Berichterstatters zu. Er sei in der angenehmen Lage, sich ihm in allen wesentlichen Punkten anschließen zu können.

Sehe man von der Umreißung des Reederbegriffs seinem Umfange nach zunächst ab und betrachte mehr das sachliche Gebiet, auf dem die Vorschriften über den Reeder Geltung haben sollen, so frage es sich zunächst, ob sie sich auch auf Schifffahrtsunternehmer erstrecken sollten, die Seefahrt mit *Nichterwerbsschiffen* betrieben. In diesem Punkte sei die Stellungnahme des Ausschusses im Wesentlichen bereits festgelegt durch die Leitsätze, denen der Ausschuss bei der Behandlung des sachlichen Herrschaftsbereichs des Seerechts zugestimmt habe. Danach sollten dem Herrschaftsbereich des Seerechts unterworfen sein auch Nichterwerbsschiffe mit Einschluss der Schiffe des öffentlichen Dienstes, soweit die Vorschriften des Gesetzes nach Inhalt und Zweckgedanken überhaupt in Frage kommen könnten und nicht die Belange des öffentlichen Dienstes entgegenständen. Die Vorschriften über Bergung und Hilfsleistung sollten auch auf Kriegsschiffe angewendet werden, soweit dies mit den Belangen des Dienstes vereinbar sei. Es sei wohl nur eine Folgerung aus dieser Stellungnahme, wenn dies dem Vorschlage des Herrn Berichterstatters entsprechend im Reederbegriff zum Ausdruck gebracht werde dadurch, dass nicht mehr von *Erwerb* durch die Seefahrt, sondern nur noch von *Seefahrt* gesprochen werde. Damit werde zugleich dem z. Zt. immerhin noch möglichen Zweifel darüber vorgebeugt, ob der Ausrüsterbegriff auf die Verwendung von Nichterwerbsschiffen Anwendung finden solle.

Ferner möchte er dem Vorschlage des Herrn Berichterstatters folgen, dass, um den Fall des Reeder-Kommissionärs zu erfassen, in dem Ausrüsterbegriff als Merkmal das Handeln im eigenen *Namen* anstelle des Handelns für eigene *Rechnung* Platz finden möge.

In diesen beiden Punkten sei wohl auf allseitiges Einverständnis zu rechnen.

Was sodann den Hauptpunkt anlange, so möchte er, nachdem der Berichterstatter alle Einzelheiten klar beleuchtet habe, sich darauf beschränken, die Hauptgesichtspunkte zu wiederholen. Bei der jetzigen Fassung des Ausrüsterbegriffs bestehe Klarheit darüber, ob ein Ausrüstungsverhältnis vorliege, eigentlich nur in dem Falle der Netcharter. Der Dritte sei aber, von ganz durchsichtigen Verhältnissen abgesehen, über das Innenverhältnis zwischen Schiffseigentümer und Schiffsverwender nur selten unterrichtet. Zum Schutze Dritter sei aber die Rechtsinstitution des Ausrüsters geschaffen worden. Ergebe sich, dass das Gesetz der Interessenlage und dem Schutze des Dritten nicht ausreichend gerecht geworden sei oder dass die Interessenlage sich infolge der sie bedingenden Verkehrstatsachen geändert habe, so sei dies sicherlich bei Vorschlägen für eine Gesetzesänderung zu berücksichtigen. Beide Voraussetzungen müssten aber s.E. als gegeben anerkannt werden. Dass die vom HGB getroffene Regelung allen Bedürfnissen Rechnung trage, diese Ansicht habe nur Brodmann, ein im Übrigen hochverdienter hanseatischer Jurist, vertreten, zu Unrecht, wie sich schon aus den zahllosen verschiedenen Charterformen der Praxis und dem Schwanken der Rechtsprechung ergebe.

Der erhebliche Gesichtspunkt, der für eine Änderung des Gesetzes spreche, scheine ihm die Frage der Rechtssicherheit zu sein. Z. Zt. bestehe eine große Rechtsunsicherheit, dadurch hervorgerufen, dass die Rechtslage des Dritten wesentlich von der ihm unbekannten Gestaltung des Innenverhältnisses zwischen den Parteien des Chartervertrages abhänge. Es scheine ihm auch nicht zu genügen, den Ausrüsterbegriff zu erstrecken auf den Charterer im Sinne des qualifizierten Dienstverschaffungsvertrages, auf den namhafte Vertreter des Schrifttums bereits jetzt den Ausrüsterbegriff entsprechend angewendet wissen wollten. Rechtssicherheit werde dem Dritten nur gewährt, wenn er sich darauf verlassen könne, dass derjenige, der sich wie ein Reeder gebärde, ihm auch wie ein Reeder hafte. Ein reedermäßiges Verhalten könne bei dem Unternehmer angenommen werden, der im eigenen Namen ein Schiff zur Seefahrt verwende. Er nehme den Rechtsschein eines Reeders an und müsse sich daher als solcher behandeln lassen. Auf die entsprechende Rechtsfigur des Scheinkaufmannes habe der Herr Berichterstatter bereits hingewiesen.

Billige man diese Auffassung, dann müsse man s.E. aber auch ganze Arbeit machen, den Begriff des Ausrüsters also fallen lassen und dem Begriff des Reeders wieder zu dem ihm wortmäßig zukommenden Sinn verhelfen, der mit dem Reeden eines Schiffes, einem Fertigmachen für die Reise, nicht aber mit dem Eigentum am Schiff etwas zu tun habe.

Zu prüfen bleibe, bevor man diesen Schritt tue, ob die Interessenlage das zulasse. Was den Schiffseigentümer angehe, so sei er bereits durch den geltenden § 510 Abs. 2 HGB belastet in einer Weise, die, soweit er habe sehen können, von der Praxis als untragbar nicht empfunden worden sei. Es scheine ihm aber wesentlich, dass auch die Herren Vertreter der Reeder sich zu diesem Punkte äußerten. Die Pflicht des Charterers zur Streitverkündung an den Schiffseigentümer in Fällen der dinglichen Klage sei zweckmäßig. Rechtsanwalt Dr. Droege habe in einem Aufsatz in der „Hansa" (Jahrgang 1927, S. 645/647) ein Recht des Schiffseigentümers, die Arrestbefreiung zu betreiben, gefordert. Diese Anregung sei beachtlich. Zu Ungunsten des Charterers habe sich im Schrifttum eine Stimme ausgesprochen, die gemeint habe, der Schutz für den Ausrüster im weiteren Sinne gehe zu weit, da er nicht im angemessenen Verhältnis steht zu seinen Aufwendungen für das Schiff. Doch sei hier übersehen, dass dem Ausrüster mit seiner Behandlung als Reeder ja auch die Schuldenlast des Reeders aufgebürdet werde. Es erscheine nicht billig, ihn in der Haftung strenger als den Schiffseigentümer zu stellen. Er könne auch nicht zugeben, dass, wie ein anderer Kritiker meine, den Frachtfahrtunternehmer bei Behandlung als Reeder unbilligerweise die Haftung für außervertragliches Verschulden der Besatzung treffe. Er vermöge im praktischen Ergebnis keinen großen Unterschied zu der jetzigen Rechtslage zu erblicken, zumal wenn die Haftung für nautisches Verschulden beseitigt werde, wie es die Haager Regeln vorsähen. Zu berücksichtigen sei doch auch, dass der Charterer die Früchte des Betriebes mit dem Schiffe ziehe.

Die Vorschrift des § 510 Abs. 2 HGB könne bestehen bleiben. Es könne sich höchstens um die Klarstellung der Frage handeln, ob für den Mangel guten Glaubens auch leichte Fahrlässigkeit genügen müsse, wie Schaps in Anlehnung an § 122 Abs. 2 BGB meine, oder ob dafür mindestans grobe Fahrlässigkeit erforderlich sei, wie es der vom Berichterstatter literarisch vertretenen Ansicht entspreche. Er möchte dem Berichterstatter beitreten und dabei vor allem, da es sich um die Geltendmachung eines Pfandrechts handele, auf die Parallele zu dem § 1207 BGB hinweisen, der § 932 BGB anziehe.

In Frage kommen könne ferner noch, ob in § 510 Abs. 2 HGB der größeren Klarheit halber nicht noch zum Ausdruck zu bringen wäre, dass nur eine *überhaupt widerrechtliche* Verwendung, nicht aber auch eine bloß vertragsverletzende in Frage komme. Um dem Grundsatz zu genügen, im Gesetz möglichste Klarheit zu schaffen, könne man dem *Nachsatz des § 510 Abs. 2 HGB* vielleicht *folgende Fassung* geben: „... es sei denn, dass die Verwendung ihm gegenüber überhaupt widerrechtlich war und dem Gläubiger dies bekannt oder infolge grober Fahrlässigkeit unbekannt war."

Solcher künftigen Regelung des Reederbegriffs möchte auch er das Wort reden gegenüber der im niederländischen Seegesetz gewählten Regelung, welche die Verteilung der Haftung auf Schiffseigentümer und Charterer in allen Einzelheiten zu regeln suche. Auch er sei der Ansicht, dass sich eine Übernahme der Registrierung von Charterverträgen nicht empfehle. Der zu schützende Dritte befinde sich in der Regel nicht im Registerhafen des Schiffes, sondern in einem fremden Hafen, von wo aus er die Registrierung nicht leicht nachprüfen könne.

Der Berichterstatter habe weiter vorgeschlagen, zugunsten des gutgläubigen Dritten neben die Verpflichtung des Charterers eine gesamtschuldnerische Verpflichtung des Schiffseigentümers zu setzen für Verbindlichkeiten, die aus Abschlüssen des Kapitäns oder Schiffsmaklers oder aus außervertraglichen schuldhaften Handlungen der Schiffsbesatzung resultieren. Der Eigentümer solle dafür ein Rückgriffsrecht gegen den Charterer erhalten. Er müsse gestehen, dass er dieser Regelung nicht ohne gewisse Bedenken gegenüberstehe. Sie sei zwar geeignet, die Rechtssicherheit zugunsten des Dritten zu erhöhen, belaste aber den Schiffseigentümer, der schon sein

Schiff zur Verfügung stellen müsse. Vor endgültiger Entschließung möchte er daher zu diesem Punkte die Meinung der Herren aus Reederkreisen hören.

Schließe man sich der vorgeschlagenen Regelung an, so werde § 662 HGB überflüssig.

Rechtsanwalt *Dr. Schulze-Smidt* erklärte: Auf binnenschifffahrtsrechtliche Fragen einzugehen, bitte er, sich für eine spätere Sitzung vorbehalten zu dürfen. Er sei fest davon überzeugt, dass niemand von den Anwesenden es bedauert habe, dass der Berichterstatter in so ausgiebiger Weise sich geäußert habe. Wenn die Vorschläge Gesetz würden, werde damit ein nicht unbeträchtlicher Teil der Lebensarbeit des Berichterstatters mit Erfolg gekrönt sein. Er pflichte dem Vorschlage zu II. (Leitsatz 4-8) bei. Auch er sei der Ansicht, dass eine Eintragung der Charterverträge sich nicht empfehle. Zu Leitsatz 7 und 8 möchte er fragen, weshalb von „Charterer" gesprochen werde, richtiger spreche man doch vom „Reeder". Er halte es für außerordentlich wichtig, den Eigentümer an einem Rechtsstreit gegen den Charterer rechtzeitig zu beteiligen, und möchte daher den Leitsatz 8 dahin abgeändert sehen, dass der Charterer verpflichtet werde, dem Eigentümer *unverzüglich* den Streit zu verkünden. Es sei dem Eigentümer nicht damit gedient, wenn er erst in den Rechtsstreit hineingezogen werde, nachdem sich die Zeugen bereits in einer Beweisaufnahme festgelegt hätten. Eine Benachrichtigungspflicht müsse den Charterer auch im Falle der von Reichsgerichtsrat Dr. Lindenmaier bereits erwähnten Arrestierung treffen, etwa analog der Streitverkündung. Hinsichtlich Leitsatz 6 stimme er dem Berichterstatter zu gegen die Bedenken des Reichsgerichtsrats Dr. Lindenmaier. Die Belastung des Eigentümers mit der gesamtschuldnerischen Verpflichtung müsse im Interesse der Rechtssicherheit in Kauf genommen werden.

Ministerialrat *Krieger* führte aus: Auch er sei den Ausführungen des Berichterstatters mit dem größten Interesse gefolgt. Es scheine ihm jedoch fraglich, ob die vorgeschlagene Fassung in Leitsatz II 4, namentlich der Passus „im eigenen Namen zur Seefahrt verwendet" genüge. Im Handelsrecht habe man als deutliches Kennzeichen für das Auftreten im eigenen Namen die Firma und die Eintragung im Handelsregister, die auch beim Scheinkaufmann Bedeutung habe. Eine solche Kennzeichnung nach außen gebe es bei dem gecharterten Schiff nicht. Dieses fahre auch unter dem Charterer weiter mit seinem alten Namen und Heimathafen. Der Eigentümer sei nach wie vor als solcher eingetragen. Es frage sich, wie das Charterverhältnis nach außen überhaupt in Erscheinung trete. Das Führen der Kontorflagge und der Schornsteinmarke des Charterers sei doch immer nur ein tatsächliches Zeichen für das Vorliegen eines Chartervertrages, nicht ein gesetzliches Kennzeichen. Besonders zweifelhaft sei die Lage, wenn es sich um ein gechartertes ausländisches Schiff handele.

Reichsgerichtsrat *Dr. Lindenmaier* erwiderte: Den wahren Sachverhalt entnehme der Eingeweihte aus der äußeren Erscheinung des Schiffes, nach Namen und Heimathafen werde nicht gesehen.

Ministerialrat *Krieger* entgegnete: Es sei doch nicht immer der Fall, dass das Schiff in den Farben der charternden Linie angestrichen werde. Ein ausländisches Schiff werde doch auch nicht das Recht erlangen, die deutsche Flagge zu führen. Vielleicht führe das gecharterte Schiff die Kontorflagge des Charterers; das sei doch aber nicht nötig; der Charterer brauche ja gar keine Kontorflagge zu haben. Es frage sich, worin sich eine Verwendung des Schiffes im eigenen Namen zeige, wenn das Schiff mit der Besatzung gechartert sei, z.B. in dem vom Berichterstatter angeführten Fall der Salpeterbeförderung von Iquique nach New York. Seiner Ansicht nach werde der Begriff des Reeders durch den Zusatz „im eigenen Namen" zu sehr eingeengt, zumal man auf eine, dem § 662 HGB entsprechende Regelung verzichten wolle. Er stoße sich letzten Endes weniger an der Sache selbst als an der Formulierung. Es fehle an einer klaren Richtlinie für die Beteiligten. Er zweifele, ob man für die Zukunft § 662 HGB wirklich ersatzlos streichen dürfe. Oft werde auch heute noch eine Stückgütersammelladung vom Spediteur zusammengestellt. Es frage sich, ob man es nicht ruhig für diesen Gewerbezweig der Spediteure bei § 662 belassen solle. Es gebe vielleicht auch noch andere Fälle, in denen § 662 HGB am Platze sei.

Direktor *Brandt* erklärte: Es gebe tatsächlich im Seeverkehr noch hier und da den Fall, dass ein großer Spediteur einen Dampfer chartere und auf Stückgüter anlege. Richtig sei auch, dass nicht immer das Charterverhältnis durch die Schornsteinmarke oder andere Merkmale sichtbar werde. Zur Zeit der Apfelsinenernte in Spanien fahre z.B. etwa ein Russ-Dampfer ein- oder zweimal in dieser Fahrt für Sloman [Reeder] mit. Dieser Dampfer werde weder seine Schornsteinmarke aufgeben, noch die Kontorflagge von Sloman führen. Die Fassung „im eigenen Namen" führe nach seiner Meinung auch in anderen Fällen zu Schwierigkeiten. Er denke z.B. an den Fall der Lustyachten, die ja auch von der künftigen seerechtlichen Regelung erfasst würden. Ihm sei nicht klar, wie sich in derartigen Fällen das Kriterium „im eigenen Namen" zeige. Er habe das Empfinden, dass man mit der vorgeschlagenen Fassung noch nicht alles getroffen habe. An und für sich begrüße er die Vorschläge des Berichterstatters aber ganz außerordentlich.

Zweifelhaft erscheine ihm, ob die Eintragung der Vercharterung im Schiffsregister wirklich ganz ohne Nutzen sei. Sie würde eine Hilfe bei der Beantwortung der Frage der Passivlegitimation bedeuten. Die auswärtigen Beteiligten könnten das Schiffsregister ja einsehen lassen. Es wäre vielleicht falsch, dem Registerrichter die Entscheidung über Zulässigkeit und Notwendigkeit der Eintragung aufzubürden. Aber die Eintragung könne doch auf übereinstimmenden Antrag des Eigentümers und des Charterers erfolgen ohne weitere sachliche Nachprüfung.

Prof. Wüstendörfer erwiderte: Er lege großen Wert darauf, zu den Ausführungen der Mitglieder Stellung zu nehmen. Infolge der vorgeschrittenen Zeit und der bevorstehenden Abreise des Vertreters des Reichsjustizministeriums scheine es ihm aber ratsam, die weitere Aussprache auf die nächste Sitzung zu vertagen.

Im Einverständnis mit den übrigen Teilnehmern schloss der Vorsitzende hiermit die Sitzung.

23. Arbeitssitzung vom 21.11.1935 (16 bis 18.40 Uhr)

Anwesend:
Vorsitzender: Prof. Dr. Wüstendörfer, Hamburg
2. Schriftführer: Richter Dr. Bramslöw, Hamburg
und als weitere wissenschaftliche Mitglieder:
Dr. Schütte, Hamburg
Rechtsanwalt Dr. Schulze-Smidt, Bremen
vom Reichsjustizministerium:
Ministerialrat Krieger, Berlin
vom Reichsverkehrsministerium:
Ministerialrat Dr. Fessler, Berlin
als praktisches Mitglied:
Direktor Brandt, Hamburg
als Gast:
Oberregierungsrat Dr. Schrader, Hamburg
für die Niederschrift in der Sitzung:
Assessor Dr. Capelle, Hamburg und Fräulein Assessor Krüger, Wandsbek
ferner:
Assessor Dr. Möller, Hamburg
entschuldigt fehlten:
Rechtsanwalt Dr. Dettmers, Bremen

Rechtsanwalt Dr. Droege, Hamburg
Reichsgerichtsrat Dr. Lindenmaier, Leipzig
Direktor Michelau, Bremen
Dr. Riensberg, Hamburg
Verwaltungsdirektor Sturm, Hamburg
Geheimrat Prof. Dr. Wiedenfeld, Leipzig

Der *Vorsitzende* begrüßte die Erschienenen und teilte mit, der stellvertretende Vorsitzende des Ausschusses, Reichsgerichtsrat Dr. Lindenmaier, sei leider an der Teilnahme verhindert und zwar wegen seiner Einführung als Mitglied des großen Senats am Reichsgericht. Er habe dem stellvertretenden Vorsitzenden die Glückwünsche des Ausschusses ausgesprochen.

Sodann nahm der Vorsitzende Stellung zu den in der letzten Sitzung gegen seine Vorschläge erhobenen Einwendungen.

Reichsgerichtsrat Dr. Lindenmaier als Mitberichterstatter habe ihm im Wesentlichen zugestimmt. Zu § 510 Abs. 2 HGB habe er aber eine etwas abweichende Formulierung vorgeschlagen. Leitsatz 5 solle aber auch nur besagen, dass der wesentliche sachliche Inhalt dieser Norm bestehen bleiben könne. Der Vorsitzende begrüße den Vorschlag des Mitberichterstatters als redaktionelle Verbesserung. In der Tat könne die Schiffsverwendung nicht schon dann als „widerrechtlich" angesehen werden, wenn sie etwa gegen irgendeine Klausel des Chartervertrages verstoße. Das vom Mitberichterstatter gewählte Wort „überhaupt" scheine ihm aber für die Gesetzessprache im vorliegenden Falle nicht recht geeignet. Besser sei es vielleicht, den Vorbehalt etwa so zu formulieren: „... es sei denn, dass die Verwendung ihm gegenüber jeder Rechtsgrundlage entbehrt". Doch könne man die Formulierungsfrage vorläufig offen lassen.

Weiter habe Reichsgerichtsrat Dr. Lindenmaier als Änderung zu § 510 Abs. 2 HGB vorgeschlagen, dass der Kenntnis des Gläubigers von der widerrechtlichen Schiffsverwendung durch den Ausrüster die grobfahrlässige Unkenntnis gleichstehen solle. Das entspreche der Billigkeit. Diese Ansicht werde auch heute schon mehrfach im Schrifttum vertreten und sei zu begrüßen.

Rechtsanwalt Dr. Schulze-Smidt habe angeregt, in Leitsatz 7 und 8 statt des Wortes „Charterer" das Wort „Reeder" zu setzen. Grundsätzlich dürften die vorgeschlagenen Formulierungen noch nicht auf die Goldwaage gelegt werden, sie seien ja nur ein erster Versuch, neue Rechtsgedanken zum Ausdruck zu bringen. Indessen habe er an dieser Stelle das Wort „Charterer" absichtlich gewählt, denn der Charterer trete hier dem Eigentümer gegenüber.

Ferner habe Rechtsanwalt Dr. Schulze-Smidt eine Ergänzung zu Leitsatz 8 dahingehend vorgeschlagen, dass der Charterer zur *unverzüglichen* Streitverkündung verpflichtet sein solle. Mit diesem Vorschlag, der eine Verbesserung enthalte, könne er sich nur einverstanden erklären.

Dr. Schulze-Smidt habe schließlich empfohlen, der Streitverkündungspflicht des Charterers eine Mitteilungspflicht des Charterers gegenüber dem Eigentümer im Falle der Arrestvollziehung in das Schiff an die Seite zu stellen. Auch dieser Vorschlag sei sehr beifallswert. *Leitsatz 8* würde dann etwa folgenden *Zusatz* erhalten: „Eine entsprechende Mitteilungspflicht trifft den Charterer im Falle der Arrestlegung auf das Schiff."

Er gelange nunmehr zu den Einwendungen des Ministerialrats Krieger. Wenn er diesen recht verstanden habe, so richteten sich seine Bedenken in erster Linie gegen die Formulierung in Leitsatz 4, indem er befürchte, dass das Handeln „im eigenen Namen" nicht genügend nach außen hervortrete. Er könne diese Bedenken nicht im vollen Umfange teilen. „Im eigenen Namen handeln" heiße, durch sein Handeln zu erkennen geben, dass man selbst Vertragspartei, selbst Träger der Rechte und Pflichten aus den abgegebenen rechtsgeschäftlichen Erklärungen sein wolle. Ihm scheine die Sache hier nicht anders zu liegen, als wenn ein Kaufmann unter seiner Firma handele. Der Charterer nämlich sei meistens eine Linienreederei oder auch ein spekulativer Schiffsmakler.

Beide seien in aller Regel Vollkaufleute (§ 1 Abs. 2 Ziff. 5 und 7 HGB). Sie träten daher unter ihrer Firma auf. Er könne einen wesentlichen Unterschied im Vergleich zu dem Auftreten des Kaufmanns im Handelsverkehr nicht sehen. Eigene Schornsteinmarke und Kontorflagge seien zwar nicht immer vorhanden. Es müssten aber auch alle übrigen Fallumstände jeweils in Betracht gezogen werden. So könne ein Anzeichen für das Handeln im eigenen Namen z.B. auch liegen in dem Verwenden eigener Konnossementsformulare für Verladungen mit dem gecharterten Schiff oder darin, dass es bei der Buchung der Ladung etwa heiße: „Wir buchten die und die Ladung für *unseren* Dampfer X". – Das Beispiel der Salpetercharter gehöre nicht hierher. Das sei vielmehr ein Fall der uneigentlichen Zeitcharter und eines echten Raumfrachtvertrages. In solchem Falle „verwende" der Charterer das Schiff nicht „zur Seefahrt", sondern er befrachte es. Zweifelsfälle möge es hier und da geben, z.B. wenn der Charterdampfer ein ausländisches Schiff sei, das mit ausländischer Nationalflagge, aber mit der Kontorflagge des Charterers fahre. Auf solche Ausnahmefälle brauche aber die allgemeine Begriffsbestimmung des Reeders nicht zugeschnitten zu werden, denn sie würde durch Anwendung von § 164 Abs. 2 BGB befriedigend geregelt: Bleibe es zweifelhaft, ob der Charterer in fremdem oder eigenem Namen handeln wolle, so gelte er danach als in *eigenem* Namen handelnd; seine Reedereigenschaft werde dann fingiert.

Ministerialrat Krieger habe besonders auf den Fall hingewiesen, dass ein Spediteur einen Chartervertrag über eine Sammelladung abschließe, und namentlich mit Rücksicht auf diesen Fall § 662 HGB als nach wie vor bedeutsam bezeichnet. Im Binnenverkehr seien Fälle dieser Art häufiger. Sie fänden ihre Regelung durch § 413 Abs. 2 HGB in Verbindung mit Absatz 1. Danach habe der Sammelladungsspediteur „ausschließlich die Rechte und Pflichten eines Frachtführers". Die Eisenbahn oder der Binnenschiffer seien dann seine Unterfrachtführer, d.h. seine Erfüllungsgehilfen, für deren Verschulden er nicht hafte. § 413 HGB erwähne zwar nur den Frachtführer, nicht den Verfrachter, doch sei mit Staub (Anm. 5 zu § 413 HGB) anzunehmen, dass es sich dabei nur um ein redaktionelles Versehen handele. § 413 Abs. 2 HGB gelte also auch für den Seespediteur. Dieser werde somit zum Hauptfrachtführer, gesehen vom Blickpunkt des Ladungsinteressenten aus. Das bedeute aber gerade die vollständige Umkehrung der Anomalie des § 662 HGB. § 662 HGB sei gesehen vom Blickpunkt des Schiffseigentümers, nicht wie § 413 Abs. 2 HGB vom Blickpunkt des Versenders aus. § 413 HGB enthalte natürlich nur nachgiebiges Recht. In den Allgemeinen Deutschen Spediteurbedingungen sei das Rechtsverhältnis durchweg anders geregelt, nämlich in dem Sinne, dass der Sammelladungsspediteur nur als Spediteur hafte. Den Haftungsanspruch gegen den Frachtführer mache er dann im fremden Interesse geltend. Nach seiner Meinung stelle § 413 HGB mit der Möglichkeit der vertraglichen Abweichung eine angemessene Lösung dar. § 662 HGB brauche daher für diesen Fall nicht erhalten zu werden.

Wenn man diese Vorschrift aber doch beibehalten wolle, dann müsse zum Mindesten eine Klärung und wesentliche *Einengung des Tatbestandes* vorgenommen werden: § 662 HGB dürfe einmal nur dann Anwendung finden, wenn ein Haupt*fracht*vertrag, nicht wenn eine Schiffsmiete vorliege. Das habe die Rechtsprechung bisher nicht genügend beachtet. Ferner ergebe sich aus dem Wesen der Sache und aus der ursprünglichen, geschichtlichen Interessenlage, dass eine Abwälzung der Haftung des Charterers aus Frachtverträgen und Konnossementen auf den Reeder nur dann in Frage kommen könne, wenn bei Abschluss der Frachtverträge und Ausstellung der Konnossemente auf die Tatsache des Hauptfrachtvertrages *Bezug genommen* sei. Dieses Erfordernis sei nicht nur von ihm selbst, sondern auch von anderer Seite bereits de lege lata aufgestellt worden. Ohne eine solche deutliche Bezugnahme dem Unterbefrachter einen anderen Schuldner aufzudrängen, nämlich den Hauptverfrachter statt des Unterverfrachters, entspreche weder dem Vertragswillen noch der Interessenlage. Zuweilen finde sich eine Erweiterung der Dampfersubstitionsklausel der Konnossemente in der Form „... oder mit einem anderen *eigenen oder fremden* Schiffe". Das würde s.A. nach noch keine ausreichende Bezugnahme auf einen fremden Hauptverfrachter darstellen, denn das fremde Schiff könne ja auch aufgrund einer Schiffsmiete vom Charterer selbst verwendet werden.

Zusammenfassend sei also zu sagen: Der Spediteurfall rechtfertige es nicht, § 662 HGB am Leben zu erhalten. Zumindest müsse der Tatbestand dieser Norm, wie angedeutet, stark eingeengt werden, und dann werde sich zeigen, dass ihre praktische Lebensbedeutung sehr gering sei.

Seine eigenen Zweifel bewegten sich in einer anderen Richtung. Das eigentliche Problem liege in Leitsatz 6. Er habe diesen Vorschlag, wie aus der Fassung „vielleicht" zu ersehen sei, mit gewissen Bedenken gemacht. Er erinnere an das Beispiel des Bunkerkohlenkaufs und der Kollision. Die Tatsache der Vercharterung sei hier dem Dritten vielleicht unbekannt. Der Kapitän lasse es vielleicht im Dunkeln, für wen er die Kohlen kaufe. Es ergebe sich dann die leidige Frage der Passivlegitimation. Die in diesem Zusammenhang auftauchenden Zweifel seien natürlich anderer Art als die erwähnten Bedenken zu Leitsatz 4. Beim Bunkerkohlenkauf sei nicht zweifelhaft, dass der Kapitän in *fremdem* Namen handle. Niemand werde auf den Gedanken kommen, dass er die Kohlen als Hausbrand für die Wohnung seiner eigenen Familie kaufen wolle. Es frage sich aber, in *wessen* Namen er handle, ob im Namen des Schiffseigentümers oder im Namen des Charterers. Er habe sich die Frage vorgelegt, ob die fraglichen Fälle so häufig seien, dass es richtig wäre, das Risiko des Schiffseigentümers durch die Solidarhaftung zu erhöhen. Die Prüfung der Rechtsprechung ergebe: So häufig die Fälle seien, dass der Dritte aufgrund der Schornsteinmarke etc. den Charterer für den Reeder halte, so selten seien – abgesehen von der Konnossementsausstellung – die Fälle angegebener Art, in denen der verchartende Eigentümer für den Reeder gehalten werde. Es sei daher fraglich, ob es sich lohne, die ins Auge gefasste Norm zu schaffen. Zu beachten sei dabei allerdings, dass infolge des verhältnismäßig seltenen Vorkommens solcher Fälle der Eigentümer durch eine etwa vorzusehende Solidarhaftung tatsächlich nur in geringem Umfange belastet werden würde.

Ministerialrat *Krieger* erwiderte: S. E. bewege sich die Aussprache auf verschiedenen Ebenen. Die §§ 484 und 510 HGB hätten es ganz allgemein mit dem Reederbegriff zu tun, während die Frage der Frachtverträge und des § 662 auf einem anderen Gebiet liege. Er könne sich vorstellen, dass man das ganze Frachtrecht ausschließlich auf die daran unmittelbar Beteiligten (Verfrachter und Befrachter) abstellen könnte. Eine andere Frage sei aber die nach dem Reeder; sie sei vor allem für außervertragliche Verhältnisse und Schiffsgläubigerrechte bedeutsam. Die Fälle der außervertraglichen Haftung seien zweifellos besonders wichtig. Hier müsse man wissen, wer der Schiffsverwender sei. Diese Frage könne nicht nach dem Frachtvertrag entschieden werden. Dass ein Frachtvertrag geschlossen sei, habe mit der Person des Reeders nichts zu tun. – Gerade die Allgemeinen Deutschen Spediteurbedingungen zeigten, dass in der Praxis die Regel des § 662 HGB vereinbart werde. Man könne den Reederbegriff nicht einfach an das Merkmal anknüpfen, dass ein Schiff im eigenen Namen verwendet werde. Man müsse mehr haben, und zwar irgendeinen äußeren Anknüpfungspunkt. Ein solches äußeres Kennzeichen sei vielleicht die Eintragung in das Schiffsregister, doch scheine dieses Verfahren ziemlich kompliziert zu sein.

Der *Vorsitzende* erwiderte, er glaube, man betrachte das Problem von verschiedenen Blickpunkten aus. Die Reedereigenschaft sei nicht etwa eine Dauereigenschaft. Schon jetzt komme es nach § 484 HGB allein auf das konkrete „Dienen" an. Dementsprechend solle es nach der neuen Definition allein auf das konkrete „Verwenden" ankommen. Dasein und Art eines Frachtvertrages sei aber das stärkste Indiz für jenes „Dienen" oder „Verwenden", also auch für die Entscheidung der Frage nach dem Reeder. Das zeige sich schon heute bei § 510 HGB. Der Rechtskreis des Verfrachters und der Rechtskreis des Reeders könnten im Leben schwer getrennt werden. „Im eigenen Namen verwendet" sei eine den anerkannten Formulierungen des Bürgerlichen Rechts und des Handelsrechts angepasste Wortfassung. Nach § 1 HGB sei Kaufmann, „wer ein Handelsgewerbe betreibt". Schrifttum und Rechtsprechung hätten diese Definition aber mit Recht dahin ergänzt: „wer ein Handelsgeschäft im *eigenen Namen* betreibt". Entsprechendes gelte für § 484 und für § 510 HGB. Er könne den behaupteten Mangel der Formulierung nicht einsehen. – Die Eintragung im Schiffsregister als Begriffsmerkmal einzuführen, sei, wie schon ausgeführt, nicht zweckmäßig. Andernfalls wäre eine bedenkliche Bürokratisierung die Folge.

Direktor *Brandt* führte aus: Er möchte sich mit seinen Ausführungen zunächst an die Reeder wenden. Der Charterer solle nach dem Vorschlag des Vorsitzenden in sehr vielen Fällen zum Reeder werden. Ob das in diesem Umfange gerechtfertigt sei, könne er nicht übersehen. Der Rahmen sei jedenfalls sehr weit gespannt. Jeder, der ein Schiff zur Seefahrt im eigenen Namen verwende, werde Reeder. Er habe nicht nur zu haften aus den in seinem Namen gezeichneten Konnossementen, sondern auch die außervertraglichen Ansprüche zu befriedigen. In den zuletzt genannten Ansprüchen liege der Schwerpunkt. Wenn z.B. Sloman ein Schiff von Russ chartere und es mit einer Schornsteinmarke versehe, so sei er damit nach der neuen Definition Reeder geworden. Wenn das Schiff auf der Charterreise irgendeinen Schaden anrichte, so hafte also Sloman für Russ. Man möge auch an den Fall denken, dass ein ausländisches Schiff gechartert werde. Der Charterer solle die ganze Reederhaftung des gecharterten Schiffes übernehmen. Er könne sich daher vorstellen, dass die Reeder Bedenken gegen diese Regelung haben würden. Vergleichsweise sei auf das Kraftfahrzeugrecht hinzuweisen. Dies gehe auch von dem Eigentümer aus.

Das Tatbestandsmerkmal „im eigenen Namen" scheine auch ihm nicht auf alle Fälle zu passen. Das neue Seerecht solle doch für alle Seeschiffe gelten, z.B. auch für Vergnügungsyachten. Diese wurden von der vorgeschlagenen Begriffsbestimmung nicht erfasst. Wolle man aber trotzdem den Charterer zum Reeder machen, so könne man diese Rechtsfolge nur an die Eintragung in das Schiffsregister knüpfen. Das habe er bereits in der letzten Sitzung vorgeschlagen. Nicht jeder Charterer werde dann Reeder, sondern nur der Eingetragene. Allerdings bestehe eine Schwierigkeit: Reeder werden sei zwar nicht schwer. Reeder nicht mehr zu sein, sei dagegen weniger einfach. Die Löschung des Charterers im Register werde nämlich nicht immer rasch genug erfolgen können. Vielleicht könne man aber die Geltung der Eintragung bei Zeitcharters befristen. Der Gefahr, dass der Eigentümer einen anderen als Strohmann vorschiebe, um die Haftung los zu werden, könne mit der Solidarhaftung begegnet werden.

Der Gedanke der Solidarhaftung scheine ihm überhaupt außerordentliche begrüßenswert zu sein.

Zum Schluss wolle er noch einmal darauf hinweisen, dass die größte Bedeutung s. E. den Fällen der außervertraglichen Haftung gegenüber Dritten zukomme.

Der *Vorsitzende* erwiderte: Die Ausführungen des Direktors Brandt seien ihm außerordentlich interessant. Indessen habe dieser Redner den Abstand zwischen der heutigen Rechtslage und der vorgeschlagenen Regelung offenbar zu krass geschildert. Der Charterer komme ja auch heute schon für die außervertragliche Reederhaftung in Frage, nämlich nach englischem Recht als „owner pro tempore", nach deutschem Recht als „Ausrüster". Nach richtiger Auslegung unterfalle ja auch die Baltime-Charter und der Deuzeitvertrag dem § 510 HGB, zum Mindestens sei § 510 auf sie analog anzuwenden. Die Reederhaftung des Charterers sei also schon heute geltendes Recht. Der Charterer hafte zwar mit dem fremden Schiff, riskiere aber seine eigene Frachteinnahme, nämlich die Konnossementsfrachten. Im Übrigen sei die vorgeschlagene Ausweitung des Reederbegriffes nur billig. Der Charterer ziehe doch aus dem fremden Schiffskapital im *eigenen* Betriebe seinen Unternehmergewinn, er müsse daher auch das Unternehmerrisiko der Haftung aus diesem Betriebe tragen. Der Sloman-Russ-Fall scheine ihm gerade die Billigkeit seiner Lösung zu erweisen. Sloman hoffe doch, den Gewinn aus der Charterfahrt zu heben. Er dürfe sich daher auch nicht der Haftung entziehen wollen, weder der Haftung aus seinen Stückgutfrachtverträgen und Konnossementen, noch der Haftung aus Kollisionen und außervertraglichen ähnlichen Schadensfällen. Dass die vorgeschlagene Rechtslage bereits heute teilweise bestehe, sei nur den Reedern nicht immer ganz klar und den Scheinreedern natürlich unerwünscht. Die Bedenken der Reeder würden begründeter sein, wenn sie sich nicht so sehr gegen die Haftung des Charterers als gegen die Mithaftung des verchartemden Eigentümers richten würden; denn der Schiffseigentümer würde durch den Betrieb des Charterers allerdings mit einem Risiko belastet.

Dass seine Definition bei Lustyachten vielleicht Schwierigkeiten bereiten könne, sei zuzugeben, obwohl auch hier ein Handeln im eigenen Namen möglich sei, z.B. bei Heuerverträgen und Proviantkäufen. Lustyachten stellten aber im Seerecht einen durchaus atypischen Fall dar. Auf atypische Fälle dürfe man nicht abstellen bei der künftigen grundsätzlichen Regelung.

Die Ausführungen des Direktors Brandt hätten ihn in seinen Bedenken gegen die Eintragung als Tatbestandsvoraussetzung bestärkt. Beim Grundbuchamt dauere die Erzielung einer Löschung unter Umständen, wie er erfahren habe, fast einen Monat. Auch wenn die Wartezeit beim Schiffsregister kürzer sein sollte, so sei sie doch in gewissen Grenzen unvermeidlich und bewirke dann hinsichtlich der Reedereigenschaft einen unklaren Übergangszustand.

Übrigens stelle das Kraftfahrzeugrecht keineswegs die Haftung auf den Eigentümer ab, sondern, ebenso wie das Luftrecht, auf den Halter (§§ 7 ff. Kraftfahrzeuggesetz). Um das gleiche Problem handelt es sich jetzt bei der Reform des Seerechts.

Dr. Schütte erklärte: Er habe zu seinem Bedauern wegen Erkrankung an der letzten Sitzung nicht teilnehmen können. Er habe heute Direktor Michelau zu entschuldigen. Im Einverständnis mit ihm möchte er anregen, dass noch einige Herren aus Reederkreisen mit besonderer Sachkunde im Chartergeschäft gehört würden, bevor ein endgültiger Beschluss gefasst würde.

Der *Vorsitzende* erklärte sich hiermit einverstanden.

Dr. Schütte bemerkte weiter: Der Reederbegriff dürfe nicht vollständig vom Schiffseigentum losgelöst werden. Nach der vorgeschlagenen Definition scheine z.B. ein still liegendes Schiff keinen Reeder zu haben. – Er entsinne sich einer Reichsgerichtsentscheidung aus den zwanziger Jahren, in der die Frage der Passivlegitimation streitig gewesen sei. Das Reichsgericht habe damals die Klage des Konnossementsinhabers gegen die charternde Linienreederei abgewiesen unter Ablehnung einer entsprechenden Anwendung des § 510 HGB. Gegen dieses Urteil habe der Vorsitzende sich wohl mit einem gewissen Recht gewandt. Auch in der Praxis habe man die Entscheidung zum Teil als unrichtig betrachtet. Im Übrigen seien aber nur ganz selten Fälle von Ladungsschäden vom Charterer an den Reeder weitergegeben worden.

Der Vorschlag der Eintragung scheine zwar im ersten Augenblick sehr bestechlich, das Verfahren sei aber doch wohl zu umständlich. Der Reeder müsse wohl doch mit dem Eigentümer identisch sein. Das dürfe man nicht verschieben, andernfalls hätte man zu viele Normen umzugestalten. Heute würden vielfach von den Konferenzen [Art Kartelle] sogenannte Konferenzkontrakte mit den Verladern abgeschlossen. Der Befrachter kenne dann bei Abschluss des Frachtvertrages weder die Flagge noch den Namen des Schiffes. Hier entständen besondere Schwierigkeiten. Es handle sich dabei fast immer um fremde Schiffe.

Es frage sich auch, welchen Einfluss die Solidarhaftung auf die Pfandrechte haben solle. Sie führe s. E. eher zur Unklarheit als zur Klarheit. Es frage sich, ob etwa der Charterer auch für die oft sehr erheblichen Schiffspfandrechte mithaften solle.

Der *Vorsitzende* entgegnete, man habe sich z. Zt. nur mit dem Reederbegriff des Handelsgesetzbuches zu befassen. Man habe zu prüfen, ob das Eigentum für den Reederbegriff des HGB noch notwendig sei. Er halte es, namentlich mit Rücksicht auf die erwähnten Zeitcharterfälle, für zweckmäßig, das künftige Recht auf dem Begriff des *Seefahrtunternehmers* aufzubauen, wobei aber zu beachten sei, dass selbstverständlich auch in Zukunft der Seefahrtunternehmer in der Mehrzahl der Fälle *zugleich* Schiffseigentümer sei und bleibe. Der Zustand der Reederlosigkeit ergebe sich bei der vorgeschlagenen Regelung nicht. Liege das Schiff still, so sei dessen derzeitiger Verwender (Charterer) der Reeder. Sei es aufgelegt, so sei Reeder der Eigentümer, da ein anderer Verwender dann nicht vorhanden sei. Was das Pfandrecht anlange, so handle es sich dabei um eine dingliche Last, ruhend auf dem Schiff und der dem Charterer zustehenden Konnossementsfracht. Das Risiko treffe also zum großen Teil den dahinterstehenden Eigentümer. So sei es, wie gesagt, schon heute in den Fällen des § 510 Abs. 1 HGB. Bei den Konferenzkontrakten möge die Person des Vertragskontrahenten zweifelhaft sein. Die sich in diesem Zusammenhang zweifellos ergebenden Schwierigkeiten hingen aber keineswegs mit dem Reederproblem zusammen, sondern lediglich mit der besonderen Rechtsgestaltung der Konferenzkontrakte.

Dr. Schütte bemerkte ergänzend: Der Deuzeitvertrag und die Baltime-Charter unterfielen nach seiner Ansicht nicht dem § 510 HGB.

Ministerialrat *Krieger* führte aus: Nach seinem Empfinden sei das Grundsätzliche und Entscheidende noch nicht genügend herausgestellt. Man wolle die §§ 510 und 662 HGB zusammenbringen. Beide ständen aber auf ganz verschiedenem Boden. § 662 HGB behandle das Verhältnis zwischen Verfrachter und Ladungsinteressent, löse also eine Frage des Frachtrechts, während § 510 HGB für den Fall der Schiffsmiete das Verhältnis zwischen Eigentümer und Dritten und zwischen Mieter und Dritten bestimme. Es handle sich also um zwei vollkommen verschiedene Rechtskreise. Zweifelhaft könne sein, ob ein Vertrag im Einzelfall als Hauptfrachtvertrag im Sinne des § 662 HGB anzusehen sei oder ob es sich um eine Schiffsmiete im Sinne des § 510 HGB handle. Die Fälle, für die § 510 HGB gelten solle, müssten ganz klar abgegrenzt werden. Man müsse für den neuen Reederbegriff einen vollkommen eindeutigen Tatbestand schaffen. Die Zweifel lägen zum Teil darin, dass beispielsweise der Deuzeitvertrag vom Vorsitzenden unter § 510 HGB gebracht, von Reederseite dagegen das Rechtsverhältnis nicht als Ausrüstung, sondern als Unterverfrachtung angesehen werde. Bei dem Problem des § 662 HGB handle es sich darum, ob man sich auf § 413 Abs. 2 HGB beschränken oder es bei der Regel des § 662 HGB belassen wolle. Welche gesetzliche Regel man auch aufstellen möge, jedenfalls müsse es zulässig sein, die nicht Gesetz gewordene Regelung vertraglich zu vereinbaren. Wenn man den privatrechtlichen Reederbegriff vom Eigentum loslöse, im öffentlichen Seerecht aber weiterhin auf das Eigentum abstelle, so komme man zu zwei verschiedenen Reederbegriffen. Ganz entschieden wende man sich aber im Reichsjustizministerium gegen die Verwendung eines und desselben Wortes für zwei verschiedene Begriffe. Dann müsse jedenfalls ein anderer Ausdruck gefunden werden.

Der *Vorsitzende* erwiderte: Er habe den Eindruck, als ob man beständig aneinander vorbeirede. Ministerialrat Krieger habe bemerkt, man wolle die nicht zusammengehörigen §§ 510 und 662 HGB zusammenbringen. In Wirklichkeit sei dies durch eine völlig verfehlte Rechtsprechung geschehen, nämlich durch die fälschliche Heranziehung des § 662 in Fällen von Schiffsmiete. Dieser Übelstand solle jetzt beseitigt werden, indem man den obsolet gewordenen § 662 HGB streiche und § 510 HGB besser ausgestalte. Vielleicht sei es richtig, dass die Wendung „im eigenen Namen verwendet" nicht prägnant genug sei. Reichsgerichtsrat Dr. Lindenmaier und er selbst hätten dabei an den Besitz des Schiffes zum Zweck des eigenen Gebrauchs gedacht. Man könne daher auch sagen: „Reeder ist, wer ein Schiff im eigenen Namen zur Seefahrt gebraucht und es zu diesem Zwecke im Besitz hat". Doch sei es ihm zweifelhaft, ob solche Formulierung nicht neue Schwierigkeiten schaffen würde.

Gewiss sei es unzweckmäßig, mit verschiedenen Begriffen unter der gleichen Bezeichnung zu arbeiten. Er habe aber bereits in seinem Referat von einer Aufspaltung des Reederbegriffs gesprochen. Er habe dabei auf das Beispiel aus dem Flaggengesetz hingewiesen. Dort sei mit Reeder der Eigentümer gemeint. So gebe es eine Reihe von Normen, in denen unter Reeder der Schiffseigentümer als solcher zu verstehen sei. Hier spreche das Gesetz dann in Zukunft besser von „Schiffseigentümer". Die Unklarheit rühre daher, dass man gemeinhin unter „Reeder" fälschlich an den Eigentümer denke und die mögliche Trennung der Eigenschaft des Seefahrtunternehmers vom Schiffseigentum nicht beachte. Dieser Irrtum habe sich auch bei den Brüsseler Beratungen störend bemerkbar gemacht.

Ministerialrat *Krieger* entgegnete: Die soeben erwähnte Definition schaffe allerdings absolute Klarheit in der Formulierung. Die Schwierigkeit liege dann aber darin, dass man im konkreten Falle gerade nicht wisse, wer im Besitz des Schiffes sei. Das sei gerade die besondere Schwierigkeit, die sich offenbar nur bei Schiffen ergebe, während man auf anderen Gebieten, z.B. beim Kraftfahrzeug, auch wohl beim Flugzeug, die Besitzverhältnisse unschwer feststellen könne. Wie der Vorsitzende in der letzten Sitzung erwähnt habe, werde im italienischen Seerecht in der gleichen Bestimmung von Befrachter und Vermieter gesprochen. Das zeige, wie groß die Unklarheit sei. Auch wenn man das Besitzverhältnis in die gesetzliche Definition aufnehme, werde man wahrscheinlich das Reichsgericht nicht von seinem bisher eingenommenen Standpunkt abbringen können, denn das Reichsgericht werde in Bezug auf den Deuzeitvertrag wahrscheinlich sagen, dass ja Kapitän und Besatzung unter dem Charterer nicht gewechselt hätten, und dass dieser daher den Besitz am Schiff nicht erlangt habe; aus der Befugnis, dem Kapitän Weisungen zu erteilen, folge noch kein Besitz.

Der *Vorsitzende* erwiderte, er könne die Bedenken hinsichtlich der Besitzfrage nur in vollem Umfange teilen. Gerade deshalb habe er das Besitzmoment zunächst in die von ihm vorgeschlagene Definition nicht hineingebracht. Es sei im Übrigen nicht unwahrscheinlich, dass das Reichsgericht in Zukunft von seiner bisher vertretenen Ansicht zu § 510 abgehen werde.

Dr. Bramslöw erklärte: Den überzeugenden Ausführungen des Vorsitzenden in seinem Bericht könne er nur beipflichten. Er würde es sehr bedauern, wenn man im Seehandelsrecht bei dem statischen Eigentumsmerkmal bleiben würde, statt den dynamischen Begriff des Unternehmers voranzustellen. – Es scheine ihm ein glücklicher Vorschlag zu sein, im Interesse einer reinlichen Scheidung das Wort „Eigentümer" statt „Reeder" überall dort zu setzen, wo es gemeint sei. Dann würde für den neuen Reederbegriff der Weg frei werden. Die Schwierigkeit in der Frage der Passivlegitimation würde durch die Festsetzung der gesamtschuldnerischen Haftung beseitigt.

Die Worte „im eigenen Namen" erschienen freilich auch ihm bedenklich. Sie bedeuteten im Grunde eine Einschränkung. Darauf habe Ministerialrat Krieger bereits aufmerksam gemacht. Es gebe doch auch Fälle, in denen ein Schiff im fremden Namen verwendet werde. Solche Fälle müssten mit erfasst werden. Er schlage vor, die Worte „im eigenen Namen" einfach wegzulassen und zu sagen „Reeder ist, wer ein Schiff zur Seefahrt verwendet".

Der *Vorsitzende* erwiderte: Die Worte „im eigenen Namen" seien offenbar ein Stein des Anstoßes. Er habe sie im bewussten Gegensatz zu den Worten „für seine Rechnung" (§ 510 Abs. 1 HGB) gewählt. Auch Seefahrt betreiben im eigenen Namen für fremde Rechnung, also der Fall des Reederkommissionärs, gehöre hierher. Er sei z.B. öfter in den Vereinigten Staaten zu finden, wo zum Teil mit Staatsschiffen im eigenen Namen für Rechnung des Staates (Shipping board) Seefahrt betrieben werde. Dagegen gehöre die Schiffsverwendung in *fremdem* Namen als ein offenkundiger Fall bloßer Vertretung *nicht* hierher. Richtig sei, dass das Außenverhältnis nur von äußerlich greifbaren Kennzeichen abhängig gemacht werden könne. Hinsichtlich des Leitsatzes 4 gerate man mehr und mehr in einen bloßen Formulierungsstreit. In der Formulierungskunst seien die Herren vom Reichsjustizministerium besonders erfahren. Er würde es daher dankbar begrüßen, wenn Ministerialrat Krieger in Ergänzung seiner Kritik eine geeignetere Formulierung vorschlagen könnte.

Ministerialrat *Krieger* entgegnete: Infolge starker Überlastung mit anderen Arbeiten sei er zu seinem Bedauern heute noch nicht in der Lage, eine bessere Definition zu geben. Die Formel müsse jedenfalls äußerliche Merkmale angeben. Der Unternehmer dürfe der Haftung nicht ausweichen können. Nach vorläufiger Überlegung scheine ihm dazu die Eintragung im Schiffsregister am besten geeignet. Vielleicht gehe die Eintragung allerdings nicht schnell genug. Dass man die Eintragung der Vercharterung aus dem Register nicht rasch genug wieder herausbekomme, halte er für eine geringe Sorge. Der Chartervertrag laufe doch für eine bestimmte Zeit oder für eine bestimmte Reise. Die Eintragung könne daher entweder von vornherein zeitlich beschränkt sein oder nach Beendigung der Reise alsbald gelöscht werden. Eine Schwierigkeit liege dagegen darin, dass das Schiffsregister nur eine beschränkte Öffentlichkeit habe. Die Eintragung würde jedenfalls die Folge haben, dass sich die Beteiligten die Rechtslage in Zukunft deutlich klar machen würden. Kennzeichen wie das Versehen des gecharterten Schiffes mit der Schornsteinmarke und der Kontorflagge des Charterers könnten durch das Gesetz nicht vorgeschrieben werden. Es bleibe also als äußeres Kennzeichen nur die Registereintragung.

Dr. Schütte wies darauf hin, dass der vercharterte Reeder in aller Regel Wert darauf lege, Kapitän und Mannschaft auf dem Schiff zu belassen. Es komme allerdings auch der Fall der Überlassung des unbemannten Schiffes vor. Man bezeichne ihn in der Praxis auch als den Fall der „Bare Boat Charter".

Der *Vorsitzende* bemerkte: Dr. Schütte spreche offenbar von dem gleichen Fall, den er als „Netcharter" (reine Charter ohne Dienstverschaffungsvertrag) bezeichnet habe. Mit diesem und anderen Fällen habe er sich bereits in seinem Bericht ausführlich befasst.

Dr. Bramslöw führte aus: Seiner Ansicht nach könne für die gewünschte Unterscheidung kein brauchbarer Prüfstein gefunden werden. Die Eintragung in das Schiffsregister sei an sich geeignet, wegen ihrer Langsamkeit aber untunlich. Auf den Besitz könne man auf keinen Fall abstellen. Denn dann tauche sofort die bekannte Streitfrage auf, für wen der Kapitän Besitzdiener sei. Schornsteinmarke und ähnliche Merkmale seien als maßgebende Kennzeichen unbestimmt. Überdies könne der Dritte sich doch nicht immer an den Liegeplatz begeben, um solche Feststellungen zu treffen. Angesichts dieser Schwierigkeiten frage es sich, ob eine solche Unterscheidung nach außen überhaupt nötig sei. Man wolle doch eine gesamtschuldnerische Haftung einführen (Leitsatz 6). Vielleicht wäre es zweckmäßig, den Eigentümer *immer* als Gesamtschuldner neben dem Charterer haften zu lassen. Dann wäre der Eigentümer auf jeden Fall passiv legitimiert und dadurch der Dritte stets geschützt. Auf eine klare Abgrenzung der verschiedenen Fälle nach außen könne bei dieser Rechtslage verzichtet werden. Die Auseinandersetzung der Beteiligten untereinander (Eigentümer und Charterer im Innenverhältnis) würde davon nicht berührt.

Der *Vorsitzende* erwiderte: Er glaube, dass der Dritte abgesehen von der in Leitsatz 6 vorgesehenen Gesamtschuldnerschaft in manchen Fällen auch durch § 164 Abs. 2 BGB genügend gesichert sei. Es sei ihm aufgefallen, dass bisher noch niemand auf diesen Hinweis eingegangen sei, durch den s. E. viele Zweifel ausgeräumt werden könnten.

Direktor *Brandt* legte dar: Man wolle doch möglichst klare Verhältnisse schaffen. Das Klarste sei aber doch eine Bestimmung in dem Sinne, dass Reeder der Eigentümer sei. Die Erweiterung verwässere den Begriff. Es frage sich, weshalb man überhaupt den Ausrüster haben müsse. Er glaube, das sei gar nicht unbedingt nötig. Man sei in die erwähnten Schwierigkeiten hineingeraten, weil man diesen Begriff im Gesetz eingeführt habe. Der Einwand der mangelnden Passivlegitimation unter Berufung auf § 662 HGB sei allerdings in der Praxis hauptsächlich als willkommenes Verteidigungsmittel in Erscheinung getreten.

Wenn man aber doch von dem Unternehmerbegriff ausgehen wolle, dann brauche man ein deutliches äußeres Kennzeichen. Als solches komme nur die Eintragung in Frage. Er sehe hierin keine übermäßige Schwierigkeit. Eigentümer und Charterer müssten gemeinsam die Eintragung beantragen. Die Beendigung des Charterverhältnisses nach außen kenntlich zu machen, sei nicht schwer, wenn – wie bei Zeitcharterverträgen – die Eintragung des Charterverhältnisses auf eine bestimmte Zeit geschehe. Für Reisecharters werde dagegen die Eintragung nicht in Frage kommen können.

Der *Vorsitzende* erwiderte: Es würde zwar eine verlockende Vereinfachung bedeuten, wenn man den Reederbegriff einfach auf das Eigentum abstellen könnte. Diese Lösung werde aber dem Problem nicht gerecht. Sie übersehe den Fall der Bareboatcharter, der ja schon im jetzigen Recht (§ 510) den Charterer, nicht den Eigentümer haftbar werden lasse. Sie sei nicht billig für den Fall, dass der Charterer mit fremdem Schiffskapital arbeite. Der Charterer, der den Unternehmergewinn habe, müsse auch das Unternehmerrisiko, die Haftung als Schiffsverwender tragen. Dem geradezu unfairen Verhalten des sich auf § 662 HGB berufenden Scheinreeders müsse endlich ein Ende gemacht werden. Das beste Kennzeichen für die Art des Charterverhältnisses sei sicher die Eintragung, sie würde aber infolge des umständlichen und zeitraubenden Verfahrens störend in den Schifffahrtsverkehr eingreifen. Der Dritte wohne ja nicht immer im Registerhafen, vielleicht nicht einmal im Inland, es entstehe dann auch ein unklarer Übergangszustand.

Dr. Schütte bemerkte: Er sei gegen die Eintragung. Sehr häufig erfolge die Charterung auf telegrafischem Wege. Die Vollmachtserteilung zur Eintragung würde einen erheblichen Zeitverlust bedeuten. Eine derartige Norm komme jedenfalls nicht für alle Charterverträge in Frage. Sie dürfe höchstens als Kannvorschrift aufgestellt werden. Zu bedenken sei allerdings, dass Holland sich anscheinend mit diesem umständlichen Weg abgefunden habe.

Der *Vorsitzende* erklärte: Dr. Schütte habe ihn in seinen Bedenken gegen die Eintragung noch bestärkt.

Direktor *Brandt* wies darauf hin, dass die Eintragung ja keineswegs für alle Charters in Frage kommen solle. Nur ausnahmsweise sei der Charterer als Reeder zu behandeln. Das sei auch nicht bedenklich, denn Reeder und Charterer könnten ja intern miteinander alles vereinbaren. In das Innenverhältnis zwischen Reeder und Charterer dürfe in keiner Weise gesetzlich eingegriffen werden.

Der *Vorsitzende* bemerkte, er sähe in den Ausführungen des Direktors Brandt einen gewissen Widerspruch. Einerseits halte Direktor Brandt die Reederstellung des Charterers ohne dessen Eintragung nicht für erwünscht, andererseits trete er im Interesse des Dritten dafür ein, dass sich diese stets sowohl an den Charterer wie an den Eigentümer als Gesamtschuldner halten könnten. Es sei aber nicht ersichtlich, aus welchem Rechtsgrunde eine außervertragliche Haftung des Charterers hergeleitet werden könne, wenn nicht aus seiner Stellung als Reeder.

Ministerialrat *Krieger* legte dar: Im modernen Verkehrsrecht werde mehr und mehr abgegangen vom Eigentumsbegriff, stattdessen rücke der Halterbegriff in den Vordergrund. So sei es im Kraftfahrzeug- und im Luftverkehrsrecht. Vielleicht könne man sagen: „Reeder ist, wer ein Schiff zur Seefahrt verwendet; im Zweifel ist es der Eigentümer“. Dann müsse der, der ein Schiff hergebe, dafür sorgen, dass der andere die Reederstellung übernehme. Die Auffassung des Vorsitzenden, der § 510 HGB weiter auslege, als es anscheinend in Schifffahrtskreisen üblich sei, habe wohl etwas für sich. Das Reichsgericht und das Hanseatische Oberlandesgericht hätten aber vielleicht doch das Richtige getroffen, wenn sie in Übereinstimmung mit Reedern und Charterern § 510 enger auslegten und § 662 zur Anwendung brächten.

Der *Vorsitzende* entgegnete: Nach 30jähriger Beobachtung des Problems und seiner Auswirkung im Schifffahrtsleben sehe er die Sachlage anders an. Es herrsche wirklich ein Missstand. Die bisherige Rechtsprechung sei sehr formalistisch. Sie sei nicht ausgegangen von dem Zweck der Vorschriften und von der ihnen zugrunde liegenden Interessenlage, was sie hätte tun müssen. So habe die Rechtsprechung zu § 662 HGB den charternden Linienfahrtunternehmern den Weg zu unfairem Handeln geradezu weit geöffnet. Der Charterer habe sich, um sich der Haftung zu entziehen, immer wieder hinter dieser Norm verkriechen können.

Dr. Schulze-Smidt bemerkte, er glaube, dass alle Beteiligten zufriedengestellt sein würden, wenn es möglich wäre, äußerlich zu sehen, ob der Eigentümer oder ein anderer das Schiff im eigenen Namen verwende. Er wisse nicht, ob die Sachverständigen ein solches allgemeines Mittel finden würden. Es werde sich aber in aller Regel im Einzelfall aus der Gesamtheit aller Umstände durchaus ermitteln lassen, in wessen Namen das Schiff verwendet werde. An den mehrfach erwähnten Schwierigkeiten dürfe daher der Vorschlag des Vorsitzenden nicht scheitern.

Dr. Bramslöw erklärte: Er sehe keinen grundsätzlichen Gegensatz mehr zwischen dem Ergebnis des Vorsitzenden und des Ministerialrats Krieger, sondern nur eine Abweichung in der Formulierung. Im Prinzip sei Ministerialrat Krieger bei seinem letzten Vorschlage dem Vorsitzenden gefolgt. Vielleicht könne man den Wortlaut noch dahin abändern: „... falls eine solche Verwendung nicht vorliegt, gilt der Eigentümer als Reeder".

Der *Vorsitzende* erwiderte: Bei der Formulierung des Ministerialrats Krieger tauche gerade der Zweifel auf, ob überhaupt ein Zweifel vorliege. Die Tendenz müsse doch dahin gehen, den Unternehmer in den Mittelpunkt der privatrechtlichen Verhältnisse zu stellen. Richtiger scheine ihm daher bei Charterung durch Frachtfahrtunternehmer der Zusatz „im Zweifel ist es der *Charterer*". Dieser Satz entspreche auch allein der allgemeinen, aus § 164 Abs. 2 BGB zu entnehmenden Lösung des Problems.

Ministerialrat *Krieger* entgegnete: Der Charterer könne nicht im Zweifel der Reeder sein. Charterer sei ja gerade ein schwankender Begriff. Es handle sich immer um die Frage, welcher Art der vorliegende Chartervertrag sei. Für das ganze Frachtrecht spiele der Reederbegriff gar keine Rolle. Man müsse wohl schließlich an das Eigentum anknüpfen.

Der *Vorsitzende* erwiderte: Die Fassung „im Zweifel ist der Charterer Reeder" habe ihren guten Sinn. Beim Frachtvertrag sei er nicht Reeder, wohl aber bei derjenigen Reisecharter und derjenigen Zeitcharter, die sich als Schiffsmiete darstellten. Gerade das vage Wort „Charterer" schaffe die Zweifel. Der Begriff des Reeders habe übrigens nach ständiger Rechtsprechung sehr viel mit dem Frachtvertrag zu tun. Damit hänge nämlich nach herrschender Meinung die Beantwortung der Frage zusammen, ob ein gültiges Konnossement ausgestellt sei. Nach herrschender Ansicht, die sich berufe auf § 642 Abs. 4 HGB, könne nur der Reeder ein gültiges Konnossement ausstellen, nicht etwa jeder Verfrachter. Auch für das bisherige Frachtrecht habe also der Reederbegriff Bedeutung.

Ministerialrat *Krieger* bemerkte: Man bewege sich doch z. Zt. auf dem Boden der lex ferenda und könne deshalb unterstellen, dass § 642 Abs. 4 BGB abgeändert werde. Vielleicht sei es empfehlenswert, in Zukunft für das Frachtrecht vom Reederbegriff überhaupt abzusehen.

Der *Vorsitzende* entgegnete: Das sei möglich. Dann würde man aber zu dem Ergebnis kommen, dass die Vertragshaftung oft ein anderer trage als der, dem die außervertragliche Haftung zur Last falle. Diese Divergenz scheine ihm indessen unerwünscht.

Direktor *Brandt* führte aus: Man müsse sich den Unterschied zwischen vertraglicher und außervertraglicher Haftung vor Augen halten. Der Frachtvertrag bestehe allein zwischen Verfrachter und Befrachter. Durch die Ausstellung der Konnossemente werde vielleicht noch ein Dritter in diesen Nexus hineingezogen. Der Anspruch aus unerlaubter Handlung richte sich gegen den Eigentümer des Schiffes, hinzu komme in Zukunft vielleicht der Charterer als Reeder. Es frage sich, wieweit diese Haftung zweier Personen nötig sei. Ansprüche gegen den Eigentümer seien immer gegeben; zu erwägen sei dabei, ob man nicht den Vorbehalt in § 510 Abs. 2 HGB („... es sei denn, dass ...") streichen könne. Das würde die Einführung einer Solidarhaftung schlechthin bedeuten.

Der *Vorsitzende* erwiderte: Der Vorschlag des Direktors Brandt würde im Ergebnis bedeuten, dass der Eigentümer nicht nur die Last des Schiffsgläubigerrechts zu tragen hätte, sondern auch persönlich zahlungspflichtig werde aus Unternehmungen, aus denen nicht er den Unternehmergewinn ziehe. Seiner Ansicht nach sei grundsätzlich der charternde Frachtfahrtunternehmer der richtige Beklagte, und zwar auch aus außervertraglicher Haftung. Den Eigentümer dürfe man höchstens zum Schutze gutgläubiger Dritter als Gesamtschuldner mit heranziehen.

Direktor *Brandt* wies darauf hin, dass es sich in der Binnenschifffahrt als sehr schwierig erwiesen habe, den richtigen Beklagten zu finden.

Der *Vorsitzende* bezeichnete es als zweckmäßig, auch einen Sachverständigen aus der Binnenschifffahrt zu hören. Vom Zentralverein für die deutsche Binnenschifffahrt sei er auch ausdrücklich darum gebeten worden.

Der Vorsitzende schloss sodann die Sitzung mit dem Bemerken, dass die Fortsetzung der Beratungen voraussichtlich am 12. Dezember erfolgen werde.

24. Arbeitssitzung vom 12.12.1935 (16 bis 19.30 Uhr)

Anwesend:
Vorsitzender: Prof. Dr. Wüstendörfer, Hamburg
stellvertretender Vorsitzender: Reichsgerichtsrat Dr. Lindenmaier, Leipzig
2. Schriftführer: Richter Dr. Bramslöw, Hamburg
und als weitere wissenschaftliche Mitglieder:
Rechtsanwalt Dr. Schulze-Smidt, Bremen
Verwaltungsdirektor Sturm, Hamburg
vom Reichsjustizministerium:
Ministerialrat Koffka, Berlin
Ministerialrat Krieger, Berlin
als praktische Mitglieder:
Direktor Brandt, Hamburg
als Gast:
Oberregierungsrat Dr. Schrader, Hamburg
als Sachverständige:
Dr. Dücker, Hamburg
Reedereidirektor Alfred Edye, Hamburg
Reedereidirektor Offen, Hamburg
für die Niederschrift in der Sitzung:
Assessor Dr. Capelle, Hamburg und Fräulein Assessor Krüger, Wandsbek
entschuldigt fehlten:
Rechtsanwalt Dr. Droege, Hamburg
Rechtsanwalt Dr. Heynen, Hamburg
Direktor Michelau, Bremen
Dr. Schütte, Hamburg

Reichsgerichtsrat *Dr. Lindenmaier* eröffnete als Vorsitzender die Sitzung und nahm zunächst Veranlassung, dem Vorsitzenden des Ausschusses, Prof. Dr. Wüstendörfer zu seinem 60. Geburtstage namens des Ausschusses nachträglich die besten Wünsche auszusprechen. Er begrüßte sodann die Sachverständigen Dr. Dücker, Alfred Edye i. Fa. Rob. M. Sloman jr. und Offen i. Fa. Hanseatische Reederei AG und führte anschließend aus:

Zu seinem Bedauern habe er an der letzten Sitzung nicht teilnehmen können. Er habe aber das Bedürfnis, sich zu den in seiner Abwesenheit erörterten Fragen noch zu äußern. Prof. Wüstendörfer werde sodann einen kurzen Überblick geben über das, was in der letzten Sitzung im Vordergrunde der Aussprache gestanden habe.

Diese habe sich im Wesentlichen um den erweiterten *Begriff des Reeders* gedreht. Der Vorschlag von Prof. Wüstendörfer laute: „Reeder ist, wer ein Schiff im eigenen Namen zur Seefahrt verwendet“ (Leitsatz 4). Der Schifffahrtsunternehmer solle also in den Vordergrund gestellt werden, in Fortführung eines in § 510 HGB bereits angebahnten Gedankenganges. Damit sollten die großen Schwierigkeiten beseitigt werden, die nach geltendem Recht der Feststellung des richtigen Beklagten zum Schaden namentlich des klagenden Ladungsinteressenten entgegenständen.

Die Kritik habe gegen den angeführten Leitsatz im Wesentlichen eingewendet, dass in der Praxis nicht immer genügend in Erscheinung trete, wann eine Verwendung im eigenen Namen vorliege; Schornsteinmarke, Kontorflagge des Charterers etc. seien nicht immer genügende Anhaltspunkte. Der Berichterstatter habe demgegenüber betont, dass diese Frage immer nur unter Berücksichtigung aller Umstände des Einzelfalles entschieden werden könne, da die Kennzeichen für die Reedereigesellschaft wechselnd seien. Insbesondere habe der Berichterstatter auf § 164 Abs. 2 BGB hingewiesen. Diese Norm sei auch in der Tat aufs Glücklichste geeignet, dem Vorschlag des Berichterstatters zu dienen und Zweifel aus dem Weg zu räumen.

In der Aussprache sei angeregt worden, die fraglichen Charterverträge in das Schiffsregister einzutragen und nur den eingetragenen Charterer als Reeder zu behandeln. Gegen diese Lösung seien jedoch schon in der letzten Sitzung erhebliche Bedenken geäußert worden. Er könne diese Bedenken nur teilen. Einmal sei mit der Eintragung notwendig eine starke Bürokratisierung verbunden. Vor allem aber sei es nicht angängig, die Wirksamkeit des Chartervertrages von der Eintragung abhängig zu machen; infolgedessen fehle für die Beteiligten jeder Anreiz, die Eintragung zu veranlassen.

Beim Durchlesen des letzten Protokolls sei ihm anfangs der Gedanke gekommen, ob man nicht hinsichtlich der Reedereigenschaft eine Vorschrift schaffen könnte, die für den Zweifelsfall Geltung hätte, wie sie denn auch tatsächlich im weiteren Verlauf der Aussprache vorgeschlagen worden sei. Bei weiterer Überlegung seien ihm aber dann doch Bedenken gekommen. Die neue Rechtsgestaltung solle doch auf den Unternehmer abgestellt werden. Man würde aber die dahin drängende Entwicklung rückwärts revidieren, wenn man bestimmen würde, dass im Zweifel der Eigentümer der Reeder sei. Im Zweifel könne nur der Charterer Reeder sein. Grundsätzlich seien aber derartige Auslegungsvorschriften überhaupt nicht zu empfehlen.

Ein weiterer Vorschlag ziele dahin, den Eigentümer neben dem Charterer als Gesamtschuldner haften zu lassen. Hierzu habe er bereits in der vorletzten Sitzung das Bedenken geäußert, ob diese Belastung für den Eigentümer tragbar sei.

Das Tatbestandsmoment der Verwendung im eigenen Namen werde übrigens durchaus nicht bei allen Charterverträgen zu Schwierigkeiten führen. In der Regel benutze der Charterer seine eigenen Konnossementsformulare und bringe schon dadurch zum Ausdruck, dass er das Schiff im eigenen Namen verwende.

Schwierig sei allerdings die Frage der Haftung aus unerlaubter Handlung, die namentlich im Falle des Zusammenstoßes praktisch werde. Bei einem Schiff mit typischer Schornsteinmarke werde die wahre Sachlage zwar bekannt sein, anders sei es aber, wenn ein solches äußeres Kennzeichen fehle. Es frage sich, wie man dieser Schwierigkeit Herr werden könne. Ausgehend von ähnlichen Tatbeständen in anderen Rechtsgebieten habe er die dort vorgesehenen Lösungen erwogen. Dabei sei er auf die im Erbrecht normierte Auskunftspflicht gestoßen. Wenn der Geschädigte sich nicht über die Reedereigenschaft des Schädigers klar sei, werde er wahrscheinlich zunächst das Schiffsregister einsehen und sich dann mit dem Eigentümer in Verbindung setzen. Dem Eigentümer könne man aber eine Auskunftspflicht auferlegen hinsichtlich der Rechtsbeziehungen, die für die Reedereigenschaft maßgebend seien. Erhalte der Geschädigte ausreichende Auskunft, so sei er im Bilde. Wenn dagegen der Eigentümer nicht gewillt sei, die Auskunft zu erteilen, oder schuldhaft unrichtige Auskunft gebe, so könne die gesamtschuldnerische Haftung eintreten. Er möchte in diesem Sinne folgende Norm vorschlagen, deren *Fassung* er nur als *vorläufige* zu betrachten bitte: „Der Nichtreeder-Eigentümer ist dem Dritten, der glaubhafte Ansprüche gegen den Reeder hat, auf Verlangen zur Auskunft über die für die Reedereigenschaft maßgebenden Rechtsbeziehungen verpflichtet. Verweigert er die Auskunft oder gibt er sie schuldhaft unrichtig oder unvollständig, so haftet er dem Dritten als Gesamtschuldner neben dem Reeder." Auf diesem Wege könne die Reedereigenschaft vor Beginn des Rechtsstreits klargestellt werden.

Prof. Wüstendörfer führte aus: Zahlreiche Gründe sprächen dafür, den Seefahrtunternehmer als solchen in den Mittelpunkt der neuen Seerechtsordnung zu stellen: Zunächst weise die allgemeine Tendenz des modernen Verkehrsrechts, insbesondere des Luftrechts, diesen Weg. Ferner spreche maßgeblich für diese Lösung die Erwägung, dass die Person, die den Unternehmergewinn habe, auch das Unternehmerrisiko, also die Haftung tragen müsse. Weiter sei zu bedenken, dass sich der Unternehmer, der mit fremdem Schiffskapital arbeite, meistens wie ein Reeder-Eigentümer geriere; er sei Scheinreeder und müsse sich als solcher wie ein Reeder behandeln lassen. Schließlich komme noch hinzu, dass die Rechtssicherheit eine Klarstellung der leidigen Frage der Passivlegitimation dringend erfordere. Insbesondere der Ladungsinteressent müsse geschützt werden dagegen, dass er im Unklaren bleibe, ob er den Eigentümer oder den Charterer zu verklagen habe. § 510 HGB deute ja schon in diese Richtung. Diese Vorschrift gehe aber nicht weit genug, wenn man sie im üblichen Sinne der Rechtsprechung auslege, d.h. auf den Fall der Netcharter (Bareboatcharter) beschränke. Richtiger Ansicht nach erstrecke sie sich schon im geltenden Recht auch auf den Fall der Baltime-Charter und des Deuzeitvertrages, nicht nur auf den Fall der Überlassung des unbemannten Schiffes. Für die Rechtsstellung des Dritten dürfe jedenfalls in Zukunft der Inhalt des ihm unbekannten Chartervertrages nicht entscheidend sein, insbesondere, ob das Schiff mit oder ohne Besatzung überlassen sei, ob es sich um Reisecharter oder Zeitcharter handle, ob etwa der Charterer den Kapitän selbst angestellt habe, oder ob er Rechtsnachfolger des Reeders in den Rechten und Pflichten aus dem Dienstvertrage geworden sei, oder ob der Kapitän ihm nur überlassen sei. Entscheidend dürfe nur der Umstand sein, dass hier ein Seefahrtunternehmer mit fremdem Schiffskapital arbeite. Hierbei dürfe nach seiner Ansicht auch kein Unterschied gemacht werden zwischen vertraglichen und außervertraglichen Ansprüchen des Dritten. Die Auseinandersetzung dieser beiden Fragenkomplexe und die Belastung nur des Eigentümers mit der Deliktshaftung erscheine ihm willkürlich, denn nicht im Betriebe des Eigentümers, sondern im Betriebe des Unternehmers ereigne sich der Haftungsfall der Kollision. Der Charterer, nicht der Eigentümer, schaffe die Betriebslage, die einen solchen Haftungsfall überhaupt erst möglich mache. Aufschlussreich sei in diesem Zusammenhang das Luftrecht, das nicht mit dem Schwergewicht der Tradition belastet sei wie das Seerecht. Nach der Warschauer Konvention treffe die vertragliche Haftung den „transporteur", nach dem Römischen Haftungsabkommen die außervertragliche Haftung den „exploitant". Träger der vertraglichen und außervertraglichen Haftung sei also eine und dieselbe Person: der Luftfahrtunternehmer. Ebenso müsse es im Seerecht sein. Es könne keine Rede davon sein, Reeder- und Verfrachtereigenschaft auseinander zu reißen. Die Auseinanderreißung habe, wie die Rechtsprechung zeige, gerade die Verwirrung gestiftet. Es müsse vielmehr – auch im Interesse der Einfachheit und Klarheit der neuen Rechtsordnung – die Einheit der Passivlegitimation hergestellt werden, und diese finde man allein in der Person des Unternehmers oder „Schiffshalters", entsprechend dem Luftfahrzeug- und dem Kraftfahrzeughalter. Niemand werde auf diesen beiden Rechtsgebieten auf den Gedanken kommen, den Eigentümer des Fahrzeugs als solchen bei Delikten zu verklagen, der Halter werde hier stets als der richtige Beklagte angesehen. Warum sollte es im Seerecht anders sein?

Es frage sich nun, was die neue Rechtsgestaltung für den Eigentümer bedeuten würde. Zwei Rechtsfolgen seien hier zu unterscheiden: die dingliche Haftungslast und die persönliche Zahlungspflicht.

Der Regelfall sei nach geltendem Recht der, dass das Schiff dinglich aufgrund eines Schiffsgläubigerrechts hafte, sei es, dass es der Eigentümer, sei es, dass es der Ausrüster in Betrieb habe.

Für den Ausrüsterfall beständen zwar gewisse Schranken (§ 510 Abs. 2 HGB), sie spielten aber praktisch keine Rolle. In der Regel müsse also der Eigentümer, der sein Schiff dem Ausrüster überlassen habe, die Zwangsvollstreckung ins Schiff dulden aus Ansprüchen, die im Betriebe des Ausrüsters entstanden seien. Diese Regelung bleibe auch im künftigen Recht bestehen, nur würden in Zukunft die Fälle etwas häufiger sein, in denen der Eigentümer aus Klage oder Arrest gegen den Charterer mit dem Schiff haftbar gemacht werden könne. Hier sei ein gewisser Schutz des Eigentümers nötig. Von Bedeutung sei daher die auch von Reichsgerichtsrat Dr. Lindenmaier und Rechtsanwalt Dr. Schulze-Smidt befürwortete Streitverkündungspflicht im Prozess (Leitsatz 8) und die entsprechende Mitteilungspflicht des Charterers im Falle der Arrestvollziehung.

Neben der dinglichen Last stehe in Zukunft aber die persönliche Zahlungspflicht in beschränkter Summenhöhe unter Haftung mit dem ganzen Vermögen. Nach geltendem Recht treffe den Eigentümer dieses Risiko in der Regel nicht, sondern nur in Ausnahmefällen, namentlich im Fall des § 774 HGB. Dagegen sehe das Brüsseler Haftungsabkommen von 1924 stets eine persönliche Zahlungspflicht vor. Darauf sei in der Aussprache bisher nicht genügend hingewiesen worden. Bleibe aber die Auslegung des § 510 HGB eng wie bisher, dann werde in den meisten Fällen der Eigentümer aus § 662 HGB haftbar gemacht werden können mit der Folge der persönlichen Zahlungspflicht. Das würde eine Risikovermehrung für den Eigentümer bedeuten, und zwar eine Risikovermehrung aus *fremder* Unternehmung. Er erinnere an das Beispiel des Russdampfers, der für Apfelsinenfahrten von Sloman verwendet werde. Wenn es in diesem Falle durch Nachlässigkeit zu Ladungsschäden oder zu einer Kollision komme, würde vom Standpunkt der bisherigen engen Gesetzesauslegung Russ [Reeder] für beide Arten von Schäden persönlich zahlungspflichtig sein, während der Unternehmer Sloman in beiden Fällen der Haftung ausweichen könne. Er sei allerdings davon überzeugt, dass Sloman diesen Versuch nicht machen, sondern fairer Weise sich zur Haftung stellen würde. Dieser Fall zeige aber, wie nötig es sei, den Reederbegriff auszuweiten und vom Eigentum teilweise loszulösen. § 662 HGB sei in der gegenwärtigen Rechtsprechung die *Magna Carta der Drückeberger*, d.h. der Charterer, die sich der Haftung entziehen wollen. Mit nationalsozialistischem Rechtsdenken sei es unvereinbar, eine Norm noch länger bestehen zu lassen, die solche Möglichkeiten biete. Die Reeder müssten auch vom Standpunkt ihrer eigenen Interessen aus für die Beseitigung des § 662 HGB eintreten, denn es sei unbillig, dass sie als Eigentümer für Ansprüche aus dem Fremdbetrieb des Charterers zahlungspflichtig gemacht werden könnten.

In der Kritik zu Leitsatz 4 sei behauptet worden, dass der Tatbestand des Reeders nicht klar genug abgegrenzt sei. Er habe das größte Verständnis für Kritik von sachverständiger Seite, sofern sie nicht rein negativ sei, sondern sich mit positiven Vorschlägen verbinde. Er halte aber die in der letzten Sitzung vorgeschlagenen Wege nicht für gangbar. Hierher rechne er in Übereinstimmung mit Reichsgerichtsrat Dr. Lindenmaier vor allem den Vorschlag, die Charterverträge einzutragen und nur den eingetragenen Charterer als Reeder zu behandeln. Er wende sich dagegen nicht nur wegen der damit verbundenen bürokratischen Verzögerung und Schwerfälligkeit, die der Tatsache nicht entspreche, dass Charterverträge vielfach telegrafisch geschlossen würden, sondern namentlich auch wegen der dadurch entstehenden Rechtsunsicherheit. Die Eintragung könne gewöhnlich nicht sofort nach Abschluss des Chartervertrages erfolgen, sie hinke den Tatsachen notwendig nach. Dadurch entstehe aber ein undurchsichtiger rechtlicher Zwischenzustand. Diese Gefahr sei umso größer, als der Abschluss oft im Ausland erfolge. Noch etwas anderes komme hinzu: Bisher sei das Schiffsregister in Hamburg vom Schiffsregisteramt geführt worden, künftig werde aber die Registerführung dem Amtsgericht obliegen. Das Schiffsregisteramt habe sich als ein Kontor von kaufmännischer Kulanz und prompter Bedienung erwiesen, es sei aber ungewiss, ob das so bleiben werde, wenn das Büro des Amtsgerichts an seine Stelle trete. Es sei ferner auf die bei der Beendigung des Charterverhältnisses eintretende Rechtsunsicherheit hinzuweisen. Man habe allerdings betont, dass hierin Zeitcharterverträge eine Ausnahme darstellten, insofern bei ihnen der Zeitpunkt des Ablaufs meistens von vornherein feststehe. Vielfach sei jedoch ein Optionsrecht auf Verlängerung der Zeitcharter vereinbart. Werde von ihm Gebrauch gemacht, so müsse eine neue Eintragung erfolgen und diese würde dann ebenfalls nachhinken und einen rechtlich ungedeckten Zeitraum entstehen lassen. Bei einer Reisecharter vollends sei der Zeitpunkt der Beendigung stets ungewiss und daher nicht aus der Eintragung zu entnehmen. Dieser Verschiedenheit habe Direktor Brandt Rechnung getragen, indem er vorgeschlagen habe, nur Zeitcharterverträge einzutragen, nicht aber Reisecharters. Ihm scheine jedoch dieser Weg nicht gangbar zu sein, denn so komme man zu einer verschiedenen rechtlichen Behandlung soziologisch gleich liegender Fälle. Es könne doch für die Gesamtlage und ihre rechtliche Behandlung keinen Unterschied machen, ob der Charterer den Dampfer für sechs Monate oder für sechs Rundreisen gechartert habe. Auch in dem zweiten Fall könne es sich um eine echte Schiffsmiete handeln. Der Dritte könne diese Interna des Chartervertrages auch nicht kennen. Seine Rechtsstellung dürfe daher nicht verschieden sein je nachdem, ob es sich um das eine oder um das andere handle. Andernfalls würde die alte Rechtsunsicherheit fortleben, denn der Dritte werde ja die Eintragung nicht immer gleich zur Hand haben, möglicherweise sitze er im Ausland und wisse nichts von ihm. Der Vorschlag der Eintragung sei ein Stück Moorbodenjurisprudenz, in der man hoffnungslos versinken würde, nur an einer anderen Stelle als bisher. Er sei also durchaus gegen die Eintragung. Es müsse bei *Leitsatz 4* bleiben. Um der Kritik entgegenzukommen, könne man vielleicht zu dem *Leitsatz* eine *Zusatz* machen, etwa so: „Reeder ist, wer ein Schiff als *Unternehmer* im eigenen Namen zur Seefahrt verwendet. Ein Charterer gilt insbesondere dann als Reeder, wenn er auf das Schiff Frachtverträge oder Überfahrtsverträge oder andere Verträge der bei Seefahrtunternehmungen üblichen Art (Schleppverträge, Hilfeleistungsverträge) mit Dritten abschließt.“ Mit dem Zusatz „insbesondere“ sollten charakteristische Beispiele gegeben werden, die für etwa 90% aller in Frage kommenden Charterfälle gelten könnten. Die Formulierung solle noch nicht endgültig sein. Soweit aber dann noch Zweifel blieben, helfe § 164 Abs. 2 BGB. Er freue sich sehr, dass der Vorsitzende die große Bedeutung dieser Norm bestätigt habe.

Er gelange schließlich zu dem Problem der gesamtschuldnerischen Mitverpflichtung des Eigentümers neben dem Charterer. Er teile insoweit die Bedenken des Vorsitzenden. In Leitsatz 6 habe er mit einem vorsichtigen „vielleicht“ vorgeschlagen, in gewissen Fällen den Eigentümer neben dem Charterer haften zu lassen. Eine Statistik der einschlägigen Fälle würde wohl zeigen, dass sie selten praktisch geworden seien. So sei es offenbar nur selten vorgekommen, dass der Bunkerkohlenkauf des Kapitäns Anlass zu der Frage gegeben habe, ob er etwa für den Charterer oder für den Eigentümer gekauft habe. Es scheine daher fraglich, ob es überhaupt nötig sei, diese seltenen Fälle besonders zu regeln. Wenn man aber eine Norm aufstellen wolle, so müsse wohl eine Einschränkung gemacht werden, um den Eigentümer nicht zu sehr zu belasten. In seinem Vorschlag sei der Schutz des Eigentümers vorgesehen in den Worten: „es sei denn, dass …“. Dieser Zusatz verringere das Risiko des Eigentümers. Was vertragliche Ansprüche betreffe, könne der Eigentümer dem Charterer im Chartervertrag die Aufklärung des Dritten zur Pflicht machen. Der Stempelaufdruck „Charterdampfer“ auf dem Konnossement genüge, um den Dritten aufzuklären, so dass dessen Schutzbedürftigkeit dann entfalle. Bei Kollisionsansprüchen andererseits müsse für die Frage der Gutgläubigkeit seines Erachtens der Zeitpunkt der gerichtlichen Geltendmachung maßgebend sein. Vor der Klagerhebung pflegten aber Briefe gewechselt zu werden, dabei habe der Eigentümer wiederum Gelegenheit, darauf hinzuweisen, dass es sich um ein Charterschiff handle.

Die Anregung des Vorsitzenden, dies zu einer Auskunftspflicht des Eigentümers zu steigern, sei zu begrüßen. Die Auskunftspflicht bedeute keine Belastung des Nichtreeder-Eigentümers, sondern eher eine Begünstigung. Die Auskunft liege ja in seinem eigenen Interesse, da er sich dadurch von der Mithaftung befreie. Der Eigentümer scheine ihm bei einer derartigen Regelung nicht zu sehr belastet zu sein. Für den Dritten bedeute aber die gesamtschuldnerische Haftung einen Gewinn.

In der letzten Sitzung sei von Direktor Brandt und Dr. Bramslöw vorgeschlagen worden, eine gesamtschuldnerische Haftung für alle Fälle einzuführen, also auch für den Fall, dass der Dritte nicht gutgläubig sei. Dieser Vorschlag gehe indessen nach seiner Ansicht wohl zu weit. Er bitte die Sachverständigen, sich auch zu diesem Punkte äußern zu wollen.

Ministerialrat *Krieger* schlug vor, die verschiedenen Fragenkomplexe einzeln zu behandeln. Die erste Frage sei, ob der Begriff des Charterers mit dem des Reeders vereinigt werden könne. Nach seinem Empfinden sei es wesentlich, dass man es hier mit zwei verschiedenen Unternehmerfunktionen zu tun habe. Es frage sich, ob man einer das Übergewicht zuerkennen könne. Das Unternehmerrisiko werde doch teils vom Eigentümer, teils vom Charterer getragen. Hinsichtlich der Sorge für den Schiffskörper und der Ansprüche der Besatzung trage der Eigentümer das Risiko, dagegen trage der Charterer das Risiko der Frachtverträge und der unerlaubten Handlungen.

Der *Vorsitzende* bezeichnete es als zweckmäßig, zunächst über Leitsatz 4 in der zuletzt vorgeschlagenen Fassung zu diskutieren. Hierzu gehörten auch alle Vorschläge, die Unklarheiten verhüten sollten, wie der Vorschlag der Eintragung und die dagegen ausgesprochenen Bedenken.

Direktor *Brandt* regte an, gleichzeitig die verschiedenen Fälle der Haftung zu erörtern, nämlich die vertragliche und die außervertragliche Haftung. Wenn man den erweiterten Reederbegriff gefunden habe, den Reeder dann aber nicht für außervertragliche Ansprüche haften lasse, so werde der neue Reederbegriff vielleicht mehr Anklang finden.

Der *Vorsitzende* bat, diesen Punkt vorläufig zurückzustellen.

Direktor *Brandt* führte aus: Da er verhindert sein werde, an der nächsten Sitzung teilzunehmen, möchte er sich schon heute kurz zu dem Vorschlag des Vorsitzenden hinsichtlich der Auskunftspflicht äußern. Er sei der Meinung, dass dem geschädigten Dritten durch die Auskunftspflicht des Eigentümers nicht genügend Schutz gewährt werde. Man möge sich einmal folgenden Fall vergegenwärtigen: Der Eigentümer erteile dem Geschädigten schuldhaft eine falsche Auskunft, aufgrund deren zunächst ein unrichtiger Beklagter verklagt werde. Der wahre Sachverhalt werde dem Geschädigten erst klar, nachdem der Anspruch bereits verjährt sei. Dann habe er sein Schiffsgläubigerrecht verloren und höchstens noch Schadensersatzansprüche gegen den Eigentümer, dessen einziges Vermögensstück vielleicht das Schiff sei.

Der *Vorsitzende* gab zu bedenken, dass der angeführte Fall nur ganz selten vorkommen werde. Derartige Fälle brauchten aber nicht geregelt zu werden. Im Übrigen könne das Gesetz gegen die Folgen von unerlaubten oder gar strafbaren Handlungen niemals vollständig Schutz gewähren.

Direktor *Brandt* betonte noch einmal, dass er mit der Einführung der Auskunftspflicht nicht einverstanden sei, da ihre Schutzfunktion seiner Ansicht nach nicht ausreiche. Was den Leitsatz 4 anlange, so befinde man sich gerade damit auf dem Moorboden der Jurisprudenz. Die vorgeschlagene Lösung sei praktisch nicht brauchbar. Sie müsse immer an der Frage scheitern: Was heißt „im eigenen Namen verwenden“? Er wolle aber einmal von der Formulierung absehen und auf den Gedanken selbst eingehen. Der Charterer solle danach für ein fremdes Schiff haften. Er müsse für alle von diesem Schiff angerichteten Schäden aufkommen unter Haftung mit seinem ganzen Vermögen, und zwar in beträchtlicher Höhe, z.B. dann, wenn das Schiff den Tod einer Person verursacht habe. Er übernehme aber nicht nur ein fremdes Schiff und eine fremde Besatzung, sondern auch eine fremde Versicherung. Der Eigentümer des Charterschiffes sei möglicherweise nicht einmal voll versichert. Eine so weitgehende Haftung sei für die charternden Reeder nicht tragbar. Anders sei es vielleicht, wenn man die vertragliche Haftung von der außervertraglichen scheide und die außervertragliche Haftung wie bisher den Eigentümer des Charterschiffes tragen lasse.

Sachverständiger *Edye* führte aus: Er müsse gestehen, dass er beim Durchlesen des Protokolls der 22. Arbeitssitzung erschrocken gewesen sei über die darin enthaltenen Vorschläge. Er könne sie nur als abwegige Theorie bezeichnen. Wenn diese Vorschläge Gesetz würden, sei jedes Zeitchartergeschäft aus. Dass der Charterer für das gecharterte Schiff haften solle, sei doch unmöglich. Er miete doch nicht das nackte Schiff, sondern das Schiff mit Kapitän und Mannschaft, die er nicht kenne. Der Kapitän des Charterschiffes könne doch z.B. ein Trinker sein. Wenn er einen Schaden anrichte, könne der Charterer doch nicht dafür haften. Es handle sich doch um ein fremdes Schiff. Der Charterer sei insoweit nicht versichert und wisse nicht, wie der Eigentümer des Charterschiffes versichert sei.

Der Ausdruck „Reeder" sei tabu. Reeder bedeute Schiffseigentümer. Der entsprechende Begriff des englischen Rechts sei „shipowner". Dass Reeder Eigentümer bedeute, gehe auch daraus hervor, dass die Levante-Linie, die lediglich mit fremden Schiffen gearbeitet habe, nicht als Reeder betrachtet sei und dementsprechend dem Verband Deutscher Reeder nicht angehört habe. Wenn man neue Begriffe prägen wolle, möge man auch neue Worte dafür verwenden.

Er müsse auch einen Irrtum auf Seite 5 [295] des erwähnten Protokolls berichtigen. Dort sei die Rede von Netcharter. Unter Netcharter verstehe man aber etwas anderes. Sie unterscheide sich von der gewöhnlichen Reisecharter nur durch eine erweiterte Kostentragungspflicht des Charterers. In Wahrheit sei die Bareboatcharter gemeint. Neuerdings gebe es diesen Fall z.B. beim Norddeutschen Lloyd. Dort liege ein richtiges Ausrüsterverhältnis vor. Das sei aber wahrscheinlich der einzige derartige Fall. Es sei auch nicht richtig, wenn es in dem Protokoll heiße, dass der Charterer den Kapitän entlassen könne. Dieses Recht habe er niemals.

Seine Firma sei in dem Protokoll als Beispiel des Zeitcharterers genannt worden. Hierzu möchte er bemerken: Die Haftung des Eigentümers für Ladungsschäden sei durch das Deuzeitformular vertraglich ausgeschlossen. Wenn z.B. zehn Kisten Apfelsinen aus dem gecharterten Russdampfer fehlten, dann müsse Sloman als Charterer dafür haften, weil darüber ein Sloman-Konnossement ausgestellt sei durch den Agenten „für Rob M. Sloman jr.".

Die Charterung für bestimmte Zeit komme übrigens bei Sloman sehr selten vor, meistens werde ein Dampfer für mehrere Rundreisen gechartert. Wenn er von dem Kapitän des gecharterten Russdampfers, nachdem er eine schwere Havarie gehabt habe, angerufen und gefragt werde, was er tun solle, so werde er sich hüten, über fremdes Eigentum zu verfügen. Russ würde die von ihm getroffenen Maßnahmen vielleicht für völlig unzweckmäßig halten.

Es bestehe kein Grund, Torheit zu schützen. Wer das Konnossement einer Linie erhalte, wisse doch, dass er sich an die Linie halten könne. Wenn er dagegen ein lediglich vom Kapitän des Charterschiffes unterschriebenes Konnossement erhalte, obwohl er mit der Linie den Frachtvertrag abgeschlossen habe, müsse er es sich selbst zuschreiben, wenn er sich nur an den vielleicht im Ausland sitzenden Eigentümer des Charterschiffes halten könne.

Zum Schluss wolle er noch einmal betonen, dass die strittigen Vorschläge als völlig abwegig und weltfremd abzulehnen seien.

Sachverständiger *Offen* bemerkte: Er gehe davon aus, dass die Sachverständigen offen sprechen sollten. Das Ziel des Ausschussvorsitzenden glaube er erkannt zu haben: Er wolle eine seit langem erkannte Klippe umgehen und gerate dabei in ein unbekanntes und gefährliches Fahrwasser. Der Gedankengang des Berichterstatters weiche doch erheblich von der Praxis ab. Die bisher klaren Begriffe des Reeders, Ausrüsters und Zeitcharterers dürften nicht verwischt werden. Ein Ausrüsterverhältnis sei hier selten, in England komme es aber häufiger vor. Dort werde es als „Demise" bezeichnet. Charterverhältnisse, die nicht Zeitcharters seien, könne man wohl ausscheiden. Zeitcharterverträge würden übrigens keineswegs nur von Linien abgeschlossen. Solche Verträge würden vielfach über ganz kleine Strecken abgeschlossen, z.B. für eine Reise von Rotterdam nach Lübeck oder von Königsberg nach Lübeck. Das geschehe oft lediglich zu dem Zweck, um die Konnexionen nicht zu verraten. Der Reeder, der einen Zeitfrachtvertrag abschließen könne, werde selten bereit sein, sich auf eine Bareboatcharter einzulassen, denn dann habe er eine weit geringere Kontrolle über sein Schiff. Es sei übrigens nicht richtig, dass der Zeitcharter den Kapitän entlassen könne. Er könne sich nur bei dem Eigentümer beschweren und dieser habe dann den Fall zu untersuchen und gegebenenfalls Abhilfe zu schaffen.

Er sehe nicht ein, warum man sich nicht der klaren holländischen Regelung anpassen wolle. Art. 518 d des Niederländischen Seegesetzes bestimme für den Fall der Zeitcharter, dass, wenn die Konnossemente vom Kapitän oder in seinem Namen gezeichnet seien, ihre Inhaber sowohl den Reeder als auch den Befrachter belangen könnten. Gegen die außervertragliche Haftung des Zeitcharterers müsse er sich ebenso entschieden wenden wie Herr Edye.

Die angeführten Fälle, in denen ein Unrichtiger verklagt worden sei, seien sehr zu bedauern, sie stammten aber sämtlich aus der Nachkriegszeit, in der die deutschen Reeder besonders hart zu kämpfen gehabt hätten. Heute würden sie nicht mehr vorkommen. Es liege ihm fern, den fraglichen Praktiken das Wort zu reden.

Prof. Wüstendörfer erwiderte: Die beiden Sachverständigen hätten zwar mit einer ungewöhnlichen und leidenschaftlichen Energie gesprochen. Bekanntlich stelle sich aber betonte Energie dieser Art oft gerade dann ein, wenn es gelte, eine recht schwache Sache zu verteidigen. Er müsse sich entschieden gegen diese unangebrachte Methode wenden. Es gehe hier nur nach sachlichen Gründen, und den Sachverständigen seien gewisse Irrtümer unterlaufen. So sei „Reeder" keineswegs gleichbedeutend mit „Eigentümer". Wie im englischen Recht neben dem „owner" der „owner pro tempore" stehe, so im deutschen Recht neben dem Eigentümer der Reeder-Ausrüster. Und gerade hier stecke das Problem.

Es sei schon heute geltendes Recht, dass der Charterer für die Unfälle und Delikte des Schiffes haften müsse, nämlich dann, wenn er Ausrüster sei. Auch der owner pro tempore hafte für außervertragliche Schadenszufügung. Man dürfe nicht so extrem und einseitig vom Charterstandpunkt ausgehen, wie die Sachverständigen es getan hätten, denn es gelte, den Ladungsinteressenten besseren Schutz zu gewähren als bisher. Er möchte die Frage an die Sachverständigen richten, ob sie Wert darauf legten, als *vercharternde* Reeder für Unfälle haftbar gemacht zu werden, die in dem fremden Betrieb des Charterers geschähen? Wenn ein Kraftfahrzeug mit dem Fahrer vermietet werde, so treffe nicht den Eigentümer, sondern den Mieter die Haftung des Halters für Unfälle, z.B. für Zusammenstöße. Ebenso müsse, wenn eine Dreschmaschine mit Bedienung vermietet werde, für die von ihr angerichteten Schäden der Verwender aufkommen, nicht der Eigentümer. Das Gleiche sei auch für das Seerecht durchzuführen. Wer den gefährlichen Betrieb schaffe, der habe die Haftung zu tragen, nicht der Eigentümer als solcher.

Wenn man es bei dem heutigen Rechtszustand belasse, wie die Sachverständigen wünschten, so bleibe es auch bei § 662 HGB. Nicht nur für die Kollisionsansprüche, sondern auch für vertragliche Ansprüche, insbesondere auch für Konnossementsforderungen, würde alsdann der Eigentümer haften, wenn die Rechtsprechung sich nicht ändere. Die Sachverständigen wollten zwar anscheinend zwischen vertraglicher und außervertraglicher Haftung unterscheiden und letztere stets dem Eigentümer zuweisen. Er halte diese Unterscheidung jedoch für willkürlich. Die Beschränkung des Reederbegriffs auf den Fall des Eigentümers sei nicht möglich, ihr stehe schon der Fall des Bare-boat-Charterers entgegen. Herr Edye irre sich auch, wenn er meine, dass der Reederbegriff etymologisch mit dem Eigentum etwas zu tun habe. „Reeder" bedeute „ausrüsten". Den Sachverständigen seien die aus der unrichtigen Auslegung der §§ 510 und 662 HGB erwachsenen Missstände bekannt. Wenn sie trotzdem den bisherigen Rechtszustand beibehalten wollten, so sei das keine Reform. Einen derartigen Vorschlag werde er niemals an die gesetzgebenden Stellen weitergeben können, da er mit seinem Rechtsgefühl unvereinbar sei.

Direktor *Brandt* bemerkte: Zur Unternehmertätigkeit gehöre auch die Sorge für die Bemannung und Verproviantierung, überhaupt die ganze Betreuung des Schiffes. Das werde hier übersehen. Seiner Ansicht nach werde die Rechtsunsicherheit größer, wenn man den Unternehmerbegriff hier einführe. Unternehmer sei eben nicht nur der, der Frachtverträge abschließe, sondern auch der, der ein Schiff ausrüste, bemanne und versichere. Insoweit behalte der Eigentümer stets die Unternehmerfunktion. Nach dem Vorschlag des Berichterstatters solle der Charterer für das von anderer Seite ausgerüstete, bemannte und versicherte Schiff haften, wenn es einen Schaden anrichte. Er sei ebenso wie die Reeder gegen die Belastung des Charterers mit der vollen Haftung. Man müsse den Fall zweier Unternehmer berücksichtigen. Wenn die Unternehmerstellung geteilt sei, könne auch die Haftung geteilt werden. Die vertragliche Haftung müsse der tragen, der den Vertrag abgeschlossen habe. Im Rahmen des Chartervertrages bestehe ja immer die Möglichkeit, diese Rechtslage intern abzuändern. Die außervertragliche Haftung müsse der Eigentümer tragen. Das sei die ideale Lösung. Wenn man unter dem Gedanken der neuen Zeit Recht schaffe, müsse das Ergebnis ein klares und einfaches Recht sein, das nicht nur der Eingeweihte, sondern auch die Allgemeinheit verstehen könne. Im geltenden Recht gebe es nur einen Fall der Durchbrechung des Eigentümer-Reeders, den Ausrüster. Dieser habe aber auch die anderen von ihm eingangs erwähnten Unternehmerfunktionen, er sei der Schiffsverwalter, der „husband" des Schiffes. Er halte es für zweckmäßig, den Ausrüster in Zukunft im Schiffsregister einzutragen. Dann lägen die tatsächlichen Verhältnisse sonnenklar. Die außervertragliche Haftung sei dann an den eingetragenen Eigentümer oder Ausrüster gebunden. Was die vertragliche Haftung anlange, so könne man sie entweder im Gesetz regeln oder ihre Ausgestaltung den Parteien überlassen.

Sachverständiger *Edye* erklärte: Wenn ein Reeder ein Schiff verchartere, so schließe er dabei die Haftung für alle mit der Konnossementsausstellung zusammenhängenden Schäden aus. Im Übrigen bleibe er haftbar, denn es handle sich ja um sein Schiff und seine Leute.

Ministerialrat *Krieger* führte aus: Er habe durchaus Verständnis dafür, dass man sich bis zum gewissen Grade dem Kraftfahrzeugrecht und dem Luftrecht anpasse. Er glaube aber, dass der dortige Halterbegriff dem Eigentümer und Ausrüster des Seerechts entspreche. Im Mittelpunkt müsse die Person stehen, die das Schiff im Besitz habe und für den Betrieb, die Führung und Besatzung sorge. Er glaube, dass das auch im Luftrecht nicht anders sei. Auch im Luftverkehr gebe es zuweilen Charterverträge. So habe eine Gesellschaft zur Erforschung der Arktis vor einigen Jahren das Luftschiff Graf Zeppelin gechartert für eine Nordpolfahrt. In diesem Falle sei unzweifelhaft die Haltereigenschaft und damit die Haftung bei der Zeppelingesellschaft geblieben, die Nordpolforscher hätten nur die Rechtsstellung von Fahrgästen gehabt. Man müsse daran festhalten, dass Reeder der Eigentümer und der Ausrüster des Schiffes sei. Bei der Vercharterung handle es sich in Wahrheit um zwei Unternehmer. Der Eigentümer habe für das Schiff in seiner Gesamtheit zu sorgen, namentlich für den Kapitän und die Mannschaft. Er beziehe das Chartermoney. Der Charterer trage das Risiko aus den Frachtverträgen. Welches Risiko größer sei, lasse sich allgemein nicht beantworten. Die Rentabilität und die vom Eigentümer zu ergreifenden Dispositionen seien völlig gleich, einerlei, ob er das Schiff fahren lasse oder verchartere. Nur die Konnossemente würden von einem anderen ausgestellt. Es handle sich lediglich um eine andere Rechtsform für den gleichen Vorgang. Aus der rechtlichen Verschiedenheit könnten aber keine Konsequenzen für den Reederbegriff gezogen werden. Er halte es nicht für richtig, den Zeitcharterer hier mit hineinzuziehen. § 662 HGB sei auch nicht in toto abzulehnen. Der Befrachter könne ja dafür Sorge tragen, dass er das richtige Konnossement bekomme. Er brauche ein von dem Kapitän des Charterdampfers ausgestelltes Konnossement nicht anzunehmen, wenn er mit der Linie des Charterers abgeschlossen habe. Er sei dafür, dass man sich zwar in der Diktion an den Halterbegriff anlehne, in der Praxis aber daran festhalte, dass der bloße Charterer nicht Reeder sei. – Nach seiner Auffassung sei es Aufgabe der Akademie, Gesetzesvorschläge zu machen, die dem Leben gerecht würden, nicht solche, die aus der Theorie stammten. Man habe die Praktiker heute gehört. Die von ihnen vertretene Ansicht könne doch nicht allein interessenpolitisch begründet sein; er selbst habe in einer früheren Sitzung schon im Wesentlichen das Gleiche gesagt.

Der *Vorsitzende* erklärte: Der Ausschuss ziehe die Praktiker zur Befruchtung seiner Beratungen heran. Der Kreis der Sachverständigen sei indessen nicht ganz geschlossen, da Vertreter der Ladungsbeteiligten fehlten. Der Missstand, den der Berichterstatter durch seinen Vorschlag beseitigen wolle, sei in der Tat sehr groß. Es sei allgemein bekannt, wie oft ein Falscher verklagt worden sei. Ein nicht unbeträchtlicher Teil des Volksvermögens sei in solchen unnötigen Prozessen verwirtschaftet worden. Es scheine ihm zweckmäßig, auch Sachverständige aus den Kreisen der Ladungsempfänger zu hören. Wenn auch sie es bei dem alten Rechtszustand belassen wollten, brauche man nicht päpstlicher zu sein als der Papst.

Sachverständiger *Offen* bemerkte: Direktor Brandt und Ministerialrat Krieger hätten Verständnis für die Ansicht der Reederkreise gezeigt. Er könne ihre Ausführungen nur unterschreiben. Die verwerflichen Praktiken einiger Reeder lägen lange zurück, sie stammten aus der für die Reeder überaus schwierigen Nachkriegszeit.

Der *Vorsitzende* wies darauf hin, dass derartige Fälle auch schon aus viel früherer Zeit bekannt seien.

Sachverständiger *Offen* bemerkte weiter: Er glaube, dass die Rechtswissenschaft schon die richtige Form für die von den Reedern ausgesprochenen Gedanken finden werde. Die Reeder seien damit einverstanden, dass die vertragliche Haftung der trage, der den Vertrag abgeschlossen habe. Mit dieser Regelung würden Ladungsbeteiligte und Versicherer zweifellos einverstanden sein. Was die außervertragliche Haftung anlange, so habe er noch nie gehört, dass insoweit Rechtsunsicherheit bestanden habe.

Prof. Wüstendörfer legte dar: Wenn eine Linienreederei ein fremdes Schiff einstelle, dann erwecke sie oft durch Ausstattung dieses Schiffes mit ihrer Schornsteinmarke oder mit ihrer Kontorflagge den Anschein, dass es sich um ihr eigenes Schiff handle. Häufig buche sie in solchen Fällen die Ladung mit dem Vermerk „für unseren Dampfer X“ und benutze ihre eigenen Konnossementsformulare. Früher habe es gelegentlich auch Unternehmer gegeben, die ausschließlich mit gecharterten Schiffen gearbeitet hätten. Er brauche nur den Namen Vogemann [Bereederungsgesellschaft, Befrachtungsmakler] zu nennen. Es sei nun keinesfalls zu billigen, dass diese Scheinreeder zwar die Rechte des Reeders für sich in Anspruch nehmen, nicht aber die damit verbundenen Lasten tragen wollten. Er frage die Reeder, ob ein solches Verhalten nicht auch ihr Rechtsgefühl verletze. Allerdings fahre das gecharterte Schiff mit einem fremden Kapitän, aber dieser sei aufgrund eines Dienstverschaffungsvertrages der Befehlsgewalt des Charterers in weitem Umfang unterstellt. Die rechtliche Konstruktion der Beziehungen des Charterers zum Kapitän dürfe auf die Rechtslage des Dritten keinen Einfluss haben; denn das heiße, bei der bisherigen Rechtsunsicherheit verharren.

Nationalsozialistische Rechtsauffassung verlange, dass nicht einseitig die Interessen des Charterers berücksichtigt würden, noch dazu eines unfairen Charterers, vielmehr müsse eine wohldurchdachte Interessenabwägung stattfinden. Er stimme dem Vorsitzenden darin zu, dass auch noch Vertreter der Ladungsbeteiligten gehört werden müssten.

Wenn § 662 HGB bestehen bleibe, könnten unbillige Praktiken von Scheinreedern jeden Tag wieder vorkommen. Der Scheinreeder müsse auch für die außervertragliche Haftung einstehen, genauso wie der Ausrüster des § 510; denn er geriere sich ja wie ein Reeder-Eigentümer. Das Risiko sei für den Charterer nach dem Brüsseler Haftungsabkommen genauso beschränkt wie für den Eigentümer. Beide würden in Zukunft summenmäßig beschränkt haften bis zum Werte des Schiffes.

Die rechtliche Konsequenz des von Ministerialrat Krieger ausgesprochenen Gedankens, dass bei der Vercharterung des Schiffes die Unternehmerstellung geteilt sei, könne nur die sein, dass dann gesamtschuldnerische Haftung eintrete. Es könne sich im Übrigen für den Ausschuss nur um die Frage handeln, ob man die künftige Rechtsordnung auf den Eigentümer oder auf den Seefahrtunternehmer abstellen wolle. Entscheide man sich für das Erste, so bleibe die Figur des Scheinreeders ungeregelt. Gerade diese Regelung sei aber die Aufgabe des Ausschusses. Die Ausfüllung dieser Lücke vermisse er vollkommen in dem Vorschlag des Ministerialrats Krieger, ebenso wie in den Ausführungen der Sachverständigen.

Man könne auch nicht, wie die Praktiker meinten, für die Haftung aus Konnossementen unterscheiden zwischen Konnossementen, die vom Eigentümer oder seinem Kapitän und andererseits solchen, die vom Charterer gezeichnet seien. Das würde Rechtsunsicherheit bedeuten und sei auch praktisch undurchführbar, denn statt des Kapitäns zeichne heute oft das Expeditionskontor des Charterers „for the captain". Man habe es hier also mit einer eigentümlichen Zwischenform zu tun. Bei solchen Konnossementen suche man vergeblich eine sichere Antwort auf die Frage, ob die Konnossemente für den Eigentümer oder für den Charterer gezeichnet seien.

Er wolle endlich noch einmal darauf hinweisen, dass entsprechend dem Grundsatz „audiatur et altera pars" auch die geschädigten Dritten, also die Ladungsempfänger, gehört werden müssten.

Der *Vorsitzende* führte aus: Der Berichterstatter habe zwei Vorschläge gemacht, einen Primärvorschlag (Leitsatz 1-3) und einen Eventualvorschlag (Leitsatz 4). Der Primärvorschlag schließe sich mehr an die gegenwärtige Gesetzesfassung an. Er enthalte eine Änderung der §§ 484 und 510 HGB. Wenn man den Leitsatz 1 übernehme, so frage sich, wie dann der § 510 HGB gefasst werden solle. Er bitte den Berichterstatter, in Leitsatz 2 die Worte „in seinem Namen" zu streichen. Ferner möchte er anregen, den heute von ihm vorgeschlagenen Zusatz „als Unternehmer" fortzulassen.

Nach kurzer Aussprache über die Abgrenzung der streitigen Fragen empfahl der Vorsitzende, über die Sache selbst weiter zu verhandeln.

Rechtsanwalt *Dr. Schulze-Smidt* bemerkte: Er habe eine Frage an die Reeder zu richten. Die bei den genannten Rickmers-Prozessen [Rickmers Reederei, früher Bremerhaven, 1834 gegründet] zutage getretene Rechtsunsicherheit habe doch das Problem ins Rollen gebracht, ein Problem, das im Schrifttum mit Recht als die "Crux" des Seerechts bezeichnet worden sei. Wenn der Eigentümer selbst das Schiff auf die Reise schicke, so hafte er in jeder Beziehung, d.h. vertraglich und außervertraglich. Im gleichen Umfange hafte der Unternehmer, der ein fremdes Schiff mit eigener Besatzung fahren lasse, der Ausrüster. Schwierig sei nur der dritte und letzte Fall, der des Zeitcharterers. Hier stehe Herr Edye auf folgendem Standpunkt: Wenn die Reederei Sloman mit ihren Schiffen nicht auskomme und daher ein fremdes Schiff mit Besatzung hinzunehmen müsse, dann hafte für außervertragliche Ansprüche der Eigentümer des Schiffes, soweit dagegen aus dem Verhältnis zwischen dem Charterer und den Konnossementsinhabern Verbindlichkeiten entständen, habe der Charterer zu haften. Das Konnossement sei ein Sloman-Konnossement. Es trage die Flagge und die Firmenbezeichnung der Sloman-Linie und sei vom Sloman-Agenten gezeichnet worden. Nach dem Gesetz solle es grundsätzlich der Kapitän zeichnen. Man möge nun den Fall nehmen, dass in Valencia ein Konnossement vom Sloman-Agenten ohne Erwähnung des Kapitäns des Charterdampfers gezeichnet werde. Wenn ein solcher Fall praktisch vorkomme, so entstehe die Frage, wie es sich mit dem Gesetz (§ 642 Abs. 4 HGB) vereinen lasse. Es frage sich, ob überhaupt ein richtiges Konnossement vorliege, das die Banken bevorschussten und die Ablader annähmen. Wenn man formalistisch sei, könne man dieses Konnossement wohl als nicht dem Gesetz entsprechend beanstanden. Vielleicht könne man aus einem derartigen Konnossement weder die Firma Sloman noch den Eigentümer des Charterschiffes in Anspruch nehmen. Wenn es gelinge, diese Frage zu lösen, komme man der Gesamtlösung etwas näher.

Direktor *Brandt* wies darauf hin, dass doch die Möglichkeit verwerflicher Praktiken beseitigt werden solle. Diese Praktiken hingen aber zusammen mit § 662 HGB. Nur bei Vertragsverhältnissen spiele der Scheinreeder und der gutgläubige Dritte eine Rolle. In Kollisionsfällen sei es immer einfach gewesen, den richtigen Beklagten zu finden. Man müsse daher die vertraglichen und außervertraglichen Ansprüche streng voneinander getrennt halten. Was die von Dr. Schulze-Smidt angeschnittene Frage anlage, so hafte Sloman doch aus dem Frachtvertrag, auf das Konnossement komme es daher gar nicht an. Die Ladungsbeteiligten würden im Grunde durch ihn vertreten. Von Bedeutung sei doch letzten Endes nur, wie die Assekuradeure über die fraglichen Ansprüche dächten.

Ministerialrat *Krieger* bemerkte: Er stimme fast in allen Punkten mit Direktor Brandt überein, nur sei er der Ansicht, dass die Figur des Scheinreeders vielleicht doch auch bei außervertraglichen Ansprüchen eine Rolle spielen könne. Wenn ein Charterschiff, das mit der Kontorflagge, Schornsteinmarke etc. des Charterers versehen sei, z.B. einen Zusammenstoß verschulde, so frage sich, ob der geschädigte Dritte aus den äußeren Kennzeichen irgendetwas herleiten könne. Letzten Endes müsse er wohl doch das Schiffsregister einsehen. Der Unternehmer, der ein fremdes Schiff in der Weise benutze, als sei er der Eigentümer, möge dem Reeder gleichgestellt werden. Auf andere Fälle dürfe der Reederbegriff jedoch nicht ausgedehnt werden.

Der Eigentümer des Charterschiffes möge dafür Sorge tragen, dass der Kapitän keine Konnossemente zeichne, in denen nicht der Charterer als Vertragsgegner bezeichnet sei. Der Eigentümer hafte in Zukunft nicht mehr mit dem Schiff, sondern summenmäßig beschränkt in Höhe des Wertes des Schiffes. Eine derartige Haftung passe aber im Grunde nur für den Eigentümer und für den Ausrüster.

Prof. Wüstendörfer legte dar: Direktor Brandt habe das Problem so dargestellt, als ob die Verpflichtung aus dem Konnossement der Verpflichtung aus dem Frachtvertrage vollkommen getrennt gegenüberstände. Soweit es sich um die Fälle handle, die von der Rechtsprechung unter § 662 HGB gebracht würden, sei das nicht richtig, denn nach § 662 HGB treffe den Eigentümer die Verpflichtung auch aus den Konnossementen, nicht nur aus den Frachtverträgen.

Nach § 642 Abs. 4 HGB werde das Konnossement vom Schiffer, oder an seiner Stelle von einem anderen dazu ermächtigten Vertreter des Reeders gezeichnet. Die Firma Sloman handle daher als Charterer großzügig, wenn sie sich auf diese Norm nicht berufe und das Konnossement ihres Agenten einlöse. Die Ablehnung unter Berufung auf § 642 Abs. 4 HGB sei aber nicht selten vorgebracht worden, wenn ein Agent gezeichnet habe. Besondere Schwierigkeiten ergäben sich auch daraus, dass der Agent z.T. „for the captain“ zeichne. Es sei nicht angängig, dass die künftige Rechtsordnung an diesen Schwierigkeiten vorbeigehe. Man müsse zwecks Vereinfachung und Klarstellung die Haftung des *Seefahrtunternehmers* aus dem Konnossement einführen. Zu bedenken sei, dass in Zukunft auch der Charterer sich zur Beschränkung seines Haftungsrisikos auf den Schiffsuntergang berufen könne. Er hafte nur in dem gleichen Umfange wie der Eigentümer, also nur bis zur Höhe des Schiffswertes im nächsten Hafen, d.h. – abgesehen von der Frachthaftung – überhaupt nicht, wenn das Schiff den nächsten Hafen nicht erreiche.

Direktor Brandt und Direktor Offen seien ferner der Ansicht, dass die leidige Frage der Passivlegitimation bei *außer*vertraglichen Ansprüchen überhaupt nicht auftauche. Das sei nicht richtig. Demgegenüber sei darauf hinzuweisen, dass im geltenden deutschen Recht der Reederbegriff durch § 510 HGB erweitert sei, ohne dass zwischen vertraglichen und außervertraglichen Ansprüchen unterschieden werde. Auch die außervertraglichen Ansprüche seien geltend zu machen gegen den, der im Augenblick der Klagerhebung Reeder im Sinne des § 484 oder des § 510 sei. Nun sei aber ein Charterer vorhanden, es tauche also die Frage auf, ob er Ausrüster sei oder nicht. Es frage sich dann, gegen wen die Klage gerichtet werden müsse. Es würde einen Rückschritt sogar gegenüber dem heutigen Gesetz darstellen, wenn die deliktischen Ansprüche in Zukunft grundsätzlich nur den Eigentümer träfen. Vielmehr müsse der, der sich wie ein Reeder geriere, gleichfalls deliktisch haftbar gemacht werden können. Das sei das Gegenteil zum Scheinkaufmann des § 5 HGB, wie auch schon Reichsgerichtsrat Dr. Lindenmaier hervorgehoben habe. Es sei der Gipfel der Unbilligkeit, die Vorteile der Reederstellung genießen zu wollen, aber ihren Lasten auszuweichen. Ministerialrat Krieger trete jetzt, wenn er ihn recht verstanden habe, für eine zu weitgehende Differenzierung der Charterfälle ein, die er im Interesse der Rechtsklarheit und Rechtssicherheit nicht billigen könne.

Der *Vorsitzende* bemerkte, dass man sich in manchen Punkten schon einander genähert habe. Völlige Klarheit sei nur zu erreichen, wenn man Schritt für Schritt vorgehe.

Rechtsanwalt *Dr. Schulze-Smidt* erklärte: Er könne nicht anerkennen, dass die Art der Konnossementsausstellung bedeutungslos sei. Das zeige auch der Ausgangspunkt der Problematik. Bei seinem Beispiel sei er davon ausgegangen, dass der Konnossementsinhaber einen besonderen Frachtvertrag mit Sloman nicht geschlossen habe.

Direktor *Sturm* führte aus: Bei der Fassung des neuen Reederbegriffs wolle man auf das Erwerbsmoment verzichten und auf den Unternehmer abstellen. Unternehmer sei aber der Eigentümer des Schiffes, auch dann, wenn er Frachtverträge überhaupt nicht abschließe. Was das Risiko anlange, so sei dieses zu einem großen Teil mit dem Eigentümer verbunden. Das Gleiche gelte für den Ausrüster. Im Übrigen wolle man scheiden zwischen Vertragshaftung und Deliktshaftung. Unter vertraglicher Haftung sei aber nicht nur die Haftung aus dem Frachtvertrag zu verstehen, sondern z.B. auch die Haftung aus den Verträgen mit der Mannschaft. Bei der typischen Zeitcharter stelle der Reeder das Schiff mit der Mannschaft. Der Reeder müsse auch hier sämtlichen Schiffssicherheitsvorschriften nachkommen. Die Schwierigkeit liege in dem Begriff Unternehmer. Die Schornsteinmarke spiele in der Praxis nicht eine so große Rolle, wie man hier anzunehmen scheine. Sie habe im Wesentlichen nur Bedeutung für den Hafenverkehr. Auf See pflege ja die Frage, wer für einen Schaden haftbar zu machen sei, nicht entschieden zu werden. Man sehe doch im Schiffsregister nach. Fraglich erscheine es ihm, ob Lloyd's Register rasch genug folgen könne, wenn die Eintragung von Charterverträgen eingeführt würde. Er glaube aber, dass man letzten Endes zu dem alten Begriff des Reeders einschließlich des Ausrüsters zurückkehren und auf den Gedanken, den Unternehmer in den Mittelpunkt zu stellen, verzichten müsse, weil eben auch im Falle der Vercharterung noch zu viel Unternehmerfunktionen beim Eigentümer verblieben. Er wolle noch darauf hinweisen, dass die Seeberufsgenossenschaft für ihre Zwecke ein internes Schiffsregister führe. Eingetragen werde der Eigentümer. Im Einvernehmen mit dem Eigentümer werde auch der Ausrüster eingetragen.

Der *Vorsitzende* bemerkte: Die Aussprache habe nunmehr umfangreiches Material zutage gefördert und beachtliche Gesichtspunkte ergeben. Bisher habe man immer den Leitsatz vorangestellt und dann geprüft, ob alle praktischen Fälle von ihm getroffen werden könnten. Er glaube, es sei zweckmäßig, einmal den umgekehrten Weg einzuschlagen, also von den typischen Tatbeständen auszugehen.

Rechtsanwalt *Dr. Schulze-Smidt* erklärte: Da die andere Seite auch noch gehört werden müsse, erscheine ihm eine weitere Verhandlung z. Zt. unzweckmäßig.

Es ergab sich daraufhin allseitiges Einverständnis darüber, dass die Beratungen einstweilen zu vertagen seien. Ferner wurde beschlossen, zu der nächsten Sitzung Sachverständige aus den Kreisen der Ladungsbeteiligten hinzuzuziehen. Die Reeder erklärten, dass sie ebenfalls in der nächsten Sitzung vertreten sein würden. Sachverständiger *Edye* gab der Hoffnung Ausdruck, dass bis dahin die Theorie sich mehr der Praxis anpassen möchte. *Prof. Wüstendörfer* erwiderte, er hoffe umgekehrt, dass die Praktiker bis dahin mehr Verständnis aufbrächten für eine Theorie, die dies Problem im Geiste nationalsozialistischer Gerechtigkeit zu lösen versuche. Der Vorsitzende vertagte sodann die Beratungen auf den 23. Januar 1936.

25. Arbeitssitzung vom 23.1.1936 (16 bis 19.35 Uhr)

Anwesend:
Vorsitzender: Prof. Dr. Wüstendörfer, Hamburg
stellvertretender Vorsitzender: Reichsgerichtsrat Dr. Lindenmaier, Leipzig
2. Schriftführer: Richter Dr. Bramslöw, Hamburg
und als weitere wissenschaftliche Mitglieder:
Dr. Nolte, Hamburg
Dr. Riensberg, Hamburg
Dr. Schütte, Hamburg
Rechtsanwalt Dr. Schulze-Smidt, Bremen
Verwaltungsdirektor Sturm, Hamburg
vom Reichsjustizministerium:
Ministerialrat Krieger, Berlin
als politisches Mitglied:
Präsident Dr. Voelckers, Bremen
als Sachverständige:
Herr Basedow, i. Fa. Ph. Astheimer & Sohn, Hamburg
Herr Alfred Edye, Hamburg
Rechtsanwalt Dr. Heynen, Hamburg
Herr Willich, i. Fa. Kulenkampff & Konitzky, Bremen
als Gast:
Oberregierungsrat Dr. Schrader, Hamburg
für die Niederschrift in der Sitzung:
Assessor Dr. Capelle, Hamburg und Fräulein Assessor Krüger, Wandsbek
ferner:
Assessor Dr. Möller, Hamburg
entschuldigt fehlten:
Rechtsanwalt Dr. Dettmers, Bremen
Rechtsanwalt Dr. Droege, Hamburg
Dr. Dücker, Hamburg
Herr Rickertsen, Hamburg
Herr Scharbach, Hamburg
Herr Offen, Hamburg

Reichsgerichtsrat *Dr. Lindenmaier* eröffnete als *Vorsitzender* die Sitzung und begrüßte zunächst die als Sachverständige erschienenen Herren Basedow und Willich, ferner als sachverständigen Vertreter der Binnenschifffahrt Herrn Rechtsanwalt Dr. Heynen. Bevor er auf den Beratungsgegenstand eingehe, habe er mitzuteilen, dass der Vorsitzende des Ausschusses einen abschließenden Bericht über das Schiffshypothekenrecht im Dezemberheft der Zeitschrift der Akademie für Deutsches Recht [1935, 940 ff.] veröffentlicht habe. Von ihm selbst sei im Jahrbuch der Akademie für Deutsches Recht ein kleiner Aufsatz erschienen über: „Möglichkeiten und Grenzen einer zwischenstaatlichen Angleichung des Seerechts".

Prof. Wüstendörfer bemerkte ergänzend, dass er die Schriftleitung der Zeitschrift um die Überlassung von 25 Exemplaren seines Berichts gebeten habe, um sie den Mitgliedern des Ausschusses zur Verfügung stellen zu können; er habe jedoch zu seinem Bedauern nur fünf Exemplare erhalten.

Der *Vorsitzende* führte sodann aus: Er glaube, annehmen zu dürfen, dass die Sachverständigen über die heutige Fragestellung ausreichend unterrichtet seien, da sie die Niederschriften der drei letzten Sitzungen erhalten hätten. Er wolle aber einige Punkte der bisherigen Debatte noch einmal kurz beleuchten.

Das geltende Recht unterscheide zwischen dem Reeder und dem Ausrüster. Reeder sei der Eigentümer eines ihm zum Erwerb durch die Seefahrt dienenden Schiffes (§ 484 HGB). Ausrüster sei, wer ein ihm nicht gehöriges Schiff zum Erwerb durch die Seefahrt für seine Rechnung verwende und es entweder selbst führe oder die Führung einem Schiffer anvertraue (§ 510 HGB). Schon früher habe man beschlossen, dass das Erwerbsmoment in Zukunft fortfallen solle. Zu dem geltenden Ausrüsterbegriff gehöre, wie gesagt, dass der Schiffsverwender die Führung des Schiffes einem Kapitän anvertraue. Bei dem unklaren Begriff des Anvertrauens setzten die Schwierigkeiten ein. Sie hätten zu Erscheinungen geführt, die volkswirtschaftlich bedauerlich seien. Das hätten auch die Reeder anerkannt. Unklar sei nämlich sehr häufig, wer der richtige Beklagte sei. Bestehe ein Ausrüsterverhältnis, so müsse sich der Geschädigte an den Ausrüster halten, andernfalls an den Eigentümer. Die Frage, wer der richtige Beklagte sei, hänge also ab von dem Inhalt des zwischen Eigentümer und Schiffsverwender bestehenden Chartervertrages. Der Dritte könne aber den Inhalt dieses Vertrages nicht kennen. Einwendungen, dass der Tatbestand des § 662 HGB vorliege, bei Klagen aus § 510 HGB und umgekehrt seien nicht, wie man in der letzten Sitzung behauptet habe, erst in den Nachkriegsjahren erhoben worden, sondern schon viel früher in ganz normalen Zeiten. Derartige Einwendungen hätten, soweit sie nicht sogar Anspruchsverlust, z.B. infolge Verjährung, zur Folge gehabt hätten, die Prozessführung jedenfalls sehr erschwert und verlängert. Der Berichterstatter werde zu diesem Punkte noch nähere Ausführungen machen. Der Beseitigung dieses Missstandes gelte seit Jahren das Bestreben des Ausschussvorsitzenden. Er vertrete den Standpunkt, dass dieser Missstand sich vollkommen dadurch beseitigen lasse, dass man in den Mittelpunkt der neuen gesetzlichen Regelung den Seefahrtunternehmer stelle. Es solle also in Zukunft jeder haften, der im eigenen Namen ein Schiff zur Seefahrt verwende.

Die Aussprache habe sich unter anderem darum gedreht, ob man nicht besondere Kennzeichen für den Begriff des Seefahrttreibens im eigenen Namen finden könne. Es sei z.B. vorgeschlagen worden, das Charterverhältnis einzutragen. Die dagegen erhobenen Bedenken, dass ein derartiges Verfahren zu bürokratisch sei und zu einer unerwünschten Verlangsamung des Geschäftsbetriebes führe, erscheine ihm durchschlagend. Der Vorschlag sei denn auch nunmehr als gefallen zu betrachten.

Die Vertreter aus Reederkreisen hätten Folgendes ausgeführt: Soweit es sich um die vertragliche Schadensersatzpflicht handele, lasse sich über die vorgeschlagene Regelung reden, zumal dann, wenn das Verfrachterkonnossement eingeführt werde. Im Vordergrunde stehe jedoch die Frage nach der Regelung außervertraglicher Ansprüche. Der Charterer habe keinen entscheidenden Einfluss auf die Ausrüstung, Bemannung und Führung des Schiffes. Für die außervertragliche Haftung müsse daher nicht er, sondern der Eigentümer einstehen.

Er habe sich schon in der letzten Sitzung gegen diese Auffassung gewandt. Er glaube, dass man einer Lösung nur dann näher kommen könne, wenn man Schritt für Schritt die einzelnen typischen Tatbestände durchgehe, ausgehend von einer einheitlichen Fragestellung. Dabei beginne man zweckmäßigerweise mit der Art des Chartervertrages, die unstreitig als echte Miete anzusehen sei, nämlich mit der Bareboatcharter. Er wolle diesen Tatbestand als Type 1 bezeichnen. Kapitän und Mannschaft würden in diesem Falle von dem Charterer angestellt. Gleichgültig sei es dabei, ob der Charterer in die bestehenden Dienstverträge durch Zession und Schuldübernahme eintrete oder ob er selbst neue Verträge abschließe. Nach geltendem Recht sei der Bareboatcharterer schon heute als Ausrüster anzusehen. Er hafte also vertraglich und außervertraglich. Wenn der Kapitän vollständig den Weisungen des Charterers zu folgen habe, dann sei es auch billig, dass den Charterer die volle Haftung treffe. In Zukunft werde die Haftung des Reeders bekanntlich summenmäßig begrenzt sein; damit werde sich die Möglichkeit der Vorvollstreckung in das Schiffsvermögen verbinden. Der Eigentümer müsse also auch in Zukunft damit rechnen, dass Befriedigung aus seinem Schiffe gesucht werde. Die Haftung aus Verträgen, die der Kapitän im Rahmen seiner gesetzlichen Vollmacht abschließe, treffe den Charterer, ebenso die Haftung aus der Güterverladung. Diese Frage werde vollkommen gelöst, wenn das Verfrachterkonnossement eingeführt werde.

Type 2 sei die sogenannte qualifizierte Dienstverschaffung. Kapitän und Mannschaft blieben dabei im Dienste des Eigentümers, seien aber den Befehlen des Charterers völlig unterstellt. Er sei der Ansicht, dass in solchen Fällen die Leitung so weitgehend in den Händen des Charterers liege, dass er sich die Haftbarmachung im vollen Umfange gefallen lassen müsse.

Unter Type 3 möchte er den Chartervertrag verstehen, bei dem Kapitän und Mannschaft im Dienstverhältnis zum Eigentümer blieben und nicht völlig, sondern nur teilweise der Befehlsgewalt des Charterers unterstellt seien, während der Eigentümer noch einen gewissen Einfluss behalte. Für diesen Fall möge es bei den Reedern Zweifel darüber geben, ob der Charterer auch hier in jeder Hinsicht zu haften habe. Er selbst halte an dem von dem Berichterstatter und ihm vertretenen Standpunkt fest, wolle aber doch im Interesse der gegenseitigen Annäherung *folgenden Satz zur Erörterung stellen*, dessen *Fassung* noch nicht als endgültig zu betrachten sei: „Wer ein ihm nicht gehöriges Schiff im eigenen Namen zur Seefahrt verwendet, wird im Verhältnis zu Dritten als Reeder angesehen, wenn der Kapitän, sei es auch nur aufgrund einer ihm von seinem Dienstherrn erteilten Anweisung, seinen Weisungen in erheblichen Beziehungen folgen hat."

Bei allen gekennzeichneten Vertragstypen bestehe die Schwierigkeit, dass der Dritte, der Ansprüche erheben wolle, in das Innenverhältnis zwischen Eigentümer und Charterer hineinsehen müsse, wenn er den richtigen Beklagten in Anspruch nehmen wolle. Der Berichterstatter sehe eine erfolgreiche Neugestaltung darin, dass man der Haftungsregelung den Unternehmerbegriff zugrunde lege. Das sei zweifellos ein Gedanke, der auf anderen Gebieten des Verkehrsrechts mehr und mehr Anerkennung gefunden habe. Auch in diesem Punkte wolle er nicht von der von dem Berichterstatter und ihm vorgeschlagenen Regelung abweichen; doch wolle er einen Vorschlag zur Erörterung stellen für die Mitglieder, die sich mit dem Gedanken der Unternehmerhaft nicht befreunden könnten. Entscheidendes Gewicht müsse s.E. darauf gelegt werden, in welcher Art der Schiffsverwender auftrete. Der Scheinreeder müsse getroffen werden. Er gelange so zu der *Formulierung* des *nachstehenden Satzes:* „Wie ein Reeder kann von Dritten in Anspruch genommen werden, wer ein ihm nicht gehöriges Schiff in einer Weise zur Seefahrt verwendet, die es als ihm gehörig erscheinen lässt, es sei denn, dass dem Dritten der Mangel der Reedereigenschaft bekannt oder infolge grober Fahrlässigkeit unbekannt war."

Zu Type 4, dem echten Raumfrachtvertrag, sei nichts weiter zu sagen.

In der letzten Sitzung habe er noch vorgeschlagen, dass der, der von dem Dritten in Anspruch genommen werde, ihm gegenüber auskunftspflichtig sein müsse. Direktor Brandt habe sich dagegen ausgesprochen. Er könne seine Bedenken jedoch nicht als stichhaltig anerkennen. Habe der Geschädigte Auskunft über die rechtserheblichen Tatsachen erhalten, so müsse er selbst die rechtlichen Folgerungen daraus ziehen und entscheiden, gegen wen er die Klage richten wolle. Sei die Auskunft unrichtig, so müsse der Auskunftgebende haften.

Was den Gang der Aussprache anlange, so halte er es für zweckmäßig, wenn zunächst die Sachverständigen das Wort ergriffen und sodann der Berichterstatter spreche.

Dr. Nolte wies zunächst darauf hin, dass er die vorliegenden Probleme mehrfach mit Abladern und mit Reedern durchgesprochen habe. Er habe sie auch zum Gegenstand einer Besprechung innerhalb der Handelskammer gemacht. In Ablader- und Reederkreisen bestehe kein Zweifel darüber, dass die vertragliche Haftung des Timecharterers gelten müsse. Unter Timecharter verstehe er den Fall der locatio navis et operarum magistri.

Was die Bareboatcharter anlange, so sei es nicht zu bezweifeln, dass die vertragliche und die außervertragliche Haftung den Bareboatcharterer treffe gemäß § 510 HGB.

Es scheine ihm sehr schwierig, die Typen 2 und 3 in der Praxis zu unterscheiden und verschieden zu behandeln. Der Dritte könne den feinen Unterschied zwischen völliger und teilweiser Unterstellung des Kapitäns unter die Befehlsgewalt des Charterers nicht feststellen. Seiner Ansicht nach müsse die Rechtsgestaltung folgende sein: Wenn der Timecharterer Kapitän und Mannschaft übernehme, einerlei, ob sie in vollem oder nur in teilweisem Umfange der Befehlsgewalt des Charterers unterstellt seien, so trage er als Reeder-Charterer die vertragliche Haftung, und zwar unabhängig davon, ob es sich um ein Konnossement der Linie oder des Eigentümers handele. Dem Ablader könne die Prüfung nicht zugemutet werden, ob er ein Konnossement der Linie oder des Eigentümers erhalten habe. Im Allgemeinen stehe der Ablader unter dem Eindruck, dass er lediglich mit der Linie zu tun habe. Es müsse daher gleichgültig sein, ob der Kapitän als Vertreter der Linie oder des Eigentümers das Konnossement gezeichnet habe.

Er komme nun zu der Frage der außervertraglichen Haftung. Auch über diese Frage habe er sich in Ablader- und Reederkreisen zu orientieren versucht, sei aber dabei nicht auf das Interesse gestoßen, das die Frage an sich verdiene. Er persönlich würde es begrüßen, wenn eine einheitliche Haftung des Charterers vorgesehen werden könnte, schon aus Gründen der elegantia juris. Es sei auch für den Ablader unter Umständen unangenehm, wenn er wegen eines Schadens aus unerlaubter Handlung sich nicht an den Linienreeder halten könne, sondern vielleicht nur an den ausländischen Eigentümer. Doch sei die Frage für den Ablader nicht von so großer Bedeutung wie die Frage der vertraglichen Haftung. Wenn er auch den ihm durch unerlaubte Handlung eines Schiffsangestellten erwachsenen Schaden lieber mit der ihm bekannten Linie regele als mit dem ihm unbekannten, möglicherweise ausländischen Schiffseigentümer, so sei es ihm doch im Allgemeinen gleichgültig, da er ja durch die Versicherung gedeckt sei. Auf der anderen Seite sei nicht zu verkennen, dass die Haftung aus unerlaubten Handlungen für den Charterer hart sein könne. Das Verhältnis zwischen Charterer und Eigentümer sei doch nicht ganz das Gleiche wie zwischen Kraftfahrzeughalter und Eigentümer. Der Halter habe doch einen erheblichen Einfluss auf den Wagen, während der Timecharterer nur geringen Einfluss auf das Schiff habe. Übrigens sei es ja nicht immer so, dass der deutsche Reeder ein ausländisches Schiff chartere, sondern es komme auch vor, dass er ein Schiff an einen anderen deutschen oder ausländischen Reeder verchartere. Wenn die Reeder als Vercharterer die Haftung tragen wollten, so solle man nicht päpstlicher sein als der Papst. Er komme also letzten Endes dazu, die Trennung der vertraglichen von der außervertraglichen Haftung hinsichtlich der Person des Beklagten zu befürworten. Die Verhältnisse lägen beim Kraftfahrzeug und beim Flugzeug eben anders. Es sei daher notwendig, auf die Schönheit des Gesetzes zu verzichten, um eine vernünftige und tragbare Regelung zu schaffen.

Der *Vorsitzende* bemerkte, er habe bei der Aufstellung der Typen 2 und 3 nicht gemeint, dass sie auf jeden Fall verschieden behandelt werden müssten. Die Typisierung solle nur dazu dienen, die Verständigung zu erleichtern.

Herr *Willich* führte aus: Bei den Typen 2 und 3 werde man eine Haftungsteilung in Kauf nehmen müssen. Für ihn als Exporteur wäre es einfacher und bequemer, wenn er nur mit einem Schuldner zu tun hätte. Er müsse aber bei einiger Überlegung doch dem Vorredner zustimmen. Es scheine ihm also die gerechte Lösung zu sein, wenn die vertragliche Haftung dem Charterer, die außervertragliche dem Eigentümer zur Last falle. Die Normierung einer Auskunftspflicht erscheine ihm angemessen.

Der *Vorsitzende* bat Dr. Nolte, auch zu der Frage der Auskunftspflicht Stellung zu nehmen.

Dr. Nolte erwiderte: Wenn man die außervertragliche Haftung beim Eigentümer belasse, so komme, soweit er sehe, eine Auskunftspflicht nicht in Frage.

Herr *Basedow* bemerkte: Für den Kaufmann sei es unmöglich, in das Verhältnis zwischen Eigentümer und Charterer hineinzusehen. Der Charterer müsse daher der Alleinverantwortliche sein. Im Innenverhältnis zwischen Charterer und Eigentümer könne die Haftung natürlich irgendwie geteilt werden.

Prof. Wüstendörfer legte dar: Er begrüße es, dass man heute mehr von den Lebenstypen ausgehen wolle in Anlehnung an die von dem Vorsitzenden vorgeschlagene Typisierung. Indessen dürfe man die Typen 2 und 3 nicht trennen, das scheine ihm etwas lebensfremd und zu theoretisch. Gerade die Frage, ob der Kapitän nur in einzelnen oder in allen Beziehungen dem Charterer unterstellt sei, sei außerordentlich schwer zu beantworten. Von einer Totalität der Unterstellung des Kapitäns unter den Charterer könne auch schon deswegen nicht die Rede sein, weil der Charterer immer nur Schiffsmieter sei und sich aus der Miete stets eine Grenze des ordnungsmäßigen Mietgebrauchs und damit eine Schranke für die Befehlsgewalt ergebe. Ein konkretes Ordnungsdenken führe demnach nur zur Unterscheidung der Typen der *Bareboatcharter* und der *Timecharter mit Employment-Klausel.* Unter die zweite Gruppe falle die Baltimecharter und der Deuzeitvertrag.

Für den Stückgutfrachtvertrag und das Konnossement sei das Problem nunmehr in dem Sinne geklärt, dass der Charterer hafte. Er habe mit Befriedigung dieses Zugeständnis aus Reederkreisen vernommen. Keinesfalls dürfe man in Zukunft unterscheiden zwischen dem von dem Kapitän gezeichneten Konnossement und dem Konnossement, das der „agent of the line" gezeichnet habe, möglicherweise mit dem Zusatz „for the captain". Die sich so ergebenden drei verschiedenen Konnossementsformen müssten einheitlich behandelt werden, und zwar in dem Sinne, dass stets die charternde Linie Konnossementsschuldnerin sei. Im lebenden Seerecht sei in Abweichung vom Gesetz das Konnossement auch Beweisurkunde für den Stückgutfrachtvertrag. Insoweit wirke das Konnossement also gegen den *Verfrachter,* d.h. gegen die charternde Linie. Es sei nur folgerichtig, wenn es auch als Verpflichtungsurkunde zwischen Empfänger und Verfrachter wirke. Wenn man sich darüber einig sei, müsse man § 662 HGB ausschalten, denn diese Bestimmung verweise die Konnossementsverpflichtung in die Sphäre des Eigentümers.

Die eigentliche Schwierigkeit liege in der Frage der außervertraglichen Haftung. Die Ausführungen von Dr. Nolte zu diesem Punkte hätten ihn sehr interessiert, aber freilich nicht überzeugt. Direktor Brandt habe bereits in der letzten Sitzung ausgeführt, das Unternehmerrisiko sei aufgeteilt zwischen Schiffseigentümer und Charterer, daher müsse auch die Haftung aufgeteilt sein, und zwar müsse die vertragliche Haftung den Charterer, die außervertragliche Haftung den Eigentümer treffen. Er sei nicht unempfänglich für die scheinbare elegantia juris des Satzes von der geteilten Risikotragung und der geteilten Haftung. Je mehr er aber diese Frage durchdacht habe, desto mehr Bedenken seien ihm gekommen. Die richtige Konsequenz der Risikoteilung sei s.E. nicht eine Haftungsteilung, sondern die *gesamtschuldnerische* Haftung des Eigentümers und des Charterers. Zu diesem Ergebnis gelange man, wenn man die Frage vom Standpunkt des Ladungsinteressenten aus betrachte. Die Aufteilung der Haftung scheine ihm überdies willkürlich zu sein. Er habe in der letzten Sitzung greifbare Gründe für die Haftungsteilung nicht gehört, im Hintergrunde habe wohl nur das Portemonnaieinteresse des Charterers gestanden. Dieses Interesse könne aber für eine nationalsozialistische Gesetzgebung nicht ausschlaggebend sein.

Zu bedenken sei ferner, dass niemand nur Charterer oder Vercharterer sei, vielmehr sei jeder Reeder bald das eine und bald das andere. Müsse der Reeder eine gewisse Härte der Haftung in

Kauf nehmen, wenn er andere Schiffe chartere, so werde er andererseits begünstigt, wenn er selbst ein Schiff verchartere. Er glaube also, dass die von Dr. Nolte erwähnte Härte sich, auf weite Sicht gesehen, ausgleiche.

Die Willkürlichkeit der Haftungsteilung zeige sich besonders deutlich bei folgender Betrachtung: Eine und dieselbe Handlung des Kapitäns könne sowohl vertragliches wie außervertragliches Verschulden darstellen. Man denke z.B. an den Fall, dass der Kapitän schuldhaft eine Bestimmung der Seestraßenordnung verletze, infolgedessen mit einem anderen Schiff kollidiere, und dass dabei auf beiden Schiffen Ladungsschäden entständen. Folge man in diesem Falle den Vertretern des Gedankens der Haftungsteilung, so müsse man für das vertragliche Verschulden der eigenen Ladung gegenüber den Charterer, für das außervertragliche Verschulden der fremden Ladung gegenüber den Eigentümer haften lassen. Die Ladungsbeteiligten der beiden Schiffe hätten dann also einen verschiedenen Schuldner. Von dem Kapitän könne man dann mit Recht sagen, dass in dem gleichen Augenblick zwei Seelen in seiner Brust wohnten.

Der Gedanke der Haftungsteilung müsse aber vor allem scheitern an dem Institut der Netcharter oder Bareboatcharter. Der von ihm gebrauchte Ausdruck Netcharter sei in der letzten Sitzung bemängelt worden mit der Behauptung, dass er etwas anderes, nämlich eine Reisecharter mit besonderer Kostenregelung, bedeute. Auch ihm sei der Ausdruck Netcharter in diesem zweiten Sinne keineswegs unbekannt, habe er ihn doch bereits vor 30 Jahren in seinem Jugendwerk „Studien zur modernen Entwicklung des Seefrachtvertrags“ [1905] (S. 140) verwendet. Er kenne den Ausdruck Netcharter aber auch in dem von ihm kürzlich gemeinten Sinne einer reinen Charter, d.h. einer Charter ohne Hinzutritt eines Dienstverschaffungsvertrages. Der gleichbedeutende Ausdruck Bareboatcharter entstamme dem amerikanischen Verkehr. Er habe gegen diesen plastischen Ausdruck natürlich nichts einzuwenden. So umstritten nun § 510 HGB im Übrigen sein möge, das eine stehe fest: Jedenfalls sei der *Bareboatcharterer Ausrüster* im Sinne dieser Vorschrift. Er hafte also als Reeder *vertraglich und außervertraglich.* Wenn man nun mit Direktor Brandt und Dr. Nolte den Gedanken der Haftungsteilung gutheiße, so habe man nur zwei Möglichkeiten vor sich:

Die eine Möglichkeit sei, dass man den Grundsatz der Haftungsteilung streng durchführe. Das bedeute, dass in *allen* Fällen *nur* der Eigentümer außervertraglich hafte, also auch in dem Falle der Bareboatcharter. Dann müsse hier der Eigentümer haften für Kollisionen, verschuldet von dem fremden Kapitän des Charterers, der völlig unabhängig vom Eigentümer sei und in keiner Weise den Befehlen des Eigentümers unterstellt. Das sei aber im höchsten Grade unbillig. Er sei sicher, dass Herr Edye als Schiffseigentümer solche Zumutung mit der gleichen Entrüstung zurückweisen würde, wie er das letzte Mal die Vorschläge des Berichterstatters zurückgewiesen habe und diesmal wäre die Entrüstung sogar berechtigt. Eine derartige Regelung würde ein Rückschritt sein gegenüber dem heutigen § 510 HGB. Das habe anscheinend auch Direktor Brandt in der letzten Sitzung empfunden, denn er habe erklärt, der Ausrüsterbegriff des geltenden Rechts mit seinen Rechtsfolgen müsse allerdings bestehen bleiben; die Haftungsteilung solle nur für die übrigen Fälle gelten, namentlich also für den Fall der Baltimecharter.

Dies sei dann die zweite Möglichkeit. Sie bestehe darin, dass man den Bareboatcharterer nach wie vor als Ausrüster behandle, ihn also vertraglich und außervertraglich haften lasse, während man im Falle der Baltimecharter die außervertragliche Haftung auf den Eigentümer lege. Wenn man sich auf diesen Standpunkt stelle, so habe man sich in dem entscheidenden Punkte der Rechtssicherheit im Kreise gedreht: Der Kollisionsgläubiger kenne zwar das Schiff, das den Schaden angerichtet habe, er wisse vielleicht auch, dass das Schiff in Charter fahre, dagegen wisse er bestimmt nicht, ob das Schiff in Bareboatcharter oder in Baltimecharter fahre. Es bestehe dann wieder die alte Rechtsunsicherheit, da alles von den dem Dritten unbekannten Interna der Charterklauseln abhänge. Der äußere Aspekt für den Dritten sei ja in beiden Fällen der gleiche.

Das Rechtssicherheitsinteresse des Dritten lege es aber nahe, die Fälle mit dem gleichen äußeren Aspekt gleich zu behandeln. Und hierfür spreche ferner entscheidend die innere Gleichheit der Interessenlage. Denn in beiden Fällen handele es sich um die zeitweilige entgeltliche mietweise Benutzung fremden Schiffsmaterials für die eigene Linienfahrtunternehmung des Charterers. In beiden Fällen pflege überdies der Frachtfahrtunternehmer als Scheinreeder aufzutreten, indem er z.B. das fremde Schiff mit seiner eigenen Schornsteinmarke versehe. Ein solches Verhalten könne nach Treu und Glauben nur dahin ausgelegt werden, dass man wie ein Reeder behandelt zu werden wünsche. Wenn man später trotz dieses Verhaltens die Reedereigenschaft bestreite, so liege darin ein unzulässiges venire contre factum proprium. Ein Gegenstück dazu sei etwa der Fall, dass der Eigentümer eines Binnenschiffes das Schiff in das Seeschiffsregister eintragen lasse oder seine fälschliche Eintragung in das Seeschiffsregister bewusst dulde, sich aber, wenn er haftbar gemacht werde, auf die binnenschifffahrtsrechtliche Verjährung berufe mit der Begründung, dass sein Schiff in Wahrheit ein Binnenschiff sei. Nach dem Rechtsgrundsatz der Erklärungstreue schulde derjenige, der sich wie ein Reeder gebärde, diesem Verhalten Treue. Er dürfe nicht die Vorteile der Reederstellung in Anspruch nehmen, deren Nachteile aber von sich weisen.

Demgegenüber scheine es ihm belanglos, ob die internen Klauseln zwischen Eigentümer und Charterer bestimmten, dass der Charterer den Kapitän anstelle, oder ob sie hinsichtlich des von dem Eigentümer angestellten Kapitäns nur eine Dienstverschaffung vorsehen. In der Mitte zwischen diesen beiden Fällen stehe der Fall, dass der Eigentümer den Kapitän anstelle, der Charterer aber durch Zession und Schuldübernahme in den Vertrag eintrete. Dieser Fall sei theoretisch klar geschieden von der bloßen Dienstverschaffung, er gehöre zu dem Fall, dass der Charterer den Kapitän anstelle. In der Praxis aber nähere sich dieser Fall oft der Dienstverschaffung. Hier seien die Übergänge verschwimmend, die Grenzlinien zerfließend, so dass man im konkreten Falle zweifeln könne, ob Zession oder Dienstverschaffung gegeben sei. So sei z.B. in der Rechtsprechung des Tarifschiedsgerichts die Frage aufgetaucht, wer in solchen Fällen die Überstundenlöhne der Mannschaft zu zahlen habe, ob dafür der Eigentümer oder der Charterer der richtige Schuldner sei. Die Rechtsstellung des Dritten dürfe offenbar von solchen subtilen Unterscheidungen nicht abhängig gemacht worden, vielmehr sei eine *einheitliche* Norm nötig, und diese könne nur dahin gehen, dass der Baltimecharterer ebenso zu haften habe wie der Bareboatcharterer.

Dr. Nolte habe erklärt, dass der Charterer nur wenig Einfluss auf den fremden Kapitän habe und darum außervertraglich nicht haften könne. Demgegenüber sei zunächst darauf hinzuweisen, dass der Kapitän doch kein Zwangskapitän sei, dem Charterer aufgenötigt, es sei vielmehr der Kapitän, den der Charterer freiwillig sich vom Eigentümer habe stellen lassen. Dieser Fall sei ferner in Wahrheit keineswegs der Gegenfall zum Falle der Bareboatcharter. Trete dort der fremde Kapitän *nicht* unter die Befehlsgewalt des Eigentümers, so trete hier umgekehrt der fremde Kapitän des Eigentümers in nicht geringem Umfange unter die Befehlsgewalt des Charterers. Dies geschehe laut Klausel 8 der Baltimecharter: „Captain to be under the orders of Charterers as regards employment, agency, or other arrangements" und in Klausel 9: „Charterers to furnish Captain with all instructions and sailing directions ...". Der Kapitän werde also weitgehend hinsichtlich der ganzen Schiffsbeschäftigung vom Charterer instruiert.

Man möge aber noch etwas anderes bedenken: Wenn darüber Einigkeit bestehe, dass aus Frachtverträgen und Konnossementen immer der Charterer hafte, dann liege die Frage nahe, wann dieser Fall praktisch werde. Es ergebe sich, dass er nur im Falle eines Verschuldens praktisch werde, und zwar handle es sich um das Verschulden des fremden Kapitäns oder der fremden Besatzung. Eine Haftung für Zufall komme nicht in Frage. Hier werde also die Haftung des Charterers für Verschulden der fremden Besatzung bereits zugestanden. Es sei nun nicht recht einzusehen, weshalb man für die außervertragliche Haftung nicht das gleiche Zugeständnis machen wolle wie für die vertragliche. Wenn der Grund etwa darin liege, dass die außervertragliche Haftung ein quantitativ größeres Risiko bedeute, so könne das grundsätzlich nicht entscheidend sein. Auch werde die Kollisionshaftung ja von der in der Kaskoversicherung enthaltenen Haftpflichtversicherung gedeckt. Der Charterer möge dafür sorgen, dass der Eigentümer sich ausreichend versichere und ihm seine Ansprüche gegen die Versicherungsgesellschaft abtrete. Endlich hafte auch der Charterer in Zukunft, ebenso wie der Eigentümer, immer nur summenmäßig beschränkt und werde in gleicher Weise wie der Eigentümer haftfrei, wenn das Schiff untergehe. Unter diesen Umständen sei die Behauptung, dass der Charterer für fremdes Verschulden außervertraglich nicht haftbar gemacht werden dürfe, als unbegründet zu bezeichnen. Der Charterer, nicht der Eigentümer sei es, der durch die Schiffsverwendung die Betriebslage schaffe, welche allein den Kollisionsfall ermögliche. Er sei also der Nächste zum Ersatz, nicht der Eigentümer.

Noch ein weiteres Argument wolle er für seine Stellungnahme anführen. Es sei von Interesse zu prüfen, wie sich die Baltimecharter zu der Frage der außervertraglichen Haftung stelle. Die nähere Prüfung der Klauseln ergebe schon jetzt, dass das *ganze Haftungsrisiko* sowohl für außervertragliches Verschulden wie für Verschulden vertraglicher Art durch Klauseln *dem Charterer zugewälzt* werde, und zwar in Gestalt von Regressansprüchen. Klausel 8 enthalte die Indemnify-Klausel in Bezug auf Konnossementsansprüche. Danach solle der Eigentümer, wenn es für ihn gegenüber Dritten zu einer Konnossementshaftung komme, diese Haftung auf den Charterer als auf den eigentlichen Unternehmer abwälzen können. In Klausel 12 werde unter der Überschrift „Responsibility and Exemption" die Tragung der außervertraglichen Haftung im Verhältnis zwischen Eigentümer und Charterer geregelt. Nach der Klausel wolle der Eigentümer nur haften für Verschulden in Bezug auf Seetüchtigkeit und für anderes persönliches Verschulden. Im Anschluss an diese Feststellung heiße es dann in negativer Beziehung: „Owners not to be responsible in any other case *nor for damage* or delay *whatsoever and howsoever caused,* even if caused by the neglect or default by owners servants." Der Eigentümer lehne hier also die Haftung für außervertragliches Verschulden ab wie auch immer der Schaden verursacht sei. Das decke auch den Kollisionsfall. Solche Freizeichnungsklauseln in der Chartepartie hätten nun aber nicht nur negative Bedeutung, sondern unter Umständen auch positive Wirkungen, indem sie einen Regressanspruch begründeten. Dass es möglich sei, Freizeichnungsklauseln in diesem Sinne auszulegen, habe das Reichsgericht in einer in der HansGZ 1911 S. 118 veröffentlichten Entscheidung ausdrücklich anerkannt. Wenn der Eigentümer frei sein wolle von jeder außervertraglichen Haftung, so folge daraus auch, dass der Charterer ihn freihalten müsse von allen derartigen Haftungsansprüchen Dritter. Dies sei also der wahre Charakter der Baltimecharter. Mit feinem Rechtsinstinkt werde hier das ganze Haftungsrisiko dem Charterer zugewälzt, nur geschehe das hier auf dem indirekten Wege des Regressanspruchs, indem es dem Charterer, der die gefährliche Betriebslage schaffe, zur Pflicht gemacht werde, den Eigentümer, wenn er von einem dritten Kollisionsgläubiger in Anspruch genommen werde, zu entschädigen. Das Neue, das er vorschlage, liege nur darin, dass man den Umweg der Regresshaftung durch die unmittelbare Haftbarmachung des Charterers ersetze.

Nach alledem könne man den Baltimecharterer hinsichtlich der außervertraglichen Schadensersatzpflicht nicht anders behandeln als den Bareboatcharterer. Man habe ihm in der letzten Sitzung den Vorwurf gemacht, dies sei abwegige lebensfremde Theorie. Demgegenüber sei es angezeigt, klarzulegen, wie sich die bisherige Praxis des Seerechts zu dieser Frage stelle. Die Rechtsprechung sei allerdings, wie schon erwähnt, in den meisten Entscheidungen verfehlt. Doch gebe es auch einzelne Entscheidungen, in denen der Funke der Erleuchtung aufblitze, indem sie – völlig unabhängig von ihm – zu dem gleichen Ergebnis wie er gelangt seien. Es handle sich namentlich um zwei Entscheidungen des 5. Senats des Hanseatischen Oberlandesgerichts. Die erste Entscheidung sei wiedergegeben in HansGZ 1906 Hauptblatt Nr. 105. Dort habe das Oberlandesgericht die Miete eines Seeleichters verbunden mit der Übernahme des von dem Eigentümer angestellten Kapitäns für ein Ausrüstungsverhältnis erklärt. Es heiße dort wörtlich: „--- Mit der Vorinstanz erachtet auch dies Gericht die „Forenede" als Ausrüster. Denn für deren Rechnung war der Leichter gemietet, er wurde für deren Rechnung beladen und die Ladung verstaut und auch schon die Form der Konnossemente, insbesondere die Aufschrift „Det Forenede Dampskib Selscab", sowie das darauf befindliche Verzeichnis der Agenturen der Forenede zeigt, dass der Leichter in deren Betrieb verwendet wurde. Zwar erfordert Abs. 1 des § 510 HGB, dass der Verwender des ihm fremden Schiffes dieses entweder selbst führe, oder dessen Führung seinerseits einem Schiffer anvertraue und Tesch (der Kapitän) war abseiten der Beklagten angenommen. Aber dies steht der Anwendbarkeit des § 510 im vorliegenden Falle nicht entgegen. Denn Tesch hatte ausschließlich die Weisungen des Mieters des Leichters zu befolgen ---."

Die zweite Entscheidung sei abgedruckt in HansGZ 1921 Nr. 107 S. 204. Dort habe das Hanseatische Oberlandesgericht ausgeführt, dass die Baltimecharter in Gestalt der „Uniform Time Charter 1912" nicht Frachtvertrag, sondern Schiffsmiete sei. Das Gericht habe dies namentlich aus Redewendungen wie „from the time the said steamer is delivered" und „that the said Steamer shall be redelivered" gefolgert. Es habe hieraus weiter gefolgert, dass ein Unterfrachtvertrag im Sinne des § 662 HGB nicht vorliege. Das treffe den Nagel auf den Kopf.

Dass die Praxis der Klauseln der Baltimecharter, also das lebende Recht, auf dem Umwege über den Regressanspruch des Eigentümers zu demselben wirtschaftlichen Ergebnis gelange, habe er soeben bereits dargelegt. Von Interesse sei aber noch die Frage, wie sich die führenden Praktiker des seerechtlichen Schrifttums zu dem vorliegenden Problem stellten. Da ergebe sich: Der bekannte seerechtliche Kommentar von [Georg] Schaps, in der zweiten Auflage 1921, bearbeitet und herausgegeben von *Mittelstein,* teile seinen Standpunkt. Es heiße dort hinsichtlich des heute geltenden Rechts in Anm. 10 zu § 510 HGB: „--- Dagegen spricht ein gebieterisches Interesse des Verkehrs chon jetzt für die analoge Ausdehnung des § 510 auf den von Wüstendörfer vielfach berührten Fall, dass eine Linienreederei zur zeitweisen Ergänzung ihres Schiffsparkes ein fremdes Schiff mietet mit den Diensten des darauf befindlichen Kapitäns, also ohne selbst es mit einem Kapitän zu besetzen: das Schiff erscheint hier, trotz des fremden Kapitäns, durchaus als ihr eigenes, zumal wenn sie, wie üblich, ihre eigenen Linienkonnossemente verwendet, und für Dritte würde es eine Anomalie und eine Härte bedeuten, sich an den ihm unbekannten, oft schwer erreichbaren Reeder halten zu müssen, sobald der Kapitän (§ 761 Abs. 2) nicht mehr zu fassen ist ---."

In dem gleichen Kommentar werde de lege ferenda in Anm. 13 zu § 510 HGB ausgeführt: „Diesen Missständen, die eine crux des Verkehrs bilden, ist nur abzuhelfen durch eine gesetzliche Erweiterung des Ausrüsterbegriffs. Wüstendörfer I, 173 schlägt vor, den § 510 Abs. 1 dahin zu formulieren: „Wer ein ihm nicht gehöriges Schiff zum Erwerb durch die Seefahrt in seinem Namen verwendet und es entweder selbst führt oder durch einen seinen Befehlen tatsächlich unterstellten Kapitän führen lässt, wird hinsichtlich aller aus der Schiffsverwendung sich ergebenden Rechtsbeziehungen zu Dritten als der Reeder angesehen." Auch das genügt aber noch nicht. Gerade ob der Kapitän den Befehlen des Schiffsverwenders unterstellt ist, kann und wird vielfach zweifelhaft und streitig sein: der Dritte wird sich über diesbezügliche Vertragsklauseln schon deshalb kein Urteil bilden können, weil er sie gar nicht zu Gesicht bekommt. Der Verkehr muss sich darauf verlassen können, dass derjenige, der ein Schiff im eigenen Namen zum Seefahrtserwerb verwendet, als Reeder oder wie ein Reeder hafte, und zwar, wenn die Voraussetzungen unpersönlicher Haftung vorliegen, mit dem in seinen Händen befindlichen Schiffsvermögen, gleichviel, ob es ihm gehört oder einem Dritten. Der Kapitän muss als sein Kapitän gelten, selbst wenn er mit ihm nicht in einem Vertragsverhältnis steht: Dritten kann nicht zugemutet werden, die vertraglichen Beziehungen zwischen Schiffseigentümer, Verwender und Kapitän nachzuprüfen. … Ich möchte hiernach folgende Fassung des § 510 Abs. 1 vorschlagen: „Wer ein ihm nicht gehöriges Schiff im eigenen Namen zum Erwerb durch die Seefahrt verwendet, wird im Verhältnisse zu Dritten als der Reeder angesehen."

Noch weiter gehe *Ritter* in seinem 1922 erschienenen Kommentar zu den ADS [Das Recht der Seeversicherung, Bd. 1]. Es heiße dort auf S. 112 von der Baltimecharter: „Dieser Mischvertrag mag mit seinem typischen Inhalt Schiffsheuervertrag oder Schiffsheuerung ... oder kürzer, nach Analogie des zugleich den Typus und die Vergütung bezeichnenden Ausdrucks, Schiffsheuer genannt werden. Trifft der Ausdruck vielleicht die Sache nicht ganz ... so ist es doch besser, eine einzige, kurze, einheitliche Bezeichnung zu haben, als viele umständliche Bezeichnungen ... zu haben oder eine zwar kurze, aber fremdländische und noch weniger treffende Bezeichnung, wie Timecharter. – Denn der Vertrag ist kein Charter-, kein Frachtvertrag ... Er bezweckt nicht die Beförderung von Gütern." –

Und S. 113: „Die Überlassung des Schiffsgebrauchs ist die Hauptsache. Deshalb ist die Schiffsheuer in der Hauptsache Schiffsmiete. ... Die Schiffsheuer ist, wenigstens in ihrer typischen Gestalt, auch Ausrüstervertrag im Sinne des § 510 HGB. ... Denn Ausrüster ist, wer ein fremdes Schiff für eigene Rechnung verwendet und es selbst führt, oder „die Führung einem Schiffer anvertraut" (§ 510 HGB). Der Heuerer vertraut die Führung dem Kapitän an. Dass er es muss, dass er dazu durch den Schiffsheuervertrag verpflichtet ist, ist nur Motiv. Ob der Heuerer dem Kapitän traut, vertraut, ist gleichgültig. Trauen, vertrauen ist nicht dasselbe wie anvertrauen. Man muss viele Dinge Personen anvertrauen, denen man nicht traut, nicht vertraut. Man „vertraut" auch der See, den Seegefahren sein Schiff, seine Güter, sein Leben „an". ... Anvertrauen ist ein objektiver Begriff: überlassen, anheimgeben; der subjektive Einschlag ist nicht das Wesentliche. Der Heuerer muss den Kapitän einsetzen oder ihn durch einen Dritten einsetzen lassen und ihn in seiner Stellung belassen, damit einverstanden sein, dass er das Schiff führt, – was alles im Rechtseffekt dasselbe sein muss und dasselbe ist. Hat doch der Ausrüster die Führung des Schiffes sogar demjenigen Kapitän „anvertraut", dessen Einsetzung er überhaupt nicht zugestimmt, den vielmehr der Reichskonsul eingesetzt hat."

Ferner heiße es auf S. 125 unter „Schiffsmiete": „Typisch ist hierfür die Uniform Time-Charter der Baltic and White Sea Conf. as revised Berlin 1912 – die sog. Baltime". Und 129: „In Deutschland ist auch ein vom Reederei-Verband „auf Grundlage der Baltime" ausgearbeiteter „Zeitfrachtvertrag" (sog. „Deuzeit") in Gebrauch, der zwar nur von „verfrachten" und „befrachten" spricht, aber seinem Wesen nach, wie die Baltime, nichts anderes ist als Schiffsheuer."

Ritter wolle also § 510 HGB sogar unmittelbar, nicht nur, wie Mittelstein, analog auf die Baltimecharter und den Deuzeitvertrag anwenden. – Das sei die Ansicht der führenden Praktiker.

Die Ausdrücke in den Chartepartien seien bekanntlich oft farblos, schwankend und schillernd. [David] Maclachlan, einer der bekanntesten englischen Seerechtler, bezeichne auf S. 375 der 5. Auflage seines Werkes [A treatise on the law of merchand shipping, 1911] die Fassung von Charterklauseln im Zusammenhang mit dem Begriff „temporary ownership" als „of merely technical phraseology, the use of which in commercial instruments is too often the result of accident or sheer ignorance".

"Sheer ignorance" – das könne man als Kennwort auch über den Deuzeitfrachtvertrag setzen.

Man habe endlich versucht, die ganze Frage zu bagatellisieren, indem man behauptet habe, jene Fälle stammten sämtlich aus der Nachkriegszeit, in der die deutschen Reeder schwer zu kämpfen gehabt hätten, heute kämen sie nicht mehr vor. Der Vorsitzende habe bereits in dankenswerter Weise darauf hingewiesen, dass das Gegenteil richtig sei. Man würde sicher auch nie im Schrifttum von einer „crux" gesprochen haben, wenn es sich wirklich nur um einige Entgleisungen gehandelt hätte. Um die Schutzbehauptung der Reeder ein für alle Mal zu widerlegen, habe er eine Liste einschlägiger Fallentscheidungen zusammengestellt, die sich über 36 Jahre erstrecke. Er könne es sich nicht versagen, die einzelnen Fälle kurz vorzutragen; einige davon habe er schon in seinem Bericht (Sitzung 22) erwähnt.

1. *HansOLG 1896, Nr. 37:* Englischer Seefahrtunternehmer chartert auf drei Monate Lübecker Dampfer mit Kapitän. Tatsache der Zeitcharter wird dem Schiffsmakler, der die Schiffsgeschäfte besorgt, mitgeteilt. Wegen Auslagenforderung des Schiffsmaklers wird der Schiffseigentümer verurteilt statt des Zeitcharterers. (Die Auslagen des Maklers sind aber im Frachtfahrtbetrieb des Charterers entstanden, nicht im Betrieb des Eigentümers!

2. Gegenstück hierzu ist: *HansOLG 1906, No. 15:* Englischer Dampfer mit Kapitän in Zeitcharter für die Hamburger Firma Heyne & Hessenmüller. Anspruch eines Schiffsmaklers auf Auslagenersatz gegen den Zeitcharterer Heyne & Hessenmüller abgelehnt: Der Zeitcharterer werde auch nicht dadurch zum Ausrüster, dass er gemäß C/P seine Hausflagge führe und das Schiff als „unser Schiff" bezeichne. (Hier wird unfaires Verhalten des Zeitcharterers dem Makler gegenüber in Schutz genommen. Der Auftrag an den Schiffsmakler zur Besorgung der Schiffsgeschäfte war vom Kapitän erteilt.)

3. *Landgericht Hamburg in HansGZ 1898, No. 4, S. 11:* Schiffsmakler Vogemann hat fremden Dampfer in Zeitcharter. Das Gericht führt aus: Der Zeitcharterer sei kein Ausrüster. Ein Konnossement, gezeichnet vom Agenten des Zeitcharterers, sei deshalb kein gültiges Konnossement, folglich sei es bei überseeischen Abladegeschäften nicht andienungsfähig. (Hier erzeugt eine abwegige Rechtsprechung große Rechtsunsicherheit für das Abladegeschäft. Vgl. die irreführenden Konnossementsformulare der Vogemann-Linie.)

4. *HansOLG 1916, No. 73:* Englischer Dampfer mit Kapitän in Zeitcharter für die Rickmers-Linie. Konnossementsinhaber klagte gegen Rickmers auf Schadensersatz wegen Fehlens von 100 Säcken. Konnossementsformular enthielt den Vordruck „Rickmers-Linie, Hamburg, Orientdienst", zeigte die Reedereiflagge der Rickmers-Linie und enthielt Angaben über ihre Agenten. Glich hierin also den Vogemann-Konnossementen. – Der Sachverständige Brons sagte aus: Aus dem Konnossement sei nicht ersichtlich, ob es sich um ein eigenes Schiff der Linie handle oder um ein fremdes; es bedürfe also eines besonderen Studiums, um den Eigner festzustellen. Der Zweck eines solchen Konnossements sei, den Glauben zu erwecken, dass die Linie mit eigenen Dampfern fahre und eine entsprechende Leistungsfähigkeit besitze, sonst wäre es leicht, im Konnossement durch eine Klausel darauf hinzuweisen, dass es sich um einen fremden Dampfer handle; dass solche Klauseln vorkämen, sei ihm nicht bekannt. Er selbst kenne aus der Praxis keine Differenzen der vorliegenden Art. Seine Meinung gehe dahin, dass der Empfänger sich an die Rickmers-Linie halten dürfe; diese Meinung werde auch allgemein geteilt, wie er durch eine Rundfrage bei zwölf angesehenen Kaufleuten der verschiedensten Geschäftszweige festgestellt habe. ... Es komme seines Erachtens selbstverständlich auf die Gutgläubigkeit des Empfängers an. Das entspreche seinem Rechtsgefühl. Als Sachverständiger würde er auf den ersten Anblick sagen, dass die Rickmers-Linie hafte.

Das Landgericht hatte richtig ausgeführt: „Der Erwerber eines solchen Konnossements muss annehmen, dass der darin genannte Dampfer der Beklagten gehöre, oder dass die Beklagte es wenigstens so angesehen wissen will, als ob das der Fall sei. Er kann nicht annehmen, dass es seine Sache sein solle, herauszufinden, ob die Beklagte ein eigenes oder fremdes Schiff benutze, um im gegebenen Falle den anderen Reeder in Anspruch zu nehmen. Die Beklagte muss diese Bedeutung der Benutzung ihres Formulars gegen sich gelten lassen. Selbstverständlich haftet die Beklagte nicht weiter, als der Reeder haften würde." – Das OLG wies aber die Klage mit spitzfindiger Begründung unter Hinweis auf § 662 HGB ab. (Das höchst unfaire Verhalten des charternden Frachtfahrtunternehmers, der sich als Scheinreeder gebärdet hat, findet hier den Schutz der Rechtsprechung!)

5. *RG 98, S. 186:* Englischer Dampfer mit Kapitän von der Rickmers-Linie gechartert. Konnossementsinhaber klagt gegen Rickmers wegen verlorener Ladung. Konnossementsformular der Rickmers-Linie, gezeichnet von einer Vertreterfirma „as agents", bezeichnet den Dampfer „Feliciana" wahrheitswidrig als „deutsches Dampfschiff". RG weist ab: Rickmers sei nicht Ausrüster, sondern nur Unterverfrachter. Der im Schrifttum gemachte Versuch, in solchen Fällen in entsprechender Anwendung des § 510 den Charterer wie einen Ausrüster zu behandeln, „setze sich mit dem klaren Wortlaut des Gesetzes in Widerspruch" und könnte auch nicht durch ein Verkehrsbedürfnis gestützt werden. (Die Leugnung des Verkehrsbedürfnisses zeugt von Lebensfremdheit. Der Hinweis auf den Wortlaut des Gesetzes verletzt anerkannte Regeln der Rechtsfindung: Eine Analogie kommt ja nur dann in Frage, wenn der zu entscheidende Tatbestand vom Wortlaut des Gesetzes nicht mitumfasst ist. Wird er vom Wortlaut gedeckt, so bedarf es keiner analogen Anwendung, sondern höchstens einer ausdehnenden Auslegung. Das Ergebnis: Schutz des unfairen Scheinreeders. Schutzschild ist wieder § 662 HGB.)

6. *OLG in HansRZ 1925, S. 858:* Dampfer „Vesta" ist auf Deuzeitvertrag verchartert an Neue Dampfer-Compagnie in Stettin, von dieser weiter an die Deutsche Orient-Linie. Befrachter nimmt letztere in Anspruch auf Schadensersatz wegen Ladungsverlust infolge schlechter Stauung. Charterer hatte eigene Schornsteinmarke, eigene Kontorflagge, eigene Konnossementsformulare. Landgericht erkannte Anspruch durch Zwischenurteil an, OLG wies ab, unter Berufung auf § 662 HGB. (Vgl. die Ausführungen des Berichterstatters in Sitzung 22.)

7. *OLG in HansGZ 1925, No. 57:* Oldenburg-Portugiesische Dampfschiffsreederei vercharterte für drei Monate ihren Dampfer „Brake" auf Deuzeit an Reederei Johs. Ick. „Brake" hatte verschuldeten Zusammenstoß mit einem Segler. Die Oldenburg-Portugiesische Dampfschiffsreederei ersetzte freiwillig den Schaden des Seglers, forderte aber von Ick, da er Ausrüster sei, im Regresswege anteilsweisen Schadensersatz. Gericht wies ab: Ick sei nicht Ausrüster. (Aber nicht der Schiffseigentümer hat hier das dritte Schiff gefährdet, sondern der Charterer durch seinen Frachtfahrtbetrieb!)

8. *HansRGZ 1932, B S. 573:* Dampfer, eingetragen auf den Namen eines Hamburger Eigentümers in das deutsche Seeschiffsregister und unter deutscher Flagge fahrend, wurde von einer chinesischen Firma in Ostasien benutzt. Kläger war als erster Offizier angestellt. Chinesische Gesellschaft zahlte ihm unfairer Weise die Heuer nicht. Er klagte rückständige Heuer für mehrere Jahre gegen den Hamburger Eigentümer ein. OLG wies ab wegen fehlender Passivlegitimation: er hätte die chinesische Gesellschaft verklagen müssen, denn diese sei Ausrüster nach § 510 HGB. Sie allein träfe daher die Haftung für Dienst- und Heuerforderungen. (So wurde der Offizier durch Rechtsunsicherheit um mehrjährige Heuerrückstände gebracht. Vgl. hierzu die Rechtsprechung des Tarifschiedsgerichts; [Paul/*Kurt*] Ehlers, Kommentar zum Tarifvertrag für die Seeschifffahrt, II. Auflage, 1933. Die Rechtsprechung zeigt die missliche Lage der Seeleute hinsichtlich der Heuerforderungen auf Charterschiffen. Hier erhält das Problem einen stark sozialpolitischen Einschlag.)

Zu Fall 3 bemerke er noch: Ihm liege ein Vogemann-Konnossement aus der Zeit vor 30 Jahren vor. Darin werde die Linie als „Steamshipowner" bezeichnet. Vogemann sei aber nur mit Charterschiffen gefahren. Das Konnossement zeige eine Kontorflagge. Eine Reihe von Agenturen werde angegeben. In den Freizeichnungsklauseln sei die Rede von „ship and carrier". Es solle also offenbar ein Konnossement der Linie sein. Dem entspreche auch die Unterschriftsformel: „In witness where of *the Agent of the said Line* hath affirmed." Doch befinde sich rechts unten in der Ecke weiter der Vordruck "for the captain". Der Kapitän sei aber nach dem Buchstaben des Gesetzes nicht der Vertreter des charternden Linie in der Konnossementszeichnung, sondern des dahinter stehenden, den Abladern oft unbekannten Reeders, d.h. des Schiffseigentümers (§ 642

Abs. 4). Hier ergebe sich also wieder Rechtsunsicherheit, die von einem unfairen Charterer ausgenutzt werden könne.

Die vorgetragene Liste sei ein Verzeichnis „verwerflicher Praktiken“ charternder Frachtfahrtunternehmer. Er gebrauche damit den Ausdruck, den Direktor Brandt in der letzten Sitzung geprägt habe. Alle Beteiligten, Befrachter und Ladungsempfänger, Schiffsmakler wegen ihrer Auslagen, Schiffsoffiziere wegen ihrer Heueransprüche, Kollisionsgläubiger wegen ihrer Schadensersatzforderungen, sie alle seien trotz wohlbegründeter Ansprüche immer wieder „an einer nebligen Peripherie herum genasführt“ worden. Zugleich sei es eine Liste von Entscheidungen, in denen eine tiefe Kluft gähne zwischen gesundem Rechtsgefühl und gelehrter Rechtsprechung. Wenn man wolle, dass diese Liste sich in Zukunft noch vergrößere, was mit Hilfe des § 662 HGB jeden Tag geschehen könne, wenn man wolle, dass alle Geschädigten gegenüber Charterschiffen so gut wie rechtlos seien, dann möge man den Vorschlägen folgen, die hier von gewisser Seite gemacht seien und möge alles beim alten lassen. Das nenne er dann aber keine Reform des Seerechts, vor allem keine nationalsozialistische Reform.

Wenn man aber wolle, dass die Moral im Chartergeschäft nach 30 Jahren der Erschütterung und Untergrabung endlich wiederhergestellt werde, wenn man dies für die Pflicht nationalsozialistischer Gesetzgebung halte, dann dürfe man sich nicht einschüchtern lassen, sondern habe das Problem des Scheinreeders herzhaft anzupacken und zu lösen. Und diese Lösung könne wohl nur in der Richtung der von ihm gemachten Vorschläge liegen, in denen er nicht nur mit dem Mitberichterstatter einig gehe, sondern auch mit den angesehensten Praktikern des seerechtlichen Schrifttums. Man habe gesagt, man sei „erschrocken“ über diese Vorschläge. Jedes Mal aber, wenn der Nationalsozialismus sich anschicke, aufzuräumen mit irgendwelchen tief eingewurzelten Missständen, gebe es „Erschrockene“, und das sei gut so. Es zeige ihm im vorliegenden Fall, dass er mit seinen Vorschlägen auf dem richtigen Wege sei.

Der *Vorsitzende* führte aus: Er sei überzeugt, dass alle dem Berichterstatter Dank wüssten für die umfassende Berücksichtigung des von ihm mit Sorgfalt gesammelten Materials. Es sei ja das Bestreben aller, die richtige Lösung zu finden. In dem letzten Fall der Liste habe sich das Gericht auf den von dem Berichterstatter selbst vertretenen Standpunkt gestellt, trotzdem erscheine die Entscheidung unbillig. Das spreche aber nicht gegen die soeben vorgetragene Ansicht. Die Liste solle ja gerade die große Rechtsunsicherheit der Drittbeteiligten beleuchten, und dafür sei dieser Fall jedenfalls ein Beispiel.

Dr. Riensberg erklärte: Der moralische Vorwurf, den der Berichterstatter soeben ausgesprochen habe, treffe sämtliche Reeder, denn alle Reeder seien anderer Ansicht als der Berichterstatter. Man müsse aber die Frage nicht mit Erwägungen der Moral lösen, sondern entsprechend den Erfordernissen der Praxis. Die Bareboatcharter sei überhaupt nur ein Ausnahmefall, der sehr selten vorkomme. Z. Zt. seien Schiffe von der Hapag und von dem Nordd. Lloyd an die Hamburg-Süd in Bareboatcharter gegeben. Diese Vercharterung habe aber ganz besondere wirtschaftliche Gründe. Aus Mangel an Devisen für die Ablösung der amerikanischen Anleihe könnten die Schiffe z. Zt. nicht verkauft werden, stattdessen seien sie in Bareboatcharter gegeben worden. In einem anderen Falle sei man sogar aus den gleichen Gründen noch einen Schritt weiter gegangen, indem man eine neue Gesellschaft gegründet habe und die Schiffe auf den Namen dieser Gesellschaft habe eintragen lassen. Es möge dahingestellt bleiben, ob in diesem Falle ein Treuhand- oder ein Ausrüstungsverhältnis vorliege. Jedenfalls seien die Fälle der Bareboatcharter so selten, dass es überflüssig sei, darüber zu diskutieren. Wenn man die verschiedenen Typen des Chartervertrages auf die gleiche Formel bringen wolle, so sei es besser, von der Type 1, also dem Ausrüsterverhältnis, ganz abzusehen. Im Übrigen hätten die Reeder gegen die vorgeschlagene Regelung, soweit sie die Bareboatcharter betreffe, nichts einzuwenden. Zu Type 2 sei zu sagen, dass es einen solchen Fall nicht gebe. Jedenfalls spiele er praktisch keine Rolle. Unter Praxis dürfe man nicht das juristische Schrifttum verstehen, sondern die geschäftliche Praxis. Auch die Ladungsbeteiligten, in deren Interesse eine andere Regelung liegen würde, sähen ein, dass es nicht so gehe, wie die beiden Berichterstatter meinten. Es handle sich hier um Rechtstheorien, die seit 30 Jahren vom grünen Tisch aus vertreten würden. Die Auslegung der Freizeichnungsklausel 12 der Baltimecharter durch den Berichterstatter sei falsch.

Prof. Wüstendörfer bemerkte dazu, man könne wohl höchstens sagen, sie sei vielleicht zweifelhaft. Immerhin könne er sich für seine Auslegung auf die Autorität des Reichsgerichts berufen, und nicht Dr. Riensberg für seine abweichende Ansicht.

Dr. Riensberg erklärte weiter: Es gebe kein Recht der Welt, nach dem das hier Vorgeschlagene rechtens wäre. Der Charterer werde überall nur dann dem Reeder gleichgestellt, wenn er vollkommen die Reederstellung habe. Dabei müsse es auch bleiben. Im Falle Russ/Sloman seien sich beide Firmen darüber einig – er selbst sei Mitinhaber der Firma Russ – dass es unmöglich sei, dass die Firma Sloman, die das Schiff nur für eine oder zwei Reisen chartere, auch außervertraglich hafte. Die Firma Sloman kenne die Leute auf dem Russdampfer nicht. Jeder Reeder versichere sein Schiff anders. Der Charterer wisse gar nicht, wie das gecharterte Schiff versichert sei. Es sei viel zu schwerfällig, wenn man dies alles erst prüfen wollte. Streitfälle zwischen Eigentümer und Charterer über diese Fragen seien überhaupt nicht bekannt.

Er müsse auch fragen, was die Wendung „im eigenen Namen" heißen solle. Die Firma Russ betreibe mit der Firma Gehrckens eine Deutsch-Finnische-Linie, und zwar unter einer Gesellschaft des bürgerlichen Rechts, die doch wohl von niemandem als Reeder angesehen werden könne. Man fahre nach Danzig-Gdingen mit vier deutschen Reedern und einem polnischen Reeder. Der Berichterstatter habe erklärt, dass es den Gipfel der Unbilligkeit bedeuten würde, wenn der Charterer den Gewinn aus der Frachtfahrtunternehmung einstecken würde, nicht aber die Lasten tragen wolle. Es sei aber keine Reede davon, dass solche Fahrten stets Gewinn abwürfen. Man chartere zuweilen ein Schiff, obwohl man genau wisse, dass die Fahrt keinen Gewinn bringen werde. Dabei spielten dann andere Gründe mit, etwa die, dass der Eigentümer einem sonst unliebsame Konkurrenz machen würde. So habe ein finnischer Reeder die Firma Russ angegriffen. Um sich nicht schwerer Konkurrenz auszusetzen, sei sie daher gezwungen gewesen, einen Zeitchartervertrag mit ihm zu schließen. Es könne doch nun nicht aus diesem Chartervertrag folgen, dass die Firma Russ für den Finnen, dessen Sprache man nicht einmal verstehe, haften solle, wenn eine Kollision eintrete. Die angeführten Fälle bewiesen, dass die Vorschläge des Berichterstatters praktisch nicht durchführbar seien. Die Ladungsbeteiligten hätten nichts gegen die gegenwärtige Regelung einzuwenden, die Versicherung halte ihre Beibehaltung sogar für notwendig. Es frage sich, warum man denn bei dieser Sachlage das bestehende Recht ändern wolle. Trotz der Vercharterung blieben Rechtsbeziehungen bestehen zwischen Schiff und Eigentümer. Man werde diese Beziehungen nicht ignorieren können. Nach dem nationalsozialistisch geordneten Arbeitsrecht bestehe ein Vertrauensverhältnis zwischen Führer und Gefolgschaft, d.h. zwischen Eigentümer und Besatzung. Es könne doch nicht für die Besatzung des Russdampfers ohne weiteres die Firma Sloman maßgebend sein. Es handle sich eben um ein Vertrauensverhältnis, das nicht ohne weiteres durch ein anderes ersetzt werden könne. Die Employmentklausel bedeute durchaus nicht, dass das ganze Beschäftigungsverhältnis auf den Charterer übertragen werde, die Übertragung geschehe doch immer nur im Rahmen des Chartervertrages. Die Firma Sloman werde nicht daran denken, im Falle einer Kollision, bei Bergungen oder in ähnlichen Fällen dem Russdampfer Weisungen zu geben. Nach allem meine er, dass die vorgeschlagene Regelung für außervertragliches Verschulden nicht in Frage kommen könne.

Was die Frage der vertraglichen Haftung anlange, so sei er davon überzeugt, dass sich die Ansicht der Rickmers-Linie geändert habe. Heute, wo Treu und Glauben im nationalsozialistischen Sinne zur Geltung gebracht würden, werde man das gerügte Verhalten als dolos ansehen.

Urteile wie die früher gesprochenen würden daher in Zukunft nicht mehr ergehen. Man würde aber über diese ganzen Schwierigkeiten hinwegkommen, wenn man das Verfrachterkonnossement einführe. Allerdings dürfe das Verfrachterkonnossement nicht zwingend vorgeschrieben werden, es müsse vielmehr wahlweise neben dem Kapitänskonnossement zulässig sein. Es würde nämlich unbillig sein, für alle Fälle festzusetzen, dass der geschädigte Konnossementsinhaber sich nur an den Verfrachter halten könne. Andernfalls könne es geschehen, dass ein nicht zahlungsfähiger Verfrachter als Charterer vorgeschoben werde. Es habe z.B. die Deutsche Levante-Linie GmbH nur ein Kapital von 20.000 RM; sie habe aber sämtliche Schiffe der Deutschen Levante-Linie Hamburg AG und der Atlas Levante-Line AG Bremen in Charter. In derartigen Fällen wäre es sehr unbillig, wenn nur die kleine Linie haften würde. Ebenso liege der Fall bei der Hamburg-Rhein-Linie. Bei wahlweiser Zulassung beider Konnossemente könne sich der Ablader vorher über die maßgeblichen Verhältnisse informieren. Dann könne er sich den Schuldner aussuchen, der ihm die beste Gewähr für die Durchsetzung eines Schadensersatzanspruchs biete.

Die von dem Berichterstatter aufgestellte Liste der Entscheidungen scheine ihm nicht überzeugend. Seit 1925, also seit über zehn Jahren, seien die gerügten Fälle nicht mehr vorgekommen. Der Fall aus dem Jahre 1932 liege gerade umgekehrt. Darum brauche das geltende Recht nicht über Bord geworfen zu werden.

Herr *Edye* bemerkte: Er glaube nicht, dass man weiter komme, wenn man das Ausrüsterverhältnis beibehalte. Er habe vor dem Kriege bei Schaps Seerechtsvorlesungen gehört und schon damals sei es ihm unverständlich gewesen, warum man das Institut des Ausrüsters überhaupt habe. Man könne wahrscheinlich ohne diese Rechtsfigur auskommen. Die Reeder wollten nicht bestreiten, dass der Vorschlag, soweit er die vertragliche Haftung betreffe, tragbar sei; darüber hinaus aber sei er abzulehnen. Die ganze Rechtsunsicherheit sei nur durch den Ausrüsterbegriff verursacht. Angefasst werde im Falle der Kollision doch immer nur das Schiff, nicht der Ausrüster.

Der *Vorsitzende* wies auf den Fall der doppelten Vercharterung des Schiffes hin.

Herr *Edye* erwiderte: Auch dann werde man sich nur an das Schiff halten und sich nach der Eintragung in Lloyds Register richten. Es werde stets so gehandhabt, dass man das Schiff in die Kette legen lasse, bis ein Depot gestellt worden sei.

Der *Vorsitzende* bat noch um Äußerungen zu dem Hinweis des Berichterstatters, dass jeder Schiffseigentümer bald in der Rolle des Vercharterers, bald in der Rolle des Charterers auftrete. – Nach der Baltimecharter-Klausel werde doch die Überwälzung der Haftung auf den Charterer offenbar nicht als unbillig empfunden. Auch zu dieser Frage bitte er um Äußerungen.

Dr. Riensberg führte aus: Die Auslegung, die der Berichterstatter der Freizeichnungsklausel gebe, sei, wie gesagt, falsch. Die Klausel treffe den von ihm behandelten Fall überhaupt nicht. Kein Reeder werde je auf den Gedanken kommen, sich aufgrund dieser Klausel an den Charterer zu halten.

Die Firma Russ trete fast nur als Vercharterer von Schiffen auf. So habe sie viele Jahre hindurch Schiffe in Charter bei der Firma Sloman gehabt. Sie habe andererseits seit vielen Jahren keinen Charterdampfer mehr aufgenommen.

Rechtsanwalt *Dr. Heynen* bemerkte: Für die Binnenschifffahrt spielten die hier erörterten Fragen fast gar keine Rolle. In seiner zehnjährigen Praxis sei ihm nie ein solcher Fall unter die Hände gekommen. Im Übrigen möchte er sich noch äußern zu dem von dem Berichterstatter konstruierten Fall der Kollision infolge schuldhafter Nichtbeachtung einer Vorschrift der Seestraßenordnung und der dadurch entstandenen Ladungsbeschränkung auf beiden Schiffen. Der Gedankengang des Berichterstatters sei offenbar folgender: Wer als Charterer eines Schiffes Seefahrt betreibe, müsse es sich im geschäftlichen Verkehr gefallen lassen, als Reeder behandelt zu werden. Die Ladungsbeteiligten müssten daher in erster Linie den Charterer in Anspruch nehmen können, sowohl vertraglich wie außervertraglich. Wenn er den Berichterstatter richtig verstanden habe, meine er, dass die Ansprüche der Dritten, weil sie aus dem gleichen Ereignis entstanden seien, sich auch gegen den gleichen Beklagten richten müssten. Das scheine ihm jedoch ein Irrtum zu sein. Nach außen erscheine doch nur der Eigentümer des Schiffes. Ihm scheine dieses Beispiel gerade zu zeigen, dass man den Gedanken des Berichterstatters nicht bis in alle Konsequenzen verfolgen dürfe.

Prof. Wüstendörfer legte dar: Dr. Riensberg habe die Prinzipien seiner Geschäftspraxis, wie er sich selbst ausgedrückt habe, vorgetragen, aber keinerlei positive normative Ideen. Die Ladungsinteressenten sollten danach weiter in der alten Rechtsunsicherheit bleiben. Wenn Dr. Riensberg darauf hingewiesen habe, dass der Kollisionsgläubiger sich doch an das Schiff halten müsste, so sei zu erwidern, dass die Schiffsgläubigerklage nach ständiger Rechtsprechung gegen den gerichtet werden müsse, der im Zeitpunkt der Klageerhebung Reeder sei. In der Frage, wer Reeder sei, liege aber gerade das Problem. Wenn sich jemand als Reeder geriere, müsse er sich auch gefallen lassen, dass er als Reeder-Ausrüster behandelt werde. Wenn man den Ausrüsterbegriff ganz streiche, würde das einen Rückschritt bedeuten. Damit setze man sich auch in Widerspruch zum „Halter“-Begriff des Luftrechts und des Kraftfahrzeugrechts. Es sei eine antiquierte Vorstellung des Seerechts, dass der Eigentümer im Mittelpunkt stehen müsse. Wenn Dr. Riensberg seine Auslegung der Klausel 12 der Baltimecharter als „falsch“ bezeichnet habe, so sei das offenbar ein zu scharfer Ausdruck. Die Wortfassung der Klausel sei sehr weit und decke auch den Fall des Kollisionsschadens dritter Personen. Er wisse nicht, ob ein Eigentümer, trotz Dr. Riensbergs Verneinung, wenn es hart auf hart gehe, sich dem Charterer gegenüber auf diese Klausel zur Begründung eines Regressanspruchs berufen würde. Es könne also wohl kaum davon gesprochen werden, dass man mit dieser Auslegung Hirngespinsten nachjage. Was die Stellungnahme der Versicherungsgesellschaften anlange, so handle es sich bei ihnen nur um ein Hilfsgewerbe, das es von jeher trefflich verstanden habe, sich neuen technischen und rechtlichen Gegebenheiten anzupassen. Auf sie brauche man daher bei der grundsätzlichen Regelung keine entscheidende Rücksicht zu nehmen.

Der Ausdruck „im eigenen Namen“ sei offenbar wieder ein Stein des Anstoßes. Er könne es verstehen, wenn Kaufleute nichts damit anzufangen wüssten. Für den Kaufmann, der wirtschaftliche denke, nicht juristisch, liege der Begriff des Handelns für *eigene* Rechnung näher. Hier habe man aber ein juristisches Problem vor sich. Man dürfe sich um anerkannte und elementare Rechtsbegriffe nicht herumdrücken. Alles rechtsgeschäftliche Handeln sei entweder ein Handeln im eigenen Namen oder ein Handeln in fremdem Namen. Wenn ein Kaufmann fernmündlich eine Warenbestellung mache, so werde er zwar meistens nicht erst feierlich erklären, dass er dabei „in eigenem Namen“ handle. Ebenso wenig werde der Prokurist erklären, dass er in fremdem Namen – nämlich im Namen seiner Firma – handle. Die Umstände des Falles ergäben in der Regel, in wessen Namen gehandelt werde. Soweit Unklarheit darüber bestehe, greife die Regel des § 164 Abs. 2 BGB ein und schaffe Klarheit. Man könne den Ausdruck „im eigenen Namen“ nicht einfach unter den Tisch fallen lassen. Schwierigkeiten der fraglichen Art seien offensichtlich schon bei Schaffung des BGB bekannt gewesen und deshalb ganz allgemein durch die Norm des § 164 Abs. 2 BGB ausgeräumt worden. Für das von Dr. Riensberg angeführte Beispiel der Deutsch-Finnischen-Linie gelte folgendes: Entweder sie gebe nach außen kund, dass sie im fremden Namen handle, oder sie geriere sich als Reeder oder sie lasse die Frage offen. Für unklare Verhältnisse der letzten Art gelte gerade § 164 Abs. 2 BGB.

Das Verfrachterkonnossement solle nach der Ansicht von Dr. Riensberg nicht zwingend eingeführt werden, vielmehr solle daneben das Kapitänskonnossement wahlweise bestehen bleiben. Gegen eine derartige Regelung wende er sich entschieden, sie sei Verschlimmbesserung, nicht Verbesserung der Rechtsordnung. Ein Kaufmann, der ein Konnossement erwerbe, könne sich durchaus nicht stets vor dem Erwerb vergewissern, ob das Konnossement in Vertretung des Verfrachters oder in Vertretung des Eigentümers ausgestellt sei. Dass der Kapitän als Aussteller notwendig Vertreter des Eigentümers sein müsse, sei nicht modern gedacht. Der Kapitän könne das Konnossement auch als Vertreter des Verfrachters zeichnen. In Zukunft dürfe es nur das Verfrachterkonnossement geben. Andernfalls komme man auf einem Umwege wieder zu der Anomalie des § 662 HGB zurück und habe auch in Zukunft die unklare Zwischenform des vom „agent of the line for the captain" gezeichneten Konnossements, das den Konnossementsinhaber gefährde.

Wenn man die außervertragliche Haftung den Eigentümer tragen lasse oder den Bareboatcharterer, so scheine ihm wenigstens eines zur Ergänzung und Erzielung von Rechtssicherheit unerlässlich, dass nämlich der Eigentümer und der Charterer stets gesamtschuldnerisch haftbar gemacht werden könnten. Das sei dann eine Lösung, die den Gedanken des holländischen Rechts weiter ausgestalte, welches nur den Bareboatcharterer zum Reeder mache, und dieses für vertragliche Ansprüche durch die gesamtschuldnerische Haftung auszugleichen versuche. Dieser Weg sei zwar gangbar, doch halte er ihn nicht für die bessere Lösung.

Rechtsanwalt *Dr. Schulze-Smidt* erklärte: Hinsichtlich des Standpunktes der Reeder zu Leitsatz 4 habe sich die Situation im Vergleich zur vorigen Sitzung wesentlich vereinfacht. Wenn er Dr. Riensberg recht verstanden habe, so meine dieser: Wenn ein an die Firma Sloman vercharterter Dampfer der Firma Russ durch Nachlässigkeit des Kapitäns ein drittes Schiff oder dessen Ladung beschädige, so hafte die Firma Russ allein. Für die deliktische Haftung bleibe es dann bei dem bisherigen Rechtszustand, indem nur der Eigentümer dafür aufzukommen habe. Dem Berichterstatter möchte er darin zustimmen, dass sich sehr wohl ein umsichtiger Anwalt finden könnte, der aufgrund der verlesenen Freizeichnungsklausel in der Baltimecharter zu dem Schluss kommen würde, dass eine Regressklage des Eigentümers gegen den Charterer Chancen habe. Über die Auslegung der Klausel könne man doch sehr streiten, als „falsch" könne man die Auslegung des Berichterstatters jedenfalls nicht bezeichnen.

Es werde ihn sehr interessieren zu hören, wie sich die Reeder zu einer gesamtschuldnerischen Haftung des Eigentümers und des Charterers gegenüber Deliktansprüchen stellten.

Dass man durch die Beseitigung des Ausrüsterbegriffs weiterkommen würde, glaube er nicht. Die Reeder hätten erklärt, dass sie volles Verständnis dafür hätten, dass die namentlich in den Rickmers-Fällen zutage getretene Rechtsunsicherheit beseitigt werden müsse. Er habe gehofft, dass von der Reederseite ein glücklicherer Vorschlag gemacht worden wäre als der, es in die Wahl des Abladers zu stellen, ob er ein Reeder- oder Verfrachterkonnossement haben wolle. Er müsse fragen, wie denn der Ablader seine Wahl treffen wolle. Diese Sorge müsse ihm abgenommen werden. Die Hauptfrage sei doch, wie man das Problem in einer Weise lösen könne, dass, wenn der Ware etwas zustoße, der Ablader zu seinem Recht komme. Wenn man eine gesamtschuldnerische Haftung des Eigentümers und des Charterers einführe, komme der Ablader am besten zu seinem Recht.

Er habe es seinerzeit übernommen, die binnenschifffahrtsrechtlichen Fragen im Auge zu behalten. Er wolle den Ausschuss heute damit nicht lange aufhalten. Bei seinen Erkundigungen über die Verhältnisse auf der Weser sei er zu dem gleichen Ergebnis gekommen wie Dr. Heynen, nämlich dahin, dass für die Binnenschifffahrt die fraglichen Schwierigkeiten nicht beständen.

Dr. Riensberg erklärte: Klausel 12 Absatz 1 der Baltimecharter laute: „Owners only to be responsible for delay in delivery of the Steamer or for delay during the currency of this charter and for loss or damage to goods onboard, if such delay or loss has been caused by want of due diligence on the part of Owners or their Manager, in making Steamer seaworthy and fitted for the voyage or any other personal act or omission or default of Owners or their Manager. Owners not to be responsible in any other case nor for damage or delay whatsoever and howsoever caused even if caused by the neglect or default by owners' servants."

Die Klausel beziehe sich also nur auf Verluste, Beschädigungen und verzögerte Ablieferung der Güter "onboard" des Charterschiffes, nicht auf Kollisionsschäden einer Ladung an Bord des fremden Schiffes. Man könne ihm wirklich glauben, dass kein Reeder sich auf eine Regressklage aufgrund dieser Klausel einlassen würde.

Prof. Wüstendörfer richtete an Dr. Riensberg die Frage, ob er behaupten wolle, dass sich die Klausel nicht auf die beschädigte Ladung eines anderen Schiffes beziehe.

Dr. Riensberg bejahte das. Die Klausel beziehe sich ausdrücklich auf „loss or damage to goods onboard". Damit seien natürlich die Güter an Bord des vercharterten Schiffes gemeint.

Prof. Wüstendörfer erwiderte, die Klausel stehe unter der ganz allgemein gehaltenen Überschrift „Responsibility and Exemption". Selbstverständlich beziehe sie sich nur auf das Verhältnis zwischen Charterer und Eigentümer, denn nur dieses könne vertraglich geregelt werden und im *ersten* Teil der Klausel, welcher die Haftung des Eigentümers bejahe, sei selbstverständlich auch nur die Rede von Ladungsschäden an Bord des *Charterschiffes.* Wie käme der Eigentümer dazu, dem Charterer gegenüber die Haftung für Ladungsschäden an Bord dritter Schiffe zu übernehmen!? Dagegen sei der *zweite* Teil der Klausel, welcher die *Nicht*haftung des Eigentümers ausspreche, ganz allgemein gehalten. Der beschränkende Zusatz „onboard" fehle hier, vielmehr sei die Rede von Schaden „whatsoever and howsoever caused", das umfasse auch Ladungsschäden im Kollisionsfall an Bord des fremden Schiffes. Die Frage sei dann, ob es nicht der Sinn dieser Klausel sein solle, dass der Eigentümer vom Charterer freigehalten werden müsse im Falle außervertraglicher Ansprüche Dritter.

Dr. Riensberg erwiderte: Er müsse dabei bleiben, dass die Klausel von allen Reedern in seinem Sinne ausgelegt werde, obwohl die entgegen gesetzte Auslegung für die verchartemden Reeder außerordentlich günstig sein würde. Er glaube auch nicht, dass der von ihm vertretene Standpunkt Rechtsunsicherheit bedeute. Im Falle einer Kollision sehe man in Lloyd's Register nach und lege das Schiff bis zur Depotstellung in die Kette. Trotz der Bedenken des Berichterstatters beharre er bei seiner Ansicht, dass das Verfrachterkonnossement wahlweise neben dem Kapitänskonnossement eingeführt werden müsse, weil der Charterer nicht immer genügend kapitalskräftig sei. Wenn Rechtsanwalt Dr. Schulze-Smidt meine, den Abladern müsse die Sorge genommen werden, welches Konnossement sie in dem einen oder anderen Falle wählen sollten, so sei darauf zu erwidern, dass die Ablader in der Regel den genügenden Überblick hätten, um ihre Wahl zu treffen.

Direktor *Sturm* führte aus: Man sei offenbar ganz davon abgekommen, Begriffe zu formulieren. Es sei vorgeschlagen worden, den Reederbegriff durch den Begriff des Unternehmers zu ersetzen. Er habe sich neulich schon in dem gleichen Sinne wie Direktor Brandt zu diesem Problem geäußert. Manches spreche doch gegen die Ausweitung des Reederbegriffs. Der Berichterstatter sehe ein Handeln im eigenen Namen darin, dass der Charterer das fremde Schiff etwa mit seiner Flagge oder mit seiner Schornsteinmarke versehe. Wer Ansprüche geltend machen wolle, sehe aber doch immer vorher im Schiffsregister nach. Auch sei meistens am Namen des Schiffes, am Heimathafen, an der Nationalflagge erkennbar, ob das Schiff dem gehöre, dessen Kontorflagge es führe. Ein Vergleich des Schiffsregisters mit solchen Tatsachen werde in der Regel die Rechtslage klarstellen. Wer an dem Schiff, das z.B. die Schornsteinmarke Slomans trage, eine fremde Flagge oder einen fremden Namen sehe, wisse doch sofort, dass es sich dann nicht um ein Sloman-Schiff handeln könne.

Zu Anfang sei ihm der Gedanke sehr sympathisch gewesen, das neue Seerecht auf dem Unternehmerbegriff aufzubauen. Je mehr er aber darüber nachgedacht habe, umso mehr sei er davon abgekommen. Man möge folgenden Fall nehmen: Ein Reeder-Eigentümer gebe sein Schiff, das er seit zehn Jahren zur Seefahrt verwende, an eine andere Firma in Charter für zwei Monate. Dieser Charterer solle dann Reeder werden. Wenn man nun den Charterer ausschließlich zum Reeder mache, so sei der andere nur noch bloßer Eigentümer. Diese Lösung sei aber doch nicht richtig. Der Eigentümer treibe doch nach wie vor mit dem Schiff Seefahrt, er müsse in vielerlei Beziehungen noch für das Schiff Sorge tragen. Man habe hier nicht nur den Fall der Risikoteilung vor sich, sondern ein Tätigwerden von zwei Unternehmern. Man könne sie beide als Reeder bezeichnen. Nicht immer sei übrigens der Charterer ein Mann, der auch selbst Schiffe eigentümlich besitze. So komme es z.B. vor, dass ein Spekulant, der vielleicht kapitalschwach oder unerfahren sei, ein Schiff chartere oder sich als Reeder aufführen wolle; das Schiff gehöre vielleicht einer guten Reederei. In diesem Falle solle nach der vorgeschlagenen Regelung nur der kapitalslose Spekulant als Reeder gelten. Ihm scheine es sehr zweifelhaft, ob eine derartige Regelung wünschenswert sei.

Es habe sich als außerordentlich schwierig erwiesen, schon jetzt die Begriffe festzulegen. Vielleicht sei es richtiger, zunächst nur eine vorläufige Regelung zu treffen und dann einstweilen zu anderen unstreitigen Fragen überzugehen. Es scheine ihm übrigens bedenklich, wenn man immer von der Rechtsunsicherheit dessen spreche, der Ansprüche im Wege der Klage geltend machen müsse. Der einfachste Weg zur Beantwortung der Frage nach dem richtigen Beklagten sei doch im aller Regel die Einsicht in das Schiffsregister. Im Übrigen sei es doch auch in anderen Rechtsverhältnissen häufig, dass der falsche Beklagte in Anspruch genommen werde. Das sei also keine Eigentümlichkeit des Seerechts, die dazu zwinge, Begriffe umzuformen. Er meine übrigens, dass ein Teil der von dem Berichterstatter angeführten und gerügten Entscheidungen heute unter der Herrschaft des Nationalsozialismus nicht mehr ergehen würde.

Aus der fraglichen Klausel 1 (Baltime 12) könne man alles herauslesen. Seines Erachtens habe die Klausel, die er nicht vor sich habe, den Sinn, dass der Vercharterer, der nur ein geringes Charter Money erhalte, gegen alle anderen Ansprüche gedeckt sein wolle. Zwischen der Höhe des Charter Money und der Haftung im Verhältnis zwischen Eigentümer und Charterer bestehe ein enger Zusammenhang. Die Gefahr für den Charterer, dass er aufgrund der Klausel von dem Eigentümer verklagt würde, halte er für sehr gering.

Alles in allem stehe er jetzt auf dem Standpunkt, dass man an der bisherigen Regelung festhalten müsse. Wenn zwei Reedereien vorübergehend Schiffe austauschten, so sei mit dieser Tatsache nichts für den Begriff des Seefahrtunternehmers gewonnen. Man wolle ja gerade den Kreis der charternden Nichtreeder treffen. Bei einem Schiffstausch zwischen zwei Reedereien kämen keinerlei Zweifel vor. Diese Fälle müssten also auf jeden Fall ausscheiden.

Zusammenfassend meine er, dass man sich doch wohl bei der Erreichung eines kleineren Zieles bescheiden müsse. Man werde also auch in Zukunft von dem Eigentümerbegriff ausgehen müssen. Jedenfalls werde man dem Eigentümer den Charterer nicht gleichsetzen dürfen, soweit es sich um die außervertragliche Haftung handle. Zu bedenken sei auch noch, dass die künftige Regelung eine sozialpolitisch bedeutsame Seite habe. Die Vercharterung lasse das Band der Betriebstreue zwischen Schiffsbesatzung und Eigentümer bestehen. Der Charterer gebe nur Anweisungen in Bezug auf die Charterreise. Der Kapitän werde unter „seinem Reeder" immer den Schiffseigentümer verstehen. Trotz der Vercharterung bestehe das Treuverhältnis zwischen Kapitän und Schiffseigentümer fort, und dieses sei auch maßgebend für manche Entscheidungen, die der Kapitän treffen müsse.

Der *Vorsitzende* bemerkte: Die wissenschaftlichen Mitglieder des Ausschusses seien heute in sehr geringer Zahl vertreten. Zu einer Einigung werde man heute nicht gelangen. Er glaube aber, dass man auch in einer weiteren Sitzung zu einem einheitlichen Ergebnis nicht kommen werde. Er möchte daher zu bedenken geben, ob man sich nicht damit begnügen solle, das nunmehr erschöpfend zusammengetragene Material dem Ministerium zu übermitteln.

Prof. Wüstendörfer wies darauf hin, dass bei einem solchen Verfahren die zusammenfassende Berichterstattung sehr schwierig sein würde. Der Ausschuss habe sich in ähnlichen Lagen schon dahin entschieden, zwei Vorschläge nebeneinander an das Ministerium gehen zu lassen. Dieser Weg sei aber in diesem Falle bisher kaum gangbar, da die Opposition in sich nicht einheitlich sei.

Rechtsanwalt *Dr. Schulze-Smidt* gab der Meinung Ausdruck, dass man das Thema noch nicht verlassen könne. Der Ausschuss müsse s.E. noch etwas mehr bringen. Man brauche s.E. noch eine Sitzung zur Stellungnahme zu den Fragen des Verfrachterkonnossements und der gesamtschuldnerischen Haftung. Auch sei eine klare Formulierung des Reederstandpunktes wünschenswert.

Der *Vorsitzende* warf daraufhin die Frage auf, ob es zweckmäßig sei, dass einige Herren sich mit den Reedern zusammensetzten, um eine klare Formulierung ihres Standpunktes zu erreichen.

Ministerialrat *Krieger* erklärte: Eine vollständige Formulierung werde kaum nötig sein. Es genüge wohl die Umreißung der Gedanken, damit man sehe, wieweit die Reeder gehen wollten. In der letzten Sitzung habe er den Reederbegriff von dem des Verfrachters trennen wollen. Ihm scheine es nunmehr aber doch notwendig zu sein, beide zusammen zu behandeln. Der Unternehmerbegriff beherrsche das Kraftfahrzeugrecht und das Luftrecht. Dort werde aber zwischen vertraglicher und außervertraglicher Haftung unterschieden. Der Halterbegriff sei von Bedeutung nur für die außervertragliche Haftung, während die vertragliche Haftung an den Frachtführer anknüpfe. Bei der Gesetzesberatung für das Luftrecht habe man es ausdrücklich als zu schwierig abgelehnt, einen einheitlichen Reederbegriff zu schaffen.

Prof. Wüstendörfer bemerkte: Die Reeder müssten erklären, ob sie am Ausrüsterbegriff festhalten wollten oder nicht. Die Bareboatcharter komme nicht so selten vor, wie hier behauptet werde. Dass sich der Geschädigte immer auch an das Schiff halten könne aufgrund des Schiffsgläubigerrechts, sei selbstverständlich. Damit entfielen alle Bedenken, die von Reederseite hier gegen den kapitallosen Charterer geltend gemacht worden seien. Er glaube im Übrigen nicht, dass durch vorsichtige Geschäftsführung und Berücksichtigung von Treu und Glauben in der Rechtsprechung schon alles erreicht werde. Andernfalls brauche man überhaupt keine Gesetze zu machen. Der gegenwärtige Rechtszustand schreie wirklich nach Reform. Das ergebe sich unwiderleglich aus der von ihm vorgelegten Liste. Man solle das Problem nicht bagatellisieren, um es los zu werden.

Dr. Bramslöw führte aus: Er stehe unter dem Eindruck, dass im Seerechtsausschuss über den gegenwärtigen Beratungsgegenstand keine Übereinstimmung erzielt werden könne. Er sei daher mit dem Vorsitzenden der Ansicht, dass man sich mit den bisherigen Ergebnissen begnügen müsse. Bei der Vielseitigkeit der vom Ausschuss laufend behandelten Fragen sei eine solche Zwischenlösung ab und zu unvermeidlich. Das sei auch unbedenklich, weil der Ausschuss nur die Aufgabe habe, die Gesetzgebung vorzubereiten. Die Entscheidung liege ja doch beim Reichsjustizministerium. Durch das vom Ausschuss in den letzten Sitzungen herausgearbeitete Material – worüber die Niederschriften Auskunft gäben – werde die Arbeit des Ministeriums auch auf diesem Gebiet zweifellos gefördert.

Was den Gang der Beratungen angehe, so sei er im Gegensatz zu Direktor Sturm sehr erfreut darüber, dass der Ausschuss davon Abstand genommen habe, die grundlegenden Begriffe endgültig festzulegen, bevor man sich darüber klar geworden wäre, welche Ergebnisse man eigentlich wünsche. Den neuerdings eingeschlagenen Weg, vorerst die Haftungsfragen grundsätzlich zu klären, halte er für glücklicher.

Zur Sache erklärte Dr. Bramslöw, dass er den Berichterstattern vollen Umfanges beipflichte, soweit es sich um die vertragliche Haftung handle. Diese müsse den Charterer allein treffen, wenn er im Falle der Unterverfrachtung anstelle des Reeders die Ladungsbeförderung übernehme. § 662 HGB verwickle den Reeder ganz unnötig in ein fremdes Vertragsverhältnis und gebe dem wirklichen Frachtunternehmer die Möglichkeit, sich durch eine Hintertür seinen Vertragspflichten zu entziehen. Es sei sehr zu begrüßen, wenn die von Prof. Wüstendörfer eingehend nachgewiesenen

Missbräuche auf diesem Gebiet durch Streichung der erwähnten Vorschrift auf alle Zeit unmöglich gemacht würden.

Hinsichtlich der außervertraglichen Haftung müsse er dagegen sagen, die Aussprache habe ihn davon überzeugt, dass diese als typische Gefährdungshaftung beim Eigentümer verbleiben müsse. Auch bei der Vercharterung bleibe es doch sein Schiff, für dessen Zustand gehaftet werde, zumeist handle es sich auch um die von ihm bestimmte Besatzung, deren nautisches Verschulden als Schadensursache in Betracht käme. Daher sei es nur billig, wenn er insoweit auch in Charterfällen Dritten gegenüber die Verantwortung behalte. Vor unbilligen Härten sei er ja durch die Beschränkung der Haftung auf das Seevermögen geschützt.

Wenn man recht bedenke, stehe diese Lösung auch gar nicht im Widerspruch zu dem von den Berichterstattern hervorgehobenen Grundgedanken der Unternehmerhaftung im modernen Verkehrsrecht. Denn wie Direktor Sturm bereits aus sich heraus betont habe, höre der Reeder auch im Falle der Vercharterung nicht auf, Unternehmer zu sein. Er bleibe es auch weiterhin durch die Verwendung seines Schiffes zur Seefahrt, die Unternehmertätigkeit werde nur geteilt durch Abspaltung eines besonderen Verfrachters in der Person des Charterers. Für die Erfüllung der Frachtverträge habe in solchen Fällen nach Streichung von § 662 HGB nur der Charterer einzustehen, für die Verkehrsgefährdung durch das Schiff aber nach wie vor der Reeder, nicht allein wegen seines Eigentums, sondern vor allem wegen seiner Unternehmerschaft. Im Innenverhältnis könnten die Parteien aufgrund des Chartervertrages auch das außervertragliche Risiko auf den Charterer abwälzen. Für die Allgemeinheit sei dies ohne Belang.

Die vom Berichterstatter mit Recht beklagte Rechtsunsicherheit sei letzten Endes auf das Vorhandensein von § 510 HGB zurückzuführen. Unter Berücksichtigung aller in der Beratung hervorgehobenen Gesichtspunkte könne man wohl anstelle einer Erweiterung dieser Vorschrift ihre völlige Streichung befürworten. In Verbindung mit der – vom Redner schon in der vorletzten Sitzung vorgeschlagenen – verstärkten Gesamtschuldnerschaft würde diese Lösung s.E. keinen Rückschritt, sondern einen Fortschritt bedeuten.

Rechtsanwalt *Dr. Schulze-Smidt* und Direktor *Sturm* stellten in Aussicht, dass sie sich mit den Reedern in Verbindung setzen werden, um sie zu einer Formulierung ihrer Stellungnahme zu veranlassen.

Der *Vorsitzende* vertagte sodann die Beratungen.

26. Arbeitssitzung vom 5.3.1936 (16 bis 16.45 Uhr)

Anwesend:
Vorsitzender: Prof. Dr. Wüstendörfer, Hamburg
stellvertretender Vorsitzender: Reichsgerichtsrat Dr. Lindenmaier, Leipzig
und als weitere wissenschaftliche Mitglieder:
Rechtsanwalt Dr. Dettmers, Bremen
Dr. Michelau, Bremen
Dr. Riensberg, Hamburg
Dr. Schütte, Hamburg
Rechtsanwalt Dr. Schulze-Smidt, Bremen
vom Reichsjustizministerium:
Ministerialrat Krieger, Berlin

für die Niederschrift in der Sitzung:
Assessor Dr. Capelle, Hamburg und Fräulein Assessor Krüger, Wandsbek

entschuldigt fehlten:
Direktor Brandt, Hamburg
Dr. Droege, Hamburg
Dr. Nolte, Hamburg
Direktor Sturm, Hamburg

Reichsgerichtsrat *Dr. Lindenmaier* eröffnete als *Vorsitzender* die Sitzung und führte aus: In der letzten Sitzung hätten Rechtsanwalt Dr. Schulze-Smidt und Direktor Sturm es übernommen, sich mit den Reedern wegen der Formulierung ihrer Stellungnahme in Verbindung zu setzen. Erst heute sei es Herrn Dr. Schulze-Smidt gelungen, ihm die Stellungnahme der Ausschussmitglieder, die sich den Vorschlägen des Berichterstatters nicht glaubten anschließen zu können, schriftlich zu übermitteln. Nach Verteilung einiger Exemplare des Berichts (s. Anlage zur Niederschrift) erklärte der Vorsitzende weiter: Da er die Vorschläge soeben erst flüchtig habe zur Kenntnis nehmen können, halte er es für zweckmäßig, sie zunächst zu verlesen.

Dr. Schulze-Smidt bemerkte zur Erläuterung des Berichts, dass der Vorschlag A von Dr. Schütte, der Vorschlag B von Dr. Michelau stamme; unter 2 habe er das Ergebnis der zugrunde liegenden Besprechungen zusammengefasst.

Der *Vorsitzende* verlas sodann den anliegenden Bericht und führte weiter aus: Die Worte „zum Erwerb“ in Vorschlag 1 A seien wohl nur ein Formulierungsfehler, denn der Ausschuss habe ja bereits beschlossen, das Erwerbsmoment vollständig fallen zu lassen. Der Vorschlag 1 A a werde in der Praxis wohl zu Schwierigkeiten führen hinsichtlich der Abgrenzung des treuhänderischen Eigentums. Im Übrigen werde es kaum möglich sein, zu den neuen Vorschlägen sogleich Stellung zu nehmen. Was die Frage des Verfrachterkonnossements anlange, so hänge sie eng mit den Konnossementsrecht und mit dem Frachtrecht zusammen, dass man s.E. besser tue, einstweilen zu diesem Problem nicht abschließend Stellung zu nehmen. Er halte es auch nicht für zweckmäßig, insoweit schon jetzt das Material dem Ministerium vorzulegen, vielmehr schlage er vor, alle mit dem Konnossement zusammenhängenden Fragen bis zur Beratung des Konnossementsrechts und des Frachtrechts zurückzustellen. Zur Zeit könne man sich dann auf das Problem der Erweiterung des Reederbegriffs beschränken. Insoweit habe die Debatte in manchen Punkten eine gewisse Übereinstimmung aller Beteiligten ergeben, so z.B. für den Fall der Bareboatcharter. Soweit aber Meinungsverschiedenheiten beständen, halte er es, nachdem in den letzten vier Sitzungen das Material von allen Seiten hinlänglich beleuchtet sei, für ausgeschlossen, dass es der einen Gruppe noch gelingen werde, die andere von der Richtigkeit ihres Standpunktes zu überzeugen. Auch die Verlader und die Versicherer seien ja in der Frage der außervertraglichen Haftung zum Teil dem Vorschlag des Berichterstatters nicht gefolgt. Unter diesen Umständen halte er eine weitere Debatte für zwecklos, jedenfalls könne sie nicht in der gegenwärtigen Sitzung stattfinden. Was das weitere Verfahren anlange, so scheine es ihm nicht richtig, bei dieser Sachlage nach dem Führerprinzip zu entscheiden und nur *einen* Vorschlag an das Ministerium weiterzugeben. Er meine vielmehr, dass man beide Vorschläge dem Ministerium unterbreiten sollte. Er bedauere, dass unter diesen Umständen einige Herren vergeblich von Bremen und Berlin zur Sitzung gekommen seien, doch habe er das Ergebnis der Sitzung nicht voraussehen können. Ebenso wenig treffe die Herren eine Schuld, die in ihrer beschränkten Zeit sich um die Formulierung des Reederstandpunktes bemüht hätten. Wenn man die soeben überreichten Vorschläge einer wirklichen Prüfung unterziehen wolle, brauche man dazu jedenfalls Zeit zur Überlegung.

Prof. Wüstendörfer stimmte dem Vorsitzenden teilweise zu. Auch er halte es nicht für ratsam, sich alsbald auf eine Erörterung der soeben erst bekannt gewordenen Vorschläge einzulassen.

Dr. Dettmers bemerkte zur Klarstellung, dass er nicht zu den Verfassern der Vorschläge gehöre, obwohl sein Name am Kopf des Schriftstücks mit angeführt sei. Auch er sei dafür, nicht sogleich in eine Beratung der neuen Vorschläge einzutreten.

Dr. Schulze-Smidt erinnerte Dr. Dettmers daran, dass er ihm den Inhalt der Vorschläge und der Besprechungen mitgeteilt habe.

Dr. Dettmers bestätigte das, er habe aber nicht an der Besprechung in Hamburg teilgenommen.

Dr. Schütte erklärte: Er habe von dem Vorschlag des Herrn Dr. Michelau erst jetzt Kenntnis erhalten. Bei der Besprechung habe das Protokoll der letzten Ausschusssitzung noch nicht vorgelegen. Direktor Sturm habe damals wiederholt darauf hingewiesen, dass es zunächst lediglich gelte, den Begriff des Reeders festzulegen. Dieser Standpunkt decke sich mit dem Vorschlage des Vorsitzenden, die Beratung der Konnossementsfragen zurückzustellen.

Der *Vorsitzende* wies noch darauf hin, dass die Probleme zu schwerwiegend seien, als dass man über sie eine unnötige oder voreilige Debatte führen könne. Da weitere Wortmeldungen nicht vorlägen, nehme er an, dass in der von ihm gekennzeichneten Weise vorgegangen werden solle. In der nächsten Sitzung, deren Zeitpunkt noch bestimmt werden solle, könne man mit der Besprechung der Partenreederei beginnen.

Auf die Bitte des Vorsitzenden übernahm Dr. Dettmers das Referat und Dr. Schulze-Smidt das Korreferat zu den Fragen der Partenreederei.

Anlage:

Ergebnis von Besprechungen mit den Herren Edye, Dr. Dettmers, Offen, Dr. Michelau, Dr. Riensberg, Dr. Schütte und Sturm.

1. Vorschläge:

A. *§ 484 HGB* wird wie folgt gefasst: Reeder ist der Eigentümer eines ihm zum Erwerbe durch die Seefahrt dienenden Schiffes.

Als Reeder gilt auch, wer ein ihm nicht gehöriges Schiff zum Erwerbe durch die Seefahrt verwendet

a) indem er ein solches Schiff als treuhänderisches Eigentum hält oder

b) indem er ein solches Schiff für seine Rechnung in jeder Beziehung so verwendet wie ein Eigentümer.

Absatz 3 wie bisher § 510 Absatz 2.

B. *§§ 484 und 510 Abs. 2 HGB* werden zusammengefasst und *§ 662* ganz gestrichen. – Reeder ist der Eigentümer eines ihm zur Seefahrt dienenden Schiffes. – Als Reeder gilt auch der Nichteigentümer, der das Schiff in seiner tatsächlichen Gewalt hat und es in eigenem Namen zur Seefahrt verwendet. – *§ 510 Abs. 2* wird *Abs. 3.*

2 a) Ausrüster (Bareboatcharterer – nicht häufig vorkommend): Der Ausrüster haftet wie der Reeder vertraglich und außervertraglich, neben ihm haftet der Reeder mit Schiff und Fracht.

b) Zeitcharter: Außervertraglich haftet nur der Reeder.

Aus vom Kapitän oder für denselben gezeichneten Konnossementen haftet der Reeder.

Gesetzlich einzuführende vertragliche solidarische Haftung von Reeder und Charterer ist als zu weitgehend abzulehnen.

Jedem Konnossement liegt ein Frachtvertrag zugrunde, der oft nur durch konkludente Handlungen geschlossen wird. In der Regel ergibt sich der Inhalt des Frachtvertrages aus dem Konnossement. Der eine Kontrahent des Frachtvertrages wird meist der Ablader sein. In der Übergabe des Konnossements vom Ablader an den Kaufmann kann eine Abtretung der Rechte aus dem Frachtvertrag an den Kaufmann liegen. Zu erwägen: Gesetzlich festzulegen, dass bei Vercharterung eines Schiffes, wie im Falle Russ/Sloman, die Vermutung dafür spricht, dass mit Übergabe des Konnossements vom Ablader an den Ladungsempfänger oder seine Rechtsvorgänger die Rechte des Absenders aus dem mit dem Charterer abgeschlossenen Frachtvertrag als an den Konnossementsinhaber abgetreten zu gelten haben.

Es besteht keine besondere Neigung, der Einführung des Verfrachter-Konnossements das Wort zu reden.

gez. Dr. Schulze-Smidt

27. Arbeitssitzung vom 10.9.1936 (16 bis 19.30 Uhr)

Anwesend:
Vorsitzender: Reichsgerichtsrat Dr. Lindenmaier, Leipzig
2. Schriftführer: Richter Dr. Bramslöw, Hamburg
und als weitere ständige Mitglieder:
Rechtsanwalt Dr. Bollmann, Hamburg
Rechtsanwalt Dr. Dettmers, Bremen
OLG-Rat Dr. Reinbeck, Hamburg
Dr. Schütte, Hamburg
vom Reichsjustizministerium:
Ministerialrat Krieger, Berlin
als gelegentliche Mitarbeiter:
Pickenpack in Firma Julius Pickenpack, Altona
Zimmer in Firma Knöhr & Burchard Nachf., Hamburg
als Protokollführer:
Dozent Dr. habil. Möller, Hamburg und Assessor Dr. habil. Capelle, Hamburg
für das Stenogramm:
Biermann, Hamburg
entschuldigt fehlten:
Rechtsanwalt Dr. Baur, Hamburg
Rechtsanwalt Dr. Droege, Hamburg
Dr. Riensberg, Hamburg
Rechtsanwalt Dr. Schulze-Smidt, Bremen

Der *Vorsitzende* eröffnete die Sitzung und teilte mit, dass der bisherige Vorsitzende, Prof. Dr. Wüstendörfer, aus Gesundheitsgründen und mit Rücksicht auf seine Lehrtätigkeit sein Amt niedergelegt habe. Ein engerer Kreis von Ausschussmitgliedern habe sofort einen warmen Appell an Prof. Dr. Wüstendörfer gerichtet, seine große Sachkunde weiterhin dem Ausschuss zur Verfügung zu stellen. Aus den oben genannten triftigen Gründen habe jedoch Prof. Dr. Wüstendörfer diesem Appell, den auch Reichsminister Dr. Frank seinerseits an Prof. Dr. Wüstendörfer gerichtet habe, nicht Folge leisten können.

Reichsminister Dr. Frank habe daraufhin Prof. Dr. Wüstendörfer für seine wertvolle Tätigkeit gedankt und ihn zum Ehrenmitglied des Ausschusses ernannt. Dies sei deshalb ganz besonders zu begrüßen, weil auf diese Weise dem bisherigen Vorsitzenden die verdiente Anerkennung zuteil geworden und es ermöglicht sei, dass er seine hervorragende Sachkunde weiterhin dem Ausschuss zur Verfügung stellen könne. In diesem Sinne habe er, Reichsgerichtsrat Dr. Lindenmaier, auch im Namen des Ausschusses an Prof. Dr. Wüstendörfer geschrieben, diesem für seine bisherige Tätigkeit den Dank des Ausschusses übermittelt und die Genugtuung des Ausschusses darüber ausgesprochen, dass seine wertvolle Mitarbeit so dem Ausschuss erhalten bleibe.

Der Vorsitzende führte dann weiter aus, dass es angesichts der überragenden Sachkunde Prof. Dr. Wüstendörfers schwierig, wenn nicht unmöglich sei, ihn zu ersetzen. Reichsminister Dr. Frank habe ihn, Reichsgerichtsrat Dr. Lindenmaier, zum Nachfolger ernannt. Er werde sich nach Kräften bemühen, dem bisherigen Vorsitzenden nachzueifern.

Der Vorsitzende berichtete dann, Reichsminister Dr. Frank habe dem Ausschuss sein besonderes Interesse zugewandt und den Wunsch geäußert, einer Sitzung des Ausschusses, die in Berlin unter Hinzuziehung von Regierungsmitgliedern stattfinden solle, beizuwohnen. In der Sitzung solle ein allgemeiner Überblick über die bisher geleisteten Arbeiten gegeben werden, außerdem sei über die kommende Tätigkeit und die künftigen Methoden des Ausschusses zu berichten.

Im Laufe der Zeit sei eine erhebliche Verminderung des Mitgliederbestandes bei dem Ausschuss eingetreten: OLG-Präsident Dr. Engel sei infolge Versetzung in den Ruhestand ausgeschieden. Dr. Nolte sei wegen eines längeren Auslandsaufenthaltes beurlaubt, Rechtsanwalt Dr. Schüler habe gebeten, ihn aus der Liste der ständigen Mitglieder zu streichen und nur noch als gelegentlichen Mitarbeiter zu verwenden, da eine anderweitige Inanspruchnahme seine volle Mitarbeit nicht mehr gestatte. Geheimrat Prof. Dr. Wiedenfeld habe den Wunsch geäußert, ihn nur noch bei der Behandlung von spezifisch wirtschaftswissenschaftlichen Fragen heranzuziehen. Schließlich sei auch Dr. Krichhauff aus beruflichen Gründen ausgeschieden.

Bei dieser Sachlage habe er sich an die Akademie mit der Bitte gewandt, den Ausschuss durch Aufnahme neuer Mitglieder zu ergänzen, und zwar habe er als ständige Mitglieder mit Zustimmung der Akademie Rechtsanwalt Dr. Baur, Hamburg, Rechtsanwalt Dr. Bollmann, Hamburg, Kapitän Klemp und Kapitän Dr. Kuhl, Hamburg, gewonnen, als gelegentlichen Mitglieder Direktor Gieser, Hamburg. Als weitere ständige Mitglieder seien Rechtsanwalt Hillemann, Hamburg und Richter Segelken, Bremen in Aussicht genommen. In der gegenwärtigen Sitzung seien als besondere Kenner der Partenreederei Zimmer in Firma Knöhr & Burchard Nachf., Hamburg und Pickenpack in Firma Julius Pickenpack, Altona, hinzugezogen.

Schließlich wolle er vor Eintritt in die Tagesordnung noch mitteilen, dass in Zukunft den Mitgliedern des Ausschusses die Referate und Korreferate schon vor Beginn der Sitzungen zugesandt werden sollten. Dies sei für die gegenwärtige Sitzung bereits geschehen. Durch dieses Verfahren werde für die Aussprache eine bessere Grundlage geschaffen. Die frühzeitige Versendung der Referate und Korreferate setze allerdings voraus, dass die Themen rechtzeitig bearbeitet werden könnten. Deshalb sollten die Themen in Zukunft möglichst auf längere Sicht hinaus verteilt werden. In der nächsten Sitzung, die Ende Oktober stattfinden solle, werde Kapitän *Dr. Kuhl* das Referat, OLG-Rat *Dr. Reinbeck* das Korreferat und zwar über das Thema *„Kapitän und Besatzung"* halten.

Dann nahm Rechtsanwalt *Dr. Dettmers* das Wort zu seinem Referat über die *Partenreederei*, das den Mitgliedern vorher übersandt war und als Anlage 1 beigefügt ist. Dabei ließ er seinen früheren Vorschlag, der Partenreederei den Charakter einer juristischen Person beizulegen, zurücktreten zugunsten des Vorschlages, die Partenreederei mit der Eigenschaft auszustatten, Trägerin von Rechten und Pflichten sein zu können. Er begründete diese Stellungnahme damit, dass die persönliche Verantwortlichkeit nicht in den Hintergrund treten dürfe und wies auch auf die Belastung durch die Körperschaftssteuer hin.

Der *Vorsitzende* dankte Rechtsanwalt Dr. Dettmers für seine Ausführungen und verlas sodann das gleichfalls den Mitgliedern schon übersandte Korreferat des verhinderten Rechtsanwalts *Dr. Schulze-Smidt,* welches als Anlage 2 beigefügt ist.

In der Zwischenzeit seien das Referat und Korreferat verschiedenen Stellen zur Äußerung übersandt. Bisher seien folgende Äußerungen eingegangen:

Industrie- und Handelskammer zu Lübeck, Schreiben vom 14. August 1936: „Wir bestätigen mit verbindlichem Dank den Eingang Ihres Schreibens vom 10. ds. Mts. nebst Anlagen und haben von dem Inhalt des Berichtes des Herrn Dr. Dettmers mit Interesse Kenntnis genommen. Von einer Stellungnahme zu den Vorschlägen des Berichterstatters glauben wir absehen zu sollen, da die Partenreederei in Lübeck schon seit vielen Jahren nicht vertreten ist."

Industrie- und Handelskammer zu Stettin, Schreiben vom 21. August 1936: „Die Kammer kann sich hinsichtlich der Kennzeichnung des bisherigen Rechtszustandes in vollem Umfange den Ausführungen des Herrn Dr. Dettmers anschließen und stimmt mit diesem auch in den hauptsächlichsten Gesichtspunkten für die Neugestaltung des Rechtsinstituts der Partenreederei überein. Die bisherige Regelung durch das Handelsgesetzbuch, die seit den 50er Jahren im Wesentlichen unverändert geblieben ist, ist in der Tat durch die Entwicklung vollständig überholt worden. Angesichts dieser Entwicklung ist die Frage zu stellen, ob für die Beibehaltung der Partenreederei noch praktische Bedürfnisse sprechen. Die Kammer möchte aufgrund der Verhältnisse in der Trampreederei, wie sie sich insbesondere in den mecklenburgischen Häfen lebensfähig erhalten hat, der Ansicht sein, dass die Partenreederei noch nicht entbehrt werden kann und dass sie, wenn die rechtlichen Bestimmungen zeitlich umgestaltet werden, vielleicht sogar neue Entwicklungsmöglichkeiten besitzt."

Industrie- und Handelskammer zu Wesermünde, Schreiben vom 26. August 1936: „Zu der Frage der Reform des Rechts der Partenreederei nehmen wir wie folgt Stellung:

I. Die Frage, ob der Partenreederei juristische Persönlichkeit verliehen werden soll, ist praktisch von keiner übergroßen Bedeutung. Die Zweifelsfragen, die sich aus der Tatsache ergeben haben, dass die Partenreederei keine juristische Person war, sind im Laufe der Jahrzehnte durch die wissenschaftliche Bearbeitung und die inzwischen ziemlich einheitlich gewordene Rechtsprechung der Gerichte geklärt. Für die Praxis ist es deshalb ohne entscheidende Bedeutung, ob der Partenreederei juristische Persönlichkeit verliehen wird oder nicht.

Die Ansicht, dass eine Änderung des jetzigen Zustandes Nachteile mit sich bringt, der Vorteile nicht gegenüberstehen, ist durchaus nicht abwegig.

Es sind hier in der letzten Zeit eine Reihe von Partenreedereiprozessen durchgeführt worden. Sie haben gezeigt, dass Schwierigkeiten in der Praxis nicht mehr dadurch entstehen können, dass die Partenreederei juristische Persönlichkeit nicht hat. Alle etwaigen Streitfragen, die dadurch entstehen können, sind in früheren Jahren bereits aufgetaucht gewesen und durch höchstrichterliche Rechtsprechung entschieden.

Die juristisch durch Schrifttum und Rechtsprechung feststehenden gesetzlichen Bestimmungen über Partenreedereien genügen den Anforderungen dieser Wirtschaftsgebilde vollkommen und sind ihren Eigentümlichkeiten angepasst worden. Werden diese Wirtschaftsunternehmungen größer, so dass sie in den Rahmen der gesetzlichen Bestimmung über Partenreederei nicht hineinpassen, so erfolgt ganz von selbst die Umstellung auf eine andere Rechtsform, meistens die der Aktiengesellschaft, wie sich das in den vergangenen Jahren gezeigt hat.

Es besteht für die Praxis keine Notwendigkeit, die Partenreederei mit juristischer Persönlichkeit auszustatten.

Der Charakter der Partenreederei als einer *Personal*gesellschaft muss unter allen Umständen beibehalten werden, und zwar schon aus steuerlichen Gründen. Geschieht das nicht, würde die Rechtsform der Partenreederei, wohl ohne praktische Bedeutung werden, weil sich in einem solchen Falle die Partenreederei wohl in eine der bestehenden Formen der Kapitalgesellschaft umwandeln würde.

II. Die Schriftlichkeit des Reedereivertrages muss obligatorisch gemacht werden. Sie ist allgemein üblich. Die notarielle Beurkundung dagegen ist nicht erforderlich.

III. Die Bestellung des Korrespondentreeders muss obligatorisch gemacht werden.

IV. Der Verkauf und die Verpfändung eines Schiffes bedarf der Zustimmung der Mitreeder. Es bleibt vorbehalten, im Reedereivertrag die Verpfändungsmöglichkeit durch den Korrespondentreeder zu vereinbaren.

V. Eine Reedereiversammlung obligatorisch zu manchen, wird abgelehnt, dagegen muss vorgeschrieben werden, eine jährliche Rechnungsablegung und jährliche Herausgabe von Bilanz und Gewinn- und Verlustrechnung.

VI. Mit den Vorschlägen des Referats bezüglich Minderheitsschutz sind wir einverstanden.

Der Korrespondentreeder muss die Reedereiversammlung berufen und Mitteilung machen, sobald 50% des Reedereikapitals verloren sind.

Wenn die Mitreeder bei Kündigung der Reederei das Recht haben sollen, die Schiffsparten des kündigenden Reeders zum Bilanzwert des Kündigungstages zu übernehmen, so muss noch eingefügt werden, dass die Zahlung des Kaufpreises erst nach sechs Monaten zu erfolgen braucht.

Die Verpflichtung des Korrespondentreeders, eine Versammlung einzuberufen, wenn eine bestimmte Minderheit dies unter Angabe der Gründe und Anträge verlangt, wird nicht für erforderlich gehalten.

VII. Eine Abänderung des § 506 HGB, dass mit einer Mehrheit von 3/4 Abweichung von diesen Vorschriften beschlossen werden kann, wird unterstützt. Dass bei Verkauf einer Schiffspарte dem Mitreeder ein gesetzliches Vorkaufsrecht eingeräumt wird, wird nicht für erforderlich gehalten. Dagegen müsste für Abänderung des Reedereivertrages eine 3/4-Mehrheit genügen. Die Erfahrung hat gezeigt, dass häufig notwendige Änderungen unmöglich waren, weil ein einzelner Reeder aus irgendwelchen nicht-sachlichen Gründen dagegen war.

VIII. Die Vorschrift über das Abandon fällt weg und wird ersetzt durch das Kündigungsrecht.

IX. Die Beibehaltung der proratarischen persönlichen Haftung mit unbeschränkter Nachschusspflicht ist unbedingt erforderlich."

Industrie- und Handelskammer Harburg-Wilhelmsburg, Schreiben vom 25. August 1936: „Die Partenreederei ist in unserem Kammerbezirk wenig verbreitet, so dass größere Erfahrungen nicht vorliegen. Ein Beiratsmitglied unserer Kammer, das wir um Äußerung gebeten hatten, hat uns folgende Stellungnahme übersandt: „Nach unserer Ansicht sollte man an der Form der Partenreederei keine grundlegenden Änderungen vornehmen.

Die Partenreederei in ihrer bisherigen Form stellt eine Personenvereinigung dar, deren inneres Verhältnis restlos auf Vertrauen aufgebaut ist. Äußerlich wird das Verhältnis der Beteiligten zueinander durch den Reedereivertrag geregelt. – Die Parteninhaber sind im Verhältnis ihres Anteils sowohl an Gewinn und Verlust beteiligt, wie auch einschlusspflichtig. Aus dem Gesagten ergibt sich, dass die Partenreederei sehr der offenen Handelsgesellschaft ähnelt, zumal vor allem die Haftung jedes Beteiligten für die Verbindlichkeiten des Unternehmens vorhanden ist, und sie deshalb als Gesellschaftsform gerade dem heutigen Streben nach der Schaffung von Vertrauen und Geltung der Persönlichkeit in der Wirtschaft gerecht wird. Wir sehen infolgedessen keinen Anlass, die gesetzlichen Bestimmungen über die Partenreederei grundlegend zu ändern. Wir schenken es uns, auf alle in dem Referat angeführten vermeintlichen Mängel einzeln einzugehen. Wer kein Vertrauen zu einer Partenreederei hat, soll sich nicht daran beteiligen. Sicher wird es vorkommen, dass ein Korrespondentreeder Nebenverdienste einsteckt. Gehen diese aber auf Kosten der Mitreeder, so wird man ihn genau so gut belangen können wie den Generaldirektor eines Unternehmens, der sich auf Kosten seiner Aktionäre Vorteile verschafft. Ein Korrespondentreeder würde wohl keine Partenübernehmer finden, wenn deren Rechte im Reedereivertrag nicht sichergestellt wären. Es ist also möglich, die betonte Vormachtstellung des Korrespondentreeders durch den Vertrag zu beschränken und so für den Schutz der Minderheiten zu sorgen.

Nicht einleuchten will uns die Ansicht, dass die Reederei nicht mehr besteht, wenn das fragliche Schiff zu Lager- und Wohnzwecken verwendet wird. Die erzielten Mieten würden dann anstelle der Frachten den Erlös der Reederei erbringen. Es können im Reedereibetrieb leicht Verhältnisse eintreten, die das Fahren unrentabel machen. Warum soll dann aber die Partenreederei sich durch Vermieten des Fahrzeugs als Lager- oder Wohnschiff nicht über diese Zeit hinweghelfen dürfen?

Bei der Umwandlung der Partenreederei in eine juristische Persönlichkeit würden auch die für diese geltenden gesetzlichen Bestimmungen verbindlich werden. Da gerade kleinere Reedereien sich der Form der Partenreederei bedienen, würde für diese durch die Umwandlung mancherlei Erschwerung und Hemmnisse entstehen. Man denke an Gründungskosten, Körperschaftssteuer, Kapitalstockgesetz u.a.m.

Die Bestellung des Korrespondentreeders als gesetzlichen Vertreter würden wir gutheißen, wenn die alte Firma der Partenreederei bestehen bleibt."

Industrie- und Handelskammer zu Flensburg, Schreiben vom 31. August 1936: „Zurückkommend auf das Schreiben vom 10.6. teilen wir mit, dass wir nach Fühlungnahme mit Kreisen der Partenreedereien den von dem Berichterstatter, Herrn Dr. Dettmers, gemachten Vorschlägen für das künftige Recht der Partenreederei im Allgemeinen zustimmen. Insbesondere sind wir mit diesem der Ansicht, dass eine Beseitigung des Instituts der Partenreederei sowie eine Aufhebung der persönlichen proratarischen Haftung mit unbeschränkter Nachschusspflicht nicht zu empfehlen ist. Diese Gesellschaftsform bietet u.E. für tüchtige Reeder gerade in abseits gelegenen Hafenstädten, wo auf dem allgemeinen Kapitalmarkt wenig Gelder zu Verfügung stehen, fast die einzige Möglichkeit, aufgrund des Vertrauens, welches sie genießen, Mittel in Form von indirekten Personalkrediten zur Gründung eines Reedereigeschäftes zu gewinnen, indem sie Freundes- und Bekanntenkreise zur Teilnahme an einer Partenreederei bewegen.

Wir sind ferner mit dem Herrn Berichterstatter der Auffassung, dass die Schutzvorschriften für die Minderheit verstärkt werden müssten. Dabei sollte u.E. neben den auf S. 22, letzter Absatz [unten S. 364], vorgeschlagenen Maßnahmen noch eine weitere Vorschrift geschaffen werden, wonach durch einen Wirtschaftsprüfer, mindestens aber durch einen beeidigten Bücherrevisor, die Geschäftstätigkeit der Partenreederei in bestimmten Zwischenräumen nachgeprüft werden muss, und wonach ferner neben dem Korrespondentreeder auch der Wirtschaftsprüfer bzw. vereidigte Bücherrevisor den Mitreedern Mitteilung machen muss, sobald 50% des Reedereikapitals verloren gegangen sind. Die in Vorschlag gebrachte Bestimmung, dass der Mitreeder, dessen Verlust einschließlich früherer Nachschüsse die Hälfte seiner Schiffspart übersteigt, berechtigt ist, den Reedereivertrag mit bestimmter Frist zu kündigen, halten wir für sehr zweckmäßig. Wie auf S. 23 der Denkschrift [S. X] ausgeführt, sollte dann auf jeden Fall eine weitere Bestimmung geschaffen werden, wonach entweder infolge der Kündigung die Reederei mit dem Ablauf der Kündigungsfrist aufgelöst wird oder die übrigen Mitglieder zusammen, sowie auch jeder einzelne von ihnen das Recht hat, die Auflösung dadurch zu verhindern, dass sie die Schiffspart des kündigenden Mitreeders zum Bilanzwert des Tages, auf welchen gekündigt ist, übernehmen.

Wir sind der Auffassung, dass durch derartige Bestimmungen für die einzelnen Mitreeder bzw. die Minderheit ein genügender Schutz gegen übermäßig hohe Verluste bzw. Nachschüsse gegeben ist."

Dr. Dierks, Wesermünde, Schreiben vom 26. August 1936: Verarbeitet im Schreiben der Industrie- und Handelskammer zu Wesermünde vom 26. August 1936.

Industrie- und Handelskammer Bremen, Schreiben vom 2. September 1936: „Auf das gefl. Schreiben vom 10. August ds. Js. erwidern wir ergebenst, dass wir nach Befragung von Sachverständigen den Vorschlägen des Herrn Dr. Dettmers zustimmen."

Rud. Christ. Gribel, Stettin, Schreiben vom 3. September 1936: Verarbeitet im Schreiben der Industrie- und Handelskammer zu Stettin vom 21. August 1936.

Mecklenburgische Industrie- und Handelskammer zu Rostock, Schreiben vom 5. September 1936: „Von den Reedern unseres Bezirkes sind zu dem uns übersandten Bericht des Herrn Dr. Dettmers über die künftige Gestaltung der Partenreederei keine besonderen Bemerkungen zu machen."

Kapitän E. Oertel, Hamburg, Schreiben vom 4. September 1936: „Zu dem mir zur Stellungnahme übersandten Bericht des Herrn Dr. Dettmers über die künftige Gestaltung der Partenreederei empfehle ich: die auf S. [364] unter b) gemachten Vorschläge dahin zu ergänzen, dass klar ersichtlich ist, wie hoch und wie lange die Nachschusspflicht des Mitreeders nach der von ihm ausgesprochenen Kündigung noch läuft.

Ferner: Zu der dort [im Referat] empfohlenen obligatorischen Reedereiversammlung eine Bilanzrechnung zu fordern.

Im Übrigen stimme ich den in dem Bericht gemachten Vorschlägen vollinhaltlich zu."

Der *Vorsitzende* empfahl sodann, zu dem Referat und Korreferat im Einzelnen Stellung zu nehmen und warf zunächst die beiden Fragen auf: 1. Besteht ein Bedürfnis für die Beibehaltung der Partenreederei? 2. Wenn ja, welche Rechtsform ist diesem Gebilde zu geben?

Zu 1.: Was die erste Frage anlange, so sei davon auszugehen, dass der Partenreederei keine übermäßig große Bedeutung mehr zukomme; soweit er unterrichtet sei, belaufe sich der Anteil der Partenreederei an der gesamten Tonnage auf etwa 6 vom Hundert. Dennoch bestehe s.E. ein Bedürfnis für die Beibehaltung der Partenreederei, die besonders in der Hochseefischerei und bei den kleinen Reedern Mecklenburgs eine nicht unbeachtliche Rolle spiele. Die Beibehaltung sei umso mehr erforderlich, als das Institut der Partenreederei der Förderung einer gesunden Mittelstandspolitik dienen könne, biete es doch manchem Kapitän die Möglichkeit, sich mit verhältnismäßig geringen Mitteln selbständig zu machen.

Zu 2.: So tauche die zweite Frage auf, welche Rechtsform der Partenreederei gegeben werden solle. Die wirtschaftliche Bedeutung sei nicht so groß, dass es sich rechtfertige, eine völlig neue Rechtsform zu wählen, zumal der bisherige Rechtszustand in der Praxis nicht zu erheblichen Missständen geführt habe. Die vorhandenen Gefahren habe die Schifffahrtspraxis zusammen mit einer vernünftigen Rechtsprechung abgewendet und so ergebe sich nur die Aufgabe, die Rechtslage, welche heute praktisch bestehe, im Gesetz sicherzustellen.

Danach könne er also den Vorschlag, die Partenreederei zu einer juristischen Person zu machen, nicht befürworten. Die geringe Anzahl der Partenreedereien könne eine so weitgehende Rechtsänderung nicht rechtfertigen. Der Grundsatz der Einzelverantwortung, der immer mehr in den Vordergrund gestellt werden solle, spreche dagegen, aus der Partenreederei künftig eine anonyme Kapitalgesellschaft zu machen. Schließlich seien auch die von Rechtsanwalt Dr. Dettmers jetzt mit Recht in den Vordergrund gestellten steuerrechtlichen Gesichtspunkte zu berücksichtigen.

Er empfehle es also, die Partenreederei der bestehenden Rechtsprechung anzupassen, ihr also, wie einer offenen Handelsgesellschaft, aktive und passive Partei- und Vermögensfähigkeit beizulegen unter Beibehaltung der proratarischen Haftung und der Nachschusspflicht der Partenreeder.

Ministerialrat *Krieger* habe ihm gegenüber in Anregung gebracht, die Partenreederei als Kommanditgesellschaft auszugestalten und dabei den Korrespondentreeder als persönlich haftenden Gesellschafter zu betrachten. Dieser Vorschlag erscheine ihm aus zwei Gründen bedenklich. Zunächst könne es sein, dass der Korrespondentreeder im Einzelfall gar nicht die Mehrheit der Parten besitze, ein Fall, der besonders dann gegeben sein werde, wenn ein kapitalschwacher Kapitän sich selbständig gemacht habe. Hier sei es ungerechtfertigt, den Korrespondentreeder, dem man schon ein gewisses Vertrauen schenken müsse, persönlich haften zu lassen. Außerdem könne auch hier der Gesichtspunkt herangezogen werden, dass die Partenreederei nicht mehr genügend wichtig sei, um eine so weitgreifende Reform zu rechtfertigen, wie sie vorgenommen werden müsse, wenn man die Partenreederei in das Prokustesbett der Kommanditgesellschaft einzwängen wolle.

Im Übrigen sei in diesem Zusammenhang noch auf Folgendes hinzuweisen: In der Definition der Partenreederei sei nicht mehr wie bisher darauf abzustellen, dass ein Schiff als Seeerwerbsschiff verwendet werde, sondern das Seerecht solle in Zukunft – das sei als erstrebenswertes Ziel vom Ausschuss festgelegt worden – nach Möglichkeit zu einem allgemeinen Schifffahrtsrecht ausgestaltet werden. Zwar könne es vorkommen, dass z.B. bei einer Lustyacht oder einem Forschungsschiff, das einer Eigentümermehrheit gehöre, andere aber z.B. diejenigen über die Parteifähigkeit, über die Vertretungsmacht des Korrespondentreeders u.a. könnten mit Vorteil angewendet werden. Deshalb schlage er eine Bestimmung des Inhalts vor, dass auf Seeschiffe, die keine Seeerwerbsschiffe [seien], die Vorschriften über die Partenreederei Anwendung fänden, soweit deren Sinn und Zweck es im Einzelnen zulasse.

Weiterhin empfehle es sich, das komplizierte Institut der Partenreederei nur für Schiff einer gewissen Mindestgröße, also beispielsweise nicht für kleine Fischerboote und Kutter zuzulassen.

Schließlich sei es zweckmäßig, in der Definition der Partenreederei, wie bereits bei Erörterung des sachlichen Herrschaftsbereichs des Seerechts geschehen, nicht allein darauf abzustellen, ob ein Schiff in bestimmter Weise verwendet werde, sondern auch darauf, ob es zu einer gewissen Verwendung bestimmt sei. Auf diese Weise höre auch eine Partenreederei nicht auf, wenn vorübergehend etwa ein Schiff als Wohn- oder Lagerschiff Verwendung finde, ein Gesichtspunkt, auf den in einer Äußerung einer Handelskammer hingewiesen sei. Er stelle folgende Leitsätze zur Diskussion:

1. Die Rechtseinrichtung der Partenreederei ist aufrecht zu erhalten. Sie ist zu erstrecken auf ein mehreren Personen zu bestimmten Bruchteilen zustehendes und von ihnen in eigenem Namen zur Seefahrt bestimmtes oder regelmäßig verwendetes Schiff bestimmter Größe. Auf Nichterwerbsseeschiffe finden die Grundsätze der Partenreederei nur Anwendung, soweit ihr Sinn und Zweck dies im Einzelfall zulassen.

2. Es erscheine nicht zweckmäßig, der Partenreederei selbständige Rechtspersönlichkeit zu geben.

3. Dagegen ist die Partenreederei mit der Eigenschaft, selbständige Trägerin von Rechten und Pflichten sein zu können, sowie mit der Eigenschaft aktiver und passiver Parteifähigkeit und eigener Konkursfähigkeit auszustatten.

4. Die anteilsmäßige persönliche Haftung der Partenreeder ist beizubehalten. Neben sie tritt eine zusätzliche Haftung der bei Klagerhebung beteiligten Mitreeder mit dem Reedereivermögen.

5. Der Korrespondentreeder vertritt die Reederei gerichtlich und außergerichtlich in allen Geschäften des Reedereibetriebes. Seine Bestellung ist daher Pflicht. Zur Verpfändung oder Veräußerung des Schiffes oder einer Schiffspart bedarf er besonderer Vollmacht.

6. Das Rechtsverhältnis zwischen den Mitreedern und zwischen Korrespondentreeder und Mitreedern im Innenverhältnis regelt der Reedereivertrag. Für ihn ist Schriftform erforderlich. Die Abänderung erfordert eine Dreiviertel-Mehrheit.

7. Für wirksameren Schutz der Partenminderheit ist Sorge zu tragen,

a) durch Schaffung einer Verpflichtung des Korrespondentreeders, den Mitreedern Mitteilung zu machen, wenn der Verlust des Betriebes die Hälfte des Reedereikapitals übersteigt,

b) durch Einräumung eines Rechts des Mitreeders, dessen Verlust einschließlich frühere Nachschüsse die Hälfte seiner Part übersteigt, den Reedereivertrag binnen bestimmter Frist zu kündigen. Abandon und Satzungsrecht fallen damit fort.

8. Jeder Mitreeder hat im Falle der Kündigung des Reedereivertrages das Recht, die gekündigte Schiffspart zum Taxwert des Kündigungstages zu übernehmen.

9. Der Korrespondentreeder hat jährlich eine Reedereiversammlung zu berufen.

Eine solche ist ferner auf Antrag des Mitreeders zu berufen, wenn Mitteilung von einem zur Kündigung berechtigenden Verlust gemacht ist. Sie ist weiter zu berufen, wenn eine bestimmte Minderheit dies unter Angabe der Gründe und der in Aussicht genommenen Anträge verlangt.

10. Außer im Falle des § 499 HGB hat Rechnungslegung und Gewinnverteilung in bestimmten regelmäßigen Zeitabschnitten zu erfolgen, wenn der Reedereivertrag nichts anderes vorsieht.

Betriebsführung (Kapitalrücklagen), Bilanzierungs- und Buchführungspflicht sind neuzeitlichen kaufmännischen Grundsätzen entsprechend zu gestalten. Die Auskunftspflicht des § 498 HGB hat daneben unabdingbar bestehen zu bleiben.

11. Bei Veräußerung einer Part steht den Mitreedern einzeln oder gemeinschaftlich ein Vorkaufsrecht zu.

12. Von der Vorschrift des § 506 Abs. 2 Satz 1 HGB kann (in Abänderung von Satz 4) bei Zustimmung einer bestimmten qualifizierten Mehrheit abgewichen werden.

13. Die Vorschriften über die Baureederei sind entsprechend auszugestalten.

14. Die sogenannte „stille Reederei“ bedarf keiner besonderen gesetzlichen Regelung.

Es wurden daraufhin die einzelnen Leitsätze durchgesprochen.

Ministerialrat *Krieger* kam zu Leitsatz 1 auf den von dem Vorsitzenden schon erwähnten Vorschlag zurück, die Partenreederei nach dem Vorbild der Kommanditgesellschaft umzugestalten. Dabei sei aber nicht daran zu denken, die Partenreederei völlig mit der Kommanditgesellschaft zu identifizieren. Erstrebenswert sei es nur, dass der Korrespondentreeder nach außen hin unbeschränkt hafte. Zwar könne es sein, dass der Korrespondentreeder nur als „manager“ wirke, aber immerhin sei er es, der nach außen hin allein auftrete und so sei es durchaus gerechtfertigt, ihm als dem alleinigen Geschäftsführer die formelle Verantwortlichkeit nach außen aufzubürden. Gegen eine übermäßige Belastung sei der Korrespondentreeder dadurch geschützt, dass er sich bei ordnungsmäßiger Geschäftsführung im Innenverhältnis an die Mitreeder halten könne. Der bisherige Rechtszustand sei zu bemängeln, man dürfe nicht allzu ängstlich an dem Vergangenen haften.

Der *Vorsitzende* führte demgegenüber aus, er könne sich nicht recht mit dem Vorschlag von Ministerialrat Krieger befreunden. Sei der Korrespondentreeder nur in geringem Maße kapitalistisch an der Partenreederei beteiligt, so ähnele seine Stellung der des Geschäftsführers einer Gesellschaft mit beschränkter Haftung, den auch keine persönliche Verantwortung treffe.

Auch *Dr. Schütte,* Rechtsanwalt *Dr. Dettmers* und *Zimmer* wandten sich gegen den Vorschlag von Ministerialrat Krieger. Selbst wenn man davon ausgehe, dass in den Fällen der dinglichen Haftung der Korrespondentreeder nicht unbeschränkt persönlich haften solle, so sei doch sowieso die vorgeschlagene Belastung für den Korrespondentreeder untragbar. Denn regelmäßig wandle sich die dingliche Haftung durch die Aussendung eines Schiffes auf eine neue Reise in eine beschränkt-persönliche Haftung um. Das Geschäftsrisiko sei bei einer Partenreederei unter Umständen sehr groß, ohne dass die Verluste der Person des Korrespondentreeders zugerechnet werden könnten.

Der *Vorsitzende* wies noch darauf hin, dass man den Korrespondentreeder nicht mit dem vollen Geschäftsrisiko belasten könne, wenn man ihm nicht auch einen entsprechenden Gewinnanteil gewähre. Das sei aber bisher nicht der Fall. Vielmehr habe oft der Korrespondentreeder eine angestelltenähnliche Stellung. Eine völlige Umgestaltung der Rechtsform der Parteinreederei in dieser Richtung empfehle sich nicht, zumal für sie kein wirtschaftliches Bedürfnis bestehe.

Rechtsanwalt *Dr. Bollmann* unterstrich diese Darlegungen mit dem Hinweis darauf, dass der Verkehr eine persönliche Haftung des Korrespondentreeders nicht erwarte. Wenn eine Gesellschaft mit beschränkter Haftung nicht ausreichend kreditwürdig erscheine, so lasse man sich zwar zuweilen eine selbstschuldnerische Bürgschaft des Geschäftsführers geben. Bei Partenreedereien komme der entsprechende Fall seines Wissens aber nicht vor. Das Zustandekommen neuer Partenreedereien werde in unerwünschter Weise erschwert, wenn nicht völlig vereitelt, da eine persönliche Haftung des Korrespondentreeders untragbar erscheine.

Auch *Pickenpack* wandte sich gegen den Vorschlag von Ministerialrat Krieger. Wenn der Kapitän Korrespondentreeder sei, so handele es sich bei den Mitreedern meistens um dessen Freunde und Bekannte, die ihm volles Vertrauen schenkten.

Der *Vorsitzende* stellte darauf fest, dass zu den Leitsätzen 1-4 keine weiteren Meinungsverschiedenheiten vorlägen, dass diese deshalb als angenommen gelten könnten.

Er stellte dann den Leitsatz 5 zur Diskussion, der auf den Vorschlägen von Rechtsanwalt Dr. Dettmers beruhe. In dem letzten Satz sei nur im Hinblick auf einen bestimmten Ausnahmefall die Vertretungsmacht des Korrespondentreeders eingeschränkt.

Ministerialrat *Krieger* erhob dogmatische Bedenken dagegen, dass die Verpfändung und Veräußerung einer Schiffspart in dem letzten Satz des Leitsatzes 5 aufgeführt sei. Man müsse das Vermögen der Partenreederei den einzelnen Parten künftig scharf gegenüberstellen. Wenn man bisher von einem Vermögen der Partenreederei gesprochen habe, so habe es sich lediglich um eine Notkonstruktion gehandelt. In Zukunft sei vielleicht die Verpfändung einer Schiffspart diejenige eines Gesellschaftsanteils.

Der *Vorsitzende* empfahl, diese mehr konstruktive Frage beiseite zu lassen und einem von Rechtsanwalt *Dr. Bollmann* gemachten Vorschlag, die Worte „oder einer Schiffspart" in Leitsatz 5 zu streichen, zu folgen. Dem Vorschlage wurde zugestimmt.

Zu Leitsatz 6 führte der Vorsitzende aus, der Reedereivertrag müsse schriftlich abgeschlossen werden, von einer Beurkundungspflicht könne man aber, wie auch Rechtsanwalt Dr. Schulze-Smidt vorgeschlagen habe, absehen. Für eine Abänderung des Reedereivertrages bedürfe es nur einer qualifizierten Mehrheit.

OLG-Rat *Dr. Reinbeck* regte an, den überstimmten Partenreedern dann wenigstens ein Kündigungsrecht zuzubilligen.

Hiergegen wandte sich der *Vorsitzende* unter Hinweis darauf, dass auch bei anderen Personenvereinigungen eine Bindung der überstimmten Mitglieder eintrete, andernfalls werde eine große Unsicherheit in den Rechtsverkehr getragen.

Nachdem dann Rechtsanwalt *Dr. Dettmers* und Ministerialrat *Krieger* darauf hingewiesen hatten, dass gewisse Änderungen des Reedereivertrages – Verwendung eines Fischdampfers zu Schmuggelfahrten, Verlegung des Tätigkeitsbereiches von der Doggerbank in die Südsee – sehr schwerwiegend sein könnten, wurde zu Leitsatz 6 der Zusatz beschlossen: „Jedoch bedarf es zur Änderung des Zwecks des Unternehmens der Einstimmigkeit".

Ministerialrat *Krieger* wies sodann zu Leitsatz 7 darauf hin, dass unter Umständen die Voraussetzungen des Kündigungsrechts des Leitsatzes 7 b zeitlich eher gegeben sein würden als die der Mitteilung des Leitsatzes 7 a.

Pickenpack sprach sich dafür aus, den Korrespondentreeder erst dann zu der Mitteilung zu verpflichten, wenn der Verlust das ganze Reederkapital übersteige.

Im Anschluss daran entspann sich eine Aussprache über die bilanzmäßige Behandlung der Partenreederei und insbesondere des Dampferwertes. Der Vorsitzende wies aber darauf hin, dass es sich hier um Einzelfragen handle, die beiseite gelassen werden müssten.

Zu Leitsatz 8 führte der *Vorsitzende* aus, es empfehle sich, nicht auf den Bilanzwert, sondern auf den Taxwert des Kündigungstages abzustellen.

Ministerialrat *Krieger* warf das Problem auf, ob die Kündigung per sofort oder erst zum Jahresschluss wirken solle. Wähle man den letzteren Weg, so könne man wie bei der Genossenschaft auf den Bilanzwert abstellen.

Nachdem *Zimmer* noch den Fall erwähnt hatte, dass schon während längerer Zeit – besonders in der Trampreederei – Verluste eingetreten sein könnten, empfahl er, nicht den Bilanzwert, sondern den Taxwert entscheiden zu lassen.

Der Vorschlag wurde angenommen. Auch die Leitsätze 9 und 10 fanden Billigung, wenn auch zu Leitsatz 9 *Zimmer* darauf hingewiesen hatte, dass jährliche Reedereiversammlungen unbequem werden könnten.

Zu Leitsatz 11 legte *Zimmer* dar, dass ihm die Einführung eines Vorkaufsrechts der Mitreeder sehr wesentlich erscheine. Es bestehe sonst die Gefahr, dass der neu eintretende Partenreeder nicht sehr zahlungskräftig sei. Es sei auch ein Bedürfnis dafür vorhanden, dass nicht Konkurrenzkreise Einblick in die Geschäftsgeheimnisse gewinnen könnten.

Pickenpack wies darauf hin, dass ein solches Vorkaufsrecht schon in den Satzungen der meisten Partenreedereien, besonders im Bereiche der Hochseefischerei vorgesehen sei.

Ministerialrat *Krieger* machte darauf aufmerksam, dass also nicht nur an eine bloße Anbietungspflicht, sondern an ein wirkliches Vorkaufsrecht im Sinne des Bürgerlichen Gesetzbuches gedacht sei.

Es wurde dann Leitsatz 11 angenommen.

Bei Leitsatz 12 leugnete Ministerialrat *Krieger* das Bedürfnis für eine besondere Vorschrift.

Dieser Standpunkt wurde von dem *Vorsitzenden* gebilligt und der Leitsatz 12 dahin geändert: „§ 566 Abs. 2 HGB ist zu streichen."

Zu den Leitsätzen 13 und 14 erhoben sich keine Bedenken.

Abschließend entwickelte der *Vorsitzende* noch den Arbeitsplan für die nächsten Sitzungen. Das Fracht- und Konnossementsrecht solle zunächst zurückgestellt werden. Vorgesehen sei vorerst die Behandlung der Themen: Rechte und Pflichten des Kapitäns, Fahrgastvertrag und Auswandererschutz, Schleppvertrag, Notfälle der Reise.

Anlage 1:

Referat von Otto Dettmers über „Partenreederei" (21.7.1936)

... III. Vorschläge für das künftige Recht:

Da sich die Partenreederei gegenüber den Aktienreedereien noch immer gehalten hat, und sowohl auf dem Gebiete der Hochseefischerei als auch der Frachtfahrt die Privatreeder vielfach an der Form der Partenreederei festgehalten haben, ist eine Beseitigung des Instituts der Partenreederei nicht zu empfehlen.

Erforderlich erscheint die Fortführung der sich aus der Praxis ergebenden Entwicklung der Partenreederei zum selbständigen Rechtsträger. Wird die Reederei mit eigener Rechtspersönlichkeit ausgestattet, so wird der große Komplex der Streitfragen über die Rechtsnatur, die Vermögensfähigkeit und Parteifähigkeit der Reederei ohne weiteres beseitigt. Es erhebt sich dabei sofort die Frage, ob die Gestaltung der Reederei als juristische Person überhaupt möglich sein wird. Diese Frage kann nur im Zusammenhang mit der Frage des Haftungsumfangs der Mitreeder behandelt werden. Bekanntlich ist es früher als Kennzeichen der juristischen Person betrachtet worden, dass nur sie selbst mit ihrem eigenen Vermögen gegenüber Dritten haftet, dass also eine persönliche Haftung von Gesellschaftern nicht besteht. Demgegenüber zeigt jedoch das Beispiel der Kommanditgesellschaft auf Aktien, die heute von allen maßgebenden Autoren und vor allem im kaufmännischen Geschäftsverkehr als juristische Person angesehen wird, dass die Verbindung eines selbständigen Rechtssubjekts mit persönlicher Haftung beteiligter Gesellschafter nicht begrifflich unmöglich ist.

Für die Reederei ist die Vorfrage zu prüfen, ob die Reederei als reine Kapitalgesellschaft gestaltet werden soll, mit Beschränkung der Haftung der Mitreeder auf ihren Reedereianteil, oder ob das bisherige System der persönlich proratarischen Haftung mit unbeschränkter Nachschusspflicht beibehalten werden soll. M.E. entspricht nur das letztere dem Grundgedanken der Partenreederei und dem Grundsatz der persönlichen Verantwortlichkeit des Partenreeders als Seefahrtsunternehmers. Wird dieser Grundsatz aufgegeben, so besteht im Übrigen m.E. kein Bedürfnis für die Schaffung eines neuen, auf die Seeschifffahrt beschränkten Typs einer reinen Kapitalgesellschaft, da die Formen der Aktiengesellschaft oder GmbH als bewährte Gesellschaftsformen zur Verfügung stehen.

Entscheidet man sich für die persönliche, pro rata der Part beschränkte Haftung des Mitreeders, so steht dies, wie das Beispiel der Kommanditgesellschaft auf Aktien zeigt, der Bestimmung nicht entgegen, dass die Gesellschaft selbständig ihre Rechte und Pflichten als juristische Person haben soll.

Es besteht schließlich aber auch die Möglichkeit, die persönliche Haftung der Mitreeder nach außen vollständig zu beseitigen und lediglich im Innenverhältnis eine unbeschränkte Nachschusspflicht pro rata der Part einzuführen, wenn man die Gestaltung der Reederei als juristische Person nicht für vereinbar hält mit der Beibehaltung der persönlichen Haftung der Mitreeder nach außen.

Die Ausstattung der Reederei mit eigener Rechtspersönlichkeit führt dazu, die Bestellung eines Korrespondentreeders obligatorisch zu machen, der damit zum gesetzlichen Vertreter der Reederei wird. Die Vertretungsmacht des Korrespondentreeders ist nach außen hin von allen Beschränkungen zu befreien. Beschränkungen der Vertretungsmacht nach innen sind dem Reedereivertrage zu überlassen.

Ferner wird es sich empfehlen, einen schriftlichen oder beurkundeten Reedereivertrag vorzuschreiben, der die Bezeichnung des Schiffes, den Sitz der Reederei, den Betrag des Reedereikapitals und die Namen der Mitreeder nebst der Größe ihrer Parten zu enthalten hat.

Ein wichtiges Problem ist die Schaffung von Schutzvorschriften für die Minderheit. Die gegenwärtigen, durch das Abandonrecht bzw. das mecklenburgische Setzungsrecht gebotenen Möglichkeiten sind als Schutzvorschriften völlig unzureichend. Ein wirklich wirksamer Schutz wird m.E. nur geschaffen, wenn

a) der Korrespondentreeder verpflichtet wird, eine Reedereiversammlung zu berufen und den Mitreedern Mitteilung zu machen, sobald ein Verlust eingetreten ist, der einen bestimmten Teil des Reedereikapitals (z.B. die Hälfte) überschreitet,

b) der Mitreeder, dessen Verlust einschließlich früherer Nachschüsse diesen Teil seiner Schiffspart übersteigt, berechtigt ist, den Reedereivertrag mit bestimmter Frist zu kündigen.

Es kann alsdann bestimmt werden, dass infolge der Kündigung die Reederei mit dem Ablauf der Kündigungsfrist aufgelöst wird, dass jedoch die übrigen Mitreeder zusammen sowie auch jeder einzeln von ihnen das Recht haben, die Auflösung dadurch zu verhindern, dass sie die Schiffspart des kündigenden Mitreeders zum Bilanzwert des Tages, auf welchen gekündigt ist, übernehmen.

Durch die Einführung eines derartigen Kündigungsrechts werden die bisherigen Vorschriften über den Abandon der Schiffspart überflüssig, ebenso das mecklenburgische Setzungsrecht.

Als weitere Schutzvorschrift ist zu empfehlen, eine jährliche ordentliche Reedereiversammlung obligatorisch einzuführen, ferner den Korrespondentreeder zu verpflichten, eine Reedereiversammlung einzuberufen, wenn eine bestimmte Minderheit dies unter Angabe der Gründe und ihrer Anträge verlangt.

Für die Geschäftsführung sind die bisherigen Vorschriften über die Buchführungs-, Auskunfts- und Rechnungslegungspflicht des Korrespondentreeders und die Vorschriften über die Gewinn- und Verlustverteilung zu modernisieren und durch Vorschriften über Geschäftsjahr und Bilanzierungspflicht zu ergänzen.

Beizubehalten ist der Grundsatz, dass jeder Mitreeder seine Schiffspart jederzeit ganz oder teilweise frei veräußern kann, es sei denn, dass durch die Veräußerung das Flaggenrecht des Schiffes beeinträchtigt werden würde.

Ich gelange zusammenfassend für die künftige Gestaltung des Rechts der Partenreederei zu folgenden Vorschlägen:

1. Die Reederei ist als juristische Person zu gestalten, mindestens aber mit selbständiger Rechtsträgerschaft auszustatten.
2. Die Bestellung eines Korrespondentreeders als gesetzlicher Vertreter mit unbeschränkter Vertretungsmacht nach außen ist vorzuschreiben.
3. Als Minderheitsschutz ist eine beschränkte Kündigungsmöglichkeit einzuführen, das bisherige Abandonrecht dagegen zu beseitigen.
4. Die Vorschriften über die Geschäftsführung, Buchführung, Rechnungsablage und Gewinnverteilung sind den Erfordernissen des kaufmännischen Geschäftsverkehrs anzupassen.

Anlage 2:

Korreferat von Dr. Arthur Schulze-Smidt über „Partenreederei" (27.8.1936)

Zu den grundlegenden und wichtigen Fragen: Rechts-, Vermögens- und Parteifähigkeit der Partenreederei hat der Herr Referent folgendes, auch m.E. richtiges Ergebnis gewonnen.

Unser Handelsgesetzbuch lässt die Frage, welches die rechtliche Natur der Partenreederei ist, offen. Prof. Wüstendörfer bezeichnet sie als eine seerechtliche Gesellschaftsform eigener Art, deren nächstverwandter bürgerlich-rechtlicher Gattungsbegriff die Bruchteilsgemeinschaft des BGB sei. Die Vermögensfähigkeit der Reederei sowie das Vorhandensein eines rechtlich verselbständigten Reederei-Vermögens ist von der juristischen Praxis anerkannt worden, ebenso wie die Parteifähigkeit. Führende Seerechts-Schriftsteller bejahen auch ihre Konkursfähigkeit.

Es dürfte angebracht sein, vor weiterem zu erörtern, wie ausländische Rechte dieses Problem behandeln.

Soweit zu sehen, hat in keinem der in den Kreis der Erörterung zu ziehenden ausländischen Seerechte die Partenreederei selbständige juristische Persönlichkeit.

Welche rechtliche Natur die Partenreederei habe, wird in keinem der ausländischen Gesetze gesagt. Das Miteigentum mehrerer Personen an einem Seeschiffe bildet überall die Grundlage für die Lösung der aufgeworfenen Fragen. Partei- und Vermögensfähigkeit scheint überall anerkannt zu werden.

So insbesondere im englischen Rechte, welches im Falle der eigentlichen Partenreederei die Eigentümer verschiedener shares, in die das Eigentum an einem Schiffe zerlegt ist, als „tenants in Common" nach den Vorschriften über Miteigentum behandelt (partowners). Für den Betrieb des Transportgewerbes werden die Grundsätze der partnership (Gesellschaft) angewendet, wenn auf gemeinsamen Beschluss das Gewerbe als „joint adventure" betrieben und Betriebskapital zu diesem Zwecke gesammelt wird. Die Parten bleiben dann Sondereigentum der einzelnen „shareholder", nur das Betriebskapital wird „joint tenancy" (Gesamteigentum). So liegen die Dinge in der Regel. Ist dagegen ein Schiff von einer Gesellschaft (partnership) als Gesamteigentum erworben (joint tenancy), dann kommen nur die Regeln über die partnership, die bezüglich des Schiffes wie ein Einzelreeder behandelt wird, zur Anwendung.

In den Vereinigten Staaten von Nordamerika gilt nach common-law für die Partenreederei im Allgemeinen englisches Recht. zu bemerken, dass in 14 Staaten das Schiff als solches verklagt werden kann.

Der französische Code de Commerce beschränkt sich in seinem Artikel 220 auf den Satz, dass in Ansehung des gemeinsamen Interesses der Eigentümer eines Schiffes die Majorität entscheidet (mehr als die Hälfte der Interessenanteile an dem Schiffe). Im neueren Seerechtsschrifttum wird die Reederei bezeichnet als eine „société sui generis gouvernée par ses règles propres et conformément aux traditions spéciales du droit maritime".

Der belgische Code de Commerce schließt sich in seinem Artikel 57 dem französischen Rechte an.

Im neueren niederländischen Seerecht enthält Artikel 323 die Vorschrift, dass, wenn das Schiff mehreren Personen gehört, die es anders als kraft eines Gesellschaftsvertrages, wie in Artikel 14 erwähnt (Handelsgesellschaft, Kommanditgesellschaft, Aktiengesellschaft) für gemeinschaftliche Rechnung zur Seefahrt verwenden, zwischen ihnen eine Reederei besteht. Bemerkenswert sind aus diesem Recht die folgenden, durch Vertrag nicht abänderbaren Vorschriften: Keine Auflösung der Reederei durch Tod, Konkurs, Unterbringung in eine Irrenanstalt oder Entmündigung eines Mitgliedes der Reederei. Haftung der Mitglieder der Reederei für deren Verbindlichkeiten pro rata ihrer Schiffsparten, Bestellung eines Korrespondentreeders fakultativ. Derselbe vertritt die Reederei gerichtlich und außergerichtlich in allem, was bestimmungsgemäß die Verwendung des Schiffes mit sich bringt. Urteil, ergangen gegen die Reederei oder den Korrespondentreeder als solchen, kann in das gemeinschaftliche Vermögen der Mitglieder der Reederei vollstreckt werden.

Sehr ausführlich ist die Partenreederei geregelt im dänischen, norwegischen und schwedischen Seerechte. Die Rechte der drei Staaten weichen nur in einzelnen Beziehungen voneinander ab. Gemeinsam haben sie folgende Eingangsbestimmung: Steht ein Schiff im Eigentum mehrerer Mitreeder, so haftet jeder von ihnen für Ansprüche, die eine persönliche Haftung begründen, nur nach Verhältnis seines Anteils am Schiffe.

Das Handelsgesetzbuch des Königreichs Italien stellt denselben Grundsatz auf wie das französische und belgische Recht. So auch das vorliegende Projekt für ein neues italienisches Seerecht.

Portugal und Brasilien haben Vorschriften über eine „parceria maritima", welche auch andere Personen als die Mitreeder (z.B. Personen der Schiffsbesatzung, Befrachter) aufnehmen, auch zwischen Einzelreedern und solchen anderen Personen bestehen kann und unter bestimmt modifizierte Regeln des allgemeinen Gesellschaftsrechts gestellt werden.

Der kleine Ausflug in das Ausland zeigt, dass dort anscheinend nicht das Bedürfnis empfunden ist, der Partenreederei selbständige juristische Persönlichkeit zu verleihen. Besonders bemerkenswert in dieser Beziehung der Standpunkt des neuen niederländischen Seerechts und des progetto eines Codici maritimo italiano.

Der Referent befürwortet die Fortführung der sich aus der Praxis ergebenden Entwicklung der Partenreederei zur juristischen Person, jedenfalls zum selbständigen Rechtsträger unter Beibehaltung des bisherigen Systems der persönlichen pro ratarischen Haftung mit unbeschränkter Nachschusspflicht und weist für den Fall, dass man sich nur für eine pro rata der Part beschränkte Nachschusspflicht entscheiden sollte, wegen der Möglichkeit, einem solchen Gebilde juristische Persönlichkeit zu verleihen, auf das Beispiel der Kommanditgesellschaft auf Aktien hin.

Ich will einmal die zweifelhafte Frage dahingestellt sein lassen, ob Verleihung juristischer Persönlichkeit an die Partenreederei und Beibehaltung der persönlichen Haftung der Mitreeder nach außen sich juristisch miteinander vereinigen lassen, möchte aber sagen, dass ich der Auffassung zuneige, davon abzusehen, der Partenreederei, deren Beseitigung auch m.E. nicht in Frage kommt, durch einen Akt der Gesetzgebung juristische Persönlichkeit zu geben. Bedeutende Partenreeder, denen ich die zur Entscheidung stehende Frage vorgelegt habe, haben gewünscht, dass insoweit an unserem Handelsgesetzbuch nichts geändert werde; Verleihung juristischer Persönlichkeit an die Partenreederei würde auch nicht im Einklang stehen mit dem nationalsozialistischen Prinzip der Herausstellung der einzelnen Persönlichkeit mit persönlicher Verantwortung im Geschäftsleben, auch der Kreditbeschaffung leicht hinderlich sein können; Verhinderung des erwünschten Entstehens kleinerer Reedereien durch die Hemmungen, Beschränkungen und Kosten, welche die Schaffung einer juristischen Person im Gefolge hat (zwingende Gesetzesvorschriften dann zu beachten). In der Praxis befürchtet man offenbar keine Unzuträglichkeiten aus dem Umstande, dass das HGB selbst die juristische Natur der Partenreederei nicht klarstellt, nachdem Rechtsprechung und Schrifttum zu den mitgeteilten Ergebnissen gekommen sind. Nach diesen Ergebnissen ist auch wohl anzunehmen, dass vorkommendenfalls die Konkursfähigkeit der Partenreederei ebenfalls anerkannt werden würde.

Ich glaube also, dass keine Notwendigkeit besteht, an die Lösung der gewiss nicht einfachen Frage der Gestaltung der Partenreederei als juristische Person oder Ausstattung derselben mit selbständiger Rechtsträgerschaft (was schon leichter zu bewerkstelligen wäre) heranzugehen, eine Frage, die, wie mit Recht hervorgehoben, nur im Zusammenhang mit der Frage des Haftungsumfanges der Mitreeder gelöst werden könnte.

Bei Billigung des grundsätzlichen Standpunktes des Referates durch den Ausschuss würde ich auch der Beibehaltung der proratarischen persönlichen Haftung mit unbeschränkter Nachschusspflicht in erster Linie das Wort reden. Den Vorschlägen hinsichtlich der Stellung des Korrespondentreeders bei einer Partenreederei mit eigener Rechtspersönlichkeit kann ich mich ebenfalls anschließen.

Soweit meine Stellungnahme zu den grundlegenden Fragen.

Im Übrigen ist Folgendes zu sagen.

Schriftlichkeit des Reedereivertrages vorzuschreiben mag zweckmäßig sein, unbedingt nötig ist es wohl nicht, jedenfalls nicht Erschwerung und Verteuerung des Vertragsabschlusses durch eine zwingende Vorschrift gerichtlicher oder notarieller Beurkundung. Es wird kaum Partenreedereien geben, denen schriftliches Abkommen unter den Mitreedern nicht zugrunde liegt und schwerlich wird eine solche Reederei gegründet werden ohne schriftliche Festlegung ihrer Grundlagen. Das Wichtigste über die Partenreederei können Dritte auch dem Schiffsregister entnehmen. Die Bestellung eines Korrespondentreeders obligatorisch zu machen, dürfte sich schon im Interesse der Sicherheit des Rechtsverkehrs empfehlen, ebenso Befreiung seiner Vertretungsmacht nach außen hin von allen Beschränkungen (vielleicht abgesehen von einer Beschränkung bezüglich Verpfändung und Verkauf des Schiffes und der Parten). Letzteres würde auch der Praxis mehr entsprechen. So ebenfalls das niederländische und die drei skandinavischen Rechte. Nach diesen bedarf jedoch der Korrespondentreeder zur Darlehensaufnahme, zur Versicherung des Schiffes und zu dessen Verpfändung einer besonderen Vollmacht. Schaffung wirksamerer Schutzvorschriften für die Minderheit dürfte sich gleichfalls empfehlen, und zwar in der Linie der im Referat zu diesen Punkten gemachten Vorschläge.

Zu der begrüßenswerten Anregung, die Vorschriften über Geschäftsführung, Buchführung, Rechnungsablage und Gewinnverteilung zu modernisieren und zu ergänzen, sei nur bemerkt, dass m.E. die nach § 498 Satz 2 jedem Mitreeder zustehenden natürlichen Rechte auf Auskunftserteilung und Einsichtnahme in die Geschäftsbücher usw. gewahrt bleiben müssen.

Unpraktisch erscheint die Bestimmung des § 506, wonach es der Zustimmung aller Mitreeder bedarf, wenn nach beschlossener Auflösung der Reederei oder beschlossenem Verkaufe des

Schiffes dieses grundsätzlich nur im Heimathafen oder in einem inländischen Hafen, auch nur, wenn das Schiff zu einer Reise nicht verfrachtet ist und nur öffentlich verkauft werden kann. Mit einer qualifizierten Mehrheit muss Abweichung von diesen Vorschriften beschlossen werden können.

Zu erwägen ist ferner, ob nicht beim Verkauf einer Schiffspart die Mitreeder (in ihrer Gesamtheit oder jener Mitreeder – bei Konkurrenz die Konkurrierenden gemeinschaftlich) ein Vorkaufsrecht haben sollen im Interesse der Erhaltung der Reederei. Dass Veräußerung einer Schiffspart, in deren Verfolg das Schiff das Recht, die Reichsflagge zu führen, verlieren würde, der Zustimmung aller Mitreeder bedarf, ist selbstverständlich.

Der Anregung eines Interessenten, für Abänderung des Reedereivertrages eine 2/3-Mehrheit genügend sein zu lassen, glaube ich aus grundsätzlichen Erwägungen nicht nachgehen zu sollen. Nach einer Änderung der Vorschriften über die normale Partenreederei muss wahrscheinlich auch § 509 geändert werden.

28. Arbeitssitzung vom 5.11.1936 (16 bis 19.30 Uhr)

Anwesend:
Vorsitzender: Reichsgerichtsrat Dr. Lindenmaier, Leipzig
2. Schriftführer: Richter Dr. Bramslöw, Hamburg
und als weitere ständige Mitglieder:
Rechtsanwalt Dr. Baur, Hamburg
Rechtsanwalt Dr. Bollmann, Hamburg
Rechtsanwalt Dr. Dettmers, Bremen
Rechtsanwalt Hillemann, Hamburg
Kapitän Klemp, Hamburg
Dr. Kuhl, Hamburg
Kapitän Maschke, Hamburg
Direktor Michelau, Bremen
OLG-Rat Dr. Reinbeck, Hamburg
Dr. Riensberg, Hamburg
Dr. Schütte, Hamburg
Rechtsanwalt Dr. Schulze-Smidt, Bremen
OLG-Rat Segelken
vom Reichsjustizministerium:
Ministerialrat Krieger, Berlin
als Gast:
Oberregierungsrat Dr. Schrader, Hamburg
für die Niederschrift in der Sitzung:
Dozent Dr. habil. Möller, Hamburg, Assessor Dr. habil. Capelle, Hamburg und Fräulein Assessor Krüger, Wandsbek
entschuldigt fehlten:
Rechtsanwalt Dr. Droege, Hamburg
Lotse Lührs, Othmarschen
Rechtsanwalt Dr. Raeke, Hamburg
Direktor Sturm, Hamburg

Der *Vorsitzende* eröffnete die Sitzung und teilte zunächst mit, dass der Ausschuss Rechtsanwalt Dr. Schulze-Smidt als stellvertretenden Vorsitzenden gewonnen habe. Sodann begrüßte er die Rechtsanwälte Dr. Baur und Hillemann, OLG-Rat Segelken und Kapitän Klemp als neue ständige Mitglieder sowie Kapitän Maschke als Sachverständigen. Der Vorsitzende gab der Hoffnung Ausdruck, dass der Ausschuss von den besonderen Fachkenntnissen dieser Herren manche Förderung erfahren werde.

Der Vorsitzende berichtete anschließend, dass er an einer Sitzung des Verkehrsrechtsausschusses der Akademie für Deutsches Recht teilgenommen habe. Es sei ihm außerordentlich interessant gewesen, die Beratungsergebnisse dieses Ausschusses [Bd. XVIII der Reihe, 2009, S. 531 ff.] zu erfahren. In wenigen Worten lasse sich die Lage so kennzeichnen, dass grundsätzlich die Eisenbahn vom Haftpflichtgesetz und die Kraftfahrer vom Kraftfahrzeuggesetz loskommen möchten, während umgekehrt die Luftfahrtunternehmer mit der Gefährdungshaftung wegen der damit verbundenen Haftungsbeschränkung zufrieden seien. Der Vorsitzende des Verkehrsrechtsausschusses habe besonderes Interesse für das Flaggenrecht gezeigt. Fördernde Mitarbeit könne insoweit auch vom Reichsverkehrsministerium erwartet werden. In gewissem Umfange könne man vielleicht auch einen Vertreter des luftrechtlichen Ausschusses mit heranziehen. Zweckmäßigerweise würde man dann einen Unterausschuss bilden, der die Sache neu aufnehmen würde. Er bitte Ministerialrat Krieger, sich dazu zu äußern.

Ministerialrat *Krieger* erklärte: Für das *Flaggenrecht* sei das Reichsverkehrsministerium zuständig. Er habe Bedenken, das Flaggenrecht z.Zt. in einem Unterausschuss prüfen zu lassen, da in dieses Gebiet mancherlei außerseerechtliche Momente hineinspielten. Es handle sich dabei namentlich um internationalrechtliche, marine- und kriegsrechtliche sowie allgemeinrechtliche Fragen, die noch nicht hundertprozentig gelöst seien. Er rate, zunächst mit dem Vorsitzenden des Verkehrsrechtsausschusses, Staatssekretär Königs, deswegen Fühlung zu nehmen.

Der *Vorsitzende* bemerkte, Staatssekretär Königs habe um die Übersendung der flaggenrechtlichen Protokolle gebeten. Dr. Bramslöw übernahm es, die Übersendung zu Händen von Ministerialrat Dr. Fessler zu veranlassen, den Ministerialrat Krieger als zuständig bezeichnet.

Der Vorsitzende wies darauf hin, dass die neuen Ausschussmitglieder die Protokolle über die früheren Sitzungen im Büro des Rechtsanwalts Dr. Droege erhalten könnten, soweit noch mehrere Exemplare vorhanden seien; im Übrigen könnten die Protokolle dort eingesehen werden. Neuabzüge herzustellen sei leider nicht möglich.

Sodann bezeichnete der Vorsitzende es als wünschenswert, die Referate auf weite Sicht zu verteilen, damit den Berichterstattern genügend Zeit für die Vorbereitung zur Verfügung stehe. Heute werde der Ausschuss nur zu den Referaten über die Schiffsbesatzung kommen. Die Referate über den Kapitän würden dann in der nächsten Sitzung behandelt werden. Im Anschluss daran werde man sich dem Schleppvertrage zuwenden. Rechtsanwalt Dr. Schulze-Smidt habe sich dankenswerterweise bereit erklärt, das Referat zu übernehmen, und Rechtsanwalt Dr. Heynen werde das Korreferat erstatten. Der nächste Beratungsgegenstand werde dann der Fahrgastvertrag sein einschließlich der Frage der Zwangsversicherung, die beim Comité Maritime International eine große Rolle gespielt habe. Der Sohn des Rechtsanwalts Dr. Schulze-Smidt habe eine ausgezeichnete Abhandlung über diese Frage verfasst; er setze daher das Einverständnis des Ausschusses voraus, dass er Dr. Schulze-Smidt junior als Sachverständigen heranziehe, um gemeinschaftlich mit Dr. Schütte darüber zu berichten. Der Fahrgastvertrag werde voraussichtlich im Februar 1937 zu beraten sein. Er halte es für wünschenswert, die Referate etwa einen Monat vor der Beratung den zuständigen Wirtschaftsstellen zuzustellen. Nach dem Fahrgastvertrag seien zweckmäßig zunächst die Reisezufälle (Haverei, Zusammenstoß, Bergung und Hilfeleistung) zu behandeln. Erst dann werde man zur Beratung des Fracht- und Konnossementsrechts kommen können, dessen Gestaltung wesentlich von dem noch schwebenden Schicksal der Haager Regeln abhänge und vorher schwerlich auch nur grundsätzlich erörtert werden könne. Er wolle jedoch bereits jetzt die Rechtsanwälte Dr. Baur und Dr. Bollmann bitten, die Berichterstattung hierüber zu übernehmen, die auf lange Sicht vorbereitet werden müsse. Herrn Geheimrat Pischel von der Reichsbahn habe er zugesagt, dass er ihn – zwecks Heranziehung der Reichsbahn – rechtzeitig Mitteilung davon machen werde, wenn der Ausschuss zum Durchkonnossement komme.

Sodann nahm OLG-Rat *Dr. Reinbeck* das Wort zu seinem Referat über den Begriff der *Seeschiffsbesatzung* im HGB. Er führte im Wesentlichen das Gleiche aus wie in seinem in der Anlage 1 beigefügten schriftlichen Referat niedergelegt.

Im Anschluss an Leitsatz IV bemerkte der Berichterstatter, Dr. Kuhl habe statt „Reise" den Ausdruck „Fahrt" vorgeschlagen. Er halte den Unterschied nicht für sehr bedeutsam, da offenbar das Gleiche gemeint sei. Er wolle unter Reise jede zweckbestimmte Fortbewegung des Schiffes im Wasser verstanden wissen.

Der *Vorsitzende* dankte dem Berichterstatter für seine umfassenden und treffenden Ausführungen.

Sodann erstattete *Dr. Kuhl* das den Mitgliedern ebenfalls vorliegende und in der Anlage 2 beigefügte Korreferat über den Begriff der Seeschiffsbesatzung im HGB.

Der *Vorsitzende* sprach auch dem Korreferenten den Dank des Ausschusses aus. Er könne den Vorschlägen der beiden Berichterstatter, die ja in weitem Umfange übereinstimmten, in den meisten Punkten beitreten. Es handle sich zweifellos um ein Gebiet, auf dem Wandel geschaffen werden müsse. Die konkrete Ordnung „Schiffsbesatzung" dürfe nicht in jedem Gesetz anders definiert werden. Dass für Einzelfragen vielleicht eine Erweiterung oder Einengung des Begriffs nötig sei, stehe keinesfalls der Notwendigkeit einer allgemeinen Definition entgegen. Denn, dass gleichen Ausdrücken in verschiedenen Gesetzen verschiedene Bedeutung zukomme, müsse schon deshalb ein Ende gemacht werden, weil jeder Volksgenosse aus dem Gesetz eine klare Auskunft müsse entnehmen können.

Die Schiffsgemeinschaft bestehe aus dem Kapitän als dem Bordbetriebsführer, den Offizieren und der übrigen Gefolgschaft. Er stimme also mit dem Inhalt von Leitsatz I und II des Berichterstatters vollkommen überein. Er habe sich jedoch erlaubt, Leitsatz I – Anlage 3 – neu zu formulieren, um die von dem Berichterstatter gegebene Begründung im Leitsatz besonders herauszustellen. Das sei notwendig, um für jedermann die grundsätzliche Linie der Beschlüsse klarzulegen.

Weiter schlage er vor, in dem von ihm eingefügten Leitsatz III den Begriff der Schiffsoffiziere zu kennzeichnen. Der Leitsatz III des Referenten werde dann Leitsatz IV. Hier erscheine es ihm fraglich, ob man dem Worte „Schiffsverband" oder „Bordgemeinschaft" den Vorzug geben solle. Er ziehe das Wort „Schiffsverband" vor, weil darin am besten die Befehlsgewalt des Kapitäns zum Ausdruck komme.

OLG-Rat *Dr. Reinbeck* bezeichnete den Vorschlag des Vorsitzenden zu Leitsatz I als eine dankenswerte Ergänzung.

Rechtsanwalt *Dr. Schulze-Smidt* gab zu bedenken, ob man nicht das Wort „Schiffsverband" in Leitsatz I des Vorsitzenden streichen solle. Andernfalls könne die Meinung entstehen, es handle sich wieder um einen neuen Begriff.

Der *Vorsitzende* erwiderte, er habe keine Bedenken, von den „Angehörigen der Bordgemeinschaft" zu sprechen. Er wolle mit dem Ausdruck „Schiffsverband" keinen neuen Begriff einführen. Das Wort möge gestrichen werden.

Dr. Bramslöw erklärte, man könne vielleicht in dem Wort „Schiffsgemeinschaft" alles zum Ausdruck bringen.

Direktor *Michelau* wies darauf hin, dass man unter „Schiffsverband" gemeinhin den Verband von mehreren Schiffen verstehe. Er halte es deshalb auch für richtig, das Wort Schiffsverband ganz zu streichen.

Ministerialrat *Krieger* bemerkte, der Ausdruck „Bordgemeinschaft" sei vielleicht zu weitgehend.

Der *Vorsitzende* erwiderte, er wolle darunter jeden verstehen, der der Schiffsgewalt unterworfen sei. In Leitsatz II des Berichterstatters schlage er vor, die Worte „... unbeschadet ausdrücklicher Gleichstellung anderer Personen mit den Schiffsleuten in Einzelvorschriften (insbesondere über Reederhaftung)", wegzulassen. Zu seinem Leitsatz II weise er noch darauf hin, dass er hinter dem Worte „Schiffsoffizieren" in Klammern vermerkt habe „wo solche vorhanden", da man bestrebt sein müsse, einen umfassenden Begriff zu schaffen. In der Binnenschifffahrt gebe es zum Beispiel nur vereinzelt Schiffsoffiziere.

OLG-Rat *Dr. Reinbeck* meinte, man solle die eingeklammerten Worte streichen, da sie vielleicht unnötige Bedenken hervorrufen würden.

Der *Vorsitzende* erklärte sich mit der Streichung der fraglichen Worte einverstanden. Um der künftigen Entwicklung des Schiffsoffizierstandes Rechnung zu tragen – er denke dabei namentlich an die Funker und Schiffselektriker – habe er sie in dem eingefügten Leitsatz III noch besonders erwähnt.

OLG-Rat *Dr. Reinbeck* bemerkte: Nach § 2 Seemannsordnung seien Schiffsoffiziere die zur Unterstützung des Kapitäns in der Schiffsführung bestimmten Angestellten, welche zur Ausübung ihres Dienstes eines staatlichen Befähigungsnachweises bedürften. Aus seiner Praxis sei ihm ein Fall bekannt, in dem ein Schiffsoffizier sich auf eine andere Fahrt umstellen wollte und zunächst als einfacher Matrose gefahren sei. Der Schiffsoffizier sei auf dieser Fahrt also nur einfacher Matrose gewesen.

Der *Vorsitzende* erklärte, das Gesetz müsse elastisch sein. Es dürfe den Begriff nicht zu sehr einengen. Die genauere Formulierung müsse dem Gesetz überlassen bleiben.

Kapitän *Klemp* erklärte, er habe eine Abneigung gegen lange Wortzusammenfassungen. Der von einem Mitglied vorgeschlagene Ausdruck „Bordbetriebsgemeinschaft" sei eine solche umständliche Zusammenfassung. Von derartigen Wortbildungen müsse man wieder abkommen. Man solle doch einfach sagen „Schiffsmann", „Schiffsführer" usw.

Der *Vorsitzende* erwiderte, die Leitsätze seien nicht so gedacht, dass ihre Wortfassung Gesetz werden solle. In der künftigen Gesetzesfassung werde vielleicht nur die Rede sein von der „Mannschaft". Bei dem Vorschlag des Kapitän Klemp handle es sich um eine reine Schönheitskorrektur. Da es sich hier aber um Leitsätze handle, scheine ihm das Erfordernis der Klarheit wichtiger zu sein als das Erfordernis der Schönheit. Man solle es darum zunächst bei den gewählten Ausdrücken bewenden lassen. Man könne aber statt „Bordbetriebsgemeinschaft" einfach „Bordgemeinschaft" sagen.

Leitsatz III des Vorsitzenden wurde mit den sich aus der Aussprache ergebenden Abweichungen angenommen.

Der Vorsitzende bemerkte dann zu Leitsatz III in der Fassung des Berichterstatters: Es sei streitig, ob es heißen solle „während der Reise" oder „während der Fahrt". Er möchte diese Einschränkung überhaupt fallen lassen. Maßgebend müsse allein der Begriff der Bordgemeinschaft sein. Dieser Begriff sei unabhängig davon, ob das Schiff fahre oder am Kai liege.

Zur Erläuterung seines Leitsatzes IV bemerke er: Die Debeg [Deutsche Betriebsgesellschaft für drahtlose Telegrafie; gegr. 1911] sende Funker an Bord, die nicht vom Reeder angestellt seien. Diese Funker seien seiner Ansicht nach trotzdem Mitglieder der „Bordgemeinschaft". Nicht zur „Bordgemeinschaft" gehörten dagegen Schlepperbesatzung, Dockarbeiter, Stauereiarbeiter, Schiffsbefestiger und Ewerführer. Zweckmäßigerweise scheine ihm das maßgebende Kriterium die Zugehörigkeit zur Bordgemeinschaft zu sein.

Rechtsanwalt *Dr. Dettmers* warf die Frage auf, was für den Wächter des Schiffes, den Supercargo und den Restaurationspächter zu gelten habe.

Der *Vorsitzende* erwiderte, der Supercarge und der Pächter gehörten zur Schiffsgemeinschaft, der Wächter übe dagegen seinen Dienst aus, wenn das Schiff ohne Besatzung sei.

Rechtsanwalt *Dr. Dettmers* entgegnete, dass auch dann die Besatzung wenigstens zum Teil an Bord sei und nur keinen Dienst ausübe.

Kapitän *Klemp* bemerkte, die Wachleute unterständen dem Hausrecht des Kapitäns, sie befänden sich aber außerhalb der „Bordgemeinschaft".

Dr. Kuhl erklärte, er halte den Zusatz in Leitsatz III des Berichterstatters „während der Fahrt" für unerlässlich. Wenn das Schiff still liege, befänden sich mancherlei Personen an Bord, die nur dem Hausrecht des Kapitäns unterworfen seien.

Dr. Schütte gab zu bedenken, ob sich der von dem Vorsitzenden gebrauchte Begriff der „Bordgemeinschaft" mit den angemusterten Personen decke.

Der *Vorsitzende* erwiderte, er glaube, das treffe in allen Fällen zu.

Kapitän *Maschke* bestätigte das. Auf dem Schiff gebe es während der Fahrt nur zwei Arten von Personen, die Angemusterten und die Fahrgäste. Der Kapitän müsse die Musterrolle unterschreiben. Wenn jemand im Nothafen angenommen werde, so werde er als vorläufig angemustert im Tagebuch vermerkt und die Anmusterung werde vor dem nächsten Konsul nachgeholt.

Dr. Kihl erklärte, wenn man sich dazu entschließe, auf die Angemusterten abzustellen, dann könne man den Zusatz „während der Fahrt" oder „während der Reise" fallen lassen.

Kapitän *Maschke* bemerkte: Unter Fahrt verstehe der Seemann die Fahrt des Schiffes durch das Wasser. Zur Reise gehöre dagegen der gesamte Betrieb. In dem genannten Sinne werde das Wort „Fahrt" auch in der Seestraßenordnung verwendet. Man komme zu weit, wenn man Schiffshandwerker und Stauerleute mit zur Besatzung zählen wolle.

OLG-Rat *Dr. Reinbeck* schlug vor, statt von den „angemusterten Personen" von den „angeheuerten Personen" zu sprechen.

Der *Vorsitzende* entgegnete, man müsse s.E. auf die Musterung abstellen.

Dr. Schütte und Direktor *Michelau* stimmten dem Vorsitzenden zu. Der Musterung liege ja nicht immer ein Dienstvertrag zugrunde, sondern auch zuweilen ein Pachtvertrag, z.B. bei der Restaurationspacht.

Dr. Bramslöw wies darauf hin, dass es Fälle gebe, in denen eine Anheuerung, nicht aber eine Anmusterung erfolge.

Kapitän *Maschke* bestätigte das. So unterbleibe z.B. die Anmusterung infolge Zeitmangels. Sie müsse dann im nächsten Hafen vor dem Konsul nachgeholt werden. Einen Heuerschein bekämen alle Personen, die angemustert würden. Auf dem Heuerschein sei vermerkt, dass die Vergütung laut Vertrag erfolge. Ohne Heuerschein werde niemand angemustert.

Rechtsanwalt *Dr. Schulze-Smidt* führte aus: In § 12 der Seemannsordnung heiße es, dass die Anmusterung die Verlautbarung des Heuervertrages vor dem Seemannsamt sei. Nach den Ausführungen des Kapitän Maschke würden z.B. auch das Blumenmädchen und der Friseur angemustert. Angemustert werden könne aber nur, wer einen Heuerschein habe. S.E. müsse die Anheuerung maßgebend sein.

Ministerialrat *Krieger* äußerte ebenfalls Bedenken. Man könne praktisch mit dem Begriff der Angemusterten nichts anfangen. Rechtlich fuße der Begriff der Anmusterung auf dem der Anheuerung. Angeheuert seien die für Rechnung des Reeders angestellten Personen. Zu ihnen gehöre der Funker nicht. Der fiktive Heuervertrag in solchen Fällen, der nur die Anmusterung ermöglichen solle, sei ein praktischer Ausweg, dürfte aber keineswegs für die Neuregelung maßgebend sein. Man müsse die Seemannsordnung ändern, die Musterrolle müsse dann die Angemusterten und alle übrigen Personen enthalten.

Kapitän *Maschke* bemerkte: In den erwähnten Sonderfällen erfolge in der Regel eine Rückvergütung des geleisteten Entgelts seitens der Reederei. Die Debeg stelle z.B. die Funkoffiziere.

Trotz des fingierten Heuerscheines empfingen die Funker ihr Gehalt jedoch nominell von der Debeg, der es vom Reeder wiederum vergütet werde. Auf einem Schiff der Hamburg Amerika-Linie habe eine Verlagsbuchhandlung mehrere Läden gepachtet mit dem Recht, eine von ihr angestellte Person mit auf die Reise zu schicken. Ebenso sei es bei dem Blumenmädchen, das zugleich die Verpflichtung habe, die Blumenpflege auf dem Schiff zu übernehmen. Es bestehe also ein gewisses Verhältnis zur Reederei. In der Praxis hätten sich in derartigen Sonderfällen noch nie Schwierigkeiten ergeben. Die Notwendigkeit der Eintragung in der Musterrolle hänge mit der ausländischen Gesetzgebung zusammen. In den Vereinigten Staaten dürfe zum Beispiel niemand an Land, der nicht in die Musterrolle aufgenommen sei. Vielleicht sei es zweckmäßig, abzustellen auf die „angemusterten oder anzumusternden Personen".

Dr. Bramslöw schlug vor, die Schwierigkeiten dadurch aus dem Wege zu räumen, dass man sage „die Angemusterten oder Angeheuerten".

Ministerialrat *Krieger* führte aus: Die Bestimmungen der geltenden Seemannsordnung reichten nicht aus. Bei den neuen amerikanischen Schiffen sei der Restaurationsbetrieb verpachtet. Der Reeder habe damit gar nichts zu tun. Für solche Fälle sei die Fiktion eines Heuervertrages wegen der etwa bestehenden Gefahr der Auferlegung von Soziallasten nicht am Platze. Obwohl der Heuervertrag also fehle, werde man die im Restaurationsbetrieb Beschäftigten in Zukunft auch in die Musterrolle aufnehmen müssen. Selbstverständlich brauche man einen Begriff, der für alle Schiffe gelte. Er meine, dass es am richtigsten sei, auf ein festes Merkmal abzustellen. Ein solches Merkmal sei die Eintragung in eine Rolle.

Der *Vorsitzende* bezeichnete diesen Vorschlag als sehr glücklich. Bei der Neugestaltung brauche man auf die wenigen Ausnahmefälle wohl kaum Rücksicht zu nehmen. Man könne z.B. für Segeljachten eine entsprechende Anwendung vorschreiben.

Ministerialrat *Krieger* bemerkte, er stoße sich daran, dass z.Zt. in der Musterrolle Eintragungen über Personen vorgenommen werden, die nicht für Rechnung des Reeders angestellt seien. Sie würden contra oder praeter legem angemustert. Die Debeg-Leute bleiben zum Beispiel im Dienst der Debeg, ihre Anmusterung sei nur eine Form.

Rechtsanwalt *Dr. Baur* schlug vor, man solle von der Musterung absehen und abstellen auf Schiffsdienst und Bordgemeinschaft.

Ministerialrat *Krieger* wies darauf hin, dass im Schiffsdienst auch der Pächter stehe.

Rechtsanwalt *Dr. Baur* erwiderte, man müsse überdies verlangen, dass die in Frage kommenden Personen zugleich der Bordgemeinschaft angehören.

OLG-Rat *Dr. Reinbeck* äußerte Bedenken dagegen, das Wort „anzumusternde" einzuführen. Die fraglichen Personen seien ja nicht nach den gesetzlichen Vorschriften angemustert. Ihre Anmusterung erfolge vielmehr praeter legem.

Dr. Kuhl bezeichnete den Vorschlag „angemusterte oder anzumusternde" als nicht klar. Man dürfe übrigens der künftigen Regelung der Musterrolle nicht zu sehr vorgreifen.

Rechtsanwalt *Dr. Schulze-Smidt* bemerkte, man wisse noch nicht, wie sich die künftige Anmusterung gestalten werde. Es würden aber wohl alle zur Bordgemeinschaft gehörenden Personen in eine Rolle oder ein entsprechendes Verzeichnis aufzunehmen sein.

Kapitän *Maschke* wies darauf hin, dass sich durch die Einführung der allgemeinen Wehrpflicht die Kontrollfunktion der Musterrolle verstärkt habe, da die Frage, ob Seeleute sich ins Ausland begeben dürfen, in diesem Zusammenhang von großer Bedeutung sei. Schon allein aus diesem Grunde sei es nötig, dass die Besatzung in eine Liste, eben die Musterrolle, aufgenommen werde. Der Inhalt der Musterrolle werde sich auch in Zukunft nicht wesentlich verändern.

Rechtsanwalt *Dr. Baur* bemerkte, man befinde sich seiner Meinung nach in einem circulus vitiosus. Wer in die Rolle gehöre, müsse zur Besatzung gehören. Es frage sich aber, wer in die Rolle gehöre.

Rechtsanwalt *Dr. Bollmann* gab zu bedenken, ob man nicht auf „alle der Seemannsordnung unterworfenen Personen“ abstellen solle.

Der *Vorsitzende* und Ministerialrat *Krieger* bezeichneten diesen Vorschlag als bedenklich.

OLG-Rat *Dr. Reinbeck* empfahl, zu dem von ihm vorgeschlagenen Leitsatz III zurückzukehren. Die Reise beginne mit der Annahme der Leute. Die Heranziehung der Begriffe Anmusterung und Anheuerung führe nur zu einer Verengung und Komplizierung der Sache.

OLG-Rat *Segelken* wies darauf hin, dass man doch nach Möglichkeit einen umfassenden Begriff schaffen wolle. Vielleicht könne man sagen „die im Schiffsdienst Beschäftigten“, statt es auf die Anstellung ankommen zu lassen. Dadurch werde dann auch zum Beispiel die Beschäftigung auf einer Segeljacht getroffen.

Dr. Bramslöw trat dem Vorredner bei. Erforderlich sei eine möglichst umfassende Definition. Von den Reiseteilnehmern sollten nur die Fahrgäste ausgeschlossen bleiben. Zur Schiffsmannschaft würden demnach alle diejenigen gehören, die – nicht nur vorübergehend – an Bord Schiffsdienst täten.

Der *Vorsitzende* schlug vor, zu formulieren: „die für die Reise beschäftigten Mitglieder der Bordgemeinschaft“. Der Begriff der Bordgemeinschaft ergebe sich aus Leitsatz I – Anlage 3 –. Leitsatz IV müsse nach dem Ergebnis der Diskussion nunmehr lauten: „Zur Schiffsmannschaft gehören alle übrigen im Schiffsdienst beschäftigten Angehörigen der Bordgemeinschaft.“

Ministerialrat *Krieger* stellte die Frage, ob man nicht das Moment der Befehlsgewalt hervorheben solle.

Der *Vorsitzende* erwiderte, dieses Moment ergebe sich bereits aus dem Begriff der Bordgemeinschaft. Die ganze Tragweite der Leitsätze lasse sich erst dann übersehen, wenn man die neugewonnene Begriffsbestimmung anhand der in Frage kommenden Normen des geltenden Rechts nachprüfe.

Die Nachprüfung geschah anhand des vom Vorsitzenden in der Anlage 3 unter V aufgestellten Verzeichnisses der Gesetzesstellen. Widersprüche ergaben sich nicht.

Der Vorsitzende bemerkte dazu, § 524 HGB sei in diesem Zusammenhang nicht nachzuprüfen. Die Verklarung müsse neu geregelt werden und zwar im Zusammenhang mit den Zwischenfällen der Reise. § 526 HGB sei besser in der nächsten Sitzung zu erörtern.

OLG-Rat *Dr. Reinbeck* empfahl, in § 519 Abs. 2 HGB zu sagen „durch einen Schiffsoffizier oder einen geeigneten Schiffsmann“.

Der *Vorsitzende* bemerkte, in den aufgeführten Paragraphen müsse überall statt „Schiffsmannschaft“ „Schiffsbesatzung“ gesagt werden.

Zu behandeln sei dann noch sein Leitsatz IV – Anlage 3 –, der sich im Wesentlichen decke mit Leitsatz IV des Berichterstatters. Hier tauche die grundsätzliche Frage auf, ob für die Personen, die nicht zur Schiffsbesatzung in dem neuen Sinne gehörten, vom Reeder gehaftet werden solle. Das Reichsgericht habe in einer bekannten Entscheidung ausgesprochen, dass die Interessenlage mit Rücksicht auf das Gefahrmoment, das der Reeder geschaffen habe, die Haftung des Reeders gebiete. Es frage sich, ob man dem Reichsgericht auch für die Zukunft folgen solle.

Dr. Riensberg führte aus: Er sei der Meinung, dass die Reederhaftung in dieser Richtung zu weit gehe. Die bisherige Stellung von Schrifttum und Rechtsprechung erkläre sich aus den früheren Verhältnissen. Sie beziehe sich namentlich auf die Haftung für den Stauer. Laden und Löschen sei früher Sache der Schiffsbesatzung gewesen. Inzwischen habe sich aber die praktische Handhabung vollkommen geändert. Heute habe die Schiffsbesatzung in der Regel nichts mehr mit dem Laden und Löschen zu tun. Das sei jetzt Sache der Stauereifirmen. Wenn man den Reeder für Verschulden des Stauers haften lasse, wie es das Reichsgericht tue, so lege man ihm eine Haftung auf, wie sie kein anderer Unternehmer trage. Dass der Reeder für den Lotsen, der Schiffsdienste tue, haften müsse, sei einzusehen. Wenn aber das Schiff im Hafen liege, stehe der Reeder jedem anderen Unternehmer gleich. Es gehe zu weit, wenn der Reeder bedingungslos für die Angestellten des Stauers haften solle. Der Stauer habe nur selten seine eigenen Leute, meistens beschäftige er unständige Arbeiter. Die Exkulpation stehe bei der außervertraglichen Haftung jedem anderen Unternehmer frei, im Falle des § 485 HGB genieße aber der Reeder diesen Schutz nicht. Diese Unterscheidung sei nicht gerechtfertigt. Der Reeder müsse den anderen Unternehmern gleichgestellt werden. Man möge bedenken, dass der Reeder nicht den geringsten Einfluss auf die Leute des Stauers habe.

Rechtsanwalt *Dr. Dettmers* führte zur Beleuchtung des Problems einen Fall an, wie er sich leicht einmal in der Praxis ereignen könne. Man möge einmal annehmen, dass ein durch unvorsichtiges Rauchen eines Stauereiarbeiters entstandenes Feuer sich auf andere Schiffe ausdehne. Der Reeder des Schiffes, auf dem der Arbeiter tätig gewesen sei, werde daraufhin gemäß § 485 HGB in Anspruch genommen. Für diesen Fall halte er Dr. Riensbergs Ausführungen für zutreffend. Die Interessenlage gebiete eine so weitgehende Ausdehnung der Haftung nicht. Es genüge vollkommen, wenn der Geschädigte einen Anspruch aus § 831 BGB habe, der dem Reeder die Exkulpationsmöglichkeit gewähre. Dagegen halte er die Haftung des Reeders für Leinenverholer für gerechtfertigt. Sie werde auch in der Praxis stets anerkannt. Die Frage der Haftung für Schlepper sei wohl besser zurückzustellen.

OLG-Rat *Dr. Reinbeck* gab zu, dass das Problem der Haftung zu Zweifeln Anlass gebe. Er glaube aber, dass wesentliche Gesichtspunkte noch nicht erwähnt seien. Der Ausdehnung der Haftung stehe doch die Haftungsbeschränkung gegenüber. Würde der Reeder nur nach allgemeinen Vorschriften haften, so käme bei Vertragsverhältnissen § 278 BGB in Frage, für außervertragliche Verhältnisse stelle § 831 HGB die Vermutung eigenen Verschuldens für den Reeder auf, gebe ihm aber gleichzeitig die Exkulpationsmöglichkeit.

Rechtsanwalt *Dr. Dettmers* wies darauf hin, dass die verschiedenen Haftungsmöglichkeiten nebeneinander beständen. Der Geschädigte könne sich auch auf §§ 278, 831 BGB stützen.

OLG-Rat *Segelken* führte aus: Man dürfe die Reederhaftung für den Lotsen und die Haftung für den Stauer nicht verschieden behandeln. Der Grundgedanke müsse vielmehr sein, dass die Reederhaftung für Schadensfälle bei solchen Diensten Platz greife, die als typische Schiffsdienste anzusehen seien. Gleichgültig müsse dabei sein, ob es sich um Land- oder Schiffsangestellte handle. Der Stauer leiste auch heute noch typische Schiffsdienste. Seiner Ansicht nach dürften die ergebnisse moderner Arbeitsteilung gegenüber den wohlbegründeten Rechtssätzen der Rechtsprechung nicht ausschlaggebend sein. Entscheidend sei vielmehr, ob eine Verrichtung typischer Schiffsdienst sei oder nicht.

Rechtsanwalt *Dr. Dettmers* warf die Frage auf, ob auch die Schiffsanstreicher typische Schiffsdienste leisteten. Diese Arbeit habe früher auch zum Tätigkeitsbereich der Besatzung gehört.

OLG-Rat *Segelken* erklärte, dass er aus diesem Grunde die Frage bejahen möchte.

Der *Vorsitzende* bemerkte, dass die Stauerei heute nicht mehr typischer Schiffsdienst sei. Es sei wohl darauf abzustellen, dass diese Dienste in das Gebiet der typischen Schifffahrtsgefahr fielen. Das sei der ausschlaggebende Gesichtspunkt für die teils erweiterte, teils beschränkte Reederhaftung. Unter diesem Gesichtspunkte müsse der Reeder für den Stauer haften. Er wolle dies trotz mancher Zweifel auch für das künftige Recht vorschlagen. Andernfalls müsse man verschiedene Fälle unterscheiden, denn bei vielen kleineren Schiffen lade und lösche die Mannschaft auch heute noch. Das reichsgerichtliche Urteil über die Haftung für Stauer, dessen Verfasser er sei, decke sich auch mit Wüstendörfers Ansicht.

Kapitän *Maschke* führte aus. Wenn das Schiff im Hafen liege, dürfe es seinem Gefühl nach nicht anders als irgendein Landbetrieb behandelt werden. Wenn die Zimmerleute der Hapag vom Hapaggebäude oder von einem Hapagdampfer ein Werkzeug fallen ließen und dadurch einen

Schaden anrichteten, so müsse die Hapag haften. Anders sei es aber doch wohl, wenn die Hapag eine Spezialfirma beauftrage und nun einer von diesen Leuten einen Schaden verursache. In diesem Falle könne doch eine Haftung nicht in Frage kommen, einerlei, ob es sich um ein Schiff oder ein Gebäude handle. Praktisch habe übrigens der Kapitän keine Befehlsgewalt über die Stauereiarbeiter, zumal da sie oft seine Sprache nicht einmal verständen. Alle Anweisungen und Befehle gingen dann über den Vorarbeiter, den Vertreter des Stauers. Sehr oft sei aber dann der Unfall bereits eingetreten. Die Stauereiarbeiter seien nicht immer sachgemäß ausgesucht, ihm scheine das Schiff, wenn es am Kai liege, nur ein Teil der Kaianlage zu sein. Das Gleiche müsse gelten, wenn ein Leichter längsseits liege.

Der *Vorsitzende* erwiderte, man dürfe die Landverhältnisse nicht heranziehen. Für die Schifffahrt gelte ja gerade das Sonderrecht der See.

Kapitän *Klemp* erklärte, er sei anderer Ansicht als Kapitän Maschke. Sache des Seerechtsausschusses sei es gerade, die Verwässerung der besonderen Merkmale der Seeschifffahrt zu verhindern. Wenn der Kapitän Stauer annehme, so müsse er auch die Aufsicht und Kontrolle führen. Dann dürfe nicht einfach Landurlaub genommen und die Sache den Stauern überlassen werden. Die Schiffsleitung habe auch die Anstreicher zu beaufsichtigen. Auf der anderen Seite müsse die Macht der Schiffsleitung gestärkt werden.

Dr. Bramslöw erklärte, man dürfe die Reederhaftung nicht davon abhängig machen, ob der Schadensstifter zur Schiffsbesatzung gehöre. De lege lata hätten die Juristen sich allerdings bemüht – z.T. mit recht spitzfindigen Argumenten – die Haftung für Schauerleute und ähnliche Hilfskräfte der Schifffahrt auf diese Weise zu begründen. In diesem Zusammenhang sei auch darauf hingewiesen worden, dass der Umschlag in früheren Zeiten regelmäßig von der Schiffsbesatzung ausgeführt [worden] wäre. Für die Auslegung des geltenden Gesetzes sei dieser Hinweis berechtigt; denn es handle sich um eine Bestimmung, die aus dem ADHGB übernommen wäre, bei dessen Schaffung die Verhältnisse so gelegen hätten. In noch früherer Zeit wäre allerdings die Stauung häufig vom Ablader und dessen Leuten besorgt worden. Dr. Bramslöw verwies hierbei auf seine Abhandlung über die Entwicklung des Stauereiwesens in der Zeitschrift für Verkehrswissenschaft, 1922 Heft 6; vgl. auch vom gleichen Verfasser: Grundsätzliches zum Recht des Stauervertrages, Hanseatische Rechtszeitschrift 1924 S. 561 ff. De lege ferenda käme es aber auf diese Dinge nach seiner Ansicht gar nicht entscheidend an. Man müsse sich vielmehr vor Augen halten, dass die außervertragliche Haftung des Reeders auf eine Gefährdungshaftung zurückginge, die schon vor dem Inkrafttreten des ADHGB als Gewohnheitsrecht gegolten habe. Diesen Grundsatz müsse man auch in das neue Recht einbauen.

Bezüglich der außervertraglichen Reederhaftung wäre somit darauf abzustellen, ob sich der betreffende Unfall im Schiffsbetrieb ereignet hätte. Die Tätigkeit des Lotsen ergäbe in dieser Hinsicht keinen Zweifel, obwohl der Lotse nicht zum Schiffsverband gehöre. Denn der Lotse sei dem Kapitän bei einem typischen Schiffsdienst, in der Navigation, behilflich. Ähnliches gelte auch wohl vom Schleppen.

Zweifelhaft sei die Lage jedoch bezüglich der Stauerei. Er habe sich vor bald anderthalb Jahrzehnten in seiner Doktordissertation [*Otto Bramslöw,* Die Rechtsstellung des Stauers, Diss. iur. Hamburg 1922/23] eingehend mit dieser Frage befasst und dabei generell für die analoge Anwendung von § 485 HGB ausgesprochen. Jetzt hätten ihn die Ausführungen von Kapitän Maschke etwas schwankend gemacht, insbesondere der Hinweis, dass das Schiff am Kai eigentlich nur dessen Verlängerung darstelle. Auch müsse er Dr. Riensberg darin beipflichten, dass die bedingungslose Anwendung der außervertraglichen Reederhaftung auf das Stauereiwesen zu unbilligen Härten führen würde. Vor allem könnte man geltend machen, dass Unfälle beim Kaiumschlag grundsätzlich ebenso zu behandeln seien, wie Unfälle in anderen Landbetrieben.

Andererseits habe Kapitän Klemp sehr richtig auf die Nachteile hingewiesen, die sich bei allzu großer Differenzierung der Verantwortung für den Schiffsbetrieb ergeben würden, und es ließe sich sehr gut die Ansicht vertreten, dass der Reeder für alles, was unter der Aufsicht des Kapitäns geschehe, einstehen müsse. Die Härte dieser Regelung würde dadurch gemildert, dass, wie im geltenden so auch im zukünftigen Gesetz, der Erweiterung des Haftungsbereichs eine Beschränkung ihres Umfanges gegenüber stehen würde.

Dr. Riensberg führte aus: Die Ausführungen von Kapitän Klemp und Dr. Bramslöw hätten ihn nicht überzeugt. Sicherlich könnten Reeder und Kapitän sich den Ladungsbeteiligten gegenüber nicht darauf berufen, dass die Stauung nicht in Ordnung gewesen sei. Hier handle es sich ja um die vertragliche Haftung, die dem Reeder zweifellos obliege. In Frage stehe die Haftung gegenüber Dritten. Er frage, ob es denn wirklich rechtens sein solle, dass der Reeder für Fehler in der Beschaffenheit der Winden Dritten gegenüber haften solle. Der Reeder habe keine Möglichkeit, dafür Sorge zu tragen, dass nur wirklich gute Leute die Stauerarbeit vornähmen. Wenn hier und da zu beobachten sei, dass die Besatzung die Stauung vornehme, so sei das durchaus nicht ein typischer Fall. In solchen Fällen müsse der Reeder natürlich haften, denn er arbeite dann mit *seinen* Leuten.

Kapitän *Maschke* legte dar: Selbstverständlich sei der Reeder verantwortlich, wenn der Stauer falsch staue. Ebenso sei er verantwortlich für die gute Beschaffenheit des Ladegeschirrs. Die Stroppen und Ketten bringe der Stauer selbst mit. Den Stroppen könne man allenfalls die schlechte Beschaffenheit ansehen, nicht aber den Ketten. Für diese Dinge müsse der Stauer selbst verantwortlich sein. Für sachgemäße Stauung im Hinblick auf die Sicherheit des Schiffes sei dagegen der Reeder verantwortlich. Für alles, was die Stauereiarbeiter Dritten an Schaden zufügten, könne der Reeder nicht verantwortlich sein.

Ministerialrat *Krieger* erklärte, er stimme mit Dr. Riensberg und Kapitän Maschke im Wesentlichen überein. Man müsse die Haftung für Güter, die der Reeder an Bord genommen habe, scheiden von der Haftung für Schäden Dritter. Hierbei denke er beispielsweise an den von Dr. Dettmers erwähnten Brandfall oder an den Fall, dass ein Vorübergehender beim Umschlag am Kai beschädigt würde. Für diese Schäden könne man den Reeder nicht haften lassen. Dass etwas früher typischer Schiffsdienst gewesen sei, könne nicht maßgebend gewesen sein. Er meine also, dass man § 485 HGB auf die heute typischen Schiffsdienstverrichtungen einengen müsse.

Der *Vorsitzende* bemerkte, die Kommentare sprächen von den „für die Seefahrt erforderlichen Verrichtungen". Für die Erwerbsseefahrt sei das Löschen und Stauen sicher nötig. Er glaube aber nicht, dass man diese Tätigkeit unbedingt hineinziehen müsse. Es seien erhebliche Gründe für und wider geltend gemacht worden. Die Haftung für den Zwangsstauer werde man sicherlich ablehnen müssen. Er möchte anregen, dass die Herren Kapitän Maschke, Kapitän Klemp, OLG-Rat Dr. Reinbeck und Dr. Riensberg die Frage der Haftung noch einmal besprächen und dann dem Ausschuss einige Leitsätze vorlegten. Er halte es nicht für richtig, Leitsätze am Ende einer langen Sitzung zu formulieren. Er bitte die Herren auch, den Fall des Leinenverholers und des Schiffsanstreichers zu erwägen.

OLG-Rat Dr. Reinbeck bemerkte, die Abstellung auf die typischen Schiffsdienste erscheine ihm ungeeignet. Die Verhältnisse seien z.B. bei der Europa vollkommen anders als bei einem kleinen Ostseesegler. Auf diesem Wege werde man sich daher nie einigen. Vor allen Dingen würden sich auch Beweisschwierigkeiten ergeben. Er glaube, man werde die Entscheidung davon abhängig machen müssen, ob ein fremder Betrieb die Tätigkeit übernommen habe, oder ob nur einige einzelne Leute angenommen seien. Das müsse wohl auch für die Frage der Stauer gelten.

Der *Vorsitzende* schloss darauf die Sitzung mit dem Bemerken, dass die nächste Sitzung voraussichtlich am Montag, dem 7. Dezember 1936 um 16 Uhr stattfinden werde.

Anlage 1:

Referat von Dr. Reinbeck über den „Begriff der Schiffsbesatzung"

... *Die Aufgabe des Seerechtsausschusses* wird zunächst eine Prüfung sein, ob die Begriffsbestimmung des § 481 unverändert in das neu zu schaffende Seerecht zu übernehmen oder durch eine sachlich und formell geänderte Bestimmung zu ersetzen sein wird. Letzterenfalls wird weiter zu untersuchen sein, in welcher Weise die sonstigen, den Begriff der Schiffsbesatzung und der Schiffsmannschaft voraussetzenden Gesetzesvorschriften der neuen Begriffsbestimmung anzupassen sind.

A. Eine Begriffsbestimmung der Schiffsbesatzung und auch der Schiffsmannschaft im neuen HGB ist wegen der grundlegenden Bedeutung dieser Begriffe für viele Einzelvorschriften erforderlich. Eine Übernahme des § 481 in seiner jetzigen Fassung wird nach dem Gesagten nicht empfohlen werden können. Die seit der Schöpfung dieser Norm eingetretene Entwicklung der Seeschifffahrt und ihres Rechtes wird im Anschluss an die neue Rechtsauffassung, wie sie auf diesem Gebiete bereits im ArbOrdG zum Durchbruch gekommen ist und für die neue SO maßgeblich sein wird, zu berücksichtigen sein.

Leitsatz 1: Die Begriffe der „Schiffsbesatzung" und der „Schiffsmannschaft" sind entsprechend der Rechtsauffassung des nationalsozialistischen Staates neu zu bestimmen.

Leitsatz II: Der allgemein maßgebliche Begriff der Schiffsbesatzung umfasst den Bordbetriebsführer (Kapitän, Schiffer) und die aus den Schiffsoffizieren und der Schiffsmannschaft bestehende Gefolgschaft, unbeschadet ausdrücklicher Gleichstellung anderer Personen mit den Schiffsleuten in Einzelvorschriften (insbesondere über Reederhaftung).

Leitsatz III: Zur Schiffsmannschaft gehören alle während der Reise aufgrund eines Anstellungsverhältnisses für Schiffszwecke in den Schiffsverband (und unter die Schiffsgewalt des Kapitäns) tretenden Personen mit Ausnahme des Lotsen.

Leitsatz IV: In den Vorschriften über die Haftung des Reeders für Schäden, die auf Verschulden einer Person der Schiffsbesatzung in Ausführung ihrer Verrichtungen zurückzuführen sind, werden der Schiffsbesatzung gleichgestellt alle übrigen zu Diensten für das Schiff in Verbindung mit einer Reise tätig werdenden Personen.

Leitsatz V: Die Befugnis des Schiffers im Heimathafen nach § 526 Abs. 2 ist auf die Annahme der Schiffsoffiziere, der Schiffsmannschaft und der zur Ausführung der Reisen einschließlich des Löschens und Ladens tätig werdenden Personen auszudehnen.

Anlage 2:

Korreferat von Dr. Kuhl: Begriff der Seeschiffsbesatzung im HGB

Der Herr Referent hat in seinem eingehenden Bericht gezeigt, dass es im geltenden deutschen Recht nicht weniger als vier verschiedene Legaldefinitionen des Begriffs der Schiffsbesatzung gibt und auch die Gründe hierfür erläutert.

Ist es schon wenig erfreulich, dass ein durch die Verhältnisse für jedes einzelne Schiff fest gegebener Personenkreis – wie seine Besatzung – in verschiedenen Gesetzen je nach deren Zweck verschieden umrissen wird, so zeigen die in den Abschnitten III und IV des Referats behandelten Zweifelsfragen erst recht, dass die geltenden Definitionen dringend verbesserungsbedürftig sind. Das gilt zunächst von der Definition des § 481 HGB, die zu den merkwürdigsten Auslegungen geführt hat. Aufgrund dieser absichtlich unbestimmt gehaltenen Begriffsbestimmung zählte man Personen zur Schiffsbesatzung, um die für sie gewollte Reederhaftung rechtfertigen zu können.

Nachdem Prof. Wüstendörfer auf den Methodenfehler aufmerksam gemacht hat, der in der Verkopplung der Begriffsbestimmung der Schiffsbesatzung mit der Haftung des Reeders besteht, wird im künftigen Gesetz vor allem dieser Fehler vermieden werden müssen. Daraus ergibt sich die Notwendigkeit, die jetzige Definition des § 481 HGB durch eine andere zu ersetzen, die nicht nach der Haftungsseite hinüberschielt, sondern geradeaus schaut auf die tatsächlichen Gegebenheiten des neuzeitlichen Schiffsbetriebes. Gleichzeitig muss aber auch die Haftungsfrage gesondert und in angemessener Weise neu geregelt werden (z.B. gem. Leitsatz IV).

Es wäre nun bedauerlich, wenn eine neue Begriffsbestimmung der Schiffsbesatzung im HGB nur für dieses Gesetz zugeschnitten würde. Zum mindesten muss versucht werden, die bestehende Kluft zwischen den Definitionen im HGB und in der Seemannsordnung zu überbrücken, zumal die Voraussetzung für den Begriff des Schiffsmanns gem. § 3 Abs. 2 SeemO – Anstellung für Rechnung des Reeders – den heutigen Erfordernissen, insbesondere auf großen Fahrgastschiffen, nicht mehr gerecht wird. Bleibt danach doch offen, ob die zahlreichen teils selbständigen Gewerbetreibenden, wie Friseure, Masseure usw., die einen Geschäftsraum an Bord gepachtet haben, oder die Angestellten selbständiger und bordfremder Unternehmer in Verkaufsläden oder Gaststätten an Bord, ferner auch die von der [Betr.Ges. für drahtlose Telegraphie] aufgrund von Sachmiete mit Dienstverschaffungsvertrag den Schiffen zur Verfügung gestellten Funker zur Schiffsmannschaft im Sinne der Seemannsordnung gehören. Die Praxis der Großreedereien hilft sich in der Weise, dass die genannten Personen vertraglich verpflichtet werden, sich als Schiffsleute behandeln zu lassen und anzumustern, ein Verfahren, dessen Rechtsgültigkeit im Hinblick auf § 1 Abs. 2 SeemO, zum mindesten zweifelhaft ist.

Den Weg, der zur Neubestimmung und gleichzeitig zur Vereinheitlichung des Schiffsbesatzungsbegriffs führt, weist die nationalsozialistische Lehre von der Betriebsgemeinschaft und das Gesetz zur Ordnung der nationalen Arbeit. Wenn von diesem Gesetz auch nur einige wenige Vorschriften auf die Schifffahrt Anwendung finden sollen, so ist es doch selbstverständlich, dass die künftigen arbeitsrechtlichen Vorschriften für die Seeschifffahrt den Grundgedanken dieses Gesetzes gerecht werden müssen. Danach gehören aber alle, die in demselben Betriebe gemeinsam zur Förderung der Betriebszwecke arbeiten, zusammen und werden durch das Bewusstsein der Betriebsgemeinschaft zusammengehalten. Mit dieser Auffassung würde aber nicht in Einklang stehen, wenn von einer Veranstaltung der Bordbetriebsgemeinschaft etwa die Verkäuferin im Blumengeschäft des Fahrgastdampfers ausgeschlossen sein sollte, weil sie nicht „für Rechnung des Reeders", sondern des Ladenpächters angestellt ist. Arbeitet sie doch in demselben Bordbetriebe wie der vom Reeder angestellte Steward zu demselben Zwecke, nämlich den Fahrgästen das Leben während der Fahrt möglichst angenehm zu gestalten. Dagegen wird man den Lotsen, obwohl er auch Betriebszwecken, nämlich sicherer Fahrt des Schiffes dient, nicht zur Gefolgschaft des Bordbetriebes zählen zu können, weil er als Gewerbetreibender oder als Staatsbeamter bald diesem bald jenem Bordbetriebe und nur für kurze Zeit seine Dienste zur Verfügung stellt. Ebenso wenig können zur Gefolgschaft des Bordbetriebes gerechnet werden Handwerker, die im Hafen Reparaturen ausführen, oder Schauerleute, die das Schiff beladen oder löschen, ob sie nun von einem Stauereiunternehmer beschäftigt werden und zu dessen Gefolgschaft gehören oder vom Reeder unmittelbar als Ladungsarbeiter angenommen werden. Die *besondere* Bordbetriebsgemeinschaft besteht nur, weil das Schiff auf der Fahrt vom Reedereibetriebe räumlich losgelöst und weit entfernt ist (vgl. § 4 Abs. 2 AOG); die Zugehörigkeit zu diesem besonderen Bestandteil des allgemeinen Reedereibetriebes ist also auf das *fahrende* Schiff abzustellen.

Aus diesen Gedankengängen heraus, die von den tatsächlichen Verhältnissen an Bord und den vom deutschen Volke erfühlten Voraussetzungen einer Betriebsgemeinschaft ausgehen, scheint es mir möglich, eine Begriffsbestimmung für die Schiffsbesatzung zu finden, die Geltung zum mindesten für das neue HGB und die neue Seemannsordnung beanspruchen darf. Hieraus ergibt sich meine grundsätzliche Übereinstimmung mit den Vorschlägen des Herrn Referenten in den Leitsätzen I bis III.

Im Leitsatz III möchte ich jedoch vorschlagen, statt „während der Reise" zu setzen „während der Fahrt", da der Begriff der Reise nicht allen Bedürfnissen zu genügen scheint. Für ein Seeschiff wird man unter „Reise" nur die Fahrt von einem Hafen nach einem anderen Hafen verstehen können, nicht die Fahrt innerhalb eines Hafens. Gerade für solche Fahrten (Verholen) werden aber unter Umständen besondere Leute angenommen, die für Schiffszwecke in den Schiffsverband und unter die Schiffsgewalt des Kapitäns treten.

Die vorgeschlagene Verengung des Schiffsbesatzungsbegriffs gegenüber der bisherigen Fassung des § 481 HGB erfordert eine besondere Regelung der Haftung des Reeders für Verwendung von Hilfskräften im arbeitsteiligen Schifffahrtsbetrieb *unabhängig* von der Frage, ob diese Personen, für welche die Haftung des Reeders unter Beschränkung auf das Schiffsvermögen als angemessen angesehen wird, zur Schiffsbesatzung gehören. Nach der vom Reichsgericht übernommenen Lehre Wüstendörfers (Seeschifffahrtsrecht S. 519/520) ist das entscheidende Kriterium für die Angemessenheit der Reederhaftung die Gleichheit der Interessenlage. Der im Schifffahrtsbetrieb geschädigte Dritte soll nicht schlechter gestellt sein, wenn die betreffende Schiffsarbeit – statt von Mitgliedern der Besatzung – von bordfremden Hilfspersonen des Reeders verrichtet wurde.

Unter Zugrundelegung dieses Kriteriums scheint mir der Wortlaut des Leitsatzes IV etwas weit gefasst zu sein. Zu Diensten für das Schiff in Verbindung (nämlich Vorbereitung) einer Reise werden auch alle Handwerker tätig, welche im Hafen Reparaturen ausführen (Zimmerleute, Kesselschmiede, Tischler, Maler usw.). Für *diese* Angestellten betriebsfremder Unternehmer ist eine Haftung des Reeders sicher nicht beabsichtigt; sie verrichten wohl Dienste für das Schiff, aber nicht typische „Schiffsdienste", wie der Stauer, der mit seinen Leuten anstelle der Schiffsmannschaft das Schiff staut. Dass der Lotse, der den Kapitän berät oder im Einverständnis mit dem Kapitän das Schiff führt, typische Schiffsdienste verrichtet, dürfte nicht zweifelhaft sein. Auch die Schlepperbesatzung, die ihre Anweisungen vom geschleppten Seeschiffe erhält, leistet für dieses mit dem Schlepper als „nach außen verlegter Maschine" des Seeschiffes für dieses Schiffsdienste. Gleiches gilt für Leinenbefestiger. Ich schlage deshalb vor, im Leitsatz IV am Ende zu setzen: „werden der Schiffsbesatzung gleichgestellt alle Personen, die in Verbindung mit einer Fahrt des Schiffes Schiffsdienste (oder Schiffsarbeiten) im Auftrage des Reeders oder Kapitäns verrichten.

Da ich in meinem Referat „Der Kapitän" eine Beschränkung der Kapitänsvollmacht für Häfen vorgeschlagen habe, in denen der Reeder eine feste Agentur unterhält, würde bei Annahme dieses Vorschlages im Leitsatz V hinter Heimathafen der Zusatz „und diesem gleichgestellten Häfen" notwendig werden.

Anlage 3: Die Begriffe der „Schiffsmannschaft" (Lindenmaier):

I. Die Begriffe der „Schiffsbesatzung" und der „Schiffsmannschaft" sind entsprechend der Rechtsauffassung des nationalsozialistischen Staates zu bestimmen. Sie sind zu entnehmen aus dem Rechtsgedanken der Bordgemeinschaft zwischen Führer des Schiffs als Bordbetriebsführer und Inhaber der Schiffsgewalt und seiner Gefolgschaft (Schiffsverband): Entsprechend der Gemeingültigkeit dieses Gedankens sind sie für alle einschlägigen Rechtsgebiete (Seerecht, Binnenschifffahrtsrecht und Flößereirecht einschließlich ihrer arbeitsrechtlichen und versicherungsrechtlichen Teilgebiete) nach Möglichkeit – unbeschadet notwendiger Anpassung im Einzelfall – einheitlich festzulegen.

II. Die Schiffsbesatzung umfasst danach den Schiffsführer (Kapitän, Schiffer) und die aus den Schiffsoffizieren (wo solche vorhanden) und der Schiffsmannschaft bestehende Schiffsgefolgschaft.

III. Schiffsoffiziere sind die vom Gesetze als solche bezeichneten, für besondere Schiffsdienstverrichtungen angestellten Angehörigen des Schiffsverbandes.

IV. Zur Schiffsmannschaft gehören alle übrigen für den Schiffsdienst angestellten Angehörigen des Schiffsverbandes mit Ausnahme des Lotsen (also auch Angestellte selbständiger Funkunternehmer, die Borddienst tun; nicht z.B. aber die Besatzungen angenommener Schlepper und nicht in den Schiffsverband tretende Schiffsbefestiger, Leinenverholer, Stauerei- und Dockarbeiter und Ewerführer).

V. Eine Begrenzung der Schiffsbesatzung des zu II-IV festgelegten Umfangs ist im Besonderen zugrunde zu legen in den Vorschriften:

HGB §§ 485, 486, 487, 512, 563, 702, 706 Nr. 4, 706 Nr. 5, 723, 740, 742, 520, 522, 524, 525, 513, 517, 519, 526 (geeigneter Erweiterung Leitsatz V bei Erört. d. Befugnisse des Kapitäns zu behandeln.)

JUZ: Art. 4. BinSchG §§ 3, 4, 5, 7, 45, 79, 85, 92, 95. StrandO: § 16; GVG: § 105; ZPO: §§ 904, 933.

Die Bestimmung des HGB § 502 Abs. 2 ist nach der neuerlichen Beschlussfassung gegenstandslos.

VI. Soweit der Reeder für Verschulden einer Person der Schiffsbesatzung in Ausführung ihrer Dienstverrichtungen haftet, stehen diesen Personen gleich alle sonstigen zu Schiffsdiensten in Verbindung mit einer Reise tätig werdenden Personen (z.B. Leinenverholer, Hafenmaler, Stauereiarbeiter).

29. Arbeitssitzung vom 7.12.1936 (16 bis 19.30 Uhr)

Anwesend:
Vorsitzender: Reichsgerichtsrat Dr. Lindenmaier, Leipzig
2. Schriftführer: Richter Dr. Bramslöw, Hamburg
und als weitere ständige Mitglieder:
Rechtsanwalt Dr. Baur, Hamburg
Rechtsanwalt Dr. Bollmann, Hamburg
Direktor Brandt, Hamburg
Rechtsanwalt Dr. Heynen, Hamburg
Rechtsanwalt Dr. Hillemann, Hamburg
Kapitän Kuhl, Hamburg
OLG-Rat Dr. Reinbeck, Hamburg
Dr. Riensberg, Hamburg
Dr. Schütte, Hamburg
Rechtsanwalt Dr. Schulze-Smidt, Bremen
OLG-Rat Segelken, Hamburg
Direktor Sturm, Hamburg
vom Reichsjustizministerium:
Ministerialrat Krieger, Berlin
Richter Dr. Gramm, Berlin
vom Reichsverkehrsministerium:
Ministerialrat Dr. Fessler, Berlin
als Gäste:
Kapitän Maschke, Hamburg
Oberregierungsrat Dr. Schrader, Hamburg
als Protokollführer:
Dozent Dr. habil. Möller, Hamburg
für das Stenogramm:
Assessorin Krüger, Wandsbek
entschuldigt fehlten:
Dozent Dr. habil. Capelle, Hamburg
Rechtsanwalt Dr. Dettmers, Bremen
Rechtsanwalt Dr. Droege, Hamburg
Lotse Lührs, Altona
Rechtsanwalt Dr. Raeke, Hamburg

Der *Vorsitzende* eröffnete die Sitzung mit der Begrüßung des vom Reichsverkehrsministerium zu dieser Sitzung besonders entsandten Ministerialrat Dr. Fessler, Richters Dr. Gramm vom Reichsjustizministerium, der zum ersten Mal im Seerechtsausschuss erschienen sei.

Außerdem stellte er als ständiges neues Mitglied des Ausschusses Rechtsanwalt Dr. Heynen vor, der auf Wunsch der Reichsverkehrsgruppe Binnenschifffahrt zur Betreuung der Interessen dieses Wirtschaftszweiges in den Ausschuss berufen sei; er bat das neue Mitglied, sich gemeinsam mit Rechtsanwalt Dr. Schulze-Smidt, der bisher der „getreue Eckart" des Binnenschifffahrtsrechts gewesen sei, dieser Aufgabe anzunehmen und sich mit diesem zu diesem Zweck ins Benehmen zu setzen.

Sodann gedachte der Vorsitzende in ernsten Worten der schweren Verluste, welche die deutsche Seeschifffahrt in den letzten Herbststürmen erlitten habe. Wie alle Deutschen so betrauerten auch die Mitglieder des Ausschusses die erlittenen Verluste; mit dieser Empfindung verbinde sich aber der Stolz darauf, dass Deutschland Männer besitze, die solche Opfer brächten.

Er freue sich – so fügte der Vorsitzende hinzu – auch eines freudigen Ereignisses gedenken zu können. Am 14. November 1936 sei die Gebiets- und Rechtshoheit Deutschlands auf den deutschen Seewasserstraßen wiederhergestellt und die Bindung an die Bestimmungen des Versailler Vertrages sei beseitigt worden. Es gelte wieder das deutsche Recht auf den deutschen Seewasserstraßen.

Sodann eröffnete der Vorsitzende die Beratungen zu dem ersten Punkt der Tagesordnung: *Fortsetzung der Aussprache über den Begriff der Schiffsbesatzung.* In der 28. Arbeitssitzung sei die Frage der künftigen Haftung des Reeders für den selbständigen Stauereiunternehmer noch nicht endgültig geklärt. Der Begriff der Schiffsbesatzung sei zwar festgelegt worden, gewisse Personen, die nicht zur Schiffsbesatzung gehörten, müssten aber hinsichtlich der Reederhaftung den Mitgliedern der Schiffsbesatzung gleichgestellt werden. Dabei sei vor allem an den Stauer und ferner an den Leinenverholer und an den Lotsen zu denken.

Dankenswerterweise habe OLG-Rat Dr. Reinbeck es übernommen, sich „Zur Frage der Erstreckung der Reederhaftung nach § 485 HGB über den Kreis der zur Schiffsbesatzung gehörenden Personen“ zu äußern und habe ein Gutachten (Anlage 1) ausgearbeitet, das den Mitgliedern des Ausschusses zugegangen sei.

OLG-Rat *Dr. Reinbeck* trug den Inhalt seines Gutachtens, auf das verwiesen wird, vor.

Das Reichsgericht, das bei der Lösung des Problems von der Interessenlage ausgehe, komme zu dem Ergebnis, es dürfe nicht in der Hand des Reeders liegen, seine Haftung willkürlich zu begrenzen, indem er sich eines selbständigen Stauers bediene. Man habe auch den Gesichtspunkt der Gefährdungshaftung herangezogen, wonach der Reeder deshalb haften müsse, weil er als Inhaber eines gefährdenden Betriebes fremde Personen in seinem Interesse habe tätig werden lassen.

Tatsächlich sei die Lage jetzt durchweg so, dass große Seeschiffe von selbständigen Stauereiunternehmungen bedient würden. Sehr häufig verböten sogar die Tarifordnungen, dass die Stauung durch eigene Leute des Reeders vorgenommen werde. Insbesondere habe die Fischdampferbesatzung regelmäßig nichts mit der Löschung zu tun.

Nachdem der *Vorsitzende* OLG-Rat Dr. Reinbeck gedankt hatte, setzte *Dr. Riensberg* sich dafür ein, den Stauer keinesfalls so wie die Schiffsbesatzung zu behandeln. Wenn das Gesetz Lücken aufweise, müsse gefragt werden, welche Lösung billig erscheine Die Billigkeit erfordere aber, dass man den Stauer nicht der Schiffsbesatzung gleichstelle, denn die Stauung gehöre nicht mehr zu den spezifischen Aufgaben der Schiffsbesatzung.

Im Übrigen bereite der Vorschlag von OLG-Rat Dr. Reinbeck deshalb praktisch Schwierigkeiten, weil die angeregte Abgrenzung der verschiedenen Personengruppen schwierig sei. Man brauche nur daran zu denken, dass ein formell selbständiges Stauereiunternehmen sich materiell als Tochterunternehmung einer Reederei darstellen könne. Daneben kämen sämtliche sonstigen Formen von Beteiligungsverhältnissen vor. Auf der anderen Seite gebe es auch Fälle, in denen der Reeder sich eines vom Befrachter vorgeschriebenen selbständigen Stauers bedienen müsse. Es müssten alle Tatbestände gleich behandelt werden. In keinem Fall sei nämlich der Kapitän in der Lage, solche Anweisungen zu geben, dass man daraus die Haftung des Reeders für den Stauer herleiten müsste.

Selbstverständlich bleibe der Kapitän verantwortlich für die Sicherheit des Schiffes, so z.B. auch dafür, mit welchem Ergebnis die Stauung vorgenommen werde, aber die rein technische Tätigkeit des Stauens sei nur Sache des Stauers. Deshalb dürfe der Stauer nicht anders behandelt werden als Personen, die in Landbetrieben eine entsprechende Tätigkeit ausüben. § 831 BGB müsse allein maßgeblich sein.

Schließlich sei zu dem Leitsatz des OLG-Rats Dr. Reinbeck (Anlage 1) noch zu sagen: Die Worte „nach Gesetz oder Vertrag“ seien überflüssig. Es könne nicht für alle Fälle übersehen werden, ob dann, wenn in einem Vertrage von der Schiffsbesatzung die Rede sei, den Mitgliedern der Schiffsbesatzung die fraglichen sonstigen Personen gleichgestellt werden dürften. Unzweckmäßig sei auch der Ausdruck „in Verbindung mit einer Reise“. Der Stauer werde gerade „in Verbindung mit einer Reise“ tätig, weshalb es besser sei, auf die Fortbewegung des Schiffes abzustellen. Denn auch das Wort „Fahrt“ sei undeutlich. Solange das Schiff sich nicht fortbewege, dürfe man es nicht von Landbetrieben unterscheiden. Erst wenn die Landstege fortgenommen seien, dürfe das Schiff als solches behandelt werden.

Ein entsprechend formulierter Leitsatz des Dr. Riensberg wurde schon von OLG-Rat Dr. Reinbeck in seinem Gutachten wiedergegeben.

Kapitän *Maschke* unterstützte die Darlegungen von Dr. Riensberg. Die Problematik der erörterten Frage trete besonders deutlich hervor bei den Windenleuten. In der Nord- und Ostseefahrt würden diese oft aus der Schiffsbesatzung bestellt, in der atlantischen Fahrt nie. Im ersteren Falle zahle der Stauer dem Reeder für die Überlassung des Windenmannes eine Entschädigung. Der Reeder würde also verantwortlich sein für einen Mann, auf den er keinen Einfluss habe, denn der Windenmann habe den Anweisungen des Mannes an der Luke, des sogenannten Gangwaymannes, zu folgen. Von seinem Platze aus könne der Windenmann die Sachlage gar nicht übersehen. Wenn nun der Gangwaymann irre und deshalb dem Windenmann ein falsches Signal gebe, so dürfe der Reeder nicht verantwortlich gemacht werden. Das Schiff sei im Hafen ebenso zu behandeln wie ein Kaischuppen, stelle es doch wie dieser nur ein Behältnis der Ladung dar.

Der *Vorsitzende* führte aus, dass seine Ansicht sich auf einer Mittellinie zwischen den beiden vorher geäußerten Anschauungen bewege. Die besondere Haftung des Reeders, die von der des allgemeinen bürgerlichen Rechts abweiche, sei durch zwei Kriterien gekennzeichnet: Einmal, dass das in den Gefahren der Seeschifffahrt gegebene besondere Risiko vorliege, das es rechtfertige, den Reeder nur mit den ebenfalls diesen Gefahren ausgesetzten Teilen seines Vermögens haften zu lassen, dafür aber dem Befrachter einen bevorzugten Zugriff zu diesen Vermögensteilen einzuräumen. Zweitens – und das dürfe man nicht übersehen – sei die strenge Haftung des Reeders an sich nur für die Besatzung vorgesehen, also für Leute, auf deren Arbeit der Reeder eine weitgehende Einwirkungsmöglichkeit besitze, sei er doch in der Lage, Weisungen hinsichtlich der Arbeitszeit, der Arbeitsart und der Arbeitsausführung zu erteilen. Von diesen Erkenntnissen müsse man bei der Lösung des in Frage stehenden Problems ausgehen.

Das führe zunächst dazu, dass es sich bei den Personen, für die der Reeder einzustehen habe, um solche Personen handeln müsse, die Schiffsdienste leisten, die also mit der Schifffahrt als solcher in Verbindung stünden. Dabei komme es aber nicht nur auf die Fortbewegung des Schiffes an, auch die Worte „Fahrt“ und „Reise“ könnten in verschiedener Richtung ausgelegt werden. Viele Streitfragen ließen sich vermeiden, wenn man die Worte „Fahrt oder Reise“ nebeneinander gebrauche. Dann habe die Rechtsprechung freie Hand.

Weiterhin könne eine Haftung nur Platz greifen, soweit der Reeder ein Weisungsrecht besitze. Das sei beispielsweise nicht der Fall bei dem Zwangslotsen. So habe denn auch die Rechtsprechung streng zwischen dem Zwangslotsen und den übrigen Lotsen unterschieden. Auch bei den Schleppern lasse sich eine entsprechende Unterscheidung treffen. Während die Besatzung des Seeschiffschleppers, die ihre Manöver vom geschleppten Schiff vorgeschrieben erhalte, dessen Besatzung gleichgestellt werden müsse, gelte das nicht für die Besatzung eines Binnenschiffschleppers, die von den Weisungen des geschleppten Fahrzeuges nicht abhängig sei. So wie der Reeder nicht für den Zwangslotsen und den Binnenschiffschlepper einzustehen habe, dürfe er auch nicht für Zwangsstauer und für die Angestellten selbständiger, in Abwicklung eines Werkvertrages tätig werdender Stauunternehmer haften, weil diese nicht von den Weisungen des Kapitäns abhängig seien.

Wenn im Übrigen Dr. Riensberg die Worte „oder Vertrag" in OLG-Rat Dr. Reinbecks Vorschlag kritisiere, so schließe er sich dem an, weil man der Vertragsauslegung nicht vorgreifen dürfe.

Zu den Ausführungen des Kapitän Maschke wies der Vorsitzende darauf hin, dass es nie eine alle Fälle berücksichtigende Ideallösung geben könne. Wenn übrigens der in den Diensten eines selbständigen Stauers stehende Gangwaymann, nicht der Windenmann, einen Fehler begehe – der Windenmann sei in dem geschilderten Falle nur ein Werkzeug des Gangwaymannes – dann hafte der Reeder nicht.

Im Übrigen könne er, der Vorsitzende, sich nicht mit dem Wort „bestellt" in dem Leitsatz von OLG-Rat Dr. Reinbeck befreunden. Er verstehe wohl, dass durch diesen Ausdruck auf die Reichsgerichtsrechtsprechung zu § 831 BGB verwiesen werden solle, der unbefangene Leser werde das aber nicht sogleich verstehen. Der Vorsitzende empfahl daher den *folgenden Leitsatz*: „Wie für das Verschulden einer Person der Schiffsbesatzung in Ausführung ihrer Dienstverrichtung haftet der Reeder auch für alle sonstigen Personen, die in Verbindung mit einer Fahrt oder einer Reise Schiffsdienste in Abhängigkeit von Weisungen und unter Aufsicht des Reeders oder Kapitäns verrichten (z.B. Lotsen mit Ausnahme von Zwangslotsen, Leinenverholer, Hafenmaler, die vom Reeder oder Kapitän angestellt sind, und Stauereiarbeiter, dagegen z.B. nicht Angestellte von Zwangslotsen und „Werkvertragsstauer").

Mit diesem Vorschlag sei eine Lösung gefunden, die billig erscheine, wenn man sich überhaupt auf den Standpunkt stelle, dass den Reeder eine besondere Haftung treffen müsse. Zwar bestimmten in gewissem Umfange äußerliche Umstände die Haftungsfrage. Das komme aber auch bei § 831 BGB vor und müsse in Kauf genommen werden, wenn man zu einer klaren und eindeutigen Regel kommen wolle.

Direktor *Brandt* ging davon aus, dass man an die Frage auch einmal vom Standpunkt der Ladungsbeteiligten und der hinter ihnen stehenden Versicherer herangehen müsse.

Drei Fälle seien zu unterscheiden: Entweder befasse sich mit der Stauung nur der Stauer (Fall der Zwangsstauung, beispielsweise in Mexiko) oder nur der Reeder, oder aber Reeder und Staueunternehmer wirkten zusammen (der Reeder stelle beispielsweise den Quartiersmann, aber das Ladungsgut werde von den Arbeitern der Stauereifirma verstaut.

Der letzterwähnte Tatbestand führe zu Schwierigkeiten: Wie solle ein Ladungsbeteiligter beweisen, dass diesen oder jenen Angestellten die Schuld treffe? Jeder, an den er sich halte, werde einwenden, dass der Angestellte des anderen Teiles schuldhaft gehandelt habe. Die Beweisführung sei so schwierig, dass die vorgeschlagene Regelung praktisch für den Ladungsbeteiligten oft zu einem Verlust seines Anspruchs führen werde. Da der Fall gemeinsamen Stauens häufig vorkomme, beispielsweise in allen spanischen Häfen, so müsse versucht werden, eine andere Lösung zu finden.

Der *Vorsitzende* wies darauf hin, dass die Reeder sich doch meistens freigezeichnet hätten, so dass die Ladungsbeteiligten sich praktisch doch nur an den Stauer halten könnten.

Direktor *Brandt* entgegnete, man müsse davon ausgehen, dass in Zukunft solche Freizeichnungen nicht mehr zulässig seien.

Ministerialrat *Krieger* äußerte Bedenken dagegen, dass der Ausschuss sich mit der Frage der vertraglichen Haftung beschäftige. Hier handle es sich nur um die außervertragliche Haftung und das Grundproblem sei die Frage, ob es sich hier bei den in Betracht kommenden Schaden stiftenden Ereignissen um solche handle, die notwendig mit dem Schiffsbetrieb zusammenhingen. Sehe man nur die Gefahren während der Fahrt als typische Schifffahrtsgefahren an, so spielten die

Tatbestände der Stauerei für die besondere Haftung des Reeders keine Rolle. Er neige zu der Auffassung, dass für dritte Personen der Schiffsbetrieb auch bei Stillliegen des Schiffes doch gefährlicher sei als irgendein Landbetrieb, wenngleich man zugeben müsse, dass die Gefahren sich während der Fahrt noch vergrößerten.

Komme man aber zu dem Ergebnis, dass der Reeder für den Stauer haften müsse, so dürfe man nicht unterscheiden, wer die Stauung im Einzelfalle bewirke. Man müsse die Regelung unter dem Gesichtspunkte vornehmen, ob ein außen stehender Dritter schutzbedürftig sei. Die Beratungen hätten in ihm den Eindruck erweckt, als ob die bisherige Reederhaftung zum Teil als zu weitgehend befunden werden müsse.

Das eigentliche Problem – dies betone er nochmals – sei die Frage, inwieweit die Allgemeinheit vor den Gefahren geschützt werden müsse, die von einem Schiff ausgingen, das sich in Ruhestellung befinde.

Der *Vorsitzende* legte dar, dass der Ausgangspunkt von Ministerialrat Krieger dem seinen sehr verwandt sei. Er weise aber auf die Schwierigkeiten hin, welche die Beantwortung der Frage machen könne, ob ein Schiff sich in Ruhestellung befinde. Man brauche nur daran zu denken, dass die Ladung und Löschung erfolge, während das Schiff auf der Reede liege, wo doch die Gefahren der Seeschifffahrt eine erhöhte Rolle spielten. Außerdem gebe es sehr verschiedenartige Häfen und Liegeplätze, so dass es schwierig erscheine, auf dem von Ministerialrat Krieger angedeuteten Wege zu einem befriedigenden Ergebnis zu kommen.

Dr. Riensberg stimmte dem Vorsitzenden darin bei, dass Ministerialrat Krieger das Kernproblem aufgezeigt habe. Wie Ministerialrat Krieger erscheine es auch ihm verfehlt, zwischen selbständigen und unselbständigen Stauern zu unterscheiden, denn der Kapitän habe beiden gegenüber die gleiche Stellung und könne sich nur insoweit einmischen, als es sich erkennbar um die Sicherheit des Schiffes handle. Auf die Weisungsrechte des Reeders komme es übrigens bei alledem gar nicht an, dieser sitze am grünen Tisch und habe noch weniger Einfluss auf das Stauen als der Kapitän. Man möge von dem Normalfall ausgehen, dass die Stauung nicht mehr durch den Reeder geschehe. Dann sei es verfehlt, den Reeder jemals für den Stauer haften zu lassen.

Der *Vorsitzende* entgegnete darauf, dass nicht der Reeder hafte, weil er Stauer sei, sondern der Stauer hafte, weil er Reeder sei.

Rechtsanwalt *Dr. Baur* empfahl, das Problem unter Zuhilfenahme des Wortes „nautisch" oder einer entsprechenden Übersetzung zu lösen. Der Schiffsbesatzung könnten nur Personen gleichgestellt werden, die eine nautische Tätigkeit ausübten.

Direktor *Sturm* schlug vor, sich bei der Begrenzung der Reederhaftung den Begriff des „Schiffsdienstes" nutzbar zu machen. Der Reeder müsse haften für die Hilfsmannschaft des Schiffsdienstes. Zur Zeit der Schaffung der geltenden seerechtlichen Normen sei diese Hilfsmannschaft insofern eine umfassendere als jetzt gewesen, als damals das Laden und Löschen stets zum Schiffsdienst gehört habe. Jetzt befänden wir uns in einer Übergangszeit. In vielen Fällen und in vielen Häfen leiste das Schiff noch die Lösch- und Ladearbeit, während es andererseits aber auch vorkomme, dass grundsätzlich fremde Personen tätig würden. Der Grundgedanke der seerechtlichen Vorschriften sei der gewesen, den Reeder für die Person haften zu lassen, die er für den Betrieb brauche.

Vielleicht könne bei der Formulierung der endgültigen Stellungnahme auch die Terminologie des Rechts der seemännischen Sozialversicherung benutzt werden. In der Sozialversicherung gebe es den Begriff „zur Fahrt gehörig". Denn die alleinige Benutzung des Begriffs „Fahrt" führe zu einem allzu engen Ergebnis. Durch den Ausdruck „zur Fahrt gehörig" könne man auch eine gewisse Zeit vor und nach der Fahrt berücksichtigen. Auch der Begriff der Besatzung werde in der Seemännischen Sozialversicherung in einer Weise ausgelegt, die hier vielleicht beispielgebend sein könne. Zur Besatzung zählten nämlich nicht nur die zur Fortbewegung des Schiffes tätigen

Personen, sondern alle auf dem Schiff Tätigen, zu denen zufolge der modernen Arbeitsteilung beispielsweise auf einem Passagierdampfer auch die Blumenverkäuferin gehöre. Neben diesem Begriff der Schiffsbesatzung gebe es in der Sozialversicherung den des Gastrollengebers. Der Gastrollengeber sei eine Person, die, ohne angemustert zu werden, für Schiffsdienste angenommen werde, wenn das Schiff im Hafen liege. Hinsichtlich der Reederhaftung müsse man die Gastrollengeber der Schiffsbesatzung zuzählen, so dass zur Besatzung insbesondere diejenigen Personen gehörten, die während einer Beurlaubung der Mannschaft zu Lade- und Löschzwecken angestellt würden. Es komme nicht selten vor, dass dort, wo Schiffe auf der Reede ankerten, die Stauarbeiter für mehrere Tage an Bord kämen. Dann seien sie Gastrollengeber und müssten der Besatzung gleichgestellt werden, obgleich sie nicht unmittelbar zu dieser gehörten.

Der *Vorsitzende* fasste das Ergebnis der Aussprache mit der Feststellung zusammen, dass alle Gesichtspunkte, welche für die verschiedenen vorgeschlagenen Lösungen sprächen, erschöpfend vorgetragen und mit Beispielen belegt seien. Eine Einigung lasse sich anscheinend nicht erzielen, da für jede Lösung gute Gründe sprächen. Es habe nach Sachlage wenig Wert, dass er, der Vorsitzende, nach dem Führergrundsatz einen der vorgeschlagenen Leitsätze zur Durchsetzung zu bringen versuche. So sei es das Beste, dass dem künftigen Gesetzgeber sämtliche Vorschläge unterbreitet würden.

Ministerialrat *Dr. Fessler* regte an, zu dem fraglichen Problem noch die Stellungnahme der ausländischen Rechtsordnungen zu untersuchen. Bei dem internationalen Charakter des Seerechts empfehle es sich, eine Rechtsgleichheit anzustreben und deshalb Anregungen aus den ausländischen Rechten zu schöpfen.

Der *Vorsitzende* sagte zu, diesem Gesichtspunkt noch nachgehen zu wollen.

Der Vorsitzende schloss damit die Aussprache zu dem ersten Punkt der Tagesordnung und eröffnete die *Beratungen über die Stellung des Kapitäns.* Kapitän *Kuhl* habe es freundlicherweise übernommen, das Referat zu halten. Es sei den Mitgliedern des Ausschusses bereits zugegangen (Anlage 2 mit Nachträgen). Da wohl jeder Anwesende das Referat gelesen habe, so könne es als ausgezeichnete Unterlage für die Debatte dienen, ohne dass es notwendig sei, dass der gesamte Inhalt noch mündlich vorgetragen werde. Bei seinen Beratungen könne der Ausschuss die öffentlichrechtlichen Vorschriften, deren Zusammenstellung außerordentlich aufschlussreich gewesen sei, bis zu einer besonderen Beratung dieser Materie beiseite lassen. Auch die Ausführungen zu den Leitsätzen VII und IX des Referats, die das Seefrachtrecht und die Verklarung beträfen, könnten bis zu dem entsprechenden Zeitpunkt zurückgestellt werden. Man könne sich also sofort den wichtigsten Fragen zuwenden, wobei für die Beratung besonders zwei Probleme bedeutsam seien, nämlich die Haftung des Kapitäns und die Vertretungsmacht des Kapitäns. Mit der Vertretungsmacht des Kapitäns könne sich der Ausschuss wohl erst in der nächsten Sitzung befassen.

Auf die Haftung des Kapitäns bezögen sich die Leitsätze I, II, III und VIII des Referats. Im Vordergrund stehe dabei die Frage des Leitsatzes VIII, ob nämlich der Kapitän für nautisches Verschulden haften solle. In zweiter Linie müsse das Problem behandelt werden, ob die Haftung des Kapitäns für den Fall eingeschränkt werden oder in Fortfall kommen müsse, indem er den Reeder auf gewisse Mängel des Schiffes hingewiesen habe.

Kapitän *Kuhl* trug sodann die Ausführungen seines Referats zu den Leitsätzen I, II, III und VIII vor.

Zu Leitsatz VIII habe er sich schriftlich nur sehr kurz geäußert. Augenblicklich gehe die Haftung des Kapitäns sehr weit. Die geltenden Vorschriften seien entstanden in einer Zeit, in der der Kapitän regelmäßig Unternehmer oder doch Mitunternehmer gewesen sei. In Wahrheit erscheine es gar nicht erforderlich, auf den Kapitän durch strenge Haftungsvorschriften einen psychologischen Druck auszuüben. Schon das Streben nach eigener Sicherheit und das Damoklesschwert der

Patententziehung werde bewirken, dass der Kapitän sich vorsichtig verhalte, während strenge Haftungsvorschriften nur dazu angetan seien, die Entschlusskraft zu beeinträchtigen.

Das nautische Verschulden erfahre auch in anderen Rechtsgebieten eine Sonderbehandlung, speziell im Fracht- und Konnossementsrecht. Auf der ganzen Welt zeichne sich der Reeder von dem nautischen Verschulden des Kapitäns frei, aber diese Freizeichnung wirke nicht zugunsten der Kapitäne, so dass es denkbar sei, dass ein Ladungsversicherer, der sich infolge der Freizeichnung nicht an den Reeder halten könne, gegen den Kapitän vorgehe. Zur Ehre der Versicherer müsse aber gesagt werden, dass es bisher im Bereiche des Seerechts nicht üblich sei, den Kapitän mit zu verklagen. Auch diese Tatsache sei sicher zum Teil daraus zu erklären, dass eine Haftung der Kapitäne für jedes nautische Verschulden dem Gerechtigkeitsgefühl widerspreche. Auch die Haager Regeln, die für die ganze Welt gelten sollten, sähen vor, dass der Reeder von der Haftung für nautisches Verschulden entbunden werde. Weiterhin finde sich eine Sonderbehandlung des nautischen Verschuldens im See- und Transportversicherungsrecht (§§ 130 Satz 2 VVG, 821 Ziff. 4 HGB, 33 Abs. 1 Satz 2 ADS). Danach werde bei nautischem Verschulden der Versicherer nur leistungsfrei, wenn dem Versicherten „eine bösliche Handlungsweise zur Last fällt" (§§ 130 Satz 2 VVG, 821 Ziff. 4 HGB). Diese Regelung des Versicherungsrechts sei bereits von Brodmann und Gütschow als vorbildlich für das Seerecht und die Haftung des Kapitäns bezeichnet worden. Das frühere Recht habe auch schon eine begrenzte Haftung des Reeders bei nautischem Verschulden des Kapitäns gekannt, insbesondere das Allgemeine Landrecht. Auch bei anderen Berufsarten, bei denen durch kleine Fehler riesige Schäden entstehen könnten, sei eine Haftungsbegrenzung eingeführt, zu erinnern sei an die Haftung der Wirtschaftsprüfer, der Richter usw.

Der *Vorsitzende* dankte Kapitän Kuhl für sein Referat und empfahl, zunächst die Frage der Haftung des Kapitäns bei nautischem Verschulden allein ins Auge zu fassen.

OLG-Rat *Dr. Reinbeck* unterstützte die Darlegungen von Kapitän Kuhl zu Leitsatz VIII unter Bezugnahme auf sein schriftlich bereits vorliegendes *Korreferat* (Anlage 1) und unter Hinweis darauf, dass tatsächlich Kapitäne im Bereiche des Seerechts fast nie zivilrechtlich verantwortlich gemacht würden. Ihm selbst sei nur ein einziger derartiger Fall bekannt. Lotsen würden allerdings dann und wann verklagt, aber auch diese nur dann, wenn hinter ihnen der Staat als entschädigungspflichtig stünde.

Ministerialrat *Krieger* wies darauf hin, dass sich im Strafrecht in letzter Zeit eine Tendenz zeige, die der des Zivilrechts, wie sie hier geschildert sei, krass entgegenstehe. Nach den durch die Novelle vom 28. Juni 1935 (RGBl. I S. 839 f.) neugefassten §§ 315, 316 StGB werde mit schweren Zuchthausstrafen bestraft, wer „die Sicherheit ... der Schifffahrt ... durch falsche Zeichen oder Signale oder durch ähnliche Eingriffe oder durch eine an Gefährlichkeit einem solchen Eingriff gleichkommende pflichtwidrige Unterlassung beeinträchtigt und dadurch eine Gemeingefahr herbeiführt". Dieser Tatbestand werde auch im Falle bloßer Fahrlässigkeit gemäß § 316 StGB mit Gefängnis nicht unter einem Monat bestraft. Es sei anzunehmen, dass das neue Strafgesetzbuch diese Vorschrift aufrecht erhalte, wenngleich vielleicht die Strafart bei fahrlässiger Begehung und das Offizialprinzip gemildert werden würden. Mindestens empfehle sich wohl anzuordnen, dass Anklage nur erhoben werde, wenn das Seeamt das Verhalten des Schuldigen gerügt habe, eine Möglichkeit, die allerdings auf dem Gebiete der Binnenschifffahrt nicht gegeben sei, da es hier an einer dem Seeamt entsprechenden Behörde fehle.

Der *Vorsitzende* dankte Ministerialrat Krieger für den wichtigen Hinweis auf die neuen strafrechtlichen Vorschriften, die ihm – und wie sich herausstellte – auch den meisten anderen Anwesenden entgangen seien. Auch den Seeleuten seien die Bestimmungen, die offenbar ohne rechte Fühlungnahme in der Praxis geschaffen seien, anscheinend unbekannt geblieben, da sonst sicher kritische Stimmen laut geworden wären. Allzu häufig sei es schwierig und zweifelhaft zu entscheiden, welches Manöver in einem bestimmten Zeitpunkt richtig sei. Bei solcher Sachlage halte er, der Vorsitzende, es für eine außerordentlich dringliche Aufgabe, bei dem Reichsjustizministerium wegen einer Änderung des geltenden Rechts vorstellig zu werden, bevor das neue Strafgesetzbuch inhaltlich die jetzigen §§ 315, 316 StGB wiederhole.

Die Anregung des Vorsitzenden wurde von sämtlichen Anwesenden lebhaft begrüßt. Es müsse möglichst sofort bei dem Strafrechtsausschuss der Akademie, besonders aber bei dem Reichsjustizministerium beantragt werden, die Interessen der Nautiker besser zu berücksichtigen. Der Vorsitzende wurde von den Mitgliedern auf seinen Wunsch ausdrücklich beauftragt, mündlich oder schriftlich bei den genannten Stellen die ihm richtig erscheinenden Schritte mit möglichster Beschleunigung einzuleiten.

Kapitän *Kuhl* sprach sich dafür aus, dass besonders bei Aufrechterhaltung der strengen strafrechtlichen Vorschriften sein Vorschlag hinsichtlich des Zivilrechts weiter verfolgt werden müsse. Denn wenn der Kapitän unter so hartem strafrechtlichen Druck stehe, so bedürfe es nicht mehr des zivilrechtlichen Haftungsrisikos, um ihn zum richtigen Handeln zu veranlassen.

Dr. Schütte wies demgegenüber darauf hin, dass zwischen Straf- und Zivilrecht nicht derart unterschieden werden könne, da infolge des § 823 Abs. 2 BGB der Kapitän auch zivilrechtlich insoweit hafte, als er strafrechtlich belangt werden könne, handle es sich doch bei den strafrechtlichen Vorschriften der §§ 315, 316 StGB um typische Schutzgesetze.

Dr. Bramslöw begrüßte die Anregung von MR Krieger, den Sachverstand der Seeämter mehr als bisher für die Justiz zu verwerten. Hinsichtlich der Bestrafung nautischer Verkehrsdelikte erklärte er, dass man hier unbedingt eine Lanze für die Nautiker brechen müsste, bevor es zu spät wäre. Auf dem 13. deutschen Seeschifffahrtstag in Lübeck und auf dem 14. in Berlin [1914] habe er, als Referent des Deutschen Nautischen Vereins, selbst eine Verschärfung der einschlägigen Bestimmungen vorgeschlagen, aber nur soweit es sich um Vorsatz handle. Jede – auch bei der Navigation nicht immer vermeidbare – Fahrlässigkeit mit Gefängnis zu bedrohen, halte er für verfehlt. Man müsse doch bedenken, dass ein unter schwierigen Umständen auf der Brücke gefasster Entschluss oft Gefahr laufe, nachträglich am grünen Tisch scharf kritisiert zu werden.

Der Ausschuss wandte sich dann im Einzelnen dem Vorschlage des Leitsatzes VIII zu.

Der *Vorsitzende* äußerte sich zu den darin enthaltenen Ausdrücken „Vorsatz und bösliche Handlungsweise". Er habe gegen den Ausdruck „Böslichkeit" Bedenken. *Ritter,* Das Recht der Seeversicherung, 1. Band, Hamburg 1922, Anm. 24 zu § 33, S. 565 definiere die „Böslichkeit" als jenen „Frevelmut, der sich der möglichen Folgen seines rechts- oder pflichtwidrigen Verhaltens bewusst ist". Die Abstellung auf eine als Frevelmut charakterisierte Böslichkeit sei aber geeignet, das Veranwortungsbewusstsein der Kapitäne abzuschwächen. Wenn der Ausdruck Böslichkeit im Binnenschifffahrtsrecht im Zusammenhang mit der Scheidung von dinglicher und persönlicher Haftung und im Versicherungsrecht im Zusammenhang mit der Entschädigungsfrage gebraucht werde, so handle es sich dabei um andere Probleme als bei der Haftungsfrage.

So setze er, der Vorsitzende, sich ein für eine Verwertung des Begriffs der *groben* Fahrlässigkeit. Zwar sei die Trennung zwischen grober und leichter Fahrlässigkeit schwierig – sie sei beispielsweise im früheren Patentrecht infolge der Rechtsprechung nahezu verschwunden –, aber es sei doch durchaus möglich, eine Trennungslinie zu ziehen. § 609 Abs. 2 HGB sei auf gröbliches Verschulden abgestellt.

Kapitän *Maschke* gab seiner Meinung dahin Ausdruck, dass eine Regelung deshalb nicht so wichtig sei, weil in der Regel der Schaden so bedeutend sein werde, dass schon aus wirtschaftlichen Gründen eine Haftbarmachung des Kapitäns nicht in Frage komme.

Rechtsanwalt *Dr. Schulze-Smidt,* der sich gegen Kapitän Maschke mit der Begründung wandte, dass überhaupt jede Gefahr der Inanspruchnahme bei leichter Fahrlässigkeit für den Kapitän ausgeschlossen sein müsse, wies darauf hin, dass schon vor einigen Jahren der Deutsche Nautische Verein sich mit dem Problem der beschränkten Haftung der Kapitäne und Lotsen beschäftigt habe. Es sei damals eine Eingabe an das Reichsjustizministerium gemacht, bei der man, soweit er erinnere, auch auf die Begriffe Vorsatz und grobe Fahrlässigkeit abgestellt habe.

Der *Vorsitzende* machte darauf aufmerksam, dass sich auf dem 14. deutschen Seeschifffahrtstage der Korreferent, Kapitän Simonsen, gleichfalls für die Verwendung der Begriffe Vorsatz und grobe Fahrlässigkeit eingesetzt habe, während damals schon Kapitän Kuhl wie jetzt als Referent den Begriff der Böslichkeit empfohlen habe. Auch auf dem Kieler Lotsentag 1927 habe man auf grobe Fahrlässigkeit abgestellt. Die gleiche Regelung habe im Preuß. ALR bestanden und nach französischem Recht werde bei der Lotsenübernahme nur für grobe Fahrlässigkeit gehaftet.

Auch Richter *Dr. Bramslöw* setzte sich für die Abstellung auf die grobe Fahrlässigkeit ein. Der Kapitänstand werde es sicherlich begrüßen, dass Mitglieder, die grob fahrlässig gehandelt hätten, zur Verantwortung gezogen würden. Zwischen der Reeder- und Kapitänshaftung dürfe insoweit allerdings keine Parallele gezogen werden, da der Reeder nicht für eigenes Verschulden in Anspruch genommen werde. Er regte ferner an, mit der Abstufung der Haftung nach dem Verschulden eine summenmäßige Haftungsbeschränkung zu verbinden.

Direktor *Sturm* wandte sich gegen eine summenmäßige Haftungsbeschränkung, da sich praktisch aus der Vermögenslage des Kapitäns eine Beschränkung bereits ergebe. In der Abstellung auf den Verschuldensgrad liege ein ausreichender Schutz der Kapitäne, zumal die Richter bei der Beurteilung immer die besonderen Umstände der Seeschifffahrt im Auge haben müssten.

Kapitän *Kuhl* brachte zum Ausdruck, dass er selbst keinen besonderen Wert auf den Begriff der „Böslichkeit" lege und dass er auch damit einverstanden sei, wenn man den klareren Begriff der groben Fahrlässigkeit verwende.

Nachdem auch Kapitän *Maschke* seine Bedenken fallen gelassen hatte, stellte der *Vorsitzende* fest, dass der Ausschuss einhellig den Leitsatz VIII gebilligt habe mit der Maßgabe, dass es statt „bösliche Handlungsweise" jetzt „grobe Fahrlässigkeit" heiße.

Der *Vorsitzende* schlug vor, in der nächsten Arbeitssitzung noch die Frage zu berühren, ob man gewisse Schiffsoffiziere, deren Begriff noch zu definieren sei, dem Kapitän in der Haftungsfrage gleichstellen solle. Im Übrigen solle in der nächsten Arbeitssitzung zunächst die Frage behandelt werden, welchen Einfluss es auf die Haftung des Kapitäns ausübe, wenn er den Reeder auf die notwendige Abstellung gewisser Mängel des Schiffes aufmerksam gemacht habe.

Anlage 1:

Zur Frage der Erstreckung der Reederhaftung nach § 485 HGB über den Kreis der zur Schiffsbesatzung gehörenden Personen (Dr. Reinbeck, 2.12.1936)

Eine Erstreckung dieser Haftungsnorm des Seerechts einerseits auf das nicht-seemännische (Land-)Personal des Reeders – kaufmännische Angestellte, Handwerker, Arbeiter usw. des Landbetriebes –, andererseits auf gewisse, von Dritten zu bestimmten, in ihrem Interessenkreise liegenden Arbeiten im Hafen angenommene Leute – Stauer des Charterers oder des Abladers, auch Zwangsstauer – kommt nach der allgemeinen Rechtsauffassung nicht in Frage. Vgl. Wüstendörfer, S. 508, 517 f.

Soweit nicht eine gewohnheitsrechtliche Erweiterung der Haftung – so für Lotsen, Schlepperbesatzungen – anerkannt wird, kommt es nach den Rechtsgrundsätzen der im Bericht aufgeführten „Stauereiunternehmer-Urteile" des RG [hier weggelassen] darauf an, ob eine *Gleichheit der Interessenlage* solche Erstreckung der Reederhaftung fordert oder rechtfertigt. Man wird dafür, wie bei der Schiffsbesatzung, eine Anstellung „im Schiffsdienste" oder „zu Schiffsdiensten" fordern müssen. Der Begriff „*typische* Schiffsarbeiten" ist nach den örtlichen, zeitlichen, organisatorischen und gegenständlichen Verschiedenheiten der Reedereibetriebe rechtlich nicht eindeutig bestimmbar, führt zu kasuistischer Rechtsprechung und ist daher als Begriffsmerkmal nicht geeignet. An die Stelle des für solche Gleichheit der Interessenlage wesentlichen weiteren Begriffsmerkmales der Schiffsbesatzung, der „Eingliederung in die Bordgemeinschaft", wird eine diesbezüglich rechtlich äquivalente Voraussetzung einzufügen sein.

Der Eingliederung in die Bordgemeinschaft mit der Folge einer dem § 485 HGB entsprechenden Reederhaftung rechtlich äquivalent erscheint die Voraussetzung, dass eine Person – scil. zu Schiffsdiensten – vom Reeder oder vom Kapitän in Verbindung mit einer Reise bestellt ist und also unter der Befehlsgewalt und Aufsicht des Kapitäns dessen Anordnungen ausführt. Vgl. RGZ 119/271. Das trifft zu auf (See-, Fluss- und Hafen-)Lotsen, ausgenommen den für die Dauer seiner Tätigkeit neben, nicht unter, dem Kapitäne stehenden Zwangs-(Pflicht-Führungs-)Lotsen. Die Voraussetzung trifft ferner zu auf die Besatzung eines zum Bugsieren eines Seedampfers unter dessen Befehlen manövrierenden Schleppers; weiter auf Kanalsteurer, auf Schiffsbefestiger, auf Leinenverfahrer, auch auf die bei der Ankunft und der Abfahrt des Schiffes die Landverbindungen herstellenden und beseitigenden Hafenarbeiter. Darunter fallen ebenso die vom Reeder oder vom Kapitän angenommenen, nach den besonderen Anweisungen der Schiffsführung, nicht eines selbständigen Unternehmers, arbeitenden Stauer und Hafen-Kohlenarbeiter. Die Eigenschaft derartiger Einzelpersonen als selbständige Gewerbetreibende ist für die Unterordnung unter die Befehlsgewalt und Aufsicht der Schiffsführung bei der Ausführung übertragener Schiffsarbeiten an sich ohne Bedeutung. RGZ 111/270. Die direkte Befehlsgewalt und Aufsicht des Kapitäns rechtfertigt die Erstreckung der Reederhaftung entsprechend § 485 HGB, die zugleich eine etwa neben ihr nach dem BGB bestehende Reederhaftung durch die Gleichstellung der Schädiger mit der Schiffsbesatzung unter den Voraussetzungen des § 486 HGB auf Schiff und Fracht beschränkt.

Eine „Bestellung" durch den Reeder oder den Kapitän liegt nicht vor bei (Stauerei-)Arbeitern, die im Dienste eines vom Reeder oder Kapitän durch Geschäftsbesorgungsauftrag (§ 675 BGB) angenommenen, nach eigener Sachkunde und eigenem Ermessen, nicht lediglich als ein von fremden Weisungen abhängiges Ausführungsorgan eines Geschäftsherren dem Umfang und die Art seiner Tätigkeit bestimmenden Hafen-Unternehmers stehen. Die Interessenlage bei der Reederei dürfte einer Anwendung dieser, zum Begriffe des „Geschäftsherren" im Sinne des § 831 BGB vom RG entwickelten Grundsätze nicht entgegenstehen.

Allerdings erfolgte in früheren Zeiten die Belastung und die Entlöschung des Schiffes unter der Leitung des Kapitäns durch die Schiffsbesatzung. Diese Verhältnisse, wie sehr viele andere Aufgaben der Schiffsbesatzung, haben sich im modernen Schifffahrtsbetriebe grundlegend geändert; nicht nur tatsächlich, sondern auch rechtlich. Örtliche Vorschriften und Tarifverträge bestimmen vielfach die Ausführung des Löschens und Ladens durch berufsmäßige Stauer im Hafenbetriebe, unter Ausschaltung der Schiffsbesatzung. Vgl. Dr. Droege, „Hansa" 1930 S. 1943. Es handelt sich bei diesen Arbeiten nicht mehr um „typische", dem regelmäßigen laufenden Schiffsbetriebe eigentümliche, mit den besonderen Gefahren der Seefahrt verbundene Schiffsarbeiten. Die Auswahl und Anweisung der Leute des Unternehmers, die Kontrolle der von ihnen beschafften Arbeitsgeräte (Taue, Ketten) ist dem Reeder genommen. Diese Umstände dürften eine Erstreckung der Reederhaftung auf die Arbeiter selbständiger Unternehmer des Hafenbetriebes als ungerechtfertigt erscheinen lassen.

Gegenüber seinen Vertragsgegnern (Fahrgästen, Befrachtern, Konnossementsinhabern) wird der Reeder von seinen gesetzlichen und vertragsmäßigen Pflichten der Fürsorge für die Sicherheit von Schiff und Ladung durch die Bestellung selbständiger Unternehmer als Erfüllungsgehilfen (§ 278 BGB) nicht befreit. Lediglich die besondere außervertragliche Haftung des Reeders für *fremdes* Verschulden nach § 485 HGB steht hier in Frage; auch die allgemeine außervertragliche

Haftung des Reeders für eigenes Verschulden (§§ 823, 826, 831 BGB) bleibt unberührt. Vgl. die im Berichte aufgeführten RG-Urteile und RG in JW 1935 S. 1844 No. 3.

Dass der Ersatzanspruch eines mit dem Reeder nicht im Vertragsverbande stehenden, durch Verschulden im Hafenbetriebe eines anderen Unternehmens tätigen Arbeiters Geschädigten „von einem äußeren, für ihn nicht erkennbaren zufälligem Umstande der inneren Betriebsverfassung“ „abhängig ist, dürfte nach der Rechtsprechung des RG zu § 831 BGB einen durchschlagenden Gegengrund gegen die obige Auffassung nicht abgeben (vgl. HansGZ 1930, A, Sp. 331 ff.).

Darauf, ob ein Hafenbetrieb ein „Tochterunternehmen“ der Reederei darstellt, wird es nicht ankommen. Entscheidend wird sein, ob es sich um verschiedene selbständige Rechtspersönlichkeiten handelt. Wenn übrigens ein Arbeiter eines selbständigen Stauereiunternehmers bei der Bedienung von Bordeinrichtungen (vgl. Windemann, HansGZ 1929, A, Sp. 269 ff.) unter die direkte Befehlsgewalt und die Anordnungen der Schiffsleitung tritt, liegt wohl eine „Bestellung“ durch den Reeder oder durch den Kapitän zu Schiffsdiensten in dem hier erörterten Sinne vor.

Folgt man dieser oben entwickelten Auffassung, so würde der die Frage der Haftung des Reeders für Verschulden Dritter betreffende *Leitsatz* wohl zu fassen sein wie folgt: Soweit der Reeder nach Gesetz oder Vertrag für Verschulden einer Person der Schiffsbesatzung haftet, stehen diesen Personen gleich alle sonstigen, zu Schiffsdiensten in Verbindung mit einer Reise vom Reeder oder vom Kapitän bestellten Personen.

Die Voraussetzung der Verbindung mit einer Reise schließt die mit Dock-, Werft- und Reparaturarbeiten im Hafen Beschäftigten der Landbetriebe, der Ausdruck „bestellt“ die Arbeiter selbständiger Unternehmer im Hafenbetriebe von der Erstreckung der Reederhaftung aus.

Die in der 28. Arbeitssitzung vorgesehene Beratung dieses Gegenstandes mit den Ausschussmitgliedern Herren Kapitän Klemp, Kapitän Maschke und Dr. Riensberg hat sich leider nicht ermöglichen lassen, da die beiden erstgenannten Herren durch Sonderdienstleistungen verhindert waren, nach dem Eintreffen der Verhandlungsniederschrift an einer mündlichen Besprechung auf der Grundlage des vorstehenden Berichtes teilzunehmen. Herr Dr. Riensberg hat sich aber schriftlich dahin geäußert. Soweit Festmacher, Lotsen u.ä. in Frage kämen, für welche die Reederhaftung in vollem Umfange mit Schiff und Fracht weiterhin gelten solle, handle es sich stets darum, dass das Schiff sich durch das Wasser bewege und dadurch Schaden angerichtet werden könne, während die Tätigkeit des Stauens der Fortbewegung von Gütern auf dem Lande entspreche, wobei dem Unternehmer der Schutz des § 831 BGB zur Seite stehe. Herr Dr. Riensberg schlägt folgende Fassung des Leitsatzes IV vor: „In den Vorschriften über die Haftung des Reeders für Schäden, die auf Verschulden einer Person der Schiffsbesatzung in Ausführung ihrer Verrichtungen zurückzuführen sind, werden der Schiffsbesatzung alle im Dienste des Schiffes im Zusammenhang mit seiner Fortbewegung beschäftigten Personen gleichgestellt.“

Herr Kapitän Maschke hat, gleichfalls von dem Gedanken ausgehend, dass der Reeder nur für das Verschulden Dritter haftbar gemacht werden sollte, die von ihm mit Arbeiten im Dienste der Fortbewegung des Schiffes beschäftigt werden, sich dem Vorschlage des Herr Dr. Riensberg angeschlossen.

Anlage 2:

Referat von Dr. Kuhl über das Thema: „Der Kapitän“ (5.10.1936)

... Zweiter Teil. Vorschläge für die künftige Gesetzgebung.

Reformvorschläge für die Regelung der Stellung des Kapitäns im Gesetz werden dadurch erschwert, dass die Betriebsweise der Seeschifffahrt heute vielseitiger und uneinheitlicher ist als je.

Es gibt in Deutschland nach wie vor eine beachtliche Kleinschifffahrt, deren Einheiten zum großen Teil von ihren Eigentümern als Schifferreeder selbst geführt werden, es wird Trampschifffahrt mit Dampfern und sogar noch mit einzelnen Seglern (zu denen auch das neue Frachtschulschiff des Norddeutschen Lloyd gehört) betrieben, aber die beherrschende Stellung nimmt die Linienschifffahrt ein, die vorwiegend Stückgut befördert, daneben aber auch Massengüter aufgrund von Charterverträgen. Einer ganz besonderen Behandlung scheinen weiter die modernen Fahrgastdampfer zu bedürfen, bei denen an die Stelle der Ladungsfürsorge die Sorge um einen reibungslos ablaufenden Hotelbetrieb getreten ist. Endlich sind noch Spezialschiffe wie die an Zahl und Bedeutung ständig zunehmenden Tankdampfer und die in der Fischerei beschäftigten Fahrzeuge zu berücksichtigen. – Nach dem bisherigen Gesetz gelten aber für Rechte und Pflichten, Vertretungsmacht und Haftung des Kapitäns der „Bremen“ oder „Europa“ dieselben Vorschriften wie für den Führer eines Motorseglers auf der Fahrt zwischen Stettin und dänischen Häfen.

In der Ausbildung und in der Erteilung der vorgeschriebenen Befähigungszeugnisse hat man auf diese Verschiedenheiten bereits seit Jahrzehnten Bedacht nehmen müssen; die Schiffsbesatzungsordnung vom 29.6.1931 (RGBl. II S. 517) weist in § 3 nicht weniger als 17 verschiedene Befähigungszeugnisse, davon vier verschiedene Befähigungen für Kapitäne in der Frachtfahrt und drei verschiedene Befähigungen für Kapitäne in der Hochseefischerei auf. Eine neue gesetzliche Regelung im Übrigen wird daher auch auf die – entsprechend der Betriebsweise – verschiedenartigen Funktionen des Kapitäns Rücksicht nehmen und entsprechend modifizierte Anordnungen treffen müssen.

Die im ersten Teil unter A., b) behandelten Vorschriften[u.a. §§ 513, 515, 531, 613], welche eine verantwortliche Kontrolle des Reeders durch den Kapitän einschließen, passen vorzüglich für die Schifferreeder, dem dadurch seine wichtigsten Pflichten als Kapitän und Reeder klar vor Augen geführt werden. Wenig angemessen erscheint es dagegen, den Kapitän als *Angestellten* seines Reeders mit der verantwortlichen Kontrolle seines Dienstherrn zu betrauen und – zu belasten. Die von der Rechtslehre angegebene Alternative führt notwendig zum Verlust seiner Stellung. Wer selbst sein Amt niederlegt oder gegen den ausdrücklichen Willen seines Dienstherrn handelt, kann mit Weiterbeschäftigung nicht rechnen. Die Wiedererlangung eines anderen Kapitänspostens ist aber heute aus dem Grunde bedeutend schwieriger als früher, weil die meisten Reedereien Wert darauf legen, ihre Schiffsführer aus den seit Jahren in ihren Diensten befindlichen Schiffsoffizieren auszuwählen und Außenseiter grundsätzlich ablehnen. – Auch wird der Zweck des Gesetzes, durch die Kontrolle des Kapitäns den gewünschten Erfolg (z.B. Seetüchtigkeit) sicherzustellen, wohl kaum auf diesem Wege erreicht werden, denn welcher Kapitän wäre wohl vermessen genug, gegen den erklärten Willen seines Reeders zu handeln? An riesengroße Verantwortung gewöhnt, hofft er, den erkannten, aber nicht beseitigten Mangel des Schiffes durch eigene Tüchtigkeit und erhöhte persönliche Anstrengung während der Reise wirksam bekämpfen zu können und wagt, was er gar nicht verantworten kann. Seine wirtschaftliche Existenz ist ihm so wichtig, dass er es vorzieht, bei Misslingen des Wagnisses lieber mit dem Schiffe unterzugehen, als vor Abfahrt sein Amt niederzulegen.

Es müsste deshalb im künftigen Recht genügen, dass der Kapitän in Häfen, in denen er zur rechtsgeschäftlichen Vertretung des Reeders nicht befugt ist, diesen oder seine Agentur auf einen Mangel der in §§ 513-515 gekennzeichneten Art *schriftlich* aufmerksam macht und dann von weiterer Verantwortung für die Abstellung des Mangels entbunden ist.

Ein anderer gangbarer Weg wäre, nach dem Vorbilde der internationalen Freibordvorschriften die Befolgung der in den §§ 513-515 HGB enthaltenen Vorschriften und der Vorschriften des Flaggengesetzes durch Festsetzung von Strafen gegen *Reeder und* Kapitän zu sichern. Ebenso wäre es angebracht, eine Strafvorschrift gegen Reeder und Kapitän zu erlassen, welche die Verschiffung von Gütern mit Strafe bedroht, deren Ausfuhr zwar nach deutschem Recht erlaubt, deren Einfuhr jedoch im Bestimmungslande verboten ist. Mit Recht haben die Reichskommissare bei den Seeämtern anlässlich der Unfälle von Fahrzeugen in der Spritfahrt hervorgehoben, dass diese Spritfahrten das Ansehen des Deutschen Reiches und der deutschen Schifffahrt im Auslande herabsetzen. Dass aber in dieser Hinsicht § 515 HGB keine zureichende Wirkung ausübt, lehrt die Erfahrung. Wenn wirklich ein Kapitän die Führung eines solchen Schiffes ablehnen würde, fände sich sofort eine ganze Reihe von Schiffsoffizieren, die der Beförderung zum Kapitän zuliebe das Risiko einer Spritfahrt auf sich nehmen. Nicht anders verhält es sich mit Konterbande.

Ob die Beibehaltung der *Bodmerei* als selbständiges Rechtsinstitut noch zu rechtfertigen ist, wird wohl in anderem Zusammenhange zu prüfen sein. Hier ist nur zu erwähnen, dass auch in jüngster Zeit noch Fälle vorgekommen sind, in denen auf Bodmerei als letztes Mittel zur Fortsetzung der Reise zurückgegriffen werden musste.

Für die *Verklarung* wird vorgeschlagen, in Anlehnung an das englische Verfahren, das seaprotest (Wüstendörfer § 102, Anm. 19, 34), den Eideszwang abzuschaffen. Die Beweiskraft der Verklarung ist gering und die Reise für Reise wiederkehrende Beeidigung von formularmäßigen Erklärungen oder Berichten durch die Schiffsmannschaft über Ereignisse, die dem einzelnen Schiffsmann kaum noch in Erinnerung sind, ist dazu angetan, bei den Seeleuten die Achtung vor dem Eide herabzusetzen. Dass Masseneide bei der Verklarung unnötig sind, zeigt das deutsche Binnenschifffahrtsgesetz, welches für die Binnenverklarung (§§ 11-14) das allgemeine Verfahren zur Sicherung des Beweises (ZPO §§ 485-494) zugrunde legt unter freier Ausgestaltung für die Bedürfnisse der Schifffahrt. Bei diesem Verfahren beschwört jeder Zeuge höchstens seine eigenen Beobachtungen und Angaben, nicht aber den Bericht eines anderen (seines Vorgesetzten, des Kapitäns), dessen Richtigkeit er nicht nachprüfen kann (vgl. Lilie in „Hansa" 1913, S. 243 f. und Kuhl in „Hansa" 1929, S. 1117 f.).

Wenn im ersten Teil anschließend an § 518 HGB hervorgehoben wurde, dass der Kapitän seine Verantwortung mit niemandem teile, so ist das der bisherige Standpunkt des Gesetzes und auf kleinen Schiffen und in einfachen Verhältnissen bis auf den Maschinendienst auch durchführbar. Auf größeren Dampfern, insbesondere auf Fahrgastschiffen hat sich aber aus der praktischen Unmöglichkeit für den Kapitän, alle Dienstzweige an Bord zu beherrschen und wirksam zu kontrollieren, die Übung entwickelt, dass außer dem „Leitenden" in der Maschine auch der 1. Offizier für den Decks-, evtl. auch für den Passagierdienst, der 2. Offizier für den Ladungsbetrieb, der Zahlmeister für den Proviant- und Küchendienst und der Schiffsarzt für den Sanitätsdienst unter der Oberaufsicht des Kapitäns die Verantwortung tragen und den Kapitän insofern entlasten. So enthalten z.B. die Dienstvorschriften einer Großreederei die Bestimmung, dass die Abteilungsvorsteher zunächst dem Kapitän und sodann der Reederei für den Dienst innerhalb ihrer Abteilungen verantwortlich sind, und dass sie für die Auswahl tüchtigen Personals und dessen gründliche Ausbildung Sorge zu tragen haben. – Dieser Entwicklung sollte die künftige Gesetzgebung Rechnung tragen und, ähnlich wie das russische Seegesetz von 1926, die Hauptpflichten der einzelnen Abteilungsvorsteher an Bord angeben und dadurch die Verantwortlichkeit des Kapitäns abgrenzen.

Jedes Gemeinwesen bedarf einer Polizeigewalt, die für Ordnung und Sicherheit an Bord zu sorgen hat. Auch auf einem Seeschiff muss es während der Fahrt eine Polizeigewalt geben, und es entspricht einer in der ganzen Welt herrschenden Ansicht, dass der Kapitän als Leiter des Gemeinwesens Schiff kraft seiner Stellung an Bord vom Staat mit polizeilicher Zwangsgewalt gegenüber allen auf dem Schiffe befindlichen Personen ausgestattet ist. Die Lücke unserer bisherigen Gesetzgebung, die hinsichtlich der polizeilichen Befugnisse des Kapitäns gegenüber Fahrgästen und anderen nicht zur Besatzung gehörenden Personen an Bord besteht, muss geschlossen werden. Aus möglichst klaren und allgemein verständlichen Vorschriften muss der Kapitän eines

Fahrgastschiffes ersehen können, zu welchen Maßnahmen (z.B. Festnahme von betrunkenen Unruhestiftern) er berechtigt ist, ohne sich der Gefahr strafrechtlicher Verfolgung, etwa wegen Freiheitsberaubung, auszusetzen. Auch sollten die Befugnisse des Kapitäns Reisenden gegenüber angegeben werden, wenn an Bord ein Verbrechen begangen worden ist (etwa entsprechend den §§ 94, 98, 102 f., 112, 127, 163 StPO, die für Beamte des Sicherheitsdienstes in Frage kommen).

Ferner wäre zu erwägen, ob nicht die bisherigen besonderen Pflichten des Kapitäns gegenüber Auswanderern (§ 70 der Vorschriften für Auswandererschiffe) auszudehnen sind auf *alle* Fahrgäste, da es sich an Bord kaum feststellen lässt, welcher Fahrgast „Auswanderer“, welcher „Reisender“ ist und beide in derselben Klasse reisen können. Auch ist die Definition des Auswandererschiffes in § 37 des Gesetzes über das Auswanderungswesen nicht mehr zeitgemäß, seit das frühere Zwischendeck als Beförderungsklasse fast ganz weggefallen und dafür Einheitsklassen und Touristenklassen geschaffen worden sind.

Im ersten Teil war hervorgehoben worden, dass eine Stellvertretung des Reeders durch den Kapitän in denjenigen Häfen unnötig erscheine, in denen der Reeder feste Agenturen mit bestimmten Vollmachten für das Frachtgeschäft und die Abfertigung der Schiffe unterhält. Eine derartige Beschränkung der bisherigen *Vertretungsmacht des Kapitäns* durch das künftige Gesetz erscheint unbedenklich und wünschenswert, da sie lediglich den Zustand gesetzlich festlegen würde, der sich durch dauernde Übung bei den großen Schifffahrtsgesellschaften herausgebildet hat. Es darf dabei aber nicht übersehen werden, dass unter den bisherigen Verhältnissen der Agent im auswärtigen Hafen rechtlich nur als Substitut des Kapitäns anzusehen ist und demgemäß den Reeder durch rechtsgeschäftliche Vertretung auch nur in derselben Weise verpflichtet wie den Kapitän, nämlich nur dinglichen Haftung mit Schiff und Fracht. Diese beschränkte Reederhaftung würde aber dann jede innerliche Berechtigung verlieren, und nicht mehr aufrecht zu erhalten sein, wenn im neuen Gesetz die Vertretungsmacht des Kapitäns durch das Vorhandensein einer festen Agentur im Hafen ausgeschlossen würde. Der Leiter der Agentur würde dann als Handlungsbevollmächtigter der Schifffahrtslinie diese wie jeder andere unmittelbare Stellvertreter *persönlich* verpflichten. Soweit es sich um Ein- und Ausklarieren, Beschaffung von Ausrüstungsgegenständen, Schlepperbestellung und sonstige Tätigkeiten zur Abfertigung des Schiffes handelt, scheint damit allerdings keine Gefahr für die Reederei verbunden zu sein, da keine der durch diese Geschäfte übernommenen Verpflichtungen den Wert des Schiffes erreichen dürfte.

Nicht auf eine Stufe mit der Agentur der Linienreederei darf der Schiffsmakler gestellt werden, der in der Trampschifffahrt die Schiffsgeschäfte als Substitut des Kapitäns besorgt. Er ist nicht in allen Fällen ein Vertrauensmann der Reederei, zumal er dieser häufig vom Befrachter aufgezwungen wird. Auf derartige Schwierigkeiten in der Praxis macht Ziffer 14 der 25 goldenen Regeln des Schutzvereins deutscher Reeder aufmerksam. Es wäre danach für die Reedereien wohl wenig wünschenswert, wenn schon die übliche Besorgung der Schiffsgeschäfte durch Schiffsmakler zu einer Beschränkung der Vertretungsmacht des Kapitäns als ihres Vertrauensmannes führen würde.

An den im Gesetz ausdrücklich erlaubten Vertretungshandlungen des Kapitäns etwas zu ändern, scheint nicht ratsam, denn die Erfahrung während des Weltkrieges hat gezeigt, dass es auch heute noch Fälle geben kann, in denen der Kapitän von den Verbindungen mit der Heimat losgelöst, ganz auf sich selbst gestellt Entschlüsse fassen muss, die bis zum Notverkauf des Schiffes reichen können.

Dass die vom Gesetz beabsichtigte Beschränkung der Kapitänsvollmacht hinsichtlich der Wechselgeschäfte deutlicher ausgedrückt werden müsste, ist schon im ersten Teil hervorgehoben worden.

Da es in der modernen Seeschifffahrt häufig vorkommt, dass Reeder und Verfrachter verschiedene Personen sind, wird das künftige Gesetz auch zu der Frage Stellung nehmen müssen, inwieweit der Kapitän zur Vertretung des Verfrachters befugt ist. – Die im ersten Teil angeführten Fälle der tatsächlichen Vertretung des Verfrachters durch den Kapitän würden im neuen Gesetz besser als Pflichten des Verfrachters angeführt werden, der sie durch seine Vertretung (Agent, Makler *oder* Kapitän) erfüllen lässt. Dadurch würden manche unzeitgemäße Bestimmungen des bisherigen Gesetzes wegfallen, z.B. die persönliche Haftung des Kapitäns gemäß § 731 Abs. 1 für Handlungen, die in der Linienschifffahrt gewöhnlich erst vorgenommen werden können, nachdem das Schiff längst den Hafen verlassen hat.

Auch die im ersten Teil aufgezeigten Schwierigkeiten bei der neuzeitlichen Unterverfrachtung des Schiffes durch die Zeitcharter bedürfen gesetzlicher Behandlung. Konkrete Vorschläge für die künftige Gestaltung erscheinen hier nicht am Platze, da die Stellung des Kapitäns unter Zeitcharter nur in Verbindung mit der noch ausstehenden gesetzlichen Erfassung der Zeitcharter selbst geregelt werden kann. Zu wünschen wäre vor allem, dass der Kapitän im kommenden Recht aus der unangenehmen Lage befreit würde, *zwei* Herren dienen zu müssen, wie es zur Zeit infolge der üblichen „employment"-Klausel tatsächlich der Fall ist (z.B. „Deuzeit", Ziff. 9: „Obwohl der Kapitän von der Reederei angestellt ist, hat er doch die Anordnungen des Befrachters für die Beschäftigung und Adressierung sowie sonstige ähnliche Anordnungen des Befrachters zu befolgen." Ferner Ziff. 10: „Falls der Befrachter Ursache hat, mit dem Verhalten des Kapitäns ... unzufrieden zu sein, ist die Reederei verpflichtet, die Beschwerde ... zu untersuchen, den Schuldigen zur Erfüllung seiner Pflicht anzuhalten und, falls notwendig ... eine Änderung in der Besetzung eintreten zu lassen.").

Es würde nicht im Interesse der Ladungsbeteiligten liegen, wollte man an ihrer Vertretung durch den Kapitän etwas ändern. Dem Kapitän und – unter seiner Oberaufsicht – dem Ladungsoffizier muss weiterhin die tatsächliche Sorge für die Ladung während der Reise anvertraut bleiben – einfach, weil sonst niemand da ist, der die Fürsorge dieser im Transportwesen erfahrenen Personen ersetzen könnte.

Auch der weite Umfang der rechtsgeschäftlichen Vertretungsmacht des Kapitäns ist selbst unter den heutigen Verkehrsverhältnissen nicht zu beanstanden, denn gerade die ungeheure Menge von einzelnen Ladungspartien, die auf dem neuzeitlichen Frachtdampfer in Linienfahrt befördert wird, macht es für den Kapitän und nicht minder für die geschäftliche Vertretung des Reeders fast zur Unmöglichkeit, in Havereifällen Anordnungen der einzelnen Ladungsinteressenten einzuholen, zumal die Konnossemente in der Regel an Order lauten und die Verfügungsberechtigten daher nur auf Umwegen ermittelt werden könnten. Bei leicht verderblicher Ladung wird im Nothafen nur der schnelle Entschluss des Kapitäns zu sofortigem Verkauf ungeheure Werte vor dem Untergang retten können.

Ebenso wenig kann eine Beschränkung dieser Kapitänsvollmacht im Interesse des Reeders liegen, da ein *selbständiges* Handeln der Reedereiagentur für die Ladungsbeteiligten, wie oben gezeigt, zur *persönlichen* Haftung der Reederei führen würde. Anders als bei der Schiffsabfertigung stehen aber bei Verfügungen über die Ladung meist sehr große Werte auf dem Spiel, die leicht den Wert des befördernden Schiffes übersteigen können.

Der tatsächliche Zustand aufgrund des geltenden Gesetzes, bei welchem Rechtslehre und Rechtsprechung den Reedereiagenten auch *dann* als Substitut des Kapitäns behandeln, wenn er nach außen hin als Vertreter des Reeders aufgetreten ist und Maßnahmen getroffen hat, die nach § 535 HGB dem Kapitän vorbehalten sind, muss daher für alle davon Betroffenen als durchaus befriedigend angesehen werden. Noch in jüngster Zeit, nämlich durch Urteil vom 16.6.1928 hat das Reichsgericht unter I 4/28 (HansRGZ 1928 B. Sp. 677) zu dieser Frage folgendermaßen Stellung genommen: „Nach herrschender Rechtsauffassung handelt der Schiffer, wenn er in Gemäßheit von HGB § 535 tätig ist, aus eigenem Recht und aus eigener Pflicht und handelt der Agent des Reeders, wenn er derartige Geschäfte in überseeischen Häfen neben oder anstelle des Schiffers vornimmt, grundsätzlich als dessen Beauftragter und Vertreter."

Auch Wüstendörfer (S. 636) erklärt sich für Beibehaltung der bisherigen Vertretungsmacht des Kapitäns für die Ladung, macht aber in § 114 aufmerksam auf Schwächen des geltenden Gesetzes hinsichtlich der Ausgestaltung eines Pfandrechts an der Ladung aufgrund von Maßnahmen gemäß § 535 und auf die unvollkommene Regelung der Ladungsgläubigerrechte, wofür er als Vorbild das skandinavische Seegesetz empfiehlt. – Während diese Probleme außerhalb des Rahmens dieser Arbeit liegen, soll hier abschließend nur noch vorgeschlagen werden, die Lücke des Gesetzes zu schließen, auf welche am Schlusse des Abschnittes B, b) im ersten Teil aufmerksam gemacht wurde.

Die Zusammenstellung im ersten Teil lässt erkennen, dass die *gesetzliche Haftung des Kapitäns* weit hinausgeht über die Haftung eines anderen Angestellten und der eines selbständigen Unternehmers gleichkommt. Da nun die Fälle, in denen ein Kapitän sein eigenes Schiff führt, heutzutage zu den Seltenheiten gehören, muss eine Einschränkung, – wenigstens der zivilrechtlichen Haftung, – den veränderten Verhältnissen entsprechend für das künftige Recht als angemessen angesehen werden. Nach dieser Richtung hin sind beachtliche Vorarbeiten bereits geleistet worden.

Unter den Sorgfaltsverletzungen, welche die scharfe Haftung des Kapitäns, gem. §§ 511, 512 HGB nach sich ziehen können, nehmen eine besondere Stellung Handlungen oder Unterlassungen des Schiffsführers ein, welche den Kurs und die Fahrt des Schiffes, also die navigatorische Führung betreffen. Einmal, weil der geringste Fehler und der kleinste Irrtum über die Position des eigenen Schiffes oder die Stellung und Lage des Gegners zu den folgenschwersten Unglücksfällen und zu Millionenverlusten führen können und ferner deshalb, weil nach entstandenem Schaden die tatsächliche Lage, unter welcher der Entschluss zum Handeln gefasst wurde, sich kaum mit Sicherheit rekonstruieren lässt. Nachträglich ist es überaus schwer, einwandfrei festzustellen, ob der *objektiv* falsche Kurs, der zur Strandung oder das falsche Manöver, das zum Zusammenstoß geführt hat, auch *subjektiv* auf einer Sorgfaltsverletzung beruhte, also verschuldet war. Selbst ein Zuwiderhandeln gegen Schutzvorschriften ist in der Seeschifffahrt unter Umständen nicht verboten, sondern sogar *geboten,* wie die Norm des Art. 27 SeestrO lehrt! Danach muss eine *gerechte* Beurteilung *leichter* Fälle nautischen Verschuldens geradezu unmöglich erscheinen.

Nachdem nun die Erkenntnis dieser Eigenart des „nautischen" Verschuldens, das in seinen Folgen sowohl den Schuldigen selbst als auch seinen Reeder schwerer zu treffen pflegt als den Eigentümer der Ladung, im Jahre 1922 zur Unterzeichnung der Haager Regeln und damit zur Anerkennung einer gesetzlichen Haftungsbefreiung des Reeders von den Folgen nautischen Verschuldens geführt hatte, wurde eine Abschwächung der zivilrechtlichen Haftung für diese Verschuldensart auch für die Schiffsführer gefordert, die durch straf- und gewerberechtliche Verantwortlichkeit, sowie durch die Rücksicht auf ihre Stellung und ihre eigene Sicherheit schon ausreichend zur Anwendung äußerster Sorgfalt angehalten werden.

Ausgehend von der Verurteilung verschiedener Lotsen zur Bezahlung erheblicher Kollisionsschäden und nach Vorarbeiten im Nautischen Verein zu Hamburg wurde im Jahre 1927 die „Haftung der Nautiker für nautisches Verschulden" auf die Tagesordnung des XIV. Deutschen Seeschifffahrtstages gesetzt und dort aufgrund ausführlicher Referate behandelt (vgl. Verhandlungen des XIV. Deutschen Seeschifffahrtstages, S. 134 bzw. Abdruck in „Hansa" 1927 S. 526 f.).

Es wurde eine gemischte Kommission eingesetzt, die nach eingehenden Beratungen und nach Befragung der angeschlossenen Verbände und Vereine dem XV. Deutschen Seeschifffahrtstage Bericht erstattete (vgl. Verhandlungen ... oder Abdruck in „Hansa" 1928, S. 1080). Von den befragten Verbänden und Vereinen, deren Mitglieder nur zum Teil Seeleute sind oder gewesen sind, im Übrigen aber breite nautische Kreise umfassen, wurde allgemein eine Haftungsbeschränkung für erstrebenswert erklärt; eine summenmäßige Begrenzung der Haftung wurde abgelehnt und eine Haftungsbeschränkung nach dem Grade des Verschuldens gewünscht. – Die Kommission selbst war einig in Bezug auf das anzustrebende Ziel, dass die Entschlusskraft der Nautiker nicht durch eine über ihnen schwebende persönliche Inanspruchnahme für Schäden, die in keinem Verhältnisse zu ihrem Einkommen und Vermögen stehen, beeinträchtigt werden dürfe. Hinsichtlich des Weges zu diesem Ziel hielt eine Minderheit in der Kommission es für genügend, wenn durch eine Entschließung der deutschen Reeder und Versicherer die Haftbarmachung von Bordangestellten für leichte nautische Verschulden verurteilt würde, während die Mehrheit der Kommission eine Haftungsbeschränkung *durch Gesetz* für erforderlich erklärte, um auch Schutz zu gewähren gegen Ansprüche ausländischer Reeder und gegen den Staat, der regelmäßig seine beamteten Nautiker für angerichtete Schäden in Anspruch nimmt.

Der Seeschifffahrtstag nahm den Antrag der Kommission an, der dahin ging, der deutschen Reichsregierung unter Überreichung des vorliegenden Materials den Wunsch der nautischen Kreise unterbreiten zu wollen, die zivilrechtliche Haftung der Kapitäne, Lotsen und Schiffsoffiziere für nautisches Verschulden dem Grade nach durch Gesetz zu beschränken.

Da diese Entschließung nichts anderes erstrebt, als eine schon allgemein herrschende Ansicht zum Gesetz zu erheben, schlage ich in Übereinstimmung mit ihr vor, im künftigen Recht die zivilrechtliche Haftung des Kapitäns (und ebenso der Schiffsoffiziere und der Lotsen) für nautisches Verschulden auf *Vorsatz und bösliche Handlungsweise* zu beschränken. „Bösliche Handlungsweise" als Schuldgrund ist dem Binnenschifffahrtsgesetz § 4 Abs. 2 und dem Versicherungsrecht (HGB § 821 Abs. 4, VVG § 130) nachgebildet, um eine deutlichere und schärfere Abgrenzung gegen das „Verschulden leichterer Art" zu ermöglichen, als sie der Ausdruck „grobe Fahrlässigkeit" bietet.

Nachtrag zum Referat: „Der Kapitän" [Kuhl]

Leitsatz I. Durch eine Veränderung im Wortlaut des § 513 HGB sollte der Rechtsprechung die Möglichkeit gegeben werden, die Sorgepflicht des Kapitäns für die Seetüchtigkeit des Schiffes vor Verlassen *des Heimathafens* anders auszulegen als bisher. (Dies könnte z.B. im Anschluss an BinSchG § 3 geschehen durch den Zusatz hinter dem ersten Halbsatz: „und im Heimathafen darauf zu sehen".)

Leitsatz II. Die Verantwortung für sachgemäße Stauung der Ladung muss bei der Schiffsleitung verbleiben, auch neben einer selbständigen Stauerfirma, die aufgrund Werkvertrags das Schiff nach eigenem Ermessen staut.

Leitsatz III. Wegfall des § 515 Abs. 2 oder Umwandlung in eine Strafvorschrift gegen Kapitän *und* Reeder.

Leitsatz IV. Der Kapitän hat auf dem von ihm geführten Schiffe Polizeigewalt über alle an Bord befindlichen Personen.

Leitsatz V. Durch positive Vorschrift ist klarzustellen, dass die Vollmacht des Kapitäns nach § 527 HGB nicht schon dadurch beschränkt wird, dass der Reeder im Hafen eine ständige Geschäftsverteilung (Agentur) unterhält.

Leitsatz VI. Die Befugnis des Kapitäns im Heimathafen nach § 526 ist auf die Annahme der Schiffsoffiziere, der Schiffsmannschaft und der zur Ausführung der Reisen einschließlich des Löschens und Ladens tätig werdenden Personen auszudehnen.

Leitsatz VII. Die im bisherigen Seefrachtrecht vom Schiffer auszuübenden Verfrachterfunktionen sind als Obliegenheiten des Verfrachters zu behandeln. Die Vertretungsmacht des Kapitäns für den Verfrachter ist zu regeln.

Leitsatz VIII. Die Haftung der Kapitäne (und ebenso der Schiffsoffiziere und Lotsen) für nautisches Verschulden ist auf Vorsatz und bösliche Handlungsweise zu beschränken.

Leitsatz IX. Nach dem Vorbilde des Binnenschifffahrtsgesetzes (§§ 11-14) ist das Verfahren bei der Verklarung dem Verfahren zur Sicherung des Beweises (ZPO §§ 485-494) anzupassen.

Der bisherige Eideszwang ist aufzuheben.

Leitsatz X. Durch eine dem § 532 HGB entsprechende Vorschrift sollte verhütet werden, dass der Kapitän als Geschäftsführer für die Ladung handelt und *sodann* einen unbeschränkten Rückerstattungsanspruch gegen die Ladungsbeteiligten geltend macht.

30. Arbeitssitzung vom 11.1.1937 (16 bis 19.15 Uhr)

Anwesend:
Vorsitzender: Reichsgerichtsrat Dr. Lindenmaier, Leipzig
2. Schriftführer: Richter Dr. Bramslöw, Hamburg (auch als Protokollführer)
und als weitere ständige Mitglieder:
Rechtsanwalt Dr. Baur, Hamburg
Rechtsanwalt Dr. Bollmann, Hamburg
Direktor Brandt, Hamburg
Rechtsanwalt Dr. Dettmers, Bremen
Rechtsanwalt Dr. Heynen, Hamburg
Rechtsanwalt Hillemann, Hamburg
Kapitän Dr. Kuhl, Hamburg
Direktor Michelau, Bremen
OLG-Rat Dr. Reinbeck, Hamburg
Dr. Schütte, Hamburg
OLG-Rat Segelken, Hamburg
Direktor Sturm, Hamburg
vom Reichsjustizministerium:
Ministerialrat Koffka, Berlin
Ministerialrat Krieger, Berlin
vom Reichsverkehrsministerium:
Ministerialrat Dr. Fessler, Berlin
als Sachverständiger:
Lotse Lührs, Altona
als Gast:
Oberregierungsrat Dr. Schrader, Hamburg
als Protokollführer:
Assessor Dr. Capelle, Hamburg
für das Stenogramm:
Assessorin Krüger, Wandsbek
entschuldigt fehlten:
Rechtsanwalt Dr. Droege, Hamburg
Dozent Dr. habil. Möller, Hamburg
Dr. Riensberg, Hamburg
Rechtsanwalt Dr. Schulze-Smidt, Bremen
Präsident Dr. Völckers, Bremen

Der *Vorsitzende* eröffnete die Sitzung und gab zunächst seiner Freude darüber Ausdruck, dass er neben den anderen Herrn von den Ministerien Ministerialrat Koffka wieder begrüßen könne.

In der letzten Sitzung seien bei der Erörterung der §§ 315 und 316 StGB starke Bedenken gegen diese Normen geltend gemacht worden, namentlich von Seiten der Praktiker und zwar hauptsächlich, weil man befürchtet habe, dass durch übermäßig strenge Strafbestimmungen die Entschlusskraft des Kapitäns gelähmt würde. Der Ausschuss habe ihn daher beauftragt, beim Reichsjustizministerium wegen dieser Frage vorstellig zu werden. Er habe in Leipzig Gelegenheit gehabt, mit einem der Mitglieder des Strafrechtsausschusses zu sprechen und dabei die Mitteilung erhalten, dass die fraglichen Bestimmungen neu gefasst und wesentlich gemildert würden. Insbesondere werde man die einfache Unterlassung als Tatbestandsmerkmal fortfallen lassen und für den Fall fahrlässiger Begehung die Möglichkeit einer Haftstrafe vorsehen, die grundsätzlich im künftigen Strafrecht in eine Geldstrafe umgewandelt werden könne. Er glaube, dass man sehr viel mehr als dieses Ergebnis nicht werde erreichen können. Der Regierende Bürgermeister Krogmann habe sich bereits in dieser Sache an das Reichsjustizministerium gewandt. Auch er selbst habe an das Ministerium ein Schreiben gerichtet und darin auf alle im Ausschuss erörterten Punkte hingewiesen. Namentlich habe er ausgeführt, dass es sich keinesfalls darum handle, für die Schifffahrt ein Privileg zu schaffen, sondern dass der Ausschuss im Allgemeinen die Verhängung schwerer Freiheitsstrafen im Falle fahrlässiger Handlungen in gewissen schwierigen Lagen oder Unterlassungen für zu hart halte. Er habe übrigens den Eindruck, dass die Beunruhigung, die sich im Ausschuss gezeigt habe, inzwischen weitere Kreise ergriffen habe, vor allem die Lotsen. So habe er von einem Anwalt der Lotsen ein Schreiben zu dieser Frage erhalten; er habe ihn aufgrund der ihm zuteil gewordenen Mitteilungen über die zukünftige Gestaltung des Gesetzes beruhigen können.

Man könne nunmehr übergehen zu dem eigentlichen Thema, der Stellung des Kapitäns. Beschlossen sei bereits, dass an der Haftung des Kapitäns grundsätzlich nichts geändert werden solle, dass er aber im Falle nautischen Verschuldens nur bei Vorsatz und grober Fahrlässigkeit verantwortlich sein solle.

Heute habe man es nun mit der Frage der etwa möglichen *Teilung der Verantwortlichkeit* unter die Leiter der einzelnen Abteilungen des Schiffsbetriebes zu tun. Dazu werde zunächst Dr. Kuhl sprechen.

Dr. Kuhl führte aus: So groß auch die Sachkunde des Kapitäns sein müsse, so stehe sie ihm doch selbstverständlich nicht auf allen, das Schiff betreffenden Gebieten zur Verfügung. So z.B. nicht, soweit es sich um die Maschinen handle. Aus diesem Grunde strebten denn auch die Abteilungsleiter mit Recht nach eigener Verantwortlichkeit. Eine Einzelregelung im Gesetz sei zwar nicht möglich, doch könne man vielleicht eine allgemeine Norm schaffen. Man könnte etwa sagen, dass die Schiffsoffiziere persönlich hafteten für Schäden, die durch Fehler in ihrer Abteilung verursacht seien. Zunächst wolle er aufgrund der Dienstanweisung einer großen Reederei ein Schema der Dienstverteilung an Bord des Schiffes geben als Grundlage für die Erörterung des Problems der Verantwortungsteilung. Dr. Kuhl gab darauf folgendes Schema:

	Kapitän	
	↓	
	I. Offizier	
↓	↓	↓
Abt. Schiff	Abt. Maschine	Abt. Verwaltung
I. Offizier	I. Ingenieur	Zahlmeister
Deck - Funkstation - Hospital		Zahlmeisterei - Küche - Obersteward

Die Frage sei nun, ob man den Abteilungsleitern für ihren Bereich die Haftung auferlegen solle. Man könne vielleicht ausdrücklich im Gesetz festlegen, dass sie verpflichtet seien, die Sorgfalt anzuwenden, die ihrer Stellung im Schiffsbetrieb entsprechend angewandt werden müsse und im Zusammenhang damit eine Haftung gegenüber der Reederei – nicht dagegen gegenüber Dritten – bestimmen.

Der *Vorsitzende* erklärte: Die Haftung gegenüber der Reederei besonders auszusprechen, sei wohl überflüssig. Inhalt und Grenzen der Tätigkeit und der Haftung ergäben sich insoweit ohne weiteres aus dem Dienstvertrag. Dagegen sei zu erwägen, ob eine Schadensersatzpflicht gegenüber Dritten vorgesehen werden solle. Zu bedenken sei dabei, dass es nur auf großen Schiffen eine Hierarchie der von Dr. Kuhl gekennzeichneten Art gebe. Wolle man eine Haftung gegenüber Dritten festsetzen, so müsste jeder Schiffsoffizier im Rahmen seiner Dienstverrichtungen wie ein Kapitän haften, also bei nautischem Verschulden nur für Vorsatz und grobe Fahrlässigkeit. Es dürfe aber dadurch die Haftung des Kapitäns nicht ausgeschlossen werden. Es ergebe sich dann etwa folgender *Leitsatz*: Jedes Mitglied der Schiffsbesatzung trifft im Rahmen seiner Dienstverrichtungen die gleiche Haftung wie den Kapitän. Seine Vorgesetzten haften nur insoweit, als sie ein eigenes Verschulden trifft.

Es frage sich indessen, ob eine derartige Bestimmung notwendig sei. Er habe in dieser Richtung noch gewisse Bedenken.

OLG-Rat *Dr. Reinbeck* stimmte dem Vorsitzenden zu. Die Haftung gegenüber der Reederei ergebe sich aus dem Vertrage, die Haftung gegenüber Dritten im Falle eigenen Verschuldens folge aus den allgemeinen Vorschriften der §§ 823, 831 BGB. Allerdings müsse man die Beschränkung der Haftung auf Vorsatz und grobe Fahrlässigkeit bei nautischem Verschulden auch dem Lotsen und dem wachhabenden Offizier zugute kommen lassen. Im Übrigen brauche man aber keinen neuen Leitsatz aufzustellen.

Ministerialrat *Krieger* bezeichnete es als notwendig, sich zunächst einmal über das Verhältnis zwischen § 511 HGB und den §§ 823, 831 BGB klar zu werden. Er meine, dass die beiden Vorschriftengruppen nebeneinander ständen.

Der *Vorsitzende* bestätigte das unter Hinweis auf die Rechtsprechung des Reichsgerichts.

Ministerialrat *Krieger* erwiderte, seines Wissens habe das Reichsgericht die Frage nur im Hinblick auf die Reederhaftung bejaht. Hier handle es sich aber um die Frage, ob neben der außervertraglichen Haftung des Kapitäns aus § 511 HGB auch die Haftung aus unerlaubter Handlung gemäß § 823 BGB bestehe.

Der *Vorsitzende* entgegnete, auch diese Frage habe das Reichsgericht bejaht und zwar, wenn er sich recht erinnere, in einem Fall aus dem Binnenschifffahrtsrecht, wo eine Brücke beschädigt gewesen sei. Auch Mittelstein habe sich dahin ausgesprochen.

Ministerialrat *Krieger* fuhr fort, der Kapitän hafte danach also grundsätzlich sowohl gemäß § 511 HGB wie gemäß § 823 BGB. Dabei sei zu beachten, dass nach geltendem Recht § 511 HGB weit über § 823 BGB hinausgehe, denn nach § 511 HGB werde für jeden Vermögensschaden gehaftet, z.B. auch für Verzögerungsschaden, während in § 823 BGB nur eine Haftung für Körper- und Sachschaden bestimmt sei. Wenn man jetzt § 511 HGB für den Kapitän einschränke, dann ergebe sich die Frage, wie sich zum § 511 in neuer Fassung § 823 BGB verhalte, mit anderen Worten, ob die Haftung für leichte Fahrlässigkeit nach § 823 BGB auch in Zukunft vollen Umfanges bestehen bleiben solle oder nicht.

Der *Vorsitzende* erklärte, die Kernfrage sei demnach, ob die Haftungsbeschränkung für den Fall nautischen Verschuldens als eine übergreifende, das allgemeine Recht des Bürgerlichen Gesetzbuches abändernden Norm zu gestalten sei, die jede außervertragliche Haftung begrenze. Ausgehend von dem Sinn der Haftungsbeschränkung müsse man das bejahen. Andernfalls würde die Haftungsbeschränkung wenig Wert haben. Gerade weil es so oft schwierige Situationen gebe, sei dem Kapitän die Haftung für jede Fahrlässigkeit nicht zumutbar. Das sei der leitende Gesichtspunkt bei den Beratungen gewesen. Der gleiche Gesichtspunkt müsse aber auch für die sich aus § 823 BGB ergebende Haftung gelten. Andernfalls bedeute der ganze Leitsatz einen Schlag ins Wasser.

Rechtsanwalt *Dr. Dettmers* äußerte große Bedenken. Man greife mit einer so weitgehenden Vorschrift in das System des bürgerlichen Rechts sehr stark ein. Man wolle für einen bestimmten Berufsstand einen wesentlichen Grundsatz des bürgerlichen Rechts nicht uneingeschränkt gelten lassen. Das halte er für nicht ungefährlich. Im Übrigen sei die ganze Frage seines Erachtens nicht sehr wichtig, da seines Wissens der Kapitän niemals ernstlich in Anspruch genommen werde.

Gegen die zuletzt geäußerte Ansicht von Rechtsanwalt Dr. Dettmers erhob sich *allgemeiner Widerspruch* unter Hinweis auf Fälle, in denen Kapitäne und Lotsen verklagt worden seien.

Auf den Hinweis, dass grobes Verschulden kaum in Frage komme, erinnerte der *Vorsitzende* an einen Seeamtsfall, in dem der Kapitän eines Schiffes, das zwischen Stettin und Lübeck fuhr, dauernd betrunken gewesen sei.

Dr. Kuhl bemerkte dazu, dabei habe es sich nicht um nautisches Verschulden gehandelt. Es gebe aber häufig Fälle, in denen der Lotse wegen nautischen Verschuldens in Anspruch genommen werde. Ihm seien aus den letzten zehn Jahren allein 40 derartige Fälle bekannt. Die Lotsen würden dabei oft allein verklagt, nicht nur zusammen mit dem Reeder.

Rechtsanwalt *Dr. Dettmers* erwiderte, auch ihm seien zwar aus der Praxis Fälle bekannt, in denen der Kapitän neben dem Reeder verklagt worden sei, doch habe er nie erlebt, dass der Kapitän tatsächlich in Anspruch genommen worden sei.

Der *Vorsitzende* hob hervor, die praktische Wichtigkeit dieser Fälle ergebe sich auch aus dem Umstand, dass sich zweimal der Deutsche Seeschifffahrtstag mit der Frage befasst und dem Vorschlage des Referenten Dr. Kuhl zugestimmt habe.

Richter *Dr. Bramslöw* führte aus: Es sei richtig, dass man mit der in Aussicht genommenen Ausnahmevorschrift aus dem System des bürgerlichen Rechts einen Stein herausbreche. Davor schrecke man zunächst zurück. Doch müsse letzten Endes der praktische Gesichtspunkt, nicht der systematische den Ausschlag geben. Wenn man in den Fällen, in denen die Haftung des Kapitäns aus § 511 HGB für jedes Verschulden unbillig wäre, nur diese Haftung ausschließe, dagegen die Haftung aus § 823 BGB uneingeschränkt bestehen lasse, so erweise man dem Kapitän nur einen halben Dienst. Dann werde nämlich seine Haftung nur insoweit beschränkt, als es sich um Vermögensschaden handle, der nicht Körper- oder Sachschaden sei, für Körper- und Sachschaden hafte er dann im gleichen Umfange wie bisher.

Der *Vorsitzende* bemerkte zur Geschäftsordnung, dass Oberregierungsrat Dr. Schrader vorgeschlagen habe, den Lotsen gleich mitzubehandeln. Indessen erscheine es ihm richtiger, zunächst auf der bisherigen Grundlage weiter zu beraten. Zur Regelung des Lotsenwesens werde man ohnehin bald kommen.

Auch Lotse *Lührs* bat darum, die Beratung der Lotsenfragen einstweilen zurückzustellen.

Der *Vorsitzende* bemerkte weiter, die grundsätzlichen Bedenken des Rechtsanwalts Dr. Dettmers kämen etwas unerwartet, da man in der letzten Sitzung geglaubt habe, die Frage bereits endgültig abzuschließen.

Rechtsanwalt *Dr. Dettmers* stellte seine Meinung dahin klar, dass man eine Ausnahmenorm, wie es der Haftungsausschluss für den Fall leichter Fahrlässigkeit bei nautischem Verschulden sei, nicht noch auf das bürgerliche Recht ausdehnen dürfe.

Ministerialrat *Krieger* erklärte, auf das Verhältnis zwischen § 511 HGB und § 823 BGB müsse jedenfalls eingegangen werden.

Der *Vorsitzende* bestätigte das, nur müsse man von § 511 HGB in der in Aussicht genommenen Fassung ausgehen. Es ergebe sich dann die Frage, ob § 511 HGB in der beabsichtigten Fassung übergreifen solle auf den Bereich des § 823 BGB.

Rechtsanwalt *Dr. Baur* erklärte sich mit der Haftungsbeschränkung durchaus einverstanden. Man bestimme damit etwas, was der praktischen Rechtslage hinsichtlich des Kapitäns bereits seit langem entspreche. Beim Lotsen liege die Sache etwas anders, da der Lotse häufiger verklagt werde in der Hoffnung, dass der hinter ihm stehende Staat im Falle der Verurteilung für ihn eintreten werde.

Ministerialrat *Krieger* wies gegenüber den Ausführungen des Rechtsanwalts Dr. Dettmers darauf hin, dass man auch im Falle der Änderung des § 823 BGB in der Person des Reeders einen für jedes Verschulden Haftenden behalte (§ 485 HGB). Die Haftung des Reeders gegenüber den Ladungsbeteiligten ändere sich nur bei Einführung der Haager Regeln. Das Verhältnis zwischen Reeder und Kapitän könne man in diesem Zusammenhange vergleichen mit dem Verhältnis zwischen Staat und Beamten: Im Innenverhältnis hafte der Beamte dem Staat in manchen Fällen nur bei grobem Verschulden. Nach außen gebe es aber immer einen Hafter, eben den Staat. Ebenso sei es dann im Seerecht mit dem Reeder. So lasse sich denn seines Erachtens der Vorschlag, die Haftungsbeschränkung auch für das Gebiet des bürgerlichen Rechts bei nautischem Verschulden wirken zu lassen, rechtspolitisch durchaus rechtfertigen.

Rechtsanwalt *Dr. Dettmers* warf die Frage auf, ob für den Reeder-Kapitän eine Sondernorm aufgestellt werden solle. Diese Erscheinung treffe man am häufigsten bei kleinen Unternehmen. Schaffe man keine Sondernorm, so würden gerade die, die eine Haftung am schwersten tragen könnten, im vollen Umfange haften.

Richter *Dr. Bramslöw* bemerkte, man mache die Haftung doch nicht abhängig von der Größe des Schiffes; dann könne man aber auch nicht auf den Umstand Rücksicht nehmen, dass der Reeder gleichzeitig Kapitän sei.

Direktor *Brandt* wies darauf hin, dass, wenn man eine Sondernorm schaffen würde, der Reeder-Kapitän auch im Kollisionsfalle nur für grobe Fahrlässigkeit haften würde, der einfache Reeder dagegen für jedes Verschulden.

Rechtsanwalt *Dr. Baur* warf die Frage auf, ob man auch das Rückgriffsrecht des Reeders gegenüber dem Kapitän begrenzen solle. Ohne eine ausdrückliche Vorschrift habe ja der Reeder auch im Falle leichter Fahrlässigkeit bei nautischem Verschulden einen Rückgriff gegen den Kapitän.

Ministerialrat *Krieger* sprach sich dahin aus, dass § 511 HGB auch im Verhältnis des Kapitäns zum Reeder gelte.

Rechtsanwalt *Dr. Baur* entgegnete, er habe die Beratungen dahin verstanden, dass man bisher sich nur mit der außervertraglichen Haftung befasst habe.

Rechtsanwalt *Dr. Dettmers* bemerkte: Schaffe man eine Haftungserleichterung für den Kapitän, so würde Deutschland in diesem Punkte allein stehen. In anderen Rechtsgebieten würde der Kapitän dann vielleicht in vollem Umfange in Anspruch genommen. Es werde daher zu erwägen sein, ob man nicht eine Freihaltungsnorm schaffen solle.

Rechtsanwalt *Dr. Bollmann* stimmte den Ausführungen des Rechtsanwalts Dr. Dettmers zu. Auch die vertragliche Haftung des Kapitäns gegenüber dem Reeder müsse in dem fraglichen Umfange ausgeschlossen werden.

Direktor *Brandt* äußerte demgegenüber Bedenken.

Rechtsanwalt *Dr. Bollmann* bezeichnete es als das Gegebene, die Haftung auch im Innenverhältnis auszuschließen, dabei aber abweichende Vereinbarungen im Vertrage zuzulassen.

Direktor *Brandt* empfahl, das vertragliche Verhältnis nicht mit hineinzuziehen. Wolle man es doch, so müsse man schon ausdrücklich sagen, dass im Verhältnis zwischen Reeder und Kapitän etwas anderes vereinbart werden könne.

Rechtsanwalt *Dr. Heynen* sprach sich ebenfalls für die Haftungsbeschränkung bei nautischem Verschulden aus und stimmte hinsichtlich der Vertragshaftung des Kapitäns gegenüber dem Reeder dem Rechtsanwalt Dr. Bollmann zu. Wenn man die Begrenzung nicht auch für das Innenverhältnis gelten lasse, nütze man dem Kapitän wenig.

Der *Vorsitzende* führte aus: Für den Fall der außervertraglichen Haftung scheine ihm die Beschränkung tragbar zu sein, für das vertragliche Verhältnis zwischen Kapitän und Reeder halte er sie nicht für erforderlich.

Zweifelhaft scheine ihm die von Rechtsanwalt Dr. Dettmers angeschnittene Frage des Reeder-Kapitäns zu sein. Es frage sich, welche Eigenschaft hier den Ausschlag geben solle. Er neige dazu, die Reedereigenschaft prävalieren zu lassen. Auch in § 4 Abs. 3 Binnenschifffahrtsgesetz überwiege die Reedereigenschaft.

Direktor *Brandt* stimmte dem Vorsitzenden zu. Die Reedereigenschaft müsse den Ausschlag geben. Betrachte man den Fall des Reeder-Schiffers bei einer Kollision und lege das Gewicht auf die Kapitänsstellung, so komme man zu dem Ergebnis, dass der Reeder-Kapitän nur für grobe Fahrlässigkeit hafte. Man würde damit aber in die bestehenden internationalen Abkommen eingreifen.

Der *Vorsitzende* bat die Herren Direktor Brandt, Dr. Bollmann und Dr. Heynen, die Frage des Reeder-Kapitäns noch einmal zu überprüfen. Direktor Brandt wurde mit dem Vorsitz in diesem Unterausschuss betraut. Falls erforderlich, soll auch der Fachgruppenleiter für die Küstenschifffahrt herangezogen werden.

Der *Vorsitzende* stellte fest, dass man sich nunmehr der Frage zuwenden könne, ob auch die *Schiffsoffiziere* im Falle des nautischen Verschuldens nur für Vorsatz und grobe Fahrlässigkeit *haften sollten*.

Ministerialrat *Krieger* wies darauf hin, dass nach dem Handelsgesetzbuch z. Zt. für die Offiziere keine besondere Haftung vorgesehen sei. Mit einer Haftungsbeschränkung zu ihren Gunsten würde man also unmittelbar in die allgemeinen Vorschriften des bürgerlichen Rechts eingreifen.

Die Haftung nach § 511 HGB gehe über die Haftung nach § 823 BGB hinaus hinsichtlich der Schäden, für die gehaftet werde. Schaffe man nun eine dem neuen § 511 HGB entsprechende Bestimmung für die Schiffsoffiziere, also mit Haftungsausschluss für leichte Fahrlässigkeit bei nautischem Verschulden, so erweitere man die Haftung der Offiziere hinsichtlich des Gegenstandes im Vergleich zum geltenden Recht, schließe sie aber gleichzeitig bei leicht fahrlässigem nautischen Verschulden aus. Das bedeute, dass die leitenden Offiziere gleichzeitig gewönnen und verlören.

Der *Vorsitzende* führte aus: Die Grenze für die leitenden Offiziere sei schwer zu ziehen. Wenn man weitergehen und jedes Mitglied der Besatzung erfassen wolle, so ergebe sich folgender *Leitsatz*: Jedes Mitglied der Schiffsbesatzung trifft im Rahmen seiner Dienstverrichtungen bei nautischem Verschulden die gleiche Haftung wie den Kapitän. Die Vorgesetzten haften nur insoweit, als sie ein eigenes Verschulden trifft.

Ministerialrat *Krieger* bemerkte, seines Erachtens dürfe man nicht für jedes Besatzungsmitglied diese Haftung vorsehen, sondern nur für die Schiffsoffiziere, die im Rahmen ihrer Tätigkeit den Kapitän vertreten. Im Übrigen müsse es bei der Haftung nach § 823 BGB bleiben.

Der *Vorsitzende* erklärte, er stimme mit Ministerialrat Krieger vollkommen überein. Die Erstreckung der Haftungserleichterung auf alle Besatzungsmitglieder sei auch seines Erachtens abzulehnen. Für untergeordnete Organe werde eine schwierige Lage, die rasches Handeln erfordere, auch nur selten gegeben sein.

Dr. Kuhl erklärte dann, dass es sich nur um eine Haftungsbeschränkung für nautisches Verschulden handle. Das komme doch höchstens, außer bei dem Kapitän, beim wachhabenden Offizier in Frage.

Der *Vorsitzende* bemerkte, dass seines Erachtens von nautischem Verschulden auch in manchen anderen Fällen gesprochen werden müsse. So habe es sich doch z.B. um nautisches Verschulden gehandelt in dem bekannten Fall. wo ein Festmacher beim Anlegen durch ungeschicktes Hantieren mit einem Sandsack eine am Anlegeplatz befindliche Person verletzte.

Dr. Kuhl erwiderte, an einen derartigen Fall denke er nicht. Sein Leitsatz solle sich auf die eigentliche Führung des Schiffes beschränken. Er solle nur diejenigen Fälle umfassen, wo in einer schwierigen Lage ein plötzlicher Entschluss nötig sei. Keineswegs wolle er darunter auch das „management of the ship" der Haager Regeln verstanden wissen.

Der *Vorsitzende* wies weiter auf den Fall hin, dass ein Offizier die Sonne schieße [Sextant-Messung] und dabei grobfahrlässig unrichtige Feststellungen treffe. Man möge annehmen, dass sich der Kapitän auf der Brücke befunden habe. Hier handle es sich doch zweifellos um nautisches Verschulden.

Dr. Kuhl stimmte dem Vorsitzenden zu. Es handle sich hier um die Kursführung des Schiffes, die letzten Endes Sache des Kapitäns sei. Auch bei Ausweichmanövern und beim Abgeben der Signaltöne käme nautisches Verschulden in Betracht.

Direktor *Brandt* führte aus: Grundsätzlich wolle man doch an dem Satz festhalten, dass der Kapitän bei allen seinen Handlungen die Sorgfalt eines ordentlichen Schiffers anwenden müsse. Der Kapitän solle nur bei leichtfahrlässigem nautischem Verschulden gedeckt sein. Seines Erachtens stehe nun nichts im Wege, im Gesetz auszusprechen, dass die Schiffsoffiziere und der Maschineningenieur ebenso wie der Kapitän haften.

Der *Vorsitzende* erinnerte daran, dass man von dem Gedanken ausgegangen sei, den Kapitän in schwierigen Lagen, in denen es auf einen schnellen Entschluss ankomme, nicht auch für leichtes Verschulden haften zu lassen. Es frage sich aber, was z.B. für den 1. Maschinisten gelten solle und wo die Grenze zu ziehen sei. Stelle man auf die Führung des Schiffes ab, so sei der erste Maschinist nicht mit einbegriffen.

Dr. Bramslöw gab zu bedenken, dass auch der Ausgucksmann auf der Back nautische Dienste tue und zwar manchmal unter recht schwierigen Umständen.

Rechtsanwalt *Dr. Dettmers* erklärte: Die ganzen Erörterungen zeigten, dass man sich mit der geplanten Haftungserleichterung auf einem falschen Wege befinde. Wolle man aber die Haftung mindern, so halte er es für untragbar, wenn man sie nur zugunsten des Kapitäns und seines Vertreters abschwäche, dagegen die übrige Besatzung weiterhin voll haften lasse. Man möge sich folgenden Fall vergegenwärtigen: Im Nordostsee-Kanal hätten ein Hamburger Schiff und ein Bremer Schiff aneinander vorbeifahren müssen. Es habe die größte Kollisionsgefahr bestanden, deshalb habe der Kapitän das Kommando „fall Anker" gegeben. Irgendwelche Umstände hätten verhindert, dass der Anker, der vom 4. Offizier bedient wurde, sofort fiel. Als er schließlich gefallen sei, sei die Kollisionsgefahr bereits beseitigt gewesen, die beiden Schiffe seien gerade dicht aneinander vorbeigefahren. Dabei sei der Anker jedoch auf das Deck des anderen Schiffes gefallen und habe das Deck weggerissen. Hier handle es sich um ein leichtes Versehen des 4. Offiziers, der in der Aufregung nicht bemerkt habe, dass sich die Situation bereits geändert hatte und das Fallenlassen des Ankers Schaden bringen musste. Man könne nicht in einem derartigen Fall den 4. Offizier haften lassen, gleichzeitig aber den Kapitän bei leichtem nautischem Verschulden von jeder Haftung befreien.

Direktor *Sturm* legte dar: Man möge sich doch noch einmal klar machen, was dazu geführt habe, eine Schutzbestimmung für den Kapitän aufzustellen, obwohl er nur in den seltensten Fällen tatsächlich in Anspruch genommen werde. Maßgebend sei die Erwägung gewesen, dass es außerordentlich schwierig sei, Vorgänge bei einer Kollision nachträglich mit Sicherheit zu rekonstruieren und das Vorliegen eines Verschuldens festzustellen. In der Regel handle es sich dabei um Handlungen, die in kürzester Frist beschlossen und ausgeführt werden müssten. So sei der Ausschuss zu dem Grundsatz gekommen, dass in derartigen Fällen nur für Vorsatz und grobe Fahrlässigkeit gehaftet werden solle. Dieser Schritt führe aber die Gefahr des Gleitens mit sich. Man möge bedenken, dass es überall im Rechtsleben ähnliche Härten gebe, die namentlich bei Tatbestandsschwierigkeiten beständen.

Wolle man eine Ausnahme, so müsse man sie auf den Kapitän und seinen unmittelbaren Vertreter beschränken. Nirgends sei das Führerprinzip so klar ausgebildet wie auf dem Schiff. Bei jeder navigatorischen Maßnahme wirkten aber noch andere Personen der Schiffsbesatzung mit. Ein großer Schaden könne zum Beispiel dadurch entstehen, dass der Hilfssteward, der dem Kapitän mehrere wichtige Funkermeldungen überbringen solle, versehentlich eine Meldung fallen lasse und dass der Kapitän daraufhin falsche Manöver ergreife. Unmöglich könne man bestimmen, dass die gesamte Besatzung von der Haftung für leichte Fahrlässigkeit befreit werde. Das würde eine untragbare Durchbrechung der Grundsätze des Bürgerlichen Gesetzbuches bedeuten.

Man möge sich aber auch die schwierigen Situationen vergegenwärtigen, die z.B. in der Luftfahrt und im Lastkraftwagenverkehr vorkämen. Er habe öfter in den Ministerien Sonderregelungen für die Schifffahrt erreicht unter Hinweis darauf, dass in vielen Bereichen die Dinge in der Schifffahrt anders liegen als im übrigen Verkehr. Hier möchte er sich aber gegen eine Ausnahmebestimmung wenden.

Wenn man eine Ausnahmebestimmung schaffe, so sei es nicht ungerecht, sie auf den Kapitän zu beschränken. Der Kapitän stehe an der Spitze, er habe die Leitung des Schiffes; wenn überhaupt einer, so müsse er in seiner Haftung eine Sonderstellung haben. Den Matrosen verklage niemand. Wenn die Haftung für die gesamte Schiffsbesatzung außer dem Kapitän unbeschränkt bleibe, so sei das nicht härter als in anderen Lebensverhältnissen. Wenn der Matrose z.B. schuldhaft Trossen fallen lasse und dadurch einen Schaden verursache, so könne ähnliches jedem Straßenbahnführer zustoßen.

Eine endgültige Stellungnahme zu der ganzen Frage wolle er sich noch vorbehalten. Er halte es immer noch für besser, auf die Haftungserleichterung auch für den Kapitän zu verzichten, als die Ausnahmevorschrift auf die ganze Besatzung auszudehnen. Der Fall, dass der Kapitän in Anspruch genommen werde, spiele ja praktisch nur eine geringe Rolle.

Von allen Seiten werde heute die Wichtigkeit der Stellung des Kapitäns betont. Unter diesen Umständen sei es vielleicht rechtspolitisch nicht unangebracht, die Haftung in dem geltenden Umfange bestehen zu lassen.

Dr. Schütte bemerkte, wahrscheinlich habe man sich bei der Schaffung des Handelsgesetzbuches bereits mit den erörterten Problemen befasst. Es frage sich, ob die Protokolle etwas zu diesen Fragen ergäben.

Der *Vorsitzende* erwiderte, soweit er habe feststellen können, seien die Protokolle unergiebig. Er stimme Direktor Sturm darin zu, dass es ratsam sei, die behandelten Probleme noch einmal zu überdenken. In der letzten Sitzung habe über die Frage der Kapitänshaftung volle Übereinstimmung geherrscht, jetzt hätten sich Widersprüche und Zweifel ergeben. Als bisheriges Ergebnis könne er feststellen: Wenn man zu einer Haftungsbeschränkung komme, so dürfe sie jedenfalls nur für den Kapitän und den an seiner Stelle für die Führung des Schiffes Verantwortlichen gelten, dagegen nicht für die übrigen Mitglieder der Schiffsbesatzung.

Dr. Schütte berichtete, dass die Teilung der Verantwortung bei den großen Reedereien oft erörtert sei, ohne zu einer besonderen Regelung zu gelangen.

Ministerialrat *Krieger* erklärte, auch er wolle sich das Problem noch einmal in Ruhe überlegen. Im Binnenschifffahrtsrecht komme es häufiger vor, dass der Kapitän neben dem Schiffseigner verklagt werde, weil man ihn auf diese Weise in die Parteistellung bekomme und ihn somit als Zeugen ausschließe. Das habe sich möglicherweise durch die Einführung der eidlichen Parteivernehmung geändert. Wenn nun die Haftung für den Kapitän anders geregelt sei, als die Haftung des Reeders, so laufe der Geschädigte die Gefahr, dass er mit der Klage gegen den Kapitän abgewiesen werde und insoweit die Kosten selbst zu tragen habe. Möglicherweise würden bei Einführung der Haftungserleichterung für den Kapitän die Klagen gegen den Kapitän weiter abnehmen.

Rechtsanwalt *Dr. Dettmers* bestätigte, dass in der Binnenschifffahrt der Kapitän hauptsächlich deswegen mit verklagt worden sei, um ihn als Zeugen auszuschließen. Seit der Einführung der eidlichen Parteivernehmung spiele dieser Gesichtspunkt keine große Rolle mehr, zumal es bei der richterlichen Beweiswürdigung keinen Unterschied mache, ob der Kapitän als Zeuge oder als Partei aussage.

Rechtsanwalt *Dr. Heynen* bemerkte: In Hamburg und in Bremen habe es früher geradezu als unfein gegolten, den Kapitän mitzuverklagen. Tatsächlich habe er auch in der Binnenschifffahrt nie erlebt, dass der Kapitän wirklich verantwortlich gemacht worden sei.

Der *Vorsitzende* stellte noch einmal das Ergebnis der Beratungen fest: Falls man überhaupt zu einer Haftungsbeschränkung gelange, dürfe sie nur dem Kapitän und dem, der ihn in der Führung des Schiffes vertrete, zugute kommen. Auf die Vorfrage werde man in der nächsten Sitzung zurückkommen müssen. Nunmehr könne man sich dem Leitsatz 1 von Dr. Kuhl zuwenden.

Dr. Kuhl führte unter Bezugnahme auf sein Referat Folgendes aus: Bei Schaffung der §§ 513-515 HGB wäre der Gesetzgeber von dem Kapitän als Mitreeder ausgegangen. In dieser Eigenschaft hätte der Kapitän derzeit auch im Heimathafen seinen Einfluss geltend machen können. Heute sei der Kapitän regelmäßig nur ein Angestellter des Reeders. Als solcher müsse er sich im Allgemeinen dessen Anordnungen fügen. Jedenfalls dann, wenn keine unmittelbare Gefahr mit ihrer Ausführung verbunden sei.

Dr. Kuhl führte hierzu als Beispiel an: Die Kohlenmenge, die ein Schiff mitnimmt, bemisst sich nach der voraussichtlichen Fahrtdauer und dem zur Verfügung stehenden Bunkerraum. Dieser wiederum hängt von der Ladungsmenge ab, denn die Ladung wird oftmals auch in den Reservebunkern verstaut. Bei längerer Reise sind diese aber für die Aufbewahrung der Bunkerkohlen notwendig. Auf Vorrat nimmt man gewöhnlich 20% mehr mit, als für eine normale Durchführung der betreffenden Reise nötig ist.

Wenn der Kapitän nun auf Drängen des Reeders soviel Ladung annimmt, dass er diese 20% nicht mehr mitnehmen kann, so liegt darin noch keine unmittelbare Gefahr. Denn bei gutem Wetter langt der Kohlenvorrat; bei schlechtem Wetter muss unter Umständen ein Nothafen angelaufen werden. Nach dem geltenden Recht ist für Letzteres aber der Kapitän verantwortlich.

Dr. Kuhl schlug vor, anstelle des geltenden Rechtszustandes – entsprechend der verminderten Vertretungsmacht des Kapitäns im Heimathafen – auch seine Haftung insoweit zu mindern. Nach der heutigen Rechtsprechung werde dem Kapitän zugemutet, auf Beseitigung des betreffenden Mangels zu bestehen, auch auf die Gefahr hin, seine Stellung zu verlieren. Das erscheine ihm unbillig. Wünschenswert sei eine Änderung von § 513 HGB im Sinne seines Leitsatzes 1. Dies bedeute eine Anpassung an das Binnenschifffahrtsgesetz, nach welchem der Kapitän nur auf die Fahrttüchtigkeit „zu sehen", nicht aber dafür „zu sorgen" habe.

Dr. Reinbeck erklärte, nach seiner Ansicht habe Dr. Kuhl zu viele Bedenken in Bezug auf Fälle, die in der Praxis selten vorkämen. Man dürfe den Kapitän nicht von der Sorge für die Seetüchtigkeit entlasten. Die Rechtsprechung sei in diesem Punkte durchaus nicht so rigoros, wie Dr. Kuhl annehme. Der Richter lege seiner Entscheidung eine Haftung des Kapitäns doch nur in solchen Fällen zugrunde, wo Letzteren ein Verschulden treffe. Wenn der Kapitän den Reeder von gewissen Mängeln vor Antritt der Reise in Kenntnis gesetzt hätte, genüge dies unter Umständen.

Der *Vorsitzende* wies darauf hin, dass zwischen den Worten „zu sorgen“ und „zu sehen“ kein zwingender Unterschied bestehe. Der Kapitän habe die Ehre, Führer des Schiffes zu sein. Er müsse daher auch die Verantwortung tragen, vor allem auch für die Seetüchtigkeit. Dr. Kuhls Leitsatz sei mit der nationalsozialistischen Weltanschauung unvereinbar.

Direktor *Sturm* gab seiner Meinung dahin Ausdruck, dass der Kapitän die Pflicht habe, die Reise zu verweigern, wenn der Reeder ihn zwingen wolle, mit einem seiner Ansicht nach seeuntüchtigen Schiff zu fahren. In einem solchen Falle müsse er auch die Gefahr, evtl. seine Stellung zu verlieren, auf sich nehmen. Etwas Derartiges käme aber nur ausnahmsweise in Frage.

Direktor *Sturm* führte weiter aus, der Kapitän hafte auch nach öffentlichrechtlichen Vorschriften für die Seetüchtigkeit, aber natürlich nur, soweit ihm tatsächlich ein Verschulden zur Last falle. Wenn z.B. irgendwo im Schiff ein Niet fehle, so ergäbe sich daraus unter Umständen eine Beeinträchtigung seiner Seetüchtigkeit. Aber ein derartiger Fehler könne manchmal selbst bei einer zwei Tage währenden Sachverständigenbesichtigung übersehen werden. Somit könne es dem Kapitän nicht als Verschulden angerechnet werden, wenn er mit seinem Schiff in diesem Zustande in See gehe. Die Verpflichtung des Kapitäns, nach besten Kräften für die Seetüchtigkeit seines Schiffes zu sorgen, werde dadurch natürlich nicht gemindert.

OLG-Rat *Segelken* wandte sich gegen die Ausführungen von OLG-Rat Dr. Reinbeck, wonach den Kapitän kein Verschulden träfe, wenn er mit seinem Schiff in See gehe, obwohl der Reeder die vom Kapitän für nötig gehaltenen Reparaturen nicht habe vornehmen lassen.

OLG-Rat *Dr. Reinbeck* erklärte, es liege ein Missverständnis vor. Er hätte nur gemeint, dass der Kapitän nicht auf der Ausführung von weniger wichtigen Reparaturen bestehen solle, wenn der Reeder sie ablehne mit der Begründung, er hätte jetzt gerade eine Reihe von Reparaturen an anderen Schiffen ausführen lassen.

Der *Vorsitzende* machte demgegenüber geltend, der Kapitän müsse auch in solchen Fällen Standhaftigkeit zeigen.

Auf die Frage des Vorsitzenden, ob Dr. Kuhl seinen Antrag zurückziehen wolle, erklärte dieser, er könne das nicht tun, weil er von der Unrichtigkeit seiner Ansicht noch nicht überzeugt sei.

Der *Vorsitzende* eröffnete nunmehr die Aussprache über den *Sonderfall der Konterbande*. Er bemerkte hierzu, eine Milderung der betreffenden Vorschriften dürfe für den Heimathafen noch weniger als für einen fremden Hafen befürwortet werden. Denn im Heimathafen könne sich der Kapitän einfach weigern, Konterbande anzunehmen. In fremden Häfen sei eine solche Weigerung unter Umständen schwieriger, weil die Weiterfahrt dadurch behindert werden könne. Aber auch für diesen Fall müsse man die bisherige Ordnung beibehalten.

Direktor *Brandt* wies darauf hin, dass die Frage, wann Kriegskonterbande vorläge, ein internationales Problem sei. Es gebe kein Gesetz, das hierüber eine Bestimmung treffe. Insoweit handle es sich um eine lex imperfecta.

Dr. Dettmers erklärte, einige Güter seien ausdrücklich zur Kriegskonterbande erklärt worden, aber die verschiedenen ausländischen Rechte wichen in diesen Fragen sehr voneinander ab.

Dr. Kuhl machte geltend, es könne nicht Aufgabe des Kapitäns sein, diese schwierigen Fragen zu lösen. Dies gehöre vielmehr zu den Pflichten des Reeders.

Direktor *Sturm* führte aus: Der Kapitän sei doch nicht nur Angestellter. In Fällen, wo er Güter übernehme, von denen er wisse oder wissen müsse, dass sie Kriegskonterbande seien, hafte er selbstverständlich. Beide Absätze des § 515 HGB setzten ein Verschulden des Kapitäns voraus. Darin liege eben die Korrektur für die strenge Haftung. Sie wirke sich dahin aus, dass bei schwierigen Fragen das Verschulden regelmäßig vereint werden müsse. Man dürfe auch nicht übersehen, dass der Kapitän durch ein derartiges Verschulden Schiff und Mannschaft in Gefahr bringen könne. Die konkrete Frage, ob ein Ladungsgut Konterbande sei oder nicht, könne der Kapitän meist besser beantworten als der Reeder. Als Betriebsführer und als Vertreter des Reeders müsse der Kapitän im Allgemeinen dafür einstehen, dass keine Konterbande vorliege.

Dr. Bramslöw richtete an Dr. Kuhl die Frage, welcher Art die in Leitsatz 3 erwähnte Strafvorschrift sein solle. Vom geltenden Gesetz (§ 297 StGB) würden ja nur Mitglieder der Schiffsbesatzung und Reisende wegen Schmuggel mit Strafe bedroht, nicht dagegen Reeder und Befrachter. Um diese Lücke zu schließen, hätte er bereits im Jahre 1926 auf dem XIII. Deutschen Seeschifffahrtstag in Lübeck eine Strafbestimmung vorgeschlagen mit folgendem Wortlaut: „Wer aus Eigennutz den Ruf der Deutschen Schifffahrt oder die Sicherheit der an Bord befindlichen Personen dadurch erheblich gefährdet, dass er mit seinem oder mit dem Schiffe eines anderen Schmuggelware befördern lässt, wird mit Geldstrafe, in besonders schweren Fällen mit Gefängnis bestraft." Bei Durchsicht des im Jahre 1927 erschienenen Strafgesetzentwurfs hätte er feststellen müssen, dass man zwar bei der Ausgestaltung von § 297 StGB (§ 240 des Entwurfs) [Quellen zur Reform des Straf- und Strafprozeßrechts, Abt. I 1, hrsg. von W. Schubert/J. Regge, 1995, S. 462] seinen redaktionellen Verbesserungsvorschlägen gefolgt war, eine neue Bestimmung im Sinne der obigen aber nicht eingeführt hatte.

Vielleicht hätte man damals nicht genügend beachtet, dass die vorgeschlagene Sondervorschrift nur die Auswüchse der Konterbande, vor allem den derzeit blühenden Spritschmuggel treffen sollte. Bald darauf hätte der berüchtigte Falkefall gezeigt, wie sehr eine derartige Vorschrift fehlte. Denn ihr Fehlen hätte zum Schaden deutschen Ansehens im Auslande einem jüdischen Schmuggelunternehmer ermöglicht, mit Hilfe seines bekannten jüdischen Anwalts einer Anklage zu entgehen, die von der Hamburger Staatsanwaltschaft mangels passender Vorschriften wegen Menschenraubs erhoben worden war.

Der Bericht über die Arbeit der amtlichen Strafrechtskommission aus dem Jahre 1936 habe ergeben, dass man sich im Dritten Reich zu einer Erweiterung der Strafvorschrift im Sinne des Redners entschlossen habe. Von der neuen Fassung werde grundsätzlich auch der Befrachter getroffen; auch der Reeder werde davon erfasst, aber nur für den Fall, dass er gegen den Willen des Schiffers Konterbande an Bord schaffen lasse. Hier scheine noch eine Ergänzung nötig zu sein. Es empfehle sich, evtl. einen Unterausschuss zur Prüfung dieser Frage einzusetzen.

Der *Vorsitzende* erklärte, eine Erörterung der Schmuggelfrage nach ihrer strafrechtlichen Seite sei ohne besondere Vorbereitung nicht möglich, auch die Einsetzung eines Unterausschusses halte er zur Zeit nicht für angebracht. Denn erst müsse man wissen, wie der Strafgesetzentwurf *neuester* Fassung die einschlägigen Fragen regle.

Der Vorsitzende stimmte Dr. Bramslöw jedoch darin bei, dass auch die Erörterung derartiger Fragen zu den Aufgaben des Seerechtsausschusses gehöre. Evtl. müsse man dabei mit anderen Ausschüssen zusammenarbeiten. Er bat Dr. Bramslöw, die betreffenden Probleme im Auge zu behalten.

Direktor *Brandt* warf die Frage auf, ob man nicht besser daran täte, den Begriff der Kriegskonterbande ganz herauszulassen und eine Haftung des Kapitäns nur für solche Fälle auszusprechen, in denen er gegen ausdrückliche gesetzliche Verbote verstoße.

Der *Vorsitzende* schloss sich diesem Vorschlage an.

Ministerialrat *Krieger* führte aus, dass § 515 Abs. 2 HGB den Fall betreffe, dass das Verbot von einer dritten Macht ausgehe. Er frage sich, ob eine spezielle Norm dieser Art überhaupt nötig sei. Vielleicht genügten schon die Vorschriften, wonach der Kapitän die Sorgfaltspflicht eines ordentlichen Schiffers habe.

Der *Vorsitzende* meinte, da der Begriff der Kriegskonterbande sehr zweifelhaft wäre, sei es besser, dass man sich mit einer allgemeinen Norm begnüge und hierbei auf die Schwierigkeit der Frage, was Kriegskonterbande sei, hinweise. Hinsichtlich der Fassung dieser Vorschrift erklärte der Vorsitzende, dass es schwer wäre, einen alles umfassenden Ausdruck zu finden. Die Worte

„Gefährdung des Schiffes“ oder „Gefährdung von Schiff und Ladung“ reichten nicht aus. Vielleicht könne man von einer „Gefährdung des Unternehmens“ sprechen.

Ministerialrat *Krieger* schlug vor zu sagen: „Gefährdung des Schiffs, der Ladung, oder der an Bord befindlichen Personen durch einen Eingriff von hoher Hand“.

Der *Vorsitzende* gab abschließend seiner Meinung Ausdruck, dass es zweckmäßig sei, auf die Gefahren abzustellen, die sich aus einem Verstoß des Schiffers gegen § 515 Abs. 2 in seiner heutigen Fassung ergäben.

Der Vorsitzende eröffnete sodann die Aussprache über die *Vertretungsbefugnis des Kapitäns.*

Hierzu führte *Dr. Kuhl* in Anlehnung an sein Referat aus:

Er befinde sich in der schwierigen Lage, Gründe gegen sein eigenes Referat vorzubringen. Denn nach Abfassung desselben seien ihm so starke Zweifel gekommen, dass er schließlich zu dem entgegen gesetzten Standpunkt gelangt wäre.

In der Literatur werde heute – u.a. von Wüstendörfer – die Ansicht vertreten, dass die Vertretungsbefugnis des Kapitäns durch ausländische Reedereiagenturen beschränkt werde. Er hätte sich verleiten lassen, dieser Ansicht zu folgen, insbesondere wegen der andernfalls zu befürchtenden Rechtsunsicherheit. Gerade dieses Argument sei ihm jedoch nachträglich zweifelhaft geworden. Er habe sich klar gemacht, dass im Innenverhältnis schon durch die Dienstvorschriften der Reederei für eine klare Sachlage gesorgt werde. Die Geschäfte, die der Schiffer in Häfen mit fester Agentur seiner Reederei zu verrichten hätte, drehten sich zumeist um Materialbeschaffung für die Fortsetzung der Reise. Es könne sogar gefährlich werden, wenn der Kapitän Mängel am Schiff infolge einer Einschränkung seiner Vertretungsmacht nicht beseitigen könne und die Agentur sich weigere, das Nötige zu veranlassen. Vor allem zeige sich diese Gefahr im Falle der Vercharterung eines Schiffes.

Dr. Kuhl nannte hierfür folgendes Beispiel: Sloman chartert einen Russdampfer und benutzt ihn zu Fahrten im Mittelmeer. Dort hat Russ keine festen Agenturen, wohl aber Sloman. Der Russdampfer wird in einem Hafen, wo sich eine Sloman-Agentur befindet, reparaturbedürftig. Dann braucht, vorausgesetzt, dass man die Kapitänsvollmacht einschränkt, der Kapitän die Zustimmung der Sloman-Agentur zur Reparatur des Russdampfers. Es liegt auf der Hand, dass die Sloman-Agentur an der Ausführung dieser Reparatur kein besonderes Interesse hat.

Dr. Kuhl bemerkte hierzu, dass dieser Zustand nach seiner Ansicht äußerst gefährlich sei. Einem Schiffer müsse unbedingt die Möglichkeit gegeben werden, in solchen Fällen unabhängig von den betreffenden Agenturen zu handeln. Deshalb müsse man durch das Gesetz klare Verhältnisse schaffen und zweifelsfrei aussprechen, dass die Vertretungsmacht des Kapitäns nicht beschränkt werde durch den Umstand, dass der Reeder in bestimmten Häfen feste Agenturen habe. Aus diesen Erwägungen heraus sei er zur Aufstellung seines Leitsatzes 5 gekommen.

OLG-Rat *Dr. Reinbeck* erwiderte, eine ausdrückliche Gesetzbestimmung sei seiner Ansicht nach nicht erforderlich.

Der *Vorsitzende* erklärte, im Prinzip stimme er den Ausführungen von Dr. Kuhl zu. Er sei aber mit Dr. Reinbeck der Ansicht, dass die Aufnahme einer besonderen Bestimmung dieser Art nicht erforderlich wäre. Dagegen sei zu erwägen, ob nicht in § 527 anstelle der Worte „im Heimathafen“ die Worte „am Sitz der Reederei“ gesetzt werden müssten. Vielleicht könne man außerdem noch den Begriff der „Zweigniederlassung“ einfügen. Diese sei allerdings von der Agentur streng zu unterscheiden.

Ministerialrat *Krieger* erhob Bedenken gegen den Vorschlag, den Sitz der Reederei für maßgebend zu erklären. Er wies darauf hin, dass z.B. die Oldenburg-Portugiesische Dampfschifffahrtsgesellschaft ihren Verwaltungssitz in Hamburg hat, dass der Heimathafen ihrer Schiffe aber Oldenburg ist.

Der *Vorsitzende* änderte darauf seinen Vorschlag dahin ab, dass es heißen solle „am Verwaltungssitz der Reederei".

Dr. Baur erwiderte, dass in manchen Steuergesetzen von dem „Ort der Leitung" die Rede sei.

Ministerialrat *Krieger* wies darauf hin, dass der Name des Heimathafens auf dem Schiff selbst angebracht sei, so dass hierüber in allen Fällen Klarheit bestehe.

Der *Vorsitzende* machte geltend, dass man bei früheren Ausschussberatungen auf den „Sitz der Verwaltung" abgestellt hätte.

Ministerialrat *Krieger* erwiderte, das sei zwar richtig. Es seien damals aber auch Ausnahmen vorgesehen worden. Für Dritte könne immer nur der Heimathafen maßgebend sein. Wenn der Verwaltungssitz ein anderer sei, so müsse die Reederei hierfür die Folgen tragen.

Der *Vorsitzende* ließ darauf seine Anregung fallen.

Rechtsanwalt *Dr. Dettmers* meinte, dass unter diesen Umständen eine Ergänzung von § 527 HGB unnötig sei.

OLG-Rat *Segelken* befürwortete demgegenüber eine Ergänzung im Hinblick auf die abweichende Stellung der Literatur.

Der *Vorsitzende* schlug daraufhin vor, *zu sagen*: „Die Vertretungsmacht des Kapitäns wird durch eine ständige Geschäftsvertretung des Reeders (Agentur) nicht beschränkt".

Dr. Kuhl regte an, zu § 529 HGB klarzustellen, dass der Schiffer auch nicht befugt sei, Wechsel auf den Reeder zu ziehen. Zur Begründung führte er aus, dass die Protokolle zum HGB ergäben, dass man derzeit auch die Wechselziehung hätte verbieten wollen. In der Fassung des Gesetzes sei dieses aber nicht klar zum Ausdruck gekommen. Praktisch spiele diese Vorschrift allerdings keine Rolle.

Ministerialrat *Krieger* meinte, dass die Frage der Wechselziehung doch eine gewisse praktische Bedeutung habe, denn auch, wenn der Reeder den Wechsel nicht akzeptiere, müsse er haften, soweit der Schiffer bei der Ausstellung als sein Vertreter gehandelt hätte.

Der *Vorsitzende* schlug *folgenden Leitsatz* vor: „In der dem heutigen § 529 HGB entsprechenden Norm ist zum Ausdruck zu bringen, dass der Kapitän zum Ziehen von Wechseln nur befugt ist bei besonderer Vollmacht."

Direktor *Sturm* führte aus: Bei der Kohlenbunkerung geschehe es oft, dass der Kapitän dem Lieferanten einen auf den Reeder gezogenen Wechsel gebe. Das sei mehr als eine Quittung. Der Kapitän bezeuge damit, dass die Sache in Ordnung gehen werde. Meistens frage er auch noch vorher beim Reeder an. Wenn man in Zukunft für die Wechselziehung eine Vollmacht verlangen wolle, dann würden sicher Schwierigkeiten im Auslande entstehen. Aus diesem Grund habe er gegen die vorgeschlagene Änderung ernste Bedenken.

Dr. Schütte erklärte, ostasiatische Bunkergeschäfte würden durchweg auf Kapitänswechsel abgeschlossen. Trotzdem halte er es für besser, ein Sicherheitsventil einzubauen und in diesem Sinne eine besondere Vollmacht für nötig zu erklären.

Der *Vorsitzende* sprach sich abschließend dahin aus, dass man die Regelung dieser Fragen am besten der Rechtsprechung überlasse.

Zu Leitsatz 6 wies *Dr. Kuhl* darauf hin, dass dieser Leitsatz dem Leitsatz 5 von OLG-Rat Dr. Reinbeck entspreche. Ein Unterschied gegenüber dem geltenden Gesetz liege nur in der Ausdehnung auf die „zur Ausführung der Reisen einschließlich der zum Laden und Löschen tätig werdenden Personen."

Nachdem OLG-Rat *Dr. Reinbeck* erklärt hatte, nichts hinzufügen zu wollen und andere Wortmeldungen nicht vorlagen, erklärte der Vorsitzende den Leitsatz 6 für angenommen.

OLG-Rat *Dr. Reinbeck* schlug hierauf noch eine Ergänzung zu § 530 HGB vor und zwar derart, dass die Befugnis des Schiffers zum Nothilfeverkauf im Ausland auf Fälle eingeschränkt würde, in denen die Zustimmung des Reeders nicht eingeholt werden könne.

Der *Vorsitzende* wies darauf hin, dass es sich um die Sicherheit des Dritten handle. Dieser könne aber schwerlich prüfen, ob der Reeder für den Kapitän erreichbar sei.

Rechtsanwalt *Dr. Bollmann* meinte, dass der Dritte auf jeden Fall geschützt sei, weil der Kauf immer öffentlich erfolgen müsse.

Durch *Zurufe* wurde darauf aufmerksam gemacht, dass dies von dem betreffenden ausländischen Recht abhänge.

Der *Vorsitzende* äußerte sich dahin, dass es schwierig sei, an dieser Stelle Kautelen einzufügen.

OLG-Rat *Dr. Reinbeck* zog daraufhin seinen Vorschlag zurück.

Dr. Kuhl führte zu seinem Leitsatz 10 aus: Dritte, die mit dem Reeder kontrahierten, hätten im Allgemeinen nur Rechte an Schiff und Fracht. Für den Fall, dass der Kapitän selbst in Vorschuss gegangen wäre, sei in § 532 HGB bestimmt, dass ihm – gegenüber dem Reeder – keine anderen Rechte zuständen als einem Dritten, dass also der Kapitän als negotium gestor sich nur an Schiff und Fracht halten könne. Im Verhältnis zu dem Ladungsbeteiligten fehle eine entsprechende Bestimmung. Diese Lücke müsste analog ausgefüllt werden.

Der *Vorsitzende* erklärte, die in § 532 HGB enthaltene Regelung habe ihm nie gefallen.

OLG-Rat *Segelken* warf die Frage auf, ob an dieser Stelle überhaupt eine Lücke vorhanden sei.

OLG-Rat *Dr. Reinbeck* wies darauf hin, dass Wüstendörfer sie zuerst festgestellt hätte.

Direktor *Brandt* schlug vor, § 532 HGB aufzuheben. Er sähe nicht ein, warum der Kapitän bezüglich seiner Ersatzforderungen negotiorum gestio überhaupt beschränkt werden solle.

Ministerialrat *Krieger* sprach sich ebenfalls gegen die Beibehaltung von § 532 HGB aus. Er wies darauf hin, dass der Kapitän als negotiorum gestor nur dann handeln könne, wenn andere Wege nicht mehr in Frage kämen. Für diesen Fall sei es aber richtig, ihm einen persönlichen, nicht nur einen dinglichen Anspruch gegen den Reeder zu geben.

Der *Vorsitzende* stellte abschließend fest, dass nach Meinung des Ausschusses in das künftige Recht keine dem § 532 HGB entsprechende Norm aufgenommen werden solle.

Auf seine Anfrage, ob gegen den Leitsatz 9 von Dr. Kuhl (Gestaltung der Verklarung entsprechend dem Beweissicherungsverfahren) Bedenken beständen, erklärte *Dr. Dettmers*, er wende sich grundsätzlich gegen das Institut der Verklarung.

Der *Vorsitzende* bat ihn daraufhin, seine Ansicht für die nächste Sitzung schriftlich niederzulegen.

Sodann schloss der Vorsitzende die Sitzung mit dem Bemerken, dass man in der nächsten Sitzung evtl. schon zur Beratung des Fahrgastvertrages kommen würde.

31. Arbeitssitzung vom 15.2.1937 (16 bis 18.30 Uhr)

Anwesend:
Vorsitzender: Senatspräsident beim Reichsgericht Dr. Lindenmaier, Leipzig
2. Schriftführer: Richter Dr. Bramslöw, Hamburg (auch als Protokollführer)
und als weitere ständige Mitglieder:
Rechtsanwalt Dr. Bollmann, Hamburg
Rechtsanwalt Dr. Dettmers, Bremen
Rechtsanwalt Hillemann, Hamburg
Kapitän Dr. Kuhl, Hamburg
Direktor Michelau, Bremen
OLG-Rat Dr. Reinbeck, Hamburg

Rechtsanwalt Dr. Schulze-Smidt sen., Bremen
Direktor Sturm, Hamburg
vom Reichsjustizministerium:
Ministerialrat Krieger, Berlin
Richter Dr. Gramm, Berlin
vom Reichsverkehrsministerium:
Ministerialrat Dr. Fessler, Berlin
als Sachverständiger:
Lotse Lührs, Altona
als Gäste:
Rechtsanwalt Dr. Kleemann, Hamburg
Rechtsanwalt Dr. Schackow, Bremen
Oberregierungsrat Dr. Schrader, Hamburg
Dr. Schulze-Smidt jun., Bremen
für das Stenogramm:
Assessorin Krüger, Wandsbek
entschuldigt fehlten:
Rechtsanwalt Dr. Baur, Hamburg
Rechtsanwalt Dr. Droege, Hamburg
Rechtsanwalt Dr. Heynen, Hamburg
Kapitän Maschke, Hamburg
Dr. Riensberg, Hamburg
Dr. Schütte, Hamburg
Präsident Dr. Völckers, Bremen

(1. Haftung des Kapitäns – 2. Fahrgastvertrag)

Zu Beginn der Sitzung sprach *Dr. Schulze-Smidt* als stellv. Vorsitzender im Namen der Ausschussmitglieder dem Vorsitzenden Dr. Lindenmaier herzliche Glückwünsche aus zu seiner Ernennung zum Senatspräsidenten beim Reichsgericht. Er gab der Freude Ausdruck, die auch die Mitglieder des Ausschusses über diese hohe Ehrung ihres Vorsitzenden empfänden. Er bat den Vorsitzenden, trotz der vermehrten Arbeitslast seine ausgezeichnete Sachkunde und sein Geschick in der Verhandlungsleitung in gleicher Weise wie bisher dem Ausschuss zur Verfügung zu stellen.

Der *Vorsitzende* dankte dem stellv. Vorsitzenden für seine freundlichen Worte. Gleichzeitig sprach er denjenigen Ausschussmitgliedern, die ihm bereits schriftlich oder mündlich ihre Glückwünsche übermittelt hätten, seinen Dank aus. Er erklärte, diese Anteilnahme sei ihm gerade darum besonders wertvoll, weil er ja von jeher den Standpunkt vertreten hätte, dass nur dann etwas Gesundes geschaffen werden könne, wenn alle Mitglieder zueinander in voller Kameradschaftlichkeit ständen. Er bat um weitere kameradschaftliche Zusammenarbeit.

Der Vorsitzende begrüßte sodann außer den Vertretern der Ministerien als Gast Dr. Schulze-Smidt jun., den Sohn des stellv. Vorsitzenden und wies darauf hin, dass Dr. Schulze-Smidt jun. dankenswerterweise in einem ausführlichen Bericht zum Hauptthema der gegenwärtigen Sitzung Stellung genommen habe. Da der andere Berichterstatter, Dr. Schütte, durch Krankheit behindert sei, erklärte der Vorsitzende sich bereit, an dessen Stelle einen kurzen Gegenbericht zu erstatten.

Sodann begrüßte er als Gäste für diese Sitzung die Herren Rechtsanwälte Dr. Schackow, Bremen und Dr. Kleemann, Hamburg.

Hierauf eröffnete der Vorsitzende die Aussprache zur Tagesordnung. Er wies darauf hin, dass vor Inangriffnahme des Hauptthemas noch eine Frage aus der letzten Sitzung zu erledigen sei. Der Ausschuss wäre in einer früheren Sitzung zu dem Ergebnis gelangt, dass die Aufbürdung der *vollen Haftung* für jedes Verschulden, also auch für leichte Fahrlässigkeit bei nautischem Verschulden für den *Kapitän* untragbar sei.

In der letzten Sitzung nun seien erhebliche Zweifel an der Richtigkeit dieser Ansicht aufgetaucht. Insbesondere sei darauf hingewiesen worden, dass damit ein einziger Stand aus der allgemeinen Rechtsordnung herausgehoben werde. Weiter sei gegen die Einschränkung der in § 511 HGB festgelegten Haftung geltend gemacht worden, dass der Geschädigte seine Ersatzforderung auch auf die bürgerlichrechtlichen Vorschriften der Haftung für unerlaubte Handlungen stützen könne. Wolle man auch diese Vorschrift entsprechend ändern, so würde das ganze System des Bürgerlichen Gesetzbuches durchbrochen werden.

In gleicher Weise sei auch geltend gemacht worden, dass der Kapitän im Verhältnis zum Reeder doch für jedes Verschulden einstehen müsse. Wolle man seine Haftung aber auch insofern beschränken, so würde das bedeuten, dass der Reeder zwar selbst hafte, andererseits aber keinen Rückgriff auf den Schiffer nehmen könne.

Weitere Zweifel hätten sich hinsichtlich der Haftungsregelung beim Reeder-Schiffer ergeben. Ferner sei auf die Schwierigkeiten der Unterscheidung von leichter und grober Fahrlässigkeit sowie der Abgrenzung von nautischem Verschulden hingewiesen worden. Diese Bedenken seien noch einmal in einem Unterausschuss erwogen. Inzwischen habe Dr. Kuhl in einem an den Vorsitzenden gerichteten Schreiben den Standpunkt der Haftungsbeschränkung verteidigt. Das Hauptargument von Dr. Kuhl, dass nämlich der Kapitän oft in schwierigen Situationen rasch Entschlüsse fassen müsse, sei richtig. Aber dieser Gesichtspunkt reiche doch nicht aus, um eine Abweichung von der bisherigen Regelung zu rechtfertigen. Von entscheidender Wirkung könne eine solche Neuerung nur sein, wenn sie sich zugleich auf das Recht der unerlaubten Handlungen und die Regresspflicht gegenüber dem Reeder erstrecke. Dieser starken Erweiterung der Haftungsbeschränkung ständen jedoch die erwähnten Bedenken entgegen. Nach Ansicht des Vorsitzenden müsse es genügen, wenn der von Dr. Kuhl aufgezeigten Härte von der Rechtsprechung Rechnung getragen werde, insbesondere bei der Frage, ob überhaupt ein Verschulden des Kapitäns vorliege. Hier sei die schwierige Lage, in der sich der Kapitän befinde, gebührend zu berücksichtigen.

Der Vorsitzende habe sich daher in Übereinstimmung mit den Ergebnissen des Unterausschusses zu *folgendem Leitsatz* entschlossen: „Der Ausschuss ist der Frage der Haftungsbeschränkung auf Vorsatz und grobe Fahrlässigkeit bei nautischem Verschulden näher getreten, aber viele Gegengründe haben zu einer Ablehnung dieser Haftungsbeschränkung geführt. Jedoch ist der besonderen Lage der Seeschifffahrt in der Rechtsprechung zur Verschuldensfrage des Kapitäns Rechnung zu tragen."

Direktor *Brandt* bemerkte, dass die in der vorletzten Sitzung in Aussicht genommene Haftungsbeschränkung im Falle des Reeder-Kapitäns zu Art. 2 des Brüsseler Übereinkommens im Widerspruch stehen würde. Er warf ferner die Frage auf, wie es sich mit den einschlägigen strafrechtlichen Bestimmungen verhalte, wie vor allem die Strafbarkeit von Verstößen gegen die Seestraßenordnung geregelt sei.

Der *Vorsitzende* erklärte, wie bereits erwähnt, sei es ihm möglich gewesen, den Text des zukünftigen Strafgesetzbuches einzusehen. Bei den in Betracht kommenden Normen sei die Unterlassung als ausdrückliches Tatbestandsmerkmal fortgelassen. Die Strafe für Zuwiderhandlungen sei auf Geld- und Haftstrafe beschränkt. Man könne also nicht sagen, dass der Kapitän auch in Zukunft mit einem Fuß im Gefängnis stehe. In einem Schreiben an das Reichsjustizministerium habe der Vorsitzende darauf hingewiesen, dass eine der größten Gefahren auf diesem Gebiet darin liege, dass die Rechtsprechung immer zu leicht geneigt sein werde, die Situation ex post zu beurteilen und damit möglicherweise Maßnahmen als schuldhaft zu bewerten, die nach dem bei ihrer Vornahme dem Kapitän bekannten Sachstand verständig gewesen seien.

Dr. Kuhl wies darauf hin, dass bei Ablehnung der Haftungsbeschränkung nach wie vor eine Differenz zwischen Binnen- und Seeschifffahrtsrecht hinsichtlich des Schiffer-Reeders bestehen werde. Nach Seerecht werde eine unbeschränkte Haftung eintreten, während nach dem modernen Binnenschifffahrtsrecht nur die beschränkte Haftung in Frage komme. Dieser Zustand sei unerwünscht.

Der *Vorsitzende* erklärte, dass man wohl eher den entgegen gesetzten Standpunkt einnehmen und gegebenenfalls das Binnenschifffahrtsgesetz ändern werde; denn die fragliche Bestimmung des Letzteren sei derzeit gegen den Willen der Regierung auf Beschluss des Reichstages geschaffen worden. Er halte es jedoch für besser, diese Frage vorläufig zurückzustellen.

Der Vorsitzende erteilte dann *Dr. Schulze-Smidt jun.* das Wort zu seinem Bericht über den *Fahrgastvertrag.*

Der Redner gab eine Übersicht über den wesentlichen Inhalt seines schriftlichen Berichts[Anlage 2], der den Sitzungsteilnehmern bereits zugegangen war. Er hob dabei vor allem die Bedeutung der Haftungsfrage hervor.

Der *Vorsitzende* erklärte, dass er sich in allen wesentlichen Punkten dem Bericht anschließen könne. Es sei zweckmäßig, gleich zu den einzelnen Fragen Stellung zu nehmen. Eine Begriffsbestimmung des Überfahrtsvertrages bezeichnete der Vorsitzende als überflüssig. Man könne auch nicht alle Fälle treffen. Es sei daher besser, diese Frage der Rechtsprechung zu überlassen. Abweichend vom Berichterstatter sei er der Ansicht, dass das Wort „Fahrgastvertrag" dem Worte „Beförderungsvertrag" vorzuziehen sei. Hiernach ergäbe sich *folgender Leitsatz*: „Der Überfahrtsvertrag ist zweckmäßig als „Fahrgastvertrag" zu bezeichnen. Es empfiehlt sich nicht, ihn seiner Wesenheit nach von Gesetzes wegen zu bestimmen."

Weiterhin sei die Frage des Abschlusszwanges zu prüfen, wie er in Holland bestehe. Man wisse nicht, welche Gesichtspunkte in Holland zu seiner Einführung Veranlassung gegeben hätten. Für die deutschen Verhältnisse liege ein solches Bedürfnis nicht vor. Die Frage der Heimschaffung von Seeleuten werde von dieser Stellungnahme nicht berührt. Es sei daher *folgender Leitsatz* vorzuschlagen: „Ein Zwang für den Unternehmer bei Erfüllung bestimmter Voraussetzungen einen Fahrgastvertrag abzuschließen, ist nicht einzuführen; öffentlichrechtliche Verpflichtungen (Heimschaffungsgesetz) werden dadurch nicht berührt."

Sodann sei die Form des Fahrgastvertrages zu behandeln. Schriftform vorzuschreiben, halte er nicht für nötig. Auch hiervon werde die besondere Regelung im Auswanderungsgesetz nicht berührt. Andererseits halte er es für richtig, dem Fahrgast Gelegenheit zu geben, sich durch einen Berechtigungsschein auszuweisen. Denn der Fahrgastvertrag sei an sich auf die Person abzustellen, man müsse scharf zwischen dem Vertragschließenden und dem daraus zur Beförderung Berechtigten unterscheiden. Damit wäre *folgender Leitsatz* aufzustellen: „Ein Formzwang erscheint für den Fahrgastvertrag im Allgemeinen nicht erforderlich. Die im Auswanderungsgesetz vorgesehene Ausnahme ist aufrecht zu erhalten. – Der Vertragschließende kann die Ausstellung eines Berechtigungsausweises verlangen. Dieser hat den Berechtigten namentlich aufzuführen."

OLG-Rat *Dr. Reinbeck* und *Dr. Schulze-Smidt sen.* machten geltend, dass die namentliche Nennung des Reisenden für kleinere Fahrten, z.B. für den Seebäderverkehr, nicht passe.

Der *Vorsitzende* stimmte ihnen zu mit dem Bemerken, er hätte in erster Linie an den Überseeverkehr gedacht. Für den Küstenverkehr müsse man wohl eine Ausnahmevorschrift schaffen.

Ministerialrat *Krieger* bat um Auskunft, ob die Ausstellung einer auf den Namen ausgestellten Passageanweisung zwecks Umtauschs gegen eine Fahrkarte allgemeine Praxis sei, oder ob sich dieses Verfahren nur bei einzelnen Reedereien eingebürgert habe. Wie werde es z.B. gehandhabt, wenn für eine ganze Familie ein Fahrgastvertrag abgeschlossen werden solle.

Dr. Schackow erklärte, es handle sich um eine allgemein befolgte Praxis. Der Fahrgast bekomme eine Passageanweisung auf seinen Namen. Bei Beförderung einer ganzen Familie werde die Anweisung auf den Namen des Familienvorstandes ausgestellt und hinzugesetzt „mit Begleitung“.

Im Seebäderdienst werde allerdings anders verfahren. Das habe seinen Grund darin, dass hier der Fahrgastvertrag mit einem eisenbahnrechtlichen Beförderungsvertrag gekoppelt sei. Außerdem habe der Berechtigte aus diesem Vertrag auch einen Anspruch auf Ausbootung. Hier seien also dreierlei verschiedene Leistungen in einem Vertrag zusammengeschlossen.

Der *Vorsitzende* warf die Frage auf, ob die Reederei ein Interesse an der namentlichen Benennung des Berechtigten in dem Ausweis habe.

Dr. Schackow bejahte dies mit der Begründung, die Reederei müsse wissen, wen sie auf ihrem Schiff befördere. Man werde daher unabhängig von der gesetzlichen Regelung diese Praxis auf jeden Fall beibehalten.

Der *Vorsitzende* erklärte, man könne hiernach den zweiten Teil seines Leitsatzes streichen.

Ministerialrat *Krieger* schlug vor, nur von der Namensnennung abzusehen, die Erteilung eines Berechtigungsausweises jedoch weiterhin vorzuschreiben. Zur Begründung führte er aus:

Der Fahrgast könne sehr oft ein Interesse daran haben, zu beweisen, dass er einen Beförderungsvertrag abgeschlossen und von seiner Seite erfüllt habe. Man dürfe ihn bezüglich seiner Rechte aus diesem Vertrag nicht lediglich auf die erwähnte Übung und das Entgegenkommen der Reederei verweisen. Im Streitfalle müsse er in der Lage sein, wenn nötig, eine Feststellungsklage zu erheben.

OLG-Rat *Dr. Reinbeck* erklärte, es sei nicht angebracht, derartige anormalen Fälle, die in der Praxis kaum vorkämen, gesetzlich zu erfassen. Die Reederei werde im Allgemeinen keine Schwierigkeiten machen. Er stimme daher für die Streichung der zweiten Hälfte des Leitsatzes.

Dr. Schulze-Smidt sen. äußerte sich im gleichen Sinne.

Der *Vorsitzende* änderte daraufhin den *Leitsatz folgendermaßen ab*: „Ein Formzwang erscheint für den Fahrgastvertrag im Allgemeinen nicht erforderlich. Die im Auswanderungsgesetz vorgesehene Ausnahme bleibt aufrecht erhalten.“

Hierauf wurde die Frage der Zulässigkeit einer Abtretung des Beförderungsanspruchs erörtert.

Der *Vorsitzende* wies darauf hin, dass andere Ansprüche aus dem Fahrgastvertrage, insbesondere Schadensersatzansprüche ohne weiteres abtretbar seien. Der Beförderungsanspruch dagegen sei höchst persönlich. Gegen die Zulassung seiner Abtretung mit Einwilligung des Unternehmers beständen jedoch keine Bedenken. Es komme also folgender *Leitsatz* in Frage: „Der Fahrgastvertrag ist auf die Person des Fahrgastes abzustellen. Eine Übertragung seiner Rechte auf Vertragserfüllung an Dritte ist nur mit Einwilligung des Unternehmers statthaft.“

Dr. Schackow schlug vor zu sagen „der Fahrgastvertrag gilt nur für die genannte Person.“

Der *Vorsitzende* wandte sich gegen diese Fassung mit dem Hinweis, dass man doch von einem Formzwang absehen wolle. Aus diesem Grunde sei die Formulierung nicht ganz einfach.

Rechtsanwalt *Dr. Dettmers* meinte, die Unübertragbarkeit des Beförderungsanspruchs ergebe sich eigentlich von selbst. Denn der Unternehmer habe lediglich die Pflicht übernommen, den betreffenden Fahrgast zu befördern, nicht aber einen Dritten.

Der *Vorsitzende* erklärte, dieses Argument sei nicht schlüssig. Denn danach wäre auch jegliche Abtretung von Geldforderungen ausgeschlossen. Auch bei letzteren werde ja ursprünglich nur Zahlung an den ersten Gläubiger versprochen.

Ministerialrat *Krieger* warf die Frage auf, ob die Reederei überhaupt ein Interesse daran hätte, ihre Einwilligung grundsätzlich zu verweigern. Jedenfalls gäbe es Fälle, in denen dies überaus unbillig wäre. Z.B. wenn der Vertreter einer Firma in deren Auftrage nach Übersee fahren solle und kurz vor Abfahrt des Schiffes erkranke. In solchem Falle müsse man der Firma doch die Möglichkeit geben, an seiner Stelle einen anderen Vertreter zu entsenden.

Der *Vorsitzende* erklärte, nach seiner Ansicht hätte die Reederei ein erhebliches Interesse an der Unübertragbarkeit. Man möge den Fall nehmen, dass Frau Trotzki, die vielleicht als harmlose Person gelten könne, einen Fahrgastvertrag abgeschlossen hätte und dass dann gemäß vorheriger Vereinbarung zwischen den Eheleuten Herr Trotzki an Bord gehe. Die Reederei werde sicher berechtigte Bedenken haben, diesen Ersatzfahrgast anzunehmen.

Dr. Bramslöw wandte gegen die Übertragbarkeit ein, dass auf diese Weise praktisch ein Abschlusszwang für die Reederei eingeführt würde.

Dr. Schackow bemerkte, der von Ministerialrat Krieger erwähnte Fall sei des öfteren eingetreten. Die Reedereien kämen in derartigen Fällen ihren Kunden großzügig entgegen. In jedem Fall werde aber betont, dass eine Verpflichtung in dieser Richtung nicht bestehe.

Der *Vorsitzende* stellte fest, dass sich gegen den zuletzt vorgeschlagenen Leitsatz kein Widerspruch erhoben habe.

Hinsichtlich der Gewährleistungspflichten des Unternehmers wies der Vorsitzende darauf hin, dass die ältere Rechtsprechung in diesem Punkte sehr weit gegangen wäre. Die Leitentscheidung sei in Seufferts Archiv abgedruckt. Er selbst habe 1927 in einem Urteil dargelegt, dass der Fahrgastvertrag sich in dieser Hinsicht von den übrigen Beförderungsverträgen nicht unterscheide. Der Unternehmer habe lediglich nach Möglichkeit dafür zu sorgen, dass der Fahrgast ungefährdet an das Ziel seiner Reise befördert werde. Erhöhte Gewährleistungspflichten seien dem Unternehmer durch die frühere Rechtsprechung hauptsächlich mit Rücksicht auf die Schwierigkeit der Beweisführung für den Fahrgast auferlegt worden.

Diesem Übelstand könne man dadurch abhelfen, dass man dem prima facie Beweis die ihm zukommende Rolle zuweise. Der Vorsitzende schlug daraufhin folgenden *Leitsatz* vor: „Die Verpflichtung des Unternehmers erstreckt sich auf eine ungefährdete Beförderung des Fahrgastes. Der Unternehmer ist bei verschuldeter Nichterfüllung zum Schadensersatz verpflichtet, sofern nicht den Fahrgast selbst ein Verschulden trifft. Bei der Beweiswürdigung, ob ein Verschulden des Unternehmers vorliegt, sind die Regeln über den prima facie Beweis heranzuziehen."

Gegen diesen Leitsatz erhoben sich keine Bedenken. Der Vorsitzende bemerkte sodann, zur Vereinfachung der Sachlage sei er davon ausgegangen, dass das Brüsseler Übereinkommen betreffs Reederhaftung, für dessen Annahme der Ausschuss sich zu Beginn seiner Tätigkeit ausgesprochen hätte, zum Gesetz erhoben werde. Dieses Abkommen behandle auch die Frage der verunglückten Fahrgäste.

Ministerialrat *Krieger* wies darauf hin, dass das erwähnte Abkommen von Deutschland nicht einmal gezeichnet worden sei, das bedeute, dass man von vornherein an seine Ratifizierung nicht geglaubt habe. Das Hauptbedenken richte sich gegen die Behandlung des Falles, dass einem Schiff während einer Reise zwei Unglücksfälle zustoßen. Überdies habe England es abgelehnt, das Abkommen anzunehmen, bevor die Haager Regeln von den übrigen beteiligten Staaten angenommen würden.

Der Redner bemerkte, der englische Delegierte hätte gesagt, er wisse gar nicht, wie die englischen Richter im Falle des zweifachen Reiseunfalls entscheiden würden, da das englische Recht grundsätzlich keine authentische Interpretation kenne.

Rechtsanwalt *Dettmers* erklärte, England habe sich in Oslo anlässlich dieser Frage dahin ausgesprochen, dass es nach den Erfahrungen mit den Haager Regeln in Zukunft bei der Annahme internationaler Abkommen zurückhaltender sein werde.

Dr. Schulze-Smidt sen. erklärte, die Ausführungen von Ministerialrat Krieger überraschten ihn sehr. Er sei der Meinung gewesen, dass die Osloer Tagung zu einer für Deutschland befriedigenden Regelung geführt hätte.

Der *Vorsitzende* erklärte, das sei auch seine Ansicht gewesen. Bei der Beratung des Haftungsabkommens im Seerechtsausschuss seien von den derzeitigen Ministerienvertretern auch keine grundsätzlichen Bedenken erhoben worden. Unter diesen Umständen halte er es jedoch für richtiger, die Erörterung der betreffenden Fragen vorläufig zurückzustellen.

OLG-Rat *Dr. Reinbeck* erklärte, sowohl der Ausschuss wie das Ministerium habe sich derzeit für die Annahme des Haftungsabkommens ausgesprochen. Er sehe keinen Grund, warum der Ausschuss den damals eingenommenen Standpunkt nicht weiterhin vertreten solle.

Ministerialrat *Krieger* bemerkte, dass gegen das Haftungsabkommen auch noch ein weiteres Bedenken hinsichtlich der Goldklausel bestehe. Auch in dieser Hinsicht sei eine Änderung nötig. Im Übrigen werde es noch einer Reihe von diplomatischen Verhandlungen bedürfen, um die Frage der Ratifizierung durch England zu klären.

In der Frage der Haager Regeln läge die Entscheidung nur noch bei Deutschland. Aber auch diese seien s.E. noch erklärungsbedürftig.

Zur Frage der Gefährdungshaftung und der damit in Verbindung stehenden Zwangsversicherung bemerkte der *Vorsitzende,* dass im Herbst vorigen Jahres eine Sitzung des Dachausschusses für Verkehrsrecht stattgefunden habe. Der Vertreter des Autorechtsausschusses habe sich dabei für eine Beseitigung der Gefährdungshaftung ausgesprochen und stattdessen die Einführung einer Zwangsversicherung gegen Autounfälle vorgeschlagen [vgl. Bd. XVIII der Reihe, 2009, S. 531 ff.]. Der Vertreter des Luftrechtausschusses habe dagegen die Beibehaltung der Gefährdungshaftung für das Luftrecht befürwortet.

Der Vorsitzende stimme mit dem Berichterstatter dahin überein, dass für die Schifffahrt eine Zwangsversicherung für Fahrgäste nicht in Frage komme. Es ergebe sich demnach folgender *Leitsatz:* „Der Haftungsumfang des Unternehmers ist gemäß den Vorschriften des Brüsseler Übereinkommens auszugestalten. Der Gedanke einer Gefährdungshaftung und Zwangsversicherung ist unter den augenblicklichen Verhältnissen abzulehnen.“

Ministerialrat *Krieger* teilte mit, dass der Versicherungsrechtsausschuss sich für eine Zwangsversicherung des Kraftfahrers ausgesprochen habe [Vgl. Bd. XIII der Reihe, S. 83 ff.]. Man stehe übrigens in diesem Ausschuss auf dem Standpunkt, dass die Gefährdungshaftung in eine Verschuldenshaftung unter Umkehrung der Beweislast umzuwandeln sei.

Fraglich sei nach wie vor die Frage der Schadenszufügung ohne Verschulden. Es sei vorgeschlagen worden, die Verunglückten bzw. deren Angehörige aus einem für Verkehrsübertretungsstrafen gebildeten Fonds zu entschädigen.

Der *Vorsitzende* eröffnete nunmehr die Aussprache über die Rechte des Kapitäns gegenüber den Fahrgästen.

Dr. Kuhl bemerkte hierzu, in beiden schriftlichen Berichten sei zum Ausdruck gebracht, dass es bei § 665 HGB sein Bewenden haben solle. Dieses halte er nicht für richtig. § 665 HGB sei die einzige Norm, in der das Verhältnis des Kapitäns und der Fahrgäste behandelt werde. Das ausländische Recht gebe dem Kapitän größere Rechte. In England, dem Land der ungeschriebenen Gesetze, seien diese Rechte sogar ausdrücklich festgelegt. Grundsätzlich hätten beide Berichterstatter die Anwendung von Zwangsmitteln gegenüber den Fahrgästen befürwortet. § 665 HGB in seiner jetzigen Fassung reiche dafür aber nicht aus. Zumindest sei die Rechtslage danach zweifelhaft. Die Schaffung einer Disziplinargewalt des Kapitäns auch gegenüber den Fahrgästen müsse insbesondere im Dritten Reich angestrebt werden. Es wäre unbillig, einen deutschen Kapitän gegenüber seinen Kameraden auf ausländischen Schiffen in dieser Hinsicht zu benachteiligen. Nur durch Schaffung klarer Verhältnisse könne eine vorbeugende Wirkung gegenüber aufsässigen Fahrgästen erreicht werden. Der Redner wies darauf hin, dass zwei große deutsche Reedereien Gutachten zu der Frage sich hätten anfertigen lassen, ob der Kapitän verpflichtet wäre, einem Festnahmeersuchen der Staatsanwaltschaft Folge zu leisten. Auch diese zeige die Notwendigkeit einer Neuerung auf diesem Gebiet. Der Umstand, dass der Strafrechtsausschuss seine Beratungen abgeschlossen habe, dürfe den Seerechtsausschuss keinesfalls hindern, sich mit dieser, in sein Aufgabengebiet fallenden Angelegenheit zu befassen.

Dr. Kuhl schlug darauf folgenden *Leitsatz* vor: „Der Kapitän hat die Polizeigewalt über alle an Bord befindlichen Personen."

Dr. Bramslöw pflichtete Dr. Kuhl darin bei, dass die Position des Kapitäns unbedingt gestärkt werden müsse. Er wies darauf hin, dass der Kapitän unterwegs, oft fern von jeder behördlichen Hilfe, auf seine eigenen Machtbefugnisse angewiesen sei. Diese dürften daher nicht zu sehr eingeengt werden.

Der Redner schlug vor, den Leitsatz zwecks Klarstellung der Befugnisse des Kapitäns *folgendermaßen zu gestalten:* „§ 665 HGB ist zu ergänzen durch den Zusatz: Der Schiffer kann ihn zwangsweise vor Zuwiderhandlungen abhalten und im Falle der Gefahr auch zu Hilfeleistungen zwingen."

Der *Vorsitzende* erwiderte, dass § 665 HGB ergänzt werde durch die Normen über Notwehr und Notstand. Überdies sei der Fall der Nothilfe im Strafgesetzbuch geregelt. Daraus ergebe sich auch die Berechtigung des Kapitäns, die Fahrgäste zur Nothilfe anzuhalten.

Ministerialrat *Krieger* erklärte, aus der Norm des Strafgesetzbuches ergebe sich nur die Strafbarkeit der Nothilfeverweigerung, nicht aber die Befugnis des Kapitäns, die Nothilfe zu erzwingen, dagegen sei nach bürgerlichrechtlichen Vorschriften eine Festnahme zulässig, wenn gerichtliche Hilfe nicht zu erlangen wäre. Es frage sich, ob die ausländischen Gerichte in solchen Fällen eine genügende Hilfe gewährten. Bei Maßnahmen politischer Natur werde der Kapitän in dieser Hinsicht manchmal wenig Entgegenkommen finden. Aus diesem Grunde halte er eine Regelung dieser Fragen für notwendig.

OLG-Rat *Dr. Reinbeck* schloss sich ebenfalls den Ausführungen von Dr. Bramslöw und Dr. Kuhl an. Er bemerkte dazu, der Kapitän müsse das Recht haben, gegebenenfalls über das Eigentum der Fahrgäste zu verfügen. Beispielsweise setzte er den Fall, dass beim Ausbruch einer Seuche auf hoher See die Schiffsapotheke erschöpft wäre und ein mit Arzneien reich versehener Arzt, der sich als Fahrgast an Bord befände, sich weigern würde, diese für den Schiffsgebrauch herauszugeben. Der Redner schlug zur Ergänzung folgenden Leitsatz vor: „Zur Sicherung des Schiffs, der Personen und der Güter an Bord ist der Kapitän berechtigt, die Dienste und notfalls das Eigentum der an Bord befindlichen Personen in Anspruch zu nehmen."

Er bemerkte, dass dieser Leitsatz auf dem Gedanken der Bordgemeinschaft beruhe.

Der *Vorsitzende* erklärte, er sei gegen schnell gefasste Leitsätze. Man könne im Augenblick nicht immer übersehen, ob alle Gesichtspunkte berücksichtigt seien. Die oben angeschnittenen Fragen gehörten zu dem Thema der öffentlichrechtlichen Stellung des Kapitäns. Bei den letzten Beratungen habe man bereits eine Reihe öffentlichrechtlicher Fragen zurückgestellt. Es empfehle sich, diese zusammengefasst in einem Unterausschuss zu prüfen.

Der Vorsitzende beauftragte sodann Dr. Bramslöw und Dr. Kuhl mit der Nachprüfung und stellte ihnen anheim, gegebenenfalls weitere Mitarbeiter nach ihrem Ermessen heranzuziehen. Auf die öffentlichrechtlichen Befugnisse des Kapitäns werde man dann in einer späteren Arbeitssitzung zurückkommen.

Eine Anfrage von *Dr. Kuhl,* ob im Unterausschuss auch die Frage der Verklarung behandelt werden solle, verneinte der Vorsitzende mit dem Hinweis darauf, dass Dr. Dettmers bereits zugesagt habe, seine Absicht über diese Frage schriftlich niederzulegen. Dagegen bejahte der Vorsitzende die Anfrage von Dr. Schulze-Smidt sen., ob der Unterausschuss einem Ersuchen der Staatsanwaltschaft Folge zu leisten habe. Als weiteren Beratungsgegenstand für den Unterausschuss erwähnte er die Aufgaben des Kapitäns nach dem Personenstandsgesetz.

Zum vorläufigen Abschluss der zuletzt besprochenen Fragen formulierte der Vorsitzende folgenden *Leitsatz*: „Die Pflicht des Fahrgastes zur Nothilfe ergibt sich schon aus den strafrechtlichen Bestimmungen."

Der *Vorsitzende* wies darauf hin, dass die Berichterstatter zu den §§ 666-670 HGB keine Abänderungsvorschläge gemacht hätten.

Ministerialrat *Krieger* bemerkte, dass im Recht des Auslandes für den Fall, dass der Fahrgast die Reise nicht mitmache, verschiedentlich vorgesehen sei, dass ihm die ersparten Verpflegungskosten zurück zu vergüten seien. Nach den Vertragsbestimmungen der deutschen Reedereien stehe dem Unternehmer ein solches Recht nicht zu. Allerdings habe der Redner den Eindruck, dass die Reedereien in dieser Hinsicht nicht rigoros verführen.

Dr. Schackow bemerkte, das komme auf die Person des Kunden an. Wenn es sich um einen Gast handle, an dessen Wohlwollen der Reederei gelegen sei, so verfahre sie in solchen Fragen nicht kleinlich.

Ministerialrat *Krieger* wies darauf hin, dass diese Handhabung sich nur zugunsten des zahlungskräftigen Reisenden auswirke. Sie sei daher nicht sozial.

Dr. Schackow warf die Frage auf, ob § 667 HGB abdingbar sei. Er habe eine ganze Reihe von Aufsätzen gelesen, in denen diese Frage verneint worden sei.

Der *Vorsitzende* erklärte, er kenne das einschlägige Schrifttum zwar nicht genau. Er könne aber nicht ohne weiteres einsehen, warum diese Bestimmung nicht abdingbar sein solle.

Ministerialrat *Krieger* wies darauf hin, dass die Bestimmungen der Reedereien wesentlich härter seien als § 667 HGB. Das ganze Überfahrtsgeld sei danach zu zahlen, falls der Rücktritt erst innerhalb vier Wochen vor Abgang des Schiffes erklärt werde. Zumeist könne diese Frist nicht eingehalten werden. Für die wirtschaftlich schwachen Fahrgäste sei diese Regelung nicht tragbar.

Der *Vorsitzende* bemerkte, dass die Verträge häufig eine weitere Klausel enthielten, wonach bei späteren Fahrten der gezahlte Vertrag verrechnet werden könne.

Dr. Schackow bestätigte dies. Er bat zu bedenken, dass auch die Reederei geschützt werden müsse. Am letzten Tage vor der Abfahrt könne sie nur ausnahmsweise einen Ersatzfahrgast bekommen.

Der *Vorsitzende* wies auf die Schwierigkeiten hin, die einer Berechnung der ersparten Verpflegung entgegenständen. Die Reederei müsse sich mit ihren Vorräten ja auch einrichten. Manchmal sei eine grobschlächtige klare Regelung besser als eine allzu feine. Als *Leitsatz* formulierte er: „§§ 667-670 HGB sind nicht änderungsbedürftig."

Anschließend eröffnete er die Aussprache zum Abänderungsvorschlag des Berichterstatters hinsichtlich § 671 HGB.

Dr. Schulze-Smidt jun. schlug als *Leitsatz* hierzu vor: „Es wird vorgeschlagen, die Vorschrift des § 671 HGB entsprechend anzuwenden, wenn die Reise aus Gründen, die der Unternehmer nicht zu vertreten hat, unterbrochen wird und diese Reiseunterbrechung den Zeitraum von einer Woche überschreitet. In diesem Falle haben Unternehmer und Reisender ein Rücktrittsrecht. Wird es ausgeübt, so hat der Unternehmer einen dem nicht zurückgelegten Teil der Reise entsprechenden Teil des Überfahrtsgeldes zu erstatten."

Dr. Schackow bemerkte, es sei selbstverständlich, dass die Gäste bei solchen Zwischenfällen verpflegt würden, allerdings gegen besondere Bezahlung. Nur bei geringfügigen Zeiträumen könne man von einer solchen absehen.

Ministerialrat *Krieger* bemerkte, dass das Problem in der Gefahrtragung liege.

Dr. Bramslöw wies darauf hin, dass nach Werkvertragsrecht der Unternehmer die Gefahr trage.

Ministerialrat *Krieger* warf die Frage auf, ob man diese Gefahrtragung nicht für den Fall des Falles begrenzen solle.

OLG-Rat *Dr. Reinbeck* befürwortete eine solche Abgrenzung. Vergleichend wies er darauf hin, dass man bei Streiks, wodurch Unternehmer an der Lieferung bzw. an der rechtzeitigen Lieferung verhindert worden seien, zumeist einen billigen Ausgleich gefunden hätte.

Dr. Schulze-Smidt jun. erinnerte an den Fall, dass ein Gläubiger des Reeders das Schiff durch Arrest anhalten lasse.

Dr. Schackow wies darauf hin, dass in solchen Fällen ein Verschulden des Reeders in Frage käme. Dieser hätte im Allgemeinen die Verpflichtung, seine Gläubiger zu befriedigen, so dass es nicht erst zu einem Arrest kommen könne.

Ministerialrat *Dr. Fessler* erwähnte den Fall, dass auf der Elbe ein so starker Nebel herrschte, dass die Reise von Hamburg nach New York um ein oder zwei Tage verlängert wurde.

Dr. Schackow erklärte, in diesem Falle könne die Reederei keine zusätzlichen Verpflegungskosten verlangen, da sie ohne Vereinbarung einer bestimmten Fahrtdauer die Beförderung des Fahrgastes von Hamburg nach New York übernommen hätte.

Ministerialrat *Krieger* setzte den Fall, dass in einem Durchfahrtshafen gestreikt werde. Der Unternehmer könne den Fahrgast, der kein Geld, kein Visum und dergleichen habe, doch nicht einfach nach Ablauf einer Frist ausbooten. Derartige Ereignisse gehörten zu den typischen Seegefahren, gegen die sich der Reisende kaum durch eine Versicherung schützen könne, wohl aber der Reeder.

Direktor *Sturm* führte aus, die Gefahrtragung sei doch Sache des Reisenden. Jeder Mensch komme in Gefahren. Es sei nicht angängig, einen bestimmten Personenkreis davon auszunehmen. Ein Reisender, der oft zur See fahre, komme eben entsprechend öfter in den Bereich derartiger Gefahren. Er könne sich ohne weiteres dagegen versichern. Den Reeder dagegen würde die Prämie im Vergleich zum ausländischen Unternehmer zu stark belasten.

Der Redner erklärte weiter, an sich sei ihm der Gedanke einer Entschädigung des Reisenden nicht unsympathisch. Man könne dem Reeder sehr wohl auferlegen, die Distanzfracht und vielleicht noch etwas mehr zu vergüten, aber es würde unberechtigt sein, ihn zu zwingen, den Reisenden während einer vielleicht vierwöchigen Wartezeit zu beköstigen. Eventuell müsste der Reisende bei einem solchen Zufall die Reise im Flugzeug fortsetzen.

Der *Vorsitzende* stimmte Direktor Sturm zu und formulierte *folgenden Leitsatz*: „§ 671 HGB ist auf den Fall zu erstrecken, dass die Reise durch vom Unternehmer nicht zu vertretende Umstände unterbrochen wird."

Dr. Schulze-Smidt sen. erklärte, dass man die ratio des § 671 HGB aus den Motiven entnehmen könne.

Der *Vorsitzende* wies darauf hin, dass man seinerzeit von anderen Verhältnissen ausgegangen ist.

Dr. Schackow erwiderte, § 671 HGB habe nicht zur Voraussetzung, dass die Unterbrechung der Reise nicht vom Reeder zu vertreten sei, er treffe vielmehr auch diesen Fall.

Durch Zurufe wurde darauf hingewiesen, dass solchenfalls der volle Schaden zu ersetzen wäre.

Als letzten Beratungsgegenstand bezeichnete der *Vorsitzende* die *Frage der Zuständigkeit der Amtsgerichte nach § 23 GVG.* Er bemerkte, dass die Binnenschifffahrtssachen durch die neueste Gesetzgebung wiederum grundsätzlich den Amtsgerichten in erster Instanz übertragen worden seien.

Ministerialrat *Krieger* erklärte, dies sei geschehen, da man sehr gute Erfahrungen mit den Rheinschifffahrtsgerichten gemacht habe. Diese hätten sich durch gute Erfahrung und Sachkunde ausgezeichnet. Es sei zu überlegen, ob man hier nicht eine ähnliche Lösung finden könne. Natürlich sei nicht an eine Betrauung sämtlicher Amtsgerichte gedacht, sondern es käme nur eine bestimmte Anzahl in Frage, so dass die größere Prozesszahl zu einer größeren Sachkunde führen werde. Bei den Sachen der Rheinschifffahrtsgerichte handle es sich um ganz erhebliche Beträge. Die Streitwerte der unter § 23 GVG fallenden Prozesse seien demgegenüber ziemlich geringfügig. Aus diesem Grunde könne man die Regelung hier erst recht beibehalten.

Der Redner wies bei dieser Gelegenheit darauf hin, dass die Reform der Zivilprozessordnung noch in der Schwebe sei. Es sei das Bestreben, die tatsächliche Aufklärung möglichst den Einzelrichtern vorzubehalten. Auch aus diesem Grunde halte er es nicht für zweckmäßig, die Zuständigkeit der Amtsgerichte zu beschränken.

Rechtsanwalt *Dr. Dettmers* erklärte, die beste Regelung würde zweifellos darin bestehen, dass man zur Entscheidung von Streitigkeiten, die die Schifffahrt betreffen, Schifffahrtsgerichte in den Seehäfen einsetze und evtl. ein Oberschifffahrtsgericht mit dem Sitz in Hamburg.

Diese Anregung wurde von verschiedenen Seiten begrüßt.

Der *Vorsitzende* formulierte zum Schluss folgenden *Leitsatz*: „Die Zentralisierung der Rechtsprechung in den Hafenstädten ist anzustreben."

Der Vorsitzende schloss die Sitzung mit dem Bemerken, dass in der nächsten Sitzung zunächst über die Verklarung und sodann als Hauptthema über den Schleppvertrag beraten werden würde. Vor dem 22. März werde diese Sitzung keinesfalls stattfinden.

Anlage 1

Referat von Dr. Schütte (Hamburg): Vertrag zur Beförderung von Reisenden

Das geltende Handelsgesetzbuch (viertes Buch fünfter Abschnitt) enthält eine Gliederung, an die ich mich, soweit wie möglich, halten werde. Bei jedem der einzelnen Abschnitte werden neben der Behandlung des geltenden Rechtes etwaige Vorschläge für eine zukünftige Gestaltung gemacht.

I. Der „Vertrag zur Beförderung von Reisenden" ein Frachtvertrag? – Die Rechtsnatur des Vertrages (§ 677).

II. Die Frage der Abtretbarkeit der Rechte aus dem Überfahrtsvertrage durch den Reisenden und seine Unterwerfung unter die Schiffsordnung (§§ 664, 665).

III. Gründe, aus denen der Überfahrtsvertrag außer Kraft tritt oder der Reisende mit oder ohne Entschädigung zurücktreten kann (§§ 666-670).

IV. Vorschriften im Falle einer Unterbrechung der Reise (§ 671).

V. Regelung der Rechte und Pflichten für übernommenes Reisegut und an Bord gebrachte Sachen und das Pfandrecht an diesen Sachen (§§ 672-674).

VI. Öffentlich-rechtliche Bestimmungen, die in den Überfahrtsvertrag eingreifen (§ 675; Auswanderergesetzgebung).

VII. Fristen, Prozessuales.

I. Der Vertrag zur Beförderung von Reisenden ist im geltenden Handelsgesetzbuch nicht näher definiert; während im vierten Buche fünfter Abschnitt des HGB, wo der Überfahrtsvertrag geregelt ist, in keinem Paragraphen das Wort „Reisender" fehlt, ist von dem Unternehmer als dem Vertragsgegner des Reisenden aus dem Überfahrtsvertrage nur gelegentlich die Rede, so in § 669, 671, 673, und zwar wird er hier als Verfrachter bezeichnet. Diese Unterlassung wird durch Verweisungen auf die für das Frachtgeschäft zur Beförderung von Gütern geltenden Bestimmungen ersetzt: § 677 bestimmt, dass die Überfahrtsgelder, sofern in folgenden Abschnitten des HGB nichts Gegenteiliges bestimmt ist, ebenso wie die Fracht zu behandeln sind, d.h. insbesondere bei der Bodmerei, bei der großen Havarei und den damit zusammenhängenden Vorschriften sowie bei dem Pfandrecht des Schiffsgläubigers. Seiner Rechtsnatur nach durfte der Überfahrtsvertrag trotz der Überschrift, die dem fünften Abschnitt des vierten Buchs des HGB vorausgestellt ist, und welche lautet *„Frachtgeschäft zur Beförderung von Reisenden"* kein Frachtvertrag im eigentlichen Sinne des Wortes sein, sondern einen Vertrag eigener Art darstellen. Er wird von Mittelstein als Werkvertrag, der abweichend vom Frachtvertrage nicht eine Geschäftsbesorgung zum Gegenstande hat, angesehen. Schon rein sprachlich scheint es nicht besonders glücklich, den Überfahrtsvertrag als Frachtgeschäft zu betrachten. Die meisten Reisenden würden bei der Belegung eines Platzes, bei dem „Kauf einer Fahrkarte" oder bei der „Miete einer Kabine" bei kürzeren wie bei längeren Reisen mit oder ohne Beköstigung ebenso wie der „Verkäufer der Fahrkarte" den Gedanken, dass sie ein Frachtgeschäft abschließen, zurückweisen. Selbst wenn man alle bestehenden Vorschriften aufrechterhalten wollte, müsste der Vertrag entweder als „Überfahrtsvertrag" oder als „Vertrag zur Beförderung von Reisenden" gekennzeichnet werden.

Im Übrigen sind die Bestimmungen des HGB für den Überfahrtsvertrag nicht erschöpfend. Sie können es mit Rücksicht auf die unendliche Vielgestaltigkeit des Überfahrtsvertrages, für den in einem Gesetze, das nachgiebigen Charakter haben muss, immer nur der große Rahmen gegeben werden kann, auch nicht sein.

Als Besonderheit mag erwähnt werden, dass im Gegensatz zu den national und an den Boden gebundenen Verkehrsmitteln, wie die Eisenbahn es ist, ein Kontrahierungszwang nur ausnahmsweise besteht, und zwar aufgrund der Vorschriften für die Rückbeförderung von Seeleuten. Im Übrigen besteht ein solcher Zwang nicht, auch sind Formschriften für den Überfahrtsvertrag jedenfalls im deutschen Recht nicht vorhanden; eine wichtige Ausnahme bilden hier aber die Vorschriften über den Auswanderer-Passagevertrag, die im Gesetz über das Auswandererwesen, das noch behandelt wird, enthalten sind. Hier wird Schriftform verlangt. In dieser Hinsicht eine Änderung für den Auswandererverkehr eintreten zu lassen, erscheint nicht geboten, da die Schriftform zum Schutze der Auswanderer nicht eingeführt ist. Die Frage, ob man bei einer gesetzlichen Neugestaltung eine Definition des Überfahrtsvertrages geben soll, muss mit Rücksicht auf die Eigenart des Vertrages als eines gemischten Vertrages zweifelhaft sein, da in ihm ja nicht nur die Vorschriften über das Verhalten des Unternehmers und des Reisenden, sondern auch diejenigen über das Reisegut und über sonstige an Bord gebrachten Sachen enthalten sind und enthalten sein müssen. Gerade diese Vorschriften nehmen in der Praxis häufig mit Rücksicht auf die Verschiedenartigkeit des Reisegepäcks, das sich heute von der Handtasche bis zum Automobil erstreckt, geregelt werden. Die bestehende gesetzliche Regelung muss aber wegen der Verweise auf die entsprechenden Bestimmungen des Frachtrechtes entweder mit diesen Verweisungen aufrecht erhalten werden – dies möchte ich empfehlen – oder es müssten – und dies möchte ich nicht empfehlen – einzelne Vorschriften des Frachtgeschäftes hier wiederholt werden.

Noch ein Wort über die Frage, ob es bei der Bezeichnung des Wortes „Reisende" bleiben soll, nachdem in der deutschen Ausgabe des Schiffssicherheitsvertrages von Fahrgästen im Gegensatze zur Besatzung die Rede ist. Das Auswanderungsgesetz benutzt die Ausdrücke „Auswanderer", „Reisende" und „Passagiere" durcheinander. So ist es auch heute noch in der Praxis. Das Wort „Fahrgast" hat sich bisher nicht recht einbürgern können.

Ehe ich auf die Bestimmungen des Überfahrtsvertrages im Einzelnen eingehe, sei nur kurz aller der Vorschriften gedacht, die der Reeder zu erfüllen hat, ehe er einen Überfahrtsvertrag abschließt. Da diese öffentlich-rechtlicher Art sind, soll auf sie hier nicht weiter eingegangen werden, sondern nur hervorgehoben werden, dass der seit 1931 in Deutschland gültige internationale Schiffssicherheitsvertrag [RGBl. II 235] eine große Reihe von Voraussetzungen für die Infahrtsetzung eines Schiffes erfordert. Notwendig ist die Bescheinigung des Klassifikationsinstitutes, ein Passagierzertifikat und eine Fahrterlaubnis der Seeberufsgenossenschaft. Ein Schiff, das zwölf Reisende befördert, ist ein Fahrgastschiff im Sinne des Schiffssicherheitsvertrages. Nach dem deutschen Auswanderungsgesetz waren es 25 Reisende außer den Kajütspassagieren. Nach den alten englischen Bestimmungen waren es 20 bzw. 50 Reisende. Die Rechte und Pflichten des Reeders, Verfrachters oder Schiffers gegenüber den Reisenden sind jedoch nicht verschieden je nachdem, ob das Schiff mehr oder weniger als zwölf Reisende befördert. Dies gilt für die vertragliche und außervertragliche Haftung. Die außervertragliche soll hier nicht weiter behandelt werden, da sie sich auf §§ 485 ff. gründet und in der neueren Judikatur, insbesondere der Entscheidung des Reichsgerichts im hunderteinundfünfzigsten Bande Seite 296 niedergelegt ist. Auch zu dieser Judikatur ist an dieser Stelle nichts hinzuzufügen, da hier keine Sondervorschriften für den Reisenden gelten, sondern nur festzustellen ist, dass auch hier die allgemeinen Grundsätze Anwendung finden. Danach hat der Reisende z.B. im Falle einer Verletzung seinerseits ein Verschulden des Schiffers oder eines Besatzungsmitgliedes zu beweisen, denn eine Verpflichtung, den Reisenden unbeschädigt abzuliefern, ist mit Mittelstein nicht anzuerkennen, da der Reisende sich frei bewegt und in diesem Sinne kein in die Obhut des Verfrachters gelangendes Gut ist.

II. Gegenüber den vielen Verpflichtungen, die der Reeder durch den Überfahrtsvertrag dem Reisenden gegenüber übernimmt, bestehen auch einige gesetzliche Vorschriften für den Reisenden. So muss er in erster Linie alle die Schiffsordnung betreffenden Anweisungen befolgen. Eine weitergehende gesetzlich geregelte Disziplinargewalt steht dem Kapitän den Reisenden gegenüber nach deutschem Recht nicht zu. Nach den Bestimmungen des allgemeinen preußischen Landrechtes war der Reisende einfach der Schiffsbesatzung gleichgestellt. In England und auch in einigen anderen Ländern gibt man dem Kapitän ziemlich umfangreiche Befugnisse zur Sicherung und auch zur Bestrafung von Reisenden. In Deutschland ist man in dieser Hinsicht zurückhaltender gewesen, und ich halte auch diese Regelung für zweckmäßig, denn der Kapitän ist schon im Interesse der Gesamtheit der seiner Obhut Anvertrauten verpflichtet, für Ordnung zu sorgen, die er bei der sich aus der Gemeinschaft ergebenden Art des Zusammenseins durch weitgehende Maßnahmen erzwingen kann; er muss sich weigern können, Reisende zu befördern, die eine Gefährdung der Schiffsordnung darstellen oder aus anderen Gründen wegen Behaftung mit ekelerregenden oder ansteckenden Krankheiten zurückgewiesen oder in Zwischenhäfen ausgeschifft werden müssen. Mit Rücksicht auf die übrigen Reisenden ist der Reisende namentlich im Überfahrtsvertrage zu bezeichnen, damit Klarheit darüber besteht, wer an Bord kommt. Der Reisende, dessen Name im Überfahrtsvertrage genannt ist, ist daher nach dem Gesetze nicht berechtigt, das Recht auf die Überfahrt abzutreten. In der Praxis wird in jedem Überfahrtsvertrage nach überseeischen Plätzen der Reisende namentlich genannt.

Inwieweit endlich der Reisende unter Umständen in Notfällen verpflichtet ist, bei den zur Rettung des Schiffes erforderlichen Arbeiten mit Hand anzulegen, ist bisher gesetzlich nicht geregelt. Soweit der Reisende hierzu körperlich imstande ist, dürften die Pflichten der Gemeinschaft gegenüber, in der sich der Reisende befindet, ihn zwingen, sich nicht einem Verlangen, das auch in seinem eigenen Interesse liegt, zu entziehen.

III. Gründe, aus denen der Überfahrtsvertrag außer Kraft tritt oder der Reisende mit oder ohne Entschädigung zurücktreten kann (§§ 666-670).

Nach geltendem Recht hat der Reisende das volle Überfahrtsgeld zu bezahlen, wenn er sich nicht rechtzeitig an Bord begibt. Er kann aber vor dem Antritt der Reise zurücktreten. In diesem Falle hat er nach dem Gesetze nur die Hälfte des Überfahrtsgeldes zu zahlen. Tritt er nach dem Antritt der Reise zurück, ist das volle Überfahrtsgeld zahlbar. In der Praxis werden von dieser Regelung häufig Ausnahmen gemacht, insbesondere werden dem Reisenden bei Rücktritt vor

Antritt der Reise in der Regel 90% des Überfahrtsgeldes zurück vergütet. Für Auswanderer kommt eine volle Erstattung des Überfahrtsgeldes in Frage, wenn der Auswanderer vor Antritt der Reise durch Krankheit oder sonstige außer seiner Macht liegende Zwischenfälle am Antritt verhindert ist. Die bisherige gesetzliche Regelung scheint auch für die Zukunft angemessen.

Der Überfahrtsvertrag tritt endlich außer Kraft, wenn das Schiff verloren geht (§ 668). Der Reisende ist ferner befugt, vom Vertrage im Falle eines Kriegsausbruches oder sonstiger Behinderung des Schiffes von hoher Hand zurückzutreten. Dieses Recht steht beiden Vertragsparteien zu, dem Reeder, dem „Verfrachter", wenn er die Reise aufgibt, oder wenn das Schiff hauptsächlich zur Beförderung von Gütern bestimmt ist und die Reise unterbleiben muss, weil ohne Verschulden des Reeders die Güter nicht befördert werden können. Diese Vorschrift, ebenso wie die in § 670 getroffene Regelung, nach welcher bei einer Auflösung des Vertrages das Überfahrtsgeld nach dem Verhältnis der zurückgelegten zur ganzen Reise zu zahlen ist, haben, soweit ich dies übersehe, zu Rechtsstreitigkeiten niemals Anlass gegeben, da sie mit den auch heute allgemein gültigen Rechtssätzen übereinstimmen, so dass hier eine Änderung in Zukunft nicht notwendig erscheint.

IV. Die Vorschriften im Falle der Unterbrechung der Reise bestimmen bisher, dass das volle Überfahrtsgeld bei einer Ausbesserung des Schiffes unterwegs auch dann zu zahlen ist, wenn der Reisende eine notwendige Ausbesserung des Schiffes während der Reise nicht abwartet. Wartet er die Ausbesserung ab, so steht ihm bis zum Wiederantritt ohne besondere Vergütung Wohnung und evtl. Beköstigung, wenn diese im Überfahrtsvertrage vorgesehen war, zu. Dagegen muss der Reisende mit einem Ersatzschiff die Weiterreise vornehmen, wenn dieses die gleichen Bedingungen wie das auszubessernde Schiff erfüllt, andernfalls verliert er den Anspruch auf Wohnung und Kost bis zum Wiederantritt der Reise. Zu dieser Vorschrift dürften Bemerkungen für die Zukunft umso weniger zu machen sein, als das Gesetz über das Auswanderungswesen noch weitergehende Vorschriften für Auswanderer enthält.

V. Die Beförderung des Reisegepäcks, welches der Reisende entweder als Reisegut oder als an Bord gebrachte Sachen mitführt, ist besonderen gesetzlichen Vorschriften unterworfen. Zunächst besteht ein Pfandrecht wegen des Überfahrtsgeldes (§ 674) an allen an Bord gebrachten Sachen, und zwar solange die Sachen zurückbehalten oder hinterlegt sind. Dieses Pfandrecht weicht von den entsprechenden Bestimmungen für Güter (§ 623) insofern ab, als es nicht nach der Ablieferung fortdauert, es kann also nicht wie bei den Gütern noch innerhalb 30 Tagen nach Beendigung der Ablieferung geltend gemacht werden, falls das Gut noch im Besitze des Empfängers ist. Als Gegenstück gewähren dem Reisenden die Forderungen wegen Nichtablieferung oder Beschädigung des übernommenen Reisegepäcks (§ 673 Abs. 2) ein Schiffsgläubigerrecht (§ 754 Nr. 7).

Eine besondere Bezahlung für die Beförderung des Reisegutes findet nach dem Gesetze und auch in der Praxis in der Regel nicht statt. Die Bezahlung ist im Überfahrtsgelde in der Regel bis zu einem gewissen sehr auskömmlichen Gewichte und Maße enthalten. Als Reisegut sind diejenigen Sachen anzusehen, die der Reisende als persönliche Habe mit sich nimmt im Gegensatz zu Waren, die nach den Vorschriften der meisten Länder nicht im Reisegepäck mitgeführt werden dürfen. Sehr häufig versuchen die Reisenden trotzdem, Waren, entweder um die Fracht oder um den Zoll zu sparen, im Reisegepäck mitzuführen. Es ist daher erforderlich, dass auch in Zukunft eine den Vorschriften des § 563 entsprechende Vorschrift in das Gesetz aufgenommen wird. §§ 563 ff. machen den Befrachter oder Ablader, der unrichtig bezeichnete Güter, Kriegscontrebande und Güter, deren Ein- und Ausfuhr verboten ist, verlädt, für jeden Schaden verantwortlich. Das Unterscheidungsmerkmal für die Frage, ob es sich bei einem Gut um Fracht- oder um Reisegut handelt, ergibt sich aus der Tatsache, ob ein Konnossement ausgestellt ist oder nicht, während die Bestimmungen des § 673 auf die entsprechenden Vorschriften des „Frachtgeschäftes zur Beförderung von Gütern" hinweisen und hierbei einen Unterschied bezüglich der Haftung für „übernommenes" und „an Bord gebrachte" Sachen festlegen. Für übernommenes Reisegut wird gemäß §§ 606-610 gehaftet. Es ist hier nicht am Platze, auf diese besonderer Betrachtung vorbehaltenen Einzelheiten einzugehen. Es genügt, darauf hinzuweisen, dass, soweit eine Übernahme im gesetzlichen Sinne nicht vorliegt, wie dies beim Handgepäck, das der Reisende in seiner persönlichen Obhut hat, der Fall ist, nach dem Gesetze der Verfrachter nur für eigenes Verschulden nach bürgerlichem Recht und als Reeder bzw. als Ausrüster nach HGB § 486 Abs. 3 haftet; auch trifft beim Handgepäck, weil es sich in der Obhut des Reisenden befindet, die Beweislast den Reisenden.

Wichtig ist noch, darauf hinzuweisen, dass das Reisegut zur großen Haverei nicht beiträgt (§ 723 Abs. 2), während die Überfahrtsgelder im Rahmen der heute in der Praxis und abweichend von der früheren gesetzlichen Regelung gültigen Bestimmungen der York Antwerp Rules in der Fassung von 1924 [unten S. 514 ff.] beitragen. In Regel XVIII der York Antwerp Rules 1924 (beitragspflichtige Werte) ist folgende Schlussbestimmung enthalten: „Reisegepäck und persönliche Effekten von Reisenden, über welche ein Konnossement nicht ausgestellt ist, sollen nicht zur großen Haverei beitragen." – Auch hier ist also für die Frage, ob es sich bei einem beförderten Gute um ein Frachtgut oder um Reisegepäck handelt, entscheidend, ob ein Konnossement ausgestellt ist oder nicht.

VI. Von den öffentlich-rechtlichen Vorschriften, die in den Überfahrtsvertrag eingreifen, ist nur eine einzige im fünften Abschnitt des vierten Buches des HGB aufgeführt: Der Kapitän ist verpflichtet, für den an Bord befindlichen Nachlass des Verstorbenen in geeigneter Weise das Interesse der Erben wahrzunehmen. Der Reisende hat außerdem Anspruch darauf, dass aufgrund besonderer Bestimmungen (§ 520 HGB und Personenstandsgesetz §§ 61 ff.) Geburts- und Todesfälle im Schiffstagebuch eingetragen werden. Diese Eintragungen bilden die Grundlage für die standesamtliche Behandlung.

Die wesentlichen, in den Überfahrtsvertrag selbst eingreifenden Bestimmungen des Auswanderungsgesetzes habe ich bereits erwähnt. Das HGB § 678 bestimmt: „Die auf das Auswanderungswesen sich beziehenden Landesgesetze werden, auch soweit sie privatrechtliche Vorschriften enthalten, durch die Vorschriften dieses Absatzes nicht berührt."

Die Verweisung auf die Landesgesetze hat ihren Ursprung in der Tatsache, dass das HGB etwa zwei Monate älter ist als das Auswanderungsgesetz; letzteres stammt aus dem Juni des Jahres 1897; es ist, wie schon der Titel „Gesetz über das Auswanderungswesen" sagt, im Wesentlichen mit öffentlichrechtlichen Vorschriften zum Schutze der Auswanderer geschaffen. Die Bedeutung, die das Gesetz um die letzte Jahrhundertwende anlässlich einer Völkerwanderungscharakter tragenden Auswanderung von Europa nach Amerika hatte, ist vollständig in den Hintergrund getreten, seitdem in manchen europäischen Ländern die Rückwanderung größer ist als die Auswanderung. Das Auswanderungsgesetz geht an sich von dem Rechte der Freiheit des einzelnen Auswanderers aus; dieses jus emigrandi war schon im Altertum anerkannt, während es im Mittelalter zahlreiche Auswanderungsverbote gab, die reichsgesetzlich zuerst durch den Reichstagsabschied 1555 bestätigt wurden. Die Verbote wurden durch den Westfälischen Frieden für Auswanderung aus konfessionellen Gründen unter gewissen Voraussetzungen und gegen Entrichtung einer Nachsteuer gemildert und fielen Anfang des 19. Jahrhunderts; die Nachsteuer wurde von der deutschen Bundesakte bei Auswanderung innerhalb der deutschen Bundesstaaten aufgehoben. Neben den öffentlich-rechtlichen Vorschriften, die das jetzige Auswanderungsgesetz enthält, das im Wesentlichen den Unternehmer beschränkt und im Interesse des Auswanderers kontrolliert, treten die privatrechtlichen Bestimmungen in den Hintergrund; auch diese hier allein zur Diskussion stehenden zivilrechtlichen Vorschriften sind praktisch heute ohne große Bedeutung. Die Bestimmung des HGB muss jedoch mit Rücksicht einmal auf die reichsrechtliche Regelung der Materie wie mit Rücksicht auf die Vielfältigkeit der nicht zivilrechtlichen Bestimmungen, die bei der Auswanderung zu beachten sind (Passpolizei, Arbeitsrecht, Wehrrecht, Steuer- und Devisenrecht) in Zukunft anstelle des Wortes „Landesgesetze" die Worte „reichsrechtliche Vorschriften" enthalten.

VIII. Es ist üblich, dass in den Überfahrtsverträgen Fristen für die Anmeldung von Ansprüchen gegen den Unternehmer enthalten sind. Solche Vorschriften finden sich in den Beförderungsbestimmungen aller Unternehmen, die sich mit der Beförderung von Reisenden befassen. Die Setzung von Fristen für die Anmeldung von Schäden und für die Klagerhebung hat auch niemals zu Beanstandungen geführt, soweit diese Fristen angemessen waren. Es besteht meiner Meinung nach auch nicht das Bedürfnis, diese Frage durch Gesetz zu regeln, wie man dies kürzlich in den Vereinigten Staaten von Nordamerika versucht hat. Eine Änderung in prozessualer Hinsicht scheint jedoch mit Rücksicht auf die Bestimmungen über die Zuständigkeit geboten. Nach § 23 Nr. 2 Gerichtsverfassungsgesetz ist ohne Rücksicht auf den Wert des Streitgegenstandes das Amtsgericht zuständig für Streitigkeiten zwischen Reisenden und Schiffern oder Auswanderungsexpedienten wegen der Überfahrtsgelder, der Beförderung der Reisenden und wegen des Verlustes oder Beschädigung des Reisegutes. Diese Bestimmung scheint bei den heutigen Verhältnissen überholt und könnte in Wegfall kommen.

Anlage 2: Korreferat von Dr. Ernst Schulze-Smidt (Bremen):

Vertrag zur Beförderung von Reisenden

I. Rechtsnatur des Überfahrtsvertrages

Der 5. Abschnitt im 4. Buche des HGB behandelt den „Überfahrtsvertrag", einen Vertrag, der ein „Frachtgeschäft zur Beförderung von Reisenden" zum Gegenstande hat und zwischen einem „Verfrachter" und einem Dritten, gewöhnlich einem „Reisenden", geschlossen wird.

1. Der Gebrauch der Worte „Frachtgeschäft zur Beförderung von Reisenden", „Verfrachter" und „Reisender" erlaubt eine klare Bestimmung des Begriffes „Überfahrtsvertrag" nicht aus sich heraus; ihre Verwendung könnte vielmehr zu einer unrichtigen Begriffsbestimmung verleiten, der nämlich, der Überfahrtsvertrag sei ein Frachtvertrag. In Wahrheit ergibt sich schon für das geltende Recht nicht allein aus Rechtsprechung und Schrifttum, sondern auch aus dem Gesetze selbst, dass dem nicht so ist, da im 4. Abschnitt der „Frachtvertrag zur Beförderung von Gütern" (siehe § 556 HGB) behandelt wird und ihm der „Überfahrtsvertrag" der §§ 664 ff. gegenübergestellt wird.

Die Frage nach der Rechtsnatur des Überfahrtsvertrages ist aus dem Gesetzeswortlaut nicht zu beantworten. Es sollte aber kein Zweifel darüber bestehen, dass er ein Werkvertrag ist, der eine Geschäftsbesorgung nicht zum Gegenstande hat. Es ist keine Veranlassung gegeben, bei einer Erneuerung des Seerechts sich für eine Änderung einzusetzen, etwa klarzustellen, dass der Überfahrtsvertrag ein Vertrag eigener Art sei. (Auch das französische Recht nimmt nicht an, dass der Überfahrtsvertrag ein Frachtvertrag sei, man hält ihn jedoch für einen Vertrag eigener Art: Lyon-Caen/Renault Bd. V [1931] Nr. 830.) Diese meine Meinung begründe ich wie folgt:

a) Der Überfahrtsvertrag setzt nicht notwendig voraus, dass der Verfrachter (dieses Wort sei jetzt der Einfachheit halber gebraucht) außer der Beförderung des Reisenden andere Leistungen übernimmt, also eine Kabine vermietet und/oder Beköstigung verspricht. Ich halte es auch nicht für erforderlich, wie es z.B. in Artikel 533 j des niederländischen HGB in der Fassung des Gesetzes vom 10. Juni 1926 für die Beförderung von Reisenden im Liniendienst und bei dem Reisefrachtvertrag (ähnlich Artikel 588 des italienischen Codice di Commercio und Artikel 323 des Entwurfs des ital. Seerechtsausschusses für Reisen von einer längeren Dauer als 12 Stunden) geschehen ist, ausdrücklich zu sagen, dass im Fahrpreis für eine längere Reise Beköstigung und Bereitstellung einer Schlafgelegenheit inbegriffen sei.

Der Vertrag, den der Reisende schließt, der mit einem Seebäderdampfer von Bremerhaven nach Helgoland oder mit der Reichsbahnfähre von Warnemünde nach Gjedser befördert werden will, ist ein dem Seerecht zugehöriger Überfahrtsvertrag, genauso wie der Vertrag über eine transatlantische Reise.

b) Ebenso wenig ist notwendiger Inhalt des Vertrages eine Verpflichtung des Verfrachters, den Reisenden unbeschädigt nach Beendigung der Reise auszuschiffen, und wenn eine solche Verpflichtung des Verfrachters ihm, was ich nicht empfehlen möchte, durch eine neue gesetzliche Bestimmung aufzuerlegen wäre, so würde sie der Unterstellung des Überfahrtsvertrages unter den Oberbegriff „Werkvertrag" nicht entgegenstehen. – Artikel 522 des neuen niederländischen Seerechts enthält allerdings eine solche besondere Verpflichtung des „Frachtführers", wie es dort heißt, für die Sicherheit des Reisenden vom Augenblick der Einschiffung bis zu dem der Ausschiffung Sorge zu tragen.

c) Ein Werkvertrag ist auch der Vertrag über eine der in den letzten Jahren eingeführten Hochseefahrten, die den Reisenden ohne Anlaufen eines anderen Hafens in den Einschiffungshafen zurückführt, ganz besonders – aber nicht nur – dann, wenn ein Reiseziel (z.B. Skagerrak, Nordsee-Regatta) erreicht werden soll.

d) Die Anwendbarkeit der nicht ausdrücklich durch Sondervorschriften ausgeschlossenen Bestimmungen des BGB über den Werkvertrag ist nicht recht zu entbehren (§§ 632, 642, 643 HGB).

2. Mit dem Referenten meine ich, dass eine Begriffsbestimmung des „Überfahrtsvertrages" im Gesetze nicht notwendig ist, ohne indessen zu glauben, dem stehe die Mannigfaltigkeit der im 5. Abschnitt zu regelnden Fragen entgegen. Auf der anderen Seite ist es selbstverständlich erforderlich, dass sich der Ausschuss über den Begriff des „Überfahrtsvertrages" klar ist. Es ist der Vertrag, durch den sich jemand verpflichtet, einen anderen mit einem ihm gehörigen oder zum Betriebe überlassenen Seeschiff zu befördern. Auch das neue holländische Seerecht enthält eine Begriffsbestimmung des Überfahrtsvertrages nicht unmittelbar, sondern hat nur in § 521 die Bestimmung: „Frachtführer im Sinne dieses Titels ist derjenige, der sich entweder durch eine Zeit- oder Reiseverfrachtung oder durch irgend einen anderen Vertrag verpflichtet, die Beförderung von Personen ganz oder teilweise über See zu bewerkstelligen."

Soll dieser Vertrag auch künftig „Überfahrtsvertrag" genannt werden, soll der zur Beförderungsleistung Verpflichtete „Verfrachter", der Berechtigte „Reisender" heißen und soll dieser Vertrag unter dem Titel „Frachtgeschäft zur Beförderung von Personen" behandelt werden?

a) Da man den Vertrag als Frachtvertrag nicht bezeichnen kann, halte ich es nicht für richtig, bei einem Überfahrtsvertrag von einem „Frachtgeschäft" und einem „Verfrachter" zu sprechen, wenngleich die Gegenüberstellung „Frachtgeschäft zur Beförderung von Gütern" und „Frachtgeschäft zur Beförderung von Reisenden" einprägsam ist und die Verweisung auf Bestimmungen des 4. Abschnitts also vornehmlich wegen des Reisegepäcks durch den Gebrauch des Wortes „Verfrachter" erleichtert wird. [...]

Im Interesse einer guten Gliederung des Gesetzesinhaltes möchte ich empfehlen, sowohl in der Überschrift des 4. wie des 5. Abschnitts das Wort „Frachtgeschäft" fortzulassen und als Überschrift nur „Beförderung von Gütern" und „Beförderung von Reisenden/Fahrgästen" zu wählen, da mit Rücksicht auf die im 4. Abschnitt enthaltenen Bestimmungen es nicht ratsam ist, in der Überschrift von einem Vertrag zu sprechen. …

… Ich komme danach zu dem Ergebnis, dass die Einfügung von Vorschriften in das Handelsgesetzbuch mit dem Ziel einer Umgestaltung der Haftung des Unternehmers gegenüber dem Reisenden oder seinen Hinterbliebenen für den Fall des Todes oder einer Körperverletzung nicht geboten ist, solange eine Regelung dieser Frage nicht international vereinbart werden kann.

Besonderer Teil.

Zu den einzelnen Bestimmungen des 5. Abschnitts äußere ich mich in Anlehnung an die Gliederung des Referats:

I. § 664 HGB bietet zu Bemerkungen m.E. nur insofern Anlass, als ich zur Erwägung anheimgebe, eine Abtretung der Rechte aus dem Überfahrtsvertrag nach Antritt der Reise auch dann auszuschließen, wenn der schriftliche Überfahrtsvertrag nicht auf den Namen des Reisenden lautet. Für notwendig halte ich eine solche Gesetzesänderung allerdings nicht, da m.E. auch nach geltendem Recht die Ansprüche aus dem Überfahrtsvertrage nur einheitlich abgetreten und Missbräuche durch Übertragung der Beförderungsansprüche für Teilstrecken oder für die Rückfahrt vertraglich ausgeschlossen werden können.

II. Bei einer Betrachtung des § 665 erheben sich drei Fragen: 1. Soll der Schiffer auch dem Reisenden gegenüber, der sich der Schiffsordnung widersetzt, ein Disziplinarrecht haben? Meine Antwort ist: Nein, obgleich eine Reihe ausländischer Staaten (England, Frankreich, Italien, Vereinigte Staaten von Nordamerika, Argentinien und Chile) ein weitgehendes Recht des Schiffers zu disziplinarer Bestrafung auch des Reisenden kennen. Ich meine vielmehr, dass dem Schiffer zur Aufrechterhaltung der Ordnung an Bord die Befugnis genügen muss, dem widersetzlichen Reisenden gegenüber Zwang anzuwenden und notfalls von Bord schaffen zu lassen. Dass ihm dieses Recht zusteht, bedarf einer besonderen Hervorhebung im Gesetze nicht.

2. Die schon im geltenden Recht anerkannte Verpflichtung des Reisenden, in Notfällen zur Rettung des Schiffes, der Besatzung, der Mitreisenden und der Ladung Hand anzulegen, ist nunmehr durch § 330 c StGB auch gesetzlich festgehalten; ihre Verletzung unter Strafe gestellt.

3. Das oft behandelte Problem (siehe insbesondere den Aufsatz von Ehlers: „Der Schiffer als Organ der Strafrechtspflege“, HRGZ 1930 A, Sp. 385 ff.), ob und inwieweit der Schiffer berechtigt oder gar verpflichtet sein soll, Reisende wegen Begehung von Straftaten auf deutschem Hoheitsgebiet, insbesondere also auch an Bord des Schiffes in deutschen Gewässern oder auf hoher See, vorläufig festzunehmen, in seinem Besitz befindliche Sachen vorläufig zu beschlagnahmen, Ermittlungen anzustellen und aufgrund Ersuchens der Strafverfolgungsbehörden Haftbefehle zu vollstrecken, sollte m.E. im Rahmen der Tätigkeit des Seerechtsausschusses nicht näher behandelt werden. Ich neige zu der von Ehlers vertretenen Ansicht, dass die Schiffsgewalt des Schiffers in der Tat auch die Staatsgewalt an Bord vertritt und ausübt und sich aus dieser Stellung des Schiffers, solange die Ausübung der Schiffsgewalt nicht die Gebietshoheit anderer Staaten verletzt, die öffentlichrechtliche Pflicht ergibt, an Bord begangene Straftaten aufzuklären, den der Flucht verdächtigen Täter vorläufig festzunehmen, Sachen, die der Täter im Besitz hat, zu durchsuchen und zu beschlagnahmen und dem Ersuchen deutscher Strafverfolgungsbehörden zu entsprechen.

III. Die §§ 666-670 HGB, in denen die Rechtsbeziehungen des Unternehmers zum Reisenden oder seinen Erben behandelt sind, wenn der Reisende vor oder nach Antritt der Reise vom Überfahrtsvertrage zurücktritt, stirbt oder durch Krankheit oder einen anderen Zufall, der sich „in seiner Person“ ereignet hat, gehindert ist, die Reise anzutreten oder fortzusetzen, oder das Schiff verloren geht, halte ich nicht für änderungsbedürftig.

Von abweichenden Bestimmungen des ausländischen Rechts sind die des holländischen Seerechts und des italienischen Entwurfes bemerkenswert.

1. Das holländische Seerecht besagt, dass der Reisende, der vor Beginn der Reise von einem Vertrage auf Beförderung mit einem in regelmäßigem Dienst verkehrenden Schiffe zurücktritt, dem Unternehmer Schadensersatz zu leisten hat (Artikel 533 g), dass der Reisende, der nicht rechtzeitig an Bord kommt, das gesamte Überfahrtsgeld, jedoch nur nach Abzug eines den ersparten Unterhaltskosten entsprechenden Betrages zu zahlen hat (Artikel 533 k).

2. Aus dem italienischen Entwurf ist hervorzuheben, dass der Reisende, der vor Antritt der Reise vom Überfahrtsvertrage zurücktritt, verlangen kann, dass der Unternehmer die Fahrkarte des Reisenden zum Verkauf stellt. Gelingt diese Weiterveräußerung, so ist der Erlös nach Abzug einer Provision, die 10% nicht übersteigen darf, dem Reisenden gutzubringen, der im Übrigen für den Fall des Rücktritts das volle Überfahrtsgeld abzüglich der ersparten Verpflegungskosten zu entrichten hat.

IV. Die Bestimmungen des § 671 HGB, die jedoch nur von der Unterbrechung der Reise infolge der Notwendigkeit, das Schiff auszubessern, handeln, sind zweckmäßig. Wird die Reise aus anderen, nicht vom Unternehmer zu vertretenden Gründen unterbrochen oder gar nicht angetreten, ohne dass ein Fall des § 669 HGB vorliegt, kann also beispielsweise die Reise wegen einer ungerechtfertigten Beschlagnahme des Schiffes durch einen Gläubiger des Reeders oder wegen einer Quarantäne im Bestimmungshafen die Reise nicht fortgesetzt werden, so findet § 671 HGB keine Anwendung. Ich meine, eine entsprechende Anwendbarkeit des § 671 HGB für den Fall vorschlagen zu sollen, dass die Reise durch Umstände, die der Unternehmer nicht zu vertreten hat, für einen näher zu bestimmenden Zeitraum unterbrochen wird, und dem Reisenden und dem Unternehmer ein Rücktrittsrecht zusteht, wenn dieser Zeitraum überschritten wird, mit der Verpflichtung des Unternehmers, das ganze oder einem dem nicht zurückgelegten Teil der Reise entsprechenden Teil des Überfahrtsgeldes zu erstatten (ähnlich Artikel 318 Abs. 2 und 3 des italienischen Entwurfes).

V. Den Ausführungen des Referates über das Reisegepäck stimme ich zu; ich habe ihnen nur die Bemerkung hinzuzufügen, dass m.E. die Behandlung der §§ 672, 673 zurückzustellen sein wird, bis die Vorschläge des Ausschusses zum Frachtvertrag über die Beförderung von Gütern besprochen sind. Ich halte es insbesondere für zweckmäßig, den Unterschied zwischen der Behandlung des vom Schiffer übernommenen und des nur „an Bord gebrachten" Reisegepäcks – also vornehmlich des Handgepäcks, das in der Kabine des Reisenden unter seiner Obhut verbleibt – bestehen zu lassen.

VI. Zu den §§ 674, 675 und 677 habe ich nichts zu bemerken. Dagegen bedarf es eines besonderen Hinweises auf § 676 im Hinblick auf die Frage, ob ein Bedürfnis besteht, eine dem § 662 entsprechende Bestimmung auch für das Verhältnis zwischen dem Reisenden und dem Unternehmer, der nicht Reeder ist, zur Anwendung zu bringen. Ich meine, diese Frage mit „Nein" beantworten zu sollen, allerdings nicht aus Erwägungen, die etwa dahin gehen, dass gerade für das Verhältnis zwischen dem Unternehmer, der nicht Reeder des Schiffes ist, und dem Reisenden sich Vorschriften wie die des § 662 HGB nicht empfehlen, sondern aus einer Gegnerschaft gegen § 662 überhaupt. Ich möchte es mir daher versagen, auf diese Frage, deren Behandlung den Rahmen dieses Korreferates sprengen würde, näher einzugehen und halte es vielmehr für zweckmäßiger, sie im Zusammenhang mit einer Erörterung der genannten Vorschrift bei der Beratung des Seefrachtrechtes zu behandeln.

VII. Ich habe mich bereits im Allgemeinen Teil zu dem Vorschlage des Referates auf Änderung des § 678 HGB zustimmend geäußert. Die ausschließliche Zuständigkeit des Amtsgerichts für Streitigkeiten zwischen Reisenden und Schiffern sollte beseitigt werden.

Sitzungen des Seerechtsausschusses vom 26.-29.4.1937

a) Niederschrift über die Sitzung vom 26 4.1937

Anwesend:
Leiter: Ministerialdirigent Quassowski, Reichsjustizministerium
Ministerialrat Krieger, Reichsjustizministerium
Richter Dr. Gramm als Referent, Reichsjustizministerium
Senatspräsident Dr. Lindenmaier, Reichsgericht
Rechtsanwalt Dr. Baur, Hamburg
Rechtsanwalt Dr. Bollmann, Hamburg
Direktor Brandt, Norddeutsche VersicherungsAG, Hamburg
Rechtsanwalt Dr. Dettmers, Bremen
Syndikus Dr. Dücker, Verband Deutscher Reeder, Hamburg
Direktor Schütte, Hapag, Hamburg
Rechtsanwalt Dr. Schulze-Smidt, Bremen
Gerichtsassessor Dr. Krohn, OLG Hamburg, für die Niederschrift

Der *Leiter* eröffnet die Sitzung um 16 Uhr, begrüßt namens des Reichsministers der Justiz die Teilnehmer und gibt das Thema der Beratungen bekannt: *Anpassung des deutschen Seerechts an die Haager Regeln.*

Richter *Dr. Gramm* gibt einen Überblick über den Stand der Angelegenheit und die Gründe, die zu der jetzigen Ratifizierung führen. Die Haager Regeln seien in einem großen Teil des Auslands (USA, England, Belgien, Holland) bereits eingeführt; das französische Gesetz trete am 4. Juli 1937 in Kraft. Ebenfalls sei die Einführung in Skandinavien in der nächsten Zeit beabsichtigt. Von den nach dem Brüsseler Abkommen gegebenen zwei Wegen komme für Deutschland nicht die einfache Ratifizierung der Haager Regeln en bloc, sondern nur die Angleichung des deutschen Rechts in Frage. Die Haager Regeln gelten für die Zeit von der Einladung bis zur Ausladung, vor- und nachher gelte weiter HGB. Der Entwurf gehe über die Haager Regeln hinaus insofern, als er einerseits Decksladung und Verladung von Tieren regle, andererseits auch die Zeit vor der Einladung und nach der Ausladung behandle. Die Hauptänderungen des Entwurfs seien 1. Haftung des Verfrachters aus dem Frachtvertrag, 2. Abschaffung der Skripturhaftung, 3. Ersetzung des Reederkonnossements durch das Verfrachterkonnossement.

§ 485 HGB. Wegen Art. 4 Haager Regeln kommt eine Haftung des Reeders für nautisches Verschulden der Besatzung nicht in Frage. Der Zusatz bezweckt zweierlei:

1. Haftung des Reeders nur dann, wenn der Verfrachter haftet,

2. Haftung des Reeders nur in demselben Umfang wie die des Verfrachters, d.h. nur auf den gemeinen Handelswert und begrenzt durch die Summe von 1.250 RM.

Es werden folgende Fragen besprochen:

1. Worauf bezieht sich Verschulden der Leute?

Es herrscht Einigkeit darüber, dass der Begriff Leute aus dem Landfrachtrecht übernommen und demgemäß auszulegen ist. Die beschränkte Haftung des Reeders aus § 485 konkurriert mit der unbeschränkten aus § 831 BGB, wie es in der Rechtsprechung entschieden ist (Lindenmaier). Dr. Dettmers und Dr. Bauer halten den Zusatz „Verschulden seiner Leute“ für überflüssig.

Ministerialdirigent *Quassowski* weist darauf hin, dass § 485 mit § 607 übereinstimmen muss.

2. Umfang der Haftung des Reeders

Dr. Gramm: Die Haftungsbefreiung des Verfrachters gilt auch für den Reeder, da dieser nicht weiter haftet als der Verfrachter. Das gilt im Einzelfall, nicht ganz allgemein.

Dr. Baur: Wie, wenn der Verfrachter freiwillig eine ganz weitgehende Haftung übernimmt?

Dr. Gramm: Höchsthaftung des Reeders wird durch das Gesetz bestimmt, d.h., dass die Erweiterung der Haftung durch den Verfrachter nicht für den Reeder zieht. Der Reeder haftet primär für Verschulden der Schiffsbesatzung, dem Ladungsbeteiligten gegenüber aber nur beschränkt. Soweit der Verfrachter sonst noch haftet, haftet der Reeder nicht. Es muss unterschieden werden zwischen der dinglichen Haftung des Reeders (§§ 485, 754) und der Haftung des Reeders im Verfolg der Haftung des Verfrachters. Wenn der Verfrachter für seine Leute haftet, die nicht zur Schiffsbesatzung gehören, dann haftet der Reeder dinglich.

Es herrscht Einigkeit darüber, dass der Text für diese Auslegung eindeutig ist. In der Begründung soll aber eine weitere Klarstellung erfolgen.

3. Direktor Brandt: Der Entwurf spricht negativ aus, dass der *Reeder nicht nur so weit wie der Verfrachter haftet.* Die Haager Regeln geben positive Vorschriften. Der Reeder haftet nicht nur für die Schiffsbesatzung, sondern darüber hinaus. Carrier ist nicht nur der Verfrachter, sondern auch der Reeder. Soll der Konnossementsinhaber den Reeder in Anspruch nehmen können?

Dr. Gramm: Haager Regeln sind missverständlich. Sie wollen nicht sagen, wen die Pflichten treffen. Wer verpflichtet ist aus der Charterung, bestimmt das Landesrecht. Es besteht hier keine Veranlassung, den Reeder persönlich zu verpflichten.

4. Begriff der Ladungsbeteiligten

Außer in § 485 erscheint der Ladungsbeteiligte in den Bestimmungen der §§ 512, 535. Vorschläge, den Text abzuändern in „dem" Ladungsbeteiligten oder Hinzufügung von „im Einzelfall" oder Klammerdefinition werden abgelehnt. Da jedes Schiff verschiedene Konnossemente mit verschiedener Haftung haben wird, kann es sich jedes Mal nur um den Einzelfall handeln.

Auf den Begriff des Ladungsbeteiligten (Ablader, Befrachter, Empfänger) soll in der Begründung eingegangen werden.

5. Direktor Brandt weist darauf hin, dass nach dem Entwurf ein *Konnossement* ausgestellt werden *muss,* nach den Haager Regeln ein Konnossement ausgestellt werden *kann.*

Ministerialrat *Krieger:* Wenn ein Konnossement fehlt, dann ist immer eine Freizeichnung des Reeders möglich. Nach geltendem Recht kann sich der Reeder freizeichnen. Die Haager Regeln bringen eine Verschärfung dieser Haftung. Über diese hinaus soll seine Stellung nicht weiter verschlechtert werden.

§ 541 HGB. Dr. Gramm: Die Bestimmung bringt nichts Neues. Sie hat mit den Haager Regeln nichts zu tun. Gemeint ist der Fall, dass der Schiffer über einen Teil der Ladung verfügt und so einen Kredit für den Reeder aufnimmt.

Dr. Dettmers und *Dr. Lindenmaier:* Kreditgeschäft und Ersatz korrespondieren in den Ausdrücken nicht. Es handelt sich hier um die Erfüllung aus einem fingierten Kreditgeschäft.

Es besteht Einigkeit über die Auslegung dahin, dass Ersatz sich auf das Kreditgeschäft bezieht. Die Klammer Absatz 4 wird gestrichen.

§ 559 HGB. 1. Es ist zu unterscheiden zwischen der *Seetüchtigkeit allgemein* und der *Ladungstüchtigkeit,* d.h. der fitness des Schiffes, spezielle Tüchtigkeit.

Dr. Brandt: Wie, wenn der Verfrachter die Sorgfalt aufgewandt hat, nicht aber der Reeder? Carriar der Haager Regeln ist sowohl Reeder als auch Verfrachter.

Dr. Dettmers: Carrier ist nur der owner, der Frachtvertrag abschließt.

Dr. Gramm: Haager Regeln sagen nicht, wer Partei ist, ob carrier oder owner.

Dr. Lindenmaier: Der Reeder ist der einzige, der den Zustand des Schiffes kennt.

Dr. Brandt: Der Reeder ist hier der Erfüllungsgehilfe des Verfrachters.

Dr. Bollmann: Der Verfrachter soll auf jeden Fall für die Seetüchtigkeit haften. Er soll sich von dem Zustand des Schiffes überzeugen.

Es herrscht Einigkeit über folgende Auslegung: Nach § 513 ist es Pflicht des Schiffers, sich um die Seetüchtigkeit des Schiffes zu kümmern. Nach § 607 haftet der Verfrachter für die Schiffsbesatzung. Insoweit haftet auch der Reeder. Wenn den Schiffer kein Verschulden trifft, kann der Reeder auch nicht in Anspruch genommen werden. § 559 spricht darüber hinaus Haftung auf vollen Schaden aus, wenn der Verfrachter bei der Feststellung der Seetüchtigkeit nicht die erforderliche Sorgfalt aufgewandt hat.

2. § 559 greift nur ein bei Antritt der Reise, nicht während der Reise. *Reise bedeutet Schiffsreise,* nicht Ladungsreise. Es kommt nicht auf den Ladungshafen, sondern auf den Abgangshafen an. (So Notiz des Ministerialdirektors Richter über die Brüsseler Konferenz.)

Dr. Baur: Heute bedeutet Reise Ladungsreise.

Dr. Lindenmaier: Wie, wenn ein Trampfahrer Naphta im Mittelmeer fährt, es ausladet und dann Tabak ladet?

Dr. Gramm: Dann greift § 606 ein, der allerdings nur gemeinen Handelswert gibt, nicht wie § 559 vollen Schaden. Das gilt auch bei Rundreisen.

Direktor *Schütte:* Die Frage ist nie ganz zu klären.

3. *Dr. Gramm:* Die *Beweislastverteilung* geht hier dahin, dass der Empfänger nicht die anfängliche Seeuntüchtigkeit zu beweisen hat – das schreiben die Haager Regeln nicht vor –, sondern das Landesrecht kann – wie es im Entwurf geschieht – bestimmen, dass nur die Seeuntüchtigkeit überhaupt bewiesen wird, dann ist es Sache des Verfrachters nachzuweisen, dass es sich um eine anfängliche Seeuntüchtigkeit handelt.

4. *Jede Art von „Frachtvertrag".*

Dr. Lindenmaier: Warum soll die Haftung von der Ausstellung des Konnossements abhängig sein?

Ministerialrat *Krieger:* Die Freizeichnung muss unter gewissen Umständen gewährt werden.

Direktor *Schütte:* Bei fehlendem Konnossement fehlt das Bedürfnis des Schutzes Dritter.

Dr. Gramm: Freizeichnung für eigenes Verschulden ist auch nach heutigem Recht zulässig.

Dr. Baur: Wenn der Inspektor Schuld hat, kann der Verfrachter sich freizeichnen. Nur er darf nicht selbst schuldhaft handeln, dann ist seine Freizeichnung nicht möglich.

5. Direktor *Brandt* weist darauf hin, dass die *Haftung des Befrachters* allein nicht mit den Haager Regeln im Einklang stehen. Wie, wenn der Konnossementsinhaber den Schaden hat?

Dr. Gramm: Die Haager Regeln besagen nichts darüber.

Dr. Dettmers: Rechte des Empfängers sind Rechte aus dem Frachtvertrag. Es gibt keine Skripturhaftung mehr.

6. Über die Frage, was unter *Betrieb (management) des Schiffes* zu verstehen ist, soll bei § 607 gesprochen werden.

7. Auf Vorschlag von Dr. Dettmers wird die Klammer (Abs. 1) im Absatz 2 gestrichen.

§ 563 HGB. 1. Ministerialrat *Krieger:* Es muss unterschieden werden zwischen Menge und Merkzeichen einerseits (geregelt in den Haager Regeln – § 563) und Art und Beschaffenheit andererseits (nicht in den Haager Regeln geregelt – § 564). Im ersten Fall besteht die Bindung an die Haager Regeln, im zweiten Fall ist eine Haftungsbeschränkung möglich.

Dr. Gramm: § 564 ist der alte § 563. § 563 muss die Haftung des Befrachters *bei Verschulden* auch den übrigen Reiseinteressenten gegenüber aussprechen, um eine Angleichung an den § 564 zu erzielen. Durch die unrichtige Bezeichnung kann im Zwischenhafen die Ausreise verzögert werden. Dadurch ist ein Schaden für die übrigen Reiseinteressenten möglich.

Dr. Dettmers: Durchbrechung des § 823 BGB, weil Haftung für Vermögensschaden.

2. Direktor *Brandt:* Der Ausdruck Menge entspricht nicht den Haager Regeln, die auch das Gewicht aufzählen.

Menge soll durch den Ausdruck „Maßzahl" oder „Gewicht" ersetzt werden.

3. *Dr. Dücker:* Wie, wenn der Reeder für sein Schiff, das 10.000 cbm fasst, eine Ladung von 9.000 und eine von 1.000 annimmt, die Ladung von 9.000 aber in Wirklichkeit 11.000 cbm beträgt, so dass die Ladung von 1.000 cbm nicht mehr mitkommt? Soll dann 1.000 cbm Schadensersatzansprüche haben? Wenn der Reeder die Menge nicht übersehen kann (in der Praxis möglich), kommt allein eine Haftung des Befrachters in Frage.

Dr. Bollmann: Unmöglich, weil dann Haftung zwischen Personen ohne Vertragszusammenhang.

Dr. Lindenmaier: Unpraktisch, den Reiseinteressenten in diesem Fall einen Anspruch zu geben.

Der Satz soll gestrichen werden.

§ 564 HGB. Bei der unrichtigen Bezeichnung der Güter wird Verschulden gefordert.

1. Das Wort „schuldhaft" in Abs. 2 wird hinter „Güter" gestellt; „Durchfuhr" wird hinzugefügt und „in den Bestimmungshafen" gestrichen.

Ministerialdirigent *Quassowski:* Darüber muss etwas in die Begründung.

2. *Dr. Dettmers* schlägt für „Konterbande" „Kriegsbannware" vor. Der andere Ausdruck wird aber als typisch beibehalten.

3. Kann den Befrachter bei der Ausladung ein Verschulden treffen?

Ministerialrat *Krieger:* Insofern, als es sich um gefälschte Papiere handelt, deren Fälschung der Ablader nicht kennt.

4. Direktor *Brandt:* In Abs. 4 soll „er" der Befrachter bedeuten. Abs. 5 bedeutet keine Änderung gegen früher.

§ 564 a HGB ist die wörtliche Übernahme des alten § 564.

§ 564 b HGB. 1. Er überschneidet sich mit den Bestimmungen der §§ 563, 564, 564 a, umfasst also unrichtige Beschreibung, heimliche Verladung usw. Die Worte „ohne ersatzpflichtig zu werden" werden als überflüssig gestrichen.

Direktor *Brandt* weist darauf hin, dass diese auch in den Haager Regeln stehen.

Ministerialrat *Krieger:* Der Schiffer hat in keinem Fall Ersatz zu leisten. Der Reeder muss aber unter Umständen zur großen Havarie beitragen, wenn es sich um Überbordwerfen eines Teils der Ware handelt. Anders, wenn das ganze Schiff mit dieser Ware beladen ist.

2. Direktor *Brandt:* „Von ihnen" stimmt nicht mit den Haager Regeln überein.

Dr. Gramm: Das bezieht sich auf heimliche Ladungen, die er nach § 564 a nur bei Gefährdung über Bord werfen kann.

Ministerialrat *Krieger:* Schiffer kann auch über Bord werfen, wenn er keine Kenntnis von der Ladung hat. Das geht über die Haager Regeln hinaus, bedeutet aber die logische Folgerung.

3. Direktor *Brandt:* Nach den Haager Regeln hat der Schiffer nicht das Recht des Überbordwerfens, wenn der Verfrachter zugestimmt hat. Das kommt in Abs. 2 nicht zum Ausdruck.

Abs. 2 stellt nur auf das Wissen des Schiffers ab. Die Haager Regeln nennen auch den agent of the carrier.

Es herrscht Übereinstimmung, dass der Text geändert werden muss. Agent soll nicht durch Vertreter, sondern durch Schiffsagent bezeichnet werden.

Ministerialrat *Krieger:* Es wird am zweckmäßigsten ein § 564 c eingefügt, da die Änderung sich auch auf die Bestimmungen §§ 564 a, 564 bezieht.

Der Leiter schließt die Sitzung um 17 Uhr.

b) Niederschrift über die 2. Sitzung vom 27.4.1937

Der Leiter eröffnet die Sitzung um 10 Uhr (Schluss der Sitzung: 14.30 Uhr).

Zu § 559 HGB. Direktor *Brandt* kommt auf den Begriff der Reise zurück. Er berichtet, dass nach englischer Auffassung Reise Ladungsreise bedeutet.

Dr. Gramm: Ministerialdirektor Richter hat über die Sitzung protokolliert, dass mit Reise die Schiffsreise, nicht die Ladungsreise gemeint sei.

Dr. Dettmers: Nach bisherigem Recht heißt Reise Reise des Schiffs, z.B. § 757 beim Schiffsgläubigerrecht, im Frachtvertrag dagegen heißt Reise Ladungsreise.

Ministerialrat *Krieger:* Es entspricht der inneren Gerechtigkeit mehr, wenn Reise Ladungsreise bedeutet.

Direktor *Brandt:* Der Ablader unterwegs weiß überhaupt nicht, woher das Schiff kommt. Das geht ihn auch nichts an. – Wann soll im Übrigen eine Reise beginnen, wenn das Schiff von Hamburg nach Antwerpen auf Ballast fährt und dort das Gut übernimmt? Die Schiffsreise beginnt dann formell bereits in Hamburg, während sie auch wirtschaftlich gesehen erst in Antwerpen beginnt.

Dr. Gramm: Auch wenn man Reise mit Schiffsreise gleichstellt, bleibt immer noch die Haftung aus § 606. Auch dort keine Freizeichnung, da es sich nicht um management handelt.

Ministerialdirigent *Quassowski:* Die Frage wird eingehend geprüft werden, auch anhand englischer Kommentare.

Dr. Baur: Es wird notwendig sein, den Begriff der Reise im Haftungsrecht zu definieren.

Dr. Dettmers: Schaps sagt, Reise ist Ladungsreise.

Dr. Gramm: Die Anwendung des § 606 schadet auch nichts, da in etwa 90% aller gesetzlichen Fälle nur der gemeine Handelswert ersetzt wird.

Dr. Lindenmaier: Dagegen spricht hier aber, dass die Seetüchtigkeit Grundelement der Reise ist. Nach englischem Recht tritt hier eine Gewährleistung ein.

Direktor *Brandt* weist darauf hin, dass beim management keine Haftung eintritt.

Dr. Gramm: Aber Seetüchtigkeit ist kein management.

Dr. Dücker: Die Möglichkeit der Kontrolle ist nur bei Antritt der Reise überhaupt gegeben.

Direktor *Brandt:* Wie ist folgender Sachverhalt zu beurteilen: Ein Dampfer, der Kohlen nach Argentinien bringt, will an einem anderen Ort in Argentinien Getreide laden. Die Ladetüchtigkeit muss dann doch bestehen, wenn geladen wird.

Dr. Gramm: Hier greift § 606 ein, also Haftung nur auf den gemeinen Handelswert. Freizeichnung ist nicht möglich, da kein management.

Ministerialrat *Krieger:* Die Ladetüchtigkeit des § 559 soll sich auf die abstrakten Umstände beziehen.

Dr. Bollmann: Bei Abgang vom Ausgangshafen weiß unter Umständen der Lader auch noch nicht, welche Güter er laden wird.

Dr. Lindenmaier: Die Rechtsprechung wird vermutlich die alte Auffassung beibehalten.
Ministerialdirigent *Quassowski:* Das Material soll eingehend geprüft werden.

§ 606 HGB. Dr. Gramm: Es ist im Wesentlichen altes Recht. Die Haager Regeln legen dem Verfrachter nicht auf, die Einladung sorgfältig vorzunehmen, sondern bei der Einladung usw. sorgfältig zu verfahren.

Dr. Dücker: Das ist notwendig, weil unter Umständen der Reeder gezwungen ist, einen Dritten zur Einladung zu nehmen.

Direktor *Brandt:* Wie, wenn der Verfrachter nicht Reeder ist?

Dr. Gramm: § 607 greift auch bei § 606 Platz.

Ministerialrat *Krieger:* Auch der Reeder wird doch nicht selbst verladen, sondern jemanden annehmen. Bei der Charter waren es dann Leute des Verfrachters.

Direktor *Brandt:* Gehört der Stauer zur Schiffsbesatzung?

Ministerialrat *Krieger:* Es geht doch nicht an, wenn der Verfrachter haften sollte für konzessionierte Steuer in fremden Häfen.

Dr. Baur: Stauer des Verfrachters sind seine Leute, Stauer des Reeders gehören zur Schiffsbesatzung, zum mindesten sind sie Leute des Verfrachters im weitesten Sinne. Dagegen können selbständige Stauer als Zwangsstauer hier nicht gemeint sein.

Direktor *Brandt:* Wie ist Folgendes zu beurteilen: Ein Spediteur chartert einen Teil des Schiffes, legt einen Teil der Güter an. Er hat mit dem Stauer nichts zu tun. Ist der Stauer hier sein Mann? Nach dem Gesetz kann hier der Stauer doch nicht Mann des Verfrachters sein.

Ministerialrat *Krieger:* Nach französischem Recht haftet der Reeder hier nicht.

Dr. Lindenmaier: Jede Tätigkeit außer von der Annahme bis zur Ablieferung geht über die Haager Regeln hinaus.

Dr. Gramm verweist hier auf § 663.

Dr. Schütte meint, dass hier die Klausel eingefügt wird: „Ab Reling ist jede Haftung ausgeschlossen".

Ministerialrat *Krieger:* Es muss der Praxis überlassen werden, ob sie die Haftung ausschließen wird, soweit es über die Haager Regeln hinausgeht.

Dr. Baur: Wie ist es mit der Behandlung unterwegs?

Dr. Gramm: Hier ist keine Abweichung beabsichtigt (Satz 2).

Dr. Lindenmaier: Befördern genügt für den ganzen Begriff.

Ministerialdirigent *Quassowski:* Darüber wird in der Begründung etwas gesagt werden müssen.

§ 607 HGB. Dr. Gramm: Schiffsbesatzung in der Charter sind nicht Leute des Verfrachters. Gleichgültig ist für § 607, ob die Leute in Ausübung oder bei Gelegenheit gehandelt haben, entsprechend dem Landfrachtrecht § 431.

Direktor *Brandt:* Was sind Leute im Sinne dieser Bestimmung?

Dr. Gramm: Das ist nicht definierbar. Es gibt keine grundlegende Entscheidung, sondern es ist auf den Einzelfall abzustellen.

Ebenso Ministerialrat *Krieger.*

Dr. Lindenmaier: Bei einer Definition könnten Lücken entstehen. Im Landfrachtrecht sind auch keine Schwierigkeiten aufgetaucht.

Dr. Baur verweist auf § 458.

Dr. Schütte: Im Eisenbahnrecht werden fremde Leute nicht als „seine Leute" angesehen. – Wie ist es im französischen Recht geregelt?

Direktor *Brandt*: Der Begriff „Leute" setzt eine Abhängigkeit voraus. Wie ist es bei einem Verfrachter, der nicht gleichzeitig Reeder ist?

Ministerialrat *Krieger:* Carrier haftet nicht bei Charter, wenn es sich um servants des Owners handelt.

Zu Abs. 2. Dr. Gramm: Betrieb bedeutet hier die sonstige Bedienung des Schiffes.

Dr. Lindenmaier: Wüstendörfer unterscheidet im Gutachten 1. management of the ship, dann Haftungsfreiheit; 2. management of the cargo, dann Haftung. Das management of the ship liegt dann vor, wenn die Handhabung des Schiffs vorwiegend bezweckt, für das Schiff selbst oder seine Sicherheit zu sorgen; die Sorge für die Ladung ist management of the cargo.

Ministerialdirigent *Quassowski:* Der Ausdruck „Betrieb" ist missdeutig.

Dr. Gramm: Die Gerichte haben es aber immer so ausgelegt.

Es werden Ausdrücke vorgeschlagen: Handhabung, Bedienung.

Dr. Baur schlägt vor „Sofern er nicht vorwiegend der Ladung dient."

Dr. Lindenmaier: „Nachlässigkeit in der Fürsorge für das Schiff."

Dr. Schulze-Smidt: Der Ausdruck ist zu eng, weil er nur eine Haftung für die Substanz ausspricht.

Direktor *Brandt:* Wie ist es mit der Ventilation. Man wird management of the ship annehmen müssen. Behandlung der Ladung z.B., wenn diese bewegt wird.

Dr. Baur: Ventilation ist management of the cargo.

Dr. Lindenmaier: Es kommt auf das „vorwiegend" an.

Dr. Schulze-Smidt: Wie ist es, wenn die Ladung im Interesse des Schiffs verlagert werden soll?

Ministerialrat *Krieger:* Wenn die Stabilität des Schiffs wieder hergestellt werden soll, sei es auch durch Verlagerung der Ladung, dann handelt es sich um management of the ship.

Dr. Lindenmaier: „Dient die Maßnahme vorwiegend der Betreuung der Ladung, so greift die Haftung der Ladung nicht ein".

Dr. Gramm: Abs. 2 muss anders gefasst werden.

Ministerialrat *Krieger:* Es ließe sich ein Satz mit der Einschränkung für management of the cargo mit „es sei denn" einfügen.

Dr. Lindenmaier: Der Verfrachter muss beweisen, denn er steht der Beweislast viel näher.

Direktor *Brandt:* Wie ist es, wenn der Reeder das Schiff in Brand steckt? Hier haftet er dem Ladungsbeteiligten doch nicht.

Dr. Dettmers: Durch gesetzliche Festlegung wird die Rechtsprechung gebunden. Dann ist eine Abweichung von der allgemeinen ausländischen Rechtsprechung zu befürchten.

Ministerialrat *Krieger:* Für die unteren Instanzen ist es besser, wenn der Gesetzestext genau ist.

Ministerialdirigent *Quassowski:* Genügt nicht die Begründung?

Dr. Lindenmaier: Es besteht Gefahr, dass die unteren Gerichte sich über die Begründung hinwegsetzen.

Dr. Schulze-Smidt meint, man solle sagen „Betrieb des Schiffes als solcher". Einen weiteren Zusatz hält er nicht für erforderlich.

Direktor *Brandt* schlägt vor, statt „Nachlässigkeit beim Betrieb des Schiffes" „Sonstige fehlerhafte Behandlung des Schiffes" zu sagen.

Ministerialdirigent *Quassowski:* Die verschiedenen Anregungen werden geprüft werden.

Dr. Baur weist darauf hin, dass ein Gegensatz in den Ausdrücken fehlerhaft (= objektiv) und Nachlässigkeit (= subjektiv) liegt. Er schlägt vor, „Fahrlässigkeit bei der Führung oder bei der sonstigen Handhabung des Schiffes".

Dr. Schulze-Smidt: Wie ist es bei der Brandstiftung; doch keine Haftung aus dem Konnossement wegen § 485 Abs. 2?

§ 608 HGB. Dr. Gramm: Die Bestimmung ist wörtlich aus den Haager Regeln übernommen. Über die Beweislast steht allerdings nichts in den Haager Regeln. Ziff. 8 ist überflüssig, da er durch Ziffer 5 bereits gedeckt ist.

Die Beweislast wird wie folgt geregelt: Der Verfrachter hat nachzuweisen, dass ein Fall des Abs. 1 vorliegt (Abs. 3). 2. Die weitere Kausalität für den Schaden (Abs. 2). Der Verfrachter kann gemäß Abs. 3 den Gegenbeweis erbringen, dass ein Umstand vorliegt, den der Verfrachter zu vertreten hat.

Dr. Schütte: Die Reeder sind gegen diese Beweisverteilung. Es wäre wünschenswert, wenn entsprechend der Praxis der Reeder nicht damit belastet wird. Es fehlt bei den Schiffen eine gleiche Kontrolle wie bei der Eisenbahn.

Dr. Gramm: Abs. 2 schützt den Reeder.

Dr. Baur: Aufdecken muss der Reeder auf jeden Fall.

Ministerialrat *Krieger:* Die Haager Regeln haben den Schadensersatz ganz dem Reeder auferlegt. Sie sind viel schärfer.

Dr. Gramm: Die jetzige Regelung entspricht der Regelung des Ausschusses von 1934.

Direktor *Brandt:* Die Beweisvermutung des Entwurfs deckt sich nicht mit den Haager Regeln.

Dr. Gramm: Die Fassung ist aus Zweckmäßigkeitsgründen so erfolgt.

Direktor *Brandt:* Der Befrachter kann nichts nachweisen.

Ministerialrat *Krieger:* Es bleibt hier bei der Beweislast der Haager Regeln, nur der Umfang ist eingeschränkt.

Dr. Schulze-Smidt: In concreto muss nachgewiesen werden, welcher Fall der Ziffer gegeben ist.

Dr. Gramm: Für Abs. 2 genügt es, dass nach der Lebenserfahrung die Vermutung möglich ist.

Dr. Lindenmaier: In der Rechtsprechung wird stärker auf die konkrete Sachlage abgestellt. Abgesehen davon, ob die Bestimmung mit den Haager Regeln vereinbar ist, so ist sie doch tragbar.

Zu Abs. 3 schlägt *Dr. Gramm* eine Änderung vor, weil die Schiffsbesatzung fehlt.

Es werden Änderungen vorgeschlagen: Zu Ziffer 1 und 2: Durch „Höhere Gewalt" zu ersetzen. Zu 2: „öffentlich" zu streichen. Zu Ziffer 7 erhebt sich die Frage, ob verborgene Mängel nicht immer unter natürliche Beschaffenheit fallen.

Ministerialrat *Krieger:* Beispiel für den Unterschied „Maschine mit Sprung".

Ziffer 8 wird gestrichen, da sie gegenüber Ziffer 5 eine überflüssige Kasuistik darstellt.

Dr. Gramm: Die ursprünglich übernommene Generalklausel als Ziffer 9 ist weggelassen.

§ 609 HGB. Dr. Gramm: Es kommt nur auf die Angaben des Befrachters an, die in das Konnossement aufgenommen sind, nicht auch auf die sonstigen Angaben. „Falsch" genügt (USA spricht von betrügerisch). „Wissentlich" falsch ist notwendig, da der Begriff weiter geht als vorsätzlich.

Zu §§ 610-612 HGB. Bisher: Frist durch amtliche Besichtigung. Haager Regeln geben zwei Wege: 1. amtliche Besichtigung, 2. frist- und formgerechte Anzeige.

§ 610 HGB. Abs. 2 gibt ein kontradiktorisches Versäumnisverfahren.

Dr. Dücker: Was heißt ortsüblich?

Dr. Bollmann: In Hamburg passiert etwas. Der Empfänger sitzt in Berlin. Worauf ist abzustellen? Hier liegt Abs. 2 nicht vor. Nach den Haager Regeln ist die amtliche Untersuchung nicht möglich, wenn der Empfänger nicht hinzuzuziehen ist, da er abwesend ist. Grundsätzlich hat schriftliche Anzeige zu erfolgen.

Dr. Bollmann schlägt vor, nur hinzuzuziehen, „wenn es tunlich ist".

Dr. Dettmers: Heute liegt das Schwergewicht auf der Anzeige, früher auf der gemeinschaftlichen Besichtigung.

Dr. Dücker: § 610 schafft ein Beweisdokument.

Dr. Schulze-Smidt fragt an, wie es mit der schriftlichen Anzeige ist, wenn der Aufenthalt des Empfängers unbekannt ist.

Dr. Gramm: Der Empfänger muss doch die Anzeige machen.

Ministerialdirigent *Quassowski* schlägt vor, den § 610 Abs. 2 letzten Satz zu streichen und Satz 1 bei § 612 zu übernehmen.

§ 611 HGB. Dr. Gramm: Es ist altes Recht. Schadensersatz im Allgemeinen gemeiner Handelswert.

§ 612 HGB. Dr. Gramm: Abs. 1 muss anders gefasst werden. – Die kurze Frist ist notwendig, da die Beweismittel des Verfrachters sich verflüchtigen, wenn die Anzeige erst spät erfolgt.

Direktor *Brandt:* „Übernahme" ist im Englischen viel weitgehender ausgesprochen: Time of mouvel. Übernahme ist die Möglichkeit für den Ladungsempfänger, Besitz zu ergreifen. Wann soll die Frist zu laufen beginnen?

Ministerialrat *Krieger:* Die Schweden haben den Begriff nicht wörtlich übersetzt. Es kommt auf „Entlöschung" oder „unter die Obhut bringen" an. Der französische Text spricht von „prise de livraison".

Dr. Lindenmaier: Die Haager Regeln stellen auf den mittelbaren oder unmittelbaren Besitz des Empfängers ab. Die Reeder erstreben Abstellung auf ihren Besitzverlust. Dem stehen die Haager Regeln nicht entgegen, die nur einen Zeitpunkt angeben wollen; aber es geht praktisch nicht an, auf das Aufhören der custody des Reeders abzustellen.

Dr. Baur: Da § 612 nicht zwingend ist, können sich die Reeder ja insoweit freizeichnen.

Dr. Gramm: § 662 soll ergänzt werden durch Hinzufügung von § 612, der dann auch zwingend wird.

Dr. Dücker: Abgabe an den Zoll erfolgt doch im Interesse des Empfängers, der jetzt die Ware ansehen kann. Darauf muss abgestellt werden.

Ministerialrat *Krieger:* Auslieferung an den Zoll ist Auslieferung in die Verfügungsgewalt des Empfängers, der ja nur den Zoll zu bezahlen hat, um die Sache zu erhalten.

Dr. Gramm: Das ist auch nach heutiger Auslegung Übernahme.

Ministerialrat *Krieger:* Allerdings kann der Zeitpunkt erst dann beginnen, wenn der Empfänger die Möglichkeit der Besichtigung hat.

Ministerialdirigent *Quassowski:* Übernahme bedeutet bereits die Möglichkeit der Inbesitznahme. Anders nach Dr. Bollmann die Praxis.

Ministerialrat *Krieger:* Der französische Text spricht von „sous la garde", d.h. „unter Obhut".

Dr. Gramm: Schaps sagt, der Empfänger muss in der Lage sein, die Ware in Empfang zu nehmen.

Dr. Dettmers: Wie ist es bei Ablieferung am Kai oder Lagerhausgesellschaft?

Dr. Schulze-Smidt: Die Obhut des Empfängers muss entscheiden.

Dr. Dücker: Der Zoll hat mit der Ware, nichts aber mit dem Schiff zu tun.

Direktor *Brandt:* Es lässt sich in das Konnossement die Bestimmung aufnehmen: „Die Verantwortung hört bei der Entlöschung auf". Es könnte in den Text aufgenommen werden „Ablieferung nach Maßgabe des Konnossements".

Dr. Dücker: Wer muss dann beweisen?

Ministerialdirigent *Quassowski:* Die Frage soll noch weiter geprüft werden.

Ministerialrat *Krieger:* Am Schluss Abs. 1 ist Satz 1 des Abs. 2 von § 610 zu übernehmen.

Dr. Baur: Es müssen die landesrechtlichen Bestimmungen aufgehoben werden, z.B. Ewerquittung nach hamburgischem Recht.

Dr. Schulze-Smidt: Die Bestimmungen über die Löschungen von Gut in Bremerhaven für Bremen müssen ebenfalls aufgehoben werden.

§ 636 a HGB. Dr. Gramm: Die Bestimmung galt bisher nur für das Leben, nicht auch für das Eigentum. Im englischen Recht bestehen Schwierigkeiten bei der Auslegung des „reasonable" (= sonst gerechtfertigt).

Ministerialrat *Krieger:* Das Recht des Verfrachters kann wegbedungen werden; eine Erweiterung ist aber nicht möglich, da er seine Verpflichtungen nicht einschränken kann.

Dr. Bauer: Wie ist es bei Umwegen? Kann im Übrigen im Konnossement ein weiterer Fall der Deviation als „reasonable" vertraglich festgelegt werden?

Direktor *Brandt:* In England sind wegen des „reasonable" erhebliche Prozesse entstanden, auch dort tappt man völlig im Dunkeln.

§ 642 HGB. Er ist im Wesentlichen altes Recht, nur der Verfrachter ist neu hereingekommen.

Ministerialrat *Krieger:* Die Bestimmung weicht von der Konstruktion der Haager Regeln ab, die zuerst vom Übernahme-Konnossement ausgehen; erst nach der Abladung kann Ersatz durch das Ablade-Konnossement verlangt werden. Der Entwurf geht dagegen in erster Linie vom Ablade-Konnossement aus.

Dr. Schütte: Die Praxis kennt die Begriffe Ablade- und Übernahme-Konnossement nicht. Man spricht von shipped und received (for shipment).

Dr. Bollmann: Das Ablade-Konnossement ist in der Praxis der Regelfall.

Direktor *Brandt, Dr. Schütte:* Der Ausdruck „Übernahme-Konnossement" ist besser durch „Annahme-Konnossement" zu ersetzen. Dagegen Ministerialdirigent Quassowski.

Direktor *Brandt:* Der Begriff „Abladen" in Abs. 5 kann Schwierigkeiten machen. Soll es heißen „in das Seeschiff übernehmen"?

Dr. Gramm: „Eingeladen".

Dr. Lindenmaier: „Noch nicht an Bord genommen".

Ministerialdirigent *Quassowski* schlägt als Ausdruck „Einladen" und „Einlade-Konnossement" vor.

Dr. Bollmann: Es ist bedenklich, neue Begriffe zu prägen, die sich in der Praxis nicht durchgesetzt haben. Gegen „Einlade-Konnossement" Dr. Dücker.

Dr. Lindenmaier schlägt „Bord-Konnossement" vor.

Ministerialdirigent *Quassowski:* Darüber muss in der Begründung Näheres ausgeführt werden. Er schlägt vor „abladen" durch „an Bord nehmen" zu ersetzen (ebenso andere).

§ 643 HGB. Dr. Gramm: In Ziffer 8 muss „Menge" geändert werden in „Maß, Gewicht, Zahl".

Direktor *Brandt* fragt, warum in Ziffer 4 der Name des Abladers erscheint.

Dr. Gramm: Konnossementspartei ist nur der Ablader (vgl. § 644, so auch Art. III § 5 Haager Regeln).

Direktor *Brandt* fragt, ob die Vorschrift des § 643 zwingend ist.

Ministerialrat *Krieger:* Die Frage ist nicht geregelt.

Dr. Gramm: Es ist zwingende Vorschrift.

Ministerialrat *Krieger:* Aber nicht alle Punkte sind zwingend.

Dr. Bauer: Das ist Sache des Einzelfalles.

Direktor *Brandt* schlägt dann vor, zu schreiben „soll enthalten".

Ministerialdirigent *Quassowski:* Das geht zu weit.

Dr. Lindenmaier: Man soll keine zwingenden Vorschriften über den Konnossementsinhalt machen, sondern die Frage der Rechtsprechung überlassen.

§ 644 HGB. Dr. Gramm: Er ist neu und erscheint nicht in den Haager Regeln. Der Name des Verfrachters muss im Konnossement angegeben sein. Ausstellen tut der Schiffer. Bei Angabe eines falschen Verfrachters läuft der Empfänger Gefahr, nicht zu wissen, wer Reeder ist. Diese Lücke soll § 644 schließen, indem er für diesen Fall Haftung des Reeders ausspricht.

Dr. Dettmers: Der Verfrachter stellt nie Konnossemente aus, er erteilt sie nur.

Ministerialrat *Krieger:* Ausstellen tut der Schiffer oder der Agent. In der Praxis stellt die Agentur des Befrachters aus. Der Schiffer ist nach § 642 Abs. 4 dazu befugt. Das „to issue" der Haager Regeln bedeutet „erteilen".

Ministerialrat *Krieger:* Die Ausstellung regeln die Haager Regeln nicht, das ist nationales Recht. – Wie ist es, wenn kein Verfrachter vorhanden ist? Kann der Reeder sich darauf berufen, er habe das Schiff verchartert, ihn ginge die Sache nichts an? Dann muss doch der Reeder als Verfrachter gelten.

Dr. Dettmers: So ist neben dem Verfrachter der Reeder verantwortlich.

Dr. Baur: Wie aber, wenn der Reeder sagt, wer Verfrachter ist? Die ganze Frage ist daher überflüssig, da der Reeder es immer sagen wird.

c) Niederschrift über die 3. Sitzung vom 28.4.1937

Der Leiter eröffnet die Sitzung um 10 Uhr (Schluss der Sitzung 14.30 Uhr)

§ 612 HGB. 1. *Dr. Gramm:* Bei verborgenen Mängeln wird eine Frist zur Anzeige von drei Tagen gesetzt.

Es ergeben sich folgende Fragen:

A. Wenn der Kapitän den Hafen verlassen hat, an wen soll angezeigt werden?

a) an den Verfrachter (Reeder) im Heimathafen,

b) an die Agentur im Löschungshafen, evtl. an den Schiffer in der Nähe.

B. Wer trägt die Gefahr der Übersendung? Es wäre billig, dass der Verfrachter die Gefahr trägt, d.h. dass die Absendung der Anzeige innerhalb der Drei-Tage-Frist genügt (wie § 377 HGB). Die Frage ist bedeutungsvoll, weil sonst der Empfänger ein Verschulden des Verfrachters nachweisen muss.

Für diese Regelung sprechen sich aus *Dr. Gramm, Ministerialdirigent Quassowski, Ministerialrat Krieger, Dr. Bollmann.*

Dr. Baur schlägt vor, die Regelung der Rechtsprechung zu überlassen.

Direktor *Schütte:* Zweifelhaft, wenn der Abnehmer auch der Agent ist. Dann aber Anzeige an den Kapitän. Dagegen spricht, dass der Kapitän nicht mehr die Rolle von früher haben soll.

Dr. Bollmann: In der Praxis ist Anzeige an die Agentur, in zweiter Linie an den Kapitän üblich. Allerdings Schwierigkeiten, wenn keine Agentur.

Direktor *Schütte:* Löschungshäfen ohne Agentur gibt es nicht. Praktisch sind bei dieser Frage noch keine Schwierigkeiten aufgetreten.

Direktor *Brandt* äußert Bedenken, etwas aufzunehmen, was sich mit den Haager Regeln nicht deckt. Das englische Recht verlange Zugang.

Ministerialrat *Krieger* stellt fest, dass französisches und schwedisches Recht die Frage offen lassen.

Dr. Lindenmaier: Die Frage ist nicht sehr bedeutungsvoll, weil nach internationalem Recht das Recht des Bestimmungshafens gilt.

Direktor *Schütte:* Soweit Deutschland in Frage kommt, kann innerhalb von drei Tagen eine Anzeige zugestellt werden. Im Übrigen ist Fristüberschreiten nach Auslandsrecht nicht so erheblich, da häufig Berufungen auf Fristverstreichen nicht ziehen.

Dr. Lindenmaier: Kennt der Empfänger diese Bestimmung nicht, dann nützt es ihn auch nichts, kennt er sie, dann hat er immer die Möglichkeit, ein Telegramm zu senden. Deshalb ist die Änderung praktisch unerheblich.

Es herrscht Einigkeit darüber, dass Telegramm das Erfordernis der Schriftlichkeit erfüllt.

Die Frage wird zurückgestellt.

2. *Dr. Dettmers* wirft die Frage auf, ob die neue Fassung über die Beweisregeln in das Gesetz gehört und ob sie mit den Haager Regeln vereinbar ist. Insbesondere ist die zweite Beweisregel nicht vorgeschrieben. Sie dürfen nicht aufgenommen werden, weil sie eine Verletzung gegen Art. 3 § 8 darstellen und die Rechte der Ladungsinteressenten beeinträchtigen. Wenn der Empfänger nicht an die Sachen herankommen könne (aus tatsächlichen oder rechtlichen Gründen) und daher erst nach etwa sechs Tagen seine Anzeige machen könne, dann müsse er beweisen, dass der Reeder den Schaden zu vertreten hat. Das sei eine probatio diabolica für ihn.

Dr. Gramm: Das Hauptgewicht der Haager Regeln liegt in der Beweisfrage. Die erste Beweisregel des § 612 ist selbstverständlich. Sie gilt auch, wenn die Drei-Tage-Frist gewahrt ist. Die zweite Beweisregel ist eine Strafe für Versäumung der Frist. Sie ist auch billig. Wenn nämlich der Empfänger nach Monaten kommt und nachweist, dass der Schaden an Bord entstanden ist, dann hat der Verfrachter keine Möglichkeit, näher sich zu exkulpieren, also probatio diabolica für den Verfrachter.

Dr. Dücker: Es kommt hinzu, dass die Mannschaft des Verfrachters ständig wechselt, dagegen beim Empfänger die Leute stabil sind. Es ist wirtschaftlich notwendig, dass diese Bestimmung eingeführt wird.

Dr. Lindenmaier: Die zweite Beweisregel lässt sich bei weiter Auslegung aus dem französischen Text herauslesen. Der Zusatz ist zulässig und wesentlich.

Direktor *Brandt:* Der Zusatz ist unzulässig. Wie, wenn das Gut nicht ausgeliefert wird (z.B. Verpackung wird abgeliefert, der Inhalt fehlt). Wie soll jetzt der Empfänger nachweisen, dass der Verfrachter den Umstand zu vertreten hat?

Dr. Dücker: Solche Fälle gibt es in der Praxis nicht. Es kommt höchstens Teilverlust vor. Wenn der Empfänger die Frist nicht einhält, hat er es verschuldet, dass der Reeder sich nicht exkulpieren kann.

Dr. Dettmers: Die Drei-Tage-Frist führt in der Praxis, insbesondere dann, wenn man an die Ware nicht heran kann, zu Anzeige auf „Verdacht".

Ministerialrat *Krieger:* In Südamerika ist es des öfteren vorgekommen, dass die Ware beim Zoll wochenlang zurückgehalten wird, bei Herausgabe beraubt ist, und dann erklärt wird, sie sei so von Bord gekommen. Hier ist für den Reeder die Nachprüfung außerordentlich erschwert.

Dr. Bollmann: Auch Wüstendörfer hat sich in der Akademie für Deutsches Recht dafür ausgesprochen, dass der Empfänger nach Empfang nachweisen muss. –

§ 645 HGB. 1. Direktor *Brandt:* § 645 entspricht nicht den Haager Regeln Art. 3 § 3. Es fehlt die Bestimmung des dortigen Abs. c). § 643 genügt nicht, da keine Muss- oder Sollvorschrift.

Dr. Gramm: § 645 muss entsprechend ergänzt werden.

2. Direktor *Brandt* bezweifelt, ob der Ausdruck „müssen" richtig ist. Die Haager Regeln stellen ab auf einen Antrag des Abladers. Es steht wirtschaftlich nichts entgegen, den Haager Regeln zu entsprechen.

Dr. Gramm: Die Haager Regeln gelten nur bei Konnossementen. Sie sagen nichts darüber, dass ein Konnossement auszustellen ist.

Ministerialrat *Krieger:* Aus Art. 6 ergibt sich, dass Konnossemente ausgestellt werden sollen.

Direktor *Schütte:* Französisches Gesetz vom 4.11.1936 § 1. Haager Regeln finden keine Anwendung auf chartepartie, wohl aber dann, wenn Konnossemente ausgestellt sind.

Direktor *Brandt:* Keine Bedenken. Die Haager Regeln ziehen die Sache aber anders auf. Entwurf geht über Haager Regeln hinaus. To issue in Art. 3 § 3 heißt begeben, nicht ausstellen. Nach den Haager Regeln braucht man ein Konnossement nicht auszustellen. Wenn es aber ein Papier ist, dann muss es ein Konnossement sein.

Ministerialrat *Krieger:* Man muss die Haager Regeln im Ganzen sehen. Art. 3 § 3 befasst sich nicht damit, ob überhaupt immer ein Konnossement gegeben werden muss. Das steht in Art. 6, woraus sich ergibt, dass für gewöhnliche Handelsgeschäfte ein Konnossement auszustellen ist.

Folgende Änderungen: 1. „Menge" abändern in „Maß", „Zahl", „Gewicht". 2. Einfügen „nur auf Verlangen". 3. Einfügen: Die Bestimmungen des Art. 3 § 3 c.

3. *Dr. Gramm* wirft die Frage auf, ob für bulk-Ladung (lose Raumladung) eine Ziffer 3 eingefügt werden muss. In den Haager Regeln steht darüber nichts. Die Frage ist wichtig für die Beweisvermutung. Wenn nichts geregelt wird, beziehen sich die Beweisbestimmungen auch auf das Gewicht.

Dr. Dücker: In der Praxis kommt ein Verlust so gut wie gar nicht vor. Der Verfrachter gibt hier im Allgemeinen eine Provision von 2%, um das verzögerliche Nachwiegen zu vermeiden.

Direktor *Schütte:* Einfügung erscheint nicht praktisch. Gezählt wird nach dem Ausgelieferten.

Dr. Baur: Schon mit der jetzigen Regelung ist der Reeder genügend geschützt.

Direktor *Schütte:* Praktisch entscheidend ist, dass die Haupt-bulk-Ladungen nach Deutschland einkommen. In diesen Fällen hat Deutschland auf die Formulare keinen Einfluss. Soweit Deutschland bulk-Ladungen ausführt (zur Hauptsache Kali), werden Vertreter der Großkonzerne im Ausland beliefert, also insoweit praktisch bedeutungslos.

4. „Unrichtig" in Abs. 2 Ziffer 2 entspricht nicht dem englischen (accurately) und dem französischen (exactement) Text.

Man einigt sich auf das Wort „ungenau", wobei der Rechtsprechung die Auslegung überlassen bleiben soll.

§ 646 HGB. Dr. Gramm: Die Klausel „Menge, Merkzeichen unbekannt" darf nicht formularmäßig benutzt werden, vielmehr ist stets der Grund anzuführen, weshalb im Einzelfall ein Fall des § 645 Abs. 2 Ziff. 2 vorliegt. Für die Bestimmung spricht sich auch Dr. Bauer aus, da sonst der Schiffer die Aufnahme der Gewichtsmengen leicht ablehnen kann. Dann steht auch nicht der geringste Anhaltspunkt darüber im Konnossement, so dass dieses unbrauchbar ist. Durch die Klausel wird nur ausgeschlossen, dass man nicht einstehen kann.

Direktor *Brandt* wehrt sich erheblich gegen die Klausel, die gerade durch die Haager Regeln ausgeschlossen sein soll.

Ministerialrat *Krieger:* Die Kritik richtet sich gegen die Fassung, nicht gegen den Inhalt, nämlich Aufnahme unter Vorbehalt. Es müsste etwa gefasst werden „Im Falle des § 645 Abs. 2 Ziff. 2 können die Angaben des Abladers in das Konnossement mit dem Zusatz aufgenommen werden, dass keine ausreichende Gelegenheit zur Nachprüfung vorhanden ist".

Dr. Schulze-Smidt hält den Zusatz für unnötig, wenn die Klausel heraus soll.

Dr. Dücker weist darauf hin, dass eine gewisse Reinheit des Konnossements im Verkehr erforderlich ist. An der Klausel würde sich die Praxis nicht stoßen, wohl aber entsteht Streit, sobald ein besonderer Hinweis im Konnossement erscheint.

Dr. Gramm: Die Einschränkung ist erforderlich, weil sonst auch für das Gewicht gehaftet würde.

Dr. Dettmers: Nach dem heutigen Recht ist bei zugezählter Ware die Klausel nicht möglich. Er wird trotzdem nicht befreit. Es kann ihm der Zusatz zugemutet werden „Gewicht nach Angabe des Verladers".

Ministerialrat *Krieger:* Die heutige Regelung ist weniger als die Haager Regeln bestimmend. Eine ähnliche Bestimmung befindet sich im schwedischen Recht.

Der Text wird verändert angenommen: Im Fall des § 645 Abs. 2 – mithin für beide Fälle – kann das Konnossement die Angaben des Verladers wiedergeben und mit einem entsprechenden Zusatz versehen werden.

Dr. Lindenmaier wendet sich gegen den Ausdruck „gleichwohl".

§ 647 HGB. In Abs. 2 wird vor „Schiffer" „Verfrachter" eingefügt. Hinsichtlich „Verfrachter" ist die Bestimmung wegen § 181 BGB, hinsichtlich des Schiffers wegen des Konnossements an eigene Order erforderlich.

§ 648 HGB. Direktor *Brandt:* Welche Ansprüche hat der Konnossementsinhaber gegen den Reeder oder den Schiffer?

Dr. Gramm: Der Empfänger hat Ansprüche aus dem Konnossement, daher sind Verpflichtungen gegen den Verfrachter gegeben. § 648 greift dann ein, wenn der Schiffer dem legitimierten Inhaber die Herausgabe verweigert unter Berufung darauf, es seien noch mehr Exemplare vorhanden. Das soll er nicht dürfen.

Direktor *Brandt:* Was soll geschehen, wenn der Schiffer nicht ausliefert?

Dr. Bauer: Ist Schiffer bewusst gesagt oder soll es Verfrachter heißen?

Ministerialrat *Krieger:* § 648 sagt nur, wie der Schiffer sich im Löschungshafen zu verhalten hat.

Dr. Dettmers: Dann ist die Bestimmung schlecht redigiert. Absatz 2 gehört vor Absatz 1.

Direktor *Brandt* nimmt grundsätzlich zu der Frage Stellung, ob es richtig ist, das Reeder-Konnossement durch das Verfrachter-Konnossement zu ersetzen. Er ist der Ansicht, dass das Verfrachter-Konnossement nicht für praktische Arbeit geeignet ist. Verfrachter ist jeder, der einen Frachtvertrag mit einem anderen schließt, d.h. der Verfrachter kann auch mit einem anderen Verfrachter einen Frachtvertrag schließen, in dem er dann Befrachter ist, ohne dass er in seiner Stellung als Verfrachter beeinträchtigt wird. Er kann dann das Schiff aufteilen und auf Stückgüter anlegen. Wenn ein Spediteur ein Konnossement an Order aufstellt, dann muss dieses auch Ansprüche hinsichtlich des Reeders auslösen. Der Anspruch aus dem Konnossement ist gedeckt durch ein Schiffsgläubigerrecht. Wenn der Berechtigte dieses nicht hätte, dann wäre das Verfrachterkonnossement ein Stück Papier, mit dem die Praxis nichts anfangen kann. Die Praxis braucht ein Pfandrecht am Schiff. Ist aber ein Schiffsgläubigerrecht vorhanden, so ist der Reeder durch das Konnossement gebunden. Durch das Recht wird der Reeder also belastet. Mit einem Dokument allein, hinter dem nur der Verfrachter steht, kann die Praxis nichts anfangen. Eine Bank würde nie ein solches Konnossement bevorschussen, wenn nicht der Reeder mit hineingezogen wird.

Dr. Gramm: 1. Haftung des Schiffs dem Konnossementsinhaber gegenüber: Der Reeder haftet persönlich nach §§ 485, 486. Hier hat der Gläubiger zugleich ein Schiffsgläubigerrecht wegen einer unmittelbaren Forderung gegen den Reeder. Durch Änderung des § 754 Ziff. 7 ist das Schiffsgläubigerrecht auch begründet, wenn keine Forderung gegen den Reeder, sondern nur eine gegen den Verfrachter gegeben ist. Der Empfänger hat also einen persönlich unbeschränkten Anspruch gegen den Verfrachter (§ 486 gibt es für ihn nicht). Nach § 754 Ziff. 7 ist er durch ein Schiffsgläubigerrecht gesichert, d.h. der Reeder haftet für eine fremde Schuld.

2. Diese Haftung ist dem Reeder unbequem. Der Reeder hat aber das Schiff verchartert, wenn auch z.B. nur einen Teil. Dann ist es nicht unbillig, wenn der Reeder mit seiner Sache, die er dem Verfrachter zur Verfügung stellt, aufkommen muss. Er macht ja Geschäfte mit seinem Schiff.

3. Banken sehen das Verfrachter-Konnossement nicht als beleihbar an, jedoch ist der Name des Schiffes im Konnossement angegeben, so dass der Reeder ersichtlich ist. Es ist also genau die gleiche Regelung wie früher, allerdings ist die beschränkt persönliche Haftung weggefallen.

Ministerialrat *Krieger:* Wenn ein Spediteur auf Stückgüter den Raum anlegt, dann werden allerdings die Banken dieses Geschäft nicht bevorschussen, da er häufig unbekannt sein wird. Das schadet aber nichts, da solche Geschäfte nicht unbedingt erstrebenswert sind; d.h. die Charter durch einen Nicht-Reeder ist der einzige Fall, wo eine Bevorschussung des Konnossements nicht in Frage kommen wird. Wenn dann keine Geschäfte abgeschlossen werden können, so wird diese Art der Charter wegfallen können, was auch kein Schade ist. Die Neuregelung ist ungewohnt, aber keine wirtschaftliche Schädigung des Reeders. Dieser hat im Übrigen nichts mit dem Frachtvertrag zu tun, kann daher auch nicht auf dem Umweg über das Konnossementsrecht wieder eingeschaltet werden.

Direktor *Brandt:* Die Frage Verfrachter- oder Reeder-Konnossement hat mit den Haager Regeln nichts zu tun. Kuckucksei im Nest der Haager Regeln.

1. Die Sachlage ist unbedenklich, wenn bei einer Vollcharter die Ausstellung in einer Reederei erfolgt. Hier wird das Konnossement vom Charterer in Vollmacht des Reeders gezeichnet. Wie aber, wenn Verfrachter Meyer einen Sloman-Dampfer chartert?

2. Der Reeder muss es sich gefallen lassen, dass der Spediteur Meyer Konnossemente ausstellen darf, insbesondere auch über Dinge, die der Reeder nicht will. Das gilt besonders bei Teilcharter.

3. Wenn ein Schiff auf Stückgut angelegt wird von Meyer, so wird das Konnossement auf Meyer ausgestellt und von Meyer & Co. unterzeichnet. Für diese kleine Charter muss zum Mindesten das Verfrachter-Konnossement ausgenommen werden.

Ministerialrat *Krieger:* Der bisherige § 662 hat zu Schwierigkeiten geführt.

Dr. Bollmann: Auch der Verkehr wird sich an die Neuerungen bald anpassen.

Ministerialrat *Krieger* verweist auf die praktische Seite beim Wechsel. Auch dort sieht man sich seine Leute an, die aus dem Wechsel verpflichtet werden.

Dr. Lindenmaier: Der von Direktor Brand gewählte Fall mit dem Spediteur Meyer spielt in der Praxis keine Rolle. Eine Unterscheidung, dass teils Verfrachter-, teils Reeder-Konnossement ausgestellt wird, derart, dass für Verfrachterkonnossemente nur Schifffahrtskreise in Frage kommen, ist nicht möglich. Was heißt im Übrigen Schifffahrtsunternehmen? Die Regelung des Verfrachter-Konnossements ist die beste.

Direktor *Brandt*: Ob das neue Konnossement die Wirtschaft befriedigen wird, ist für die Versicherung zu verneinen. Zweifelhaft ist auch, wie die Banken sich dazu stellen werden. Die Bestimmungen haben über das Seerecht hinaus Bedeutung auch für das Binnenschifffahrtsrecht.

Ministerialrat *Krieger:* Die internationale Entwicklung geht allgemein vom Reeder-Konnossement zum Verfrachter-Konnossement.

§§ 648 ff HGB. Die §§ 648 ff. sind fast wörtlich aus dem HGB übernommen. Sie sollen stilistisch noch durchgearbeitet werden.

Dr. Dettmers schlägt für § 648 vor, dass weniger auf die Verpflichtung des Schiffers als auf die Stellung des legitimierten Empfängers bei mehreren Konnossementen abgestellt wird.

§ 649 HGB. In Abs. 2 erscheint noch der Seeprotest.

Direktor *Schütte:* Seeprotest ist im Ausland ausgeschlossen. Hier ist Verklarung oder notarielle Urkunde erforderlich. Deshalb ist der gewählte Text (öffentliche Urkunde) der beste.

§ 650 HGB behandelt die Traditionsfunktionen. Statt Reeder in § 647 früher, ist Verfrachter gesetzt worden. Die Bestimmung bezieht sich nur auf Order-Konnossemente. Das ergibt sich aus § 365 HGB, der von einer Legitimation nur bei Order-Konnossementen spricht.

§§ 651, 652 HGB: Keine Bemerkungen.

§ 643 a HGB. Textliche Änderungen: 1. Keine *Verpflichtung* des Schiffers. – 2. Muss es statt Schiffer Verfrachter heißen?

§ 654 HGB. In Abs. 2 muss es statt Schiffer „Schiff" heißen.

§ 655 HGB: Keine Bemerkung.

§ 656 HGB: Durch Abs. 1 wird § 404 BGB ausgeschlossen. Der Halbsatz 2 des früheren § 651 ist nach § 657 übernommen.

Dr. Lindenmaier: In welchem Verhältnis steht Konnossement zu Frachtvertrag? Nach der Rechtsprechung des Reichsgerichts tritt das Konnossement an die Stelle des Frachtvertrags nur dann, wenn es sich um Stückgut handelt oder wenn Verfrachter und Empfänger personengleich sind. Darüber herrscht bei den unteren Gerichten Verwirrung. Aufnahme folgender Bestimmung wäre wünschenswert: „Sofern die Bestimmungen des Frachtvertrags und des Konnossements einander widersprechen, gehen die Bestimmungen des Konnossements denen des Frachtvertrags vor, soweit Verfrachter und Empfänger personengleich sind."

Die Frage wird zurückgestellt.

In Abs. 2 muss Ziffer 1 dem § 646 angepasst werden.

Dr. Bollmann: § 646 bezieht sich nur auf Menge und Merkzeichen. § 643 Ziffer 8 dagegen auch auf Art und Beschaffenheit. Das ist ein innerer Widerspruch. Abs. 3 ist überflüssig und soll gestrichen werden. Der Grund ist in der Begründung zu erwähnen.

Dr. Baur fragt an, wo der alte § 658, der in der Praxis eine große Rolle gespielt hat, geblieben ist.

Ministerialrat *Krieger* hält die Einfügung, und zwar hinter § 646, für erforderlich.

Dr. Gramm: „Er" ist auch der Reeder, d.h. jetzt der Verfrachter.

Direktor *Brandt:* Haftet auch der Reeder im Rahmen des alten § 658? Es handelt sich um einen Anspruch aus dem Konnossement. Der würde auch darunter fallen.

Dr. Gramm: Es ist anerkannt, dass Ansprüche aus Konnossement unter § 754 fallen. Eine Verschärfung der Reederhaftung muss abgelehnt werden.

Dr. Bauer: Auf § 658 darf nicht verzichtet werden. Es geht nicht an, dass ein reines Konnossement erteilt wird bei Mängeln.

Ministerialrat *Krieger:* Der § 754 muss eingehend überlegt werden.

Direktor *Schütte:* Die Reeder wünschen eine Verschärfung ihrer Haftung nicht.

§ 657HGB. Zu Abs. 1. „Klausel, Menge, unbekannt" ist entsprechend § 646 abzuändern. In Abs. 2 wird die Klammer gestrichen.

§§ 658, 659 HGB: Es besteht Einigkeit darüber, dass die beschränkte Haftung nicht eingreift bei Haftung aus Sondernorm (z.B. verbotene Ausladung). Gemeint sind die Fälle der §§ 606, 607. Dementsprechend wird der Beginn des Abs. 1 geändert.

Direktor *Brandt* fragt an, ob die Bestimmung mit Art. 4 § 5 Haager Regeln vereinbar ist.

Dr. Gramm: Haager Regeln sagen nicht, dass bis 1250 RM auf den vollen Wert zu haften ist.

Ministerialrat *Krieger:* Gegen § 658 könnte höchstens Art. 3 § 8 Abs. 1 sprechen, der jedoch deshalb nicht eingreift, weil Art. 3 nirgends etwas über die Haftung sagt. Sedes materiae ist Art. 4, und zwar § 5. Art. 3 spricht nur von der Art der Konnossemente. Insbesondere greift auch Art. 3 § 2 nicht ein. Diese Auslegung entspricht dem Bericht des Ministerialdirektors Richter über die Brüsseler Konferenz.

Schütte: Das entspricht dem engl. Recht (Skrutton [Contract of Affr., 13. Auf. 1931] S. 450).

§ 660 HGB. 1. *Dr. Gramm:* Er muss beginnen mit „In jedem Fall", d.h. § 660 betrifft nicht nur die Fälle §§ 658 und 659, sondern beschränkt auch die Haftung, die bei See- und Ladungsuntüchtigkeit auf vollen Schadensersatz geht.

2. Weitere Änderungen: „oder" statt „und" den Wert ...; „Beginn der Einladung" statt Abladung.

3. *Dr. Gramm:* Wie soll die Regelung bei bulk-Ladungen werden? USA spricht von üblicher Frachteinheit.

Dr. Bollmann: Was ist eine Einheit?

Ministerialrat *Krieger:* Das muss von der Rechtsprechung geklärt werden. Für bulk-Ladungen ist eine besondere Bestimmung nicht erforderlich.

Direktor *Schütte:* Die Summe von 1250 RM (= 100 £) trifft jede Einheit, ausgenommen vielleicht wertvolle Maschinen.

4. *Dr. Lindenmaier:* Wie soll die Regelung beim Verfrachterschiffer sein?

Dr. Gramm: Hier greift § 660 nicht ein, es gelten §§ 511, 512, also keine Beschränkung auf 1250 RM, sondern voller Schaden. Auch die Rechtsvermutungen der §§ 608, 609 (früher 611-

613) finden keine Anwendung. Sie beziehen sich auf die alte Rezeptionshaftung des Verfrachters. Die Haftung des Schiffers ist selbstverständlich.

Dr. Lindenmaier: Aber auch für den Schiffer ergeben sich Schwierigkeiten bezüglich des Schadensnachweises. Deshalb wäre es zweckmäßig, diese Beschränkungen auch zugunsten des Verfrachterschiffers gelten zu lassen.

Dr. Gramm: Die Haftung des Schiffers kann durch Vertrag ausgeschlossen werden, mithin beim Verfrachterschiffer. Dem Verfrachter dagegen ist die Freizeichnung genommen. Die Haager Regeln wollen nur den Verfrachter unter die Beschränkung bringen.

Die Frage wird zurückgestellt.

5. *Dr. Gramm:* Die Beschränkung auf 1250 RM kann nach Art. 6 des Entwurfs durch den Reichsminister der Justiz später anders festgesetzt werden.

Direktor *Schütte:* England ist durch seine Währungsgesetzgebung von der Festsetzung 100 Goldpfund abgegangen. Auch andere Länder sind gefolgt. Die Differenz schwankt heute zwischen 800 und 2000 RM, so dass eine Einheit nicht erreicht ist. 1250 RM ist für Deutschland zu hoch.

Ministerialrat *Krieger:* Die Zahl ist gewählt nach dem augenblicklichen Stand des £, der nach den Haager Regeln Ausgangspunkt ist.

d) Niederschrift über die 4. Sitzung vom 29.4.1937

Der Leiter eröffnet die Sitzung um 10 Uhr (Schluss der Sitzung 13.30 Uhr)

§ 661 HGB. Dr. Gramm: Der § 661 soll gestrichen werden. Bei Verspätungsschaden beschränkt sich die Haftung nach den Haager Regeln auf den allgemeinen Satz von 1250 RM. Das geht aber schon aus § 660 „in allen Fällen" hervor.

Dr. Schütte: Kann man sich für Verspätungsschaden freizeichnen?

Dr. Gramm: Sehr umstrittene Frage, die eng mit der Deviation (§ 635) zusammenhängt.

Dr. Baur fragt, warum § 662 für die Deviation nicht die Unabdingbarkeit ausspricht.

Dr. Schütte: Nach dem Warschauer Abkommen ist im Luftrecht hinsichtlich des Verspätungsschadens eine Bestimmung getroffen, aus der Praxis ist sie wieder herausgelassen.

Allgemeine Zustimmung, dass § 661 gestrichen wird.

§ 662 HGB. Dr. Gramm verliest die Neufassung des Textes.

Dr. Schütte fragt, ob es notwendig nach den Haager Regeln ist, dass Beweissicherung und Schadensfeststellung unabdingbar sein müssen.

Dr. Gramm: Die Schadensfeststellung ist nach Art. 3 § 6 eine Verpflichtung des Verfrachters, die unter die zwingenden Vorschriften nach Art. 3 § 8 fällt. Sonst könnte z.B. der Verfrachter bestimmen, dass bei verborgenen Mängeln nur eine Frist von zwei Tagen gelten sollte.

Dr. Dettmers fragt an, warum die Textänderungen den Paragraphen Überschriften bringen, die völlig unüblich seien.

Dr. Gramm: Die Überschriften sollen Erleichterung geben.

Weitere Änderungen für Satz 2: „Das Gleiche gilt für die sich aus diesen Verpflichtungen ergebenden Schiffsgläubigerrechte".

Ministerialrat *Krieger:* Der Entwurf ist sprachlich nicht sehr schön. Es gibt z.B. bei Beweisfeststellungen keine Verpflichtungen. Die gewählte Fassung entspricht aber den Haager Regeln.

Ministerialdirigent *Quassowski:* Textvorschlag: „Die Anwendung dieser nachstehenden Vorschriften kann zugunsten des Verfrachters im voraus nicht ausgeschlossen oder beschränkt werden".

Dr. Lindenmaier findet diese Änderung unschön.

Ministerialdirigent *Quassowski* weist darauf hin, dass in der Eisenbahn-VO auch von Verpflichtungen in dieser Hinsicht gesprochen wird.

Die Fassung soll noch weiter überlegt werden.

Zu Abs. 2: Direktor *Brandt:* Hier werden zwei Sachen durcheinandergebracht, die nichts miteinander zu tun haben. Abs. 2 sollte dem § 563 angeschlossen werden.

Dr. Schütte fragt an, ob sich der Absatz nicht völlig streichen ließe.

Direktor *Brandt:* Das möchten die Reeder wohl. Er schlägt vor, den Abs. 2 durch die deutsche Übersetzung der Haager Regeln zu ersetzen. Allerdings müsste es statt „Unternehmer" „Verfrachter" heißen.

Dr. Gramm: Der zweite Halbsatz des Abs. 2 soll umgestellt und dann in Abs. 1 aufgenommen werden.

Dr. Bauer fragt an, warum § 636 a nicht unabdingbar ist.

Dr. Schütte: In der Entscheidung über die Deviation muss der Reeder völlig frei sein.

Dr. Gramm schlägt folgende Textänderung vor: „Dem Ausschluss der Haftung steht die Vereinbarung, durch die dem Verfrachter der Anspruch aus der Versicherung abgetreten wird, gleich".

Direktor *Brandt:* Auch die Abtretung der Rechte an den Reeder muss hier ausgeschlossen werden.

§ 663 HGB. 1. In Ziffer 2 des Abs. 2 wird der Halbsatz 2 gestrichen.

2. *Dr. Dettmers* fragt an, ob ein nicht an Order ausgestelltes Konnossement ein Konnossement im Sinne dieser Bestimmung ist.

Dr. Gramm bejaht. Das Rectakonnossement kann durch Zession übertragen werden. Allerdings können dann auch die Einwendungen entgegengehalten werden.

Dr. Dettmers weist darauf hin, dass es nach Art. 6 so aussieht, als ob dort an eine doppelte Urkunde gedacht sei.

Direktor *Brandt:* Die englische Auffassung ist auch, dass das Landesrecht bestimmen soll, was Konnossement ist.

Dr. Bollmann: Der Vertragstext lautet: Is not or shall not be issued, so dass sich im deutschen Text das „nicht" bei beides beziehen muss.

Dr. Gramm: Ministerialdirektor Richter sagt in seinem Bericht, bill of lading ist nach Auffassung der Unterkommission nur das indossable Konnossement.

Direktor *Brandt:* In der Praxis gibt es häufig Kopien, die non negotiable sind.

Dr. Dettmers: Der Unterschied zwischen Recta- und Order-Konnossement wird außerhalb Deutschlands nicht gemacht.

Ministerialdirigent *Quassowski:* Konnossement ist das indossable, Empfangsbescheinigung ist das nicht indossable Papier.

Dr. Schütte: Nach englischem Recht schließen gewisse Zusätze die Konnossementseigenschaft aus, so dass z.B. das Recta-Konnossement kein Konnossement ist.

Direktor *Brandt:* Es ist also das Ergebnis, dass bei der nicht handelsüblichen Verschiffung man sich völlig freizeichnen kann.

Dr. Bollmann: Die Frage lässt sich nicht lösen, wenn man nicht weiß, was in Art. 6 unter Konnossement zu verstehen ist.

Dr. Dettmers: Wenn die Praxis ein Recta-Konnossement kennt, dann muss sie auch den Unterschied kennen.

Ministerialrat *Krieger* stellt fest, dass es im schwedischen Recht laufendes Konnossement heißt.

Dr. Lindenmaier: Laufend bedeutet hier begebbar.

Direktor *Brandt:* Laufend heißt in Lauf gesetzt. Die Haager Regeln sollen für alle Arten von Konnossementen gelten, ohne Rücksicht darauf, ob an Order oder nicht.

Ministerialdirigent *Quassowski:* Der schwedische Text spricht für den deutschen Entwurf. Es kommt darauf an, ob dem Papier Traditionswirkung beigelegt ist.

3. *Dr. Dücker:* Warum muss in Ziffer 1 die Ladung auch tatsächlich als Decksladung befördert werden?

Dr. Gramm: So der Wortlaut Art. I c der Haager Regeln.

4. Direktor *Brandt:* In Ziffer 4 entspricht das Ausstellen nicht dem englischen to issue. Soll es Hingabe oder Akt der Ausgabe sein? Es wird festgestellt, dass es im Französischen émis heißt.

Dr. Gramm: Der Theorienstreit über die Rechtsnatur der Ausstellung soll hier nicht entschieden werden.

5. *Dr. Baur:* Wie ist es, wenn unzulässigerweise ein Konnossement nicht ausgestellt wird?

Dr. Gramm: Dann greifen die ganzen Bestimmungen nicht ein.

Direktor *Brandt:* Wie ist es, wenn das Gut übernommen, aber das Konnossement noch nicht ausgestellt ist?

Dr. Gramm: Dann braucht der Verfrachter nicht zu haften.

6. *Dr. Bollmann:* Lassen sich Ziffer 3 und 4 vereinbaren?

Direktor *Brandt:* Ziffer 3 bezieht sich nur auf nicht handelsübliche Verschiffung.

Ministerialrat *Krieger:* Ziffer 3 wird für § 663 a notwendig, kann also nicht gestrichen werden.

Ministerialdirigent *Quassowski:* Ziffer 4 betrifft einen Fall, der gesetzwidrig ist.

Dr. Dücker: Weshalb sollten die Parteien zur Konnossementsausstellung gezwungen werden?

Direktor *Brandt:* Der Zwang zur Ausstellung des Konnossements geht über die Haager Regeln hinaus.

Dr. Baur und *Dr. Schulze-Smidt:* Nichterteilung eines Konnossements bei handelsüblicher Verschiffung ist nicht üblich.

Es wird beschlossen, Ziffer 4 zu streichen und Ziffer 3 zu ändern.

§ 661 HGB. Zu Ziffer 5: Dr. Schütte: Der Begriff der Küstenschifffahrt ist sehr weitgehend.

Dr. Bauer: Man sollte abstellen auf deutsche Ladungs- und Löschungshäfen. Der Ausdruck „deutsches Küstengewässer" geht nicht, weil er nur die Dreimeilenzone betrifft. Vielleicht ließe sich „Nationale Küstenschifffahrt" sagen.

Dr. Dücker: Die Einschränkung auf die deutsche Küstenschifffahrt allein genügt nicht. Die Bestimmung muss auch Anwendung finden auf ausländische Schiffe, die zwischen zwei deutschen Häfen fahren.

Dr. Gramm: Der Begriff „Deutsche Küstenschifffahrt" ist unverständlich. Man sollte die Ausnahme fallen lassen. Wenn ein Motorsegler von Travemünde nach Niendorf Konnossemente hat, dann müsste er auch unter die neuen Bestimmungen fallen.

Dr. Dettmers, Dr. Lindenmaier sind derselben Ansicht.

Dr. Lindenmaier: Allerdings gibt es in den kleinen Verhältnissen häufig keine Konnossemente, wohl aber bei Seeleichtern.

Dr. Schütte: Die Konnossemente sind häufig nicht vollständig.

Dr. Baur: Wenn die neue Regelung gut ist, dann sollte die Küstenschifffahrt nicht ausgeschlossen werden.

Dr. Dücker, Dr. Schütte sind dagegen.

Die Frage wird zurückgestellt.

Dr. Lindenmaier schlägt vor, den Begriff der Küstenschifffahrt gegebenenfalls gesetzlich zu regeln.

§ 663 a HGB. Dr. Gramm verliest eine Änderung.

Dr. Gramm: Die Haager Regeln setzen ein Konnossement voraus, zwingen aber nicht dazu. Er schlägt vor, die Bestimmung völlig zu streichen.

Dr. Baur: Irgendwo muss zum Ausdruck gebracht werden, dass die Bestimmungen keine Anwendung finden, wenn ein Konnossement nicht ausgestellt ist.

Dr. Lindenmaier: Man müsste den § 662 beginnen lassen: „Ist ein Konnossement ausgestellt", dann ist diese Frage geklärt.

Ministerialrat *Krieger* ebenso: § 663 Abs. 2 Ziff. 3 müsste an eine andere Stelle. Bei § 662 könnte man als Abs. 4 einfügen: „Einem Konnossement stehen gleich ähnliche Urkunden, die denselben Zweck erfüllen, aber nicht die chartepartie". Ziffer 3 kann dann auch in § 662 hinzugefügt werden.

§ 663 b HGB. Dr. Gramm wirft die Frage auf, ob der Unterschied zwischen gewöhnlichem Konnossement und Konnossement bei der Raumcharter gerechtfertigt ist.

Direktor *Brandt:* Es ist selbstverständlich, dass, wenn der Unterverfrachter Konnossemente ausgibt, dann die Haager Regeln Anwendung finden müssen. § 663 b ist daher völlig überflüssig.

Dr. Baur: Wenn ein größerer Charterer das Konnossement in seiner Hand behält, dann ist es ohne Wirkung, nur wenn er es weitergibt, dann soll mit der Weitergabe die Haftung eintreten.

Direktor *Brandt:* Wenn ein Konnossement ausgestellt ist, dann muss es auch den neuen Vorschriften stets entsprechen.

Dr. Dücker: Man sollte die Vorschrift des § 663 b zulassen. Es handelt sich hier immer um große Firmen.

Direktor *Brandt:* Im englischen Text heißt es hier wieder issued, das ist zu beachten. In England soll der Charterer unter keinen Umständen die Möglichkeit haben, das receipt in eine bill of lading umzuwandeln.

§ 663 c HGB. Keine Bemerkung.

§ 673 HGB. Dr. Gramm: Zwingende Vorschriften über die Wertdeklaration, aber nur, sofern das Gut unter Konnossement reist. Hier kann alles vereinbart werden, was man will.

Ministerialrat *Krieger:* Für Kostbarkeiten ist ein Konnossement nicht erforderlich. § 663 c ist nur für Reisegepäck nötig.

Dr. Schütte: Die Bestimmung steht an der falschen Stelle.

Ebenso *Dr. Lindenmaier.*

§ 754 Ziff. 7 HGB. Dr. Gramm: Verfrachter ist nicht zugleich Reeder. Dann hat der Reeder mit seinem Schiff für eine Schuld des Verfrachters zu haften.

Direktor *Brandt* fragt an, ob bei einer neuen Reise eine beschränkte persönliche Haftung des Reeders eintritt.

Dr. Gramm: Die Anwendung tritt nicht nur ein in Fällen, wo der Reeder Schuldner ist, z.B. haftet der Reeder bei Gehaltsansprüchen der Besatzung persönlich. Wenn das Mitglied in der Schiffsbesatzung einen Gehaltsanspruch gegen den Reeder R. hat und dieser veräußert das Schiff an K., dann bleibt die Schuld bei R., das Schiffsgläubigerrecht kann aber gegen K. geltend gemacht werden. Schickt K. das Schiff nunmehr wieder auf eine neue Reise, dann tritt seine beschränkt persönliche Verpflichtung ein.

Direktor *Brandt:* Ich bitte um eingehende Prüfung dieser Frage. Bei einer Schiffsraumcharter soll das Gut eingenommen werden. Der Verfrachter, der nicht Reeder ist, stellt ein Konnossement über nicht verladenes Gut aus. Soll dann gehaftet werden?

Auf diesen Punkt bezieht sich der Hauptprotest der Wirtschaft gegen die neue Regelung des Verfrachterkonnossements. Hier ist eine ganz klare Regelung erforderlich, damit die Wirtschaft weiß, woran sie ist und das Verfrachterkonnossement notfalls in der Praxis ausscheiden kann und durch ein Verfrachter-Reeder-Konnossement ersetzt.

Dr. Gramm: Ein Reeder-Verfrachter stellt ein Konnossement aus über nicht verladene Waren. Nach geltendem Recht entsteht ein Schiffsgläubigerrecht nur dann, wenn es sich um eine Forderung aus dem Verschulden der Schiffsbesatzung handelt (§ 754 Ziffer 9). Sonst ist auch nach geltendem Recht ein Schiffsgläubigerrecht nicht begründet. Genauso ist es beim Verfrachterkonnossement.

Direktor *Brandt:* Reeder stellt durch einen Schiffsagenten ein Konnossement aus, dass das Gut verladen ist. In Wirklichkeit ist das nicht der Fall. Liegt dann ein Anspruch gegen den Reeder vor? Jetzt kommt eine Reederhaftung nicht mehr in Frage, sondern nur die Verfrachterhaftung. Die Frage des Schiffsgläubigerrechts interessiert erst in zweiter Linie. Im Allgemeinen werden die Konnossemente von „the master" gezeichnet, weil sie meist die Vollmacht haben; wenn nicht, dann müsste der Reeder geradestehen.

Dr. Gramm schlägt vor, die Sache eingehend mit interessierten Kreisen, wie Handelskammer, Bank usw. zu besprechen.

Zu § 644 wird ein Vorschlag zur Änderung gemacht.

§ 903 Nr. 2 HGB. Dr. Bauer: Die Frist ist viel zu gering.

Dr. Schütte: Die Praxis erfordert Verzicht auf Verjährungsfrist. Im Übrigen müssen die Fälle, in denen heute erst nach 30 Jahren Ansprüche verjähren (Depot aus Fracht, Schleppvertrag) ermäßigt werden.

Ministerialrat *Krieger:* Die Vorschrift ist im Wesentlichen wegen des ersten Falles hineingenommen.

Dr. Dettmers, Dr. Baur: Die augenblickliche Regelung bei der Verjährung ist völlig unbrauchbar.

Dr. Lindenmaier: Ich würde mich im Seerechtsausschuss in der Akademie für Deutsches Recht dafür einsetzen. Es wird allgemein eine Frist von drei Jahren für angemessen gehalten.

Ministerialrat *Krieger:* Aus § 903 muss die Bestimmung wegen verspäteter Ablieferung von Verladungsgut herausgenommen werden. Dieser Unterschied gegenüber Beschädigung und Verlust des Gutes passt nicht.

Dr. Gramm: Bei Verlust und Beschädigung greift aber das formelle Feststellungsverfahren ein. Die Änderung des § 903 soll zurückgestellt werden.

Artikel 2. Direktor *Brandt:* USA lässt Konnossemente nur nach Haager Regeln zu. Es ist nur folgende Regelung gerechtfertigt:

1. Absoluter Zwang für alle Fälle,
2. Zwingende Anwendung deutschen Rechts (so auch Belgien).

Dr. Schütte: Belgien lässt nicht zu, dass ausländische Gerichte vereinbart werden, wohl aber ausländisches Recht. In England gelten die Bestimmungen nur für ausgehende Schiffe.

Dr. Dücker: Warum soll Deutschland weiter gehen als England?

Dr. Lindenmaier: Es handelt sich um Stückwerk, wenn deutsche Gerichte ausländisches Recht anwenden. Das Ergebnis ist stets nur eine Scheinanwendung.

Direktor *Brandt:* Die Bestimmungen müssen zwingend für ein- und ausgehende Schiffe sein.

Dr. Schütte: Nur für ausgehende Schiffe, alles Übrige ist ungewiss. Eine vollständige Gleichheit wird es doch nie geben.

Dr. Lindenmaier: Über die belgische Auffassung hat Moltmann einen beachtlichen Artikel in der Verkehrsrechtlichen Rundschau geschrieben.

Dr. Baur beanstandet den Ausdruck „finden Anwendung".

Die Eingangsworte werden als überflüssig gestrichen.

Art. 4: Ergänzung dadurch, dass dem Reichsminister der Justiz die Ermächtigung gegeben wird, dass die Haftung von 1.250 RM anderweitig festzusetzen ist.

Art. ...: Ermächtigung zum Erlass von Durchführungsbestimmungen.

Anhang:

Entwurf eines Gesetzes über das Internationale Übereinkommen zur einheitlichen Feststellung von Regeln über Konnossemente

Art. 1

Das Handelsgesetzbuch wird wie folgt geändert:

1. Dem § 485 wird folgender Satz angefügt: Er haftet den Ladungsbeteiligten jedoch nur soweit, wie der Verfrachter ein Verschulden seiner Leute und der Schiffsbesatzung zu vertreten hat. (HR IV 2 a, b u. 5)

2. Der § 541 erhält folgenden zweiten Absatz: Auf den Ersatz, den der Reeder zu leisten hat (Absatz 1), finden die Vorschriften des § 658 Anwendung. Übersteigt im Falle der Verfügung über die Güter durch Verkauf der Reinerlös den im § 658 bezeichneten Preis, so tritt an dessen Stelle der Reinerlös. (§ 612 HGB)

3. § 559 erhält folgende Fassung: (1) Bei jeder Art von Frachtvertrag (§ 556) hat der Verfrachter dafür zu sorgen, dass das Schiff in seetüchtigem Stand, gehörig eingerichtet, ausgerüstet, bemannt und mit genügenden Vorräten versehen ist (Seetüchtigkeit), sowie dass sich die Laderäume einschließlich der Kühl- und Gefrierräume in dem für die Aufnahme, Beförderung und Erhaltung der Güter erforderlichen Zustande befinden (Ladungstüchtigkeit). (HR III. 1)

(2) Er haftet dem Befrachter für den Schaden, der auf einem Mangel der See- oder Ladungstüchtigkeit (Absatz 1) beruht, es sei denn, dass der Mangel bei Anwendung der Sorgfalt eines

ordentlichen Verfrachters bis zum Antritt der Reise des Schiffes nicht zu entdecken war. (HR IV. 1)

4. An die Stelle der §§ 563 und 564 treten folgende Vorschriften:

§ 563. Der Befrachter oder Ablader ist dem Verfrachter für die Richtigkeit seiner Angaben über Menge und Merkzeichen der Güter verantwortlich. Er haftet ihm für den Schaden, der aus den unrichtigen Angaben entsteht. (HR III. 5)

§ 564. (1) Fällt dem Befrachter oder Ablader bei der unrichtigen Bezeichnung der Güter (§ 563) ein Verschulden zur Last, so haftet er in gleichem Umfang auch bei den übrigen im § 512 Abs. 1 bezeichneten Personen. (HGB § 563)

(2) Das Gleiche gilt, wenn er schuldhaft Kriegskonterbande oder Güter verladet, deren Ausfuhr oder Einfuhr in den Bestimmungshafen verboten ist oder wenn er bei der Abladung die gesetzlichen Vorschriften, insbesondere die Polizei-, Steuer- und Zollgesetze schuldhaft übertritt.

(3) Seine Verantwortlichkeit den übrigen Personen gegenüber wird nicht dadurch ausgeschlossen, dass er mit Zustimmung des Schiffers gehandelt hat.

(4) Er kann aus der Beschlagnahme der Güter keinen Grund herleiten, die Zahlung der Fracht zu verweigern.

(5) Gefährden die Güter das Schiff oder die übrige Ladung, so ist der Schiffer befugt, die Güter ans Land zu setzen oder in dringenden Fällen über Bord zu werfen.

§ 564 a. Auch derjenige, der ohne Wissen des Schiffers Güter an Bord bringt, ist nach § 564 zum Ersatze des daraus entstehenden Schadens verpflichtet. Der Schiffer ist befugt, solche Güter wieder ans Land zu setzen, oder wenn sie das Schiff oder die übrige Ladung gefährden, nötigenfalls über Bord zu werfen. Hat der Schiffer die Güter an Bord behalten, so ist dafür die höchste am Abladungsorte zur Abladungszeit für solche Reisen und Güter bedungene Fracht zu bezahlen. (HGB § 564)

§ 564 b. (1) Werden entzündliche, explosive oder sonst gefährliche Güter an Bord gebracht, ohne dass der Schiffer von ihnen oder ihrer gefährlichen Beschaffenheit Kenntnis erlangt hat, so haftet der Befrachter oder Ablader nach § 564 auch ohne dass ihn ein Verschulden trifft. Der Schiffer ist in diesem Fall befugt, ohne ersatzpflichtig zu werden, die Güter jederzeit und an jedem beliebigen Ort auszuschiffen, zu vernichten oder sonst unschädlich zu machen.

(2) Hat der Schiffer der Abladung in Kenntnis der gefährlichen Beschaffenheit der Güter zugestimmt, so ist er berechtigt, in gleicher Weise zu verfahren, sofern die Güter das Schiff oder die übrige Ladung gefährden, ohne dass er, abgesehen von seinem etwaigen Beitrag zur großen Haverei, dafür zu haften hätte. (HR IV. 6)

5. An die Stelle der §§ 606 bis 613 treten folgende Vorschriften:

§ 606. Der Verfrachter ist verpflichtet, beim Einladen, Stauen, Befördern und Ausladen der Güter mit der Sorgfalt eines ordentlichen Verfrachters zu verfahren. Er haftet für den Schaden, der durch Verlust oder Beschädigung der Güter in der Zeit von der Annahme bis zur Ablieferung entsteht, es sei denn, dass der Verlust oder die Beschädigung auf Umständen beruht, die durch die Sorgfalt eines ordentlichen Verfrachters nicht abgewendet werden konnten. (HR III. 2. HGB § 606)

§ 607. (1) Der Verfrachter hat ein Verschulden seiner Leute und der Schiffsbesatzung in gleichem Umfange zu vertreten wie eigenes Verschulden.

(2) In Ansehung des Schadens, der aus fehlerhafter Führung oder Nachlässigkeit beim Betriebe des Schiffes oder durch Feuer entsteht, hat der Verfrachter nur sein eigenes Verschulden zu vertreten. (HR IV. 2 a, b, c)

§ 608. (1) Der Verfrachter haftet nicht für Schäden, die entstehen:

1. aus Gefahren oder Unfällen der See oder anderer schiffbarer Gewässer; (HR IV. 2 c)

2. aus kriegerischen Ereignissen, Unruhen, Handlungen öffentlicher Feinde oder Verfügungen von hoher Hand sowie aus Quarantänebeschränkungen; (HR IV. 2 o, k, f, g, h)

3. aus gerichtlicher Beschlagnahme; (HR IV. 2 g)

4. aus Streik, Aussperrung oder einer sonstigen Arbeitsbehinderung; (HR IV. 2 j)

5. aus Handlungen oder Unterlassungen des Abladers oder Eigentümers des Gutes, seiner Agenten oder Vertreter; (HR IV. 2 i)

6. aus der Rettung oder dem Versuch der Rettung von Leben oder Eigentum zur See; (HR IV. 2 l)

7. aus Schwund an Raumgehalt oder Gewicht oder aus einem anderen Verlust oder Schaden, der durch verborgene Mängel oder durch die eigentümliche natürliche Beschaffenheit des Gutes herbeigeführt ist; (HF IV. 2 m, p)

8. aus Unzulänglichkeit der Verpackung oder Merkzeichen. (HR IV. 2 n, o)

(2) Ist ein Schaden eingetreten, der nach den Umständen des Falles aus einer der im Absatz 1 bezeichneten Gefahren entstehen konnte, so wird vermutet, dass der Schaden aus dieser Gefahr entstanden ist.

(3) Die Haftungsbefreiung tritt nicht ein, wenn nachgewiesen wird, dass die Gefahr auf einem Verschulden des Verfrachters oder seiner Leute beruht. Die Vorschrift des § 607 Absatz 2 bleibt unberührt. (Zus. Protokoll 1)

§ 609. Der Verfrachter ist von jeder Haftung frei, wenn der Ablader die Beschaffenheit oder den Wert des Gutes bei der Abladung wissentlich falsch angegeben hat. (HR IV. 5 Abs. 4)

§ 610. (1) Bevor der Empfänger die Güter übernimmt, kann sowohl der Empfänger als der Schiffer, um den Zustand oder die Menge der Güter festzustellen, ihre Besichtigung durch die zuständige Behörde oder durch die zu dem Zwecke amtlich bestellten Sachverständigen bewirken lassen. (HGB § 608)

(2) Bei diesem Verfahren ist die Gegenpartei zuzuziehen. Ist der Empfänger unbekannt oder nicht am Orte anwesend, so ist der Zeitpunkt der Besichtigung in ortsüblicher Weise bekannt zu machen. (HR III. 6 Abs. 2 u. 4)

§ 611. (1) Die Kosten der Besichtigung hat derjenige zu tragen, der sie beantragt hat.

(2) Ist die Besichtigung von dem Empfänger beantragt und wird ein Verlust oder eine Beschädigung ermittelt, wofür der Verfrachter Ersatz zu leisten hat, so fallen diesem die Kosten zur Last. ((HGB § 610)

§ 612. (1) Ist die Besichtigung vor der Übernahme nicht erfolgt, so ist ein Verlust oder eine Beschädigung der Güter unter allgemeiner Kennzeichnung dem Verfrachter oder seinem Vertreter im Löschungshafen spätestens bei der Übernahme, war der Verlust oder die Beschädigung äußerlich nicht erkennbar, spätestens drei Tage nach der Übernahme schriftlich anzuzeigen. Andernfalls wird vermutet, dass die Güter in vertragsmäßiger Menge und Beschaffenheit abgeliefert sind.

(2) Der Verfrachter wird von jeder Haftung für Verluste oder Schäden frei, wenn der Anspruch nicht innerhalb eines Jahres seit der Übernahme der Güter oder seit dem Zeitpunkt, zu dem sie hätten abgeliefert werden müssen, gerichtlich geltend gemacht wird. (HGB § 609; HR III.6 Abs. 1 u. 2)

6. Hinter § 636 wird folgende Vorschrift eingeschaltet:

§ 636 a. Eine Abweichung von dem Reiseweg, die der Schiffer zum Zwecke der Rettung von Leben oder Eigentum zur See oder sonst gerechtfertigter Weise vornimmt, hat auf die Rechte und Pflichten der Parteien keinen Einfluss, insbesondere haftet der Verfrachter nicht für den daraus entstehenden Schaden. (HR IV. 4)

7. An die Stelle der §§ 642 bis 663 treten folgende Vorschriften:

§ 642. (1) Nach der Beendigung jeder einzelnen Abladung hat der Verfrachter dem Ablader unverzüglich gegen Rückgabe des etwa bei der Annahme der Güter erteilten vorläufigen Empfangsscheins oder Übernahmekonnossements (Absatz 5) ein Konnossement in so vielen Ausfertigungen auszustellen, als der Ablader verlangt (Abladekonnossement). (HGB § 642; HR III. 3 u. 7)

(2) Alle Ausfertigungen des Konnossements müssen gleichlautend sein; in ihnen muss angegeben sein, wie viele Ausfertigungen ausgestellt sind.

(3) Der Ablader hat dem Verfrachter auf Verlangen eine von ihm unterschriebene Abschrift des Konnossements zu erteilen.

(4) Der Schiffer und jeder andere dazu ermächtigte Vertreter des Reeders ist zur Ausstellung des Konnossements auch ohne besondere Ermächtigung des Verfrachters befugt.

(5) Das Konnossement kann mit Zustimmung des Abladers auch über Güter ausgestellt werden, die zur Beförderung übernommen, aber noch nicht abgeladen sind (Übernahmekonnossement). Der Ausstellung eines Abladekonnossements (Absatz 1) steht es gleich, wenn in dem Übernahme-Konnossement vermerkt wird, wann und in welches Schiff die Güter abgeladen sind. (HGB § 642 Abs. 4; HR III. 7 Satz 2)

§ 643. Das Konnossement enthält:

1. den Namen des Verfrachters;
2. den Namen des Schiffers;
3. den Namen und die Nationalität des Schiffers;
4. den Namen des Abladers;
5. den Namen des Empfängers;
6. den Abladungshafen;
7. den Löschungshafen oder den Ort, an welchem Order über ihn einzuholen ist;
8. die Beschreibung der abgeladenen oder zur Beförderung übernommenen Güter, insbesondere ihre Bezeichnung, Menge und Merkzeichen sowie ihre äußerlich erkennbare Verfassung und Beschaffenheit; (HR III. 3 a-c)
9. die Bestimmung in Ansetzung der Fracht;
10. den Ort und den Tag der Ausstellung;
11. die Zahl der ausgestellten Ausfertigungen. (HGB § 643)

§ 644. Wird das Konnossement vom Schiffer oder einem anderen Vertreter des Reeders oder einem anderen Vertreter des Reeders ausgestellt, so ist der Reeder dem Empfänger dafür verantwortlich, dass der Name des Verfrachters in dem Konnossement angegeben wird. Er haftet dem Empfänger für den Schaden, der aus dem Fehlen dieser Angabe entsteht.

§ 645. (1) Menge und Merkzeichen der Güter müssen im Konnossement so angegeben werden, wie sie der Ablader vor dem Beginn des Einladens schriftlich mitgeteilt hat. (HR III. 3 a u. b)

(2) Dies gilt nicht:

1. hinsichtlich solcher Merkzeichen, die nicht auf den Gütern selbst oder im Falle der Verpackung auf deren Behältnissen oder Umhüllungen aufgedruckt oder in anderer Weise derart angebracht sind, das sie unter gewöhnlichen Umständen bis zum Ende der Reise lesbar bleiben; (HR III. 3 a)
2. wenn der Verfrachter Grund zu der Annahme hat, dass die Angaben des Abladers unrichtig sind, oder wenn er keine ausreichende Gelegenheit hat, diese Angaben nachzuprüfen. (HR III. 3 Abs. 2)

§ 646. Ist aus dem Konnossement zu ersehen, dass ein Fall des § 645 Absatz 2 Nr. 2 vorliegt, so kann das Konnossement, wenn es gleichwohl die Angaben des Abladers wiedergibt, mit dem

Zusatz: „Menge, Merkzeichen unbekannt“ oder mit einem gleichbedeutenden Zusatz versehen werden. (HGB § 655; HR III. 3 Abs. 2)

§ 647. (1) Auf Verlangen des Abladers ist das Konnossement, sofern nicht das Gegenteil vereinbart ist, an die Order des Empfängers oder lediglich an Order zu stellen. Im letzteren Falle ist unter der Order die Order des Abladers zu verstehen.

(2) Das Konnossement kann auch auf den Namen des Schiffers als Empfänger lauten. (HGB § 644)

§ 648. (1) Der Schiffer ist verpflichtet, im Löschungshafen dem legitimierten Inhaber auch nur einer Ausfertigung des Konnossements die Güter auszuliefern.

(2) Zur Empfangnahme der Güter legitimiert ist derjenige, an welchen die Güter nach dem Konnossement abgeliefert werden sollen, oder auf welchen das Konnossement, wenn es an Order lautet, durch Indossament übertragen ist. (HGB § 645)

§ 649. (1) Melden sich mehrere legitimierte Konnossementsinhaber, so ist der Schiffer verpflichtet, sie sämtlich zurückzuweisen, die Güter in einem öffentlichen Lagerhaus oder sonst in sicherer Weise zu hinterlegen und die Konnossementsinhaber, die sich gemeldet haben, unter Angabe der Gründe seines Verfahrens hiervon zu benachrichtigen. (HGB § 646)

(2) Er ist befugt, über sein Verfahren und dessen Gründe eine öffentliche Urkunde errichten zu lassen und wegen der daraus entstehenden Kosten in gleicher Art wie wegen der Fracht sich an die Güter zu halten.

§ 650. Die Übergabe des Konnossements an denjenigen, welcher durch das Konnossement zur Empfangnahme legitimiert wird, hat, sobald die Güter von dem Schiffer oder einem anderen Vertreter des Verfrachters zur Beförderung übernommen sind, für den Erwerb von Rechten an den Gütern dieselben Wirkungen wie die Übergabe der Güter. (HGB § 647)

§ 651. Sind mehrere Ausfertigungen eines an Order lautenden Konnossements ausgestellt, so können von dem Inhaber der einen Ausfertigung die im § 650 bezeichneten Wirkungen der Übergabe des Konnossements zum Nachteile desjenigen nicht geltend gemacht werden, welcher auf Grund einer anderen Ausfertigung gemäß § 648 die Auslieferung der Güter von dem Schiffer erlangt hat, bevor der Anspruch auf Auslieferung von dem Inhaber der ersteren Ausfertigung erhoben worden ist. (HGB § 548)

§ 652. (1) Hat der Schiffer die Güter noch nicht ausgeliefert, so geht unter mehreren sich meldenden Konnossementsinhabern, soweit die von ihnen auf Grund der Konnossementsübergabe an den Gütern geltend gemachten Rechte einander entgegenstehen, derjenige vor, dessen Ausfertigung von dem gemeinschaftlichen Vormanne, welcher mehrere Konnossementsausfertigungen an verschiedene Personen übertragen hat, zuerst der einen dieser Personen dergestalt übergeben worden ist, dass sie zur Empfangnahme der Güter legitimiert wurde.

(2) Bei der nach einem anderen Orte übersendeten Ausfertigung wird die Zeit der Übergabe durch den Zeitpunkt der Absendung bestimmt. (HGB § 649)

§ 653. Der Schiffer ist zur Ablieferung der Güter nur gegen Rückgabe einer Ausfertigung des Konnossements, auf welchem die Ablieferung der Güter bescheinigt ist, verpflichtet. (HGB § 650)

§ 654. (1) Ist ein an Order lautendes Konnossement ausgestellt, so darf der Schiffer den Anweisungen des Abladers wegen Rückgabe oder Auslieferung der Güter nur dann Folge leisten, wenn ihm die sämtlichen Ausfertigungen des Konnossements zurückgegeben werden.

(2) Dasselbe gilt, sofern ein Konnossementsinhaber die Auslieferung der Güter verlangt, bevor der Schiffer den Bestimmungshafen erreicht hat.

(3) Handelt er diesen Vorschriften entgegen, so bleibt er dem rechtmäßigen Inhaber des Konnossements verpflichtet.

(4) Lautet das Konnossement nicht an Order, so ist der Schiffer zur Rückgabe oder Auslieferung der Güter auch ohne Beibringung einer Ausfertigung des Konnossements verpflichtet, sofern der Ablader und der im Konnossement bezeichnete Empfänger in die Rückgabe oder Auslieferung der Güter willigen. Werden jedoch nicht sämtliche Ausfertigungen des Konnossements zurückgestellt, so kann der Schiffer wegen der deshalb zu besorgenden Nachteile zuvor Sicherheitsleistung fordern. (HGB § 659)

§ 655. Die Vorschriften des § 654 gelten auch, wenn der Frachtvertrag vor der Erreichung des Bestimmungshafens infolge eines Zufalls nach den §§ 628 bis 641 aufgelöst wird. (HGB § 660)

§ 656. (1) Das Konnossement ist für das Rechtsverhältnis zwischen dem Verfrachter und dem Empfänger der Güter maßgebend. (HGB § 651)

(2) Das Konnossement begründet insbesondere die Vermutung, dass der Verfrachter die Güter so übernommen hat, wie sie gemäß § 643 Nr. 8, § 660 beschrieben sind. (HR III. 4 u. IV. 5 Abs. 2) Dies gilt nicht:

1. wenn das Konnossement im Fall des § 546 mit dem Zusatz „Menge, Merkzeichen unbekannt" oder mit einem gleichbedeutenden Zusatz versehen ist; (HR III. Abs. 2)

2. hinsichtlich des Inhalts solcher Güter, die nach dem Konnossement dem Schiffer in Verpackung oder in geschlossenen Gefäßen übergeben worden sind, wenn das Konnossement mit dem Zusatz: „Inhalt unbekannt" oder mit einem gleichbedeutenden Zusatz versehen ist. (HGB § 654).

(3) Die nicht in das Konnossement aufgenommenen Bestimmungen des Frachtvertrages sind dem Empfänger gegenüber unwirksam, sofern nicht das Konnossement ausdrücklich auf die Bezug nimmt. (HGB § 651 Abs. 2)

(4) Für das Rechtsverhältnis zwischen dem Verfrachter und dem Befrachter bleiben die Bestimmungen des Frachtvertrages maßgebend. (HGB § 651 Abs. 3)

§ 657. (1) Ist die Fracht nach der Menge (Zahl, Maß oder Gewicht) der Güter bedungen und im Konnossement die Menge angegeben, so ist diese Angabe für die Berechnung der Fracht entscheidend, wenn nicht das Konnossement eine abweichende Bestimmung enthält. Als eine solche ist der Zusatz: „Menge unbekannt" oder ein gleichbedeutender Zusatz nicht anzusehen. (HGB § 656)

(2) Wird in Ansehung der Fracht auf den Frachtvertrag verwiesen (zum Beispiel durch die Worte: „Fracht laut Chartepartie"), so sind hierin die Bestimmungen über Löschzeit, Überliegezeit und Liegegeld nicht als einbegriffen anzusehen. (HGB § 651 Abs. 2 Satz 2)

§ 658. (1) Muss für gänzlichen oder teilweisen Verlust von Gütern Ersatz geleistet werden, so ist der gemeine Handelswert und in dessen Ermangelung der gemeine Wert zu ersetzen, welchen Güter derselben Art und Beschaffenheit am Bestimmungsort der Güter bei Beginn der Löschung des Schiffes oder, wenn eine Entlöschung des Schiffes an diesem Ort nicht erfolgt, bei seiner Ankunft daselbst haben; hiervon kommt in Abzug, was infolge des Verlustes an Zöllen und sonstigen Kosten sowie an Fracht erspart ist.

(2) Wird der Bestimmungsort der Güter nicht erreicht, so tritt an dessen Stelle der Ort, wo die Reise endet oder, wenn die Reise durch Verlust des Schiffes endet, der Ort, wohin die Ladung in Sicherheit gebracht ist. (HGB § 611)

§ 659. Muss der Verfrachter für Beschädigung von Gütern Ersatz leisten, so hat er den Unterschied zwischen dem Verkaufswert der Güter im beschädigten Zustande und dem gemeinen Handelswert oder dem gemeinen Werte zu ersetzen, den die Güter ohne die Beschädigung am Bestimmungsort zur Zeit der Löschung des Schiffes gehabt haben würden; hiervon kommt in Abzug, was infolge der Beschädigung an Zöllen und sonstigen Kosten erspart ist. (HGB § 613)

§ 660. Der Verfrachter haftet in Ansehung jeder Packung oder Einheit nur bis zu einem Höchstbetrage von 1.250 Reichsmark, sofern nicht der Ablader die Beschaffenheit und den Wert des Gutes vor der Abladung angegeben hat und diese Angabe in das Konnossement aufgenommen worden ist. (HR IV. 5 u. IX)

§ 661. Hat der Verfrachter den Schaden, der aus verspäteter Ablieferung des Gutes entsteht, zu ersetzen, so gelten die Vorschriften der §§ 659 und 660 entsprechend. (HR 5)

§ 662. (1) Die nach den Vorschriften der §§ 559, 606, 607, 608, 656, 660 und 661 begründeten Verpflichtungen des Verfrachters und die sich aus diesen Verpflichtungen ergebenden Schiffsgläubigerrechte (§ 754 Nr. 7, 9) können im Voraus nicht ausgeschlossen oder beschränkt werden. (HR III. 8)

(2) Dem Ausschluss der Haftung steht die Vereinbarung, dass der Verfrachter nach Vergütung des Schadens in die Rechte des Versicherten aus der Versicherung eintreten soll, und die Vereinbarung, dass er einen ihm nach § 563 zustehenden Ersatzanspruch gegen den Empfänger geltend machen kann, sowie jede ähnliche Vereinbarung gleich. (HR III. 8, III. V Satz 3)

(3) Vereinbarungen über die Erweiterung der Haftung des Verfrachters bedürfen der Aufnahme in das Konnossement. (HR IV. 5 Abs. 3 u. V)

§ 663. (1) Die Vorschriften des § 662 stehen einer für den Fall der großen Haverei getroffenen Vereinbarung nicht entgegen. (HGB § 663 Abs. 2 Satz 2)

(2) Sie finden ferner keine Anwendung:

1. wenn sich der Vertrag auf lebende Tiere oder eine Ladung bezieht, die im Konnossement als Deckladung bezeichnet und tatsächlich so befördert wird; (HR VI. c)

2. auf die Verpflichtungen, die dem Verfrachter hinsichtlich der Güter in der Zeit vor ihrer Einladung und nach ihrer Ausladung obliegen, und auf die sich aus diesen Verpflichtungen ergebenden Schiffsgläubigerrechte (§ 754 Nr. 7, 9); (HR VI. c, e u. VII.)

3. auf solche Vereinbarungen, die über eine nicht handelsübliche im regelmäßigen Handelsverkehr zu bewirkende Verschiffung getroffen werden und durch die Eigenart oder Beschaffenheit der Güter oder durch die besonderen Umstände der Verschiffung gerechtfertigt sind, sofern das Konnossement diese Vereinbarungen enthält und mit dem Vermerk: „nicht an Order" versehen ist;

4. wenn ein Konnossement nicht ausgestellt worden ist;

5. wenn die Reise zur See nur durch deutsche Küstengewässer führt; (Zusatz-Protokoll 2)

6. auf Chartepartien (§ 557). (HGB § 663 Abs. 2 Satz 1)

§ 663 a. Auf die Ausstellung des Abladekonnossementes (§ 642 Absatz 1) kann nur in den Fällen des § 663 Absatz 2 Nr. 3, 5 und 6 verzichtet werden. Hat der Befrachter ein Übernahmekonnossement (§ 642 Absatz 5) erhalten, so ist auch in diesen Fällen nach erfolgter Abladung stets ein Abladekonnossement auszustellen. Die Vorschrift des § 642 Absatz 5 Satz 2 findet Anwendung.

§ 663 b. Werden bei einer Raumverfrachtung (§ 556 Nr. 1) Konnossemente ausgestellt, so gelten für sie die allgemeinen Vorschriften von dem Zeitpunkt ab, in dem sie für das Rechtsverhältnis zwischen dem Verfrachter und einem anderen Inhaber des Konnossements als dem Ablader oder dem Befrachter maßgebend geworden sind. (HGB Abs. 1 S. 2)

§ 663 c. Auf die Beförderung von Gütern zur See durch die Reichspost finden die Vorschriften dieses Abschnitts keine Anwendung. (HGB § 663)

8. Der zweite Absatz des *§ 673* erhält folgende Fassung: Ist das Reisegut von dem Schiffer oder einem dazu bestellten Dritten übernommen, so gelten für den Fall seines Verlustes oder seiner Beschädigung die Vorschriften der §§ 606 bis 612. Für Kostbarkeiten, Kunstgegenstände,

Geld und Wertpapiere haftet der Verfrachter nur, wenn diese Beschaffenheit oder der Wert des Gutes bei der Übernahme dem Schiffer oder dem Dritten angegeben worden ist. (HR IV. 5)

9. Im *§ 627 Absatz 2* tritt an die Stelle der Verweisung „§§ 592 bis 624" die Verweisung „§§ 592 bis 612, der §§ 614 bis 624 und der §§ 658 bis 660".

10. Im *§ 708 Nr. 3* wird gestrichen „(607)".

11. Im *§ 723 Absatz 2* wird die Zahl „607" ersetzt durch „673 Absatz 2".

12. Im *§ 732* Absatz 1 wird die Zahl „612" ersetzt durch „541 Absatz 2" und im Absatz 2 die Verweisung „§ 612 Absatz 2" durch „§ 541 Absatz 2 Satz 2".

13. Im *§ 860* werden die Zahlen „611, 612" ersetzt durch die Zahlen „611, 612" ersetzt durch die Zahlen „541, 658".

14. Im *§ 875 Absatz 2* wird die Zahl „611" durch die Zahl „658" ersetzt.

15. *§ 903 Nr. 2* erhält folgende Fassung: in Ansehung der Forderungen wegen verspäteter Ablieferung von Ladungsgütern und Reisegut (§ 754 Nr. 7, 9) und wegen der Beiträge zur großen Haverei (§ 754 Nr. 5) mit dem Ablauf des Jahres, in dem die Ablieferung erfolgt ist;

Art. 2

Im sachlichen Geltungsbereich des Internationalen Übereinkommens zur einheitlichen Feststellung von Regeln über Konnossemente finden die deutschen Gesetze Anwendung, wenn das Konnossement im Inland oder im Gebiet eines anderen Vertragsstaates ausgestellt ist. Den Vertragsstaaten stehen die Staaten gleich, die laut Bekanntmachung der Reichsregierung im Reichsgesetzblatt ihre Gesetze den einheitlichen Regeln angepasst haben. Ein an Bord ausgestelltes Konnossement ist im Gebiet des Staates ausgestellt, in dem das Schiff sich zur Zeit der Ausstellung aufgehalten hat. (HR X.)

Art. 3

Soweit in Reichsgesetzen oder Landesgesetzen auf Vorschriften verwiesen ist, die durch dieses Gesetz abgeändert werden, treten die neuen Vorschriften an deren Stelle.

Art. 4

Die Reichsregierung bestimmt den Zeitpunkt, an dem dieses Gesetz in Kraft tritt.

32. Arbeitssitzung vom 29.4.1937 (16 bis 18 Uhr)

Anwesend:
Vorsitzender: Senatspräsident beim Reichsgericht Dr. Lindenmaier, Leipzig
und als weitere ständige Mitglieder:
Rechtsanwalt Dr. Bollmann, Hamburg
Direktor Brandt, Hamburg
Rechtsanwalt Dr. Dettmers, Bremen
Rechtsanwalt Dr. Heynen, Hamburg
Rechtsanwalt Hillemann, Hamburg
Kapitän Dr. Kuhl, Hamburg
Direktor Michelau, Bremen
OLG-Rat Dr. Reinbeck, Hamburg
Rechtsanwalt Dr. Schulze-Smidt, Bremen
OLG-Rat Segelken, Hamburg
Direktor Sturm, Hamburg
vom Reichsjustizministerium:
Ministerialrat Koffka, Berlin
Ministerialrat Krieger, Berlin
Richter Dr. Gramm, Berlin
als Sachverständiger:
Timmermann, Hamburg
als Protokollführer:
Dozent Dr. Möller, Hamburg
für das Stenogramm:
Assessorin Krüger, Wandsbek
entschuldigt fehlten:
Richter Dr. Bramslöw, Hamburg
Rechtsanwalt Dr. Droege, Hamburg
Dr. Riensberg, Hamburg.

Der *Vorsitzende* eröffnete die Sitzung, auf deren Tagesordnung als erster Punkt das Verfahren in Binnenschifffahrtssachen stehe. In der letzten Sitzung habe der Ausschuss sich dafür ausgesprochen, die Rechtsprechung möge in den Hafenstädten zentralisiert werden. Auf Wunsch von Rechtsanwalt Dr. Heynen, der an der letzten Sitzung nicht habe teilnehmen können, solle noch einmal das *Gesetz über das Verfahren in Binnenschifffahrtssachen* vom 30. Januar 1937 (RGBl. 1937, Teil I S. 97) besprochen werden.

Rechtsanwalt *Dr. Heynen* führte als Berichterstatter Folgendes aus:

1. Einer der gesetzgeberischen Gründe, die für die Regelung der Zuständigkeiten in Binnenschifffahrtssachen durch das Gesetz vom 30. Januar 1937 maßgebend gewesen sind, ist der Gedanke gewesen, das Verfahren in Binnenschifffahrtssachen möglichst zu beschleunigen. Der augenblickliche Inhalt des Gesetzes erfüllt diesen Zweck nicht, sondern lässt eher befürchten, dass die gegenteilige Wirkung eintritt.

Es wird nicht immer möglich sein, eine Vereinbarung über die Zuständigkeiten nach § 3 Abs. 1 des Gesetzes zu treffen: dann bestehen ausschließliche Zuständigkeiten, insbesondere ist in

Kollisionssachen nur das Gericht zuständig, in dessen Bezirk sich der Vorfall ereignet hat. – Das ist unpraktisch.

Bekanntlich haben Binnenschifffahrtsprozesse, insbesondere Kollisionsprozesse, deshalb eine verhältnismäßig lange Prozessdauer, weil die Zeugen nicht immer greifbar sind. Deswegen hat es sich bei der Elbe seit vielen Jahren bewährt, Rechtsstreitigkeiten an den Orten zu führen, wo Anfang oder Ende der Reisen zu sein pflegen. Dorthin kommen die Schiffer häufig. Wenn an diesen Orten Rechtsstreitigkeiten schweben, ruft der Schiffer oder die den Prozess führende Reederei oder Versicherungsgesellschaft ihre Anwälte nach Ankunft der Zeugen an. Der Anwalt verständigt seinerseits das Gericht telefonisch oder mit einem kurzen Schriftsatz. Das Gericht setzt noch an demselben oder am nächsten Tage die Vernehmung an.

Wird der Rechtsstreit dagegen an einem Gerichtsorte geführt, der etwa an der Mittelelbe liegt, dann ist die Zeugenvernehmung außerordentlich erschwert. Gerade in den Kollisionsprozessen erlebt man es immer wieder, dass manchmal fünf- bis sechsmal Termin vor einem kleinen Gerichtsort angesetzt wird, ohne dass die Vernehmung sich wirklich durchführen lässt.

Die Zeugen sind am Anfang- oder Endpunkt der Reise vielfach nur zwei bis drei Tage. Der genaue Zeitpunkt ihrer Ankunft und Abfahrt lässt sich nicht immer vorher bestimmen. Wird der Prozess an einem kleinen Amtsgericht geführt, dann müssen die Anwälte, die den Prozess an dem kleinen Amtsgerichte führen, erst von Hamburg, Magdeburg oder Dresden aus benachrichtigt werden, wann der Kahn mit den Zeugen an einem dieser Orte eingetroffen ist. Dann muss das Prozessgericht die Akten nach Hamburg, Magdeburg oder Dresden schicken, um die Zeugen dort vernehmen zu lassen. In vielen Fällen werden die Zeugen diese Orte aber bereits wieder verlassen haben, oder es wird sich die Vernehmung aus anderen Gründen nicht mehr durchführen lassen.

Meine Anregung geht deshalb dahin, ähnlich wie bei den Schifffahrtsgerichten am Rhein nach Artikel 4 der Durchführungsverordnung auch für die Elbe und die anderen Flüsse bestimmten örtlichen Gerichten die Schifffahrtssachen zuzuweisen.

Einen gewissen Anhaltspunkt bieten die Schleppbedingungen der oberelbischen Reedereien, nach deren § 17 die Gerichte in Hamburg, Magdeburg, Dresden und Berlin für Schifffahrtsprozesse zuständig sind. Eine entsprechende Bestimmung enthalten die Verfrachtungsbedingungen der Oberelbereedereien in § 111. Ich verweise in diesem Zusammenhang auch darauf, dass der Schifffahrtssenat des Hanseatischen Oberlandesgerichts in einer Entscheidung vom 18. Dezember 1936 (HansRGZ 1937, B. Sp. 39-42) die Schleppbedingungen als handelsüblich erklärt hat, und zwar nachdem sich der Elbeschifferbetriebsverband in einer Auskunft vom 29. Mai 1935 für alle von Privatschleppdampfern ausgeführten und von dem Verbande vermittelten Schleppreisen in diesem Sinne erklärt hatte.

Es dürfte sich deshalb empfehlen, die Elbeschifffahrtsgerichte in Hamburg, Magdeburg, Dresden einzusetzen und das Gericht in Berlin für die Schifffahrtssachen der märkischen Verkehrsstraßen.

2. Für die Durchführungsverordnung auf der Elbe rege ich weiter an, entsprechend dem § 2 der Durchführungsverordnung für den Rhein, die Oberlandesgerichte als Berufungsinstanz für Entscheidungen der Schifffahrtsgerichte einzusetzen.

Gerade die Entscheidungen des Hanseatischen Oberlandesgerichts in Schifffahrtssachen sind allgemein in der Schifffahrt anerkannt, auch haben immer im Hanseatischen Oberlandesgericht Richter gesessen, die eine hervorragende Kenntnis auf dem Gebiete der Schifffahrtssachen hatten und deren Urteil eine einheitliche Rechtsprechung auf diesem Gebiet gewährleistete.

Es handelt sich auch durchaus nicht immer um reine Tatfragen, sondern vielfach um schwierige Rechtsfragen wie z.B. die Frage der Geltung und Auslegung der Schlepp- und Verfrachtungsbedingungen, Fragen des groben oder leichten Verschuldens u.a.m.

Wenn dagegen auf den anderen deutschen Flüssen mit Ausnahme des Rheins in Schifffahrtssachen die Landgerichte zweite Instanz sein würden, würde die Einheit der Rechtsprechung nicht in dem Maße durchgeführt werden können, wie das der Fall sein würde, wenn ein oder zwei Oberlandesgerichte Berufungsinstanz werden.

Für die zahllosen Entscheidungen, die gerade vom Hanseatischen Oberlandesgericht in Schifffahrtssachen gefällt und für die ganze Schifffahrt von großer Wichtigkeit geworden sind, verweise ich auf die Hanseatische Rechts- und Gerichtszeitschrift. Eigentlich in jeder Ausgabe dieser Zeitschrift sind bedeutungsvolle Schifffahrtsurteile enthalten.

3. Nicht völlig bedenkenfrei erscheint für die Elbe die Zuweisung von Schifffahrtssachen an die Amtsgerichte.

In erster Linie ist dies allerdings eine Personenfrage. Wenn die Schifffahrtsgerichte beim Amtsgericht mit Richtern besetzt werden, die Erfahrung auf dem recht schwierigen Gebiet der Flussschifffahrt haben, wird sich sicherlich der gleiche Erfolg erzielen lassen, wie wenn die Sachen, wie bisher, bei Streitwerten über 500 RM an die Kammern für Handelssachen gingen.

Unerlässliche Voraussetzung ist aber, dass die Schifffahrtsgerichte nicht einem häufigeren Wechsel von Richtern unterliegen und dass sie nur ausnahmsweise mit Assessoren besetzt sind. Vor den Schifffahrtsgerichten kommen nämlich nicht selten sehr erhebliche Prozesswerte zur Entscheidung und es würde in vielen Fällen ein unerfreuliches Ergebnis herauskommen, wenn der Richter nicht die notwendige Sachkunde hat oder wenn ein häufigerer Wechsel in der Besetzung des Gerichtes stattfindet.

4. Bei der jetzigen gesetzlichen Regelung bedarf die Bestimmung von § 36 ZPO vielleicht einer Ergänzung, was folgender Fall zeigt:

Eine Kahnversicherung will wegen Beschädigung eines Kahnes gegen ihren Schlepper und gegen den Schlepper eines entgegenkommenden Zuges klagen. Für die Ansprüche gegen den eigenen Schlepper ist aufgrund der Schleppbedingungen und § 3 Abs. 1 des Gesetzes die Zuständigkeit des Hamburger Gerichts gegeben, dagegen für den gegnerischen Schlepper, soweit sich mit ihm keine Einigung nach § 3 Abs. 1 erzielen lässt, das Amtsgericht Dannenberg. Es wäre natürlich höchst unbequem, wenn über denselben Vorfall zwei Prozesse geführt werden müssten, ganz abgesehen von den erhöhten Kosten.

Ähnliches gilt im Falle des letzten Absatzes von § 5 des Gesetzes, wenn zwei Fahrzeuge beschädigt sind und beide gegen den anderen Klage erheben. Dann kann der eine bei dem links-, der andere bei dem rechtselbischen Gericht die Klage einreichen und es können, wenn keine Verständigung erzielt wird, zwei Prozesse geführt werden.

Auf Anregung des Vorsitzenden nahm Ministerialrat *Koffka* zu dem Referat Stellung: Leider müsse im Großen und Ganzen zugegeben werden, dass die Kritik begründet sei. Es lasse sich nicht leugnen, dass die Rechtslage sich vorübergehend durch das neue Gesetz verschlechtert habe.

Das liege aber daran, dass die Grundgedanken, von denen das Gesetz beherrscht sei, sich noch nicht völlig hätten durchführen lassen. In der Begründung heiße es, dass eine Erledigung der Verfahren durch sachkundige Richter und eine Beschleunigung erstrebt werde.

Beide Ziele ließen sich nur erreichen, wenn in erster Instanz verhältnismäßig wenige Gerichte für zuständig erklärt würden. Für den Rhein sei das geschehen und die Regelung habe sich außerordentlich bewährt. Was aber für die Verhältnisse am Rhein passe, müsse sich auch für die Elbe eignen und so sei denn eine entsprechende Regelung der Zuständigkeit für das Elbegebiet in Aussicht genommen.

Die Tatsache, dass diese Regelung bisher für die Elbe noch nicht getroffen sei, habe mehrere Gründe: Bis zur Befreiung der deutschen Wasserstraßen hätten für Rhein und Elbe internationale Bindungen bestanden, deren plötzlicher Wegfall gleichsam einen rechtsleeren Raum geschaffen habe, der sobald wie möglich habe ausgefüllt werden müssen. Dabei habe man natürlich zunächst einmal daran gedacht, die allgemeinen Zuständigkeiten der Zivilprozessordnung auch für Binnenschifffahrtssachen zu begründen. Dieser Gedanke sei aber fallen gelassen, da die bisherige besondere Regelung sich bewährt habe und da man die Vorteile der für den Rhein bestehenden Regelung dem ganzen Reich habe zugute kommen lassen wollen. Die Vorarbeiten zu einer Regelung für die Elbe seien längst im Gange; die Gründe dafür, dass ein Abschluss noch nicht habe erzielt werden können, könnten nicht bekannt gegeben werden.

Auch für die Elbe lasse sich daran denken, die Berufung in Schifffahrtssachen wie am Rhein an bestimmte Oberlandesgerichte gehen zu lassen. Besonders kämen wohl die Oberlandesgerichte Hamburg und Dresden in Frage. Durch eine derartige Regelung werde dann auch die Zuständigkeit des Reichsgerichts in der Revisionsinstanz begründet.

Was den von Rechtsanwalt Dr. Heynen erwähnten praktischen Fall angehe, in dem zwei Beklagte an verschiedenen Orten verklagt werden müssten, so sei darauf hinzuweisen, dass sich gesetzliche Maßnahmen gegen böswillige und närrische Parteien nur schwer ergreifen ließen. Wenn aber die Zuständigkeit in Binnenschifffahrtssachen auf wenige Gerichte beschränkt werde, so würden derartige Fälle seltener vorkommen.

Rechtsanwalt *Dr. Heynen* stimmte den Ausführungen von Ministerialrat Koffka zu dem letzten Punkte zu und bemerkte, dass insoweit eine gesetzliche Regelung nur unerlässlich wäre, falls der bisherige Zustand fortdauere. Im Übrigen habe der Gesetzgeber die Möglichkeit, entsprechend § 36 ZPO die Zuständigkeit durch das übergeordnete Gericht einheitlich bestimmen zu lassen.

Im Übrigen warnte Rechtsanwalt Dr. Heynen davor, den Vergleich zwischen Rhein einerseits und Elbe und Oder andererseits in allen Punkten zu ziehen. Denn während Hamburg oder Stettin beispielsweise Orte seien, in die jeder Elbe- oder Oderschiffer einmal komme und wo mehr oder weniger jede Reise ende, kämen beim Rhein verschiedene deutsche und holländische Häfen als regelmäßige Reiseendpunkte in Betracht.

Der *Vorsitzende* dankte Rechtsanwalt Dr. Heynen und Ministerialrat Koffka für ihre Darlegungen, aus denen sich ergebe, dass der in der 31. Arbeitssitzung beschlossene Leitsatz noch der Ergänzung bedürfe, damit die Stellungnahme des Ausschusses die wünschenswerte Stoßkraft erlange.

Auch er setze sich dafür ein, dass die Berufung in Binnenschifffahrtssachen nicht an die Landgerichte, sondern an wenige Oberlandesgerichte gehe. Dabei scheine Rechtsanwalt Dr. Heynen es für ausreichend zu halten, wenn für das Elbegebiet nur das Oberlandesgericht Hamburg zuständig sei. Es sei jedoch nicht erwünscht, dass der Ausschuss von vornherein andere Oberlandesgerichte auszuschalten empfehle. Vielmehr müsse geprüft werden, ob nicht auch bei anderen Oberlandesgerichten eine solche Anzahl von Binnenschifffahrtssachen anfallen werde, dass sich eine besondere Sachkunde der Richter herausbilden könne.

Die Anregung, eine dem § 36 ZPO entsprechende Vorschrift zu schaffen, sei nicht besonders vordringlich, man könne die Erfahrungen abwarten, welche man nach einer Zentralisierung der Zuständigkeiten in Binnenschifffahrtssachen nehmen werde.

Der Vorsitzende schlug folgende *Entschließung* vor: „Die Eigenart des gerichtlichen Verfahrens in Binnenschifffahrtssachen lässt es dringend geboten erscheinen,

1. dass die Binnenschifffahrtssachen, wie dies für den Rhein bereits geschehen ist, auch für die übrigen Binnenwasserstraßen bei einigen wenigen Amtsgerichten zusammengefasst werden, die mit erfahrenen und sachkundigen Richtern zu besetzen sind;

2. dass die für den Rhein bestehende Regelung des Rechtsmittelverfahrens (sachkundig zu besetzende Senate eines oder weniger Oberlandesgerichte als Berufungsinstanz, bei Erreichung der Revisionssumme das Reichsgericht als Revisionsinstanz) auch für die übrigen Binnenwasserstraßen durchgeführt wird;

3. dass die unter 1. und 2. angeführten Maßnahmen mit größter Beschleunigung ergriffen werden."

Gegen diese Leitsätze wurden keine Bedenken erhoben.

Nur Ministerialrat *Koffka* stellte im Zusammenhang mit Leitsatz 2 zur Erwägung, ob tatsächlich für alle Binnenwasserstraßen die Oberlandesgerichte in der Berufungsinstanz für zuständig erklärt werden müssten. Soweit es sich um kleinere Binnenwasserstraßen handle, reiche es vielleicht aus, die Landgerichte für zuständig zu erklären. Es empfehle sich deshalb, in Leitsatz 2 auf die Bedürfnisfrage abzustellen.

Demgegenüber wies der *Vorsitzende* darauf hin, dass eine einheitliche Regelung erwünscht sei. Ohnedem könne das neue Recht nicht volkstümlich werden.

Rechtsanwalt *Dr. Dettmers* unterstützte diese Ausführungen mit dem Hinweis darauf, dass es sich meistens um Streitwerte von über 500 RM handle, so dass es nicht angehe, hier regelwidrig die Landgerichte in letzter Instanz entscheiden zu lassen.

Danach wurde die einstimmige Annahme der vorgeschlagenen Leitsätze festgestellt.

Als zweiter Punkt der Tagesordnung wurde der *Schleppvertrag* behandelt.

Rechtsanwalt *Dr. Schulze-Smidt* hielt das als Anlage 1 beigefügte Referat.

Der *Vorsitzende* dankte dem Referenten für seine Darlegungen und erteilte dem Korreferenten, Rechtsanwalt Dr. Heynen das Wort.

Rechtsanwalt *Dr. Heynen* trug das in der Anlage 2 Niedergelegte vor.

Nach dem Ausdruck seines Dankes stellte der Vorsitzende fest, dass nach den gemachten Vorschlägen eigentlich nur die Frage der Freizeichnungsklauseln in Schleppverträgen problematisch sei. Die allgemeine Frage der Freizeichnungsklauseln könne erst im Zusammenhang mit dem Frachtvertrage erörtert werden.

Zu den schlepprechtlichen Freizeichnungsklauseln sei Folgendes zu bemerken: Besonders die kurzen Fristen für die Anspruchs- und Klagerhebung seien bedenklich. Es handle sich insoweit teilweise um echte Verjährungsfristen, teilweise um Ausschlussfristen. Die Rechtsprechung verhindere aber unbillige Ergebnisse, und zwar besonders mit Hilfe der Einrede der Arglist. Falls Vergleichsverhandlungen stattgefunden hätten, so könne sich nach deren Scheitern der Unternehmer erst auf den Ablauf der Fristen berufen, nachdem auch noch eine gewisse Erwägungsfrist zugebilligt sei. Man müsse auch berücksichtigen, dass besonders bei der Klagerhebungsfrist gerechtfertigte Gesichtspunkte für eine kurze Bemessung angeführt werden könnten.

Die Schadensfeststellungsfristen seien gleichfalls im Interesse beider Parteien kurz bemessen. Da sich häufig der Eigentümer des Schiffes an Bord befinden werde und da im Übrigen § 242 BGB eingreife, bestehe auch hier kein vordringliches Bedürfnis für eine gesetzliche Regelung.

Nicht behandelt von den Berichterstattern sei die Frage, inwieweit bei Ausführung eines Frachtvertrages der Schlepper als Erfüllungsgehilfe des Schleppschiffes des Verfrachters zu gelten habe. Das Reichsgericht habe sich auf den Standpunkt gestellt, dass der Schlepper nicht als Erfüllungsgehilfe betrachtet werden könne. Die Beantwortung der Frage hänge im Wesentlichen von den Umständen des Einzelfalles ab, einer gesetzlichen Regelung bedürfe es also hier nicht.

Sonach ergebe sich der *Leitsatz*: „Den Schleppvertrag seinem Begriff und Inhalt nach gesetzlich zu bestimmen, erscheint zur Zeit nicht geboten. – Der weitere Ausbau der Rechtsgestaltung ist insoweit der Rechtsprechung zu überlassen."

Der Vorsitzende bat die Anwesenden, sich zu den Berichten und dem Leitsatz zu äußern.

OLG-Rat *Dr. Reinbeck* hob zu S. 10 [471] des Berichts von Rechtsanwalt Dr. Schulze-Smidt hervor, dass ausnahmsweise im Falle des § 742 HGB ein nur tatsächliches Schleppverhältnis ausreiche, dann nämlich, wenn Hilfe geleistet werde von einem Schiff, dessen Reeder identisch sei mit dem Reeder des gefährdeten Schiffes.

Was den auf S. 6 [468] angeführten, vom Reichsgericht entschiedenen Seeleichterfall angehe, so müsse auf die Umstände des Einzelfalles abgestellt werden. Die künftige Entwicklung könne es durchaus mit sich bringen, dass beim Schleppen eines Seeleichters das Kommando nicht mehr unbedingt beim Schlepper liegt.

Die Freizeichnungsklauseln der Schleppbedingungen hätten in der Praxis immer wieder zu Schwierigkeiten geführt. Man müsse bedenken, dass längst nicht alle Fälle, in denen sich der Unternehmer auf seine Freizeichnungsklauseln berufe, vor die Gerichte kämen, häufig lasse sich ein Anspruchsberechtigter durch die Berufung auf eine Freizeichnungsklausel einschüchtern. Im Übrigen sorge allerdings die Rechtsprechung für angemessene Ergebnisse.

Der *Vorsitzende* ergänzte diese Ausführungen dahin, dass bei schweren Unfällen, insbesondere bei Festkommen eines Schiffes der Eigner regelmäßig schnellstens seinen Versicherer anrufen werde bzw. der Schiffer seinen Eigner. Bei solcher Sachlage ließen sich die vorgesehenen Fristen durchaus wahren. Wenn etwa der Eigner oder der Schiffer durch schlechtes Wetter oder aus anderen Gründen längere Zeit an Bord festgehalten werde, so könne immer § 242 BGB helfen.

Direktor *Brandt* machte darauf aufmerksam, dass vielfach die Beteiligten sich auch selbst hülfen. Oft seien sogenannte Turn-Löhne vereinbart für den Fall, dass ein Schlepper bei Festkommen Hilfe leiste.

Zu den Darlegungen des Vorsitzenden wies Direktor Brandt darauf hin, Fälle des Festkommens seien außerordentlich selten. Beschädigte Schiffe könnten aber oft nicht verlassen werden, da meistens die Reise fortgesetzt werden müsse. Bei solcher Sachlage sei die Fristwahrung besonders schwierig. Unzuträglichkeiten ergäben sich auch daraus, dass zuweilen mehrere Anzeigen nebeneinander erfordert würden.

Praktisch am bedeutsamsten sei die Frage, welche Ansprüche die Ladungsbeteiligten erheben könnten. Häufig seien Ansprüche überhaupt ausgeschlossen, wenn die Ladung nicht bei einem bestimmten Versicherer versichert sei. Insoweit handle es sich aber um Probleme, die erst bei der Erörterung des Frachtvertrages behandelt werden könnten.

Ministerialrat *Krieger* warf die Frage auf, ob außer der Rechtsprechung nicht auch die Kartellaufsicht dafür sorgen könne, dass die Schleppbedingungen nicht zu unerträglichen Härten führten. Der Kartellbegriff werde außerordentlich weit ausgelegt. Was den von Direktor Brandt angeführten Fall der Versicherung bei bestimmten Versicherern anlange, so sei darauf aufmerksam zu machen, dass im Bereich der Feuerversicherung schon Maßnahmen dagegen ergriffen seien, dass Realkreditinstitute bei Vergebung ihrer Darlehen die Versicherung bei bestimmten Versicherern zur Voraussetzung machten.

Nachdem Rechtsanwalt *Dr. Heynen* darauf hingewiesen hatte, dass die Schleppbedingungen teilweise von Körperschaften des öffentlichen Rechts, etwa der Elbereedereien-Vereinigung, formuliert worden seien, machte Ministerialrat *Krieger* darauf aufmerksam, dass in solchen Fällen die Aufsichtsbehörde zum Einschreiten veranlasst werden könne.

Der Vorsitzende schloss die Erörterungen mit dem Bemerken, dass es wohl insoweit nicht der Formulierung eines Leitsatzes bedürfe.

Anlage 1:

Der Schleppvertrag. Referat von Dr. Arthur Schulze-Smidt (5.5.1937)

Gegenstand der Tätigkeit eines mit motorischer Kraft ausgerüsteten Schleppers (Schl.) ist meist ein anderes Fahrzeug (Schlepp-Schiff – Schl.Sch.), das nach Herstellung einer Verbindung mit dem Schl. fortbewegt werden soll. Schl. und Schl.Sch. sind bald See-, bald Binnenschiffe. In erster Linie soll das Schleppen von Seeschiffen auf See und mit dieser in Verbindung stehenden Gewässern durch See- oder Binnenschlepper betrachtet werden. Das Schleppen auf Binnengewässern (in der Regel durch Binnenschiffe) wird aber zweckmäßigerweise auch in den Kreis dieser Erörterungen gezogen.

Das Schleppen geschieht zumeist auf vertraglicher Grundlage, kann aber, wie z.B. bei Hilfeleistung in einer Schifffahrtsnot, auch ohne solche vorkommen.

In Deutschland ist die Gesetzeslage diese: Der Schleppvertrag als solcher hat keine gesetzliche Regelung gefunden. Wenn in § 742 Abs. 3 HGB (und damit übereinstimmend in Art. 4 des Internationalen Übereinkommens zur einheitlichen Feststellung von Regeln über die Hilfeleistung und Bergung in Seenot von 1910), woselbst der Anspruch eines Schl. auf Berge- oder Hilfslohn gegen das Schl.Sch. und dessen Ladung behandelt wird, von einem Schleppvertrag die Rede ist, so wird damit kein Begriff im juristisch-technischen Sinne für einen solchen Vertrag gegeben (vgl. Entscheidung des RG, Bd. 62 S. 12). Die Seestraßenordnung und die Seewasserstraßenordnung enthalten bezüglich des Schleppvertrages keine zivilrechtlichen Bestimmungen. Wenn Hafenordnungen und ähnliche Vorschriften für gewisse Fälle die Annahme von Schlepperhilfe vorschreiben, so ergeben sich daraus keine besonderen zivilrechtlichen Folgerungen.

Auch im Auslande hat, soweit feststellbar, der Schleppvertrag eine gesetzliche Regelung nicht gefunden.

Die englische Rechtsprechung und Schrifttum sind für uns beachtenswert. Es heißt da: The tug (Schlepper) is the serveant or in the service of the tow (Schleppschiff), woraus folgt, dass the tow in gewissen Fällen verantwortlich gehalten wird auch für Fehler des tug bei einer Kollision zwischen tow und einem dritten Schiff – falls tug under order of the tow stehend. The responsibility of tow and tug is a question of fact, does not depend on any prescription of law.

Die französische höchstrichterliche Rechtsprechung, soweit sie sich auf seerechtlichem Gebiete mit der Verantwortlichkeit von Schl. und Schl.Sch. beschäftigt, vermeidet eine grundsätzliche Entscheidung. Nur in Fällen des Binnenverkehrs sind einige Regeln über Haftungsfragen aufgestellt.

In Art. 536 des niederländischen Wetboek van Koophandel heißt es, dass im Falle eines durch den Schl. verschuldeten Zusammenstoßes zwischen dem Schl.Sch. und einem dritten Schiff neben dem Reeder des Schl. der Reeder des Schl.Sch. solidarisch haftet, eine Vorschrift, die auch für den Binnenverkehr gilt und ihren Grund hat nicht etwa in einer vorausgesetzten Einheit des Schleppzuges, sondern in der Vorschrift des Burgerlijk Wetboek über Haftung für dritte Personen.

Nach der belgischen Rechtsprechung liegt im Seeverkehr die Führung des Schleppzuges beim Schl.Sch., im Binnenverkehr beim Schl. Für Dritten zugefügte Schäden haftet nur der Schuldige, evtl. mehrere Schuldige.

Auch in USA, in Italien und in den skandinavischen Ländern finden wir keine gesetzliche Regelung. Man schreibt mir aus Norwegen, dass auch eine solche Regelung nicht in Aussicht genommen sei; im Allgemeinen werde der Schl. als Erfüllungsgehilfe des Schl.Sch. betrachtet.

Zurückkehrend zum deutschen Recht wende ich mich unter I. dem Schleppen auf vertraglicher Grundlage zu.

I. Der Schleppvertrag kann sein ein Werkvertrag (Verbringen des Schl.Sch. von einem Ort an einen anderen gegen Entlohnung – Herbeiführung dieses Erfolges) oder ein Dienstvertrag (entgeltliche Inanspruchnahme der Dienste des Schl. und seiner Besatzung zu bestimmtem Zweck) oder ein Frachtvertrag (z.B. entgeltliche Beförderung eines unbemannten Fahrzeuges) oder endlich ein Mietvertrag (z.B. monatsweise Annahme eines Schl. mit Besatzung für einen feststehenden Satz). Meist wird Werk- oder Dienstvertrag vorliegen. Bei Beurteilung der Frage, unter welche dieser Kategorien ein Schleppvertrag zu bringen ist, kommt es im Wesentlichen auf die tatsächlichen Verhältnisse des Falles an.

Der Eigentümer eines See-Schl. ist Reeder im Sinne des HGB.

Sehr häufig, namentlich im Binnenverkehr, bilden einen wesentlichen Teil des Vertrages vom Schlepperunternehmer formulierte allgemeine Schleppbedingungen, auf die weiter unten eingegangen werden soll. Gegen die Gültigkeit solcher allgemeiner Bedingungen im Vertragsverhältnis sind namentlich in der höchstrichterlichen Rechtsprechung grundlegende Bedenken nicht erhoben.

Insoweit z.B. bezüglich des Fiskus ein Schleppmonopol besteht, gilt auch Vertragsrecht.

1. Die aus dem Werk- oder Dienstvertrag entspringenden Rechte und Pflichten der Parteien sind im Wesentlichen diese: Für den Schleppunternehmer: Rechtzeitige Stellung eines geeigneten, gehörig ausgerüsteten und bemannten Schleppers; sachgemäße Ausführung des übernommenen Werkes bzw. Leistung der zugesagten Dienste; bei Lösung der Verbindung mit dem Schl.Sch. oder bei dessen Auflaufen Fortsetzen der auf Vertragserfüllung gerichteten Bemühungen; Anspruch auf den vereinbarten Schlepplohn.

Für den Reeder bzw. Eigner des geschleppten Fahrzeuges: Unterstützung des Schl. in Ausführung der von ihm übernommenen Verpflichtung (sachgemäßes Nachsteuern), unter Umständen selbständiges Ergreifen von Maßregeln zur Verhütung oder Abschwächung einer Strandung. In der Regel keine Verpflichtung zur Kontrolle der Navigierung des Schl. dessen Reeder gegenüber. Zahlung des ausgemachten Schlepplohnes.

2. Eine bedeutsame Rolle spielen bei der Vertragsausführung die Haftungsfragen:

a) Keine Schwierigkeiten bietet die Frage der Haftung der Vertragsparteien untereinander. Jeder steht dem anderen für die Folgen eigenen Verschuldens ein. Der Schlepperunternehmer insbesondere haftet gemäß § 278 BGB für seine Leute als seine Erfüllungsgehilfen – nach Seerecht, bei Verschulden derselben in Ausführung ihrer Dienstverrichtungen beschränkt auf den Wert des Schl. zuzüglich Schlepplohn, evtl. beschränkt persönlich nach § 774 HGB. Entsprechendes gilt im Binnenschifffahrtsrecht.

Bei einem Zusammenstoß zwischen Schl.Sch. und Schl. gelten nicht §§ 734 ff. HGB, nur der Schleppvertrag ist heranzuziehen.

Geraten im Seeverkehr zwei geschleppte Schiffe aneinander, dann ist in erster Linie ein etwa zwischen ihnen bestehendes Vertragsverhältnis maßgebend, evtl. finden die eben erwähnten gesetzlichen Bestimmungen Anwendung. Insoweit bei einem solchen Zusammenstoß der Schl. indirekt beteiligt ist, gilt zwischen ihm und dem Schl.Sch. Vertragsrecht.

b) Dritten gegenüber haftet jeder Schleppzugbestandteil für eigenes Verschulden (§§ 735, 738, 739 HGB, § 92 BinnenschifffahrtsG) evtl. auch Vertragshaftung. Es besteht keine Verschuldens- und Haftungseinheit des Schleppzuges (siehe weiter unten). Bei Verschulden mehrerer Schleppzugteile tritt Gesamthaftung ein (im Innenverhältnis mangels vertraglicher Regelung Haftung nach Höhe des Verschuldens). Konkurrierendes Verschulden kann nur insoweit geltend gemacht werden, als eigene Haftung besteht.

c) Den Angelpunkt der Haftungsfrage bildet die Fremdhaftung, d.h. wann und inwieweit haftet das Schl.Sch. für Verschulden des Sch. und umgekehrt? Hierbei spielt die Frage der Kommandogewalt eine bedeutsame Rolle. Für den Fall, dass nicht etwa zulässigerweise durch eine besondere Vertragsbestimmung (z.B. in allgemeinen Schleppbedingungen) oder durch stillschweigendes Übereinkommen geregelt ist, wo die Führung des Schleppzuges liegt, unterscheidet man gemeiniglich in tatsächlicher Beziehung die folgenden vier, nicht scharf gegeneinander abgrenzbaren Vorkommen des Schlepperdienstes, nämlich: Unterstützen der Manöver des Schl.Sch., Bugsieren desselben, eigentliches Schleppen (Ziehen eines oder mehrerer Fahrzeuge, insbesondere Kähne auf längerer Strecke), Ziehen eines unbemannten Schiffes und dem gleichstehend, Längsseitschleppen eines Schiffes.

Überblickt man Rechtsprechung und Schrifttum, soweit sie sich mit diesen Vorkommen beschäftigt haben, so erkennt man folgendes Ergebnis. Beim Assistieren und Bugsieren liegt das Kommando beim Schl.Sch., beim eigentlichen Schleppen hat es der Schl. (so ausdrücklich § 9 der Elbe-SchifffahrtspolizeiVO vom 27. Jan. 1933). Der bugsierende Schl. hat namentlich bei Bestimmung von Kurs und Geschwindigkeit innerhalb gewisser Grenzen nautische Selbständigkeit. Im letzten der vier Fälle ist für die Frage eines Schleppzugkommandos angesichts der tatsächlichen Verhältnisse überhaupt kein Raum.

Anlangend die Fremdhaftungsfrage, für welche der letzte der Fälle hier ausscheidet, so kann als die herrschende Meinung festgestellt werden, dass der Reeder eines Schiffes, welches sich zum Assistieren oder Bugsieren eines Schleppers bedient (diese Fälle hauptsächlich im Seeverkehr vorkommend), für Verschulden der Schlepperbesatzung haftet, wenn die nautische Leitung eines solchen Schleppzuges beim Schl.Sch. liegt, dass dagegen beim eigentlichen Schleppen die Eigner des oder der geschleppten Kähne (Hauptfälle dieser Art solche des Binnenverkehrs) nicht haften für Verschulden der Besatzung des Schl., bei welchem das Kommando über den Schleppzug liegt. Dass der Eigentümer des schuldigen Schl. haftet und zwar neben dem Reeder des kommandoführenden Schl.Sch. als Gesamtschuldner, liegt auf der Hand.

Diese Sätze sind der grundlegenden Entscheidung des RG aus dem Jahre 1907 (Bd. 65, S. 382 ff.) entnommen, einer Entscheidung, die einen Fall aus dem Binnenschifffahrtsrecht behandelt, aber mit einem Exkurs auf seerechtliches Gebiet. Die Fremdhaftung wird hier so begründet, dass es wirtschaftlicher Billigkeit entspreche, dass auch das Schl.Sch. als Träger des zugleich von ihm aus geleiteten, durch seine Größe erheblichere Gefahr bringenden wirtschaftlichen Unternehmens Haftungsobjekt neben dem Schl. sei, der nur als untergeordnetes Organ des Seeschiffes erscheine (vgl. den englischen Satz: The tug is the serveant of the tow, die Grundlage der deutschen Lehre von der nautischen Einheit des Schleppzuges, ein Begriff, der nunmehr auf das Kommandoverhältnis zwischen Schl.Sch. und Schl. abgestellt ist). Anerkannt wird, dass sich mit der Annahme, der Schl. sei die nach außen verlegte Maschine des Schl.Sch. und mit einer Analogie zu §§ 734 ff. HGB in dem Sinne, dass der ganze Schleppzug als ein einziges Schiff anzusehen sei, die Fremdhaftung des Schl.Sch. nicht begründen lässt. Gegen eine Erweiterung des Besatzungsbegriffes (die Einheit der Besatzung soll aber nur so weit reichen, als durch die nautischen Funktionen des einen Schiffes die Navigation des anderen beeinflusst oder bestimmt wird), mit der zur Begründung solcher Haftung auch in höchstrichterlichen Entscheidungen operiert ist, haben sich gewichtige Stimmen im Schrifttum erhoben. In Bd. 78 S. 177 ff. seiner Entscheidungen hat das RG sich im Jahre 1912 mit dieser Frage beschäftigt. Es handelte sich da um den Fall eines geschleppten Seeleichters, und es ist die Meinung des Hanseatischen Oberlandesgerichts gebilligt, dass nach Lage der tatsächlichen Verhältnisse die Schlepperbesatzung nicht zur Besatzung des Seeleichters gehöre; die für das Seerecht maßgebenden, in der Entscheidung aus 1907 entwickelten Gesichtspunkte träfen im Allgemeinen für einen Seeleichter nicht zu. Bemerkenswert ist, dass in jener Entscheidung das RG das Argument, die Besatzung des Schl. gelte als Besatzung des kommandoführenden Schl.Sch., als die einzige Grundlage für die Annahme der Schl.Sch.-Fremdhaftung bezeichnet. Mit gewichtigen Gründen ist diese besondere Art der Haftung und nur diese von einem anerkannten Seerechtsschriftsteller, als durch Gewohnheits- und Richterrecht herausgebildet, bezeichnet worden.

Dass umgekehrt auch der Schlepper für Verschulden des Schl.Sch. unter Umständen hafte, ist vereinzelt, allerdings auch vom Reichsgericht (Bd. 50, S. 33, Jahr 1900) angenommen. Die spätere Rechtsprechung des Hanseatischen Oberlandesgerichts und gewichtige Schriftsteller haben sich aber m.E. mit Recht dagegen gewandt.

Für das eigentliche Schleppen und die letzte der obigen vier Stufen steht, wie schon hervorgehoben, seit der reichsgerichtlichen Entscheidung aus 1907 fest, dass der Gesichtspunkt der nautischen Einheit des Schleppzuges hier nicht zu verwerten und demzufolge auch eine Fremdhaftung nicht anzunehmen ist; jedes Schiff haftet nur für eigenes Verschulden.

Der Einwand des konkurrierenden Verschuldens ist naturgemäß nur insoweit zulässig, als die Haftung für einen anderen Schleppzugteil geht.

Mehrere Schiffe wird im Seeverkehr ein Schl. nur schleppen, wenn es sich um Seeleichter handelt. Der Grundsatz der Besatzungseinheit würde dahin führen, dass für ein Schl-Verschulden alle Anhänge zu haften hätten, eine Konsequenz, die das Reichsgericht im Jahre 1900 in einer allerdings nicht grundlegenden Entscheidung abgelehnt hat. Mit Recht wird darauf aufmerksam gemacht, dass bei wachsender Größe der Seeleichter die reichsgerichtliche Seeleichterentscheidung aus 1912, ausgehend von einem, dem Binnenschleppkahn in Bauart usw. verwandten Seeleichter, an Bedeutung verlieren würde. Von einem Gewohnheitsrecht hinsichtlich Haftungsregeln in dem gedachten Fall wird man namentlich hinsichtlich einschlägiger konstanter Rechtsprechung nicht reden können.

3. Wie schon angedeutet, bilden vielfach von Schlepperunternehmern herausgegebene allgemeine Schleppbedingungen einen bedeutsamen Bestandteil des Schleppvertrages.

Ich bin bemüht gewesen, die am häufigsten vorkommenden Bedingungen zu erfahren, aus denen nun die für diese Untersuchung interessierenden Teile wiedergegeben werden sollen:

a) Seeverkehr: Die allgemeinen Schleppbedingungen der auf der Elbe, Weser und Ems führenden Schlepperunternehmungen haben in der Hauptsache den gleichen Inhalt. Der Schleppvertrag wird ausdrücklich meist als Dienst-, vereinzelt als Werkvertrag bezeichnet. Führer und Mannschaft des Schleppers gelten als Angestellte des Reeders des Schl.Sch., dessen Befehl und Kontrolle sie unterstehen. Der Schl. ist nur die fortbewegende Kraft des Schl.Sch. Freizeichnung von den Folgen von:

1. Fehlern und/oder Irrtümern bei Navigierung des Schleppzuges;

2. Verzögerungen durch Streik, unvorhergesehenen, durch Schl.Mannschaft verursachten Aufenthalt;

3. Unfällen außerhalb der Kontrolle des Unternehmers; selbst wenn durch Nachlässigkeit oder Fehler der Schl.-Besatzung verursacht;

4. Unfällen und Beschädigungen des Schl.Sch.;

5. Fehlern in Einrichtung des Schleppers oder dadurch verursachter Unfälle.

Die vereinbarten Raten schließen Leistungen bei gestrandeten oder in sonstiger Notlage befindlichen Schiffen nicht ein, selbst wenn Notlage während der Schleppreise entstanden. In den Bedingungen eines Elbe-Schlepperunternehmers heißt es überdies, dass auch eine vom Schlepper angenommene Besatzung als solche des Schl.Sch. gilt, und dass für durch das Schl.Sch. herbeigeführte Schäden der Schlepper nicht haftet, auch wenn auf seine Schuld zurückzuführen.

Danziger und Stettiner Schlepperunternehmer (die Stettiner für Schleppen in Häfen Stettin, Swinemünde und in den gleichnamigen Revieren) haben in ihren Bedingungen die Sätze: Führer und Mannschaft des Schleppers gelten als im Dienste des Schl.Sch. stehend; es wird nur die

Schleppkraft geliefert; Unternehmer nicht verantwortlich für Schäden am Schl.Sch., für Schäden, verursacht durch Führer und Mannschaft des Schl., seiner Einrichtungen und seiner Navigierung.

In Stettin und Königsberg bedient man sich bei Seeschleppaufträgen gewöhnlich der Hamburger Bedingungen.

In Harburg, Kiel, Lübeck, Rostock und Wismar sind offenbar allgemeine Schleppbedingungen nicht in Gebrauch.

b) Im Binnenverkehr gehen allgemeine Schleppbedingungen noch mehr ins Einzelne.

Für die Stromgebiete der Elbe und der Havel und für deren Nebenflüsse und Kanäle finden wir allgemeine Schleppbedingungen, die einen Codex des Schleppvertrages darstellen, übrigens auch für das Schleppen und Bugsieren in den Seehäfen gelten.

Aus ihnen sei Folgendes hervorgehoben:

Der Beauftragte des Schlepperunternehmers bestimmt die Zusammensetzung des Schleppzuges. Die Besatzung des Schl.Sch. untersteht für den Schleppdienst den Anweisungen der Angestellten und Kapitäne des Unternehmers, ein Umstand, der sie nicht von der Erfüllung der ihnen obliegenden Pflichten entbindet, insbesondere nicht von der Pflicht, in Fällen plötzlich drohender Gefahr, ohne einen Befehl des Schlepperführers abzuwarten, alles aufzubieten, was dazu beitragen kann, Schäden abzuwenden oder zu vermindern. Dem Unternehmer sind alle Schäden zu ersetzen, die am Schleppfahrzeug und dessen Ausrüstung sowie durch Zeitverlust entstehen als Folge von außergewöhnlichen Maßnahmen, die wegen eintretender Gefahren im Interesse der Sicherheit der Fahrzeuge erforderlich geworden sind. Für solche Hilfeleistung ist eine angemessene Vergütung, für Bergen eines festliegenden oder sonst gefährdeten Fahrzeuges ist eine besondere Entschädigung zu leisten. Für wohlbehaltene Ankunft des Schl.Sch. am Bestimmungsorte im Sinne eines Frachtvertrages und für eine solche Ankunft als Vollendung im Sinne eines Werkvertrages wird keine Gewähr geleistet. Es wird nur die Verpflichtung zur Beistellung der Schleppkraft übernommen. Der Unternehmer haftet nur für Verschulden der Besatzung des Schleppfahrzeuges in Ausübung des Schleppdienstes. Ansprüche gegen die Besatzung wegen Fahrlässigkeit sind ausgeschlossen. Für die Folgen gewisser Ereignisse haftet der Unternehmer nicht. Außerdem enthalten die Bedingungen Vorschriften über Anmeldung zur Schleppreise, Reihenfolge der Beförderung, Beschaffenheit der Schleppschiffe, Mitwirkungspflicht der Besatzungen derselben, Beförderung, Ableichterung, Teilung des Schleppzuges, Zahlung des Schlepplohnes, Verfahren in Schadensfällen, Unterbrechung des Schleppervertrages, Aufhebung der Schleppverpflichtung, Verjährung und Gerichtsstand.

Ähnliche ins Einzelne gehende Bestimmungen finden sich in den in Breslau herausgegebenen Schleppbedingungen der Schlesischen Dampfer-Compagnie und des Berliner Lloyd AG (für Elbe, Havel, Oder, Spree und angrenzende Wasserstraßen und Kanäle). Für Schäden, welche von der Schleppermannschaft in Ausübung des Schlepperdienstes herbeigeführt sind, haften die Gesellschaften nur im Falle der Absicht und grober Fahrlässigkeit. Keine Haftung für Schäden, welche durch Nichtbeachtung der Bestimmungen seitens Führer und Mannschaft der Schl.Sch. oder nach Trennung des Schleppzuges dem Schl.Sch. oder durch dieses anderen Fahrzeugen zugefügt sind. Überhaupt keine Haftung des Unternehmers, wenn gleichzeitig ein Verschulden der Besatzung des Schl.Sch. vorliegt. Es ist auch eine Haftungshöchstgrenze für den Unternehmer vorgesehen.

Die Dampfergenossenschaft deutscher Strom- und Binnenschiffer in Fürstenberg an der Oder bedient sich ähnlicher, aber kürzer gefasster Bedingungen, aus denen nur hervorzuheben ist, dass für Verschulden der Schlepperbesatzung nicht gehaftet wird bei Schäden bis zu 300 RM und für Schäden am Steuer und kleinen Kahn.

Nachfrage am Rhein hat ergeben, dass dort allgemein Schleppbedingungen nicht in Übung sind bis auf Mannheim, von welchem Platze ein Formular für Schleppbedingungen vorliegt, nach dem die Haftung für Schäden am Schl.Sch. und Ladung bei nautischem Verschulden des Kapitäns oder der Mannschaft des Schl. ausgeschlossen und zulasten des Schl.Sch. und zugunsten des Unternehmers eine Freihaltungspflicht von allen Ansprüchen Dritter festgelegt ist, welche wegen einer Anfahrung fremder Fahrzeuge durch das geschleppte Schiff oder wegen Beschädigung der darin befindlichen Ladung unter Hinweis auf ein kausales Verschulden des Schleppers erhoben werden.

Führende Donau-Schleppschifffahrts-Gesellschaften haben Bestimmungen herausgegeben für die Remorkierung fremder Fahrzeuge, die leer sind oder Massengüter, frische Feld- oder Gartenfrüchte (nicht kaufmännische Güter) befördern. Bemerkenswert aus ihnen ist nur die Vorschrift, dass für Schäden am Schl.Sch. nur bei Böswilligkeit und grober Fahrlässigkeit der Organe des Unternehmers gehaftet wird.

Schließlich sei bemerkt, dass für die Oberweser und das Gebiet der ostdeutschen Wasserstraßen allgemeine Schleppbedingungen nicht in Gebrauch sind.

Soweit über das Schleppen auf vertraglicher Grundlage.

II. Der Fall des § 742 Abs. 3 HGB. Eine besondere Weiterung aus dem Schlepperverhältnis tritt ein im Falle der Bergung oder Rettung des geschleppten Schiffes aus Seenot. Voraussetzung ist nicht nur ein tatsächliches Schlepperverhältnis, sondern ein Schleppvertrag. Deshalb ist auch nicht entscheidend, ob der Schlepper das Schiff gerade zur Zeit der Hilfsbedürftigkeit schleppt, sondern es kommt darauf an, ob zu dieser Zeit der Schleppvertrag schon in Lauf gesetzt ist bzw. noch andauert, denn die im Übrigen sich nach Treu und Glauben ergebenden Pflichten aus dem Schleppvertrage wirken solange wie der Vertrag in Geltung ist. Ist ein Schleppvertrag jedoch nicht in Lauf, so kommen ausschließlich die allgemeinen Vorschriften der §§ 740 ff. HGB zur Anwendung. Wird nun die Ausführung des Schleppvertrages infolge eines Unfalles des zu schleppenden Schiffes unmöglich, so wird der Schlepper zwar von der Leistung der Schleppdienste befreit, der Schleppvertrag als solcher bleibt indessen bestehen. Die nunmehr geleisteten Dienste liegen außerhalb der Vertragsleistung. § 742 Abs. 3 kommt in Anwendung. Eine „nur vorübergehende Behinderung“ der Ausführung des Schleppvertrages ist nicht geeignet, die Anwendung dieser Vorschrift auszuschalten.

Eine Auflösung des Schleppvertrages kann auch durch Vereinbarung erfolgen. Sie ist z.B. in dem Abschluss eines Hilfslohnvertrages während der Schleppfahrt zu erblicken.

Sinn jener Bestimmung ist, im Falle außergewöhnlicher Leistungen den Schl., dessen Reeder grundsätzlich ein Hilfs- oder Bergelohnanspruch gegen das Schl.Sch. nicht zusteht, diesem neben dem Schlepplohn diejenige besondere Vergütung zukommen zu lassen, die ein anderes Fahrzeug, das nicht im Vertragsverhältnis mit dem Schl.Sch. steht, auch bekommen würde. Andererseits muss jedoch auch berücksichtigt werden, dass die sich aus dem Vertragsverhältnis ergebenden Pflichten schon durch den Schleppvertrag ausgeglichen werden. Der dem Schlepper außer seinem Schlepplohn zufallende Berge- oder Hilfslohn setzt deshalb besonders qualifizierte Dienste voraus.

a) In nautischer Hinsicht müssen sie außergewöhnlich sein, und zwar in Hinsicht auf den bestehenden Schleppvertrag. „Gewöhnlich“ dagegen sind solche Dienste, welche im Laufe einer Schleppreise normalerweise geleistet zu werden pflegen.

b) Die vom Schlepper geleisteten Dienste dürfen nicht schon zur Erfüllung des Schleppvertrages gehören, der mit der im Verkehr erforderlichen Sorgfalt auszuführen ist.

Danach hat jede Beteiligung des Schleppers am Rettungswerk über die ersten Hilfeleistungen hinaus als nicht zur Erfüllung des Schleppvertrages gehörig zu gelten. Der Schlepper ist aber bis zur Beendigung des Schleppvertrages verpflichtet, soweit es nach Lage der Dinge möglich ist, das Schl.Sch. nicht zu verlassen, sondern Hilfe zu leisten. Wie lange der Schl. auf die Wiederherstellung der Schleppfähigkeit zu warten hat und tätig bleiben muss, ist eine Frage des Einzelfalles.

Liegt keine Hilfeleistung vor, sondern nur ein Qualifizierter Schleppvertrag, d.h. ein Schleppen unter der Hilfeleistung angenäherten Umständen, eine „den üblichen Schleppvertrag überschreitende Dienstleistung", so wird sich aus dem Schleppvertrag schon eine entsprechende Entlohnung ergeben.

Aus dem Grundsatz, dass ein Hilfslohn für einen Schlepper nur unter bestimmten Voraussetzungen entsteht, ergibt sich, dass für die Berechnung des Hilfslohnes diejenigen Dienste zugrunde zu legen sind, die nicht schon aufgrund des Schleppvertrages zu leisten sind. Die Hilfsleistung endet mit der Wiederherstellung der Verbindung und der unmittelbar danach erfolgenden Verschleppung, weil dadurch das Schl.Sch. in mindestens relative Sicherheit, d.h aus dem Bereich derjenigen Seenot, die es bedroht hat, gebracht war.

Ebenso wie bei sonstiger Vertragsverletzung durch den Schlepper wird dieser auch dann schadensersatzpflichtig, wenn er das geschleppte Schiff vorzeitig verlässt. Eine dem § 742 Abs. 3 HGB entsprechende Vorschrift fehlt im Binnenschifffahrtsrecht.

III. Diese Betrachtung des Schleppvertrages und seiner Wirkungen führt im Rahmen der dem Ausschuss gesetzten Aufgaben zu folgenden Erwägungen:

Zuvörderst erhebt sich die Frage, ob die Verhältnisse des Schleppvertrages etwa durch ein besonderes Gesetz oder durch Einfügung entsprechender Vorschriften in Handelsgesetzbuch und Binnenschifffahrtsgesetz zu regeln sind. Ich verneine diese Frage. Schon die juristisch technische Festlegung des Begriffs Schleppvertrag würde nicht unerhebliche Schwierigkeiten bereiten. Bei der Mannigfaltigkeit der auf diesem Gebiete, wie dargelegt, vorkommenden tatsächlichen Verhältnisse würde es schwer halten, eine alles deckende Begriffsbestimmung für den Schleppvertrag zu formulieren. Die Rechte und Pflichten der Vertragsparteien könnten allerdings gegebenenfalls wenigstens in großen Zügen festgelegt werden, doch scheint es mir wiederum angesichts der Unübersehbarkeit der den Vertrag beeinflussenden Ereignisse recht zweifelhaft zu sein, ob damit viel gewonnen wäre.

Ein gesetzlicher Eingriff wegen der Haftungs-, insbesondere Fremdhaftungsfrage (damit zusammenhängend Frage der Kommandogewalt beim Schleppzuge) scheint mir deshalb nicht erforderlich zu sein, weil auf diesem Gebiete namentlich die höchstrichterliche Rechtsprechung zu klärenden und befriedigenden Ergebnissen sowohl für das See- als auch für das Binnenschifffahrtsrecht gekommen ist, Ergebnisse, mit denen auch bei Weiterentwicklung der Schleppschifffahrt, bei Hinzutreten neuer tatsächlicher Verhältnisse, aller Voraussicht nach daraus sich ergebende Schwierigkeiten namentlich juristischer Art zu meistern sein werden.

Hinzu kommt als fast ausschlaggebend, dass offenbar in den interessierten Kreisen selbst ein Bedürfnis nach gesetzlicher Regelung nicht empfunden wird. Wir haben gesehen, dass einflussreiche Schlepperunternehmungen, von der Vertragsfreiheit auf diesem Gebiete Gebrauch machend, teils bis ins Einzelne gehend, teils nur hinsichtlich der ihnen als besonders wichtig erscheinenden Schleppvertragsfragen eine Regelung getroffen haben, die ihren Belangen gerecht und offenbar auch von ihren Vertragsgegnern gebilligt wird.

Schließlich: Angesichts der engen Verflochtenheit des Schleppverkehrs mit dem rein bürgerlichen Recht und der bevorstehenden Reform auf diesem Gebiet würde es m.E. nicht angebracht sein, wegen des Schleppvertrages den Gesetzgeber schon jetzt in Bewegung zu setzen.

Anlangend § 742 Abs. 3 HGB, so scheint mir Bedeutung und Wirkung dieser Vorschrift durch die Rechtsprechung, insbesondere die des Hanseatischen Oberlandesgerichts, wie oben näher dargelegt, so klargestellt zu sein, dass auch in dieser Beziehung für einen gesetzlichen Eingriff kein Bedürfnis besteht.

Ich komme demnach zu dem *Leitsatz*:

Für den Schleppvertrag sind Vorschläge insbesondere hinsichtlich gesetzlicher Maßnahmen nicht zu machen.

Anlage 2:

Der Schleppvertrag. Korreferat von Rechtsanwalt Dr. Heynen (26.4.1937)

Bei der Betrachtung des Rechts über den Schleppvertrag habe ich mich, einer Verabredung mit dem Herrn Referenten gemäß, im Wesentlichen darauf beschränkt, die Rechtslage nach der Seite des Binnenschifffahrtsrechts hin zu untersuchen.

Ebenso wie für das Seerecht, gilt auch für das Binnenschifffahrtsrecht, dass der Schleppvertrag als solcher keine gesetzliche Regelung gefunden hat. Dagegen hat man in der Binnenschifffahrt in weitem Umfange von der Möglichkeit Gebrauch gemacht, Schleppbedingungen herauszugeben, welche, wie schon das Referat betont, eine weitgehende Kodifizierung des Rechts des Schleppvertrages enthalten.

Ich habe mich bemüht, eine möglichst vollständige Sammlung dieser Bedingungen zusammenzustellen. Folgende liegen mir vor:

Rhein: Schleppbedingungen 1929 der verschiedenen bei der Schleppfahrt beteiligten Interessentenkreise in Rotterdam (abgedruckt im Heft 12 der Materialien des Vereins zur Wahrung der Rheinschifffahrtsinteressen e.V., Duisburg).

Westdeutsche Kanäle: Ausführungsbestimmungen zum Tarif für die Schifffahrtsabgaben und zum Schlepplohntarif auf den westdeutschen Kanälen (Mittellandkanal).

Weser: Beförderungsbedingungen der Bremer Schleppschifffahrts-Gesellschaft in Bremen.

Elbe, Havel und Nebenflüsse: Allgemeine Schleppbedingungen für die Stromgebiete der Elbe und der Havel und für deren Nebenflüsse und Kanäle (kartellierte Stromgebiete), gemeinsam festgelegt und anerkannt durch 1. Elbe-Reedereien-Vereinigung von 1934; 2. den Schifferbetriebsverband für die Elbe; 3. den Schifferbetriebsverband für die mitteldeutschen Wasserstraßen.

Hafen Hamburg: Allgemeine Schleppbedingungen für den Hafen Hamburg. Herausgegeben von der Reichsverkehrsgruppe Binnenschifffahrt, Fachuntergruppe Hafenschifffahrt, Bezirksgruppe Hamburg, nach vorheriger Verständigung mit der Elbe-Reedereien-Vereinigung von 1934 und dem Schifferbetriebsverband für die Oberelbe. – Tarif für die Assistenz und Verholung von Seeschiffen im Hafen Hamburg nebst Schleppbedingungen. Herausgegeben von der Firma Lütgens & Reimers, Hamburg 11, Neptunhaus.

Oder: Oder-Reederei-Schleppauftrag. Formular der Dampfer-Genossenschaft Deutscher Strom- und Binnenschiffer eGmbH, Fürstenberg a.d. Oder, nebst Bedingungen für das Schleppen von Fahrzeugen.

Im Endergebnis komme ich mit dem Herrn Referenten zu dem Grundsatz, dass es nicht notwendig ist, wegen des Schleppvertrages den Gesetzgeber schon jetzt in Bewegung zu setzen.

In einem Punkte bin ich allerdings anderer Meinung als der Herr Referent. Er meint, dass offenbar in den interessierten Kreisen ein Bedürfnis nach gesetzlicher Regelung nicht empfunden würde, weil vielfach durch Schleppbedingungen bereits eine Regelung getroffen sei, die den Belangen der Beteiligten gerecht und offenbar auch von den Vertragsgegnern der Verfasser der Bedingungen gebilligt würde.

Diese Auffassung trifft, wie ich festgestellt habe, nur zu einem Teil zu, insbesondere wehren sich die Kahnversicherungen immer wieder und m.E. nicht mit Unrecht gegen die Geltung bestimmter Freizeichnungsklauseln in den Schleppbedingungen.

In diesem Zusammenhang sei auf die Entscheidung des Hanseatischen Oberlandesgerichts hingewiesen, abgedruckt in der Hanseatischen Rechts- und Gerichtszeitschrift vom 6. Februar 1937 Nr. 6. Das Gericht kommt dort für die Elbe zu dem Ergebnis, dass bei allen von Privatschleppdampfern ausgeführten und vom Elbeschifferbetriebsverband vermittelten Schleppreisen die allgemeinen Schleppbedingungen als vereinbart, also als handelsüblich gelten.

Dieser Auffassung wird man für die Elbe bei dem augenblicklichen Rechtszustande zustimmen müssen, solange die Elbe-Reedereien-Vereinigung und die Elbeschifferbetriebsverbände ihr Einverständnis zu den Bedingungen gegeben haben.

Das Gericht hat aber in seiner Entscheidung zum Ausdruck gebracht, dass gegen gewisse Einwendungen aufgrund der Schleppbedingungen die Einrede der Arglist gegeben sei. Hier handelt es sich um Einwendungen, die von den Flussversicherungsgesellschaften allgemein als unbillig empfunden werden, nämlich u.a.

a) zu kurze Frist zur Anzeige von der Absicht, den Schlepper für den entstandenen Schaden verantwortlich machen zu wollen. Fehlende gemeinsame Schadensfeststellung. (§ 15 der Bedingungen)

b) Kurze Frist von drei Monaten nach Entstehung des Schadens zur Erhebung der Klage. (§ 16 der Bedingungen)

c) Ausschluss der Haftung für Schäden an Handkähnen, Stoßbooten, Steuer. (§ 14 der Bedingungen)

d) Beschränkung der Haftung auf bestimmte Beträge, wie sie z.B. in den Rotterdamer Schleppbedingungen von 1929 enthalten ist.

Die Versicherungen vertreten die Auffassung, dass durch solche und andere Freizeichnungsklauseln die bestehenden allgemeinen gesetzlichen Bestimmungen wertlos gemacht werden und wünschen daher, dass das Recht zur Freizeichnung aufgehoben oder zum Mindesten eingeschränkt wird.

Mir ist mitgeteilt – nachprüfen konnte ich dies nicht –, dass England, Frankreich, Belgien, USA Klauseln für nichtig erklärt haben, durch welche sich ein Verkehrsunternehmer von der Verpflichtung zum Ersatz von Schäden befreit, die durch Verabsäumen der vorgesehenen Pflichten und Obliegenheiten entstanden sind.

Der Seerechtsausschuss wird sich die Frage vorzulegen haben, ob eine gesetzliche Regelung der Freizeichnungsfrage anzustreben ist oder ob es dabei sein Bewenden haben soll, dass die Gerichte im Einzelfall die Einrede der Arglist gegen eine Überspannung der Freizeichnung zubilligen.

Meine Auffassung geht dahin, dass die gesetzliche Regelung vorzuziehen ist. Sie würde natürlich nicht nur für das Binnenschifffahrtsrecht, sondern auch für das Seerecht, wenn nicht gar für das gesamte bürgerliche Recht erfolgen müssen und zweckmäßigerweise bis zu der bevorstehenden Reform auf dem Gebiete des bürgerlichen Rechts zurückzustellen sein.

Zu den einzelnen Schleppbedingungen darf folgendes bemerkt werden:

1. Die Beförderungsbedingungen der Bremer Schleppschifffahrts-Gesellschaft und die Ausführungsbestimmungen für die Schifffahrtsabgaben und zum Schlepplohntarif auf den westdeutschen Kanälen (Mittellandkanal) enthalten keine Bestimmungen, die für das Recht des Schleppvertrages irgendwelche Bedeutung hätten.

2. Die von der Reichsverkehrsgruppe Binnenschifffahrt, Fachuntergruppe Hafenschifffahrt, Bezirksgruppe Hamburg herausgegebenen allgemeinen Schleppbedingungen für den Hafen Hamburg schließen sich an die allgemeinen Schleppbedingungen für die Stromgebiete der Elbe und der Havel an. Sie sind für die speziellen Verhältnisse des Schleppens im Hafen zugestutzt und aus den allgemeinen Schleppbedingungen diejenigen Bestimmungen herausgelassen, die nur für das Schleppen auf der Oberelbe in Betracht kommen.

Von Interesse im Einzelnen ist Folgendes:

Der Schleppvertrag wird als Dienstvertrag angesehen. Es wird keine Gewähr für wohlbehaltene und rechtzeitige Ankunft des Anhängers am Bestimmungsort übernommen, es wird nur die

Schleppkraft zur Verfügung gestellt. Eine Reihe von Freizeichnungsklauseln sind vorhanden. Der Schlepper will nur für nachgewiesenes, vorsätzliches oder grobfahrlässiges Verschulden der Dampfermannschaften in Ausübung des Bugsierdienstes haften (Umkehr der Beweislast. Ausschluss der Haftung für leichte Fahrlässigkeiten). Ausschluss der Haftung für Beschädigung oder Verlust der Steuer oder der Handkähne. Das Verfahren bei Schadensfeststellungen ist eingehend geregelt. Kurze Verjährungsfrist zur Klagerhebung.

Auch die Schleppbedingungen der Firma Lütgens & Reimers besagen ausdrücklich, dass das Schleppen von Fahrzeugen jeder Art als Dienstvertrag anzusehen ist. Bei der Ausführung von Schleppverträgen soll als vereinbart gelten, dass Führer und Mannschaft der Schleppdampfer Angestellte des Reeders des geschleppten Schiffes werden; sie sollen demgemäß nicht verantwortlich sein für Fehler oder Irrtümer in der Navigierung des Schleppzuges; die Schleppdampfer sind nur die fortbewegende Kraft des geschleppten Schiffes. Die Bedingungen sind, worauf auch die Überschrift hinweist, auf das Schleppen von Seeschiffen zugeschnitten.

Die Bedingungen für das Schleppen von Fahrzeugen der Dampfergenossenschaft Fürstenberg enthalten einen Haftungsausschluss für Schäden unter 300 RM; für Schäden über 300 RM gilt eine kurze Melde- und Klagefrist.

Ähnliche Haftungsbeschränkungen der Höhe nach enthalten die Rotterdamer Schleppbedingungen (400 bzw. 650 fl.).

Abgesehen von der Einschränkung in der Freizeichnungsfrage kann ich in allen übrigen Punkten die Ausführungen des Herrn Referenten nur unterstreichen.

33. Arbeitssitzung vom 1.11.1937 (16.15 bis 19.15 Uhr)

Anwesend:
Vorsitzender: Senatspräsident beim Reichsgericht Dr. Lindenmaier, Leipzig
2. Schriftführer: Amtsgerichtsrat Dr. Bramslöw, Hamburg
und als weitere ständige Mitglieder:
Rechtsanwalt Dr. Dettmers, Bremen
Rechtsanwalt Dr. Heynen, Hamburg
Rechtsanwalt Hillemann, Hamburg
Rechtsanwalt Dr. Kleemann, Hamburg
Kapitän Dr. Kuhl, Hamburg
Direktor Michelau, Bremen
Dr. Schütte, Hamburg
Rechtsanwalt Dr. Schulze-Smidt, Bremen
Generalkonsul Dr. Roselius, Bremen
OLG-Rat Dr. Segelken, Hamburg
vom Reichsjustizministerium:
Ministerialrat Koffka, Berlin
Richter Dr. Gramm, Berlin
vom Reichsverkehrsministerium:
Ministerialrat Dr. Fessler, Berlin
als Gäste:
Rechtsanwalt Dr. Schackow, Bremen
Oberregierungsrat Dr. Schrader, Hamburg
als Protokollführer:
Dozent Dr. Möller, Hamburg

für das Stenogramm:
Assessorin Krüger, Wandsbek

Bei der Eröffnung der Sitzung brachte der *Vorsitzende* seine Genugtuung darüber zum Ausdruck, dass der Seerechtsausschuss zum ersten Male eine Sitzung in Bremen abhalte. Er bitte die Bremer Mitglieder des Seerechtsausschusses, hierin den Versuch zu erblicken, zu einem kleinen Teil jene Dankesschuld abzutragen, welche den Seerechtsausschuss gegenüber seinen Bremer Mitgliedern für ihr vorbildliches regelmäßiges Erscheinen zu den Hamburger Sitzungen belaste.

Direktor Michelau sei jetzt beim Norddeutschen Lloyd ausgeschieden und in den Vorstand der Bremer und Mindener Schleppschifffahrtsgesellschaft übergetreten. Im Namen aller Ausschussmitglieder danke er Direktor Michelau für seine wertvolle Mithilfe in der Hoffnung, dass dem Seerechtsausschuss auch in Zukunft die Unterstützung von Direktor Michelau bei Fragen aus dem Gebiete des Binnenschifffahrtsrechtes zuteil werden möge.

Als neues Mitglied begrüßte der Vorsitzende Rechtsanwalt Dr. Kleemann, der besondere Kenntnisse auf dem Gebiete des Seerechts besitze und sich bereit erklärt habe, bei der Abfassung der Protokolle erforderlichenfalls Hilfe zu leisten.

Der Vorsitzende berichtete dann, er habe einer Sitzung des Verkehrsrechtsausschusses der Akademie in München beigewohnt. Bekanntlich sei es die Aufgabe dieses Ausschusses, die Einheitlichkeit des Kraftfahrzeug-, Eisenbahn-, Luft- und Seerechts zu überwachen.

In der Münchner Sitzung habe Staatssekretär Dr. Koenigs [vgl. Bd. XVIII der Reihe, S. XXV] insbesondere drei Gedanken herausgestellt: Es erscheine zweckmäßig, für alle Zweige des Verkehrsrechtes die Voraussetzungen der Haftung des Schädigers zu vereinheitlichen und zu vereinfachen. Weiterhin sei es erstrebenswert, die Entschädigung des Anspruchsberechtigten dadurch sicherzustellen, dass man die geldliche Belastung zunächst auf breitere Schultern, etwa auf genossenschaftliche Verbände, abwälze. Schließlich sei zu erwägen, ob nicht auch solchen Geschädigten, die ein eigenes Verschulden treffe, aus sozialen Gründen eine angemessene Entschädigung zugebilligt werden könne [aaO., S. 531 ff.]. Der Verkehrsrechtsausschuss habe beschlossen, bei Reichsminister Dr. Frank die Einsetzung eines besonderen Ausschusses für die Prüfung dieser Frage anzuregen.

Er, der Vorsitzende, habe auf die besonderen Bedenken hingewiesen, welche vom Standpunkte des Seerechts aus der angeregten Rechtsgestaltung entgegenstünden. Das Seerecht unterliege internationalen Bindungen, welche gelöst werden müssten, falls die geplanten Rechtsänderungen auch für das Seerecht verwirklicht werden sollten. Diese Lösung von den internationalen Bindungen sei umso schwieriger, als Deutschland grade Wege zur Einführung der Haager Regeln beschritten habe und als die Übernahme der weiteren Brüsseler Konventionen zu erwarten sei. Außerdem würden sich für das Seerecht Bedenken daraus ergeben, dass sehr häufig mit ausländischen Beteiligten gerechnet werden müsse. Letztlich könne auch die Einschaltung eines dritten Schadensträgers im internationalen Verkehr leicht bürokratisch wirken. Der Staatssekretär habe sich diesen Bedenken nicht verschlossen, hoffe aber doch noch, eine einheitliche Lösung für das gesamte Verkehrsrecht zu finden.

Wie schon angedeutet, habe Deutschland durch das Gesetz zur Änderung von Vorschriften des Handelsgesetzbuches über das Seefrachtrecht vom 10. August 1937 (RGBl. I S. 891 ff.) die Haager Regeln übernommen. Es sei damit zu rechnen, dass das Gesetz bald in Kraft trete. Im April 1937 habe eine vom Reichsjustizministerium einberufene Sitzung stattgefunden, in der der Entwurf des Gesetzes von Sachverständigen geprüft sei. Der Seerechtsausschuss sei in dieser Sitzung durch ihn, den Vorsitzenden, vertreten gewesen, wie auch in der amtlichen Gesetzesbegründung hervorgehoben worden sei.

Ministerialrat *Krieger* machte zu dem Gesetz vom 10. August 1937 noch folgende Mitteilung: In Art. 6 sei der Reichsminister der Justiz ermächtigt, den Wortlaut der seerechtlichen Vorschriften des Handelsgesetzbuches neu bekanntzugeben. Es bestehe nicht die Absicht, diese Neufassung sofort vorzunehmen, die Vorschrift sei nur deshalb in das Gesetz aufgenommen, damit zu gegebener Zeit die seerechtlichen Vorschriften ohne weiteres neugefasst bekanntgegeben werden könnten. Es liege dem Reichsjustizministerium fern, den Arbeiten des Seerechtsausschusses, besonders auf dem Gebiete des Seefrachtrechts, vorgreifen zu wollen, auch die Übernahme der weiteren Brüsseler Konventionen solle abgewartet werden.

Der *Vorsitzende* begrüßte diese Stellungnahme des Reichsjustizministeriums und teilte mit, dass sobald wie möglich das *Seefrachtrecht* im Seerechtsausschuss behandelt werden solle.

Sodann bat er Kapitän Dr. Kuhl, das Wort zu seinem Referat über die *Verklarung* zu ergreifen.

Kapitän *Dr. Kuhl* hielt das als *Anlage 1* beigefügte Referat.

Nachdem der *Vorsitzende* dem Berichterstatter den Dank des Seerechtsausschusses zum Ausdruck gebracht hatte, bat er Rechtsanwalt Dr. Dettmers, sein Korreferat zu erstatten.

Rechtsanwalt *Dr. Dettmers* hielt das als Anlage 2 [weggelassen] beigefügte Korreferat, das er noch durch folgende Hinweise ergänzte: Die von Kapitän Dr. Kuhl angeführten Gründe gegen die Vereidigung besonders der Besatzungsmitglieder seien durchschlagend. Die Auswahl der mitschwörenden Besatzungsmitglieder erfolge in der Regel völlig willkürlich, beispielsweise ziehe der Kapitän irgendeinen Matrosen oder Heizer heran, der gerade Freiwache habe, und dieser müsse dann den Bericht des Kapitäns beschwören. Ein erfahrener Hamburger Anwalt habe einmal geäußert, dass die Besatzungsmitglieder unter sich „eidesfest" seien.

Im Übrigen verdiene ein bloßes Beurkundungsverfahren vor einem Beweiserhebungsverfahren den Vorzug. Auch für den Prozessrichter und für die Anwälte seien Beweiserhebungen anlässlich der Verklarung häufig unangenehm. Dadurch entstünden umfangreiche Protokolle, die in manchen Fällen nur einen Wert als Meinungsäußerungen des Verklarungsrichters über den ihm vorgetragenen Sachverhalt besäßen. Für den Prozessrichter gehe bei Verwertung dieser Protokolle jede Unmittelbarkeit des Verfahrens verloren.

Auch deshalb empfehle sich die Einführung eines Beweiserhebungsverfahrens nicht, weil sich fast überall im Ausland ein bloßes Beurkundungsverfahren als ausreichend bewährt habe. Den rechtsvergleichenden Darlegungen sei ein Hinweis auf das argentinische Seerecht hinzuzufügen, welches erfordere, dass der Kapitän nach jedem Seeunfall sofort an Bord ein Protokoll anfertige und dieses bei der nächsten erreichbaren Behörde einreiche. Der Kapitän habe seinen Bericht mit dem Eide zu bekräftigen und auf Verlangen das Schiffstagebuch vorzuweisen.

Ein Beweiserhebungsverfahren werde auch immer dann Schwierigkeiten bereiten, wenn die Verklarung im Auslande erfolge. Schon den deutschen Konsulatsbeamten könne man eine umfangreiche Beweisaufnahme nicht zumuten. Wo es an deutschen Konsulatsbeamten fehle, werde sich im Ausland eine geeignete Behörde häufig überhaupt nicht finden.

Es sei durchaus nicht so, dass der Verklarung jede praktische Bedeutung fehle, wenn sie nur als Beurkundungsverfahren ausgestaltet sei. Es brauche nur erinnert zu werden an den Zusammenstoß der Dampfer „Westfalia" und „Schwalbe", bei welchem das Verklarungsprotokoll die Aussagen des später ums Leben gekommenen Kapitäns und seiner Offiziere habe ersetzen müssen. Es komme auch vor, dass das Schiffstagebuch bei einem Schiffsunfall verloren gehe, so dass gleichfalls nur auf einen im Zwischenhafen abgegebenen Verklarungsbericht zurückgegriffen werden könne.

Zum Verfahren sei zu bemerken, dass es sich empfehle, die Beurkundung nicht nur vor einer Gerichtsperson, sondern auch vor einem Notar zuzulassen. Fast überall in der Welt werde der Notar bei Beurkundungsverfahren für zuständig erklärt. Soweit Gerichtspersonen in Frage kämen, reiche es aus, wenn ein Urkundsbeamter die Verklarung entgegennehme, es sei nicht nötig, einen Richter mit dieser Aufgabe zu belasten.

Der *Vorsitzende* dankte auch Rechtsanwalt Dr. Dettmers für sein Referat und führte zusammenfassend aus: Beide Berichterstatter seien sich in der Kritik des bestehenden Rechtszustandes einig. Lediglich hinsichtlich der zweckmäßigen Neugestaltung des Rechts der Verklarung stünden einander verschiedene Vorschläge gegenüber. Kapitän Dr. Kuhl rege die Einführung eines Beweiserhebungsverfahrens an, während Rechtsanwalt Dr. Dettmers für ein bloßes Beurkundungsverfahren eintrete.

Dazu sei Folgendes zu sagen: Heute stehe bei der Verklarung die einseitige eidliche Berichterstattung des Kapitäns oder des 1. Offiziers im Mittelpunkt, der erstattete Bericht werde von Besatzungsmitgliedern als Eideshelfern bekräftigt. Dieses Rechtsinstitut mit seinem Eideszwang habe volle Bedeutung nur solange gehabt, als formelle Beweisregeln die Unwiderleglichkeit des Verklarungsberichts bewirkt hätten. Mit Einführung der freien Beweiswürdigung sei die Verklarung zu einer nur vorläufigen Beweisunterlage für gewisse Rechtsverhältnisse und Rechtsbeziehungen, wie sie besonders von Kapitän Dr. Kuhl aufgezählt seien, geworden.

Bei dieser Sachlage seien erhebliche Bedenken gegen das bestehende Verklarungsverfahren, insbesondere gegen die Eidespflicht, zu erheben. Der Kapitän sei in einer großen Anzahl von Fällen selbst Beteiligter, der unter Umständen für die angerichteten Schäden haften müsse. Gegen das Verfahren der summarischen Eideshilfe der Schiffsbesatzung spreche, dass insoweit die Beeidigung nicht der Wahrheitsermittlung diene. In einem späteren Prozess zeigten die Besatzungsmitglieder das Bestreben, sich nicht zu dem voreilig beschworenen Reisebericht des Kapitäns in Widerspruch zu setzen, wodurch die Wahrheitsermittlung erheblich erschwert werde. Allgemein beachtlich sei, dass unser heutiges Prozessverfahren den Eid nur in wichtigen Fällen und nur dann vorsehe, falls er zur Erzwingung einer wahrheitsgemäßen Aussage notwendig erscheine. Schließlich werde die Verklarung auch deshalb nie völlige Aufklärung in den später sich als maßgebend erweisenden Punkten bringen können, weil jene Punkte, die sich später im streitigen Verfahren als ausschlaggebend herausstellten, bei der Verklarung noch nicht feststünden.

Wenn es richtig sei, dass die Verklarung nur eine vorläufige Beweisunterlage verschaffen solle, so müsse sie derart ausgestaltet werden, dass sie diesen ihren Zweck der vorläufigen Aufklärung so gut wie möglich erfülle, wobei sie aber entlastet werden müsse von unzeitgemäßen Beeidigungsvorschriften.

Bei diesem Ausgangspunkt sei es – entgegen dem Standpunkt von Rechtsanwalt Dr. Dettmers – erwünscht, dass der Richter, also nicht nur der Kapitän, in der Lage sei, andere Mitglieder der Schiffsbesatzung und sogar dritte Personen, etwa einen Hafenarbeiter oder ein Besatzungsmitglied eines unbeteiligten Schiffes, zu der Verklarung heranzuziehen. Die Herbeiziehung könne von Amts wegen oder auf Antrag eines Beteiligten erfolgen, den Beteiligten sei ein Fragerecht zuzubilligen. Durch eine solche Ausgestaltung des Verklarungsverfahrens werde eine wesentliche Verzögerung nicht eintreten.

Es empfehle sich nicht, die französische Regelung, wonach nach jeder Reise ein Bericht erstattet werden müsse, zu übernehmen. Solche Regelung führe leicht zu einer bürokratischen Formalisierung und Schematisierung der Reiseberichte. Das niederländische Recht sehe eine Verklarung vor dem Notar vor. Es seien keine Bedenken gegen die Hinzuziehung der Notare ersichtlich, zumal in Deutschland die Stellung der Notare immer beamtenähnlicher werde.

Unter Ablehnung des von Kapitän Dr. Kuhl angestrebten Beweisaufnahmeverfahrens – natürlich sei in geeigneten Fällen immer das übliche Beweisaufnahmeverfahren möglich – befürworte er, der Vorsitzende, nach alledem folgenden *Leitsatz*: „Die Verklarung ist ihrer Aufgabe gemäß, eine vorläufige Unterlage für einen Reiseunfall zu geben, auszugestalten. Dieser Aufgabe wird genügt, wenn der leitende nautische Offizier die Berechtigung, auf Antrag eines Beteiligten aber auch die Verpflichtung erhält, auf Grundlage des Schiffstagebuches einen Bericht über den Reiseunfall zu erstatten, der mündlich erläutert und erweitert werden kann. Gegebenenfalls ist dieser Bericht von dem leitenden technischen Offizier unter Heranziehung des Maschinentagebuches zu ergänzen. Weitere Aufklärung des Sachverhaltes kann auf Antrag eines Beteiligten oder von Amts wegen durch Zuziehung weiterer Beweismittel, z.B. durch Befragung sonstiger Mitglieder der Besatzung oder Dritter erfolgen. Die Verhandlung erfolgt uneidlich vor dem Amtsgericht oder einem Notar.

Weitere Beweiserhebung ist Sache des Beweissicherungsverfahrens oder des ordentlichen Beweisverfahrens.

Im Binnenschifffahrtsrecht ist die Verklarung entsprechend zu gestalten."

Generalkonsul *Dr. Roselius* äußerte die Ansicht, Hauptzweck der Verklarung sei, den Tatbestand festzulegen, damit er nicht verschleiert werden könne. Deshalb sei die Regelung des argentinischen Rechts zweckmäßig, wonach sofort an Bord ein schriftliches Protokoll über jeden Seeunfall niedergelegt werden müsse und wonach später der Kapitän seinen Bericht mit dem Eide zu bekräftigen habe.

Dr. Bramslöw meinte, die Verklarung sei nicht so schlimm wie ihr Ruf. Allerdings dürfe der Verklarungsrichter sich nicht darauf beschränken, Erklärungen entgegenzunehmen, sondern er müsse von dem Fragerecht des § 525 Abs. 1 HGB mehr als üblich Gebrauch machen, sowie von der Möglichkeit, außer den gestellten auch andere Personen der Schiffsbesatzung zu vernehmen. So angewandt erfülle das althergebrachte Institut der Verklarung auch heute noch seinen Zweck.

Dabei sei der Zwangseid nach Abschaffung der formellen Beweisregeln allerdings ein Unding. Vor allem müssten der Kapitän und sonstige Beteiligte grundsätzlich unbeeidigt bleiben. Dem Richter müsste es jedoch freistehen, anderen Mitgliedern der Besatzung nach seinem Ermessen den Eid abzunehmen. Ähnlich sei die Eidesfrage ja auch im seeamtlichen Verfahren geregelt.

Gegen den Vorschlag, die Verhandlung auch vor einem Notar zuzulassen, sei einzuwenden, dass der Notar nur eine Beurkundungsperson sei, welche keine Ermittlungen entsprechend § 525 Abs. 1 HGB anstellen könne.

Im Übrigen empfehle es sich, entsprechend dem geltenden Gesetz die Verklarung obligatorisch für jede Reise vorzusehen, auf der sich ein Unfall ereignet habe.

Der *Vorsitzende* äußerte zu diesem letzten Vorschlag das Bedenken einer Bagatellisierung der Verklarung. Es erwüchsen auch Kosten, die sich durchaus vermeiden ließen. Im Übrigen sei es schwierig, den Begriff des Reiseunfalls unzweifelhaft festzulegen.

Dr. Schütte stimmte im Großen und Ganzen den Vorschlägen von Rechtsanwalt Dr. Dettmers zu. Was allerdings die Forderung anlange, auch die Notare für zuständig zu erklären, so werde übersehen, dass jene Rechtswahrer, die – wie Rechtsanwalt Dr. Dettmers – Anwälte und Notare zugleich seien, bei der restlosen Verwirklichung des Nur-Notariats aussterben würden. Dann aber werde es kaum noch Notare geben, welche besondere Sachkenntnisse auf dem Gebiete des Seerechts besäßen.

Im Übrigen müsse noch eine Lanze für den Kapitän gebrochen werden: Die bisherigen Verhandlungen könnten den Anschein erwecken, als ob die Kapitäne mehr oder weniger häufig bei Abgabe der Verklarung einen Meineid leisteten. Das treffe sicherlich nicht zu; im Übrigen lehre die Erfahrung und sei es auch Aufgabe des deutschen Richters, unvorsichtige Eidesleistungen zu verhindern.

Schließlich sei zu erwähnen, dass nach Möglichkeit die Verklarungskosten allgemein herabgesetzt werden müssten, da diese gegenwärtig, soweit erinnerlich, mindestens 120 RM betrügen. Es sei außerdem zu wünschen, dass die Kosten, falls die Notare zugelassen werden sollten, jedenfalls nicht vom Wert des Objektes, d.h. der Ladung oder gar des Schiffes berechnet werden.

Rechtsanwalt *Dr. Heynen* berichtete über die Bedeutung des binnenschifffahrtsrechtlichen Verklarungsverfahrens auf Elbe und Oder. Dort komme – anders als auf den von Rechtsanwalt Dr. Dettmers genannten Strömen – die Verklarung ziemlich häufig vor.

Bei dieser Gelegenheit sei auf die Notwendigkeit hinzuweisen, das streitige Verfahren in Binnenschifffahrtssachen zu beschleunigen. Das lasse sich dadurch ermöglichen, dass die Ablegung der Verklarung zur Pflicht gemacht und das Verklarungsprotokoll im streitigen Prozess zugrunde gelegt werde.

Es entspann sich dann eine Aussprache darüber, ob schon heute eine Bindung des Prozessrichters an das Verklarungsprotokoll bestehe. Rechtsanwalt *Dr. Dettmers* berichtete, dass es schon nach geltendem Recht häufiger vorkomme, dass der Prozessrichter das Verklarungsprotokoll zur Grundlage der Verhandlung mache.

Ministerialrat *Krieger* fasste das bisherige Verhandlungsergebnis dahin zusammen, dass man offenbar das Rechtsinstitut der Verklarung beibehalten wolle.

Ungeklärt sei nur noch die Frage, ob ein Beurkundungsverfahren oder ein Beweiserhebungsverfahren vorzuziehen sei. Wohl sei es mit dem Beurkundungsverfahren verträglich, dass der Kapitän von sich aus andere Personen zu der Verklarung hinzuziehe, man gerate aber in ein Beweiserhebungsverfahren hinein, falls auch der Richter seinerseits Zeugen hinzuzuziehen vermöge. Falls der Kapitän Besatzungsmitglieder zu der Verklarung heranziehe, so hätten diese in Zukunft nicht Erklärungen des Kapitäns nur zu bestärken, sondern eigene Erklärungen abzugeben.

Die Einführung eines bloßen Beurkundungsverfahrens, bei dem der Richter nichts weiter zu tun habe, als eine solenne Erklärung über den Reiseunfall entgegenzunehmen, mache die Verklarung keineswegs wertlos. Es lasse sich durch eine derartige Verklarung immer erreichen, dass später die Zeugen nicht starken Erinnerungstäuschungen unterlägen; die unter dem frischen Eindruck des Unfalls gemachten Aussagen verliehen dem Verklarungsprotokoll seinen entscheidenden Wert.

Es entspreche durchaus dem deutschen Rechtssystem, dass ein solches Beurkundungsverfahren sich entweder vor dem Gericht oder vor dem Notar abspiele. Allerdings seien gegen die Betrauung eines Urkundsbeamten mit der Entgegennahme der Verklarung Bedenken zu erheben. Denn es setze ja eine ziemlich große Lebenserfahrung voraus, die schwierigen bei einer Verklarung zur Sprache kommenden Vorgänge zu verstehen, und es könne davon ausgegangen werden, dass diese Lebenserfahrung eher der Richter als der Urkundsbeamte besitze.

In einem bloßen Beurkundungsverfahren sei für eine obligatorische Eidesleistung kein Raum, zumal auch für das heutige Zivilprozessverfahren der Eid nur noch möglichst selten vorgesehen werde.

Das geltende Recht sage in § 522 Abs. 1 HGB: „Der Schiffer *hat* über alle Unfälle … eine Verklarung abzulegen." Es fehle aber an einer Sanktion für diese Mussvorschrift, zivilrechtliche Schadensersatzansprüche wegen Nichtablegung der Verklarung kämen nicht in Betracht. Das künftige Recht müsse ehrlicher sein und sich auf eine bloße Sollvorschrift beschränken.

Der *Vorsitzende* legte dar, dass in der Hauptsache zwei Fragen offen seien, nachdem die Mehrzahl der Mitglieder sich anscheinend für die Einführung eines bloßen Beurkundungsverfahrens einsetze:

Richter Dr. Bramslöw habe angeregt, dem Kapitän die Verklarung nach jeder Reise, auf der sich Unfälle ereignet hätten, zur Pflicht zu machen.

Ministerialrat Krieger wolle nicht dem Richter, wohl aber den Beteiligten, insbesondere dem Reeder, das Recht zubilligen, weitere Personen zur Verklarung heranzuziehen.

Rechtsanwalt *Dr. Dettmers* nahm zu diesen beiden Punkten wie folgt Stellung: Eine Verpflichtung des Kapitäns zur Abgabe der Verklarung habe bisher de facto nicht bestanden. Es sei schon öfter vorgekommen, dass in schweren Kollisionsfällen nur die seeamtliche Verhandlung stattgefunden habe. Es sei nicht erwünscht, einem Rechtsinstitut künftig durch die Gesetzgebung wieder einen Auftrieb zu geben, dessen Bedeutung von der Praxis mit guten Gründen herabgemindert sei. Diese Auffassung werde sicherlich von allen anwesenden Praktikern, deren „Eideshilfe“ er erbitte, geteilt. So sei es zweckmäßig, dem Vorschlag des Vorsitzenden zu folgen, wonach der leitende nautische Offizier die Berechtigung, auf Antrag eines Beteiligten aber die Verpflichtung erhalte, eine Verklarung abzulegen.

Entsprechend dem Vorschlag von Ministerialrat Krieger müsse es dem Kapitän möglich sein, seinerseits weitere Personen der Schiffsbesatzung hinzuzuziehen, welche eigene Erklärungen abzugeben hätten. Dagegen sei es überflüssig, dem Kapitän auch eine solche Möglichkeit hinsichtlich der „Landzeugen“ zu verschaffen; bei den Kollisionsprozessen habe sich eine bedenkliche Technik zur Ausfindigmachung solcher „Landzeugen“ entwickelt, es empfehle sich, diese Missstände nicht auf das Verklarungsverfahren zu übertragen.

Im Übrigen sei – allgemein gesprochen – dringend zu empfehlen, sich für ein Beurkundungsverfahren, nicht für ein Beweiserhebungsverfahren zu entscheiden. Es sei zu begrüßen, dass anscheinend der Seerechtsausschuss dieser Empfehlung folgen wolle. Gerade auch die Praxis setze sich für ein Beurkundungsverfahren ein, wie es sich überall im Ausland bewährt habe. Es sei nicht zu wünschen, dass Deutschland eigene Wege gehe, dadurch trage es nicht zur Vereinheitlichung des Seerechts bei.

Nur müsse natürlich das Beurkundungsverfahren durch Beseitigung des bisherigen Eideszwangs reformiert werden.

Rechtsanwalt *Dr. Schackow* setzte sich demgegenüber für die Beibehaltung des Eideszwanges ein. Von praktischer Bedeutung seien nicht die Fälle, in denen das Schiffstagebuch verloren gehe oder der Kapitän sterbe, oder die Tatbestände, bei denen eine seeamtliche Verhandlung stattfinde, sondern jene häufig vorkommenden klaren Unfälle, bei denen etwa ein Fass Öl ausgelaufen sei usw. Bei diesen Kleinschäden diene der Verklarungsbericht – besonders in der Ostasienfahrt – dem Reeder zur Abwehr der Ladungsclaims. Deshalb sei es für die Reeder äußerst nachteilig, falls der Beweiswert der Verklarungsprotokolle eine Abschwächung erfahre. Allenfalls sei daran zu denken, dass man die Beeidigung der sonstigen Besatzungsmitglieder in das Ermessen des Gerichts stelle, der Kapitän aber müsse stets schwören.

Auf die Frage des *Vorsitzenden,* ob denn der Kapitän grade über die zahlreichen Kleinschäden, also über jedes leck gewordene Fass aus eigener Sachkunde berichten könne, erwiderte Rechtsanwalt *Dr. Schackow,* dass sich auch auf großen Schiffen der Kapitän in solchen Fällen stets sofort die notwenigen Unterlagen verschaffen werde.

Der *Vorsitzende* und Rechtsanwalt *Dr. Dettmers* wiesen im Übrigen beide darauf hin, dass doch auch das Ausland ohne Eid auskomme.

Gegenüber dem Hinweis von Ministerialrat *Krieger,* wonach auch im Gebiete der freiwilligen Gerichtsbarkeit auf Antrag des Aussagenden eine Eidesabnahme stattfinden könne, bemerkte der *Vorsitzende,* dass bei derartiger Gestaltung der Verklarung die Dienstanweisungen der Reedereien den Kapitänen stets das Erbieten zum Eide vorschreiben würden.

Ministerialrat *Dr. Fessler* hob nochmals die Gründe hervor, die – besonders auch vom Standpunkt der Moral – gegen die Eidesabnahme sprächen. Ein Beurkundungsverfahren ohne Eid reiche umso mehr aus, als es für Seeunfälle schon drei förmliche Beweiserhebungsverfahren gebe, nämlich das seeamtliche Verfahren, das Beweissicherungsverfahren und die zivilprozessuale Beweisaufnahme.

Rechtsanwalt *Dr. Schackow* äußerte Zweifel darüber, ob in anderen Ländern, wo es an der obligatorischen Eidespflicht fehle, die Abwicklung der Ladungsclaims ebenso gut wie in Deutschland vonstatten gehe. In den Konnossementen des Norddeutschen Lloyd stehe im Übrigen, dass das Verklarungsprotokoll die maßgebliche Unterlage für etwaige Streitfälle bilden solle.

Aus den *Zurufen* verschiedener Ausschussmitglieder ließ sich entnehmen, dass diese in ihrer Mehrzahl anscheinend Gegner des Eideszwanges sind.

Rechtsanwalt *Dr. Schackow* empfahl im Übrigen, keine unbedingte Verklarungspflicht vorzusehen, sondern den Dienstanweisungen der Reedereien die Regelung der Fälle zu überlassen, in denen die Ablegung der Verklarung erforderlich sei. Insoweit stimme er dem Vorschlag des Vorsitzenden zu.

Auch Rechtsanwalt *Dr. Dettmers* wandte sich gegen die Anregung von Richter Dr. Bramslöw. Nur dann sei die Ablegung der Verklarung dem Kapitän zur Pflicht zu machen, wenn ein Beteiligter einen diesbezüglichen Antrag stelle.

OLG-Rat *Dr. Segelken* unterstützte den Standpunkt von Rechtsanwalt Dr. Dettmers, wonach es nicht zweckmäßig sei, einem von der Praxis in seiner Bedeutung geminderten Rechtsinstitut künstlichen Auftrieb zu geben. Während seiner Tätigkeit als Verklarungsrichter in Bremerhaven habe er festgestellt, dass man der Verklarung überall mit Misstrauen begegne und dass das Verfahren baldmöglichst abgeändert werden müsse.

Die Schaffung eines Beweiserhebungsverfahrens sei schon deshalb nicht notwendig, weil auch bei einem Beurkundungsverfahren der Richter es immer für seine Pflicht halten werde, dem Kapitän geeignete Fragen vorzulegen.

Die Beeidigung des Kapitäns sei in Zukunft unnötig.

Bedenklich sei es auch, dem Kapitän das Recht zu geben, dritte Personen zu der Verklarung hinzuzuziehen, allenfalls hinsichtlich des leitenden Ingenieurs sei eine Ausnahme zu machen. Werde ein anderes Verfahren beobachtet, so werde häufig die Wahrheitsermittlung in einem späteren Verfahren erschwert. Das zeige sich beispielsweise auch dann, wenn Versicherungsgesellschaften sich vor einem Prozessverfahren von den späteren Zeugen eidesstattliche Erklärungen geben ließen, deren Abfassung natürlich nicht immer ganz objektiv erfolge.

Auch wenn die Verklarung nichts weiter sei als eine beurkundete Erklärung des Kapitäns, so habe sie doch eine bedeutsame Aufgabe. Es sei immerhin für die Beteiligten wichtig, wie sich der Kapitän unter dem frischen Eindruck des Unfalls über den Vorgang geäußert habe. Man könne ihm auch später im streitigen Verfahren stets seine im Verklarungsverfahren abgegebene Erklärung vorhalten.

Aufgrund des Ergebnisses der Beratungen stellte der *Vorsitzende* fest, dass die Mehrheit des Ausschusses sich gegen die Zwangsverklarung und gegen die Beibehaltung der eidlichen Vernehmung ausspreche.

Nachdem noch die Anregung von Rechtsanwalt *Dr. Schulze-Smidt* Beifall gefunden hatte, die binnenschifffahrtsrechtliche Verklarung, bei welcher die Verhältnisse offenbar anders lägen als im Seerecht, zunächst beiseite zu lassen, formulierte der Vorsitzende den *Standpunkt des Seerechtsausschusses* wie folgt: „Die Verklarung ist ihrer Aufgabe gemäß, eine vorläufige Unterlage für einen Reiseunfall zu geben, auszugestalten. Dieser Aufgabe wird genügt, wenn der leitende nautische Offizier die Berechtigung, auf Antrag eines Beteiligten aber auch die Verpflichtung erhält, auf Grundlage des Schiffstagebuches einen Bericht über den Reiseunfall zu erstatten, der mündlich erläutert und erweitert werden kann. Gegebenenfalls ist dieser Bericht von dem leitenden technischen Offizier unter Heranziehung des Maschinentagebuches und durch die Erklärungen anderer vom Kapitän heranzuziehender Besatzungsmitglieder zu ergänzen. Die Verhandlung erfolgt uneidlich vor dem Amtsgericht oder einem Notar.

Weitere Beweiserhebung ist Sache des Beweissicherungsverfahrens oder des ordentlichen Beweisverfahrens.“

Der *Vorsitzende* berichtete sodann über den *weiteren Arbeitsplan:* Die Behandlung des Lotsenrechts müsse bis etwa zum Frühjahr vertagt werden, da auf diesem Gebiet augenblicklich eine Verwaltungsreform schwebe, die abgewartet werden solle.

Erörterungsbedürftig sei ferner das Frachtrecht, dessen Behandlung aber auch erst im Frühjahr ausreichend vorbereitet sein könne.

Deshalb sollten zunächst die Zwischenfälle der Reise erörtert werden, und zwar in erster Linie das Recht der Strandungsordnung und der Kollisionen. OLG-Rat Dr. Ewald soll als besonderer Sachkenner um die Übernahme um die Übernahme des Referats gebeten werden. Rechtsanwalt Dr. Dettmers erklärte sich bereit, das Korreferat zu halten.

In einer späteren Sitzung werde dann wahrscheinlich das Havariegrosserecht behandelt werden. Wegen der Berichterstattung solle bei Schriftleiter Hochgräber, dem Mitarbeiter von Ulrich und Brüders, angefragt werden. Das Korreferat übernahm Dozent Dr. Möller.

Die nächste Sitzung wurde für den 21. Dezember 1937 in Aussicht genommen.

Anlage 1:

Die Verklarung (§§ 522-525 HGB). Referat von Dr. H. Kuhl vom 12.5.1937

Das uralte Rechtsinstitut der Verklarung, durch welches nach einem Seeunfall die Beweissicherung vorgenommen wird, findet sich schon im römischen Recht (Codex de naufragio, II, 6 [recte: C. 11, 5, 2; Cod. Theod. 13, 9]) und war auch den mittelalterlichen Seegesetzen bekannt, so dem Seerecht von Oleron und dem Wisby'schen Seerecht. In der Form, in der sie nach dem heutigen Handelsgesetzbuch abgelegt wird, hat sie sich in den deutschen Seestädten entwickelt. Sie wurde ehedem in Preußen abgelegt vor dem Seegericht des Bestimmungshafens, in Lübeck vor der Schiffergesellschaft, in Hamburg und Bremen vor den Handelsgerichten. Einheitlich für ganz Deutschland wurde die Verklarung im alten deutschen Handelsgesetzbuch von 1861 geregelt, aus dem sie unverändert in das neue Handelsgesetzbuch von 1897 übergegangen ist.

Die Bedeutung der Verklarung liegt vorwiegend auf privatrechtlichem Gebiet. Einmal wird sie seit alters her als ein wirksames Mittel des Seefahrtunternehmers angesehen, um etwaigen Ansprüchen der Reiseinteressenten durch eine einseitige Erklärung der Schiffsbesatzung von vornherein entgegentreten zu können. Weiter pflegt sie als maßgebliche Unterlage zur Entscheidung der Frage zu dienen, ob ein Schaden in gemeinschaftlicher Haverei zu verteilen ist. Schließlich aber ist die Verklarung von besonderer Bedeutung für die Seeversicherung: Nach § 43 ADS kann der Versicherer die Herbeiführung einer Verklarung, an der er ein berechtigtes Interesse hat, verlangen und gemäß § 884 HGB wird die Verklarung neben dem Schiffstagebuch als genügender Beleg zum Nachweise eines Unfalls angesehen.

Daneben dient die Verklarung auch öffentlichrechtlichen Zwecken, wenn sie im Zivilprozess als Beweismittel herangezogen wird oder vom Verklarungsgericht gemäß § 13 Abs. 3 SUG [Seeunfallgesetz vom 28.9.1935] dem Seeamt übersandt wird, um die Untersuchung eines Seeunfalls anzuregen und dem Vorsitzenden die Prüfung der Frage zu ermöglichen, ob der betreffende Unfall untersuchungsfähig bzw. untersuchungspflichtig ist. Endlich aber ist die Verklarung gemäß § 1761 RVO auch ein genügender Ersatz für die bei schweren Unfällen von Besatzungsmitgliedern vorgeschriebene Unfalluntersuchung durch das Seemannsamt.

Während die vom Gesetz vorgeschriebene Verklarung (§ 422 HGB) an Unfälle des Schiffes oder der Ladung geknüpft ist, besteht auch nach normalem Reiseverlauf durchaus die Möglichkeit, freiwillig Verklarung abzulegen, bei der dann lediglich der Reisebericht verlesen und beschworen wird.

Abgelegt wird die Verklarung im Reichsgebiet gemäß § 524 HGB vor dem Amtsgericht, im Ausland gemäß Konsulatsgesetz § 36 vor dem Konsulat. Außerdem sind deutsche Kapitäne in manchen Ländern, wie z.B. in Frankreich, gezwungen, Verklarung vor ausländischen Behörden nach den Vorschriften des betreffenden Landes abzulegen.

In der Form, in der nach den geltenden deutschen Vorschriften Verklarung abgelegt wird, haben sich mittelalterliche Rechtsanschauungen über die Beweisführung erhalten, die in keinem anderen Rechtsinstitut mehr zu finden und mit den modernen Prozessgesetzen nicht in Einklang zu bringen sind. Die zwingend vorgeschriebene Beeidigung der Schiffsleute auf den verlesenen Bericht des Kapitäns kann nämlich nur als Eid von Eideshelfern erklärt werden. Bekanntlich hatte nach altdeutschem Recht der Beklagte ein Beweisrecht, und er konnte vollen Beweis für die von ihm beschworenen Angaben erbringen, wenn er eine genügende Anzahl von Eideshelfern, gewöhnlich sechs, mitbrachte, die ihre Überzeugung beschworen, dass sein Eid rein und unmein sei. Dagegen konnte der Kläger ihn übersiebenen, indem er mit einer größeren Anzahl von Eideshelfern schwor.

Nach heutiger Auffassung muten solche strengen Beweisregeln roh und unwürdig an, aber im Volke lebt die Überzeugung fort, dass der Eid *mehrerer* Leute ein stärkerer Beweis sein müsse, als der Eid eines Mannes.

Führen wir uns nun einmal das Verfahren bei der heutigen Verklarung vor Augen: Eine Verklarungspflicht besteht für den Schiffer bei allen Reiseunfällen, die einen vermögensrechtlichen Nachteil für den Reeder oder einen Reisebeteiligten zur Folge haben können. Abgelegt wird die Verklarung nach Anmeldung und Ansetzung eines Termins im Inlande vor dem Amtsgericht, im Auslande vor dem Konsul, und zwar aufgrund des Tagebuchs und eines Auszugs aus dem Tagebuch, der die wesentlichen Ereignisse der Reise und eine Beschreibung der Unfälle enthalten soll. Nachdem dieser Auszug in Anwesenheit des Schiffers und der Schiffsbesatzung vom Richter verlesen ist, werden die Erschienenen darauf hingewiesen, dass sie sämtlich ihre Aussagen zu beschwören haben und sie werden über die Bedeutung des Eides belehrt. Nach der Hamburger Bekanntmachung betr. das Verklarungswesen vom 25.5.1891 ist ihnen dann die Frage vorzulegen, *ob dieser Journalauszug eine richtige und vollständige Darstellung der Ereignisse der Reise enthalte* und ob sie bereit seien, die Richtigkeit desselben zu beeidigen. Regelmäßig versichern dann alle Schiffsleute formularmäßig die Richtigkeit des Vorgelesenen und leisten hierauf den Zeugeneid. Sind sie doch nach § 42 der Seemannsordnung verpflichtet, bei der Verklarung mitzuwirken und ihre Aussagen zu beeidigen. Hält man sich nun vor Augen, dass unter den hinzugezogenen Schiffsleuten auch Heizer, Aufwärter und andere erscheinen, die von den Vorgängen an Deck während der Reise gar keine Ahnung haben und noch weniger ein Urteil darüber fällen können, so leuchtet ein, dass dieser Eid kein Wahrheitseid ist, sondern höchstens die Überzeugung des Schwörenden bekräftigt, dass der Kapitän die Tatsachen richtig dargestellt hat und er keinen Grund habe, ihre Richtigkeit zu bezweifeln. Es ist deshalb mit Recht schon von Boyens gefordert worden, dass diese Bedeutung des Eides auch aus dem Wortlaute der Formel und aus dem Protokoll hervorgehen müsse, leider jedoch vergeblich. Nach wie vor beschwören unsere deutschen Seeleute im In- und Auslande den Bericht eines Dritten über Ereignisse, von denen sie in den meisten Fällen sehr wenig wissen und die sie niemals richtig beurteilen können. Wenn z.B. der von der Schiffsleitung, in vielen Fällen auch von einem Beauftragten an Land angefertigte Tagebuchauszug sagt: „Das Schiff war bei Verlassen des Hafens in jeder Beziehung seetüchtig, mit allem Erforderlichen ausgerüstet, wohl verproviantiert und bemannt, die Ladung war nach Seemannsbrauch gestaut", so leuchtet wohl ein, dass der zur Verklarung hinzugezogene Matrose, Heizer oder Aufwärter diese ganz allgemeinen Angaben aus eigener Wissenschaft weder bekräftigen noch bestreiten kann, da er kein Urteil darüber hat. Er wird diese Angaben unbedenklich beschwören, auch wenn z.B. das mit Holz und hoher Deckslast beladene Schiff den Hafen schon mit Schlagseite verlassen hat. Mutet man etwa ihm ein Urteil über die unter Fachleuten streitige Frage zu, ob ein Schiff mit Schlagseite seetüchtig ist oder nicht? Wenn dann im Verlaufe der

Reise die Schlagseite durch Verbrauch von Kohlen und Wasser zugenommen hat und das Schiff zum Kentern liegt, das schließliche Werfen der Deckslast im verlesenen Tagebuchauszug aber mit schlechtem Wetter begründet wird, so möchte wohl mancher Schiffsmann seine Beobachtungen hierüber zum Ausdruck bringen, wenn er danach gefragt würde. Stattdessen aber wird ihm am Schlusse der Verlesung nur die Frage vorgelegt, ob er dem Bericht als Ganzem zustimme. Der Bericht pflegt nun so vorsichtig abgefasst zu sein, dass Unrichtigkeiten nicht zu erkennen sind, indem z.B. in unserem Falle nur die ursächliche Verknüpfung zwischen dem äußeren Ereignisse und dem Entschluss, die Deckslast zu werfen, anfechtbar ist. Mithin kann der Schiffsmann nicht behaupten, dass die verlesene Schilderung den Tatsachen nicht entspreche, und er kann daher seine Zustimmung zu dem Berichte nicht verweigern.

Hierbei möchte ich nicht unerwähnt lassen, dass dem Richter vom Gesetz auch das Recht gegeben ist, zum Zwecke besserer Aufklärung dem Kapitän und der Mannschaft geeignete Fragen zur Beantwortung vorzulegen, ja dass auch die Reisebeteiligten den Richter zur Stellung von Fragen anregen dürfen. Welche Antworten kann man wohl aber von den Schiffsleuten erwarten, nachdem diese eben erst dem Bericht zugestimmt haben? Müssen sie nicht ängstlich bemüht sein, ihre Aussagen in Übereinstimmung mit dem eben erst angenommenen Bericht zu halten? Auch ist die Ausübung des Fragerechts durch den Richter bei der Verklarung nicht die Regel, sondern eine Ausnahme und kommt praktisch nur vor bei verwickelten Unfällen, Kollisionen, Strandungen usw.

Wir erkennen aus dieser Darstellung, dass die Verklarung in ihrer heutigen Form keine Zeugenvernehmung im Sinne unserer Prozessgesetzgebung ist, wonach z.B. jeder Zeuge einzeln und in Abwesenheit der später abzuhörenden Personen vernommen werden muss, auch gewisse Zeugen ein Recht haben, ihre Aussage zu verweigern, sondern lediglich eine eidliche Berichterstattung des Kapitäns und der Mannschaft, also eine vollkommen einseitige Aufklärung des Unfalles, die *tatsächlich* aber auf eine Verschleierung der Unfallursachen hinausläuft.

Die Verklarung steht danach heute noch auf derselben Stufe wie die Bestimmung des Hamburger Stadtrechtes von 1603 (Tit. 17 § 7), dass ein Schiff, welches ein anderes in den Grund gesegelt hatte, statt des vollen nur den halben Schaden zu ersetzen brauchte, wenn der Schiffer nebst Steuermann und Schiffsleuten schwor, dass es *ohne seinen Willen* geschehen sei. Da Steuermann und Schiffsleute über die Absichten ihres Vorgesetzten nur in den seltensten Fällen unterrichtet gewesen sein werden, so können sie nur als Eideshelfer angesehen werden, die ihre Überzeugung von der Glaubwürdigkeit des Schiffers beschworen.

Auch heute ist es noch in Hamburg üblich, die Verklarung mit der Beteuerung zu schließen, dass weder den Schiffer noch die Mannschaft ein Verschulden an dem Unfalle treffe. Ein solcher Eid in eigener Sache hat aber im deutschen Recht sonst nicht seinesgleichen. Schaps [Georg, Das deutsche Seerecht, 2. Aufl. 1921 ff.] bemerkt in Anm. 4 zu § 525 dazu, dass es wohl kaum ein verdächtigeres Beweismittel geben könne, als diese formularmäßige Exkulpationserklärung, und mir ist ein Fall bekannt, in welchem ein aufrechter Kapitän nach Strandung seines Dampfers sich einfach weigerte, diesen Schlusssatz zu beschwören, indem er geltend machte, dass er selbst gar nicht imstande sei, über seine Schuld ein Urteil zu fällen, und noch viel weniger seine Unschuld zu beschwören.

Diese Hinweise mögen genügen, um anzudeuten, dass es sich bei der Eidesleistung am Schlusse der Verklarung um einen Eid mit Eideshelfern handelt, den es aber nach der heutigen Auffassung überhaupt nicht mehr gibt. Wir haben es hier mit einer Rechtsversteinerung zu tun, die sich durch die Jahrhunderte hindurch erhielt, obwohl sie ihre Grundlage längst verloren hatte. Dies althergebrachte Verfahren hatte wenigstens noch einen Sinn und praktische Bedeutung unter der Herrschaft des alten Handelsgesetzbuches, dessen Art. 494 lautete: „Die in Gemäßheit dieser Vorschriften aufgenommene Verklarung liefert vollen Beweis der dadurch bekundeten Begebenheiten der Reise", allerdings mit der Einschränkung, dass jedem Beteiligten der Gegenbeweis im Prozesse vorbehalten blieb. Seit nun aber unter der Herrschaft der modernen Prozessgesetze die formellen Beweisregeln weggefallen sind, und die freie Beweiswürdigung des Richters zum Prinzip erhoben worden ist, hat das Mitschwören der Schiffsmannschaft seine Bedeutung ganz und gar verloren. Folgerichtig ist daher auch Art. 494 über den Beweiswert der Verklarung im neuen Handelsgesetzbuch weggefallen, geblieben ist aber die althergebrachte Form.

Man fragt sich deshalb nicht ohne Berechtigung: „Weshalb müssen unsere Seeleute noch immer unnötige Eide schwören?"

Dass der Beweiswert der Verklarung heute sehr gering ist, wird in der gesamten Seerechtsliteratur hervorgehoben, und in der Praxis erkennt man es daran, dass sowohl vor dem Seeamt als auch im Prozess sehr oft dieselben Leute, welche bei der Verklarung mitgewirkt haben, über dieselben Begebenheiten, noch einmal vernommen und von neuem beeidigt werden. Dadurch gerät der Seemann in neue Eidesnot. Hatte er vorher den Verklarungsbericht auf gut Glück hinbeschworen und sich der Gefahr eines fahrlässigen Falscheides ausgesetzt, so muss es ihm bei der nunmehrigen besonderen Vernehmung erst recht gefährlich erscheinen, in seinen Aussagen von der Darstellung bei der Verklarung abzuweichen. Er wird also dazu verleitet, die Angaben im Verklarungsbericht, auch wenn er von ihrer Richtigkeit nicht überzeugt ist, aufrecht zu erhalten, wodurch sein Zeugnis *für die Erforschung der Wahrheit erheblich an Wert verliert.* – Bemerkenswert ist in diesem Zusammenhange auch, dass derselbe Zeuge, der bei der Verklarung die Schuldlosigkeit der Schiffsführung z.B. an einer Kollision beschworen hat, im nachfolgenden Zivilprozess nach § 393 Ziffer 4 unbeeidigt zu vernehmen ist, wenn er, wie z.B. der wachhabende Offizier, wegen der Möglichkeit einer Regressnahme ein rechtliches Interesse am Obsiegen seines Reeders hat.

Zur Stützung meiner Behauptung, dass der Beweiswert der heutigen Verklarung durch die summarische Beeidigung der Schiffsmannschaft keineswegs erhöht wird und dieselbe Wirkung auch auf andere Weise erzielt werden kann, möchte ich zwei Zeugnisse anführen.

Das erste betrachtet die Wirkung der Verklarung vom Standpunkte des Reeders, der für Abhandenkommen oder Beschädigung von Ladung verantwortlich gemacht wird, und entstammt dem bekannten Kommentar zur Seeversicherung von [Johann Friedrich] Voigt. Das deutsche Seeversicherungsrecht aus dem Jahre 1886, als erst vor kurzem die volle Beweiskraft der Verklarung aufgehoben worden war (Bd. 3 S. 403). Voigt bezeichnet ausdrücklich die Ansicht als irrig, dass etwa der Reeder bei Beschädigung oder Verlust von Gütern durch die Verklarung klaglos gestellt werde, wenn die Schiffsmannschaft darin ihre Nichtkenntnis der Ursache und ihre Schuldlosigkeit bezeugt und beeidigt habe. Nur dasjenige, was in der Verklarung als Ursache des Unfalles *positiv* angegeben sei, habe bis zum Beweise des Gegenteils die Vermutung der Richtigkeit für sich. Wenn dagegen in der Verklarung kein besonderer Unfall angegeben sei, welcher für das gänzliche oder teilweise Fehlen des Frachtgutes oder seine Beschädigung als Ursache angesehen werden könne, so habe die Angabe der Seeleute über ihre Schuldlosigkeit oder Nichtkenntnis einer Schuld anderer Personen keineswegs die Wirkung, dass der Reeder nun den Ladungsempfängern gegenüber von seiner aus § 606 HGB hervorgehenden Pflicht befreit sei, entweder einen ihn entlastenden Entstehungsgrund des Schadens nachzuweisen oder dafür Vergütung zu leisten.

Das zweite Zeugnis legt den Standpunkt der Versicherer dar und stammt von dem damaligen Generalsekretär des Internationalen Transportversicherungs-Verbandes Dr. Brüders aus dem Jahre 1913, als bereits ein Aufsatz des Richters Dr. Lilie im Archiv f. d. zivil. Praxis (Bd. 110 S. 381) zu einer Revision der Verklarung angeregt hatte, der in der Zeitschrift „Hansa" eine Kontroverse ausgelöst hatte. Wir erfahren dort (Jahrg. 1913 S. 530), dass die Verklarung keineswegs bei den Assekuradeuren in unverändertem Ansehen stehe, wie so gern behauptet wird; ferner, dass in jenen Tagen eine Kommission des Internationalen Transport-Verbandes sich mit der Frage der

Revision des Verklarungswesens beschäftigt hat und auch zu dem Ergebnis gekommen ist, dass die Vereidigung der Schiffsbesatzung bei der Verklarung nicht nur unnötig und mit allgemeinen Rechtsgrundsätzen unvereinbar, sondern sogar den Interessen der Versicherer abträglich ist.

Man darf danach annehmen, dass weder berechtigte Interessen der Reeder noch solche der Versicherer ein Festhalten an der bisherigen Verklarungs*form* fordern.

Dass es auch anders geht, zeigt das Beispiel Englands. In England sieht man im Allgemeinen das official log, also das Tagebuch, als ausreichend an zum Schutze der Reisebeteiligten. In besonderen Fällen erstattet der Kapitän vor einem Notar seinen Reisebericht, den sea protest, der aber nicht einmal vom Kapitän beschworen wird, geschweige denn von der Mannschaft. Wenn nun auch eine unbesehene Übernahme englischer Einrichtungen in Deutschland kaum empfehlenswert sein dürfte, so liefert doch das freie englische Verfahren den besten Beweis dafür, dass keineswegs praktische Gründe, nämlich die Erledigung von Streitigkeiten mit dem Versicherer oder Ladungsempfänger sowie die Regelung der gemeinschaftlichen Havarie den ausgedehnten Eideszwang bei der Verklarung fordern. Wenn das größte Schifffahrtsland ohne eidliche Bekräftigung des Reiseberichts auskommt, dann muss es in Deutschland doch möglich sein, gänzlich überflüssige Eidesleistungen abzuschaffen. Der Einwand, wir könnten in Deutschland ohne diese Masseneide nicht auskommen, der aus den Kreisen der Praktiker immer wieder erhoben wird, wird endlich auch durch das deutsche Binnenschifffahrtsgesetz widerlegt. Dieses im Vergleich zum Seerecht moderne Gesetz, das nicht belastet ist mit überkommenen Zöpfen, kennt keine summarische Beeidigung der Mannschaft auf den Reisebericht des Schiffers, obwohl die Interessenlage der beteiligten Personen in der Binnenschifffahrt dieselbe ist wie bei der Seeschifffahrt. Bei der Binnenverklarung wird das allgemeine Verfahren zur Sicherung des Beweises gemäß ZPO zugrunde gelegt unter freier Ausgestaltung für die besonderen Verhältnisse der Schifffahrt. Die Beeidigung des Schiffers ist dem Ermessen des Richters anheimgestellt. Schiffsleute werden einzeln vernommen wie jeder andere Zeuge, und es besteht auch die Möglichkeit, weitere Zeugen außer der Schiffsmannschaft hinzuziehen, was der Wahrheitsermittlung nur förderlich sein kann. Bei diesem Verfahren beschwört jeder Zeuge seine eigenen Beobachtungen und Angaben und nicht den Bericht eines anderen, den er nicht nachprüfen kann.

Ich habe deshalb in Leitsatz IX zu meinem Referat „Der Kapitän“ (Anlage zur 29. Sitzung) beantragt: „Nach dem Vorbilde des Binnenschifffahrtsgesetzes §§ 11-14 ist das Verfahren bei der Verklarung dem Verfahren zur Sicherung des Beweises (ZPO §§ 485-494) anzupassen. Der bisherige gesetzliche Eideszwang ist aufzuheben.“

34. Arbeitssitzung vom 10.2.1938 (16 bis 17.40 Uhr)

Anwesend:
Vorsitzender: Senatspräsident beim Reichsgericht Dr. Lindenmaier, Leipzig
Ehrenmitglied Prof. Dr. Wüstendörfer, Hamburg
2. Schriftführer: Amtsgerichtsrat Dr. Bramslöw, Hamburg
und als weitere ständige Mitglieder:
Rechtsanwalt Dr. Baur, Hamburg
Direktor Brandt, Hamburg
Rechtsanwalt Dr. Dettmers, Bremen
Rechtsanwalt Dr. Heynen, Hamburg
Rechtsanwalt Dr. Kleemann, Hamburg (zugleich Protokollführer)
Dr. Kuhl, Hamburg
Dr. Möller, Hamburg (zugleich Protokollführer)

OLG-Rat Dr. Reinbeck, Hamburg
Dr. Schütte, Hamburg
OLG-Rat Dr. Segelken, Hamburg
Direktor Sturm, Hamburg
vom Reichsjustizministerium:
Ministerialrat Koffka, Berlin
Ministerialrat Krieger, Berlin
als Gäste:
die Dispacheure
Burkard, Hamburg
Kawan, Hamburg
Dr. Prosch, Hamburg
Schmidt, Hamburg
als Referent:
Schriftleiter Hochgräber, Berlin

Bei der Eröffnung der Sitzung begrüßte der *Vorsitzende* insbesondere Prof. Dr. Wüstendörfer, indem er seiner und der übrigen Mitglieder Freude darüber zum Ausdruck brachte, dass der Präsident der Akademie den früheren Vorsitzenden des Ausschusses zum Ehrenmitglied ernannt habe und dass Prof. Dr. Wüstendörfer dem Ausschuss seine wertvolle Mitarbeit weiterhin zur Verfügung stelle.

Als Sachverständige begrüßte der Vorsitzende die erschienenen Dispacheure, besonders aber auch Schriftleiter Hochgräber, der sich zur Übernahme des Referats bereit erklärt habe.

Das schwierige Gebiet des *Havariegrosserechts* werde in mehreren Sitzungen des Ausschusses behandelt werden müssen. Es sei unzweckmäßig, zunächst die Frage zu behandeln, ob sich überhaupt die Beibehaltung des Rechtsinstitutes der großen Haverei empfehle und weiterhin das Verhältnis des kommenden deutschen Rechts zu den York-Antwerpener Regeln von 1924 zu prüfen.

Der erste Fragenkreis sei besonders in dem Korreferat von Dozent Dr. Möller behandelt.

Dozent *Dr. Möller* äußerte sich zu der Frage der Zweckmäßigkeit des Rechtsinstituts der großen Haverei im Anschluss an sein Korreferat (Anlage 2).

Schriftleiter *Hochgräber* erklärte sich in allen Punkten mit den Ausführungen von Dozent Dr. Möller einverstanden.

Auch *Prof. Dr. Wüstendörfer* machte sich die für die Beibehaltung der großen Haverei angeführten Gesichtspunkte zu Eigen.

Der *Vorsitzende* stellte fest, die einhellige Meinung der Anwesenden gehe dahin, dass eine Abschaffung des Rechtsinstituts der großen Haverei nicht in Frage komme. Die ethischen Grundgedanken, besonders der Gedanke der Gefahrengemeinschaft, welche der großen Haverei zugrunde lägen, hätten sich im Laufe der Jahrhunderte bewährt. Man könne nichts Besseres an die Stelle des Rechtsinstituts der Havariegrosse setzen. Auch im Interesse der wirtschaftspolitisch für Deutschland wichtigen Rechtseinheit der Seefahrt treibenden Länder komme kein Vorgehen Deutschlands in Frage, das sich in Widerspruch setze zu diesen heute international anerkannten Grundsätzen des Seerechts.

Schriftleiter *Hochgräber* nahm dann zu der Frage des Verhältnisses des deutschen Havariegrosserechts zu den York-Antwerpener Regeln das Wort, und zwar im Anschluss an sein Referat (Anlage 1).

Dozent *Dr. Möller* äußerte sich zu den Darlegungen des Referats wie aus seinem Korreferat (Anlage 2) ersichtlich.

Referat und Korreferat sprachen sich gegen eine wörtliche Übernahme der York-Antwerpener Regeln in das deutsche Seerecht aus. In Frage komme nur eine Einarbeitung des Gedankengutes der Regeln in das deutsche Recht. Dabei bestand eine Meinungsverschiedenheit nur hinsichtlich der Frage, inwieweit man sich bei dieser Einarbeitung an die Regeln anlehnen solle. Der Referent setzte sich dafür ein, auch unbefriedigende Vorschriften der Regeln in das deutsche Recht einzuarbeiten, der Korreferent empfahl, nicht derart weit zu gehen, sondern unbefriedigende Vorschriften zu verbessern, allerdings so, dass die in den Regeln zum Ausdruck kommenden Interessenwertungen auch dem kommenden deutschen Recht zugrunde gelegt würden.

Der *Vorsitzende* befürwortete im Interesse der Herbeiführung möglichster Rechtseinheit den Standpunkt des Referenten, sprach sich also dagegen aus, dass sachliche Änderungen der York-Antwerpener Regeln vorgenommen würden.

Die Belange der Binnenschifffahrt dürften nicht den Ausschlag geben, da in der Binnenschifffahrt ganz andere Verhältnisse als in der Seeschifffahrt bestünden. Das Recht der großen Haverei müsse also für die Binnenschifffahrt besonders geregelt werden.

Das Gebiet der Küstenschifffahrt, für welches das deutsche Recht gleichfalls Bedeutung besitze, sei nicht bedeutend genug, um die Aufhebung der Rechtseinheit zu rechtfertigen.

Eine Rechtseinheit aber könne nur herbeigeführt werden, wenn sich das kommende deutsche Seerecht ganz den York-Antwerpener Regeln anpasse.

Würden die Regeln künftig geändert, so sei der deutsche Gesetzgeber elastisch genug, um den Änderungen zu folgen.

Es sei nicht zu erwarten, dass dann, wenn jetzt das deutsche Recht die Havariegrossevorschriften abweichend von den York-Antwerpener Regeln gestalte, bei einer Revision der Regeln das Ausland dem deutschen Recht folgen werde.

Es müsse also das deutsche Recht sich darauf beschränken, die York-Antwerpener Regeln ohne wesentliche Änderungen in deutsche Gesetzesform zu bringen. Nur Lücken könnten ergänzt und zweifelhafte Bestimmungen klarer formuliert werden.

Direktor *Brandt* unterstrich die Feststellung des Vorsitzenden, dass die Havariegrosse im Binnenschifffahrtsrecht etwas anderes sei als im Seerecht. Deshalb könne die Rücksicht auf das Havariegrosserecht der Binnenschifffahrt ausscheiden.

Im Übrigen habe nach dem Willen der Schöpfer der York-Antwerpener Regeln das Deutsche Recht auch für eine Ergänzung der Regeln keine Bedeutung. Die Regeln stellten eine in sich geschlossene Kodifikation dar. Eine Auslegung der Regeln könne nicht unter Bezugnahme auf das Landesrecht erfolgen.

Somit habe die deutsche gesetzliche Regelung der seerechtlichen Havariegrosse keine große Lebensbedeutung. Insbesondere sei die Schaffung eines Spezialgesetzes in keiner Weise vordringlich.

Im Übrigen empfehle sich eine Änderung der bestehenden Vorschriften nur insoweit, als in der Praxis ein Änderungsbedürfnis hervorgetreten sei. Es gebe tiefgreifende Unterschiede zwischen dem deutschen Havariegrosserecht und dem Recht der York-Antwerpener Regeln. So trete beispielsweise nach § 703 HGB anders als nach den Regeln eine Haverei-Verteilung nur ein, wenn sowohl das Schiff als auch die Ladung wirklich gerettet worden seien. Es empfehle sich, einmal scharf die Unterschiede zwischen dem deutschen Recht und den York-Antwerpener Regeln herauszustellen, bevor man an die Prüfung der einzelnen Fragen herangehe.

Ministerialrat *Krieger* ging von der Erwägung aus, dass die Zugrundelegung der York-Antwerpener Regeln in jedem Einzelfall auf einem eigenartigen Rechtsvorgang beruhe. Die Havariegrossegemeinschaft komme aufgrund der York-Antwerpener Regeln nicht durch einen Vertrag aller Beteiligten miteinander zustande, sondern nur durch einzelne Verträge zwischen Verfrachter und Befrachter. Diese Verträge stellten sich in konstruktiv bemerkenswerter Weise zugleich auch als Verträge zugunsten und vielleicht auch zulasten Dritter, nämlich der sonstigen Ladungsbeteiligten, dar.

Es habe keinen Sinn, vertragsrechtliche Regeln in ein Gesetz einzuarbeiten, wenn keine Aussicht bestehe, dass das Gesetz häufig zur Anwendung komme.

Seien die Regeln vereinbart, so müsse auch die Auslegung nach internationalen Grundsätzen erfolgen, nicht aber könne das deutsche Recht herangezogen werden.

Dispacheur *Dr. Prosch* legte dar, dass dem deutschen Recht doch noch beträchtliche Lebensbedeutung zukomme.

Zwar seien in den allermeisten Konnossementen, auch in den Durchkonnossementen, die York-Antwerpener Regeln enthalten, aber beispielsweise in der Kriegszeit habe es sich gezeigt, dass häufig doch das deutsche Recht angewandt werden müsse.

Im Übrigen greife jedenfalls die Praxis immer auch insoweit auf das deutsche Recht zurück, als die Regeln Lücken oder Unklarheiten aufwiesen. Es habe sich herausgestellt, dass die Regeln kein in sich abgeschlossenes Vertragswerk darstellten. Zwar möge die Anwendung des deutschen Landesrechts konstruktiv bedenklich sein, in der Praxis sei aber nicht ohne sie auszukommen.

Die Dispacheure hätten mit dem deutschen Recht, wie es noch jetzt gelte, vorzüglich arbeiten können. Es sei nur den gegenwärtigen Verhältnissen anzupassen, insbesondere müssten Bestimmungen geändert werden, die durch die Verkehrstechnik überholt seien. Die unveränderte Übernahme der York-Antwerpener Regeln bringe die Gefahr mit sich, dass das gute Recht, das wir besäßen, gegen ein schlechtes Recht eingetauscht werde, denn die Regeln wiesen zahlreiche formelle und materielle Mängel auf.

Prof. Dr. Wüstendörfer wies gegenüber den Ausführungen von Ministerialrat Krieger darauf hin, dass die Havariegrossegemeinschaft nicht durch Verträge, sondern kraft Gesetzes zustande komme. Sie sei eine gesetzliche Gefahrengemeinschaft, geschaffen durch die bloße Tatsache, dass Schiff und Güter in einen räumlichen Zusammenhang gekommen seien.

Bei der Änderung des deutschen Havariegrosserechts müsse die Forderung nach internationaler Rechtseinheit im Vordergrunde stehen.

Im Interesse der Rechtseinheit sei es aber erwünscht, die York-Antwerpener Regeln ohne sachliche Änderungen zu übernehmen. Anderenfalls werde totes Paragraphenrecht geschaffen und es sei nicht zu hoffen, dass das Ausland, insbesondere der angloamerikanische Rechtskreis eine deutsche Regelung später übernehmen werde, die – möge sie noch so gut sein - angloamerikanischem Rechtsdenken nicht in allen Punkten entspreche. Im Wettlauf der nationalen Zähigkeit seien immer noch der Engländer und der Amerikaner Sieger geblieben.

Es verbleibe für das deutsche Recht nur die Aufgabe, die Rechtsgrundsätze der York-Antwerpener Regeln in klarer, systematischer Form herauszuarbeiten, Unklarheiten zu beseitigen und Lücken auszufüllen. Dabei werde sich allerdings erweisen, dass die Grenze zwischen nur redaktionellen Änderungen und sachlichen Neugestaltungen häufig schwer zu ziehen sei.

Die Rücksicht auf Binnen- und Küstenschifffahrt dürfe nicht zu einer Gefährdung der Rechtseinheit führen. Die Binnenschifffahrt müsse überhaupt eigene Wege gehen.

Direktor *Brandt* teilte mit, dass eine Änderung der York-Antwerpener Regeln in den nächsten zehn Jahren nicht zu erwarten sei. Zwar werde schon jetzt Material für eine Reform der Regeln gesammelt, aber das geschehe nur vorsorglich. Ein etwaiges neues Gesetz brauche also vermutlich nicht allzu bald geändert werden.

Die bestrittene Frage nach dem Verhältnis der York-Antwerpener Regeln zu dem Landesrecht könne man dadurch lösen, dass man im Konnossement – dem Vorschlage der Referate folgend – bestimme, bei Meinungsverschiedenheiten über die Auslegung der Regeln solle das deutsche Recht zur Anwendung kommen.

Dr. Schütte erklärte, es gebe kein Konnossement, das nicht auf die York-Antwerpener Regeln verweise.

Ministerialrat *Krieger* stellte klar, dass zwar die Schaffung eines Spezialgesetzes nicht in Frage komme, dass aber im Rahmen der allgemeinen Seerechtsreform auch das Havariegrosserecht überprüft werden müsse. Der Reichsjustizminister habe in dem Gesetz vom 10. August 1937 Art. 6 bereits eine beschränkte Ermächtigung erhalten, das gesamte Seerecht neu bekannt zu machen. Eine Beschäftigung mit der Neuordnung sei deshalb erforderlich.

Dozent *Dr. Möller* äußerte, auch ihm erscheine eine Reform nicht so vordringlich, dass ein Spezialgesetz empfehlenswert sei.

Im Übrigen habe die Aussprache ergeben, dass die sich gegenüberstehenden Meinungen nicht stark voneinander abwichen. Prof. Dr. Wüstendörfer habe darauf aufmerksam gemacht, dass redaktionelle und sachliche Änderungen sich praktisch nur schwer auseinanderhalten ließen. Bei den Mängeln der York-Antwerpener Regeln handle es sich um dreierlei: Unklarheiten, Lücken und Ungerechtigkeiten.

Dass Unklarheiten beseitigt und Lücken ausgefüllt werden müssten, nehme auch das Referat an und sei offenbar einhellige Ansicht des Ausschusses. Beispielsweise sei es unangängig, dieselben Unklarheiten und Lücken in das deutsche Recht zu übernehmen, welche die Regel C der York-Antwerpener Regeln hinsichtlich der Frage der Behandlung des Nutzungsverlustes aufweise.

Eine Meinungsverschiedenheit verbleibe somit nur für zwar klare und vollständige Vorschriften der York-Antwerpener Regeln, deren Inhalt jedoch ungerecht erscheine. Derartige offenbare Ungerechtigkeiten würden aber wohl kaum eine bedeutsame Rolle spielen.

Prof. Dr. Wüstendörfer stimmte dem zu und empfahl auch seinerseits, die Regeln und das Gesetz einander gegenüberzustellen, damit man sehen könne, inwieweit Änderungen des deutschen Gesetzes notwendig seien.

Der *Vorsitzende* konstatierte, dass eine Klärung der Ansichten herbeizuführen sei und in allen wesentlichen Punkten Einigkeit bestehe.

Nunmehr müssten die deutschen Rechtsgedanken und die York-Antwerpener Regeln unter Hervorhebung der praktisch wichtigsten Punkte einander gegenübergestellt werden. Dabei werde sich herausstellen, ob es Fälle gebe, in denen die Lösung der Regeln eine unbefriedigende sei, so dass man deshalb den Gedanken der Rechtseinheit zurücktreten lassen müsse.

Es sei erwünscht, dass die anwesenden Dispacheure, welche täglich mit den Regeln arbeiten müssten und die zweifelhaften Punkte am besten kennten, sich der Arbeit einer Gegenüberstellung des deutschen Rechts und der York-Antwerpener Regeln unterzögen.

Im Namen der anwesenden Dispacheure teilte *Dr. Prosch* mit, dass die Dispacheure die Ausarbeitung gern zu übernehmen bereit seien.

Auf Anregung von *Prof. Dr. Wüstendörfer* erklärten sich Direktor Brandt und Dozent Dr. Möller bereit, bei der Arbeit der Dispacheure mitzuwirken.

Zum Schluss der Sitzung teilte der Vorsitzende mit, dass sich die nächste Sitzung zunächst mit dem Problem der Bergung und Hilfeleistung in Seenot befassen werde.

Anlage 1:

Gerhard Hochgräber: Erneuerung der §§ 700-733 HGB (27.1.1938)

Die §§ 700 bis 733 HGB und die York-Antwerp Rules 1924. Seitdem die York-Antwerp Rules 1924 (YAR) sich in Deutschland mehr und mehr durchgesetzt haben, kommt den meisten Bestimmungen der §§ 700 bis 733 HGB keine praktische Bedeutung mehr zu. Auch in den anderen Schifffahrtsländern ist mit dem Übergang zu den YAR das gesetzliche Havariegrosse-Recht völlig oder doch nahezu völlig außer Kraft getreten. Diese Entwicklung, die mit den 1890er Regeln einsetzte, hat der seit jeher als lästig empfundenen Rechtszersplitterung auf dem Gebiete der großen Haverei ein Ende gemacht, jedenfalls für alle wichtigeren Fragen, und wird trotz mancher Mängel der YAR überall als ein Fortschritt empfunden. Auch wer die 1924er Regeln in manchem für verbesserungsbedürftig hält, wird nicht in Abrede stellen können, dass sie sich bewährt haben und dass die interessierten Wirtschaftskreise im Großen und Ganzen mit ihnen zufrieden sind. Da in den maßgebenden Schifffahrtsländern mit einer Abkehr von ihnen nicht zu rechnen ist, wird der Gesetzgeber jedes Landes bei der Erneuerung des nationalen Havariegrosse-Rechts sich an die Bestimmungen der YAR anlehnen müssen. Er kann sich seine Aufgabe sehr leicht machen, indem er die Regeln wörtlich übernimmt, wie es z.B. der estnische Gesetzgeber in dem Havarie- und Dispache-Gesetz vom 8.3.1932 getan hat. Zu dieser Methode, bei der die systematischen und normentechnischen Unvollkommenheiten der YAR in Kauf genommen werden, besteht aber selbst dann keine Nötigung, wenn man sie inhaltlich unverändert lassen will. Wenn, wie in Deutschland, an sich brauchbare Vorschriften bestehen, dürfte es ratsamer sein, den vorhandenen Gesetzestext möglichst zu schonen und, wo es notwendig ist, mit den YAR in Einklang zu bringen. Dieses Verfahren hat sich bei der Einarbeitung der Haager Regeln in das HGB und auch früher schon bei dessen Angleichung an andere internationale Übereinkommen durchaus bewährt.

Indessen sind die YAR nicht nur im Formalen mangelhaft, auch inhaltlich geben sie zu Beanstandungen Anlass. Manche wichtige Frage ist in ihnen nicht oder nicht genügend geklärt, verschiedene Bestimmungen lassen Zweifeln Raum, und auch Widersprüche sind nicht ganz vermieden. Wenn gleichwohl ihre Anwendung in Deutschland verhältnismäßig selten zu Prozessen geführt hat, so dürfte das in erster Linie darauf zurückzuführen sein, dass die deutschen Dispacheure es verstanden haben, den denkbaren Meinungsverschiedenheiten über die Auslegung der Regeln durch sorgfältige Interessenabwägung im Einzelfall die Spitze abzubrechen. Insofern hat sich namentlich der Verein Deutscher Dispacheure fraglos ein großes Verdienst erworben. Die zahlreichen Prozesse in anderen Ländern beweisen aber zur Genüge, dass mehr als eine Bestimmung klärungs- und ergänzungsbedürftig ist. Was die Verfasser der Regeln in dieser Beziehung versäumt haben, wäre, sofern nicht das HGB ohnehin eine befriedigende Lösung darbietet, bei der Revision seiner Havariegrosse-Vorschriften nachzuholen.

Eine andere Frage ist es jedoch, ob an sich eindeutige, aber aus dem einen oder anderen Grunde unbefriedigende Bestimmungen der YAR bei der Einarbeitung in das HGB berichtigt werden sollten. Hierbei ist zu bedenken, dass alle tiefer eingreifenden Korrekturen die mühsam erreichte Rechtseinheit wieder illusorisch machen würden, ganz abgesehen davon, dass es keineswegs sicher ist, dass sie den Beifall der Praxis finden, die lieber mit einem international einheitlichen, nach ihren Bedürfnissen abänderlichen Havariegrosse-Recht arbeitet als mit noch so mustergültigen nationalen Gesetzesvorschriften, die sich in wichtigen Punkten nicht mit dem internationalen Recht decken. Soll also verhindert werden, dass das gesetzliche Havariegrosse-Recht nach wie vor nur auf dem Papier steht, so dürfte es keinen anderen Weg geben, als eine möglichst weitgehende Übereinstimmung zwischen dem YAR und den Havariegrosse-Vorschriften des HGB herzustellen. Denn die Alternative, den erneuerten §§ 700 ff. HGB zwingenden Charakter zu verleihen, braucht wohl nicht ernstlich in Betracht gezogen zu werden.

Eine weitgehende Angleichung würde die Interessenten überdies sicherlich bestimmen, sich die Klarstellungen und Ergänzungen der Regeln durch das Gesetz zu Eigen zu machen, etwa durch eine Klausel in den Konnossementen, wie: „Bei Meinungsverschiedenheiten über die Auslegung der YAR gelangen die §§ 700 ff. HGB zur Anwendung". In diesem Zusammenhang ist auch folgender Hinweis am Platz: Die YAR sind das Werk einer privaten Körperschaft, der International Law Association. Ebenso wie sie 1924 in Stockholm die 1890er Regeln revidiert und erweitert hat, kann sie auch in Zukunft die 1924er Regeln, den Bedürfnissen der Praxis entsprechend, modifizieren. Auf diese Beschlüsse haben die gesetzgebenden Organe dieses oder jenes Landes wenig Einfluss. Werden die revidierten Regeln von den Wirtschaftskreisen angenommen, so wird ein in wesentlichen Fragen anders orientiertes Gesetz leicht wieder obsolet werden. Diese Gefahr wird aber immerhin verringert, wenn bis zu der Revision der YAR durch die International Law Association zwischen Regeln und Gesetz inhaltliche Übereinstimmung besteht, da die Parteien des Frachtvertrages dann eher ein Interesse daran haben, sich die Vorzüge des Gesetzes, insoweit dessen Bestimmungen mit den revidierten Regeln noch in Einklang stehen, auch weiterhin zu erhalten.

Umfang der Regelung. Die YAR wollen in der Hauptsache die Entscheidung ermöglichen, ob im konkreten Falle große Haverei vorliegt, und wie, wenn das zu bejahen ist, die Vergütungen und Beiträge zu berechnen sind. Die Vorbereitung der Havereiverteilung und diese selbst behandeln sie nur ganz nebenbei in den Regeln E, G und XXIII. Von ihnen können die Regeln E und G für das HGB entbehrt werden, da, was jene über die Beweislast bestimmt, selbstverständlich ist und der positive Inhalt von Regel G sich in einer Vorwegnahme der Regel XVII erschöpft, über die später zu sprechen sein wird. Ob es zweckmäßig wäre, Regel XXIII (Behandlung von Bareinschüssen) zu übernehmen, muss im Hinblick darauf, dass in Hamburg und Bremen seit mehr als einem Jahrzehnt zwischen Assekuradeuren und Reedern Abkommen über die Behandlung von Havariegrosse-Einschüssen und -Depots bestehen, bezweifelt werden. Dass die Regel XXIII in Deutschland nicht gerade für nachahmenswert gehalten wird, beweist eine Äußerung von *Brandt* im JTV [Internationaler Transport-Vers.-Verband] Mitt. 1928, 50.

Für den Vergleich mit den YAR scheiden also aus die Bestimmungen der §§ 725-731. Von ihrer Erörterung sehe ich hier ab, behalte mir aber vor, bei der Beratung auf sie einzugehen.

Von sonstigen Vorschriften des HGB, die in den YAR kein Gegenstück haben, sind vor allem noch die §§ 704, 722 und 724 zu nennen. Sie sollten, da sie Zweifel beseitigen, die bei der Anwendung der YAR des öfteren aufgetaucht sind, erhalten bleiben. Auch dem § 705 haben die YAR keine entsprechende Bestimmung gegenüberzustellen. Man wird daraus schließen müssen, dass nach ihnen eine spätere besondere Haverei auch den Anspruch auf Vergütung eines zur großen Haverei gehörenden Verlustes aufhebt (vgl. *Ulrich-Hochgräber,* Grosse Haverei, II, [1927] 187). Eine entsprechende Änderung des § 705 wäre daher zu erwägen.

Verhältnis der allgemeinen Bestimmungen zur Regelung der Einzelfälle. Für das deutsche Recht besteht Einigkeit darüber, dass bei den in § 706 geregelten Fällen (wie im Eingang der Bestimmung ausdrücklich hervorgehoben) die allgemeinen Voraussetzungen der großen Haverei vorliegen müssen, sofern nicht, wie in Ziff. 4, geringere oder, wie in Ziff. 3 größere Anforderungen gestellt sind, und dass § 706 die zur großen Haverei gehörigen Schäden und Aufwendungen für jeden behandelten Fall abschließend regelt. Nicht behandelte Fälle sind lediglich nach den allgemeinen Vorschriften, namentlich nach den §§ 700 und 703, zu beurteilen. Erfüllen sie deren Voraussetzungen, so liegt große Haverei vor.

Weniger klar ist, im Rahmen der YAR, das Verhältnis der über die allgemeinen Voraussetzungen bestimmenden Buchstabenregeln zu den Zahlenregeln, namentlich zu den Regeln I-XII. In England haben Reeder und Versicherer im Anschluss an die Entscheidung „Vlassopoulos v. British & Foreign Marine Insur. Co." (1928) ein Auslegungsabkommen geschlossen, das jedoch nicht befriedigen kann. Vgl. darüber *Ulrich-Hochgräber* II [1930], 118 ff. Auf dem Kontinent hat sich wohl allgemein die Auffassung durchgesetzt, dass grundsätzlich von den Buchstabenregeln auszugehen ist, sofern nicht die Zahlenregeln in Bezug auf die Voraussetzungen und die zu verteilenden Schäden und Aufwendungen in klarer Weise Ausnahmen statuieren. Vgl. hierzu *[Hans] Möller,* Summen- und Einzelschaden [1937], 101 f.

Bei der Angleichung des § 706 an die einschlägigen Buchstabenregeln wäre deshalb dafür Sorge zu tragen, dass wie bisher klar zu erkennen ist: 1. ob sämtliche allgemeinen Voraussetzungen erfüllt sein müssen oder ob sie verschärft bzw. gemildert sind; 2. welche Schäden und Aufwendungen – unter Ausschluss sonstiger – bei der Havereiverteilung zu berücksichtigen sind.

Die allgemeinen Voraussetzungen. A. Begriffsbestimmung. Die Begriffsbestimmung der großen Haverei in § 700 Abs. 1 HGB unterscheidet sich von der in den entsprechenden YAR A und C sowohl terminologisch wie sachlich.

I. Terminologische Unterschiede. § 700 Abs. 1 verwendet lediglich die Ausdrücke „Schäden" und „Kosten", während Regel A von „sacrifice" und „expenditure", Regel C von „damages", „losses" und „expenses" spricht. Sieht man noch auf Regel B, so „sacrifia und „expenses", und auf Regel E, wo „loss" und „expense" zusammengestellt sind, so ergibt sich ein recht buntes Bild.

Da sich Regel A in der Ausdrucksweise an Art. 66 (2) der Marine Insurance Act von 1906 anlehnt, der gleichfalls zwischen „sacrifice" und „expenditure" unterscheidet, mag der Hinweis interessieren, dass im englischen Schrifttum diese Unterscheidung als wenig glücklich, ja als verwirrend bezeichnet wird (vgl. etwa R. Lowndes [Law of general Average, 1922], 175). Sie zu übernehmen, besteht kein Anlass. In der Begriffsbestimmung nur den zusammenfassenden Ausdruck „Opfer" zu verwenden, wie im Schrifttum mehrfach vorgeschlagen worden ist, erscheint mir nicht empfehlenswert, weil möglichste Verdeutlichung angestrebt werden sollte und der gewiss zutreffende, aber doch recht allgemeine Ausdruck „Opfer" leicht wieder auslegungsbedürftig werden könnte, wofür sich verschiedene Beispiele aus der intern. Rechtsprechung anführen ließen. Die Begriffsbestimmung des § 700 hat sich durchaus bewährt und ist, soweit Zweifel bestanden, durch die Rechtsprechung in allen wesentlichen Punkten klargestellt. Sie sollte deshalb nur insoweit geändert werden, als die Angleichung an die YAR und etwa noch vorhandene Unklarheiten es erforderlich machen. Ich halte es deshalb auch nicht für zweckmäßig, nach dem Beispiel der YAR die Folgen der Rettungsmaßnahme in einer besonderen Bestimmung zu behandeln.

§ 700 Abs. 1 führt auf: 1. „Schäden, die dem Schiff oder der Ladung oder beiden … zugefügt werden". 2. „die … ferner verursachten Schäden", 3. „die Kosten, die … aufgewendet werden".

Wenn ein Kapitän sein Schiff zum Zweck der Errettung aus gemeinsamer Gefahr auf eine Mole rennen lässt, so ist der Schaden an der Mole nach Art. 66 der Marine Insurance Act wie nach YAR A in großer Haverei zu verteilen. Vgl. die englischen Urteile „Austin Friars S.S. Co. v. Spillers und Bakers" (1915) und „Pool Shipping Co. v. Northern Maritime Ins. Co." (1933). Die gleiche Entscheidung wäre aus § 700 Abs. 1 nur mit Hilfe einer nicht ohne weiteres naheliegenden Auslegung zu gewinnen. Dass der Schaden an der Mole nicht zu den unter 1. und 2. aufgeführten „Schäden" gehört, ist klar. Aber wird jeder Interpret erkennen, dass er unter die Kategorie „Kosten" fällt?

In diesem Zusammenhang ist auf ein Gutachten hinzuweisen, dass *Ritter* über einen nach dem BSchG zu beurteilenden Fall für ein Oberlandesgericht erstattet hat (HansRGZ 1936 A Sp. 40 ff.). Ein Kahn fuhr im Anhang eines Schleppers, der dem gleichen Eigentümer gehörte, einen Fluss hinauf. Beim Passieren von Schwellen bracht die Schlepptrosse, der Kahn trieb über die Schwellen zurück und geriet mit der Ladung in Gefahr. Der Schlepper fuhr nach, brach aber das Ruder und musste von dem Rettungswerk abstehen. Beide, Schlepper und Kahn, wurden von einem anderen Schiff gerettet. Kann unter der Voraussetzung, dass das Nachfahren als ein außergewöhnlicher, nicht zur Erfüllung des Schlepp- bzw. Frachtvertrages gehöriger Dienst anzusehen ist, der Schlepper Ersatz seines Schadens in großer Haverei verlangen? Ritter hat die Frage, m.E. mit Recht, bejaht. Aus seinem Gutachten sei zitiert:

„Die Begründung 1903, 109 (zum VVG) ... lässt ... erkennen, dass sie unter den Kosten und den Ausgaben der §§ 834, 840, 893 HGB Aufwendungen versteht. Derselben Zeit, der diese Vorschriften entstammen, entstammen auch die §§ 700 ff. HGB. Kein Zweifel, dass die den seeversicherungsrechtlichen Vorschriften verwandten Vorschriften der §§ 700 ff. HGB mit dem Ausdruck „Kosten" dasselbe verstanden wissen wollen, was jene Vorschriften damit verstanden wissen wollen (Dernburg, Schuldverh. 1915 § 404: „Kosten und Aufwendungen", besser § 354 HGB: „Auslagen und andere Verwendungen"). § 78 BSchG ist aber der Hauptsache nach vom § 700 HGB abgeschrieben worden. Kein Zweifel, dass die Kosten, von denen § 78 BSchG spricht, Aufwendungen sind (Ritter, Recht der Seeversicherung, § 32 Anm. 23). Aufwenden aber kann man nicht nur Geld, sondern auch andere Gegenstände. Insbesondere kann der Versicherte, der Havariegrosse-Genosse, „ein anderes ihm gehörendes ... Schiff zur ... Hilfeleistung" verwenden. Wenn das zur Hilfe verwandte Schiff verlorengeht oder beschädigt wird, ist es „aufgewendet" (Ritter, aaO., § 32 Anm. 7), sind insbesondere „Kosten" im Sinne des § 78 BSchG aufgewandt und sind diese Kosten *große Haverei....*".

Hiernach erscheint es zweckmäßig, in der Begriffsbestimmung der großen Haverei zum Ausdruck zu bringen, das auch Schäden, die an dem Seeunternehmen nicht beteiligten Dritten zum Zwecke der Errettung aus gemeinsamer Gefahr zugefügt werden, und Aufwendungen zu dem gleichen Zweck große Haverei sind.

II. An *sachlichen Unterschieden* sind hervorzuheben: 1. Nach § 700 Abs. 1 HGB müssen die dem Schiff und/oder der Ladung zugefügten Schäden *„von dem Schiffer oder auf dessen Geheiß"* zugefügt sein. YAR kennt diese Voraussetzung nicht, desgleichen nicht das belgische, das englische, die skandinavischen und sonstige Landesrechte. Selbstverständlich will die Regel nicht jedes willkürliche Eingreifen eines Dritten zum Havereiakt stempeln, was schon daraus hervorgeht, dass sie nur ein „reasonably" gebrachtes Opfer als große Haverei anerkennt. Mit Recht bemerkt der schwedische Dispacheur *[Berndt] Hasselrat* in seinem Kommentar [YA-Reglerna, 1924/28] (S. 24): „Es dürfte, wenn z.B. ein Passagier eingreift, zu fordern sein, dass die Umstände die Maßnahme als besonders befugt oder richtig erscheinen ließen".

Wie die deutsche Rechtsprechung zu § 700 HGB ergibt, ist der Unterschied jedoch nicht so beträchtlich, dass Grund bestände, an den Worten „vom Schiffer oder auf dessen Geheiß" festzuhalten. „Es genügt eine vom Versicherer im Einverständnis des Schiffers oder seines Vertreters bzw. des Reeders angeordnete Vornahme einer Maßregel oder Aufwendung von Kosten, da die Vorschrift (des § 700) sich nur gegen ein eigenmächtiges Eingreifen Unbefugter, insbesondere der Schiffsmannschaft oder von Passagieren oder nicht legitimierten Interessenten wendet ... Abgesehen hiervon sind ... Rettungskosten, auch wenn sie genau genommen nicht zur großen Haverei gehören sollten, doch als darunter fallend in entsprechender Anwendung von § 700 jedenfalls dann zu behandeln, wenn sie ... auf Maßnahmen und Abreden beruhen, die Schiffer und

Reeder gebilligt haben. Dies ist vom Reichsgericht sogar für reine Bergungskosten, betreffend ein von der Mannschaft verlassenes Schiff, angenommen worden ..." (RGZ 98, 171). Bedenkt man, dass die Bergung begrifflich voraussetzt, dass der Schiffer nicht mehr in der Lage ist, über das Schicksal des Schiffes zu bestimmen, und dass sie gleichwohl stets als große Haverei behandelt wird, so wird man einer Belassung der Worte „vom Schiffer oder auf dessen Geheiß" in der Begriffsbestimmung des § 700 keine sonderliche Bedeutung beimessen.

2. Nach § 700 Abs. 1 HGB muss die Maßnahme „zum Zwecke der *Errettung aus einer gemeinsamen Gefahr,*" nach YAR A „for the common safety for the purpose of preserving from peril" erfolgt sein. Hinsichtlich § 700 besteht Einigkeit darüber, dass der Schiffer nicht den Augenblick abzuwarten braucht, „wo die Gefahr ihre höchste Höhe erreicht", da dann die Rettungsmaßregel meist zu spät kommen würde" (HansOLG, HGZ 1881, 374). Andererseits „genügt nicht schon eine erst in Zukunft zu befürchtende Gefahr, deren Eintritt vorgebeugt werden soll, sondern es muss eine schon eingetretene, unmittelbar drohende, gegenwärtige, gemeinsame Gefahr für Schiff und Ladung vorliegen, d.h. eine Sachlage, welche notwendigerweise oder doch regelmäßig Schaden verursacht" (RG, HGZ 1885, 167). Es ist die Befürchtung aufgetaucht, dass nach YAR A wegen der Wendung „preserving from peril" lediglich vorbeugende Maßnahmen als zur Havereiverteilung ausreichend angesehen werden könnten (vgl. *Brandt,* JTV Mitt. 1928, 49). Das Bedenken ist nicht ganz unbegründet (vgl. *Ulrich-Hochgräber* II, 123 f.). Allerdings hat die beanstandete Wendung die englische Rechtsprechung nicht veranlassen können, einen milderen Maßstab als bisher anzulegen. Die englischen Richter haben die Worte „preserving from peril", die sich auch in Art. 66 (2) der Marine Insurance Act finden, vor der Einführung der YAR 1924 ebenso ausgelegt wie die deutschen Gerichte die Worte „zum Zwecke der Errettung aus gemeinsamer Gefahr" und sind nach der Einführung der neuen Regeln bei dieser Interpretation geblieben. Vgl. „Vlassopoulos v. British & Foreign Marine Insurance Co." (1928) und „Daniolos v. Bunge" (1937). Belässt es der Gesetzgeber, wie hier befürwortet wird, im Wesentlichen bei der Begriffsbestimmung des § 700, so dürfte die bisherige deutsche Auslegung auch für die Zukunft gesichert sein.

3. *Havariegrosse-Folgen.* Nach § 700 Abs. 1 wie nach YAR C Abs. 1 sind auch alle durch die Havariegrosse-Maßregel adäquat verursachten Schäden und Kosten große Haverei (vgl. wegen der „Kosten"-Folgen: *Ulrich-Brüders-Hochgräber* I, 24; *Schaps,* S. 616 Anm. 26). Das kommt in Regel C Abs. 1 insofern deutlicher zum Ausdruck, als dort außer von „damages" und „losses" auch von „expenses" die Rede ist. Andererseits wird man der deutschen Formulierung („durch solche Maßregeln ferner verursacht") den Vorzug vor der recht vagen Wendung „the direct consequence of the General Average Act" geben müssen. Um aber jeden Zweifel hinsichtlich der „Kosten"-Folgen auszuschalten, wäre es zweckmäßig, in der deutschen Begriffsbestimmung folgende Umstellung vorzunehmen: 1. zugefügte Schäden, 2. Aufwendungen, 3. ferner verursachte Schäden und Aufwendungen.

Der Grundsatz von der Havariegrosse-Natur der „ferner verursachten Schäden" erfährt in § 706 bei der Behandlung der Hauptfälle der großen Haverei mancherlei Einschränkungen. Das Gleiche trifft für die Zahlenregeln der YAR zu. Außerdem gilt für die YAR eine beschränkende Bestimmung von allgemeiner Bedeutung, Regel C Abs. 2. Danach sind „Schäden oder Verluste, die das Schiff oder die Ladung durch eine Verzögerung der Reise erleidet, und indirekte Verluste aus der gleichen Ursache, wie Nutzungs- und Konjunkturverlust, nicht in großer Haverei zu vergüten." Trotz ihrer oft hervorgehobenen terminologischen Mängel macht die Bestimmung klar, dass von der Havereiverteilung generell ausgeschlossen bleiben: a) Schäden, die das Schiff und/oder die Ladung *durch* eine Verzögerung der Reise erleidet; b) andere als Substanzschäden aus der gleichen Ursache, namentlich Nutzungs- und Konjunkturverlust.

Zu a): Der französische Kassationshof hat aufgrund des Code de commerce entschieden, dass Verderb von Gütern infolge längeren Aufenthalts im Nothafen zu den „conséquences directe de l'acte d'avarie commune" gehört. Vgl. *Ulrich-Hochgräber* II, 127 f. Nach YAR C Abs. 2 ist solcher Verderb von der Havereiverteilung ausgeschlossen.

Zu b): Der französische Kassationshof hat aufgrund des Code de commerce auch entschieden, dass Nutzungsverlust des Reeders, gleichgültig ob infolge Reparatur eines Havariegrosse-Schadens während oder nach der Reise entstanden, große Haverei ist (vgl. *Ulrich-Hochgräber* II, 128 f. und Revue de Droit Maritime Comparé, Bde. 30, 323 f.). Soweit es sich um Nutzungsverlust infolge – durch Reparatur eines Havariegrosse-Schadens veranlasster – Verzögerung der Reise handelt, ist er nach dem klaren Wortlaut von YAR C Abs. 2 nicht in großer Haverei zu verteilen. Obwohl die Regel über den Nutzungsverlust nach der Reise schweigt, dürfte heute, nach jahrelangem Streit, die Auffassung vorherrschen, dass auch Nutzungsverlust nach der Reise nicht zur großen Haverei gehört. So King's Bench Division im Blacktoft-Fall (Wetherall & Co. v. London Assurance, 1931) und das Handelsgericht Nantes im Eleni-Fall (1937); im gleichen Sinne eine Resolution des J.T.V.V. 1937. Aus dem Schrifttum vgl. *Ulrich-Hochgräber* II, 129 f., und *Möller,* Summen- und Einzelschaden, 101 f.

Da die oben unter a) (vgl. jedoch § 706 Ziff. 2 Abs. 2 a.E.; aber im Allgemeinen wird „Ladung auf dem Leichterfahrzeug" Reiseverzögerungsschaden nicht erleiden) und b) aufgeführten Schäden in § 706 nicht erwähnt sind, kann wegen der abschließenden Regelung der Havariegrosse-Folgen in dieser Bestimmung nicht zweifelhaft sein, dass sie in den darin behandelten Havariegrosse-Fällen nicht in großer Haverei zu verteilen sind. Aber § 706 erwähnt verschiedene wichtige Havariegrosse-Fälle nicht. Insofern ist also auf § 700 zurückzugreifen und zu prüfen, ob jene Schäden zu den „ferner verursachten Schäden" gehören. Das ist m.E. unbedingt zu bejahen. Ist diese Auffassung richtig, so ergibt sich, dass z.B. Nutzungsverlust des Reeders – der praktisch wichtigste Fall – zwar in den in § 706 behandelten Fällen nicht zur großen Haverei gehört, wohl aber in allen Fällen, die, da in § 706 nicht aufgeführt, nach § 700 zu beurteilen sind. Auf diese Zwiespältigkeit, die auch dem BSchG (vgl. § 82 und demgegenüber § 78) eigentümlich ist, habe ich mehrfach aufmerksam gemacht (vgl. etwa Neumanns Zeitschrift für Versicherungswesen 1934, 1099 f.). Sie ist auch von *Möller* in seinem „Summen- und Einzelschaden" (S. 99 f.) hervorgehoben. Dass sie bei der Erneuerung der deutschen Havariegrosse-Vorschriften beseitigt werden muss, dürfte nicht zweifelhaft sein. Es empfiehlt sich eine Ergänzung des § 700, die weit genug gefasst ist, um alle im Zusammenhang mit YAR C Abs. 2 behandelten Folgen des Havereiakts von der Verteilung auszuschließen.

B. Rettung von Schiff und Ladung. Weder YAR A noch eine andere Regel macht, wie § 703 HGB, die Havereiverteilung davon abhängig, dass „*sowohl das Schiff als auch die Ladung* und zwar jeder dieser Gegenstände entweder ganz oder teilweise wirklich *gerettet* worden ist", zwar nicht notwendigerweise endgültig, aber doch zeitweilig. Dem englischen und anderen Rechten ist dieses Erfordernis gleichfalls unbekannt. Nach ihnen findet eine Havereiverteilung auch statt, wenn nur das Schiff oder nur die Ladung, ganz oder teilweise, gerettet worden ist. Das Gleiche gilt aufgrund der YAR 1924.

Da § 703 dahin aufzufassen ist, dass eine zeitweilige Rettung genügt, so wäre auch nach deutschem Recht eine Haverei-Verteilung vorzunehmen, wenn endgültig nur das Schiff oder nur die Ladung gerettet wird und am Ende der Haverei-Reise noch einen Wert repräsentiert. Es ist nach § 703 nicht erforderlich, dass das Schiff reparaturfähig, reparaturbedürftig oder seetüchtig geblieben ist (die Ausnahme in § 706 Ziff. 3 würde bei Angleichung dieser Bestimmung an YAR

V entfallen). Wenn also das Schiff in reparaturunfähigem Zustande und außerdem ein ganz geringer Teil der Ladung gerettet wird, findet eine Haverei-Verteilung statt.

Aus diesen Gründen, und da die YAR, insofern durchaus im Einklang mit den Grundprinzipien der großen Haverei stehen, sehe ich keinen Anlass, ihnen nicht zu folgen und den § 703 beizubehalten.

C. Große Haverei infolge Verschuldens. § 706 setzt nicht nur das Vorhandensein der Erfordernisse der §§ 700, 703, sondern auch des § 702 voraus. Dessen Regelung ist vollständiger und klarer als die der entsprechenden YAR D. Ich empfehle daher, den übrigens durch die Rechtsprechung durchaus geklärten § 702 beizubehalten. Wegen der Freizeichnungsklauseln vgl. jetzt Seefrachtrecht-Novelle § 663 Abs. 1.

Die stellvertretenden Kosten. Die §§ 700 ff. HGB behandeln nur die Havariegrosse-Kosten und die mit diesem sowie mit Havariegrosse-Schäden in ursächlichem Zusammenhang stehenden Kosten (Folgekosten), nicht dagegen die sog. stellvertretenden Kosten, d.h. Aufwendungen, die an die Stelle von zur großen Haverei gehörigen Kosten treten, ohne selbst Havariegrosse-Charakter zu haben. In der deutschen Praxis sind sie aber sei jeher in großer Haverei verteilt worden, und die deutsche Rechtsprechung hat diese Übung stets gebilligt (vgl. etwa RGZ 98, 171, OLG Karlsruhe in HansRZ 1922, Sp. 151).

Die YAR 1924 beschäftigen sich mit ihnen in drei Bestimmungen, den Regeln F, Xd und XIV. Nach F, die die allgemeine Norm enthält, während Xd und XIV Sonderfälle behandeln, sind als große Haverei zu vergüten: „Extrakosten, die anstelle anderer Kosten, die in großer Haverei zu vergüten gewesen wären, aufgewendet worden sind“ – selbstverständlich nur bis zum Betrage der ersparten Havariegrosse-Kosten.“ Nicht ganz deutlich ist der Ausdruck „Extrakosten“. Er hat denn auch zu Meinungsverschiedenheiten Anlass gegeben. Gemeint ist, dass von den stellvertretenden Kosten nur derjenige Betrag bei der Havereiverteilung zu berücksichtigen ist, der bei normalem Verlauf der Reise nicht aufzuwenden gewesen wäre, der „extra“ aufgewendet wird. Wenn etwa als stellvertretend Schleppkosten von einem Nothafen nach dem Bestimmungshafen aufgewendet werden, das Schiff aber im Bestimmungshafen auf jeden Fall Schlepplohn hätte aufwenden müssen, so sind nicht die vollen Schleppkosten vom Nothafen bis zum Bestimmungshafen „Extrakosten“, sondern nur der Betrag, der sich nach Minderung dieser Schleppkosten um den im Bestimmungshafen ersparten Schlepplohn ergibt. Überhaupt hat man, um auf die „Extrakosten“ zu kommen, stets die durch die stellvertretende Maßnahme ersparten „expenses ordinarily incidental to the voyage“ abzusetzen, wie der Draft International Code relating to General Average von 1914 – besser als die YAR mit dem Worte „extra expense“ – verdeutlicht. Wird eine der Regel F entsprechende Bestimmung in das HGB aufgenommen, was durchaus wünschenswert wäre, so wird es sich empfehlen, einen prägnanteren Ausdruck als „Extrakosten“ zu wählen.

Durch die stellvertretenden Kosten können nicht nur der Havariegrosse-Gemeinschaft, sondern auch den einzelnen Beteiligten Kosten erspart werden. Beispiel: Ein kollisionsbeschädigtes Schiff könnte im Nothafen für 8000 repariert werden. Dazu wäre Ladung an Land zu bringen, wodurch verteilungsfähige Aufenthaltskosten in Höhe von 1500 entstehen würden. Überdies müssten für Trocknung nasser Ladungsteile (Partikularhavarie!) 500 aufgewendet werden. Somit würden entfallen: auf die Havariegrosse-Gemeinschaft 1500, auf den Reeder 8000, auf den Eigentümer der gelöschten Ladung 500. Da der Bestimmungshafen, wo für 7500 repariert werden kann, nicht allzu weit ist, entschließt sich der Kapitän, das Schiff dorthin schleppen zu lassen, wofür 1200 aufzuwenden sind. Durch diese 1200 werden nicht nur der Havariegrosse-Gemeinschaft die 1500, sondern außerdem dem Reeder 800 und dem Ladungseigner, wenn das Trocknen im Bestimmungshafen nur 400 kostet, 100 erspart. Sind die 1200 Schleppkosten gleichwohl allein von der Havariegrosse-Gemeinschaft zu tragen? Regel Xd bestimmt insofern, dass „die durch das Schleppen … entstandenen Kosten … von allen Beteiligten an dem Unternehmen im Verhältnis zu dem Betrage der ersparten außergewöhnlichen Kosten zu tragen sind". Erspart sind insgesamt (1500 + 800 + 100 =) 2400.

Somit hätte nach der Verteilungsregel in Xd zu tragen: die Havariegrosse-Gemeinschaft 15/24 von 1200 = 750; der Reeder 8/24 von 1200 = 400; der Ladungseigentümer 2/24 von 1200 = 50 = 1200.

In der Praxis wird vielfach nicht so abgerechnet, weil die erforderlichen Unterlagen für eine so detaillierte Kostenverteilung fehlen. Denn häufig wird es sich ja nicht, wie in obigem Beispiel, nur um einen Ladungseigentümer, sondern um mehrere handeln, und es wäre natürlich außerordentlich kompliziert, für jeden Einzelnen nachträglich festzustellen, ob ihm durch die stellvertretende Maßnahme Kosten erspart sind, die nicht zur großen Haverei gehören. Die Dispacheure begnügen sich daher vielfach damit, den Betrag der stellvertretenden Kosten mit dem Betrag der ersparten Havariegrosse-Kosten zu vergleichen und ihn bis zur Höhe der letzteren in großer Haverei zu verteilen. Vgl. das Zitat aus *Hasselrot* und *Ulrich-Hochgräber* II, 136 und *K. Pineus* in JTV Mitt. 1936, 58.

Sofern die Unterlagen über die Kostenersparnis der Beteiligten zur Verfügung stehen oder die erforderlichen Nachforschungen keine großen Schwierigkeiten bereiten, sollte indessen genau verteilt werden. Dass das, wenn auch nicht durchgängig, geschieht, ist mir aus der Praxis bekannt. Gleichwohl besteht m.E. kein Anlass, die Verteilungsregel der YAR Xd in das HGB aufzunehmen, da sie bei richtiger Auslegung von YAR F sich von selbst versteht. (Denn vergütungsfähig sind nach ihr nur Aufwendungen anstelle von „expenses which would have been allowable as general average", nicht auch Aufwendungen, die an die Stelle von Partikularkosten treten.)

Schließlich Regel XIV. Für diese Regel bestimmt die „Uniformity Resolution" der englischen Association of Average Adjusters ausdrücklich die vereinfachte Abrechnung in den Fällen unter c). Sie behandelt vorläufige Reparaturen a) zur gemeinsamen Rettung („for the common safety"), b) von Schäden, die durch ein Havariegrosse-Opfer verursacht sind, c) von zufälligen Schäden zu dem Zweck, die Beendigung der Reise zu ermöglichen.

Im Falle a) war eine besondere Bestimmung nicht erforderlich. Die Regelung im Falle C begünstigt in gewissem Umfange den Reeder auf Kosten der Havariegrosse-Gemeinschaft. Vgl. darüber *Ulrich-Hochgräber* II, 181 f. Ich trage daher Bedenken, den auf ihn bezüglichen Teil der Regel zur Aufnahme in das HGB zu empfehlen. M.E. würde eine Regel F entsprechende Bestimmung genügen. Die Entscheidung über die Fälle unter b) könnte wohl den Dispacheuren überlassen bleiben. In Betracht käme auch eine Ergänzung des § 709, die jedoch so zu formulieren wäre, dass nur für die Kosten wirklich unerlässlicher Notreparaturen von Havariegrosse-Schäden Vergütung gewährt wird.

Einzelfälle der großen Haverei. Der Katalog des § 706 HGB ist verhältnismäßig dürftig. Nicht behandelt sind z.B. die wichtigen Fälle des Löschens eines an Bord entstandenen Feuers, der Überanstrengung der Maschinen, des Verbrauchs von Ladung, Schiffszubehör oder von Ausrüstungsgegenständen als Brennstoff. Die YAR sind in manchem vollständiger und können insofern bei der Ergänzung des § 706 als Vorbild dienen. Es entspricht dem Tatbestand nach:

§ 706 Ziff. 1 Abs. 1 der Regel I, IV (nur teilweise)
§ 706 Ziff. 1 Abs. 2 der Regel II (nur teilweise)
§ 706 Ziff. 2 der Regel VIII (nur teilweise), vgl. auch Regel XII
§ 706 Ziff. 3 Abs. 1-3 der Regel V
§ 706 Ziff. 3 Abs. 4 vgl. Regel VIII
§ 706 Ziff. 4 den Regeln X-XII und XX
§ 706 Ziff. 5 –

§ 706 Ziff. 6 –

§ 706 Ziff. 7 der Regel XXI (nur teilweise).

Kein Gegenstück haben in § 706 die Regeln III (Löschen eines Feuers an Bord des Schiffes), VII (Schaden an Maschinen beim Abbringen eines Schiffes), kann aber Havariegrosse-Folge gemäß § 706 Ziff. 3 sein, IX (Verbrauch von Schiffsinventar und Ausrüstungsgegenständen als Brennstoff), XIV (vorläufige Reparaturen), XXII (Verzinsung von Havariegrosse-Vergütungen). Von ihnen ist Regel XIV schon in dem Abschnitt „Stellvertretende Kosten" besprochen worden.

Über den in Regel VI behandelten Fall des Prangens bestimmt, zum Teil anders, § 707 Ziff. 3. Zu Regel IV vgl. § 706 Ziff. 1 Abs. 1, zu Regel XIX § 708 Ziff. 2 und 3.

Die sowohl in § 706 als auch in den YAR behandelten Fälle sind, was die verteilungsfähigen Schäden und Aufwendungen betrifft, zum Teil verschieden geregelt. Das zeigt sich vor allem im Falle der Nothafelung, wie ein Vergleich von § 706 Ziff. 4 mit den Regeln X bis XII und XX sofort erkennen lässt. Auch auf die unterschiedliche Behandlung des Werfens von Deckladung in Regel I und § 708 Ziff. 1 sei hingewiesen.

Aus meinem Vorschlag, die §§ 700 ff. HGB den YAR anzugleichen, ergibt sich zwangsläufig die Anregung, nicht nur den § 706 aus den YAR zu ergänzen, sondern auch die §§ 706 bis 708 hinsichtlich der zur großen Haverei gehörigen Schäden und Aufwendungen in genaue Übereinstimmung mit den YAR zu bringen. Abweichungen, gerade in dieser Beziehung, soweit sie nicht die Vergütungsberechtigten noch mehr begünstigen als die YAR, würden den erneuerten Havariegrosse-Vorschriften des HGB jede praktische Bedeutung nehmen.

Bei der Einarbeitung der Regeln XI, XX in § 706 HGB wären die Beiträge zur Sozialversicherung usw. zu berücksichtigen. Wünschenswert wäre auch eine Verdeutlichung der Verzinsungsbestimmung (Regel XXII). Insofern darf ich auf *Ulrich-Hochgräber* II, 206 und die Ausführungen bei *Sommer:* „Die mittelbaren Schäden in der großen Haverei" (S. 90) hinweisen.

Von einer Erörterung der §§ 732, 733 sehe ich ab, da mir nicht bekannt ist, inwieweit eine Änderung der darin in Bezug genommenen Bestimmungen beabsichtigt ist.

Vergütung. Die §§ 709-715, die sich mit der Berechnung der Vergütung für Havariegrosse-Schaden an Schiff und Zubehör (§§ 709, 710), an den Gütern (§§ 711-714) und für entgangene Fracht (§ 715) beschäftigen, haben ihr Gegenstück in YAR XVIII (Damage to ship"), XIII („Deductions from cost of repairs"), XVI („Amount to be made good for cargo") und XV („Loss of freight").

1. Schiff und Zubehör. § 709 gibt eine zweckmäßigere und vollständigere Regelung als YAR XVIII Abs. 1. Nach Satz 1 der Regel (Ausbesserung) sind „the actual reasonable cost of repairing etc."), nach Satz 2 (Nichtausbesserung) ist "the reasonable depreciation, not exceeding the estimated cost of repairs" zu vergüten. In jenem Falle werden also zum mindesten bei Meinungsverschiedenheiten über die Angemessenheit der Kosten, in diesem Falle stets Sachverständige in Tätigkeit zu treten haben. Da die Regel darüber schweigt, von wem und wo die Taxierung vorzunehmen ist, müsste sie ergänzt werden. Schon deshalb empfiehlt es sich, § 709 zu belassen. Aber auch sonst verdient er den Vorzug. – Zu erwägen wäre übrigens, ob es nicht angebracht wäre, über das Sachverständigenverfahren, die Werttaxe, die Geltendmachung ihrer Unverbindlichkeit usw. eine für die gesamte Havariegrosse einheitliche Bestimmung in das HGB aufzunehmen, die mit der entsprechenden Vorschrift des Seeversicherungsrechts in Einklang zu stehen hätte. Vgl. RGZ 147, 53.

Regel XVIII Abs. 2 („actual or constructive total loss") ist wegen der darin enthaltenen Abzugsbestimmung nicht unbedenklich und wird deshalb in der Praxis vielfach nicht wörtlich angewendet. Vgl. *Ulrich-Hochgräber* II, 199. Den § 709 durch eine entsprechende Vorschrift zu ergänzen, erscheint mir auch nicht geboten. Sollte es jedoch erwünscht erscheinen, wenigstens den

Fall der Kondemnation zu regeln, so könnten die Ausführungen bei *Heck* [Philipp, Das Recht der Großen Haverei, 1889] (S. 372) als Richtschnur dienen.

§ 710 ist veraltet und wäre zweckmäßig durch YAR XIII zu ersetzen, die im Wesentlichen dem heutigen Stande der Technik entspricht. Vgl. dazu *Ulrich-Hochgräber* II, 179 f.

2. Ladung. Es empfiehlt sich, die §§ 711-714 in ihrer bisherigen Fassung bis auf eine im Weiteren anzudeutende Korrektur beizubehalten, da sie klarer und vollständiger sind als YAR XVI Abs. 1.

Der Abänderungsvorschlag bezieht sich auf den für die Höhe des Marktpreises maßgebenden Zeitpunkt. Das jetzige deutsche Recht lässt den Beginn der Löschung maßgebend sein. Die YAR sind in diesem Punkte nicht einheitlich (vgl. G, Xc, XI, XVI, XVII). Erwähnt sei nur, dass nach YAR XVI Abs. 1 bei Beendigung der Reise im Bestimmungshafen „the date of the arrival of the vessel“ maßgebend ist, hingegen „the termination of the adventure“, wenn die Reise anderwärts ihr Ende findet. In der Praxis scheint man aber, in Übereinstimmung mit YAR G, vorwiegend auf den Tag der Beendigung der Unternehmung abzustellen (also auf den Zeitpunkt des Abschlusses der Entlöschung bzw., wenn im Nothafen etwa schon die ganze Ladung gelöscht war, auf den Zeitpunkt, in dem die Reise dort aufgegeben wird). Es dürften keine Bedenken bestehen, dieser Übung durch Änderung der §§ 711, 712 Rechnung zu tragen.

Die Bestimmung in YAR XVI Abs. 2 hat sich bewährt. Es sei daher angeregt, eine entsprechende Vorschrift auch in das deutsche Recht aufzunehmen.

3. Fracht. § 715 ist entsprechend dem Absatz 2 der Regel XV (Abzug ersparter Kosten) zu ergänzen. Zu erwägen wäre auch, ob nicht eine Bestimmung über den Abzug von Ersatzfracht zweckmäßig wäre.

Beitrag. I. Allgemeines. § 700 Abs. 2 nennt als beitragspflichtige Interessen: Schiff, Fracht und Ladung. Von ihnen „wird die große Haverei gemeinschaftlich getragen“. Über sie wird, wie § 716 verdeutlicht, „der gesamte Schaden, welcher die große Haverei bildet, nach dem Verhältnis des Wertes des Schiffes und der Ladung und des Betrages der Fracht verteilt“. Im Einzelnen: Über das „Schiff nebst Zubehör“ (§ 717), über die „Ladung“, die „Güter“ (§§ 718 ff.), über die „Fracht“ und „Überfahrtsgelder“ (§ 721). Über die nicht vergütungsberechtigten Güter des § 708 jedoch nur, „soweit sie gerettet sind“ (§ 723 Abs. 3). Lediglich mit der etwaigen Vergütung beitragspflichtig sind die in § 723 Abs. 1 aufgeführten Gegenstände (§ 723 Abs. 2). Nicht beitragspflichtig sind Bodmereigelder (§ 723 Abs. 4).

Dieser eingehenden Regelung haben die YAR nur drei Bestimmungen gegenüberzustellen: B, XVII und XIX.

B: Die große Haverei wird „von den verschiedenen beitragenden Interessen“ („by the different contributing interests“) getragen.

XVII: Die große Haverei wird über „die wirklichen Nettowerte der am Ende der Reise vorhandenen Vermögensgegenstände“ („the actual net values of the property at the termination of the adventure“) sowie über die Vergütungsbeträge verteilt.

XIX: Ohne Wissen des Reeders usw. verladene sowie absichtlich unrichtig bezeichnete Güter tragen, wenn gerettet, bei (sind jedoch nicht vergütungsberechtigt). Schuldhaft mit zu niedrigem Wert deklarierte Güter tragen mit ihrem wirklichen Wert bei (sind jedoch nur bis zur Höhe des deklarierten Betrages vergütungsberechtigt).

Welche „interests“ zum Beitrag heranzuziehen sind, wird in B nicht gesagt. XVII ist zu entnehmen, dass Reedersfracht und Überfahrtsgelder beizutragen haben, nicht als Frachtgut befördertes Reisegut beitragsfrei ist, und aus XIX und XXIII wird die grundsätzliche Beitragspflicht von Gütern (Ladung) deutlich. Von einer Beitragspflicht des Schiffes wird nirgends ausdrücklich gesprochen, aber abgesehen davon, dass sie von niemand bezweifelt wird, wäre es natürlich unsinnig, zwar eine Vergütungsberechtigung (XVIII), aber nicht eine Beitragspflicht des Schiffes anzuerkennen.

Sicher ist also soviel, dass nach den YAR Schiff, Güter, Fracht und Überfahrtsgelder beizutragen haben, und dass Reisegut beitragsfrei ist. Es taucht jedoch die Frage auf, ob der Inhalt der Begriffe „interests" und „property" damit erschöpft ist, ob nicht die Verfasser der Regeln auch sonstige „values at the time and place when and where the adventure ends" (G) mit der Beitragspflicht belasten wollten. Dass dies in der Praxis angenommen wird, lässt eine Äußerung von *Brandt* in ITV Mitt. 1928, 50 erkennen, in der er darauf hinweist, dass „z.B. auch die am Ende der Reise noch vorhandene Ausrüstung oder die der Reederei nicht gehörende Telefunkenanlage und die Post" unter den Begriff „interests" fallen würden, und hinzufügt, dass die Bewertung der Post sehr schwierig sein wird.

Um mit der Post zu beginnen, so ist deren Beitragspflicht vom *Reichsgericht* wegen des „öffentlichen Interesses an der glatten, pünktlichen, sicheren Bestellung" und, weil „mit der Wahrung des Postgeheimnisses die Heranziehung der Postsendungen schlechthin unvereinbar ist", verneint worden (HGZ 1913, 233). Die gleiche Praxis ist für verschiedene andere Länder bezeugt (vgl. *Ulrich-Hochgräber* II, 195). Dass eine wenigstens ungefähre Bewertung immerhin möglich ist, zeigt ein französischer Hilfslohn-Schiedsspruch aus dem Jahre 1932. Der Kapitän eines gestrandeten Dampfers vereinbarte mit einem Bergungsunternehmen, dass dieses „bei teilweiser Rettung, namentlich der Ladung, Anspruch auf X % (durch Schiedsrichter zu bestimmen) des Verkaufswerts oder des durch Sachverständige zu ermittelnden Wertes haben" solle. Es gelang nur, Zubehör des Schiffes, einen Teil der Ladung und 734 Postpakete zu retten. Dem Bergungsunternehmen wurde auch für die Rettung der Pakete Lohn zugesprochen. Aus der Begründung seien wenigstens einige Sätze wiedergegeben: „Eine genaue Ermittlung der Werte setzt Untersuchungsmittel voraus, über die der Frachtführer bei den Postpaketen nicht verfügt. Aber der Berger kann zweifellos verlangen, dass an die Stelle eines Bewertungsverfahrens das, wie er selbst weiß, nicht durchführbar ist, eine Wertermittlungsmethode tritt, die ohne weiteres angewandt werden kann und zu vernünftigen Ergebnissen führt. Als solche Methode kommt z.B. in Betracht, den Wert des einzelnen Postpakets mit dem Entschädigungsbetrag gleichzusetzen, den die Post im Falle des Verlustes zu zahlen hat. Die Entschädigungsbeträge stehen gesetzlich fest und werden entweder nach dem Gewicht der Pakete, oder nach dem vom Absender deklarierten Wert bemessen." Hervorgehoben sei weiter folgender Satz: „Der Grundsatz der Unverletzlichkeit der Postpakete sowie das Fehlen jeder Rechtsbeziehung zwischen Frachtführer und Empfänger, die bei großer Haverei die Heranziehung der Empfänger zur Beitragsleistung praktisch unmöglich machen, bilden im Verhältnis von Bergern und Kapitän keinerlei Hindernis für die Erfüllung des von ihnen geschlossenen Vertrages" (Le Droit Maritime Français Bd. 11, 122). Damit wird ein Argument gegen die Beitragspflicht der Post wiederholt, dessen sich 1925 schon das Handelsgericht Marseille bedient hatte (aaO. Bd. 4, 426). Auch *Ripert,* der dem Argument keinen großen Wert beimessen will, muss anerkennen, dass „pratiquement il serait très difficile de régler la contribution de ces colis" (Droit Maritime III [2. Aufl. 1923], 237 f.) und *Smeesters-Winkelmolen* erscheint eine Heranziehung der Post wegen der bisher unüberwindlichen Schwierigkeiten unmöglich (Droit Maritime et Droit Fluvial II [1912], 492).

Da in Deutschland jeder Versuch, Postsendungen zu Beitragsleistungen heranzuziehen, mit den Gründen der vorerwähnten Reichsgerichtsentscheidung erfolgreich bekämpft werden könnte, dürfte es gewiss keine Bedenken haben, in das HGB eine Bestimmung über die Beitragsfreiheit der Post aufzunehmen.

Was sodann die *funktelegraphischen* und ähnliche Einrichtungen betrifft, so sei darauf hingewiesen, dass vor kurzem zwischen den englischen Seeversicherer-Verbänden, der Chamber of

Shipping, dem Liverpooler Reederverband und den wichtigsten englischen Gesellschaften für drahtlose Telegraphie eine Vereinbarung über die Beitragspflicht des Inhalts zustande gekommen ist, dass *gemietete* Anlagen nur beizutragen haben, wenn der auf sie entfallende Beitrag 20 £ oder mehr beträgt. Ist die Anlage Eigentum des Reeders, so trägt sie im Wert des Schiffes unbeschränkt bei.

Des Weiteren die *Ausrüstungsgegenstände.* Vor allem ist an die *Brennstoff*vorräte zu denken, die sich zur Zeit des Havereifalles schon an Bord des Schiffes befanden und am Ende der Reise noch vorhanden sind. Sie gehören fraglos zum „property" im Sinne von YAR XVII und hätten deshalb beizutragen, jedenfalls soweit sie den „ample supply of fuel", den YAR IX für jede Reise voraussetzt, übersteigen. Wenn ich zutreffend unterrichtet bin, werden sie in Deutschland jedoch nicht als beitragspflichtig behandelt. Hingegen, wie der dänische Dispacheur *Stage* in „Nordisk Försäkringstidskrift" (Oktober 1936) berichtet, in England und Schweden (hier mit Ausnahme von Bunkerkohlen). Stage selbst ist für die dänische Praxis der Meinung, dass bei Dispachierung aufgrund der YAR 1924 oder, 1890, „nichts im Wege steht, einen außergewöhnlichen Kohlen- oder Brennstoffvorrat als selbständigen Beitragswert aufzunehmen". Ihn beitragsfrei zu lassen, muss jedenfalls ungerechtfertigt erscheinen, wenn Öl, das wegen billiger Einkaufsmöglichkeit über den Reisebedarf hinaus mitgenommen wurde, durch die Havariegrosse-Maßnahme ganz oder teilweise gerettet worden ist.

Zu einer lebhaften internationalen Diskussion hat vor einigen Jahren die Frage geführt, welcher Zeitpunkt für die Beitragspflicht der *Waren in Verkaufsständen* der Luxusdampfer maßgebend sei, ob der Zeitpunkt des Reiseantritts, der des Havereiaktes oder, wie es Regel XVII und § 718 HGB wollen, der des Reiseendes. Die Association des Dispacheurs Français, die sich aus Anlass eines konkreten Falles mit der Frage zu beschäftigen hatte, hat sich für den Zeitpunkt des Havereiakts entschieden, so dass zwar die vorher verkauften, in das Reisegut der Käufer übergegangenen Waren beitragsfrei bleiben, jedoch die später verkauften Waren zu Lasten der Verkäufer beizutragen haben. Dieser Auffassung hat sich der ITVV [Internationaler Transportversicherungsverband] in einer 1933 gefassten Resolution angeschlossen. Einer ihrer Befürworter, *Audouin,* erkennt zwar an, dass sie „ne s'adapte pas exactement aux termes qui régissent la matière" meint aber, sie entspreche „à l'équité et à l'esprit qui a inspiré ces textes", und das genüge, wenn es sich um ganz außergewöhnliche Fälle handle, für die das lateinische Rechtsprichwort gelte: De minimis non curat praetor (Revue de Droit Maritime Comparé Bd. 28, 8).

Dass die Heuer und die Habe der Schiffsbesatzung nicht zu Beitragsleistungen herangezogen werden, entspricht der allgemeinen Praxis.

II. Schiff, Ladung, Fracht. 1. Beitragspflicht des Schiffes nebst Zubehör. § 717 kann belassen werden, nur ist Abs. 1 hinsichtlich des Zeitpunktes und Abs. 2 hinsichtlich der Abzüge mit Regel XVII in Einklang zu bringen.

Dass es nicht möglich ist, eine allgemeingültige Formel für die Ermittlung des Beitragswertes ausfindig zu machen, hat eine vom ITVV angeregte Diskussion gezeigt. Abschließend musste die Havariegrosse-Kommission des Verbandes feststellen, dass „les opinions reçues sont si différences – parfois même celles émanant d'un pays – que votre Commission estime qu'il est matériellement impossible d'essayer d'établir une règle fixe" (Protokoll 1936, 104). Aus der deutschen Rechtsprechung vgl. LG Lübeck HansRGZ 1935 B, 359 ff.

2. Beitragspflicht der Ladung. Die §§ 718, 719 sind hinsichtlich des Zeitpunktes mit der für die §§ 711, 712 vorgeschlagenen Änderung in Einklang zu bringen.

§ 718 ist hinsichtlich des *Abzugs der Fracht* uneinheitlich, wie folgende Übersicht zeigt:

1. Unversehrte Güter. a) Bedingte Fracht ist abzuziehen und trägt auf Seiten des Verfrachters mit 2/3 bei, b) unbedingte Fracht ist abzuziehen und trägt auf Seiten des Ladungsbeteiligten mit 2/3 bei.

2. Güter mit Partikularhavarie. a) Wie unter 1., b) wie unter 2.

3. Aufgeopferte Güter. a) Wie unter 1., b) unbedingte Fracht ist nicht abzuziehen und trägt in dem vergüteten Betrag voll bei.

4. Havariegrosse-beschädigte Güter. a) Das Gesetz sagt nicht, dass bedingte Fracht abzuziehen ist. Jedoch sprechen Billigkeitsgründe für die Lösung 1 a, b) das Gesetz sagt nicht, dass unbedingte Fracht abzuziehen ist. Zweifelhaft.

Nach den YAR wird unbedingte Fracht nicht abgezogen, sondern trägt stets voll auf Seiten des Ladungsbeteiligten bei. Ich würde die gleiche Regelung für den § 719 befürworten, wenn die Frage der Abzugsfähigkeit der Fracht bei Erneuerung der §§ 78 ff. BSchG ohne Bezugnahme auf den § 719 HGB geordnet würde. Bekanntlich bestehen über die Abzugsfähigkeit der Binnenschifffahrtsfracht seit langem Meinungsverschiedenheiten. Abgesehen vom LG Mannheim (HansRGZ 1937 B, 55) haben sich zwar die Gerichte, die zu der Frage Stellung zu nehmen hatten, gegen den Abzug der Fracht und damit für ihre Beitragspflicht ausgesprochen. Für Oder und Elbe bestehen aber Abmachungen zwischen Reedern und Transportversicherern, nach denen die Fracht abzuziehen und beitragsfrei zu lassen ist.

Erforderlich ist jedoch auf alle Fälle, die durch die obige Übersicht verdeutlichten Zweifelsfragen zu klären. Dabei ist zu beachten, dass § 711 und § 719 Ziff. 3 in Einklang stehen müssen.

3. Beitragspflicht der Fracht. § 721 ist Regel XVII anzugleichen, da der Drittelabzug zu schematisch ist und je nach der Lage des Frachtenmarktes den Reeder oder die übrigen Interessenten benachteiligt.

Verjährung. Die YAR enthalten keine Bestimmung über die Verjährung. Nach deutschem Recht verjährt der Anspruch auf Aufmachung der Dispache in einem Jahre; die Verjährung beginnt mit dem Ablauf des Jahres, in dem die Forderung fällig geworden ist (§ 903 Ziff. 4 HGB; vgl. HansOLG HGZ 1887, 19). Desgleichen verjährt in einem Jahr der Anspruch auf den Havariegrosse-Beitrag; die Verjährung beginnt mit dem Ablauf des Jahres, in dem die Ablieferung der Güter erfolgt ist, bzw. bei verlorenen Gütern mit dem Ablauf des Jahres, in dem das Schiff den Ablieferungsort erreicht (§§ 901, 903 Ziff. 2, 904 HGB). Meinungsverschiedenheiten bestehen darüber, ob die Verjährung der Ansprüche auf Havariegrosse-Beiträge in dem genannten Zeitpunkt auch zu laufen beginnt, wenn bis dahin die Dispache noch nicht fertiggestellt ist oder zur Zeit, also bei Ablauf des Jahres, eine Klage auf Veranlassung der Dispache schwebt. Das Hans. OLG hat in der vorerwähnten Entscheidung die Auffassung vertreten, dass es für den Beginn der Verjährung gleichgültig sei, ob die Dispache aufgemacht sei oder nicht. Diese Auffassung hat im Schrifttum keinen Anklang gefunden. *Sieveking* [Das deutsche Seerecht, 1907] bezeichnet sie als „durchaus unbillig“ (S. 266): Er will die Verjährung stets erst mit dem Ablauf des Jahres beginnen lassen, in dem die Dispache fertig gestellt worden ist. Auch *Schaps* lehnt die Entscheidung ab; „Unter rechtsanaloger Anwendung der allgemeinen Verjährungsvorschriften wird man annehmen müssen, dass die Verjährung nicht läuft, solange das Dispache-Verfahren oder eine Klage aus Veranlassung der Dispache schwebt“ (S. 660; ebenso *Ulrich-Hochgräber* I, 197).

Eine klare gesetzliche Regelung der erörterten Frage dürfte wünschenswert sein.

Anlage 2:

Korreferat von H. Möller: Erneuerung der §§ 700-733 HGB (10.2.1938)

In allen wesentlichen Punkten verdienen die Vorschläge des Referates m.E. Billigung (B). Vor der Behandlung der im Referat aufgeworfenen Fragen sind aber einige einleitende Bemerkungen über das Problem am Platze, ob sich überhaupt die Beibehaltung des Rechtsinstituts der großen Haverei empfiehlt (A). Den Abschluss sollen kurze Darlegungen zur versicherungsrechtlichen Behandlung der Havariegrosseschäden bilden (C).

A. Die Frage nach der *Zweckmäßigkeit* des altehrwürdigen Rechtsinstituts der *großen Haverei* ist nie ganz verstummt. Der venezianische Gesetzgeber hat sich schon 1428 gegen die Havariegrosse ausgesprochen. Besonders häufig behandelt ist die Frage seit 1877: In diesem Jahre hat sich nämlich das Committee of Lloyds auf dem Antwerpener Kongress der International Law Association (damals noch: Association for the Reform and Codification of the Law of Nations) für die Abschaffung der großen Haverei eingesetzt. Diesen Vorschlag haben mehrere Sachkenner gebilligt, in Deutschland besonders *Schneider* (1879) und *Gütschow* (1911), in England *Owen* (1894), in den Vereinigten Staaten *Harrison* (1915). (Einzelheiten bei *Heck,* Das Recht der Großen Haverei, Berlin 1889, S. 80-85; *Ulrich-Brüders-Hochgräber,* Große Haverei, 1. Band, 3. Aufl. Berlin 1927, S. 3-5).

Nun ist zwar anzuerkennen, dass die große Haverei gewisse Übelstände mit sich bringt, insbesondere die Gefahr von Entstellungen des Sachverhalts und den Nachteil hoher Unkosten, aber diese Tatsachen rechtfertigen nicht die Abschaffung des ganzen Rechtsinstituts, dessen Grundgedanken, nämlich Schadensverhütung und Opfergemeinschaft, sich im Laufe der Jahrhunderte als glücklich bewährt haben. Den Wert dieser Grundgedanken erkennt gerade auch das neue Deutschland auf allen Lebensgebieten an.

Im Übrigen ist es schwer, an die Stelle der großen Haverei etwas anderes, besseres zu setzen. Man hat gemeint, die Kasko- und Güterversicherer könnten den jetzt in Havariegrosse verteilten Schaden unmittelbar tragen: Wenn etwa Ladung geworfen werde, so habe dann nur der Ladungsversicherer einzutreten, die hohen Dispachierungskosten fielen fort, Kasko- und Frachtversicherer würden nicht bemüht, und auch eine übermäßige Belastung einzelner Versicherer trete nicht ein, da im Laufe der Zeit jeder Versicherer im Endergebnis gleichmäßig belastet werde. Demgegenüber ist aber darauf hinzuweisen, dass nicht alle Interessenten tatsächlich versichert sind. Strandet ein unversichertes Schiff, so würde bei Nichtvorhandensein der Havariegrosseregelung jeder Reeder geneigt sein, lieber wertvolle Ladung über Bord zu werfen, als die Maschine besonders anzustrengen. Auch im Übrigen wäre die Rechtslage nicht befriedigend, da Kasko-, Güter- und Frachtversicherungen nicht bei allen Seeversicherern den gleichen Anteil des Gesamtgeschäfts ausmachen, der unterstellte Ausgleich in der Belastung der einzelnen Versicherer würde also nicht eintreten. Im Übrigen würde es auch versicherungstechnische und versicherungsrechtliche Schwierigkeiten bereiten, die jetzt in Havariegrosse verteilten Schäden unmittelbar von den Kasko- und Güterversicherern tragen zu lassen. Versicherungstechnische Schwierigkeiten entstünden daraus, dass vorsätzlich zugefügte Schäden grundsätzlich nicht als Versicherungsschäden zu ersetzen sind. Versicherungsrechtliche Bedenken bestünden insofern, als die meisten der jetzt in Havariegrosse verteilten Schäden gar nicht die Substanz von Schiff und Ladung betreffen. Ein Kasko- und Güterversicherer ersetzt aber grundsätzlich nur die an dem versicherten Interesse erwachsenden Substanzschäden. Es wäre also eine schwierige Durchbrechung des versicherungsrechtlichen Interessebegriffes notwendig, wollte man auch die Nichtsubstanzschäden, etwa Bergungskosten, auf den Kasko- oder Güterversicherer ohne Umweg über die Havariegrosse abwälzen. Man könnte es auch schwerlich rechtfertigen, etwa Bergungskosten, die doch zur gemeinsamen Rettung von Schiff und Ladung aufgewendet sind, nur dem Kaskoversicherer aufzuerlegen. Würde man die Bergungskosten als Abwendungs- und Minderungsaufwendungen konstruieren wollen, so würden sie auch unter diesem rechtlichen Gesichtspunkt nicht dem Kaskoversicherer allein, sondern auch dem Güterversicherer zur Last fallen.

So ist denn auch neuerdings die Abschaffung des Rechtsinstitutes der großen Haverei nicht mehr gefordert worden. Die International Law Association hat den Antrag des Committee of Lloyds zu den Akten genommen und ist zur Tagesordnung übergegangen. Eine von der Reichsregierung beauftragte Reichskommission für Seeschifffahrt hat im März 1879 erklärt, „dass vom Standpunkt der praktischen Interessen des Seeverkehrs das Institut der großen Haverei als unentbehrlich anzusehen sei“. Heute ist das Rechtsinstitut in aller Welt so eingebürgert, dass es einen Rückschritt bedeuten würde, wenn das neue deutsche Seerecht darauf verzichten wollte.

B. Zu den Vorschlägen des Referates wird unter Beibehaltung der dort gewählten Gliederung folgendermaßen Stellung genommen: *Die §§ 700 bis 733 HGB und die York-Antwerp-Rules 1924.*

Das Referat geht davon aus, dass angesichts der York-Antwerp Rules 1924 (YAR) den meisten Bestimmungen des deutschen Gesetzesrechts keine Bedeutung mehr zukomme.

Immerhin gibt es noch drei Fallgruppen, für die das Gesetzesrecht Bedeutung behalten hat, nämlich (1) Fälle, in denen die YAR nicht vereinbart sind, was besonders in der Küstenschifffahrt noch vorkommt; (2) im Binnenschifffahrtsverkehr infolge der in § 85 Abs. 1 BSchG enthaltenen Verweisung auf das Seerecht; (3) bei Vereinbarung der YAR für jene Materien, die in den YAR nicht behandelt sind.

Bei dieser Sachlage kann der Gesetzgeber die Regelung des Havariegrosserechtes nicht völlig dem Vertragsrecht überlassen, sondern es ist weiterhin eine gesetzliche Regelung erforderlich. Dabei steht nicht zu erwarten, dass in absehbarer Zeit eine international einheitliche Havariegrossegesetzgebung zustande kommt. Durch die YAR sind die auf eine internationale Gesetzgebung abzielenden Bestrebungen hinfällig geworden (*Ulrich-Hochgräber,* Große Haverei, 2. Band, Berlin 1930, S. 108).

Was nun die Ausgestaltung des neuen deutschen Havariegrosserechtes anlangt, so ist in der Tat eine wörtliche Übernahme der YAR nicht zu empfehlen: Die sachlichen und formellen Mängel der YAR sind im Referat aufgezeigt, im Übrigen sind Bestrebungen zur Abänderung der YAR im Gange (Anonym ITV-Mitteil. 1936, S. 22-26, Pineus ITZ 1936, S. 57-59).

Statt einer wörtlichen Übernahme der YAR kommt eine genaue Einarbeitung des Gedankengutes der YAR in das deutsche Recht oder ein selbständiges Werk in Betracht.

Einer genauen Einarbeitung, wie sie bei den Haager Regeln erstrebt worden ist und die bei den YAR bewirken würde, dass die Dispacheure sich bei ihrer Arbeit statt auf die YAR auch auf das Gesetz stützen könnten, dürfte deshalb nicht in Frage kommen, weil – wie gezeigt – die YAR in absehbarer Zeit wahrscheinlich geändert werden. Im Übrigen wäre wegen der Mängel der YAR die Einarbeitung vielleicht noch schwieriger als bei den Haager Regeln. Bei letzteren aber zwang ein Staatsvertrag zur Herbeiführung einer völligen sachlichen Übereinstimmung, während bei den YAR keine derartigen Bindungen vorhanden sind.

So steht der Weg offen für ein selbständiges deutsches Gesetzgebungswerk, bei dem sich allerdings eine starke inhaltliche Anlehnung an die YAR empfiehlt. Dabei wird man allerdings nicht so weit zu gehen brauchen, auch unbefriedigende Regelungen der YAR mit zu übernehmen, wie dies das Referat vorschlägt.

Ein selbständiges deutsches Gesetzgebungswerk unter starker inhaltlicher Anlehnung an die befriedigenden Vorschriften der YAR würde in erster Linie für die oben genannten drei Fallgruppen Bedeutung haben. Es verbietet sich, darüber hinaus die Neuregelung mit zwingender Kraft auszustatten, denn es empfiehlt sich nicht, die durch die YAR geschaffene internationale Rechtseinheit zu zerstören. Eine fortschrittliche Regelung im deutschen Gesetz könnte aber befruchtend bei einer Reform der YAR wirken. Auch die im Referat vorgeschlagene Klausel: „Bei Meinungsverschiedenheiten über die Auslegung der YAR gelangen die §§ 700 ff. HGB zur Anwendung." kann dazu beitragen, die Lebensbedeutung des neuen deutschen Rechtes zu erhöhen.

Umfang der Regelung. Hier sind zwei Gruppen von Fragen zu behandeln, nämlich einerseits solche, die im deutschen Recht geregelt, in den YAR ungeregelt sind (I), andererseits Fragen, die im deutschen Recht ungeregelt sind, aber in den YAR eine Regelung gefunden haben (II).

I. In den YAR finden sich keine Vorschriften, welche den §§ 725-731 HGB entsprechen. Das Referat äußert sich zu der Erneuerung der §§ 725-731 HGB nicht.

Zu diesen Bestimmungen ist m.E. nur Folgendes zu bemerken: § 727 HGB betrifft den Dispachierungsort und sieht als solchen den Bestimmungsort und, wenn dieser nicht erreicht wird, den Ort der Reisebeendigung vor. Die Regel G Abs. 2 YAR behält die Frage des Dispachierungsortes dem Landesrecht vor.

Die bisherige deutsche Regelung ist zwar logisch sehr sauber, da sie der im deutschen Recht herrschenden Fiktion entspricht, dass die Havariegrossegemeinschaft bis zum Ende der Reise unverändert fortgesetzt werde und erst dann der Schaden zu verteilen sei (*Ulrich-Brüders-Hochgräber*, aaO. I S. 51-52).

Aber praktisch ist die gesetzliche Regelung insofern überholt, als vereinbarungsgemäß der Reeder meistens auch einen anderen Dispachierungsort als den des § 727 HGB wählen kann (vgl. Einheitskonnossement Regel XV). Auch die Seeversicherer erkennen nach § 30 Abs. 3 Satz 3 ADS an: „Haben die Beteiligten im Voraus vereinbart, dass die Dispache an einem anderen Orte aufzumachen ist, so ist dieser Ort maßgebend."

Es dürfte sich empfehlen, dass der Gesetzgeber der rechtstatsächlichen Entwicklung Rechnung trägt und dem Reeder und Kapitän das Recht zur Bestimmung des Dispachierungsortes verleiht. Missbräuche sind bei einer solchen Regelung nicht zu befürchten. Die oben erwähnte Fiktion, wonach die Havariegrossegemeinschaft bis zum Ende der Reise unverändert fortgesetzt wird, bleibt bestehen.

Wird § 727 HGB wie vorgeschlagen geändert, so muss die Vorschrift des § 730 HGB gleichfalls umgestaltet werden. Sicherheit für die vom Schiff zu leistenden Havariegrossebeiträge ist zu bestellen, bevor das Schiff den Hafen verlassen darf, in welchem sich Schiff und Ladung getrennt haben. Diese Vorschrift würde der Rechtslage in den skandinavischen Ländern entsprechen (vgl. *Ulrich-Hochgräber,* aaO. II S. 249).

§ 729 Abs. 1 HGB bedarf einer Ergänzung, da künftig die Bestellung der ein für alle Mal berufenen Dispacheure nicht mehr den Landesgesetzen überlassen werden sollte. Es wird sich empfehlen, die Handelskammern im ganzen Reiche mit der Bestellung der Dispacheure zu betrauen (über die bisherigen Landesgesetze vgl. *Ulrich-Brüders-Hochgräber,* aaO. I S. 209).

Zu den §§ 148 Abs. 2 bis 158 FGG, die gleichfalls in den YAR kein Gegenstück finden, ist sachlich nichts zu bemerken. Allenfalls lässt sich erwägen, diese Vorschriften mit in das Seerecht zu übernehmen, damit die Materie in einer einzigen Rechtsquelle behandelt ist; ferner ist es empfehlenswert, die Frage zu behandeln, inwieweit der Dispacheur nachträglich Änderungen der Dispache vornehmen kann; in § 153 Abs. 1 Satz 1 FGG ist eine Befristung vorzusehen.

Schließlich sind in diesem Zusammenhang die auch in dem Referat erwähnten §§ 704, 705, 722, 724 HGB zu nennen. Wenngleich diese Vorschriften sich in den YAR nicht wiederfinden, so gelten sie doch sachlich auch im Rahmen der YAR. Das deutsche Recht ist nur klarer als das Recht der YAR.

Alle vier genannten Vorschriften beruhen auf dem schon erwähnten Prinzip, dass die Verteilung der Havariegrosseschäden nicht sofort nach dem Havereifall stattfindet, sondern erst nach Beendigung der Reise.

Der Vorschlag des Referates, bei § 705 HGB den bisherigen deutschen Rechtszustand in gewissem Umfange zu ändern, verdient m.E. keine Billigung.

Nach § 705 HGB soll der Ersatz für solche Schäden ausgeschlossen sein, die sowieso auch ohne das Havariegrosseopfer eingetreten sein würden. Dieser Grundsatz wird allerdings in § 705 HGB nicht konsequent durchgeführt. Er gilt zwar dann, wenn zur großen Haverei eine Beschädigung gehört, nicht aber dann, wenn bei einer Havereimaßregel ein Gegenstand total verlorengeht. Wenn also ein solcher Verlust eintritt, so ist es unerheblich, falls sich mit Bestimmtheit feststellen lässt, dass ohne den Verlust der Gegenstand später durch einen neuen Unfall untergegangen oder beschädigt sein würde.

Diese Regelung, die allerdings, wie man zugeben muss, unfolgerichtig ist, beruht auf der praktischen Erwägung, dass ein Beweis in der angegebenen Richtung größte Schwierigkeiten bereitet (Näheres bei *Ulrich-Brüders-Hochgräber,* aaO. I S. 54).

Nach den YAR gilt allerdings etwas Anderes. Aber die deutsche Regelung dürfte doch so viele Vorzüge bieten, dass sich ihre Beibehaltung empfiehlt.

In Ergänzung des Referates mag vorgeschlagen werden, bei § 704 HGB klarzustellen, dass nur eine besondere Haverei in Frage kommt, die sich bis zur Trennung von Schiff und Ladung ereignet. Zu § 724 Abs. 1 HGB ist zu bemerken, dass die Vorschrift überflüssig sein dürfte.

II. Zu den in den YAR geregelten, im deutschen Recht ungeregelten Materien gehört die Frage der Sicherheitsleistung für die von den Gütern zu leistenden Havariegrossebeiträge. Wenn auch die genaue Übernahme der Regel XXIII nicht in Frage kommen dürfte, weil es den englischen Rechtsbegriff des trustee in Deutschland nicht gibt, so empfiehlt sich doch eine gesetzliche Behandlung des Problems, wobei die Hamburger „Vereinbarung betr. Havariegrosse-Einschüsse und Depots" als Vorbild dienen kann (Näheres *Ulrich-Brüders-Hochgräber,* aaO. I S. 217-218).

Verhältnis der allgemeinen Bestimmungen zur Regelung der Einzelfälle. Hinsichtlich des Verhältnisses von § 700 HGB zu § 706 HGB und der Buchstaben- zu den Zahlenregeln der YAR pflichte ich dem Referenten im Grundsätzlichen bei.

Durch das Gebäude des deutschen Havariegrosserechtes zieht sich ein klaffender Riss. Aufgabe der großen Haverei ist eine Schadensverteilung. Überall, wo im Bereiche des Rechtes Schadensersatzbestimmungen bestehen, können sie in zweifacher Weise ausgestaltet sein: Entweder sind sie vom Summenschadensbegriff beherrscht, oder sie gehen vom Einzelschadensbegriff aus. Das bedarf der Verdeutlichung. Vom Summenschaden kann man dann sprechen, wenn sämtlicher durch einen gewissen Umstand adäquat verursachter Schaden ersetzt werden muss. Der Summenschadensbegriff ist in § 249 Satz 1 BGB für das gesamte deutsche Zivilrecht in den Vordergrund gestellt worden. Der Einzelschadensbegriff spielt nur noch ausnahmsweise im deutschen Recht eine Rolle. Wo er herrscht, braucht der Schuldner nicht den vollen Schaden zu ersetzen, sondern nur einen Teil. Der Summenschaden wird in Einzelschäden aufgeteilt. Beispielsweise braucht nach § 430 Abs. 1 HGB der Frachtführer bei gänzlichem Verlust des Gutes nur den Sachschaden zu ersetzen, alle sonstigen Einzelschäden – man denke an entgangenen Gewinn oder Vertragsstrafen – treffen den Frachtführer nicht.

Stellt man nun die Frage, ob das Havariegrosserecht vom Summen- oder Einzelschadensbegriff beherrscht werde, so vermag man eine eindeutige Antwort nicht zu geben. Liest man allerdings nur § 700 Abs. 1 HGB, so bleibt die Bedeutung des Einzelschadensbegriffes verborgen. Denn die „ferner verursachten Schäden" brauchen keine Sachschäden zu sein. Erforderlich ist lediglich, dass die Schäden durch die Havariegrossemaßregeln verursacht sind. Ist diese Voraussetzung gegeben, so gehört auch entgangener Gewinn dazu.

Aber § 700 Abs. 1 HGB gewinnt überhaupt erst im Zusammenhang mit § 706 HGB wirkliches Leben. Hier werden wichtige Havariegrossefälle einzeln behandelt, und zwar derart, dass für die aufgezählten Fälle erschöpfend angegeben wird, welche Einzelschäden zur großen Haverei gehören. Entgangener Gewinn ist aber niemals erwähnt.

So zeigt denn das deutsche Havariegrosserecht eine auffällige Zwiespältigkeit. Nicht zuletzt diese Zwiespältigkeit hat das Recht der großen Haverei zu einem Tummelplatz widerstreitender Meinungen gemacht: Man denke nur an die Frage der Vergütung entgangenen Gewinns, auf die noch zurückzukommen sein wird.

Hier war einleitend nur das allgemeine Problem herauszustellen. Einzelheiten bei *Möller,* ITV 1935 S. 6-8, Summen und Einzelschaden, Hamburg 1937, S. 98-103, 139.

Die allgemeinen Voraussetzungen. A. Begriffsbestimmung. I. Terminologische Unterschiede. Der Auffassung, dass die Terminologie des § 700 Abs. 1 HGB mit seiner Verwendung der Begriffe „Schäden" und „Kosten" besser ist als die vielfältige Ausdrucksweise der YAR, ist zuzustimmen.

Auch ich möchte mich gegen den Vorschlag von *Heck,* aaO. S. 126 aussprechen, statt der Begriffe „Schäden" und „Kosten" den zusammenfassenden Begriff „Opfer" zu verwenden. Denn dieser Begriff könnte leicht zu eng ausgelegt werden, weil Opfer (vorsätzlich) „dargebracht" werden. Man könnte also die Auffassung vertreten, dass der Begriff des Opfers nur die vorsätzlich zugefügten Schäden im Sinne des § 700 Abs. 1 HGB umfasst, nicht aber die „ferner verursachten Schäden".

Die terminologischen Bedenken, welche in dem Referat im Anschluss an den Fall vorgetragen werden, dass „ein Kapitän sein Schiff ... auf eine Mole rennen lässt", müssen geteilt werden. Zwar ist das Beispiel insofern nicht ganz glücklich, als hier wahrscheinlich das Schiff selbst durch die Havariegrossemaßregel beschädigt wird. Denkt man aber an den Ausnahmefall, dass das Schiff selbst eine solche Beschädigung nicht erleidet, so wird deutlich, dass § 700 Abs. 1 HGB fälschlich als ersten Schaden immer einen Substanzschaden an Schiff oder Ladung voraussetzt.

Es empfiehlt sich klarzustellen, dass der erste Schaden, also der vorsätzlich zugefügte Schaden, nicht notwendig dem Schiffe oder der Ladung oder beiden, sondern auch einem Drittinteressenten zugefügt werden kann. Diese Rechtslage besteht auch nach den YAR.

Im Übrigen bin ich der Meinung, dass man an und für sich in § 700 Abs. 1 HGB mit dem Begriff des Schadens auskommen könne und nicht den besonderen Begriff der Kosten zu verwenden braucht. Denn aufgewendete und aufzuwendende Kosten sind auch Schäden; *von Gierke,* Deutsches Privatrecht, 3. Band, München-Leipzig 1917, S. 85 hebt hervor: „Eine Art von Schadensersatzpflicht ... ist die Verpflichtung zum Ersatze von Aufwendungen" (vgl. auch *Möller,* Summen- und Einzelschaden, aaO., S. 14-15, 77-79, 97-98). Die Verwendung des Kostenbegriffes kann geradezu irreführend wirken, denn bei einer Aufopferung von Sachen redet der Lebenssprachgebrauch von Kosten nur dann, wenn die aufgeopferten Sachen Geld sind (gekünstelt die – im Referat zitierte – Ausdrucksweise von *Ritter,* HansRGZ 1936 A Sp. 45: „Wenn das zur Hilfe verwandte Schiff verlorengeht ..., ist es ‚aufgewendet' ..., sind insbesondere ‚Kosten' ... aufgewandt").

Verwendet man nur den Begriff „Schäden", so wird dadurch zugleich auch ein anderes Problem klargestellt, das im Referat erst an späterer Stelle (II 3. „Havariegrosse-Folgen") erörtert wird. Es handelt sich um die Frage der sog. „Kosten"-Folgen. Bei bloßer Verwendung des Schadensbegriffes liegt ohne weiteres auf der Hand, dass auch sie zur großen Haverei gehören.

Will man aus praktischen Gründen – wie sich empfehlen dürfte – im Interesse der Verdeutlichung auf den Kostenbegriff nicht verzichten, so lässt sich eine begrifflich einwandfreie, mit den YAR übereinstimmende Regelung treffen, indem man in § 700 Abs. 1 HGB sagt: „Alle Schäden, die zum Zwecke der Errettung von Schiff und Ladung aus einer gemeinsamen Gefahr ... vorsätzlich zugefügt werden, sowie sämtliche durch solche Maßregeln ferner verursachten Schäden einschließlich der aufgewendeten oder sonst wie entstandenen Kosten sind große Haverei".

II. Sachliche Unterschiede. Zu den hier behandelten drei Punkten ist Folgendes zu bemerken:

1. Was über die Worte „von dem Schiffer oder auf dessen Geheiß" gesagt ist, verdient ohne weiteres Billigung.

2. Auch die Vorzüge der Formulierung „Errettung ... aus einer gemeinsamen Gefahr" gegenüber den Worten „preserving from peril" in Regel A YAR sind überzeugend herausgestellt.

In diesem Zusammenhang ist aber zu erinnern daran, dass mehrere deutsche Verbände in einer Eingabe zu den YAR beantragt haben, eine Havariegrosseverteilung unter Umständen auch dann vorzunehmen, wenn von einer gemeinsamen Gefahr deshalb keine Rede sein kann, weil das Schiff in Ballast fährt (vgl. *Sieveking,* HansRGZ 1928 A Sp. 653). Hierzu bestimmt § 63 ADS schon jetzt: „Der Versicherer haftet, wenn das Schiff auf der versicherten Reise in Ballast fährt oder fahren soll und dem Versicherer hiervon nicht bei der Schließung des Vertrags Anzeige gemacht worden ist, nicht für Aufopferungen, die zur großen Haverei gehören würden, wenn Güter geladen wären." Auch das englische Recht kennt praktisch eine Havariegrosse bei Ballastreisen (vgl. *Ulrich-Hochgräber,* aaO. II S. 11). Im Entwurf enthielt Regel XVII YAR eine die Frage im Sinne des englischen Rechts regelnde Bestimmung, welche jedoch auf Einspruch kontinentaler Vertreter gestrichen wurde.

3. Zu den Ausführungen über die Havariegrossefolgen ist hier bereits unter I. bei der Behandlung des Kostenbegriffs Stellung genommen.

Im Übrigen ist schon bei der Erörterung des Verhältnisses der allgemeinen Bestimmungen zur Regelung der Einzelfälle dargelegt, dass nach § 700 Abs. 1 HGB im Rahmen von § 252 BGB auch entgangener Gewinn, also insbesondere Nutzungsverlust des Reeders, zur großen Haverei gehört, sofern nur dieser entgangene Gewinn adäquat durch die Havariegrossemaßregel verursacht ist. Es wurde auch geschildert, dass bei den Einzeltatbeständen des § 706 HGB niemals entgangener Gewinn ersetzt werden muss.

Regel C Abs. 2 YAR, auf deren unglückliche Formulierung hier im Übrigen nicht eingegangen werden soll (vgl. dazu *Möller,* ITV 1935, S. 7-8, Summen- und Einzelschaden, aaO. S. 101-102), bestimmt generell für den Bereich der YAR, dass Gewinn, welcher entgangen ist durch Verzögerung der Reise, niemals im Havariegrosse vergütet wird, wobei diese Bestimmung dahin auszulegen ist, dass auch nach der Reise entstandener Nutzungsverlust nicht zu ersetzen ist (so Entscheidung im Médéa-Fall, vgl. *Hochgräber-Neumann,* Z 1931 S. 806; *Prodromidès,* ITV 1931 S. 97-98, und Blacktoft-Fall: vgl. *Anonym,* ITV 1934 S. 73, *Hochgräber,* ITV 1931 S. 157, *Prodromidès,* ITV 1931 S. 105).

Es empfiehlt sich, den gedanklichen Inhalt der Regel C Abs. 2 YAR, soweit sie den entgangenen Gewinn betrifft, in die Generalklausel des § 700 Abs. 1 HGB zu übernehmen, also das Summenschadensprinzip dadurch einzuengen, dass nur solcher ferner verursachter Schaden zur Verteilung kommen soll, der kein entgangener Gewinn ist.

Diese Regelung, welche den Wünschen des Internationalen Transport-Versicherungs-Verbandes entspricht, erscheint deshalb angemessen, weil bei der Havariegrossegemeinschaft ein angemessenes Verhältnis zwischen den Beiträgen und den zu verteilenden Schäden bestehen muss. Da die Beiträge sich nur nach dem Wert des Schiffes, der Ladung und der Fracht richten, ist es billig, entgangenen Gewinn, besonders Nutzungsverlust des Reeders in Zukunft nicht in Havariegrosse zu verteilen, denn der entgangene Gewinn richtet sich ganz nach den zufälligen individuellen Gewinnanwartschaften der Beteiligten, und diese Gewinnanwartschaften werden bei der Beitragsbemessung nicht veranschlagt (*Möller,* Summen und Einzelschaden, aaO. S. 139).

Außer vom entgangenen Gewinn spricht Regel C Abs. 2 YAR auch von Substanzschäden an Schiff und Ladung, die durch eine Verzögerung der Reise erlitten werden. Die Bestimmung hat

Bedeutung wohl nur für den Tatbestand des § 706 Nr. 4 HGB (Nothafelung). Hier ist aber in der abschließenden Aufzählung der Einzelschäden beispielsweise nicht die Rede von Schäden an leicht verderblichen Gütern im Nothafen (*Ulrich-Brüders-Hochgräber,* aaO. I S. 98).

B. Rettung von Schiff und Ladung. Gegen die im Referat empfohlene Streichung des § 703 HGB bestehen erhebliche Bedenken, welche deutscherseits wiederholt geltend gemacht sind (vgl. die Eingabe deutscher Verbände bei *Sieveking,* HansRGZ 1928 A S. 652, *Brandt,* ITV-Mitt. 1928 S. 49, *VHA,* ITV 1925 S. 19). Die Bedenken beruhen besonders darauf, dass man sich gegen eine Ausweitung des Havariegrossebegriffes wendet.

C. Große Haverei infolge Verschuldens. Den Vorschlägen des Referats ist nichts hinzuzufügen.

Die stellvertretenden Kosten. Auch in diesem Punkt sind die Darlegungen des Referates überzeugend. Es gilt hier in der Tat, eine Lücke des deutschen Gesetzes, wenngleich nicht des deutschen Rechtes, im Anschluss an Regel F YAR auszufüllen.

Wird das Prinzip der stellvertretenden Kosten vom deutschen Gesetz anerkannt, so kann der sowieso überflüssige § 701 HGB irreführend wirken, so dass sich seine Streichung empfiehlt.

Was die am Schluss des Abschnittes gemachten Ausführungen zu § 709 HGB anlangt, so ist ergänzend zu empfehlen, dass in § 709 Abs. 1 HGB auch der Fall der Vertenderung der Reparaturkosten Berücksichtigung findet. § 709 Abs. 2 HGB ist deshalb bedenklich, weil Schadenstaxen aus kleinen überseeischen Plätzen häufig unzuverlässig sind.

Einzelfälle der großen Haverei. Während nach § 700 Abs. 1 HGB das allgemeine Kausalitätsgesetz darüber entscheidet, welche Schäden in Havariegrosse verteilt werden, führt § 706 für eine Reihe von Tatbeständen abschließend jene Einzelschäden auf, die Havariegrosse sind. Eine Analogie zu den einzelnen Vorschriften ist nur ganz ausnahmsweise gestattet, beispielsweise ist sie hinsichtlich der sozialen Abgaben im Rahmen des § 706 Nr. 4 HGB geboten (anders *Ulrich-Brüders-Hochgräber,* aaO. I S. 94).

Betrachtet man die in § 706 genannten Einzelschäden, so lassen sich drei Fallgruppen auseinanderhalten:

Nr. 1 (Seewurf) lässt nur Sachschäden zur großen Haverei gehören.

Neben Sachschäden kommen gemäß § 706 HGB häufig auch andere Einzelschäden in Betracht: Nr. 2 (Leichterung) nennt neben dem Sachschaden auch den Leichterlohn, Nr. 3 (Strandung) erwähnt auch die Abbringungskosten; unbestritten ist aber, dass Heuer und Kost der Schiffsbesatzung während es Aufenthalts auf dem Strand nicht zur großen Haverei gehören. Auch Nr. 5 und Nr. 7 zählen neben Sachschäden andere Einzelschäden auf.

Als dritte Gruppe sind Nr. 4 und 6 zu nennen: Nur Einzelschäden, die nicht an Schiff und Ladung eingetreten sind, werden aufgeführt: Nr. 4 (Nothafelung) hebt zwar besonders hervor, dass grundsätzlich die Kosten der Ausbesserung des Schiffes (Sachschaden) nicht zur großen Haverei gehören. Schließlich gehören – wie in anderem Zusammenhang erwähnt – auch im Nothafen eintretende Ladungsschäden nicht zur großen Haverei.

Das Einzelschadensprinzip des § 706 HGB bringt zwar die Gefahr mit sich, dass in der Aufzählung einzelne Schäden vergessen sein können. Aber die Abstellung auf den Einzelschadensbegriff bietet dafür den Vorteil greifbarer Anschaulichkeit. Deshalb ist einer derart volkstümlichen Regelung gegenüber dem abstrakt-lebensfremden Summenschadensbegriff des § 700 Abs. 1 HGB der Vorzug zu geben. Allerdings darf nicht übersehen werden, dass ein Gesetzgeber kaum alle möglichen Havariegrossefälle voraussehen und regeln kann. Deshalb muss § 700 Abs. 1 HGB als Generalklausel zwar erhalten bleiben, aber die praktische Bedeutung dieser Vorschrift muss möglichst gemindert werden, und zwar dadurch, dass jene Havariegrossefälle, die bisher in § 706 HGB nicht erwähnt sind, obgleich sie häufig vorkommen, in diese Bestimmung eingearbeitet werden.

So ergeben sich – ohne dass auf Einzelheiten eingegangen werden soll – für die Gesetzgebungsarbeit folgende Gebote:

Die Liste des § 706 HGB ist, wie im Referat vorgeschlagen, aus den YAR heraus zu vervollständigen.

§ 706 Nr. 5, 6 HGB könnten gestrichen werden, da sie kaum noch praktische Lebensbedeutung besitzen, auch in den YAR nicht berücksichtigt sind.

Die Aufzählung der Einzelschäden muss klar und sauber durchgeführt werden, man darf nicht etwa bei einzelnen Ziffern auf den Summenschadensbegriff zurückgreifen, ein Fehler, der in den Zahlenregeln der YAR teilweise begangen ist (vgl. *Möller,* Summen- und Einzelschaden, aaO. S. 101-102).

Bei der Aufstellung der Liste des § 706 ist darauf zu achten, dass alle Einzelschäden, die in den YAR genannt sind, auch im deutschen Gesetz wiederkehren.

Das Referat geht in dem hier behandelten Abschnitt auch auf die Regeln XIV, VI, I, XIX und XXII ein, erwähnt auch die §§ 732, 733 HGB. Zu alledem mag nur bemerkt werden, dass Regel XIV schon in anderem Zusammenhang erörtert ist. Sie ist unnötig wegen Regel F YAR. Regel VI entspricht § 707 Ziff. 3 HGB. Hier wäre dem Prangen in Modernisierung des Gesetzes der Fall der Überanstrengung der Antriebsmaschine, solange das Schiff flott ist, gleichzustellen. Zu Regeln I, XIX YAR vgl. § 708 Ziff. 1-3 HGB, wobei erwähnt werden soll, dass gegen die Deckladungsbehandlung in Regel I YAR Bedenken erhoben sind (*Brandt,* ITV 1928 S. 49). Im Übrigen ist den Ausführungen des Referats nichts hinzuzusetzen.

Vergütung. 1. Schiff und Zubehör.

Zu § 709 HGB sind bereits in dem Abschnitt „Stellvertretende Kosten" Ausführungen gemacht, welche zu Abs. 1 die Berücksichtigung der Vertenderung und im Übrigen die Streichung des Abs. 2 betreffen.

Was die im Referat angeregte Änderung des Sachverständigenverfahrens anlangt, das übrigens auch für die Havariegrosseschäden an den Gütern bedeutsam ist, so dürfte es sich nicht empfehlen, die Seeversicherungsvorschriften anzuwenden, wonach die Beteiligten einen Sachverständigen ernennen. Das verbietet sich wegen der Vielzahl der Beteiligten bei Havariegrosseschäden. Es wird deshalb besser sein, wenn die Handelskammer mit der Ernennung der Sachverständigen betraut wird.

2. Ladung. Der hier im Referat gemachte Abänderungsvorschlag hinsichtlich des maßgebenden Zeitpunktes für die Bestimmung des Marktwertes verdient Billigung.

Reformbedürftig erscheint § 711 Abs. 2 HGB: Der Fall, dass es an einem Marktpreis fehlt, ist praktisch besonders häufig; bei Stückgütern z.B. lässt sich schwer ein Marktpreis etwa für eine Kiste Schuhe oder Schwarzwälder Uhren in irgendeinem südamerikanischen Hafen ermitteln. Das Sachverständigenverfahren, das bei diesem Tatbestand vorgesehen ist, hat den Nachteil großer Schwerfälligkeit und hat sich nicht eingeführt. Die Praxis geht aus dem Ciffakturenwert zuzüglich 10%. Dieses Verfahren würde, wenn es in das Gesetz übernommen wird, eine einfache, klare und gerechte Lösung bringen.

3. Fracht. Hier ist zu den Ausführungen des Referats nichts zu bemerken.

Beitrag. I. Allgemeines. § 700 Abs. 2 HGB sieht vor, dass die große Haverei nur „von Schiff, Fracht und Ladung" getragen wird. Regel B YAR dagegen belastet „the different contributing interests".

Es empfiehlt sich, diese weitergehende Generalklausel in § 700 Abs. 2 HGB zu übernehmen und nicht den Versuch zu machen, eine kasuistische Aufzählung der beitragenden Interessen zu bringen.

Der Wortlaut des § 716 HGB wäre dann dem der Generalklausel des § 700 Abs. 2 HGB anzupassen.

Wegen der im Referat hervorgehobenen Bewertungsschwierigkeiten und wegen des Postgeheimnisses empfiehlt es sich, in § 723 Abs. 1 HGB negativ klarzustellen, dass das beförderte Postgut nicht zur großen Haverei beiträgt.

Was die Waren in Verkaufsständen anlangt, so wird man die angemessene Behandlung der in Frage kommenden seltenen Fälle der Dispacheurpraxis überlassen können. Wegen des geringen Wertes der mitgeführten Ladung verzichten die großen Luxusdampfer regelmäßig sowieso auf Aufmachung einer Dispache.

II. Schiff, Ladung, Fracht. 1. Beitragspflicht des Schiffes nebst Zubehör. Bei § 717 Abs. 1 Ziff. 1 HGB mag klargestellt werden, dass der Schiffswert durch von der Handelskammer ernannte Sachverständige festzustellen ist, wobei der Wert bei Beendigung der Entlöschung in Frage kommt. In § 717 Abs. 1 Ziff. 2 HGB könnte hervorgehoben werden, dass als Havariegrosse in Rechnung kommende Notreparaturen, da sie keine dauernde Werterhöhung bewirken, bei der Bemessung der Beitragspflicht außer Betracht bleiben.

2. Beitragspflicht der Ladung. Den Vorschlägen des Referates kann gefolgt werden. – In § 718 Ziff. 1 HGB wird (ebenso wie in § 714 HGB) der Fall behandelt, dass die Reise „durch Verlust des Schiffes" endet. Dieser Tatbestand dürfte deshalb gar nicht in Frage kommen, weil nach § 703 HGB die Havereiverteilung nur eintritt, wenn sowohl das Schiff als auch die Ladung ganz oder teilweise wirklich gerettet worden sind.

3. Beitragspflicht der Fracht. In § 721 könnte mit Rücksicht auf die Fälle von Zahlung einer Distanzfracht klargestellt werden, dass ein Beitrag jener Fracht, welche nicht geschuldet wird, nicht in Frage kommt.

Verjährung. Den Ausführungen des Referats ist nichts hinzuzufügen.

C. Die versicherungsrechtlichen Fragen, welche bei der großen Haverei auftauchen, sind ausführlich behandelt bei *Cramer,* Die Versicherung der Havariegrosse-Schäden, Hamburg 1932, vgl. auch *Möller,* Wirtschaft und Recht der Versicherung 1931, S. 53-55, 57-59.

Im Zusammenhang mit der großen Haverei spielen drei Schadensarten versicherungsrechtlich eine Rolle. nämlich (1) die Beiträge, welche jemand leisten muss, (2) derjenige Teil eines von einem Havariegrossebeteiligten erlittene Schadens, den der Geschädigte nicht auf die Gemeinschaft abwälzen kann (Selbstbehalt), (3) Schaden durch Nichtbeitreibbarkeit von Vergütungen, die dem unmittelbar Geschädigten von den anderen Havariegrossegenossen zu leisten sind.

Zu diesen drei Schadensarten ist versicherungsrechtlich Folgendes zu sagen:

1. Gemäß §§ 834 Ziff. 1 HGB, 133 Abs. 1 Satz 1 VVG, 29 Abs. 1 Satz 1 ADS umfasst die Versicherung auch die von dem Versicherungsnehmer zu entrichtenden Beiträge zur großen Haverei, insoweit ist die Kasko-, Güter- und Frachtversicherung zugleich auch Haftpflichtversicherung.

2. Was den Selbstbehalt eines durch eine Havariegrossemaßregel unmittelbar Geschädigten anlangt, so ist zu unterscheiden, ob durch die Havariegrossemaßregel das versicherte Schiff oder die versicherten Güter unmittelbar berührt sind oder ob der in Havariegrosse zu verteilende Schaden des Versicherungsnehmers sich auf andere Interessen bezieht.

a) Einheitlich werden beide Arten des Selbstbehaltschadens behandelt in §§ 834 Ziff. 1 HGB, 133 Abs. 1 Satz 1 VVG. Danach fallen dem Versicherer auch diejenigen „Beiträge" zur Last, welche der Versicherungsnehmer selbst wegen eines von ihm erlittenen Schadens zu tragen hat.

b) Uneinheitlich dagegen werden die beiden Arten des Selbstbehaltschadens nach den §§ 31, 29 Abs. 1 Satz 1 ADS behandelt.

aa) § 29 Abs. 1 Satz 1 ADS sieht für jene Selbstbehaltschäden, die nicht das versicherte Interesse betroffen haben, vor, dass wie nach dem Gesetzesrecht die von dem Versicherungsnehmer zu entrichtenden „Beiträge" letzterem erstattet werden.

bb) Ist jedoch ein versicherter Gegenstand aufgeopfert, so haftet nach § 31 Abs. 1 ADS der Versicherer wie im Falle einer besonderen Haverei, d.h. hier erfolgt ein vollständiger Ersatz des Schadens ohne Rücksicht auf die Dispache nach Maßgabe des Versicherungsvertrags. Gemäß § 31 Abs. 2 Satz 1 ADS geht der Anspruch auf die dem Versicherten zustehende Vergütung auf den Versicherer über.

3. Nach §§ 838 HGB, 133 Abs. 2 Satz 1 VVG muss der Versicherer dem Versicherungsnehmer die diesem von den Havariegrossebeteiligten zustehenden Vergütungen ersetzen, wenn die Zahlung nicht erfolgt ist und eine Rechtsverfolgung zwecklos erscheint. Die ADS enthalten keine derartige Bestimmung. Sie hätte auch nur geringe Bedeutung, weil Aufopferungen des versicherten Gegenstandes direkt ersetzt werden und der Versicherungsnehmer auf die Vergütung nicht mehr angewiesen ist.

Hier sollten nur die Grundzüge der versicherungsrechtlichen Havariegrosseregelung aufgezeigt werden. Das System der ADS dürfte gegenüber dem des HGB und VVG den Vorzug verdienen. Allerdings lassen sich dem ausländischen Recht Anregungen zur Verbesserung der Havariegrosseregelung in den ADS entnehmen. Darauf kann hier aber nicht im Einzelnen eingegangen werden.

Anlage 3:

Die York-Antwerp Rules 1924 (Stockholm Rules) [Übersetzung von Alfred Sieveking]

Regel A. Große Haverei liegt nur dann vor, wenn in vernünftiger Weise und vorsätzlich (Anm. 1) zur gemeinsamen Rettung ein außerordentliches Opfer gebracht wird oder außerordentliche Kosten aufgewendet werden zu dem Zwecke, das einer gemeinsamen Seegefahr ausgesetzte Vermögen (Anm. 2) vor einer Gefahr zu bewahren (Anm. 3).

Regel B. Zu den Havariegrosse-Opfern und -Kosten tragen die beitragspflichtigen Werte nach Maßgabe der folgenden Bestimmungen bei.

Regel C. Nur soweit Schäden, Verluste oder Kosten die unmittelbare Folge einer Havariegrosse-Handlung sind, werden dieselben in Havariegrosse vergütet.

Schäden und Verluste, welche Schiff oder Ladung durch eine Verzögerung der Reise erleiden, und die weiteren sich hieraus ergebenden Verlüste, verursacht z.B. durch Entstehung von Liegegeld oder durch das Sinken des Marktes, werden nicht in Havariegrosse vergütet.

Regel D. Das Recht auf Vergütung geht nicht dadurch verloren, dass das Ereignis, welches das Opfer oder die Ausgabe veranlasst hat, durch das Verschulden eines der Beteiligten herbeigeführt worden ist; durch diese Bestimmung werden Schadensersatzansprüche gegen denjenigen, durch dessen Verschulden das Ereignis herbeigeführt worden ist, nicht berührt.

Regel E. Derjenige, welcher einen Beitrag verlangt, muss beweisen, dass das Opfer oder die Kosten, für welche er den Beitrag verlangt, eine Havariegrosse-Handlung darstellen.

Regel F. Extrakosten, welche an Stelle von Havariegrosse-Kosten aufgewendet worden sind, werden in Havariegrosse vergütet, jedoch nur zu dem Betrage der durch deren Aufwendung vermiedenen Havariegrosse-Kosten.

Regel G. Havariegrosse-Beiträge und -Vergütungen werden berechnet auf Grund der Werte zur Zeit und am Ort der Beendigung der Reise.

Durch diese Bestimmung wird die Frage, an welchem Orte die Dispache aufzumachen ist, nicht berührt.

Regel I. Werfen von Ladung.

Seewurf wird nicht vergütet, es sei denn, dass die Unterbringung (Anm. 4) der Ladung den anerkannten Verkehrsbräuchen entspricht.

Regel II. Beim Seewurf oder Havariegrosse-Opfer entstandene Schäden.

Schäden an Schiff und/oder Ladung entstanden bei oder infolge von einem zur gemeinsamen Rettung gebrachten Opfer, und Schäden, welche dadurch entstehen, dass, um einen Seewurf zur gemeinsamen Rettung zu bewerkstelligen, Schiffsluken geöffnet oder andere Öffnungen gemacht werden und durch diese Wasser eindringt, werden in Havariegrosse vergütet.

Regel III. Feuerlöschschäden.

Schäden an Schiff und/oder Ladung, welche beim Löschen eines Feuers an Bord durch Wasser oder sonst wie entstanden sind, einschließlich der Schäden, welche dadurch entstanden sind, dass ein brennendes Schiff auf den Strand gesetzt oder angebohrt wird, werden in Havariegrosse vergütet; solche Schäden werden indes nicht vergütet, soweit sie an denjenigen Teilen eines Schiffes oder einer Bulkladung oder an solchen einzelnen Collis einer Ladung entstanden sind, welche selbst vom Feuer ergriffen waren.

Regel IV. Kappen von Schiffstrümmern.

Verlüste oder Schäden durch das Kappen des Wracks oder der Überbleibsel von Spieren oder sonstigen bereits durch ein vorhergehendes Seeereignis zerstörten Gegenständen werden nicht in Havariegrosse vergütet.

Regel V. Freiwillige Strandung.

Wenn ein Schiff vorsätzlich auf den Strand gesetzt wird und es sich in einer solchen Lage befand, dass, wenn es nicht auf den Strand gesetzt worden wäre, dasselbe unvermeidlich auf den Strand oder auf Felsen getrieben wäre, werden die bei der vorsätzlichen Strandung an Schiff, Fracht und Ladung oder einem von diesen entstandenen Verluste und Schäden nicht in Havariegrosse vergütet. In allen anderen Fällen aber einer zur gemeinsamen Rettung herbeigeführten vorsätzlichen Strandung werden die durch eine solche Strandung verursachten Schäden und Verlüste in Havariegrosse vergütet.

Regel VI. Verlüste und Schäden durch Prangen.

Schaden oder Verlust an Segeln und/oder Spieren verursacht durch den Versuch, zur gemeinsamen Rettung ein Schiff vom Grunde abzubringen oder höher auf den Grund zu treiben, wird in Havariegrosse vergütet. Andererseits wird ein Schaden oder Verlust, welcher an Schiff, Ladung und Fracht oder einem von diesen Gegenständen durch Prangen verursacht ist, nicht in Havariegrosse vergütet, wenn das Schiff nicht auf Grund gesessen hätte.

Regel VII. Maschinenschaden durch Wiederflottmachen.

Schaden an Maschinen und Kesseln eines Schiffes, welcher durch den Versuch entstanden ist, ein Schiff, welches auf Grund sitzt und sich in Gefahr befindet, wieder flottzumachen, wird in Havariegrosse vergütet, wenn tatsächlich die Absicht bestanden hat, auf die Gefahr hin einen solchen Schaden zu verursachen, zur gemeinsamen Rettung das Schiff wieder flottzumachen; Schaden aber oder Verlust, entstanden durch das Forcieren von Maschinen oder Kesseln eines nicht auf Grund geratenen Schiffes, wird nicht in Havariegrosse vergütet.

Regel VIII. Leichterungskosten und weiterer Schaden, entstanden bei der Leichterung eines gestrandeten Schiffes.

Ist ein Schiff gestrandet und werden Brennstoff oder Ausrüstungsgegenstände (Anm. 5) des Schiffes und die Ladung oder einer von diesen Gegenständen gelöscht, so werden, falls die Voraussetzungen einer großen Haverei vorliegen, die außerordentlichen Kosten (Anm. 6) der Leichterung, der Leichtermiete und der Wiedereinschiffung und die hierbei erlittenen Verlüste und Schäden in Havariegrosse vergütet.

Regel IX. Verbrauch von Material und Ausrüstung eines Schiffes als Brennstoff.

Schiffsmaterial und/oder Ausrüstung, welche in Zeiten einer Gefahr zur gemeinsamen Rettung als Brennstoff haben verwendet werden müssen, werden nur dann in Havariegrosse vergütet, wenn das Schiff reichlich mit Brennstoff ausgerüstet worden war, unter Abzug des am letzten Abfahrtshafen des Schiffes zur Zeit der Abfahrt marktgängigen Preises für soviel Brennstoff, als schätzungsweise an Stelle des Schiffsmaterials und/oder der Ausrüstung verbraucht worden wäre.

Regel X. Nothafenkosten usw. [weggelassen]

Regel XI. Heuer und Unterhaltskosten der Mannschaft im Nothafen usw.

Wenn unter den in der Regel X aufgeführten Umständen oder für die dort bezeichneten Reparaturen ein Schiff einen Hafen angelaufen hat oder dort zurückgehalten worden ist, so werden die für die Zeit der dadurch verursachten Verzögerung der Reise dem Schiffer, den Schiffsoffizieren und der Mannschaft geschuldeten Heuern sowie deren Unterhaltskosten in einem solchen Hafen bis zu dem Zeitpunkt in Havariegrosse vergütet, in welchem das Schiff zur Fortsetzung der Reise fertig war oder hätte fertig sein müssen. Wird jedoch das Schiff condemniert oder setzt es die ursprüngliche Reise nicht fort, so werden diejenigen Heuern und Unterhaltskosten des Schiffers, der Schiffsoffiziere und der Schiffsmannschaft nicht in Havariegrosse vergütet, welche nach der Condemnation oder der Aufgabe der Reise entstanden sind. Wird vor Beendigung der Löschung der Ladung das Schiff condemniert oder die Reise aufgegeben, so werden die Heuern und die Unterhaltskosten der Mannschaft bis zur Beendigung der Löschung nach Maßgabe dieser Regel in Havariegrosse vergütet.

Regel XII. Löschungsschäden und dergl.

Verlüste oder Schäden an Ladung, Brennstoff oder Ausrüstung, entstanden bei der Hantierung, Löschung, Lagerung, Wiedereinladung und Stauung werden nur dann in Havariegrosse vergütet, wenn die Kosten dieser einzelnen Maßnahmen ebenfalls in Havariegrosse vergütet werden.

Regel XIII. Abzug alt für neu.

Bei der Schadensaufmachung von in Havariegrosse zu vergütenden Reparaturen werden folgende Abzüge alt für neu gemacht. [...]

Bei Eisen- oder Stahlschiffen [...]

Bei Holz- und Compositschiffen [...]

Bei allen Schiffen [...]

Regel XIV. Vorläufige Reparaturen.

Wenn ein Schiff im Ablade- oder Nothafen zur gemeinsamen Rettung nur vorläufig repariert wird, oder wenn Havariegrosse-Schäden repariert werden, so werden die Kosten dieser Reparaturen in Havariegrosse vergütet. Wenn aber andere Schäden vorläufig repariert werden, lediglich um die Ausführung der Reise zu ermöglichen, so werden die hierfür aufgewendeten Kosten nur bis zu dem Betrage in Havariegrosse vergütet, welcher dadurch erspart worden ist, dass ohne die Ausführung der Reparaturen die alsdann entstandenen Schäden und Kosten in Havariegrosse hätten vergütet werden müssen.

Von vorläufigen in Havariegrosse zu vergütenden Reparaturen wird ein Abzug Alt für Neu nicht gemacht.

Regel XV. Vergütung für Fracht.

Verlust an Fracht, entstanden durch Verlust oder Beschädigung der Ladung wird in Havariegrosse vergütet, wenn er selbst einen Havariegrosse-Verlust darstellt, oder wenn der Verlust oder die Beschädigung der Ladung in Havariegrosse vergütet wird.

Von dem Betrage der Bruttofracht werden die Aufwendungen abgezogen, welche der Vergütungsberechtigte gemacht haben würde, um die Fracht zu verdienen, infolge der Havariegrosse aber nicht gemacht hat.

Regel XVI. Vergütung für in Havariegrosse verlorene oder beschädigte Ladung.

Die Vergütung für verlorene oder beschädigte Ladung wird nach dem Marktpreise berechnet zur Zeit der Ankunft des Schiffes oder, falls das Schiff den Bestimmungshafen nicht erreicht, am Orte der Beendigung der Reise.

Werden beschädigte Güter nach der Ankunft verkauft, so beträgt die Vergütung so viele Prozente des Gesundwertes zur Zeit der Ankunft des Schiffes als das Verhältnis des Gesundwertes zur Zeit des Verkaufes zum Verkaufserlöse beträgt.

Regel XVII. Beitragswert.

Der Beitrag wird berechnet nach dem tatsächlichen Nettowert der beitragspflichtigen Werte bei Beendigung der Reise; hinzugefügt wird, falls nicht bereits im obigen Wert enthalten, die in Havariegrosse gewährte Vergütung. Indessen wird von den der Seegefahr ausgesetzt gewesenen Reederfrachten und Passagegeldern ein Abzug gemacht in Höhe derjenigen Hafenunkosten und Mannschaftsheuern, welche erspart worden wären, wenn Schiff und Ladung zur Zeit des Havariegrosse-Unfalles gänzlich verloren gegangen wären, es sei denn, dass diese selbst in Havariegrosse vergütet werden. Ferner wird von den beitragspflichtigen Werten ein Abzug gemacht in Höhe der auf sie nach dem Havariegrosse-Unfall aufgewendeten Kosten, es sei denn, dass diese selbst in Havariegrosse vergütet werden.

Nicht auf Konnossement verschiffte Passagiergüter oder persönliche Effekten sind nicht beitragspflichtig.

Regel XVIII. Vergütung von Schiffsschäden.

Für Verlust oder Beschädigung am Schiff, an den Maschinen und/oder Getrieben werden, wenn sie repariert oder erneuert werden, die effektiven angemessenen Kosten der Reparatur oder der Erneuerung vergütet, und zwar, wenn altes durch neues Material ersetzt wird, unter Berücksichtigung des Abzuges alt für neu nach Maßgabe der Regel XIII. Findet keine Reparatur statt, so wird die angemessene Entwertung vergütet, jedoch nicht über den Betrag der taxierten Reparaturkosten hinaus.

Im Falle eines wirklichen oder konstruktiven (Anm. 7) Totalverlustes des Schiffes wird für den durch Havariegrosse verursachten Verlust oder Schaden am Schiff der taxierte Gesundwert des Schiffes vergütet unter Abzug der taxierten Kosten für nicht in Havariegrosse zu vergütende Reparaturen und gegebenenfalls des Verkaufserlöses.

Regel XIX. Nicht oder verkehrt deklarierte Ladung.

Verlust oder Schaden an Gütern, welche ohne Kenntnis des Schiffseigners oder seines Vertreters abgeladen oder zur Zeit der Abladung absichtlich falsch deklariert worden sind, wird nicht in Havariegrosse vergütet. Indessen sind solche Güter beitragspflichtig, wenn sie gerettet worden sind.

Verlust oder Schaden an Gütern, welche mit einem niedrigeren als ihrem wirklichen Werte bei der Abladung angegeben worden sind, wird mit dem angegebenen Werte vergütet; die Beitragspflicht solcher Güter wird aber nach ihrem wirklichen Werte berechnet.

Regel XX. Devitationskosten.

Läuft ein Schiff einen Nothafen an oder kehrt es zum Abladehafen zurück, so werden die durch eine solche Verlängerung der Reise verursachten Aufwendungen an Brennstoff und Ausrüstung, sowie an Heuer und Unterhaltskosten für Schiffer, Schiffsoffiziere und -Mannschaft in Havariegrosse vergütet, falls die Kosten des Einlaufens in einen solchen Hafen nach Maßgabe der Regel X a in Havariegrosse vergütet werden.

Aufwendungen an Brennstoff und Ausrüstung, verursacht durch die Verlängerung des Aufenthaltes im Ablade-, Order- oder Nothafen, werden für die Zeit vergütet, während welcher nach Maßgabe der Regel XI auch Heuer- und Unterhaltskosten von Schiffer, Offizieren und Mannschaft vergütet werden; ausgenommen sind jedoch die Aufwendungen, welche während der Zeit gemacht worden sind, in welcher nicht in Havariegrosse zu vergütende Reparaturen ausgeführt wurden.

Regel XXI. Havariegelder.

2 % Kommission wird auf Havariegrosse-Ausgaben vergütet; werden jedoch die Havariegelder nicht durch die beitragspflichtigen Interessenten selbst beschafft, sondern durch Aufnahme eines Bodmereidarlehens, durch Verkauf der Ladung oder durch andere Mittel, so werden die hierfür aufgewendeten notwendigen Kosten bzw. der durch den Verkauf der Ladung erlittene Verlust in Havariegrosse vergütet.

Die Kosten für Versicherung von Havariegeldern werden ebenfalls in Havariegrosse vergütet.

Regel XXII. Verzinsung von Vergütungen.

Vergütungen für Havariegrosse-Ausgaben, Opfer und andere in Havariegrosse zugelassene Ansprüche werden bis zum Tage der Aufmachung der Dispache verzinst, und zwar mit dem am Bestimmungsort oder in dem Hafen, in welchem die Reise endigt, geltenden gesetzlichen Zinsfuß (in Ermangelung eines solchen Zinsfußes mit 5 %) unter Berücksichtigung etwa inzwischen abseiten Beitragspflichtiger oder aus dem Havariegrosse-Depot Fond gemachter Auszahlungen.

Regel XXIII. Bareinschüsse.

Werden für die von der Ladung geschuldeten Beträge für Havariegrosse, Bergungs- und Hilfeleistungs- oder besondere Kosten Bareinschüsse geleistet, so sollen solche Beträge auf ein besonderes, womöglich zinstragendes Konto auf den Namen zweier Gesamttreuhänder (von denen der eine vom Reeder, der andere von den den Bareinschuss Leistenden zu ernennen ist) bei einer von den Treuhändern genehmigten Bank eingezahlt werden. Die eingezahlten Summen einschließlich Zinsen sollen für diejenigen, welche einen Anspruch aus Havariegrosse, Bergung und Hilfeleistung oder für besondere Kosten haben, von den Treuhändern verwaltet werden und dienen als Sicherheit für die von der Ladung, von welcher der betreffende Einschuss gemacht ist, zu leistenden Beträge. Die Treuhänder sind berechtigt, à-Kontozahlungen und Rückzahlungen aus dem Depot zu leisten, sofern solche Zahlungen als richtiggehend von dem Dispacheur schriftlich bestätigt werden. Einschüsse, Zahlungen und Rückzahlungen erfolgen ohne Präjudiz für die endgültige Haftung.

Anm.:

1. Intentional wird besser mit vorsätzlich wiedergegeben und dadurch Übereinstimmung mit dem deutschen Recht erreicht. Den Gegensatz zwischen vorsätzlich und absichtlich kennen die Engländer nicht: intentional steht lediglich im Gegensatz zu voluntary.

2. Property muss mit Vermögen übersetzt werden.

3. Errettung aus einer Gefahr (deutsches Recht) ist enger als common safety und preserving from peril.

4.To carry geht weiter als verstauen und nicht so weit wie „mitnehmen". Gegen das Gesetz mitgenommene oder verstaute, z.B. feuergefährliche Ladung fällt nicht unter die Ausnahme, da diese nur von Verkehrsbräuchen spricht. – Ich habe nicht Brennmaterial gesagt (Stoff ist nebenbei deutsch), weil Regel 9 von Ship's-Material spricht und ich dieses Wort im Zusammenhang mit Stores, nicht anders als mit Schiffsmaterialien wiedergeben konnte.

5. Stores (Ausrüstung) umfasst (vgl. Regel XX) auch die Vorräte, obgleich in Regel XIII stores und provisions nebeneinander erwähnt werden.

6. Extrakosten, d.h. beyond what would have been incurred in the ordinary course.

7. Ein constructive total loss liegt vor, wenn das Schiff dem Reeder ohne Aussicht auf Wiedererlangung entzogen ist und die Kosten der Wiedererlangung, oder wenn das Schiff dermaßen beschädigt ist, dass die Kosten der Reparatur den Wert des wiedererlangten bzw. reparierten Schiffes übersteigen (sect. 60 Marine Insurance Act).

35. Arbeitssitzung vom 3.3.1938 (16 bis 19.05 Uhr)

Anwesend:
Vorsitzender: Senatspräsident beim Reichsgericht Dr. Lindenmaier, Leipzig
und als weitere ständige Mitglieder:
Rechtsanwalt Dr. Baur, Hamburg
Direktor Brandt, Hamburg
Rechtsanwalt Dr. Kleemann, Hamburg
Kapitän Klemp, Hamburg
Kapitän Dr. Kuhl, Hamburg
OLG-Rat Dr. Reinbeck, Hamburg
Direktor Sturm, Hamburg
vom Reichsjustizministerium:
Ministerialrat Koffka, Berlin
Ministerialrat Krieger, Berlin
als Gast:
Rechtsanwalt Dr. Krauel, Hamburg
als Protokollführer:
Dozent Dr. Möller, Hamburg
für das Stenogramm:
Assessorin Krüger, Wandsbek
entschuldigt fehlten:
Amtsgerichtsrat Dr. Bramslöw, Hamburg
Rechtsanwalt Dr. Dettmers, Bremen
Rechtsanwalt Dr. Droege, Hamburg
Rechtsanwalt Dr. Heynen, Hamburg
Rechtsanwalt Hillemann, Hamburg
Dr. Riensberg, Hamburg
Dr. Schütte, Hamburg
Rechtsanwalt Dr. Schulze-Smidt, Bremen
OLG-Rat Dr. Segelken, Hamburg
Prof. Dr. Wüstendörfer, Hamburg

Der *Vorsitzende* begrüßte die Erschienenen und insbesondere die Referenten OLG-Rat Dr. Reinbeck und Rechtsanwalt Dr. Krauel.

Die Referate (Anlagen 1 und 2) sowie die Korreferate (Anlagen 3 und 4) seien den Mitgliedern wie üblich vor der Sitzung zugegangen, so dass der Inhalt als bekannt vorausgesetzt werden könne. Der Seerechtsausschuss sei also in die Lage versetzt, die *Probleme des Rechts der Bergung und Hilfeleistung* sogleich anhand der Leitsätze zu behandeln. Dabei erscheine es unerwünscht, wenn der Schwerpunkt der Beratungen auf das Verhältnis des Seerechts zum Luftrecht gelegt werde, da am 4. März 1938 der Luftrechtsausschuss der Akademie unter dem Vorsitz von Prof. Dr. Oppikofer, Leipzig in Hamburg tage [Bd. XVIII der Reihe, S. 129 ff.], um den Citeja-Entwurf betreffend Bergung und Hilfeleistung zu besprechen. Zu den Beratungen des Luftrechtausschusses seien auch die Mitglieder des Seerechtsausschusses eingeladen worden.

Der Referent, OLG-Rat *Dr. Reinbeck,* gab dann kurz den Inhalt seiner Darlegungen zu dem Problem der Sachrettung (Anlage 1) wieder, wobei er darauf hinwies, dass das House of Lords erst ganz kürzlich in einer Entscheidung ausgesprochen habe, dass hilfslohnberechtigt nur solche Staatsschiffe seien, die eine besondere Ausrüstung für eine Bergung besäßen, nicht also beispielsweise Schlachtschiffe.

Im Übrigen legte der Referent ein besonderes Gewicht auf die Darstellung der Tatsache, dass sich eine immer stärkere Tendenz zeige, den Grundsatz „no cure no pay" zu modifizieren.

Der Korreferent, Rechtsanwalt *Dr. Krauel,* äußerte (Anlage 3), er habe dem Gesagten kaum etwas hinzuzufügen. Von der Praxis werde das Bedürfnis nach einer Änderung des geltenden Rechts uneingeschränkt verneint; er habe eingehende Ermittlungen, besonders auch bei den Bergern, angestellt. Auch aus der Rechtsprechung lasse sich ein Bedürfnis zur Änderung des geltenden Rechts nicht herleiten.

Der *Vorsitzende* erklärte, er könne sich den Vorschlägen – oder besser gesagt, den Nichtvorschlägen – der beiden Referenten anschließen. Da es sich bei dem Bergungs- und Hilfeleistungsrecht um internationales Recht handle, besäßen Änderungsvorschläge nur dann Aussicht auf Erfolg, wenn die Änderungen notwendig seien. Die Vorschriften über die Sachrettung hätten sich aber bewährt und so erscheine es empfehlenswert, hier dem Grundsatz „quieta non movere" zu folgen.

Problematisch seien allenfalls drei Punkte: Zunächst nämlich habe der Referent (Anlage 1) darauf hingewiesen, dass die Beweislastregel des § 742 Abs. 1 HGB („es sei denn, dass das Verbot unverständig war") abweiche von der Beweislastregel des Art. 3 JÜ [Internationales Übereinkommen von 1910, RGBl. 1913, 66] („gegen das ausdrückliche und verständige Gebot des Schiffers"). Die Verschiedenheit der Fassungen führe jedoch praktisch zu keinen Schwierigkeiten, da man auch bei § 742 Abs. 1 HGB durch Anwendung der Grundsätze des Anscheinsbeweises zu einem sachgerechten Ergebnis komme. Die Frage sei also nicht so vordringlich und wichtig, dass sich die Aufstellung eines besonderen Leitsatzes empfehle.

Weiterhin müsse geprüft werden, inwieweit für das Binnenschifffahrtsrecht besondere Vorschriften über die Bergung und Hilfeleistung angebracht seien (Anlage 1). § 740 Satz 1 HGB setze für die Bergung voraus, dass die Schiffsbesatzung die Verfügung über das Schiff verloren habe, während § 93 Abs. 1 BSchG erfordere, dass das Schiff von der Schiffsbesatzung verlassen sei. Aber diese Unterscheidung möge sich angesichts der Verschiedenheiten von See- und Binnenschifffahrt rechtfertigen lassen. Ferner sei nur zu erwähnen, dass im Binnenschifffahrtsrecht keine Möglichkeit zur Abänderung eines unbilligen Vertrages über die Beistandsleistung vorgesehen sei, während § 747 HGB eine solche Abänderungsmöglichkeit gebe. Die Reform des Binnenschifffahrtsrechts solle aber späteren Beratungen vorbehalten bleiben.

Zurückzustellen sei drittens auch die Frage, auf welche Weise ein Berge- und Hilfslohn zwischen Charterer und Reeder verteilt werden solle. Dieses Problem soll im Zusammenhang mit den übrigen Fragen der Zeitcharter in einer der nächsten Sitzungen besprochen werden.

Zusammenfassend lasse sich also feststellen, dass der Leitsatz 1 Billigung verdiene und somit keine Veranlassung zur Änderung des geltenden Rechts hinsichtlich der Sachrettung bestehe.

Direktor *Brandt* wies noch darauf hin, dass in den Referaten das Verfahrensrecht unberücksichtigt geblieben sei. Hier liege die Praxis insofern sehr im Argen, als alle großen Sachen an Schiedsgerichte kämen, da das ordentliche Verfahren viel zu langsam und kostspielig sei. Es erscheine erwünscht, diese Mängel zu beseitigen und die fraglichen Sachen wieder staatlichen Gerichten zuzuleiten, bei denen eine bessere Kontinuität der Entscheidungen gewährleistet sei.

Der *Vorsitzende* bemerkte, dass die verfahrensrechtlichen Probleme absichtlich nicht miterörtert seien, weil die Reform des Strandungsrechts Gegenstand besonderer Beratungen bilden solle. Deshalb empfehle sich eine Zurückstellung der einschlägigen Probleme.

Gegenüber den Darlegungen des Referats, wonach der Grundsatz „no cure no pay" heute vielfach durchlöchert werde, weist Direktor *Brandt* darauf hin, dass die Versicherer sich immer für diesen Grundsatz einsetzten. Nur im Binnenschifffahrtsrecht, wo auch im Übrigen die Verhältnisse anders lägen, trete der Grundsatz „no cure no pay“ zurück: Dort seien sogenannte Turnlöhne [für das Turnen festgefahrener Schiffe; vgl. u.a. *W. Bemm/Th. v. Waldstein,* Rheinschifffahrtspolizei, 3. Aufl. 1996, Rheinregel XX] unter den beteiligten Schiffseignern im Vorwege festgesetzt.

OLG-Rat *Dr. Reinbeck* äußerte sich zu den von dem Vorsitzenden und Direktor Brandt angeschnittenen Fragen wie folgt: Das Beweislastproblem sei in der Tat nicht so wichtig, dass ein besonderer Leitsatz aufgestellt zu werden brauche.

Gewisse Abweichungen zwischen See- und Binnenschifffahrtsrecht seien durchaus als gewollt anzusehen. Eine große Verschiedenheit der Verhältnisse ergebe sich schon daraus, dass im Binnenschifffahrtsrecht die Aufklärung der näheren Umstände eines Falles im Allgemeinen wegen des Vorhandenseins zahlreicher unparteiischer Zeugen viel einfacher sei als im Seerecht.

Die verfahrensrechtlichen Reformvorschläge Direktor Brandts seien überraschend: Der Instanzenzug der ordentlichen Gerichte besitze in Bergungs- und Hilfslohnsachen deshalb wenig Wert, weil in der Regel Rechtsfragen keine Rolle spielten und es nur auf die Schätzung der Lohnhöhe ankomme, die reine Ermessensfrage sei. Im Übrigen kämen die fraglichen Sachen meistens vor das Seeschiedsgericht, das nicht nur den Vorzug besitze, mit sachverständigen Beisitzern besetzt zu sein und schnell zu arbeiten, sondern bei dem auch eine Kontinuität der Entscheidungen verzeichnet werden könne.

Unter Zustimmung von Direktor Brandt führte der *Vorsitzende* zu dem letzten Punkt aus, er habe Direktor Brandt dahin verstanden, dass er sich für die Schaffung eines ad hoc eingesetzten besonderen Gerichts ausspreche, das sachverständig, schnell und billig arbeite, ohne den Parteien einen langwierigen Instanzenzug zu eröffnen.

Rechtsanwalt *Dr. Krauel* bemerkte hierzu, es sei in der Tat notwendig, gegebenenfalls ein Sondergericht zu errichten, wenn man etwas dem Seeschiedsgericht Gleichwertiges schaffen wolle. Der heute bei den ordentlichen Gerichten eröffnete Instanzenzug sei für Bergungs- und Hilfslohnsachen unerträglich. Beispielsweise hätten sich fünf Instanzen mit der Bergung des Ankers des Dampfers Europa beschäftigen müssen, obgleich es sich nur um ein Objekt von 9.000 RM gehandelt habe.

Schließlich machte OLG-Rat *Dr. Reinbeck* noch darauf aufmerksam, dass er nur von einer Auflockerung des Grundsatzes „no cure no pay“ gesprochen habe, ohne sich für dessen Aufgabe de lege ferenda einzusetzen.

OLG-Rat Dr. Reinbeck ging dann im Anschluss an die Leitsätze 2 a) und b) auf das Problem der Menschenrettung, die im Zusammenhang mit einer Sachrettung erfolge, ein (vgl. Anlage 1). Praktisch seien die hier in Betracht kommenden Fragen, welche die Gerichte noch nicht beschäftigt hätten, nicht von besonderer Tragweite.

Rechtsanwalt *Dr. Krauel* nahm zu den Darlegungen des Referenten Stellung (vgl. Anlage 3). Auch er betonte, dass es sich mehr um theoretisch interessante, als um praktisch wichtige Fragen handle.

Der *Vorsitzende* stimmte dem zu und empfahl, von der Aufstellung besonderer Leitsätze abzusehen.

Wenn später einmal das internationale Bergungs- und Hilfeleistungsrecht abgeändert werde, so möge man jenen Unterschied beseitigen, der sich daraus ergebe, dass § 750 Satz 1 HGB einen Menschenrettungsversuch ausreichen lasse, während Art. 9 Abs. 2 JÜ anscheinend eine erfolgreiche Rettung voraussetze. Der von dem Referenten weiterhin erwähnte Tatbestand, dass der Sachretter seinen Lohnanspruch verwirkt habe, sei deshalb schwierig zu regeln, weil es bedenklich erscheine, nur wegen der Menschenrettung ein besonderes Verfahren aufzurollen.

OLG-Rat *Dr. Reinbeck* und die übrigen Anwesenden schlossen sich der Stellungnahme des Vorsitzenden an unter Hinweis darauf, dass schon nach geltendem Recht die Gerichte etwaige Missstände durch eine vernünftige Auslegung beseitigen könnten.

Seinen Darlegungen zu Leitsatz 2 c) – in welchem für den Fall einer Menschenrettung (ohne gleichzeitige Sachrettung) ein Aufwendungsersatzanspruch gegen den Heimatstaat des von Seenot betroffenen Schiffes vorgesehen wird – schickte OLG-Rat Dr. Reinbeck den Hinweis voraus, dass ihm bei der Formulierung seines Vorschlages der Citeja-Entwurf noch nicht bekannt gewesen sei, welcher grundsätzlich gleichfalls einen Aufwendungsersatzanspruch zubillige.

Zunächst solle die Zweckmäßigkeit eines solchen Anspruchs ohne Rücksicht auf den Luftrechtsentwurf geprüft werden (vgl. Anlage 1).

Im Anschluss an das Referat stellte der *Vorsitzende* klar, dass man die Frage der Belohnung von der des Aufwendungsersatzes scharf trennen müsse. Der Ausschuss sei sich wohl darüber einig, dass es bei Berücksichtigung des Opfergedankens, der das deutsche Recht beherrschen müsse, nicht richtig sei, einen Anspruch auf einen Geldlohn für die Rettung eines Menschenlebens zu gewähren.

Rechtsanwalt *Dr. Krauel* setzte sich dann mit der Frage des Aufwendungsersatzanspruches auseinander (vgl. Anlage 3).

Zwar könne das Unternehmen einer Menschenrettung zu sehr erheblichen Aufwendungen führen, etwa dann, wenn ein großer Überseedampfer einen Umweg mache oder ein Tankdampfer zur Beruhigung der See Öl ablasse, aber dennoch gehe die Meinung der Praxis überwiegend dahin, dass ein Aufwendungsersatzanspruch sich nicht empfehle, zumal ja jenes Schiff, das heute ein anderes rette, sich morgen in der umgekehrten Lage befinden könne.

Die von dem Referenten angeregte Staatshaftung werde zu erheblichen praktischen Schwierigkeiten führen, besonders auch deshalb, weil nicht selten der Heimatstaat des Schiffes in die Lage kommen werde, wegen der Rettung fremder Staatsangehöriger Aufwendungsersatz zu leisten. Man brauche nur an deutsche Schiffe zu denken, die jahrelang nur an fremden Küsten Passagierdienste leisteten.

Eher als eine Staatshaftung sei dann doch eine Reederhaftung zu erwägen.

Auch Direktor *Sturm* sprach sich gegen den Aufwendungsersatzanspruch aus. Jedenfalls sei die Frage gegenwärtig noch nicht spruchreif.

Nach dem Schiffssicherheitsvertrag, London 1929 (RGBl. 1931 II S. 235 ff.) bestehe eine öffentlichrechtliche Verpflichtung, mit größter Beschleunigung Personen in Seenot zu Hilfe zu eilen (Art. 45 Ziff. 1). Bei der Durchführung des Schiffssicherheitsvertrages hätten sich vielerlei Schwierigkeiten ergeben. So könne es vorkommen, dass ein kleiner gefährdeter Motorsegler mit drei Mann Besatzung drei große Passagierdampfer in Bewegung setze. In derartigen Fällen seien in der Tat die Unkosten sehr hoch.

Aber neuerdings versuche man, diese Nachteile der Hilfeleistungspflicht dadurch zu beseitigen, dass es auf funktelegrafischem Wege bekannt gemacht werden müsse, wenn ein Schiff bereits zur Rettung unterwegs sei, oder wenn sich die Notlage von selbst behoben habe. Überhaupt sei auch eine Einschränkung der SOS-Rufe in Erwägung gezogen. Allmählich sollten alle Schiffe mit Funkstationen versehen werden.

Es werde ersichtlich, dass die Dinge hier noch stark im Fluss seien und es erscheine mindestens voreilig, jetzt schon einen Aufwendungsersatzanspruch anzuerkennen.

Werde der Staat zur Schadloshaltung verpflichtet, so könne das eine große finanzielle Belastung herbeiführen, denn es werde sich eine starke Neigung zeigen, dem Staat gepfefferte Rechnungen zu präsentieren. Diese Rechnungen müsse der Staat wohl oder übel bezahlen, zumal er ja nicht gut im Falle einer geglückten Lebensrettung anfangen könne zu handeln.

Allerdings sei darauf hinzuweisen, dass eine eventuelle finanzielle Belastung des Staates im Bergungs- und Hilfeleistungsrecht insofern kein völliges Novum darstelle, als nach dem Schiffssicherheitsvertrag ein Eiswachdienst durchgeführt werde, an dessen Kosten das Deutsche Reich mit 10 vom Hundert beteiligt sei (Art. 37 Abs. 1).

Es könne allenfalls eine nationale Aufgabe der einzelnen Staaten sein, die eigenen Lebensretter zu belohnen. Für die persönlichen Schäden komme auch eine Ausweitung der sozialversicherungsrechtlichen Bestimmungen in Betracht, wie sie schon gegenwärtig festzustellen sei.

Ministerialrat *Krieger* stimmte Rechtsanwalt Dr. Krauel und Direktor Sturm darin zu, dass die wirtschaftliche Schadloshaltung des Schifffahrtsunternehmers – anders als die persönliche des Lebensretters – nicht zu den Staatsaufgaben gehöre. Wenn schon der Staat haften solle, so müsse er sich den Rücken decken können, d.h. er müsse die erwachsenen Kosten auf irgendeine Weise wiederum auf die Seeschifffahrt umlegen können. Dadurch aber werde eine starke Neubelastung der Seeschifffahrt herbeigeführt.

Auch Kapitän *Klemp* sprach sich gegen die Staatshaftung aus, durch die eine große Anzahl von Prozessen heraufbeschworen werde.

Zwar sei es richtig, dass die Schädigungen unter Umständen groß seien, beispielsweise könne durch einen einzigen SOS-Ruf gleichsam der ganze Nordatlantikverkehr stillgelegt werden, aber diese Stilllegung dauere doch regelmäßig nur kurze Zeit. Im Übrigen mache man schon heute von SOS-Rufen grundsätzlich nur in wirklich wichtigen Fällen Gebrauch. Eine Benachrichtigung der übrigen Schiffe, sobald die Hilfeleistung durch ein anderes gewährleistet sei, pflege immer zu erfolgen.

Zwar könne ein Kapitän der Trampschifffahrt strikte Reederanweisungen haben, so sparsam wie möglich zu fahren, also möglichst keine Umwege zu machen, und in solchen Fällen könne die Gewährung eines Aufwendungsersatzanspruches in gewissem Umfange dazu beitragen, eine Hilfeleistung zu erleichtern, aber dieser Tatbestand spiele praktisch deshalb kaum eine Rolle, weil meistens doch mit der Menschenrettung eine Sachrettung Hand in Hand gehe.

Zusammenfassend legte der *Vorsitzende* dar, ethische und praktische Gesichtspunkte sprächen dafür, von einer Schadloshaltung, wie sie Leitsatz 2 c) des Referats vorschlage, abzusehen.

Das deutsche Recht müsse von dem Gedanken des Einsatzes und der Hilfsbereitschaft ausgehen.

Eine Staatshaftung laufe auf eine große Neubelastung der Seeschifffahrt hinaus und sei besonders dann untragbar, wenn für die Rettung von Ausländern Ersatzansprüche befriedigt werden müssten. Auch der Reeder sei nicht der richtige Passivlegitimierte für die Ersatzansprüche.

OLG-Rat *Dr. Reinbeck* äußerte, er sehe die bestehenden Schwierigkeiten durchaus ein, glaube aber nicht, dass die Nachteile der vorgeschlagenen Regelung die Vorteile überwögen. Man müsse auf jeden Fall verhindern, dass eine Menschenrettung vielleicht deshalb unterbleibe, weil der entstehende Schaden dem Retter nicht ersetzt werde. Die Höhe der zu erwartenden Ansprüche dürfe man nicht überschätzen.

Kapitän *Klemp* stimmte dem letzten Punkte OLG-Rat Dr. Reinbecks zu. Die Berichte seien meistens übertrieben. Nicht viele Tonnen Öl würden zur Glättung der See verwendet, sondern nur geringfügige Mengen. Aus diesem Grunde sei aber auch der Schaden im Einzelfall für die Retter tragbar. Man müsse auch berücksichtigen, dass ein Lebensrettungsfall immer eine gewisse Werbewirkung für das rettende Schifffahrtsunternehmen besitze.

Direktor *Sturm* stimmte Kapitän Klemp zu, indem er darauf hinwies, dass das Reedereigeschäft sowieso sehr viele Risiken mit sich bringe. Ebenso wie die Kalkulationen des Reeders durch Wetter und Eisverhältnisse über den Haufen geworfen werden könnten, müsse er auch mit Reiseverzögerungen durch Hilfeleistungen rechnen.

Auch auf dem Lande gebe es eine Entschädigungspflicht in entsprechenden Fällen nicht. Das Opferwerk der Menschenrettung könne nun einmal Benachteiligungen mit sich bringen.

Die Gefahr unnötiger Aufwendungen werde durch die Verfeinerung des funktechnischen Verkehrs und die Ausrüstung auch der kleineren Schiffe mit funktelegrafischen Geräten immer mehr beschränkt.

Eine Entschädigungspflicht für den einzelnen Reeder komme schon deshalb nicht in Betracht, weil bei der Menschenrettung die Beziehung nicht von Schiff zu Schiff, sondern vom Retter zum Geretteten entstehe: Die Gesundheit des Retters und sein Leben würden auf das Spiel gesetzt.

Der *Vorsitzende* fasste das Ergebnis endgültig dahin zusammen, dass es nicht angebracht erscheine, den Staat haften zu lassen. Erst kürzlich habe das Reichsgericht in den vereinigten Zivilsenaten den Standpunkt vertreten, dass es nicht möglich sei, den Staat für allen Schaden in Anspruch zu nehmen, beispielsweise nicht für Schäden, die jemandem infolge einer staatlichen Zwangsimpfung erwüchsen.

Dieser Gesichtspunkt wurde noch von Ministerialrat *Krieger* unterstrichen, der hervorhob, dass alle neueren Gesetze darauf abzielten, die Haftbarmachung des Staates auszuschließen.

Der *Vorsitzende* schloss damit die Behandlung der Leitsätze (Anlage 1) ab und bat den Referenten und den Korreferenten, nunmehr im Anschluss an den *Citeja-Entwurf* (Anlagen zu Anlage 2), *dessen Bedeutung für das Seerecht herauszustellen.*

OLG-Rat *Dr. Reinbeck* ging daraufhin die einzelnen Artikel des Citeja-Entwurfs anhand seines zweiten Referats (Anlage 2) durch. Rechtsanwalt *Dr. Krauel* nahm dazu anhand seines zweiten Korreferats (Anlage 4) Stellung.

OLG-Rat *Dr. Reinbeck* ging zunächst auf Art. 3 Citeja-Entwurf ein, in dem vorgesehen wird, dass jede, in Erfüllung der Beistandspflicht geleistete Hilfe einen Anspruch auf Aufwendungsersatz begründet.

Rechtsanwalt *Dr. Krauel* wies auf die Unfolgerichtigkeit hin, dass somit ein Schadloshaltungsanspruch nicht im See-, wohl aber im Luftrecht vorgesehen werden solle.

An diesen Hinweis schloss sich eine Debatte darüber an, ob der in Art. 3 Citeja-Entwurf vorgesehene Schadloshaltungsanspruch insgesamt gesehen die Reeder belasten oder begünstigen werde, wobei man zu dem Ergebnis kam, dass der Fall der Menschenrettung durch ein Schiff häufiger sein werde als der Fall der Menschenrettung durch ein Luftfahrzeug. Bei dieser Sachlage habe die Seeschifffahrt keinen Anlass, sich gegen die Einführung des luftrechtlichen Aufwendungsersatzanspruches zu wenden.

Ministerialrat *Krieger* meinte, der Reeder hafte zwar nur mit dem fortune de mer, werde aber deshalb im Prinzip höher belastet, weil er bislang keinen Aufwendungsersatz zu leisten gehabt habe. Das sei beispielsweise bedeutsam, wenn ein Luftfahrzeug ein in Seenot befindliches Schiff, dessen Position nicht bekannt gewesen sei, auffinde, oder den Funkverkehr aufrecht erhalte, nachdem die Funkanlage des Schiffes verbrannt sei.

Demgegenüber wird aber klargestellt, dass die ganze Regelung des Luftrechts nur dann besondere Bedeutung besitze, wenn das Schiff verloren sei, sonst liege ja ein Fall vor, der schon durch das geltende Seerecht erfasst werde.

Kapitän *Dr. Kuhl* machte für den Fall des Schiffsverlustes darauf aufmerksam, dass man die geplante Einführung des Brüsseler Haftungsabkommens berücksichtigen müsse.

Diese Haftung werde auch für den Citeja-Entwurf Bedeutung gewinnen, da gemäß Art. 3 Abs. 4 Unterabs. 2 Satz 1 Citeja-Entwurf die Haftung des Reeders „durch die Gesetze oder Abkommen bestimmt“ werde.

Nachdem Direktor *Brandt* noch darauf hingewiesen hatte, dass durch die bestehenden Versicherungsmöglichkeiten das Haftungsrisiko des Reeders nicht erfasst sei, meinte der *Vorsitzende,* dass zunächst Änderungen der Haftungsregelung des Art. 3 Citeja-Entwurf im Grundsatz nicht erforderlich erschienen.

Im Einzelnen wurde zu Art. 3 Abs. 1, 2 Citeja-Entwurf von OLG-Rat *Dr. Reinbeck* noch aufmerksam gemacht auf die Undeutlichkeit des Begriffs der „geleisteten" Hilfe.

Direktor *Brandt* schlug die Einführung des Grundsatzes „no cure no pay" im Citeja-Entwurf vor, was nach einem Hinweis von Rechtsanwalt *Dr. Krauel* die Beseitigung des Unterschieds zwischen Art. 3 Abs. 1 und Art. 3 Abs. 2 Citeja-Entwurf zur Folge hätte.

Wegen des Verhältnisses von Art. 3 Abs. 2 zu Art. 2 Abs. 4 Citeja-Entwurf schlug OLG-Rat *Dr. Reinbeck* jetzt die Formulierung vor, dass in Ermangelung eines Erfolgs der Schadloshaltungsanspruch teilweise oder ganz versagt werden könne, wenn offensichtlich die Voraussetzungen für den Wegfall der Beistandspflicht vorgelegen hätten (vgl. Anlage 2).

Schließlich wurde von Rechtsanwalt *Dr. Baur* und OLG-Rat *Dr. Reinbeck* noch der Begriff der Aufwendungen in Art. 3 Abs. 1 Citeja-Entwurf besprochen, der angesichts der Unterscheidung zwischen mittelbarem und unmittelbarem Schaden nicht ganz deutlich sei.

Zu Art. 3 Abs. 3 Citeja-Entwurf wurde von OLG-Rat *Dr. Reinbeck* hervorgehoben, dass die Ausdrücke „Eigentümer oder Reeder" in der deutschen Übersetzung durch die Worte „Reeder oder Ausrüster" ersetzt werden müssten, wie überhaupt die Übersetzung eine sehr mangelhafte und vorläufige sei.

Zu Art. 3 Abs. 4 Citeja-Entwurf wurde vom Vorsitzenden betont, dass die dort vorgesehenen Entschädigungsbeträge sehr hoch bemessen seien, besonders für die Kleinschifffahrt könne eine übermäßige Belastung entstehen.

OLG-Rat *Dr. Reinbeck* stimmte dem zu, wies aber zur Verdeutlichung darauf hin, dass es sich ja nur um die Festsetzung einer Höchstsumme für die Aufwendungsentschädigung handle, die sicherlich bei vielen Fällen nicht erreicht werde.

Der *Vorsitzende* empfahl unter Zustimmung der Anwesenden, eine Bestimmung dahingehend zu treffen, dass die Entschädigungshöhe nach den Umständen des Falles aus Billigkeitsrücksichten herabsetzbar sei.

Zu den folgenden Bestimmungen des Citeja-Entwurfs fanden die im Anschluss an das schriftliche Referat gemachten Ausführungen von OLG-Rat *Dr. Reinbeck* Zustimmung.

Dabei wurde bei Art. 10 Citeja-Entwurf das Verhältnis dieser Vorschrift zu der etwas anders formulierten Bestimmung des § 747 HGB besprochen.

Im Anschluss an Art. 11 Citeja-Entwurf wurde die Frage behandelt, ob es sich empfehle, die nationale Zuständigkeit, so wie geplant, in einem internationalen Vertrage zu regeln.

Anlage 1:

Referat: Hilfeleistung in Seenot von Dr. Reinbeck (2.12.1937)

Lediglich für den Fall einer künftigen Änderung des Internationalen Übereinkommens „pour l'unification de certaines règles en matière d'assistance et de sauvetage maritime" wäre eine Ergänzung im Sinne der vorstehenden Ausführungen und des nachfolgenden Leitsatzes 2 zu empfehlen:

Leitsatz 1: Die geltenden Bestimmungen des HGB und des Brüsseler JÜ von 1910 über die Bergung und Hilfeleistung in Seenot sind sachgemäß und beizubehalten.

Leitsatz 2: Im Falle einer späteren Abänderung des Brüsseler JÜ von 1910 betreffend diese Regeln wäre eine Ergänzung bzw. Klarstellung zu empfehlen dahin, dass

a) auch Lebensrettungs*versuche* einen Lohnanteil begründen können;

b) dass der Anspruch des Lebensretters unabhängig ist davon, ob die Sachretter aus persönlichen Gründen nicht lohnberechtigt sind, sowie unabhängig von einer schuldhaften Verwirkung des Lohnanspruches der Sachretter, soweit nicht durch deren Handeln die Werte als Grundlage eines Lohnanspruches verloren gegangen sind,

c) der Heimatstaat des von der Seenot betroffenen Schiffes diejenigen, die sich einer Rettung von Menschenleben aus Seenot unterziehen, ohne dadurch einen Lohnanteilsanspruch aus Art. 9 Abs. 2 JÜ (= § 750 HGB) zu erwerben, wegen ihrer für das Rettungswerk sachgemäßerweise gemachten Aufwendungen schadlos hält, unbeschadet etwaiger aus sonstigen Rechtsgründen folgenden, der landesgesetzlichen Regelung überlassenen Rückgriffsrechte des Staates gegen Dritte,

d) dass im Falle einer zwischenstaatlichen Vereinheitlichung der Regeln über die Hilfeleistung und Bergung *im Luftverkehr* (hierzu vgl. Sondergutachten) möglichste Übereinstimmung der Regelung im See- und im Luftverkehre hergestellt wird.

Anlage 2:

Bergung und Hilfeleistung zwischen Seeschiffen und Luftfahrzeugen (Dr. Reinbeck, 12.12.1937)

I. In der deutschen Gesetzgebung, wie wohl in den meisten Landesgesetzgebungen – über Frankreich vgl. *Riese* im Arch. LR 1935/286 –, ist die Bergung und Hilfeleistung auf See (und zu Lande) zugunsten oder von Seiten der Luftfahrzeuge (Luftschiffe und Flugzeuge) nicht besonders geregelt. Das sowohl Wasser- wie Landluftfahrzeuge umfassende „Cina"-Abkommen bestimmt in Art. 23, dass die Rettung von Luftfahrzeugen aus Seenot grundsätzlich, vorbehaltlich gegenteiliger Abmachungen, nach den Normen des Seerechts geregelt wird. Dieses Abkommen gilt aber nicht für Deutschland. Vgl. jedoch Art. 25 des Abkommens über die Maßgeblichkeit seiner Grundsätze für Luftfahrtabkommen der Vertragsstaaten mit anderen Mächten. Die von Deutschland mit einer Reihe anderer Staaten abgeschlossenen Luftverkehrsabkommen besagen, im Wesentlichen übereinstimmend, dass die Rettung der *auf See* in Seenot geretteten Luftfahrzeuge, vorbehaltlich gegenteiliger Abmachungen, den Grundsätzen des jeweils zwischenstaatlich vereinbarten *See*rechtes, hilfsweise dem nationalen Seerechte der Retter, folgt. *[Rüdiger] Schleicher,* Luftverkehrsgesetz, 1933, S. 308 ff. Die Abkommen sind abgedruckt bei *[Alfred] Wegerdt,* Luftfahrt-Gesetzgebung [3. Aufl. 1936], und bei *[Rudolf] Busse,* Luftrecht [1928]. Vgl. auch *[Kurt] Volkmann,* Internationales Luftrecht [1930], S. 89 f.

Jede Beistandsleistung durch ein Luftfahrzeug gegenüber einem in Seenot geratenen Seeschiffe fällt nach dem geltenden Rechtszustande unter Art. 1 des Brüsseler Internationalen Bergungs- und Hilfeleistungsabkommen von 1910, bzw. unter § 740 Satz 1 HGB; gleiche Beistandsleistungen gegenüber deutschen Binnenschiffen oder Flößen fallen unter § 93 BSchG oder unter § 24 FlG. Von Beistandsleistungen *zugunsten* eines *Luftfahrzeuges* würde das Gleiche nur dann gelten, wenn und soweit man ein *Wasser*flugzeug *nach* der Wasserung als ein Schiff im Sinne dieser Vorschriften ansehen und dieserhalb die vorerwähnten Bestimmungen unmittelbar oder rechtsähnlich auf das Wasserflugzeug anwenden wollte. Eine solche Auffassung hat sich aber bislang nicht, jedenfalls nicht in der zwischenstaatlichen Rechtsauffassung, als Rechtsüberzeugung durchgesetzt. Einer allgemeinen, weniger vielleicht einer nur auf das hier erörterte Gebiet beschränkten, Gleichstellung der Luftfahrzeuge (auf dem Wasser) mit Schiffen stehen wohl auch die Verschiedenheiten der technischen Gegebenheiten und der Rechtssysteme des Seerechts und des Luftrechts entgegen. Vgl. *Oppikofer,* Arch. LR 1934/73 ff., 75 f., 79, 83 Note 33; auch Arch. LR 1934/276 (englisches Urteil über Hilfeleistung nach Strandung eines Wasserflugzeuges).

Dass hier eine Rechtslücke vorliegt, die sich verschiedentlich in der Praxis bemerkbar gemacht hat, daher im Hinblick auf die Entwicklung zumal des überseeischen Luftverkehrs beseitigt werden muss und auch beseitigt werden kann, ist mehrfach ausgesprochen worden (vgl. *Riese,* aaO.). Diese Lücke soll ausfüllen der auf der 11. Tagung der „Citeja" in Bern im September 1936 angenommene Vorentwurf eines zwischenstaatlichen Abkommens zur Vereinheitlichung der Regeln über die Hilfeleistung und Bergung im Luftverkehr (im Folgenden VE). Der VE erfasst gegenständlich alle Fälle, in denen (Wasser- oder Land-)Luftfahrzeugen auf See von anderen Luftfahrzeugen oder von Seeschiffen Beistand geleistet wird sowie Beistandsleistungen zugunsten von Seeschiffen durch Luftfahrzeuge. Art. 2, 4 §§ 1, 5 VE. (Für Beistandsleistungen allein zwischen Seeschiffen bleibt das Brüsseler JÜ unberührt.) In Abänderung einer früheren (Berliner, auch auf die – jetzt einem besonderen Entwurf vorbehaltene – Luftnot zu Lande bezüglichen) Fassung werden durch den VE also nur Beistandsleistungen *auf See* geregelt, soweit bei ihnen Luftfahrzeuge, als Havaristen oder als Rettende (oder beiderseits), beteiligt sind.

Zweifelhaft wird die Rechtslage, wenn ein (oder mehrere) Seeschiff(e) *und* ein (oder mehrere) Luftfahrzeug(e) *verschiedener* Staaten, zumal als Beistandsleistende (bei Seeschiffen und Luftfahrzeugen als Havaristen werden regelmäßig zwei selbständige Beistandsleistungen anzunehmen sein), beteiligt sind. Die Festsetzung und die Verteilung des Beistandslohnes unter die Berechtigten nach JÜ *und* VE kann erhebliche Schwierigkeiten bereiten. Das wird zumal dann der Fall sein, wenn nicht sämtliche Heimatstaaten der an der Beistandsleistung beteiligt Gewesenen die *beiden* Abkommen gezeichnet (oder nicht in Kraft gesetzt) haben und wenn der Fall zur Aburteilung kommt vor Gerichten eines Nicht-Vertragsstaates, für welche also JÜ Art. 15 Abs. 1 bzw. VE Art. 14 nicht maßgeblich sind. (Nach diesen Bestimmungen genügt es für die Anwendung des JÜ bzw. des VE, wenn entweder der Havarist *oder* der Beistand Leistende dem gleichen Staate angehört, wie das erkennende Gericht.) Diese Schwierigkeiten würden behoben oder doch wesentlich gemindert werden, wenn *ein* einheitliches zwischenstaatliches Abkommen allgemein die Bergungen und Hilfeleistungen in Seenot zwischen Seeschiffen und Luftfahrzeugen regelte. Da der VE sich weitgehendst an die Grundsätze des JÜ anschließt, und da die Ausdehnung der neuen Bestimmungen des VE über die Menschenrettung auch auf Beistandsleistungen lediglich zwischen Seeschiffen – wenigstens nach dem im vorangegangenen Berichte zur Bergung und Hilfeleistung in Seenot vertretenen Standpunkte – zu empfehlen sein wird, dürfte eine Zusammenfassung des JÜ und des VE möglich sein und das gewiesene Ziel für die künftige Regelung des gesamten See-Bergungs- und Hilfeleistungsrechts bilden. Die Regelung für Beistandsleistungen *zu Lande* ist hier nicht näher zu erörtern. Sie wird sich wiederum den Grundsätzen des VE anschließen können.

Unter diesem Gesichtswinkel einer gegenseitigen Abstimmung aufeinander sollen daher die Bestimmungen des VE kurz mit denen des JÜ verglichen werden. Auszuscheiden von solcher Betrachtung sind die rein luftrechtlichen, von der seerechtlichen Regelung unabhängigen Grundsätze des VE. Dahin gehören, außer der Begriffsbestimmung in Art. 12 VE betr. den Halter des Luftfahrzeugs, insbesondere die Bestimmungen über die Haftungsart und über die Haftungsbegrenzungen der Luftfahrzeughalter. Das sind – jedenfalls in erster Linie – Fragen, die nur im Zusammenhange mit der sonstigen (staatlichen und zwischenstaatlichen) privatrechtlichen und öffentlichrechtlichen, organisatorischen und wirtschaftlichen Regelung des Luftverkehrswesens und seiner Versicherungsverhältnisse pp. zu prüfen und zu entscheiden sind, im Anschlusse an die bereits abgeschlossenen oder noch in Aussicht stehenden zwischenstaatlichen Abkommen (z.B. über den Zusammenstoß von Luftfahrzeugen). Die grundsätzlich rein dingliche, auf die „fortune de mer“ beschränkte Haftung des Reeders nach Seerecht wird auch Art. 3 § 4 Abs. 2 Satz 1, Art. 4 § 5 Halbsatz 2 VE ausdrücklich aufrecht erhalten.

Im Folgenden unter II. sollen zunächst einige *Begriffsbestimmungen* allgemeiner Natur und die Grundsätze über die *Anwendbarkeit* des VE (Art. 13, 14), sodann unter III. die Bestimmungen des VE über die *Menschen*rettung, unter IV. diejenigen über die *Sach*rettung, unter V. die für beide Arten der Beistandsleistungen gemeinsamen Regeln erörtert werden; insbesondere die Haftungsgrundsätze, die Rückgriffsrechte, die Verjährung und die Gerichtszuständigkeit.

II. In der Ablehnung einer begrifflichen Trennung zwischen der „Bergung“ und der „Hilfeleistung“ stimmen JÜ und VE (Letzterer ohne ausdrücklichen Ausspruch) überein. Wenngleich der VE, wie das JÜ, einen Lohn- (und Entschädigungs-)Anspruch der eigenen Besatzung des Havaristen nicht ausdrücklich ausschließt, wird dieser Grundsatz an sich, aus Gleichheit der Rechts- und Interessenlage, auch für den VE gelten müssen. Die ausdrückliche Hervorhebung des Grundsatzes „no cure no pay“ in Art. 2 Abs. 1, 2 JÜ, dass grundsätzlich nur *erfolgreiche* Beistandsleistungen einen Anspruch auf Vergütung begründen können, fehlt im VE. Vgl. aber Art. 3 § 4 Abs. 2 Satz 1, Art. 4 § 3, § 5 Halbsatz 2 wegen der nur dinglichen Haftung und der seerechtlichen Haftungsbeschränkung des Reeders bei Sachrettung, sowie Art. 3 § 2 („nützlicher Erfolg“) und Art. 5 VE („der die Personen gerettet hat“).

Soweit in Art. 2 § 6, Art. 3 § 3, § 4 Abs. 2, Art. 4 § 5, Art. 7 §§ 1, 3 VE „le propriétaire ou l'armateur du navire“ erwähnt und dem Luftfahrzeughalter („l'exploitant de l'aéronef“) gegenübergestellt wird, dürfte statt „Eigentümer“ oder „Reeder“ besser „Reeder oder Ausrüster“ gesagt werden. Vgl. *Wüstendörfer,* Seerecht, S. 295 Anm. 1, sowie die Niederschriften der 22. bis 26. Arbeitssitzung des Seerechtsausschusses.

Die Bestimmungen des Art. 14 VE über sein allgemeines Anwendungsgebiet entsprechen dem Art. 15 Abs. 1 Halbsatz 1 JÜ dahin, dass das Abkommen auf *alle* Beteiligten Anwendung findet, wenn entweder der Havarist *oder* der Beistand Leistende einem Vertragsstaate angehört. Wegen des Vorbehaltes einer Nachprüfung dieser Bestimmungen vgl. *Riese,* Arch. LR 1937/63. Die Vorbehalte des Art. 15 Abs. 1 Halbsatz 2, Abs. 2 Ziffern 1, 2 JÜ zugunsten der Landesgesetzgebungen finden sich im VE nicht. Der Vorbehalt des Art. 15 Abs. 2 Ziff. 2 JÜ (Landesgesetzgebung maßgeblich, wenn alle Beteiligten und das erkennende Gericht *einem* Staate angehören) bedarf eines ausdrücklichen Ausspruches wohl nicht. Art. 15 Abs. 2 Ziff. 3 JÜ, wonach die Beistandspflicht gilt (vgl. *[Agis P.] Tambacopoulos,* Das Brüsseler Übereinkommen von 1910, Diss. 1915, S. 121 f.; *Riese,* Arch. LR 1937/63), ist in den VE nicht übernommen worden.

Während Art. 14 JÜ seine Anwendung auf Kriegsschiffe, sowie auf die ausschließlich einem öffentlichen Dienste gewidmeten Staatsschiffe überhaupt ausschließt, erklärt Art. 13 VE das Abkommen für anwendbar auch auf Staatsschiffe und Staatsluftfahrzeuge, einschließlich der Militär-, Zoll- und Polizeischiffe und der gleichartigen Luftfahrzeuge. (Vgl. dazu das Brüsseler JÜ von 1926 über die Immunitäten der Staatsschiffe in Beschlagnahmeverfahren sowie in Verfahren „in rem“ und über Gerichtszuständigkeit.) Ausgenommen von solcher Anwendbarkeit sind

a) hinsichtlich *aller* vorbezeichneten Staatsfahrzeuge (die unter V. noch zu erörternden) Vorschriften des Art. 11 VE über die Gerichtszuständigkeiten;

b) hinsichtlich der *Militär-, Zoll- und Polizeifahrzeuge* die Vorschriften des Art. 2 VE über die Beistands- und Rettungspflicht gegenüber den auf See in Lebensgefahr befindlichen Personen. Die endgültige Regelung solcher Einbeziehung der Staats- und Kriegsfahrzeuge in den VE ist der Entscheidung durch die Staatenkonferenz anheimgestellt. *Riese,* Arch. LR 1937/63.

III. Die – dem JÜ gegenüber neuen – Bestimmungen des VE über die *Rettung von Menschenleben* und über die hieraus erwachsenden *Ansprüche* werden im VE (wie in dem Marchand Shipping Act v. 1894) den Vorschriften über die Sachrettung vorangestellt. In der Tat wird allgemein, und zumal im Luftverkehre (vgl. *Riese,* aaO.), die Rettung von Menschenleben im Vordergrunde des Interesses stehen und zu begünstigen sein. Art. 2 VE (ähnlich schon Art. 45 des Londoner Schiffssicherheitsvertrages von 1929; RGBl. II 272 f.) regelt die Beistandspflicht der Führer von Seeschiffen und von Luftfahrzeugen gegenüber allen auf See sich in Lebensgefahr befindenden Personen. Diese Beistandspflicht ist im Vergleiche mit Art. 11 JÜ – vgl. auch Art. 8 des Brüsseler JÜ von 1910, betreffend die Zusammenstöße von Schiffen auf See – auf der einen Seite zugunsten aller auf See in Lebensgefahr „sich befindenden" (nicht nur „angetroffenen") Personen erweitert, auf der anderen Seite nach den Voraussetzungen der Verpflichtung klarer umgrenzt. Ferner wird in Art. 3 VE für die Menschenrettung auf See ein Anspruch auf Schadloshaltung hinsichtlich der dort näher bestimmten Aufwendungen und Schäden gewährt. Unberührt bleibt die Zubilligung eines „billigen Anteils" an der „Vergütung" der Sachretter; Art. 5 VE, Art. 9 Abs. 2 JÜ. Die Neuregelung ist (aus den im früheren Berichte zur Bergung und Hilfeleistung in Seenot angegebenen Erwägungen heraus) grundsätzlich zu begrüßen, unbeschadet einer Nachprüfung der Regelung im Einzelnen nach ihrem rechtlichen Aufbaue und nach ihrer Zweckmäßigkeit.

Die Beistandspflicht aller Seeschiffskapitäne ist (zu Lasten dieser Schiffsführer), in Ergänzung der aus den sonstigen Vorschriften sich ergebenden Verpflichtung, in Art. 2 VE nur zugunsten derjenigen Personen ausgesprochen worden, die sich an Bord eines Luftfahrzeuges oder infolge des Unfalles eines solchen in Lebensgefahr befinden. Für diese Pflicht und für die gleiche Pflicht aller Flugzeugführer gegenüber *allen* auf See in Lebensgefahr sich befindenden Personen ist Voraussetzung

a) dass das Beistand leistende Fahrzeug ohne ernste Gefahr für sich selbst, seine Besatzung, seine Reisenden oder andere Personen sich mit Aussicht auf eine erfolgreiche Hilfeleistung an die Unfallstelle zu begeben imstande ist, und

b) dass das Beistand leistende Fahrzeug sich auf einer Reise befindet oder segelfertig ist.

Die Beistandspflicht entfällt andererseits,

c) wenn der Verpflichtete davon Kenntnis hat, dass der Beistand durch andere Personen unter gleichen oder unter besseren Bedingungen, als dem Verpflichteten möglich wäre, gesichert ist.

Vgl. Art. 2 §§ 1 bis 4 VE; die §§ 5, 6 das. entsprechen den Art. 12, 11 Abs. 2 JÜ, jedoch mit einer Ergänzung hinsichtlich der Nichthaftung des Reeders, Ausrüsters oder Flugzeughalters im VE: „es sei denn, dass er den zum Beistande Verpflichteten zur Nichtleistung des Beistandes angewiesen hat."

Wegen der dem Beistandleistenden erwachsenen Ansprüche bestimmt Art. 3 §§ 1, 2 VE, dass jede in Erfüllung einer Beistandspflicht (nach Art. 2 das.) „geleistete" Hilfe („toute assistance prêtée") einen Anspruch auf Ersatz der „durch die Umstände gerechtfertigten Aufwendungen" und der „im Verlaufe des Hilfswerkes erlittenen Schäden" begründet. Wegen des Ausschlusses der *indirekten,* durch die Teilnahme an der Rettung herbeigeführten Schäden und wegen der gegen diese Einschränkung geltend zu machenden Bedenken vgl. *Riese,* Arch. LR 1934/221, 1937/62. Bei einer *ohne* eine Beistands*pflicht* „geleisteten" Hilfe ist ein solcher Ersatzanspruch (NB auch zugunsten von Privatpersonen nach Landesrecht? Vgl. *Riese,* aaO., 1934/222 f.) nach Art. 3 § 2 VE nur dann begründet, wenn der Helfer „durch die Rettung von Menschenleben oder durch die Mitwirkung bei der Rettung einen nützlichen Erfolg erzielt hat". Diese „zunächst befremdlich erscheinende" Schlechterstellung des freiwilligen Helfers gegenüber dem Pflichthelfer (*Riese,* aaO., 1934/220) soll den Halter eines verunglückten Luftfahrzeuges vor Ersatzansprüchen waghalsiger und erfolglos gebliebener Helfer schützen. Der Ersatzanspruch bei einem „nützlichen Erfolge", daneben der Bergelohnanspruch bei gleichzeitiger Sachrettung, gewährten einen hinreichenden Anreiz zu der wünschenswerten Rettungsversuchen.

Nach dem Wortlaute dieser Bestimmungen kann die Auslegung im Einzelnen zweifelhaft sein. Fraglich ist, ob insbesondere der Ausdruck „assistance *prêtée*" in Art. 2, 3 VE (nicht: *„rendue"*; vgl. Art. 1, 4, 7 II JÜ gegenüber Art. 2 II, 8 I Ziff. a, 11 I JÜ in dem französischen Urtexte des JÜ) richtig mit „die *geleistete* Hilfe", nicht etwa mit die *„zur Verfügung gestellte* Hilfe" zu übertragen ist. (Vgl. § 750 HGB: „Wer ... *sich unterzieht*".) Fraglich erscheint auch, ob Rettungs*versuche* wenigstens im Falle des Art. 3 § 1 VE einen Entschädigungsanspruch begründen können. Vgl. *Riese,* aaO., 1934/221, 224. Nicht ganz klar ist ferner, ob ein „nützlicher Erfolg" (Tautologie?) bzw. „ein nützliches Ergebnis" („résultat utile") im Sinne des Art. 3 § 2 VE nur bei *endgültiger* Rettung oder aber z.B. schon dann zu bejahen ist, wenn die von dem Havaristen durch den Helfer geborgenen Personen infolge von Entbehrungen oder von Unfällen noch während der Heimschaffung sterben oder wenn einer der Menschenretter nur Leichen bergen kann. Überdies scheinen die Versagungsgründe des Art. 3 § 2 VE zu allgemein gefasst. Kein verantwortungsbewusster Schiffs- oder Luftfahrzeugführer wird entgegen Art. 2 § 1 VE die Sicherheit des eigenen Fahrzeuges und seiner Insassen zugunsten einer erkanntermaßen aussichtslosen Hilfeleistung bewusst außer acht lassen. Eine nachträgliche Beurteilung (etwa aus tatsächlich eingetretenen eigenen Schäden), vielleicht gar unter Belastung mit einem schuldlosen „error in judgement" , zu ungunsten des Helfers erscheint bedenklich. Daher wird Art. 2 § 1 VE im Rahmen des Art. 3 § 2 VE praktisch kaum bedeutsam werden. Soll gar ein anerkennenswerterweise sich zur Hilfeleistung gegenüber gefährdeten Personen erst beschleunigt abfahrtfertig machendes Fahrzeug (vgl. Art. 2 § 3 VE) mangels „nützlichen Erfolges" seinen Schadlosbehaltungsanspruch einbüßen? Auch dann, wenn seine Aufwendungen und Schäden im Übrigen sich im Rahmen des „durch die Umstände Gerechtfertigten" halten? Ob andere Helfer unter gleichen oder besseren Bedingungen arbeiten können und ob der Beistand *„gesichert"* ist, wird sich nur an Ort und Stelle des Unfalles, wenn also schon Aufwendungen erfolgt sein werden, und auch dann nur sehr schwer, nachträglich überdies kaum jemals zuverlässig, beurteilen lassen. Daher wird, auch bei voller Würdigung der berechtigten Interessen des Havaristen an der Abschneidung übermäßiger Forderungen, der Art. 3 § 2 VE vielleicht besser dahin zu fassen sein, dass in Ermangelung eines Erfolges der Schadloshaltungsanspruch des Helfers teilweise oder ganz versagt werden *kann,* wenn *offensichtlich* die Voraussetzungen des Artikels 2 *§ 4* VE für eine Beistandspflicht nicht vorgelegen haben. Ferner erscheint es wünschenswert, im Anschlusse an die Fassung des § 750 HGB („Wer ... sich unterzieht") klarzustellen, dass auch durch ernstliche Menschenrettungs*versuche* Ansprüche auf eine Schadloshaltung begründet werden können. Ferner erscheint wünschenswert eine Ergänzung der Vorschriften im Sinne der Leitsätze 2, b, c des früheren Berichtes zur Bergung und Hilfeleistung in Seenot.

Art. 3 §§ 4 bis 6 VE sind hinsichtlich der Haftung des Luftfahrzeuges aus den eingangs erwähnten Gründen hier nicht zu erörtern. Art. 5 erster Halbsatz VE entspricht dem Art. 9 II JÜ. Nach Art. 5 Halbsatz 2 VE wird der Schadloshaltungsanspruch des Menschenretters aus Art. 3 VE durch den Vergütungsanspruch aus Art. 5 Halbsatz 1 VE nicht berührt. Naturgemäß ist aber dieser Schadloshaltungsanspruch bei der Bemessung des Vergütungsanteiles – zur Vermeidung eines „error dupli" – zu berücksichtigen.

Zu dem Verluste des Schadloshaltungsanspruchs nach Art. 6 §§ 1, 2 VE vgl. unten V.; ebendort zu der Bestimmung des Ersatzpflichtigen und des Rückgriffsverpflichteten (Art. 3 § 3, Art. 7 VE; dazu Art. 9 I JÜ).

IV. *Sachrettung.* Art. 4 VE entspricht den Art. 8 I, Art. 2 III, Art. 6 II (III) JÜ. Es wird jedoch wohl aus Art. 1 JÜ (und sinngemäß aus Art. 2 VE) das für jede Bergung und Hilfeleistung wesentliche Begriffsmerkmal, dass „in Seenot" Hilfe geleistet oder „aus *Seenot*" geborgen worden ist, ausdrücklich zu übernehmen sein. (Die Ausdrücke des französischen Urtextes „assistance" und „sauvetage" werden schon als zwischenstaatlich anerkannte Rechtsbegriffe die Voraussetzungen der Seenot mit umfassen.)

In Art. 4 § 1 JÜ ist der durch die Beistandsleistung erhalten gebliebene Anspruch auf Fracht und Überfahrtsgelder weder als Gegenstand der Beistandsleistung (Art. 1 JÜ) noch als Lohnbemessungsgrundlage (§ 745 Abs. 2 HGB) erwähnt worden. Die deutsche Übersetzung des VE Art. 4 Abs. 1 a.A. „des choses se trouvant à bord" als „*Sachen,* die sich an Bord befinden", der Ziffer b dorts. „choses sauvées" als „gerettete *Gegenstände*" kann wohl nicht als eine für den Sinn des VE maßgebliche Ergänzung, im Sinne einer Berücksichtigung dieser Ansprüche auf Fracht und Überfahrtsgelder als Lohnbemessungsgrundlagen, dienen. Vgl. § 745 Abs. 2 HGB: „... Gegenstände, *mit Einschluss* des erhalten gebliebenen *Anspruches* ...". Die Fracht und die Überfahrtsgelder werden gerade im Luftverkehre oft einen (absolut und im Verhältnisse zu den Sachwerten) erheblichen Betrag erreichen können. Ob bei der Fassung des VE die Erwägung maßgeblich gewesen ist, dass die Fracht und die Überfahrtsgelder in der Regel vorausbezahlt zu werden pflegen und nicht zu erstatten sind, daher durch die Beistandsleistung nicht gerettet werden können, vermag ich nicht zu übersehen. Eine Klarstellung erscheint jedenfalls wünschenswert.

Für die Berechnung der Vergütung aus Art. 4 VE (und für das Rücktrittsrecht aus Art. 7 VE) bleiben nach Art. 8 VE die persönliche Habe der Besatzung und der Reisenden, das Reisegepäck und die aufgrund postalischer Vereinbarung beförderten Sachen außer Ansatz. (Vgl. § 723 HGB bezüglich großer Haverei und Beitragspflicht.) Wegen der Bedenken gegen diese Regelung hinsichtlich der Postbeförderungsgegenstände vgl. *Riese,* aaO., 1934/226, 1937/62. Ob die Postverwaltungen ohne Ersatzverpflichtung (und ohne die Gewährung von Rückgriffsrechten gegen die Absender und/oder Empfänger der Sendungen) von sich aus zum Bergelohne beitragen werden, erscheint zweifelhaft. Die übrigen, in Art. 8 VE bezeichneten Sachen zu erfassen und abzuschätzen, wird praktisch schwierig, der Wert dieser Sachen in der Regel nicht erheblich sein.

Art. 4 JÜ (betreffend einen Berge- oder Hilfslohnanspruch des Schleppers des Havaristen für außergewöhnliche und nicht zur Erfüllung eines Schleppvertrages bzw. Schleppverhältnisses gehörige Dienste) ist in den VE nicht übernommen worden. Dieser Fall kann aber auch bei einem Wasserluftfahrzeuge praktisch werden. Vgl. *Oppikofer,* Arch. LR 1934/80. Dass der Art. 5 JÜ (betreffend Vergütungsansprüche bei einer Bergung oder einer Hilfeleistung zwischen mehreren Schiffen des *gleichen* Reeders) in den VE nicht übernommen worden ist, soll wohl eine sachliche Bedeutung, im Sinne einer Ablehnung dieser schon vor dem JÜ herrschenden Rechtsauffassung für den Luftverkehr, nicht haben. Das Gleiche gilt davon, dass der VE nicht, wie Art. 6 I, II JÜ, für die Festsetzung und für die Verteilung des Berge- oder Hilfslohnes in erster Linie die Vereinbarung der Parteien, in zweiter Linie die gerichtliche Entscheidung (nach dem JÜ) als maßgeblich erklärt. Vgl. Art. 10 VE.

V. Von den für beide Arten (Menschen- und Sachrettung gemeinsamen bzw. grundsätzlich übereinstimmenden Vorschriften des VE sind als in erster Linie wichtig hier die Fragen der Schuldnerhaft für die Entschädigung und für die Vergütung anlässlich von Beistandsleistungen zu erörtern.

Das JÜ enthält keinerlei Bestimmungen über die Person des Anspruchsberechtigten auf Seiten der Retter (Reeder, Ausrüster, Flugzeughalter, Fahrzeugführer) noch über die der landesgesetzlichen Regelung vorbehaltene Lohnverteilung unter den Reeder, den Kapitän und die Mannschaft des rettenden Schiffes (Art. 6 III JÜ); auch nicht über die Person des Anspruchsgegners bzw. über dingliche und/oder persönliche Haftung; auch nicht über eine etwaige Anwendung der Grundsätze der großen Haverei. Lediglich negativ wird im Art. 9 I JÜ bestimmt, dass die geretteten Personen, unbeschadet der Vorschriften der Landesgesetze, keine „Vergütung" zu zahlen haben. (Landesgesetzlich können solche Ansprüche aus Vertrag, aus unerlaubter Handlung oder aus Geschäftsführung ohne Auftrag in Frage kommen.) Auch der VE enthält sich absichtlich (*Riese,* aaO. 1934/221) einer Bestimmung über die Person des Anspruchsberechtigten. Die Verteilung unter mehrere (selbständig) an der Rettung Beteiligte wird in Art. 3 § 5, Art. 4 §§ 4, 5 VE geregelt; vgl. Art. 8 II JÜ. Ferner bestimmen Art. 4 §§ 2, 5 VE, dass bei einem Zusammentreffen von Schadloshaltungs- und von Vergütungsansprüchen für Menschen *und* für Sachrettung (die deutsche Übersetzung unterscheidet nicht so scharf wie der französische Urtext zwischen „indemnités", „Schadloshaltungsansprüchen" nach Art. 3 VE, und „rémunérations", „Vergütungen" nach Art. 4 VE eine „répartition équitable des dépenses faites et des dommages subis" im Rahmen der Art. 3, 4 VE stattfinden soll. Eine Vorzugsbehandlung der Menschenretter wegen ihrer Schadloshaltungsansprüche (vgl. sect. 544 § 2 MShA) ist nicht vorgesehen worden, ist aber wohl als „équitable" anzusehen. Vgl. auch *Riese,* Arch. LR 1934/223. Dagegen bestimmt, abweichend vom JÜ, der VE Art. 3 § 3, Art. 7 § 1, dass die Zahlung der Entschädigung für Menschenrettung und der Vergütung für Sachrettung dem Luftfahrzeughalter oder dem Reeder oder Ausrüster des Schiffes zur Last fällt. Der Helfer hat daher Ansprüche weder gegen die Interessenten der geretteten Güter noch gegen die geretteten Personen. Hinsichtlich der letzteren wird auch ein Vorbehalt zugunsten landesgesetzlicher Bestimmungen nicht gemacht. In Ermangelung von Ansprüchen gegen die Güterinteressenten wird auch ein Zurückbehaltungs-, Pfand- oder Schiffsgläubigerrecht des Helfers an den geretteten Gütern zu verneinen sein. Der Helfer müsste demnach die etwa in seinen Besitz gelangten Güter den an ihnen Berechtigten aushändigen und wäre auf den (soweit nicht das Fahrzeug gerettet worden ist, rein persönlichen) Anspruch gegen den Luftfahrzeughalter oder gegen den Reeder bzw. den Ausrüster beschränkt. Das kann zu Unbilligkeiten führen.

Der Luftfahrzeughalter, Reeder oder Ausrüster des Schiffes hat hinsichtlich der ihm nach Art. 3 VE zur Last fallenden Entschädigungen für eine Menschenrettung keinerlei Rückgriffsrechte; weder gegen die geretteten Personen noch gegen die etwa gleichzeitig aus der „Gefahrengemeinschaft" geretteten Güter. Dadurch soll aber ein landesgesetzlicher Anspruch (gegebenenfalls aus Geschäftsführung ohne Auftrag) nicht ausgeschlossen werden. *Riese,* aaO. 1934/222, 1937/61. Im Übrigen ist im VE nur der *Grundsatz* eines derartigen Rückgriffsrechtes für den Zahlenden ausgesprochen worden; während die komplizierten Fragen dieses Anspruches im Einzelnen nicht geregelt werden sollten. Dagegen sind hinsichtlich der Vergütungen für eine Sachrettung ausdrücklich Rückgriffsrechte des Zahlenden gegen die Eigentümer „des marchandises" nach Art. 7 §§ 2, 3 (vgl. Art. 8) VE gewährt worden. Diese Rückgriffsrechte gehen also lediglich gegen die *Ladungs*eigentümer, nicht gegen Eigentümer anderer, nicht unter diesen Begriff fallenden „choses se trouvant à bord". Das Rückgriffsrecht gegen den Reeder richtet sich gemäß Art. 7 § 3 VE nach den Regeln des Seerechtes. Der Reeder, nicht aber der Helfer, wird also gegebenenfalls auch eine dingliche Haftung der Ladung für den auf sie entfallenden Teil der Entschädigungen oder der Vergütungen geltend machen können. Es wird zu erwägen sein, ob man nicht die Bestimmung eines weitergehenden Haftungs- und Rückgriffsrechtes der landesgesetzlichen Regelung offen halten sollte.

In Fällen, in denen ein Luftfahrzeughalter, ein Reeder oder ein Ausrüster eines Schiffes auf der Seite des Havaristen nicht vorhanden ist (Vertreiben von Menschen in offenen Fischerbooten, auf Flößen, auf Eisschollen und dergl.), ist irgendein Ersatzanspruch der Helfer weder aus dem JÜ, noch aus dem VE gegeben. Das Gleiche gilt, wenn der nach VE haftpflichtige Reeder oder Ausrüster, wie regelmäßig, nur dinglich haftet und wenn bei dem Vorfalle, der den Anlass zu der Beistandsleistung gegeben hat, das Fahrzeug völlig verloren gegangen ist. Gerade diese Fälle sind aber Beispiele dafür, dass nach dem früheren Berichte zur Bergung und Hilfeleistung in Seenot ein Entschädigungsanspruch der Menschenretter in erster Linie gerechtfertigt ist und gesichert werden sollte; also, wie im Leitsatze 2 c des früheren Berichts vorgeschlagen worden, durch ein Eintreten des Staates.

Beistandsleistungen gegen das „ausdrückliche und verständige" Verbot des Havaristen begründen keinerlei Ansprüche, weder auf eine Schadloshaltung für Menschenrettung noch auf eine Vergütung für Sachrettung. Vgl. Art. 6 I VE, entsprechend Art. 3 JÜ. Dazu *Riese,* aaO. 1934/225, unter Hinweis auf die jedenfalls nach dem ersten Anscheine anzunehmende Unverständigkeit der

Ablehnung eines Hilfeangebotes bei einer Gefährdung von Menschenleben, sowie auf die Unbeachtlichkeit einer *nachträglichen* Ablehnung des Beistandes („dispossessed salvor“).

Durch Urteil kann sowohl der Schadloshaltungsanspruch des Menschenretters wie der Vergütungsanspruch des Sachretters unter den Voraussetzungen des Art. 6 § 2 VE herabgesetzt oder versagt werden. (NB! Die deutsche vorläufige Übersetzung, welche nur die „Vergütung“, wie Art. 4 VE, nicht auch den „Schadloshaltungsanspruch“ aus Art. 3 VE erwähnt, ist unvollständig und irreführend.) Auf solche Herabsetzung oder Versagung von Ansprüchen kann erkannt werden, wenn der Retter durch seine Schuld (so statt der dem Wortlaute und dem Sinne des französischen Urtextes nicht entsprechenden Umstellung der letzten drei Worte in der deutschen Übersetzung; vgl. auch den Wortlaut des Art. 8 III JÜ)

a) die Notwendigkeit der Bergung oder der Hilfeleistung herbeigeführt oder

b) den Schaden vergrößert hat.

Der Sache nach ebenso Art. 8 III JÜ, aber in der Fassung zu b): oder sich des Diebstahls, der Verheimlichung oder anderer unredlicher Handlungen schuldig gemacht hat.

Der VE stellt also auf den Schädigungserfolg, das JÜ auf die Absicht unlauterer Schädigung ab.

Ein zur Zeit und unter dem Einflusse der Gefahr zu unbilligen Bedingungen abgeschlossener Beistandsvertrag kann nach Art. 10 VE, entsprechend Art. 7 JÜ, auf den Antrag einer Partei (Havarist oder Helfer) für nichtig erklärt oder abgeändert werden; *und insbesondere* („et notamment“), wenn die Vergütung in einer nach der einen oder der anderen Richtung übermäßigen Weise außer Verhältnisse zu den geleisteten Diensten steht. Der wahre Sinn dieser Bestimmung bedarf in mehreren Beziehungen der Klarstellung. Soll für beide Alternativen, von denen aber durch die zweite die erste völlig überdeckt werden dürfte, die Voraussetzung des Abschlusses „zur Zeit und unter dem Einflusse der Gefahr“ maßgeblich sein? Oder soll „et notamment“ dem Ausdrucke „dans tous les cas“ des Art. 7 JÜ entsprechen? Der Inhalt und die Fassung des Art. 7 JÜ dürften dem Art. 10 VE vorzuziehen sein. Die Fassung des Art. 10 VE muss ferner zu der Auffassung führen, dass die erste Alternative sich auf die Menschenrettung *und* auf die Sachrettung bezieht (auf jede Art der „assistance“ und „sauvetage“); dass dagegen die zweite Alternative, mit Rücksicht auf den Alleingebrauch des Ausdrucks „Vergütung“ („rémunération“; vgl. Art. 4 § 1 a.A., § 3; Art. 7, 8 VE), nicht auch „Entschädigung“ („indemnité“), sich nur auf die Sachrettung bezieht. Vgl. die ausdrückliche Nebeneinanderstellung beider Worte „indemnité“ und „rémunération“ in Art. 4 § 2, Art. 5, 6, 9 I VE. Ist es aber wirklich beabsichtigt und gerecht, Verträge, wenn auch nicht „zur Zeit *und* unter dem Einflusse der Gefahr“ abgeschlossen worden, gerade über *Menschenrettung* mit einer Vereinbarung übermäßiger oder ganz unverhältnismäßig geringer Vergütungen einer (bei gleichartigen Verträgen über Sachrettung möglichen) richterlichen Nachprüfung zu entziehen?

Die Verjährungsfrist für Entschädigungs- und Vergütungsansprüche beträgt nach Art. 9 I VE *ein* Jahr, nach Art. 10 I JÜ *zwei* Jahre. Ein besonderer Grund für diese Abweichung, durch welche die oben unter I hervorgehobenen Schwierigkeiten bei etwa gleichzeitiger Anwendbarkeit des VE und des JÜ noch gesteigert werden würden, ist nicht ersichtlich. Art. 9 II VE entspricht dem Art. 10 II JÜ. Der Vorbehalt einer landesgesetzlichen Verlängerung der Verjährungsfrist unter besonderen Umständen (bei erschwertem Rechtsgange), wie nach Art. 10 III JÜ möglich, ist im VE nicht enthalten.

Das JÜ trifft keinerlei Bestimmung über die Gerichtszuständigkeiten. Dagegen erklärt Art. 11 VE als zuständig für Ansprüche auf Entschädigung und Vergütung, nach der Wahl des Klägers:

a) das Gericht des Wohnsitzes des Beklagten,

b) das Gericht des Ortes der Beistandsleistung,

c) gegebenenfalls das Arrestgericht. –

Soweit man diese Zuständigkeitsfrage nicht überhaupt der Landesgesetzgebung überlassen will, scheint ein Vorbehalt zweckmäßig, dass die Landesgesetzgebung bestimmte Gerichte des ersten Rechtszuges nach Wahl des Klägers ausschließlich für (funktionell) zuständig erklären kann. Vgl. § 51 Abs. 2 PatG und VO vom 10. September 1936; § 19 GMG, § 32 WZG. Eine solche Bestimmung würde eine einheitliche Rechtsprechung über Grund und Höhe derartiger Ansprüche auf diesem (wohl nicht jedem binnenländischen Gerichte vertrauten) Rechtsgebiete gewährleisten. Gegen Art. 11 Abs. 2 VE, der dem Beklagten auch bei einer Belangung vor Gerichten verschiedener Staaten durch verschiedene Retter die Berufung auf seine Haftungsbegrenzungen sichert, werden Bedenken nicht bestehen.

VI. Die Grundsätze des VE über die Bergung und Hilfeleistung im Luftverkehre werden, mit den oben erwähnten Vorbehalten weiterer Klarstellungen und vorbehaltlich der in den Leitsätzen 2 a bis c des vorangegangenen Berichts vorgeschlagenen Ergänzungen, zu billigen sein. Eine Zusammenfassung des JÜ und des VE wird besondere Schwierigkeiten nicht bereiten. Durch das vorgeschlagene hilfsweise Eintreten des Staates für die Schadloshaltung der Retter bei Menschenrettungen werden Schwierigkeiten, die mit der Begrenzung der dinglichen Haftung des Reeders und mit den Höchstsummen der Haftung des Luftfahrzeughalters zusammenhängen, vermieden werden können. Vgl. auch *Riese,* aaO. 1934/227 f.

Es kann somit auch bei der Berücksichtigung des VE bei den Leitsätzen des früheren Berichtes über Bergung und Hilfeleistung in Seenot verbleiben.

Anlage 2 a:

Vorläufige Übersetzung des Vorentwurfs eines Abkommens zur Vereinheitlichung von Regeln über die Hilfeleistung und Bergung im Luftverkehr

Art. 1. Die vertragschließenden Teile verpflichten sich, die erforderlichen Maßnahmen zu treffen, um den in diesem Abkommen aufgestellten Regeln Wirksamkeit zu verleihen.

Art. 2. (1) Wer an Bord eines Luftfahrzeuges die Verrichtungen des Führers ausübt, ist verpflichtet, allen Personen, die sich auf See in Lebensgefahr befinden, Beistand zu leisten, soweit das Luftfahrzeug ohne ernste Gefahr für es selbst, seine Besatzung, seine Reisenden oder andere Personen imstande ist, sich mit Aussicht auf eine erfolgreiche Hilfeleistung an die Unfallstelle zu begeben.

(2) Jeder Kapitän eines Schiffes ist unter den Voraussetzungen des Absatzes 1 verpflichtet, allen Personen Beistand zu leisten, die sich auf See an Bord eines Luftfahrzeuges oder infolge des Unfalls eines Luftfahrzeuges in Lebensgefahr befinden.

(3) Diese Verpflichtung besteht nur, wenn sich das Luftfahrzeug oder das Schiff auf einer Reise befindet oder zur Abfahrt fertig ist.

(4) Die Beistandspflicht entfällt, wenn der Verpflichtete Kenntnis davon hat, dass der Beistand durch andere Personen unter den gleichen oder besseren Bedingungen gesichert ist, als er selbst ihn leisten könnte.

(5) Die Landesgesetzgebung wird Strafen bestimmen, um die Durchführung dieser Verpflichtung zu sichern. Die vertragschließenden Teile werden sich gegenseitig auf diplomatischem Wege den Text dieser Vorschriften mitteilen.

(6) Wegen Nichterfüllung dieser Verpflichtung kann der Eigentümer oder Reeder des Schiffes oder der Halter des Luftfahrzeugs als solcher nicht haftbar gemacht werden, es sei denn, dass er den zum Beistand Verpflichteten angewiesen hat, den Beistand nicht zu leisten.

Art. 3. (1) Jede in Erfüllung der Beistandspflicht (Art. 2) geleistete Hilfe begründet einen Anspruch auf Ersatz der durch die Umstände gerechtfertigten Aufwendungen und der im Verlauf des Hilfswerks erlittenen Schäden.

(2) Ist die Hilfe, ohne dass eine Verpflichtung dazu bestand, geleistet worden, so hat der Helfer nur dann einen Ersatzanspruch, wenn er durch die Rettung von Menschenleben oder durch Mitwirkung bei der Rettung einen nützlichen Erfolg erzielt hat.

(3) Ersatzpflichtig ist der Halter des Luftfahrzeugs oder der Eigentümer oder Reeder des Schiffes, dem der Beistand geleistet wurde.

(4) Die Entschädigung darf den Betrag von 125.000 Franken für jede gerettete Person und, wenn niemand gerettet ist, den Gesamtbetrag von 125.000 Franken nicht übersteigen.

Außerdem ist der Eigentümer oder Reeder des Schiffes nicht über die Grenzen hinaus ersatzpflichtig, die hinsichtlich seiner Haftung durch die Gesetze oder Abkommen bestimmt sind. Der Halter des Luftfahrzeugs ist nicht über den Wert des Luftfahrzeugs hinaus ersatzpflichtig; der Wert wird mit 250 Franken für jedes Kilogramm des Gewichts des Luftfahrzeugs berechnet; als Gewicht gilt das Gewicht einschließlich der zulässigen höchsten Gesamtbelastung so wie es im Lufttüchtigkeitszeugnis oder einer anderen amtlichen Urkunde vermerkt ist.

Die Grenze, bis zu welcher der Halter haftet, darf jedoch nicht höher als 2.000.000 Franken sein.

Die in diesem Absatz angegebenen Beträge sind in französischen Franken im Werte von 65 ½ Milligramm Gold von 900/1000 Feingehalt ausgedrückt. Sie können in abgerundete Beträge einer jeden Landeswährung umgewandelt werden.

(5) Ist von mehreren Schiffen oder Luftfahrzeugen Hilfe geleistet worden und übersteigt die Summe der zu leistenden Entschädigungen insgesamt die im vorstehenden Absatz bestimmte Höchstgrenze, so sind die Entschädigungen verhältnismäßig herabzusetzen.

(6) Benutzt jemand, der nicht die Verfügungsgewalt hat, das Luftfahrzeug ohne Wissen und Willen des Halters, so trifft ihn die Verpflichtung zur Zahlung der Entschädigung; der Halter haftet neben ihm als Gesamtschuldner, wenn er nicht die geeigneten Maßnahmen getroffen hat, um die unrechtmäßige Benutzung seines Luftfahrzeuges zu verhüten. Jeder dieser Ersatzpflichtigen haftet unter den Voraussetzungen und mit den Beschränkungen, die in diesem Artikel vorgesehen sind.

Art. 4. (1) Wird einem Luftfahrzeug oder Sachen, die sich an Bord befinden, Hilfe geleistet oder werden sie geborgen, so hat das Schiff oder das Luftfahrzeug, das Beistand geleistet hat, Anspruch auf eine Vergütung, wobei als Grundlage dienen:

a) an erster Stelle der erzielte Erfolg, die Anstrengungen und Verdienste der an der Hilfeleistung oder Bergung beteiligt gewesenen Personen, die Gefahr, die dem geretteten Luftfahrzeug, seinen Reisenden, seiner Besatzung und seiner Ladung, sowie dem an der Rettung beteiligten Luftfahrzeug oder Schiff gedroht hat, die verwendete Zeit, die entstandenen Kosten und Schäden, die Haftungs- oder sonstige Gefahr, der sich die an der Rettung Beteiligten unterzogen haben, der Wert des von ihnen in Gefahr gebrachten Materials, gegebenenfalls auch die besondere Zweckbestimmung des rettenden Schiffes oder Luftfahrzeugs;

b) an zweiter Stelle der Wert der geretteten Gegenstände.

(2) Ist sowohl Personen wie einem Luftfahrzeug oder Gegenständen, die sich an Bord befanden, Beistand geleistet worden, ist die Vergütung für die Aufwendung und Schäden unter den Voraussetzungen und mit den Beschränkungen, die in den Artikeln 3 und 4 vorgesehen sind, nach den Grundsätzen der Billigkeit zu verteilen.

(3) Die Vergütung darf niemals den Wert, den die geretteten Sachen nach Abschluss des Hilfs- und Bergungswerk haben, übersteigen.

(4) Ist die Hilfeleistung oder Bergung von mehreren Schiffen oder Luftfahrzeugen durchgeführt worden, so wird die Vergütung unter ihnen nach den in Absatz 1 dieses Artikels aufgestellten Grundsätzen verteilt.

(5) Die vorstehenden Bestimmungen finden auch Anwendung, wenn ein Schiff oder seine Ladung von einem Luftfahrzeug Hilfe erhält oder geborgen wird; der Eigentümer oder Reeder des Schiffes kann sich in diesem Fall auf die Haftungsbeschränkung berufen, die für ihn durch die geltenden Gesetze oder Abkommen vorgesehen sind.

Art. 5. Ist sowohl Personen wie Sachen Beistand geleistet, so kann derjenige, der die Personen gerettet hat, einen billigen Anteil an der Vergütung beanspruchen, die für die Rettung der Sachen gewährt wird; der Ersatzanspruch, der ihm nach Artikel 3 zusteht, wird hierdurch nicht berührt.

Art. 6. (1) Wer gegen das ausdrückliche und verständige Verbot desjenigen, dem Beistand geleistet worden ist, Hilfe leistet oder die Rettung bewirkt, hat keinen Anspruch auf Entschädigung oder Vergütung.

(2) Das Gericht kann die Vergütung herabsetzen oder gänzlich versagen, wenn sich ergibt, dass derjenige, der das Hilfs- oder Bergungswerk ausgeführt hat, die Notwendigkeit der Bergung oder Hilfeleistung durch seine Schuld herbeigeführt oder den Schaden vergrößert hat.

Art. 7. (1) Die für das Hilfs- oder Bergungswerk geschuldete Vergütung fällt dem Halter des Luftfahrzeuges oder dem Eigentümer oder Reeder des Schiffs zur Last.

(2) Dem Halter des Luftfahrzeugs steht das Recht des Rückgriffs gegen die Eigentümer der Güter hinsichtlich des Teils der Vergütung zu, die sich auf die Hilfeleistung oder Bergung der Güter bezieht.

(3) Der Rückgriff des Schiffseigentümers oder Reeders gegen die Eigentümer der Güter unterliegt den Regeln des Seerechts.

Art. 8. Für die Berechnung der Vergütung und bzw. für die Ausübung eines Rückgriffs bleiben von den Sachen die persönliche Habe der Besatzung und der Reisenden und ihr Gepäck sowie die auf Grund postalischer Vereinbarung beförderten Sachen außer Ansatz.

Art. 9. (1) Die Ansprüche auf Entschädigung und Vergütung verjähren in einem Jahr; die Verjährung beginnt mit dem Abschluss des Hilfswerks.

(2) Die Berechnung der Verjährungsfrist und die Gründe für Hemmung oder Unterbrechung der Verjährung bestimmen sich nach dem Recht des angerufenen Gerichts.

Art. 10. Ein zur Zeit und unter dem Einfluss der Gefahr über die Hilfeleistung und Bergung geschlossener Vertrag kann von dem Gericht auf Antrag einer Partei für nichtig erklärt oder geändert werden, wenn das Gericht die vereinbarten Bedingungen für unbillig erachtet und insbesondere wenn die Vergütung in einer nach der einen oder anderen Richtung übermäßigen Weise außer Verhältnis zu den geleisteten Diensten steht.

Art. 11. (1) Zuständig für die Entscheidung über Ansprüche auf Entschädigung oder Vergütung sind im Gebiete jedes Vertragschließenden Teils nach Wahl des Klägers: Das Gericht des Orts, an dem der Beklagte seinen Wohnsitz hat, das Gericht des Orts, an dem das Hilfs- und Bergungswerk vorgenommen ist, und, wenn das gerettete Luftfahrzeug oder die gerettete Ladung beschlagnahmt ist, das Gericht des Orts, an dem die Beschlagnahme erfolgt ist.

(2) Machen verschiedene Retter Ansprüche vor den Gerichten verschiedener Staaten geltend, so kann sich der Beklagte vor jedem dieser Gerichte auf die Gesamtheit der erhobenen Forderungen und seiner Ersatzverpflichtungen berufen, um ein Überschreiten der Haftungsgrenzen zu verhindern.

Art. 12. Halter eines Luftfahrzeugs ist, wer die Verfügungsgewalt über das Luftfahrzeug hat und es für eigene Rechnung verwendet. Ist der Name des Halters nicht im Luftfahrzeugregister oder in einer anderen amtlichen Urkunde eingetragen, so wird bis zum Beweis des Gegenteils vermutet, dass der Eigentümer der Halter ist.

Art. 13. Dieses Abkommen gilt auch für Staatsschiffe und -Luftfahrzeuge, einschließlich der Militär-, Zoll- und Polizeischiffe und Militär-, Zoll- und Polizeiluftfahrzeuge, mit Ausnahme der Vorschriften des Artikels 11 über die Zuständigkeit und hinsichtlich der Militär-, Zoll- und Polizeischiffe und Militär-, Zoll- und Polizeiluftfahrzeuge der Vorschriften des Artikels 2 über die Beistands- und Rettungspflicht.

Art. 14. Die Bestimmungen dieses Abkommens finden Anwendung gegenüber allen Beteiligten, wenn das Schiff oder das Luftfahrzeug, das den Beistand geleistet oder empfangen hat, dem Staat eines der Vertragschließenden Teile angehört oder dort eingetragen ist [franz. Text, Bd. XVIII, 194].

Anlage 3:

Korreferat von Max Krauel: Bergung und Hilfeleistung in Seenot (26.2.1938)

Den sehr eingehenden Darlegungen des Berichterstatters Herrn OLG-Rat Dr. Reinbeck ist nur wenig hinzuzufügen. In allen Hauptpunkten stimme ich bei. Insbesondere ist es sicherlich richtig, dass die geltenden Bestimmungen des HGB und der Brüsseler Internationalen Übereinkunft von 1910 sich bewährt haben. Unzuträglichkeiten haben sich bei Anwendung dieser Vorschriften in der Praxis nicht ergeben; auch die Rechtsprechung hat ein Bedürfnis zur Änderung oder Ergänzung dieser Bestimmungen schwerlich empfunden.

Bei den Bestimmungen über die Vergütung der Menschenretter sind im Einzelfall Unstimmigkeiten und Ungereimtheiten wohl unvermeidlich, solange die Vergütung der Menschenretter grundsätzlich beschränkt bleibt auf einen Anteil an den Berge- oder Hilfslöhnen der Sachretter. Es ist sicherlich kein befriedigendes Ergebnis, dass Menschenretter bei gleicher Einsatzbereitschaft, gleicher Gefahr und gleichem Erfolge in manchen Fällen keine Vergütung erhalten, in anderen Fällen einen geringen, in wieder anderen einen hohen Lohn, je nachdem überhaupt kein Hilfslohn, ein geringer oder ein hoher Hilfslohn für die Sachretter bei Gelegenheit des betreffenden Seeunfalls erwachsen ist. Der Kommentar von *Schaps-Mittelstein* [1921/29] bezeichnet es in Anmerkung 15 zu § 750 HGB als ein überaus befremdliches Ergebnis, dass die Vergütung des Menschenretters zu Lasten des Sachretters geht, was allerdings wohl nur bedingt richtig ist. Zu erklären und zu rechtfertigen sind diese Ergebnisse nur aus der Erwägung, dass das geltende Recht es grundsätzlich ablehnt, dem Menschenretter einen privatrechtlichen Anspruch auf Geldentlohnung oder -entschädigung zu gewähren und nur in solchen Fällen eine Ausnahme machen will, in denen in einer Seegefahr Menschenretter mit erfolgreichen Sachrettern zusammen tätig sind. In solchen Fällen wäre es allerdings überaus unbillig und bedenklich, wenn der Menschenretter leer ausginge, während sein Nebenmann, der sich der Rettung von Sachen widmet, einen Lohn erhält. Die Bestimmung des § 750 HGB (Art. 9 Abs. 2 JÜ) ist eine Ausnahmebestimmung für einen Sonderfall, die man aus Humanitätsrücksichten für nötig gehalten hat (vgl. HansGZ 1903 Hauptblatt Nr. 5; Protokolle zum HGB S. 2812, 2824/25).

An dem Grundsatz, für Rettung von Menschenleben keinen Anspruch auf Geldbelohnung zu gewähren, ist auch m.E. festzuhalten. Eine gegenteilige Bestimmung wäre misslich und entspricht nicht dem deutschen Volksempfinden. Das gilt bei Rettung aus Seenot ebenso gut wie in anderen Fällen, wie z.B. bei Rettung aus Bergnot. Ob von diesem Standpunkt aus eine Erweiterung des

§ 750 HGB und des Art. 2 JÜ im Sinne des Leitsatzes 2 b des Herrn Berichterstatters erwünscht ist, scheint mir fraglich. § 750 HGB und Art. 9 JÜ haben eine große praktische Bedeutung wohl überhaupt nicht. Das Schrifttum hat sich mit diesen Vorschriften weit mehr befasst als die Rechtsprechung. Sonderfälle, wie sie der Leitsatz 2 b im Auge hat, werden höchst selten, wenn überhaupt, vorkommen.

Die Frage, ob dem Menschenretter grundsätzlich seine Aufwendungen zu erstatten sind, mag in mancher Hinsicht anders liegen als die Frage der Geldbelohnung für die Rettungstat. Solche Ansprüche auf Erstattung von Aufwendungen können unter Umständen nach den Bestimmungen des geltenden bürgerlichen Rechts (Geschäftsführung ohne Auftrag) begründet sein. Ob darüber hinaus neue gesetzliche Bestimmungen getroffen werden sollen, hängt wohl in erster Linie davon ab, ob die beteiligten Schifffahrtskreise solche Bestimmungen für erwünscht halten. Es ist mir fraglich, ob das der Fall ist. Anscheinend überwiegt die Auffassung, dass die gewiss oft sehr beträchtlichen Aufwendungen, die in Seenotsfällen zur Errettung von Menschenleben gemacht werden und die z.B. für einen großen Liniendampfer schon mit einem Abweichen von seiner Route verbunden sein können, aus Hilfsbereitschaft und Kameradschaft geleistet werden, ohne dass dafür ein Ersatz beansprucht oder erwartet wird. Auch die Erwägung spielt dabei eine Rolle, dass derjenige, der heute Menschenleben aus Seenot rettet, morgen vielleicht selbst solche Hilfe in Anspruch nehmen muss.

Wenn es richtig ist, dass diese Ansicht in Schifffahrtskreisen vorherrscht, so halte ich es nicht für empfehlenswert, eine Änderung der geltenden Bestimmungen im Sinne des Vorschlags des Herrn Berichterstatters im Leitsatz 2 c in Aussicht zu nehmen. Es kommt hinzu, dass es wohl außerordentlich schwierig sein wird, die beteiligten Staaten zu veranlassen, sich im Wege zwischenstaatlicher Vereinbarung zur Erstattung von Aufwendungen zu verpflichten, deren Höhe im Einzelfall sehr beträchtlich sein kann und die unter Umständen auch die staatliche Devisenbilanz belasten. Mindestens würde es wohl, um den Vorschlag des Herrn Berichterstatters durchführen zu können, notwendig sein, die dem Menschenretter im Einzelfall zu ersetzenden Aufwendungen ziffernmäßig zu begrenzen.

Eine möglichste Übereinstimmung der Regelung über Bergung und Hilfeleistung im See- und im Luftverkehr ist sicherlich erwünscht (Leitsatz 2 d). Gewisse Unterschiede können durch die Verhältnisse gerechtfertigt sein, z.B. eine verschiedene Behandlung der Frage, ob dem Menschenretter eine Erstattung seiner Aufwendungen zu gewähren ist. Ein Schiff, das Menschen von einem in Seenot geratenen anderen Schiff rettet, wird vielfach gleichzeitig Sachretter sein. Die in solchen Fällen verdienten Berge- oder Hilfslöhne bieten einen gewissen materiellen Ausgleich für andere Fälle, in denen die Aufwendungen eines Schiffs für Menschenrettung nicht entschädigt werden. Werden dagegen Menschen aus einem Luftfahrzeuge in Seenot geborgen, so wird in der Regel eine Sachrettung nicht möglich oder nicht lohnend sein. Auch wird, wenn ein Luftfahrzeug Menschen rettet, die sich auf einem Schiff in Seenot befinden, das Luftfahrzeug mit dieser Menschenrettung nur ausnahmsweise eine Sachrettung verbinden können. Will man also für Menschenrettung bei aktiver und/oder passiver Beteiligung von Luftfahrzeugen eine Vergütung einführen, so ist deshalb eine gleiche Regelung bei anderen Fällen der Menschenrettung aus Seenot nicht geboten.

Anlage 4: Korreferat von Max Krauel (1.3.1938):

Bergung und Hilfeleistung in Seenot zwischen Seeschiffen und Luftfahrzeugen

Vom seerechtlichen Standpunkt aus ist dem Vorentwurf der Citeja (VE) nicht viel hinzuzufügen. In Ergänzung der eingehenden Darlegungen und Stellungnahme des Herrn Berichterstatters beschränke ich mich auf einige Hauptpunkte:

1. Menschenrettung: Am Schlusse des Korreferats über Bergung und Hilfeleistung ist bereits darauf hingewiesen, dass die Frage der Schadloshaltung des Menschenretters bei Beteiligung von Luftfahrzeugen anders liegt als im Seerecht, weil der im Seerecht häufig gegebene materielle Ausgleich durch Berge- und Hilfslöhne im Luftverkehr in der Regel fortfällt. Wenn der Luftverkehr die in Art. 3 VE vorgesehene beschränkte Schadloshaltung des Menschenretters befürwortet, wird der Seeverkehr das bei Beteiligung von Luftfahrzeugen nicht ablehnen. Wirtschaftlich wird der Luftverkehr durch die Schadloshaltung des Menschenretters stärker belastet werden als der Seeverkehr, da Menschenrettungen durch Schiffe bei Luftfahrzeugen wohl ungleich häufiger sein werden als umgekehrt. Im Einzelfall (Kleinschifffahrt) kann allerdings die Belastung mit dem in Art. 3 Ziffer 4 Absatz 1 VE festgesetzten Beträgen auch für ein Schiff sehr beträchtlich sein.

Der Bericht hebt mit Recht hervor, dass die gegenwärtige Fassung von Art. 3 Ziffer 1 VE zu Zweifeln darüber Anlass geben kann, wenn eine „geleistete Hilfe“, die einen Entschädigungsanspruch begründet, vorliegt. Ein Erfolg der Hilfeleistung soll, wie der Gegensatz zwischen Art. 3 Ziffer 1 und Ziffer 2 VE zeigt, jedenfalls nicht Voraussetzung eines Entschädigungsanspruchs in den Fällen von Ziffer 1 sein. Rettungsversuche sollen also wohl, auch wenn sie erfolglos sind, unter den Voraussetzungen von Ziffer 1 entschädigt werden. Andererseits ist anscheinend auch in Fällen der Ziffer 1 eine Betätigung bei den Rettungsarbeiten vorausgesetzt. Wieweit schon eine bloße Auffindung durch das Luftfahrzeug eine „geleistete Hilfe“ darstellt, mag Tatfrage sein. Wenn die Auffindung durch das Luftfahrzeug eine Menschenrettung durch ein Schiff erst ermöglicht, wird man sicher eine geleistete Hilfe annehmen müssen, dagegen wohl nicht, wenn der Auffindung keine Rettung folgt (vgl. *Riese* im „Archiv für Luftrecht“ 1934, S. 224). Die Entscheidung von Einzelfällen wird der Rechtsprechung überlassen werden müssen.

Ob man Art. 3 Ziffer 2 VE enger fassen muss, wie der Bericht vorschlägt, scheint mir fraglich. An sich ist eine Einschränkung der Entschädigungsansprüche des freiwilligen Helfers gegenüber denen des Pflichthelfers aus den im Bericht erwähnten Gründen wohl gerechtfertigt. Die im Bericht vorgeschlagene Fassung von Art. 3 Ziffer 2 VE lässt aber wohl praktisch kaum noch Raum für den erstrebten Schutz des Havaristen. Die jetzige Fassung dürfte vorzuziehen sein. Eine allzu engherzige Auslegung durch die Rechtsprechung braucht man schwerlich zu befürchten.

Da der Menschenretter nach dem VE im Gegensatz zu HGB und JÜ immer eine Entschädigung erhalten soll, besteht ein Bedürfnis nach einer Erweiterung seiner Ansprüche auf einen „billigen Anteil“ an der Vergütung des Sachretters (Art. 5 VE) im Sinne des Leitsatzes 2 b des früheren Berichts noch weniger als im Seerecht.

2. Sachrettung. Abgesehen von den weiter unten zu erwähnenden Haftungsfragen bedürfen von den Bestimmungen des VE nur Nebenpunkte einer Erörterung. Es ist, wie der Bericht mit Recht hervorhebt, zweckmäßig, klarzustellen, ob bei Bemessung der Vergütung nach Art. 4 auch gegebenenfalls berücksichtigt werden soll, dass Fracht und Überfahrtsgelder durch die Rettung erhalten geblieben sind.

Wenn in Art. 8 VE bestimmt ist, dass Postsendungen außer Betracht bleiben sollen, so beruht das wohl auf praktischen Gründen. Postsendungen in Luftfahrzeugen pflegen sich über eine große Menge kleiner Einzelsendungen zu verteilen.

Hilfslohnansprüche eines Schleppers gegenüber einem Wasserflugfahrzeug können vielleicht in ganz vereinzelten Ausnahmefällen vorkommen. Man wird dann auch ohne eine ausdrückliche Vorschrift im VE die Grundsätze des Art. 4 JÜ = § 742 Absatz 3 HGB entsprechend anwenden können.

3. Haftung. Nach Art. 3 Ziff. 3 und Art. 7 Ziff. 1 haftet der Reeder bzw. der Ausrüster eines Schiffs für die Entschädigung für Menschenrettung und die Vergütung für Sachrettung. Diese Ansprüche gegen den Reeder sollen aber die nach den jeweiligen Landesgesetzen oder nach dem JÜ bestehenden Vorschriften über die beschränkte Reederhaftung nicht erweitern (Art. 3 Ziff. 4 Abs. 2 Satz 1 und Art. 4 Ziff. 5 VE).

Da nach deutschem Recht der Reeder für Hilfskosten grundsätzlich nur mit Schiff und Fracht haftet, liegt es nahe, anzunehmen, dass Ansprüche auf Entschädigung nach Art. 3 VE oder auf Vergütung nach Art. 4 VE als Hilfskosten im Sinne von § 754 Ziff. 4 HGB behandelt werden sollen, die ein Schiffsgläubigerrecht gewähren. Diese Formulierung ist aber wohl zu eng. Die Folge würde sein, dass der Sachretter leer ausgehen würde, wenn er Ladung rettet, das Fahrzeug aber verloren geht. Im Seerecht hat der Berger in solchen Fällen dingliche Ansprüche gegen die Ladung. Wenn ferner im Seerecht, was praktisch nicht selten vorkommt, der Hilfs- oder Bergelohn für die Rettung von Schiff und Ladung höher ist als der gerettete Schiffswert allein, so kann der Berger sich an die Ladung halten, da Schiff und Ladung ihm solidarisch haften. Derartige Fälle sind auch bei Rettung von Schiff und/oder Ladung durch Luftfahrzeuge immerhin möglich. Der Sachretter im Luftverkehr ist aber beschränkt auf den Anspruch gegen den Reeder; gegen den Ladungseigentümer gewährt ihm der VE keine Ansprüche. Andererseits hat der Reeder ein Rückgriffsrecht gegen den Ladungseigentümer (Art. 7 Ziff. 3 VE). Die Vorschriften über die Bemessung der Vergütung des Sachretters sind nach Art. 4 VE auch grundsätzlich die gleichen wie bei der Bergung und Hilfeleistung im Seerecht. Die Vergütung ist nach Art 4 Ziff. 3 begrenzt durch den Wert der geretteten Sachen; die Ladungswerte sind also mitzuberücksichtigen.

Es fragt sich, ob man mit Rücksicht auf das Rückgriffsrecht des Reeders gegen den Ladungseigentümer dem Sachretter nach Art. 4 VE nicht gegebenenfalls auch dann eine angemessene Vergütung dem Reeder gegenüber wird zusprechen müssen, wenn das Fahrzeug verloren ist, bzw. wenn der Wert des geretteten Fahrzeugs hinter dem Wert einer Vergütung zurückbleibt, die in Anbetracht der mitgeretteten Ladungswerte angemessen erscheint. Die Bestimmungen der VE wollen anscheinend insofern dem Sachretter gegen den Reeder einen Anspruch gewähren, der sich nicht in einem Schiffsgläubigerrecht erschöpft. Es wäre dann Sache des Reeders, das ihm gemäß Art. 7 VE zustehende Rückgriffsrecht gegen den Ladungseigentümer zu wahren. Dabei sind freilich Fälle möglich, in denen der Reeder sich vor einer tatsächlichen Überschreitung seiner Haftung mit dem Schiffsvermögen nicht vollständig wird schützen können.

Bei der Menschenrettung durch Luftfahrzeuge hat der Reeder keine Rückgriffsrechte. Wenn also durch ein Luftfahrzeug Menschen von einem sinkenden Schiff gerettet werden und das Schiff dann verloren geht, so ist der Reeder frei, und der Menschenretter erhält keine Entschädigung aus Art. 3 VE. Vielleicht wird in solchen Fällen wie auch in sonstigen Fällen, die im Bericht erwähnt sind, ein Eintreten des Staats sich erreichen lassen. In der Allgemeinheit, wie dies anscheinend im Leitsatz 2 c des früheren Berichts über Bergung und Hilfeleistung in Seenot vorgeschlagen ist, werden die Vertragsstaaten schwerlich für eine Haftung zu haben sein. Ein Bedürfnis für ein Eintreten des Staats muss auch wohl in den Fällen verneint werden, in denen nach Art. 3 VE eine Haftung des Reeders oder des Luftfahrzeughalters gegeben ist.

4. Eine Zusammenfassung der Vorschriften von VE und JÜ ist an sich möglich, sie muss aber wohl zurückgestellt werden, bis der Kreis der Vertragsstaaten bei beiden Abkommen sich deckt.

36. Arbeitssitzung vom 20.4.1938 (10 bis 12.10 Uhr)

Anwesend:
Vorsitzender: Senatspräsident beim Reichsgericht Dr. Lindenmaier, Leipzig
2. Schriftführer: Amtsgerichtsrat Dr. Bramslöw, Hamburg
und als weitere ständige Mitglieder:
Rechtsanwalt Dr. Baur, Hamburg
Rechtsanwalt Dr. Bollmann, Hamburg
Direktor Brandt, Hamburg
Rechtsanwalt Dr. Dettmers, Bremen
Rechtsanwalt Dr. Kleemann, Hamburg
OLG-Rat Dr. Reinbeck, Hamburg
Dr. Riensberg, Hamburg
Dr. Schütte, Hamburg
Rechtsanwalt Dr. Schulze-Smidt, Bremen
vom Reichsjustizministerium:
Ministerialrat Krieger, Berlin
Amtsgerichtsrat Dr. Gramm, Berlin
vom Reichsverkehrsministerium:
Ministerialrat Dr. Fessler, Berlin
als Gast:
Oberregierungsrat Dr. Schrader, Hamburg
als Sachverständige:
Dr. Dücker, Hamburg
A. Edye, Hamburg
Offen, Hamburg
als Protokollführer:
Dozent Dr. Möller, Hamburg
für das Stenogramm:
Assessorin Krüger, Wandsbek
entschuldigt fehlten:
Basedow, Hamburg
Rechtsanwalt Dr. Droege, Hamburg
Rechtsanwalt Dr. Heynen, Hamburg
Kapitän Dr. Kuhl, Hamburg
Olff, Hamburg
W. Rickertsen, Hamburg
Direktor Sturm, Hamburg
O. Willich, Hamburg

Vor dem Eintritt in die Tagesordnung gedachte der *Vorsitzende* des Geburtstages des Führers und bemerkte dabei, dass es sicherlich im Sinne des Führers liegt, wenn der Ausschuss auch am Vormittage dieses Festes seine Arbeit fortsetze, die darauf abzielt, einen Baustein zu der Erweiterung der deutschen Seegeltung zu liefern. Die Anwesenden stimmten in ein dreifaches Siegheil auf den Führer ein.

Sodann begrüßte der Vorsitzende als sachverständige Gäste die Praktiker Dr. Dücker, Edye und Offen, auch brachte er Rechtsanwalt Dr. Dettmers die Glückwünsche des Ausschusses anlässlich der Berufung in den Vorstand des Norddeutschen Lloyd zum Ausdruck.

Auf der Tagesordnung stehe die Behandlung des *Zeitchartervertrages,* Rechtsanwalt *Dr. Baur* habe ein sehr eingehendes Referat (Anlage 1; [unten S. 548, nur der Entwurf wiedergegeben), *Dr. Riensberg* ein ausführliches *Korreferat* (Anlage 2) vorgelegt. Beiden Referenten gebühre der besondere Dank des Ausschusses.

Bei den Beratungen müsse zunächst darauf verzichtet werden, die Einzelvorschläge zu berücksichtigen. Am zweckmäßigsten würden diese Einzelvorschläge in einer Unterkommission behandelt.

Rechtsanwalt *Dr. Baur* gab dann den Inhalt seines Referates (Anlage 1) wieder, das er durch eine Reihe von Beispielen ergänzte.

Nach seiner Ansicht komme nicht nur die Schiffsmiete mit Dienstverschaffung in der Praxis vor, sondern auch der Zeitfrachtvertrag. So habe der Siemens-Konzern kürzlich einen Dampfer gechartert, um während einer gewissen Zeitdauer Materialien und Werkzeuge nach Irland zu befördern, wo ein größeres Werk vom Siemens-Konzern erbaut worden sei. Denkbar sei es auch, dass etwa die Reichsgetreidestelle einen Zeitfrachtvertrag zur Beförderung von Getreide abschließe.

In England werde übrigens vielfach die Baltimecharter als Zeitfrachtvertrag angesehen.

Die rechtlichen Unterschiede zwischen Schiffsmiete mit Dienstverschaffung und Zeitfrachtvertrag wirkten sich am stärksten bei Ladungsschäden aus. Bei der Schiffsmiete mit Dienstverschaffung hafte der Reeder nie, während er bei Vorliegen eines Zeitfrachtvertrages hafte.

Die Behauptung des Korreferenten Dr. Riensberg, dass der Zeitfrachtvertrag praktisch überhaupt keine Bedeutung habe, erscheine ihm bedenklich. In dieser Richtung müssten tatsächliche Ermittlungen angestellt werden, wobei von der Frage auszugehen sei: Will der Charterer selbst Beförderer sein, oder soll der Reeder die Funktion des Beförderers ausüben?

Immerhin spiele sicherlich die Schiffsmiete mit Dienstverschaffung praktisch die bedeutendste Rolle, so dass in erster Linie die Frage zu entscheiden sei, ob man es bei dem bisherigen reinen Formularrecht belasse. Diese Frage müsse schon deshalb verneint werden, weil die Formulare zahlreiche Mängel aufwiesen. Eine gesetzliche Regelung sei auch deshalb erwünscht, weil das Gesetz an einem so wichtigen Rechtsinstitut wie der Schiffsmiete mit Dienstverschaffung nicht vorübergehen dürfe. Der Gedanke der Schiffsmiete müsse endlich einmal im Gesetz einen Niederschlag finden, dann werde er marschieren. Besonders könne das Gesetz die Rechtsprechung auf den richtigen Weg hinlenken. Ob allerdings die gesetzliche Regelung sofort das Formularrecht verdrängen werde, sei höchst fraglich. Jedenfalls aber werde später einmal die gesetzliche Anerkennung der Schiffsmiete mit Dienstverschaffung die Folge haben, dass bei einer Neufassung der Formulare die gesetzliche Regelung zum Vorbild genommen werde. Dieser Erfolg sei durchaus erstrebenswert und rechtfertige allein schon eine gesetzliche Regelung. Übrigens komme mit einer solchen Regelung nicht ohne weiteres zum Ausdruck, dass bei einer Schiffsmiete mit Dienstverschaffung der Charterer bei Kollisionen zu haften habe.

Eine gesetzliche Regelung des Zeitfrachtvertrages sei nur erforderlich, wenn sich erweise, dass er praktisch eine gewisse Bedeutung besitze. Auch dann könne sich aber der Gesetzgeber darauf beschränken, ausgehend von der Schiffsmiete mit Dienstverschaffung zu erklären, welche Bestimmungen auf den Zeitfrachtvertrag entsprechend anwendbar seien.

Das Ausland kenne in seinen Rechtsquellen die Schiffsmiete mit Dienstverschaffung nicht. Das deutsche Recht könne auch auf diesem Gebiet bahnbrechend wirken.

Bei dem Entwurf Anlage A sei das Deuzeitformular zugrunde gelegt. Alle Bestimmungen dieses Formulars seien in den Gesetzesvorschlag zunächst hineingearbeitet, obgleich manches als überflüssig gestrichen werden könne. Auch solche Bestimmungen seien aber zunächst aufgenommen in der Meinung, dass es leichter sei, Überflüssiges zu streichen, als Vergessenes hinzuzusetzen.

Der *Vorsitzende* brachte zum Ausdruck, dass der Seerechtsausschuss sich zweckmäßig zunächst nur mit dem Innenverhältnis zwischen Vercharterer und Charterer beschäftige.

Gewisse Grenzfragen über die rechtliche Behandlung des Charterentgelts seien allerdings gleichfalls dringend regelungsbedürftig, insbesondere das Problem, inwieweit dieses Entgelt der Fracht gleichzusetzen sei. Die Frage spiele eine Rolle im Havariegrosserecht, ferner bei dem seeversicherungsrechtlichen Ersatz des mittelbaren Kollisionsschadens (§ 78 ADS). Schließlich bedürfe auch die Frage der Lösung, ob dem Charterer ein Teil des Berge- und Hilfslohnes gebühre.

Diese Nebenfragen könnten aber zunächst beiseite gelassen werden, während das etwas allgemeinere Problem, ob das Charterentgelt zum Schiffsvermögen gehöre, zweckmäßigerweise schon bald erörtert werden müsse.

Jedenfalls aber müsse das Problem der Haftung gegenüber Kollisionsgläubigern, also die eigentliche Frage des Außenverhältnisses, zunächst zurückgestellt werden. Hier handle es sich um eine äußerst schwierige Materie, deren Behandlung mit der des Innenverhältnisses nicht verquickt werden dürfe.

Dr. Riensberg trug sodann sein Korreferat (Anlage 2) vor, indem er sich bemühte, auf die Probleme des Außenverhältnisses nicht einzugehen. Er betonte aber, dass sich eine scharfe Trennung zwischen Außen- und Innenverhältnis seines Erachtens nicht vornehmen lasse und wandte sich kurz gegen die Vorschrift des § 510 HGB, welche völlig entbehrlich sei.

Die rechtliche Einordnung der in der Praxis vorkommenden Fälle sei äußerst schwierig, da immer wieder neue Gestaltungsformen aufträten. Beispielsweise lasse sich das hinsichtlich des KdF-Dampfers „Wilhelm Gustloff“ bestehende Rechtsverhältnis nur schwer unter die bisher erörterten Vertragstypen subsumieren. Die sogenannte Bareboatcharter werde nicht aufgrund eines einheitlichen Formulars geschlossen, jede der Schiffsmaklerfirmen habe ihr besonderes Hausformular.

Die Rechtswissenschaft habe bei der Unterscheidung der verschiedenen Vertragstypen entweder darauf abgestellt, wer als Unternehmer aufzufassen sei, oder die Verteilung der Befehlsgewalt sei für maßgebend erklärt. Die Gerichtspraxis habe sich allzu häufig an den bloßen Wortlaut der Verträge geklammert. Alles in allem habe sich ein sehr unerfreulicher Rechtszustand ergeben. Es sei erwünscht, dass die bestehende Rechtsunsicherheit beseitigt werde.

In Wahrheit bestehe überhaupt kein Unterschied zwischen dem Fall des Siemens-Konzerns und dem Fall, dass etwa Sloman ein Schiff in Zeitcharter nehme. In beiden Fällen lägen dem Charterer die gleichen Funktionen ob, nämlich die Beförderung der Güter. Der Reeder beziehe nur das Chartermoney. Er habe des weiteren für die Instandsetzung des Schiffes, sowie für die Besatzung zu sorgen. Insofern seien beide Beteiligten stets Mitunternehmer; beide Teile besäßen auch ein gewisses Anweisungsrecht gegenüber dem Kapitän.

Der *Vorsitzende* fasste das Ergebnis des Referats und des Korreferats dahin zusammen, dass der Ausschuss sich mit der Frage beschäftigen müsse, ob es zweckmäßig sei, jenes Rechtsverhältnis gesetzlich zu regeln, das in der Deuzeit- und Baltimecharter seine formularrechtliche Normierung gefunden habe. Diese rein praktische Frage sei zu bejahen.

Das theoretische Problem der rechtswissenschaftlichen Einordnung des Zeitchartervertrages spiele eine sekundäre Rolle. Seitdem es die Standardformulare gebe, habe sich die Rechtsprechung fast einhellig dafür entschieden, dass in den zur Entscheidung gebrachten Fällen Tatbestände der Schiffsmiete mit Dienstverschaffung vorgelegen hätten. Auch das Reichsgericht habe stets Schiffsmiete mit Dienstverschaffung angenommen, nur einmal sei eine gegenteilige Entscheidung ergangen, aber seitens des 7. Zivilsenats, der das Problem nur unter stempelrechtlichen Gesichtspunkten geprüft habe. Auch das Hanseatische Oberlandesgericht und verschiedene Schiedsgerichte hätten stets Schiffsmiete mit Dienstverschaffung angenommen.

Die Frage, ob es sich bei der Deuzeit- bzw. Baltimecharter um einen Fracht- oder Mietvertrag handle, sei mittelbar von einer nicht zu unterschätzenden Bedeutung. Werde eine eindeutige gesetzliche Regelung gebracht, so könne dadurch eine Reihe schon jetzt unnötiger Klauseln der Standardformulare in Wegfall kommen, zweifelhafte Klauseln könnten einheitlich ausgelegt werden.

Zur Namensfrage bemerkte der Vorsitzende, dass er den Ausdruck „Zeitcharter" der Bezeichnung „Miete mit Dienstverschaffung" vorziehe, weil letztere nicht der Terminologie des Seerechts entnommen sei.

Die Frage, ob es wirkliche Zeitfrachtverträge gebe, brauche von dem Ausschuss nicht gelöst zu werden. Es sei nur zu untersuchen, ob für solche Verträge, die jedenfalls nur ganz selten vorkämen, eine gesetzliche Regelung nötig sei oder nicht, wobei man sich im ersten Fall auf eine entsprechende Anwendung der für die Schiffsmiete mit Dienstverschaffung geltenden Vorschrift beschränken könne.

Rechtsanwalt *Dr. Schulze-Smidt* warf die Frage auf, ob es nicht doch zweckmäßig sei, das Problem, wer für die Folgen von Kollisionen zwischen dem gecharterten und einem dritten Schiff aufzukommen habe, zu lösen. Es erscheine nicht angängig, diese praktisch sehr bedeutsame Frage als „heißes Eisen" zunächst unberührt zu lassen. Wann solle die Frage behandelt werden?

Der *Vorsitzende* wies darauf hin, dass er sich mit Staatssekretär Dr. Schlegelberger vom Reichsjustizministerium ins Benehmen gesetzt habe um zu erfahren, in welcher Weise das Reichsjustizministerium die Reform des Seerechts vorwärtsbringen wolle. Der Ausschuss müsse sich bei seiner künftigen Arbeit an die vom Reichsjustizministerium in Aussicht genommene Marschroute halten; nur dann bestehe Gewähr dafür, dass die von ihm geleistete Arbeit in absehbarer Zeit praktischen Erfolg bringe.

Vermutlich werde das Reichsjustizministerium wohl zunächst das Seefrachtrecht im eigentlichen Sinne überprüfen, so dass das Ausrüsterproblem erst in einem späteren Zeitpunkt zur Sprache kommen werde.

Direktor *Brandt* wies in diesem Zusammenhang darauf hin, dass der Ausschuss das Problem der Reederhaftung ja schon erörtert habe. Durch diese Erörterungen seien gewisse Fragen des Charterrechts automatisch mit geklärt.

Ministerialrat *Krieger* stimmte dem Vorsitzenden darin bei, dass die Behandlung des Außenverhältnisses nach Möglichkeit zurückgestellt werden müsse. Dies sei aber deshalb schwierig, weil jedenfalls für das Innenverhältnis zwischen Reeder und Charterer die Frage beantwortet werden müsse, wer für die Folgen einer Kollision intern einzustehen habe. Auch die Frage, inwieweit der Charterer am Berge- und Hilfslohn zu beteiligen sei, sei eine Frage des Innenverhältnisses.

Der *Vorsitzende* räumte ein, dass diese Fragen, soweit sie das Innenverhältnis beträfen, im Rahmen der Spezialdebatte geklärt werden müssten. Dabei könne aber die Vorfrage offen gelassen werden, wer nach außen hin hafte. Die Spezialdebatte müsse also zwei Eventuallösungen zur Verfügung stellen.

Rechtsanwalt *Dr. Dettmers* stellte fest, dass man die Baltimecharter als praktisch bedeutsames Rechtsinstitut unbedingt in die künftige gesetzliche Regelung einbeziehen müsse. Es sei doch gerade die Aufgabe des Gesetzgebers, seine Aufmerksamkeit nicht unpraktischen Dingen – wie etwa der Bodmerei – zuzuwenden, sondern den die Praxis beherrschenden Rechtsformen.

Eine Definition des Zeitchartervertrages müsse davon ausgehen, dass hier der Eigentümer eines Schiffes dieses einem Dritten zur Verwendung zwecks Beförderung übergebe und dafür ein nach Zeit bemessenes Entgelt empfange. Diese Begriffsbestimmung entspreche ungefähr jener des Art. 120 des russischen Seeschifffahrtsgesetzbuches [Übersetzung durch *H. Freund,* Beilagenheft ZHR, Bd. 95 (1930)].

Übrigens seien die meisten sogenannten Reisechartern in Wahrheit Zeitchartern. Zwar habe es bei Klauseln wie „für eine Südamerikarundreise" den Anschein, als ob eine Reisecharter vorliege, in Wirklichkeit habe aber die Klausel nur den Sinn, einen ungefähren Anhaltspunkt für die Dauer der Schiffsverwendung zu geben. Die Berechnung des Chartermoneys erfolge nach Zeit.

Der Sachverständige *Offen* wies darauf hin, dass es für einen Praktiker ohne juristische Ausbildung zwar interessant, aber auch schwierig sei, der Aussprache zu folgen.

Für die Praxis bestehe kein nennenswerter Unterschied zwischen Zeit- und Reisecharter. Der Unterschied liege lediglich in der Entgeltbemessung. In beiden Fällen aber behalte der Reeder die Reederfunktion. Bei der Reisecharter habe er die Kohlenkosten usw. zu tragen, empfange dafür aber ein höheres Entgelt als bei der Zeitcharter, bei der die Unkosten zulasten des Charterers gingen. Die Rickmers-Linie in Hamburg, die mit ihrem Schiffsraum häufig nicht auskomme, pflege beispielsweise Schiffe in ihren Dienst einzustellen durch Abschluss eines Reisechartervertrages. Hier sei ein Unterschied gegenüber den typischen Zeitcharterfällen nicht ersichtlich.

Wenn im Ausland häufig eine gesetzliche Behandlung des Chartervertrages unterlassen sei, so beruhe das sicherlich nicht auf einem Übersehen der praktisch so bedeutsamen Charterverträge, sondern von der gesetzlichen Erfassung sei wahrscheinlich mit Absicht deshalb Abstand genommen, weil die Verkehrsauffassung dauernd im Fluss sei. Eine gesetzliche Normierung könne nur hemmend auf die Weiterentwicklung der Praxis wirken. In der Praxis werde man trotz der gesetzlichen Regelung immer wieder zu einem Dokument, etwa zu einem Baltime- oder Deuzeitformular greifen, zumal sich sehr häufig Änderungsbedürfnisse bei diesen Formularen geltend machten. Praktisch bedeutsam sei übrigens auch das Timecharterformular der Chamber of Shipping, London aus dem Jahre 1902.

Rechtsanwalt *Dr. Baur* kam noch einmal auf das Problem der Namensgebung zurück. Der Ausdruck „Miete mit Dienstverschaffung" werde sich in der Praxis, weil er zu kompliziert sei, nicht einbürgern. „Schiffsmiete" erinnere zu sehr an das bürgerliche Recht. Der von *Ritter* [Carl, Seeversicherung, 1919 ff.] gebrauchte Ausdruck „Schiffsheuer" lege Verwechslungen mit den Heuerverträgen, also den Dienstleistungsverträgen zwischen Reeder und Besatzungsmitgliedern nahe. Der Vorschlag von Dr. Riensberg, von der „Zeitcharter" zu sprechen, sei doppeldeutig, da man unter diesem Ausdruck sowohl Fälle der Miete mit Dienstverschaffung, als auch Zeitfrachtverträge erfasse. Im Übrigen sei auch die Bestimmung „Zeit" in dem Worte „Zeitcharter" insofern nicht richtig, als die Bemessung des Entgelts nach der Zeit nicht unbedingt notwendig erscheine; die Berechnung könne ohne sachliche Unterschiede gegebenenfalls auch reiseweise geschehen. Am besten werde der Gegensatz zum Frachtvertrag durch das Wort „Schiffspacht" ausgedrückt.

Zu den Ausführungen des Vorsitzenden bemerkte Rechtsanwalt Dr. Baur, dass das Reichsgericht sich zwar im Einzelnen immer für die Annahme von Miete mit Dienstverschaffung ausgesprochen habe, dass aber der Grundsatz aufgestellt sei, es handle sich beim Chartervertrag im Zweifelsfall um einen Frachtvertrag.

Zu den Darlegungen von Rechtsanwalt Dr. Dettmers hinsichtlich der im russischen Recht gegebenen Definition wurde geltend gemacht, dass man nicht wisse, ob die Übersetzung völlig genau sei, möglicherweise sei auch dem Übersetzer der Unterschied zwischen Schiffsmiete mit Dienstverschaffung und Frachtvertrag nicht bewusst gewesen.

Zu den Äußerungen des Sachverständigen Offen bemerkte Rechtsanwalt Dr. Baur, dass sich tatsächlich das Baltimeformular doch nur sehr wenig geändert habe. Im Übrigen fänden sich in der Wirtschaft viele Standardformulare neben der gesetzlichen Regelung. Zu erinnern sei nur an das Speditions-, Bank- und Versicherungsgewerbe. Die Funktion des Gesetzes bestehe besonders in der Lückenausfüllung und gerade diese Funktion sei sehr wichtig.

Der *Vorsitzende* wies zu der Äußerung des Sachverständigen Offen darauf hin, dass keine Unterschiede zwischen der Zeit- und der Reisecharter konstruiert werden sollen; der Ausschuss habe sich nur die Aufgabe gestellt, eine gesetzliche Regelung jenes Rechtsverhältnisses vorzubereiten, bei dem ein Reeder einem Dritten ein Schiff überlässt, damit der Dritte es nach eigenem Ermessen verwende.

Übrigens werde nicht geplant, die gesetzliche Regelung derart mit zwingender Kraft auszustatten, dass abweichende Parteiabreden unmöglich würden. Das Gesetz solle nur eingreifen, sobald die Parteivereinbarungen Lücken aufwiesen.

Rechtsanwalt *Dr. Bollmann* kam auf das von dem Sachverständigen Offen erwähnte Beispiel der Rickmers-Linie zurück und vertrat den Standpunkt, dass es sich bei dieser Reisecharter um einen Fall der Schiffsmiete mit Dienstverschaffung handle. Das gecharterte Schiff werde von der Rickmers-Linie mit der eigenen Schornsteinmarke versehen.

Dr. Riensberg wandte sich gegen den Ausdruck „Schiffspacht". Die Bedenken gegen den Ausdruck „Zeitcharter" ließen sich nicht darauf stützen, dass dieser Ausdruck ein Fremdwort enthalte, denn er sei allgemein eingebürgert. Richtig sei allerdings, dass nicht in allen Fällen das Entgelt für einen von vornherein fest bestimmten Zeitraum bemessen werde. Dennoch bestünden aber keine Bedenken gegen das Wort „Zeitcharter".

Mit dem Sachverständigen Offen gehe er, Dr. Riensberg, dahin einig, als er es für untragbar halte, dass ein und dasselbe Formular in verschiedenem rechtlichem Sinne ausgelegt werde.

Unangängig aber erscheine es – entgegen der Auffassung des Sachverständigen Offen – Zeit- und Reisecharter gleichmäßig zu behandeln. Bei der Baltime- und Deuzeitcharter gebe der Reeder das Schiff aus der Hand. Er brauche sich nur noch um die Erhaltung des Schiffes und die Mannschaft zu kümmern, wobei Tankschiffe häufig für zehn Jahre „round the world" gechartert würden. Bei der Reisecharter dagegen handle es sich um einen Frachtvertrag, bei dem der Reeder das Unternehmerrisiko allein trage; ihn belasteten die Hafenkosten und zu seinen Lasten gehe es, wenn sich die Reise nicht mit der vorgesehenen Schnelligkeit abwickeln lasse.

Anders als der Sachverständige Offen meine, änderten sich aber die Standardformulare keineswegs fortwährend. Noch heute werde das Baltimecharterformular von 1912 zugrunde gelegt, während sich jenes von 1920 nicht eingebürgert habe.

Der *Vorsitzende* machte den Vorschlag, zur Vermeidung der terminologischen Schwierigkeiten die Schiffsmiete mit Dienstverschaffung als „Schiffscharter" zu bezeichnen und auf diese Weise den Ausdruck „Zeit" zu vermeiden.

Der Sachverständige *Edye* wandte sich gegen diesen Vorschlag. Da es keinen Zeitfrachtvertrag gebe, könne man ohne weiteres von einer Zeitcharter sprechen. Nur die Zeitmiete komme heute vor. Der Reeder habe dabei nichts mehr zu sagen, wenn das Schiff den Hafen, in dem der Vertrag beginne, verlassen habe. Bei solcher Sachlage sei es übrigens durchaus anzuerkennen, dass bei Kollisionen der Charterer und nicht der Reeder hafte.

Die Standardformulare seien von der Praxis aufgemacht. Bei der Schaffung des Gesetzes habe es nur Segelschiffe gegeben, deshalb seien Zeitmietverträge nicht vorgekommen. Da man nicht klar übersehen habe, dass bei dem Rechtsinstitut der Schiffsmiete überhaupt keine Freizeichnungsklauseln hinsichtlich der Reederhaftung nötig seien, sei die jetzige Rechtsverwirrung entstanden.

Ein Zeitmietevertrag liege auch vor, wenn ein Schiff etwa für zwei Levanterundreisen an die Levante-Linie verchartert werde. Der Ausdruck „Reise" habe dann nur die Bedeutung einer ungefähren Zeitangabe.

Der *Vorsitzende* zog daraufhin seinen Vorschlag hinsichtlich des Ausdrucks „Schiffscharter“ zurück.

Auf die Anfrage von Ministerialrat *Krieger,* wie wohl der Siemens-Konzern seine eigene Stellung in dem früher genannten Falle beurteile, äußerte der Sachverständige *Edye,* der Siemens-Konzern sei in diesem Falle Zeitcharterer genauso wie irgendeine charternde Reederei. Es müssten eben beim Siemens-Konzern Angestellte beschäftigt werden, welche mit dem Reedereibetrieb vertraut seien.

Rechtsanwalt *Dr. Dettmers* meinte demgegenüber, dass es durchaus geschehen könne, dass im Einzelfall jemand einen Zeitfrachtvertrag abzuschließen wünsche etwa deshalb, weil er mit den Reedereigeschäften nicht vertraut sei. Bei solcher Sachlage komme es im Rechtsleben häufig vor, dass die Vertragschließenden mit unglücklicher Hand ein Formular wählten, das ihren Willen nicht zum klaren Ausdruck bringe, und dass sie dann diesem Formular Klauseln aufpfropften, die zwar ihren Absichten entsprächen, aber doch noch keine eindeutige Regelung brächten. Bei solchem Sachverhalt müssten die Juristen zu Rate gezogen werden.

Damit künftig völlige Klarheit bestehe, empfehle es sich, in Zukunft den Ausdruck Zeitcharter nur dort zu benutzen, wo der Charterer für eine gewisse Zeit Reeder werde. Geschehe dies, so entfielen damit die Bedenken gegen die Bezeichnung „Zeitcharter“.

Rechtsanwalt *Dr. Bollmann* kam auf den Standpunkt von Rechtsanwalt Dr. Baur zurück, wonach für die Frage, ob Miete mit Dienstverschaffung vorliege, entscheidend sei, ob der Charterer sich selbst als Beförderer ansehe oder den Reeder. Danach sei bei dem Rickmers-Vertrag ein Zeitchartervertrag gegeben. Die Zeit könne auch mittelbar durch die Dauer einer Reise umschrieben werden.

Der *Vorsitzende* stimmte Rechtsanwalt Dr. Bollmann darin zu, dass es gelte, den Zeitchartervertrag als Schiffsmiete mit Dienstverschaffung zu regeln.

Rechtsanwalt *Dr. Kleemann* stellte sich gleichfalls auf den Standpunkt, dass der Rickmers-Vertrag ein typischer Zeitchartervertrag sei. Die Rickmers-Linie müsse den gecharterten Dampfer auf Stückgüter anlegen. Dagegen handle es sich bei dem Siemens-Vertrag um eine Reisecharter, für die das Risiko bei dem Reeder verbleiben solle.

Nachdem der *Vorsitzende* und Rechtsanwalt *Dr. Baur* sich noch zu der Frage der Terminologie geäußert hatten, letzterer mit dem Hinweis, dass man in England unter „Charter“ im Gegensatz zu Deutschland gerade den Frachtvertrag verstehe, wurde der Ausdruck „Schiffspacht“ als in der Schifffahrtswelt zu wenig geläufig abgelehnt.

Ministerialrat *Krieger* sprach sich dafür aus, die Zeitcharter, d.h. Schiffsmiete mit Dienstverschaffung, dem Raumfrachtvertrag gegenüberzustellen. Der von der Rickmers-Linie abgeschlossene Vertrag sei seiner Meinung nach ein Raumfrachtvertrag, Konnossemente könne in Zukunft auch der Charterer zeichnen, der Fall des § 662 HGB sei keineswegs völlig ausgestorben. Wer das fremde Schiff mit seinem Anstrich und seiner Schornsteinmarke versehen wolle. müsse einen entsprechenden Vertrag, nach dem er selbst als Beförderer erscheine, abschließen. Wenn er jedoch die Befördererfunktion weiterhin dem Reeder überlasse, so müsse er darauf verzichten, das fremde Schiff mit seinem Anstrich und seiner Schornsteinmarke zu versehen.

Dr. Riensberg unterstrich die Ausführungen von Ministerialrat Krieger. In der Tat gebe es in der Praxis nur zwei Vertragstypen, nämlich die Schiffsmiete mit Dienstverschaffung (Baltime- oder Deuzeitcharter) und den Raumfrachtvertrag (Reisecharter). Bei letzterem kämen zwei Fälle vor: Entweder erhalte der Reeder eine Bruttofracht und müsse dann für alle entstehenden Unkosten aufkommen, oder aber es müssten Güter verschiedenster Art verfrachtet werden dergestalt, dass sich die Kosten nicht von vornherein übersehen ließen. In diesem Falle werde nicht eine Bruttofracht, sondern eine „lump sum“, eine Art Nettofracht vereinbart, bei der alle Unkosten abgezogen seien. Dies geschehe dann aus rein praktischen Erwägungen. Rechtliche Unterschiede ließen sich keinesfalls konstruieren. Bei beiden Formen des Raumfrachtvertrages bleibe der Verfrachter Reeder, während bei der Zeitcharter der Charterer in die Reederfunktion eintritt, gleichgültig, ob das Entgelt nur nach der Zeit oder auch nach der Reise bemessen werde.

Der Sachverständige *Edye* vertrat für den Fall des Rickmers-Vertrages gleichfalls den Standpunkt, dass es sich um einen typischen Raumfrachtvertrag handle.

Der *Vorsitzende* stellte fest, dass der Ausschuss sich nunmehr im Großen über die künftige rechtliche Gestaltung klar sei. Es handle sich nur noch darum, einen *Unterausschuss für die Spezialberatungen* einzusetzen. Er bitte die beiden Referenten, zusammen mit zwei Praktikern zu diesem Unterausschuss zusammenzutreten. Er forderte als Praktiker den Sachverständigen Offen zur Mitwirkung auf, während er als zweiten Praktiker Direktor Lösch von der Hapag vorschlug, an dessen Stelle im Ablehnungsfalle Dr. Schütte treten solle.

Direktor Brandt erklärte sich bereit, bei etwa auftauchenden Versicherungsproblemen dem Ausschuss zu Rate zu gehen.

Anlage 1 [Begründung weggelassen]:

Skizze eines Gesetzentwurfs betr. Schiffsmiete (von Rechtsanwalt Dr. Baur)

§ 1 (Begriffsbestimmung und Urkunde). Wird ein Schiff mit der Bestimmung vermietet, dass der Mieter es zur Beförderung von Gütern oder Reisenden verwendet, dass aber der Vermieter den Kapitän anstellt, so kann jeder Teil die Errichtung einer schriftlichen Urkunde über den Vertrag verlangen.

§ 2 (Zustand des Schiffes). Das Schiff ist dem Mieter in einem see- und ladungstüchtigen sowie zu dem vertragsmäßigen Gebrauch geeigneten Zustand zu überlassen. § 559 findet sinngemäß Anwendung.

Der Vermieter hat das Schiff während der Mietezeit in diesem Zustand zu erhalten.

Außerdem muss das Schiff bei Überlassung zur Einnahme der Ladung fertig sein.

§ 3 (Überlassung und Rückgabe des Schiffes). Die Überlassung des Schiffes an den Mieter hat zu der vereinbarten Zeit in dem vereinbarten Hafen an dem vom Mieter angewiesenen Platz zu erfolgen. Sie darf ohne Zustimmung des Mieters nicht an einem Sonntag oder gesetzlichen Feiertag geschehen. Der Platz muss für das Schiff in jeder Beziehung geeignet sein. Der Kapitän hat dem Mieter zuvor schriftlich anzuzeigen, dass der zur Überlassung bereit ist.

Nach Beendigung des Mietverhältnisses ist der Mieter verpflichtet, das Schiff in einem vereinbarten Hafen zurückzugeben. Die Rückgabe des Schiffes darf ohne Zustimmung des Vermieters nicht an einem Sonntag oder gesetzlichen Feiertag erfolgen. Der Mieter hat dem Vermieter mindestens zehn Tage vorher schriftlich anzuzeigen, in welchem Hafen und ungefähr an welchem Tage das Schiff zurückgegeben werden soll.

Befindet sich das Schiff bei Beendigung des Mietverhältnisses auf einer Reise, so kann der Mieter es zu denselben Bedingungen bis zur Vollendung der Reise weiter gebrauchen, es sei denn, dass der Mieter wusste oder wissen musste, dass die Reise zu der Zeit, zu der das Mietverhältnis endigt, nicht vollendet sein konnte.

§ 4 (Verwendung des Schiffes). Der Mieter kann das Schiff, soweit nichts anderes vereinbart ist, nach seinem Ermessen zur Beförderung von Gütern oder Reisenden verwenden.

Das Schiff hat die Flagge des Mieters zu führen. Der Mieter ist berechtigt, seine Schornsteinmarke anzubringen; er muss sie bei Rückgabe wieder entfernen.

Die Laderäume und das Deck stehen dem Mieter zur Unterbringung von Gütern zur Verfügung, soweit sie nicht Schiffszwecken dienen. Das Gleiche gilt für die Kajüten zur Unterbringung von Reisenden.

§ 5 (verbotene Verwendung). Das Schiff darf nicht derart verwandt werden, dass es selbst oder die Besatzung Gefahr läuft, Schäden oder sonstige Nachteile zu erleiden. Das gilt insbesondere für die Gefahren, die auf der Schifffahrt als solcher, Feindseligkeiten, Verfügungen von hoher Hand und Krankheiten beruhen.

Der Kapitän ist nicht verpflichtet, Eis zu zwingen. Der Mieter darf den Kapitän auch nicht anweisen, nach einem Hafen zu fahren, wenn im gewöhnlichen Lauf der Dinge die Gefahr besteht, dass der Hafen Eises wegen nicht erreicht oder nach Einnahme oder Löschung der Ladung oder Anbordnahme oder Ladung der Reisenden wieder verlassen werden kann. Falls das Schiff Gefahr läuft, einzufrieren oder durch Eis beschädigt zu werden, ist der Kapitän berechtigt, nach einem offenen Platz zu fahren und neue Anweisungen des Mieters einzuholen.

§ 6 (Ladung). Entzündliche, explosive und sonst gefährliche Güter sind von der Beförderung ausgeschlossen.

In den Fällen der §§ 563, 564 c haftet neben dem Befrachter und Ablader der Mieter als Gesamtschuldner, wenn ihm ein Verschulden zur Last fällt.

§ 7 (Besatzung). Der Vermieter hat während der Mietzeit auf seine Kosten den Kapitän und die übrige Besatzung anzustellen sowie die Deck- und Maschinenausrüstung und die Schiffsvorräte für die Besatzung zu beschaffen. Die Bezahlung der von der Besatzung geleisteten Überstunden geht zu Lasten des Mieters.

Der Mieter beauftragt die Stauer; der Vermieter stellt je einen Mann der Besatzung zur Bedienung einer Winde an jeder Luke. Der Mieter hat das Recht, dem Schiff einen Superkargo mitzugeben; die Kosten der Verpflegung sind dem Vermieter vom Mieter zu ersetzen.

Der Kapitän hat die Anweisungen des Mieters insoweit zu befolgen, als sie sich auf die Verwendung des Schiffes, insbesondere auf die Bestimmung der Reisen und die Beförderung und Behandlung der Güter (§ 606) im Rahmen des Mietvertrages beziehen.

Wenn der Mieter mit dem Verhalten des Kapitäns oder eines Offiziers oder Maschinisten unzufrieden ist, so hat der Vermieter die Beschwerde zu untersuchen und das Mitglied der Besatzung zur Erfüllung seiner Pflicht anzuhalten oder, wenn tunlich, ablösen zu lassen.

§ 8 (Leistungen des Mieters). Der Mieter liefert auf seine Kosten den Betriebsstoff und das Kesselwasser. Er bezahlt ferner alle gewöhnlichen und ungewöhnlichen, durch die Verwendung des Schiffes entstehenden Kosten mit Ausnahme der in § 7 Abs. 1 aufgeführten. (*oder:* ... die gewöhnlichen und ungewöhnlichen, durch die Verwendung des Schiffes entstehenden Kosten, insbesondere die öffentlichen Abgaben, die Hafenkosten, die Lotsen- und Steuerergelder, die Kosten von Schlepper- und Bootshilfe, die Konsulatsgebühren, soweit sie nicht die An- und Abmusterung der Besatzung betreffen, und die Kosten, die mit der Ladung zusammenhängen.)

Der Vermieter hat das gewöhnliche feste Ladegeschirr, der Mieter alles sonstige Geschirr und das zum Stauen und Trennen der Ladung sowie zum Festmachen von Decksladung erforderliche Material zu stellen. Alle zum Laden und Löschen nötigen Läufer, Trossen und Schlingen gehen zu Lasten des Mieters. (*oder:* sind vom Mieter zu beschaffen.)

Der Mieter hat bei Überlassung und der Vermieter bei Rückgabe den an Bord befindlichen Betriebsstoff zu übernehmen und den ortsüblichen Preis dafür zu bezahlen, soweit die Menge den gewöhnlichen Verbrauch während fünf Reisetagen nicht übersteigt.

§ 9 (Haftung). Der Vermieter hat ein Verschulden der Schiffsbesatzung weder gegenüber dem Mieter noch den Ladungsbeteiligten und Reisenden zu vertreten. Die Anwendung des § 485 zugunsten des Mieters sowie der Ladungsbeteiligten und Reisenden ist ausgeschlossen.

Von Schiffsgläubigerrechten, die auf Forderungen gegen den Mieter beruhen, hat der Mieter den Vermieter freizuhalten.

In den Konnossementen ist der Name des Mieters als Verfrachter anzugeben. Geschieht dies nicht, so ist der Mieter, auch wenn ihn kein Verschulden trifft, verpflichtet, den Vermieter von jedem daraus entstehenden Schaden freizuhalten.

§ 10 (Miete). Ist die Miete nach Zeit bedungen, so läuft sie von dem Zeitpunkt der Überlassung des Schiffes an den Mieter bis zum Zeitpunkt der Rückgabe an den Vermieter. Ist die Zeit nach Monaten bestimmt, so gilt ein Tag als der dreißigste Teil eines Monats.

Der Mieter hat dem Kapitän auf sein Verlangen zugunsten des Vermieters die Geldbeträge vorzuschießen, die in den anzulaufenden Häfen für die gewöhnlichen Schiffsbedürfnisse erforderlich sind. Der Mieter kann die Beträge zuzüglich 2 v.H. zur Deckung aller Kosten von der nächsten Mieterate abziehen.

§ 11 (Wegfall der Miete). Tritt eine Verzögerung der Reise oder der Einnahme oder Löschung von mehr als 24 laufenden Stunden ein, und zwar

1. durch einen Umstand, den der Vermieter zu vertreten hat, oder
2. durch Mängel des Schiffes, seiner Einrichtung, seiner Ausrüstung, seiner Bemannung oder seiner Vorräte, oder
3. durch eine Verfügung von hoher Hand, die sich nicht lediglich gegen die Ladung richtet,

so fällt die Verpflichtung zur Zahlung der Miete für die ganze Dauer der Verzögerung fort. Das gilt nicht, wenn die Mängel durch die Ladung verursacht sind.

Geht das Schiff verloren oder ist es nach §§ 862 und 863 als verschollen anzusehen, so läuft die Miete bis zu dem Zeitpunkt des Verlustes oder dem Zeitpunkt, bis zu dem die letzte Nachricht reicht. Besteht dringender Verdacht, dass das Schiff verlorengegangen ist, so gilt die Miete bis zum Ablauf der Verschollenheitsfrist als gestundet.

§ 12 (Berge- und Hilfslöhne). Wenn das Schiff während der Mietezeit Bergungen oder Hilfeleistungen ausführt, so stehen die Berge- oder Hilfslöhne dem Vermieter und dem Mieter gemeinschaftlich zu.

Aus den Berge- oder Hilfslöhnen sind zunächst dem Vermieter und Mieter die ihnen durch die Bergung oder Rettung oder die Verfolgung der Lohnansprüche entstandenen Schäden und Kosten, insbesondere auch die Miete für die Zeit zu ersetzen, die durch die Bergung oder Rettung oder eine dadurch notwendig gewordene Wiederherstellung verlorengegangen ist. Sodann erhalten der Kapitän und die übrige Besatzung den ihnen gesetzlich zustehenden Anteil. Der Rest fällt dem Vermieter und dem Mieter zu gleichen Teilen zu.

§ 13 (Rücktritt). Wenn der Staat, unter dessen Flagge das Schiff fährt oder dem der Vermieter oder Mieter angehört, an einem Krieg oder kriegsähnlichen Zustand teilnimmt und dadurch Gefahren für Schiff, Ladung oder Besatzung entstehen, so können der Vermieter und der Mieter jederzeit vom Vertrage zurücktreten, ohne zur Entschädigung verpflichtet zu sein. Bereits an Bord genommene Güter sind am Ladeplatz und, wenn die Reise angetreten ist, im nächsten sicheren Hafen zu löschen. Die Mietezeit endet mit der Beendigung der Entlöschung.

§ 14 (Überlassung des Schiffes). Der Mieter ist mangels abweichender Vereinbarung ohne die Erlaubnis des Vermieters nicht berechtigt, das Schiff einem Dritten zu überlassen, insbesondere weiterzuvermieten.

§ 15 (Veräußerung des Schiffes). Wird das vermietete Schiff nach der Überlassung an den Mieter von dem Vermieter an einen Dritten veräußert, so tritt der Erwerber anstelle des Vermieters in die sich während der Dauer seines Eigentums aus dem Mietverhältnis ergebenden Rechte und Verpflichtungen ein. Erfüllt der Erwerber die Verpflichtungen nicht, so haftet der Vermieter für den von dem Erwerber zu ersetzenden Schaden wie ein Bürge, der auf die Einrede der Vorausklage verzichtet hat.

Anlage 2. Korreferat von Dr. Riensberg (18.4.1938):

Zeitfrachtvertrag und Schiffsmiete (Zeitcharter)

… Zu dem Gesetzentwurf von Herrn Dr. Baur habe ich im Einzelnen Folgendes zu sagen:

Zu § 1: Wenn es auch richtig ist, dass die Anstellung des Kapitäns durch den Vercharterer besonders wesentlich ist, so geht die Praxis doch dahin, dass stets die gesamte Besatzung vom Vercharterer gestellt wird. Darauf sollte der gesetzliche Wortlaut Rücksicht nehmen und infolgedessen sagen, dass der Vercharterer Kapitän und Besatzung stellt.

Zu § 2: Wenn es im 3. Absatz heißt, dass das Schiff bei Überlassung zur Einnahme der Ladung fertig sein muss, so ist dies missverständlich. Ich empfehle zu sagen, dass das Schiff in ladefertigem Zustande sein muss. Sonst könnte der Eindruck entstehen, als wenn das Schiff bereits die Luken geöffnet, das Ladegeschirr fertig gemacht haben müsste und dergleichen.

Zu § 3: In Absatz 1 ist gesagt, dass der Platz, an dem die Überlassung des Schiffes zu erfolgen hat, für das Schiff in jeder Beziehung geeignet sein muss. Hier sollte nach meiner Auffassung hinzugefügt werden, dass der Platz sofort erreichbar und frei sein muss. Dies entspricht der Regelung der Baltime-Charter.

Zu Beginn des Absatzes 3 heißt es, dass, wenn sich das Schiff „bei Beendigung des Mietverhältnisses" auf einer Reise befindet, der Charterer es grundsätzlich zu denselben Bedingungen bis zur Vollendung der Reise weiter gebrauchen kann. Da das Charterverhältnis tatsächlich also nicht endet, muss es statt der zitierten Worte heißen: „bei Ablauf der vorgesehenen Charterzeit". Es ist aber auch nicht richtig, von einem Recht des Charterers („kann") zu sprechen, da sich in solchem Falle das Charterverhältnis ohne weiteres bis zur Beendigung der Reise verlängert.

Zu § 4: Die darin enthaltenen Bestimmungen sind unnötig. Die Pflicht zur Führung der Flagge durch den Charterer kann auch deshalb nicht vorgeschrieben werden, weil es Charterer gibt, die keine eigene Flagge haben. Eine Schornsteinmarke führen übrigens nicht alle Linienreedereien, z.B. nicht die Hamburger Reedereien H.M. Gehrckens und A. Kirsten.

Zu § 5: Ich schlage vor, auch diese Bestimmung wegzulassen. Man sollte es den Parteien überlassen, wie sie sich über die Verwendung des Schiffes einigen, zumal dies eine Bestimmung ist, an der unter allen Umständen dem Vercharterer besonders gelegen ist.

Zu § 6: Diese Bestimmung halte ich für richtig.

Zu § 7: In Absatz 1 ist vorgesehen, dass die Bezahlung der durch die Besatzung geleisteten Überstunden zu Lasten des Charterers geht. Die Fassung wird nicht der Tarifordnung für die deutsche Seeschifffahrt gerecht, wo für Schiffsoffiziere in § 35 Pauschalen für Überarbeit vorgesehen sind. Der Wortlaut muss darauf abgestimmt werden.

Die in Absatz 2 vorgesehene Regelung über die Stellung von Besatzungsmitgliedern zur Windenbedienung wird nicht der Verschiedenartigkeit der Schiffe und Fahrtgebiete gerecht. Tankschiffe haben keine Winden. Auf vielen Schiffstypen ist die Zahl der Decksmannschaft nicht ausreichend, um an jeder Luke eine Winde in mehreren Schichten zu besetzen. Solche Einzelheiten sollten der Parteivereinbarung überlassen bleiben.

Zu § 8: Den Absatz 3 empfehle ich wegzulassen. Hierüber werden immer Abmachungen erfolgen, die dem Einzelfalle gerecht werden.

Zu § 9: Der zweite Satz des Absatzes 1 ist nicht glücklich formuliert. Ich empfehle, an seine Stelle zu setzen: „Für Charterer, Ladungsbeteiligte und Reisende ist die Berufung auf § 485 gegenüber dem Vercharterer ausgeschlossen."

Zu § 10: Ich schlage vor, den ersten Absatz wie folgt zu fassen: „Charter und Chartergeld laufen von dem Zeitpunkt der Überlassung des Schiffes an den Charterer bis zum Zeitpunkt der Rückgabe an den Vercharterer.“ Der Konditionalsatz „ist die Miete nach Zeit bedungen …“ kann nicht in Frage kommen, da das Chartergeld stets nach Zeit bedungen wird.

Der letzte Satz des § 10 muss wegfallen.

Zu §§ 11-15: Diese Bestimmungen halte ich sämtlich für gut.

37. Arbeitssitzung vom 12.5.1938 (16 bis 18.35 Uhr)

Anwesend:
Vorsitzender: Senatspräsident beim Reichsgericht Dr. Lindenmaier, Leipzig
Ehrenmitglied: Prof. Dr. Wüstendörfer, Hamburg
und als weitere ständige Mitglieder:
Rechtsanwalt Dr. Baur, Hamburg
Rechtsanwalt Dr. Bollmann, Hamburg
Direktor Brandt, Hamburg
Kapitän Dr. Kuhl, Hamburg
OLG-Rat Dr. Reinbeck, Hamburg
Dr. Riensberg, Hamburg
Dr. Schütte, Hamburg
Rechtsanwalt Dr. Schulze-Smidt, Bremen
Direktor Sturm, Hamburg
vom Reichsjustizministerium:
Ministerialrat Krieger, Berlin
Amtsgerichtsrat Dr. Gramm, Berlin
vom Reichsverkehrsministerium:
Ministerialrat Dr. Fessler, Berlin
als Gast:
Oberregierungsrat Dr. Schrader, Hamburg
als Sachverständige:
Basedow, Hamburg
Dr. Dücker, Hamburg
als Protokollführer:
Dozent Dr. Möller, Hamburg
für das Stenogramm:
Assessorin Krüger, Wandsbek
entschuldigt fehlten:
Amtsgerichtsrat Dr. Bramslöw, Hamburg
Rechtsanwalt Dr. Dettmers, Bremen
Rechtsanwalt Dr. Droege, Hamburg
Rechtsanwalt Dr. Heynen, Hamburg
Offen, Hamburg
Willich, Hamburg

Der *Vorsitzende* dankte zunächst den Mitgliedern des Unterausschusses dafür, dass sie in so kurzer Zeit alle zu erörternden Fragen gründlich geprüft hätten. Der *„Bericht des Unterausschus-*

ses des Seerechtsausschusses betr. ‚Zeitcharter'" sei den Mitgliedern mit zwei Anlagen (Anlagen C und D [weggelassen]) zugegangen.

Nachdem der Vorsitzende noch dem Sachverständigen Basedow und dem Ehrenmitglied Prof. Dr. Wüstendörfer für ihr Erscheinen gedankt hatte, berichtete er über die Ergebnisse der angekündigten, im Beisein von Ministerialrat Krieger geführten Unterredung mit Staatssekretär Dr. Schlegelberger. In dieser Unterredung sei zum Ausdruck gekommen, dass drei Fragengruppen vordringlich vom Seerechtsausschuss bearbeitet werden müssten.

Die erste Gruppe umfasse das Seefrachtrecht im weiteren Sinne, insbesondere die Fragen der Güter- und Fahrgastbeförderung, der Haftung des Reeders (Brüsseler Konvention), des Reederbegriffs (Ausrüsterproblem), des Besatzungsbegriffs (Haftung für den Stauer) und des sachlichen Geltungsbereichs des Seerechts. Die letzte Frage, insbesondere das Problem der Nichterwerbsschiffe sei bisher im Flaggengesetz behandelt, es empfehle sich, es im Zusammenhang mit dem Seefrachtrecht zu regeln.

Die zweite Gruppe könne man als prozessuale Gruppe beizeichnen. Hierher gehörten besonders die Verklarung, das Verfahren in Schifffahrtssachen und das Problem der Einsetzung besonderer Schifffahrtsgerichte.

Die dritte Gruppe betreffe den Schiffskredit und die damit zusammenhängenden Fragen, also vor allem das Brüsseler Hypothekenabkommen. Staatsrat Esberger halte die Reform des Schiffshypothekenrechts im Interesse des Ausbaus der deutschen Schifffahrt für vordringlich. Es müsse aber bedacht werden, dass zweckmäßig zunächst die Reform des bürgerlichen Hypothekenrechts abgewartet werde.

Ministerialrat *Krieger* wies zu dem letzten Punkte darauf hin, dass es in Österreich bisher keine Schiffspfandrechte gebe. So könne die Notwendigkeit hervortreten, das Problem des Schiffskredits schon demnächst in Angriff zu nehmen. Übrigens seien in Österreich elf Seeschiffe registriert, allerdings keine Kauffahrteischiffe. Besonders bemerkenswert sei es, dass ein der Universität Wien gehörendes Forschungsschiff mit Schiffspfandrechten belastet sei, obgleich es nach österreichischem Recht keine Schiffspfandrechte gebe.

Der *Vorsitzende* dankte für den Hinweis und bat sodann Rechtsanwalt Dr. Baur, die Ergebnisse der Arbeit des Unterausschusses derart vorzutragen, dass jeweils sogleich die einzelnen Vorschläge besprochen werden könnten.

Rechtsanwalt *Dr. Baur* befasste sich zunächst mit der Überschrift des neugefassten Entwurfs (Anlage C).

Dr. Riensberg sprach sich dafür aus, den Vertrag zwar „Zeitcharter" zu nennen, die beteiligten Personen aber nicht „Vercharterer" und „Charterer", sondern „Vermieter" und „Mieter". Dadurch komme die rechtliche Natur der Zeitcharter besser zum Ausdruck. In der Praxis spreche man vom „Charterer" auch bei der Reisecharter.

Prof. Dr. Wüstendörfer erklärte es für wünschenswert, dass sich der Gesetzgeber bei der Vertragsbenennung den Ausdrücken des Verkehrs anpasse. Das Bedürfnis nach juristischer Genauigkeit und nach Lebensnähe der Rechtsordnung lasse sich am besten wohl dadurch befriedigen, dass man von „Mietcharter" spreche. Dadurch komme der Gegensatz zum Raumfrachtvertrag gut zum Ausdruck, die Begriffe „Mietcharter" und „Frachtcharter" ließen sich gegenüberstellen.

Weiterhin stellte Prof. Dr. Wüstendörfer auch zur Erwägung den Ausdruck „Der Schiffsverwender als Mietcharterer" in der Überschrift des Abschnittes zu gebrauchen, um die selbständige Beförfererfunktion des Zeitcharterers anzudeuten.

Der *Vorsitzende* begrüßte den ersten Vorschlag: Der Ausdruck „Mietcharter" lasse die rechtliche Struktur des Vertrages erkennen, ohne sich vom Sprachgebrauch der Praxis allzu weit zu entfernen. Mit dem Ausdruck „Schiffsverwendung" könne er sich nicht so leicht befreunden.

Wenn man den Vertrag als „Mietcharter" bezeichne, so könne man auf den Begriff „Schiffsverwendung" verzichten und die Parteien „Charterer" oder „Vercharterer" nennen.

Direktor *Brandt* wandte sich gegen den letztgenannten Vorschlag. „Vercharterer" und „Charterer" seien nur schlecht verdeutschte englische Wörter, besser sei es, die Wörter „Mieter" und „Vermieter" zu wählen.

Dr. Riensberg sprach sich in gleicher Richtung aus, indem er gleichzeitig der Benennung „Mietcharter" Beifall spendete.

Der *Vorsitzende* betonte abschließend, dass dann, wenn die Verkehrskreise selbst mit den Worten „Vermieter" und „Mieter" sich befreunden könnten, er nichts gegen diese Ausdrücke einzuwenden habe. Im Übrigen sei sich der Seerechtsausschuss darüber einig, dass der Vertrag am besten „Mietcharter" genannt werde.

Rechtsanwalt *Dr. Baur* ging dann zur Behandlung des § 1 über: Das Wort „anstellt" sei statt des Wortes „anvertraut", welches das Gesetz bisher benutze, gewählt worden, weil es klarer sei. Im Schrifttum habe man – abgesehen von Ritter – immer schon das Wort „anstellen" mit dem Wort „anvertrauen" gleichgesetzt.

Der *Seerechtsausschuss* stimmte der jetzigen Fassung des § 1 zu.

Rechtsanwalt *Dr. Baur* äußerte sich dann zu § 2.

Der *Vorsitzende* bemerkte, er sei mit den Vorschlägen einverstanden. Das Problem der Besitzdienerschaft brauche im Gesetz nicht geregelt zu werden, es sei allerdings bedeutsam für die Frage, ob ein Miet- oder Frachtvertrag vorliege.

Prof. Dr. Wüstendörfer betonte, dass bei dieser Abgrenzung in erster Linie die wirtschaftlichen Zweckvorstellungen der Parteien maßgebend sein müssten, so komme es darauf an, ob der Kontrahent des Reeders das Schiff selbst verwenden wolle. Das begriffsjuristische Moment der Besitzdienerschaft könne als nachträgliche Konstruktion erst in zweiter Linie herangezogen werden.

Der *Vorsitzende* stimmte diesen Ausführungen zu und verwies darauf, dass sich auch die Rechtsprechung in erster Linie von wirtschaftlichen Zweckvorstellungen habe leiten lassen, zuletzt das von ihm selbst gefällte Schiedsgerichtsurteil vom 17. März 1938 (Verkehrsrechtliche Rundschau 1938 Gruppe 3 b Bl. 48 ff.)

Nachdem so auch § 2 Annahme fand, ging Rechtsanwalt *Dr. Baur* zu § 3 über.

Kapitän *Dr. Kuhl* bemerkte zu den Zeilen 76 ff. des Deuzeitformulars, hier sei eine Sicherung des verchartemden Reeders gegen eine übermäßige Ausnutzung des Schiffs bezweckt. Es liege nämlich bei der Mitcharter die Gefahr nahe, dass der Charterer das Schiff „hetze", etwa im Interesse einer Zeitersparnis eine notwendige Kesselreinigung aufschiebe. Dadurch könnten der Zustand des Schiffes wesentlich beeinträchtigt und hohe Reparaturkosten verursacht werden. Die Dinge lägen ähnlich wie bei der Aufschiebung einer notwendigen Zahnbehandlung. Der Kapitän befinde sich in einer zwiespältigen Lage: Einerseits habe er die Interessen des Reeders wahrzunehmen, andererseits müsse er in gewissem Umfange den Weisungen des Charterers gehorchen. Vielleicht sei es nötig, wegen dieser Sachlage in das Gesetz ein Sicherheitsventil einzubauen.

Der *Vorsitzende* bemerkte, die Schilderung der tatsächlichen Verhältnisse sei sicherlich richtig. Die Interessenkollision könne aber durch das Gesetz ebenso wenig aus der Welt geschafft werden, wie dies bisher durch das Deuzeitformular möglich gewesen sei. Das Gesetz dürfe nicht allzu kasuistisch gestaltet sein. Eine angemessene Rechtslage lasse sich schon aus den Bestimmungen des Bürgerlichen Gesetzbuches ableiten.

Dr. Riensberg stimmte diesen Ausführungen mit dem Hinweis darauf zu, dass die praktischen Schwierigkeiten deshalb nicht sehr bedeutsam seien, weil der Charterer sich fügen müsse, wenn der Kapitän und der Ingenieur übereinstimmend erklärten, eine Kesselreinigung müsse vorgenommen werden.

Kapitän *Dr. Kuhl* betonte abschließend, dass es nur der Sinn seiner Ausführungen gewesen sei, die bisherige Deuzeitklausel zu motivieren. Auch er halte nach dem Ergebnis der Beratungen eine besondere Gesetzesvorschrift nicht für erforderlich.

Rechtsanwalt *Dr. Baur* berichtete sodann über die Streichung der §§ 4 und 5 der Anlage C.

Zu § 4 der Anlage A bemerkte auch der *Vorsitzende,* dass die Frage der Flaggenführung und Schornsteinmarke sehr verschiedenartig geregelt werden könne.

Zu § 5 der Anlage A warf der Vorsitzende das Problem auf, ob es notwendig sei, eine Beweislastvorschrift für den Fall zu treffen, dass das Schiff nach Vertragsbeendigung in beschädigtem Zustande zurückgegeben werde, etwa in dem Sinne, dass der Charterer sich exkulpieren müsse.

Ministerialrat *Krieger* empfahl, gewisse Fälle verbotswidriger Verwendung herauszustellen.

Prof. Dr. Wüstendörfer erklärte eine gesetzliche Behandlung des Problemkreises für unnötig. Nach allgemeinen Rechtsgrundsätzen müsse der Charterer sich exkulpieren, wenn er das Schiff beschädigt zurückgebe. Es liege dann der Tatbestand des § 282 BGB vor.

Der *Vorsitzende* zog hierauf seinen Vorschlag zurück und bemerkte – unter Zustimmung von *Prof. Dr. Wüstendörfer* –, dass der Vorschlag von Ministerialrat Krieger, einzelne Fälle verbotener Verwendung katalogmäßig aufzuzählen, deshalb keine Billigung verdiene, weil jede Kasuistik und Komplizierung vermieden werden müsse.

Rechtsanwalt *Dr. Baur* referierte dann über § 4 des neuen Entwurfs. Im Anschluss an diese Bestimmung entspann sich eine Diskussion über die Begriffe „Kriegskonterbande" und „Bannware". Gegen den letztgenannten Ausdruck wandte Ministerialrat *Krieger* ein, dass der Ausdruck „Bannware" auch im Steuer- und Zollrecht gebraucht werde. *Prof. Dr. Wüstendörfer* schlug die Neubildung „Kriegsbannware" vor. Rechtsanwalt *Dr. Baur* machte darauf aufmerksam, dass es darauf ankomme, was der einzelne Staat als Kriegskonterbande auffasse.

Der *Vorsitzende* betonte abschließend, dass am zweckmäßigsten die Terminologie des künftigen Prisenrechts auch für das Seerecht Verwendung finde, und empfahl, dabei auch den Ausdruck „Kriegsbannware" als terminus technicus in Erwägung zu ziehen.

Rechtsanwalt *Dr. Baur* ging dann zu § 5 über.

Nach dem Ergebnis der Aussprache soll die Frage, inwieweit der Kapitän gesetzlich berechtigt ist, für den Mieter Geschäfte und Rechtshandlungen vorzunehmen, im Zusammenhang mit der Rechtsstellung des Kapitäns behandelt werden. *Prof. Dr. Wüstendörfer* wies auf die praktische Bedeutung des Fragenkreises hin, etwa im Falle des Ankaufs von Bunkerkohlen durch den Kapitän.

Im Anschluss an das sodann folgende Referat von Rechtsanwalt *Dr. Baur* zu § 6 bemerkte Ministerialrat *Dr. Fessler,* dass in Abs. 1 Satz 1 der Ausdruck „liefert" nicht recht passe, besser sei der Ausdruck „beschafft".

Im Übrigen war sich zu Abs. 1 Satz 2 der Seerechtsausschuss darüber einig, dass es nicht angängig sei, alle in Frage kommenden Kosten kasuistisch zu erfassen.

Sodann berichteten Rechtsanwalt *Dr. Baur* und Direktor *Brandt* über § 7.

Prof. Dr. Wüstendörfer erklärte, § 7 sei die wichtigste Vorschrift des Entwurfs. Gegen den in Abs. 1 enthaltenen Vorschlag müsse, soweit er die Ladungsbeteiligten und Reisenden betreffe, Folgendes eingewendet werden:

Erstens falle die Vorschrift insofern völlig aus dem Rahmen des Entwurfs und seiner Systematik heraus, als sie nicht das Innenverhältnis zwischen Mieter und Vermieter betreffe, sondern das Außenverhältnis zu Dritten.

Zweitens handle es sich bei der vorgeschlagenen Norm der Sache nach um eine Freizeichnungsklausel. Diese sei wohl auf die Initiative der Reeder und Reedersachwalter zurückzuführen. Es sei demgegenüber nationalsozialistische Pflicht derer, die durch keine Interessenpolitik innerlich gebunden seien, sich gegen eine solche Freizeichnungsklausel zu wenden und für einen angemessenen Rechtsschutz der Ladungsbeteiligten zu sorgen.

Drittens sei der Vorschlag unvereinbar mit dem Geist der Haager Regeln, die durch die Seefrachtnovelle in das deutsche Recht übernommen werden sollten. Dort sei eine Zwangshaftung des Verfrachters für kommerzielles Verschulden vorgesehen und durch die Neufassung des § 485 HGB sei die Reederhaftung der Verfrachterhaftung gleichgeschaltet. Diese Gleichschaltung sei nicht nur eine negative, wie der Wortlaut von § 485 Satz 2 HGB anzudeuten scheine, sondern auch eine positive: Der Reeder müsse zwingend für kommerzielles Verschulden haften, wie er andererseits für nautisches Verschulden den Ladungsbeteiligten nicht mehr hafte. Es sei der Zweck des § 485 HGB, dem Gläubiger einen zahlungsfähigen Zweitschuldner zu verschaffen. Dieser Schutzzweck dürfe nicht aus den Augen verloren werden.

Nach alledem müssten die Bedenken von Direktor Brandt gegen die jetzige Fassung des § 7 Abs. 1 geteilt werden. Die Vorschrift sei unannehmbar und dürfe nur lauten: „Der Vermieter hat ein Verschulden der Schiffsbesatzung gegenüber dem Mieter nicht zu vertreten."

Was das Innenverhältnis angehe, so sei der Vorschlag des Abs. 2, wonach im Endergebnis die Haftung den Mieter treffen solle, billigenswert. Die bisherige Fassung sei nur insofern undeutlich, als sie nicht ersehen lasse, ob nur an Forderungen der Ladungsbeteiligten und Reisenden zu denken sei oder etwa auch an Forderungen von Kollisionsgläubigern. Da nach dem Aufbau des Entwurfs Letzteres nicht angenommen werden könne, empfehle es sich zu sagen: „Von Schiffsgläubigerrechten, die auf Forderungen der Ladungsbeteiligten und Reisenden beruhen, hat der Mieter den Vermieter freizuhalten."

Rechtsanwalt *Dr. Baur* bestätigte, dass nicht an die Ansprüche der Kollisionsgläubiger gedacht sei.

Dr. Riensberg wandte sich gegen die von Prof. Wüstendörfer zu § 7 Abs. 1 geäußerten Bedenken. Im englischen Recht hafte der Vermieter gegenüber Ladungsbeteiligten und Reisenden nicht. Den Haager Regeln lasse sich kein Anhaltspunkt dafür entnehmen, dass auch die Reederhaftung zwingend sein solle. Die Haager Regeln gingen aus vom Verfrachterkonnossement, also möge sich der Befrachter an den Mieter halten. Der Befrachter müsse die wirtschaftlichen Konsequenzen tragen, wenn er mit einem wenig solventen Spediteur, der ein Schiff gechartert habe, einen Frachtvertrag abschließe. Es sei unangängig, dass der Befrachter dieses Risiko dem Reeder aufbürden könne.

Direktor *Brandt* nahm gegen diese Ausführungen Stellung mit dem Hinweis, dass auch nach englischem Recht zwei Personen hafteten.

Auch *Prof. Dr. Wüstendörfer* und Ministerialrat *Krieger* sprachen sich gegen die Ausführungen von Dr. Riensberg aus. Zugrundezulegen sei § 485 HGB in seiner jetzigen Fassung, wonach der Reeder zwar nicht weitergehend hafte als der Verfrachter, aber doch immer ebenso weit wie er. Nur im Innenverhältnis könne bestimmt werden, dass der Mieter allein den Schaden zu tragen habe.

Rechtsanwalt *Dr. Baur* hob nochmals hervor, dass es dem Unterausschuss fern gelegen habe, auch die Haftung des Reeders gegenüber Kollisionsgläubigern auszuschließen. Im Übrigen müsse er zugeben, dass er durchaus Verständnis für die Ansicht von Direktor Brandt, Prof. Wüstendörfer und Ministerialrat Krieger habe.

In ähnlicher Weise sprach sich der *Vorsitzende* aus. Es handle sich im Grunde um eine rechtspolitische Frage, deren Beantwortung letzten Endes dem Gesetzgeber überlassen bleiben möge.

Ministerialrat *Krieger* betonte, man sei sich darüber einig, dass intern der Mieter die Ladungsschäden tragen müsse. Fraglich sei es nur, ob man den Ladungsbeteiligten lediglich an den Mieter verweise oder ob er sich an Mieter und Reeder halten könne. Dabei sei zu berücksichtigen, dass sich der Reeder in seiner Eigenschaft als Vermieter dadurch schützen könne, dass er die wirtschaftliche Lage, insbesondere die Bonität des Mieters vor Vertragsabschluss prüfe. Deshalb bestehe kein Anlass, den Vermieter vor etwaigen Ansprüchen der Ladungsbeteiligten zu schützen, und zwar umso weniger, als die Besatzung – es gehe ja hier um die Haftung des durch Besatzungsmitglieder verursachten Schadens – von ihm angestellt sei.

Dr. Riensberg und *Dr. Schütte* brachten von neuem ihre Bedenken zum Ausdruck. Durch das Verfrachterkonnossement solle die Haftung des Reeders doch beseitigt werden. Warum solle man bei der Zeitcharter dem Ladungsbeteiligten zwei Schuldner gegenüberstellen, während er sonst nur einen Schuldner besitze? Zum Mindesten sei eine äußerst kurze Verjährungsfrist erwünscht. Es sei auch zu bedenken, dass der deutsche Reeder gegenüber dem Ausland konkurrenzfähig bleiben müsse, insbesondere gegenüber den nordischen Reedern, die einen großen Teil ihrer Tonnage in Zeitcharter vergäben. Wenn der deutsche Reeder strenger hafte oder gar vom Charterer Sicherheitsleistung fordere, so scheide er damit aus dem Konkurrenzkampf aus.

Der *Vorsitzende* schloss damit die Aussprache über diesen Punkt, indem er sich bereit erklärte, das Problem wieder auf die Tagesordnung zu setzen, sobald er eine entsprechende Anregung erhalte. Insbesondere möge dann auch die Frage geklärt werden, wie die Rechtslage im Auslande sei.

Zu § 8 – über den einleitend wieder Rechtsanwalt *Dr. Baur* referierte – empfahl der *Vorsitzende,* in Abs. 4 statt vom Rücktritt besser von Kündigung zu sprechen.

Besonders mit Rücksicht auf den Fall etwaiger Transferschwierigkeiten wurde sodann die Frage erörtert, ob nicht ein Verschulden des Mieters vorausgesetzt werden müsse, auch wurden Bedenken gegen die Schärfe der vorgesehenen Regelung erhoben; die Anwendbarkeit der allgemein-bürgerlichrechtlichen Vorschriften wurde unter Hinweis auf § 284 BGB untersucht.

Schließlich einigte man sich auf folgende Fassung: „Zahlt der Mieter aus von ihm zu vertretendem Grunde nicht fristgemäß, so kann der Vermieter nach Ablauf einer Woche fristlos kündigen und außerdem Schadensersatz verlangen.“

Zu § 9 legte Rechtsanwalt *Dr. Baur* – nachdem er über die Arbeit des Unterausschusses referiert hatte, die Anlage vor.

Der Seerechtsausschuss war sich darüber einig, dass sich die Notwendigkeit ergebe, § 9 Abs. 3 allgemeiner auszugestalten. Dabei seien auch zu berücksichtigen die Ausführungen von [Wharton] *Poor,* [American law of] Charter Parties, 2. Aufl. 1930, S. 30-36.

Zu den §§ 10-13 und dem entsprechenden Referat von Rechtsanwalt *Dr. Baur* wurden Bemerkungen nicht gemacht.

Abschließend referierte Rechtsanwalt *Dr. Baur* noch über die im Bericht behandelten Probleme:

Hinsichtlich des Pfandrechts führte Ministerialrat *Krieger* aus, dass ein Pfandrecht des Vermieters an der Ladung, mit der er gar nichts zu tun habe, nicht in Betracht komme.

Die Frage der Berücksichtigung der Miete im Havariegrosserecht wird nach dem Vorschlage des *Vorsitzenden* im Zusammenhang mit der Erneuerung des Havariegrosserechts behandelt.

Das Problem der Haftung der Miete für Ansprüche Dritter kann nach der übereinstimmenden Ansicht aller Ausschussmitglieder erst untersucht werden, wenn vom Außenverhältnis die Rede ist.

Hinsichtlich des Zeitfrachtvertrages fand der Vorschlag von Rechtsanwalt *Dr. Bollmann* Annahme, den Zeitfrachtvertrag im Rahmen des Frachtrechtes zu erörtern.

Anlage:

Bericht des Unterausschusses des Seerechtsausschusses betr. „Zeitcharter"

Der vom Herrn Vorsitzenden des Seerechtsausschusses in der Sitzung vom 20.4.1938 eingesetzte Unterausschuss, der aus den Herren Dr. G. F. Baur als Berichterstatter, Herrn Dr. H. Riensberg als Gegenberichterstatter, Herrn O. Läsch und Herrn E. Offen besteht, hat unter freundlicher Mitwirkung von Herrn A. H. Brandt, der vom UA um seinen Rat gebeten ist, die Skizze des Gesetzentwurfs betr. Zeitcharter, Anlage A des Referats von Dr. Baur, geprüft und berichtet über das Ergebnis wie folgt:

Der UA überreicht zunächst als

Anlage C eine Skizze, in der die Bestimmungen der Anlage A [Anlage 1 des Prot. 37] in einigen Punkten gekürzt, ergänzt und abgeändert sind, sowie als

Anlage D ein Stück des „Deuzeit"-Charterformulars [fehlt hier; vgl. Fn. 35 Einleitung].

Zu den einzelnen Bestimmungen der Anlage C wird Folgendes bemerkt:

Zur Überschrift: Die Mehrheit des Seerechtsausschusses hat sich in der Sitzung am 20.4.1938 dafür ausgesprochen, das fragliche Rechtsgebilde im Anschluss an die Praxis als „Zeitcharter" zu bezeichnen. Dieses Wort ist daher als Überschrift in der Anlage C gewählt, obwohl insofern Bedenken bestehen, als bei der „Schiffsmiete mit Dienstverschaffung" weder die Dauer des Vertrages noch die Miete „nach Zeit" bemessen zu sein braucht, und das Wort „Charter" auch für Raumfrachtverträge verwandt wird. Ob dementsprechend die Vertragspartner als „Vercharterer und Charterer" oder aber als „Vermieter und Mieter" bezeichnet werden sollen, darüber gingen die Ansichten im Unterausschuss auseinander. Für „Vercharterer und Charterer" spricht die kaufmännische Übung, für „Vermieter und Mieter" die Erwägung, dass es deutsche Worte sind und dass das Rechtsverhältnis in seinem Wesen klargestellt wird. In der Anlage C sind zunächst die Worte „Vermieter", „Mieter" und „Mietgeld" belassen worden.

Zu § 1 (Begriffsbestimmung). § 1 ist gegenüber dem Wortlaut des § 1 der Anlage A dahin abgeändert worden, dass hinter das Wort „Kapitän" die Worte „und die übrige Besatzung" eingesetzt sind. Obwohl die Erwähnung der Besatzung für die Begriffsbestimmung nicht notwendig erscheint, empfiehlt der UA die Einfügung, weil Zeitcharterverträge nicht vorkommen, nach denen der Charterer nur den Kapitän anzustellen hat.

Hinter das Wort „anstellt" in Klammern das Wort „Zeitcharter" einzusetzen, um den Charakter der Bestimmung als Definition herauszustellen, hält der UA nicht für nötig.

Zu § 2 (Zustand des Schiffes). Zu Abs. 1 wurde von Herrn Offen das Bedenken geäußert, dass die Worte „in einem zu dem vertragsmäßigen Gebrauch geeigneten Zustand" den Reeder möglicherweise zu sehr belasten könnten, nämlich wenn die Verwendung des Schiffes nicht klar vereinbart wäre. Herr Offen verwies auf Zeile 16 der Baltime 1920, wo es heißt: „In every way fitted for ordinary cargo service". Demgegenüber wurde geltend gemacht, dass mangels Festlegung einer besonderen Verwendung das Schiff nur für gewöhnliches Kaufmannsgut geeignet sein müsste.

Der Abs. 3 ist auf Vorschlag von Herrn Dr. Riensberg (s. das Korreferat) wie folgt gefasst: „Außerdem muss das Schiff bei Überlassung im ladefertigen Zustand sein." Die Rechtsstellung des Kapitäns als Besitzdiener des Reeders, des Charterers oder beider empfiehlt der UA gesetzlich nicht festzulegen. Ebenso ist der UA der Meinung, dass die Gerichte die Bestimmungen des BGB über Miete gegebenenfalls ergänzend anwenden werden, ohne dass es einer gesetzlichen Bestimmung bedarf.

Endlich hat der UA unter Berücksichtigung des Art. 518 b des niederländischen HGB erwogen, eine Bestimmung aufzunehmen, wonach sich die Miete verringert, wenn das Schiff nicht die zugesicherten Eigenschaften hat (Tragfähigkeit, Größe der Laderäume, Geschwindigkeit, Kohlenverbrauch, Bunkerinhalt usf.). Der UA ist aber zu dem Ergebnis gekommen, dass die Gerichte unter Anwendung der allgemein gesetzlichen Bestimmungen zu einer richtigen Entscheidung kommen werden.

Zu § 3 (Überlassung und Rückgabe des Schiffes). Abs. 1 Satz 3 ist auf Vorschlag von Herrn Dr. Riensberg im Anschluss an die „Deuzeit" wie folgt gefasst: „Der Platz muss für das Schiff in jeder Beziehung geeignet, sofort erreichbar und frei sein." Dabei ist z.B. an den Fall zu denken, dass ein Schiff infolge einer Barre den angewiesenen Platz nicht erreichen oder wegen einer Beladung im Törn nicht einnehmen kann. Das hätte ohne die obige Klarstellung zur Folge, dass der Reeder keine Miete für die Zeit erhielte, die das Schiff warten muss.

In dem folgenden Satz ist das Wort „schriftlich" gestrichen, da kein Bedenken dagegen besteht, dass der Kapitän die Bereitschaft zur Überlassung mündlich, telefonisch oder telegrafisch anzeigt.

Die Fassung des Abs. 3 ist gegenüber der Anl. A verbessert, ohne dass inhaltlich eine wesentliche Änderung stattgefunden hat (s. Korreferat von Dr. Riensberg).

Hinsichtlich des Zustandes des Schiffes bei Rückgabe wurde von sachverständiger Seite auf die Bestimmung der Zeilen 76 ff. der „Deuzeit" hingewiesen, die lauten: „Bei Ablauf dieses Vertrages ist der Dampfer in dem gleichen guten Zustand, in dem er angeliefert wurde (gewöhnlicher Gebrauch und Abnutzung ausgenommen), von dem Befrachter zurückzuliefern usf."

Der UA war aber der Ansicht, dass diese Bestimmung – wörtlich genommen – nicht sachgemäß ist, da z.B. Schäden, die auf höherer Gewalt, Kollision oder Grundstoß beruhen, unmöglich zulasten des Charterers gehen können. Der UA neigte vielmehr der Ansicht zu, dass der Charterer nur eigenes Verschulden und das seiner Leute, insbesondere der Stauer, zu vertreten hat. Hinsichtlich solcher Schäden, die auf der Ladung beruhen, ohne dass auf irgendeiner Seite ein Verschulden vorliegt, scheint sich eine feste Verkehrsauffassung nicht gebildet zu haben. Aber auch hier muss wohl die Haftung des Charterers entfallen, weil er sonst beispielsweise den Wert eines Schiffes zu ersetzen hätte, das infolge Selbstentzündung der Ladung total verlorengegangen ist. Die Bestimmung des § 548 BGB: „Veränderungen oder Verschlechterungen der gemieteten Sache, die durch den vertragsmäßigen Gebrauch herbeigeführt werden, hat der Mieter nicht zu vertreten", braucht nach Ansicht des UA nicht im Gesetz enthalten zu sein, da die Gerichte sie ohne weiteres in Ergänzung der seerechtlichen Bestimmungen anwenden werden.

Zu § 4 der Anlage A (Verwendung des Schiffes). Der UA hat diesen Paragraphen gestrichen. Der Abs. 1 ist überflüssig, da schon § 1 ergibt, dass der Charterer das Schiff zur Beförderung von Gütern oder Reisenden verwenden darf. Hinsichtlich der Flagge und der Schornsteinmarke (Abs. 2) wird in der Praxis so verschieden verfahren, dass sich eine gesetzliche Regelung nicht empfiehlt. Dass Laderäume und Deck dem Charterer zur Verfügung stehen (Abs. 3), erscheint selbstverständlich. Dazu kommt das Bestreben, die gesetzlichen Vorschriften möglichst kurz zu halten.

Zu § 5 der Anlage 1 (Verbotene Verwendung). Auch dieser Paragraph, der die Gefährdung von Schiff und Besatzung, insbesondere durch Eis, betrifft, ist gestrichen worden, da sich der Gegenstand nach Meinung des UA besser durch Charterformulare oder besonders vereinbarte Klauseln regeln lässt.

Zu § 4 (Ladung) = § 6 der Anlage A. In Abs. 1 sind die Worte „sowie Kriegskontrebande", wofür auch Bannware gesetzt werden kann, eingefügt. Hierzu sei verwiesen auf § 515 Abs. 2 HGB, der lautet: „Desgleichen hat der Schiffer den Schaden zu ersetzen, welcher daraus entsteht, dass er Güter ladet, von denen er wusste oder wissen musste, dass sie Kriegskontrebande seien".

Zu § 5 (Besatzung) = § 7 der Anlage A. Die Fassung von Abs. 1 Satz 2 ist wie folgt geändert: „Von der Besatzung geleistete Überstunden gehen, soweit eine gesonderte Bezahlung erfolgt, zulasten des Mieters."

Der Wortlaut passt sich dem von Herrn Dr. Riensberg in seinem Korreferat erwähnten Umstand an, dass in der Tarifordnung für die Deutsche Seeschifffahrt für Schiffsoffiziere in § 25 Pauschalen für Überarbeit vorgesehen sind.

Der Abs. 2 ist ersetzt durch die allgemeine Bestimmung: „Der Mieter besorgt das Laden und Löschen." Maßgebend hierfür ist die Erwägung gewesen, dass es Schiffe, z.B. Tankschiffe gibt, die keine Winden haben, und dass vielfach Deckmannschaft nicht in genügendem Maße vorhanden ist. Soll das Schiff Leute für die Bedienung der Winden stellen, so muss das besonders vereinbart werden.

Gegen die Fassung der Employment-Clause (Abs. 3) hat der UA nichts einzuwenden.

Die Frage, ob und wieweit der Kapitän gesetzlich berechtigt sein soll, für den Mieter Geschäfte und Rechtshandlungen vorzunehmen, hat der UA nicht geprüft. Er glaubt, dass dies besser im Zusammenhang mit den Befugnissen und Vollmachten des Kapitäns erörtert wird (§ 526 ff. HGB).

Zu § 6 (Leistungen des Mieters) = § 8 der Anlage A. Der UA hat sich in Abs. 1 für die kurze Fassung entschieden, nämlich dass der Mieter alle gewöhnlichen und ungewöhnlichen durch die Verwendung des Schiffes entstehenden Kosten mit Ausnahme der in § 5 Abs. 1 aufgeführten bezahlt. Die Bestimmung wird ergänzt durch die Vorschrift des § 621 Abs. 2 HGB (kleine Haverei).

Der Abs. 3, der die Übernahme des an Bord befindlichen Betriebsstoffes betrifft, ist gestrichen worden, weil die Menge natürlich begrenzt sein muss und die Grenze sich nicht ein- für allemal festlegen lässt.

Von sachverständiger Seite wurde bemerkt, dass es bei der Charterung von Dampfern nicht üblich ist, dass der Charterer das Schmieröl liefert. Derartige Ausnahmen von der Regel müssen besonders vereinbart werden.

Zu § 7 (Haftung) = § 9 der Anlage A. Der zweite Satz des Abs. 1 ist etwas anders gefasst, ohne dass eine sachliche Änderung bezweckt wird, nämlich wie folgt: „Diese können sich gegenüber dem Vermieter auch nicht auf § 485 berufen."

Gegen die Bestimmung selbst sind aber erhebliche Bedenken, insbesondere von Herrn A. H. Brandt, erhoben worden. Dieser hat zur Erwägung gestellt, ob man es nicht bei der Zeitcharter bei der mangels einer einschränkenden Gesetzesvorschrift bestehenden Doppelhaftung gegenüber den Ladungsbeteiligten und den Reisenden lassen soll, nämlich der Haftung des Mieters und Verfrachters aus dem Frachtvertrage und des Vermieters und Reeders aus § 485 HGB. Herr Brandt wies zur Begründung darauf hin, dass es für die Ladungsbeteiligten in allen den Fällen, wo der Zeitcharterer wirtschaftlich schwach sei, insbesondere ein spekulativer Schiffsmakler oder Spediteur gechartert habe, von großer Wichtigkeit wäre, nicht nur die dingliche (§ 754 Ziff. 7 HGB i.d.F. des neuen Gesetzes), sondern auch die persönliche Haftung des Reeders zu besitzen. Die Ladungsbeteiligten und ihre Versicherer müssten sich darauf verlassen können, dass ihnen aus dem Konnossement, wenn es nicht einen Ausschluss der Haftung vorsähe, Schadensersatzansprüche gegen den Reeder persönlich zuständen, ganz gleichgültig, ob das Schiff in Zeitcharter gegeben sei oder nicht, was sich ja aus dem vom Verfrachter ausgestellten Konnossement nicht ohne weiteres ergäbe.

Der UA hält diese Erwägungen für sehr beachtlich und stellt sie zur Erörterung im Seerechtsausschuss, ohne sich selbst auf eine bestimmte Meinung festzulegen. Dabei dürfte einerseits zu prüfen sein, ob der Ausschluss der Haftung des Reeders nach § 485 HGB für die Ladungsbeteiligten und Reisenden tragbar ist, und andererseits, ob bei der Zeitcharter die Beziehungen des

Reeders zur Beförderung der Güter so lose sind, dass ihm auch eine außervertragliche Haftung für Ladungsschäden nicht zugemutet werden kann. Sollte aber der zweite Satz des Abs. 1 des § 7 gestrichen werden, so müsste man zum Mindesten in Abs. 2 einfügen, dass der Mieter den Vermieter auch von Ansprüchen der Ladungsbeteiligten aus § 485 HGB freihalten muss.

Ferner hat der UA die Auswirkung des § 831 BGB auf die Zeitcharter erörtert. Dabei ist er davon ausgegangen, dass die Haftung aus unerlaubter Handlung (§§ 823 ff. BGB) selbständig neben der aus § 485 HGB steht und dass dem Vermieter (Reeder) auch Vereinbarungen zwischen Mieter (Verfrachter) und Befrachter über die Beschränkung der Haftung aus unerlaubter Handlung nicht zugute kommen dürfen (RG in HRGZ 1936 Abt. B S. 478 sowie [Hans] Gramm: „Das neue deutsche Seefrachtrecht [1938], S. 87 unten). Danach trägt der Vermieter, auch wenn die Vorschrift des Abs. 1 Satz 2 des § 7 des Entwurfs bestehen bleibt, die sich aus § 831 BGB ergebende Verantwortlichkeit. Hiergegen lassen sich aber ernsthafte Bedenken auch nicht erheben, denn die Haftung aus § 831 BGB beruht ja nicht auf einem Einstehen für Verschulden der Schiffsbesatzung, sondern auf eigenem vermuteten Verschulden des Reeders selbst (Gramm, S. 87 unten). Übrigens können auch Zweifel darüber bestehen, ob der Reeder die Besatzung nur „anstellt" und der Charterer sie zu Dienstverrichtungen „bestellt".

Im Zusammenhang mit der Haftung des Vermieters wurde auch die Haftung des Mieters erörtert, die in erster Reihe bei Verschulden eines Stauers, z.B. schuldhafter Verursachung eines Brandes, in Frage kommt (s. Näheres Anl. 1, 37. Prot.). Der UA war der Meinung, dass hier eine erhebliche Gefahr für den Charterer liegt und dass Anlass zu einer Deckung durch Versicherung gegeben ist, dass sich aber ein gesetzlicher Ausschluss der Haftung nicht empfiehlt.

Zu § 8 (Miete) = § 10 Anlage A. Abs. 1 Satz 2 ist gestrichen und dafür ein neuer Absatz 2 mit folgendem Wortlaut eingefügt: „Die Miete ist monatlich im voraus zu entrichten. Ein Tag gilt als der dreißigste Teil eines Monats." Das entspricht allgemeiner Übung und ist auch im schwedischen Gesetz vom 5.6.1936 in § 144 und im italienischen Entwurf in Art. 280 vorgesehen.

Ferner sind in dem nunmehrigen Absatz 3 Satz 2 die Worte „zuzüglich 2 v.H." gestrichen und ist folgende Fassung gewählt worden: „Der Mieter kann die Beträge zuzüglich aller durch den Vorschuss entstandenen Kosten von der nächsten Mieterate abziehen."

Endlich ist der Paragraph durch folgenden vierten Absatz ergänzt: „Kommt der Mieter mit der Mietezahlung in Verzug, so kann der Vermieter vom Vertrage zurücktreten und überdies Schadensersatz verlangen". Die sachverständigen Herren halten diese Bestimmung zum Schutz des Vermieters für notwendig. Sie entspricht den Zeilen 63/65 der „Deuzeit".

Zu § 9 (Wegfall der Miete) = § 11 der Anlage A. Der UA ist der Meinung, dass Verzögerungen, die auf Verfügungen von hoher Hand beruhen, grundsätzlich zulasten des Mieters als des Unternehmers gehen müssen (Abs. 2). Eine Ausnahme sollte nur für den Fall gemacht werden, dass eine Verfügung von hoher Hand durch Umstände verursacht ist, die der Vermieter zu vertreten hat, z.B. den Arrest eines Schiffes wegen schuldhafter Nichtbezahlung von Schulden des Vermieters.

Der zweite Satz des Abs. 2 entspricht Zeile 160/62 der „Deuzeit" und ist nach Ansicht des UA sachgemäß und notwendig. Streiks und Aussperrungen von Leuten, die nicht zur Besatzung gehören, sind nicht erwähnt. Es erscheint selbstverständlich, dass die dadurch entstehenden Nachteile vom Mieter getragen werden müssen.

Abs. 3 schließt sich an die Klausel 15 des Time-Charterformulars der New York Produce Exchange 1927 an.

Nach Zeile 163/165 der „Deuzeit" ist der Dampfer für jeden Zeitverlust und für alle Kosten verantwortlich, die daraus entstehen, dass Behörden den Dampfer wegen Schmuggels oder anderer Übertretungen der Landesgesetze durch Kapitän oder Mannschaft zurückhalten. Der UA hält diese Bestimmung für richtig, da der Reeder für die von ihm angestellten Leute einstehen muss, glaubt aber, dass die Gerichte auch ohne gesetzliche Bestimmung in diesem Sinne entscheiden. Auch werden die Zeitcharterformulare wahrscheinlich stets eine solche Vorschrift enthalten.

Zu § 10 (Berge- und Hilfslöhne) = § 12 der Anlage A. Zu § 11 (Rücktritt) = § 13 der Anlage A. Hierzu hat der UA nichts zu bemerken.

Zu § 12 (Überlassung des Schiffes) = § 14 der Anlage A. Der UA ist der Meinung, dass die Persönlichkeit des Mieters so wichtig ist, dass eine Untervermietung nicht ohne Zustimmung des Vermieters erfolgen darf. Hat der Mieter die Absicht, weiterzuvermieten, so muss er die Zulässigkeit vereinbaren. Die „Deuzeit“ enthält allerdings in Zeile 189/191 eine abweichende Regelung. Diese beruht aber wohl auf der Vorstellung, dass es sich um einen Hauptfrachtvertrag und einen Unterfrachtvertrag handelt, wie der Wortlaut zeigt.

Zu § 13 (Veräußerung des Schiffes) = § 15 der Anlage A. Der UA hält es für sachgemäß, bei der Zeitcharter den Grundsatz einzuführen, dass „Kauf nicht Miete bricht“.

Zu den weiteren Bemerkungen der Anlage A [= Anlage 1 des 37. Prot.]:

Zu Bemerkung 1 (Pfandrecht). Der UA neigt der Ansicht zu, dass die Klausel Zeile 177/179 der „Deuzeit“, die dem Vermieter ein Pfandrecht an der Ladung einräumt, unwirksam ist, weil sich das gesetzliche Pfandrecht nur auf Frachtforderungen bezieht, und das vertragliche Pfandrecht den Besitz des Pfandgläubigers an der Ladung voraussetzt. Der UA ist ferner der Meinung, dass ein solches Pfandrecht im Widerspruch zu dem Wesen eines Mietvertrages steht, bei dem der Reeder keine Beziehungen zur Ladung hat, und dass auch wirtschaftlich keine zwingende Notwendigkeit für Schaffung eines Pfandrechts vorliegt, wenn es auch in manchen Fällen für den Reeder erwünscht erscheint. Dazu sei darauf hingewiesen, dass die Miete regelmäßig monatlich im Voraus gezahlt wird und dass der Vermieter bei Verzug des Mieters zurücktreten kann. Das bedeutet einen erheblichen Schutz des Vermieters.

Zu Bemerkung 3 (Schadensersatz). Nach Zeile 232/234 der „Deuzeit“ ist der Schadensersatz wegen Nichterfüllung des Vertrages auf den Betrag der Zeitfracht für zwei Monate beschränkt. Eine solche Klausel sollte vertraglicher Regelung überlassen bleiben, zumal es Fälle geben kann, wo der Reeder geneigt ist, die Charter aufzuwerfen und die Miete für zwei Monate zu bezahlen, um das Schiff mit größerem Nutzen anderweitig zu verwenden.

Zu Bemerkung 7 (Cancelling date). Die Vereinbarung des Cancelling date ist Sache der Parteien.

Weitere Bemerkungen

1. Havariegrosse

a) Vergütungsberechtigung der Miete. Nach § 715 HGB hat der Verfrachter einen Anspruch auf Vergütung der Fracht, die ihm durch Aufopferung von Gütern entgangen ist. Durch die Aufopferung von Gütern wird aber die Miete nicht berührt. Der Vermieter kann daher nicht vergütungsberechtigt sein. Außerdem kommt nach der herrschenden Meinung (Mittelstein, § 715 Anm. 4) in dem analogen Fall der Unterverfrachtung nur die Konnossementsfracht und nicht die Charterfracht in Betracht.

Nach Sachlage könnte man höchstens daran denken, dem Vermieter einen Vergütungsanspruch für den Fall zu geben, dass der Kapitän vorsätzlich zur Rettung von Schiff und Ladung Beschädigungen am Schiff herbeiführt, die nach § 9 des Entwurfs den Wegfall der Miete veranlassen. Der Fall dürfte aber so selten sein, dass er einer besonderen Regelung nicht bedarf. Auch würde ja der Mietanspruch des Vermieters mit dem Frachtanspruch des Mieters zusammentreffen.

b) Beitragspflicht der Miete. Im Falle der Unterverfrachtung ist nach der herrschenden Meinung (Mittelstein, § 721 HGB Anm. 2) nur derjenige beitragspflichtig, für den die Konnossementsfracht gerettet ist, während die Charterfracht außer Betracht bleibt. Mittelstein fügt hinzu, dass das Havereiopfer zwar beiden Frachten zugute komme, aber eine doppelte Belastung der Fracht unbillig wäre. Dementsprechend kann auch das Mietegeld nicht beitragspflichtig sein.

c) Nach § 731 HGB darf der Schiffer Güter, auf denen Havereibeiträge haften, vor der Berichtigung oder Sicherstellung der letzteren (§ 615) nicht ausliefern, widrigenfalls er für die Beiträge persönlich verantwortlich wird. Hat der Reeder die Handlungsweise des Schiffers angeordnet, so haftet er ebenfalls. Es fragt sich, ob es sich empfiehlt, darüber hinaus auch dem Zeitcharterer aufzuerlegen, für Sicherstellung der Havereibeiträge der Ladung zu sorgen.

Die Aufmachung der Dispache und die Abwicklung der Havariegrosse ist Sache des Reeders und nicht des Charterers und muss es bleiben.

2. Haftung der Miete für Ansprüche Dritter.

Nach § 486 HGB haftet der Reeder für den Anspruch eines Dritten unter Umständen nur mit Schiff und Fracht. Nach § 756 steht den Schiffsgläubigern ein gesetzliches Pfandrecht an der Bruttofracht derjenigen Reise zu, auf der die Forderung entstanden ist. Der Fracht stehen die Überfahrtsgelder gleich. Nach dem Wortlaut des HGB gehört also das Zeitchartergeld (= Miete) nicht zum Schiffsvermögen. Das erscheint aber sachlich nicht berechtigt. Es ergibt sich folgendes eigenartiges Bild: Wenn der Reeder sein Schiff ohne Besatzung vermietet, so haftet der Ausrüster Dritten mit Schiff und Fracht. Wenn der Reeder eine Reisecharter schließt, haftet er selbst mit Schiff und Fracht. Wird eine Zeitcharter geschlossen, haftet der Reeder nur mit dem Schiff. Es ist aber kein Grund ersichtlich, warum in diesem Falle der Reeder besser und der Gläubiger schlechter stehen soll. Es empfiehlt sich deshalb, hinsichtlich der Haftung das Zeitchartergeld der Fracht und den Überfahrtsgeldern gleichzustellen. Dabei ist zu überlegen, ob ausdrücklich bestimmt werden muss, dass die Miete, die auf die fragliche Reise entfällt, im Verhältnis zu der in Anspruch genommenen Zeit zu berechnen ist. Der Begriff „Reise" ergibt sich aus § 757 HGB.

Eine gesetzliche Regelung im obigen Sinne hat aber nur solange Bedeutung, als die Konvention über die Reederhaftung nicht gilt („Internationales Übereinkommen zur einheitlichen Feststellung einzelner Regeln über die Beschränkung der Haftung der Eigentümer von Seeschiffen"). Diese bestimmt nämlich in Art. 4: „Unter Fracht im Sinne des Art. 1 einschließlich der Überfahrtgelder, ist eine für Schiffe jeder Art und für alle Fälle berechnete Durchschnittssumme von 10 v.H. des Wertes des Schiffs zu Beginn der Reise zu verstehen. Dieser Betrag wird auch dann geschuldet, wenn das Schiff keine Fracht verdient hat." Danach haftet der Reeder auch dann mit einer mit 10 v.H. des Schiffswertes festgesetzten Frachtsumme, wenn er das Schiff in Zeitcharter gegeben hat.

3. Zeitfrachtvertrag.

Die Mehrheit des UA ist der Meinung, dass Zeitcharterverträge, die rechtlich Frachtverträge und nicht Mietverträge sind, überhaupt nicht vorkommen und deshalb einer gesetzlichen Regelung nicht bedürfen. Sollte diese trotzdem erwünscht erscheinen, weil Zeit*fracht*verträge immerhin denkbar sind, so könnte die Regelung sehr einfach in der Weise geschehen, dass in einem einzigen Paragraphen im Abschnitt „Frachtgeschäfte" angeordnet wird, dass einzelne Bestimmungen über die Zeitcharter auch für Zeitfrachtverträge gelten sollen.

Im Übrigen wird auf die Erwägungen in den Bemerkungen zu Anlage A verwiesen, die hier nicht wiederholt werden sollen.

Anlage C:

Skizze eines Gesetzentwurfs betr. „Zeitcharter" – Abschnitt V a des fünften Buches, (Seehandel) des HGB

Zeitcharter. § 1 (Begriffsbestimmung und Urkunde).

Wird ein Schiff mit der Bestimmung vermietet, dass der Mieter es zur Beförderung von Gütern oder Reisenden verwendet, dass aber der Vermieter den Kapitän und die übrige Besatzung anstellt, so kann jeder Teil die Errichtung einer schriftlichen Urkunde über den Vertrag verlangen.

§ 2 (Zustand des Schiffes).

Das Schiff ist dem Mieter in einem see- und ladungstüchtigen sowie zu dem vertragsmäßigen Gebrauch geeigneten Zustand zu überlassen. § 559 findet sinngemäß Anwendung.

Der Vermieter hat das Schiff während der Mietezeit in diesem Zustand zu erhalten.

Außerdem muss das Schiff bei Überlassung in ladefertigem Zustand sein.

§ 3 (Überlassung und Rückgabe des Schiffes).

Die Überlassung des Schiffes an den Mieter hat zu der vereinbarten Zeit in dem vereinbarten Hafen an dem vom Mieter angewiesenen Platz zu erfolgen. Sie darf ohne Zustimmung des Mieters nicht an einem Sonntag oder gesetzlichen Feiertag geschehen. Der Platz muss für das Schiff in jeder Beziehung geeignet, sofort erreichbar und frei sein. der Kapitän hat dem Mieter zuvor anzuzeigen, dass er zur Überlassung bereit ist.

Nach Beendigung des Mietverhältnisses ist der Mieter verpflichtet, das Schiff in einem vereinbarten Hafen zurückzugeben. Die Rückgabe des Schiffes darf ohne Zustimmung des Vermieters nicht an einem Sonntag oder gesetzlichen Feiertag erfolgen. Der Mieter hat dem Vermieter mindestens zehn Tage vorher schriftlich anzuzeigen, in welchem Hafen und ungefähr an welchem Tage das Schiff zurückgegeben werden soll.

Befindet sich das Schiff bei Ablauf der vorgesehenen Mietezeit auf einer Reise, so verlängert sich der Mietvertrag bis zur Beendigung der Reise, es sei denn, dass der Mieter wusste oder wissen musste, dass die Reise bei Ablauf der vorgesehenen Mietezeit nicht vollendet sein konnte.

§ 4 (Ladung).

Entzündliche, explosive und sonst gefährliche Güter sowie Kriegskontrebande sind von der Beförderung ausgeschlossen.

In den Fällen der §§ 563/564 c haftet neben dem Befrachter und Ablader der Mieter als Gesamtschuldner, wenn ihm ein Verschulden zur Last fällt.

§ 5 (Besatzung).

Der Vermieter hat während der Mietzeit auf seine Kosten den Kapitän und die übrige Besatzung anzustellen sowie die Deck- und Maschinenausrüstung und die Schiffsvorräte für die Besatzung zu beschaffen. Von der Besatzung geleistete Überstunden gehen, soweit eine gesonderte Bezahlung erfolgt, zulasten des Mieters.

Der Mieter besorgt das Laden und Löschen.

Der Kapitän hat die Anweisungen des Mieters insoweit zu befolgen, als sie sich auf die Verwendung des Schiffes, insbesondere die Bestimmung der Reisen und die Beförderung und Behandlung der Güter (§ 606) im Rahmen des Mietvertrages beziehen.

Wenn der Mieter mit dem Verhalten des Kapitäns oder eines Offiziers oder Maschinisten unzufrieden ist, so hat der Vermieter die Beschwerde zu untersuchen und das Mitglied der Besatzung zur Erfüllung seiner Pflicht anzuhalten, oder, wenn tunlich, ablösen zu lassen.

§ 6 (Leistungen des Mieters).

Der Mieter liefert auf seine Kosten den Betriebsstoff und das Kesselwasser. Er bezahlt ferner alle gewöhnlichen und ungewöhnlichen, durch die Verwendung des Schiffes entstehenden Kosten mit Ausnahme der sich aus § 5 Abs. 1 ergebenden.

Der Vermieter hat nur das gewöhnliche feste Ladegeschirr, der Mieter alles sonstige Geschirr und das zum Stauen und Trennen der Ladung sowie zum Festmachen von Decksladung erforderliche Material zu stellen. Alle zum Laden und Löschen nötigen Läufer, Trossen und Schlingen sind vom Mieter zu beschaffen.

§ 7 (Haftung).

Der Vermieter hat ein Verschulden der Schiffsbesatzung weder gegenüber dem Mieter noch den Ladungsbeteiligten und Reisenden zu vertreten. Diese können sich gegenüber dem Vermieter auch nicht auf § 485 berufen.

Von Schiffsgläubigerrechten, die auf Forderungen gegen den Mieter beruhen, hat der Mieter den Vermieter freizuhalten.

In den Konnossementen ist der Name des Mieters als Verfrachter anzugeben. Geschieht dies nicht, so ist der Mieter, auch wenn ihn kein Verschulden trifft, verpflichtet, den Vermieter von jedem daraus entstehenden Schaden freizuhalten.

§ 8 (Miete).

Ist die Miete nach Zeit bedungen, so läuft sie von dem Zeitpunkt der Überlassung des Schiffes an den Mieter bis zum Zeitpunkt der Rückgabe an den Vermieter.

Die Miete ist monatlich im Voraus zu entrichten. Ein Tag gilt als der dreißigste Teil eines Monats.

Der Mieter hat dem Kapitän auf sein Verlangen zugunsten des Vermieters die Geldbeträge vorzuschießen, die in den anzulaufenden Häfen für die gewöhnlichen Schiffsbedürfnisse erforderlich sind. Der Mieter kann die Beträge zuzüglich aller durch den Vorschuss entstandenen Kosten von der nächsten Mieterate abziehen.

Kommt der Mieter mit der Mietezahlung in Verzug, so kann der Vermieter vom Vertrage zurücktreten und überdies Schadensersatz verlangen.

§ 9 (Wegfall der Miete).

Tritt eine Verzögerung der Reise oder der Einnahme oder Löschung der Ladung von mehr als 24 laufenden Stunden ein, und zwar

1. durch einen Umstand, den der Vermieter zu vertreten hat, oder

2. durch Mängel des Schiffes, seiner Einrichtung, seiner Ausrüstung, seiner Bemannung oder seiner Vorräte,

so fällt die Verpflichtung zur Zahlung der Miete für die ganze Dauer der Verzögerung fort. Das gilt nicht, wenn die Mängel durch die Ladung verursacht sind.

Eine Verzögerung, die auf einer nicht vom Vermieter zu vertretenden Verfügung von hoher Hand beruht, geht zulasten des Mieters. Das Gleiche gilt für Verzögerungen und Kosten, die durch Quarantäne, Desinfektion, Ausräucherung, Giftlegen oder ähnliche Maßregeln verursacht werden.

Verringert sich die Geschwindigkeit des Schiffes durch Mängel des Schiffes, seiner Einrichtung, seiner Ausrüstung, seiner Bemannung oder seiner Vorräte, so tritt eine dem Zeitverlust entsprechende Ermäßigung der Miete ein. Auch hat der Vermieter alle Mehraufwendungen zu tragen.

Geht das Schiff verloren oder ist es nach §§ 862 und 863 als verschollen anzusehen, so läuft die Miete bis zu dem Zeitpunkt des Verlusts oder dem Zeitpunkt, bis zu dem die letzte Nachricht reicht. Besteht dringender Verdacht, dass das Schiff verlorengegangen ist, so gilt die Miete bis zum Ablauf der Verschollenheitsfrist als gestundet.

§ 10 (Berge- und Hilfslöhne).

Wenn das Schiff während der Mietezeit Bergungen oder Hilfeleistungen ausführt, so stehen die Berge- oder Hilfslöhne dem Vermieter und dem Mieter gemeinschaftlich zu.

Aus den Berge- oder Hilfslöhnen sind zunächst dem Vermieter und Mieter die ihnen durch die Bergung oder Rettung oder die Verfolgung der Lohnansprüche entstandenen Schäden und Kosten, insbesondere auch die Miete für die Zeit zu ersetzen, die durch die Bergung oder Rettung oder eine dadurch notwendig gewordene Wiederherstellung verlorengegangen ist. Sodann erhalten der Kapitän und die übrige Besatzung den ihnen gesetzlich zustehenden Anteil. Der Rest fällt dem Vermieter und dem Mieter zu gleichen Teilen zu.

§ 11 (Rücktritt).

Wenn der Staat, unter dessen Flagge das Schiff fährt oder dem der Vermieter oder Mieter angehört, an einem Krieg oder kriegsähnlichen Zustand teilnimmt und dadurch Gefahren für Schiff, Ladung oder Besatzung entstehen, so können der Vermieter und der Mieter jederzeit vom Vertrage zurücktreten, ohne zur Entschädigung verpflichtet zu sein. Bereits an Bord genommene Güter sind am Ladeplatz und, wenn die Reise angetreten ist, im nächsten sicheren Hafen zu löschen. Die Mietezeit endet mit der Beendigung der Entlöschung.

§ 12 (Überlassung des Schiffes).

Der Mieter ist mangels abweichender Vereinbarung ohne die Erlaubnis des Vermieters nicht berechtigt, das Schiff einem Dritten zu überlassen, insbesondere weiterzuvermieten.

§ 13 (Veräußerung des Schiffes).

Wird das vermietete Schiff nach der Überlassung an den Mieter von dem Vermieter an einen Dritten veräußert, so tritt der Erwerber anstelle des Vermieters in die sich während der Dauer seines Eigentums aus dem Mieteverhältnis ergebende Rechte und Verpflichtungen ein. Erfüllt der Erwerber die Verpflichtungen nicht, so haftet der Vermieter für den von dem Erwerber zu ersetzenden Schaden wie ein Bürge, der auf die Einrede der Vorausklage verzichtet hat.

38. Arbeitssitzung vom 23.6.1938 (16 bis 19.20 Uhr)

Anwesend:
Vorsitzender: Senatspräsident beim Reichsgericht Dr. Lindenmaier, Leipzig
2. Schriftführer: Amtsgerichtsrat Dr. Bramslöw, Hamburg
Ehrenmitglied: Prof. Dr. Wüstendörfer, Hamburg
und als weitere ständige Mitglieder:
Rechtsanwalt Dr. Baur, Hamburg
Rechtsanwalt Dr. Bollmann, Hamburg
Direktor Brandt, Hamburg
Rechtsanwalt Dr. Dettmers, Bremen
Kapitän Klemp, Hamburg
Rechtsanwalt Dr. Schulze-Smidt, Bremen
vom Reichsjustizministerium:
Ministerialrat Krieger, Berlin
Amtsgerichtsrat Dr. Gramm, Berlin
als Gast:
Oberregierungsrat Dr. Schrader, Hamburg
als Sachverständiger:
Dr. Dücker, Hamburg

als Protokollführer:
Dozent Dr. Möller, Hamburg
für das Stenogramm:
Assessorin Krüger, Wandsbek
entschuldigt fehlten:
Dr. Droege, Hamburg
Ministerialrat Fessler, Berlin
Rechtsanwalt Heyen, Hamburg
Rechtsanwalt Hillemann, Hamburg
Ministerialrat Koffka, Berlin
Kapitän Dr. Kuhl, Hamburg
OLG-Rat Dr. Reinbeck, Hamburg
Dr. Riensberg, Hamburg
Dr. Schütte, Hamburg
OLG-Rat Dr. Segelken, Hamburg
Direktor Sturm, Hamburg

Der *Vorsitzende* eröffnete die Sitzung und machte Mitteilung von dem Eingang eines Schreibens des Mitgliedes Dr. Riensberg vom 8. Juni 1938 nebst Anlage, welches die Frage betrifft, ob nach englischem Recht neben der Mietcharter auch der Reeder den Ladungsbeteiligten haftet. Das Schreiben vom 8. Juni 1938 nebst Anlage ist als Anlage 1 beigefügt.

Prof. Dr. Wüstendörfer nahm kurz zu dem angeschnittenen Problem Stellung. Die eingegangenen Äußerung könnten nur als eine Bestätigung, nicht als eine Widerlegung der Ansicht gewertet werden, dass auch nach englischem Recht der Reeder im Falle der Mietcharter neben dem Verfrachter gegenüber den Ladungsbeteiligten hafte. Die „liability in tort", welche hier den Reeder treffe, gehe ziemlich weit.

Der *Vorsitzende* begrüßte die durch Dr. Riensbergs Schreiben erfolgte weitere Vertiefung des Problems, äußerte aber die Ansicht, dass es nicht zweckmäßig sei, noch einmal in die Aussprache über die strittige Frage, die nunmehr der Entscheidung durch die gesetzgebende Gewalt bedürfe, einzutreten, und bat Rechtsanwalt Dr. Bollmann, mit seinem Referat über das *Frachtgeschäft zur Beförderung von Gütern* zu beginnen. Dabei brachte er dem Referenten sowie dem Korreferenten Offen, der leider am Erscheinen verhindert sei, den Dank für die Vorbereitung der Sitzung zum Ausdruck. Rechtsanwalt Dr. Bollmann habe sich durch sein außerordentlich umfangreiches und sorgfältiges Referat große Verdienste um die Arbeit des Ausschusses erworben. Das Referat und das Korreferat sind als Anlagen 1 und 2 beigefügt.

Rechtsanwalt *Dr. Bollmann,* der im Einzelnen sein Referat als bekannt voraussetzen konnte und bei den in Betracht kommenden Punkten auch auf das Korreferat von Offen einging, sprach zunächst über den *Leitsatz 1* (Anlage 3). Ergänzend bemerkte er, in der Zwischenzeit habe er eine Übersetzung des schwedischen Gesetzes vom 5. Juni 1936 anfertigen lassen, aus der sich ergebe, dass sich dem schwedischen Recht nur wenige Anregungen entnehmen ließen.

Prof. Dr. Wüstendörfer brachte zum Ausdruck, dass er das tiefschürfende umfangreiche Referat mit großer Freude gelesen und durchdacht habe.

Zu dem schwedischen Gesetz vom 5. Juni 1936 sei auch die amtliche Begründung zu einem Entwurf aus dem gleichen Jahre 1936 bedeutsam. Mit dem schwedischen Gesetz stimmten das dänische Gesetz vom 7. Mai 1937 und das norwegische Gesetz vom 4. Februar 1938 im Wesentlichen überein. Die drei nordischen Gesetze seien in den amtlichen Gesetzblättern abgedruckt, aber bisher in keinem der drei Länder in Kraft getreten. Anscheinend warte man in den skandinavischen Staaten darauf, dass Deutschland mit der Inkraftsetzung des neuen Seefrachtrechtes, also der Haager Regeln, vorangehe.

Für die Erneuerung der Vorschriften über das Frachtgeschäft seien auch die Arbeiten des Comité Maritime International bedeutsam, die im Jahre 1913 zu einem – übrigens nicht sehr umfangreichen – Entwurf eines Code international de l'affretement geführt hätten. (Comité Maritime International, Conference de Copenhague, Bulletin Nr. 39, Antwerpen 1913, S. 107-120). Seinerzeit habe auch der Deutsche Verein für Internationales Seerecht hieran mitgearbeitet. Nach dem Weltkriege seien die Arbeiten zwar wiederaufgenommen, aber 1924 gescheitert, weil man davon ausgegngen sei, dass das Seefrachtrecht weitgehend auf den allgemein-schuldrechtlichen Normen beruhe und dass eine Übereinstimmung besonders zwischen dem englischen und dem kontinentalen Schuldrecht sich nicht erzielen lasse.

Was den Leitsatz 1 angehe, so sei die vorgeschlagene Dreiteilung in einen Allgemeinen Teil, einen Abschnitt Frachtcharter und einen Abschnitt Stückgutvertrag und feste Linien zu begrüßen. Wenn in Skandinavien Vorschriften für den Stückgutvertrag nicht in gleichem Umfange vorgesehen seien, so spreche dies nicht gegen die Richtigkeit des Vorschlages von Rechtsanwalt Dr. Bollmann, denn namentlich Norwegen sei das klassische Land der Trampschifffahrt, während in Deutschland die Linienfahrt bei weitem überwiegende Bedeutung besitze. Die Verhältnisse lägen also in Deutschland ähnlich wie in Holland, dessen Gesetz immer noch als das beste moderne Seerecht angesehen werden könne, obwohl es zuweilen übergründlich sei.

Ministerialrat *Krieger* trat der Vermutung entgegen, dass die skandinavischen Länder eine Inkraftsetzung der Haager Regeln für Deutschland abwarten wollten, bevor sie ihrerseits ihre neuen Seerechtsvorschriften in Kraft treten ließen. Das Reichsjustizministerium verfolge die skandinavische Seerechtsgesetzgebung mit Aufmerksamkeit. Aus den Gesandtschaftsberichten der letzten Tage gehe hervor, dass Schweden, Norwegen und Dänemark nur die finnische Seerechtsgesetzgebung abwarten wollten. Das finnische Gesetz, dessen Entwurf den Gesetzen der übrigen skandinavischen Länder entspreche, sei noch nicht fertig, werde aber vermutlich spätestens im Oktober 1938 verabschiedet werden; man rechne mit einer en-bloc-Annahme. So könnten etwa im Mai 1939 überall die Haager Regeln in Kraft gesetzt werden. Vorher müsse wegen der Ratifikationsfrage auch noch mit Italien in Verbindung getreten werden.

Zum schwedischen Gesetz teilte Ministerialrat Krieger mit, dass das Reichsjustizministerium seinerseits eine Übersetzung habe anfertigen lassen, es werde sich empfehlen, diese Übersetzung mit der von Rechtsanwalt Dr. Bollmann beschafften zu vergleichen.

Zu dem Leitsatz 1 sei zu bemerken, dass es wegen der größeren Lebensbedeutung des Stückgutvertrages wohl ratsam erscheine, nach dem Allgemeinen Teil zunächst den Abschnitt Stückgutvertrag und feste Linien und dann erst den Abschnitt Frachtcharter zu bringen.

Der *Vorsitzende* meinte, diese Frage sei wohl nicht von grundlegender Bedeutung. Mit Rücksicht auf die vorgeschlagene Regelung des sogenannten wilden Stückgutverkehrs, in der z.T. auf die vorgesehene Regelung der Frachtcharter zurückgegriffen werden solle, erscheine ihm aber die in Leitsatz 1 vorgeschlagene Gliederung zweckmäßiger.

Direktor *Brandt* wies darauf hin, dass die skandinavischen Länder jeweils zwei Gesetze ausgearbeitet hätten, deren eines für die Binnenfahrt bestimmt sei, während das andere den internationalen Verkehr betreffe. Es müsse noch geprüft werden, ob tatsächlich in den für den internationalen Verkehr bestimmten Gesetzen die Haager Regeln genau übernommen würden. Nach seinen Informationen sei dies aber zutreffend.

Ministerialrat *Krieger* betonte demgegenüber, dass das schwedische Gesetz in einigen nicht unerheblichen Punkten doch von den Haager Regeln abweiche.

Prof. Dr. Wüstendörfer wies hierzu darauf hin, dass er zwar nicht das schwedische, wohl aber das dänische und norwegische Gesetz geprüft habe. Die für die einheimische Seefahrt vorgesehenen Gesetze seien zwar etwas freier stilisiert, aber die für den internationalen Seeverkehr vorgesehenen hielten sich, soviel ihm bekannt, streng an die Haager Regeln.

Zurückkommend auf die Frage der Gliederung des Besonderen Teiles, setzte sich auch Prof. Dr. Wüstendörfer für den Vorschlag des Leitsatzes 1 ein. Frachtcharter und Stückgutvertrag unterschieden sich dadurch, dass es sich bei der Frachtcharter um einen Individualvertrag, bei dem Stückgutvertrag der Linienreedereien dagegen um einen schablonisierten Massenvertrag handle. Es sei deshalb wohl besser, zunächst die Frachtcharter und dann den Stückgutvertrag zu regeln, zumal diese Reihenfolge auch dem geschichtlichen Entwicklungsgang entspreche.

Dieser Standpunkt fand allgemeine Zustimmung.

Rechtsanwalt *Dr. Bollmann* wandte sich dann dem *Leitsatz 2* zu (Anlage 3), indem er zugleich die Ausführungen des Korreferenten Offen (Anlage 4) berücksichtigte.

Der *Vorsitzende* stellte zunächst die Frage der Bezeichnung der verschiedenen Arten von Seefrachtverträgen zur Debatte. Indem er auf die Ergebnisse der früheren Beratungen hinwies, wandte er sich gegen den Vorschlag von Offen, der statt der Begriffe Miet- und Frachtcharter die Begriffe Zeit- und Reisecharter verwendet wissen wolle. Der Ausdruck Zeitcharter sei ungenau und schillernd, während der Begriff Mietcharter geeignet sei, nicht nur dogmatisch Klarheit zu schaffen, sondern auch praktische Schwierigkeiten aus dem Wege zu räumen. Der Mietcharter stehe die Frachtcharter eindeutig gegenüber.

Auch *Prof. Dr. Wüstendörfer* wandte sich gegen den Vorschlag des Korreferenten, der allein auf den technischen Gesichtspunkt abstelle, ob das Entgelt für die Zeit oder für die auszuführende Reise gezahlt werde. In erster Linie müsse aber der juristische Unterschied der beiden Vertragsarten herausgearbeitet werden; es könne durchaus vorkommen, dass es sich trotz Bemessung des Entgelts nach Maßgabe der auszuführenden Reise um eine Mietcharter handle. Im Übrigen führe der Begriff der Frachtcharter zwanglos zu dem entsprechenden Begriffe der Charterfracht.

Der *Vorsitzende* stimmte diesen Ausführungen bei unter Bezugnahme auf in früheren Sitzungen angeführte Beispiele.

Auch Rechtsanwalt *Dr. Dettmers* erklärte den Ausdruck Mietcharter für besonders glücklich. Dagegen habe er gegen das Wort Frachtcharter Bedenken, und zwar aus einem Grunde, den umgekehrt Prof. Dr. Wüstendörfer gerade für diese Wortprägung angeführt habe: Der Ausdruck Charterfracht werde nämlich in der Praxis nicht nur gebraucht, um die Gegenleistung des Befrachters bei der Frachtcharter zu bestimmen, sondern unter Charterfracht werde in der Praxis ganz allgemein das einem Vercharterer zufließende Entgelt verstanden, also auch die Schiffsmiete bei der Mietcharter. Deshalb empfehle es sich wohl, statt von Frachtcharter von Raumcharter zu sprechen, denn hier handle es sich stets um Frachtverträge über Räume, und zwar entweder das Schiff im Ganzen oder einen verhältnismäßigen Teil oder einen bestimmt bezeichneten Raum des Schiffes.

Der *Vorsitzende* bemerkte, diese Ausführungen hätten ihn nicht überzeugen können. Der Ausschuss habe es sich bei seinen Erörterungen zur Deuzeit-Charter zur Aufgabe gesetzt, die verworrenen Rechtsverhältnisse der Zeitcharter zu klären und in diesem Bestreben die Bezeichnung Mietcharter angenommen. Es sei zu hoffen, dass bei der Mietcharter die Bezeichnung des Entgelts als Charterfracht im Laufe der Zeit aufhören werde.

Prof. Dr. Wüstendörfer unterstrich diesen Gesichtspunkt mit dem Hinweis darauf, dass man bei Mietcharter in England das Entgelt vielfach auch „chartermoney" nenne, im Übrigen müsse er allerdings zugeben, dass der Begriff Raumfrachtvertrag an sich brauchbar sei und vielleicht auch prägnanter als der Ausdruck Frachtcharter; doch sei der sprachliche Parallelismus Mietcharter-Frachtcharter und ebenso Frachtcharter-Charterfracht nicht unerwünscht.

Auch Rechtsanwalt *Dr. Bollmann* setzte sich für den Ausdruck Frachtcharter ein. Auch er habe in seinem Referat in der vorigen Sitzung zunächst an den Begriff Raumcharter gedacht, habe dann aber die glückliche Anregung von Prof. Dr. Wüstendörfer bevorzugt.

Nachdem sich noch Rechtsanwalt *Dr. Baur* in gleicher Richtung geäußert hatte, stellte der *Vorsitzende* fest, dass Leitsatz 2 Abs. 1 Annahme gefunden habe.

Der *Vorsitzende* stellte dann die Anregung von Offen zur Debatte, jene Verträge im Seefrachtrecht zu behandeln, bei denen innerhalb einer geringen Zeit zu verschiffende Mengen von Ladung nur gattungsmäßig bestimmt seien.

Rechtsanwalt *Dr. Bollmann* bemerkte, er habe den Gattungsfrachtvertrag im Rahmen des Referates als Spezialfall nicht behandelt. In der Tat seien aber die Schwierigkeiten groß, die hier auftauchten, besonders hinsichtlich der Spezialisierung der Schiffe. Deshalb sei eine gesetzliche Regelung durchaus zu erwägen.

Der *Vorsitzende* sprach sich gegen eine gesetzliche Regelung aus. Solche Gattungsfrachtverträge ließen sich stets entweder dem Begriff der Frachtcharter oder des Stückgutvertrages unterordnen.

Prof. Dr. Wüstendörfer führte aus, bei den Erörterungen des Korreferats sei anscheinend zum Teil an jene Verträge gedacht, die man am besten als „Dauerfrachtverträge" bezeichne und mit den laufenden Versicherungsverträgen sowie mit Sukzessivlieferungsverträgen vergleichen könne. Außer dem von Rechtsanwalt Dr. Bollmann angeschnittenen Problem der Individualisierung der Schiffe handle es sich in der Praxis der Dauerfrachtverträge auch um die Frage, ob die Abladung aufgrund eines Dauerfrachtvertrages Gegenstand einer Schuldnerleistung des Befrachters sei, so dass bei Nichtabladung der Befrachter in Schuldnerverzug kommen könne, oder ob die Abladung sich nur als eine Gläubigerhandlung darstelle. Problematisch sei die Rechtslage auch, falls die im Dauerfrachtvertrag vorgesehene Verschiffungsperiode bereits zum größten Teil abgelaufen sei ohne bisherige entsprechende Abladungen: Könne hier der Befrachter im letzten Augenblick sämtliche Abladungen vornehmen?

Der Ausdruck Dauerfrachtvertrag sei übrigens dem Ausdruck Gattungsfrachtvertrag vorzuziehen. Das letztgenannte Wort sei deshalb unklar, weil es auch passe auf den Fall des Stückgutvertrages, dass die Schiffe der Linienreederei nur gattungsmäßig bestimmt seien (Dampfer-Substitutionsklausel), oder dass die Ladung zunächst nur gattungsmäßig angegeben werde (500 Sack Mais).

Eine gesetzliche Regelung des Dauerfrachtvertrages könne vermieden werden, falls die Praxis gute Formularverträge ausgebildet habe und ergänzungsweise das Bürgerliche Gesetzbuch zur Erzielung billiger Ergebnisse führe.

Den letztgenannten Gesichtspunkt hob auch der *Vorsitzende* hervor, der noch auf die Tatsache hinwies, dass die Rechtsprechung auch für den Sukzessivlieferungsvertrag angemessene Lösungen gefunden habe. Immerhin empfehle es sich, die Frage einer Regelung des Dauerfrachtvertrages im Auge zu behalten.

Prof. Dr. Wüstendörfer übernahm es, unter Berücksichtigung der in der Praxis vorhandenen Formulare und der aufgetretenen Zweifelsfragen das Problem der Regelungsbedürftigkeit des Dauerfrachtvertrages zu prüfen und gegebenenfalls darauf zurückzukommen.

Direktor *Brandt* sprach sich gegen allzu detaillierte Bestimmungen aus. Seiner Meinung nach komme auch die Frachtcharter allzu selten vor, sei auch durch das Formularrecht so weitgehend geregelt, dass eine gesetzliche Normierung unnötig sei.

Der Begriff der Teilraumcharter dürfe übrigens nicht überspannt werden. Wenn im Referat (Anlage 3) davon die Rede sei, dass es sich um einen Frachtvertrag über einzelne bestimmt bezeichnete Räume des Schiffes handle, sofern Sojabohnenöl in den auf Dampfern des Liniendienstes befindlichen Tanks befördert werde, so erscheine ihm diese Annahme bedenklich. Denn dass

Öl nur in Tanks befördert werden könne, sei selbstverständlich; welcher einzelne Tank in Betracht komme, werde aber im Frachtvertrage nicht bestimmt.

Auch der *Vorsitzende* betonte, dass ihm einige der von Rechtsanwalt Dr. Bollmann erwähnten Beispiele für Teilcharter auch abweichend aufgefasst werden könnte.

Rechtsanwalt *Dr. Dettmers,* der sich übrigens gleichfalls gegen die Regelungsbedürftigkeit des Dauerfrachtvertrages aussprach, vertrat den Standpunkt, dass bei der Frachtcharter der Raum des Schiffes nicht nur durch eine konkrete Ortsangabe bestimmt werden könne, z.B. durch die Angabe „Zwischendeck Luke 3", sondern beispielsweise auch durch die Angabe „55 tons Tankraum".

Sodann wandte sich die Aussprache im Anschluss an die Äußerungen von Direktor Brandt, dem Vorsitzenden und Rechtsanwalt Dr. Dettmers dem Begriffe und Wesen des Frachtchartervertrages und der Frage seines praktischen Vorkommens zu.

Rechtsanwalt *Dr. Bollmann* legte anhand von Beispielen dar, dass die Frachtcharter nicht nur als Vollcharter, sondern auch als Teilcharter, besonders auch im Liniendienst – etwa heimkommend von Ostasien – noch heute Bedeutung habe.

Prof. Dr. Wüstendörfer räumte ein, dass sich seit seinen vor 34 Jahren niedergeschriebenen Darlegungen in den „Studien zur modernen Entwicklung des Seefrachtvertrages" in der Tat die Verhältnisse geändert hätten. Kurz nach dem Kriege habe eine Hamburger Reederei, die nicht über ausreichenden Schiffsraum verfügt habe, eine norwegische Linienreederei veranlasst, regelmäßig mit ihren Dampfern Hamburg anzulaufen. Die Hamburger Reederei habe ein Drittel des jeweiligen Laderaums dieser Dampfer gechartert, um so Frachtverträge über Stückgütertransporte in den norwegischen Schiffen abschließen zu können. Heute spielten Teilcharterverträge besonders wohl dann eine Rolle, wenn mächtige Befrachtergruppen den Verfrachtern gegenüberstünden. Ein Teilchartervertrag über drei Achtel eines Schiffes bilde den Gegenstand einer Entscheidung des Hanseatischen Oberlandesgerichts (HansRGZ 1929 B S. 195-198 Nr. 81). Wenn so der Teilchartervertrag in der Praxis vorkomme, dürfe er nicht – wie es im holländischen Recht geschehe – im Gesetz übergangen werden.

Auch Kapitän *Klemp* berichtete, dass besonders auch im heimkehrenden Dienst der Südamerika-Fahrt häufig Teilcharterverträge abgeschlossen würden, etwa über 4000 tons Getreide, wobei es dem Ablader freistehe, die Getreideart zu bestimmen. Auch im chinesischen und brasilianischen Küstenverkehr spielten Teilcharterverträge eine große Rolle. Ausschlaggebend für den Abschluss eines Teilcharter- statt eines Stückgutvertrages sei häufig die Tatsache, dass die Beförderung nach Stückguttarif den Befrachtern zu kostspielig sei. Leer bleibender Schiffsraum werde dann im Wege von Teilcharterverträgen ausgefüllt, und so komme etwa Kleie von Rio nach Hamburg auf Charterpartie.

Rechtsanwalt *Dr. Baur* warf die Frage auf, wann denn eine Teilcharter, wann ein Stückgutvertrag anzunehmen sei. Die Tatsache, ob ein Konnossement oder eine Charterpartie ausgestellt werde, könne für die juristische Beurteilung nicht maßgebend sein. Zweifellos liege ein Teilchartervertrag vor, falls ein bestimmter Schiffsraum oder ein bestimmter Bruchteil des Schiffes zur Verfügung gestellt werde. Nicht zweifelsfrei sei es aber, ob dann, wenn etwa 4000 tons Getreide verladen würden, hierin ohne weiteres eine Teilcharter gesehen werden könne über einen Raum, der diese 4000 tons fasse. Da andererseits anerkanntermaßen auch ein Stückgutvertrag über loses Getreide geschlossen werden könne, sei ein klarer rechtlicher Unterschied zwischen einem Teilchartervertrag und einem Stückgutvertrag nicht ohne weiteres ersichtlich.

Ministerialrat *Krieger* stimmte den Ausführungen von Rechtsanwalt Dr. Baur zu und betonte auch seinerseits, dass die Abgrenzung zwischen Teilcharter- und Stückgutvertrag schwierig sei.

Rechtsanwalt *Dr. Kleemann* berichtete, er habe als Schiffsmakler oft Verträge über Ersatzladungen von Spanien derart abgeschlossen, dass eine bestimmte Menge von Erz bezeichnet sei. Er vertrete den Standpunkt, dass es sich hier um Teilcharterverträge gehandelt habe, zumal sich der Reeder vorbehalten habe, den Rest des ihm zur Verfügung stehenden Raums mit Stückgut zu füllen.

Dr. Dücker erinnerte gleichfalls daran, es komme in der Praxis häufig vor, dass die Linienreedereien den Hauptteil des Schiffes vercharterten und im Übrigen Stückgut verlüden. Hier handle es sich um die sogenannten parcels in der Linienfahrt.

Der *Vorsitzende* regte an, die Frage der Abgrenzung von Teilcharter- und Stückgutvertrag erst vorzunehmen, wenn die Rechtsfolgen feststünden, die an beide Rechtsfiguren anknüpfen. Bevor diese Rechtsfolgen ersichtlich seien, müsse es sich um rein theoretisch-dogmatische Untersuchungen handeln, die methodisch bedenklich seien.

Ministerialrat *Krieger* wies darauf hin, dass durch die Haager Regeln Bulkladungen [Schüttgut wie Kohle, Erz und Getreide] nicht erfasst würden. Es gelte festzustellen, ob diese Regelung deshalb gewählt sei, weil es sich hier um Teilcharterverträge handle – dann aber sei die Regelung überflüssig, da die Haager Regeln nur für Konnossemente Geltung beanspruchten.

Rechtsanwalt *Dr. Schulze-Smidt* äußerte die Ansicht, dass in der Praxis der bisherige § 556 HGB keine Schwierigkeiten habe entstehen lassen. Allerdings sei es richtig, dass auf die Art der ausgestellten Urkunden nicht entscheidend abgestellt werden könne.

Prof. Dr. Wüstendörfer betonte, dass ein Stückgutvertrag nicht nur mit Bezug auf Stückgüter im technischen Sinne des Wortes abgeschlossen werden könne, vielmehr könnten auch Massengüter auf Stückgutvertrag verladen werden. Der Versuch, die vielfältigen Erscheinungen des Lebens in Begriffschachteln zu pressen, sei immer bedenklich, denn es ließen sich Übergänge zwischen Teilcharterverträgen und Stückgutverträgen durchaus denken. Der Teil eines Schiffes, über den ein Teilchartervertrag abgeschlossen werde, könne nicht nur bruchteilsmäßig oder durch eine feste Ortsangabe bestimmt werden, sondern auch mittelbar dadurch, dass etwa bei einem Schiff von 12.000 tons Tragfähigkeit ein Frachtvertrag hinsichtlich 4000 tons Ladegut abgeschlossen werde. Eine derartige mittelbare Bestimmung des Schiffsraums (ein Drittel) müsse ausreichen. Die Auswahl des konkreten Laderaums bleibe dann der Schiffsleitung überlassen. Aber das sei auch bei der Vercharterung von „1/3 des Laderaums" nicht anders.

Im Anschluss an diese Ausführungen wandte sich Direktor *Brandt* überhaupt gegen die Verwendung des Begriffs Stückgutvertrag, da auch Schüttgut Gegenstand dieses Vertrages sein könne. Im Übrigen komme es auf die Abgrenzung zwischen Stückgutvertrag und Teilcharter für den Gesetzgeber nicht entscheidend an, weil es ausreiche, wenn neben dem Stückgutvertrag nur der Vollchartervertrag gesetzlich geregelt werde. Das Gesetz könne nicht alle Einzelfragen behandeln.

Rechtsanwalt *Dr. Bollmann* bemerkte, die Schwierigkeiten der Abgrenzung von Stückgut- und Teilchartervertrag hätten darin ihren Grund, dass sich der Frachtvertrag bei der Frachtcharter auf das Schiff als das Mittel, beim Stückgutvertrag dagegen auf das Gut als den Gegenstand der Beförderung beziehe (so Pappenheim; vgl. Anlage 3). Bei dem Versuch einer Grenzziehung müsse davon ausgegangen werden, dass der Stückgutvertrag ein schablonisierter Massenvertrag sei, während bei der Frachtcharter individuelle Bestimmungen getroffen werden können.

Der *Vorsitzende* empfahl, die nähere Abgrenzung der Praxis zu überlassen. Für das geltende Recht ergebe sich die Bedeutung der Unterscheidung zwischen Teilcharter- und Stückgutvertrag aus § 587 HGB.

Rechtsanwalt *Dr. Bollmann* verwies zu dieser Vorschrift auf seine Darlegungen bei dem Leitsatz 24 (Anlage 3). Dort werde empfohlen, § 587 HGB weitgehend zu beseitigen.

Rechtsanwalt *Dr. Schulze-Smidt* warf die Frage auf, ob es bei dieser Sachlage wirklich notwendig sei, dass der Gesetzgeber sich mit der Teilcharter befasse.

Ministerialrat *Krieger* entgegnete, dass der jetzige § 556 HGB bestehen bleiben müsse und dass man deshalb eine klare Abgrenzung des Stückgutvertrages von der Frachtcharter vorzunehmen habe.

Rechtsanwalt *Dr. Baur* bemerkte hierzu, dass die Tatsache der Ausstellung einer Chartepartie zwar nicht unbedingt entscheidend sei, wohl aber ein Indiz dafür abgebe, dass eine Frachtcharter und kein Stückgutvertrag vorliege.

Der *Vorsitzende* und *Prof. Dr. Wüstendörfer* äußerten sich zustimmend. Das Gesetz dürfe keine überspitzten Unterscheidungen bringen. Letzten Endes müsse, wie von Rechtsanwalt Dr. Bollmann mit Recht hervorgehoben, entscheidend sein, ob es sich nach dem Willen der Parteien um einen Individual- oder um einen Massenvertrag handle.

Nach Ansicht von Ministerialrat Krieger kann es aber auch Stückgutverträge geben, die als Individualverträge abgeschlossen seien, etwa bei der Beförderung eines Tieres oder einer Lokomotive.

Nachdem der *Vorsitzende* festgestellt hatte, dass eine gesetzliche Abgrenzung des Stückgut- und Teilchartervertrages sich erübrige, bat er den Referenten, *Leitsatz 3* vorzutragen.

Rechtsanwalt *Dr. Bollmann* äußerte sich sodann zu Leitsatz 3 (Anlage B).

In der Aussprache wurde aufgrund einer Anfrage von Direktor Brandt zunächst klargestellt, dass die in Leitsatz 3 vorgeschlagene Bestimmung nicht alle unvorhergesehenen Ereignisse erfassen solle, die bewirkten, dass das Schiff den Lade- oder Löschhafen nicht erreichen könne, sondern die politischen Gefahren sollten im Zusammenhang mit den §§ 629 ff. HGB behandelt werden.

Der *Vorsitzende* regte zu *Leitsatz 3* an, den Schlusssatz: „es sei denn, dass die Behinderung nur vorübergehend ist …“ (usw.) allgemeiner zu fassen. Durch die Anführung einzelner Beispiele könne ein Richter veranlasst werden, die Rechtsnorm allzu vorsichtig anzuwenden und ihr einen allzu engen Sinn zu verleihen. Die vorgesehenen Ausnahmen beruhten doch sämtlich auf dem Gedanken des § 242 BGB. Es sei unmöglich, alle Fälle zu erfassen, in denen es dem Reeder zugemutet werden könne, nicht sogleich den nächst erreichbaren geeigneten Hafen aufzusuchen.

Prof. Dr. Wüstendörfer bemerkte, dass die in Leitsatz 3 vorgeschlagene Bestimmung eine Art consolidation act darstellen werde, nämlich einen gesetzlichen Niederschlag des Klauselrechts, das sich im freien Spiel der Kräfte allmählich zur Klausel: „or so near as she may safely get“ entwickelt habe.

Im Übrigen stimme er dem Vorsitzenden zu, wenn dieser eine allgemeinere Fassung vorschlage. Vielleicht empfehle es sich aber, statt einer negativen eine positive Formulierung zu wählen, ähnlich, wie sie der italienische Entwurf in Art. 255 vorsehe. Es müsse also dem Verfrachter das Recht und die Pflicht zugesprochen werden, für die Interessen des Schiffes und der Ladung in bestmöglicher Weise Sorge zu tragen.

In der negativen Formulierung des Leitsatzes 3 liege übrigens insofern ein gewisser Pleonasmus, als einmal von einer nur vorübergehenden Behinderung und andererseits von einem nur geringen Aufenthalt die Rede sei.

Zweckmäßig sei es auch, die Kostenfrage zu regeln.

Hinsichtlich der systematischen Stellung sei zu bemerken, dass der Leitsatz deshalb kaum in den allgemeinen Teil gehöre, weil die geplante Vorschrift nicht für den Stückgutverkehr passe.

Der *Vorsitzende* schloss sich besonders dem Vorschlage an, eine positive Fassung zu wählen. Der Kapitän müsse gleichsam als Geschäftsführer ohne Auftrag nach Möglichkeit die Interessen des Befrachters wahrnehmen. …

Rechtsanwalt *Dr. Schulze-Smidt* bemerkte, die negative Fassung lasse sich aufrechterhalten, wenn man etwa sage, der Verfrachter habe das Recht, zum Laden oder Löschen den nächst erreichbaren geeigneten Hafen aufzusuchen, „soweit die Umstände des Falles dies als geboten erscheinen lassen".

Rechtsanwalt *Dr. Bollmann* betonte, dass aber unbedingt die Frage der Kostentragung bei einer Leichterung geregelt werden müsse.

Nachdem man sich darüber einig geworden war, dass auf die konkrete Anweisung an den Kapitän, nötigenfalls einen anderen Hafen anzulaufen, nicht verzichtet werden könne, schlug *Prof. Dr. Wüstendörfer* vor, diese Anweisung mit einer Ergänzung etwa so zu formulieren: Der Verfrachter könne den nächst erreichbaren geeigneten Hafen anlaufen und dort auf Kosten des Befrachters löschen oder er könne in anderer Weise für das Beste von Schiff und Ladung sorgen.

Ministerialrat *Krieger* bemerkte, es müsse klargestellt werden, ob es sich um ein Recht oder um eine Pflicht des Kapitäns oder Verfrachters handle. Leitsatz 3 spreche von einer Einräumung eines Rechtes für den Verfrachter, während der italienische Entwurf dem Kapitän eine Pflicht auferlege.

Der *Vorsitzende* bemerkte hierzu, dass man dem Kapitän das Recht zubilligen müsse, einen anderen Hafen aufzusuchen usw. – insoweit schloss er sich der von Prof. Dr. Wüstendörfer vorgeschlagenen Formulierung an –, aber dieses Recht dürfe nur in einer Weise ausgeübt werden, die den Interessen des Befrachters nicht entgegenstehe.

Der Ausschuss sei sich nunmehr einig über den gedanklichen Inhalt der vorgesehenen Bestimmung. Es sei nur noch die Aufgabe zu lösen, den Rechtsgedanken gut zu formulieren (Recht des Kapitäns, anderen Hafen anzulaufen; Berücksichtigung der Verladeinteressen; Tragung der Leichterkosten seitens des Befrachters). Das sei zunächst nicht Aufgabe des Ausschusses.

Direktor *Brandt* wies darauf hin, dass durch das Anlaufen des nächsten Hafens erhöhte Kosten entstünden.

Der *Vorsitzende* bemerkte dazu, dass wohl alle Mehraufwendungen von dem Befrachter getragen werden müssten.

Amtsgerichtsrat *Dr. Bramslöw* meinte, nach alledem könne man Art. 255 des italienischen Entwurfs übernehmen.

Rechtsanwalt *Dr. Schulze-Smidt* wies hin auf die §§ 535 ff. HGB.

Prof. Dr. Wüstendörfer bemerkte dazu, dass in § 535 ff. HGB nur von dem Pflichtenkreis des Kapitäns die Rede sei, jedoch könne die neue frachtrechtliche Vorschrift sich an die dort gewählte Rechtsfassung anlehnen.

Rechtsanwalt *Dr. Bollmann* ging dann über zu *Leitsatz 4* (Anlage B).

Kapitän *Klemp* schlug zu diesem Leitsatz vor, stets statt des Wortes „Schiffer" den Ausdruck „Kapitän" zu wählen.

Demgegenüber bemerkte der *Vorsitzende,* dass diese Anregung zwar grundsätzlich der Meinung des Ausschusses, wie sie in früheren Sitzungen geäußert sei, entspreche. In den bei Leitsatz 4 zur Rede stehenden §§ 560, 592 HGB müsse es jedoch aus den von Rechtsanwalt Dr. Bollmann angeführten Gründen statt „Schiffer" („Kapitän") richtiger „Verfrachter" heißen.

Ministerialrat *Krieger* empfahl, den letzten Absatz der im Referat vorgeschlagenen vereinfachten Fassung zu streichen.

Rechtsanwalt *Dr. Bollmann* führte dazu aus, man müsse beim Stückgutvertrag zwischen den Transporten mit festen Linien und mit Außenseiten unterscheiden. Die festen Linien besäßen normalerweise ganz bestimmte Lösch- und Ladeplätze. Den Außenseitern dagegen müsse auferlegt werden, nicht an einem willkürlich gewählten Lade- oder Löschplatz anzulegen, sondern an einem ortsüblichen Platze.

Ministerialrat *Krieger* meinte, dass sich dies schon aus § 242 BGB herleiten lasse.

Der *Vorsitzende* bemerkte dazu, dass dann, wenn die Interessen eines einzelnen Verladers stark im Vordergrunde stünden, die Anwendung des § 242 BGB zu Zweifelsfragen führen könne.

Direktor *Brandt* meinte, das Recht des Verfrachters, das Schiff an den ortsüblichen Lade- oder Löschplatz zu legen, komme nur in Betracht, wenn die mehreren Beteiligten sich nicht einigten.

Rechtsanwalt *Dr. Bollmann* wies darauf hin, dass selbstverständlich stets ein bestimmter Lade- oder Löschplatz vereinbart werden könne. Das heutige Recht sehe in § 560 HGB darüber hinaus stets ein Anweisungsrecht sämtlicher Befrachter vor. Praktisch komme aber im Stückgutverkehr eine Einigung sämtlicher Beteiligten, die oft gar nichts voneinander wüssten, nur selten in Betracht. Der heutige Verkehr sei auch nicht mehr so gemächlich, dass man abwarten könne, ob eine Anweisung erfolge.

Der *Vorsitzende* bemerkte, dass diese Gesichtspunkte ihn überzeugten. Die in Leitsatz 4 vorgeschlagene klare Regelung verdiene den Vorzug.

Ministerialrat *Krieger* stellte die Frage, ob auch dann nur ein einziger Lade- oder Löschplatz in Frage komme, falls ganz verschiedenartige Ladungsgüter mit demselben Schiff verschifft würden.

Darauf antwortete Rechtsanwalt *Dr. Dettmers,* dass ein Verfrachter, der beispielsweise zugleich Erz und Öl lade, selbstverständlich das Schiff vom Erzladeplatz zum Ölladeplatz auf seine Kosten fahren lassen müsse.

Dr. Dücker wies noch darauf hin, dass durch die Maßnahmen der Hafenverwaltung die Frage des Lade- und Löschplatzes beeinflusst werden könne. Im Übrigen stimmte er Rechtsanwalt Dr. Dettmers bezüglich der Kostentragung bei Verladung völlig verschiedener Ladungsgüter zu.

Zusammenfassend stellte der *Vorsitzende* fest, dass der Ausschuss sich überwiegend für die in Leitsatz 4 vorgeschlagene Fassung einsetze.

Nach Schluss der Sitzung fand ein kameradschaftliches Beisammensein statt.

Anlage 1:

Schreiben von Heinrich Riensberg vom 8.6.1938 an Dr. Lindenmaier

Sehr geehrter Herr Senatspräsident, in der letzten Sitzung des Seerechtsausschusses bestand Meinungsverschiedenheit darüber, ob nach englischem Recht Zeitvercharterer und Zeitcharterer gesamtschuldnerisch den Ladungsinteressenten gegenüber haften oder nicht.

Ich habe in dieser Angelegenheit korrespondiert mit Mr. Poulter, dem maßgebenden Herrn der bekannten Londoner Schiffsmaklerfirma Brown, Jenkinson & Co. Ltd. Dieser hat sich an die Solicitors William A. Crump & Son, London, gewandt. Kopie eines Briefes dieser Herren an Mr. Poulter vom 2. ds. Mts. gestatte ich mir, Ihnen anliegend zu übersenden.

Die Frage, die ich gestellt hatte, ging dahin, ob unter einem Zeitcharterverhältnis der verchartemde Reeder neben dem Charterer haftet, wenn das Konnossement im Namen des Charterers ausgestellt ist. Wie aus dem Brief der bekannten englischen Solicitors hervorgeht, haftet der Charterer allein aus Vertrag und der verchartemde Reeder nicht, wie in Deutschland, mit Schiff und Fracht. Der verchartemde Reeder kann nur in Anspruch genommen werden nach den Grundsätzen des Rechtes der unerlaubten Handlungen, wobei alle Möglichkeiten der Exkulpation in Frage kommen. Da ein Anspruch gegen den Zeitcharterer unter der Carriage of Goods by Sea Act unter solchen Umständen natürlich weit mehr Aussicht auf Erfolg verspricht als ein Anspruch gegen den Schiffseigner aus unerlaubter Handlung und da ferner, wie die Herren William A. Crump & Son hervorheben, eine Forderung nur entweder gegen den Charterer oder den Vercharterer geltend gemacht werden kann, kommt in der Praxis eine Haftbarkeit des verchartemden Reeders kaum in Frage. Ich wiederhole noch einmal, dass es eine dingliche Haftung des vercharternden Reeders nicht gibt.

Würde man der Auffassung von Herrn Prof. Wüstendörfer und mehreren anderen Herren des Seerechtsausschusses folgen und die in der Gesetzesskizze von Herrn Dr. Baur vorgesehene Bestimmung, dass sich die Ladungsbeteiligten gegenüber dem Reeder nicht auf § 485 HGB berufen dürfen, streichen, so würde also eine gegenüber dem englischen Recht erheblich verschärfte Haftung des Reeders gegeben sein. Ich möchte dabei hervorheben, dass der § 485 eine im Wesentlichen für den Reeder unabdingbare Haftung, die für den Ladungsinteressenten noch dinglich gesichert ist, darstellt und es daher sehr nahe liegt, dass sich die Ladungsinteressenten an den Schiffseigner wenden würden.

Wie ich bereits in der letzten Sitzung des Seerechtsausschusses ausführte, vermag ich nicht einzusehen, weshalb die Ladungsinteressenten so schutzbedürftig seien, dass sie, wenn sie mit einem Zeitcharter kontrahieren, auch noch das Recht haben sollten, in jedem Falle den Schiffseigner in Anspruch zu nehmen. Exporteure, Importeure und die damit zusammenhängenden Wirtschaftskreise sind erfahren genug, um die Risiken zu übersehen, mit denen sie in ihren geschäftlichen Angelegenheiten zu tun haben.

Da ich morgen für drei Wochen verreise, werde ich leider an der nächsten Sitzung des Seerechtsausschusses nicht teilnehmen können und bitte Sie schon jetzt, mich zu entschuldigen.

Anlage 2:

Schreiben an E. Poulter (2.6.1938)

Time Charter

Dear Mr. Poulter, I am in receipt of your letter of yesterday's date with letter from Dr. Riensberg, which I return.

It is, I think, theoretically possible that a Shipowner and a Time Charterer could be jointly responsible on a Bill of Lading, but it would I think be necessary for the Bill of Lading to contain express words to this effect. This is so unlikely to occur in practice that it is hardly worth considering.

Except in such a case it is either the Shipowner or the Time Charterer who is reposible on the contract contained in the Bill of Lading.

There may, however, be a liability arising apart from contract. This is what in English law is called a liability in tort, which is based on the general rule that a person who has goods the property of another in his possession or under his control owes a duty to the owner not to damage these goods by his negligence.

The case does arise commonly that a Shipowner who has signed or by his agents signed a Bill of Lading is responsible in contract for the safe delivery of the goods and is also responsible in tort.

Where a Bill of Lading is signed on which the Time Charterer is responsible then the Shipowner's liability in tort still remains. The Time Charterer will be liable in contract on the Bill of Lading and the Shipowner will be liable in tort apart from any contract. On the other hand the cargo-owner cannot recover damages from both; he has to make up his mind against when he will proceed. ...

Anlage 3:

Das Frachtgeschäft zur Beförderung von Gütern. Leitsätze (Dr. Hans Bollmann)

Leitsatz 1: Der Aufbau der Bestimmungen des 4. Abschnitts des 4. Buches des Handelsgesetzbuches über das *„Frachtgeschäft zur Beförderung von Gütern"* [§§ 566-605] ist in folgender Weise durchzuführen:

1. In einem *„allgemeinen Teil"* sind zunächst sämtliche Bestimmungen zusammenzufassen, die für jede Art von Frachtvertrag gelten.

2. Hieran ist ein *„besonderer Teil"* anzuschließen, der zu gliedern ist in: a) einen Abschnitt *„Frachtcharter"*, der alle diese Vertragsart betreffenden Vorschriften enthält und b) einen Abschnitt *„Stückgutvertrag und feste Linien"*, dem alle Vorschriften einzuordnen sind, die dieses, für das Gesetz zum Teil neue Gebiet betreffen.

Leitsatz 2: Die Vorschrift des § 556 HGB mit der Einteilung der Seefrachtverträge in Frachtcharter und Stückgutverträge sowie der Frachtcharter wiederum in Frachtverträge über das Schiff im Ganzen oder einen verhältnismäßigen Teil oder einen bestimmt bezeichneten Raum des Schiffes ist beizubehalten.

Die zahlreichen der Teilcharter gewidmeten Bestimmungen des Gesetzes sind aber im neuen Recht möglichst zu vereinfachen.

§ 556 Z. 1 ist durch Einfügung der Begriffsbestimmung „Frachtcharter" zu ergänzen.

Im § 556 Z. 2 ist das Wort „Stückgüter" zu streichen und durch „Stückgutvertrag" zu ersetzen.

Leitsatz 3: Dem „allgemeinen Teil" des Seefrachtrechts ist eine neue Bestimmung einzufügen, die dem Verfrachter, wenn das Schiff den Lade- oder Löschhafen wegen dessen örtlicher Beschaffenheit nicht oder nicht ohne Gefährdung seiner Sicherheit erreichen kann, das Recht einräumt, zum Laden oder Löschen den nächst erreichbaren geeigneten Hafen aufzusuchen, es sei denn, dass die Behinderung nur vorübergehend ist und nur einen geringen Aufenthalt erfordert oder der Befrachter sich erbietet, die Kosten einer etwa möglichen Leichterung zu tragen.

Leitsatz 4: Die Bestimmungen der §§ 560 und 592 HGB gelten nicht mehr für jede Art von Frachtvertrag, sondern nur noch für die Frachtcharter. Sie sind deshalb aus dem „allgemeinen Teil" des Seefrachtrechts auszuscheiden und dem Abschnitt „Frachtcharter" einzufügen.

In den §§ 560 und 592 HGB sind die Worte „Schiffer" durch „Verfrachter", „Ladungsplatz" durch „Ladeplatz", „Löschungsplatz" durch „Löschplatz" zu ersetzen. Die Worte, die sich auf das Anweisungsrecht einer Mehrheit von Befrachtern und Empfängern beziehen, sind zu streichen.

Im Übrigen wird folgende vereinfachte Fassung vorgeschlagen: „Ist das Schiff im Ganzen verfrachtet, so hat der Verfrachter das Schiff zur Einnahme der Ladung an den ihm vom Befrachter angewiesenen Ladeplatz und zur Löschung der Ladung an den ihm von dem Empfänger angewiesenen Löschplatz hinzulegen.

Lade- und Löschplatz müssen für das Schiff in jeder Beziehung geeignet, sofort erreichbar und frei sein. Ist dies nicht der Fall, oder erfolgt die Anweisung nicht rechtzeitig, so hat der Verfrachter, wenn auf seine Aufforderung nicht unverzüglich ein geeigneter Lade- oder Löschplatz bezeichnet wird, an dem ortsüblichen Lade- oder Löschplatz anzulegen.

Ist das Schiff an mehrere Verfrachter oder die Ladung an mehrere Empfänger auszuliefern, so hat der Verfrachter das Schiff im Lade- oder Löschhafen an den ortsüblichen Lade- oder Löschplatz zu legen."

Leitsatz 5: Die Vorschriften der §§ 561 und 593 HGB sind aus dem „allgemeinen Teil" des Frachtvertrages auszuscheiden und dem Abschnitt „Frachtcharter" einzufügen.

Bei der Neufassung der §§ 561 und 593 HGB ist die Grenze in den Vordergrund zu stellen, bis zu welcher der Befrachter und der Verfrachter tätig zu werden haben.

Die §§ 561 und 593 HGB sind in einer gesetzlichen Vorschrift zusammenzufassen.

Leitsatz 6: Die Vorschrift des § 562 HGB ist zu streichen.

Leitsatz 7: § 565 HGB ist als eine auch heute noch für jede Art von Frachtvertrag geltende Vorschrift in den „allgemeinen Teil" des Frachtvertrages einzuordnen.

Bei der Neufassung des § 565 HGB ist nach dem Vorbild des § 44 BSchG die Umkehrung der Beweislast in den Vordergrund zu stellen und etwa Folgendes zu bestimmen:

„Ist die Beförderung mit einem bestimmten Schiff vereinbart, so ist der Verfrachter nicht befugt, die Güter ohne Erlaubnis des Befrachters und, wenn die Güter bereits vorher vom Verfrachter übernommen sind, ohne Zustimmung des Abladers in ein anderes Schiff zu verladen.

Nach vollzogener Abladung ist der Verfrachter, auch wenn die Beförderung mittels eines bestimmten Schiffes nicht vereinbart ist, ohne die Zustimmung des Abladers nicht befugt, die Güter in ein anderes Schiff umzuladen.

Ist ein Konnossement ausgestellt, so bedarf es beim Orderkonnossement der Zustimmung des legitimierten Inhabers sämtlicher Exemplare des Konnossements und beim Namenskonnossement der Zustimmung des im Konnossement bezeichneten Empfängers sowie der Zustimmung des Abladers.

Im Falle der Zuwiderhandlung haftet der Verfrachter für jeden Schaden, in Ansehung dessen er nicht beweist, dass derselbe auch dann entstanden und dem Berechtigten zur Last gefallen sein würde, wenn die Güter nicht in das andere Schiff verladen worden wären.

Auf Umladungen, die nach dem Antritt der Reise in Fällen der Not erfolgen, sowie auf die übliche Umladung in Leichter in Häfen findet die vorstehende Bestimmung keine Anwendung.

Leitsatz 8: Die Vorschrift des § 566 HGB ist in den „allgemeinen Teil" des Frachtrechts aufzunehmen.

Bei der Neufassung ist die Verladung an Deck von der *ausdrücklichen* Zustimmung des Abladers abhängig zu machen, soweit sie nicht behördlich vorgeschrieben sein sollte.

Die im § 566 HGB gebrauchten Worte „auf das Verdeck" sind durch die Worte „auf das ungeschützte Deck" zu ersetzen.

Die Worte „noch an die Seiten des Schiffes gehängt werden" sowie Abs. 2 sind zu streichen.

Leitsatz 9: § 591 HGB ist dem „allgemeinen Teil" des Frachtrechts einzugliedern.

Er ist dahin zu ergänzen, dass der Verfrachter nicht verpflichtet ist, die Richtigkeit und Vollständigkeit der Begleitpapiere zu prüfen und der Befrachter sowie der Ablader dem Verfrachter und den in § 512 Abs. 1 bezeichneten Ladungsinteressenten für Mängel, die Unzulänglichkeit oder Unrichtigkeit der Begleitpapiere im gleichen Umfange haften wie nach § 563 n.F. für die Richtigkeit ihrer Angaben über Maß, Zahl, Gewicht und Merkzeichen.

Hinter dem im § 591 gebrauchten Wort „Schiffer" sind die Worte einzufügen: „oder dem im Ladehafen zur Ausstellung des Konnossements ermächtigten Vertreter des Verfrachters".

Leitsatz 10: Die in den §§ 537 ff. HGB enthaltenen Vorschriften über die *„Frachtcharter"* sind neu zu fassen.

Den Einzelbestimmungen ist, ähnlich wie es im Art. 4 des nordischen Entwurfs geschehen ist, eine Vorschrift voranzustellen, die die Begriffsbestimmungen „Ladezeit", „Überliegezeit", „Wartezeit" und „Liegegeld" im Zusammenhang aufführt.

Die unnötige Breite des Gesetzes ist durch eine Zusammenführung der für das Laden und Löschen gleichlautenden Vorschriften zu vermeiden.

Der Sprachgebrauch des Gesetzes ist einheitlich durchzuführen.

Die §§ 622, 637 und 638 sind zu streichen, soweit sie sich auf „Zeitfrachtverträge" beziehen.

Leitsatz 11: Es wird vorgeschlagen: Den § 557 HGB unverändert ins neue Recht zu übernehmen.

Leitsatz 12: § 558 HGB ist für das neue Recht zu streichen.

Leitsatz 13: Die vom Handelsgesetzbuch hinsichtlich der „Wartezeit", der „Lade- und Überliegezeit" sowie des „Liegegeldes" getroffene grundsätzliche Regelung ist unverändert ins neue Recht zu übernehmen.

Leitsatz 14: Bei der Neufassung des § 567 HGB ist zum Ausdruck zu bringen, dass die Anzeige der Ladebereitschaft an einem Werktage zu den üblichen Geschäftsstunden zu erstatten ist, und die Ladezeit mit dem auf die Anzeige folgenden Werktage beginnt.

Das im § 567 HGB gebrauchte Wort „Schiffer" ist durch „Verfrachter" zu ersetzen.

Leitsatz 15: Die Regelung des § 568 Abs. 1 HGB ist ins neue Recht zu übernehmen.

Dagegen ist § 568 Abs. 2 zu streichen und anzuordnen, dass, wenn eine Überliegezeit, nicht aber deren Dauer durch Vertrag bestimmt ist, die Überliegezeit der Hälfte der Ladezeit entspricht.

Leitsatz 16: § 569 Abs. 1 HGB ist zu streichen und stattdessen – wie im Leitsatz 10 angeregt – bei der erstmaligen Erwähnung der Überliegezeit zum Ausdruck zu bringen, dass sie sich unmittelbar an die Ladezeit anschließt.

Abs. 2 des § 569 HGB ist dagegen sinngemäß ins neue Recht zu übernehmen.

Leitsatz 17: Bei der Neufassung des Gesetzes ist § 570 HGB dahin abzuändern, dass die Wartezeit ohne eine nochmalige Erklärung des Verfrachters ihr Ende erreicht, wenn für sie eine bestimmte Dauer vereinbart ist.

Ferner ist die im § 570 HGB vorgesehene Erklärungs- (Kündigungs-)frist von 3 Tagen zu streichen und durch das Recht des Verfrachters zur fristlosen Kündigung zu ersetzen.

Leitsatz 18: § 571 HGB ist zu streichen.

Leitsatz 19: § 572 HGB ist unverändert ins neue Recht zu übernehmen.

Leitsatz 20: § 573 Abs. 1 ist für das neue Recht dahin abzuändern, dass bei der Berechnung der Lade- und Überliegezeit nur Werktage in Ansatz kommen.

§ 573 Abs. 2, §§ 574, 575 und 576 sind zu streichen. Stattdessen ist Folgendes anzuordnen:

Ist eine Wartezeit (Lade- und Überliegezeit) von bestimmter oder bestimmt zu errechnender Dauer vereinbart, so wird sie durch eine Behinderung in der Lieferung oder Übernahme der Ladung nur insoweit verlängert, als der Verfrachter die Behinderung zu vertreten hat.

Ist eine Wartezeit ohne bestimmte Dauer vereinbart, so hat es bei der Vorschrift des § 568 Abs. 1 sein Bewenden.

Leitsatz 21: § 577 HGB ist dahin zu ergänzen, dass der Verfrachter die Anzeige der Ladebereitschaft dem Drittablader zu erstatten hat.

Die im § 577 Abs. 1 gebrauchten Worte: „oder einem Bevollmächtigten des Befrachters" sind zu streichen.

Leitsatz 22: Die §§ 578 und 579 sind neu zu fassen. Es ist in ihnen zum Ausdruck zu bringen, dass auch die Fracht für diejenigen Güter in Abzug kommt, welche der Verfrachter anstelle der nichtgelieferten annimmt. Im § 578 Abs. 1 ist ferner zu bestimmen:

„Der Verfrachter hat auf Verlangen des Befrachters oder nach Ablauf der Wartezeit auf Verlangen eines Abladers und nach Ausstellung eines Konnossements eines nach § 654 n.F. Verfügungsberechtigten die Reise auch ohne die volle bedungene Ladung anzutreten ..."

Im § 579 ist zu bestimmen: „... so ist der Verfrachter befugt und auf Verlangen eines Abladers sowie nach Ausstellung eines Konnossements auf Verlangen eines nach § 654 n.F. Verfügungsberechtigten verpflichtet, die Reise anzutreten und die im § 578 bezeichneten Forderungen geltend zu machen."

Die Worte „sofern der Befrachter nicht von dem Vertrage zurücktritt“ sind im § 579 zu streichen.

Der Aufbau des Gesetzes ist in der Weise umzugestalten, dass die Vorschrift des § 585 unmittelbar an die Bestimmungen der §§ 578 und 579 angeschlossen wird.

Leitsatz 23: Die §§ 580-584 und 586 sind zu streichen. Bei der Neufassung ist zum Ausdruck zu bringen, dass es sich nicht um einen Rücktritt, sondern ein Recht zur fristlosen Kündigung des Frachtvertrages handelt. Die Neuordnung ist nach folgenden Grundsätzen durchzuführen:

1. Das unbeschränkte Kündigungsrecht steht dem Befrachter nur solange zu, als noch keine Ladung geliefert worden ist. Macht der Befrachter von der Kündigungsbefugnis Gebrauch, so hat er die Hälfte der Fracht und bei zusammengesetzten Reisen die Hälfte der Gesamtfracht als Fautfracht zu entrichten.

2. Ist teilweise Ladung geliefert, so kann der Befrachter zwar den noch nicht belieferten Teil des Frachtvertrages kündigen. Er ist dann aber ebenso zu stellen wie im Falle des § 578, d.h. wie ein Befrachter, der vom Verfrachter verlangt, dass er die Reise ohne die volle bedungene Ladung antritt.

3. Nach Lieferung der vollen Ladung ist das Kündigungsrecht des Befrachters ausgeschlossen.

4. Sobald Ladung geliefert worden ist, steht das Recht der Kündigung und der Anspruch auf Wiederausladung der Güter dem Ablader und im Falle der Ausstellung eines Konnossements dem nach § 654 n.F. Verfügungsberechtigten zu.

Sie können aber diese Rechte nur geltend machen, wenn dadurch keine Überschreitung der Wartezeit eintritt. Ihre Kündigungsbefugnis ist ferner dadurch beschränkt, dass keine Verzögerung der Reise oder Umladung notwendig wird, es sei denn, dass die anderen Verfügungsberechtigten zustimmen.

Im Falle der Wiederausladung sind dem Verfrachter die Kosten der Einladung und Wiederausladung zu vergüten. Ihm ist für die Zeit der Wiederausladung, soweit sie nicht in die Ladezeit fällt, Liegegeld zu entrichten. Auf wieder ausgeladene Güter ist außer der Befriedigung der im §§ 614 und 615 vorgesehenen Ansprüche, wenn die Reise angetreten wird, die volle Fracht, sonst die halbe Fracht als Fautfracht zu zahlen.

5. Der Verfrachter ist nicht verpflichtet, zum Zwecke der Wiederausladung der Güter die Reise zu ändern oder einen Zwischenhafen anzulaufen.

Auf die Fautfracht wird die Fracht, welche der Verfrachter für andere Ladungsgüter erhält, nicht angerechnet.

Leitsatz 23 a: Wegen der Zusammenfassung der Vorschriften über das Laden und Löschen wird auf Leitsatz 10 Bezug genommen.

§ 601 ist dahin zu ergänzen, dass die Hinterlegung „auf Kosten und Gefahr“ des Empfängers erfolgt.

In den §§ 601 und 602 ist das Wort „Schiffer“ durch „Verfrachter“ zu ersetzen.

Im Übrigen sind beide Bestimmungen sinngemäß ins neue Recht zu übernehmen.

Leitsatz 24: § 587 Ziff. 1 Abs. 2 und § 587 Ziff. 2 sind zu streichen.

§ 587 Ziff. 1 Satz 1 ist sinngemäß ins neue Recht zu übernehmen.

Neufassung der Leitsätze 22-24 für die Beratung der §§ 578-587 HGB

1. „Leerfracht“ und „Fautfracht“ sind im neuen Recht beizubehalten.

2. Dem *§ 578* (Antritt der Reise auf Verlangen des Befrachters ohne die voll bedungene Ladung) ist als Absatz 2 eine Bestimmung etwa folgenden Inhalts hinzuzufügen: „Von der Leer-

fracht kommt die Fracht für diejenigen Güter in Abzug, welche der Verfrachter anstelle der nicht gelieferten annimmt."

Eine Verpflichtung des Verfrachters zur Annahme von Ersatzladung ist dagegen abzulehnen.

3. *§ 579* (nicht vollständige Bewirkung der Abladung bis zum Ablauf der Wartezeit) ist etwa folgendermaßen zu ergänzen: „... so ist der Verfrachter befugt und – wenn nicht der Ablader und nach Ausstellung eines Konnossements die nach § 654 n.F. Verfügungsberechtigten der Wiederausladung ihrer Güter zustimmen – verpflichtet, die Reise anzutreten. Ihm stehen in diesem Falle die in § 578 bezeichneten Forderungen zu."

Die Worte „sofern der Befrachter nicht von dem Vertrage zurücktritt" sind im § 579 zu streichen.

4. Die *§§ 580-587* sind zu streichen und etwa nach folgenden Gesichtspunkten neu zu fassen:

a) Solange noch keine Ladung geliefert ist, kann der Befrachter den Vertrag jederzeit kündigen. Liefert er bis zum Ablauf der Wartezeit keine Ladung, so wird dies einer Kündigung gleich geachtet. – Der Verfrachter ist in diesen Fällen berechtigt, die Hälfte der Fracht und bei zusammengesetzten Reisen die Hälfte der noch nicht eingefahrenen Gesamtfracht als Fautfracht zu verlangen. – Auf die Fautfracht wird die Fracht, welche der Verfrachter für eine Ersatzladung erhält, nicht angerechnet.

b) Sobald Ladung geliefert worden ist, kann der Befrachter seine Befugnis zur Kündigung nur noch hinsichtlich des nicht belieferten Teiles des Frachtvertrages ausüben. In diesem Falle findet § 578 entsprechende Anwendung.

c) Im Übrigen geht das Recht zur jederzeitigen Kündigung mit der Lieferung der Ladung auf den Ablader und – nach Ausstellung eines Konnossements – auf die nach § 654 n.F. Verfügungsberechtigten über. Diese können das Recht zur Kündigung (im Hinblick auf § 579) jedoch nur vor Ablauf der Wartezeit und – wenn sie nicht sämtlich von ihm Gebrauch machen – nur unter der weiteren Voraussetzung ausüben, dass durch die Wiederausladung ihrer Ladung keine Überschreitung der Wartezeit eintritt oder eine Umladung erforderlich wird.

Im Falle der Wiederausladung sind dem Verfrachter die Kosten der Einladung und Wiederausladung zu vergüten. Ihm ist für die Zeit der Wiederausladung, soweit sie nicht in die Ladezeit fällt, Liegegeld zu entrichten. Auf wieder ausgeladene Güter ist, wenn die Reise angetreten wird, mit der Maßgabe des § 578 Abs. 2 die volle Fracht, sonst, wie zu a), die Hälfte der Fracht als Fautfracht zu zahlen. – Wird die Kündigung von allen Verfügungsberechtigten ausgesprochen und durch die Wiederausladung die Wartezeit überschritten, so kann der Verfrachter - unbeschadet eines weitergehenden Schadensersatzanspruches – auch für diese Zeit Liegegeld beanspruchen.

5. *Teilcharter.* Ist ein verhältnismäßiger Teil oder ein bestimmt bezeichneter Raum eines Schiffes verfrachtet, so finden auf das Kündigungsrecht der einzelnen Teilbefrachter, Teilablader oder Verfügungsberechtigten gemäß § 654 n.F. die zu 4 c) entwickelten Grundsätze entsprechende Anwendung. Für die Teilcharter gelten im Übrigen die Bestimmungen der §§ 567 ff. in neuer Fassung.

Leitsatz 25: Es wird vorgeschlagen, § 605 zu streichen.

Leitsatz 26: Der Abschnitt „Stückgutvertrag und feste Linien" ist durch eine Bestimmung etwa folgenden Inhalts einzuleiten: Unterhält ein Verfrachter einen regelmäßigen Dienst zwischen zwei oder mehr Orten (feste Linie), so gelten die vom Verfrachter veröffentlichten oder den Beteiligten allgemein zugängigen Beförderungsbedingungen und Tarife als vereinbart.

Leitsatz 27: Soweit diese keine Bestimmungen enthalten, sind die folgenden Vorschriften über den Stückgutvertrag anzuwenden.

Leitsatz 28: Zusammenstellung der Vorschläge wie folgt: Soweit die Parteien nichts anderes vereinbart haben, gelten für den Stückgutvertrag die folgenden Bestimmungen:

1. „Der Verfrachter bestimmt den Lade- und Löschplatz. Er hat jedoch einen ortsüblichen Platz zu wählen und die Ankunft des Schiffes in der üblichen Weise bekannt zu machen."

2. „Die Anlieferung und Löschung der Stückgüter hat in der Wahl des Verfrachters längsseits des Schiffes oder auf dem Kai zu erfolgen. – Der Verfrachter ist verpflichtet, den Befrachtern und, wenn er die Stückgüter von Dritten erhalten soll, diesen Zeit und Art der Beladung, sowie den Empfängern, die sich als solche gemeldet und ihr Recht nachgewiesen haben, Zeit und Art der Entlöschung rechtzeitig anzuzeigen. Hinsichtlich der übrigen Empfänger genügt eine öffentliche Bekanntmachung."

3. „Ist der Befrachter oder der von ihm aufgegebene Ablader säumig, so ist der Verfrachter nicht verpflichtet, auf die Ladung der Güter zu warten. Der Befrachter muss, wenn die Reise ohne die Güter angetreten wird, gleichwohl die volle, und, wenn der Antritt der Reise unterbleibt, die halbe Fracht entrichten."

4. „Ist der Empfänger in der Abnahme der Güter säumig, so findet die Vorschrift des § 601 entsprechende Anwendung. – Für die Zeit, um welche sich durch die Säumnis des Empfängers oder durch das Hinterlegungsverfahren die Abfertigung auf Liegegeld, unbeschadet des Rechts, einen höheren Schaden geltend zu machen."

5. „Ist die Zeit der Abreise nicht festgesetzt oder wird die festgesetzte Zeit überschritten, so kann jeder Ablader und jeder nach § 654 n.F. Verfügungsberechtigte dem Verfrachter zum Antritt der Reise eine angemessene Frist mit der Erklärung bestimmen, dass er nach dem Ablauf der Frist die Wiederausladung seiner Güter fördern werde. Nach fruchtlosem Ablauf der Frist hat der Verfrachter die Güter auf seine Kosten wieder auszuladen und Schadensersatz wegen Nichterfüllung zu leisten."

6. „Für die fristlose Kündigung des Stückgutvertrages durch einen Befrachter, den Ablader oder einen nach § 654 n.F. Verfügungsberechtigten finden die im Leitsatz 23 angeregten Vorschriften entsprechende Anwendung."

Anlage 4:

Korreferat von Offen (Schreiben an RA Dr. Bollmann; 25.9.1938)

... *Abgrenzung und Übersicht:* Unter I nennen Sie als Erscheinungsform des Seefrachtvertrages 1. den Frachtvertrag über das Schiff im Ganzen oder einen verhältnismäßigen Teil oder einen bestimmt bezeichneten Raum des Schiffes, und 2. den Frachtvertrag über einzelne Güter (Stückgüter). – Ich bitte dabei zu bedenken, dass daneben in der Praxis eine große Bedeutung haben Frachtverträge über die Beförderung bestimmter Mengen von Ladung nach Gattung. Verträge solcher Art werden geschlossen beispielsweise für Papierholz, Cellulose (über eine Verschiffungs-Saison), für andere Schwergutladung als Schwefel, Phosphat, Eisenbahnschienen und Ähnliches über ein Jahr oder kürzere Frist abzufahren mit einer Reihe meist nicht bekannter Schiffe. – Die Art solcher Frachtverträge müsste wohl noch besprochen werden und möglicherweise auch eine gesetzliche Regelung erfahren.

Zum Aufbau des Gesetzes: Zu dem unter dem vorigen Absatz Gesagten dürfte auch beachtlich sein, dass die unter einem solchen Mengenfrachtvertrag abgefahrenen Güter fast ausnahmslos von einem anderen Vertragsrecht beherrscht werden als das Stückgut, wenn sie als sogenannte Bodenladung von festen Linien abgefahren werden. [...]

Abgrenzung und Übersicht. II. Wenn Sie meinen, den Seefrachtvertrag, den Sie in Ihrem Referat behandeln, „Fracht-Charter" nennen zu wollen, so ist es zweifellos darauf zurückzuführen, dass für den Begriff der Zeitcharter das Wort „Mietcharter" gewählt worden ist. Ich kann meine

Bedenken gegen das Wort „Fracht-Charter“ nicht aussprechen, ohne sie mit dem für die Praxis unglücklichen Wort „Miet-Charter“ zu begründen. Ich darf deshalb die Frage aufwerfen, ob es wirklich bei den beiden Wörtern „Miet-Charter“ und „Fracht-Charter“ verbleiben soll, oder ob es nicht für die Praxis richtiger wäre, alteingeführte und überall verstandene Wörter wie „Zeit-Charter“ und „Reise-Charter“ zu verwenden. In beiden Wörtern würde entscheidend zum Ausdruck gebracht werden, wie der Entgelt gezahlt wird; einmal bei der Zeit-Charter für die Zeit und zweitens bei der Reise-Charter für die auszuführende Reise. Die juristische Wertung des einen und anderen Vertrages als Schiffsmiete mit Dienstverschaffung bei dem einen und Werkvertrag bei dem anderen könnte in Klammern hinzugefügt werden.

Leitsatz 2: Aus einer wie vorstehend gedachten Wortbildung würde sich dann vielleicht für Frachtverträge über einen verhältnismäßigen Teil oder einen bestimmt bezeichneten Raum des Schiffes die Bezeichnung „Raum-Charter“ entwickeln lassen, falls für derartige Frachtverträge eine besondere Bezeichnung für zweckmäßig befunden werden sollte. – Zu Ihren Ausführungen im 2. Abschnitt, die zu dem Leitsatz 2 führen, sagen Sie u.a., dass die Charterung eines verhältnismäßigen Teiles oder eines bestimmt bezeichneten Raumes eines Schiffes nicht durchweg gebräuchlich ist, und weiter, dass Leiter bekannter Trampreedereien sich nicht erinnern könnten, jemals für ihre Schiffe eine derartige Teilcharter abgeschlossen zu haben. – Ich teile Ihre Ansicht, dass derartige Teilcharters nur noch sehr selten vorkommen, dennoch hat meine Reederei im Jahr 1935 noch zwei solche Charters geschlossen. Beide Charters betrafen Schnittholzladungen von Leningrad nach deutschen Häfen, in dem einen Fall sind für das Schiff von 900 Stds. Tragfähigkeit acht Einzel-Charter über Teilladungen geschlossen worden. In dem zweiten Fall ist für eine Gesamtheit von 13 Befrachtern nur eine Charter aufgemacht und in dieser Charterparty wurde eine Maklerfirma „as agents to charterers“ bezeichnet.

Leitsatz 8: Ich empfehle, es doch bei der bisherigen Ausdrucksweise „auf das Deck“ zu belassen. Ich fürchte, dass die Hinzufügung des Wortes „ungeschütztes“ oder „offenes“ Deck nur zu Missdeutungen Anlass geben möchte.

Leitsatz 20: Ich stimme Ihnen darin bei, dass bei der Berechnung der Ladezeit nur Werktage in Ansatz zu bringen sind. Für die Überliegezeit bin ich aber der Meinung, dass der Praxis darin gefolgt werden sollte, die Tage in fortlaufender Reihenfolge zu zahlen. Die Mehrzahl aller Charter-Partien bedingt die Zahlung des Liegegeldes einschließlich Sonn- und Feiertage ausgehend von dem Grundsatz, dass, wenn ein Schiff demurrage ist, der Befrachter sich mit nichts mehr entschuldigen kann. Auch den Zufall, den innerhalb der Ladezeit der Verfrachter zu vertreten hat, muss, nachdem das Schiff auf demurrage ist, jetzt der Befrachter vertreten und auch dafür fortlaufend Liegegeld zahlen. – …

39. Arbeitssitzung vom 4.11.1938 (16 bis 18.45 Uhr)

Anwesend:
Vorsitzender: Senatspräsident beim Reichsgericht Dr. Lindenmaier, Leipzig
2. Schriftführer: Amtsgerichtsrat Dr. Bramslöw, Hamburg
und als weitere ständige Mitglieder:
Rechtsanwalt Dr. Bollmann, Hamburg
Direktor Brandt, Hamburg
Rechtsanwalt Dr. Kleemann, Hamburg
Kapitän Klemp, Hamburg
Kapitän Dr. Kuhl, Hamburg
OLG-Rat Dr. Reinbeck, Hamburg
Dr. Schütte, Hamburg
Rechtsanwalt Dr. Schulze-Smidt, Bremen
OLG-Rat Dr. Segelken, Hamburg
vom Reichsjustizministerium:
Ministerialrat Koffka, Berlin
Ministerialrat Krieger, Berlin
Amtsgerichtsrat Dr. Gramm, Berlin
vom Reichsverkehrsministerium:
Ministerialrat Dr. Fessler, Hamburg
als Gast:
Oberregierungsrat Dr. Schrader, Hamburg
als Sachverständiger:
Offen, Hamburg
als Protokollführer:
Dozent Dr. Möller, Hamburg
für das Stenogramm:
Assessorin Krüger, Wandsbek
entschuldigt fehlten:
Direktor Amsinck, Hamburg
Rechtsanwalt Dr. Baur, Hamburg
Rechtsanwalt Dr. Droege, Hamburg
Dr. Dücker, Hamburg
Rechtsanwalt Dr. Heynen, Hamburg
Rechtsanwalt Hillemann, Hamburg
Dr. Riensberg, Hamburg
Direktor Dr. Schultze, Hamburg
Direktor Sturm, Hamburg
Prof. Dr. Wüstendörfer, Hamburg

Der *Vorsitzende* machte zunächst darauf aufmerksam, dass die Akademie einen neuen Ausschuss gegründet habe, der sich unter Prof. Dr. Lehmann, Köln, mit dem Kommissions-, Speditions-, Lager- und Landfrachtrecht befassen solle. Es werde von den einzelnen Mitgliedern die Frage zu untersuchen sein, ob die bei der Schaffung des Seerechtsausschusses berücksichtigten

Fachkreise auch an den in dem neuen Ausschuss zu prüfenden Fragen interessiert und gegebenenfalls in dem Ausschuss vertreten seien.

Sodann erteilte der Vorsitzende Rechtsanwalt Dr. Bollmann das Wort zur Fortsetzung seines Referats über das *Frachtgeschäft zur Beförderung von Gütern.* (Das Referat war der Sitzungsniederschrift für die 38. Arbeitssitzung als Anlage 1 beigegeben).

Rechtsanwalt *Dr. Bollmann* berichtete zunächst über *Leitsatz 5 Abs. 1.*

Der Korreferent *Offen* stimmte dem Vorschlag zu. Leitsatz 5 Abs. 1 fand allgemein Billigung.

Sodann referierte Rechtsanwalt *Dr. Bollmann* über *Leitsatz 5 Abs. 2, 3.* Dabei wies er ergänzend auf die §§ 89, 107 des schwedischen Gesetzes vom 5. Juni 1936 hin. § 89 aaO. besagt: (Abs. 1) „Der Befrachter soll das Gut an der Seite des Fahrzeugs abliefern. Der Verfrachter soll das Gut an Bord nehmen, für Unterlage, Emballage und sonstige für die Verstauung erforderliche Maßnahmen Sorge tragen, sowie die Verstauung vornehmen." (Abs. 2) „Ist das Fahrzeug aus einem Grunde, den der Verfrachter bei Eingehen des Kontraktes hätte in Betracht ziehen können, an einen anderen als den üblichen Ladeplatz verbracht worden, so ist der Verfrachter verpflichtet, das Gut auf dem üblichen Ladeplatz in Empfang zu nehmen." § 107 aaO. lautet: (Abs. 1) „Der Verfrachter soll das Gut an der Seite des Fahrzeuges abliefern und der Frachtempfänger es dort in Empfang nehmen." (Abs. 2) „Kann das Fahrzeug aus einem Grunde, den der Verfrachter hätte in Betracht ziehen können, nicht zum üblichen Löschungsplatz gebracht werden, so ist der Verfrachter dennoch verpflichtet, das Gut auf dem üblichen Löschungsplatz abzuladen."

Der Korreferent *Offen* legte dar, dass sich aus der bisherigen Fassung der §§ 561, 593 HGB zwar keine Schwierigkeiten ergeben hätten, dass aber der Vorschlag des Leitsatzes 5 Abs. 2, 3 Zustimmung verdiene.

In Holland sei es zuweilen so, dass das Schiff mit Kosten belastet werde, die an und für sich die Ware treffen müssten. Die holländische Regelung entspreche dann etwa der in Deutschland bei der Benutzung von Getreidehebern üblichen Handhabung: Der Reeder müsse hier nämlich beim Löschen die Kosten des Getreidehebers tragen.

Der *Vorsitzende* unterstrich, dass es sich für die Zukunft empfehle, im Gesetz nicht die Kostenfrage in den Vordergrund zu stellen, sondern nur zu regeln, welche Einzelverpflichtungen des Be- und Verfrachters in Frage kämen. Es ließen sich doch nicht von vornherein alle denkbaren Kosten im Gesetzeswortlaut erfassen. Aus einer Regelung der Einzelverpflichtungen könne man den Grundsatz der Kostenverteilung ohne weiteres entnehmen. Der Sache nach solle das bisherige Recht unverändert bleiben. Es handle sich nur um eine rechtstechnische Änderung, deren Ziel deutlicher werde, wenn man Leitsatz 5 Abs. 2 formuliere: „Bei der Neufassung der §§ 561 und 593 HGB ist herauszustellen, dass es sich im Wesentlichen um die Festlegung der Einzelverpflichtungen handelt, die den Befrachter und Verfrachter bei der Löschung und Ladung treffen."

Ministerialrat *Koffka* äußerte Bedenken gegen Leitsatz 5 Abs. 3. Man könne noch nicht von vornherein sagen, ob es wirklich zweckmäßig sein werde, die §§ 561 und 593 HGB zusammenzufassen.

Nachdem hierauf beschlossen war, bei Leitsatz 5 Abs. 3 nach dem Worte „sind" die Worte „nach Möglichkeit" einzufügen, fand Leitsatz 5 Abs. 2, 3 in der Neufassung allgemein Billigung.

Rechtsanwalt *Dr. Bollmann* berichtete sodann über *Leitsatz 6.*

Wenn jetzt die Streichung des § 562 HGB empfohlen werde, so decke sich dieser Vorschlag mit Anregungen, die von dem Deutschen Verein für Internationales Seerecht bei Verhandlungen des Comité Maritime International auf der Konferenz in Kopenhagen 1913 gemacht seien. Damals habe man den Art. 7 des Londoner Frachtrechtentwurfes durchberaten. Es heißt dazu in dem Bericht (Bericht über die Verhandlungen ... S. 13-14): „Artikel 7. Der Verfrachter ist verpflichtet, statt der vertragsmäßigen Güter andere, von dem Befrachter zur Verschiffung nach demselben

Bestimmungshafen ihm angebotene Güter anzunehmen, wenn dadurch seine Lage nicht erschwert wird. – Die Vorschrift findet keine Anwendung, wenn die Güter im Vertrage nicht bloß nach Art und Gattung, sondern speziell bezeichnet sind.

Schaps begründet die von Deutschland angeregte Streichung des Abs. 2 in Gemäßheit des den Mitgliedern des deutschen Seerechtsvereins bereits zugestellten Berichtes über die Arbeiten der Hamburger Frachtrechtskommission.

Hansen (Dänemark). Der Artikel enthalte eine Unbilligkeit gegen den Reeder. Warum solle dieser gezwungen werden können, an Stelle der vereinbarten Güter andere an Bord zu nehmen? Wenn der Befrachter dies beabsichtige, könne er ja vorher solches im Vertrage vereinbaren.

Sir Norman Hill (England). Ob man das Recht des Abs. 1 dem Befrachter gewähren könne, bedürfe einer sehr sorgfältigen Prüfung. Der Betrag der Frachten sei ja nach Art der Waren ganz verschieden; auch eigne sich ein Schiff nicht für jede Ware, so dass man dem Reeder nicht zumuten könne, prinzipiell andere als die vereinbarten Waren verschiffen zu müssen. Gegen Abs. 2 sei nichts einzuwenden.

Miller (England) sagt, der Abs. 2 mache den Artikel allenfalls annehmbar. Eine dem Abs. 1 analoge Klausel finde sich in den River Plate Chartern und gerade diese Klausel gebe zu unendlichen Streitigkeiten Anlass. Abs. 2 könne sofort akzeptiert werden. Es frage sich aber doch, ob nicht Abs. 1 besser zu streichen sei.

Morel Spiers (Frankreich). Der Artikel müsse anders gefasst werden. Abs. 2 enthalte das Prinzip und Abs. 1 die Ausnahmen. Und dann bestimme der Abs. 1, dass der Reeder nur dann die Ersatzgüter ablehnen dürfe, wenn deren Beförderung seine ‚droits et obligations' beeinträchtigen würde, also nur ein rechtliches Präjudiz sei; auch wenn sie ihm tatsächlichen Nachteil bringe, müsse er befugt sein, sie zurückzuweisen.

Schaps weist darauf hin, dass der englische und französische Text inkorrekt sei. Der deutsche Text berücksichtige das Bedenken Morel Spiers, indem nach diesem der Kapitän die Ersatzladung zurückweisen könne, wenn durch deren Beförderung seine Lage (also sowohl seine rechtliche wie seine tatsächliche Lage) erschwert werde.

Nagy (Ungarn) und Franck (Belgien) sprechen sich für die Beibehaltung des Artikels aus unter Berücksichtigung der hervorgehobenen redaktionellen Bedenken.

Bei der Abstimmung ergibt sich jedoch für die Beibehaltung des im Abs. 1 enthaltenen Prinzips der Befugnis des Befrachters, Ersatzleistung anzubieten, nur eine Minorität von drei gegen eine Mehrheit von sieben Stimmen bei drei Stimmenthaltungen. Damit ist die *Streichung des Art. 7 beschlossen.*"

Korreferent *Offen* teilte mit, dass seines Wissens in der Praxis selten Ansprüche aus § 562 Abs. 1 HGB gegen den Reeder erhoben würden. In allen in Betracht kommenden Fällen komme es zu Verhandlungen zwischen den Beteiligten.

Der *Vorsitzende* wies darauf hin, dass es sich bei § 562 HGB um die Durchbrechung eines allgemeinen Prinzips handle, die sich nur dann rechtfertigen lasse, wenn die Praxis sie dringend erheische. Das sei offenbar nicht der Fall, so dass auch er sich für eine Streichung der Vorschrift ausspreche. In Härtefällen könne immer im Wege einer Vereinbarung geholfen werden.

Ministerialrat *Krieger* stellte die Frage, ob nicht beim Stückgutvertrag dem Verfrachter der Austausch der Güter seitens des Befrachters zugemutet werden könne. Beispielsweise müsse es ihm gleichgültig sein, ob statt einer Kiste Rosinen eine Kiste mit Weinflaschen verladen werde.

Rechtsanwalt *Dr. Bollmann* wies darauf hin, dass nach anerkannter Meinung des Schrifttums und der Rechtsprechung § 562 HGB beim Stückgutvertrag keine Anwendung finde. Dies ergebe sich auch aus dem Vorhandensein sehr ausführlicher Tarife. Aus Kulanzgründen werde aber selbstverständlich öfters ein Austausch gestattet.

Der *Vorsitzende* machte darauf aufmerksam, dass schon in dem von Ministerialrat Krieger genannten Fall der Austausch der Ladungsgüter für den Verfrachter nicht ganz unerheblich sei. Er stellte im Übrigen allseitiges Einverständnis bezüglich des Leitsatzes 6 fest.

Rechtsanwalt *Dr. Bollmann* ging dann zu *Leitsatz 7 Abs. 1* über.

Der Korreferent *Offen* erhob gegen den Vorschlag keine Einwendungen.

Direktor *Brandt* machte darauf aufmerksam, dass dem Befrachter ein sehr großer Schaden entstehen könne, falls die Güter in ein anderes Schiff verladen würden. Denn bei der Kriegsversicherung von Gütern komme es vielfach auf die Beförderung in einem ganz bestimmten Schiffe an, werde ein anderes Schiff benutzt, so werde die Kriegsversicherung hinfällig.

Kapitän *Klemp* ergänzte die Ausführungen von Direktor Brandt dahin, dass auch für die Rechtsverhältnisse der Hamburger Freihafen-Lagerhaus-Gesellschaft und für das Devisenrecht die Beförderung in einem bestimmten Schiffe große Bedeutung besitze.

Der *Vorsitzende* stellte daraufhin das allgemeine Einverständnis mit Leitsatz 7 Abs. 1 fest.

Rechtsanwalt *Dr. Bollmann* machte sodann Ausführungen zu *Leitsatz 7 Abs. 2-6,* wobei er darauf hinwies, dass sich durch eine Bezugnahme auf § 654 HGB n.F. die Formulierung des Leitsatzes 7 verkürzen lasse.

Der Korreferent *Offen* regte an, in Leitsatz 7 Abs. 6 statt „findet die vorstehende Bestimmung“ zu sagen „finden die vorstehenden Bestimmungen“.

Ministerialrat *Krieger* stellte die Frage, ob es sich nicht schon aus allgemeinen Rechtsgrundsätzen ergebe, dass der Verfrachter das Fehlen des ursächlichen Zusammenhanges zwischen vertragswidriger Verladung und Schaden zu beweisen habe.

Rechtsanwalt *Dr. Bollmann* meinte demgegenüber, dass § 565 HGB überflüssig sei, wenn nicht erst in dieser Vorschrift eine Änderung der an und für sich bestehenden Beweislast des Befrachters vorgesehen werde: Nach allgemeinen Grundsätzen müsse nämlich der Befrachter den ursächlichen Zusammenhang zwischen dem Verhalten des Verfrachters und seinem Schaden dartun.

Der *Vorsitzende* wies darauf hin, dass beide Ansichten richtig betrachtet, nicht in Widerspruch zueinander stünden. Dogmatisch gesehen, sei der Standpunkt von Rechtsanwalt Dr. Bollmann richtig, wonach die Beweislast den Befrachter treffe. Aber es müsse nach den Grundsätzen des Anscheinsbeweises, die auch bei Frachtverträgen anzuwenden seien, prima facie davon ausgegangen werden, dass ein entstandener Schaden auf das Verhalten des Verfrachters zurückzuführen sei (er verwies dazu auf das neuerliche Urteil des RG vom 6.9.1938, JW 1938 S. 2976-2978 = HöchstrRspr. 1938 Nr. 1475). Aus praktischen Gründen sei es erwünscht, dass die angemessene Regelung der Beweislastfrage nicht der Rechtsprechung überlassen bleibe. Das Gesetz müsse den Beteiligten Klarheit verschaffen. Deshalb empfehle sich auch nicht die Beibehaltung der bisher in § 565 Abs. 1 Satz 2 HGB benutzten Formel „es sei denn“.

Direktor *Brandt* wies auf die besonderen Schwierigkeiten hin, die sich im Falle des Spediteurkonnossements ergeben könnten: Hier könne es vorkommen, dass der Spediteur ein Konnossement ausstelle, in dem die Verschiffung mit einem bestimmten Schiff vorgesehen werde, während dagegen der Frachtvertrag zwischen dem Spediteur und Reeder eine Verschiffung mit einem bestimmten Schiff nicht vorsehe. Die Ware werde hier mit einem Konnossement gehandelt, das den Anschein erwecke, als ob sie mit einem bestimmten Schiff reise. In Wahrheit könne sie aber längst umgeladen sein. Das Spediteurkonnossement verdiene deshalb wenig Vertrauen und könne dem Empfänger zahlreiche Schwierigkeiten bereiten.

Ministerialrat *Krieger* machte auf den Unterschied zwischen der Haftung aus dem Frachtvertrag und aus dem Konnossement aufmerksam und vertrat den Standpunkt, dass der von Direktor Brandt angeführte Tatbestand wohl selten vorkomme, da der Spediteur sich hüten werde, ein Konnossement auszustellen, aus dem sich für ihn ungeheure Risiken ergäben. Allerdings sei die

Frage zu erwägen, ob nicht überhaupt die Ausstellung eines Spediteurkonnossements vom Gesetz verhindert werden müsse. Man könne daran denken (ähnlich wie in § 425 HGB, vgl. aber auch § 451 HGB), den Begriff des Verfrachters gesetzlich so zu bestimmen, dass Verfrachter nur sein könne, wer es „gewerbsmäßig übernimmt, die Beförderung von Gütern ... auszuführen."

Der *Vorsitzende* bezeichnete es zum Mindesten als der Erörterung bedürftig, ob nur einem Reeder oder Vollcharterer die Möglichkeit zu geben sei, Konnossemente auszustellen, obwohl er die von Direktor Brandt gekennzeichnete Gefahr als praktisch erheblich nicht ansehen könne. Diese Frage sei auch schon bei Verhandlungen im Seeversicherungsausschuss zur Sprache gelangt. Direktor Brandt möge es übernehmen, seinen Standpunkt kurz schriftlich niederzulegen. Das Problem könne dann in einer späteren Sitzung ausführlicher erörtert werden.

Kapitän *Dr. Kuhl* stellte die Frage zur Erörterung, ob es nicht Fälle gebe, in denen der Verfrachter zwar nicht aus einer Notlage heraus, aber aus geschäftlichen Gründen eine Umladung vornehmen müsse. Jedoch seien kaum Tatbestände vorstellbar, bei denen es sich nicht um einen Notfall handle, sondern um eine Umladung aus rein geschäftlichen Motiven.

Rechtsanwalt *Dr. Bollmann* wies demgegenüber darauf hin, dass es sehr wohl Fälle gebe, bei denen eine Umladung sich nicht nach Leitsatz 7 Abs. 7 rechtfertigen lasse. So könne es vorkommen, dass das Schiff, ohne dass ein besonderer Notfall vorliege, aus irgendeinem Grunde den Bestimmungshafen nicht erreiche und dass deshalb eine Umladung in einem Zwischenhafen erfolge.

OLG-Rat *Dr. Segelken* wies darauf hin, er habe es auf einer Ostasienreise beispielsweise erlebt, dass mangels ausreichender für Casablanca bestimmter Ladung in Port Said eine Umladung erfolgt und Casablanca nicht angelaufen sei. Wie man ihm berichtet habe, würden derartige Umladungen sehr häufig vorgenommen.

Kapitän *Dr. Kuhl* meinte, dann handle es sich um eine den § 565 HGB verletzende Handhabung.

Aber Rechtsanwalt *Dr. Bollmann* entgegnete, dass sich die Verfrachter im Konnossement die Freiheit, Umladungen vorzunehmen, ausdrücklich vorbehielten.

Abschließend stellte der *Vorsitzende* fest, dass die Mehrheit der Anwesenden sich für Leitsatz 7 Abs. 2-7 ausspreche.

Die Anregung des Korreferenten *Offen,* in Leitsatz 7 Abs. 4 statt von „Abladung" von „Verladung" zu sprechen, wurde zurückgestellt mit der Begründung, dass die verschiedenen rechtstechnischen Ausdrücke, welche im Seefrachtrecht eine Rolle spielten, bei einem späteren Leitsatz erörtert und vielleicht nach den Vorschlägen des Ausschusses im Gesetz definiert werden sollten.

Der ganze Leitsatz 7 wurde demnach, wie der *Vorsitzende* feststellte, mit der Maßgabe angenommen, dass es in Leitsatz 7 Abs. 7 statt „findet die vorstehende Bestimmung" heißt „finden die vorstehenden Bestimmungen".

Rechtsanwalt *Dr. Bollmann* referierte sodann über *Leitsatz 8 Abs. 1, 2.* Zu dem Begriff der „ausdrücklichen Zustimmung" in Leitsatz 8 Abs. 2 führte er aus, er stelle sich das Verfahren praktisch so vor, dass die Linienreederei den Ablader an der Börse ausdrücklich frage, ob er mit einer Verladung an Deck einverstanden sei. Eine mündliche Vereinbarung genüge, zu Beweiszwecken könne ja auf die mündliche Abrede eine schriftliche Bestätigung folgen.

Der Korreferent *Offen* hielt gleichfalls eine Ausdrücklichkeit der Vereinbarung für dringend notwendig, jedoch sei Schriftlichkeit im Interesse des Verkehrs nicht erforderlich. Der Ablader habe deshalb ein so großes Interesse an der Frage, ob eine Verladung an Deck vorgenommen sei, weil ihm Gelegenheit gegeben sein müsse, die Deckladung rechtzeitig zu versichern.

Ministerialrat *Krieger* wies auf die Unklarheit des Begriffs der „ausdrücklichen Zustimmung" hin, der Begriff der Ausdrücklichkeit habe beispielsweise im Depotrecht gleichfalls Auslegungsschwierigkeiten heraufbeschworen.

Der *Vorsitzende* unterstützte diese Gedanken mit dem Hinweis darauf, dass das von Ministerialrat Krieger erwähnte Gesetz außer der Ausdrücklichkeit durchweg noch Schriftlichkeit und Niederlegung der Abrede in einer besonderen Urkunde erfordere.

Dr. Schütte vertrat den Standpunkt, dass es ausreichen müsse, wenn dem Ablader ein Konnossement übergeben werde, das eine Verladung an Deck vorsehe.

Rechtsanwalt *Dr. Bollmann* bezeichnete es als erforderlich, zu verhindern, dass sich Verfrachter an einer versteckten Stelle ihrer allgemeinen Geschäftsbedingungen die Möglichkeit der Verladung an Deck offenhielten.

OLG-Rat *Dr. Segelken* stimmte dem zu und regte die Formulierung an: „Zur Verladung an Deck ist der Verfrachter nur im Falle der ausdrücklichen, von formularmäßigen Erklärungen losgelösten Einwilligung des Abladers befugt. Die Einwilligung ist im Falle der Mündlichkeit nur wirksam, wenn sie in angemessener Frist schriftlich bestätigt wird."

Rechtsanwalt *Dr. Bollmann* stimmte dieser Anregung zu.

Direktor *Brandt* wies darauf hin, dass es doch anscheinend darauf ankomme, dass die Einwilligungserklärung nicht generell, sondern von Fall zu Fall abgegeben werde.

Der *Vorsitzende* griff diesen Gedanken auf und regte an, Leitsatz 8 Abs. 2 zu formulieren: „Bei der Neufassung ist die Verladung an Deck von der für jeden Einzelfall notwendigen Einwilligung des Abladers abhängig zu machen, soweit sie nicht behördlich vorgeschrieben ist".

Dr. Schütte meinte, es müsse ausreichen, wenn der Ablader durch einen hand- oder maschinengeschriebenen Zusatz im Konnossement auf die Verladung an Deck hingewiesen werde.

Hiergegen wandte sich der Korreferent *Offen:* Es sei zu spät, wenn der Ablader erst aus dem Konnossement ersehen könne, dass eine Verladung an Deck vorgenommen sei.

OLG-Rat *Dr. Segelken* bemerkte zu dem Vorschlag des Vorsitzenden, es komme darin nicht genügend zum Ausdruck, dass die Einwilligung des Abladers keine formularmäßige sein dürfe.

Der *Vorsitzende* trug diesem Bedenken Rechnung, indem er vorschlug, der von ihm angeregten Fassung hinzuzufügen: „Diese Einwilligung kann formularmäßig nicht erklärt werden."

Nachdem Ministerialrat *Krieger* noch besonderes Gewicht darauf gelegt hatte, dass es sich um eine vorherige Zustimmung, also um eine wirkliche Einwilligung handeln müsse, und nachdem Rechtsanwalt *Dr. Schulze-Smidt* noch betont hatte, dass die Einwilligung „vor der Abladung" erteilt werden müsse, stellte der *Vorsitzende* den Leitsatz 8 Abs. 1 und folgende Fassung des Leitsatzes 8 Abs. 2 als angenommen fest: „Bei der Neufassung ist die Verladung an Deck von der für jeden Einzelfall notwendigen Einwilligung des Abladers abhängig zu machen, soweit sie nicht behördlich vorgeschrieben sein sollte. Die Einwilligung muss vor Verladung erfolgen und kann formularmäßig nicht erklärt werden."

Rechtsanwalt *Dr. Bollmann* ging sodann über zu *Leitsatz 8 Abs. 3, 4.*

Der Korreferent *Offen* äußerte keine grundsätzlichen Bedenken gegen die Vorschläge.

Der *Vorsitzende* dagegen erklärte in Leitsatz 8 Abs. 3 den Ausdruck „auf das ungeschützte Deck" für nicht deutlich.

Direktor *Brandt* bemerkte, dass man doch nicht alle schiffbautechnischen Möglichkeiten in der Gesetzesfassung berücksichtigen könne, und empfahl, den Ausdruck „auf Deck" zu wählen, der auch im Seeversicherungsrecht (§ 55 ADS) gebraucht werde.

Nachdem noch die Begriffe „Hauptdecke", „freies Deck" zur Erörterung gestellt waren und auf die Schwierigkeiten eingegangen worden war, welche durch die Einführung der „Spardecks" für eine genaue Formulierung entstehen, wurde beschlossen, in Leitsatz 8 Abs. 3 an die Stelle der Worte „auch das ungeschützte Deck" zu setzen „auf Deck". Dabei betonte der *Vorsitzende,* dass man die nähere Bestimmung des Ausdrucks der Rechtsprechung überlassen könne.

Mit dieser Maßgabe wurde der Leitsatz 8 Abs. 3, 4 einhellig angenommen.

Rechtsanwalt *Dr. Bollmann* machte dann unter Zustimmung des Korreferenten *Offen* Ausführungen zu *Leitsatz 9.*

OLG-Rat *Dr. Reinbeck* bemerkte, dass im Rahmen des bisherigen § 591 HGB nur ein Gläubigerverzug in Frage gekommen sei, während der Leitsatz 9 Abs. 2 bewirke, dass der Befrachter in Schuldnerverzug gerate, wobei ihn übrigens über die allgemein-bürgerlichrechtlichen Regeln hinaus eine Garantiehaftung treffe.

Ministerialrat *Krieger* äußerte Bedenken gegen diese Strenge. Der entsprechende § 563 HGB n.F. beruhe auf den Haager Regeln, während im Rahmen des Leitsatzes 9 die nationale Gesetzgebung nicht durch internationale Bindungen verpflichtet sei. Die Abweichung vom Verschuldensprinzip sei umso bedenklicher, als es für den Befrachter außerordentlich schwierig sei festzustellen, welche Begleitpapiere im Einzelfall in Betracht kämen.

Nachdem aber Rechtsanwalt *Dr. Bollmann* bemerkt hatte, dass auch im Eisenbahnfrachtrecht der Absender ohne Rücksicht auf ein Verschulden hafte (Referat), stellte der *Vorsitzende* abschließend fest, dass die in Leitsatz 9 vorgeschlagene Regelung, die offenbar auch die Zustimmung der übrigen Mitglieder des Ausschusses finde, auch für das Seerecht tragbar sein müsse.

Der *Vorsitzende* wies sodann darauf hin, dass nunmehr die *Frachtcharter* behandelt werden müsse, und empfahl eine zusammenfassende Erörterung der *Leitsätze 10, 13 und 16.* Es erscheine aber ratsam, diesen Fragenkomplex zurückzustellen und die Leitsätze 11 und 12 vorweg zu behandeln.

Der von Rechtsanwalt *Dr. Bollmann* vorgetragene *Leitsatz 11* fand die Zustimmung des Korreferenten *Offen* und aller Anwesenden. Dabei wurde von dem Korreferenten Offen betont, dass die Ausgestaltung der Chartrepartie als Orderpapier unerwünscht erscheine, da der Verfrachter sich den einzelnen Frachtcharter sorgfältig ansehe.

Rechtsanwalt *Dr. Bollmann* referierte sodann über *Leitsatz 12.*

Zu dem Leitsatz warf Direktor *Brandt* die Frage auf, ob beispielsweise die Möglichkeit bestehe, dass in Kapitänsverwahrung auf einem Schiff, das aufgrund einer Vollcharter mit Kohlen beladen sei, einige Diamanten transportiert würden.

Rechtsanwalt *Dr. Bollmann* betonte, dass bei der Vollcharter dem Charterer das ganze Schiff zur Verfügung stehe, es dürften also keinerlei fremde Güter mitgenommen werden.

OLG-Rat *Dr. Segelken* ergänzte diese Bemerkung mit dem Hinweis, dass etwa in dem Diamantenfalle die Maßnahmen, die der Kapitän in Notfällen ergreife, beeinflusst werden könnten durch die Tatsache, dass sich die Diamanten an Bord befänden. Auch für das Havariegrosserecht sei die Tatsache des Vorhandenseins der Diamanten bedeutungsvoll.

OLG-Rat *Dr. Reinbeck* und der *Vorsitzende* unterstrichen auch ihrerseits diese Gesichtspunkte, ersterer mit dem Hinweis darauf, dass etwa die Beschlagnahmegefahr erhöht werden könne, wenn in Kapitänsverwahrung Einzelgüter transportiert würden, letzterer unter Erwähnung des Tatbestandes, dass etwa wegen einer terminbefristeten Goldbarrenladung die Reise eines in Vollcharter mit Steinkohlen fahrenden Dampfers so beschleunigt werde, dass darauf für die Steinkohlen besondere Gefahren erwüchsen.

Rechtsanwalt *Dr. Bollmann* machte darauf aufmerksam, dass es auch bei einer Streichung des § 558 HGB unzweifelhaft nicht statthaft sein werde, wenn bei einer Vollcharter Einzelgüter in Kapitänsverwahrung mitbefördert würden.

Der *Vorsitzende* stellte daraufhin die einhellige Annahme des Leitsatzes 12 fest.

40. Arbeitssitzung vom 13.1.1939 (16 bis 18.30 Uhr)

Anwesend:
Vorsitzender: Senatspräsident beim Reichsgericht Dr. Lindenmaier, Leipzig
Ehrenmitglied: Prof. Dr. Wüstendörfer, Hamburg
und als weitere ständige Mitglieder:
Landgerichtsrat Dr. Keith
Rechtsanwalt Dr. Bollmann, Hamburg
Direktor Brandt, Hamburg
Rechtsanwalt Dr. Dettmers, Bremen
Rechtsanwalt Dr. Heynen, Hamburg
Rechtsanwalt Dr. Kleemann, Hamburg
Kapitän Dr. Kuhl, Hamburg
OLG-Rat Dr. Reinbeck, Hamburg
Dr. Schütte, Hamburg
OLG-Rat Dr. Segelken, Hamburg
Verwaltungsdirektor Sturm, Hamburg
vom Reichsjustizministerium:
Ministerialrat Krieger, Berlin
als Sachverständiger:
H. Amsinck von der Hamburg-Südamerikanischen Dampfschifffahrtsgesellschaft, Hamburg
als Protokollführerin:
Assessorin Krüger, Wandsbek
entschuldigt fehlten:
Amtsgerichtsrat Dr. Bramslöw, Hamburg
Rechtsanwalt Dr. Baur, Hamburg
Rechtsanwalt Dr. Droege, Hamburg
Edye, Hamburg
Rechtsanwalt Dr. Hillemann, Hamburg
Kapitän Klemp, Hamburg
Regierender Bürgermeister Krogmann,
Dozent Dr. Möller, Hamburg
Offen, Hamburg
Dr. Riensberg, Hamburg
Oberregierungsrat Dr. Schrader, Hamburg
Rechtsanwalt Dr. Schulze-Smidt, Bremen
Präsident Dr. Völckers

Der *Vorsitzende* eröffnete die 40. Arbeitssitzung des Seerechtsausschusses und begrüßte Herrn Landgerichtsrat Dr. Keith von der Akademie für Deutsches Recht, dem insbesondere auch die Betreuung des Seerechtsausschusses obliegt. Weiterhin erwähnte der Vorsitzende, dass Herr Direktor Brandt ihm seine Stellungnahme zum sogenannten Zweitverfrachterkonnossement übersandt habe, die den Mitgliedern in Kürze zugehen werde, darauf erteilte er dem Herrn Referenten das Wort zu den Leitsätzen 10, 13, 16 und 23 a.

Dr. *Bollmann* machte daraufhin seine Ausführungen zu dem *Leitsatz 10* (vgl. Referat), die er durch Hinweis auf § 80 des schwedischen Entwurfs ergänzte. § 80 lautet: „Der Verfrachter ist verpflichtet, das Fahrzeug zwecks Einladung eines gewisse Ladezeit liegen zu lassen, diese umfasst Liegezeit und Überliegezeit. Für die Überliegezeit erhält der Verfrachter eine besondere Vergütung."

Der *Vorsitzende* fasste die Probleme nochmals zusammen und meinte, der Vorschlag des Referenten sei seiner Ansicht nach praktisch und fruchtbar.

Prof. Dr. Wüstendörfer wies darauf hin, dass der nordische Entwurf jetzt Gesetz geworden sei, und zwar in Schweden, Finnland, Norwegen und Dänemark, soweit er sehe, stimmten die Gesetze in § 80 auch überein.

Abschließend stellte der *Vorsitzende* die Annahme von Leitsatz 10 mit Ausnahme des letzten Absatzes fest, der zurückgestellt wurde.

Herr *Dr. Bollmann* referierte alsdann zu *Leitsatz 13* – vgl. Referat – . Dazu stellte *Prof. Dr. Wüstendörfer* die Frage, ob das Wort „unverändert" im Leitsatz 13 bedeuten solle, dass eine Überliegezeit nur dann in Frage käme, wenn sie besonders vereinbart sei. Solle die Auslegung in diesem Sinne erfolgen, so weiche der Vorschlag von dem alten früheren nordischen ebenso wie von dem neuen Recht ab. Herr *Prof. Dr. Wüstendörfer* regte an, die Überliegezeit gleich im Gesetz zu verankern, da sie praktisch fast immer vereinbart würde; er bezeichnete eine solche Regelung auch als lebensnäher.

Diese Ausführungen wurden von Herrn *Amsinck* bestätigt.

Der *Vorsitzende* warf dann die Frage auf, ob es wirklich nötig sei, dass man dieser Usance Gesetzeskraft verleihe.

Das wurde von *Prof. Dr. Wüstendörfer* unter Hinweis auf den Küstenverkehr, der regelmäßig keine ausführlichen Charterpartien hätte, bejaht; dort habe die gesetzliche Regelung eben aus diesem Grunde starke Bedeutung, anders sei das natürlich im Großverkehr.

Der *Vorsitzende* erklärte, dass das künftige Gesetz den tatsächlichen Rechtszustand wiedergeben solle. Es erscheine ihm zweckmäßig, dieser Tatsache auch im Gesetz Rechnung zu tragen, denn damit würden diejenigen Personen, die keinen ausführlichen Vertrag abgeschlossen hätten, geschützt. Damit geschehe der Großschifffahrt keinerlei Schaden.

Von *verschiedenen Seiten* wurde bedauert, dass kein Herr aus der Praxis anwesend sei, der sich mit diesen Fragen viel beschäftigt habe, zumal große Unterschiede zwischen der Großschifffahrt, dem Küsten- und dem Trampverkehr bestünden. Der *Vorsitzende* schlug daher vor, Leitsatz 13 noch zurückzustellen. Auf die Bemerkung von *Dr. Bollmann*, dass sich unter Umständen vieles ändere, wenn man Prof. Dr. Wüstendörfers Vorschlag folge, erklärte der *Vorsitzende*, selbstverständlich müssten bei den künftigen Vorschlägen des Referenten in der Erörterung beide Möglichkeiten im Auge behalten werden.

Prof. Dr. Wüstendörfer bemerkte noch, dass das heutige Recht keinerlei Vorschriften über das sogenannte Eilgeld enthalte, das der Reeder für den Fall nicht voller Ausnutzung der Ladezeit durch den Befrachter verspreche. Dieses Rechtsinstitut spiele in der Praxis eine nicht unerhebliche Rolle. Es würde beispielsweise von den finnischen Holzabladern, die in ihrer Gesamtheit eine stärkere Macht als die Verfrachter darstellten, häufig missbraucht. Dennoch glaube er, dieser Punkt brauche im künftigen Gesetz nicht besonders geregelt zu werden; offenbar habe aus diesem Grunde der Referent auch keinerlei Vorschläge gemacht.

Von mehreren Seiten wurde dem Vorredner darin beigepflichtet, dass eine gesetzliche Regelung unnötig sei, da sich im deutschen Verkehr erhebliche Missbräuche nicht herausgestellt hätten.

Der *Vorsitzende* bat darauf den Referenten, zu *Leitsatz 16* das Wort zu ergreifen, da der Leitsatz 13, wie bereits erwähnt, noch zurückgestellt werden solle.

Dr. Bollmann machte darauf seine Ausführungen, vgl. Referat.

Prof. Dr. Wüstendörfer machte darauf aufmerksam, dass man schon vor rund 30 Jahren zu dem gleichen Ergebnis wie der Referent in den Hamburger Beschlüssen von 1911 gekommen sei. Er verwies auf die Drucksachen des Deutschen Vereins für internationales Seerecht 1911 über den Frachtvertrag, Hamburger Beschlüsse, S. 7.

Nachdem auf die Frage von Ministerialrat *Krieger,* ob die Ladezeit auch dann abgelaufen sei, wenn der Verfrachter unzulässigerweise ihren Ablauf festgestellt habe, von mehreren Seiten richtig gestellt worden war, dass selbstverständlich nur eine berechtigte Erklärung des Verfrachters die Ladezeit beende, erklärte der *Vorsitzende* den Leitsatz 16 für angenommen.

Dr. Bollmann referierte darauf zu *Leitsatz 23 a, Abs. 2 und 3,* vgl. Referat.

Der Vorschlag des Referenten wurde sodann von *Prof. Dr. Wüstendörfer* als außerordentlich dankenswert bezeichnet. Er stellte fest, dass die Wirkung der Hinterlegung für die Frage der Fortdauer der Receptumshaftung sehr bestritten sei. Beim Großverkehr spiele das allerdings keine große Rolle mehr, weil durch Vertragsklauseln bestimmt sei, dass die Haftung des Schiffes ende, wenn die Ware das Schiff verlasse. Anders sei es aber beim Klein- und Trampverkehr. Einige Schriftsteller seien der Ansicht, dass mit der Einlagerung der Güter die Receptumshaftung endige, während andere dies verneinten, aber der Ansicht seien, dass das Lagerhaus nicht Erfüllungsgehilfe des Verfrachters sei. Wenn auch praktisch beide Ansichten zu einem ähnlichen Ergebnis kämen, so sei doch eine eindeutige Regelung äußerst erwünscht; es erscheine ihm aber fraglich, ob diese Klarstellung schon durch die vom Referenten vorgeschlagenen Worte: „auf Kosten und Gefahr“ erfolge. Er schlage daher vor, ausdrücklich zu erklären: „Damit endet die Haftung des Schiffes“.

Der *Vorsitzende* pflichtete dem Vorschlag von Prof. Dr. Wüstendörfer bei. Damit wurde Leitsatz 23 a Abs. 2 und 3 mit dem Zusatz von Prof. Dr. Wüstendörfer als angenommen festgestellt.

Dr. Bollmann trug darauf seine Ausführungen zu *Leitsatz 14* (vgl. Referat) vor, die er noch ergänzte und zwar verwies er auf § 82 des schwedischen Gesetzes. Dieser lautet: „Die Liegezeit beginnt erst, nachdem das Fahrzeug laut Anmeldung am Ladeplatz ladebereit liegt. Die Anmeldung soll beim Verfrachter erfolgen, und, falls ein anderer als Ablader aufgegeben wurde, bei diesem; sie darf erst bei Eintreffen des Fahrzeuges am Ladeort erfolgen.“

Der *Vorsitzende* fasste daraufhin den Fragenkomplex nochmals zusammen, dahingehend, 1. Kann die Anzeige vorher erfolgen? 2. Stellen die Ausdrücke „fertig und bereit“ einen Pleonasmus dar oder sind sie beizubehalten? Er hob weiter hervor, dass er grundsätzlich dafür sei, althergebrachte Ausdrücke, die einen guten Sinn hätten, nicht einfach über Bord zu werfen. Andererseits scheine es ihm, dass mit dem Ausdruck „bereit“ alles gesagt sei. Er bat jedoch die Herren von der Praxis, sich dazu noch besonders zu äußern.

Darauf entspann sich eine Erörterung über diesen Ausdruck. Nachdem jedoch *Prof. Dr. Wüstendörfer* die Redewendung „fertig und bereit“ für einen unschädlichen Pleonasmus erklärt hatte, schloss der *Vorsitzende* die Auseinandersetzung dahingehend ab, dass es bei dem Ausdruck „fertig und bereit“ verbleiben solle.

Direktor *Brandt* erörterte dann noch die Frage, wem die Anzeige zugehen müsse, die von *Dr. Bollmann* dahingehend beantwortet wurde, dass sie grundsätzlich dem Befrachter zuzugehen habe; solle die Ladung aber von einem Dritten geliefert werden, so gelte § 577 HGB. Er schlug vor, dies für alle Fälle im künftigen Recht festzulegen.

Direktor *Brandt* führte aus, die Voranmeldung stelle sich für den Reeder günstiger, weil er diese erklären könne, ohne schon am Lade- oder Löschplatz angekommen zu sein. Würde man das Letztere verlangen, so ginge dem Reeder sicher häufig ein voller Tag verloren, wenn er den Ablader oder Befrachter nicht mehr rechtzeitig vor Büroschluss erreiche.

Prof. Dr. Wüstendörfer bemerkte, er sähe es nicht ein, warum eine das Laden oder Löschen vorbereitende, schon vor Ankunft des Schiffes erfolgende Anzeige verboten sein solle, zumal man ja gerade dadurch, wie schon von Direktor Brandt hervorgehoben sei, die Abladung erleichtere. Die Beweislast für die Ladebereitschaft treffe ja immer das Schiff. Er habe also keinerlei Bedenken gegen die Zulässigkeit einer früheren Anzeige.

Dr. Bollmann wies darauf hin, dass in der Praxis immer die Anzeige der Ladebereitschaft und eine Notizgabe im Sinne der Ausführungen von Direktor Brandt vereinbart würden. Die letztere habe den Zweck, dem Befrachter seine Lade- bzw. Löschmaßnahmen zu erleichtern.

Kapitän *Kuhl* warnte davor, eine vorherige Anzeige zuzulassen, da keinerlei Sicherheit bestünde, ob das Schiff auch wirklich den Ort zur Einnahme der Ladung erreiche. Er warf auch die Frage auf, wer dem Ablader die Kosten für vergebliche Vorbereitungsmaßnahmen ersetze.

Von *Prof. Dr. Wüstendörfer* wurde zugegeben, dass mit der früheren Anzeige ein Risiko verbunden sei, dieses würde aber freiwillig vom Schiff bzw. Kapitän übernommen. Es sei zwar richtig, dass der Ablader nicht immer kontrollieren könne, ob das Schiff tatsächlich schon ladebereit sei, wenn die Anzeige bei ihm eingehe. Er legte aber weiter dar, dass es seiner Ansicht nach unnötig sei, die frühere Anzeige im Gesetz zu verankern. Es genüge u.U., wenn sie vertraglich vereinbart werde.

Dr. Bollmann machte nochmals geltend, dass nach dem nordischen Recht die Anzeige erst bei Eintreffen des Schiffes am Ladeort erfolgen dürfe; anders sei das jetzt geltende deutsche Recht. Daraufhin konkretisierte *Prof. Dr. Wüstendörfer* die Frage nochmals an einem praktischen Fall. Er fragte, ob man eine frühere Anzeige in Form eines Telegramms, vom einkommenden Schiff in Cuxhaven aufgegeben, dass es um 12 Uhr mittags in Hamburg ladebereit sei, für zulässig halte. Dies wurde vom *Vorsitzenden* bejaht und auch von *Dr. Bollmann* bestätigt, während Ministerialrat *Krieger* zu bedenken gab, dass das Schiff noch ein paar Stunden Fahrt vor sich habe; ihm erscheine die nordische Regelung richtig.

Dr. Dettmers vertrat den Standpunkt, dass eine klare Bestimmung hier dringend notwendig sei; es gehe um Mark und Pfennig bei der Berechnung der Liegezeit.

Anhand der von OLG-Rat *Dr. Reinbeck* aufgeworfenen Frage, was zu gelten habe, wenn die Anzeige an einem Feiertage in London eingehe, wo der Befrachter seinen Sitz habe, Schiff und Ablader sich aber in Holland befänden, wo kein Feiertag sei, wurde festgestellt, dass es sich um einen Werktag nach dem Recht des Ladeplatzes handeln müsse.

Mit diesem Zusatz wurde vom *Vorsitzenden* der Leitsatz 14 als angenommen festgestellt.

Dr. Bollmann setzte sodann seinen Bericht zu *Leitsatz 15 Abs. 1* fort (vgl. Referat), den er hinsichtlich des schwedischen Rechts ergänzte. § 81 des schwedischen Gesetzes lautet: „Die Liegezeit beträgt für Fahrzeuge ohne ein maschinell betriebenes Ladegeschirr 2 Tage, falls die Nettokapazität nicht 50 Registertons übersteigt, 4 Tage, falls sie 50, aber nicht 100 Registertons übersteigt, 5 Tage, wenn sie 100, aber nicht 200 Registertons übersteigt, und 6 Tage, wenn sie 200, aber nicht 400 Registertons übersteigt. Für Fahrzeuge mit eigenem maschinell betriebenen Ladegeschirr beträgt die Liegezeit 2 Tage, wenn die Nettokapazität nicht 75 Registertons übersteigt, 3 Tage, wenn sie 75, aber nicht 200 Registertons übersteigt und 4 Tage, wenn sie 200, aber nicht 400 Registertons übersteigt.

Hat das Fahrzeug eine größere Kapazität, wird die Liegezeit berechnet unter Zugrundelegung der Art und Größe von Fahrzeug und Ladung, der Ladegeschirre an Bord und im Hafen, sowie unter Berücksichtigung weiterer Umstände, mit welchen bei Eingehen des Kontraktes erfahrungsgemäß gerechnet werden konnte."

Und § 85 Abs. 1 lautet: „Die Überliegezeit beträgt die Hälfte der Liegezeit bei Ganzbefrachtung, jedoch mindestens 3 Tage."

Prof. Dr. Wüstendörfer wies darauf hin, das nordische Recht sei zu dieser Regelung laut Mitteilung in der norwegischen Denkschrift deshalb gekommen, weil die Kleinschifffahrt erfahrungsgemäß keine ausführlichen Charterpartien habe und der Gebrauch des Ladehafens sehr oft strittig sei; diese Rechtsunsicherheit habe man sicher beseitigen wollen. Allerdings sei der Nachteil einer solchen Regelung, dass sie gegenüber den technischen Fortschritten schnell veralte. Im Großen und Ganzen scheine ihm jedoch die skandinavische Regelung nicht uneben zu sein, zumal damit ein übereinstimmendes Ostseerecht geschaffen würde, auch auf der Grundlage der Conférence d'Anvers 1921 in Bulletin 47 [des Comité Maritime International] sei Ähnliches vorgeschlagen worden.

Direktor *Sturm* erklärte die skandinavische Regelung für sehr beachtlich, meinte aber, sie gehe zu weit, wenn sie die Kleinschifffahrt bis zu Schiffen mit 400 to Ladefähigkeit rechne. Seiner Ansicht nach wäre die Grenze am besten bei 250 to zu ziehen; diese Zahl stelle in vielen Gesetzen einen Schnittpunkt dar.

Auch vom *Vorsitzenden* wurde die nordische Regelung als ein Mittel, auf den uneinheitlichen Ortsgebrauch zu verzichten, begrüßt; allerdings müssten die Maße für die Liegezeit wohl von einem Kollegium von Praktikern aufgestellt werden.

Dr. Bollmann wies darauf hin, dass das geltende deutsche Recht in § 568 HGB schon auf eine Verordnung verweise, deshalb schlug er vor, die von Direktor Sturm angeregte Regelung, ähnlich den nordischen Gesetzen in Form einer Verordnung niederzulegen. Damit erklärte sich der *Vorsitzende* einverstanden, nachdem er festgestellt hatte, dass sich kein Widerspruch gegen diesen Vorschlag erhob. Leitsatz 15 lautet demnach: „Die Dauer der Liegezeit wird für Schiffe bis zu einer bestimmten Größe durch eine einheitliche Verordnung festgesetzt, deren Einzelheiten noch zu beraten sind; im Übrigen gilt das Vereinbarte."

Dr. Bollmann ergriff daraufhin das Wort zu *Leitsatz 15 Abs. 2* (vgl. Referat). Er setzte hinzu, dass er seine Vorschläge mit Herren aus der Praxis besprochen habe, die ihm zugestimmt hätten.

Prof. Dr. Wüstendörfer legte dar, dass § 568 Abs. 2 HGB die Patina des Alters trüge; diese Norm stamme nämlich noch aus dem allgemeinen preußischen Landrecht von 1794. Er setzte sich dafür ein, dass die Frist nicht starr bemessen würde, sondern in Relation zur Dauer der Ladezeit stehen müsse. Dadurch werde auch psychologisch ein Druck auf den Ablader ausgeübt. Am besten sei es, wenn das deutsche Recht dem § 85 des skandinavischen Rechtes folge und eine Mindestfrist festlege.

Der *Vorsitzende* bemerkte dazu, dass unser Recht mit seiner 14tägigen Überliegezeit sicher zu weit gehe. Das Gleiche gelte auch vom italienischen Recht. Die nordische Regelung, die Überliegezeit auf die Hälfte der Liegezeit zu bemessen, erscheine ihm angebracht. Er warf aber weiterhin die Frage auf, ob es dem Interesse der Kleinschifffahrt entspreche, wenn eventuell mit halben Tagen gerechnet würde. Er wies darauf hin, dass allerdings im Kohlengeschäft Fristen von 36 bzw. 24 Stunden vereinbart würden.

Dr. Bollmann machte geltend, dass eine Mindestdauer nicht festgelegt zu werden brauche, denn zur Errechnung der Überliegezeit wäre es nur nötig, die durch die Verordnung festgelegte Zeit zu halbieren.

Ministerialrat *Krieger* war der Ansicht, es müsse geklärt werden, was unter einem halben Tag zu verstehen sei, da im bürgerlichen Recht nur nach vollen Tagen gerechnet würde.

Der *Vorsitzende* meinte dazu, unter einem halben Tag sei wohl normalerweise die vormittägliche Arbeitszeit zu verstehen.

Direktor *Sturm* bezeichnete es auf diesbezügliche Frage des Vorsitzenden als zweckmäßig, sich ruhig mit einem halben Tag abzufinden, da gegebenenfalls mit Nachtschichten gearbeitet werden könne und die Klarlegung, was unter einem halben Tag zu verstehen sei, der Praxis zu überlassen. Ihm pflichtete Direktor *Brandt* bei. Danach erklärte der *Vorsitzende,* dass dann die

Überliegezeit auch in der Verordnung selbst geregelt werden könne. Leitsatz 15 Absatz 2 werde insoweit zurückgestellt.

Dr. Bollmann setzte alsdann sein Referat zu *Leitsatz 17* fort.

Der *Vorsitzende* fasste darauf zusammen, dass man in Abänderung des § 568 HGB zu dem Ergebnis komme, für Schiffe von bestimmter Größe an die Liegezeit vertraglich vereinbaren zu lassen, sonst aber auf die Regelung der neu zu erlassenden Verordnung abzustellen. Wenn die Überliegezeit sich nach der Verordnung bestimme, sei seiner Ansicht nach eine Erklärung über ihren Ablauf durchaus überflüssig.

OLG-Rat *Dr. Segelken* wandte ein, dass die Rechtsunsicherheit nur vermehrt werde, wenn die Liegezeit in den verschiedenen Häfen verschieden geregelt sei, daher sei seiner Ansicht nach eine Anzeige über den Ablauf der Liegezeit unbedingt vonnöten.

Unter Bezugnahme auf die Ausführungen von OLG-Rat Dr. Segelken stellte der *Vorsitzende* richtig, dass es sich bei dieser Verordnung um eine einheitliches Recht schaffende Reichsverordnung handeln müsse. Seine Ausführungen wurden durch Ministerialrat *Krieger* dahingehend ergänzt, dass eine Polizeiverordnung nicht in Frage käme, wohl aber eine Verordnung des Justizministeriums; diese werde höchstwahrscheinlich nur eine Unterscheidung hinsichtlich der Fristbemessung zwischen großen und kleinen Häfen vornehmen. Er schloss seine Ausführungen damit, man mute den Beteiligten sicher nicht zuviel zu, wenn man annehme, dass sie diese Fristen kennen müssten.

Prof. Dr. Wüstendörfer griff die Worte des Vorsitzenden auf und meinte, auch ihm erscheine eine Erklärung, dass die Frist ablaufe, bei der gesetzlichen Regelung unnötig. Anders sei es aber, wenn die Frist vertraglich festgelegt, beispielsweise nur eine angemessene Frist vereinbart sei. Ihm stimmten Ministerialrat *Krieger* zu, ebenso der *Vorsitzende. Dr. Bollmann* stellte dazu fest, das entspräche etwa § 569 Abs. 2 HGB. *Prof. Dr. Wüstendörfer* warf dann noch die Frage auf, ob auch eine Erklärung des Verfrachters, dass die Überliegezeit ebenfalls abgelaufen sei, für nötig gehalten würde.

Ministerialrat *Krieger* gab zu, dass eine solche Regelung außerordentlich umständlich sei. Von mehreren Herren wurde darauf hingewiesen, dass die maßgeblichen Herren der Praxis, insbesondere solche, die auch mit kleineren Verhältnissen vertraut seien, nicht zugegen wären. Daraufhin stellte der *Vorsitzende* als vorläufiges Ergebnis zu Leitsatz 17 fest, dass der Abschaffung der Erklärung, dass die Frist abgelaufen sei, vorbehaltlich einer anderen Stellungnahme der Herren aus der Praxis zugestimmt werden könne, dass aber § 570 HGB nochmals geprüft werden müsse.

Im Anschluss daran warf Landgerichtsrat *Dr. Keith* die Frage auf, ob man einen Unterschied schaffen solle, wenn die Ladung bzw. Löschung schon begonnen oder wenn überhaupt noch nicht damit begonnen sei.

Dies wurde von dem *Vorsitzenden* verneint, um die Rechtsgestaltung nicht unnötig zu komplizieren.

Sodann ergriff *Dr. Bollmann* das Wort zu *Leitsatz 18.*

Da dieser Vorschlag einstimmig angenommen wurde, konnte *Dr. Bollmann* gleich zu *Leitsatz 19* übergehen (vgl. Referat). Er trug dazu nach, das schwedische Gesetz in § 86 zwischen maschinengetriebenen Schiffen und solchen bis 100 to bzw. 250 to etc. unterscheide. Ähnlich wie in § 572 Abs. 2 HGB würde im schwedischen Recht weiterhin auf die anderen Umstände abgestellt. Er schloss seine Ausführungen damit, dass er glaube, diese Gestaltung für das deutsche Recht nicht empfehlen zu können.

Ihm stimmte der *Vorsitzende* grundsätzlich zu, äußerte jedoch die Befürchtung, dass auch hierzu erst die Herren der Praxis gehört werden müssten.

Der *Vorsitzende* schloss darauf die Sitzung.

41. Arbeitssitzung vom 27.2.1939 (15.45 bis 18.30 Uhr)

Anwesend:
Vorsitzender: Senatspräsident beim Reichsgericht Dr. Lindenmaier, Leipzig
Ehrenmitglied: Prof. Dr. Wüstendörfer, Hamburg
und als weitere ständige Mitglieder:
Landgerichtsrat Dr. Keith, Berlin
Rechtsanwalt Dr. Baur, Hamburg
Rechtsanwalt Dr. Bollmann, Hamburg
Dr. Bramslöw, Hamburg
Direktor Brandt, Hamburg
Kapitän Homberg, Hamburg
Rechtsanwalt Dr. Kleemann, Hamburg als Protokollführer
Kapitän Klemp, Hamburg
OLG-Rat Dr. Reinbeck, Hamburg
Oberregierungsrat Dr. Schrader, Hamburg
Rechtsanwalt Dr. Schulze-Smidt, Bremen
OLG-Rat Dr. Segelken, Hamburg
Kapitän v. Staden, Hamburg
vom Reichsjustizministerium:
Ministerialrat Krieger, Berlin
vom Reichsverkehrsministerium:
Regierungsrat Dr. Schmierer in Vertretung für Oberregierungsrat Dr. Hassmann, Berlin
als Sachverständige:
Offen, Hamburg
Techen, Hamburg
Leonhardt, Hamburg
Edye, Hamburg
als Protokollführerin:
Assessorin Krüger, Hamburg
entschuldigt fehlten:
H. Amsinck
Dr. Droege
Dr. Kuhl
Dr. Möller
Dr. Schultze
Dr. Schütte

Zu Beginn der Sitzung beglückwünschte der *Vorsitzende* Herrn Rechtsanwalt *Dr. Schulze-Smidt* zu seiner Ernennung zum Justizrat und meinte, es gäbe keinen Würdigeren, den man mit dieser Auszeichnung bedenken kann; in seiner Ernennung zum Justizrat läge gleichzeitig eine Ehrung des Seerechtsausschusses. Weiterhin teilte der Vorsitzende noch mit, dass Ministerialrat Dr. Fessler aus dem Ausschuss ausgeschieden sei, weil er mit einem anderen Arbeitsgebiet innerhalb des Ministeriums betraut worden sei; er habe ihm für seine wertvolle Mitarbeit gedankt. An seine Stelle sei Oberregierungsrat *Dr. Hassmann*, den heute Regierungsrat *Dr. Schmierer* verträte, getreten. Außerdem sei der Seerechtsausschuss noch um weitere Mitglieder bereichert worden, nämlich um Kapitän *v. Staden*, Kapitän *Wegner* von der Auslandsorganisation der NSDAP und Kapitän *Homburg*.

Der Vorsitzende bat die neuen Mitglieder um verständnisvolle Mitarbeit. Darauf begrüßte er als sachverständige Gäste Herrn *Leonhardt* und Herrn *Techen* als Vertreter der Küstenschifffahrt.

Auf Bitten von Direktor Brandt betonte der Vorsitzende nochmals, dass dessen Ausführungen über das von ihm kurz „Speditions-Konnossement" richtig aber „Zweitverfrachterkonnossement" benannte Rechtsinstitut vertraulich zu behandeln wären.

Sodann referierte der Vorsitzende kurz das bisherige Ergebnis des Seerechtsausschusses zu *Leitsatz 13,* nämlich, dass Prof. Dr. Wüstendörfer sich dafür ausgesprochen habe, dass die Überliegezeit in Zukunft nicht nur von einer vertraglichen Vereinbarung abhängig sein solle, sondern zweckmäßigerweise schon im Gesetz niederzulegen sei; diese Ausführungen hätten im Wesentlichen Zustimmung gefunden, insbesondere im Hinblick darauf, dass in der Kleinküstenschifffahrt oft nicht vollständige Chartrepartien abgeschlossen würden. Ferner sei vorgeschlagen worden, die Länge der Überliegezeit in einer Reichsverordnung festzulegen. Herr *Offen* berichtete darauf, dass er, weil er selbst keinerlei Erfahrung auf diesem Gebiet habe, Makler befragt und dabei festgestellt hätte, dass in den Küstenschifffahrtsverträgen die Zahl der Ladetage und die Höhe des Liegegeldes festgelegt sei. Das wurde ebenfalls von dem *Vorsitzenden,* dem diesbezügliche Vertragsformulare von Dr. Kleemann vorgelegt worden waren, und Herr *Techen* bestätigt. Dieser bemerkte, es vollzöge sich eigentlich nie ein Transport ohne dieses Vertragsformular und ein entsprechendes Konnossement. Da in Deutschland 12.000 Motorsegler, die durchschnittlich 30 Reisen im Jahr machen, vorhanden seien, würden jährlich etwa 36.000 Fahrten unter diesem Vertragsformular durchgeführt.

Im Anschluss daran machte *Dr. Bollmann* auf Ziffer 7 des von Herrn Techen überreichten Küstenschifffahrtsvertrages aufmerksam, nach welchem das Laden innerhalb eines bestimmten Zeitraums zu geschehen habe. Da dieser Zeitraum aber nicht festgelegt sei, käme ein angemessener Zeitraum in Frage. Der *Vorsitzende* meinte jedoch, schaden könne jedenfalls eine Regelung von Gesetzes wegen nicht.

Um Missverständnissen vorzubeugen, wies *Prof. Dr. Wüstendörfer* darauf hin, dass der Seerechtsausschuss auch die Frage, ob eine Überliegezeit ausgehalten werden solle, im Gesetz zu regeln beschlossen habe. Auch nach § 80 des neuen skandinavischen Gesetzes sei der Verfrachter verpflichtet, das Fahrzeug eine bestimmte „Ladezeit" liegen zu lassen und diese umfasse von Gesetzes wegen „Liegezeit" und „Überliegezeit".

Kapitän *Klemp* berichtete alsdann einen praktischen Fall, den er kürzlich erlebt habe. Zwei Waggons Tonerde seien nicht rechtzeitig ans Schiff gebracht worden, die Chartepartie habe hinsichtlich der Liegezeit auf die ortsübliche Zeit abgestellt, danach wäre die Stettiner Usance in Frage gekommen. Diese betrüge 10 Tage. Da Liegegeld nur für zwei Tage zu zahlen gewesen sei, hätte sich der Frachtvertrag für den Verfrachter als ein Verlustgeschäft dargestellt, weil er acht Tage lang ohne Entschädigung auf diese zwei Waggons habe warten müssen. Hinzu käme, dass der Frachtsatz für das zu befördernde Gut sehr niedrig gewesen sei.

Diese Ausführungen wurden von *Techen* unterstrichen. Darauf stellte der *Vorsitzende* als Ergebnis fest, dass die Überliegezeit von Gesetzes wegen in Zukunft geregelt werden solle. Sodann referierte der Vorsitzende kurz über das Ergebnis der letzten Sitzung zu Leitsatz 15 (Protokoll der 40. Sitzung) und wies darauf hin, dass, wenn die Fristen für Liege- und Überliegezeit in einer Reichsverordnung geregelt würden, sich der Vorteil böte, dass der meist sehr vage „Ortsgebrauch" wegfiele, sofern nicht besondere Vereinbarungen vorlägen. Zu dieser Frage ergriff *Techen* das Wort und meinte, er würde es für wünschenswert halten, wenn eine andere Dauer als die bisherige gesetzliche Dauer für die Überliegezeit festgesetzt würde, und zwar dürfe seiner Ansicht nach die Überliegezeit die Hälfte der Ladezeit betragen.

Techen wies noch darauf hin, dass die Fristen bisher immer sehr reichlich bemessen gewesen seien, besonders, wenn berücksichtigt würde, dass Verzögerungen nur entstünden, wenn anormale Zufälle hinzuträten; er betonte, dass er keinerlei Bedenken gegen eine generelle Reichsregelung habe, nachdem Ministerialrat *Krieger* an die Herren aus der Praxis die Frage gerichtet hatte, ob man für verschiedene Güter verschiedene Fristen setzen solle und ob es möglich sei, von vornherein im Gesetz zu sagen, dass die Überliegezeit die Hälfte der Ladezeit betrüge.

Kapitän *Klemp* setzte sich dafür ein, dass die Fristen einheitlich geregelt würden, da sich sonst der Kapitän nicht zurechtfinden könne.

Auf die letzte Frage von Ministerialrat Krieger erwiderte *Dr. Kleemann,* er habe keine Bedenken dagegen, denn bei Bemessung der Lade- und Löschzeit sei schon die Art der Güter und die Art der zur Verfügung gestellten Hafenanlagen mit berücksichtigt. Wenn man dann noch die Hälfte der von den Parteien vereinbarten Frist als Überliegezeit zugebe, so müsse das unbedingt ausreichen.

Der *Vorsitzende* warf die Frage auf, was Rechtens sein solle, wenn, wie es beispielsweise in der Kleinschifffahrt vorkäme, ein Vertrag gänzlich fehle, also auch die Liegezeit nicht festgelegt sei.

Prof. Dr. Wüstendörfer bemerkte zur Ergänzung, dass seine Anregung ihren Grund in § 81 des neuen skandinavischen Gesetzes habe, dort sei bei Bemessung der Ladefrist darauf abgestellt, ob das Fahrzeug mit maschinell betriebenem Ladegeschirr versehen, wie groß seine Nettokapazität etc. sei. Weiter sei generell bestimmt, dass die Überliegezeit die Hälfte der Ladezeit betrüge. Der Redner meinte, nach diesen Gesichtspunkten würde die Ladezeit zweckmäßigerweise auch im neuen deutschen Gesetz abzustufen sein, er erinnerte daran, dass sein Vorschlag von dem sehr sachkundigen Direktor Sturm unterstützt worden sei. Aus der norwegischen Denkschrift zu dem Gesetz habe er entnommen, dass es doch Fälle gebe, wo im Vertrag die Ladezeit nicht geregelt sei. Anschließend legte *Dr. Bollmann* dar, dass Prof. Dr. Wüstendörfers Anregungen im Rahmen des geltenden Gesetzes lägen, da § 595 HGB in erster Linie auf die Vereinbarung, ersatzweise auf die Hafenverordnung und schließlich auf den Ortsgebrauch abstelle.

Der *Vorsitzende* schlug daraufhin vor, die Ladezeit für bestimmte Verhältnisse durch Verordnung festzulegen, danach könne dann generell die Überliegezeit bestimmt werden.

Von OLG-Rat *Dr. Segelken* wurde dagegen geltend gemacht, dass das holländische Recht in Art. 518 r auf den einzelnen Fall abstelle; gemäß § 518 v betrüge die Überliegezeit allgemein acht Tage. Der *Vorsitzende* erwiderte auf diesen Hinweis, dass ihm die holländische Regelung zuerst sehr eingeleuchtet habe, hinterher seien ihm jedoch Bedenken gekommen, dass diese zu weich und dehnbar sei. Er stellte darauf fest, dass der Seerechtsausschuss den Vorschlag, die Liegezeit für bestimmte Verhältnisse gesetzlich festzulegen und danach generell die Überliegezeit zu bemessen, angenommen habe. Daher könne jetzt zu *Leitsatz 17* übergegangen werden. Der *Vorsitzende* berichtete zu Leitsatz 17, dass in der vorigen Sitzung Stimmen in der Richtung laut geworden waren, dass eine Erklärung des Kapitäns, wie sie bisher rechtens war, dass die Wartezeit abgelaufen sei, zwar in den Fällen notwendig erscheine, wo ihre Länge vertraglich festgelegt sei; entbehrlich jedoch dort, wo ihre Festlegung im Gesetz erfolge. Hierzu bemerkte *Offen,* dass die gesetzlichen Vorschriften eigentlich nie zum Ziele kämen, da sie immer durch besondere Vertragsklauseln ersetzt würden, beispielsweise sei ihm noch niemals ein Fall von § 570 HGB vorgekommen, er glaube daher, man könne auf diese dreitägige Frist verzichten. Gleicher Ansicht war auch *Techen,* der erwähnte, er habe zwar Fälle aus § 570 HGB erlebt, dennoch sei er der Ansicht, dass die Frist entbehrlich sei.

Dagegen betonte *Leonhardt,* dass an die Lage des Befrachters bei der Beladung der Schiffe gedacht werden müsse. Diesem solle doch die Möglichkeit gegeben werden, sein Gut auch zu verladen. Wenn es sich um die Löschung handle, so könne leicht ein Ausweg gefunden werden, anders sei es aber bei der Ladung. Aus diesem Grunde sei er der Ansicht, dass die Frist weiter gelten müsse, und zwar sowohl bei der gesetzlichen als auch bei der vertraglichen Festlegung der Lade- bzw. Löschzeit. Gegebenenfalls könne man jedoch mit einer kürzeren als einer dreitägigen Frist auskommen.

Dem schloss sich *Dr. Schulze-Smidt* an, der auch eine Respektfrist aus Loyalität gegenüber dem Befrachter befürwortete.

Ministerialrat *Krieger* legte nochmals die Situation wie folgt klar: Wenn die Dauer der Frist im Vertrage bestimmt sei, so gelte § 569, die Überliegezeit begänne dann ohne weiteres mit Ablauf der Ladezeit, trotzdem müsse der Kapitän drei Tage vor Ablauf der Überliegezeit mitteilen, dass er nicht länger zu warten gedenke, oder noch drei Tage warten. Das wäre der erste Fall. Der zweite Fall wäre der, dass die Dauer der Lade- bzw. Löschzeit nicht vereinbart sei. Dieser Fall sei in § 569 Abs. 2 HGB geregelt. Hier beginne die Überliegezeit erst, wenn erklärt sei, dass die Ladezeit abgelaufen sei, dann müsse nach § 570 HGB immer noch drei Tage vor Ablauf der Frist erklärt werden, dass das Schiff nicht länger warten wolle. Es frage sich, ob man wirklich noch die zweite Erklärung brauche. Abschließend meinte er, dass in der Erklärung „die Ladezeit ist abgelaufen" schon die zweite Erklärung „länger werde ich nicht warten" läge. Daraufhin legte Herr *Edye* dar, seiner Ansicht nach könne die dreitägige Frist nicht entbehrt werden. Bei flauem Frachtenmarkt sei das Schiff gegebenenfalls bereit, „bis in die Puppen" zu liegen. Der Verfrachter könne dann aber nicht plötzlich das Schiff abfahren lassen. Dem Befrachter müsse Gelegenheit gegeben werden, sich auf die endgültige Abfahrt des Schiffes einzustellen. Der Redner gab allerdings zu, dass über die Länge der Frist noch gesprochen werden kann.

Daraufhin stellte der *Vorsitzende* als vorläufiges Ergebnis fest, dass man die Frist wohl beibehalten müsse. Er meinte, für die Kleinschifffahrt würde wegen des ihr zur Verfügung stehenden verhältnismäßig kleinen Schiffsraums eine kurze Frist genügen. Darauf entgegnete *Dr. Baur,* seiner Ansicht nach könne die Frist nicht weniger als drei Tage betragen, da sie doch die Bedeutung hätte, dem Befrachter noch die Ladung bzw. Löschung zu ermöglichen, während *Techen* geltend machte, der Befrachter als Vollkaufmann sei doch in der Lage, leichter Termine zu notieren, als der Verfrachter in der Kleinschifffahrt.

Dr. Bollmann machte darauf aufmerksam, dass der Seerechtsausschuss zu dieser Frage schon Stellung genommen habe, und zwar dahingehend, dass der § 569 Abs. 2 in das neue Recht zu übernehmen sei, nur die Frage der Frist sei noch zurückgestellt. Er habe sich gegen eine Dreitagefrist mit Rücksicht auf die Tatsache, dass manchmal die Ladezeit nur 24 oder 36 Stunden betrüge, ausgesprochen. Nach Herrn Edyes Ausführungen modifiziere er seine Ausführungen jedoch jetzt dahingehend, dass die Erklärung mit einer „angemessenen Frist" erfolgen müsse. Der *Vorsitzende* warf daraufhin ein, er sei kein Freund von sogenannten angemessenen Fristen, eine solche Regelung bedeute vor allen Dingen keinen Schutz für geschäftsungewandte Kontrahenten. Sein Vorschlag ginge dahin, die zweite Frist in § 570 würde beibehalten und für geeignete Fälle in Erwägung gezogen, ob diese Frist evtl. abzukürzen sei.

Prof. Dr. Wüstendörfer warf im Anschluss daran die Frage auf, ob es nicht ein übertriebener Bürokratismus sei, wenn man für den Übergang von der gesetzlichen Ladezeit auf die gesetzliche Überliegezeit noch eine Erklärung verlange, d.h. also, dass erklärt werden müsse: „Heute läuft die Ladezeit ab", und dass dann sofort hinterher abermals erklärt werden müsse: „Die Überliegezeit läuft dann und dann ab". Ministerialrat *Krieger* fragte, ob man nicht beide Erklärungen verbinden könne. Dagegen äußerte sich *Dr. Schulze-Smidt,* er habe Bedenken, weil doch wohl beide Erklärungen nötig seien, denn bei der einen Erklärung handle es sich um das Bezahlen, bei der anderen um das Abfahren. *Dr. Baur* erwähnte dazu, dass diese Erklärungen ja nur in Frage kämen, wenn im Vertrage nichts anderes bestimmt sei, also praktisch nur sehr selten.

Als Ergebnis stellte der *Vorsitzende* abschließend fest, dass es bei der ersten Frist verbleiben solle; der Seerechtsausschuss wolle nicht päpstlicher sein als die Praxis. Es solle auch bei der zweiten Frist verbleiben; diese solle aber in geeigneten Fällen erheblich, evtl. auf 24 Stunden, abgekürzt werden. Dieses Ergebnis wurde von *Dr. Schulze-Smidt* noch einmal besonders unter Hinweis darauf befürwortet, dass manchmal sogar über den Beginn der Frist Streit herrsche.

Dr. Bollmann ergriff darauf das Wort zu *Leitsatz 19* (vgl. Referat). Anschließend stellte der *Vorsitzende* fest, dass Leitsatz 19 einstimmig angenommen worden sei. Daraufhin referierte *Dr. Bollmann* zu *Leitsatz 20 Abs. 1* (vgl. Referat). Er ergänzte seine Ausführungen noch durch Hinweis auf den bereits mehrfach zitierten § 81 des schwedischen Gesetzes und bemerkte weiterhin, dass man sich nach dem Bericht über die Verhandlungen des Comité Maritime International auf der Konferenz in Kopenhagen vom 13.-17.5.1913 seinerzeit entschlossen habe, bei der Berechnung der Lade- und Überliegezeit die Tage in ununterbrochener Reihenfolge zu zählen, das sei in Art. 13 Abs. 2 niedergelegt. Gegen diese Rechnungsart hätten sich Koch, Dänemark und Berlingieri, Italien, ausgesprochen und entsprechend dem Vorschlag der Hamburger Frachtrechtkommission befürwortet, die Ladezeit nach working days und die Überliegezeit nach running days zu zählen (vgl. S. 20 des Berichts). Dieser Vorschlag entspräche genau dem des Herrn Offen.

Dr. Kleemann erwähnte dazu, diese Regelung habe auch das Binnenschifffahrtsrecht getroffen, das erschiene ihm nicht unwichtig. *Prof. Dr. Wüstendörfer* führte aus, die jetzige Regelung stamme aus den 50er Jahren des letzten Jahrhunderts, wo es keine gesetzliche Sonntagsruhe für Hafenbetriebe gab. In dem Augenblick, wo die Sonntagsruhe auch für den Hafenbetrieb gesetzlich eingeführt worden sei, sei die Regelung für den Befrachter unbillig geworden. Daher müsse heute zu der Regel übergegangen werden, dass nur Werktage gezählt würden. Er begrüße aber Offens Vorschlag, der auch den Beschlüssen der Londoner Konferenz entspräche, da dadurch auch ein psychologischer Druck ausgeübt würde. Anschließend stellte der *Vorsitzende* fest, dass der Leitsatz 20 Abs. 1 in der von Offen vorgeschlagenen Fassung angenommen worden sei.

Dr. Bollmann referierte darauf zu *Leitsatz 20 Abs. 2* (vgl. Referat). Er ergänzte die Ausführungen seines Referats durch Hinweis auf § 90 und 108 des schwedischen Gesetzes, diese lauten: „§ 90. Befrachter und Verfrachter müssen das Gut mit angemessener Schnelligkeit abliefern und einladen. Das Gut muss so abgeliefert werden, dass eine bequeme Übernahme an Bord sowie leichte Verstauung und Löschung möglich wird.“

Entsprechendes sei im § 108 für die Löschung festgelegt. Auch über diese Frage habe man 1913 in Kopenhagen verhandelt. In seinem Bericht über das Verhältnis des französischen Frachtrechtsentwurfs zu den Beschlüssen der Hans. Frachtrechtskommission habe auch Gütschow in dem Sinne Stellung genommen, dass auch zufällige Verzögerungen zulasten der Partei gehen, die dadurch an der rechtzeitigen Erfüllung ihrer Verpflichtungen verhindert sei. Das ergäbe sich bereits aus der Natur der Sache und brauche nicht besonders gesagt zu werden (vgl. S. 6 des Berichts von Karl Gütschow [Bem. über den Bericht der Hamb. Frachtkomm. vom Mai 1911]). Nach einer entsprechenden Frage des Vorsitzenden erklärte der Referent *Dr. Bollmann,* dass sein Vorschlag folgendermaßen aufzufassen sei: Wenn über die Dauer der Ladezeit nichts vereinbart sei, so käme es lediglich auf die Angemessenheit an, d.h., die im Einzelfall vorliegenden Umstände würden bei Festsetzung der angemessenen Frist mit berücksichtigt. Sei aber eine bestimmte Dauer festgelegt, so trüge jeder Vertragsteil die Gefahr für die von ihm zu vertretenden Umstände, und zwar sowohl für verschuldete als auch für zufällige. Meistens sei ja schon in diesem Falle über das Schiff weiter disponiert, also in den meisten Fällen, wo eine feste Frist nicht vereinbart sei; habe der Verfrachter nicht disponiert, so sei die Einhaltung der Frist nicht so wichtig. Auf eine diesbezügliche Frage von *Dr. Schulze-Smidt* erwiderte *Dr. Bollmann,* dass Leitsatz 20 Abs. 3 dahin zu verstehen sei, dass sowohl der Fall umfasst werden solle, dass nur eine Ladezeit, als auch dass Ladezeit und Überliegezeit fest vereinbart seien.

Prof. Dr. Wüstendörfer führte aus, er habe lange über den Vorschlag des Referenten nachgedacht, könne aber leise Bedenken nicht unterdrücken. Richtig sei, dass jeder die Umstände, die in seiner Lebenssphäre lägen, zu tragen habe, gleichgültig, ob ihn dabei ein Verschulden treffe oder nicht; für die letzteren Fälle, nämlich wenn unverschuldeter Zufall vorliege, scheine ihm der Vorschlag des Referenten in einigen Fällen unbillig zu sein, und zwar einmal gegenüber dem Befrachter, zum anderen gegenüber dem Verfrachter. Dass die Liegegeldverpflichtung eintrete, wenn während der Ladezeit die Lieferung der Ladung unmöglich sei, wäre durchaus billig, anders aber, wenn die Übernahme der Ladung unmöglich sei. Billig sei im letzteren Fall, dass die Wartezeit sich verlängere, daher auch die Liegegeldverpflichtung entsprechend später eintrete. Seiner Ansicht nach müsse also zwischen Übernahme und Lieferung geschieden werden, alles was zur Übernahme gehöre, hänge mit der Lebenssphäre des Verfrachters zusammen, alles was zur Lieferung gehöre, mit der Lebenssphäre des Befrachters. Seines Ermessens müsse die Sphärentheorie restlos durchgeführt werden. Das sei auch auf anderen Gebieten der Rechtsordnung zu finden, beispielsweise bei Fragen des Lohnausfalls zwischen Arbeitnehmer und Arbeitgeber, wenn Zufälle die Arbeitsleistung verhinderten. Der Redner meinte weiter, ein Bedenken, das auftauchen könnte, müsse noch aus dem Weg geräumt werden, manche Ereignisse gehörten nämlich in ihrer Hinderungswirkung *beiden* Lebenskreisen an, z.B. eine Mobilmachung. Hier sei die Schiffsmannschaft nicht frei zur Übernahme der Ladung und die Ware könne andererseits nicht an Bord geliefert werden. Hier scheine ihm eine Lösung dahingehend angemessen zu sein, dass dann *beide* Teile den Zufall zu tragen hätten, d.h., dass sich einerseits die Wartezeit verlängere, andererseits aber die Liegegeldverpflichtung schon einträte. Das wäre dann eine Verallgemeinerung der Sonderregelung, die das Handelsgesetzbuch in § 573 Abs. 2 Ziffer 1 in Verbindung mit § 574 Satz 1 kenne. Zum Schluss erklärte der Redner, er habe sich erlaubt, seine Vorschläge folgendermaßen zu formulieren:

1. Tage, an denen die Übernahme der Ladung durch Zufall verhindert sei, kommen nicht in Ansatz für den Lauf der Wartezeit. Diese wird entsprechend verlängert. Liegegeld ist für jene Tage nicht zu entrichten, selbst wenn die Verhinderung während der Überliegezeit eintritt.

2. Tage, an denen die *Lieferung* der Ladung oder die Lieferung jeder Art von Ladung an das Schiff durch Zufall verhindert ist, kommen in Ansatz für den Lauf der Wartezeit. Diese läuft trotz des Hindernisses ab.

3. Tage, an denen sowohl die Lieferung als die Übernahme der Ladung durch Zufall verhindert ist, kommen nicht in Ansatz für den Lauf der Wartezeit. Diese verlängert sich entsprechend. Doch hat der Befrachter für jene Tage Liegegeld zu zahlen, selbst wenn die Verhinderung während der Ladezeit eintritt.

Es schiene ihm angemessen, dass der Seerechtsausschuss sich zu diesem Prinzip bekenne, ganz einerlei, ob eine zahlenmäßige Frist vereinbart oder gesetzlich festgelegt sei oder eine gesetzliche Interpretation des Begriffes der „angemessenen Frist“ in Frage käme. Die Folge seines Vorschlages sei, dass die §§ 573-574 HGB anders gefasst werden müssten und die §§ 575 und 576 HGB dann wegfielen.

Der *Vorsitzende* bemerkte, sein Missverständnis in der Auslegung des Vorschlages des Referenten, das vorhin zu seiner Frage an den Referenten geführt habe, wäre aus den Bedenken entsprungen, die er gegen die Unterscheidung von fixed und not definitely fixed time hätte. Die englische Befrachtung läge den Deutschen nicht. Vor allen Dingen möchte er sich gegen eine „angemessene Frist“ aussprechen, weil dieser Begriff oft genug dazu führe, die Angemessenheit erst durch den Richter feststellen zu lassen. Die Parteien pflegten leider in der Regel durchaus feste, aber voneinander abweichende Begriffe von der Angemessenheit zu haben. Ihm erschiene der Gedanke, dass jede Partei – grob gesprochen – ihren Casus zu vertreten habe, ausgezeichnet. Prof.

Dr. Wüstendörfers Vorschlag ginge sogar noch weiter. Er halte diesen Vorschlag für sehr glücklich.

Prof. Dr. Wüstendörfer ergänzte seine Ausführungen noch dahin, durch seinen Vorschlag solle die bisherige undurchsichtige gesetzliche Regelung klarer werden, deshalb seien unter Ziffer 2 zwei Fälle gleich behandelt, die das bisherige Gesetz seines Ermessens ohne ausreichenden Grund getrennt habe. Dadurch würde auch der Streit entfallen, ob nur diese oder jede Lieferung von Ladung unmöglich sei. Bei Dr. Bollmanns Vorschlag scheine ihm eine Erinnerung an das Fixgeschäft vorzuschweben; als Fixgeschäft sei ein Frachtvertrag zwar denkbar, praktisch spiele es aber doch wohl keine Rolle.

Ministerialrat *Krieger* meinte, bei Abschluss des Vertrages habe man doch wohl an einen fest umrissenen Zeitraum gedacht, ihm erscheine es daher nicht sehr richtig, dass man, nur weil irgendwelche Zufälle eingetreten seien, plötzlich einen anderen von den Vorstellungen der Parteien abweichenden Zeitraum für angemessen erkläre.

Dr. Bollmann warf ein, dass er sich selbstverständlich mit Prof. Dr. Wüstendörfers Vorschlag einverstanden erkläre.

Landgerichtsrat *Dr. Keith* gab zu, dass der Wüstendörfersche Vorschlag sehr logisch sei und die Einzelfälle genau abgrenze. Er meine jedoch, wenn die Lieferung jeder Art von Ladung unmöglich sei, so treffe dieser Umstand doch in der Regel auch den Verfrachter und gehöre also auch in dessen Lebenssphäre, z.B. ein Generalstreik. Seiner Ansicht nach gehöre daher dieser Fall unter Ziff. 3 des Wüstendörferschen Vorschlages. Ein Zufall, der so groß und ungeheuer sei, dass er die Lieferung jeder Art von Ladung unmöglich mache, läge eben in beiden Lebenssphären, nicht nur in der Sphäre des Befrachters.

Prof. Dr. Wüstendörfer erklärte diese Bedenken von Landgerichtsrat Dr. Keith für nicht stichhaltig. In den Fällen, wo die Lieferung jeder Art von Ladung unmöglich sei, werde in der Regel auch die Übernahme unmöglich sein, dann käme Ziff. 3 seines Vorschlages zum Zuge.

Landgerichtsrat *Dr. Keith* wählte als Beispiel für seine Ausführungen einen Eisenbahngeneralstreik und stellte die Frage, warum dieser allein zulasten des Befrachters gehen sollte. Es sei zwar richtig, dass der Befrachter einen Grad näher zur Eisenbahn stehe als der Verfrachter, er könne aber nicht einsehen, dass das maßgebend sein solle (*Zurufe:* gerade darauf kommt es an!).

Der *Vorsitzende* erwiderte, kürzlich habe sich in den chinesischen und japanischen Häfen, in denen vorübergehend die Kaianlagen für unbetretbar erklärt worden seien, ein solcher Fall ereignet. dieser fiele unter Ziff. 3 des Wüstendörferschen Vorschlages. Er glaube, dass die von Landgerichtsrat Dr. Keith berührten Fälle sämtlich unter Ziff. 3 fielen, obwohl er im Moment noch nicht alle Möglichkeiten übersehen könne.

Offen stimmte dem Wüstendörferschen Vorschlage zu und erwähnte, er habe den Referenten vorher auch im Sinne des Wüstendörferschen Vorschlages verstanden, das habe er nämlich aus den Ausführungen des Referats entnommen.

Auch *Edye* und *Techen* begrüßten den Vorschlag von Prof. Dr. Wüstendörfer. Techen kam dann noch einmal auf Leitsatz 20 Abs. 1 zurück und meinte, wenn am Sonntag tatsächlich geladen bzw. gelöscht würde, dann müsse der Sonntag auch als Werktag entsprechend der Regel, die in fast allen Chartepartien enthalten sei: „Wenn Feiertage benutzt werden, sind sie mitzuzählen" angerechnet werden.

Ministerialrat *Krieger* bezeichnete diese Regel jedoch als unbillig. Wenn eine Ladezeit beispielsweise vier Tage betrüge und am Sonnabend begönne, so ende sie am Mittwoch. Wenn nun am Sonntag einige Stunden geladen würde, so sei es seiner Ansicht nach ungerecht, wenn der Befrachter, der mit der Ladung erst am Mittwoch fertig würde, dafür Liegegeld bezahlen müsse, da doch der Mittwoch von vornherein als letzter Ladetag vorgesehen sei.

Edye führte zur Unterstützung Techens an, dass der Reeder außerordentlich hohe Unkosten zu bezahlen habe, wenn das Schiff am Sonn- oder Feiertag arbeiten müsse. Insbesondere auch deshalb, weil die Feiertage gewöhnlich die Urlaubstage darstellen.

Dr. Kleemann stellte noch fest, dass, wenn die Ladezeit an einem Sonnabend beendet sei, der darauf folgende Sonntag natürlich zur Überliegezeit gehöre und bezahlt werden müsse.

Ministerialrat *Krieger* empfahl, Techens Vorschlag nicht im Gesetz zu regeln, sondern die Frage vielmehr der Auslegung durch die Praxis zu überlassen. Damit erklärte sich Techen, der seine Worte auch gar nicht als Vorschlag aufgefasst wissen wollte, einverstanden.

Daraufhin stellte *Offen* die Frage, wie sich die Regel zu Ziff. 1 des Vorschlages zu dem Fall, dass eine Ware fob geliefert würde, stelle.

Hierauf entgegnete *Prof. Dr. Wüstendörfer,* dass keine Schwierigkeiten entstehen würden, da dann eine vertragliche Einengung des Begriffes „Übernahme" vorläge. Der Befrachter müsse in solchem Falle die Ware nicht nur längsseits liefern, sondern an Bord; wenn eine Schüttungstätigkeit unmöglich sei, dann gehe das *hier* zulasten des Befrachters, anders als nach § 561 HGB.

Der *Vorsitzende* erklärte, Zufälle, die den Kran beträfen, gehen zulasten des Befrachters; Zufälle, die die Garnierung beträfen, zulasten des Schiffes. Abschließend stellte er fest, dass Prof. Dr. Wüstendörfers Vorschlag angenommen sei.

Dr. Bollmann referierte sodann zu *Leitsatz 21* (vgl. Referat).

Prof. Dr. Wüstendörfer verwies hierzu auf eine Entscheidung in HansRGZ 1929 Ausgabe B S. 195. Der Entscheidung habe der Fall zugrunde gelegen, dass ein Schiff an unwirtlicher Küste Afrikas zur Einnahme der Ladung lag, während der Befrachter sich in Hamburg befand. In dieser Entscheidung sei ausgesprochen worden, dass das Schiff nicht dem Hamburger Befrachter eine Anzeige der Ladebereitschaft zuzusenden gehabt hätte – der Ablader sei natürlich benachrichtigt gewesen –, er empfehle daher den Zusatz: „Die Benachrichtigung des Befrachters kann unterbleiben, wenn sie untunlich erscheint."

Der *Vorsitzende* erklärte, der Leitsatz sei mit dieser Maßgabe angenommen.

42. Arbeitssitzung vom 15.3.1939 (15.45 bis 19 Uhr

Anwesend:
Vorsitzender: Senatspräsident beim Reichsgericht Dr. Lindenmaier, Leipzig
Ehrenmitglied: Prof. Dr. Wüstendörfer, Hamburg
und als weitere ständige Mitglieder:
Landgerichtsrat Dr. Keith, Berlin
Rechtsanwalt Dr. Baur, Hamburg
Rechtsanwalt Dr. Bollmann, Hamburg
Direktor Brandt, Hamburg
Rechtsanwalt Dr. Kleemann, Hamburg, als Protokollführer
Kapitän Klemp, Hamburg
Rechtsanwalt Dr. Schulze-Smidt, Bremen
Dr. Schütte, Hamburg
Kapitän v. Staden, Hamburg
vom Reichsjustizministerium:
Ministerialrat Krieger, Berlin
vom Reichsverkehrsministerium:
Regierungsrat Dr. Schmierer in Vertretung für Oberregierungsrat Dr. Hassmann, Berlin

als Sachverständige:
Offen, Hamburg
Dr. Stödter, Hamburg
Techen, Hamburg
als Protokollführerin:
Assessor Krüger, Hamburg
entschuldigt fehlten:
Direktor Amsinck
Dr. Droege
Edye
Dr. Schultze
Dr. Bramslöw
Direktor Sturm
Dr. Heynen

Der *Vorsitzende* begrüßte zu Beginn der Sitzung Herrn Dr. Stödter, den Geschäftsführer der Fachgruppe Reeder Hamburg als Gast und kündigte an, dass dieser in Zukunft auch als ständiges Mitglied dem Ausschuss angehören würde.

Er bat darauf den Referenten, bei seinen Ausführungen die von ihm vorgeschlagenen *Leitsätze 22 und 24* zu verbinden. Darauf ergriff der Referent, *Dr. Bollmann*, das Wort (vgl. Referat). Er ergänzte seine Ausführungen noch durch Hinweis auf die *§§ 518 x und 518 z, sowie § 519 des holländischen Rechts. § 518 x* hat folgenden Wortlaut:

„Ist bei Ablauf der Ladezeit, oder, wenn Überliegetage vereinbart sind, bei Ablauf dieser, die Ladung nur teilweise beschafft, so kann der Verfrachter, ohne länger zu warten, die Reise antreten. Er ist befugt, statt des fehlenden Teiles der Ladung Güter anderer Art (Beiladung) zur Beförderung anzunehmen. – Der Befrachter ist zum Ersatz des Schadens verpflichtet, der dem Verfrachter infolge der Unvollständigkeit der Ladung erwächst, sowie zur Entrichtung des Überliegegeldes, wenn Überliegetage vereinbart waren. – Ist als Fracht eine runde Summe vereinbart, so ist diese ganz zu zahlen, abzüglich der Fracht für etwaige Beiladung."

§ 518 z lautet: „Der Verfrachter hat auf Verlangen des Befrachters die Reise auch mit einem Teile der vereinbarten Ladung anzutreten, wenn der Befrachter ihm für alles Sicherheit leistet, was er im Falle der Beförderung der vollen vereinbarten Ladung von ihm hätte fordern können. – Für den Fall von Streitigkeiten über Betrag und Art der zu leistenden Sicherheit entscheidet der Vorsitzende des Arrondissementsgerichtes am Abladungsort auf Antrag der betreibenden Partei nach Anhörung oder gehöriger Ladung der Gegenpartei oder ihres Vertreters. Diese Ladung erfolgt mittels Einschreibebrief durch den Gerichtsschreiber."

Art. 519 des holländischen Rechts lautet: „Auch nachdem die vereinbarte Ladung teilweise oder ganz verladen ist, kann der Befrachter, solange das Schiff die Reise nicht angetreten hat, von dem Vertrag unter der Bedingung zurücktreten, dass er Sicherheit für die Kosten der Wiederausladung und den Ersatz aller etwaigen Schäden leiste, die dem Verfrachter aus diesem Rücktritt erwachsen. Der zweite Absatz des vorhergehenden Artikels findet Anwendung."

Weiterhin nahm der Referent Bezug auf die *nordische Regelung*, insbesondere die §§ 131 bis 134. Diese lauten:

§ 131. „Tritt der Befrachter vor Beginn der Einladung vom Kontrakt zurück, so steht dem Verfrachter eine Vergütung für Frachtverlust und sonstigen Schaden zu. – Der Befrachter ist jedoch nicht ersatzpflichtig in folgenden Fällen: Wenn durch Umstände, die der Befrachter bei Eingehen des Kontraktes nicht in Betracht ziehen konnte, die Ausfuhr der Ware oder seine Einfuhr ins Bestimmungsland unmöglich geworden ist. Dazu gehören Ausfuhr- und Einfuhrverbot und

andere behördliche Maßnahmen, ebenso Untergang aller solcher Waren, die der Kontrakt vorsieht oder Vernichtung der betreffenden Ware durch Unglücksfall. Sollte die Beförderung des Gutes dem Verfrachter besondere Schwierigkeiten machen, kann auch er ohne Ersatzpflicht vom Vertrage zurücktreten. Wer sich auf einen der angeführten Umstände berufen will, möge unverzüglich darüber Mitteilung machen. – Ist am Schluss der Ladezeit kein Gut abgegeben worden, gilt dieser Umstand als Rücktritt des Befrachters vom Vertrage."

§ 132. „Wenn der Befrachter die im Vertrag festgelegte Warenmenge nicht einliefert, so hat der Verfrachter für die fehlende Menge ein Recht auf Schadensersatz für Frachtverlust lt. § 131. – Liegt in diesem Falle ein Recht zu Ersatzansprüchen vor oder nicht, so darf der Verfrachter den Vertrag in seiner Gesamtheit annullieren, sofern nicht nach Aufforderung noch vor Schluss der Ladezeit der Schadensersatz bezahlt oder Sicherheit dafür gestellt wird. Falls der Kontrakt annulliert wird, so erhält der Verfrachter einen Schadensersatz, für den dadurch entstandenen Frachtverlust, sofern nicht für das fehlende Gut die im § 131 erwähnten Umstände Anwendung finden."

§ 133. „Ist die Ladung erfolgt, so darf der Kontrakt weder im Ladehafen noch auf der Fahrt annulliert werden, wenn die mit der Annullierung verbundene Löschung des Gutes für den Verfrachter mit besonderen Schwierigkeiten verbunden wäre, oder wenn einem anderen Befrachter ein Schaden zugefügt würde. In Bezug auf das Recht des Verfrachters auf Schadensersatz und Annullierung des Kontraktes gelten die Bestimmungen der §§ 131 und 132. Wenn in einem Anlegehafen während der Fahrt Ware gelöscht wird, erhält der Verfrachter stets einen Frachtpreis laut § 129."

§ 134. Bei der Festsetzung des Schadensersatzes für Frachtverlust muss berücksichtigt werden, dass der Verfrachter ohne triftigen Grund unterlassen hat, andere Ware mitzunehmen. Wenn dem Verfrachter auch kein Schadensersatz zusteht, so soll ihm doch eine Vergütung für Überliegezeit und sonstige Verzögerung vor Annullierung des Kontraktes zugebilligt werden."

Abschließend erwähnte der Referent von den weiteren ausländischen Rechten noch die italienische Regelung, die in den §§ 272, 259 und 267 niedergelegt sei; da diese aber keine besondere Anregung für das künftige deutsche Recht gäbe, so erübrige sich wohl die genaue Zitierung.

Die Hauptfrage sei die, ob im künftigen deutschen Recht das Rechtsinstitut der Leer- und Fautfracht beibehalten werden soll, oder ob sich Deutschland dem System des englischen Rechts, das an die Nichterfüllung des Vertrags volle Schadensersatzpflicht knüpfe, anschließen werde. Diese Frage sei bereits Gegenstand früherer Verhandlungen der internationalen Seerechtskommission gewesen; darüber liege ein Bericht von Schaps [Georg Schaps, Bemerkungen zum Questionaire sur le Fret des Comité Maritime International, Hamburg, ca. 1905], den dieser an den Deutschen Verein für internationales Seerecht gerichtet habe, vor. Auf Seite 2 daselbst führe Schaps Folgendes aus: „Dagegen erscheint internationaler Regelung kaum bedürftig die Frage, ob Fautfracht (demi-fret, half-freight) zu zahlen ist. Wenn der Befrachter vor Antritt der Reise vom Vertrage zurücktritt, so sind seine Beziehungen zum Verfrachter schon im Abladehafen gelöst; die Frage der Fautfracht regelt sich nach dem Vertrage eventuell nach dem Recht, dem der Frachtvertrag überhaupt untersteht, und eine anderweitige Rechtsordnung kann nicht hineinspielen. Im allgemeinen Unifikationsinteresse mag man eine einheitliche Lösung befürworten, dringend ist sie nicht. Ähnlich liegt der Fall der Zahlung für unvollständige Beladung, der „Leerfracht" (fret sur le vide, dead freight), für die freilich nicht nur der Befrachter, sondern auch der Empfänger haftet, aber nur sofern die Verpflichtung hierzu unmittelbar oder mittelbar aus dem Konnossement hervorgeht, so dass dessen Regelung ausreicht."

Auf Seite 14 bis 17 daselbst trete Schaps mit Nachdruck für Beibehaltung der Fautfracht ein. Der Referent erwähnte ferner, dass dieses Problem auch auf den Verhandlungen des Comité Maritime International in der Zeit vom 13. bis 17. Mai 1913 behandelt worden wäre; als Ergebnis habe man Artikel 8 niedergelegt: „Der Befrachter kann vor dem Antritt der Reise von dem Vertrag unter der Verpflichtung zurücktreten, die Hälfte der bedungenen Fracht zu zahlen. Im Sinne dieser Vorschrift wird die Reise schon dann als angetreten erachtet:

1. Wenn der Befrachter den Schiffer bereits abgefertigt hat.

2. Wenn er die Ladung bereits ganz oder zu einem Teile geliefert hat und die Wartezeit verstrichen ist.

Macht der Befrachter von diesem Recht Gebrauch, nachdem Ladung geliefert ist, so hat er auch die Kosten der Einladung und Wiederausladung zu tragen und, falls die Ladezeit infolge der Wiederausladung überschritten wird, den hierdurch entstandenen Schaden zu ersetzen."

Dieser Artikel 8 entspreche etwa dem heutigen deutschen Recht. Dazu habe sich Battens, der Vertreter Englands, wie folgt geäußert: „Der Rücktritt des Befrachters sei stets ein Kontraktbruch. Es müsse daher voller Schadensersatz geleistet werden. Dem Reeder könne nicht zugemutet werden, sich mit der halben Fracht zu begnügen, zumal die halbe Fracht oft nicht dem vollen Schaden gleichkomme. Wenn man aber dem Befrachter ein Recht zum Rücktritte geben wolle, müsse man dasselbe Recht auch dem Reeder einräumen." Der belgische Vertreter habe dagegen geltend gemacht, dass die englische Auffassung zwar logisch, die kontinentale aber praktisch sei. In dem gleichen Sinne habe sich auch Brandis geäußert. Schließlich habe jedoch dann Battens erklärt, dass sich die Meinung der englischen Delegierten zugunsten des kontinentalen Systems im Interesse der Vereinheitlichung des Seerechts und angesichts des Umstands, dass das kontinentale Recht bisher zu Missständen nicht geführt habe, ausgesprochen habe. Diese Erklärung, dass England sich dem kontinentalen System anschließen werde, sei damals von großer Bedeutung gewesen; leider sei sie aber niemals verwirklicht worden.

Dr. Bollmann erwähnte dann ferner, dass in jüngster Zeit verschiedene Aufsätze zur Fautfrachtfrage veröffentlicht worden seien, die sämtlich von der Entscheidung des Hanseatischen Oberlandesgerichts vom 30.3.1938, abgedruckt in HansRGZ, Abt. B, 1938, S. 131 ff. ausgingen. In diesen Aufsätzen wurde teils für und teils gegen die Entscheidung des Hanseatischen Oberlandesgerichts Stellung genommen. Dieses habe entgegen dem Wortlaut des Gesetzes „mit Rücksicht auf die besonderen Umstände des Falles" einen Ausgleich der beiderseitigen Interessen nach dem Grundsatz von Treu und Glauben vorgenommen und dem Verfrachter statt der Hälfte nur ein Viertel der bedungenen Fracht als Fautfracht zugesprochen. Uhle missbillige diese Entscheidung in seinem Aufsatz „Fautfrachtzahlung bei Rücktritt des Befrachters vor Antritt der Reise" (§ 580 HGB), veröffentlicht in HansRGZ Abt. A, 1938, S. 327 ff.; er weise mit Recht darauf hin, dass es sich bei der Fautfracht um eine gesetzlich festgelegte Abfindungssumme, also um ein gesetzliches Reuegeld handle und daher Nichterfüllung des Vertrages kein Vertragsbruch darstelle. Mit Recht habe Uhle daher weiter erklärt, dass der durch das Urteil geschaffene Rechtszustand rechtspolitisch unerwünscht sei, da mal da die Regelung des Handelsgesetzbuches keinerlei Unbilligkeit zeige.

In anderem Sinne habe sich allerdings Ehlers in seinem Aufsatz „Fautfracht-Dämmerung?" in der „Hansa" 1938 Seite 2302 ausgesprochen. Dieser zitiere die §§ 131 bis 134 des nordischen Rechts, deren Regelung er für sehr begrüßenswert halte, weil sich die Höhe des Schadensersatzanspruches hierbei nach den Umständen des Einzelfalles richte. Für die Neuordnung dieser Frage im künftigen deutschen Recht habe Ehlers einen Vorschlag, bestehend aus vier Punkten, ausgearbeitet. Dieser laute:

„ 1. Grundsätzlich kann der Befrachter vor Beginn der Ladungsübernahme vom Vertrage zurücktreten. Ein solcher Rücktritt gilt als erklärt, wenn der Befrachter bis zum Ablauf der Ladezeit keine Ladung geliefert hat (so auch § 585 HGB). Der Rücktritt verpflichtet den Befrachter zum Schadensersatz.

2. Die Schadensersatzpflicht des Befrachters entfällt, wenn der Rücktritt auf solchen Umständen beruht, die der Befrachter bei Vertragsabschluss bei Anwendung der im Verkehr erforder-

lichen Sorgfalt nicht in Betracht zu ziehen brauchte. Die Beweislast hierfür trifft aber den Befrachter.

3. Will der Befrachter seine Ersatzpflicht gemäß Ziffer 2 bestreiten, so muss er den Grund für den Rücktritt dem Verfrachter unverzüglich nach erlangter Kenntnis mitteilen. Andernfalls haftet er für den daraus entstehenden Schaden.

4. Liegt ein Grund vor, der den Befrachter zum ersatzlosen Rücktritt vom Vertrage berechtigt, so kann auch der Verfrachter unverzüglich nach Kenntnis vom Vertrage zurücktreten, ohne sich ersatzpflichtig zu machen."

Das seien die Grundsätze der Regelung, welche an die Stelle der §§ 578-586 HGB zu treten hätte.

Abschließend bemerkte der Referent, ihm erscheine es außerordentlich interessant, dass sich die einzelnen Staaten bei den früheren Beratungen sämtlich für Beibehaltung der Faut- und Leerfracht ausgesprochen hätten; daraus sei zu folgern, dass auch von den anderen Staaten die Zweckmäßigkeit der deutschen Regelung eingesehen sei. Der Referent betonte weiter, er habe mit verschiedenen Reedern über die Frage Rücksprache gehalten; diese hätten sich ebenfalls für Beibehaltung des Fautfrachtsystems ausgesprochen, weil dabei für beide Teile, nämlich Befrachter und Verfrachter, feststünde, welche Summen im Falle der Nichteinhaltung des Vertrages zu zahlen bzw. zu empfangen wären. Seiner Ansicht nach würde der Übergang von der Entschädigung in Form der Fautfracht zum reinen Schadensersatz zu zahlreichen Prozessen führen. Schon aus diesem Grunde setze er sich für die bisherige Regelung ein, er mache weiter noch darauf aufmerksam, dass auch nach bürgerlichem Recht für die Nichterfüllung eines Werkvertrages etwas anderes gelte als für die Nichterfüllung anderer Verträge; statt der reinen Schadensersatzpflicht sei eine „angemessene Entschädigung" zu gewähren. Der Referent schloss mit den Worten, dass für den Sonderfall des Seerechts das Institut der Fautfracht nur als segensreich bezeichnet werden könne.

Der *Vorsitzende* hob zu Beginn seiner Ausführungen hervor, dass ihm beim Studium dieser Frage eine Entscheidung sehr schwer gefallen sei. Gewiss bedeute die Fixierung der Entschädigung ein einfaches und begrüßenswertes Verfahren, insbesondere deshalb, weil für beide Seiten darüber Klarheit bestünde, welche Entschädigung zu zahlen sei. Er sei aber der Ansicht, dass dieser Erfolg sich auch erreichen lasse, wenn von dem System der Fautfracht abgewichen und zum System des Schadensersatzes übergegangen werde. Dieses habe zweifellos den Vorteil gegenüber dem starren System der Faufracht für sich, dass es in jedem Falle zu einer billigen Entscheidung zu kommen erlaube; es würde z.B. in der besprochenen Oberlandesgerichtsentscheidung dem Oberlandesgericht ohne weiteres gestattet haben, zu der seinem Rechtsempfinden entsprechenden Entschädigung zu gelangen, andererseits diene es durchaus den Interessen der Reeder, indem es ihnen vollen Schadensersatz zubillige, die jetzige Regelung sei übertrieben kasuistisch und lasse doch vielen Zweifelsfragen Raum. Auch bei einer Neuregelung werde man, wenn man zu einigermaßen billigen Ergebnissen gelangen wolle, eine verwickelte, undurchsichtige und dennoch Lücken lassende Kasuistik nicht vermeiden können. Man könne die vom Referenten gefürchtete Prozessanhäufung wohl mit annähernd gleichem Erfolg durch Rechtsvermutungen verhindern. Was ihn schließlich entscheidend beeinflusst habe, sei der Umstand, dass England und Amerika sich praktisch dem kontinentalen System nicht angepasst hätten und dass keine Aussicht bestünde, dass diese Staaten von ihrem gegenwärtigen Standpunkt abgehen würden. Das sei am wenigsten von England zu vermuten, schon insbesondere deshalb nicht, weil sich ihm Holland und im Wesentlichen auch Skandinavien angeschlossen hätten. Es sei dafür zu befürchten, dass Deutschland mit seiner Rechtsordnung im Norden allein stehe; Rechtseinheit sei immerhin auch auf diesem Gebiete außerordentlich zu begrüßen, wenn auch zugegeben werden müsse, dass die Fautfracht nicht zu den wichtigsten international zu regelnden Rechtsgebieten gehöre.

Der Redner betonte weiter, sein Vorschlag, nämlich Übergang zum reinen Schadensersatzsystem lasse sich durch Einfügung gewisser Rechtsvermutung in der praktischen Durchführung sehr einfach gestalten. Diese Rechtsvermutung müsste etwa dahin gehen, dass der Schaden des Verfrachters im Zweifel dem Betrag der entgangenen Fracht gleichkomme. Bei Vorliegen der Voraussetzungen des § 275 BGB müsse dem Befrachter ein schadensersatzfreies Rücktrittsrecht zustehen. Bei Einführung solcher Regelung werde unter Vermeidung unnützer Beweisschwierigkeiten die Möglichkeit gewahrt, zu einer der Billigkeit entsprechenden Bemessung der Entschädigung zu gelangen.

Es sei ferner zu überlegen, ob nicht für eine bessere Sicherstellung des Verfrachters gesorgt werden müsse in den Fällen, wo die Abladung nur teilweise geschehen sei und das Schiff im Übrigen in Ballast gehen müsse; der gelieferte Teil der Ware könne so klein sein, dass er dem Verfrachter keinerlei Sicherheit hinsichtlich der Fracht und seiner anderen Aufwendungen biete. Hier müsse dem Verfrachter ein Recht auf Sicherheitsleistung gegeben werden. Insoweit gehe sein Vorschlag über den des nordischen Rechts hinaus. Ehe er aber endgültig zu diesem Problem Stellung nehme, möchte er nochmals die Herren der Praxis hören.

Der Vorsitzende schloss mit den Worten, dass er vom jetzigen Rechtszustand aus das fragliche Urteil des Hanseatischen Oberlandesgerichts nicht für richtig halte und nicht annehme, dass sein Senat oder der Große Senat des Reichsgerichts sich diesem anschließen werde, es bestünde allerdings die Gefahr, dass dieses Urteil bei den Untergerichten Schule mache.

Dr. Schütte berichtete, dass es in der Linienfahrt sehr selten vorkomme, dass Fautfracht bezahlt würde. *Offen* beantwortete sodann eine diesbezügliche Frage Dr. Schüttes dahingehend, dass in den bisherigen Charterverträgen der nordischen Staaten immer die Klausel: „Proved damages not exeeding the amount of freight“ enthalten wäre.

Dr. Schulze-Smidt bemerkte, dass er eine große Sympathie für die Beibehaltung des gegenwärtigen Systems habe, aber, ebenso wie der Vorsitzende, erst dann endgültig Stellung nehmen möchte, wenn die Herren der Praxis gesprochen hätten. Er befürchte, dass der Vorschlag des Vorsitzenden, das Schadensersatzsystem mit Rechtsvermutungen einzuführen, praktisch doch den heutigen Zustand wiederherstelle, daher sei eine Änderung seiner Ansicht nach insoweit überflüssig.

Der *Vorsitzende* betonte erneut, bei seinem Vorschlag bestehe die Möglichkeit, dass dem Verfrachter der ganze Schaden ersetzt würde. Sein Vorschlag sei also durchaus reederfreundlich.

Prof. Dr. Wüstendörfer gestand, dass auch er lange geschwankt habe bei der Entscheidung dieser Frage; er sei aber unter Würdigung sämtlicher Umstände, insbesondere der Geschichte und des Zweckes des deutschen Rechts, andererseits der Motive des neuen nordischen Rechts, zu dem Ergebnis gelangt, dass das Fautfrachtsystem beibehalten werden müsse. Das frühere norwegische Gesetz vom 20.7.1893 sei in § 126 unserem § 580 HGB ähnlich gewesen; das neue Gesetz ändere dieses. Der Redner trug daraufhin aus den Motiven für den Vorschlag der Königlich-Norwegischen Kommission das Wesentliche zur Begründung des neuen § 131 des skandinavischen Gesetzes in deutscher Übertragung vor: Die Gründe, die man dafür für die Neuregelung anführe, seien einmal: Der bestehende Rechtszustand sei nicht zufriedenstellend, da er dem Befrachter die Möglichkeit gebe, auf dem Frachtenmarkt auf Kosten des Verfrachters zu spekulieren, d.h. den Vertrag einfach nicht einzuhalten, wenn er plötzlich die Möglichkeit einer billigeren Transportdurchführung sähe. Der Befrachter sei eben immer nur halb gebunden, er müsse aber in Zukunft, ebenso wie der Verfrachter, ganz gebunden sein; nach der natürlichen Vertragsauslegung sei der *Befrachter verpflichtet,* die Ladung zu liefern, um so dem Verfrachter die Möglichkeit zu geben, die Fracht zu verdienen. Die Tätigkeit des Befrachters stelle freilich nur eine Mitwirkungspflicht ohne erzwingbare Erfüllung dar. Die gegebene Folge für die Verletzung dieser Mitwirkungspflicht sei aber der Schadensersatz. Der bisherige etwa unserem § 580 HGB entsprechende Zustand sei nach Ansicht der Kommission willkürlich; es beruhe dann lediglich auf einem Zufall, ob der Verfrachter wirklich seinen Schaden ersetzt erhielte oder nicht. Hinsichtlich der Haftungsbefreiung des Befrachters werde für das neue Recht ein Mittelweg gewählt: Der Befrachter werde nicht befreit von der Schadensersatzpflicht in allen Fällen der Schuldlosigkeit, andererseits nicht nur befreit im Falle höherer Gewalt und so sei man schließlich zu der Regelung in § 131 Absatz 1 bis 3 gekommen. Er glaube, dass diese Ausführungen sehr wenig überzeugend seien. Nach § 578 des deutschen HGB bestehe keine Verpflichtung für den Befrachter zur Lieferung der Ladung. Es handle sich lediglich um eine Mitwirkungspflicht als Gläubiger. Bei Nichteinhaltung geriete der Befrachter also in Annahmeverzug, entsprechend § 642 BGB. Es läge dann eine Nichterfüllung einer Schuld vor. Anders habe allerdings einmal das Reichsgericht im 103. Bande, Seite 257 entschieden, dort sei sogar von einer Hauptleistungspflicht gesprochen und § 326 HGB zur Anwendung gebracht worden. Dieses Urteil sei aber mit § 578 HGB schwer zu vereinbaren.

Die Frage der Schadensersatzpflicht oder der Fautfrachtpflicht des Befrachters könne andererseits nicht absolut bejaht werden; besondere Ausnahmefälle müssten geschaffen werden, wie § 629 HGB das vorsehe.

Er sei der Ansicht, dass das skandinavische System der Ersetzung des jeweiligen Schadens, die Zahl der Prozesse stark vermehren werde. Vergleiche man nun mit den Motiven des skandinavischen Rechts die Protokolle und Motive der bisherigen Regelung unseres Handelsgesetzbuches, so träten darin drei Argumente zugunsten des Fautfrachtsystems hervor:

1. Das einseitige Kündigungsrecht des Befrachters habe seinen Grund darin, dass er als Käufer oder Verkäufer sonst zu sehr in seinen Spekulationen gebunden sei. Deutlicher drückten sich die Motive zum BGB zu § 649 (II 503) aus: Das Rücktrittsrecht des Bestellers ergäbe sich daraus, dass Veränderungen in seinen persönlichen Verhältnissen eintreten könnten, die ihn zu einer Nichteinhaltung seines Vertrages zwingen. Für das Seerecht träfe das in vollem Umfange zu, da Charterverträge oft sehr langfristig seien und schon Monate vorher abgeschlossen würden. Inzwischen könnten sich nicht nur die persönlichen Verhältnisse des Befrachters, sondern sogar die ganze Weltlage grundlegend geändert haben, deshalb muss das Rücktrittsrecht bleiben.

2. Als zweites Argument würde zugunsten der Fautfrachtregelung angeführt, dass der Befrachter möglichst am Vertrage festgehalten werden müsse, deshalb solle er die Hälfte der Fracht zahlen, wenn er sich vom Vertrage lossage. Das Hanseatische Oberlandesgericht verstieße in dem fraglichen Urteil gegen diesen in den Protokollen niedergelegten Gedanken und lockere die Vertragstreue mehr als das Gesetz dies tue. In der Abhandlung von Prof. Stoll über Leistungsstörungen (Denkschrift der Akademie) sei treffend gesagt, wer die Vertragstreue bräche, schädige die Gemeinschaft. Seiner Ansicht nach brauche man hiergegen einen psychologischen Hemmschuh in Gestalt der Fautfracht, die stets mindestens die Hälfte der ausbedungenen Fracht betrüge.

3. Schließlich werde als drittes Argument der Grund angegeben, dass man langwierige Prozesse um die Höhe des Schadens des Verfrachters vermeiden wolle und aus diesem Grunde das Fautfrachtsystem eingeführt habe (Prot. 2149 ff.). Auf diese Weise fänden solche Fälle eine höchst einfache Erledigung. Auch der damalige Vertreter Hamburgs habe sich mit Nachdruck für das Fautfrachtsystem eingesetzt und erklärt, falls man von dem Fautfrachtsystem abwiche, müsse Hamburg sich seine Stellung vorbehalten (Prot-ADHGB 2151).

Das deutsche Recht der festen Fautfracht besitze also gewisse Vorzüge vor dem englischen, amerikanischen, skandinavischen und holländischen System der Schadensersatzpflicht. Deutschland werde im Übrigen auch nicht mit seinem Gesetz allein stehen: Frankreich, Deutschland und Italien, Frankreich im Artikel 228 Absatz 3 Code de commerce und Italien Artikel 266 ff. des Entwurfes, bildeten einen kontinentalen Block.

Zum Schluss führte der Redner aus, dass er die Befürchtung von Dr. Schulze-Smidt teile, dass durch die Einführung des Schadensersatzsystems mit einer Rechtsvermutung an dem tatsächlichen Rechtszustand nichts geändert würde, also praktisch keine Angleichung an abweichende englische, amerikanische und skandinavische Rechte vorliegen würden.

Der Redner betonte noch, dass durch das fragliche Urteil des Hanseatischen Oberlandesgerichts das Fautfrachtsystem durchlöchert würde, er hoffe aber, dass dieses Urteil keine Schule machen werde; es verstoße nicht nur gegen den Wortlaut, sondern auch gegen die Entstehungsgeschichte und den verlautbarten geschichtlichen Zweck des deutschen Rechts, der noch heute durchaus beifallswert sei.

Der *Vorsitzende* erklärte, zwei Gründe würden für das Fautfrachtsystem ins Feld geführt, einmal der, dass die Charterpartien auf lange Zeit abgeschlossen zu werden pflegten und der Befrachter evtl. ein besonderes Interesse daran habe, seine Dispositionsfreiheit zu behalten, also erheblich am Rücktritt interessiert sei. Seiner Ansicht nach sei dieses Argument nicht so schwerwiegend, denn der Befrachter könne auch bei Einführung des Schadensersatzsystems seine Dispositionsfreiheit behalten, nur müsse er eben vollen Schadensersatz leisten. Von erheblicher Bedeutung dagegen erscheine ihm die psychologische Wirkung, die das Fautfrachtsystem ausübe, indem es den Befrachter zur Vertragstreue anhielte. Das Gewicht dieses Grundes würde er für ausschlaggebend halten, wenn ihm von den Herren der Praxis bestätigt würde, dass in der englischen Praxis oft der Vertrag gebrochen werde, also die Schadensersatzpflicht weniger hemmend als das Fautfrachtsystem wirke, denn es stünden oft auch gewichtige Interessen der Reeder auf dem Spiel; diesen könne man seines Ermessens am besten durch das Schadensersatzsystem, das insoweit reederfreundlich sei, Rechnung tragen; aber er müsse doch nochmals wieder betonen, dass er erst die Herren der Praxis zu diesem Problem hören möchte.

Ministerialrat *Krieger* stimmte Prof. Dr. Wüstendörfer im Ergebnis, wenn auch mit anderen Gründen, zu. Er hob hervor, dass für den Befrachter die Verfrachtung nur ein Hilfsgeschäft zu seinen anderen Transaktionen sei, deshalb müsse er davon frei sein, wenn er vom Hauptgeschäft abstehe. Seines Ermessens sei es ein Fehler des englischen Rechts, ihn hier als Vertragsbrecher anzusehen, wenn er sich von dem Geschäft lossage. Wenn feststünde, dass er mit Recht zurücktrete, dann müsse weiter die Frage der Entschädigung behandelt werden. Er meine, man könne hier Anregungen im bürgerlichen Recht finden. Der volle Schadensersatz würde Ersatz des positiven Interesses sein. Das Interesse des Verfrachters dürfe seiner Ansicht nach aber nur dahin gehen, dass er so gestellt würde, als wenn der Vertrag nicht abgeschlossen worden wäre, d.h. also – grob gesagt – dass er nur das negative Interesse, das niemals höher als das positive Interesse sein könne, erhielte.

Auch im bürgerlichen Recht sei es so, dass der Unternehmer beim Werkvertrag keinen Anspruch auf Durchhaltung des Vertrages habe. Der Redner betonte abschließend noch, es dürfe auch nicht außer Augen gelassen werden, dass der Reeder normalerweise eine angemessene Entschädigung in Form der Fautfracht erhalte. Es sei nur die Frage, ob die Entschädigung den Befrachter etwa zu hart treffe. Jedenfalls scheine sich das Hanseatische Oberlandesgericht in dem mehrfach zitierten Urteil die Frage gestellt zu haben.

Im Übrigen bezeichnete der Redner die Befürchtung der skandinavischen Motive, die Fautfrachtregelung fördere eine Spekulation des Befrachters auf dem Frachtenmarkt, als völlig abwegig. Der Befrachter müsse doch immer die Hälfte der bedungenen Fracht als Fautfracht bezahlen und werde daher sehr vorsichtig sein. Ausschlaggebend schiene ihm allerdings der Vorteil der glatten Abwicklung beim Fautfrachtsystem zu sein.

Prof. Dr. Wüstendörfer ergänzte seine früheren Ausführungen noch durch folgende Bemerkungen: Der eigentümliche Standpunkt des englischen Rechts hinge seines Ermessens mit der englischen Abneigung gegen begrifflich- systematisches Denken zusammen. Er meinte, es dürfe wohl schwerfallen, einem Engländer den Unterschied zwischen einer Verpflichtung als Schuldner und einer Gläubigermitwirkungshandlung klarzumachen.

Es sei nicht uninteressant darauf hinzuweisen, dass das System der fest bestimmten Fautfracht eine gewisse Parallele in dem Brüsseler Entwurf über Reederhaftung finde. Hier werde die Fracht stets mit 10% des Wertes des Schiffes bei Beginn der Reise fixiert. Diese Regelung sei zwar sehr willkürlich, aber ebenso zweckmäßig wie das deutsche Recht der festen Fautfracht. Im Übrigen könne er dem Vorsitzenden nicht darin folgen, dass das Schadensersatzsystem reederfreundlich sei, nach dem Recht der festen Fautfracht werde sich durchschnittlich ein Ausgleich ergeben, d.h. häufig werde der Fautfrachtbetrag größer als der wirkliche Schadensersatz des Reeders, zuweilen aber auch geringer als der wirkliche Schaden sein.

Der *Vorsitzende* entgegnete darauf, nach dem Tatbestand des viel zitierten hamburgischen Urteils zu schließen, stelle die Hälfte der Fracht offenbar eine erhebliche Leistung dar, nach dem Schadensersatzsystem hätte der Verfrachter wahrscheinlich einen geringeren Betrag erhalten.

Anschließend nahm *Offen* zu der früher aufgeworfenen Frage des Vorsitzenden, ob der Befrachter nach dem deutschen Recht vertragstreuer als nach dem englischen Recht sei, dahingehend Stellung, dass hier keine rechte Vergleichsbasis vorläge, da die Frage im deutschen Recht angesichts der klaren Bestimmungen des HGB glücklicherweise keinen Raum für Prozesse böte; ihm sei jedenfalls niemals ein derartiger Fall zu Gesicht gekommen. In England müsse immer in derartigen Fällen prozessiert werden. Es ließe sich nun einmal nicht vermeiden, dass, wenn ein Schaden nachzuweisen sei, der Fall immer vor das Gericht käme. Er schloss seine Ausführungen mit der Bemerkung, dass alle Reeder, die er zu diesem Protokoll befragt habe, für Beibehaltung des Fautfrachtsystems eingetreten seien. Die gleiche Ansicht habe er auch vor wenigen Jahren bei der Baltime Konferenz feststellen können.

Direktor *Brandt* bemerkte, für den Stückgutverkehr und für die Teilcharter halte er die Fautfrachtregelung für gut, nicht aber für die Vollcharter. Hier erscheine ihm das reine Schadensersatzsystem angebrachter und er schlage vor, auch diesen Unterschied im künftigen deutschen Recht zu machen.

Techen berichtete sodann, dass ihm die Einzelheiten des fraglichen Oberlandesgerichtsurteils bekannt seien, ihm sei diese Entscheidung völlig unbegreiflich. Das Schiff habe damals große Aufwendungen zu leisten gehabt, die den Betrag von 500 RM, der dem Schiff schließlich zugesprochen worden sei, weit übertroffen hätten. Der Befrachter sei damals vom Vertrage zurückgetreten, weil er plötzlich ein Schiff für 1300 RM erhalten hätte, während er mit dem ersten Schiff einen Vertrag über 2000 RM hatte. Der Befrachter habe also trotz der Fautfrachtzahlung noch praktisch 200 RM über gehabt. Diese Einzelheiten seien in dem damaligen Prozess gar nicht erörtert worden, weil man sich von Reederseite unbedingt auf das geltende Recht, dass nämlich die Fautfracht die Hälfte der bedungenen Fracht betrüge, verlassen habe.

In der Hoffnung, dass dieses Urteil nicht Schule mache, sei er für Beibehaltung des Fautfrachtsystems, da es einen großen Vorteil bedeute, wenn beiden Vertragsteilen bekannt sei, welche Leistung zu zahlen bzw. zu erwarten sei. Auch ihm scheine das Argument der schwedischen Motive, dass dem Befrachter die Spekulationsmöglichkeit auf dem Frachtenmarkt genommen werden müsse, nicht stichhaltig zu sein, seiner Ansicht nach sei die Spekulationsmöglichkeit bei dem reinen Schadensersatzsystem noch viel stärker. Abschließend schlug der Redner vor, den Ausdruck „Fautfracht“ durch „Fehlfracht“ zu ersetzen.

Zu den eben berührten tatsächlichen Einzelheiten des Urteils des Hanseatischen Oberlandesgerichts erklärte der *Vorsitzende,* er würde es für empfehlenswert halten, wenn diese einmal in der „Hansa“ in geeigneter Weise veröffentlicht würden; der Fall biete ein treffendes Beispiel dafür, dass mit allgemeinen Erwägungen nicht immer alles getan sei.

Prof. Dr. Wüstendörfer bemerkte noch dazu, dass § 580 HGB auf dem Gedanken, Prozesse zu vermeiden, beruhe. Durch dieses Urteil sei der allgemeine Gedanke der Rechtssicherheit, der gerade für den Kaufmann von ausschlaggebender Wichtigkeit sei, ignoriert und damit der Rechtssatz „pacta sunt servanda“ verletzt worden. Das Rücktrittsrecht stelle eine Anomalie dar, umso mehr müsse man bedacht sein, dem Befrachter den Rücktritt nicht zu erleichtern. Die starre, gesetzlich vorgeschriebene Entscheidung stelle sich als ein Gebot der Rechtssicherheit dar.

Dr. Baur warf dann die Frage auf, auf welcher Basis im internationalen Verkehr abgeschlossen wurde, die *Offen* dahingehend beantwortete, dass in der Kleinschifffahrt sowie in der Holzfahrt das deutsche Handelsrecht in Frage komme, in der Großschifffahrt sei dies allerdings seltener. *Offen* fügte hinzu, ob das englische Recht eine spezielle gesetzliche Bestimmung hierüber enthielte, wisse er nicht, jedenfalls gelte immer der Satz „proved damages not exeeding the amount of freight“.

Der *Vorsitzende* erklärte, es gebe also doch eine Anzahl von Fällen, wo das Fautfrachtsystem zur Anwendung komme und sich als nützlich erweise, auch wenn das deutsche Recht im internationalen Verkehr nicht maßgebend sei. Mit Rücksicht auf Offens Ausführungen entscheide er sich jetzt für Beibehaltung des Fautfrachtsystems; er empfehle aber, Direktor Brandts Anregung zu folgen und diesen Punkt bezüglich der Vollcharter zurückzustellen. Er stelle demnach fest, dass der erste von den neugefassten Leitsätzen des Referenten angenommen sei.

Prof. Dr. Wüstendörfer betonte in persönlicher Beziehung noch einmal, dass er nicht wisse, wer das fragliche Urteil des Hans. OLG verfasst habe; seine Ausführungen wären selbstverständlich nur gegen die Sache gerichtet gewesen.

Sodann ergriff *Dr. Bollmann* das Wort zu seinem Referat und Ziffer 2 der Neufassung der Leitsätze 22-24. Er berichtete, dass es zu dieser Frage zwei ältere Entscheidungen des Landes- und OLG Hamburg gäbe und beide aus dem Jahre 1900 stammten. Seiner Ansicht nach könne vom Verfrachter nicht verlangt werden, dass er sich nach Ersatzfrachten umsehe, da man sonst auf diesem Umwege auf § 562 HGB zurückkomme; der Seerechtsausschuss habe aber in Leitsatz 6 (Referat) beschlossen, § 562 HGB in Zukunft wegfallen zu lassen.

Nachdem sich keinerlei Widerspruch zu dem Vorschlag des Referenten ergeben hatte, stellte der *Vorsitzende* fest, dass Absatz 2 des neugefassten Leitsatzes somit angenommen sei. *Dr. Bollmann* trug daraufhin die Ausführungen seines Referats vor und verlas sodann seinen Vorschlag zu *Ziffer 3* der Leitsätze.

Zu diesem Punkt ergriff *Prof. Dr. Wüstendörfer* das Wort und berichtete, ihm seien gewisse Bedenken zu den sonst so trefflichen Ausführungen des Referenten gekommen; allerdings sei er selbst nicht zu einem festen Ergebnis gelangt. Die bisherige und die vorgeschlagene Regelung arbeite mit einem aut-aut, beide Fälle stünden in scharfer Antithese bezüglich der Anrechnung der Ersatzfracht. Der Redner warf nun die Frage auf, wie sich die Rechtslage aber gestalten sollte, wenn zwar Ware geliefert worden sei, aber nur in minimalem Umfange, statt 1000 Sack also beispielsweise nur 10 Sack. Es sei ihm zweifelhaft, ob es sich nicht empfehle, derartige Fälle der Nichtlieferung von Ware gleich zu achten entsprechend Art. 10 des Hamburger Beschlusses zu dem *Londoner Entwurf von 1911* [Bericht über die Arbeiten der Londoner Frachtkommission, hrsg. vom Deutschen Verein für Internationales Seerecht, Hamburg 1911]; dieser lautet: „Als einen Rücktritt vom Frachtvertrag wird es angesehen, wenn

1. der Befrachter keine Ladung innerhalb der Ladezeit geliefert hat oder

2. der Befrachter nur einen verhältnismäßig geringen Teil der Ladung innerhalb der Wartezeit geliefert hat. Danach werde der Fall der Nichtlieferung der Ladung der Lieferung eines minimalen Teils gleichgesetzt, doch werde im Übrigen noch ein anderer feiner Rechtsunterschied gemacht, wenn innerhalb der *Ladezeit* kein Ladegut geliefert würde, so solle dieser Umstand dem Rücktritt vom Vertrage gleichstehen, denn dann stehe in der Regel fest, dass „a full and complete cargo“ nicht mehr geliefert werden würde. Sei jedoch ein geringer Teil der Ladung geliefert, so solle dies erst dann als Rücktritt gewertet werden, wenn Liegezeit und *Überliegezeit,* nämlich die ganze *Wartezeit,* abgelaufen sei; man müsse zur Vermeidung von Streitigkeiten daher wohl prü-

fen, ob man die Minderleistung bruchteilmäßig festlegen solle. Es sei weiter zu fragen, ob man hierdurch das System der Überliegezeit, auf die der Befrachter doch ein Recht habe, durchbrechen würde; er sei allerdings der Ansicht, dass diese Frage verneint werden könne, denn gänzliche Nichtlieferung und eine nur geringe Lieferung seien doch zwei verschiedene Tatbestände, die hinsichtlich der Überliegezeit also auch verschieden behandelt werden müssten.

Techen bestätigte, dass die Einführung einer Mindestmenge als Schutz des Verfrachters begrüßenswert sei, zumal bei den Schiffen der Kleinschifffahrt selten Wassertanks, die für Ballast gefüllt werden könnten, vorhanden seien; es müsste hier immer andere Ladung beigenommen werden, wenn der Befrachter nicht voll liefere.

Offen bezeichnete Prof. Dr. Wüstendörfers Ausführungen als bestechend, erklärte aber, er habe trotzdem Bedenken, denn Verzögerungen in der Ladungslieferung kämen oft vor, wenn beispielsweise die Ladung erst durch Binnenschiffe, z.B. mit Weserschiffen, herangebracht werde, obwohl während der Ladezeit noch nicht geliefert worden sei, so könne in solchen Fällen doch noch mit Hilfe von Überstunden die gesamte Ladung innerhalb der Überliegezeit angenommen werden; schließlich halte er auch eine bruchteilsweise Begrenzung für schwierig und gefährlich. Ministerialrat *Krieger* meinte, ob sich der von Techen zitierte Fall, dass andere Ladung als Ballast beigenommen werden könne, nicht durch Unmöglichkeit der Reise erledige. *Dr. Bollmann* beantwortete diese Frage unter Hinweis auf § 578 HGB;

Auch Kapitän *Klemp* meinte, dass eine Bruchteilsgrenze von Minimallieferungen schwierig zu finden sei; im gleichen Sinne äußerte sich ebenfalls der *Vorsitzende,* der abschließend meinte, kleine Fälle dieser Art ließen sich mit Hilfe von § 242 BGB heilen. Diese Möglichkeit, Rechtshilfe zu gewähren, erklärte *Prof. Dr. Wüstendörfer* für überzeugend, insbesondere unter Hinweis darauf, dass als Parallelfall die Entscheidung der Frage, ob Totalverlust oder teilweise Entschädigung vorliege, anzuführen sei. Der Redner schlug jedoch vor, Ministerialrat Kriegers Anregung zu folgen und hinzuzufügen, dass die Vorschriften über Unmöglichkeit der Reise unberührt blieben; dem stimmte der *Vorsitzende* zu.

Dr. Bollmann ergriff darauf das Wort zu den neugefassten *Leitsätzen 4 a* (vgl. Referat). *Techen* fragte dazu, ob diese Regelung eine Verschlechterung der Lage des Verfrachters bedeuten solle, da das Handelsgesetzbuch ja bisher als Entschädigung 1/2 bzw. 2/3 der Fracht festsetzte; er wies darauf hin, dass durch Ballast-Einnahmen die Aufwendungen häufig so groß sein könnten, dass die Hälfte der ausbedungenen Fracht nicht ausreiche. *Prof. Dr. Wüstendörfer* meinte, wirtschaftlich gesehen sei die roundvoyage doch eine einheitliche Reise; der Vorschlag des Referenten scheine ihm hingegen eine Auseinanderreißung zu bedeuten. Er habe Zweifel, ob die gesetzliche Regelung doch nicht vielleicht billiger sei und bat die Herren der Praxis um Stellungnahme. Von *Techen* wurden Prof. Dr. Wüstendörfers Worte unterstrichen.

Nachdem sich noch über den Begriff der „Reise zur Einnahme der Ladung" und der zusammengesetzten Reise eine Debatte entsponnen hatte, erklärte der *Vorsitzende* den Leitsatz 4 a mit dem Zusatz für angenommen, dass sich die Fautfracht auf 2/3 erhöhe und die Worte „Einschl. Ballast-Reise" eingefügt würden, hinzufügend, dass seiner Auffassung nach die eben stattgehabte Debatte immerhin die Schwierigkeit erneut dargetan habe, im Wege des Fautfrachtsystems zu einer befriedigenden und dabei doch klaren und übersichtlichen Regelung zu gelangen.

Dr. Bollmann referierte sodann zu seinem neugefassten *Leitsatz 4 b*, der ohne Widerspruch angenommen wurde, das Gleiche galt von *Leitsatz 4 c* (vgl. Referat) und *Leitsatz 5.*

43. Arbeitssitzung vom 5.6.1939 (16 bis 19.05 Uhr)

Anwesend:
Vorsitzender: Senatspräsident beim Reichsgericht, Dr. Lindenmaier, Leipzig
und als weitere ständige Mitglieder:
Rechtsanwalt Dr. Baur, Hamburg
Rechtsanwalt Dr. Bollmann, Hamburg
Direktor Brandt, Hamburg
Kapitän Klemp, Hamburg
OLG-Rat Dr. Reinbeck, Hamburg
Dr. Schütte, Hamburg
Justizrat Dr. Schulze-Smidt, Bremen
Dr. Stödter, Hamburg
Direktor Sturm, Hamburg
vom Reichsjustizministerium:
Ministerialrat Krieger, Berlin
für die Akademie für Deutsches Recht:
Landgerichtsrat Dr. Keith, Berlin
als Gäste:
Geh. Regierungsrat Nehring, Berlin
Oberregierungsrat Dr. Schrader, Hamburg
Kapitän von Staden, Hamburg
Techen, Hamburg
als Protokollführer:
Prof. Dr. Möller, Hamburg
für das Stenogramm:
Assessorin Krüger, Wandsbek
entschuldigt fehlten:
Amtsgerichtsrat Dr. Bramslöw, Hamburg
Rechtsanwalt Dr. Droege, Hamburg
Rechtsanwalt Dr. Heynen, Hamburg
Rechtsanwalt Dr. Kleemann, Hamburg
Offen, Hamburg
Dr. Riensberg, Hamburg

Der *Vorsitzende* eröffnete die Sitzung und begrüßte als neu bestelltes ständiges Mitglied des Ausschusses Dr. Stödter, als zum ersten Male erschienenen Gast des Ausschusses Geh. Regierungsrat Nehring.

Vor Eintritt in die Tagesordnung teilte der Vorsitzende im Übrigen mit, er sei vom Reichsjustizministerium beim Entwurf zweier seerechtlicher Novellen betreffend das Schiffshypothekenrecht und das Recht der Partenreederei herangezogen, wobei er habe feststellen können, dass die Anregungen des Ausschusses weitgehend berücksichtigt würden.

Sodann erteilte der Vorsitzende Rechtsanwalt Dr. Bollmann das Wort zur Fortsetzung seines Referats über das Frachtgeschäft zur Beförderung von Gütern (das Referat war der Sitzungsniederschrift für die 38. Arbeitssitzung als Anlage 3 beigegeben).

Rechtsanwalt *Dr. Bollmann* berichtete zunächst über *Leitsatz 25*.

Der *Vorsitzende* konnte feststellen, dass alle Anwesenden mit Leitsatz 25 einverstanden seien.

Anhand statistischer Unterlagen wies der Referent nach, dass der *Liniendienst* eine überragende wirtschaftliche Bedeutung habe. Zu S. 123-124 [des Referats]wurde ergänzend darauf hingewiesen, dass das nordische Recht keine Anregungen für die Gestaltung des Rechts des Stückgutvertrages gebe.

Der *Vorsitzende* betonte, dass in den Ausführungen des Referats die große rechtstatsächliche Bedeutung der Beförderungsbedingungen und Tarife deutlich zum Ausdruck gekommen sei. Auch in Holland und Italien habe man erkannt, dass es unzweckmäßig sei, den Stückgutvertrag in ein Prokrustesbett einzelheitlicher gesetzlicher Normen zu pressen. Die Aufgabe des Gesetzgebers könne nur darin liegen, den Linienreedereien bei der Ausgestaltung der Verträge freie Hand zu lassen. Das Vertrauen, welches man damit den Linienreedereien schenke, werde sicherlich nicht enttäuscht werden. Auswüchse werde der Konkurrenzkampf zu verhindern wissen. Zur Not sei die Rechtsprechung in der Lage, etwaige Missstände zu beseitigen. Sie werde umso eher hilfreich eingreifen können, als bei ihr mehr und mehr das Bestreben Platz greife, Verträge, bei denen einzelne Bestimmungen sich sittenwidrig erwiesen, nicht in vollem Umfange zu beseitigen, sondern nur die sittenwidrigen Abreden auszumerzen.

Dr. Schütte sprach sich gleichfalls für Leitsatz 26 aus. Die geplante Vorschrift sei umso notwendiger, als es immer häufiger vorkomme, dass den Parteien bei Luftpostsendungen nicht die vollständigen Beförderungsbedingungen übersandt würden. Aus Gewichtsersparnisgründen beschränke man sich immer mehr darauf, zunächst durch Luftpost nur einen Auszug aus den Beförderungsbedingungen zu schicken.

Im Übrigen sei es zu begrüßen, dass Leitsatz 26 keinen Beförderungszwang für die Linienreedereien vorsehe.

Ministerialrat *Krieger* äußerte Bedenken dagegen, dass das Gesetz einseitig aufgestellte allgemeine Geschäftsbedingungen gleichsam sanktioniere, indem es bestimme, dass die vom Verfrachter veröffentlichten oder den Beteiligten allgemein zugänglichen Beförderungsbedingungen und Tarife als vereinbart gälten. Zwar sei es richtig, dass man die Materie nicht einzelheitlich regeln könne, auch zeige überhaupt der Gesetzgeber das Bestreben, einfache, kurze Gesetze zu erlassen. Auf der anderen Seite aber müsse auch angestrebt werden, dass die allgemeinen Geschäftsbedingungen möglichst kurz und übersichtlich seien. Wenn es aber an dispositivem Gesetzesrecht fehle, müsse alles in den allgemeinen Geschäftsbedingungen geregelt werden. Es sei bezeichnend, dass heutzutage bei Flugpostsendungen im Interesse der Portoersparnis wegen der Länge der Beförderungsbedingungen Auszüge gesandt werden müssten. Erfahrungsgemäß zeigten die Verfasser allgemeiner Geschäftsbedingungen die Neigung, jeden aufgetauchten Streitfall durch fortwährende Neuredaktionen zu erfassen, dadurch würden die allgemeinen Geschäftsbedingungen immer länger und häufig auch widerspruchsvoll. Wenn man schon auf dispositive Gesetzesvorschriften verzichten wolle, so erscheine es jedenfalls vom Standpunkte des Gesetzgebers aus angezeigt, die Beförderungsbedingungen nicht noch ausdrücklich zu sanktionieren. So möge man denn über den Stückgutvertrag bei festen Linien im Gesetz überhaupt nichts sagen.

Der *Vorsitzende* erklärte, er könne die geäußerten Befürchtungen nicht teilen. Nach dem geplanten Aufbau des Gesetzes sei es notwendig, über den Stückgutvertrag mit festen Linien im Gesetz irgendetwas auszusagen. Dann aber komme, wenn man ein lebenswahres Recht schaffen wolle, nach Lage der Dinge nur eine Verweisung auf die Beförderungsbedingungen und Tarife in Frage. Selbstverständlich werde es auch künftig nicht ausgeschlossen sein, dass die Rechtsprechung Auswüchse der Beförderungsbedingungen beanstande.

Auf einen Einwurf von Landgerichtsrat *Dr. Keith* vertrat der *Vorsitzende* den Standpunkt, dass der Befrachter durchaus nicht immer gegenüber einer Linienreederei der wirtschaftlich

Schwächere sei. Im Übrigen seien die Einfuhr- und Ausfuhrhändler in Organisationen zusammengeschlossen, die ihnen eine bedeutsame Machtstellung verliehen und davon auch Gebrauch zu machen wüssten.

Direktor *Brandt* unterstrich diesen Standpunkt mit dem Hinweis, dass jede Reederei - besonders auch ausländische – Konkurrenz fürchten müsse. Sie werde sich also hüten, für die Befrachter allzu ungünstige Beförderungsbedingungen aufzustellen. Es müsse aber wohl gefordert werden, dass die maßgebenden Beförderungsbedingungen in einer ganz bestimmten Form, über die man noch sprechen müsse, veröffentlicht würden.

Kapitän *Klemp* vertrat den Standpunkt, die angeführten Gesichtspunkte hätten nicht verhindern können, dass die Reedereien sich bekanntermaßen praktisch von jeder Haftung freizeichneten. Diese Freizeichnung wirke sich wirtschaftlich in der Hauptsache zulasten des kleinen Befrachters aus, denn gegenüber den wirtschaftlich mächtigen Befrachtern sei große Kulanz üblich.

Der *Vorsitzende* bemerkte dazu, dass die Freizeichnungsmöglichkeiten durch die Haager Regeln sehr beschränkt würden. Im Übrigen lehre die Erfahrung, dass es bei Streitfragen auch mit wirtschaftlich mächtigen Befrachtern nicht selten zum Prozess komme.

Rechtsanwalt *Dr. Baur* meinte, man dürfe die Bedeutung des Leitsatzes 26 nicht überschätzen. Auch wenn er fehle, seien doch praktisch bei entsprechender Vereinbarung die Beförderungsbedingungen maßgebend, auch bei einem Fehlen des Leitsatzes 26 genieße also der Befrachter keinen verstärkten Schutz.

Rechtsanwalt *Dr. Bollmann* fügte hinzu, dass nach feststehender Rechtsprechung die allgemeinen Geschäftsbedingungen sogar weitgehend als stillschweigend vereinbart anzusehen seien. Umso weniger könne es bedenklich erscheinen, eine Leitsatz 26 entsprechende Vorschrift in das Gesetz aufzunehmen.

Falls übrigens eine Frage in den Beförderungsbedingungen nicht geregelt sei, könnten nach Leitsatz 27 hilfsweise die für den Stückgutvertrag außerhalb der festen Linien getroffenen Vorschriften herangezogen werden.

Auch Direktor *Sturm* sprach sich für den Leitsatz 26 aus. Im Grunde werde hier nur klargestellt, was als vereinbart anzusehen sei. Dabei sei es zweckmäßig, möglichst weitgehend die Beförderungsbedingungen heranzuziehen, denn jedes Formular habe den Zweck, eine lückenlose Regelung zu schaffen.

Natürlich müsse erwogen werden, ob Beförderungsbedingungen nur dann als vereinbart gelten könnten, wenn sie in bestimmter Weise veröffentlicht seien. Es sei wohl zweckmäßig, eine solche Veröffentlichung in irgendeiner Form vorzusehen.

Dass die Beförderungsbedingungen unbillige Klauseln enthielten, sei theoretisch angesichts der Vertragsfreiheit natürlich nicht ausgeschlossen. Aber praktisch sei der Befrachter häufig wirtschaftlich sehr mächtig. Auch müsse nochmals betont werden, dass Leitsatz 26 die Korrektur von Beförderungsbedingungen durch die Rechtsprechung nicht ausschließe.

Der *Vorsitzende* fasste das Ergebnis der Darlegungen von Rechtsanwalt Dr. Baur, Rechtsanwalt Dr. Bollmann und Direktor Sturm dahin zusammen, dass im Grunde der Ausschuss dem Gesetzgeber nur empfehle, den Stückgutvertrag mit festen Linien nicht einzelheitlich im Gesetz zu regeln, sondern es bei den Beförderungsbedingungen bewenden zu lassen.

Wenn man aber Leitsatz 26 beibehalten wolle, dann müsse man sich überlegen, was einerseits unter „veröffentlichten", andererseits unter „den Beteiligten allgemein zugängigen Beförderungsbedingungen und Tarifen" zu verstehen sei.

Der *Vorsitzende* wies auf Fälle hin, in denen es doch recht zweifelhaft sein könne, ob die Beförderungsbedingungen nach allgemeinen Rechtsgrundsätzen als vereinbart anzusehen seien. Besonders könnten Zweifel auftauchen, falls auf einer Seite ein Ausländer kontrahiert habe. Deshalb sei doch wohl Leitsatz 26 zur Klarstellung von Zweifelsfällen erwünscht.

Im Übrigen erscheine es zweckmäßig, nur auf die Veröffentlichung, nicht auf die allgemeine Zugänglichkeit abzustellen, insbesondere komme wohl eine Veröffentlichung durch die Industrie- und Handelskammer in Betracht.

Rechtsanwalt *Dr. Bollmann* betonte, dass auch aus gesetzessystematischen Gründen eine den Leitsätzen 26, 27 entsprechende Bestimmung erwünscht sei. Zwar sei anzuerkennen, dass hier den Linienreedereien im Vergleich zu den Abfassern anderer allgemeiner Geschäftsbedingungen ein gewisses Privileg erteilt werde. Das erscheine aber gerechtfertigt, weil es hier eine Fülle von Gründen gebe, welche die Entstehung unbillig harter Beförderungsbedingungen verhindere, nämlich insbesondere – um es zusammenzufassen – die Haager Regeln, die straffe organisatorische Zusammenfassung der deutschen Schifffahrt, die in- und ausländische Konkurrenz, die wirtschaftliche Macht mancher Befrachter und die Judikatur.

Was die Publikation der Beförderungsbedingungen anlange, so sei doch vielleicht die Forderung nach einer Veröffentlichung reichlich weitgehend. In Hamburg wisse beispielsweise jedermann, dass man bei der Firma H. O. Persiehl sämtliche gültigen Beförderungsbedingungen und sonstigen Formulare kaufen könne. Diese allgemeine Zugänglichkeit müsse ausreichen, damit die Beförderungsbedingungen als vereinbart angesehen werden könnten.

Ministerialrat *Krieger* hielt sein Bedenken gegen Leitsatz 26 aufrecht. Beispielsweise werde in den Beförderungsbedingungen bestimmt, dass mündliche und telefonische Anfragen und Mitteilungen für den Reeder nicht verbindlich seien. Die Klausel gehe sehr weit. Zwar habe die Rechtsprechung in ähnlichen Fällen helfen können, aber nicht immer werde ein Gericht angerufen. Wenn das Reichsjustizministerium als Gesetzgeber die Beförderungsbedingungen sanktionieren solle, müsse es auch irgendeinen Einfluss auf deren Ausgestaltung haben.

Als Beispiel führte Ministerialrat Krieger den Fall an, dass der Frachtvertrag telefonisch abgeschlossen werde. Der Befrachter frage etwa fernmündlich an, wann zehn Kisten nach dem Hafen X verschifft werden könnten, und die Reederei bezeichne einen bestimmten Zeitpunkt. Wenn hier – etwa bei empfindlichen Gütern – die Reederei eine Verstauung in einem bestimmten Laderaum telefonisch zusage und diese Zusage werde später nicht beachtet, so habe der Befrachter keinerlei Rechte.

Der *Vorsitzende* meinte, die Rechtsprechung werde auch in dem von Ministerialrat Krieger zitierten Beispielsfall helfen können, es handle sich nicht um eine bloße „Anfrage“ oder „Mitteilung“. Im Übrigen stellte der Vorsitzende fest, dass eine behördliche Kontrolle der Beförderungsbedingungen nach Ansicht aller Anwesenden eine für den Verkehr untragbare Fessel bedeuten würde. Es könne sich nur darum handeln, eine bestimmte Form der Veröffentlichung zu fordern.

Dr. Schütte wies auf die geringe praktische Bedeutung des Problems hin, denn jedermann, der mit einer Reederei etwas verschiffen wolle, müsse zunächst die entsprechenden Formulare erwerben, aus denen sich die Beförderungsbedingungen ergäben. Es werde also der Vertrag nach Maßgabe der Beförderungsbedingungen abgeschlossen.

Der *Vorsitzende* machte auf Fälle aufmerksam, in denen der Vertragsabschluss auf andere Weise zustande komme. Hier müsse wohl eine Veröffentlichung der Beförderungsbedingungen und Tarife seitens der Industrie- und Handelskammer erfolgt sein.

Gegen diesen Vorschlag wurden, besonders soweit die Tarife in Frage kommen, von *verschiedenen Anwesenden,* vornehmlich von Direktor *Sturm,* Bedenken erhoben. Die Tarife seien ungeheuer spezialisiert und würden oft geändert. Einigen kleinen Befrachtern könne es nicht zugemutet werden, die Veröffentlichungen der Industrie- und Handelskammern laufend zu verfolgen. Ein abschreckendes Beispiel biete die Veröffentlichung der Tarifverträge im Reichsarbeitsblatt. Hier könne sich niemand mehr durchfinden.

Der jetzige Rechtszustand sei viel einfacher. Der Kaufmann könne die Beförderungsbedingungen und Tarife bei der Reederei oder in einer Buchhandlung beziehen.

Der *Vorsitzende* betonte, er habe sich allerdings die praktische Handhabung derart gedacht, dass die Maßgeblichkeit der Beförderungsbedingungen von der Veröffentlichung durch die Industrie- und Handelskammern abhängig sein solle, dass die veröffentlichten Bedingungen dann aber wie bisher bei bekannten Stellen erworben werden könnten.

Rechtsanwalt *Dr. Baur* meinte, es könne im Einzelfall zwar einmal vorkommen, dass der Befrachter durch die Beförderungsbedingungen überrascht werde, in der Regel aber kenne er sie. Sachlich bedeute es wohl keine wesentliche Änderung, wenn man entsprechend dem Vorschlag von Ministerialrat Krieger auf Leitsatz 26 ganz verzichte.

Rechtsanwalt *Dr. Bollmann* meinte, er verstehe nicht recht, warum man sich gegen eine Regelung stemme, die der italienische und holländische Gesetzgeber gewählt hätten.

Auch *Dr. Stödter* sprach sich für Leitsatz 26 aus. Es sei die Aufgabe des Gesetzes festzulegen, was seit Jahrzehnten gelte. Man könne beileibe nicht die Beförderungsbedingungen mit anderen allgemeinen Geschäftsbedingungen, etwa den früheren Spediteurbedingungen, vergleichen. Die Machtverhältnisse seien im Seeschifffahrtsrecht ganz andere. Praktisch lägen die Dinge so, dass die Reeder sich vor den Abladern verbeugen müssten und nicht umgekehrt. Nicht der Befrachter reise umher, um seine Ware zur Verschiffung anzubieten, sondern die Reedereien müssten ihrerseits Ausschau halten. Es sei nur sehr selten bisher vorgekommen, dass Befrachter über unbillige Beförderungsbedingungen geklagt hätten. Von nicht zu unterschätzender Bedeutung sei die englische Konkurrenz. Gerade in England seien aber die Verladerkreise an den Reedereien finanziell stark interessiert, was es mit sich bringe, dass die Beförderungsbedingungen in England durchaus nicht einseitig festgesetzt würden.

Die Forderung nach einer formellen Veröffentlichung erscheine unangebracht. Es erwachse nur ein lästiger Papierkrieg, praktisch werde sich um die Veröffentlichungen der Industrie- und Handelskammern kein Mensch kümmern. Sonach werde man Leitsatz 26 ganz weit fassen und sagen können, „So gelten die allgemeinen Beförderungsbedingungen und Tarife des Verfrachters als vereinbart."

Der *Vorsitzende* schloss sich diesem Änderungsvorschlag zu Leitsatz 26 an.

Kapitän *Klemp* trug demgegenüber Bedenken vor und forderte, dass dann die allgemeinen Beförderungsbedingungen von einer neutralen Stelle nachgeprüft werden müssten. Als Kontrollstelle komme etwa die Reichswirtschaftskammer in Betracht. Im Interesse der kleinen Ablader könne auf eine solche Kontrolle nicht verzichtet werden.

Der *Vorsitzende* bat Kapitän Klemp, seine Bedenken schriftlich zu präzisieren, insbesondere diejenigen Bestimmungen zusammenzustellen, die seines Erachtens eine unbillige Härte für die Befrachter mit sich brächten. Es bedeute eine bedenkliche Fesselung der Wirtschaft, wenn man der Reichswirtschaftskammer die vorgeschlagene Kontrollfunktion aufbürden wolle.

OLG-Rat *Dr. Reinbeck* wies auf den Schutz hin, welchen die Rechtsprechung den kleinen Befrachtern wirksam könne zuteil werden lassen.

Dr. Stödter betonte, dass mit Rücksicht auf die großen Verlader die Reedereien sich hüteten, in die Beförderungsbedingungen unbillige Klauseln aufzunehmen. Auf diese Weise könnten die kleinen Ablader im Fahrwasser der großen segeln.

Der *Vorsitzende* schloss damit die Beratung ab. Sämtliche Gesichtspunkte, die für und gegen Leitsatz 26 sprächen, seien erörtert. Über Leitsatz 27 sei man sich einig.

Rechtsanwalt *Dr. Bollmann* berichtete dann über Leitsatz 28 Ziffer 1 (Referat).

Der *Vorsitzende* schlug vor, in Leitsatz 28 Ziffer 1 Satz 2 nach dem Worte „jedoch" das Wort „tunlichst" einzufügen, denn aus besonderen Gründen könne der Reeder gezwungen sein, einen anderen als den ortsüblichen Platz zu wählen.

Rechtsanwalt *Dr. Bollmann* begrüßte diese Klarstellung ebenso wie der *gesamte Ausschuss.* In der Sache selbst komme man vielleicht schon aus allgemeinen Rechtsgrundsätzen zu dem angestrebten Ergebnis.

Rechtsanwalt *Dr. Bollmann* berichtete dann über Leitsatz 28 Ziffer 2 (Referat, auf S. 127 Zeile 11 muss es heißen: „im Artikel 520 i: ‚Der Ablader hat die Güter zur Einladung anzuliefern, sobald der Frachtführer es verlangt'").

Ministerialrat *Krieger* stellte die Frage, ob Leitsatz 28 Ziffer 2 Abs. 1 überhaupt einen materiellen Inhalt habe.

Rechtsanwalt *Dr. Bollmann* antwortete, es solle eigentlich nur zum Ausdruck gebracht werden, dass bei einem Außenseiter der Befrachter sich nicht wundern könne, wenn er die Güter nicht am Kai annehme oder lösche.

Der *Vorsitzende* äußerte Bedenken, ob es richtig sei, dem Verfrachter ein uneingeschränktes Wahlrecht zu geben. Man müsse irgendwie die Interessen des Befrachters berücksichtigen.

Rechtsanwalt *Dr. Bollmann* wies auf die Möglichkeit einer genauen Vereinbarung hin.

Ministerialrat *Krieger* meinte, es bestehe die Gefahr, dass der Außenseiter, der die üblichen Frachtraten unterboten habe, sein Schiff an einer abgelegenen Stelle festmache, um auf diese Weise Hafengelder zu sparen. Dadurch würden dem Befrachter erheblich höhere Lade- und Löschkosten aufgebürdet. Man müsse also wohl dem Außenseiter vorschreiben, am Kai festzumachen.

Kapitän *Klemp* bemerkte hierzu, dass in Hamburg praktische Schwierigkeiten nicht entstehen könnten, da auch bei Außenseitern für die Stückgutannahme einmalig ein Kaischuppen zur Verfügung gestellt werde. Von dort aus würden dann die Güter an das Schiff geschafft, das durchweg nicht am Kai, sondern im Strom liege.

Kapitän *von Staden* ergänzte diesen Hinweis dadurch, dass er bemerkte, in anderen Häfen werde gleichfalls ein abgelegener Liegeplatz nicht in Frage kommen, da auch der Außenseiter bestrebt sein müsse, seinen Kundenkreis zu erhalten und ihm keine unerträglichen Lasten aufzubürden.

Direktor *Sturm* wandte sich gleichfalls gegen eine einzelheitliche Regelung der Materie. Man könne nur von Fall zu Fall beurteilen, welcher Lade- oder Löschplatz in Frage komme.

Der *Vorsitzende* stellte sodann fest, dass man es bei Leitsatz 28 Ziffer 2 sachlich belassen wolle, dass aber dieser Leitsatz gestrichen werden könne, da er keinen neuen materiellen Inhalt habe.

Rechtsanwalt *Dr. Bollmann* berichtete dann über *Leitsatz 28 Ziffern 3-4* (Referat). Die gemachten Vorschläge fanden nach der Feststellung des *Vorsitzenden* Annahme.

Zu *Leitsatz 28 Ziffer 5* (Referat) bemerkte Rechtsanwalt *Dr. Bollmann,* falls „die Zeit der Abreise nicht festgesetzt" sei, müsse auf eine angemessene Frist abgestellt werden. Auch bei § 326 BGB komme es auf eine angemessene Frist an.

Ministerialrat *Krieger* äußerte Bedenken gegen die Festsetzung der Frist seitens des Abladers. Das richterliche Fristbestimmungsrecht des § 590 HGB scheine ihm Vorzüge zu bieten.

Der *Vorsitzende* wandte sich gegen die Einschaltung des Richters, der mangels eigener Erfahrung doch stets Sachverständige werde hinzuziehen müssen.

Auch Rechtsanwalt *Dr. Schulze-Smidt* setzte sich für den Vorschlag des Leitsatzes 28 Ziffer 5 ein. Derjenige, welcher die Frist setze, müsse sich eben in Acht nehmen, damit er keine unangemessene Frist wähle.

Ministerialrat *Krieger* wies dann noch auf weitere Schwierigkeiten hin, welche auftauchen könnten, falls die Zeit der Abreise nicht festgesetzt sei.

Der *Vorsitzende* empfahl, den ganzen Fragenkomplex zurückzustellen und in anderem Zusammenhang zu besprechen.

Der Vorschlag fand Annahme. Zu Leitsatz 28 Ziffer 5 wurde also kein Beschluss gefasst.

Zu *Leitsatz 28 Ziffer 6* schlug Rechtsanwalt *Dr. Bollmann* selbst eine Neuformulierung vor, und zwar: „Auf die Kündigung des Stückgutvertrages durch den Verfrachter, den Ablader oder einen nach § 654 n.F. Verfügungsberechtigten finden die in den zusammengefassten Leitsätzen 22-24 unter Ziffer 4 angeregten Vorschriften entsprechende Anwendung. Es ist jedoch, wenn die Reise angetreten wird, stets die volle, sonst die halbe Fracht als Fehlfracht zu entrichten. Die Fracht, welche der Verfrachter für eine Ersatzladung erhält, wird nicht angerechnet."

Diese Neufassung entspreche den in der 42. Arbeitssitzung gewonnenen Ergebnissen.

Der *Vorsitzende* stellte die Annahme des neuformulierten Leitsatzes 28 Ziffer 6 fest.

Abschließend brachte der *Vorsitzende* Rechtsanwalt *Dr. Bollmann* den Dank des Ausschusses dafür zum Ausdruck, dass er die Verhandlungen über das Frachtgeschäft zur Beförderung von Gütern durch sein ausgezeichnetes Referat so weitgehend erleichtert habe.

44. Arbeitssitzung vom 30.10.1939 (11 bis 14 Uhr)

Anwesend:
Vorsitzender: Senatspräsident beim Reichsgericht Dr. Lindenmaier, Leipzig
Schriftführer: Amtsgerichtsrat Dr. Bramslöw, Hamburg
und als weitere ständige Mitglieder:
Rechtsanwalt Dr. Baur, Hamburg
Direktor Brandt, Hamburg
Rechtsanwalt Dr. Heynen, Hamburg
Studienrat Dr. Kuhl, Hamburg
Dr. Nolte, Hamburg
OLG-Rat Dr. Reinbeck, Hamburg
OLG-Rat Dr. Segelken, Hamburg
Dr. Schütte, Hamburg
Justizrat Dr. Schulze-Smidt, Bremen
als Sachverständige:
Dozent Dr. Capelle, Hamburg
Techen, Hamburg
als Protokollführer:
Prof. Dr. Möller, Hamburg
für das Stenogramm:
Assessorin Krüger, Berlin
entschuldigt fehlten:
Direktor Amsinck, Hamburg
Dr. Burchard-Motz, Hamburg
Rechtsanwalt Dr. Droege, Hamburg
Edye, Hamburg
Oberregierungsrat Dr. Gramm, Berlin
Rechtsanwalt Dr. Kleemann, Hamburg
Ministerialrat Koffka, Berlin
Ministerialrat Krieger, Berlin
Geheimrat Nehring, Berlin
Dr. Riensberg, Hamburg

Direktor Sturm, Hamburg
Prof. Dr. Wüstendörfer, Hamburg

Zu Beginn der Sitzung gedachte der *Vorsitzende* der zum Heeresdienst einberufenen Mitglieder des Ausschusses und brachte zum Ausdruck, dass diese Mitglieder die besten Wünsche begleiteten.

Die Ausschussarbeit der Akademie habe nach dem ursprünglichen Plan während des Krieges ruhen sollen. Prof. Dr. Emge, der jetzt die Geschäfte der Akademie vertretungsweise führe, habe aber dem Vorschlag des Vorsitzenden zugestimmt, dass der Seerechtsausschuss mindestens die Beratung des Frachtrechtes beenden müsse, zumal sich herausgestellt habe, dass eine große Anzahl von Mitgliedern an den Sitzungen teilnehmen könne.

Wenn in den kommenden Sitzungen OLG-Rat Dr. Segelken seine bereits schriftlich vorliegenden Referate werde gehalten haben, werde Dozent Dr. Capelle das Schlussreferat über die Beendigung des Seefrachtvertrages erstatten.

Nach Übergang zur Tagesordnung berichtete sodann OLG-Rat *Dr. Segelken* im Anschluss an sein schriftliches Referat (Anlage 1) über den „Empfänger im deutschen Seerecht". Er sprach zunächst zu Leitsatz 1.

Der *Vorsitzende* bemerkte zu dem vorgeschlagenen Leitsatz 1: Es erscheine ihm – um dies vorweg zu nehmen – bedenklich, das Amtsgericht über Art und Höhe der Sicherheitsleistung entscheiden zu lassen. Das Amtsgericht sei derartigen Aufgaben schwer gewachsen. Es bestehe die Befürchtung, dass entweder ein langer Papierkrieg geführt oder eine wenig sachgerechte Entscheidung gefällt werde.

Die Entscheidung der Frage, ob anstelle der Zug-um-Zug-Leistung mit Zurückbehaltungsrecht des Verfrachters eine Vorausleistungspflicht des Verfrachters zu setzen sei, gemildert durch ein Recht des Verfrachters, Sicherheitsleistung wegen der Fracht zu fordern, sei schwierig. Die ablehnende Haltung der Fachgruppe Reeder, der Industrie- und Handelskammer Bremen sowie sonstiger Stellen lasse praktische Bedenken gegen Leitsatz 1 auftauchen. Der Verkehr habe bereits einen Ausweg aus dem Dilemma des § 614 HGB gefunden. Auch wenn der Leitsatz 1 nicht verwirklicht werde, würden wahrscheinlich in den Regelfällen die Ladungsbeteiligten die Güter bedingungslos ausgeliefert erhalten. Es erscheine nicht unproblematisch, ob man gerade für die kranken Fälle dem Verfrachter sein Zurückbehaltungsrecht nehmen solle.

Was die Sicherheitsleistung anlange, so sei die Regelung der §§ 232 ff. BGB veraltet. Tatsächlich beherrsche die Bankbürgschaft das Recht der Sicherheitsleistung.

So sei wohl empfehlenswert, im Großen und Ganzen die norwegische Regelung zu übernehmen: Zug-um-Zug-Leistung, aber Auslieferungspflicht nicht nur bei Frachtzahlung, sondern auch bei Deponierung des Frachtbetrages. Anders als im holländischen Recht sei bei diesem Vorschlag das Zurückbehaltungsrecht des Verfrachters nicht ausgeschlossen. Die Reeder hielten offenbar das Zurückbehaltungsrecht für sehr wertvoll.

Wenn man so dem norwegischen Recht folge, müsse man nur klarstellen, dass das Frachtdepot nicht nur durch Hinterlegung gestellt werden könne, sondern jede „verkehrsübliche" Sicherheitsleistung genügen müsse.

Justizrat *Dr. Schulze-Smidt* bemerkte hierzu: Sooft in Bremen nach dem Gesetz vom 20.11.1879 [Gesetzblatt der Freien Hansestadt Bremen, 1879, S. 357-359] Sicherheitsleistungen vorkämen, würden die Sicherheiten durch Bankbürgschaft geleistet.

In der Sitzung bei der Industrie- und Handelskammer Bremen seien auch Vertreter der Empfänger anwesend gewesen. Sie hätten sich ebenfalls für die Beibehaltung des bestehenden Rechtszustandes ausgesprochen. Man müsse bei der Frage der Sicherheitsleistung besonders an die durch die Devisengesetzgebung entstehenden Schwierigkeiten denken.

Wenn man aber dem norwegischen Recht folge, so müsse man ausdrücklich klarstellen, dass trotz des Rechts auf Sicherheitsleistung das Zurückbehaltungsrecht des Verfrachters bestehen bleibe.

Der *Vorsitzende* stellte folgende Formulierung zur Erwägung: „Der Verfrachter hat die Güter nach seiner Wahl gegen Zahlung der Fracht oder gegen Sicherheitsleistung auszuliefern". Diese Formulierung halte das Zurückbehaltungsrecht des Verfrachters aufrecht.

Der Sachverständige *Techen* hob hervor, dass das Problem auch außerhalb der Großschifffahrt eine nicht unbedeutende Rolle spiele. Den Frachtführern sei nicht immer bekannt, ob der Empfänger kreditwürdig sei. Die Regelung müsse – und ähnlich sei die Lage nach dänischem Recht – derart ausgestaltet werden, dass das Depot zugunsten des Verfrachters verfalle, wenn der Empfänger nicht binnen kurzer Frist klage.

OLG-Rat *Dr. Segelken* äußerte Zweifel darüber, ob tatsächlich eine gesetzliche Regelung dieser Art in Dänemark bestehe.

Rechtsanwalt *Dr. Baur* wandte sich gegen die jetzige Formulierung des § 614 HGB, die etwas praktisch Unmögliches verlange. Man dürfe andererseits aber die Fälle der Insolvenz des Empfängers nicht in den Hintergrund schieben und müsse im Interesse des Schutzes des Verfrachters, wenn man sich nicht für eine Vorausleistungspflicht des Empfängers entscheide, zum Mindesten das Zurückbehaltungsrecht des Verfrachters bestehen lassen.

Zu dem Vorschlag des Vorsitzenden meinte *Dr. Schulze-Smidt,* der Verfrachter werde stets Zahlung und nicht Sicherheitsleistung fordern, falls man ihm das Wahlrecht zubillige. Deshalb müsse das Wahlrecht beim Empfänger liegen.

OLG-Rat *Dr. Segelken* setzte sich für einen besseren Schutz des Empfängers ein. Der Verfrachter sei sowieso der Mächtigere. Es dürfe dem Empfänger keine Vorleistung zugemutet werden, zumal er doch den Zustand der Ladung prüfen müsse. In Holland habe man aus diesen Gründen das Zurückbehaltungsrecht des Verfrachters ausdrücklich ausgeschlossen. Das Recht auf Sicherheitsleistung müsse im modernen Verkehr genügen. Wenn der Empfänger nicht kreditwürdig sei, sei es für ihn meistens gleich schwer, eine Bankbürgschaft zu besorgen, wie den Frachtbetrag zu hinterlegen.

Der Amtsrichter sei im Leitsatz 1 nur für die Notfälle damit betraut, über Art und Höhe der Sicherheitsleistung zu entscheiden. Der Amtsrichter sei immer greifbar.

Justizrat *Dr. Schulze-Smidt* schloss sich OLG-Rat Dr. Segelken insofern an, als eine Vorauszahlung des Empfängers nicht vorgesehen werden dürfe.

Eine Hinterlegung bei Gericht sei nicht zu empfehlen. Sie bringe die Gefahr bürokratischer Handhabung mit sich und könne besonders dann zu Schwierigkeiten führen, wenn der Empfänger Ausländer sei.

Bequem und praktisch erscheine die Bankbürgschaft. Man könne daran denken, jährlich diejenigen Banken bekannt zu geben, die als Sicherheitsstellen in Betracht kämen.

Bei dem Verfrachter müsse das Wahlrecht liegen, den Frachtbetrag oder Bankbürgschaft zu fordern.

Amtsgerichtsrat *Dr. Bramslöw* wies darauf hin, dass diese Regelung doch schon der jetzigen entspreche: Ohne Barzahlung brauche das Gut nicht ausgeliefert zu werden. Es sei im Übrigen nicht einzusehen, warum die Praxis so viel Wert auf das Zurückbehaltungsrecht lege.

Der *Vorsitzende* führte aus, auch er habe sich diese Frage vorgelegt und gehofft, ein Vertreter der Reeder werde Ausführungen dazu machen. Bei Sicherheitsleistung werde doch wohl das Zurückbehaltungsrecht bedeutungslos.

Auf den Einwand von Justizrat *Dr. Schulze-Smidt,* dass man an ausländische Empfänger denken müsse, erwiderte Rechtsanwalt *Dr. Baur,* dass Banken Bürgschaft auch in Devisen stellen könnten, jedenfalls dann, wenn der Empfänger die Genehmigung zur Zahlung in Devisen besitze.

Weiterhin bemerkte OLG-Rat *Dr. Segelken,* dass auch nach seinem Vorschlage das Zurückbehaltungsrecht nicht ganz fortfalle, sondern bis zur Sicherheitsleistung dem Verfrachter zustehe.

Justizrat *Dr. Schulze-Smidt* gab zu, dass sein Vorschlag (Wahlrecht des Verfrachters) praktisch eine Vorauszahlungspflicht für den Empfänger bedeute. Diese Folge werde allerdings nach außen nicht ohne weiteres erkennbar.

Der Sachverständige *Techen* wies schließlich noch darauf hin, dass bei etwa 26.000 Transporten nach seinen Unterlagen nur etwa 120 bis 130 Prozesse entstanden seien, von denen auch nur wenige die Frage der Sicherheitsleistung beträfen.

Der *Vorsitzende* machte dann folgenden Formulierungsvorschlag: „Auslieferung und Zahlung haben in verkehrsüblicher Weise zu erfolgen. Im Streitfalle hat der Empfänger das Recht, Auslieferung gegen Sicherheitsleistung zu fordern." Die Sicherheitsleistung müsse irgendwie erleichtert werden.

Gegenüber dem Vorschlag von Rechtsanwalt *Dr. Baur* wegen der Art der Sicherheitsleistung auf das BGB zu verweisen, das die Bürgenstellung kenne, wies *Prof. Dr. Möller* darauf hin, dass nach § 232 Abs. 2 BGB die Bürgschaft nur subsidiär als Sicherheitsmittel in Betracht komme.

Der *Vorsitzende* empfahl daraufhin den Zusatz: „Die Sicherheitsleistung kann in verkehrsüblicher Weise erfolgen." Durch die Formulierung werde auch die Bankbürgschaft erfasst.

OLG-Rat *Dr. Reinbeck* wies darauf hin, dass der praktische Unterschied zwischen Sicherheitsleistung und Zurückbehaltung darin bestehe, dass bei Zurückbehaltung der Empfänger klagen müsse, während bei Sicherheitsleistung der Verfrachter in die Klägerrolle gedrängt werde.

Der Sachverständige *Techen* bezeichnete dies als den wichtigsten Punkt. Wenn der Empfänger klagen müsse, neige er eher zu einem friedlichen Ausgleich.

Der *Vorsitzende* schlug abschließend vor zu sagen: „Auslieferung und Zahlung haben in verkehrsüblicher Weise zu erfolgen. Im Streitfalle hat der Empfänger das Recht, Auslieferung gegen verkehrsübliche Sicherheitsleistung zu fordern."

OLG-Rat *Dr. Segelken* stellte fest, dass dieser ohne Widerspruch angenommene Leitsatz sich praktisch von seinem Vorschlage nicht sehr unterscheide.

Der sodann von OLG-Rat *Dr. Segelken* begründete Leitsatz 2 (Referat) wurde einstimmig angenommen.

Nachdem OLG-Rat *Dr. Segelken* sodann Leitsatz 3 (Referat) vorgetragen hatte, regte der *Vorsitzende* an, vielleicht zu betonen, dass es sich bei dem Stellvertreter nicht um einen mittelbaren Stellvertreter handeln dürfe. Diese Klarstellung wurde vom Ausschuss aber als überflüssig angesehen. Es gelang auch nicht, für den Ausdruck „legitimierter Empfänger" einen besseren deutschen Ausdruck zu finden.

Zu dem anschließend von OLG-Rat *Dr. Segelken* behandelten Leitsatz 4 (Referat) bemerkte der *Vorsitzende,* es sei wohl überflüssig, eine „ausdrückliche" Bestimmung im Konnossement zu fordern. Streiche man dieses Wort, so sei auch überflüssig der Zusatz „oder im Frachtvertrag … und im letzteren Fall das Konnossement hierauf verweist".

OLG-Rat *Dr. Segelken* sprach sich gegen diese Streichung mit Rücksicht darauf aus, dass dann die allerdings seltenen Fälle der Nichtausstellung des Konnossements nicht erfasst seien.

Amtsgerichtsrat *Dr. Bramslöw* bemerkte hierzu, der Fall, dass ein Konnossement nicht ausgestellt sei, werde in Leitsatz 4 überhaupt nicht behandelt.

Der *Vorsitzende* stimmte dieser Feststellung zu. Falls kein Konnossement ausgestellt sei, müsse der Empfänger die fraglichen Kosten kraft Gesetzes tragen. Wenn Leitsatz 4 in das Gesetz eingearbeitet werde, müsse nur verhindert werden, dass man einen Schluss e contrario ziehe, wonach diese gesetzliche Kostentragung entfalle.

Im Übrigen wurde einhellig festgestellt, dass die Höhe der Kosten weder aus dem Konnossement noch aus dem Frachtvertrag beziffert ersehen zu werden brauche. Ein allgemeiner Hinweis des Konnossements auf die Bedingungen der Charterpartie müsse ausreichen. Der Empfänger müsse sich eben erkundigen, ob Kosten entstanden seien.

Dozent *Dr. Capelle* warf die Frage auf, an welche Fälle der Fautfracht in Leitsatz 4 gedacht sei. Bei dem typischen Fall der Fautfracht komme überhaupt kein Gut zur Auslieferung an den Empfänger.

OLG-Rat *Dr. Segelken* meinte, er habe an § 580 HGB gedacht, und zwar an den Fall, dass nur ein Teil der Güter verladen werde.

Mit Rücksicht auf die Feststellung, dass man bei § 580 HGB von Leerfracht sprechen müsse, meinte OLG-Rat *Dr. Segelken,* dass auch auf § 578 HGB hinzuweisen sei und dass man neben der Fautfracht die Leerfracht nennen müsse.

Der *Vorsitzende* stellte fest, dass mit dieser Maßgabe der Leitsatz 4 angenommen sei.

Zu dem sodann von OLG-Rat *Dr. Segelken* vorgetragenen Leitsatz 5 (Referat) wurde erläuternd bemerkt, dass die Bildung von verschiedenen Gesamtschuldnergruppen nur bei Stückgüterverträgen angezeigt erscheine, während es sich bei Charterverträgen in der Regel um große Ladungen handle.

Leitsatz 5 wurde allseits als besonders erwünscht angenommen.

Annahme fand auch Leitsatz 6 (Referat).

Anlage:

Johannes (Hans) Segelken: Der Empfänger im deutschen Seerecht (22.4.1939)

... V. Zusammenfassend sind den obigen Ausführungen zu I bis IV als Anregungen für den Gesetzgeber folgende *Leitsätze zum bisherigen § 614 HGB* zu entnehmen:

1. Leitsatz: Es liegt im Zuge einer praktisch weitgehend bereits eingetretenen Rechtsentwicklung, wenn an die Stelle der heutigen Zug-um-Zug-Leistung künftig die Vorausleistungspflicht des Verfrachters unter gleichzeitigem zwingenden Wegfall seines Zurückbehaltungsrechts tritt, dies jedoch mit der Maßgabe, dass dem Verfrachter nicht nur das in § 623 HGB geregelte gesetzliche Pfandrecht an den Gütern verbleibt, sondern auch die Befugnis zuerkannt wird, vor Beginn mit der Ablieferung der Güter Sicherheitsleistung wegen seiner Frachtforderung und wegen der übrigen Verpflichtungen des Empfängers von diesem zu beanspruchen. Über Art und Höhe der Sicherheitsleistung entscheidet im Streitfalle das für den Löschhafen zuständige Amtsgericht.

2. Leitsatz. Die „Annahme der Güter" bleibt auch fernerhin der die Pflichten des Empfängers gegenüber dem Verfrachter begründende Tatbestand.

3. Leitsatz: Um den Destinatär-Empfänger der §§ 592, 594, 596, 601, 602, 604, 610, 627 etc. HGB von dem „Empfänger im technischen Sinne" zu unterscheiden, den § 614 im Auge hat, und um dessen begriffliche Abgrenzung klarer zu gestalten, empfiehlt es sich, künftig den Empfänger des § 614 zu bezeichnen als „legitimierten Empfänger, der die Güter im eigenen Namen entweder selbst oder durch Stellvertreter entgegennimmt".

4. Leitsatz: Angebracht erscheint eine zusätzliche Bestimmung des Inhalts, dass Fautfracht und bei der Abladung erwachsenes Liegegeld nur dann vom Empfänger zu entrichten sind, wenn eine dahingehende ausdrückliche Bestimmung im Konnossement oder im Frachtvertrag enthalten ist und im letzteren Fall das Konnossement hierauf verweise, wobei eine allgemeine Bezugnahme auf die Vorschriften des Frachtvertrages ausreicht („All other conditions as per charterparty").

5. Leitsatz. Wünschenswert ist ferner eine hier nur skizzierte gesetzliche Regelung dahin,

a) dass mehrere aus demselben Schiff Güter abnehmende Teilempfänger für ein dem Verfrachter zustehendes *Ablade*entgelt als Gesamtschuldner haften;

b) dass unter ihnen für ein dem Verfrachter zustehendes Lösch-Liegegeld nur diejenigen haften, bei denen tatsächlich eine Löschzeitüberschreitung vorliegt;

c) dass die nach b) Haftenden Gesamtschuldner sind:

aa) *bei Charterverträgen:* sämtlich und unbeschränkt;

bb) *bei Stückgüterverträgen* dagegen nur insoweit, als die einzelnen Empfänger jeweils Überliegetage über die Löschzeit hinaus für sich in Anspruch nehmen;

d) dass die gesamtschuldnerisch für das Liegegeld haftenden Empfänger im Verhältnis zueinander im Zweifel pro rata ihres Frachtanteils verpflichtet sind;

e) dass diejenigen Empfänger, durch deren Verhalten die rechtzeitige Abnahme der Güter verzögert und die Entstehung eines Liegegeldanspruchs herbeigeführt wird, den übrigen Empfängern den ihnen daraus erwachsenden Schaden zu ersetzen haben.

6. Leitsatz. § 615 HGB ist unverändert in das neue deutsche Seerecht zu übernehmen.

45. Arbeitssitzung vom 6.2.1941 (10.15 bis 13 Uhr)

Anwesend:
Vorsitzender: Senatspräsident beim Reichsgericht Dr. Lindenmaier, Leipzig
stellv. Vorsitzender: Justizrat Dr. Schulze-Smidt, Bremen
Ehrenmitglied: Prof. Dr. Wüstendörfer, Hamburg
weitere ständige Mitglieder:
Rechtsanwalt Dr. Baur, Hamburg
Direktor Brandt, Hamburg
OLG-Rat Dr. Reinbeck, Hamburg
Direktor Sturm, Hamburg
Kapitän Techen, Hamburg
als Gäste:
Dr. habil Capelle, Hamburg
Dr. Scharlibbe (Reichsverkehrsgruppe Spedition und Lagerei)
entschuldigt fehlten:
Dr. Bramslöw, Hamburg
Dr. Droege, Hamburg
Dr. Riensberg, Hamburg
Dr. Kuhl, Hamburg
Dr. Stödter, Hamburg
Amsinck, Hamburg
Geheimrat Dr. Nehring,
Staatsrat Dr. Burchard-Motz, Hamburg
Edye, Hamburg
Kommerzienrat Waibel, Frankfurt/M.
Offen, Hamburg,
v. Staden, Hamburg
Dr. Kleemann, Hamburg

Vor Eintritt in die Tagesordnung teilte der *Vorsitzende* mit, dass er dem früheren Vorsitzenden und jetzigen Ehrenmitgliede des Ausschusses Herrn Prof. Dr. Wüstendörfer zu seinem 65. Geburtstage am 27. November 1940 persönlich die aufrichtigen Glückwünsche aller Mitglieder des Ausschusses ausgesprochen habe.

Sodann gab der *Vorsitzende* bekannt, dass das den Mitgliedern vorliegende Referat des OLG-Rats *Dr. Segelken* über „Die Zahlung der Fracht" (§§ 616-622 HGB) zur Grundlage der Verhandlung gemacht werden solle [Anlage]. Anstelle des im Felde stehenden Referenten habe Dozent Dr. Capelle es übernommen, den wesentlichen Inhalt des Referats vorzutragen.

Dr. Capelle gab zunächst die Ausführungen des Referats zu Leitsatz 1 zusammengefasst wieder.

Dr. Schütte wies darauf hin, dass die Praxis auch in anderen als den im § 616 genannten Fällen von Abandons spreche. So erklärten während des gegenwärtigen Krieges die Ladungsempfänger, die die für sie bestimmten, im Nothafen liegenden Güter nicht annehmen wollten, vielfach, dass sie die Güter „abandonnierten".

Prof. Dr. Wüstendörfer stellte demgegenüber fest, dass es sich in den erwähnten Fällen nicht um einen „Abandon" im Rechtssinne handle. Nehme ein Empfänger die für ihn bestimmten Güter nicht an, so mache er von seinem Empfangsrecht nicht Gebrauch; damit entfalle die Rechtsbedingung, an welche die Ausübung des Empfangsrechts geknüpft sei, nämlich die Frachtzahlung durch ihn (§ 514 HGB). – Im Übrigen spreche er sich in Übereinstimmung mit dem Referenten für die vollständige und ersatzlose Streichung des § 616 HGB aus.

Leitsatz 1 wurde darauf einstimmig angenommen.

Dr. Capelle trug sodann den wesentlichen Inhalt des Referates zu § 617 und z.T. auch zu § 618 HGB vor.

Der *Vorsitzende* führte aus, dass er zu dem soeben vorgetragenen Teil des Referates im Wesentlichen zwei Bemerkungen zu machen habe: Einmal erscheine ihm die von dem Referenten vorgenommene Gruppierung der Fragen nicht ganz glücklich; der zweite Punkt, der besondere Aufmerksamkeit verdiene, sei der Fall der Ablieferung eines aliud.

Was die Anordnung der einzelnen Gegenstände betreffe, so gehöre an die Spitze der Grundsatz, dass für verlorene Güter keine Fracht zu zahlen und die etwa vorausbezahlte zu erstatten sei. Unmittelbar im Anschluss an den Grundsatz seien die Ausnahmen anzuführen, und zwar zunächst die allgemeineren Fälle (Verlust durch Beschaffenheit der Güter und durch Verschulden des Befrachters), sodann die übrigen Fälle (Verladung von Bannware usw.). Zum Schluss sei auszusprechen, dass der Grundsatz und die Ausnahmen wie für den Stückgutvertrag so auch für die Fälle der Frachtcharter namentlich auch bei Vereinbarung einer Lumpsumfracht [Fracht mit einer Pauschalsumme] zu gelten hätten.

Zu dem Fall der Ablieferung eines aliud wolle er zunächst nur bemerken, dass das aliud oft einen nicht unerheblichen Wert habe (z.B. Schrott in Kriegszeiten) und dass für solche Fälle der vollständige Wegfall der Frachtzahlungspflicht kein angemessenes Ergebnis bedeute. Er schlage daher vor, zu erwägen, ob man nicht zu einer angemessenen Minderung der Fracht kommen könne.

Prof. Dr. Wüstendörfer stimmte den Ausführungen des Vorsitzenden zu der Frage der Gruppierung der einzelnen Rechtssätze zu. Sodann trat er der Bemerkung des Referats entgegen, dass für den Fall des vom Verfrachter verschuldeten Güterverlustes das Gleiche zu gelten habe wie für den durch Zufall verursachten Verlust (Referat). Diese Ansicht stehe in Widerspruch zu dem klaren Wortlaut des Gesetzes (§ 611 HGB a.F., § 656 HGB n.F.), das für den Fall des Verfrachterverschuldens den Ersatz des Güterwertes im Bestimmungshafen abzüglich der Fracht anordne. Andernfalls wäre der Ladungsempfänger ungerechtfertigt bereichert, da er ja statt des Gutes dessen Handelswert erlange. Mit Recht spreche daher § 617 HGB von einem „Unfall" im Sinne des *zufälligen* Verlustes.

Der Vorschlag des Referenten zu dem Falle des aliud erscheine ihm nicht weniger bedenklich als dem Vorsitzenden, da sich nicht verkennen lasse, dass ein abgeliefertes aliud noch einen mehr oder weniger großen Wert haben könne. Nur der Fall voller Entwertung des Gutes könne dem des Verlustes gleichgestellt werden. Gehe man hiervon aus, so habe man sich noch mit zwei Schwierigkeiten auseinanderzusetzen, auf die schon *Pappenheim* in seiner Darstellung des Seefrachtrechts (S. 507, Fn. 3) hingewiesen habe: Es handle sich einmal darum, die Fälle vollständiger Entwertung von denen der Beschädigung abzugrenzen, und ferner um die Frage, was gelten solle, wenn der Empfänger die Auslieferung des entwerteten Gutes verlange. Diese Bedenken Pappenheims seien nicht unbeachtlich, doch ließen sich Schwierigkeiten der Abgrenzung von Tatbeständen auch sonst nicht immer vermeiden, und für den Fall, dass der Empfänger die Auslieferung des aliud verlange, empfehle sich vielleicht, zu bestimmen, dass der Verfrachter nur gegen eine angemessen geminderte Fracht auszuliefern brauche.

Mit den Ausführungen des Referats betreffend das Verschulden des Befrachters könne er sich einverstanden erklären.

Der *Vorsitzende* schlug vor, dem Fall des Güterverlustes den Fall gleichzustellen, dass die Güter „eine dem Verlust gleich zu achtende Beschädigung oder Veränderung ihres Wesens erleiden." Zu dem Fall eines von dem Verfrachter zu vertretenden Güterverlustes pflichtete er den Ausführungen von Prof. Dr. Wüstendörfer bei.

Dr. Baur und *Dr. Schütte* äußerten sich dahin, dass nach der Überzeugung der Praxis der Empfänger, der sich das aliud ausliefern lassen wolle, auch die Fracht zu zahlen habe.

Der *Vorsitzende* brachte daraufhin folgenden Leitsatz in Vorschlag: „Für Güter, die in der Zeit von der Annahme bis zur Ablieferung durch einen von keiner Seite zu vertretenden Umstand verloren gehen oder eine dem Verlust gleich zu achtende Beschädigung oder Veränderung ihres Wesens erleiden, ist keine Fracht zu zahlen."

Im Anschluss an diesen Grundsatz könne man vor der Aufzählung der einzelnen Ausnahmefälle vielleicht entsprechend der Anregung von Prof. Dr. Wüstendörfer noch anfügen: „Macht der Empfänger trotz der Entwertung des Gutes einen Auslieferungsanspruch geltend, so hat er eine entsprechend dem Werte des Gutes geminderte Fracht zu zahlen."

Bei näherer Überlegung erscheine es ihm jedoch richtiger, von einer Bestimmung über den zuletzt erwähnten Fall ganz abzusehen.

Dr. Scharlibbe bemerkte: Jedenfalls bestehe wohl allseitiges Einverständnis darüber, dass im Falle völliger Entwertung des Gutes und der Nichtbeanspruchung durch den Empfänger keine Fracht zu zahlen sei.

Direktor *Sturm* erklärte: Wenn der Empfänger den vorhandenen Rest des Gutes haben wolle, müsse er sich mit dem Verfrachter verständigen. Ohne irgendetwas zu zahlen, werde er den Rest nicht erhalten.

Der *Vorsitzende* fasste das Ergebnis der Beratungen zu *Leitsatz 2* wie folgt zusammen: „Keine Fracht ist zu zahlen und die etwa vorausbezahlte zu erstatten für Güter, die in der Zeit von der Annahme bis zur Ablieferung durch einen von keiner Seite zu vertretenden Umstand verlorengehen oder eine dem Verlust gleich zu achtende Beschädigung oder Veränderung ihres Wesens erleiden, vorausgesetzt, dass keinerlei Ansprüche erhoben werden.

Der Frachtanspruch bleibt bestehen, wenn der Verfrachter nachweist,

1. dass Fehler oder Versäumnisse des Befrachters oder Abladers den Verlust oder die Beschädigung verursacht haben, z.B. Mängel der Verpackung, unterbliebener Hinweis gegenüber dem Verfrachter oder Schiffer auf eine ungewöhnliche, für ihn nicht ohne weiteres erkennbare Empfindlichkeit und Gefährdung der Güter,

2. dass Verlust oder Beschädigung infolge der natürlichen Beschaffenheit der Güter eingetreten ist, namentlich durch inneren Verderb, Schwinden, gewöhnliche Leckage oder Selbstentzündung."

Sodann wären die übrigen Ausnahmefälle anzuschließen und ferner der zur Zeit in § 617,2 HGB enthaltene Hinweis auf die Charterverträge, insbesondere auf die Lumpsumcharter, aufzunehmen. Schließlich wäre ein Satz des Inhaltes anzufügen, dass ein Ausschluss der Rückzahlung des Frachtvorschusses in der Vereinbarung zu erblicken sei, dass der Verfrachter die Kosten einer von dem Befrachter zu nehmenden Versicherung des Frachtvorschusses trägt (Referat).

Dr. Capelle trug sodann die noch nicht behandelten Ausführungen des Referats zu Leitsatz 2 vor.

Der *Vorsitzende* warf die Frage auf, ob es in diesem Zusammenhang einer besonderen Erwähnung der §§ 564 ff., 535, 540 HGB überhaupt bedürfe, bezeichnete aber einen entsprechenden Hinweis als nützlich.

Prof. Dr. Wüstendörfer sprach sich ebenfalls für eine kurze Verweisung auf die erwähnten Vorschriften aus. Der juristisch nicht geschulte Praktiker werde für eine derartige Klarstellung dankbar sein.

Die einzelnen Vorschläge des Referenten verdienten Zustimmung. Namentlich sei nicht zu bezweifeln, dass im Falle des § 535 Abs. 2 und 3 volle Fracht gezahlt werden müsse. Wenn die Ladung im Interesse des Befrachters verkauft werde, so müsse dieser auch das damit verbundene Risiko der vollen Frachtzahlung trotz geringen Verkaufserlöses auf sich nehmen.

Der *Vorsitzende* stellte fest, dass die Vorschläge des Referenten inhaltlich die Billigung des Ausschusses fänden. Die Formulierung im Einzelnen sei Sache des Reichsjustizministeriums.

Dr. Baur hob noch hervor, dass die Frage, wann es sich um ein „natürliches Ableben“ von Tieren handle, in der Praxis zuweilen zweifelhaft sein könne.

Dr. Capelle berichtete sodann zu Leitsatz 3 und wies insbesondere darauf hin, dass der in dem Referat vorgeschlagene Absatz 3 überflüssig sei, da der Seerechtsausschuss beschlossen habe, § 562 HGB abzuschaffen.

Der *Vorsitzende* bestätigte die Richtigkeit dieses Hinweises.

Im Übrigen wurde *Leitsatz 3* angenommen.

Dr. Capelle setzte sodann seinen Bericht fort, indem er einen Teil der Ausführungen des Referats zu Leitsatz 4 wiedergab.

Der *Vorsitzende* bezeichnete die Frage, ob die Fracht nach eingenommenem oder ausgeliefertem Gewicht zu zahlen sei, als eine Frage von großer wirtschaftlicher Bedeutung und bat die Herren der Praxis, sich dazu zu äußern.

Dr. Scharlibbe bemerkte, dass im Stückgutverkehr die Frachtberechnung im Allgemeinen nach den Gewichtsangaben des Abladers, also nach eingeliefertem Gewicht erfolge und dass in Zweifelsfällen die Güter im Bestimmungshafen nachgewogen würden. Dagegen werde im Charterverkehr die Fracht in der Regel nach ausgeliefertem Gewicht gezahlt. Welche gesetzliche Regelung die beste sei, könne er im Augenblick nicht übersehen, da ihm nicht bekannt sei, ob in der Praxis erhebliche Differenzen vorgekommen wären.

Dr. Schütte erklärte, dass Differenzen nur selten vorkämen. Im Übrigen halte er es für ziemlich gleichgültig, was man bestimme, da die Konnossemente und Charterformulare stets eine Klausel über die Art der Frachtberechnung enthielten, ohne dass man eine bestimmte Regelung als die vorherrschende bezeichnen könne.

Dr. Nolte machte darauf aufmerksam, dass dem Ablader naturgemäß die Frachtberechnung nach eingeliefertem Gewicht am meisten erwünscht sei.

Dr. Scharlibbe betonte demgegenüber, dass im Massengüterverkehr in der Regel das ausgelieferte Gewicht zugrunde gelegt werde, das gleichzeitig auch für die Berechnung des Kaufpreises maßgebend sei.

Dr. Nolte bestätigte die Richtigkeit dieser Bemerkung.

Herr *Techen* äußerte sich ebenfalls dahin, dass bei Massengütern in der Regel von dem ausgelieferten Gewicht ausgegangen werde. Die Zugrundelegung des Konnossementsgewichts entspreche aber weitgehend den Wünschen der Praxis.

Dr. Bollmann wies darauf hin, dass § 620 eine Abweichung von der allgemeineren Vorschrift des § 618 bedeute, nach der für infolge ihrer natürlichen Beschaffenheit verloren gegangene Güter Fracht zu zahlen sei. Es sei nur folgerichtig, wenn man die Fracht in Zukunft nach eingeliefertem Gewicht berechne.

Dr. Scharlibbe erklärte, dass er sich nach weiterer Überlegung für Frachtberechnung nach eingeliefertem Gewicht entscheide. Natürlich müsse die Bestimmung dispositiv sein.

Herr *Techen* äußerte sich in dem gleichen Sinne.

Direktor *Sturm* führte aus, die Frage, ob die Fracht nach eingeliefertem oder ausgeliefertem Gewicht berechnet werden solle, sei keine ausgesprochene Rechtsfrage, sondern eine solche der Praxis. Verschiedene Gewichtsergebnisse im Ladehafen und im Bestimmungshafen kämen nicht nur im Falle von Gewichtsveränderungen während der Reise, sondern bei jeder doppelten Verwiegung vor. Bei der Verladung von Holz lasse sich vielfach die eingenommene Menge überhaupt nicht feststellen, die Fracht werde daher nach der ausgelieferten Menge bezahlt. Der beherrschende Grundsatz könne aber nur dahin lauten, dass die Fracht für das Eingelieferte zu zahlen sei.

Prof. Dr. Wüstendörfer erklärte, er habe hinsichtlich der Neuregelung zunächst von dem statistischen Regelfall ausgehen wollen, jedoch aus der Aussprache entnommen, dass sich ein solcher Fall nicht feststellen lasse. Man müsse daher nach einem anderen Prinzip der Rechtsfindung suchen. Ein solches finde man, wie schon Dr. Bollmann hervorgehoben habe, in der Linie der Konsequenz. Nach § 618 HGB sei die Fracht für durch ihre natürliche Beschaffenheit verloren gegangene Güter zu zahlen. Die konsequente Durchführung dieses Satzes führe dazu, die Fracht nach dem eingenommenen Gewicht zu berechnen. Diese Berechnungsweise würde auch im Einklang stehen mit § 657 n.F., der die Mengenangabe des Konnossements, also die eingenommene Menge, für die Berechnung der Fracht entscheidend sein lasse. Im Übrigen dürfe die neue Vorschrift natürlich nur eine Auslegungsvorschrift sein, von der auch stillschweigend abgewichen werden könne. Schließlich sei zu bedenken, dass die vorgeschlagene Regelung der Rechtslage beim Überseekauf entspräche. In den häufigsten Fällen des Überseekaufes, beim Cif- und Fobgeschäft, trage bekanntlich der Käufer die Gefahr des Kaufpreises vom Beginn der Seereise an im Verhältnis zum Verkäufer. Es sei nur ein erwünschter Parallelismus, wenn man dem Käufer in seiner Eigenschaft als Empfänger auch die Gefahr der Fracht in den fraglichen Punkten auferlege.

Er spreche sich daher für den Vorschlag des Referenten (Fracht nach eingeliefertem Gewicht) aus, doch habe er den Eindruck, dass Direktor Sturm und Dr. Schütte anderer Ansicht seien.

Direktor *Sturm* erklärte, er habe nur darauf hinweisen wollen, dass man auch in den Fällen, in denen während der Beförderung keinerlei Veränderung an den Gütern eintritt, vielfach Abweichungen in den Gewichtsergebnissen des Ladehafens und des Bestimmungshafens zu verzeichnen habe. Dabei handle es sich um eine rein praktische Schwierigkeit. Als Grundlage der Frachtberechnung kenne die Praxis sowohl das eingelieferte wie das ausgelieferte Gewicht. Als Regel halte er die Berechnung nach dem eingelieferten Gewicht für das richtige Verfahren. Er billige daher den Vorschlag des Referenten. Es könne natürlich nur die Schaffung einer dispositiven Vorschrift in Frage kommen.

Der *Vorsitzende* stellt als Ergebnis der Beratungen zu Leitsatz 4 fest, dass der Seerechtsausschuss dazu neige, dem Vorschlag des Referenten zu folgen, es aber für richtig halte, zunächst noch Ermittlungen in der Praxis anzustellen.

Die nicht vorgetragenen Ausführungen des Referats zu Leitsatz 4 wurden in allseitigem Einverständnis zurückgestellt.

Dr. Capelle berichtete sodann über den Inhalt des Referats zu *Leitsatz 5*.

Dr. Scharlibbe wies darauf hin, dass Kaplaken und ähnliche Vergütungen [für den Kapitän] heute nicht mehr üblich seien, dagegen werde eine Inkassoprovision noch verlangt.

Der *Vorsitzende* bemerkte, man könne diese Fragen wohl der Praxis überlassen.

Prof. Dr. Wüstendörfer stellte klar, dass man zwei Arten von Kaplaken unterscheiden müsse, nämlich einmal die ältere Art, bei der es sich um eine vom Ladungsempfänger an den Kapitän persönlich gezahlte Vergütung gehandelt habe, und ferner die neuere Form des Kaplakens, die eine zusätzliche Vergütung des Befrachters an den Verfrachter darstelle. Das Kaplaken im ersteren Sinne habe § 543 HGB abgeschafft, das Kaplaken in dem zuletzt genannten Sinne, häufiger „Primage" genannt, komme zweifellos auch heute noch vor.

Es ergab sich Einigkeit darüber, dass § 621 Abs. 1 zu streichen ist.

Prof. Dr. Wüstendörfer empfahl daraufhin, von der Streichung der Absätze 2 und 3 Abstand zu nehmen, da diese Vorschriften, auch soweit sie Selbstverständliches enthielten, im Interesse der Klarstellung nicht ohne Wert seien, zumal da man auch mit dem juristisch nicht geschulten Praktiker rechnen müsse.

Im gleichen Sinne sprachen sich *Dr. Schütte* und *Dr. Baur* aus.

Es wurde daraufhin beschlossen, § 621 Abs. 2 und 3 unverändert zu lassen.

Die Erörterung des Leitsatzes 6 wurde mit Rücksicht auf die vorgerückte Zeit zurückgestellt.

Der *Vorsitzende* gab noch bekannt, dass er kürzlich in dem neuen „Jahrbuch der Akademie für Deutsches Recht" einen Aufsatz über den Stand der deutschen Seerechtserneuerung habe erscheinen lassen und hoffe, den Mitgliedern des Ausschusses einen Sonderdruck dieses Aufsatzes demnächst überreichen zu können.

Anlage:

Johannes (Hans) Segelken: Die Zahlung der Fracht (Vorschläge vom 29.4.1939)

1. Leitsatz: Die Vorschrift des § 616 HGB ist veraltet, vollständig entbehrlich und daher ganz zu streichen.

2. Leitsatz: § 617: Der Anspruch des Verfrachters auf die Fracht entfällt:

a) für Güter, die in der Zeit von der Annahme bis zur Ablieferung durch einen von dem Verfrachter zu vertretenden Unfall oder durch ein zufälliges Ereignis verloren gehen;

b) für Güter, die derart beschädigt ankommen, dass sie nach allgemeiner Verkehrsauffassung als wertlos oder als Sachen völlig anderer Art anzusehen sind.

Ist in diesen beiden Fällen die Fracht bereits im Voraus bezahlt worden, so hat der Verfrachter sie zurückzuerstatten, es sei denn, dass eine Rückzahlung des Frachtvorschusses vertraglich ausgeschlossen worden ist. Ein solcher Ausschluss ist in der Vereinbarung zu erblicken, dass der Verfrachter die Kosten einer von dem Befrachter zu nehmenden Versicherung des Frachtvorschusses trägt.

Ein Gleiches gilt, wenn das Schiff im Ganzen oder ein verhältnismäßiger oder ein bestimmt bezeichneter Raum des Schiffes verfrachtet ist. Sofern in einem solchen Falle das Frachtgeld in Bausch und Bogen bedungen ist, berechtigen Verlust (a) oder Beschädigung (b) eines Teiles der Güter zu einem verhältnismäßigen Abzuge von der Fracht.

§ 618: Dagegen bleibt der Anspruch auf die Fracht bestehen, wenn der Verfrachter nachweist,

1. dass Verlust oder Beschädigung (§ 617 Abs. 1 a u. b) infolge der natürlichen Beschaffenheit der Güter eingetreten sind, namentlich durch inneren Verderb, Schwinden, gewöhnliche Leckage, Selbstentzündung;

2. dass der Verlust von beförderten Tieren auf deren natürliches Ableben unterwegs zurückzuführen ist;

3. dass Fehler oder Versäumnisse des Befrachters oder Abladers den Verlust oder die Beschädigung verursacht haben, z.B. Mängel der Verpackung, unterbliebener Hinweis gegenüber dem Verfrachter oder Schiffer auf eine ungewöhnliche, für ihn nicht ohne weiteres erkennbare Empfindlichkeit und Gefährdung der Güter;

4. dass es sich um eine Beschlagnahme von Kriegskonterbande oder anderen Gütern gemäß § 564 Abs. 1, 2 und 4 HGB handelt oder dass der bei der Abladung insoweit gutgläubige Schiffer später nach erlangter Kenntnis die Güter im Hinblick auf § 564 Abs. 5 HGB ans Land gesetzt oder über Bord geworfen hat;

5. dass der Schiffer entzündliche, explosive oder sonst gefährliche Güter nach Maßgabe des § 564 b Abs. 1 HGB ausgeschifft, vernichtet oder sonst unschädlich gemacht hat.

Inwiefern die Fracht für Güter zu ersetzen ist, die in Fällen der großen Haverei aufgeopfert oder zu deren Deckung verkauft worden sind, wird durch die Vorschriften über die große Haverei bestimmt.

3. Leitsatz: § 619 Abs. 1 ist unverändert zu übernehmen.

In § 619 Abs. 2 ist am Anfang statt „Für Güter..." künftig „Für gleichartige Güter ..." zu setzen, so dass Abs. 2 jetzt lautet:

„Für gleichartige Güter, die über das mit dem Befrachter vereinbarte Maß hinaus zur Beförderung übernommen sind, ist die Fracht nach dem Verhältnis der bedungenen Fracht zu zahlen."

Neu ist folgender Abs. 3 anzuhängen:

„Für andere Güter, die statt der vertragsmäßigen, von dem Verfrachter gemäß § 562 HGB zur Verschiffung nach demselben Bestimmungshafen angenommen worden sind, ist die vorstehend in Abs. 1 geregelte Fracht zu zahlen, mindestens jedoch der Frachtbetrag, den der Verfrachter bei Beförderung der vertragsmäßigen Güter erzielt haben würde."

4. Leitsatz: Änderung zu § 620 HGB:

a) Entscheidend für die Frachthöhe soll in Zukunft – umgekehrt wie bisher – die Menge der *eingelieferten,* nicht der abgelieferten Güter sein.

b) Wegen der bei der Abladung (Anbordnahme) entstehenden Kosten des Messens, Zählens oder Wiegens ist der erörterte, den Befrachter mit diesen Kosten belastende Abs. 2 anzufügen.

c) Künftig würde danach § 620 HGB etwa zu lauten haben:

„Ist die Fracht nach Menge (Maß, Zahl oder Gewicht) der Güter bedungen, so ist im Zweifel anzunehmen, dass die Menge der eingelieferten und nicht der abgelieferten Güter für die Höhe der Fracht entscheiden soll.

Sofern nicht durch Vertrag oder durch die örtlichen Verordnungen des Abladungshafens und in deren Ermangelung durch einen daselbst bestehenden Ortsgebrauch ein anderes bestimmt ist, hat der Befrachter die bei der Abladung erwachsenden Kosten des Messens, Zählens oder Wiegens der Güter zu tragen."

d) Zu prüfen bleibt, ob die Möglichkeit einer *amtlichen Kontrolle* des Messens, Zählens oder Wiegens der Güter nach dem Muster der Art. 481, 485 holl. HGB in das neue deutsche Gesetz hineingearbeitet werden soll.

5. Leitsatz: Die Absätze 1 und 3 von § 621 HGB sind entbehrlich und können wegfallen.

Abs. 2 ist beizubehalten mit Ausnahme des ebenfalls überflüssigen, deshalb zu streichenden Satzanhängsels „... selbst wenn er zu den Maßregeln, welche die Auslagen verursacht haben, aufgrund des Frachtvertrages nicht verpflichtet war."

6. Leitsatz: Zu § 622 HGB für die Gesetzesreform ist Folgendes anzuregen:

1. Beizubehalten sind

a) das bisherige Prinzip des § 622 Abs. 1, wonach die Zeitfracht in Lauf gesetzt wird durch die in der Schifferanzeige offenkundig werdende Zurverfügungstellung des seetüchtigen, ladefertigen und ladebereiten Schiffes, nicht durch das Auslaufen des Schiffes;

b) die Anlauf- und Vorbereitungsfrist für den Befrachter, die darin liegt, dass die Zeitfrachtberechnung erst am Tage nach der Schifferanzeige beginnt;

c) die Ausnahmebestimmung für Ballastreisen, wonach bei unterbliebener Schifferanzeige der Tag des Reiseantritts über den Beginn der Zeitfrachtberechnung entscheidet;

d) die Sondervorschrift für uneigentliche Zeitfrachtverträge mit darin enthaltener Vereinbarung von Liegegeld oder Überliegezeit, bei denen zwecks Vermeidung eines Zusammentreffens von Liegegeld und Fracht, also einer doppelten Vergütung für den Verfrachter, ebenfalls erst der Tag des Reiseantritts die Zeitfracht in Lauf setzt.

2. Für Abs. 3 des § 622 empfiehlt sich künftig etwa folgende Fassung:

„Die Zeitfracht endet, falls eine Regelung im Vertrage selbst fehlt, mit dem Tage, an welchem die Löschung vollendet ist. Bringt die Abwicklung des Zeitfrachtvertrages eine ursprünglich nicht vorhersehbare Überschreitung der vereinbarten Vertragsdauer mit sich, so ist der Verfrachter verpflichtet, das Schiff weiterhin zur Verfügung zu stellen, sofern die notwendige Vertragsverlängerung sich in angemessenen, dem Verfrachter zumutbaren Grenzen bewegt. In diesem Falle richtet sich die für die Überschreitung zu zahlende Zeitfracht nach der im Vertrage vorgesehenen."

3. Das Zufallrisiko ist bei Zeitfrachtverträgen künftig anders auf Verfrachter und Befrachter zu verteilen, als bisher in § 622 Abs. 4 geschehen, etwa durch folgende Neufassung dieses Abs. 4:

„Wird die Reise durch Zufälligkeiten verzögert oder unterbrochen, so ist die Zeitfracht für die Zwischenzeit nur dann fortzuentrichten, wenn weder eine Verfügung von hoher Hand (§ 637 Abs. 2) vorliegt noch der Fall einer Ausbesserung des Schiffes (§ 638 Satz 2) noch sonst ein zufälliges Ereignis, von dem lediglich Schiff oder Verfrachter betroffen worden sind, z.B. Dienstunfähigkeit des Schiffes infolge erlittenen Schadens, mangels genügender Besatzung, Ausrüstung, Verproviantierung usw."

46. Arbeitssitzung vom 3.4.1941 (10 bis 12.30 Uhr)

Anwesend:
Vorsitzender: Senatspräsident beim Reichsgericht Dr. Lindenmaier, Leipzig
als weitere Mitglieder:
Rechtsanwalt Dr. Bollmann, Hamburg
Direktor Brandt, Hamburg
Rechtsanwalt Dr. Kleemann, Hamburg
Kapitän Dr. Kuhl, Hamburg
Dr. Nolte, Hamburg
Dr. Schütte, Hamburg
vom Reichsjustizministerium:
Ministerialrat Krieger, Berlin
als Gäste:
Herr Offen, Hamburg
Dr. Scharlibbe, Hamburg
als Protokollführerin:
Assessorin Krüger, Berlin

entschuldigt fehlten:
Rechtsanwalt Dr. Baur, Hamburg
Rechtsanwalt Dr. Droege, Hamburg
Herr Edye, Hamburg
Kapitän v. Staden, Hamburg
Dr. Stödter, Hamburg
Direktor Sturm, Hamburg
Kommerzienrat Waibel, Frankfurt/M.

Zu Beginn der Sitzung erklärte der *Vorsitzende,* dank der Hilfe und persönlichen Opferbereitschaft von Herrn Dr. Nolte sei es gelungen, allen Teilnehmern den zusammenfassenden Bericht über die bisherige Arbeit des Seerechtsausschusses zur Verfügung zu stellen; leider sei es jedoch aus Personalmangel im Büro Dr. Droeges nicht möglich gewesen, das Protokoll der letzten Sitzung fertigzustellen.

Zur Einführung der Teilnehmer der gegenwärtigen Sitzung über den Stand der Diskussion in der letzten Sitzung teilte der Vorsitzende mit, der Seerechtsausschuss habe sich heute dem § 620 HGB zuzuwenden. Der leider am Erscheinen verhinderte Referent Dr. Segelken habe einen diesbezüglichen Vorschlag in *Leitsatz 4* seines *Referats über die Zahlung der Fracht* niedergelegt. Die vom Seerechtsausschuss zu entscheidende Frage sei in kurzen Worten die, ob maßgeblich als Basis für die Berechnung der Frachthöhe die eingelieferte oder die abgelieferte Menge sein solle. Im Allgemeinen sei es so, dass der Verkehr je nach dem praktischen Bedürfnis bald die Einlieferung, bald die Ablieferung als maßgeblich erklärt habe. Deshalb sei man in der letzten Sitzung zu dem Schluss gelangt, die Praxis müsse unbedingt noch zu diesem Problem gehört werden. Inzwischen sei ihm zu dieser Frage noch ein Schreiben von Dr. Schütte zugegangen, der nach eingehender Befragung der Praxis festgestellt habe, die Regelung des § 620 HGB sei den Praktikern nahezu unbekannt; die Art der Frachtberechnung sei immer vertraglich geregelt; lediglich über die Verhältnisse in der Binnenschifffahrt habe er keine Feststellungen treffen können (hinsichtlich der Einzelheiten vgl. die Anlage).

Abschließend bemerkte der Vorsitzende, man müsse sich überlegen, ob man nicht angesichts der Tatsache, dass der Verkehr dieses Problem so abwickele, wie es ihm zweckentsprechend erscheine, auf eine gesetzliche Regelung überhaupt verzichten solle. Der Vorsitzende bat insbesondere die Herren aus der Praxis, zu der Frage Stellung zu nehmen.

Daraufhin ergriff Herr *Offen* das Wort und bestätigte vollen Umfangs die schriftlichen Ausführungen Dr. Schüttes. Von praktischer Bedeutung sei die vorliegende Art der gesetzlichen Regelung für die Praxis nicht. In der Linien- wie in der Trampschifffahrt herrsche die Frachtberechnung nach dem eingelieferten Gewicht vor. Im Übrigen lieferten die §§ 618 und 657 HGB noch Bestimmungen zu diesem Fragenkomplex.

Direktor *Brandt* bat um Auskunft, ob das Schreiben Dr. Schüttes und die Ausführungen Herrn Offens für Kalkladung oder ganz allgemein gälten.

Es wurde klargestellt, dass die Praxis ganz allgemein so, wie von den Herren Dr. Schütte und Offen dargelegt, verführe.

Direktor *Brandt* machte sodann darauf aufmerksam, dass die Fracht doch erst geschuldet werde, wenn das Gut abgeliefert sei; in logischer Fortsetzung dieses Gedankens müsse die Fracht sich doch nach dem ausgelieferten Gewicht bestimmen. Direktor Brandt stellte die Frage, wie denn beispielsweise die Fracht errechnet werden solle, wenn z.B. von einer Erzladung nur ein Teil ausgeliefert worden sei, der andere Teil aus irgendwelchen Gründen aber in Verlust geraten sei. Der Redner erklärte, er sei, um solchen Schwierigkeiten auszuweichen, durchaus dafür, die Frachthöhe nach dem ausgelieferten Gewicht zu berechnen.

Ihm stimmte *Dr. Scharlibbe* zu, der berichtete, dass in der Trampschifffahrt grundsätzlich das ausgelieferte Gewicht maßgebend sei. Es gebe z.B. Fälle, wo das Gewicht des Frachtgutes im Ausgangshafen überhaupt nicht festgestellt werden könne, weil entsprechende Wiegevorrichtungen fehlten, so z.B. im Verkehr mit afrikanischem Rundholz. Ebenso sei es unmöglich, im Stückgutverkehr, der ganz auf schnelle Abwicklung des Verkehrs eingestellt sei, das Gewicht im Einnahmehafen festzustellen.

Dr. Kleemann griff die im Schreiben von Dr. Schütte angeregte Frage über die Rechtsgestaltung in der Küstenschifffahrt auf und berichtete, im Gebiet der Unterelbe sei für die Frachthöhe das ausgelieferte Gewicht maßgebend.

Um etwaigen Einwänden zu begegnen, das im Einnahmehafen festgestellte Gewicht könne sich während der Reise noch erheblich verändern durch Schwund und Ausdehnung etc., wies Herr *Offen* noch darauf hin, dass bei Erzverladungen das Gewicht schon auf der Hütte festgestellt zu werden pflege, nicht erst im Einnahmehafen, so dass bei dieser Art der Gewichtsfeststellung noch das ganze Risiko des Eisenbahntransportes hinzukomme. Im Kohlenverkehr sei es üblich, die Option zu geben, im Löschhafen das Gewicht neu festzustellen; praktisch werde aber nie von dieser Möglichkeit Gebrauch gemacht. Oft sei auch für die Frachtberechnung die Eichung der Rheinkähne entscheidend.

Nach diesen Ausführungen stellte der *Vorsitzende* fest, dass der Ausschuss in Ablehnung des vom Referenten vorgeschlagenen Leitsatzes 4 a eine Beibehaltung der jetzigen Regelung des § 620 empfehle. Der Vorsitzende stellte sodann weiter unter Hinweis auf die holländische Regelung zur Diskussion, ob es zweckmäßig sei, amtliche Wiegekontrolleure zu schaffen und trug die Argumente des Referenten vor. Der Redner schloss seine Ausführungen mit der Bemerkung, seiner Ansicht nach genüge die Regelung der §§ 610 und 611 HGB, obwohl sich diese Normen an sich nur auf die Ablieferung des Gutes bezögen und nur dem Empfänger das Recht einräumten, Maß, Zahl oder Gewicht durch amtliche Sachverständige feststellen zu lassen; während das holländische Gesetz ganz allgemein dem Befrachter dieses Recht gebe. Der Vorsitzende meinte, dass, wenn sich bei der Ablieferung Streit über Maß, Zahl oder Gewicht ergebe, man sich wohl immer auf einen neutralen Wäger einigen werde; es erscheine ihm daher fraglich, ob wirklich für eine vom Referenten in Leitsatz 4 b vorgeschlagene Regelung Bedürfnis bestehe, zumal da die durch die Novelle neu gefassten §§ 610 und 611 daneben doch wohl bestehen bleiben müssten. Besonders umständlich erscheine ihm die holländische Regelung insofern, als für die Mehrzahl der Fälle die amtlichen Wäger erst bestellt werden müssten.

Kapitän *Dr. Kuhl* wies anhand eines Beispielfalles nach, dass eine amtliche Zählung sehr viele Vorteile biete, es komme eben zu oft vor, dass die Beteiligten sich verzählten oder beim Messen irrten. So habe sich beispielsweise bei einem Transport von 1300 gefrorenen Hammeln ergeben, dass die Reichsbahn, der Zoll und das Schiff bei Feststellung der Menge zu drei verschiedenen Zahlen gekommen seien, und zwar sowohl im Einnahmehafen – die Differenz sei ins Konnossement als „in dispute“ aufgenommen worden – als auch bei der Abladung in London. Für derartige Fälle sei es gut, wenn eine amtliche Feststellung erfolge.

Der *Vorsitzende* wandte dagegen ein, dass man sich dann wohl immer gegen menschliche Irrtümer durch eine derartige amtliche Feststellung schützen müsse; das sei aber im Endergebnis zu umständlich.

Zu dieser Frage bemerkte Herr *Offen* noch, dass die Differenz sich meistens zu spät, wenn nämlich die Ladung schon eingenommen sei, ergebe. Beim Schnittholztransport in der Trampschifffahrt seien die Reeder meistens Mitglieder eines protecting-club. In der Linienschifffahrt messe der Tallyman [Ladungskontrolleur] nach, ergäben sich Differenzen, so würde der Kai zur Hilfe gerufen.

Ministerialrat *Krieger* wies darauf hin, dass die vom Referenten zitierte Regelung des holländischen Gesetzes, das bekanntlich die Haager Regeln nicht im Wortlaut übernommen, sondern diese dem Sinne nach ins Gesetz verarbeitet habe, offenbar unseren §§ 610 und 611 HGB entspreche. Deshalb brauchten wir die Art. 484, 485 holl. HGB nicht zu übernehmen. Im Übrigen handle es sich um eine Tatsachenfeststellung, die durch eine Urkundsperson nach dem FGG erfolgen könne. In der Praxis helfe man sich in dem von Kapitän Kuhl zitierten Fall wohl immer dadurch, dass man aus den drei verschiedenen Zahlen die Durchschnittszahl ermittele, oder man veranlasse in solchen Fällen im Löschhafen eine amtliche Zählung etc. Eine gesetzliche Regelung erscheine ihm nach alledem im neuen Seerecht überflüssig.

Unter Hinweis auf die Einrichtung der sworn weighers and measures stimmte *Dr. Nolte* ihm zu.

Der *Vorsitzende* stellte daraufhin fest, dass auch die zweite Hälfte des 4. Leitsatzes nicht übernommen werden solle.

Nach Abschluss dieser Frage bat der *Vorsitzende* sodann weiter den Ausschuss, zu Leitsatz 6 Stellung zu nehmen (vgl. Referat), d.h. zu dem Problem, mit welchem Tage die Frachtzahlungspflicht zu laufen beginne. Zu den Ausführungen des Referenten sei zu bemerken, dass der Ausschuss bekanntlich seinerzeit festgestellt habe, dass es den vom Referenten als „eigentlichen Zeitfrachtvertrag" bezeichneten Zeitfrachtvertrag nicht gebe.

Nach einer kurzen Erörterung dieser Frage, an der sich insbesondere Ministerialrat *Krieger* und *Dr. Bollmann* beteiligten – Ministerialrat Krieger konstruierte den Fall, dass ein Befrachter, weil ihm die normale Frachtrate, bemessen nach Gewicht des Ladegutes, zu hoch erschienen sei, einen Frachtvertrag mit nach Zeit bemessener Fracht abgeschlossen habe –, schlug der *Vorsitzende,* insbesondere mit Rücksicht auf die gegenwärtige schwache Besetzung des Ausschusses vor, die endgültige Stellungnahme bis zur weiteren Prüfung zurückzustellen, da er meine, der Ausschuss habe bei Erörterung der Mietcharter nicht zu der Art der Frachtzahlung damals Stellung genommen. Diese Frage könne jedoch heute schon diskutiert und nur das Ergebnis zurückgestellt werden. Die Erörterung solle sich lediglich auf einen Frachtvertrag mit „nach Zeit bedungener Fracht" nicht auf eine Mietcharter beziehen (so wolle er den Vertrag erst einmal vorsichtig bezeichnen). Da das Thema umfangreich sei, schlug der Vorsitzende vor, die Diskussion vorläufig auf die ersten drei Absätze des Leitsatzes 6 zu beschränken. Die Diskussion werde sich in erster Linie darum drehen müssen, ob der Tag des Reiseantritts oder die Lade- bzw. Reisebereitschaft maßgeblich für den Beginn des Zeitraumes sein solle, für den Fracht bezahlt werde. Entscheide der Ausschuss sich für das Letztere, so sei weiter zu überlegen, ob die Respektfrist von einem Tag auch in Zukunft weiter gelten solle. Für diese Frist spreche, dass eine ähnliche Regelung ja auch bei der Überliegezeit getroffen sei; maßgeblich solle jedoch auch hier der Standpunkt der Praxis sein.

Im Anschluss daran nahm Herr *Offen* das Wort und erklärte, in der Praxis werde diese Frage immer genau vertraglich geregelt, meist sei eine sechs- bis zwölfstündige Frist vorgesehen. Neu sei ihm jedoch, bemerkte der Redner noch, dass nach dem Bericht des Referenten im englischen Recht der Auslauftag maßgebend sei.

Der *Vorsitzende* warf ein, die Baltime-Charter stelle auf die „written notice" ab.

Dr. Kleemann wies darauf hin, dass die vom Referenten zitierte englische Regelung eine Regelung der Liege- und Überliegezeit voraussetze.

Vom *Vorsitzenden* wurde bestätigt, dass der Verfrachter bei der Auskalkulierung der Fracht berücksichtigen müsse, dass das Schiff normalerweise vor Reisebeginn einige Tage reisebereit festliege. Ihm persönlich erscheine es angebracht, bei Frachtverträgen mit nach Zeit bedungener Fracht den Reiseantritt als das für den Frachtzahlungsbeginn maßgebliche Ereignis zu bezeichnen.

Diesem Vorschlag widersprach Ministerialrat *Krieger;* maßgeblich müsse der Beginn der Ladebereitschaft sein, insbesondere dann, wenn keine Vereinbarung hinsichtlich der Liege- und Überliegezeit getroffen sei, allerdings sei, um zu vermeiden, dass der Verfrachter ein Geschäft dabei mache, die Überliegezeit davon abzuziehen. Der Vorschlag des Vorsitzenden, den Reiseantritt maßgeblich sein zu lassen, sei nur für die Fälle annehmbar, wo die Liege- und Überliegezeit geregelt sei.

Der *Vorsitzende* bemerkte dazu, dass in den überwiegenden Fällen die Liege- und Überliegezeit vertraglich geregelt sei.

Nach nochmaligem Aufwerfen der Frage, ob es solche Frachtverträge mit nach Zeit bedungener Fracht überhaupt gebe, bestätigte Herr *Offen,* dass täglich derartige Frachtverträge abgeschlossen würden.

Mit Rücksicht darauf erklärte der *Vorsitzende* es für besonders wichtig, hier den Parteien eine gesetzliche Regelung zur Verfügung zu stellen.

In der Voraussetzung, dass das neue Gesetz möglichst den Bedürfnissen der Praxis dienen solle, schlug Herr *Offen* vor, – unter Zurückstellung der Frage der Respektfrist und der Ballastreise – die Regelung der ersten drei Absätze von *§ 622 HGB* wie folgt *abzuändern:*

„Ist die Fracht nach Zeit bedungen, so beginnt sie in Ermangelung einer anderen Abrede mit dem Tage zu laufen, an welchem der Schiffer anzeigt, dass er zur Einnahme der Ladung bereit sei.

Die Zeitfracht endet erst, wenn das Schiff nach der Löschung wieder in ordnungsmäßigen Zustand versetzt ist."

Besser wäre vielleicht, ergänzte Herr Offen noch zu dem letzten Satz seines Vorschlages, dieser werde hinsichtlich der Formulierung der entsprechenden Regelung der Baltime-Charter angepasst. Diese laute: „Bei Ablauf dieses Vertrages ist der Dampfer in dem gleichen guten Zustande, in dem er angeliefert wurde (gewöhnlicher Gebrauch und Abnutzung ausgenommen), von dem Befrachter zurückzuliefern, in einem eisfreien Hafen nach Wahl des Befrachters auf dem Kontinent zwischen Hamburg und Havre, beide Häfen eingeschlossen, oder in Großbritannien, nicht nördlicher als Leith oder Glasgow, und zwar in der Zeit zwischen 6 Uhr vormittags und 6 Uhr nachmittags bzw. 2 Uhr nachmittags an einem Sonnabend, indessen nicht an einem Sonntag oder an einem gesetzlichen Feiertage, es sei denn, dass die Reederei bereit ist, den Dampfer auch zu einer anderen Zeit zurückzunehmen."

Der *Vorsitzende* erklärte den Vorschlag von Herrn Offen in der von diesem zu § 622 HGB vorgeschlagenen Fassung (ohne die Anlehnung an die Baltime-Charter) für beifallswert.

Dr. Kleemann erinnerte noch daran, dass die Verträge meistens noch eine Notizzeit von zehn Tagen vorsähen.

Der *Vorsitzende* meinte aber, die Notizzeit könne auch künftig vertraglich geregelt werden, der Ausschuss müsse sich aber über die Beibehaltung der Respektfrist schlüssig werden.

Seitens des Herrn *Offen* wurde die Regelung der Baltime-Charter für durchaus zweckmäßig erklärt, die da laute: „Die Reederei verfrachtet und der Befrachter befrachtet den genannten Dampfer für die Dauer von … Kalendermonaten, anfangend – jedoch nicht an einem Sonntag oder an einem gesetzlichen Feiertage, es sei denn, dass der Befrachter oder sein Vertreter seine Zustimmung dazu gibt – sobald eine schriftliche Andienung, und zwar an einem Wochentage in den Stunden zwischen 9 Uhr vormittags und 6 Uhr nachmittags bzw. 2 Uhr nachmittags an einem Sonnabend, gegeben ist, dass der Dampfer in ladefertigem Zustand zu seiner Verfügung gestellt ist."

Der *Vorsitzende* meinte, die eintägige Respektfrist könne demnach also wegfallen.

Ihm wurde von Ministerialrat *Krieger* widersprochen. Wenn nämlich eine Frist nach Tagen bemessen sei, so beginne ihr Lauf laut § 187 BGB einen Tag nach Eintritt des Ereignisses, das an sich bestimmt sei, die Frist in Lauf zu setzen.

Hierzu bemerkte Herr *Offen,* dass die Praxis sich darüber hinwegsetze; es würde vielmehr jede Stunde mit Bezug auf die Frachtzahlung gezählt, nachdem das Schiff angedient worden sei.

Der *Vorsitzende* bestätigte, dass mangels anderer Abrede die gesetzliche Regelung des BGB eingreife und die Fracht erst am Tage nach der Andienung zu laufen beginne. Der Ausschuss müsse aber noch entscheiden, ob telefonische Andienung genügen solle, oder ob diese schriftlich erfolgen müsse. Bei der Überliegezeit habe der Ausschuss auf eine schriftliche Anzeige verpflichtet; das könne auch hier geschehen.

Diesem Vorschlag wurde zugestimmt.

Der *Vorsitzende* formulierte den *Leitsatz* darauf wie folgt: „Ist die Fracht nach Zeit bedungen, so beginnt sie in Ermangelung einer anderen Abrede mit dem Tage zu laufen, der auf denjenigen folgt, an welchem der Schiffer anzeigt, dass er zur Einnahme der Ladung fertig und bereit sei."

Die Vorschriften der Absätze 2 und 3 von § 622 HGB, so stellte der Vorsitzende weiter fest, sollten in Zukunft fortfallen; über Absatz 4 von § 622 müsse jedoch noch beraten werden.

Der Vorsitzende wandte sich nunmehr § 622 Abs. 4 HGB zu und trug die Ausführungen des Referenten zu der Frage der Reiseunterbrechung vor. Er bemerkte weiter, dass er gewisse Bedenken gegen die Formulierung des Referenten habe, insbesondere deshalb, weil zwei Fälle besonders herausgegriffen seien, einer davon aus dem Gebiet der höheren Gewalt, nämlich die Verfügung von hoher Hand, und weiterhin die Ausbesserung des Schiffes. Seiner Ansicht nach müssten die Fälle der Reiseunterbrechung und ihre Rechtsfolgen systematisch geregelt werden. Eine solche systematische Unterscheidung der Reisezwischenfälle nach ihren Rechtsfolgen sei die Abstellung darauf, in wessen Sphäre das unterbrechende Ereignis falle.

Direktor *Brandt* betonte, dass nach seeversicherungsrechtlichen Grundsätzen die Verfügung von hoher Hand nicht zur höheren Gewalt rechne. Vor allen Dingen sei es nötig, die Kriegsfrage und das Problem des Nothafens zu lösen, wenn der Krieg die Veranlassung zum Anlaufen eines Nothafens bilde. Dieses Risiko könne doch unmöglich der Befrachter tragen, der für diesen Fall keine Versicherungsmöglichkeit habe, die dem Verfrachter jedoch zur Seite stehe.

Ministerialrat *Krieger* entgegnete, grundsätzlich habe der Befrachter das Risiko der Frachtzahlung zu tragen; man müsse ihm allerdings die Möglichkeit einräumen, sich vom Vertrag zu lösen. Hier griffen die §§ 629 und 637 HGB ein. Man müsse doch anerkennen, dass die Verzögerung zu Lasten dessen gehe, der einen Vertrag auf unbestimmte Zeit geschlossen habe. Das Risiko, dass der Vertrag aufgehoben werden müsse, trage allerdings der Verfrachter.

Vom *Vorsitzenden* wurden diese Ausführungen bestätigt. Er erinnerte an das alte deutsche Rechtssprichwort, dass, wer den guten Tropfen genieße, auch den bösen genießen müsste. Eine Heraushebung besonderer Fälle neben der von Ministerialrat Krieger erwähnten Kündigungsmöglichkeit, nach deren Verwirklichung die Frachtzahlungsfrist des Befrachters aufhöre, erscheine ihm nicht angebracht.

Direktor *Brandt* wandte sich gegen diese Risikoverteilung mit dem Argument, der Verfrachter müsse dem Befrachter doch ein „fahrmögliches" Schiff zur Verfügung stellen; das geschehe aber nicht, wenn das Schiff in Reparatur sei oder einer Verfügung von hoher Hand unterliege.

Der *Vorsitzende* warf ein, für die Beschlagnahme habe schon das geltende Recht in § 530 HGB ein Ventil vorgesehen.

Gegen Direktor Brandts Ausführungen wandte sich Ministerialrat *Krieger,* der die Ansicht vertrat, bis zur Vertragslösung müsse der Befrachter im Obligo bleiben. Er sehe nicht ein, warum der Befrachter von der Frachtzahlung befreit sein solle, wenn das Schiff beispielsweise nach acht

Tagen durch Verfügung von hoher Hand wieder freigegeben werde. Nur wenn der Verfrachter eine auf Leistung gestellte Fracht sich ausbedungen habe, trage er das Risiko anstelle des Befrachters. Bei nach Zeit bemessener Fracht müssten derartige Reiseunterbrechungen zu Lasten des Befrachters gehen.

Die Herren *Dr. Schütte* und *Offen* pflichteten dem Vorsitzenden und Ministerialrat Krieger bei und verwiesen auf Ziffer 12 der Regelung der Baltime-Charter, die wie folgt laute:

„Im Falle von Zeitverlust durch ungenügende Besatzung, durch mangelnde Schiffsausrüstung, durch Untauglichwerden der Maschine oder ihrer Teile, durch Schaden am Schiff oder durch einen anderen Unfall, wodurch der Betrieb des Dampfers länger als 24 laufende Stunden verhindert ist, hört die Verpflichtung zur Zahlung der Zeitfracht von dem Anfang eines solchen Zeitverlustes auf, bis der Dampfer sich wieder in dem gehörigen Zustand befindet, um seinen Dienst aufnehmen zu können.

Falls der Dampfer infolge schweren Wetters oder infolge eines durch die Ladung verursachten Unfalls Zuflucht in einem Hafen oder auf Ankergrund nehmen muss, geht die verlorene Zeit zu Lasten des Befrachters. Wenn der Dampfer nach flachen Häfen oder Flüssen fährt oder nach Häfen oder Gewässern, wo Barren sind und durch Aufgrundkommen oder anderswie Aufenthalt erleidet, dann zählt die verlorene Zeit und die entstandenen Kosten sind vom Befrachter zu bezahlen, ausgenommen solche Kosten, die wie Reparaturen an Schiff und Maschine unter die gewöhnliche Versicherung fallen."

Ministerialrat *Krieger* fasste Klausel 12 der Baltime-Charter dahin zusammen, dass demnach das Risiko für Ereignisse, die die Integrität des Schiffes berührten, der Verfrachter trage.

Direktor *Brandt* erinnerte an die Fälle der Wegnahme des Schiffes durch den Feind und die Beschlagnahme und meinte, es sei zweckmäßig, diese Fragen noch einmal im Bereich der Industrie- und Handelskammern durchzusprechen.

Daraufhin schlug der *Vorsitzende* vor, diese Frage noch zurückzustellen und erbat Regelungsvorschläge von den Mitgliedern vor der nächsten voraussichtlich Anfang Mai stattfindenden Sitzung.

Diesem Vorschlag stimmte der Ausschuss zu, einige Mitglieder bezweifelten jedoch, ob die Industrie- und Handelskammer und die Großverlader und die Spediteure – deren Anhörung war von anderer Seite vorgeschlagen – hinsichtlich der Regelung dieser Frage über die nötige Erfahrung verfügten, da praktische Fälle an sich wenig bekannt seien und Material hierüber nur die Reeder besäßen.

Auf entsprechende Befragung seitens des Vorsitzenden berichtete *Dr. Bollmann* noch abschließend zu dem kürzlich vom Hans. OLG entschiedenen Fall: Es habe sich damals um eine Erzverschiffung der Vereinigten Stahlwerke von Norwegen nach Rotterdam gehandelt. Während der Reise sei der Krieg ausgebrochen; die Vereinigten Stahlwerke hätten sofort nach Kriegsausbruch Order, einen deutschen Nordseehafen anzulaufen, erteilt. Daraufhin habe der Verfrachter den Vertrag gemäß §§ 629 und 635 HGB gekündigt. Vor dem Landgericht hätten die Vereinigten Stahlwerke nunmehr Klage auf Schadensersatz erhoben, der vom Landgericht dem Grunde nach stattgegeben worden sei; das Hanseatische Oberlandesgericht habe diese Entscheidung jedoch wieder aufgehoben.

Nachdem der *Vorsitzende* noch einmal um schriftliche Vorschläge für die künftige Regelung des § 622 Abs. 4 HGB gebeten hatte, wurde die 46. Sitzung des Seerechtsausschusses geschlossen.

Anlage:

Schreiben von Dr. Schütte vom 7.3.1941 an Dr. Lindenmaier zu § 620 HGB

Abredegemäß habe ich mich in Verfolg der Aussprache in der letzten Sitzung in verschiedenen Richtungen nach der tatsächlichen Übung erkundigt, um festzustellen, ob und in welchen Fällen das abgelieferte oder das eingelieferte Maß oder Gewicht der Güter für die Höhe der Fracht entscheidend ist. Die Praktiker, die ihr Leben lang mit Chartern oder Konnossementen zu tun gehabt haben, haben mir teilweise erwidert, dass ihnen die gegenwärtige Gesetzesbestimmung des § 620 bisher unbekannt gewesen sei. Sie haben mir ferner einstimmig erklärt, dass ein Fall, in dem die Frage, ob die Fracht nach abgeliefertem Gewicht zu zahlen sei, nicht geregelt wäre, niemals vorkäme.

Meine in der Sitzung des Ausschusses zunächst bekundete Meinung, dass es gleichgültig sei, wie die gesetzliche Regelung getroffen würde, kann ich daher aufrecht erhalten, denn sie wird mir von allen Praktikern bestätigt. Soweit ich unterrichtet bin, wird in der Praxis allerdings nicht einheitlich verfahren.

Über die Verhältnisse in der Küstenschifffahrt bin ich naturgemäß nicht unterrichtet, und es mag sein, dass die gesetzliche Regelung dort eine Bedeutung hat, falls in der Küstenschifffahrt nicht Abmachungen von Fall zu Fall getroffen werden.

In der Ostsee wird die Fracht bei Holz in vielen Fällen nach eingeliefertem Maß berechnet, in der Überseefahrt wird die Fracht für Erze in der Regel nach ausgeliefertem Gewicht, für Kohlen wohl überwiegend nach eingeliefertem Gewicht, berechnet. Die Berechnung hängt in aller Regel mit der praktischen Möglichkeit, die eingehenden Waggons, zum Beispiel bei Kohlen auf den Zechen, zu erfassen oder die Erze bei der Ablieferung zu wiegen, zusammen. …

47. Arbeitssitzung vom 7.5.1941 (10 bis 11.45 Uhr)

Anwesend:
Vorsitzender: Senatspräsident beim Reichsgericht Dr. Lindenmaier, Leipzig
stellv. Vorsitzender: JR Dr. Schulze-Smidt, Bremen
weitere ständige Mitglieder:
Dr. F. Baur, Hamburg
Direktor Brandt, Hamburg
Dr. Nolte, Hamburg
vom Reichsjustizministerium:
Ministerialrat Krieger, Berlin
als Gast:
Herr Offen, Hamburg
als Protokollführer:
Dr. Schulze-Smidt, Bremen
entschuldigt fehlten:
Edye, Hamburg
Dr. Droege, Hamburg
Dr. Bramslöw, Aumühle
OLG-Rat Dr. Reinbeck, Hamburg
Dr. Stödter, Hamburg

Staatsrat Burchard-Motz, Hamburg
Kommerzienrat Waibel, Frankfurt/M.
Rechtsanwalt Hillemann, Hamburg
Fräulein Krüger, Berlin
Dr. Kuhl, Hamburg
Dr. Schultze, Hamburg
Dr. Schütte, Hamburg

Der *Vorsitzende* bemerkte zunächst für das Protokoll über die 46. Arbeitssitzung, dass ihr Fehlen in dieser Sitzung auch entschuldigt hätten: Prof. Dr. Wüstendörfer, Hamburg und Justizrat Dr. Schulze-Smidt, Bremen.

Der *Vorsitzende* berichtete zunächst zusammenfassend über das Ergebnis der bisherigen Erörterungen zu § 622 Abs. 4 HGB, im Anschluss an das dazu erstattete Referat Dr. Segelkens und unter besonderen Hinweis auf den Vorschlag des Referenten und auf die Deuzeit-Charter; innere Zufälle müssten zulasten des Verfrachters, äußere zulasten des Befrachters gehen. Die betreffende Regelung in der Deuzeit-Charter schien ihm reichlich kasuistisch zu sein. Er wies sodann hin auf den Vorschlag Dr. Baurs in seiner Skizze eines Gesetzentwurfes betr. Schiffsmiete § 11 [oben S. 548 ff.] und die zu diesem Paragraphen von dem Unterausschuss gemachten Bemerkungen; der letzte Absatz des § 11 des Gesetzentwurfs komme hier nicht in Betracht. Der Vorsitzende vertrat die Meinung, dass man der jetzigen Beratung den erwähnten Vorschlag des Baurschen Gesetzentwurfes und die Bemerkungen des Unterausschusses dazu zugrunde legen könne und versuchen müsse, sie etwas allgemeiner zu fassen.

Er unterbreitete sodann folgenden Vorschlag: „Wird die Reise durch Umstände verzögert oder unterbrochen, welche

1. vom Verfrachter zu vertreten sind oder die ihm obliegenden Leistungen betreffen und nicht durch die Ladung verursacht oder mit verursacht sind, oder

2. auf einer Verfügung von hoher Hand beruhen, welche weder vom Befrachter zu vertreten ist, noch sich lediglich gegen die Ladung richtet,

so ist für die dadurch bewirkte Verzögerung der Reiseabwicklung keine Fracht zu zahlen."

Herr Direktor *Brandt* wies zunächst darauf hin, dass entgegen seiner im Protokoll der letzten Sitzung wiedergegebenen Äußerung – er müsse insofern missverstanden sein – der Reeder sich in Deutschland *nicht* versichern könne gegen den Nachteil, den er dadurch erleide, dass er während einer Verfügung von hoher Hand oder während der Reparaturzeit das Schiff nicht auszunutzen in der Lage sei; er habe darauf hinweisen wollen, dass, wenn dem Reeder das Schiff durch Verfügung von hoher Hand entzogen werde, er in der Regel auch Anspruch auf Ersatz des ihm durch die Entziehung entstandenen Schadens habe; der Zeit-Befrachter werde diesen Ersatz nicht beanspruchen können.

Herr *Dr. Nolte* führte aus, dass nach Handelsauffassung der Befrachter keine Fracht zu zahlen habe im Falle einer Reiseverzögerung oder Unterbrechung durch eine Verfügung von hoher Hand oder infolge Beschädigung des Schiffes; der Nothafenfall sei besonders zu berücksichtigen. Er wies auch hin auf §§ 634 und 629 Ziff. 2 HGB; trete der Befrachter nicht zurück, dann müsse er von Frachtzahlung frei sein.

Herr *Dr.Nolte* bemerkte: „Es ist erörtert worden, ob die Fracht weiter gezahlt werden soll, wenn sich die Reise infolge von Kriegsumständen, insbesondere Anlaufen eines Nothafens der Kriegsgefahr wegen, verzögert. Diese Frage wird zu verneinen sein, wenn der *Frachtcharterer,* wie in Aussicht genommen, grundsätzlich günstig gestellt sein soll, während der *Mietcharterer* als Unternehmer mit einem stärkeren Risiko zu belasten ist. Dafür spricht ferner, dass die Absicht besteht, Verfügungen von hoher Hand zulasten des Verfrachters gehen zu lassen, und dass der

Krieg einen ähnlichen Charakter hat. Dann aber erscheint es mir das einfachste, die Bestimmung des von Herrn Präsident Lindenmaier entworfenen Paragraphen, die Verfügungen von hoher Hand betrifft, auf den Krieg auszudehnen.

Auch ist zu erwägen, ob nicht bestimmt werden soll, dass die Verpflichtung, Fracht zu zahlen, für die Zeit wegfällt, die durch Quarantäne, Desinfektion, Ausräucherung, Giftlegen oder ähnliche Maßregeln in Anspruch genommen wird. Es können sonst Zweifel entstehen, da diese Maßregeln nicht immer auf Verfügungen von hoher Hand beruhen. Dies würde allerdings nahelegen, die Gesetzesbestimmung so zu fassen, dass in einem mit Zahlen versehenen Katalog die Fälle angeführt werden, in denen eine Unterbrechung der Frachtzahlung eintritt.

Der Vorsicht halber möchte ich ferner noch darauf hinweisen, dass der Seerechtsausschuss seinerzeit auf Vorschlag eines mit drei Sachverständigen besetzten Unterausschusses beschlossen hat, für die *Mietcharter* zu bestimmen, dass eine Verzögerung, die auf einer nicht vom Vermieter zu vertretenden Verfügung von hoher Hand beruht, zulasten des Mieters geht. Das Motiv hierfür war die Erwägung, dass der *Mieter* im weitesten Umfange die Risiken der Reise tragen soll. Es scheint mir aber richtig und dem Charakter eines Zeitfrachtvertrages entsprechend zu sein, wenn hier die entgegengesetzte Regelung getroffen wird."

Herr *Offen* bat um Entschuldigung, wenn er nochmals erklären müsse, dass er dem Ausschuss in der Unterscheidung Schiffsmiete und Zeit nach Fracht noch immer nicht folgen könne. Der Verkehr kenne diese Unterscheidung jedenfalls nicht und mache keinen Unterschied, ob der Befrachter nun ein Reeder oder ein Kaufmann oder gar beides sei. Der Verkehr verwende immer das gleiche Vertragsformular, nämlich die „Deuzeit" oder die „Baltime", in gleicher Weise für Reeder-Befrachter und den Kaufmann-Befrachter. Die vertragliche Grundlage, und damit die Leistungen der Vertragspartner seien die gleichen: der Befrachter oder Mieter bezahle die Hafenkosten, Lade- und Löschkosten, Brennstoff usw., einerlei, ob er Reeder oder Kaufmann ist. Es müsse notwendig Rechtsunsicherheit in die Sache tragen, wenn der Reeder bei Verwendung des gleichen Vertragsformulars letzten Endes nicht weiß, ob die Auslegung nach dem Begriff „Zeitmiete" oder „Fracht nach Zeit" erfolgt, je nach dem Charakter des Mieters.

Was nun etwaige Bestimmungen über Krieg, höhere Gewalt und Nothafenkosten anbelange, so müsse man sich hüten, dabei nur an den jetzigen Krieg zu denken. Es könne Krieg sein in fremden Ländern, an dem Deutschland nicht beteiligt sei. Das vermietete oder verfrachtete Schiff müsse geschützt werden, wenn der Mieter oder Befrachter das Schiff im Verkehr nach solchen kriegführenden Ländern verwenden wolle.

Der *Vorsitzende* wies gegenüber diesen Ausführungen darauf hin, dass der Seerechtsausschuss bei seinen Beratungen mit Verträgen rechnen müsse, bei denen entsprechend seinen Vorschlägen bei Beratung der Schiffsmiete klar zum Ausdruck gebracht oder nach dem Gesetzesinhalt klar sei, ob es sich um Schiffsmiete oder einen Frachtvertrag mit nach Zeit bedungener Fracht handelt.

Herr Ministerialrat *Krieger* äußerte insofern Bedenken gegen den Vorschlag des Herrn Vorsitzenden, als Nr. 1 und 2 s.E. nicht auf gleicher Ebene lägen. Nach Nr. 1 genüge schon ein geringes Mitwirken der Ladung an der Reiseverzögerung, um den Frachtanspruch für die Dauer der Verzögerung bestehen zu lassen. Nach Nr. 2 sei für die Dauer einer Verzögerung aufgrund Verfügung von hoher Hand keine Fracht zu zahlen, auch wenn die Verfügung sich in erster Linie gerade gegen die Ladung richte, sofern nur auch das Schiff mitbetroffen werde. Beide Fälle müssten gleichgezogen werden.

Herr Direktor *Brandt* führte aus: „Für den Fall, dass bei einem Frachtvertrag, bei dem die Fracht nach der Zeit berechnet wird, der Befrachter ein Reeder ist, würden wir uns mit Bestimmungen im Gesetz für die „Zeitfracht" m.E. nicht zu beschäftigen haben. Es werden dann genau ausgearbeitete Vertragsmuster vorliegen, nach denen die einzelnen Verträge geschlossen werden.

Für den Fall dagegen, dass der Befrachter ein Kaufmann ist, wird man im Gesetz Bestimmungen aufzustellen haben, und hierbei wird man zu berücksichtigen haben, dass der Kaufmann dem Reeder gegenüber als die „schwächere“ Partei zu betrachten ist und dass deshalb die gesetzlichen Bestimmungen mehr zugunsten des Befrachters als zugunsten des Verfrachters stipuliert werden sollten. Dabei ist zu berücksichtigen, dass die Bestimmungen dispositiver Art sind und deshalb der Reeder, wenn er einen Vertrag schließen will unter zu seinen Gunsten vom Gesetz abweichenden Bestimmungen, dazu in der Lage ist. Der Befrachter wird durch Verhandlungen über eine Abweichung von den gesetzlichen Bestimmungen auf die Wichtigkeit der einzelnen Punkte hingewiesen und wird danach seine Entscheidung zu treffen haben. Ich bin deshalb der Meinung, dass man jedenfalls die Vorschriften der §§ 637 und 638 HGB, soweit sie Bestimmungen zugunsten des Befrachters enthalten, auch im neuen Gesetz dem Sinne nach aufnehmen sollte.“

Herr Ministerialrat *Krieger* hielt diese Ausführungen für sehr bemerkenswert.

Der Herr *Vorsitzende* wies darauf hin, dass die Nothafenfälle entsprechend der gesetzlichen Regelung zu behandeln seien. Er erklärte sich damit einverstanden, dass in seinem Vorschlag unter 1. die Worte „oder mitverursacht“ gestrichen werden und stellte schließlich als Ergebnis der Beratungen Annahme seines so geänderten Vorschlages fest.

48. Arbeitssitzung vom 13.11.1941 (16 bis 18 Uhr)

Anwesend:
Vorsitzender: Senatspräsident am Reichsgericht Dr. Lindenmaier, Leipzig
stellv. Vorsitzender: Justizrat Dr. Arthur Schulze-Smidt, Bremen
Ehrenmitglied: Prof. Dr. Wüstendörfer, Hamburg, z.Zt. Langebrück (bei Dresden)
Mitglieder:
Bürgermeister Krogmann, Hamburg
Rechtsanwalt Dr. Baur, Hamburg
Direktor H. Brandt, Hamburg
Rechtsanwalt Dr. Kleemann, Hamburg
Kapitän Dr. Kuhl, Hamburg
Geheimrat Dr. Nehring, Reichsverkehrsgruppe Spedition und Lagerei, Hamburg
OLG-Rat Dr. Reinbeck, Hamburg
Dr. Schütte, Hamburg
Direktor Sturm, Hamburg
Kapitän Techen, Hamburg
als Gast:
Senatsdirektor Dr. Brodmeier, Hamburg
als Protokollführer:
Prof. Dr. H. Möller, Hamburg
entschuldigt fehlten:
Dr. Bramslöw
Prof. Dr. Capelle
Oberbürgermeister Dr. Drechsler
Rechtsanwalt Dr. Droege
Edye
Dr. Heynen
Krieger
Offen
Dr. Schultze
Präsident Dr. Völckers
Komm.Rat Waibel

Nach Eröffnung der Sitzung sprach der *Vorsitzende* zunächst seinen herzlichen Dank aus für das freundliche und ihn hoch ehrende Gedenken, das ihm anlässlich seines 60. Geburtstages seitens des Ausschusses zuteil geworden sei.

Er gedachte darauf des durch Berufung ins Wirtschaftsministerium ausgeschiedenen ständigen Vertreters des Herrn Bürgermeisters Dr. Krogmann, des Herrn Regierungsdirektors Dr. Schrader, und stellte – unter Begrüßung des zur Einführung seines ständigen Vertreters erschienenen Herrn Bürgermeisters Dr. Krogmann, Hamburg – diesen nunmehrigen ständigen Vertreter, Herr Direktor Dr. Brodmeier, den Anwesenden vor.

Einleitend begrüßte der *Vorsitzende* die Tatsache, dass die Sitzung in Anbetracht der Kriegsverhältnisse verhältnismäßig stark besucht sei, mit Dank. Ihm sei es selbstverständlich klar, dass die Kriegsumstände gerade die Mitglieder des Seerechtsausschusses mit ihrem starken Einschlag aus der Praxis des Verkehrsrechts besonders belasteten, sie zum Teil längere Zeit oder gar dauernd von Deutschland fernhielten und jedenfalls infolge der mit ihnen verbundenen besonderen Belastung die regelmäßige Teilnahme an den Sitzungen des Ausschusses erschwerten. Die Beteiligung an den Sitzungen des Ausschusses, insbesondere an der heutigen Sitzung, beweise aber, dass die Ausschussmitglieder in anerkennenswerter Opferwilligkeit an seinen Zielen auch im Kriege mitzuarbeiten bemüht seien. Er benutze die Gelegenheit, um einmal herauszustellen, dass die Arbeit an den Aufgaben des Seerechtsausschusses auch in den jetzigen Kriegszeiten ihren wohlbegründeten Sinn habe. Es liege auf der Hand, dass nach glücklicher Beendigung des Krieges die Frage eines einheitlichen europäischen Seerechts in den Vordergrund rücken werde. Für die Schaffung eines solchen sei Deutschland nur gerüstet, wenn es bereits vor Einsetzen der darauf abzielenden Bestrebungen sich Klarheit verschafft habe darüber, welcher Änderungen das deutsche Seerecht noch bedürfe, um die Eigenschaft einer den heutigen Ansprüchen des Seeverkehrs voll genügenden Rechtsgestaltung in Anspruch nehmen zu können. Die Klarstellung dieser Gestaltung sei das Ziel der jetzigen Beratungen. Im Besonderen sei es durchaus wünschenswert, dass bei der Schaffung eines europäisch einheitlichen Seerechts im Vordergrunde des Interesses stehende Seefrachtrecht bereits jetzt in seiner künftigen Gestaltung in klaren Umrissen herausgearbeitet werde. Die im Kriege gewonnenen Erfahrungen könnten dann umso leichter berücksichtigt werden. Der Seerechtsausschuss steht unmittelbar vor Vollendung dieser Aufgabe, zu deren Abschluss es nach Beratung des heutigen Verhandlungsgegenstandes lediglich noch der Erörterung der „Beendigung des Seefrachtvertrages" auftauchenden Reformfragen bedürfe. Diese hoffe er in der nächsten Sitzung durchführen zu können, in welcher der Berichterstatter Herr Prof. Dr. Capelle aus Königsberg seinen Bericht selbst vertreten werde.

Nach Eintritt in die Tagesordnung teilte der *Vorsitzende* mit, dass der Referent des heutigen Tages, Herr OLG-Rat Dr. Segelken, durch Heeresdienst und Verwundung an der Teilnahme an der heutigen Sitzung verhindert sei, und sprach ihm die besten Genesungswünsche des Ausschusses aus. Er teilt ferner mit, Herr Ministerialrat Krieger, der sich freundlichst bereit erklärt habe, das Referat anstelle des verhinderten OLG-Rats Herrn Dr. Segelken vorzutragen, sei leider am Erscheinen ebenfalls durch seinen Gesundheitszustand verhindert. Er werde daher selbst das Amt des Berichterstatters und Gegenberichterstatters übernehmen.

Übergehend auf das Thema der heutigen Sitzung führte er dann, die Ausführungen des Gutachtens des Berichterstatters im Einzelnen in Bezug nehmend und referierend aus:

Eine Sicherstellung des Verfrachters liege zunächst in dem Zurückbehaltungsrecht des § 614 HGB. Insofern könne er auf den Leitsatz zurückgreifen, den der Ausschuss in seiner 44. Sitzung vom 30. Oktober 1941 gutgeheißen habe: „Auslieferung des Gutes und Zahlung der Fracht habe in verkehrsüblicher Weise – z.B. durch Abstempelung des Konnossements oder vorherige Vereinbarung von Vorleistung des Empfängers – zu erfolgen. Der Empfänger könne jedoch gegen verkehrsübliche Sicherheitsleistung Auslieferung des Gutes fordern."

Gehe man von diesem Vorschlage aus, so ermangele der § 624 Abs. 1 HGB, gemäß welchem im Falle des Streits über die Forderungen des Verfrachters dieser zur Auslieferung der Güter verpflichtet sei, sobald die streitige Summe öffentlich hinterlegt sei, der Bedeutung. Die bereits vorgesehene Regelung, dass gegen verkehrsübliche, also die übliche Bankgarantie einschließende Sicherheitsleistung die Güter auszuliefern seien, mache es auch unnötig, auf den Vorschlag des Berichterstatters einzugehen, dass die Hinterlegung an einer vereinbarten Stelle oder bei einer von der Reichsbank zugelassenen Stelle zu erfolgen habe. Die bereits vorgesehene Regelung werde den Bedürfnissen des Verkehrs besser gerecht als diese Lösung.

Es erscheine ihm ferner die Einführung der vom Berichterstatter vorgeschlagenen Regelung nicht geboten, dass der Verfrachter im Falle des Streites über seine Ansprüche binnen einer auf Antrag des Gläubigers vom Amtsgericht festzusetzenden Frist Klage zu erheben habe, widrigenfalls die hinterlegte Summe zugunsten des Empfängers frei werde. Da der Verfrachter in der Regel das Streben haben werde, den Streit über seine Ansprüche entschieden zu sehen, dürfte für die vorgeschlagene Regelung praktisch kaum ein großes Bedürfnis bestehen. Ihm erscheine auch die Einschaltung einer Bemühung des Amtsgerichts etwas umständlich und schleuniger, unbürokratischer Verkehrsentwicklung entgegenstehend. Es sei zu berücksichtigen, dass es dem Empfänger jederzeit frei stehe, eine negative Feststellungsklage wegen der von dem Verfrachter erhobenen Ansprüche zu erheben. Schwierigkeiten für den Empfänger könnten nur dann entstehen, wenn das Schiff den inländischen Hafen verlassen und der ausländische Verfrachter auch sonst keinen Gerichtsstand im Inland habe, und der Empfänger daher im Ausland zu klagen gezwungen sei. Dem könne abgeholfen werden durch eine Bestimmung, durch welche dem Empfänger für solchen Fall ein Gerichtsstand im Inlande gegeben werde. Falls der Ausschuss dies sachdienlich halte, schlage er einen Zusatz zu § 614 HGB etwa des Inhalts vor: „Für eine Klage des Empfängers auf Freigabe der Sicherheit ist ein Gerichtsstand am Orte der Sicherheitsleistung gegeben."

Der weitere Vorschlag des Berichterstatters, zum Ausdruck zu bringen, dass auch Streit über „die Art der Befriedigung" der Forderungen des Verfrachters, nicht nur über deren Höhe, das Recht zur Sicherheitsleistung auslöse, erscheine ihm nicht notwendig, da dies bei der vorgesehenen Fassung des § 614 HGB genügend zum Ausdruck komme. Ebenso bedürfe es in Ansehung dieser Fassung nicht mehr der vorgeschlagenen Klarstellung, dass die Regelung des § 614 HGB auf streitige Ansprüche, die Verfrachter bereits im Abladehafen geltend mache, nicht anzuwenden sei.

Für die Bestimmung des § 614 Abs. 2, dass der Verfrachter gegen angemessene Sicherheitsleistung seinerseits zur Erhebung der hinterlegten Summe berechtigt sei, scheine ihm schon deshalb kein Bedürfnis zu bestehen, weil die Sicherheitsleistung in der Mehrzahl der Fälle nicht durch Hinterlegung, sondern durch Bankgarantie geleistet werde.

Justizrat *Dr. Schulze-Smidt* erklärte, dass er zwar im Ganzen den gemachten Vorschlägen zustimme, aber zu bedenken gebe, dass es für den Empfänger schwierig sei, eine einmal geleistete Sicherheit zurückzuerhalten. Man könne daran denken zu bestimmen, dass nach fruchtlosem Ablauf einer vom Empfänger gesetzten Frist die Sicherheit frei werde.

Der *Vorsitzende* gab zu bedenken, ob nicht den Interessen des Empfängers mit der Einräumung eines besonderen Gerichtsstandes ausreichend gedient werde.

Justizrat *Dr. Schulze-Smidt* erklärte darauf, es genüge auch ihm zum Schutze der berechtigten Belage des Empfängers, wenn dieser in der Lage sei, im Inland eine Klage zu erheben.

Auch *Prof. Dr. Wüstendörfer* setzte sich dafür ein, keine kasuistisch-formale Sondernorm, die eine Fristsetzung vorsehe, zu schaffen; eine solche Sondernorm sei nicht nationalsozialistisch, da sie unvolkstümlich sei.

Der Ausschuss erklärte daraufhin sein Einverständnis mit den Vorschlägen des Vorsitzenden mit der Maßgabe zu folgen, dass für den Empfänger ein besonderer Gerichtsstand vorgesehen werde.

Der Erörterung befasste sich darauf mit § 623 HGB.

Der *Vorsitzende* führte aus, er stimme dem Berichterstatter darin zu, dass das Pfandrecht des Verfrachters, gegen dessen Bewährung keine Stimmen laut geworden seien, grundsätzlich beizubehalten sei.

Zu dieser Frage bemerkte *Prof. Dr. Wüstendörfer:* Dies könne wohl allenfalls problematisch sein hinsichtlich des „Verfolgungsrechtes" des § 623 Abs. 2 Halbs. 2 HGB. Das dort vorgesehene Verfolgungsrecht habe praktisch geringe Bedeutung. Entscheidungen lägen nicht vor. Wenn ein gutgläubiger Dritter das Gut erwerbe, gehe das Verfolgungsrecht unter. Immerhin könne man von ihm sagen: non nocet. Deshalb befürworte er die Beibehaltung.

Dr. Schütte äußerte sich im gleichen Sinne. Zwar werde das Verfolgungsrecht nicht selten von dem Empfänger vereitelt, aber in gewissen Fällen stifte es auch einigen Nutzen. Insbesondere ließen sich Lagerspesen vermeiden, wenn der Empfänger das Gut auf sein eigenes Lager nehme und sich in einem besonderen Vertrage verpflichte, es zur Verfügung des Verfrachters zu halten.

Nachdem sich auch andere Anwesende für die Beibehaltung des Verfolgungsrechtes ausgesprochen hatten, stellte der *Vorsitzende* die weitere Frage zur Erörterung, ob es zweckmäßig sei, dem Verfrachter auch wegen anderer als der im § 614 HGB erwähnten Forderungen, nämlich wegen der im § 615 HGB erwähnten Forderung (Havereibeiträge, Bergungs- und Hilfekosten, Bodmereigelder) ein Pfandrecht an den Gütern zu gewähren. Nach Regel XVI Ziff. 1 Satz 4 des Deutschen Einheitskonnossements 1940 stehe dem Schiff ein Pfandrecht an den Gütern wegen des auf sie entfallenden Anteils an den Beiträgen zur großen Haverei zu.

Prof. Dr. Wüstendörfer verwies auf die Annäherung an das Verfrachterpfandrecht, die sich für das gesetzliche Pfandrecht aus Vergütungsansprüchen in Großer Haverei schon jetzt aus § 731 Abs. 3 HGB ergebe.

Direktor *Brandt* und *Dr. Schütte* setzten sich für die Schaffung eines gesetzlichen Pfandrechts ein für den Fall, dass sich dieses noch nicht aus den vom Seerechtsausschuss bislang noch nicht abschließend beratenen Bestimmungen über die große Haverei ergebe (vgl. §§ 725, 731 HGB).

Der *Vorsitzende* erklärte, dass die Beratung des Havereirechts insoweit noch ausstehe. Der Ausschuss erklärte sich für Bewilligung eines Pfandrechts wegen der erwähnten Forderungen.

Zu § 623 Abs. 4 Satz 2 HGB wies der *Vorsitzende* darauf hin, dass das Referat von OLG-Rat Dr. Segelken sich dafür einsetze, statt vom „Absender“ vom „Befrachter“ zu sprechen.

Dr. Schütte wendete sich gegen diesen Vorschlag, weil in der Praxis häufig dem Verfrachter nicht der Befrachter, sondern der Ablader bekannt sei.

Auch *Prof. Dr. Wüstendörfer* empfahl, auf den Ablader abzustellen, der die Androhung und Benachrichtigung auch in seiner Eigenschaft als Vertreter des Befrachters entgegennehmen könne.

Alle Anwesenden sprachen sich für diese Klarstellung aus.

Es stellte dann der *Vorsitzende* die Frage zur Erörterung, ob – wie das Referat von OLG-Rat Dr. Segelken annehme – in der Abstempelung der Konnossemente ein Verzicht auf das Pfandrecht zu erblicken sei.

Einhellig nahmen die Anwesenden gegen diesen Standpunkt Stellung, nachdem *Prof. Dr. Wüstendörfer* noch auf eine neuere Entscheidung des Hanseatischen Oberlandesgerichts (HansRGZ 1932 B, Sp. 219-224 Nr. 63) sowie darauf hingewiesen hatte, dass logisch ein Verzicht in der Abstempelung schon deshalb nicht erblickt werden könne, weil die Abstempelung nach der Verkehrsauffassung die Anweisung an das Schiff zur Auslieferung bedeute und das Pfandrecht auch noch nach der Auslieferung als Verfolgungsrecht fortbestehe.

Zu der Frage, wem bei Charterverträgen das gesetzliche Verfrachterpfandrecht an der Ladung zustehe, bat der *Vorsitzende* Herrn *Prof. Dr. Wüstendörfer,* seinen Gedanken - literarisch schon früher geäußerten und vom Berichterstatter im Wesentlichen in Bezug genommenen Standpunkt – selbst zu entwickeln. Der Genannte legte dar, dass, falls Konnossemente ausgestellt seien, das Verfrachterpfandrecht allein dem *Charterer* als Seefahrtunternehmer wegen dessen *Konnossementsfrachten“* zustehe, nicht dem Schiffseigentümer wegen seines charter-money. Der Schiffseigentümer mache jenes Pfandrecht also als Vertreter des Charterers geltend, nicht im eigenen Namen. Jedoch könne sich der Schiffseigentümer durch Vertragsklauseln auch wegen seines charter-money sichern und zwar entweder dadurch, dass er sich die Frachtforderungen des Charterers gegen die Ladungsempfänger zedieren lasse oder dadurch, dass er deren Verpfändung erreiche, wodurch als Akzessorium der zedierten oder verpfändeten Ansprüche das gesetzliche Pfandrecht des Charterers an der Ladung auf den Vercharterer übergehe. So z.B. durch die Klausel: „The Owners to have a lien upon all subfreights for hire ...!" Es bestehe deshalb kein Bedürfnis dafür, den Fall gesetzlich zu regeln.

Auch *Dr. Schütte* bemerkte, dass die Möglichkeit, durch Vertragsklauseln die Reederei zu schützen, ausreiche, und verwies dabei auf Ziff. 21 des Deuzeit-Frachtvertrages.

Der *Vorsitzende* brachte zusammenfassend zum Ausdruck, dass der Ausschuss von Gesetzes wegen somit ein Pfandrecht des Verfrachters wegen der Konnossementsfrachten zugrunde legen wollte, dass der Reeder in Interessenwahrung für den von ihm personenverschiedenen Verfrachter geltend machen könne; dagegen sehe der Ausschuss kein Bedürfnis für ein Pfandrecht des Reeders wegen der Charterfracht. Soweit der Reeder die Konnossementsfrachten einkassiere, werde er wegen der Charterfracht, wegen des in der Regel höheren Betrages der Konnossementsfrachten im Allgemeinen auch gedeckt sein.

Zu den nunmehr vom *Vorsitzenden* zur Erörterung gestellten Bestimmungen der §§ 625-627 HGB führte *Prof. Dr. Wüstendörfer* aus: Die Vorschriften der §§ 626, 627 Abs. 1 HGB seien redaktionell mangelhaft. Die Wortfassung lasse den Gegensatz der Tatbestände nicht genügend hervortreten; § 626 kleide in die Form der Gewährung eines neuen Rechts gegen den Befrachter, was in Wahrheit die Beschränkung eines ohnehin bestehenden Rechts darstelle; auch sei es missverständlich, nur von „dem Recht des Pfandverkaufs" zu sprechen, während es sich hier in Wahrheit handle um eine Pflicht des Verfrachters, zunächst den Pfandverkauf zu versuchen als Voraussetzung für einen Rückgriff gegen den Befrachter. Dahinter stehe also der Gedanke eines beneficium excussionis realis, ähnlich dem § 777 ZPO: Der Reeder müsse sich primär an sein Pfandrecht halten. Man könne aber weiter erwägen, ob es nicht zweckmäßig sei, diesen Rechtsgedanken *auszudehnen auch auf die Tatbestände des § 627 Abs. 1*, dass also der Empfänger nicht zu ermitteln ist, oder sich nicht erklärt, oder die Abnahme verweigert. Eine solche Ausdehung des beneficium excussionis realis sei eigentlich gegenüber dem lebenden Recht nichts Neues; es sei kaufmännische Anschauung, dass der Befrachter, sobald er die Abladung bewirkt habe, nicht mehr primärer Frachtschuldner sei, sondern den Reeder auf die Ladung verweisen könne. Er bringe daher in Anregung, § 626 und § 627 zu einer einheitlichen Bestimmung umzugestalten, die etwa lauten könnte: „Solange der Verfrachter die Güter nicht ausgeliefert hat, bleibt der Befrachter Schuldner der Fracht und Nebengebühren nach Maßgabe des Frachtvertrages. Er kann jedoch verlangen, dass der Verfrachter versucht, sich zunächst durch den Pfandverkauf zu befriedigen. Im Falle des Pfandverkaufs kann der Verfrachter sich an den Befrachter nur insoweit erholen, als er wegen seiner Forderungen aus dem zwischen ihm und dem Befrachter abgeschlossenen Frachtvertrage nicht durch den Pfandverkauf befriedigt ist." Außerdem könne man durch eine zusätzliche Bestimmung vielleicht erreichen, dass der Verfrachter gezwungen werde, den Pfandverkauf schnellstens durchzuführen, indem man dem Befrachter eine gewisse Zeit nach vergeblicher Aufforderung des Reeders zum Pfandverkauf ganz freistellt.

Dr. Schütte wandte sich gegen diesen Vorschlag, der eine starke Belastung für die Reeder mit sich bringen würde. Die §§ 626, 627 Abs. 1 HGB setzten einen verschiedenen Tatbestand voraus, einmal liefere der Verfrachter die Güter nicht aus, das andere Mal würden die Güter vom Empfänger nicht angenommen, etwa weil er noch die Entwicklung der Marktlage usw. abwarten wolle. Es sei nicht einzusehen, weshalb man im letztgenannten Falle den Verfrachter seines primären obligatorischen Anspruchs gegen den Befrachter berauben wolle.

Prof. Dr. Wüstendörfer wandte ein, er gebe zu, dass die Reeder schlechter gestellt würden, aber es sei doch ein wirtschaftlicher Grundgedanke des Seefrachtrechts, nach Ankunft der Güter den Befrachter primär an den Empfänger zu verweisen, der Verfrachter solle möglichst außen verbleiben.

Dr. Schütte verwies auf die Schwierigkeiten, die bei einem Pfandverkauf auftauchen könnten. Auch Rechtsanwalt *Dr. Baur* wies darauf hin, dass es für manche Güter keinen Markt gebe.

Justizrat *Dr. Schulze-Smidt* hob hervor, der Vorschlag von Prof. Dr. Wüstendörfer erinnere an die übliche Cesser-Klausel („Charterer's responsability shall cease as soon as cargo is put on board"), welche die Rechtsstellung des Befrachters manchmal bedenklicherweise verbessere.

Direktor *Sturm* fügte hinzu, dass es außerordentlich weit gehe, wenn man praktisch den Befrachter aus der Haftung entlasse. Angesichts der von der Praxis geäußerten Bedenken ließ Prof. Dr. Wüstendörfer seinen Vorschlag fallen.

Zu § 625 Abs. 1 S. 1 HGB wurde erörtert, ob es zweckmäßig sei, gemäß dem Wunsche des Berichterstatters, durch einen Zusatz klarzustellen, dass der Verfrachter die Güter „freiwillig" oder „ohne Zwang von hoher Hand" ausgeliefert habe.

Besonders Direktor *Brandt* betonte, dass der Zweckgedanke der Vorschrift auch ohne solche Klarstellung ohne weiteres auf der Hand liege, jeder Zusatz sei bedenklich, da er zu einem falschen argumentum contrario verleite.

Prof. Dr. Wüstendörfer äußerte sich in dem gleichen Sinne.

Dr. Schütte betonte, dass in Kriegszeiten zwar zuweilen Streit über den Begriff der Auslieferung im Sinne der genannten Vorschrift entstehe, dass aber die Entscheidung dieses Streits – etwa bei Beschlagnahme von Gütern durch den Feind – nicht zweifelhaft sein könne.

Der *Vorsitzende,* der in der Diskussion den vom Direktor Brandt vertretenen Standpunkt eingenommen hatte, stellte abschließend fest, dass sonach § 625 keiner Klarstellung bedürfe.

Anlage:

Die Sicherung des Verfrachters (Referat vom 12.5.1939 von Johannes [Hans] Segelken)

Der hier zu behandelnden Sicherung des Verfrachters dienen im geltenden Recht:

I. sein Zurückbehaltungsrecht aus § 614 Abs. 2 HGB,

II. der Verfrachteranspruch auf den öffentlich hinterlegten Betrag aus § 624 Abs. 2 HGB,

III. das gesetzliche Verfrachterpfandrecht des § 623 HGB,

IV. der Erholungsanspruch des Verfrachters aus § 626 HGB wegen des Ausfalls beim Pfandverkauf,

V. der Bereicherungsanspruch des Verfrachters gemäß § 625 Satz 2 HGB,

VI. das Rückgriffsrecht des Verfrachters nach § 627 HGB.

1. Leitsatz: Folgende Vorschläge zu § 624 HGB:

A. Für den Fall, dass künftig das Zurückbehaltungsrecht des Verfrachters durch dessen Anspruch auf Sicherheitsleistung vor Beginn mit der Güterauslieferung ersetzt wird, ist § 624 *Abs. 1* in seiner heutigen Fassung entbehrlich. An dessen Stelle wäre eine dem art. 494 holl. HGB ähnliche Gesetzesbestimmung einzubauen.

§ 624 *Abs. 2* würde alsdann zwar noch seltener als heute praktisch werden, wäre aber gleichwohl zu übernehmen und etwa in folgender Abwandlung als selbständige Vorschrift beizubehalten: „Besteht die von dem Empfänger geleistete Sicherheit in einer Hinterlegung des Forderungsbetrages, so ist der Verfrachter, wenn er die Güter abgeliefert hat, zur Erhebung der hinterlegten Summe gegen angemessene Sicherheitsleistung seinerseits berechtigt."

B. Sofern es dagegen bei dem Verfrachter-Zurückbehaltungsrecht in bisheriger Gestalt bleiben sollte, muss auch § 624 HGB in das neue Recht übergeleitet werden, indessen mit den nachstehend angeführten Änderungen bzw. Zusätzen:

a) Die Hinterlegung braucht keine „öffentliche" mehr zu sein, sondern geschieht „entweder an der mit dem Verfrachter vereinbarten Stelle oder bei einer dafür von der Reichsbank zugelassenen Bankanstalt".

b) Der hinterlegte Betrag ist, wie zweckmäßig in einem neuen Abs. 2 vorgeschrieben wird, von der Hinterlegungsstelle an den Hinterleger zurückzuzahlen, falls der Verfrachter es unterlässt, innerhalb der ihm auf Antrag des Hinterlegers vom Amtsgericht des Hinterlegungsorts gesetzten angemessenen Frist Klage auf Erklärung des Einverständnisses mit der Abhebung der Hinterlegungssumme zu erheben.

c) In Zukunft erfüllt nicht allein „Streit über die Forderungen des Verfrachters", sondern außerdem auch „Streit über die Art der Befriedigung" die Voraussetzungen des § 624 Abs. 1.

d) Es ist durch Einschaltung der Worte „im Löschungshafen" klarzustellen, dass § 624 Abs. 1 nur auf die dort vorkommenden Differenzen anwendbar ist, nicht etwa auf einen schon im Abladungshafen entstehenden Streit.

Im Falle B ist § 624 Abs. 2 unverändert als nunmehriger Abs. 3 beizubehalten, so dass § 624 künftig etwa folgendermaßen lauten könnte: „Im Falle des Streites über die Forderungen des Verfrachters und über die Art ihrer Befriedigung ist der Verfrachter zur Auslieferung der Güter im Löschungshafen verpflichtet, sobald die streitige Summe an der mit dem Verfrachter vereinbarten Stelle oder bei einer dafür von der Reichsbank zugelassenen Bankanstalt hinterlegt ist.

Die Hinterlegungsstelle hat den hinterlegten Betrag an den Hinterleger zurückzuzahlen, falls der Verfrachter es unterlässt, innerhalb der ihm auf Antrag des Hinterlegers vom Amtsgericht des Hinterlegungsorts gesetzten angemessenen Frist Klage auf Erklärung des Einverständnisses mit der Abhebung der Hinterlegungssumme zu erheben.

Nach der Ablieferung der Güter ist der Verfrachter zur Erhebung der hinterlegten Summe gegen angemessene Sicherheitsleistung berechtigt."

Zu § 623 HGB werden als *2. Leitsatz* folgende Anregungen für eine kommende Gesetzesreform gegeben:

A. Das Institut des gesetzlichen Verfrachterpfandrechts hat sich in bisheriger Gestalt bewährt und ist infolgedessen in das neue Recht zu übernehmen.

B. An der Fassung des heutigen § 623 ist lediglich insofern eine der Begriffsklärung dienende geringfügige Änderung zu bewirken, als in der letzten Zeile des letzten Absatzes (4) das Wort „Absender" besser durch die Bezeichnung „Befrachter" ersetzt wird.

C. Zu ergänzen ist § 623 durch einen neuen Abs. 5, der das gesetzliche Pfandrecht im Falle einer Unterverfrachtung künftig einheitlich auszurichten hätte und etwa wie folgt lauten könnte: „Im Falle einer Unterverfrachtung steht das hier geregelte Verfrachterpfandrecht an den Gütern dem Unterverfrachter (Charterer) zu."

Zu § 626 als *3. Leitsatz* ist abschließend lediglich zu sagen: § 626 HGB hat sich in seiner gegenwärtigen Fassung bewährt. Er ist daher auch künftig unverändert beizubehalten.

Zu § 625 dürfte folgender *4. Leitsatz* vertretbar sein:

I. Der Grundgedanke von § 625 HGB ist richtig. Er entspricht einer allgemeinen Rechtsüberzeugung der am Seefrachtverkehr beteiligten Kreise. Deshalb ist § 625 in das neue deutsche Seerecht überzuleiten.

II. Es empfiehlt sich aber, die heutige Fassung des § 625 durch eine der Klärung dienende Einschaltung am Anfang zu ergänzen, so dass diese Vorschrift künftig etwa folgendermaßen beginnen würde: „Hat der Verfrachter die Güter ausgeliefert, ohne hierzu infolge behördlichen Eingreifens oder ähnlicher Maßnahmen genötigt gewesen zu sein, so ..."

III. Dem bisher einzigen Absatz des § 625 ist ein Abs. 2 anzuhängen, der vielleicht folgenden Wortlaut bekommen könnte: „Erlangt der Verfrachter aufgrund seines Pfandrechts nach bereits erfolgter Auslieferung der Güter erneut den Besitz an ihnen, so gilt § 626. Bei lediglich teilweiser Wiedererlangung des Besitzes steht dem Verfrachter jedoch nur ein anteilmäßig beschränktes Rückgriffsrecht gegen den Befrachter zu, sofern nicht der Bereicherungsanspruch des Abs. 1 durchgreift."

Im Ergebnis rechtfertigt sich als *5. und letzter Leitsatz* die Feststellung: *§ 627 HGB* genügt allen Anforderungen und kann daher unverändert in das kommende deutsche Seerecht übergehen.

Eine redaktionelle Änderung würde nur in Betracht zu ziehen sein, falls das bisherige Zurückbehaltungsrecht des Verfrachters im neuen Recht nicht beibehalten werden solle.

49. Arbeitssitzung vom 7./8.1.1942

Zu Beginn der Sitzung begrüßte der *Vorsitzende* die Sitzungsteilnehmer und bedauerte, dass kein Vertreter der Befrachter bei der Erörterung dieser wichtigen Probleme der *Auflösung des Seefrachtvertrages* anwesend sei.

Der Vorsitzende führte sodann aus, der Inhalt des Referats könne als bekannt vorausgesetzt werden; er bitte den Herrn Berichterstatter, sich bei der Erstattung seines Berichts im Interesse der Konzentration der Verhandlung entsprechend einzurichten. Es gelte nunmehr noch die Hauptrichtlinien für die *Beendigung des Frachtvertrages* aufzustellen. Zweckmäßigerweise gliedere man den Stoff dabei, soweit Unmöglichkeit der Ausführung des Frachtvertrages infrage komme, danach, ob die Unmöglichkeit vor Abschluss des Vertrages oder nach Vertragsabschluss eingetreten sei; hinsichtlich letzterer sei zwischen vor und nach Reiseantritt eingetretene Unmöglichkeit ein Unterschied zu machen.

Nach diesen einleitenden Worten erhielt der Berichterstatter *Prof. Dr. Capelle* das Wort zu den Ausführungen seines Referats. Abschließend schlug der Referent den Leitsatz 1 vor: „Die in den §§ 628-641 HGB behandelten Fragen bedürfen auch weiterhin einer seerechtlichen Sonderregelung."

Der *Vorsitzende* bestätigte die Ansicht des Referenten, dass die vielen typisch seeverkehrsmäßigen Tatbestände nach wie vor einer Sonderregelung bedürften; das erfordere bei der Eigenart der Tatbestände des Seeverkehrs schon das Bestreben des Ausschusses, ein wirklichkeitsnahes Recht zu schaffen. Das geltende Seerecht werde als besonders „konkret" gerühmt; dieser Vorzug müsse ihm auch in Zukunft erhalten bleiben. Eine andere Frage sei es, ob nicht zum Ausdruck zu bringen sei, dass und in welchem Umfange auch die auf dem einschlägigen Gebiet maßgebenden und zwar die allgemeinen Grundsätze des bürgerlichen Rechts für anwendbar zu erklären seien. Hierüber müsse sich der Ausschuss schlüssig werden.

Prof. Dr. Wüstendörfer setzte sich ebenfalls für eine konkrete Sonderregelung der vorliegenden Fragen im künftigen Seerecht ein. Das neue Gesetz solle dem Praktiker in die Hand gegeben werden, der in der Regel juristisch ungeschult sei; aus diesem Grunde hielte er auch heute noch seerechtliche Sondernormen für die Auflösung des Frachtvertrages für notwendig, obwohl der Gesetzgeber jetzt – anders als bei Schaffung des HGB – auf allgemeine Regeln des bürgerlichen Rechts, das es damals noch nicht gab, zurückgreifen könne. Für das geltende Recht sei die Frage, ob neben den seerechtlichen Tatbeständen oder §§ 628 f. HGB zur Ergänzung auf die allgemeinen Normen des BGB über Unmöglichkeit zurückgegriffen werden könne und müsse, merkwürdigerweise sehr bestritten, und zwar gehe die herrschende Ansicht dahin, die Aufzählung der Gründe im HGB sei erschöpfend, so u.a. Schaps in der von Mittelstein besorgten Ausgabe, Boyens und

Brandis. Daher würde von den Vertretern dieser Ansicht die Konsequenz gezogen, dass im Seefrachtrecht derjenige für im HGB nicht geregelte Zufälle zu haften habe, in dessen „Sphäre" sie eingetreten seien. Man denke beispielsweise an den Fall, dass die Tiefladelinie neu geregelt werde, nachdem kurz zuvor ein Frachtvertrag über Schwergut vereinbart worden sei, dessen Durchführung nach der Neuregelung der Tiefladelinie teilweise unmöglich sei. Nach der herrschenden Ansicht habe der Verfrachter hier die Beförderung garantiert. Das sei jedoch unbillig. Der Redner schlug daher als Ergänzung folgende klarstellende Norm vor: „Die ergänzende Anwendung der Bestimmungen des BGB über Unmöglichkeit der Leistung wird durch die Vorschriften der §§ 628 ff. HGB nicht ausgeschlossen."

Sowohl der *Vorsitzende* als auch der *Berichterstatter* stimmten, ohne dass sich im Ausschuss Widerspruch erhob, diesem Vorschlage zu, so dass als Leitsatz 1 Folgendes beschlossen wurde:

Leitsatz 1: „a) Die in den §§ 628 ff. HGB behandelten Fragen bedürfen auch weiterhin einer seerechtlichen Sonderregelung.

b) Die ergänzende Anwendung der Bestimmungen des BGB über Unmöglichkeit der Leistung wird durch die Vorschriften der §§ 628 ff. HGB nicht ausgeschlossen."

Der *Berichterstatter* legte sodann die einzelnen Auflösungsgründe entsprechend seinem Referat dar und schlug folgenden *Leitsatz 2* vor:

„a) § 628 Abs. 1 ist inhaltlich zu billigen. Die Vorschrift ist jedoch zu erweitern durch die Voranstellung eines allgemeinen Satzes von etwa folgendem Wortlaut: ‚Der Frachtvertrag tritt außer Kraft, ohne dass ein Teil zur Entschädigung des anderen verpflichtet ist, wenn die Erfüllung des Vertrages vor Antritt der Reise durch Zufall dauernd unmöglich wird. Als ein Fall dauernden Unmöglichwerdens ist es namentlich anzusehen, wenn 1. das Schiff verloren geht ...'.

b) Unter Ziffer 3 empfiehlt es sich, auch den Fall zu nennen, dass die ganze Gattung der nur generell bezeichneten Güter verloren geht.

c) Für den letzten Halbsatz vor Ziffer 3 wird folgende Fassung vorgeschlagen: ‚... oder vom Verfrachter zur Beförderung übernommen worden sind.'

d) § 628 Abs. 2 ist zu streichen."

Der *Vorsitzende* äußerte Bedenken, ob nicht angesichts des von Prof. Dr. Wüstendörfer vorgeschlagenen Leitsatzes 1 b ein solcher allgemeiner Satz, wie ihn Leitsatz 2 a darstelle, Verwirrung schaffe.

Die gleichen Bedenken wurden auch von *Prof. Dr. Wüstendörfer* unterstrichen, der ferner die Frage aufwarf, ob neben der Ipso-iure-Auflösung (§ 628 HGB) die Kündigung (§ 629 HGB) bestehen bleiben solle.

Diese Frage bejahte der *Berichterstatter* im Sinne seines Referats mit dem Vorschlage von *Leitsatz 5 a:* „§ 629 HGB kann ebenfalls in weitem Umfange aufrecht erhalten werden. An der Unterscheidung zwischen Auflösung ipso iure (§§ 628) und Auflösung durch Aufhebungserklärung (§ 629) ist festzuhalten."

Den Ausführungen des Referenten pflichtete im Ergebnis *Prof. Dr. Wüstendörfer* bei. Er führte aus, manche Gründe sprächen dafür, nur *eine* Rechtsfolge, nämlich die Ipso-iure-Auflösung, für die Fälle der Unmöglichkeit zu schaffen. Der frühere preußische Entwurf, der den Beratungen [ADHG-Protokolle] 1858 f. zugrunde lag, habe auch nur diese Lösung vorgesehen; erst die Hamburger Kommission habe auch den zweiten Weg, nämlich das Rechtsinstitut der Kündigung geschaffen. Einfacher bliebe das Gesetz allerdings, wenn man in Zukunft nur *eine* Rechtsfolge habe, zumal da auch das BGB auf dem Gebiete der Unmöglichkeit nur mit der Ipso-iure-Auflösung arbeite. Die in § 629 HGB geregelten Fälle seien gemischter Natur, teils Unmöglichkeitsfälle (u.U. Ziffer 1), teils nur Fälle der Erschwerung und Gefährdung der Reise (Ziffer 2). Die Unmöglichkeit der Transportausführung, vom Gesetz teils in § 628, teils in § 629 behandelt, sei also *nicht einheitlich* geregelt. Andererseits sei auch der Tatbestand der „Unmöglichkeit" von der Rechtsprechung zum BGB erheblich erweitert worden dadurch, dass u.U. eine nur vorübergehende Unmöglichkeit als dauernde gewertet werde, sofern die Leistungserbringung nach Wiederherstellung der Möglichkeit durch Änderung des Leistungsinhalts erheblich erschwert sei. Weiter hob der Redner hervor, dass sich bei einer Ipso-iure-Auflösung gemäß § 628 HGB als Folge der Treupflicht der Parteien auch eine Mitteilungspflicht des Verfrachters ergäbe, weil er die vertragsauflösende Tatsache eher und besser als der Befrachter kenne. Eine derartige Mitteilung sei wie die Kündigung des § 629 eine einseitige empfangsbedürftige Willenserklärung. In beiden Fällen werde also eine Willenserklärung des Verfrachters vorausgesetzt, wodurch die Rechtsfolgen der beiden Normen einander angenähert würden. Dennoch träte er der Ansicht des Referenten bei; denn die Unmöglichkeitsfälle des § 629 Ziffer 1 seien schwierige, zweifelhafte Grenzfälle, das Erfordernis einer formellen Kündigungserklärung daher hier im Interesse der Rechtssicherheit geboten, so dass praktisch alles beim Alten bliebe und sich nach wie vor eine gewisse Abweichung vom BGB ergäbe.

Ministerialrat *Krieger* stimmte den Vorrednern im Ergebnis zu, meinte aber unter Hinweis auf die Rechtsprechung zu dem Dauerschuldverhältnis, dass die Zulassung mehrerer Rechtsbehelfe keineswegs im Widerspruch zum bürgerlichen Recht stehe. Andererseits sei zu beachten, dass beispielsweise laufende Lieferungsverträge trotz des Krieges als fortbestehend angesehen würden.

Eine andere Frage sei, ob jeder einzelne Unterfall des § 629 HGB mit der Rechtsfolge der Ipso-iure-Auflösung auszustatten sei, da hier nicht immer eine Unmöglichkeit der Leistung vorliege, z.B. dann nicht, wenn der Handel nach dem Bestimmungsort untersagt sei.

Nachdem *Prof. Dr. Wüstendörfer* noch darauf hingewiesen hatte, dass auch das neue am 1.1.1942 in Kraft getretene italienische Seerecht in Art. 405 beide Rechtsfolgen kenne, und dass angesichts der Entwicklung der Rechtsprechung die Grenzen zwischen beiden Rechtsinstituten flüssig seien, wurde als *Leitsatz 1 c* wie folgt angenommen: „An der Unterscheidung zwischen Auflösung ipso iure (§ 628) und Auflösung durch Aufhebungserklärung (§ 629 HGB) ist festzuhalten."

Daraufhin stellte der *Vorsitzende* fest, dass es angesichts des eingefügten Leitsatzes 1 b überflüssig sei, Satz 2 des Leitsatzes 2 a zu übernehmen.

Der *Berichterstatter* referierte sodann entsprechend seinen Ausführungen. Der Redner schlug wie bereits erwähnt als Ergänzung die *Leitsätze 2 b* und *c* vor: „2 b) Unter Ziffer 3 empfiehlt es sich auch den Fall zu nennen, dass die ganze Gattung der nur generell bezeichneten Güter verloren geht,

c) Für den letzten Halbsatz von Ziff. 3 wird folgende Fassung vorgeschlagen: „... oder vom Verfrachter zur Beförderung übernommen worden sind".

Prof. Dr. Wüstendörfer erklärte darauf, in Analogie zu dem in Ziffer 2 des § 628 HGB zum Ausdruck gelangten Gedanken des Gesetzes, dass der Verlust von Speziesgütern anders als der von Gattungsgütern im Hinblick auf die Auflösung des Frachtvertrages gewertet werden müsse, dürfe auch die Auflösung des Frachtvertrages durch Verlust des Schiffes nur dann wegen Unmöglichkeit bejaht werden, wenn die Beförderung mit einem speziell genannten Schiffe, nicht nur mit Dampfern der betreffenden Linie, versprochen sei und dieses dann verunglücke. Er schlage daher vor, § 628 Z. 1 HGB wie folgt zu formulieren: „1. das nicht bloß nach Art und Gattung, sondern speziell bezeichnete Schiff verloren geht ...".

Der *Vorsitzende* sprach sich für diese Ergänzung aus und schlug weiter vor, in das künftige Recht nicht alle in § 628 HGB geregelten Fälle aufzunehmen, sondern sich nur auf die Fälle des sog. constructive loss zu beschränken.

Ministerialrat *Krieger* führte aus, er halte § 628 HGB in allen Teilen für überflüssig, besonders jedoch den Zusatz, dass wenn das Schiff als reparaturbedürftig kondemniert sei, auch noch ein unverzüglicher Verkauf des Schiffes hinzukommen müsse, um den Kaufvertrag außer Kraft treten zu lassen. Von Bedeutung sei lediglich, dass das Schiff nicht ausfahren könne. Im Übrigen seien die meisten in § 628 HGB geregelten Fälle solche, die sich ohne Schwierigkeiten nach dem BGB behandeln ließen, dessen Anwendung durch Normen wie die des § 628 HGB nur unnötigerweise eingeengt werde. § 628 Z. 3 HGB stelle beispielsweise die Konkretisierung nach BGB dar.

Prof. Dr. Wüstendörfer gab dem Vorredner recht, dass die Bestimmung des § 628 HGB an sich – jedenfalls für Juristen überflüssig sei, man dürfe jedoch nicht vergessen, dass Reeder und Kapitän nicht rechtskundig seien und dass daher eine solche Norm für die Kreise der Praktiker nicht überflüssig, sondern zweckvoll sei. Der Ausschuss habe sich ja bereits dafür ausgesprochen, dass neben der allgemeinen Regelung des BGB die seerechtlichen Sondernormen bestehen bleiben sollten. Allerdings müsse man wohl die Fassung ändern. Richtig sei, wie Ministerialrat Krieger bereits hervorgehoben habe, dass es lediglich darauf ankomme, ob das Schiff reparaturunwürdig oder -unfähig sei. Im Übrigen unterstelle der Gesetzgeber in § 628 Ziff. 2 und 3 HGB anscheinend, dass die Lieferung der Güter eine „Schuld" des Befrachters sei; das treffe nicht zu, es handle sich um eine mitwirkende Gläubigerhandlung.

Indem der Redner auf den von ihm vorgeschlagenen Zusatz zu § 628 Ziff. 1 zurückkam, betonte er, dass angesichts der so häufig vorkommenden Dampfersubstitutionsklausel ein Bedürfnis für die von ihm vorgeschlagene Regelung bestehe. Im Stückgutvertrag der Linien sei die Dampfersubstitutionsklausel bekanntlich fast ausnahmslos vorhanden, zuweilen nur in Form einer facultas alternativa, oft aber auch als Verpflichtungserklärung des Verfrachters, so z.B. in den Konnossementen der größten Hamburger Reederei („übernommen zur Beförderung mit dem … Dampfer … oder anstatt dessen mit gleichzeitig oder später zu expedierenden eigenen oder fremden Dampfern …"). Dadurch ändere der Stückgütervertrag seine Struktur: die Transportleistung werde zur hinkenden Spezieschuld. In solchem Falle könne keine Rede mehr von der Auflösung des Frachtvertrages sein, wenn das namhaft gemachte Schiff verloren gehe, vielmehr gelte dann das Prinzip des § 279 BGB. Es frage sich, wie lange eine derartige gattungsmäßige Verpflichtung liefe. Die Vorstellung der Konkretisierung durch Abladung der Güter an Bord stamme aus dem Gedankenkreis des Cifgeschäftes; beim Frachtvertrage liege die Rechtslage anders. Nach Frachtvertragsrecht schulde der Verfrachter die Beförderung bis zur Andienung an den Empfänger, der Reeder trage also die Leistungsgefahr des Schiffes hinsichtlich der Gattungsschuldelemente bis zur Andienung der Güter im Bestimmungshafen. Daraus ergäbe sich sinngemäß die vorgeschlagene Einschränkung des § 628 HGB mit seiner Ipso-iure-Auflösung und eine Wirksamkeit dieses Rechtsgedankens auch für die Zeit nach Antritt der Reise (§ 630 HGB). Man müsse auch daran denken, dass in Zukunft vielleicht die Dampfersubstitutionsklausel auch in stärkerem Maße in den Chartervertrag eindringe, je mehr man nach Kriegsende zum serienweisen Bau gleichartiger Schiffe übergehe, um den Wiederaufbau der Handelsflotte zu beschleunigen.

Der *Vorsitzende* sprach sich für dieses von Prof. Dr. Wüstendörfer vorgeschlagene Amendement aus und trat im Übrigen dafür ein, die Fälle des § 528 HGB einzuschränken.

Auch *Dr. Bollmann* begrüßte Prof. Dr. Wüstendörfers Vorschlag, bat jedoch noch um Auskunft, ob der Zusatz in dem allgemeinen Teil des Seefrachtrechts, der jetzt zur Erörterung stehe, aufgenommen werden solle oder in das Recht der Linienschifffahrt. Seine Hauptbedeutung liege wohl im Stückgutvertrag der Linien, für die Frachtcharter eigne er sich seiner Ansicht nach weniger.

Unter Hinweis auf die Tatsache, dass auch der Berichterstatter diese Klausel mehrfach im Frachtchartervertrag gefunden habe, sprachen sich der *Vorsitzende* und *Prof. Dr. Wüstendörfer* dafür aus, die zusätzliche Norm für beide Frachtverträge – nämlich sowohl den Stückgut- als den Chartervertrag – zur Anwendung zu bringen, zumal nach dem Kriege in gewissem Umfange mit dem Serienbau von Trampdampfern zu rechnen sei.

Der *Vorsitzende* fasste das *Ergebnis der Beratung* danach wie folgt zusammen: „§ 628 Abs. 1 HGB bleibt mit dem Zusatz von Prof. Dr. Wüstendörfer unter Ausmerzung des Überflüssigen, wie „Raub“ und „Anhalten“ und „öffentlicher Verkauf“ bestehen, insbesondere sollen die Fälle der Reparaturunfähigkeit und -unwürdigkeit erhalten bleiben.“

Die Diskussion wandte sich nunmehr wiederum den Leitsätzen 2 b und c zu.

Direktor *Brandt* stellte die Frage, warum in Leitsatz 2 c die Worte „an der Ladungsstelle“ in Fortfall kommen sollten.

Der *Vorsitzende* erwiderte, dieser Zusatz entspreche den modernen Verhältnissen nicht mehr.

Zu der von Direktor Brandt angeschnittenen Frage, insbesondere zu dem Problem, wann die Ladung konkretisiert sei, ergriff Ministerialrat *Krieger* das Wort und erläuterte diesen Begriff an einem Beispielfall. Wenn die Güter z.B. auf dem Transport von Hamburg nach Berlin verbrennten, so würde der Verkäufer von der Verpflichtung zur Leistung frei. Dann stelle es keine unberechtigte Vergünstigung, sondern eine schwere Belastung dar, wenn der Verkäufer weiter an den Frachtvertrag gebunden sei. Es müsse daher genügen, wenn der Verkäufer-Befrachter die Güter zur Beförderung übergeben habe; der Zusatz des geltenden Rechts könne daher in Fortfall kommen.

Prof. Dr. Wüstendörfer bestätigte die Richtigkeit dieser Überlegung und wies darauf hin, dass der Gesetzgeber die ihm gestellte Aufgabe nicht rein logisch, sondern auch nach Zweckmäßigkeitsgründen lösen könne. Einen solchen praktischen Gesichtspunkt stelle das Verhältnis des Verkäufer-Befrachters zum Käufer dar. Es lege den Gedanken nahe, nach Möglichkeit einen Parallelismus der Rechtslage im Kauf- und im Beförderungsrecht hinsichtlich der Leistungsgefahr eintreten zu lassen. Folge man Direktor Brandt und übernähme die Fassung von den „an der Ladungsstelle“ – also nicht vorher – übernommenen Gütern, so verzichte man auf diesen Parallelismus.

Direktor *Brandt* entgegnete, das sei nur richtig, wenn es kein Fobgeschäft gäbe.

Ministerialrat *Krieger* wandte für diesen Fall ein, dass der Verkäufer, wenn er an den Käufer liefern müsse, den Frachtvertrag neu abschließen könne.

Von *Prof. Dr. Wüstendörfer* wurde eine besondere Berücksichtigung des Fobgeschäftes in einem solchen Falle als möglich anheimgestellt, der Redner bezeichnete jedoch solche Sondernorm als wenig zweckmäßig.

Darauf erklärte der *Vorsitzende* die *Leitsätze 2 b und c:* „2 b) Unter Ziff. 3 empfiehlt es sich auch den Fall zu nennen, dass die ganze Gattung der nur generell bezeichneten Güter verloren geht,

c) Für den letzten Halbsatz von Ziff. 3 wird folgende Fassung vorgeschlagen: „... oder vom Verfrachter zur Beförderung übernommen worden sind.“ als gebilligt.

Der *Berichterstatter Prof. Capelle* trug sodann *Leitsatz 2 d* vor und nahm zur Begründung auf sein Referat Bezug.

Nachdem noch kurz Ministerialrat *Krieger* und Herr *Offen* die Möglichkeit, das Fobgeschäft gesondert zu behandeln, kurz erörtert, aber als unzweckmäßig verworfen hatten, wurde Leitsatz 2 d „§ 628 Abs. 2 ist zu streichen“ angenommen.

Der *Berichterstatter* setzte sich sodann für die *Leitsätze 3 und 4* ein und bezog sich hinsichtlich der Begründung auf die Ausführungen seines Referats.

Nach dem Hinweis von *Prof. Dr. Wüstendörfer,* dass auch hier die Einschränkung des vom Ausschuss als Leitsatz 2 b angenommenen Satzes gemacht werden müsse, wurden Leitsatz 3 mit dieser Maßgabe und Leitsatz 4 angenommen, so dass sich Folgendes ergab: „§ 630 Abs. 1 HGB ist mit dem Zusatz, ‚das nicht bloß nach Art und Gattung, sondern speziell bezeichnete Schiff‘ beizubehalten, ebenso ist beizubehalten § 633 HGB.“

Anschließend referierte der *Berichterstatter* gemäß seinen Ausführungen [im Referat] und schlug die *Leitsätze 5 b und c* vor:

„b) Ziff. 1 kann dadurch vereinfacht werden, dass die einzelnen besonders hervorgehobenen Fälle von Verfügungen von hoher Hand nicht mehr aufgeführt werden und die Vorschrift etwa folgenden Wortlaut erhält: 1., wenn vor dem Antritt der Reise durch eine Verfügung von hoher Hand die Ausführung des Vertrages verhindert oder doch erheblich gefährdet oder erschwert wird und nicht zu erwarten ist, dass die Störung nur von unerheblicher Dauer sein wird,"

c) § 629 Abs. 1 Ziff 2 wird wie folgt erweitert: „... wenn vor dem Antritt der Reise ein Krieg ausbricht, der für das Schiff oder die Güter eine erhebliche Gefahr, insbesondere die Gefahr der Aufbringung, Beschlagnahme, Zerstörung oder Beschädigung mit sich bringt. Dies gilt auch dann, wenn der Kriegszustand bereits zur Zeit des Vertragsschlusses besteht, sofern nur die dem Schiff oder den Gütern drohende Gefahr sich zwischen dem Abschluss des Vertrages und dem Antritt der Reise wesentlich erhöht hat."

Der *Vorsitzende* führte aus, dass die Fassung des Gesetzes hinsichtlich der Berücksichtigung von Kriegsverhältnissen möglichst allgemein sein müsse. Die Erfahrungen der letzten Jahre über die dabei mögliche mannigfache Gestaltung hätten ergeben, dass zu eingehende gesetzliche Spezifizierungen nur von Übel seien. Es schade keineswegs, wenn der Gesetzgeber Beispiele angebe, aber Beispiele müssten durch das Wort „insbesondere" näher als einzelne herausgegriffene Fälle – eben als Beispiele – gekennzeichnet werden. Zu den einzelnen Fällen des § 629 HGB sei zu bemerken, dass es oft außerordentlich schwer sei, die Frage, ob zwischen zwei Staaten Krieg herrsche oder nicht, zu beantworten. Im Übrigen gehe der Vorschlag 5 c Satz 2 zu weit; diese Frage müsse der Rechtsprechung überlassen bleiben.

Auch Ministerialrat *Krieger* setzte sich für eine allgemeine Fassung des § 629 HGB ein. Er sprach im Übrigen Bedenken gegen Leitsatz 5 b aus. Im Zeitalter der gelenkten Wirtschaft müsse mit einer plötzlichen Umdisponierung der Ware im letzten Augenblick seitens der Reichsstellen gerechnet werden. Stelle eine derartige Umdisponierung eine Verfügung von hoher Hand dar? Solange der Reeder die Güter nicht an Bord habe, könne er heute nicht mit Sicherheit auf die Vertragsdurchführung rechnen.

Der *Vorsitzende* wandte ein, dass diese Maßnahme in der Regel außerhalb der Sphäre des Befrachters liege. Ihm erscheine daher die Lösung, dass in solchen Fällen beiden Vertragsteilen ein Kündigungsrecht zugebilligt werde, gerecht.

Prof. Dr. Wüstendörfer stimmte dem Vorsitzenden und dem Referenten darin zu, dass die Fassung sehr weit gehalten werden müsse und wies weiter darauf hin, dass die Rechtsprechung schon den Begriff der Verfügung von hoher Hand ausgeweitet habe, z.B. seien mittelbar wirkende Verfügungen anerkannt worden. Der Redner schlug zur Klarstellung den Zusatz „und sei es auch nur mittelbar" die Ausführung der Reise verhindert, in § 629 Ziff. 1 HGB, vorletzten Absatz, vor. Zur Erläuterung seines Vorschlags gab der Redner noch einige Beispiele. Wenn durch einen erweiterten Begriff der Verfügung von hoher Hand dem Reeder geholfen werde, so müsse das auch für den Befrachter gelten.

Schließlich müsse auch hier ein dem Leitsatz 2 b entsprechender Zusatz zu den Worten „das Schiff" in Ziffer 1 und 2 gemacht werden.

Der *Vorsitzende* meinte, des Zusatzes der „mittelbar wirkenden Verfügung von hoher Hand" bedürfe es nicht; diese Fälle könne man der Rechtsprechung überlassen.

Prof. Dr. Wüstendörfer erklärte sich hiermit einverstanden.

Die Diskussion wandte sich sodann wieder dem § 629 Ziff. 2 HGB zu.

Der *Vorsitzende* führte aus, dass man auf den Begriff des „kriegsähnlichen Zustandes" nicht verzichten könne; auch das Einheitskonnossement 1940 arbeite mit diesem Begriff.

Dr. Bollmann warf die Frage auf, ob ein Rechtsstreit der Vereinigten Stahlwerke Anlass gebe, § 629 HGB abzuändern. Die Vereinigten Stahlwerke hätten für die Verschiffung von schwedischen Erzen nach Rotterdam einen Sukzessivverschiffungsvertrag abgeschlossen, dessen Kündigung durch den Reeder nach Kriegsausbruch vom OLG Hamburg für begründet erklärt worden sei, obwohl sich die Befrachterin bereit erklärt habe, mit einer Verschiffung bis Hamburg oder bis zu einem Ostseehafen zufrieden zu sein.

Der *Vorsitzende* beantwortete die Frage dahin, dass ihm dieser Fall als Grundlage für eine gesetzliche Sonderregelung nicht geeignet erscheine. Mit Kriegsausbruch trete gemeinhin eine Umstellung aller Verhältnisse ein.

Von Ministerialrat *Krieger* wurde noch bemerkt, dass bei Kriegsbeginn auch das Befahren der Ostsee mit Rücksicht auf feindliche U-Boote und Flieger nicht gefahrlos gewesen sei; es könne daher in solchen Fällen höchstens ein Entgegenkommen der Reederei zur weiteren Durchführung des Frachtvertrages, nicht aber eine Verpflichtung hierzu in Betracht kommen. Ihm stimmten noch andere Ausschussmitglieder zu. Auch *Prof. Dr. Wüstendörfer* erklärte diesen Fall für einen Musterfall der richterlichen Vertragshilfe, nicht des gesetzlichen Einschreitens.

Der *Vorsitzende* bat Dr. Bollmann, den Vereinigten Stahlwerken, die auch an ihn eine diesbezügliche Anfrage gerichtet hätten, Mitteilung vom Standpunkt des Ausschusses zu geben. Weiter wurde festgestellt, dass die Leitsätze 5 b und c ohne den letzten Satz von 5 c angenommen worden seien, also:

„b) Ziff. 1 (von § 629 HGB) kann dadurch vereinfacht werden, dass die einzelnen besonders hervorgehobenen Fälle von Verfügungen von hoher Hand nicht mehr aufgeführt werden und die Vorschrift etwa folgenden Wortlaut erhält: ‚1. wenn vor dem Antritt der Reise durch eine Verfügung von hoher Hand die Ausführung des Vertrages verhindert oder doch erheblich gefährdet oder erschwert wird und nicht zu erwarten ist, dass die Störung nur von unerheblicher Dauer sein wird',

c) § 629 Abs. 1 Ziff. 2 wird wie folgt erweitert: ‚... wenn vor dem Antritt der Reise ein Krieg ausbricht, der für das Schiff oder die Güter eine erhebliche Gefahr der Aufbringung, Beschlagnahme, Zerstörung oder Beschädigung mit sich bringt.'“

Der *Berichterstatter Prof. Capelle* begründete alsdann entsprechend seinem Referat die nachstehend aufgeführten *Leitsätze 5 d, e und f und 6 a-d*, die ohne weitere Diskussion gebilligt wurden:

„5 d) Der einleitende Satz des § 629 lautet in Zukunft: ‚Jeder Teil ist befugt, den Vertrag fristlos zu kündigen, ohne zur Entschädigung verpflichtet zu sein ...'

e) Für die Ausübung des Kündigungsrechts gilt § 355 BGB entsprechend.

f) § 629 Abs. 2 fällt fort.

6 a) § 634 Abs. 1 bleibt bestehen, nur dass es statt ‚von dem Vertrag zurückgetreten' heißen muss: ‚den Vertrag fristlos zu kündigen.'

b) § 634 Abs. 2 und 3 fallen fort.

c) § 634 Abs. 4 ist inhaltlich nicht zu beanstanden.

d) Zu § 634 Abs. 5 bis 7 siehe die Leitsätze 11 und 12.“

Entsprechend den Ausführungen seines Referats begründete der *Berichterstatter* weiter den *Leitsatz 7*.

Der *Vorsitzende* äußerte Bedenken gegen den vorgeschlagenen Leitsatz, da der Verfrachter dadurch übermäßig begünstigt werde.

Prof. Dr. Wüstendörfer wies darauf hin, dass das von dem Berichterstatter erwähnte skandinavische Recht den Befrachter zu stark belaste, indem es ihm nach der willkürlichen Entschließung des Verfrachters die Zahlung der vollen Fracht auferlege, praktisch also immer zur Aufrechterhaltung des Vertrages führe; das deutsche Recht schaffe einen besseren Interessenausgleich. An die Stelle des Befrachters müsse aber nach bewirkter Abladung – gemäß dem früheren Beschluss des Ausschusses – der Ablader treten.

Der Ausschuss beschloss, gestützt auf die Ausführungen der beiden Vorredner, den § 636 Abs. 1, 2, 3 und 4 HGB beizubehalten mit der von Prof. Dr. Wüstendörfer vorgeschlagenen Maßgabe, statt vom Befrachter vom Ablader zu sprechen in den Fällen, wo die Abladung schon erfolgt sei.

Der *Berichterstatter* fuhr sodann in seinen Ausführungen fort und schlug den *Leitsatz 8 c-d* vor:

„8. a) § 637 Abs. 1 S. 1 bleibt bestehen.

b) Für den Fall, dass der erkennbare Zweck des Vertrages vereitelt wird, erhält die beschwerte Partei ein Kündigungsrecht.

c) § 637 Abs. 1 S. 2.-4 fallen fort.

d) § 637 Abs. 2 ist bereits gestrichen.“

Hierzu ergriff Ministerialrat *Krieger* das Wort und führte aus, ihm sei zweifelhaft, was hier als Grundsatz des BGB anzusehen sei. Es sei in der bisherigen Erörterung vielleicht nicht genügend beachtet worden, dass für den Frachtvertrag als Werkvertrag die besonderen Vorschriften des Werkvertragsrechts zu beachten seien, neben denen die allgemeinen Vorschriften der §§ 323 ff. BGB zum Teil nicht anwendbar seien. Schwierig sei es, festzustellen, wer „beschwert“ sei und ob etwa der Befrachter kein Interesse mehr an der Reise habe. Am besten sei es daher wohl, auf die Zumutbarkeit der Vertragsfortsetzung abzustellen.

Der *Vorsitzende* erklärte, es könne sehr wohl sein, dass sich beide Parteien beschwert fühlten; der Zumutbarkeitsgedanke sei in diesem Rechtsgebiet etwas Neues.

Prof. Dr. Wüstendörfer teilte die Bedenken von Ministerialrat Krieger. Es komme lediglich darauf an, wieweit dasjenige, was jede Partei subjektiv mit dem Vertrag bezweckt habe, der anderen Partei objektiv erkennbar geworden sei. Man dürfe dem Referenten darin nicht folgen und nur der einen Partei ein Rücktrittsrecht zubilligen; dieses Recht müsse vielmehr beiden Parteien zustehen.

Der *Berichterstatter* erklärte sich damit einverstanden, zumal er selbst bei der Behandlung dieser Frage geschwankt habe.

Im Anschluss an die Worte von Prof. Dr. Wüstendörfer schlug der *Vorsitzende* zusätzlich die folgende Formulierung für *Leitsatz 8 b* vor: „Für den Fall, dass der der Gegenseite erkennbare Zweck des Vertrages vereitelt wird …“.

Justizrat *Dr. Schulze-Smidt* sprach sich gegen diesen Zusatz aus, der geeignet sei, ein Moment der Unsicherheit zu schaffen.

Prof. Dr. Wüstendörfer erklärte, die Sätze 2-4 von § 637 Abs. 1 HGB müssten bestehen bleiben, aber anstelle des Befrachters müsse der Ablader treten.

Ministerialrat *Krieger* stellte daraufhin die Frage, ob der Ablader, der doch seinem Wesen nach Beförderungsvermittler sei, wirklich beim Chartervertrag eine so wichtige Rolle spiele.

Diese Frage wurde von *Prof. Dr. Wüstendörfer* dahingehend beantwortet, dass der Ablader zwar zunächst nur Vertreter des Befrachters sei, durch die Abladung trete er aber in ein selbständiges unmittelbares Rechtsverhältnis zum Verfrachter; ihm, nicht dem Befrachter, stehe der Anspruch auf Erteilung eines Konnossements zu und die Verfügung über das abgeladene Gut. Die selbständige Stellung des Abladers ergebe sich aus § 642 Abs. 1 sowie aus § 654 Abs. 1 HGB n.F. Gewiss gebe es auch Charterverträge ohne Konnossementserteilung; das seien jedoch Ausnahmefälle. Die Behandlung des Abladers als eines selbständigen Ladungsinteressenten ergebe sich aus seiner wirtschaftlichen Stellung. Er sei oft Verkäufer über See; deshalb habe er ein großes Interesse daran, zur Sicherung seines Anspruchs auf den Kaufpreis mit Hilfe des Konnossements die Hand auf die Ladung legen zu können. Seitens Justizrats *Dr. Schulze-Smidt* wurde die Richtigkeit der von Prof. Dr. Wüstendörfer vorgetragenen Auffassung bestätigt.

Der *Vorsitzende* ergänzte die Ausführung der Vorredner dahin, dass der Ablader nur in das Vertragsverhältnis zwischen Befrachter und Verfrachter eingeschaltet werde, der Befrachter solle nicht ausgeschaltet werden.

Von Ministerialrat *Krieger* wurde eingewandt, dass das Schicksal des Frachtvertrages manchmal von dem der Güter verschieden sei, deshalb solle man sich auf das Verhältnis Befrachter und Verfrachter beschränken.

Prof. Dr. Wüstendörfer meinte dagegen, es sei bedenklich und praktisch schwer durchführbar, die Wiederausladung der Güter allein auf das Verhältnis Schiff und *Ablader* abzustellen, den Vertrag jedoch auf das Verhältnis *Befrachter* und Verfrachter, zumal da, wie insbesondere vom *Vorsitzenden* betont wurde, die Rechtsprechung in der Ausgestaltung der Rechtsstellung des Abladers den Erfordernissen der Praxis Rechnung getragen habe.

Nachdem noch beschlossen wurde, die Eisklauseln der Praxis zu überlassen, ergaben sich folgende Leitsätze:

„8. a) § 637 Abs. 1 Satz 1 bleibt bestehen.

b) Für den Fall, dass der erkennbare Zweck des Vertrages vereitelt wird, erhalten beide Parteien ein Kündigungsrecht.

c) § 637 Abs. 1 Satz 2-4 bleiben mit der Maßgabe bestehen, dass anstelle des Befrachters der Ablader tritt.

d) § 637 Abs. 2 ist bereits gestrichen".

Der *Berichterstatter* ergriff danach das Wort zu den Ausführungen seines Referats und schlug den *Leitsatz 9* vor:

„9. a) § 638 Abs. 1 bleibt bestehen.

b) Im Anschluss daran ist folgender Satz aufzunehmen: 'Ist nach den Umständen dem Befrachter das Warten auf die Aufbesserung nicht zuzumuten, so gilt das Gleiche wie im Falle des zufälligen Schiffsverlustes.'

c) § 638 Abs. 2 ist bereits gestrichen."

Der *Vorsitzende* erklärte, er habe den Eindruck, das niederländische Seerecht bringe die Interessenlage durcheinander; besser sei es, hier die gleiche Rechtsfolge wie in § 634 HGB eintreten zu lassen.

Dieser Vorschlag wurde von *Prof. Dr. Wüstendörfer* unterstützt, der ebenfalls auf § 634 HGB verwies, da einerseits die Nichtzumutbarkeit seiner Ansicht nach den Tatbestand zu labil gestalte, andererseits die Ipso-iure-Auflösung nicht zweckmäßig sei. Richtiger sei es, dass die eigene Entschließung des Ladungsinteressenten den Ausschlag gebe.

Nachdem sich auch der *Berichterstatter* durch diese Gründe überzeugt hatte, wurde folgender Leitsatz 9 a beschlossen:

„9. a) § 638 Abs. 1 bleibt bestehen.

b) Im Anschluss daran ist folgender Satz aufzunehmen: ‚Ist nach den Umständen dem Befrachter das Warten auf die Ausbesserung nicht zumutbar, so hat er das Recht, den Vertrag zu kündigen, ebenso wie im Falle des § 634.'

c) § 638 Abs. 2 ist bereits gestrichen."

Nachdem der *Berichterstatter* zur Cancelling-Klausel Ausführungen entsprechend seinem Referat gemacht hatte, warf der *Vorsitzende* die Frage auf, ob die Cancelling-Klausel überhaupt in das Gesetz aufgenommen werden solle.

Der *Referent* gab zu, dass dies zweifelhaft sein könne, er habe sich aber bei *Leitsatz 10* dem skandinavischen Recht angeschlossen und halte im Hinblick auf die Vollständigkeit der Regelung die Aufnahme in das Gesetz doch für zweckmäßig, obwohl man vielleicht diesen Fragenkomplex ruhig der Rechtsprechung ohne entsprechende Auslegungsvorschriften anvertrauen könne.

Der *Vorsitzende* stellte fest: es gebe in diesem Komplex keine typische Interessenlage, das beweise die Vielheit und Buntheit der vom Referenten angeführten Cancelling-Klauseln. Aus diesem Grunde sei eine Aufnahme in das Gesetz abzulehnen.

Prof. Dr. Wüstendörfer hob hervor, dass die Cancelling-Klausel große praktische und juristische Bedeutung habe. Sie gebe der Schiffsgestellung fast den Charakter eines Fixgeschäftes. Ihre Ausgestaltung und ihr Abschluss überhaupt seien aber eine Machtfrage. Da die Cancelling-Klausel bisher in der Praxis noch nicht zu Schwierigkeiten geführt habe, stimme er dem Vorsitzenden zu, dass eine gesetzliche Regelung nicht notwendig sei.

Ministerialrat *Krieger* wies darauf hin, dass das Fixgeschäft sowohl im HGB als auch im BGB geregelt sei, und zwar verschieden; mit Rücksicht auf diese Tatsache sei eine gesetzliche Vorschrift seiner Ansicht nach am Platze.

Prof. Dr. Wüstendörfer hielt dem Vorredner entgegen, dass es sich hierbei immer nur um nachgiebiges Recht handeln könne, von der gesetzlichen Regelung könnten die Parteien daher immer abweichen.

Daraufhin entschied sich der Ausschuss für die Ablehnung der Leitsätze 10 a und b.

Der *Berichterstatter* erörterte anschließend die Rechtsfolgen in Auflösungsfällen und schlug den *Leitsatz 11* vor:

„11. a) § 632 kann im Wesentlichen bestehen bleiben.

b) Die Erwähnung der Bodmerei und der Haftung mit Schiff und Fracht wird in Wegfall kommen müssen.

c) § 634 Abs. 7 bleibt bestehen."

Der *Vorsitzende* bat den Berichterstatter um nähere Begründung dafür, dass die Haftung mit Schiff und Fracht in Fortfall kommen solle. *Prof. Dr. Wüstendörfer* stellte die Frage, ob man im Ministerium noch die Absicht habe, die Werthaftung des englisch-amerikanischen Rechts zu übernehmen, die ja nicht unbedingt eine Vereinfachung darstelle.

Ministerialrat *Krieger* erklärte hierzu, dass man in der neuesten Zeit im Ministerium diese Frage wegen anderer vordringlicher Arbeiten nicht behandelt habe. Damals habe die Absicht bestanden, einer solchen Rechtsvereinheitlichung auch deutscherseits zuzustimmen. Auf der Pariser Tagung des Comité maritime international im Jahre 1937 habe man den Anschluss an eine in diesem Sinne vorgesehene Rechtsvereinheitlichung ins Auge gefasst gehabt.

Mit Rücksicht auf diese Sachlage könne man, führte der *Vorsitzende* aus, zur Zeit nur bedingte Beschlüsse über die Haftungsfrage fassen. Er habe den Referenten dahingehend verstanden, dass in diesem Fall die beschränkte Haftung in Fortfall kommen solle.

Der *Referent* stellte dies dahingehend richtig, dass er für die Zukunft auf die wertmäßige Haftung habe abstellen wollen.

Der Ausschuss stellte sich jedoch unter Ablehnung des Leitsatzes 11 b und Modifizierung des Leitsatzes 11 a auf den Standpunkt, dass § 632 HGB bestehen bleiben solle.

Direktor *Brandt* setzte sich für Streichung der Bodmerei in Abs. 2 von § 632 HGB ein.

Im Zusammenhang mit diesem Vorschlag warf Ministerialrat *Krieger* die Frage auf, ob nicht vielleicht die Erfahrungen des gegenwärtigen Krieges Anlass geben, die Bodmerei weiter beizubehalten, da es doch gerade jetzt vorkommen könne, dass ein Schiff, das aus irgendwelchen Gründen keine Verbindung mit der Heimat habe, Kredit in Anspruch nehmen müsse. Der Krieg habe ja überhaupt absonderliche Situationen und Fälle geschaffen. Telegramme seien z.B. nicht angenommen worden, dem Schiffe habe man die Funkapparatur abgenommen und Ähnliches.

Die Frage, ob der Krieg Anlass zu Verbodmungen gegeben habe, wurde von *Dr. Stödter* verneint, der sich jedoch im Übrigen für die Beibehaltung dieses Rechtsinstituts einsetzte.

Der *Vorsitzende* berichtete, dass ihm ein Fall von Verbodmung, der vor einigen Jahren in Australien stattgefunden habe, bekannt geworden sei; die Verbodmung komme also doch noch im Rechtsleben vor. Aus diesem Grunde spreche er sich für die Beibehaltung des Rechtsinstituts aus.

Diesem Standpunkt schloss sich auch *Prof. Dr. Wüstendörfer* an. Wenn die Verbodmung auch selten sei, so sei sie doch nicht ganz ausgestorben. Sie komme noch vor in der kleinen Küstenschifffahrt von Schiffer-Reedern, deren Personalkredit bisweilen schwach sei, ferner im Seeverkehr kleiner, wirtschaftlich und betriebstechnisch rückständiger Länder, z.B. in der griechischen Seeschifffahrt. Auch hätten während des Ersten Weltkrieges deutsche Kapitäne, die mit ihren Schiffen in neutralen Häfen jahrelang festlagen, zur Abdeckung der Hafenkosten Bodmereidarlehen aufnehmen müssen.

Im Anschluss an diese Diskussion bat der *Vorsitzende,* einer der Herren möge das Referat für eine sich doch wohl notwendig machende Beratung der Bodmerei übernehmen. Die Herren Dr. Schütte und Techen wurden als Referenten vorgeschlagen.

Ministerialrat *Krieger* bemerkte dazu, es sei kaum anzunehmen, dass das Ministerium während des Krieges zu einer Verarbeitung der Leitsätze kommen werde. Es herrsche z.Zt. eine völlige Gesetzessperre für alle nicht unbedingt kriegswichtigen Angelegenheiten, abgesehen davon, dass es auch an Kräften fehle.

Der *Vorsitzende* erörterte hieran anschließend die nächsten Aufgaben des Ausschusses. Nach Beendigung der Beratung des Frachtrechts sei noch das Recht der großen Haverei, das zur Zeit in einem Sonderausschuss behandelt werde, zu beraten, ferner das Binnenschifffahrtsrecht, für das er eine Sonderkommission, bestehend aus Justizrat Dr. Schulze-Smidt, Dr. Heyen und ihm persönlich vorschlage; es müssten für dieses Spezialgebiet auch Fachleute aus der Binnenschifffahrt herangezogen werden.

Auf diesen Gebieten könne seiner Ansicht nach dem Ministerium Arbeit durch Unterbreitung von Vorschlägen abgenommen werden.

Ministerialrat *Krieger* wies darauf hin, dass voraussichtlich auch nach dem Kriege ein starker Personalmangel herrschen werde. Vor allem aber werde das künftige Verkehrsrecht nicht national, sondern in gewisser Beziehung international sein, nämlich dem europäischen Wirtschaftsraum angepasst. Sicher werde man sich auch mit den anderen europäischen Ländern in Verbindung setzen. Diese Vorbereitungen seien also sicher schwierig und zeitraubend.

Der *Vorsitzende* beschloss nach diesen Ausführungen, die Frage der Bodmerei zunächst zurückzustellen. Der *Leitsatz 11 c:* „§ 634 Abs. 7 bleibt bestehen" wird angenommen.

Der *Berichterstatter* wandte sich nunmehr der *Distanzfracht* zu (vgl. Referat).

Prof. Dr. Wüstendörfer hob hervor, dass die praktische Bedeutung der Distanzfracht auf dem Gebiet der Frachtcharter, nicht auf dem Gebiet des Stückgütervertrages liege. Es sei oft über die Distanzfracht diskutiert worden. Das Comité maritime international habe beispielsweise die Distanzfracht ganz abschaffen wollen. Das ginge aber wohl zu weit. Er billige grundsätzlich den Vorschlag des Referenten, den er im Einzelnen aber noch etwas modifizieren möchte und zwar wie folgt: „§ 630 Abs. 1 Satz 1: unverändert. – Satz 2: Jedoch hat der Befrachter, soweit Güter geborgen oder gerettet werden, eine angemessene Vergütung als Distanzfracht zu zahlen, es sei denn, dass dem Befrachter aus der Teilbeförderung kein Vorteil entstanden ist. – § 630 Abs. 2: unverändert."

Er schlage weiter als Richtlinie folgende Norm vor:

„§ 631: Bei der Berechnung der Distanzfracht kommt in Anschlag:

1. das Verhältnis der bereits zurückgelegten zu der noch zurückzulegenden Entfernung,

2. das Verhältnis des Aufwandes an Kosten und Zeit, der Gefahren und Mühen, welche durchschnittlich mit dem vollendeten Teil der Reise verbunden sind, zu denen des nicht vollendeten Teiles,

3. die Größe des Vorteils, der dem Befrachter aus der Teilbeförderung erwachsen ist."

Im Übrigen sei ihm noch einiges in den Ausführungen des Referenten nicht klar, und zwar, wonach der Unterschied der beiden Frachten als Distanzfracht zu zahlen sei; er wisse nicht, ob es sich dabei um Gesamt- oder anteilige Fracht handle. Anhand von Beispielen wurden beide Möglichkeiten von dem Redner errechnet. Es scheine ihm der darauf folgende Satz des Referats zu dem erstgenannten in Widerspruch zu stehen. Auch seien ihm die Ausführungen des Referenten hinsichtlich des Einflusses von dem Wert der Güter im Bestimmungshafen und im Zwischenhafen auf die Frachtzahlungspflicht nicht ganz klar.

Diese Beispiele, fuhr Prof. Dr. Wüstendörfer fort, hätten ihn zu der Überzeugung gebracht, dass das künftige Recht eine elastische Norm brauche. Aus diesem Grunde habe er die „angemessene Vergütung" vorgeschlagen, deren Berechnung erleichtert werde durch die zu § 631 von ihm vorgeschlagenen Richtlinien ähnlicher Art wie beim Hilfslohn.

Ministerialrat *Krieger* äußerte Bedenken gegen diesen Vorschlag. Es schien ihm schwierig, festzustellen, ob und inwieweit dem Befrachter aus der Teilbeförderung ein Vorteil erwachsen sei, insbesondere dann, wenn noch die Verhältnisse des Kaufvertrages bei dieser Frage zu berücksichtigen seien. Seiner Ansicht nach solle man entweder die Distanzfracht völlig fallen lassen oder sie schematisch berechnen nach der tatsächlich zurückgelegten Reise ohne Rücksicht auf das, was aus den Gütern wird. Man könne höchstens noch weiter bestimmen, dass der Befrachter die Zahlung der Distanzfracht ablehnen dürfe, wenn er keinen Vorteil von der Teilbeförderung habe. Diese letztere Bestimmung könne aber schon wieder Anlass zum Streit geben.

Zur Beantwortung der ihm von Prof. Dr. Wüstendörfer gestellten Fragen erwiderte der *Berichterstatter,* in dem aufgeführten Satze seines Referats verstehe er unter der Differenz den Betrag, der sich nach Abzug der Fracht der Weiterbeförderung vom Ort der Reiseunterbrechung zum Bestimmungshafen von der ursprünglich vereinbarten Frist ergebe; wenn also ursprünglich 1000 RM vereinbart seien für die ganze Reise, für die Weiterbeförderung vom Ort der Reiseunterbrechung zum Bestimmungshafen aber noch 400 RM aufgewandt werden müssten, so betrage die Distanzfracht 1000 RM abzüglich 400 RM = 600 RM. Auf weite Sicht glichen sich seiner Überzeugung nach Schwankungen des Frachtenmarktes aus. [...]

Der Referent erläuterte weiter noch seine Ausführungen hinsichtlich des Wertes der Güter im Zwischen- und im Bestimmungshafen. Betrage der Wert der Güter im Bestimmungshafen 1000 RM, und würde im Zwischenhafen ein höherer Verkaufspreis von 1200 RM erzielt, so müsse der Befrachter dem Verfrachter die volle Fracht zahlen, da der Befrachter sich ja besser stehe, als wenn die Güter im Bestimmungshafen verkauft worden wären. Betrage der Wert der Güter im Zwischenhafen jedoch nur 950 RM statt 1000 RM, so brauche der Befrachter nur die volle Fracht abzüglich des Wertdifferenzbetrages – in diesem Beispiel also abzüglich 50 RM – zu bezahlen.

Abschließend betonte der Referent, dass er der von Prof. Dr. Wüstendörfer vorgeschlagenen Regelung grundsätzlich zustimme.

Direktor *Brandt* stimmte in seinen Ausführungen Ministerialrat Krieger zu und setzte sich dafür ein, dass klare Verhältnisse geschaffen würden. Entweder solle man die Distanzfracht ganz wegfallen lassen oder sie nach dem Verhältnis zwischen zurückzulegender und zurückgelegter Strecke bemessen. Schließlich sei der Reeder ja auch in allen diesen Fällen durch die Versicherung gedeckt mit Ausnahme des Falles, dass Krieg die Ursache der Reiseunterbrechung sei.

Der *Vorsitzende* erklärte, die Distanzfracht habe sich eingebürgert, man solle sie darum nicht in Fortfall kommen lassen, sie aber so einfach wie möglich gestalten und dabei nicht auf Begleitumstände abstellen, wie es beispielsweise beim Hilfslohn der Fall sei. Seiner Ansicht nach bestehe zwischen Hilfslohn und Distanzfracht keine völlige Parallelität. Auch er bevorzuge daher nur einfache klare Formeln hinsichtlich der Berechnung der Distanzfracht.

Prof. Dr. Wüstendörfer wandte gegen die Argumente von Ministerialrat Krieger ein, die Hineinziehung von Begleitumständen, die außerhalb der betr. Fachkreise lägen, in die Entscheidung der Frage, ob und in welcher Höhe Distanzfracht zu zahlen sei – wie nach seinem Vorschlag die Frage des *Vorteils* des Befrachters – finde manche Parallelen in der Rechtsordnung, z.B. bei der Schadensliquidation in fremdem Interesse; man brauche nur an den Kommissionär und den Spediteur zu denken. Gewähre man Distanzfracht auch dann, wenn der Befrachter von der Teilreise keinen Vorteil gehabt habe, so sei dies unbillig und durch keine Interessenabwägung zu rechtfertigen.

Der *Referent* fuhr weiter fort, er könne starre Formeln für die Berechnung der Distanzfracht nicht billigen.

Von Herrn Direktor *Brandt* wurde auf die Schwierigkeiten hingewiesen, den vermutlichen Wert der Güter im Bestimmungshafen festzustellen.

Von Herrn Bürgermeister *Dr. Burchard-Motz* wurde daran erinnert, dass gegen den Befrachter gegebenenfalls auch Ansprüche aus Nichtlieferung der Güter im Bestimmungshafen bestünden.

Prof. Dr. Wüstendörfer erklärte, er sei nicht überzeugt davon, dass die Hilfslohnberechnung hinsichtlich der Aufstellung von Richtlinien andere Prinzipien erfordere als die Berechnung der Distanzfracht. Man dürfe doch nicht außer Augen lassen, dass die Ladung meistens vom Produktionsort zum Konsumort befördert würde. Damit beabsichtige der Befrachter immer eine Wertsteigerung der Güter, aus der er einen Gewinn erzielen wolle. Dieser Umstand sei auch bei der Reiseunterbrechung hinsichtlich der zurückgelegten Strecken zu beachten, hier fehle es an dieser Wertsteigerung in der Regel, der ganze Zweck der Frachtcharter sei dann für den Befrachter als Kaufmann vereitelt.

Ministerialrat *Krieger* meinte, so wie sich der Reeder versicherungsmäßig schütze, so könne sich ja auch der Befrachter gegen die Nichtvollendung der Reise versichern. Es sei auch unrichtig, davon auszugehen, dass die Beförderung immer aufgrund eines Kaufvertrages vor sich gehe. Es brauche nicht immer eine Vermögensverschiebung vorzuliegen. Man brauche nur an die Fälle zu denken, wo das Gut zum Verarbeitungsort befördert werden solle. Es sei jedoch auch denkbar, dass das Gut vom Zwischenhafen überhaupt nicht abgeholt werden könne.

Abschließend stellte der *Vorsitzende* fest, dass sich der Ausschuss unter Ablehnung des Leitsatzes 12 für Beibehaltung der Distanzfracht entscheide, die nach den von Ministerialrat Krieger festgelegten Punkten – Verhältnis der zurückgelegten Reise zur gesamten Reise – zu berechnen sei. Der Anspruch auf die Distanzfracht entfalle, wenn der Befrachter keinen Vorteil von der Teilbeförderung habe.

Der *Berichterstatter* ergriff nunmehr das Wort zu seinen Ausführungen (Referat) und schlug den *Leitsatz 13* vor: „§ 639 kann bestehen bleiben."

Der *Vorsitzende* erklärte dazu: In Rücksicht darauf, dass frühere Beschlüsse des Ausschusses darauf abgestellt hätten, in wessen „Sphäre" das vertragsauflösende Ereignis aufgetreten sei, müsse § 639 HGB parallel gestaltet werden.

Mit dieser Maßgabe erfolgte die Annahme von Leitsatz 13. „§ 639 kann bestehen bleiben."

Im Übrigen schlug er vor, die Erörterung von *Leitsatz 14* vorläufig zurückzustellen, weil diese Norm nicht in den z.Zt. behandelten Fragenkomplex gehöre.

Darauf setzte der *Berichterstatter* seine Ausführungen laut seinem Referat fort und schlug den *Leitsatz 15* vor: § 640 ist abzuschaffen."

Der *Vorsitzende* erklärte dazu, dass mit Rücksicht auf die vorangegangenen Beschlüsse des Seerechtsausschusses hinsichtlich der Distanzfracht keine Veranlassung bestehe, für die Ballastreise die Distanzfracht bestehen zu lassen. Damit wurde der Leitsatz 15: „§ 640 ist abzuschaffen" angenommen.

Schließlich referierte der *Berichterstatter* zum Stückgutvertrag.

Der *Vorsitzende* erklärte, seiner Ansicht nach müssten im Stückgutvertrag der Linien die Beförderungsbestimmungen der Linie maßgebend sein, die bekanntlich einen wohl abgewogenen Ausgleich darstellten. Andererseits sei es zweckmäßig, im Stückguttrampverkehr die für den Frachtcharter aufgestellten Bestimmungen zur Anwendung zu bringen, eventuell mit noch kleinen Änderungen. Dem stimmte der Ausschuss zu.

Zum Abschluss stellte der Vorsitzende fest, dass danach die Beratung des Seefrachtrechts abgeschlossen sei. Das Seefrachtrecht stehe damit formungsreif da. Er dankte den Mitgliedern des Seerechtsausschusses für ihre aufopfernde und fruchtbare Arbeit, die ja, wie die Vergangenheit gezeigt habe, bereits mehrfach durch den Gesetzgeber anerkannt worden sei. Er erinnerte an die Haager Regeln, an das Seeunfall-Untersuchungsgesetz und an das Schiffsregister- und Schiffspfandrechtsgesetz. Er gab weiter der Hoffnung Ausdruck, dass trotz des Krieges auch das neue Seefrachtrecht vom Gesetzgeber bald verabschiedet werde.

Anhang:

Leitsätze von Karl-Hermann Capelle in seinem Referat über die Auflösung des Seefrachtvertrages (§§ 628-641 HGB)

1. Die in den §§ 628 bis 641 HGB behandelten Fragen bedürfen auch weiterhin einer seerechtlichen Sonderregelung.

2. a) *§ 628 Abs. 1* ist inhaltlich zu billigen. Die Vorschrift ist jedoch zu erweitern durch die Voranstellung eines allgemeinen Satzes von etwa folgendem Wortlaut: „Der Frachtvertrag tritt außer Kraft, ohne dass ein Teil zur Entschädigung des anderen verpflichtet ist, wenn die Erfüllung des Vertrages vor Antritt der Reise durch Zufall dauernd unmöglich wird. Als ein Fall dauernden Unmöglichwerdens ist es namentlich anzusehen, wenn 1. das Schiff verloren geht ...".

b) Unter Ziff. 3 empfiehlt es sich auch den Fall zu nennen, dass die ganze Gattung der nur generell bezeichneten Güter verloren geht.

c) Für den letzten Halbsatz von Ziff. 3 wird folgende Fassung vorgeschlagen: „... oder vom Verfrachter zur Beförderung übernommen worden sind."

d) *§ 628 Abs. 2* ist zu streichen.

3. *§ 630 Abs. 1 HGB* ist beizubehalten.

4. *§ 633 HGB* bleibt bestehen.

5. a) *§ 629 HGB* kann ebenfalls in weitem Umfange aufrecht erhalten werden. An der Unterscheidung zwischen Auflösung ipso iure (§ 628) und Auflösung durch Aufhebungserklärung (§ 629) ist festzuhalten.

b) Ziff. 1 kann dadurch vereinfacht werden, dass die einzelnen besonders hervorgehobenen Fälle von Verfügungen von hoher Hand nicht mehr aufgeführt werden und die Vorschrift etwa folgenden Wortlaut erhält: „1. wenn vor dem Antritt der Reise durch eine Verfügung von hoher Hand die Ausführung des Vertrages verhindert oder doch erheblich gefährdet oder erschwert wird und nicht zu erwarten ist, dass die Störung nur von unerheblicher Dauer sein wird."

c) *§ 629 Abs. 1 Ziff. 2* wird wie folgt erweitert: „... wenn vor dem Antritt der Reise ein Krieg ausbricht, der für das Schiff oder die Güter eine erhebliche Gefahr, insbesondere die Gefahr der Aufbringung, Beschlagnahme, Zerstörung oder Beschädigung mit sich bringt. Dies gilt auch dann, wenn der Kriegszustand bereits zur Zeit des Vertragsschlusses besteht, wofern nur die dem Schiff oder den Gütern drohende Gefahr sich zwischen dem Abschluss des Vertrages und dem Antritt der Reise wesentlich erhöht hat."

d) Der einleitende Satz des *§ 629* lautet in Zukunft: „Jeder Teil ist befugt, den Vertrag fristlos zu kündigen, ohne zur Entschädigung verpflichtet zu sein …".

e) Für die Ausübung des Kündigungsrechts gilt *§ 355 BGB* entsprechend.

f) *§ 629 Abs. 2* fällt fort.

6. a) *§ 634 Abs. 1* bleibt bestehen, nur dass es statt „von dem Vertrage zurückzutreten" heißen muss: „den Vertrag fristlos zu kündigen".

b) *§ 634 Abs. 2 und 3* fallen fort.

c) *§ 634 Abs. 4* ist inhaltlich nicht zu beanstanden.

d) Zu *§ 634 Abs. 5 bis 7* siehe die Leitsätze 11 und 12.

7. a) Anstelle von *§ 636 Abs. 1 und 2* wird Folgendes bestimmt: „Wird nur ein Teil der Ladung vor dem Antritt der Reise durch einen der in den §§ 628, 629 HGB genannten Zufälle betroffen, so tritt der Vertrag nur zu einem entsprechenden Teil außer Kraft; die nicht betroffenen Güter sind gegen entsprechende Teilfracht zu befördern. Der Verfrachter kann aber den Vertrag in vollem Umfange kündigen, wenn der Befrachter ihn nicht wegen des Frachtausfalls hinsichtlich der betroffenen Güter schadlos hält."

b) Tritt die teilweise Störung erst nach dem Antritt der Reise ein, ohne dass Güter verloren gehen, so gilt das unter a) Gesagte entsprechend.

8. a) *§ 637 Abs. 1* bleibt bestehen.

b) Für den Fall, dass der erkennbare Zweck des Vertrages vereitelt wird, erhält die beschwerte Partei ein Kündigungsrecht."

c) *§ 637 Abs. 1 S. 1-4* fallen fort.

d) *§ 637 Abs. 2* ist bereits gestrichen.

9. a) *§ 638 S. 1* bleibt bestehen.

b) Im Anschluss daran ist folgender Satz aufzunehmen: „Ist nach den Umständen dem Befrachter das Warten auf die Ausbesserung nicht zuzumuten, so gilt das Gleiche wie im Falle des zufälligen Schiffsverlustes."

c) *§ 638 S. 2* ist bereits gestrichen.

10. a) Soll das Schiff nach dem Vertrage spätestens zu einem bestimmten Zeitpunkt ladebereit sein und wird dieser Zeitpunkt nicht eingehalten, so kann der Befrachter den Vertrag kündigen, auch wenn dem Verfrachter kein Verschulden zur Last fällt.

b) Sobald feststeht, dass sich der vereinbarte Zeitpunkt nicht einhalten lässt, kann der Verfrachter den Befrachter auffordern, sich unverzüglich darüber zu erklären, ob er von seinem Kündigungsrecht Gebrauch machen will. Erklärt sich der Befrachter daraufhin nicht unverzüglich, so verliert er sein Kündigungsrecht.

11. a) *§ 632* kann im Wesentlichen bestehen bleiben.

b) Die Erwähnung der Bodmerei und der Haftung mit Schiff und Fracht wird in Wegfall kommen müssen.

c) *§ 634 Abs. 2* bleibt bestehen.

12. a) Die Distanzfracht (§§ 630 Abs. 1 S. 2, Abs. 2, 631, 634 Abs. 5, 6) ist beizubehalten.

b) Der Befrachter hat für einen ihm durch die Teilbeförderung entstandenen Vorteil eine angemessene Vergütung zu zahlen. Der Gesichtspunkt des Befrachtervorteils ist neben den in § 631 genannten Umständen zu nennen.

c) Zu beachten ist im Falle der Weiterbeförderung für Rechnung des Befrachters namentlich die Höhe der beiden Frachten, im Falle des Verkaufs im Zwischenhafen der erzielte Erlös und der Gewinn, der etwa im Bestimmungshafen zu erreichen gewesen wäre.

d) Soweit der Befrachter nachweisen kann, dass er einen Vorteil nicht gehabt hat, hat er Distanzfracht nicht zu zahlen.

13. *§ 639* kann bestehen bleiben.

14. *§ 635* kann bestehen bleiben.
15. *§ 640* ist abzuschaffen.
16. Für den Stückgutvertrag empfiehlt sich eine ins Einzelne gehende Sonderregelung nicht.

Stückgutvertrag: Die Frage, welche Regeln für den Stückgutvertrag, namentlich den Stückgutvertrag der Linienfahrt, gelten sollen, kann in Kürze beantwortet werden. Der typische Tatbestand des Stückgutvertrages weicht bekanntlich in mehrfacher Beziehung von dem der Frachtcharter entscheidend ab. Die einzelne Reise wird hier für eine mehr oder weniger große Zahl von Befrachtern ausgeführt. Der Stückgutbefrachter kann sich daher nicht der gleichen tatsächlichen und rechtlichen Bewegungsfreiheit erfreuen wie der Ganzbefrachter. Sein Einzelinteresse muss vielfach bis zu einem gewissen Grade zurücktreten hinter dem Gesamtinteresse der übrigen Befrachter. Eine weitere Besonderheit liegt darin, dass der Stückgutverfrachter, jedenfalls soweit er Linienreeder ist, in der Regel nicht wie der Verfrachter eines ganzen Schiffes im Hinblick auf ein bestimmtes Schiff abschließt.

Geht man die für die Frachtcharter aufgestellten Sätze einzeln durch, so ergibt sich für den Stückgutvertrag Folgendes:

1. Der allgemeine Satz, dass nachträgliches zufälliges dauerndes Unmöglichwerden vor Antritt der Reise beide Teile vollständig freiwerden lässt (vgl. Leitsatz 2), muss auch für den Stückgutvertrag gelten.

2. Zufälliger Verlust des Schiffes vor Reiseantritt muss in folgerichtiger Durchführung des Satzes zu 1. ebenfalls zur Auflösung des Vertrages führen; zu beachten ist nur, dass beim Stückgutvertrag von *dem* Schiff vor der Verladung in der Regel nicht die Rede sein kann.

3. Für den Fall des Güterverlustes (d.h. des Verlustes aller Güter des einzelnen Befrachters) vor Reiseantritt gilt nichts Besonderes.

4. Im Falle des Schiffsverlustes nach Antritt der Reise muss der Verfrachter zur Weiterbeförderung der Güter für eigene Rechnung verpflichtet und berechtigt sein. Die Konnossementsklauseln sehen gewöhnlich die endgültige Vorausbezahlung des vollen Frachtbetrages vor.

5. Der Satz, dass für durch Zufall verloren gegangene Güter grundsätzlich keine Fracht zu zahlen ist, gilt auch für den Stückgutvertrag, wird aber durch die unter 4. erwähnte Klausel über die Vorausbezahlung der vollen Fracht meistens beiseite geschoben.

6. Das Gleiche wie zu 3. ist zu sagen zu den Fällen des Kriegsausbruchs und der Verfügung von hoher Hand vor Reiseantritt. Die Verweisung des § 641 Ziff. 1 HGB auf § 629 ist nicht zu wiederholen; sie ist, wie Pappenheim (S. 573 Anm. 2) [Bd. 3, 1918] dargetan hat, schon jetzt als gegenstandslos anzusehen.

7. Für Krieg oder Verfügung von hoher Hand nach Reiseantritt gilt das Gleiche wie oben. Eines Hinweises wie in § 641 Ziff. 1 bedarf es auch für diesen Fall nicht mehr, wenn man die in § 634 genannten Fristen – wie vorgeschlagen – beseitigt.

8. Für den Fall, dass nur ein Teil der Güter des gleichen Befrachters verloren geht, gilt das für den Fall des Teilverlustes bei der Frachtcharter Gesagte entsprechend. § 641 Ziff. 2 fällt fort.

9. § 637 HGB gilt entsprechend. Der in § 641 Ziff. 3 gemachten Einschränkung bedarf es mit Rücksicht auf die vorgeschlagene Beseitigung des Rechts der einstweiligen Löschung der Güter nicht mehr.

10. § 638 HGB gilt in der für die Frachtcharter vorgeschlagenen Form entsprechend.

11. § 639 ebenso.

12. § 635 HGB muss für den Stückgutvertrag ebenfalls entsprechend gelten, und zwar in dem Sinne, dass auch die von der Störung nicht unmittelbar betroffenen Güter beitragspflichtig sind.

13. § 640 HGB hat für den Stückgutvertrag keine Bedeutung, da der Tatbestand dieser Vorschrift hier nicht vorkommt.

Zusammenfassend lässt sich feststellen, dass es der Aufstellung ins Einzelne gehender besonderer Rechtssätze für die Auflösung des Stückgutvertrages nicht bedarf. Die für die Frachtcharter aufgestellten Sätze lassen sich zum großen Teil entsprechend anwenden, zum Teil aber ist dies nicht möglich, weil die entsprechenden Tatbestände im Stückgutverkehr fehlen. Im Übrigen werden die einschlägigen Fragen, soweit sie für die Beteiligten von besonderem Interesse sind, durch Konnossementsklauseln geregelt. Bei dieser Rechtslage kann es im Großen und Ganzen verbleiben. Auch das skandinavische Seegesetz n.F. beschränkt sich darauf, zu bestimmen, dass die Vorschriften über die Reisecharter grundsätzlich auch für den Stückgutvertrag gelten sollen, während das niederländische Seegesetz einige Sätze aus der Regelung der Frachtcharter für den Stückgutvertrag wiederholt. Der Seerechtsausschuss hat bereits bei der Behandlung eines großen Teils des Frachtrechts davon abgesehen, für den Stückgutvertrag eine Reihe ausführlicher Vorschriften zu schaffen. Das Gleiche wird aus im Wesentlichen gleichen Gründen auch in diesem Zusammenhange vorgeschlagen. [Für den Stückgutvertrag empfiehlt sich eine ins Einzelne gehende Sonderregelung nicht.]

Fritz Lindenmaier:

Die bisherige Arbeit des Seerechtsausschusses der Akademie für Deutsches Recht

Der *Seerechtsausschuss* der Akademie für Deutsches Recht hat in der Zeitspanne vom 6. Januar 1934 bis zum 30. Oktober 1939 insgesamt 44 Arbeitssitzungen abgehalten. Der Öffentlichkeit bekannt gegeben worden sind Inhalt und Ergebnisse dieser Beratungen zum Teil bereits in den Berichten (vgl. Zeitschrift der Akademie für Deutsches Recht 1934 S. 220, 1935 S. 265, 940, Jahrbuch der Akademie für Deutsches Recht 1935 S. 159, Deutsche Richterzeitung 1934 S. 229) seines Vorsitzenden und jetzigen Ehrenmitgliedes Prof. Dr. Wüstendörfers, sowie des Verfassers als dessen Nachfolgers, als die Arbeitsbelastung Prof. Dr. Wüstendörfers es diesem im Jahr 1936 unmöglich machte, der doppelten Aufgabe seines Forschungs- und Lehramtes und der Ausschussleitung zusammen weiter zu walten. Mit großer Dankbarkeit hat der Ausschuss es anerkannt, dass Prof. Dr. Wüstendörfer es trotzdem möglich machte, sich bei Gegenständen besonderer Bedeutung dem Ausschuss mit seinem umfassenden Wissen und tief eingreifenden glänzenden Gedankengängen zur Verfügung zu stellen. Der zu Gebote stehende Raum ließ es nicht möglich erscheinen, in den nachfolgenden Ausführungen stets auch der Quellen zu gedenken, die den Ausschuss zu seinen Vorschlägen auf grundsätzliche Umgestaltung, Verbesserung *oder* Klarstellung anregten. Darum soll an dieser Stelle auf die auch in dieser Beziehung vielfach grundlegenden Darlegungen Wüstendörfers in seinen Studien zum modernen Seefrachtrecht und in seinem Seeschifffahrtsrecht gedacht werden.

Der Krieg hat die Arbeit des Ausschusses nur insofern unterbrochen, als infolge von Einberufungen und größerer Einzelbelastung von Mitgliedern, insbesondere auch derjenigen aus dem Reichsjustizministerium, Erschwerungen für die Beratungssitzungen entstanden. Die Vorbereitung dieser durch Ausarbeitung von Berichten ist dagegen auch in der Kriegszeit nach Möglichkeit gefördert worden.

Obwohl die Arbeiten des Ausschusses demnach weder bereits abgeschlossen noch auch nur unterbrochen sind, ja durch die aufgrund der Kriegsverhältnisse auftauchenden neuen Fragen vielmehr eine Erweiterung gefunden haben, erscheint es in Anbetracht des bereits durchackerten umfassenden Gebietes, das zu einem Teil bereits zu gesetzlicher Neuregelung geführt hat, angemessen, über den zurückgelegten Wegesabschnitt zusammenfassende Rechenschaft zu legen, nachdem dies für kürzere Abschnitte, von den vorstehend genannten Ausnahmen abgesehen, infolge anderweitiger Inanspruchnahme des Verfassers nicht möglich war.

Einleitend wenige Worte über die *Art der Arbeit* im Ausschuss, die sich im Laufe der Zeit als zweckmäßig herausgestellt hat. Der Ausschuss betrachtet es angesichts der Größe des ihm zur Bearbeitung anvertrauten Gebietes – etwa von Ausnahmefällen, in denen bereits Gesetzesentwürfe vorliegen, abgesehen – nicht als seine, sondern des Gesetzgebers Aufgabe, Entwürfe zu schaffen, die bereits in die Sprache des fertigen Gesetzes gegossen sind. Er sucht vielmehr in Gestalt von – möglichst präzis gefassten – Leitsätzen diejenigen Richtlinien und Gedankengänge herauszustellen, die ihm maßgebend für die Neuformung des bearbeiteten Gesamt- oder Einzelgebietes sowohl dessen Grundhaltung nach als auch für wichtige Einzelpunkte erscheinen. Auf anderem Wege würde in absehbarer Zeit eine Durcharbeitung des gesamten Gebietes unmöglich sein. Auf dieser Grundlage ist eine durchaus harmonische Zusammenarbeit mit dem in erster Linie als Gesetzgebungsfaktor in Betracht kommenden Reichsjustizministerium erwachsen, das ebenso wie das Reichsverkehrsministerium ständige Vertreter in den Ausschuss entsendet und in geeigneten Fällen Vertreter des Ausschusses zur Beratung fertig gestellter Gesetzentwürfe hinzugezogen hat.

Es ist ferner im Lauf der Arbeit zur feststehenden Praxis des Ausschusses geworden, erst nach Vorliegen eines den Ausschussmitgliedern, gegebenenfalls auch den einschlägigen Wirtschaftsstellen, zugeleiteten Berichts und Gegenberichts über die zur Beratung stehende Materie in die mündliche Erörterung einzutreten. Die zeitsparende Folge dieser Praxis ist, dass es in aller Regel möglich ist, in die Erörterung der Kernpunkte durch ein Gremium einzutreten, das sich mit den Auffassungen der Berichterstatter bereits vertraut machen und ihr gegenüber mit überprüfter eigener Ansicht in die Erörterung einzutreten in der Lage ist. Die Berichterstatter sind in geeigneten Fällen nicht dem engeren Kreise der Ausschussmitglieder, sondern besonders sachkundigen Wirtschaftskreisen entnommen und auch sonst Vertreter solcher um Teilnahme an der Beratung gebeten worden. Solcher Bitte ist, wie dankend auch hier zu vermerken ist, stets und mit dankenswerter Bereitwilligkeit entsprochen worden.

Die *Ziele,* welche der Ausschuss bei seiner Arbeit zu verfolgen hat, umriss bei der feierlichen Eröffnungssitzung am 6. Januar 1934 Prof. Dr. Wüstendörfer dahin:

Das zur Zeit geltende deutsche *Seehandelsrecht,* enthalten mit dem – einem anderen Ausschuss anvertrauten – Seeversicherungsrecht im 4. Buch des HGB, beruht auf einem in den Jahren 1858-1860 von einer Kommission in Hamburg beratenen preußischen Entwurf. Es stammt somit aus einer Zeit, in welcher der Seehandelsverkehr vom Segelschiffsbetrieb kleiner Einzelreedereien beherrscht wurde und der Hilfsmittel der modernen Technik, insbesondere auf dem Gebiet der Nachrichtenübermittlung, entbehren musste. Diesen Verhältnissen sind seine Bestimmungen angepasst. Sie können den Bedürfnissen des jetzigen Seeverkehrs nicht mehr genügen, der gekennzeichnet wird durch kapitalstarke Gesellschaftsreedereien, durch ein Überwiegen von festem Linienverkehr und Stückgutverfrachtung sowie durch die weitgehenden Möglichkeiten, welche in der Übermittlung von Weisungen und Nachrichten durch die Entwicklung der Technik eingetreten sind. Die Hauptaufgabe des Ausschusses muss es daher sein, das Seerecht entsprechend diesen veränderten Verhältnissen zu gestalten. Diese neue Rechtsordnung ist zu erfüllen mit dem Geist der neuen deutschen Weltanschauung. Es hat der nationale und soziale Gesichtspunkt in den Vordergrund zu treten. Die neuen Rechtsnormen sind einfach und klar zu gestalten. Sie haben auf die konkreten Wirtschaftsverhältnisse Rücksicht zu nehmen und jede blutleere Begriffsbildung zu vermeiden.

Der Ausschuss ist zunächst an die Bearbeitung von *Teilgebieten* herangetreten, die *aufgrund früherer Neuerungsentwürfe* oder *internationaler Verhandlungen formungsreif* erschienen.

In erster Linie kamen in dieser Hinsicht die in internationaler Beratung gewonnenen Entwürfe zu Staatsverträgen über die Beschränkung der Reederhaftung, über Schiffsgläubigerrechte und über die Beschränkung der Freizeichnungsklauseln in Konnossementen, die sogenannten *„Brüsseler Entwürfe"* in Betracht. Der drittgenannte dieser Entwürfe ist inzwischen – nach lebhaftem Meinungskampf – in das deutsche Gesetzeswerk eingefügt worden. Er erfordert schon deswegen eine zusammenfassende Erörterung. Aber auch die erst- und zweitgenannten Entwürfe erscheinen – trotz der durch den Kriegsausbruch und -verlauf geänderten Verhältnisse – der Betrachtung wert. Denn welche Gestaltung auch immer der europäische und außereuropäische Wirtschaftsraum und -verkehr erhalten möge, die genannten Entwürfe werden mit ihrem Gedankengut für die rechtliche Gestaltung dieses Wirtschaftsgebietes, wenn nicht als den veränderten Verhältnissen anzupassende Grundlage, so doch zum mindesten als Stoff und Anregung immer von Bedeutung sein können.

Die Erörterung des *„Internationalen Übereinkommens zur einheitlichen Feststellung einzelner Regeln über Beschränkung der Haftung der Eigentümer von Seeschiffen"* ergab: Das Abkommen sieht nicht, wie das heutige Recht, eine *dingliche Haftung* mit Schiff und Fracht, sondern eine Haftung mit dem *Wert* von Schiff, Fracht und Zubehör vor. Diese beschränkt sich jedoch im

Allgemeinen auf einen Gesamtbetrag von 8 £ auf die Tonne des Schiffsraumgehalts, bei verschuldeter Körperverletzung oder Tötung einer Person u.U. auf 16 £ je Tonne. Dagegen wird bei Vergütung für Hilfeleistung und in anderen einzeln aufgeführten Fällen mit dem vollen Wert des Schiffes gehaftet. Diese Rechtsgestaltung beruht auf einer Verbindung der amerikanischen Werthaftung mit der englischen Summenhaftung, ergänzt durch eine Allhaftung für Personenschäden. Sie enthält aber eine Reihe *deutschrechtlicher* Gedanken: Dazu gehört die Bestimmung der Fälle, in denen beschränkte Haftung eintreten soll (Art. 1, vgl. HGB § 486 Abs. 1), die Einführung unbeschränkter Haftung bei eigenem Verschulden des Reeders (Art. 2; vgl. HGB § 486 Abs. 2), die Aufzählung der Haftungssurrogate (Art. 5; vgl. § 775 HGB) und der Fortfall der Haftsumme bei Untergang des Schiffes vor Erreichung des nächsten Hafens (abgesehen von einer beschränkten Haftung für Personenschäden und einer Haftung mit der Schiffsfracht). Die vorgesehene beschränkt persönliche Haftung entspricht außerdem dem Rechtszustand, wie er in der ganz überwiegenden Mehrzahl der Fälle im Deutschen Reich praktisch eintritt; denn die in Kenntnis des Schiffsgläubigeranspruchs erfolgte Aussendung des Schiffs zu neuen Reisen, welche gemäß § 774 HGB neben die dingliche die beschränkte persönliche Haftung des Reeders treten lässt, bildet in Rücksicht auf die Schnelligkeitsanforderungen des modernen Verkehrs die Regel. Und im Übrigen verwandelt sich auch die dingliche Haftung mit dem Schiffskörper in der überwiegenden Mehrzahl der Fälle infolge von Arrestlegung in die Zahlung einer Geldsumme seitens der Reederei. Dem deutschen Rechtszustand nähert sich der Entwurf endlich weiter dadurch, dass er vor dem Zugriffe auf das Landvermögen die gerichtliche Anordnung einer Vorvollstreckung in das Schiffsvermögen zulässt. Ließen diese Umstände die Übernahme dieser Haftungsordnung in das deutsche Recht als tragbar erscheinen, so gaben andere Umstände doch zu Bedenken in dieser Hinsicht Anlass. Eine Benachteiligung deutscher Schiffe gegenüber englischen konnte vor allem die Goldwertklausel, nach welcher unter den Pfundrechnungseinheiten Goldwerte zu verstehen sind (Art. 15) in Rücksicht auf die englische Rechtsprechung (£=£) ergeben. Der Entwurf enthielt außerdem verwickelte Bestimmungen über die Berechnung des Schiffswertes, welche sich von den Anforderungen volksnaher Gesetzessprache weit entfernen. Unklarheiten bestehen ferner noch über die Regelung der Haftung bei Zusammentreffen mehrerer Unfälle auf einer Reise (Art. 6, Frage des Umfangs der Reiseeinheit).

Der Ausschuss entschloss sich dennoch, die Annahme des Entwurfs mit dem Vorbehalt zu empfehlen, dass die vorerwähnten Unklarheiten ausgeschaltet werden müssten. Maßgebend für die auch von Reederseite gebilligte Empfehlung der Annahme war: Die vorgesehene Regelung nähert sich stark dem deutschen tatsächlichen Rechtszustand. Trotzdem bestehende Bedenken werden überwogen durch die Vorteile der Rechtsangleichung. Dazu treten als weitere Vorteile, dass durch die 8 £-Grenze die großen Schiffe, die Träger des Ansehens der deutschen Flotte, besonders geschützt werden, dass daneben aber auch der kleine selbständige Reederschiffer insofern einen ihm bisher im Seerecht nicht gewährten Schutz genießen soll, als er für nautisches Verschulden nur beschränkt haften soll. Endlich wirkt der Inhalt des Abkommens schifffahrtsfördernd dadurch, dass dem Reeder im Gegensatz zu dem jetzigen Rechtszustand die Wertsteigerung verbleibt, welche das Schiff nach einem Unfall durch hineingestecktes Reparaturkapital erhält.

Das *„Internationale Übereinkommen zur Feststellung einzelner Regeln über Hypotheken und Privilegien an Seeschiffen“* fand im Ausschuss allgemeine Zustimmung. Denn es verwirklicht, was den Kreis der Schiffsgläubiger und die Reihenfolge der Vorrechte angeht, zu einem wesentlichen Teil *deutsche Rechtsgedanken.* Das ist dem wirkungsvollen Eintreten der Vertreter des Reichsjustizministeriums bei den Brüsseler Beratungen zu danken. Sie haben auch dem sogenannten Korrelatsgedanken des deutschen Rechts Einführung zu verschaffen gewusst, der dem Gläubiger in allen Fällen der Beschränkung der Reederhaftung als Ausgleich ein gesetzliches privilegiertes Pfandrecht an Schiff und Fracht gewährt. Als Vorzug des Entwurfs ist ferner zu buchen, dass die Zahl der mit Vorrang vor vertragsmäßigen Schiffshypotheken aufgeführten Pfandrechte verringert worden ist, eine Regelung, die der Entfaltung eines für die Entwicklung der deutschen Schifferei wichtigen Schiffshypothekenkredits dienlich ist.

Bei der Empfehlung der Annahme dieses Entwurfs wurde im Ausschuss nicht verkannt, dass allerdings eine einzelne Bestimmung so, wie sie vorgesehen ist, mit der heutigen Gestaltung des deutschen Pfandrechts nicht vereinbar ist. Dem Pfandrecht an der Fracht wird in Art. 4 Abs. 2 des Abkommens auch ein Pfandrecht an einem bloßen Rechnungswert gleichgestellt, nämlich an der Frachtsumme, die gemäß Art. 4 des Abkommens über die Beschränkung der Reederhaftung auf jeden Fall auch bei Nichterzielung einer Fracht als haftende verdiente Fracht fingiert wird. Der Ausschuss hat der Gesetzgebung die Lösung überlassen, wie diese Bestimmung in die deutsche Rechtsordnung einzufügen ist.

Meinungsverschiedenheiten begegnete dagegen die Frage der *Annahme* des dritten Vertragsentwurfs, des *„Internationalen Übereinkommens zur einheitlichen Feststellung von Regeln über Konnossemente"*, der sogenannten *„Haager Regeln"*.

Was zunächst die Fassung der in diesem Übereinkommen enthaltenen Rechtsbestimmungen angeht, so bestand allerdings Einigkeit darüber, dass eine wörtliche Übernahme wegen der unklaren, mehrdeutigen und nach englischem Vorbild in übertrieben kasuistischer Gesetzestechnik erfolgten Fassung keinesfalls in Frage komme, dass es sich vielmehr nur um die Verarbeitung des Gedankeninhalts handeln könne. Nach der positiven Seite hin bestand auch Einigkeit darüber, dass der Entwurf einen annehmbaren billigen Ausgleich zwischen Reeder- und Verladerbelangen schaffe, wenn er bestimme, dass der Reeder für *nautische Versehen* der Schiffsbesatzung *nicht* haften solle, da es sich dabei in häufigen Fällen um in schwierigster Lage erfolgende Manöver des letzten Augenblicks handle, auf die ihm jede Einwirkungsmöglichkeit, abgesehen von der sorgfältigen Auswahl der Schiffsbesatzung, fehle, dass er dagegen für Seetüchtigkeit des Schiffes und für Verschulden in der Behandlung der Ladung (*kommerzielles Verschulden*) *ohne Freizeichnungsmöglichkeit* haften müsse.

Ein lebhafter Meinungskampf entstand dagegen darüber, ob die in den Haager Regeln vorgesehene *Regelung der Beweislast* für die deutschen Reeder tragbar sei. Auf Seiten der Reeder fand vor allem Beanstandung als den Reeder zu schwer belastend und wirtschaftlich untragbar, dass ihm bei gewissen als haftungsbefreiend bezeichneten Schadensursachen die Beweislast für den Mangel kommerziellen Verschuldens als Voraussetzung der Haftungsbefreiung treffen solle (Art. IV 2 c-g). Beanstandung fand in gleichem Sinne ferner, dass nach Art. III 6 auch bei Unterbleiben fristgemäßer Schadensanzeige die Entschuldigungspflicht der Reeder als bestehen bleibend betrachtet werden konnte, sofern der Ladungsbeteiligte nachweisen könne, dass der Schaden bereits an Bord entstanden sei. Demgegenüber wurde geltend gemacht, die beanstandete Beweisverteilung des Art. IV verliere zum großen Teil ihre Schärfe, wenn in Auslegung der Haager Regeln, wie dies bereits der skandinavische Frachtgesetzentwurf getan habe, in gewissen als haftungsfrei bezeichneten Fällen (natürlicher Schwund, verborgene Mängel) der im deutschen Binnenschifffahrts- und Eisenbahnfrachtrecht (BinnSchG § 59 Abs. 2, HGB § 459 Abs. 2) bereits vorhandene Grundsatz präsumptiver Nichthaftung des Reeders aufgestellt und damit in diesen Fällen dem Ladungsbeteiligten der Nachweis haftbar machenden kommerziellen Verschuldens auferlegt werde. Auch zu weit gehenden Folgen des Art. III 6 sei entgegengetreten, wenn in zulässiger Auslegung dieser Bestimmung als Rechtsfolge der Versäumung fristgemäßer Schadensanzeige festgestellt werde, dass der Ladungsempfänger außer der Entstehung des Schadens an Bord die Verursachung des Schadens durch Verschulden der Leute des Reeders zu beweisen habe. Im Allgemeinen aber wurde vor allem darauf hingewiesen, dass bei dem jetzigen durch die üblichen Freizeichnungsklauseln geschaffenen Rechtszustand der Verlader in weitgehendem Maße entrechtet und der dem deutschen Verkehrsrecht eigentümliche und nach Lage der Dinge gerechtfertigte

Grundsatz in das unbillige Gegenteil verkehrt sei, dass der Beförderungsunternehmer, welcher der Verlustursache am besten nachgehen könne, seine Leute zu entschuldigen habe.

Im *Endergebnis* fiel die Entscheidung dafür, die Haager Regeln nicht in wörtlicher Fassung, wohl aber in ihrem *Gedankengut zu übernehmen.* Dabei wurde dem Rechnung getragen, dass ein *billiger Ausgleich zwischen Reeder- und Verladerinteressen schaffender* und damit dem nationalsozialistischen Gedanken entsprechender Rechtszustand geschaffen werden müsse. Eine Rolle spielte bei der Entscheidung ferner, dass die deutsche Schifffahrt, soweit sie sich nicht schon aus Wettbewerbsgründen zur Übernahme der Haager Regeln gezwungen gesehen habe, von ausländischen Verladern bei Einführung der Regeln zugunsten englischer, belgischer, holländischer Schiffe und amerikanischer Reedereien zurückgesetzt werden würde, die ihre Schiffe bereits nach den für Verlader günstigeren Haager Regeln fahren ließen.

Der Ausschuss darf mit Genugtuung verzeichnen, dass die bei seinen Beratungen der Haager Regeln zum Ausdruck gelangten Gedankengänge vom Gesetzgeber in einer diese Regeln in das deutsche Gesetz einarbeitenden Novelle zum HGB vom 10. August 1937 (RGBl. I S. 891) verwertet worden sind, die am 1. Januar 1940 Gesetzeskraft erlangt hat. Der Gesetzesentwurf war vorher in Hamburg mit Vertretern der Reeder und Seeversicherer und sonstigen Seerechtskundigen durchgesprochen worden. Die Gesetzesbegründung erwähnt – damit der Arbeit der Akademie für Deutsches Recht Erwähnung tuend –, dass zu dieser Beratung auch der Vorsitzende des Ausschusses hinzugezogen wurde.

Vordringlich erschien ferner die Inangriffnahme des *Seearbeitsrechts.* Auf diesem Rechtsgebiet, auf welchem man in der Zeit der Parteiherrschaft trotz mehrerer Anläufe zu einem Ergebnis nicht hatte gelangen können, wurde vom Reichsarbeitsministerium die Auffassung vertreten, im Gegensatz zu der bisherigen stark kasuistischen Seemannsordnung, müsse die Neuordnung eine generelle, auf wenige große Grundsätze abgestellte Regelung darstellen, deren Ausfüllung, wie bei dem Gesetz zur Ordnung der nationalen Arbeit, dem Richter zu überlassen sei. Der Ausschuss stimmte grundsätzlich dieser Auffassung zu. Aus seiner Mitte wurde jedoch, insbesondere von den im seewirtschaftlichen Verkehrsleben stehenden Mitgliedern, auf folgendes hingewiesen: Die besonderen Verhältnisse an Bord, insbesondere die autoritäre Stellung des Kapitäns und die zeitweilige Loslösung vom Heimatboden mit den dort ohne weiteres zur Verfügung stehenden Rechtsbehelfen, machten es notwendig, dass der Seemann vom Kapitän bis zum Schiffsmann über den Umfang seiner Obliegenheiten und Rechte an Bord eine möglichst klare Kenntnis gewinnen könne. Konkrete Einzelvorschriften könnten darum in der künftigen Seemannsordnung nicht völlig entbehrt werden. Man gelangte danach zu dem Arbeitsprogramm: Die künftige Seemannsordnung solle sich in der Grundhaltung dem Gesetz zur Ordnung der nationalen Arbeit anpassen, besondere konkrete Regelung solle dagegen alles das erfahren, was im Interesse geordneter Durchführung des Borddienstes und Bordlebens bestimmter Regelung im Einzelnen bedürfe. Das künftige Gesetz soll danach unter Beseitigung aller entbehrlichen Kasuistik beherrscht sein von den Grundsätzen des Gesetzes zur Ordnung der nationalen Arbeit (Treue der Gefolgschaft zum Führer, Sorge des Führers für die Gefolgschaft und Ehrenschutz). Es sollen aber für den Bereich des Bordlebens im Interesse des Dienstes wie im Interesse des Wohles der Besatzung bestimmte konkrete Vorschriften erlassen werden. Vom Reichsarbeitsministerium sowohl wie von einer Gruppe von Praktikern in dieser Richtung gemachte Vorschläge hatten erfreulicherweise fast gleichen Inhalt. Im Wesentlichen wurde konkreter Regelung für bedürftig erachtet: der Heuervertrag, die Pflichten und Rechte des Kapitäns und Schiffsmannes, Ordnung der Arbeit an Bord des Schiffes, öffentliche Ordnung an Bord des Schiffes, soziale Ehrengerichtsbarkeit, Arbeitsgerichtsbarkeit und Seemannsamt. Anhand dieser Beratungsergebnisse hat das Reichsarbeitsministerium die Aufstellung eines Gesetzentwurfs zugesagt.

Bereits seit dem 1. Januar 1878 befand sich das *Seeunfalluntersuchungsgesetz* in Kraft. Zwei Entwürfe (von 1909 und 1927) zur Erneuerung dieses Gesetzes waren trotz lebhafter kritischer Mitarbeit der Schifffahrtswelt nicht zu dem seit Jahrzehnten von allen beteiligten Kreisen mit Ungeduld erwarteten Gesetz gediehen. Ihm musste daher in erster Linie die weitere Arbeit des Ausschusses gelten.

Die wesentlichste Unzulänglichkeit des bisherigen Gesetzes wurde darin erblickt, dass es eine Nachprüfung der seeamtlichen Entscheidung nur im Falle der Patententziehung gab, dass somit diejenigen Schiffsoffiziere, gegen welche zwar ein Vorwurf ausgesprochen, aber nicht für schwerwiegend genug erachtet wurde, um dem Betreffenden das Patent zu entziehen, keine Möglichkeit besaßen, eine Änderung dieser Stellungnahme des Seeamts herbeizuführen. Bei dem Ansehen, welches die seeamtlichen Entscheidungen bei den Gerichten genießen und den daraus sich ergebenden wirtschaftlichen Folgen der seeamtlichen Verschuldensfeststellung, musste das Drängen der beteiligten Stellen nach der Einführung erweiterter Berufungsmöglichkeit berechtigt erscheinen. Einem Patentinhaber sollte in jedem Falle, in welchem ihm ein schuldhaftes Verhalten in der Spruchformel des Seeamts zur Last gelegt werde, die Möglichkeit der Berufung gegen den Seeamtsspruch gegeben sein. Dem Seeamt sollte die Verpflichtung auferlegt werden, es in der Spruchformel (nicht nur in den Entscheidungsgründen) zum Ausdruck zu bringen, wenn es über sachlich kritische Belehrung hinaus den Vorwurf schuldhaften Verhaltens zu erheben habe. Von den weiteren vorgeschlagenen Neuerungen soll als besonders wesentlich und sich in den Rahmen der Neuerungen im Strafverfahren einfügend nur noch die Zulassung der *reformatio in peius* erwähnt werden, ferner die Verminderung der Zahl der Mitglieder des Oberseeamts von 7 auf 5. Die als Vorbeugungsmittel gegen ein zu starkes Anschwellen der Berufungen vorgeschlagene Vorprüfung der Berufungen aufgrund der Aktenlage wurde wegen der Gefahr formalistischer Vorentscheidungen abgelehnt.

Der Ausschuss kann auch hier mit Genugtuung verzeichnen, dass sein in einem Unterausschuss vorberatener Gesetzesentwurf in allen wesentlichen Teilen durch das Gesetz vom 28.9.1935 in das Rechtsleben überführt worden ist und bereits seine Feuerprobe in der Praxis überstanden hat. Das Oberseeamt ist, dem Wunsch des Ausschusses entsprechend, in den Mittelpunkt des seewirtschaftlichen Verkehrs, nach Hamburg, verlegt worden.

Damit hatte der Seerechtsausschuss die zunächst formungsreifen Materien verabschiedet. Er wandte sich nunmehr der Aufgabe zu, den *noch unerledigten Teil des Seerechts* im nationalsozialistischen Geiste *von innen heraus neu aufzubauen.* Folgende Rechtsgebiete harrten dabei der Bearbeitung:

Sachlicher und räumlicher Herrschaftsbereich des Seerechts,
Flaggenrecht,
Schiffsregister,
Eigentums- und Pfandrecht an Seeschiffen,
Reeder- und Seeschifffahrtsunternehmer,
Reederhaftung und Schiffsgläubigerrecht,
Partenreederei,
Schiffsbesatzung, Kapitän und Lotse,
Frachtvertrag, Chartervertrag, Schiffsmakler,
Fahrgastvertrag und Auswandererschutz,
Schleppvertrag,
Reisenotfälle: Schiffszusammenstoß, Große Haverei,

Bergung und Hilfeleistung in Seenot,

Zwischenstaatliches Seerecht.

Was zunächst den *sachlichen Herrschaftsbereich* des Seerechts betrifft, bekannte sich der Ausschuss zu folgenden Grundsätzen: Es sei aus dem bisherigen im Wesentlichen nur für Erwerbsschiffe maßgebenden *Seehandelsrecht* ein *Seeschifffahrtsrecht* allgemeinerer Bedeutung zu entwickeln, zu welchem die bisherige Rechtsgestaltung nur gewisse Anläufe zeige, die in ihrer Tragweite nicht klar erkenntlich, unübersichtlich und in Nebengesetzen versteckt seien. Es werde damit der Grundsatz der Einheitlichkeit des Rechts auch in den Beziehungen und Verhältnissen zur Geltung gebracht, in denen auch die nicht dem Erwerb dienende Seeschifffahrt mit dem wirtschaftlichen und nationalen Leben verknüpft sei. Sei danach die Geltung des Seerechts grundsätzlich auch auf nicht dem Erwerb dienende Seeschiffe, auszudehnen, soweit es nach Inhalt und Zweckgedanken Anwendung finden könne, so sei dabei doch dafür Sorge zu tragen, dass es, soweit Belange der Volksgemeinschaft in Betracht kämen, dem Richter möglich sei, diesen den ihnen schon gebührenden Vorrang vor Einzelinteressen zu sichern.

Folgende *Leitsätze* wurden aufgestellt:

1. Es empfiehlt sich nicht, den Begriff des Schiffes näher zu bestimmen. Die Entscheidung darüber, ob es sich um ein Schiff handelt und danach die Vorschriften des Seerechts Anwendung zu finden haben, ist unter Berücksichtigung der jeweiligen Verkehrsauffassung der Würdigung des Einzelfalls zu überlassen.

2. Die Vorschriften des 4. Buches des HGB gelten für Seeschiffe, die zum Erwerb durch die Seefahrt bestimmt sind oder hierzu verwendet werden. Sie galten auch für Schiffe, die nicht Erwerbsschiffe sind, mit Einschluss der Schiffe des öffentlichen Dienstes, soweit nicht Inhalt und Zweckgedanken der Vorschriften oder Belange des öffentlichen Dienstes entgegenstehen.

3. Auf Kriegsschiffe kommt das private Seerecht nicht zur Anwendung. Es gelten jedoch auch für sie, soweit nicht die Belange des öffentlichen Dienstes entgegenstehen, entsprechend die Vorschriften über

a) Haftung des Reeders für Verschulden der Schiffsbesatzung,

b) Haftung des Reeders für Schiffszusammenstoß,

c) Beschränkung der Haftung des Reeders,

d) Bergung und Hilfeleistung in Seenot.

Im Rahmen der Erörterung des *räumlichen Herrschaftsbereichs des Seerechts* wurde zunächst die Frage berührt, ob eine Vereinheitlichung des See- und Binnenschifffahrtsrechts anzustreben sei. Der Ausschuss kam zu dem Ergebnis, dass bei der nahen Verwandtschaft beider Gebiete eine Zusammenlegung im Interesse der Vereinheitlichung des Rechts zu begrüßen sei, dass eine völlige Ausgleichung jedoch wegen gewisser Besonderheiten des Binnenschifffahrtswesens nicht als zweckmäßig bezeichnet werden könnte.

Der Ausschuss gelangte zu folgenden *Leitsätzen:*

1. Das Streben nach inhaltlicher Angleichung zwischen See- und Binnenschifffahrtsrecht ist grundsätzlich berechtigt, da es der Vereinfachung und der Ausräumung zahlreicher Rechtszweifel dient.

2. Ein gewisses Sonderrecht für die Binnenschifffahrt muss im Hinblick auf die betriebstechnischen, wirtschaftlichen und sozialen Besonderheiten der Binnenschifffahrt bestehen bleiben. Hierbei hat grundsätzlich das Seerecht, weil Mutterrecht, als das stärkere Recht zu gelten; Abweichungen von ihm sind nur geboten, soweit die Besonderheiten der Binnenschifffahrt dazu zwingen.

3. Das heutige Binnenschifffahrtsrecht ist daher stark zusammenzustreichen. Es ist zu erwägen, ob, wie in Holland, das Binnenschifffahrtsrecht als kurzer Anhang zum Seerecht ausgestaltet werden soll. Zugleich ist anzustreben, es möglichst international einheitlich zu regeln.

Im Anschluss an diese Gedanken wurde ein Mitglied des Ausschusses mit der Aufgabe betraut, die künftigen Beratungen unter dem Gesichtspunkt zu verfolgen, ob die für das Seerecht in Vorschlag gebrachten Bestimmungen auch für das Binnenschifffahrtsrecht passend seien und darüber jeweils nach Erledigung größerer Teilabschnitte zu berichten.

Ausgehend davon, dass Seeschiffe nach Seerecht, Binnenschiffe nach Binnenschifffahrtsrecht zu behandeln seien, beschäftigte sich der Ausschuss weiter mit der Frage, wann ein Schiff als Seeschiff, wann als Binnenschiff anzusehen sei und welchem Recht die Seereisen eines Binnenschiffes, die Binnenreisen eines Seeschiffs und gemischte Reisen eines See- oder Binnenschiffs zu unterstellen seien. Er schlug nach Erörterung der in diesen Fragen zur Zeit bestehenden verwickelten und zweifelhaften Rechtslage vor, für die Behandlung eines Schiffes als See- oder Binnenschiff in Abschneidung früherer Streitfragen dessen Bestimmung oder regelmäßige Verwendung entscheiden zu lassen, im Übrigen aber dem Seerecht als Mutterrecht den Vorrang vor dem Binnenschifffahrtsrecht einzuräumen und es nicht nur für sämtliche Binnenreisen oder gemischte Reisen eines Seeschiffes, sondern auch für gelegentliche Seereisen oder gemischte Reisen eines Binnenschiffes maßgebend sein zu lassen, soweit nicht die Eigenschaft des Schiffes als eines Binnenschiffes dem entgegenstehe. Zur Vereinfachung der Rechtslage soll dabei ein im Seeschiffsregister eingetragenes Schiff zugunsten Gutgläubiger als Seeschiff gelten.

Nationale Belange waren in besonderem Maße in den Vordergrund zu stellen bei der Beratung des *künftigen Flaggenrechts.* Das musste zunächst dazu führen, neben das im bisherigen Flaggengesetz allein zum Ausdruck gelangte *Recht* zur Führung der nationalen Flagge auch die *Pflicht* zur Führung zu setzen und darüber den *Leitsatz* zu schaffen:

Deutsche Schiffe, für welche die Voraussetzungen des Rechts zur Flaggenführung gegeben sind, haben die Verpflichtung, die zur Ausübung des Rechts erforderlichen Schritte zu tun.

Damit wird der vor dem Umbruch leider in Ausnahmefällen benutzten Möglichkeit, ein Schiff zur Vermeidung steuerlicher oder sozialer Lasten etwa unter die Flagge von Panama zu stellen, ein für allemal ein Riegel vorgeschoben.

Entsprechend der Erweiterung des bisherigen Seehandelsrechts zu einem allgemeinen Seeschifffahrtsrecht wird ferner das Recht und die Verpflichtung zur Führung der nationalen Flagge auszudehnen sein auch auf alle Nichterwerbsschiffe mit Ausnahme derjenigen, die zur Führung der Reichskriegs- oder Reichsdienstflagge befugt sind.

Der Ausschuss hatte sich ferner darüber schlüssig zu werden, was als materielle Voraussetzung für den Erwerb des Flaggenrechts zu fordern sei, wann also, da für die Führung der deutschen Flagge nur ein deutsches Schiff in Betracht kommen kann, ein Schiff als deutsch zu betrachten sei. Von den in Betracht kommenden Voraussetzungen wurde auf die Forderung nationaler Erbauung und nationaler Besatzung nicht zurückgegriffen. Maßgebend hierfür war, dass das erstgenannte Erfordernis geeignet sei, das Ausland zu Gegenmaßregeln zu veranlassen und damit den Verkauf deutscher Schiffe ins Ausland, vor allem aber auch Bauaufträge an deutsche Werften aus dem Ausland zu vereiteln. Das Erfordernis nationaler Besatzung kann unschwer mittelbar durch verwaltungsrechtliche Vorschriften, wie die Schiffsbesetzungsordnung von 1931, in ausreichendem Maße sichergestellt werden. Als Voraussetzung des materiellen Flaggenrechts dagegen kann diese Forderung in Notfällen Schwierigkeiten bereiten.

Diese Erwägungen veranlassten den Ausschuss, von diesen beiden Erfordernissen abzusehen. Größere Schwierigkeiten bereitete die Erwägung, wie das notwendige Erfordernis deutschen Eigentums an dem Schiffe bei Personenvereinigungen zu gestalten sei.

Der Ausschuss vertrat zunächst folgenden Standpunkt (zu dem zu bemerken ist, dass die Gesetze über das Staatsbürgerrecht zur Zeit der Beratung noch nicht ergangen waren): Steht das Schiff im Eigentum einer oder mehrerer Einzelpersonen, so ist, wie bisher, die deutsche Nationalität sämtlicher Eigentümer zu fordern. Steht das Schiff im Eigentum einer Personenvereinigung ohne Rechtspersönlichkeit (z.B. einer OHG), so ist Inländereigenschaft sämtlicher Gesellschafter zu fordern. Was den wichtigsten Fall, die Schiffe in der Hand von Personenvereinigungen mit Rechtspersönlichkeit angeht (85 % aller Reedereibetriebe), so ist, wesentlich aus dem Gesichtspunkt heraus, dass einerseits die Veräußerungsmöglichkeit der Gesellschaftsanteile bei Schifffahrtsgesellschaften durch die Forderung ausschließlichen inländischen Eigentums beeinträchtigt werden könne, dass andererseits einer Überfremdung wichtigen nationalen Belangen dienender Gesellschaften vorgebeugt werden müsse, in Verschärfung der bisherigen Vorschriften, die lediglich Sitz der Gesellschaft und etwaiger persönlich haftender Gesellschafter (KGaA) im Inland verlangen, die Forderung aufzustellen, dass nicht nur satzungsmäßiger Sitz und Verwaltungssitz der Gesellschaft sich in Deutschland befinden müsse, sondern dass auch die Verwaltungs- und Aufsichtsorgane sowie eine qualifizierte Mehrheit der Anteilsinhaber deutsche Staatsangehörige sein müssten. Ebenso wird bei Partenreedereien und Gesellschaften mit beschränkter Haftung einer Überfremdung durch die Forderung deutscher Nationalität der geschäftsführenden Persönlichkeit und sonstige Maßnahmen vorgebeugt werden müssen.

Entsprechend dem italienischen Recht soll eine Generalklausel das zuständige Reichsministerium ermächtigen, das Flaggenrecht auch dann zu verleihen, wenn nicht alle sonst geforderten Voraussetzungen erfüllt sein, um so in besonderen Ausnahmefällen besonderen Belangen der Allgemeinheit Rechnung zu tragen.

An Einzelfragen wurden ferner erörtert: Mehrfache Staatsangehörigkeit des Reeders, Ruhen des Flaggenrechts bei vorübergehender Einstellung eines Handelsschiffs in den Dienst der Reichsmarine oder in den sonstigen öffentlichen Dienst. Verlust des Flaggenrechts. Ein Recht des Mitreeders oder Miteigentümers, einen in ausländische Hände gekommenen Schiffsanteil auf seine Kosten zum Schätzungswert zu übernehmen, anstatt das Schiff gemäß § 3 FlG zur Versteigerung zu bringen, fand keine Annahme.

Das *formelle Flaggenrecht,* die Befugnis zur Ausübung des nach dem materiellen Flaggenrecht bestehenden Rechts zur Führung der deutschen Flagge, ist geknüpft an die Eintragung in das öffentliche Seeschifffahrtsregister und die Erteilung eines amtlichen Schiffszertifikats (das in Zukunft mit dem deutschen Ausdruck „Schiffsbrief" zu bezeichnen vorgeschlagen wurde).

Das herrschende Flaggenrecht geht davon aus, dass ein Schiff einzutragen sei in das Register des Hafens, von dem aus die Seefahrt mit dem Schiff betrieben werden soll, des *Heimathafens,* der auch sonst rechtlich bedeutsam ist (Gerichtsstand des Reeders; HGB §§ 488, 508; Umfang der Kapitänsvollmacht: HGB §§ 526, 724 Nr. 6; FlG § 6 Abs. 1). Es sieht aber (FlG § 6 Abs. 2) Fälle vor, in denen *Registerhafen* und *Heimathafen* verschieden sein können. Somit gilt zur Zeit der Grundsatz der Registerwahrheit und der Sollidentität zwischen Registerhafen und Heimathafen. Nach dem Flaggengesetz von 1867 hatte der Reeder die Wahl des Registerhafens frei (Grundsatz der Registerfreiheit); dieser galt jedoch dann als Heimathafen (Grundsatz der Mussidentität). Die jetzige Regelung hat zu Zweifeln darüber geführt, ob unter dem Heimathafen der Hafen der gewerblichen Niederlassung des Reeders (so die herrschende Auffassung) zu verstehen sei oder der Hafen, welcher den regelmäßigen Ausgangspunkt der Schiffsreisen bilde. In beiden Fällen entstehen Schwierigkeiten, sei es, dass ein regelmäßiger Fahrtausgangspunkt, wie bei der wilden Fahrt, nicht vorhanden ist, sei es, dass sich die gewerbliche Niederlassung des Reeders im Binnenland befindet. Diese fallen bei Rückkehr zu der Regelung von 1867 fort. Aus der Praxis wurde außerdem die Mitteilung gemacht, dass häufig Fragen des Schiffskredits die Eintragung des Schiffes in einem wirtschaftlichen Zentrum, z.B. in Hamburg, wünschenswert erscheinen ließen.

Dem Ausschuss erschien es zweckmäßig, zu dem Grundsatz der Registerfreiheit und der Mussidentität und damit zu der Wiederherstellung der klaren und einfachen Rechtslage von 1867 zurückzukehren, und für das neu zu schaffende Recht den Grundsatz aufzustellen: Dem Reeder steht die Wahl des inländischen Registers frei:

Der Registerhafen gilt als Heimathafen, sofern nicht der Reeder glaubhaft macht, dass sein Geschäftssitz sich in einem anderen deutschen Hafen befindet und diesen als Heimathafen eintragen lässt.

Einen Rückschritt gegenüber dem früheren Rechtszustand bedeutete die Regelung des *Schiffspfandrechts* im BGB. Bereits das bremische Gesetz von 1881 über die Verpfändung von Schiffen legte dem Schiffsregister zugunsten Gutgläubiger öffentlichen Glauben bei. Das hamburgische Gesetz von 1885 sah ferner schon eine Eigentümerschiffshypothek und die Übertragung der Schiffspfandrechte durch Umschreibung im Schiffsregister vor. Diese dem Schiffsrealkredit dienliche, auf alten deutschen Rechtsgedanken fußende Regelung fiel unter dem BGB. Dieses schreibt zwar vor, dass ein Vertragspfand am eingetragenen Schiffe nur begründet werden könne durch Einräumung und Eintragung ins Schiffsregister (BGB § 1259 f.). Es bestimmt ferner, dass ein mit Unrecht gelöschtes Pfandrecht zugunsten eines späteren gutgläubigen Schiffserwerbers untergehen könne (BGB § 1262). Im Übrigen aber verließ es den Boden liegenschaftlicher Rechtsregelung. Die Schiffsübereignung (HGB § 474) vollzieht sich fahrnisrechtlich durch bloße Einigung und selbst ohne Besitzübertragung; das Gleiche gilt von der Übertragung der Schiffshypothek, der Verpfändung der Hypothekenforderung und dem Verzicht auf die Schiffshypothek (BGB §§ 1266 Satz 1, 1250, 1274 Abs. 1, 1280, 1266 Abs. 1, 1255). Es fehlt auch an einer allgemeinen, an die Eintragung im Schiffsregister sich anknüpfenden gesetzlichen Richtigkeitsvermutung und an einem positiven öffentlichen Glauben des Schiffsregisters. Lediglich für das Vorhandensein des eingetragenen deutschen Flaggenrechts und für das Eigentum des Eingetragenen hat sich unter dem Zwang des Verkehrsbedürfnisses eine Rechtsvermutung durchgesetzt.

Der Ausschuss stimmte dem Vorschlag zu, die früheren Ansätze zu einer *grundbuchartigen Ausbildung des Seeschiffsregisters weiter auszugestalten.* Ausschlaggebende Rücksicht fand dabei der Gedanke, dass eine Förderung des Realkredits für Schiffe wünschenswert und notwendig sei, notwendig nicht nur, wie von dem Leiter der deutschen Seeschifffahrt, Staatsrat Eßberger, ausgeführt wurde, für die Tank-Trump-Schifffahrt notwendig, vielmehr auch im Sinne einer gesunden Mittelstandspolitik, um strebsamen jungen Kapitänen die Möglichkeit einer Selbständigmachung auf kleinerem Schiffe als Reeder-Schiffer zu eröffnen. Diese grundbuchmäßige Ausgestaltung haben folgende *Leitsätze*, Ergebnisse umfangreicher, unter Heranziehung besonders Fachkundiger gepflogener Erörterungen zum Ziel, welche außer allgemeineren Gesichtspunkten betreffen die Eigentumsübertragung, die Bestellung und Übertragung der Schiffshypothek, die zugunsten der Eintragungen im Schiffsregister erfolgende Einführung einer Rechtsvermutung und des öffentlichen Glaubens, die Löschung von Amts wegen, Vormerkung und Widerspruch.

1. Die Verlautbarung der Voraussetzungen des deutschen Flaggenrechts und die Verlautbarung der privatrechtlichen Verhältnisse des Seeschiffs erfolgen zweckmäßig, wie bisher, in dem gleichen Register.

2. Die privatrechtliche Bedeutung des Seeschiffsregisters ist jedoch besser auszugestalten, und zwar in Annäherung an das Vorbild des Grundbuchs (BGB §§ 873, 891, 892).

3. Diese Ausgestaltung soll lediglich im Sinne des Hypothekenbuchsystems erfolgen. Die grundbuchmäßige Eigentumsübertragung unbelasteter Schiffe ist wegen der Erschwerung des Verkaufs ins Ausland abzulehnen. Sie soll auch fernerhin durch bloße Einigung möglich sein.

Ist das Schiff mit Hypotheken belastet, so erfordert die rechtsgeschäftliche Übereignung außer der Einigung (§ 929 BGB) und Besitzübernahme oder der Einigung gemäß § 474 HGB die Streichung des bisherigen Eigentümers im Schiffsregister oder die Löschung des Schiffs. Die Streichung oder Löschung darf erst erfolgen, nachdem der bisherige Eigentümer nachgewiesen hat, dass die Hypothekengläubiger der Veräußerung zustimmen oder dass sie befriedigt worden sind. Verweigert ein Hypothekengläubiger die Zustimmung, so kann der Veräußerer ihn auch dann durch Befriedigung abfinden, wenn gemäß der Eintragung im Register die Hypothek für eine feste Frist oder auf Kündigung gegeben und danach zur Auszahlung noch nicht fällig ist. Zu der Befriedigung des Gläubigers gehört in diesem Falle außer der Zahlung von Kapital und Zinsen auch eine angemessene Vergütung für die vorzeitige Ablösung der Hypothek. Können die Parteien sich über die Höhe der angemessenen Vergütung nicht einigen, ist zu erwägen, in welcher Weise der fragliche Betrag berechnet und sichergestellt werden soll.

Abzulehnen ist auch mangels eines Bedürfnisses die Einführung der Schriftform für Schiffsverkäufe nicht ins Handelsregister Eingetragener. *Abzulehnen* ist endlich, weil die Voraussetzungen lang dauernder Gebundenheit durch Blut und Boden fehlen, *die Schaffung* eines *„Erbschiffes"*, *„Erbkahnes"* oder *„Erwerbs"*.

4. Jedenfalls hat, wie die *Bestellung,* so auch die *Übertragung* und *Verpfändung der Schiffshypothek,* zu geschehen durch *Einräumung und Eintragung.* Zu erwägen ist, ob auch die Beendigung der Hypothek erfolgen soll durch Löschung in Verbindung mit einem materiellen Beendigungsgrund (Erlöschen der Forderung, Verzicht auf die Hypothek usw.).

5. An die Eintragung ist anzuknüpfen eine Rechtsvermutung:

a) Ist ein Schiff im Seeschiffsregister eingetragen, so wird *vermutet,* dass die tatsächlichen Voraussetzungen des deutschen Flaggenrechts bestehen und das Schiff berechtigt ist, die deutsche Flagge zu führen.

b) Ist im Schiffsregister jemand als Eigentümer oder als Schiffshypothekengläubiger eingetragen, so wird *vermutet,* dass ihm dieses Recht zusteht.

c) Ist ein eingetragenes Privatrecht im Schiffsregister gelöscht, so wird vermutet, dass dieses Recht nicht besteht.

Ist ein eingetragenes Schiff im Seeschiffsregister gelöscht, so besteht keine Vermutung, dass die eingetragenen Schiffshypotheken nicht mehr bestehen.

6. Die Rechtsvermutung ist zu ergänzen durch den *Grundsatz des öffentlichen Glaubens:*

Zugunsten Dritter gelten die im Seeschiffsregister eingetragenen flaggenrechtlichen oder sonstigen rechtserheblichen Tatsachen und privaten Rechte als richtig, es sei denn, dass ein Widerspruch gegen die Richtigkeit eingetragen oder die Unrichtigkeit dem Dritten bekannt ist. Grob fahrlässige Unkenntnis steht der Kenntnis gleich.

7. Für die Kenntnis oder das Kennenmüssen ist im Falle eines rechtsgeschäftlichen Erwerbs entscheidend der Zeitpunkt der Einigung der Parteien, im Übrigen der Zeitpunkt, in welchem der Dritte eine rechtserhebliche Handlung oder Unterlassung vornimmt, die er bei Kenntnis und verständiger Würdigung der Unrichtigkeit des Registers nicht vorgenommen haben würde (oder: entsprechend der vom Vertreter des Reichsjustizministeriums vertretenen Ansicht: im Übrigen der Zeitpunkt, in welchem der Anspruch erworben wird).

8. BGB § 1263 ist dahin zu ändern: Steht der Inhalt des Schiffsregisters in Ansehung eines *„Rechts"* usw. (statt „Pfandrechts").

9. *Eine von vornherein unrichtige Eintragung* eines Schiffs im Seeschiffsregister kann von *Amts wegen gelöscht* werden. Die vorherige Benachrichtigung der Beteiligten ist ähnlich wie in § 141 FGG zu regeln.

10. Soweit eine unrichtige Eintragung der Gefahr des öffentlichen Glaubens ausgesetzt ist, kann der davon Betroffene zur vorläufigen Abwehr einen *Widerspruch* ins Schiffsregister eintra-

gen lassen. Die Eintragung erfolgt aufgrund einstweiliger Verfügung oder aufgrund einer Bewilligung der Betroffenen.

Erheben sich aufgrund aktenkundiger Beweismittel erhebliche Bedenken gegen die Richtigkeit einer flaggenrechtlichen Eintragung, so soll die Registerbehörde einen amtlichen Hinweis eintragen. Dieser Hinweis ist stets einzutragen, sobald ein amtliches Löschungsverfahren eingeleitet ist.

11. Zur Sicherung des Anspruchs auf Änderung der Eigentums- oder Pfandrechtslage eines Seeschiffes kann eine *Vormerkung* im Seeschiffsregister eingetragen werden. Die §§ 883 ff. BGB finden entsprechende Anwendung.

In enger sachlicher Verbindung mit diesen Beratungen standen die weiteren ebenfalls unter Zuziehung hervorragender Fachleute aus dem Gebiet des Schiffshypothekenwesens gepflogenen Verhandlungen über die Neugestaltung des *Schiffshypothekenrechts* im Einzelnen. Auch sie standen unter dem leitenden Gedanken, dass der Schiffsrealkredit im Interesse der Allgemeinwohlfahrt möglichst zu fördern sei. Auf den Inhalt dieser Erörterungen in Einzelheiten einzugehen, würde die Grenzen dieses Berichts überschreiten. Er muss sich begnügen, auch hier nur die grundlegenden Gedanken und Ergebnisse festzuhalten.

1. In der Frage, ob der öffentliche Glaube des Schiffsregisters nach dem Vorbild der *Verkehrshypothek* (BGB § 1138) oder nur nach dem der *Sicherungshypothek* (§§ 1184 ff. BGB) zu gestalten sei, standen sich die zwei Auffassungen gegenüber. Die eine trat für die Ausgestaltung der Schiffshypothek als Verkehrshypothek ein (mit Ausnahme der Höchstbetragshypothek und der Hypothek aus Inhaber- oder anderen Schuldverschreibungen, deren Wesen dies widersprechen würde). Sie begründete dies damit, dass so dem Schutz des gutgläubigen dritten Erwerbers und damit einer im Interesse der Entwicklung des Schiffskredits stehenden beschränkten Umlauffähigkeit der Schiffshypothek gedient werde. Die andere Auffassung bezweifelte, dass eine Umlauffähigkeit in einem irgendwie beachtlichen Maße eintreten werde oder – wegen der durch ein Schiff gebotenen geringeren Sicherung – auch nur im Interesse der Allgemeinheit erwünscht erscheinen könnte. Beide Auffassungen sind dem Gesetzgeber zur Prüfung vorgelegt worden.

2. Weiter wurde die Frage erörtert, ob die *verdeckte Eigentümergrundschuld* im Sinne der §§ 1163 Abs. 1, 1168 Abs. 1, 1177 Abs. 1 BGB eingeführt werden solle. Sie wurde abgelehnt, da wegen des schnell schwindenden Schiffswerts andere Verhältnisse, wie bei einem Grundstück, beständen, die ein Nachrücken der nachfolgenden Hypothekengläubiger im Interesse der Entwicklung des Schiffskredits als wünschenswert erscheinen ließen. Der festgestellte *Leitsatz* lautet: Die Einführung des Grundsatzes der Unveränderlichkeit der dinglichen Last (BGB §§ 1163, 1168, 1167) empfiehlt sich für das Schiffspfandrecht nicht. Es wird sich vielmehr empfehlen, daran festzuhalten, dass das Pfandrecht mit der Forderung, für die es besteht, erlischt, so dass die nachfolgenden Hypothekengläubiger aufrücken. Jedoch soll ein Verzicht auf das Aufrückungsrecht im Sinne eines bedingten Rangverzichts eintragbar sein.

3. In der Frage, ob nur Reichsmarkhypotheken für Reichsmarkforderungen zugelassen werden sollten oder auch Reichsmarkhypothekenforderungen in fremder Währung oder endlich auch *Hypotheken in fremder Währung für Forderungen in fremder Währung,* kam es zu keiner endgültigen Entscheidung.

Nach dieser Erledigung der grundlegenden Fragen wurden folgende Einzelfragen erörtert, die sich zunächst mit Fragen des *Umfangs der Haftung und den haftenden Gegenständen* beschäftigten.

4. In §§ 1260 Abs. 2, 1264 BGB (Bestellung und Eintragung eines Schiffspfandrechts) ist vorzusehen, dass die Haftung des Schiffs auch für *Nebenleistungen* in Höhe eines anzugebenden Betrages begründet werden kann (vgl. § 1115 BGB).

5. Die Vorschriften über die *Haftung der Zubehörstücke* (§ 1256 BGB) sind auf die *Haftung von Bestandteilen* zu erstrecken.

6. Eine Erstreckung des Pfandrechts auf *Miete-, Pacht- oder Frachtansprüche* erscheint nicht empfehlenswert.

7. Die Übernahme der in § 11 des Schiffsbankgesetzes ausgesprochenen *Erstreckung des Pfandrechts auf Versicherungsforderungen* wurde anempfohlen, jedoch mit der Maßgabe, dass der Hypothekengläubiger der vom Reeder verlangten *unmittelbaren Zahlung der Versicherungssumme an den* beschädigten *Dritten,* der gegen den Reeder einen Anspruch habe (Kollisionsgläubiger, Havariegrosse-Berechtigter) oder an einen anderen Drittberechtigten (Werft) zu zahlen, nicht widersprechen könne.

Abgelehnt wurde eine den §§ 100 Abs. 3, 101 BGB entsprechende Bestimmung zugunsten der Gläubiger zu treffen.

8. Aus dem Rechtsgebiete der *Gesamthypothek* wurden folgende Fragen behandelt:

a) Verneint wurde ein Bedürfnis, gemäß der Vorschrift des § 1132 Abs. 2 BGB den Gläubiger zu berechtigen, den Betrag der gesamten Forderung auf die einzelnen Grundstücke zugunsten des Schiffspfandgläubigers in der Weise zu verteilen, dass jedes Grundstück für den zugeteilten Betrag hafte.

b) Wenn nicht etwas anderes von den Parteien vereinbart worden ist, soll im Falle der Veräußerung eines mit einer Gesamthypothek belasteten Schiffes der Veräußerer berechtigt sein, den der Veräußerung widersprechenden Hypothekengläubiger dadurch abzufinden (s.o. beim Schiffsregister unter 3.), dass nicht der ganze Betrag der Gesamthypothek, sondern nur ein dem Verhältnisse des Wertes des veräußerten Schiffs zum Gesamtwert aller Schiffe entsprechender Teil abgelöst wird.

9. *Die Übertragung eines Schiffspfandrechts,* die zur Zeit nach den Grundsätzen des Fahrnisrechts erfolgt, während für die Entstehung die Notwendigkeit der Eintragung besteht, soll in Zukunft ebenfalls an die Eintragung in das Schiffsregister geknüpft werden (vgl. bereits oben unter 4.).

10. Die Vereinbarung einer *Pfandverfallsklausel* soll vor Eintritt der Fälligkeit der Forderung in Anlehnung an § 1149 BGB ausgeschlossen sein.

11. Bei *Gefährdung der Schiffshypothek* durch Verschlechterung des Schiffs sind die Grundsätze der §§ 1133, 1134 BGB entsprechend zur Anwendung zu bringen.

12. Endlich schloss sich der Ausschuss *de lege ferenda* der vom Reichsgericht in neuerlicher Rechtsprechung (RGZ Bd. 134 S. 116) bejahten Auffassung an, dass das *Werkmeisterpfandrecht* des § 647 BGB mit einer Rückgabe des Schiffs an den Eigner untergehe. Da jedoch dieser Standpunkt bei uneingeschränkter Durchführung Unbilligkeit auslösen kann (z.B. wenn der Werkmeister das Schiff ohne Zahlung nicht herausgeben will, der Besteller aber nicht sofort in der Lage ist, zu bezahlen), erschien der Vorschlag zweckmäßig, das Pfandrecht untergehen zu lassen, falls es nicht vor der Herausgabe oder binnen einer festzusetzenden nicht allzu langen Frist (etwa von 3 Monaten) in das Schiffsregister eingetragen werde.

Die schwebenden Fragen auf dem Gebiet der Neuordnung des Schiffsregisters und der Schiffshypothek haben dem Reichsjustizministerium Veranlassung gegeben, in eine Bearbeitung dieser Punkte einzutreten.

In den weiteren Sitzungen des Seerechtsausschusses wurde eines der schwierigsten Probleme des Seerechts angeschnitten.

Das geltende Seerecht (wie übrigens auch das Binnenschifffahrtsrecht) stellt für die *Eigenschaft des Reeders,* der für den vertraglichen oder außervertraglichen durch schuldhafte dienstliche Handlungen der Besatzung entstandenen Schaden aufzukommen hat, ab auf das Eigentum am

Schiff. Ein Nichteigentümer wird dem Reeder gleichgestellt und von dieser Haftung betroffen nur dann, wenn er „Ausrüster" ist, d.h., wenn er das einem anderen gehörige Schiff für seine Rechnung verwendet und es entweder selbst führt oder die Führung einem anderen Schiffer *anvertraut* (HGB § 510).

Es wurde geltend gemacht, dass die Bestimmung des § 510 HGB zu vielen Schwierigkeiten geführt habe. Zunächst sei es nur dem in das Innenverhältnis eines Chartervertrags Eingeweihten erkennbar, wer das Schiff dem Kapitän anvertraut hätte. Die Folge sei die Möglichkeit einer Klage gegen den Unrichtigen. Die Charterverträge selbst ließen außerdem in vielen Fällen nicht erkennen, ob ein Rechtsverhältnis vereinbart sei, aufgrund dessen man das Schiff als dem Kapitän vom Charterer anvertraut bezeichnen könne. Besondere Unklarheit pflege in dieser Beziehung bei der häufigen sog. Zeitcharter, einem Mietvertrag in Verbindung mit einem Dienstverschaffungsvertrag, vorzuliegen. Das sei ein weiterer Grund für eine bestehende und im Schrifttum häufig beklagte Rechtsunsicherheit. Es wurde daher der Vorschlag gemacht, eine klare und einwandfreie Haftungsgrundlage dadurch zu schaffen, dass die vertragliche und außervertragliche Haftung nicht auf das Eigentum am Schiff oder die Dritten nicht sicher erkennbare Ausrüstereigenschaft abgestellt werde, sondern dass die Haftung, entsprechend dem Landfrachtrecht und Luftrecht, *dem Unternehmer des Schifffahrtsbetriebes aufzubürden* sei, gleichgültig, ob er Eigentümer oder nur Charterer des Schiffes sei. Neben dem Charterer-Unternehmer müsse gegenüber dem auf die Eigentümereigenschaft des Charterers vertrauenden Dritten der Eigentümer bei Ansprüchen aus Geschäften, die der Kapitän kraft gesetzlicher Vollmacht oder eine Reedereiagentur geschlossen habe, sowie bei Ansprüchen aus unerlaubter Handlung der Schiffsbesatzung als *Gesamtschuldner* treten. Diese Auffassung begegnete lebhaftem Widerspruch aus Reederkreisen. Es wurde allerdings als billig anerkannt, dass der Mieter eines Schiffes, der dieses mit einem von ihm angestellten Führer besetze (sog. Bareboatcharter), wie der Eigentümer für vertragliche und außervertragliche Schäden einzustehen habe. Bei einer Zeitcharter wurde es allenfalls als noch tragbar erklärt, dass die Haftung aus vertraglichen Ansprüchen auf den Unternehmer abgestellt werde. Als untragbar wurde jedoch erklärt, dass der Charterer auch für außervertragliche durch die Schiffsbesatzung verursachte Schäden aufkommen solle und nicht allein der Eigentümer. Unter diesen Umständen wurde die endgültige Stellungnahme in dieser Frage zurückgestellt.

Bei der Erörterung der *Partenreederei* handelte es sich zunächst um die Frage, ob diese Rechtsform mit einem auf nur etwa 6 v.H. geschätzten Anteil an der deutschen Gesamttonnage überhaupt aufrecht zu erhalten sei. Eine Umfrage bei den Industrie- und Handelskammern des einschlägigen Wirtschaftsgebiets ergab jedoch den Wunsch danach, der auch im Ausschuss aus dem Kreise der Praxis unterstützt wurde. Der Ausschuss schloss sich diesem Wunsche an in der Erwägung, dass vor allem in dem kapitalschwachen Kreise der Hochseefischerei und der Schifffahrt mit kleineren Fahrzeugen ein Bedürfnis nach Aufrechterhaltung der Partenreederei bestehe, die eine Stützung auch aus dem Gesichtspunkt verdiene, dass sie manchem Kapitän die Möglichkeit biete, sich mit verhältnismäßig geringen Mitteln selbständig zu machen. Damit trat die weitere Frage in den Vordergrund, wie die – bisher lebhaft umstrittene – Rechtsform der Partenreederei zu gestalten sei. Einem Vorschlag, die Partenreederei als Kommanditgesellschaft mit dem Korrespondentreeder als persönlich haftenden Gesellschafter auszugestalten, versagte sich der Ausschuss, da dafür in Anbetracht der nicht sehr erheblichen wirtschaftlichen Bedeutung der Partenreederei kein wirtschaftliches Bedürfnis bestehe und außerdem der Korrespondentreeder damit in einer Weise belastet werde, die seiner oft nur geringen Beteiligung nicht entspreche. Man kam zu dem Ergebnis, dass allen berechtigten Ansprüchen durch die Form einer Bruchteilsgemeinschaft ohne eigene Rechtspersönlichkeit, aber mit der Fähigkeit, selbständige Trägerin von Rechten und Pflichten zu sein, und der Eigenschaft aktiver und passiver Parteifähigkeit sowie der Konkursfähigkeit gedient werde.

Die weitere Erörterung betraf die Gestaltung des Innenverhältnisses der Partenreeder und der Stellung des Korrespondentreeders in einer Art, die den in der Praxis entstandenen Bedenken Rechnung trug, sowie die „Stille Reederei". Das Gesamtergebnis ist aus den angenommenen folgenden *Leitsätzen* zu entnehmen:

1. Die Rechtseinrichtung der Partenreederei ist aufrecht zu erhalten. Sie ist zu erstrecken auf ein mehreren Personen zu bestimmten Bruchteilen zustehendes und von ihnen in eigenem Nutzen zur Seefahrt bestimmtes oder regelmäßig verwendetes Schiff bestimmter Mindestgröße. Auf Nichterwerbsseeschiffe finden die Grundsätze der Partenreederei nur Anwendung, soweit ihr Sinn und Zweck dies im Einzelfall zulassen.

2. Es erscheint nicht zweckmäßig, der Partenreederei selbständige Rechtspersönlichekeit zu geben.

3. Dagegen ist die Partenreederei mit der Eigenschaft, selbständige Trägerin von Rechten und Pflichten sein zu können, sowie mit der Eigenschaft aktiver und passiver Parteifähigkeit und eigener Konkursfähigkeit auszustatten.

4. Die anteilmäßige persönliche Haftung mit unbeschränkter Nachschusspflicht der Partenreeder ist beizubehalten. Neben sie tritt eine zusätzliche Haftung der bei Klageerhebung beteiligten Mitreeder mit dem Reedereivermögen.

5. Der Korrespondentreeder vertritt die Reederei gerichtlich und außergerichtlich in allen Geschäften des Reedereibetriebes. Seine Bestellung ist daher Pflicht. Zur Verpfändung oder Veräußerung des Schiffes bedarf er besonderer Vollmacht.

6. Das Rechtsverhältnis zwischen den Mitreedern und zwischen Korrespondentreeder und Mitreedern im Innenverhältnis regelt der Reedereivertrag. Für ihn ist Schriftform erforderlich. Eine Abänderung des Reedereivertrags ist mit ¾ Partenmehrheit zulässig, jedoch bedarf es zur Änderung des Zweckes des Unternehmens der Einstimmigkeit.

7. Für wirksameren Schutz der Partenminderheit ist Sorge zu tragen:

a) durch Schaffung einer Verpflichtung des Korrespondentreeders, den Mitreedern Mitteilung zu machen, wenn der Verlust des Betriebes die Hälfte des Reedereikapitals übersteigt,

b) durch Einräumung eines Rechts des Mitreeders, dessen Verlust einschließlich früherer Nachschüsse die Hälfte seiner Part übersteigt, den Reedereivertrag binnen bestimmter Frist zu kündigen.

Abandon und Satzungsrecht fallen damit fort.

8. Jeder Mitreeder hat im Falle der Kündigung des Reedereivertrages das Recht, die gekündigte Schiffspart zum Taxwert des Kündigungstages zu übernehmen.

9. Der Korrespondentreeder hat jährlich eine Reedereiversammlung zu berufen.

Eine solche ist ferner auf Antrag des Mitreeders zu berufen, wenn Mitteilung von einem zur Kündigung berechtigenden Verlust gemacht ist. Sie ist weiter zu berufen, wenn eine bestimmte Minderheit dies unter Angabe der Gründe und der in Aussicht genommenen Anträge verlangt.

10. Außer im Falle des § 499 HGB hat Rechnungslegung und Gewinnverteilung in bestimmten regelmäßigen Zeitabschnitten zu erfolgen, wenn der Reedereivertrag nichts anderes vorsieht.

Betriebsführung (Kapitalrücklagen), Bilanzierungs- und Buchführungspflicht sind neuzeitlichen kaufmännischen Grundsätzen entsprechend zu gestalten. Die Auskunftspflicht des § 498 HGB hat daneben unabdingbar bestehen zu bleiben.

11. Bei Veräußerung einer Part steht den Mitreedern einzeln oder gemeinschaftlich ein Vorkaufsrecht zu.

12. Die Vorschrift des § 506 Abs. 2 HGB ist zu streichen.

13. Die Vorschriften über die Baureederei sind entsprechend auszugestalten.

14. Die sogenannte „stille Reederei" bedarf keiner besonderen gesetzlichen Regelung.

Auch dieses Rechtsgebiet hat das Reichsjustizministerium bereits in den Kreis seiner gesetzgeberischen Vorarbeit einbezogen.

Zeitlich anschließend beschäftigt sich der Ausschuss mit der *„Schiffsbesatzung"*.

Ausgehend davon, dass in geltenden deutschen Gesetzen abweichende Begriffsbestimmungen der Schiffsbesatzung enthalten sind, musste es sich zunächst darum handeln, in dieser Hinsicht Vereinfachung und Einheitlichkeit anzustreben. Als der tragende Gedanke für diese Begriffsbestimmung wurde die Zugehörigkeit zur Bordgemeinschaft der im Schiffsdienst Beschäftigten anerkannt und die Anwendbarkeit dieses Begriffes auf die wesentlichen einschlägigen Vorschriften festgelegt.

Die folgenden *Leitsätze* geben das Ergebnis der Beratung wieder, bei der im Einzelnen auch eine Rolle spielte, ob in Zweifelsfällen schon die Beschäftigung im Schiffsdienst und Zugehörigkeit zur Bordgemeinschaft genügen oder erfolgte oder in Aussicht stehende Anmusterung oder Anheuerung maßgebend sein sollten, eine Frage, die im ersten Sinne entschieden wurde.

1. Die Begriffe der „Schiffsbesatzung" und der „Schiffsmannschaft" sind entsprechend der Rechtsauffassung des nationalsozialistischen Staates zu bestimmen. Sie sind zu entnehmen aus dem Rechtsgedanken der Bordgemeinschaft zwischen Führer des Schiffs als Bordbetriebsführer und Inhaber der Schiffsgewalt und seiner Gefolgschaft (Schiffsverband): Entsprechend der Gemeingültigkeit dieses Gedankens sind sie für alle einschlägigen Rechtsgebiete (Seerecht, Binnenschifffahrtsrecht und Flößereirecht einschließlich ihrer arbeitsrechtlichen und versicherungsrechtlichen Teilgebiete) nach Möglichkeit – unbeschadet notwendiger Anpassung im Einzelfall – einheitlich festzulegen.

2. Die Schiffsbesatzung umfasst danach den Schiffsführer (Kapitän, Schiffer) und die aus den Schiffsoffizieren und der Schiffsmannschaft bestehende Schiffsgefolgschaft.

3. Schiffsoffiziere sind die vom Gesetze als solche bezeichneten, für besondere Schiffsdienstverrichtungen angestellten Angehörigen des Schiffsverbandes.

4. Zur Schiffsmannschaft gehören alle übrigen im Schiffsdienst beschäftigten Angehörigen des Bordverbandes mit Ausnahme des Lotsen (also auch Angestellte selbständiger Funkunternehmer, die Borddienst tun, nicht z.B. aber die Besatzungen angenommener Schlepper und nicht in den Schiffsverband tretende Schiffsbefestiger, Leinenverfahrer, Stauerei- und Dockarbeiter und Ewerführer).

5. Eine Begrenzung der Schiffsbesatzung des zu 2-4 festgelegten Umfangs ist im Besonderen zugrunde zu legen in den Vorschriften:

HGB §§ 485, 486, 487, 512, 563, 702, 706 Nr. 4, 706 Nr. 5, 723, 740, 742, 620, 522, 524, 525, 513, 517, 519, 526;

StrandO § 16;

GVG § 105;

ZPO §§ 904, 933;

JÜZ Art. 4;

BinSchG §§ 3, 4, 92, 5, 7, 45, 79, 85, 95.

Besonderer Prüfung bedürftig erwies sich die praktisch außerordentlich wesentliche Frage, ob die Haftung des Reeders insbesondere für außervertragliches Verschulden Dritter einer Erweiterung bedürfe, wie sie über die Fassung des § 481 HGB hinausgehend in der Rechtsprechung bereits angebahnt ist. Daran, dass insoweit zur Schiffsbesatzung, für die der Reeder zu haften habe, z.B. auch die typische Schiffsdienste verrichtenden Schiffsbefestiger, Leinenverfahrer usw. zu rechnen seien, bestand kaum Zweifel. Dagegen gingen die Meinungen darüber auseinander, ob die Reeder auch für die Angestellten selbständiger Stauereibetriebe haften sollten. Während von der bejahenden Seite geltend gemacht wurde, dass es sich auch insoweit um typische Schiffsdienste handle und dass wegen der insoweit bestehenden besonderen Gefährlichkeit eine die Reederhaftung auslösende besondere Schutzbedürftigkeit außenstehender Dritter anzunehmen sei, wurde von der verneinenden Stelle ausgeführt, dass der Kapitän in solchen Fällen weder bei der Auswahl der Stauereiarbeiter noch bei der Prüfung der gestellten Geräte mitzuwirken, noch praktisch Befehlsgewalt über die Arbeiter habe. Der Vorsitzende sprach die Auffassung aus, dass maßgebend sein müsse einmal das Vorliegen typischen Schiffsdienstes mit einer erhöhten auch im Hafen andauernden Gefahr, ein Umstand, der überhaupt erst die Haftung des Reeders für die Besatzung rechtfertige, weiter aber auch das Vorhandensein eines Weisungsrechts des Reeders: Danach sei die Haftung des Reeders zu erweitern auf alle sonstigen Personen neben der eigentlichen Schiffsbesatzung, die in Verbindung mit einer Fahrt oder Reise Schiffsdienste in Abhängigkeit von Weisungen und unter Aufsicht des Kapitäns verrichteten (z.B. Lotsen mit Ausnahme von Zwangslotsen, Leinenverfahrer, Hafenmaler, vom Reeder angestellte Stauereiarbeiter, nicht dagegen Angestellte von Zwangs-Stauern oder Werkvertragsstauern [Hinsichtlich der Narkvertragssteuer hat der Verf. nach nochmaliger eingehender Durchprüfung seine Auffassung geändert. Vgl. die Haftung des Reeders für Steuer, bestimmt zum Abdruck in dem Sonderheft zu Ehren Wüstendörfers in der Hans. RGZ.]).

Eine weitere Haftungsfrage gelangte bei der anschließenden Erörterung der *Rechtsstellung des Kapitäns und der Schiffsoffiziere* zur Erörterung. Unter Berufung darauf, dass es sich bei der Schiffsführung häufig um Maßnahmen in höchster Gefahr und im letzten Augenblick handle, bei denen ein Vergreifen in der Wahl der Mittel leicht möglich sei, wurde vorgeschlagen, die Haftung des Kapitäns, der Schiffsoffiziere und Lotsen für nautisches Verschulden auf Vorsatz und bösliche Handlungsweise zu beschränken. Es wurde dabei darauf verwiesen, dass in den Haager Regeln bereits die Befreiung des Verfrachters von der Haftung für nautisches Verschulden vorgeschrieben sei. Aus den angeführten Gründen bestand im Ausschuss zunächst Geneigtheit, im Anschluss an einen Beschluss des XV. Deutschen Seeschifffahrtstages (Hansa 1928 S. 1080) eine Haftungsbeschränkung auf Vorsatz und grobe Fahrlässigkeit zu empfehlen. Bei weiterer Vertiefung der Beratung erwuchs jedoch gegen diese Beschränkung der Haftung insbesondere das Bedenken, dass damit eine Durchbrechung des gesamten Haftungssystems des BGB notwendig verbunden sein würde, die bei folgerichtiger Durchführung auch die Haftung des Reeders für die Personen der Schiffsbesatzung erfassen müsste. Bei dieser Rechtslage muss es für richtiger gehalten werden, einer zu starken Belastung des Kapitäns durch schärfere Prüfung, ob es sich nicht um ein Manöver des letzten Augenblicks handle, entgegenzuwirken.

Auch der Vorschlag, die Leiter der einzelnen Abteilungen des Schiffsbetriebes für Fehler in diesem mit selbständiger Verantwortlichkeit im Sinne der §§ 511, 512 HGB zu belasten, so z.B. den leitenden Ingenieur für die Maschine, fand wegen der vielfach schwierigen Befugnisabgrenzung keine Annahme.

Endlich fand auch der Vorschlag, die Haftung des Kapitäns für See-, Reise- und Ladungstüchtigkeit (HGB §§ 513-514) dahin abzuschwächen, dass ihn nach Meldung solcher Mängel an die Reederei keine Verantwortung mehr treffe, nicht das Einverständnis des Vorsitzenden, der unter Billigung des Ausschusses darauf hinwies, dass die verantwortungsvolle Stellung des Kapitäns aus allgemeinen Gesichtspunkten der nationalsozialistischen Weltanschauung keine Schwächung erfahren dürfe. Auch die Haftung des Kapitäns bei schuldhaftem Verstoß gegen ausländische Gesetze oder schuldhafter Ladung von Kriegskonterbande (HGB § 515) soll bestehen bleiben.

Auch für die Vertretungsbefugnis des Kapitäns kommen nach Auffassung des Ausschusses grundlegende Änderungen nicht in Frage. Lediglich zur Klarstellung wurde eine Ergänzung des § 527 HGB dahin für notwendig erachtet, dass die Vertretungsmacht des Kapitäns durch eine ständige Geschäftsvertretung des Reeders (Agentur) nicht beschränkt werde. Eine ausdrückliche Erstreckung des § 530 HGB darauf, dass eine besondere Vollmacht des Reeders auch für das

Ziehen von Wechseln durch den Kapitän auf ihn notwendig sei, wurde wegen möglicherweise dadurch im Ausland auftretender Schwierigkeiten, nicht für zweckmäßig befunden. Eine reine Zweckmäßigkeitsmaßnahme ist der Beschluss, die Befugnis des Schiffers zur Annahme der Mannschaft im Heimathafen (HGB § 526 Abs. 2) auszudehnen auf alle zur Ausführung der Reise einschließlich des Löschens und Ladens tätig werdenden Personen.

Gemäß § 532 HGB hat der Kapitän, der aus eigenen Mitteln für Rechnung des Reeders ohne besonderen Auftrag in Vorschuss gegangen ist, gegen diesen keinen persönlichen Anspruch, sondern nur einen Anspruch gegen Schiff und Fracht, wenn der Reeder auch einem Dritten gegenüber nur in diesem Umfang haftbar wäre. Ein ausreichender Grund für diese Beschränkung des Kapitäns in seinen Ansprüchen aus Geschäftsführung ohne Auftrag, erscheint aus den die beschränkte Haftung des Reeders begründenden Gesichtspunkten nicht gerechtfertigt. Es wurde daher die Streichung dieser Bestimmung beschlossen.

Das *„Frachtgeschäft zur Beförderung von Reisenden"*, wie es im 5. Abschnitt des 4. Buches des HGB genannt wird, gab zu durchgreifenden Änderungen keinen Anlass. Den Inhalt dieses Vertrages, für den die Bezeichnung „Fahrgastvertrag" vorgeschlagen wurde, von Gesetzes wegen festzulegen, kann wegen seiner Vielgestaltigkeit nicht in Frage kommen. Der Erörterung im Einzelnen bedurften zunächst die Fragen des Abschlusszwanges und der Form. Der Abschlusszwang ist im niederländischen Seerecht (Art. 533 a des Gesetzes vom 22.12.1924, 10.6.1926) für die Beförderung im Liniendienst eingeführt worden. Für die deutschen Verhältnisse liegt nach Auffassung des Ausschusses in dieser Hinsicht kein Bedürfnis vor. Öffentlichrechtliche Verpflichtungen (Gesetz betr. die Verpflichtung der Kauffahrteischiffe zur Mitnahme heim zu schaffender Seeleute vom 2.6.1902) werden dadurch selbstverständlich nicht berührt. Abgesehen von der in § 4 der Bekanntmachung betr. Bestimmungen über den Geschäftsbetrieb der Auswanderungsunternehmer und Agenten vom 14.3.1898 § 4 gegebenen Ausnahme schriftlicher Beurkundung besteht auch für die Einführung eines *Formzwanges* kein Bedürfnis. Insbesondere schien dem Ausschuss keine ausreichende Veranlassung zu bestehen, von Gesetzes wegen die Einführung eines den Reisenden namentlich bezeichnenden Ausweises anzuordnen, die für manche Verhältnisse (wie z.B. den Seebäderverkehr) nicht passend erscheint. Soweit die Reedereien daran ein Interesse haben, bleibt ihnen die Ausstellung solcher Berechtigungsscheine unbenommen. Durch diese Vorschläge soll nichts daran geändert werden, dass der Fahrgastvertrag ein auf die Person des Fahrgastes abgestellter Vertrag und die Übertragung des dadurch begründeten Erfüllungsanspruchs an Dritte nur mit Einwilligung des Unternehmers zulässig ist. Nur die schuldhafte Verletzung dieses Erfüllungsanspruches soll nach der vom Ausschuss gebilligten Auffassung Gewährleistungsansprüche des Fahrgastes auslösen. Der Gedanke reiner Gefährdungshaftung in Verbindung mit einer Zwangsversicherung wurde – trotz verwandter Bestrebungen auf dem Gebiete des Kraftfahrrechts – unter den zur Zeit der Beratung obwaltenden Verhältnissen abgelehnt. Hinsichtlich der Beweisfrage in solchen Fällen, hat die Rechtsprechung nicht stets die erforderliche Klarheit gezeigt. Entsprechend der Stellungnahme in RGZ Bd. 126 S. 137 einigte sich der Ausschuss in dieser Hinsicht auf folgenden *Leitsatz:*

Die Verpflichtung des Unternehmers erstreckt sich auf eine ungefährdete Beförderung des Fahrgastes. Der Unternehmer ist bei verschuldeter Nichterfüllung zum Schadenersatz verpflichtet. Bei der Beweiswürdigung, ob ein Verschulden des Unternehmers vorliegt, sind die Regeln über den Beweis des ersten Anscheins heranzuziehen.

Von einer Erörterung des Haftungsumfangs wurde abgesehen, bis die Würfel über die Inkraftsetzung der Brüsseler Übereinkommen über den Umfang der Reederhaftung gefallen seien.

Eine umfangreiche Erörterung entfesselte die Frage, ob § 665 HGB dahin zu erweitern sei, dass *dem Kapitän Disziplinargewalt* oder *Polizeigewalt* über die Fahrgäste einzuräumen sei in dem Sinne, dass er zur Sicherung des Schiffs, der Personen und der Güter an Bord die Dienste und das Eigentum der an Bord befindlichen Fahrgäste in Anspruch zu nehmen berechtigt sei. Die abschließende Behandlung wurde bis zur Erörterung der an sich zurückgestellten öffentlichrechtlichen Stellung des Kapitäns ausgesetzt, nachdem sich Einigkeit ergeben hatte, dass der Gedanke der Bordgemeinschaft zu solchen Folgerungen führe und dass die Stellung des Kapitäns einer solchen Stärkung, die sich in dieser Richtung bereits in England finde, bedürfe.

Die Bestimmungen über den *Vertragsrücktritt* (HGB §§ 667-670) wurden, trotzdem sie gewisse Härten für den Fahrgast enthalten, für nicht abänderungsbedürftig erklärt, da die vorhandene klare, wenn auch vielleicht grobschlächtige Regelung einer alle feinsten Interessenlagen abwägenden und daher verwickelten vorzuziehen sei. Dagegen wurde die Verpflichtung des Unternehmers, dem Reisenden, bei Aufenthalt des Schiffes während der Reise wegen Ausbesserung, Wohnung und Beköstigung ohne besondere Vergütung zu gewähren, auf jeden Aufenthalt auch wegen vom Reeder nicht zu vertretender Umstände erstreckt.

Von verfahrensrechtlich bedeutsamen Fragen hat der Ausschuss die Erneuerung des Rechtsinstituts der *Verklarung* sowie *Zuständigkeitsfragen* behandelt.

Einhelligkeit bestand darüber, dass die seerechtliche *Verklarung* mit dem unter Eideszwang erfolgenden Beschwören eines Berichts über die Reise durch Beteiligte, die möglichenfalls die Schuld an dem zur Erörterung stehenden Unfall treffe, und häufig auch durch Personen der Schiffsbesatzung, die über die bekundeten Vorgänge unmöglich vollständig unterrichtet sein könnten, weder ein zweckmäßiges Mittel zur Wahrheitsermittlung sei, noch den heutigen Auffassungen über die Notwendigkeit der Vermeidung unnötiger Eidesleistungen entspreche, vielmehr zu einer beanstandeten Herabminderung der Bedeutung der Eidesleistung führe. An der Erneuerungsbedürftigkeit dieses Instituts bestand daher kein Zweifel.

Nicht so einheitlich waren im Ausschuss die Auffassungen, welche Richtung die Verbesserung einzuschlagen habe. Während von einer Seite der Ausgestaltung im Sinne eines Beweissicherungsverfahrens gemäß der binnenschifffahrtsrechtlichen Verklarung (BinnSchiffG §§ 11-15) das Wort geredet wurde, trat die andere Seite für die Einführung eines der Umständlichkeiten und Schwierigkeiten eines solchen entbehrenden und eine für den Fall des Verlustes des Schiffstagebuches oder des Nichtverfügbarseins von Zeugen ausreichende Beweisunterlagen schaffenden beurkundeten Bestätigung eines Schiffstagebuchsauszuges über den Unfall durch einen leitenden Offizier ein, wie sie in manchen ausländischen Rechten vorgeschrieben sei und auch im Ausland, wie die Praxis es nötig mache, vor den Konsulaten oder einem Notar jederzeit durchgeführt werden könne. Gegen die vorgeschlagene Beseitigung der Beeidigung wurde geltend gemacht, dass die Verklarung auch zur Abwehr von Ansprüchen kleinerer Ladungsschäden diene und durch den Wegfall des Eideszwanges insoweit in ihrem Beweiswert geschwächt werden könne. Dies erschien jedoch demgegenüber, dass das Ausland auch ohne Eid auskomme, nicht durchschlagend. Damit gelangte der Ausschuss für die seerechtliche Verklarung unter Zurückstellung der sich auf anderen Verhältnissen aufbauenden binnenschifffahrtsrechtlichen Verklarung zu folgendem *Leitsatz:*

Die Verklarung ist ihrer Aufgabe gemäß, eine vorläufige Unterlage für einen Reiseunfall zu geben, auszugestalten. Dieser Aufgabe wird genügt, wenn der leitende nautische Offizier die Berechtigung, auf Antrag eines Beteiligten aber auch die Verpflichtung erhält, aufgrund des Schiffstagebuches einen Bericht über den Reiseunfall zu erstatten, der mündlich erläutert und erweitert werden kann. Gegebenenfalls ist dieser Bericht von dem leitenden technischen Offizier unter Heranziehung des Maschinentagebuchs und durch die Erklärungen anderer vom Kapitän heranzuziehender Besatzungsmitglieder zu ergänzen. Die Verhandlung erfolgt uneidlich vor dem Amtsgericht oder einem Notar. Weitere Beweiserhebung ist Sache des Beweissicherungsverfahrens oder des ordentlichen Beweisverfahrens.

Durch das Gesetz vom 30.1.1937 ist in Binnenschifffahrtssachen die *Gerichtszuständigkeit* neu geregelt worden. Danach ist u.a. in Kollisionssachen das Amtsgericht zuständig, in dessen Bezirk sich der Vorfall ereignet hat.

Im Ausschuss wurden Befürchtungen laut, dass der ersichtlich mit dieser Regelung verfolgte Zweck der Beschleunigung des Verfahrens in Binnenschifffahrtssachen nicht erreicht, sondern eher das Gegenteil erzielt werden möchte: Es sei insbesondere wegen der Durchführung der Beweisaufnahmen unpraktisch, dass in Kollisionssachen nur das – häufig von den beteiligten Schiffen nur selten berührte – Gericht zuständig sei, in dessen Bezirk sich der Zusammenstoß ereignet habe und nicht die Gerichte an Orten, an denen die Reisen ihren Beginn oder ihr Ende zu nehmen pflegten. Weiter wurde darauf hingewiesen, dass entsprechend dem Verfahren in Rheinschifffahrtssachen auch an den anderen deutschen Binnenwasserstraßen einige Oberlandesgerichte mit dem Verfahren in der Berufungsinstanz betraut werden möchten und damit auch die Revisionsinstanz eröffnet werden möchte. Nachdem der Ausschuss bereits früher den Wunsch zum Ausdruck gebracht hatte, es möchte ganz allgemein eine Zentralisierung der Schifffahrtsrechtsprechung in den Hafenstädten stattfinden und damit eine Rechtsprechung durch sachkundig besetzte Gerichte mehr als bisher sichergestellt werden, gelangte er nunmehr zu folgender Entschließung auf dem Gebiete des Binnenschifffahrtsrechts:

Die Eigenart des gerichtlichen Verfahrens in Binnenschifffahrtssachen lässt es dringend geboten erscheinen

1. dass die Binnenschifffahrtssachen, wie dies für den Rhein bereits geschehen ist, auch für die übrigen Binnenwasserstraßen bei einigen wenigen deutschen Amtsgerichten zusammengefasst werden, die mit erfahrenen und sachkundigen Richtern zu besetzen sind;
2. dass die für den Rhein bestehende Regelung des Rechtsmittelverfahrens auch für die Binnenwasserstraßen durchgeführt wird.

In der 2. DurchfVO vom 5.4.1938 zum Gesetz vom 30.1.1937 ist nunmehr für die *Elbe* diesen Wünschen bereits entsprochen worden.

Einer Nachprüfung durch den Ausschuss wurde ferner der *Schleppvertrag* unterworfen. Diese ergab, dass zu besonderen gesetzlichen Bestimmungen auf diesem bisher einer gesetzlichen Sonderregelung entbehrenden vielgestaltigen Gebiete keine Veranlassung gegeben sei. Auch diejenigen Punkte, die bei der Ausgestaltung durch allgemeine Bedingungen der beteiligten Unternehmerkreise zu Bedenken Anlass böten, wie weitgehende Freizeichnungsklauseln und kurz bemessene Klag- und Schadensmeldefristen, seien nur sehr schwer gesetzlich in einer allen Möglichkeiten der Lage gerecht werdenden Weise zu erfassen und müssten durch die Rechtsprechung befriedigender Lösung zugeführt werden, zu der sich in Gestalt des § 242 BGB eine Handhabe biete.

Noch nicht zu vollständiger Erledigung konnte das Gebiet des Rechts der *Großen Haverei* gebracht werden. Es ergab sich allerdings zunächst Einhelligkeit darüber, dass sich dieses Rechtsinstitut mit dem ihm zugrunde liegenden ethischen Gedanken der Gefahrengemeinschaft und des gemeinsamen Opfers in solchen bewährt habe, und dass daher die Notwendigkeit seiner Aufrechterhaltung keinen Zweifeln begegnen könne. Es bestand ebenso Einhelligkeit darüber, dass bei den anders gearteten Verhältnissen der Binnenschifffahrt die große Haverei in dieser besonders gestaltet, dass in das Seerecht dagegen im Interesse internationaler Rechtsvereinheitlichung das Gedankengut der York-Antwerpener Regeln unter Ausführung von Lücken und Beseitigung von Unklarheiten zu verarbeiten sei. Die nähere Erörterung brachte jedoch noch keine ausreichende Klarheit darüber, inwieweit die Regeln Unbilligkeiten eines Ausmaßes enthielten, dass deren Abstellung bei der Neukodifizierung unter Aufopferung internationaler Rechtseinheit gefordert werden müsse. Ein Unterausschuss beschäftigt sich unter Heranziehung von Dispacheuren als der erfahrensten Sachkundigen auf diesem Gebiet mit dieser Frage.

Die Prüfung der Rechtsgrundsätze über *Bergung und Hilfeleistung in Seenot* ergab keine Vorschläge zur Änderung des bestehenden Rechtszustandes. Es wurde lediglich dem Wunsch Ausdruck verliehen, die Rechtsprechung auf diesem Gebiet, die fast völlig an das Seeschiedsgericht übergegangen sei, durch Schaffung eines schnelle, billige und sachverständige Entscheidungen zulassenden Verfahrens wieder der staatlichen Gerichtsbarkeit zuzuleiten. Die Zubilligung einer Geldbelohnung für Rettung von Menschenleben wurde als dem die deutsche Schifffahrt beherrschenden Gedanken der Einsatzbereitschaft widersprechend abgelehnt. Auch die Zubilligung von Aufwendungsersatz, insbesondere solchem aus Staatsmitteln, fand für solche Fälle keine Zustimmung, da sie großen praktischen Schwierigkeiten begegnen und zu schwerer Belastung kleinerer Reeder oder mittelbarer Abwälzung der Staatslast auf die Reeder führen werde und der unnützen Vergeudung von Aufwendungen durch den modernen Funkverkehr bereits im wirksamen Maße gesteuert werden könne. Im Anschluss daran wurde der einschlägige Entwurf der Citeja durchgesprochen. Der Ausschussvorsitzende vertrat die Stellungnahme des Ausschusses bei einer Sitzung des Luftrechtausschusses.

Nachdem, wie bereits erwähnt, ein Teil des Rechtes des Seefrachtvertrages durch das die Haager Regeln in das HGB einarbeitende Gesetz vom 10.8.1937 in neue Gesetzesform gegossen wurde, wandte der Ausschuss seine gesamte Arbeit der Behandlung des sonstigen *Seefrachtrechts* zu, um – im Einvernehmen mit dem Reichsjustizministerium – die Grundlagen dafür zu schaffen, dass möglichst bald der Seeschifffahrtsverkehr sich eines umfassend neu geregelten Seefrachtrechts bedienen könne.

Es wurde zunächst in die Erörterung der sogenannten Zeitcharter auf der Grundlage dafür in der Praxis maßgebender Vertragsformulare (der Deuzeit- und Baltimecharter), deren Inhalt rechtlich zumeist als Schiffsmiete mit Dienstverschaffungsvertrag charakterisiert wird, eingetreten, um auf dieser Grundlage Anhaltspunkte für die gesetzliche Regelung dieses im Gesetz bisher nicht besonders behandelten, aber wichtigen Gebietes zu gewinnen. Ein von einem Unterausschuss aufgestellter Entwurf einer „Mietcharter" – diese Bezeichnung wurde als die sachlich zutreffendste befunden – wurde überprüft. Die der vorliegenden zusammenfassenden Darstellung gezogenen Grenzen würden durch eine Wiedergabe der Einzelheiten des Entwurfs und der dazu gepflogenen anregenden Erörterungen überschritten werden. Sie muss einer gelegentlichen Sonderdarstellung überlassen werden.

An diese Erörterung der Mietcharter schloss sich die Behandlung der §§ 556-605 HGB an, soweit diese nicht bereits von der Neuformung der Seerechtsnovelle erfasst waren. Die in diesen Bestimmungen enthaltenen Vorschriften beziehen sich im Gegensatz zur Mietcharter auf den Fall eines *echten Seefrachtvertrages,* bei welchem der Charterer Güter nicht selbst befördert, sondern als Leerfrachter durch den Befrachter mit einem Seeschiff gegen Entgelt nach einem bestimmten Ort befördern lässt. Dieser Seefrachtvertrag kann sich nach § 556 HGB auf das Schiff im Ganzen, einen verhältnismäßigen Teil oder einen bestimmt bezeichneten Raum des Schiffes – für welche Vertragsarten unter Ablehnung der letztlich auf die Äußerlichkeit der Art der Frachtzahlung abstellenden Kennzeichnung als „Reisecharter" die Bezeichnung als „Frachtcharter" (zur klaren Kennzeichnung gegenüber der „Mietcharter") gewählt wurde – oder aber auf einzelne Güter (Stückgüter) beziehen, für welche letzteren im modernen Seeverkehr die Beförderung durch feste Linien im Gegensatz zur Trampfahrt eine Bedeutung erlangt hat, die sie bei Abfassung des HGB noch nicht im Entferntesten besaß. Dass eine echte „Zeitfracht" noch vorkäme, die weder Mietfracht noch Frachtcharter sei, ist von den Praktikern des Ausschusses verneint worden. Die auf diese bezüglichen Bestimmungen der §§ 622, 637, 638 HGB werden daher zu streichen sein.

Hieran anschließend ist zweckmäßig der *Neuaufbau* des 4. Abschnittes des 4. Buches des HGB über das „Frachtgeschäft zur Beförderung von Gütern" in der Weise durchzuführen (Leitsatz 1), dass in einem allgemeinen Teil zunächst die für jede Art von Seefrachtvertrag maßgebenden Bestimmungen zusammengefasst werden und der anschließende besondere Teil zu gliedern ist in einen je die besonderen Vorschriften enthaltenden Abschnitt *„Frachtcharter"* und einen Abschnitt *„Stückgutvertrag und feste Linien"*.

Für jede Art von Frachtvertrag gelten die durch das Gesetz vom 10.8.1937 noch nicht erfassten Vorschriften der §§ 556, 560-562 und 565-566, 591-593 HGB.

Die Unterteilung der Frachtcharter in eine *Vollcharter* und eine *Teilcharter,* wie sie § 556 HGB vorsieht, wurde beizubehalten beschlossen, da die Erörterung ergab, dass auch Teilcharter im modernen Seeverkehr, z.B. bei Tankschiffen und bei Sicherung bestimmten Teilraumes eines im Linienverkehr stehenden Schiffes eine Rolle spielt (*Leitsatz 2*).

Bei der kritischen Betrachtung der Bestimmungen im Einzelnen wurde zunächst darauf hingewiesen, dass das Gesetz zwar in den §§ 629 und 634 HGB den Parteien des Frachtvertrages ein *Rücktrittsrecht* vorbehält, wenn das Schiff vor oder nach Antritt der Reise durch Verfügung von hoher Hand, an der vorgesehenen Fahrt verhindert ist oder Schiff oder Ladungsgüter durch Krieg der Aufbringung ausgesetzt sind, dass aber in *anderen Fällen der Behinderung* – abgesehen von den Fällen der Unmöglichkeit, in denen die allgemeinen Grundsätze des bürgerlichen Rechts Platz greifen – in der Praxis die vertragliche Klausel *„at the port of or so near unto as she safely may get afloat"* oder ähnliche Klauseln einzugreifen pflegten, um von dem zur vertragsmäßigen Ausführung der Frachtreise verpflichteten Verfrachter die aus § 621 HGB folgende Belastung mit entstehenden Mehrkosten abzuwehren. Die uneinheitliche Auslegung der genannten Klausel, was die Kosten etwa vor dem Hafen notwendig werdender teilweiser Ableichterung angeht (Hans. OLG Hptbl. HansGZ 1905 S. 112; 1927 S. 253: Kosten zu Lasten des Verfrachters; RG Bolze Bd. 21 Nr. 449: Kosten zu Lasten des Charterers oder Empfängers) macht nach Auffassung des Ausschusses die Schaffung einer die Sachlage klärenden gesetzlichen Bestimmung notwendig, wie sie in Bremen in der Bekanntmachung vom 20.9.1879 vorgesehen war, wie sie die Niederlande in Art. 480 ihres neuen Seerechts und Italien in Art. 225 seines Entwurfes zu einem Codice Marittimo vom 31.7.1931 vorgesehen haben. In dieser sei auszusprechen (*Leitsatz 3*), dass dem Verfrachter, wenn das Schiff den Lade- oder Löschhafen wegen dessen örtlicher Beschaffenheit nicht oder nicht ohne Gefährdung seiner Sicherheit erreichen könne, das durch Rücksichtnahme auf die Interessen des Befrachters beschränkte Recht einzuräumen sei, zum Laden oder Löschen den nächst erreichbaren Hafen anzulaufen, wobei notwendig werdende Leichterungskosten zu Lasten des Befrachters gehen sollen.

Die Vorschriften der §§ 560 und 592 über den *Lade- und Löschplatz* haben Bedeutung nur noch für die Frachtcharter, da für Stückgüter durchweg entweder durch ständige private oder öffentliche Lagerräume oder durch besondere Vereinbarung Vorsorge getroffen wird. Diese Bestimmungen müssen bei einer Neuordnung daher ihren Platz bei den Sonderbestimmungen für Frachtcharter finden. Bedenken erregt das in ihnen auch bei einer Mehrheit von Befrachtern diesen vorbehaltene Anweisungsrecht, dessen Ausübung praktischen Schwierigkeiten begegnen dürfte. Es wurde folgender vereinfachter und die Vorschriften über Lade- und Löschplatz zusammenfassender Vorschlag für die Neuregelung aufgestellt (*Leitsatz 4*):

„Ist das Schiff im Ganzen verfrachtet, so hat der Verfrachter das Schiff zur Einnahme der Ladung an den ihm vom Befrachter angewiesenen Ladeplatz und zur Löschung der Ladung an den ihm von dem Empfänger angewiesenen Löschplatz hinzulegen.

Lade- und Löschplatz müssen für das Schiff in jeder Beziehung geeignet, sofort erreichbar und frei sein. Ist dies nicht der Fall, oder erfolgt die Anweisung nicht rechtzeitig, so hat der Verfrachter, wenn auf seine Aufforderung nicht unverzüglich ein geeigneter Lade- oder Löschplatz bezeichnet wird, an dem ortsüblichen Lade- oder Löschplatz anzulegen.

Ist das Schiff an mehrere Verfrachter oder die Ladung an mehrere Empfänger auszuliefern, so hat der Verfrachter das Schiff im Lade- oder Löschhafen an den ortsüblichen Lade- oder Löschplatz zu legen."

Ebenfalls nur noch praktische Bedeutung für die Frachtcharter besitzen aus den angeführten Gründen und sind daher bei Neuregelung in diesen Abschnitt zu verweisen die die *Kostentragung bei Ladung und Löschung* regelnden §§ 561, 593 HGB. Von wesentlicher Bedeutung ist aber auch die aus ihnen zu entnehmende Abgrenzung, bis wieweit sich bei der Beladung und Löschung die Tätigkeit des Verfrachters und Abladers oder Empfängers zu erstrecken hat. Diese Bedeutung der für Beladung und Löschung nach Möglichkeit zusammenzufassenden Vorschriften, welche die Längsseite des Schiffes als maßgebende Grenze festlegen, soll bei der Neufestlegung klarer herausgestellt werden (*Leitsatz 5*).

Das Recht des Befrachters zur *Substitution im Frachtvertrag* nur der Art oder der Gattung nach bestimmten *Güter* durch andere (HGB § 562) enthält eine weitgehende Durchbrechung der Grundsätze des Vertragsrechts zugunsten des Befrachters, die durch ein Verkehrsbedürfnis nicht gerechtfertigt erscheint und deren Streichung daher empfohlen werden muss (*Leitsatz 6*).

Die *Substitution* eines anderen als des vertragsmäßig bestimmten *Schiffes* vor oder nach Beginn der Reise (§ 565 HGB) soll fernerhin dem Verfrachter verboten sein und der Gesetzesvorschrift lediglich folgende die Beweislast und die Person des Zustimmungsberechtigten klarer herausstellende Fassung gegeben werden (*Leitsatz 7*).

Ist die Beförderung mit einem bestimmten Schiff vereinbart, so ist der Verfrachter nicht befugt, die Güter ohne Erlaubnis des Befrachters und, wenn die Güter bereits vorher vom Verfrachter übernommen sind, ohne Zustimmung des Abladers in ein anderes Schiff zu verladen.

Nach vollzogener Abladung ist der Verfrachter, auch wenn die Beförderung mittels eines bestimmten Schiffes nicht vereinbart ist, ohne die Zustimmung des Abladers nicht befugt, die Güter in ein anderes Schiff umzuladen:

Ist ein Konnossement ausgestellt, so bedarf es beim Orderkonnossement der Zustimmung des legitimierten Inhabers sämtlicher Stücke des Konnossements und beim Namenskonnossement der Zustimmung des im Konnossement bezeichneten Empfängers sowie der Zustimmung des Abladers.

Im Falle der Zuwiderhandlung haftet der Verfrachter für jeden Schaden, in Ansehung dessen er nicht beweist, dass er auch dann entstanden und dem Berechtigten zur Last gefallen sein würde, wenn die Güter nicht in das andere Schiff verladen werden wären.

Auf Umladungen, die nach dem Antritt der Reise in Fällen der Not erfolgen, sowie auf die übliche Umladung in Leichter in Häfen finden die vorstehenden Bestimmungen keine Anwendung."

Die Zulässigkeit von *Deckverladung* (§ 566 HGB) soll, soweit solche nicht behördlich vorgeschrieben ist, bei der Neufassung des Gesetzes nicht von der bloßen Zustimmung des Abladers, sondern von ausdrücklich für jeden Einzelfall notwendiger, formularmäßig nicht erteilbarer, vorheriger Zustimmung abhängig sein. Die Ausnahmevorschriften für die Verladung an Seiten des Schiffes sowie für die Decksverladung in der Küstenschifffahrt (§ 566 Abs. 2 HGB) können als der praktischen Bedeutung entbehrend gestrichen werden (*Leitsatz 8*).

In Parallele zu den Vorschriften des Land- und Eisenbahnfrachtrechts (HGB § 427, EVerkO § 65) empfiehlt der Ausschuss eine Ergänzung der die Verpflichtung des Befrachters zur Lieferung der *Güterbegleitpapiere* aussprechenden Bestimmung des § 591 HGB dahin, dass der Befrachter und Ablader dem Verfrachter, den eine Verpflichtung zur Prüfung der Richtigkeit und Vollständigkeit der Begleitpapiere nicht trifft, und den Ladungsinteressenten für Mängel, die Unzulänglichkeit oder Unrichtigkeit dieser Papiere in gleichem Umfang haftet wie nach § 563

HGB in der Fassung vom 10.8.1937 für die Richtigkeit der Angaben über Maß, Zahl, Gewicht und Merkzeichen (*Leitsatz 9*).

Bei der *Sonderbehandlung der „Frachtcharter"* bedurfte es zunächst der Erörterung, ob die *Chartepartie* (HGB § 557), entsprechend dem Vorbild des holländischen Rechts (Art. 451) an Order gestellt und durch Indossament übertragbar gestaltet werden soll. Ein Verkehrsbedürfnis konnte insoweit jedoch nicht anerkannt werden (*Leitsatz 11*).

Für die Vorschrift des § 558 HGB konnte die Streichung vorgeschlagen werden (*Leitsatz 12*). Die Ausschließung der *Unterbringung* von *Ladungsgut* eines voll verfrachteten Schiffes in der *Kajüte* bedeutet eine Selbstverständlichkeit. Das Verbot der Unterbringung anderen als vom Vollbefrachtvertrag erfassten Gutes dortselbst, ergibt sich bereits aus der Vollverfrachtung; seine Aufnahme in das Gesetz stammt aus einer Zeit, in der dem Kapitän das „Recht der Führung", der Mitnahme von Gütern zu Handelszwecken, zustand.

Rein redaktionell ist zu den Vorschriften der §§ 567-576 und 594-600 HGB zunächst zu bemerken, dass eine Vereinfachung des Gesetzes dahin geboten erscheint, die für die Beladung und Löschung gleichlautenden Vorschriften zusammenzufassen, dabei im Sprachgebrauch einheitliche Bezeichnungen (z.B. in Bezug auf Abladung und Lieferung der Güter vgl. §§ 561, 567, 573, 579, 570, 577, 588) zu verwenden und eine die Begriffsbestimmungen „Ladezeit", „Überliegezeit", „Wartezeit" und „Liegegeld" erläuternde Bestimmung vorauszuschicken (*Leitsatz 10*).

Sachlich hat sich nach den Berichten der Praxis die auch in neueren fremden Rechten beibehaltene Rechtseinrichtung der *Wartezeit,* der *Lade-, Lösch-* und *Überliegezeit* und des *Liegegeldes* bewährt. Zu einer grundsätzlichen Änderung besteht daher kein Anlass (*Leitsatz 13*).

Die Einführung schriftlicher Anzeige der *Ladebereitschaft* (HGB § 567 Abs. 1), wie sie das holländische Recht erheischt, erscheint nicht so dringend geboten, dass sie nicht der vertragsmäßigen Festsetzung in der Chartepartie, wie bereits bisher geschehen, überlassen werden könnte. Die Zulässigkeit einer Vorausanzeige, bevor das Schiff zur Einnahme der Ladung fertig und bereit ist, wurde wegen der dabei infolge nachträglicher Hindernisse möglichen Schwierigkeiten nicht für einführungswert gehalten. Dagegen erschien eine Ergänzung des Gesetzes dahin zweckmäßig, dass die Anzeige durch den Verfrachter an einem nach dem Recht des Ladeplatzes als Werktag geltenden Tage zu den üblichen Geschäftsstunden und zwar, falls der Verfrachter die Ladungen von einem Dritten erhalten solle (HGB § 577), diesem zu erstatten sei, dass die Anzeige an den Befrachter auch, wenn untunlich, unterbleiben könne (*Leitsatz 21 Abs. 1*) und dass die Ladezeit mit dem auf die Anzeige folgenden Werktag beginne (*Leitsatz 14*).

In Anlehnung an die in den nordischen Staaten vorgesehene Regelung wurde ferner der Vorschlag für zweckmäßig befunden, die *Dauer der Lade- und Löschzeit* (HGB §§ 568 Abs. 1, 595 Abs. 1) für kleinere Fahrzeuge unter Anpassung an die Verhältnisse des Einzelfalls durch behördliche Verordnung festzulegen und für größere der Vereinbarung zu überlassen. Die bis jetzt im Fall mangelnder Vereinbarung gesetzlich vorgesehene Bemessung der Überliegezeit auf 14 Tage ist überholt und zu schematisch. Als zweckmäßigste Lösung wurde vorgeschlagen, die Überliegezeit in ein festes Verhältnis zur Lade- und Löschzeit zu setzen, so dass mit der Ladezeit zugleich die Dauer der Überliegezeit feststeht (*Leitsatz 15*).

Als selbstverständlich kann die Vorschrift des § 569 Abs. 1 und § 596 Abs. 1 HGB als besondere Bestimmung gestrichen und höchstens vielleicht bei der voran zu schickenden allgemeinen Begriffsbestimmung eingefügt werden, nach welcher sich bei vertragsbestimmter Dauer der Lade- oder Löschzeit die *Überliegezeit* ohne weiteres an diese anschließt. Sie hat Aufnahme in das Gesetz nur deshalb gefunden, weil man klarstellen wollte, dass der nach früheren Entwürfen zum HGB für den Beginn der Überliegezeit vorgesehene Seeprotest entbehrlich sei (*Leitsatz 16*).

Die in §§ 569 Abs. 2, 596 Abs. 2 HGB vorgesehenen Erklärungen über den *Ablauf der Lade- und Löschzeit* und die in § 570 HGB vorgesehene Erklärung, nicht länger warten zu wollen, sollen auf Wunsch der Praxis beibehalten, die mit der letztgenannten verbundene Frist jedoch nach Möglichkeit verkürzt werden (*Leitsatz 17*).

Die Bestimmungen der §§ 571 und 596 Abs. 3 HGB betreffen Feststellungen, die sich aus dem früheren Seeprotest erklären, und können daher entbehrt werden (*Leitsatz 18*).

Die Regelung der *Liegegeldhöhe* (HGB § 572) scheint keiner Änderung zu bedürfen (*Leitsatz 19*).

Die *Berechnung der Lade- und Löschzeit* unter Einrechnung der Sonn- und Feiertage (HGB §§ 573, 597) berücksichtigt nicht die seit dem Erlass des Gesetzes eingeführte Sonntagsruhe. Es erscheint daher heutigen Verhältnissen gemäßer, entsprechend der durchgehenden vertraglichen Regelung, die Liegezeit nach Arbeitstagen zu zählen. Für die Überliegezeit dagegen soll es, ebenfalls entsprechend dem genannten Vorschlag und des damit ausgeübten psychologischen Druckes halber, bei der Berechnung nach laufenden Tagen verbleiben (*Leitsatz 20 Abs. 1*).

Die Bestimmungen der §§ 573 Abs. 1, 574-576 und §§ 597 Abs. 1, 598 bis 600 HGB bringen eine verwickelte und zur Überbrückung der *Warteverpflichtung* und der *Verpflichtung zur Zahlung von Liegegeld* in Lagen, in denen es durch Zufall dem Verfrachter oder dem Befrachter oder beiden unmöglich ist, das Ihrige zur Lieferung oder Übernahme der Ware zu tun. Diese Regelung belastet auch den Verfrachter insoweit besonders, als sie ihm die Unmöglichkeit zur Beförderung an Bord oder von Bord nicht nur der bedungenen, sondern jeder Art von Ladung zur Last fallen lässt. Billig wird nur eine Regelung sein, die dem Verfrachter wie dem Befrachter lediglich die in seiner Sphäre entstandenen Behinderungen zur Last fallen lässt und bei Verknüpfung der Behinderung mit jeder der beiden Sphären eine Verteilung der Belastung vornimmt. Für die Einladung ist das in dem folgenden *Leitsatz 20* zum Ausdruck gebracht, der für die Löschung eine entsprechende Formulierung erhalten muss:

„1. Tage, an denen die *Übernahme* der Ladung durch Zufall verhindert ist, kommen nicht in Ansatz für den Lauf der Wartezeit. Diese wird entsprechend verlängert; Liegegeld ist für jene Tage nicht zu entrichten, selbst wenn die Verhinderung während der Überliegezeit eintritt.

2. Tage, an denen die *Lieferung* der Ladung oder die Lieferung jeder Art von Ladung an das Schiff durch Zufall verhindert ist, kommen in Ansatz für den Lauf der Wartezeit. Diese läuft trotz des Hindernisses ab.

3. Tage, an denen sowohl die *Lieferung* wie die *Übernahme* der Ladung durch Zufall verhindert ist, kommen nicht in Ansatz für den Lauf der Wartezeit. Diese verlängert sich entsprechend. Doch hat der Befrachter für jene Tage Liegegeld zu zahlen, selbst wenn die Verhinderung noch während der Ladezeit eintritt."

Überflüssig, weil selbstverständlich, und daher zu streichen ist in § 577 HGB, dass die *Anweisung zu weiterem Warten* auch von einem Bevollmächtigten des Befrachters ergehen kann (*Leitsatz 21 Abs. 2*). Keiner Aufnahme in das Gesetz, weil aus allgemeinen Grundsätzen folgend, bedarf die in Entscheidung einer Streitfrage erfolgte Stellungnahme des Ausschusses, dass unter dem Drittablader nicht ein Bevollmächtigter des Abladers zu verstehen ist.

Nach Auffassung des Ausschusses bedürfen endlich die §§ 601, 602 HGB der Klarstellung in drei Punkten (*Leitsatz 23 a*):

1. dass die in § 601 HGB bei Abnahmeverweiterung vorgesehene *Hinterlegung* auf Kosten und Gefahr des Empfängers erfolgt,

2. dass mit dieser Hinterlegung die Haftung des Schiffes endet,

3. dass die in diesen Bestimmungen normierten Rechte dem Verfrachter und nicht dem Schiffer als solchen zustehen.

Nach Behandlung der Liege- und Überliegezeit und der mit ihnen in Zusammenhang stehenden Fragen wurde das Gebiet der *Leer- und Fehl(Faut-)fracht* erörtert. Zunächst war grundsätzlich zu prüfen, ob das System der vertragsstrafenartigen Regelung beizubehalten oder das im angloamerikanischen Recht, im holländischen Recht (§§ 518, 518 2, 519) und in der damals nur als Entwurf vorliegenden nordischen Regelung vorgesehene System der Schadensersatzzahlung einzuführen sei. Die Vertreter des Wirtschaftslebens sprachen sich einhellig für das erstgenannte System aus, das sich in Deutschland bewährt und gegenüber dem Zustand in England in der Regel Prozesse habe vermeiden lassen. Diese Bewährung wie auch der Gesichtspunkt, dass die von der Praxis gewünschte Regelung einfacher ist und einen wünschenswerten Druck auf die Wahrung der Vertragstreue ausübt, führten dazu, trotz der damit entstehenden Abweichung von dem Recht der vorgenannten Staaten, diesem System den Vorzug zu geben und in Ziffer 1 des *Leitsatzes 22* die Beibehaltung der „Leerfracht" und „Fehlfracht" vorzuschlagen. Von allgemeinerem Interesse ist aus den dabei gepflogenen Erörterungen, dass das Urteil des Hanseatischen OLG vom 30.3.1938 (HansRGZ B 1938 S. 131), in welchem unter dem Gesichtspunkt des § 242 die Fautfracht auf die Hälfte ermäßigt wurde, als mit dem Zweck der Fautfracht nicht vereinbar beurteilt und aus der Mitte des Ausschusses darauf hingewiesen wurde, nach Mitteilung eines Kenners der Einzelheiten des Falles habe der Befrachter in jenem Falle trotz der Fautfrachtzahlung aufgrund der Annahme eines billigen Verfrachters noch verdient, die Entscheidung sei also zum mindesten ohne die gebotene Prüfung der Einzelumstände getroffen worden.

Aus dem Text des nachfolgenden *Leitsatzes 22 Z. 1-2* ergibt sich, welche Verbesserungen der gesetzlichen Regelung der §§ 578, 579 HGB weiter vorgesehen werden.

2. Dem § 578 (Antritt der Reise auf Verlangen des Befrachters ohne die voll bedungene Ladung) ist als Absatz 2 eine Bestimmung etwa folgenden Inhalts hinzuzufügen:

„Von der Leerfracht kommt die Fracht für diejenigen Güter in Abzug, welche der Verfrachter anstelle der nicht gelieferten annimmt".

Eine Verpflichtung des Verfrachters zur Annahme von Ersatzladung ist dagegen abzulehnen.

3. § 579 (nicht vollständige Bewirkung der Abladung bis zum Ablauf der Wartezeit) ist etwa folgendermaßen zu ergänzen:

„... so ist der Verfrachter befugt und – wenn nicht der Ablader und nach Ausstellung eines Konnossements die nach § 654 n.F. Verfügungsberechtigten der Wiederausladung ihrer Güter zustimmen – verpflichtet, die Reise anzutreten. Ihm stehen in diesem Falle die in § 578 bezeichneten Forderungen zu".

Die Worte „sofern der Befrachter nicht von dem Vertrage zurücktritt" sind im § 579 zu streichen.

Das in §§ 580-586 HGB behandelte Rücktrittsrecht ist in Wahrheit ein Kündigungsrecht und daher auch als solches zu bezeichnen. Die Einzelvorschläge ergeben sich aus *Leitsatz 23:*

Die §§ 580-587 sind zu streichen und nach folgenden Gesichtspunkten neu zu fassen:

a) Solange noch keine Ladung geliefert ist, kann der Befrachter den Vertrag jederzeit kündigen. Liefert er bis zum Ablauf der Wartezeit keine Ladung, so wird dies einer Kündigung gleich geachtet.

Der Verfrachter ist in diesen Fällen berechtigt, die Hälfte der Fracht und bei zusammengesetzten Reisen zwei Drittel der noch nicht eingefahrenen Gesamtfracht als Fehlfracht zu verlangen.

Auf die Fehlfracht wird die Fracht, welche der Verfrachter für eine Ersatzladung erhält, nicht angerechnet.

b) Sobald Ladung geliefert worden ist, kann der Befrachter seine Befugnis zur Kündigung nur noch hinsichtlich des nicht belieferten Teiles des Frachtvertrages ausüben. In diesem Falle findet § 578 entsprechende Anwendung.

c) Im Übrigen geht das Recht zur jederzeitigen Kündigung mit der Lieferung der Ladung auf den Ablader und – nach Ausstellung eines Konnossements – auf die nach § 654 HGB n.F. Verfügungsberechtigten über. Diese können das Recht zur Kündigung (im Hinblick auf § 579 HGB) jedoch nur vor Ablauf der Wartezeit und – wenn sie nicht sämtlich von ihm Gebrauch machen – nur unter der weiteren Voraussetzung ausüben, dass durch die Wiederausladung ihrer Ladung keine Überschreitung der Wartezeit eintritt oder eine Umladung erforderlich wird.

Im Falle der Wiederausladung sind dem Verfrachter die Kosten der Einladung und Wiederausladung zu vergüten. Ihm ist für die Zeit der Wiederausladung, soweit sie nicht in die Ladezeit fällt, Liegegeld zu entrichten. Auf wieder ausgeladene Güter ist, wenn die Reise angetreten wird, mit der Maßgabe des § 578 HGB die volle Fracht, sonst, wie zu a), Fehlfracht zu zahlen.

Wird die Kündigung von allen Verfügungsberechtigten ausgesprochen und durch die Wiederausladung die Wartezeit überschritten, so kann der Verfrachter – unbeschadet eines weitergehenden Schadensersatzanspruchs – auch für diese Zeit Liegegeld beanspruchen.

Für Teilverfrachtung endlich (HGB § 603) wird folgender Vorschlag gemacht (*Leitsatz 24*):

Ist ein verhältnismäßiger Teil oder ein bestimmt bezeichneter Raum eines Schiffes verfrachtet, so finden auf das Kündigungsrecht der einzelnen Teilbefrachter, Teilablader oder Verfügungsberechtigten gemäß § 654 HGB n.F. die zu Leitsatz 23 c entwickelten Grundsätze entsprechende Anwendung. Für die Teilcharter gelten im Übrigen die Bestimmungen der §§ 567 ff. neuer Fassung.

Da in der Gesetzesnovelle unter Streichung des bisherigen § 662 HGB klargestellt worden ist, dass stets der Verfrachter Träger der Verpflichtungen aus dem von ihm abgeschlossenen Frachtvertrag ist und ferner Einhelligkeit darüber besteht, dass Frachtcharter und Unterfrachtvertrag Rechte und Pflichten nur unter den Vertragsparteien entstehen lassen, kann § 605 HGB als unnötig gestrichen werden (*Leitsatz 25*).

Es ist bereits eingangs ausgeführt worden, dass der für die heutige Art des Seefrachtverkehrs wesentlich mitbestimmende *Stückgütergroßverkehr* eines alle Meere umspannenden Dienstes fester Schifffahrtslinien zur Zeit der Entstehung der zur Zeit in der Hauptsache noch maßgebenden gesetzlichen Regelung des Seefrachtvertrages noch nicht bestand und daher nicht erfasst ist. Eine der Hauptaufgaben einer Neufassung dieses Rechtsgebietes muss daher dessen Einbeziehung sein.

Zur Kennzeichnung der Eigenart dieses Liniendienstes sei auf folgende dem einschlägigen Berichte entnommenen Gesichtspunkte hingewiesen:

„Während dem Seefrachtvertrage allgemein die Auffassung zugrunde lag, dass der Individualität des Schiffes eine wesentliche Bedeutung zukommt, hat dieser Gesichtspunkt für die Linienfahrt seine innere Berechtigung verloren. Der Liniendienst der Reedereien beschäftigt ausschließlich Schiffe mit annähernd gleichen Einrichtungen und gleich gut ausgebildeter Besatzung. Für den Befrachter ist es deshalb durchweg ohne Bedeutung, welches ihrer Schiffe die Reederei für die betreffende Abfahrt einstellt. Er übergibt die Ladung der „Linie“, die ihm als pünktlich und zuverlässig bekannt ist. Deshalb pflegen die Güter regelmäßig nicht für ein bestimmtes Schiff, sondern

„zur Beförderung mit einem Schiff der X-Linie“ oder

„zur Beförderung mit dem Schiff Y oder einem anderen Schiff der X-Linie“

angeliefert und vom Verfrachter übernommen zu werden.“

„Die notwendige Beschleunigung der Abfertigung der Schiffe und der Umfang der Arbeiten im Betrieb der Linienfahrt lässt – im Gegensatz zur Frachtcharter – besondere Verhandlungen über die Gestaltung des einzelnen Frachtvertrages nicht zu. Der Verkehr des Liniendienstes wird deshalb von „Beförderungsbedingungen“ beherrscht, die ein für allemal festgelegt, öffentlich bekannt gemacht, mindestens aber den „Verladern“ jederzeit zugängig sind.

Aus dem gleichen Grunde wird die Fracht nicht von Fall zu Fall vereinbart, sondern nach festen Tarifen berechnet, die in ihrem umfangreichen Katalog fast jedes einzelne Handelsgut aufführen und häufig zwischen den Linienreedereien des gleichen Fahrtgebietes international vereinbart sind.

Die Schiffe des Liniendienstes bedienen – unabhängig vom größeren oder geringeren Angebot an Ladung – nach festen, für größere Zeitabschnitte im Voraus veröffentlichten Fahrplänen bestimmte Häfen. Sie laden und löschen dort meist an den gleichen, oft von ihnen zu Eigentum erworbenen oder gepachteten Plätzen. Die Linienreederei unterhalten ferner in den angelaufenen Häfen eigene Niederlassungen oder Agenturen. Sie sorgen durch eigene Lagerhäuser oder Abmachungen mit öffentlichen oder privaten Kaianstalten dafür, dass die zu befördernden Güter – ausgenommen sog. Massengüter – im Abfahrtshafen jederzeit – meist lagergeldfrei – angeliefert werden können. Ebenso erfolgt die Auslieferung an die Empfänger durchweg in den Bestimmungshäfen nicht an der Längsseite des Schiffes, sondern durch Güterabfertigungsstellen an Land.

Der Liniendienst stellt damit dem Handelsverkehr eine hochwertige Einrichtung zur Verfügung, deren Besonderheiten bei der Neufassung des Seerechts weitgehende Berücksichtigung verdienen.“

Die *Beförderungsbedingungen und Tarife der festen Linien* sind auf die Einrichtungen dieser und das in Frage stehende Fahrtgebiet zugeschnitten und auf die Vorbedingungen pünktlicher und reibungsloser Abwicklung der zahlreichen Einzelbeförderungen abgestimmt und werden dies weiterhin ständig im Rahmen der fortschreitenden Entwicklung. Diese Einzelheiten in einer der Beförderungsentwicklung nicht abträglichen Weise auf einen Nenner zu bringen, ist unmöglich.

Aus diesen Erwägungen heraus erklärte Holland (Art. 517 f.) und der italienische Entwurf (Art. 285 Abs. 2) unter Einschaltung eines – durch deutsche Verhältnisse nicht gebotenen – Beförderungszwanges die veröffentlichten Transportbedingungen und Tarife für den Beförderungsvertrag für maßgebend. Sie sind auch für den Ausschuss bestimmend gewesen, für den Stückgutvertrag der festen Linien die Beförderungsbedingungen und Tarife als vereinbart gelten zu lassen (*Leitsatz 26*).

Der Ausschuss glaubte, dies große Vertrauen den beteiligten Reedereien entgegenbringen zu dürfen unter Berücksichtigung dessen, dass Auswüchsen die in das Gesetz verarbeiteten Haager Regeln, die straffe organisatorische Zusammenfassung der deutschen Schifffahrt, der in- und ausländische Wettbewerb, die wirtschaftliche Macht mancher Befrachter und endlich die Rechtsprechung ausreichend entgegenzuwirken imstande seien.

Soweit diese Beförderungsbedingungen keine einschlägigen Vorschriften enthalten, sollen die Vorschriften über den Stückgutvertrag außerhalb fester Linien Anwendung finden (*Leitsatz 27*).

Ein solcher ist nicht etwa durch den Linienverkehr völlig beseitigt. In Zeiten guter Frachtkonjunktur unternehmen es häufiger Charterer von Trampschiffen, diese zu niedrigeren Raten, als die auch zur Berücksichtigung schlechterer Konjunktur und zur Erhaltung ihrer Dauereinrichtungen gezwungenen Linienreedereien zugestehen können auf Stückgüter anzulegen. Eine Anlegung auf Stückgüter kommt ferner bei Reisen eines Schiffes zum Abwrackhafen und zur Übernahme durch den Käufer vor. Hier fehlen daher meistens feste Beförderungsbedingungen und Tarife.

Der Ausschuss macht hierzu zunächst folgende – noch nicht als vollständig betrachteten – Vorschläge (*Leitsatz 28*), deren Begründung sich aus der Sache oder den bereits zur Frachtcharter gemachten Vorschlägen ergibt:

1. Der Verfrachter bestimmt den Lade- und Löschplatz. Er hat jedoch tunlichst einen ortsüblichen Platz zu wählen und die Ankunft des Schiffes in der üblichen Weise bekanntzumachen.

2. Ist der Befrachter oder der von ihm aufgegebene Ablader säumig, so ist der Verfrachter nicht verpflichtet, auf die Lieferung der Güter zu warten. Der Befrachter muss, wenn die Reise

ohne die Güter angetreten wird, gleichwohl die volle, und, wenn der Antritt der Reise unterbleibt, die halbe Fracht entrichten.

3. Ist der Empfänger in der Abnahme der Güter säumig, so findet die Vorschrift des § 601 HGB entsprechende Anwendung.

Für die Zeit, um welche sich durch die Säumnis des Empfängers oder durch das Hinterlegungsverfahren die Abfertigung des Schiffes verzögert, hat der Verfrachter Anspruch auf Liegegeld, unbeschadet des Rechts, einen höheren Schaden geltend zu machen.

4. Auf die Kündigung des Stückgutvertrags durch den Befrachter, den Ablader oder einen nach § 654 HGB n.F. Verfügungsberechtigten finden die im Leitsatz 23 angeregten Vorschriften entsprechende Anwendung. Es ist jedoch, wenn die Reise angetreten wird, stets die volle, sonst die halbe Fracht als Fehlfracht zu entrichten. Die Fracht, welche der Verfrachter für eine Ersatzladung hält, wird nicht angerechnet.

Die *„Rechtsstellung des Empfängers"* war der letzte Punkt, den der Ausschuss anhand eines Berichts in ausführlicher Erörterung behandeln konnte.

Die Vorschrift des § 614 Abs. 2 BGB schreibt hinsichtlich der Verpflichtung des Verfrachters zur Auslieferung des Gutes und der Verpflichtung des Empfängers zur Zahlung der Fracht eine Zug-um-Zug-Leistung vor. Es bedarf keiner näheren Darlegung, dass ein solches Verfahren in der Praxis große Schwierigkeiten bietet. In dieser wird es, soweit nicht Vorauszahlung der Fracht konnossementsmäßig bedungen ist, in Fällen, in denen der Empfänger als kreditwürdig bekannt ist, ersetzt durch Abstempelung des Konnossements, auf welche hin die Auslieferung der Güter ohne weiteres erfolgt. Bei als kreditwürdig nicht bekannten Personen geschieht die Auslieferung jedoch erst gegen vorherige Sicherheitsleistung. Holland ist in den Artikeln 491, 493, 494 und 495 holl. HGB noch einen Schritt weiter gegangen, insofern als der Verfrachter ohne Zurückbehaltungsrecht grundsätzlich vorzuleisten hat, aber berechtigt ist, vor Beginn der Auslieferung Sicherheitsleistung zu verlangen und bei Streit über diese die Güter zu hinterlegen. Bei Erörterungen über die Einführung dieses Rechtszustandes auch in Deutschland haben sich jedoch die Industrie- und Handelskammern in Hamburg und Bremen sowie die Fachgruppe Reeder auf den Standpunkt gestellt, dass das Zurückbehaltungsrecht, wenn es auch in der Praxis selten zur Anwendung gelange, als Druckmittel nicht zu entbehren ist. In Rücksicht hierauf kam der Ausschuss zu dem Ergebnis, dass die Auslieferung und Zahlung verkehrsüblich, d.h. so, wie sich das Auslieferungsverfahren im Verkehr praktisch herausgebildet habe, zu erfolgen habe, dass jedoch im Streitfall der Empfänger das Recht auf Auslieferung gegen Sicherheitsleistung habe. Um die übliche Bankbürgschaft einzuschließen, soll verkehrsübliche Sicherheitsleistung genügen (*Leitsatz 1*).

Kein Anlass besteht zur Änderung der Vorschrift des § 14 Abs. 1 HGB, nach welcher die Annahme der Güter der die Pflicht des Empfängers gegenüber dem Verfrachter begründende Tatbestand ist (*Leitsatz 2*).

Um den „Destinatär-Empfänger" der §§ 592, 594, 596, 601, 602, 604, 610, 627, 643 etc. HGB von dem „Empfänger im technischen Sinne" des § 614 HGB zu unterscheiden, wird es sich empfehlen, den Empfänger gemäß § 614 HGB künftig zu bezeichnen als den „legitimierten Empfänger, der die Güter in eigenem Namen entweder selbst oder durch Stellvertreter entgegennimmt" (*Leitsatz 3*).

Angebracht erscheint dem Ausschuss aus Gründen der Klarheit und des Schutzes gutgläubiger Empfänger vor nicht übersehbaren Forderungen des Verfrachters ferner eine zusätzliche Bestimmung des Inhalts, dass Leer- und Fehlfracht und bei der Abladung erwachsenes Liegegeld nur dann vom Empfänger zu entrichten sind, wenn eine dahingehende ausdrückliche Bestimmung im Konnossement oder in dem im Konnossement (wenn auch nur allgemein) in Bezug genommenen Frachtvertrag enthalten ist (all other conditions as per charterparty). (*Leitsatz 4*).

Dringend der Regelung bedarf endlich die viel umstrittene Frage, wie sich die Haftung mehrerer Empfänger für einen Liegegeldanspruch gestaltet, ob gesamtschuldnerische oder anteilige Haftung eintritt und ob auch derjenige Empfänger beteiligt sein soll, der für seine Person die Löschzeit nicht überschritten hat. Wünschenswert erscheint dem Ausschuss nach Billigkeitsrücksichten die Regelung dahin (*Leitsatz 5*):

a) dass mehrere aus demselben Schiff Güter abnehmende Teilempfänger für ein dem Verfrachter zustehendes *Abladeliegegeld* wegen der bei ihnen vorliegenden Interessengemeinschaft als Gesamtschuldner haften;

b) dass unter ihnen für ein dem Verfrachter zustehendes Lösch-Liegegeld nur diejenigen haften, bei denen tatsächlich eine Löschzeitüberschreitung vorliegt;

c) dass die nach b) Haftenden Gesamtschuldner sind;

aa) bei *Charterverträgen;* sämtlich und unbeschränkt;

bb) bei *Stückgüterverträgen* dagegen nur insoweit, als die einzelnen Empfänger jeweils Überliegetage über die Löschzeit hinaus für sich in Anspruch nehmen;

d) dass die gesamtschuldnerisch für das Liegegeld haftenden Empfänger im Verhältnis zueinander im Zweifel pro rata ihres Frachtanteils verpflichtet sind;

e) dass diejenigen Empfänger, durch deren Verhalten die rechtzeitige Abnahme der Güter verzögert und die Entstehung eines Liegegeldanspruchs herbeigeführt wird, den übrigen Empfängern den ihnen daraus erwachsenden Schaden zu ersetzen haben.

Endlich ist HGB § 615 unverändert in die Neufassung zu übernehmen (*Leitsatz 6*).

In diesem Umfang ist das Gebiet des Seefrachtrechts bereits einer Erörterung und Durcharbeitung unterzogen worden.

Dem Ausschuss liegen ferner bereits Berichte vor über die Themen „Die Zahlung der Fracht" und „Die Sicherung des Verfrachters". In Bearbeitung befindet sich ein solcher über „Die Beendigung des Frachtvertrages". Auch sie werden nach Durchberatung in ihrem wesentlichen Inhalt der Öffentlichkeit unterbreitet werden.

Es werden dann die Unterlagen für eine Neufassung derjenigen Teile des Seefrachtrechts gegeben sein, die von der Novelle von 1937 noch nicht erfasst worden sind. Damit wird die Aussicht eröffnet, dass in absehbarer Zeit ein in vollem Umfang heutigen Verkehrsverhältnissen angepasstes und nach heutiger Rechtsauffassung überprüftes Seefrachtrecht vorliegt. Wie der vorstehende Bericht zeigt, erscheint eine ganze Reihe weiterer Gebiete des Seefrachtrechts ebenfalls bereits formungsreif. Die Erfahrungen des jetzigen Krieges werden bei ihnen noch zu berücksichtigen sein. Dass aber bereits jetzt dieses immerhin beachtliche Arbeitsergebnis erreicht werden konnte, ist der aufopfernden Mitarbeit aller Mitglieder, in Sonderheit der Berichterstatter, zu verdanken, von deren umfassender und tiefschürfender, alle Quellen des heimischen und fremden Rechts erfassender Arbeit dieser Bericht wegen der in ihm gebotenen knappen Zusammenfassung keine Vorstellung zu geben vermag.

Register der Redner und Referenten

Sachregister

Quellennachweis

I. S. 1-4: BA Berlin, R 3001, 20882

II. Prot. der 2. Vollversammlung und der 1.-47. und der 49. Arbeitssitzung sowie des Referats zur 48. Arbeitssitzung: BA Berlin, R 61, 497 (1.-19. Sitzung), 498 (11.-20. Sitzung), 499 (21.-28. Sitzung), 500 (29.-33. Sitzung), 501 (34.-37. Sitzung), 502 (38.-42. Sitzung), 503 (43.-49. Sitzung).
Parallelüberlieferung im StA Hamburg Bestand 621-1 (Hapag-Lloyd-Bestand) Nr. 2372-2375 und im Bundesarchiv R 3001, 10650 und 20581 (unvollständig).

III. Prot. der 48. Arbeitssitzung im StA Hamburg 621-1 (Hapag-Lloyd-Bestand), Nr. 2375.

IV. Bericht von Lindenmaier, StA Berlin, R 61, 503 (gedruckt auch im Jahrbuch der Akademie für Deutsches Recht, Bd. 6/7 (1939/40), S. 105 ff.

Danksagung

Der Herausgeber dankt der Hapag-Lloyd AG für die Gestattung zur Einsichtnahme des Hapag-Lloyd-Bestandes im StA Hamburg und für die Genehmigung zur Wiedergabe des Protokolls der 48. Arbeitssitzung des Seerechtsausschusses der Akademie für Deutsches Recht.

Akademie für deutsches Recht 1933-1945
Protokolle der Ausschüsse

Herausgegeben von Werner Schubert

Band 1-4 sind erschienen im de Gruyter Verlag, Berlin

Band 5 Werner Schubert (Hrsg.): Ausschuß für das Recht des Handelsstandes und der Handelsgeschäfte (1937-1942). Ausschuß für Bank- und Börsenrecht. Unterausschuß für Depotrecht (1934/1935). Herausgegeben und mit einer Einleitung versehen von Werner Schubert. 1997.

Band 6 Werner Schubert (Hrsg.): Zivilprozeß und Gerichtsverfassung. Ausschüsse der Akademie für Deutsches Recht und „Ämter" des Reichsjustizministeriums von 1934-1944. Herausgegeben und mit einer Einleitung versehen von Werner Schubert. 1997.

Band 7 Werner Schubert (Hrsg.): Ausschüsse für Strafprozeßrecht und Strafrechtsangleichung (1934-1941). Herausgegeben und mit einer Einleitung versehen von Werner Schubert. 1998.

Band 8 Werner Schubert (Hrsg.): Ausschüsse für Strafrecht, Strafvollstreckungsrecht, Wehrstrafrecht, Strafgerichtsbarkeit der SS und des Reichsarbeitsdienstes, Polizeirecht sowie für Wohlfahrts- und Fürsorgerecht (Bewahrungsrecht). Herausgegeben und mit einer Einleitung versehen von Werner Schubert. 1999.

Band 9 Werner Schubert (Hrsg.): Ausschüsse für den gewerblichen Rechtsschutz (Patent-, Warenzeichen-, Geschmacksmusterrecht, Wettbwerbsrecht), für Urheber- und Verlagsrecht sowie für Kartellrecht (1934-1943). Herausgegeben von Werner Schubert. 1999.

Band 10 Werner Schubert (Hrsg.). Ausschuß für die Reform der Sozialversicherung/für Sozialversicherung (1934-1944). Versorgungswerk und Gesundheitswerk des Deutschen Volkes (1940-1942). Herausgegeben und mit einer Einleitung versehen von Werner Schubert. 2000.

Band 11 Werner Schubert (Hrsg.): Ausschuß für Jugendrecht, Arbeitsgemeinschaften für Jugendarbeitsrecht und Jugendstrafrecht (1934-1941). Herausgegeben und mit einer Einleitung versehen von Werner Schubert. 2001.

Band 12 Werner Schubert (Hrsg.): Ausschuß für Rechtsfragen der Bevölkerungspolitik (1934-1940) und Ausschuß für Kolonialrecht zusammen mit den Entwürfen des Kolonialpolitischen Amts (1937-1941). Sachverständigenbeirat für Bevölkerungs- und Rassenpolitik im Reichsministerium des Innern (1933-1939). Herausgegeben und mit einer Einleitung versehen von Werner Schubert. 2001.

Band 13 Werner Schubert (Hrsg.): Ausschüsse für Versicherungswesen/-recht und für Versicherungsagenten- und Versicherungsmaklerrecht (1934-1943). Herausgegeben und mit einer Einleitung versehen von Werner Schubert. 2002.

Band 14 Werner Schubert (Hrsg.): Ausschüsse für Völkerrecht und für Nationalitätenrecht (1934-1942). Herausgegeben und mit einer Einleitung versehen von Werner Schubert. 2002.

Band 15 Werner Schubert (Hrsg.): Ausschuß für Religionsrecht. Herausgegeben und mit einer Einleitung versehen von Werner Schubert. 2003.

Band 16 Werner Schubert / Claudia Rönnau (Hrsg.): Ausschuß für Wasserrecht (1934–1941). Herausgegeben und mit einer Einleitung versehen von Werner Schubert und Claudia Rönnau. 2004.

Band 17 Werner Schubert (Hrsg.): Ausschüsse für Vergleichs- und Konkursrecht sowie für Bürgerliche Rechtspflege–Zwangsvollstreckungsrecht (1934–1938). Nachtrag: Beratungen über das Immissionsschutzrecht im Bodenrechtsausschuss (1938). Herausgegeben und mit einer Einleitung versehen von Werner Schubert. 2008.

Band 18 Werner Schubert (Hrsg.): Ausschüsse für Luftfracht, Luftschutzrecht, Kraftfahrzeugrecht und Rundfunkrecht. Herausgegeben und mit einer Einleitung versehen von Werner Schubert. 2009.

Band 19 Werner Schubert (Hrsg.): Öffentlichrechtliche Ausschüsse (1934–1938: Kommunalrecht. Sparkassenwesen. Bau-und Zwecksparen. Beamtenrecht). Volkswirtschaftliche Arbeitsgemeinschaften (1939–1943: Volkswirtschaftslehre. Geld und Kredit. Sozialpolitik. Agrarpolitik. Reform des volkswirtschaftlichen Studiums). Herausgegeben und mit einer Einleitung versehen von Werner Schubert. 2011.

Band 20 Werner Schubert (Hrsg.): Ausschuss für Seerecht (1933–1942). Herausgegeben und mit einer Einleitung versehen von Werner Schubert. 2012.

www.peterlang.de

FSC
www.fsc.org
MIX
Papier | Fördert
gute Waldnutzung
FSC® C083411

Kolibri 360 GmbH
Ferdinand-Jühlke-Straße 7
99095 Erfurt, Deutschland
produktsicherheit@kolibri360.de

Druck:
CPI Druckdienstleistungen GmbH
im Auftrag der
Kolibri 360 GmbH
Ferdinand-Jühlke-Str. 7
99095 Erfurt